금융법원론

금융경제 설명서

———————— 이상복 ————————

이 책은 돈을 만지는 모든 사람의 필독서이다

박영사

머리말

[출판 동기]

저자가 쓴 '금융법 강의' 전 4권(금융행정, 금융상품, 금융기관, 금융시장)은 분량이 방대하여 이해하기 쉽지 않다는 말이 있었다. 또 저자의 '금융법 입문'은 분량이 적어 금융(금융경제) 전체를 공부하고자 하는 중급자 및 상급자에게는 미흡하다는 말도 있었다. 그래서 양자의 입장을 고려하고 분량을 조절해 이 책을 집필했다.

[집필 방향]

저자의 '금융법 강의' 전 4권 중 핵심내용을 알기 쉽게 요약하면서 필요한 부분은 수정·보완했다. 심화학습을 위한 문헌 소개의 각주는 생략했다. 관련 출처와 문헌에 관심이 있는 독자는 저자의 '금융법 강의'를 참고하면 될 것이다.

[이 책의 특징]

책 내용을 서술하기 전에 신문의 금융경제 관련 주요 기사를 소개했다. 신문 기사는 사례(Case)라고 보면 된다. 이 책의 내용에 대한 이해를 돕기 위함이다.

[이 책의 독자]

이 책은 금융경제의 전체 체계를 세우고 싶은 사람을 위해 서술했다. '금융법 강의' 전 4권이 상급자를 의한 책이고, '금융법 입문'이 초급자를 위한 책이라면, 이 책은 중급자 및 상급자를 위한 책이다.

[이 책의 공부방법]

책 내용을 공부하기 전에 신문의 금융경제 관련 기사를 읽은 후 책의 내용을 공부하면 지식과 이해를 더 하는 데 도움이 될 것이다. 신문의 금융경제 관련 기사는 이 책의 지식을 현실에 적용할 기회를 제공해주기 때문이다.

원고를 읽고 조언을 해준 장기홍 변호사, 양계원 변호사, 이일규 변호사에게 감사한다. 김선민 이사가 정성을 들여 편집해주고 제작 일정을 잡아 적시에 출간이 되도록 해주어 감사 드린다. 출판계의 어려움에도 출판을 맡아 준 박영사 안종만 회장님과 안상준 대표님께 감사 의 말씀을 드린다.

2025년 2월

이 상 복

차 례

제 1 편 금융과 법

제1장 금융과 경제

제2장 헌법과 금융질서

제 2 편 금융행정

제1장 서론

제2장 금융정책의 유형과 내용

제3장 금융행정기관

제4장 금융유관기관

제5장 금융감독행정

제 3 편 금융기관

제1장 서 론

제2장 금융기관

제3장 금융기관규제

제 4 편　금융상품

제1장 개　관

제2장 금융투자상품

제3장 신탁상품

제4장 자산유동화증권

제5장 예금상품(=수신상품)과 대출상품(=여신상품)

제6장 보험상품

제7장 여신금융상품

제8장 연금상품

제 5 편　금융시장

제1장 서　론

제2장 금융시장

제3장 금융시장규제(자본시장규제)

금융과 법

★ 한국경제 2024년 9월 5일
미국 7월 구인 3년 만에 최저…빅컷 가능성↑ / 연준(Fed), 9개 지역 경제활동 "정체·감소" 평가

7월 미국 구인 규모가 3년 만에 최저치를 기록하며 노동시장이 예상보다 빠르게 둔화할 수 있다는 우려가 커지고 있다. 해고 건수도 1년 만에 가장 높은 수준을 기록했다. 9월 4일(현지시간) 미국 노동부가 발표한 구인·이직보고서(JOLTS)에 따르면 7월 구인 건수는 767만 건으로 전월 790만 건 대비 23만 건 감소했다. 로이터통신이 집계한 전문가 전망치(810만 건)를 크게 밑돌았고, 2021년 1월 이후로 가장 낮은 수준이었다. 중소기업에서 구인 건수 감소가 두드러졌다.

해고 건수는 전달보다 20만 건 증가한 176만 건으로 2023년 3월 이후 최고치를 기록했다. 실업자 1인당 일자리 수는 1.07개로, 전달(1.16개)보다 감소하며 2021년 5월 이후 최저치를 기록했다. 팬데믹 당시 실업자 대비 일자리 수는 2개를 넘으며 정점을 찍었다.

시장은 이러한 고용 둔화로 인해 미국 중앙은행(Fed)의 빅컷(기준금리 0.5%포인트 인하) 가능성이 높아졌다고 판단했다. 이날 시카고상품거래소(CME) 페드워치에 따르면 Fed가 9월 연방공개시장위원회에서 기준금리를 0.5%포인트 인하할 가능성은 45%로 반영됐다. 전일 38%에 비해 크게 오른 수치다.

같은 날 Fed는 8월 베이지북을 내고 미국 내에서 경제활동이 정체되거나 감소한 지역이 늘어났다고 밝혔다. 베이지북은 미 중앙은행(Fed)의 연방공개시장위원회(FOMC)가 열리기 2주일 전에 발표되는 경기동향 보고서다. Fed는 12개 연방준비은행 담당 지역 중 9개 지역에서 경제활동에 변동이 없거나 하락했다고 평가했다. 지난 7월 중순 나온 직전 보고서 때의 5개 지역보다 4곳이 늘어난 것이다. Fed는 "고용주들이 수요에 대한 우려와 불확실한 경제 전망으로 인해 고용에 더 신중했다"고 분석했다.

금융과 경제

★ 동아일보 2024년 4월 10일

금값 또 사상최고… 각국 중앙은행도 잇단 사재기

금값이 천정부지로 치솟고 있다. 중국과 인도 등 신흥국 중앙은행들이 앞다퉈 금 보유량을 늘리면서 금값 상승 랠리를 이끌고 있다. 반면 과거 금 매입에 나섰다가 투자 실패라는 비판을 받았던 한국은행의 금 보유량은 10년 넘게 그대로다. 지난해 한은이 내놓은 금값 전망도 빗나갔다.

8일(현지 시간) 미국 뉴욕상품거래소에 따르면 6월물 금 선물 가격은 1온스(31.1g)당 2351.0달러에 마감하면서 사상 최고치를 경신했다. 금 선물 가격은 최근 13거래일 가운데 11차례 상승 마감하며 이 기간 13% 넘게 급등했다.

최근 금 가격을 부채질하는 요인 중의 하나는 각국 중앙은행의 적극적인 매수세다. 중국 중앙은행인 런민(人民)은행은 3월 금 보유량이 전달보다 16만 온스 늘어난 7274만 온스로 집계됐다고 발표했다. 런민은행은 2022년 11월 이후 지난달까지 17개월 연속 금을 매입해왔는데, 이 기간에 매입한 금 규모만 1010만 온스에 달하는 것으로 나타났다. 중국 외에도 인도, 폴란드, 튀르키예 같은 국가에서 금 보유량을 지속해서 늘리고 있다.

각국 중앙은행들이 금을 매입하는 건 인플레이션 위험을 피하기 위해서다. 글로벌 중앙은행들이 금 매입에 나선 것과 달리 한은은 2013년 이후 11년째 금 매입을 중단하고 있다. 금 매입과 관련해 한은의 소극적인 행보에 대한 비판이 일자 한은 외자운용원은 지난해 6월 "글로벌 경기 침체 가능성, 지정학적 리스크 등이 잠재돼 있는 상황에서 금 보유 확대보다는 미 달러화 유동성을 충분히 공급할 수 있는 것이 나은 선택"이라며 "금 가격이 이미 전고점에 근접한 상황에서 향후 상승 여력이 불확실한 점도 고려해야 한다"고 진단한 보고서를 내기도 했다.

제1절 금융과 금융제도

Ⅰ. 돈: 화폐

1. 돈이란 무엇인가

돈(money)은 인류 역사상 가장 중요한 발명품인 것 같다. 돈이 발명되지 않았다면 지금도 물물교환 경제가 지속되고 있을지도 모른다. 돈은 일상생활에 큰 영향을 미친다. 돈의 실례(지갑에 들어있는 종이 지폐나 동전)를 드는 것은 쉽지만 정의하기는 어렵다. 경제학자들은 돈을 상품과 서비스를 얻는데 사용할 수 있는 모든 것으로 정의하고, 이를 "교환 수단"이라고 부른다. 예를 들어 동네 빵집에서 빵을 사는 데 사용할 수 있는 것, 인터넷에서 책을 사는 데 사용할 수 있는 것, 시내 거리에서 택시를 타는데 사용할 수 있는 것, 부동산시장에서 집을 사는 데 사용할 수 있는 것, 이 모든 것이 "돈"이다.[1]

그러나 돈으로 기능하기 위해서는 "교환 수단"으로 기능하는 것 이외에 다른 2가지 테스트도 충족해야 한다. 돈은 시간이 지남에 따라 가치를 어느 정도 유지함으로써 안정적인 "가치저장 수단"의 역할을 해야 한다. 따라서 배추나 사과는 썩기 때문에 돈으로 쓸 수 없다. 또한 돈은 계산하기 쉬워야 한다. 즉 "가치척도 수단"으로서의 역할을 할 수 있어야 한다. 따라서 헬륨가스는 이 테스트에 실패할 것이므로 돈으로 쓸 수 없다.

따라서 교환 수단, 가치저장 수단, 가치척도 수단의 3가지 테스트를 충족하는 것은 돈으로 간주된다. 역사적으로 귀금속이 돈의 역할을 했다. 일부 전쟁 포로수용소에서는 담배가 돈으로 사용되기도 했다. 소금은 한때 오늘날보다 더 귀했고 돈으로 사용되었다.

그러나 현대 경제에서는 돈에 대한 3가지 테스트를 충족시키는 것이 무엇인지에 대한 일반적인 합의가 있다. 돈은 시중에 유통되는 통화이다. 따라서 시중에 유통되지 않는 통화, 즉 은행 금고에 보관되어 있거나 정부(정확히는 조폐공사)의 인쇄기에서 굴러다니는 통화는 돈으로 계산되지 않는다. 가계, 기업, 정부, 또는 은행에서 통화를 훔친 도둑과 같이 실제로 쓸 수 있는 사람의 손에 있는 통화만이 돈으로 계산된다. 따라서 은행 금고에 있는 통화는 돈처럼 보일 수는 있지만 누구도 쓸 수 없으므로 돈이 아니다.

빌 게이츠는 얼마나 많은 돈을 가지고 있는가? 질문의 요점은 빌 게이츠의 부[2024년 2월/포브스: 1,240억 달러(한화 약 165조 2,400억원)]와 돈은 다른 것임을 말하기 위함이다. 그의 부(welthy)의 대부분은 기업 주식(특히 Microsoft 주식)에 있으며 돈(통화)은 거의 없다고 장담할 수

---

[1] 이상복 옮김(2023), 「경제학 입문」, 박영사(2023. 2), 39-42쪽.

있다. 돈은 부로 간주되지만 대다수의 사람들(특히 부자들)의 부는 돈에 있지 않다. 그것은 주식, 채권, 부동산에 있다.

2. 돈의 역사

(1) 상품화폐: 최초의 화폐

역사상 최초 화폐에는 금, 은, 조개껍데기, 소금 등 희귀하고 가치가 있는 것으로 여겨지는 모든 것이 포함되었다. 특히 귀금속은 돈으로 널리 사용되었지만 많은 문제가 있었다. 첫째, 귀금속의 순도를 쉽게 평가할 수 있는 방법이 없었다. 둘째, 금화와 은화는 가치가 떨어질 수 있다. 50%의 금이 함유된 동전을 녹여 각각 25%의 금이 함유된 2개의 동전을 만들 수 있으며, 그 차이를 구분할 수 있는 사람은 거의 없었다. 셋째, 상품의 대량 구매를 하는 경우 모든 귀금속을 한 번에 휴대하기 어려웠고, 혹시 있을지도 모르는 도둑의 절취로부터 보호하기 위해 상당한 체력이 필요했다(경찰에 신고할 수 없을 때). 넷째, 새로운 귀금속 공급원의 발견은 발견자를 매우 부유하게 만들어 줄 수 있지만 귀금속이 다소 덜 귀중해짐에 따라 다른 사람들이 소유한 자산 가치를 감소시킬 수 있었다.[2]

귀금속은 돈에 대한 3가지 테스트 중 순도 문제로 계산하기 어려워 가치척도 수단으로 문제가 있었고, 희소성의 문제로 가치가 변동되어 가치저장 수단으로 문제가 있었음에도 불구하고, 교환 수단으로 역할을 수행했으며 수천 년 동안 돈으로 사용되었다.

(2) 상품담보화폐

15세기 인쇄술의 출현으로 유럽에서는 새로운 종류의 화폐가 보편화되었다. 이탈리아 플로렌스의 메디치와 같은 은행업자는 표면에 특정 가치가 인쇄된 지폐("통화")를 발행했다. 이 지폐는 발행인의 금고에 있는 귀금속에 의해 "담보"되었다. 발행인은 자신이 발행한 지폐와 동일한 가치의 금 또는 은을 보관하고 있다고 말했다. 지폐는 지폐의 액면가와 동일한 양의 귀금속에 대한 보관 영수증이었다. 만약 어떤 사람이 지폐를 금 또는 은으로 교환하고자 한다면 지폐 발행인은 금 또는 은 보관 영수증을 받고 그 사람에게 금 또는 은을 내줄 것이다.

지폐를 발행한 은행업자들은 지폐를 담보하는 귀금속으로 가득 찬 금고를 가지고 있어야 했다. 그런데 은행업자들이 지폐를 빌려주고 이자 수입을 올리기 위해 몇 장의 지폐를 추가로 발행해 다른 사람들에게 빌려준다면 누가 이것을 알겠는가? 그런데 자신이 소지한 지폐를 은행업자들이 보관하고 있는 귀금속과 교환하는 사람들은 거의 없었다. 은행업자들이 지폐를 귀금속과 교환하기를 원하는 소수의 사람들의 요구를 충족시킬 만큼 충분한 금이나 은을 보관하고

---

2) 이상복 옮김(2023), 43-55쪽.

있는 한 별 문제가 없었다.

그런데 문제는 은행업자가 발행한 모든 지폐의 총가치가 자신이 보관하고 있는 귀금속의 총가치를 초과할 수 있다는 것이었다. 탐욕에 눈이 먼 일부 은행업자는 자신이 보관하고 있던 귀금속의 총가치를 초과해서 지폐를 발행했다. 은행업자와 거래하던 사람들이 이 사실을 알게 되자 은행업자에게 자신이 맡겨 둔 귀금속의 상환 요청을 하게 되었고, 이 상환 요청이 급증하면서 은행업자는 도산하게 되었다. 상환 요청에 응할 수 있을 만큼의 충분한 귀금속을 가지고 있지 않은 은행업자들은 전부 도산했다. 한 은행이 도산하면 사람들은 다른 은행에 대해서도 회의적이 되었고, 그들의 상환 요청 역시 쇄도했다. 뱅크런 위기는 정기적으로 발생했고, 때로는 폭력사태를 가져오는 경우가 많아 전체 경제에 심각한 악영향을 주었다. 이것이 정부가 민간 은행업자로부터 통화 발행 사업을 인수하기 시작한 주요 요인 중 하나이다.

이러한 유형의 화폐를 "상품담보통화"라 부르는데, 이는 수백 년 동안 유지되었으면 20세기까지 널리 사용되었다.

한편 금본위제는 잘 아는 바와 같이 국가가 금을 충분히 보관하고 있지 않으면 통화를 발행할 수 없도록 했다. 금본위제는 국가가 너무 많은 통화를 발행하여 그전에 발행된 통화의 가치를 떨어뜨리지 않도록 했다. 반면 금본위제는 국가를 경제적으로 구속했다. 금본위제는 국가가 통제할 수 없는 금의 생산량에 화폐가치를 연동시켰고, 또 상대적으로 쓸모없고 희귀한 금속에 국가의 화폐가치를 묶었다. 전쟁이 발발하거나 심각한 경제침체가 닥치면 위기를 해결하는 데 필요한 통화를 발행하는 것은 선택 사항이 아니었다. 머나먼 미지의 땅에서 금이 새로 발견되어 귀금속의 가치가 떨어지면 국가의 화폐도 가치를 잃게 되어 경제는 위험에 처하게 될 것이다.

(3) 명목화폐(법정화폐)

1930년대 대공황(Great Depression)과 제2차 세계대전으로 인한 문명의 위협은 각국 정부를 압박했다. 그들은 선택에 직면했다. 즉 각국 정부는 금본위제를 고수하고 (위기에 대응할 충분한 자금이 없어) 붕괴 위험을 선택할 수 있었다. 또는 정부는 금본위제를 포기하고 국가에게 필요한 돈을 만들 수도 있었다. 정부는 후자를 선택했다.

1931년 영국 정부, 1933년 미국 정부는 금본위제를 해체하기 시작했다. 미국은 1971년 8월에 닉슨 독트린으로 금본위제를 완전히 포기했다. 국가는 자신들이 창출한(＝찍어 낸) 돈이 가치가 있다는 법령 이외에는 그 어떤 것에 의해서도 담보되지 않는 돈을 찍어 내기 시작했다. 이를 "법정화폐"(flat money)라고 한다. 미국의 연준(Fed)은 자신이 찍어 내는 100달러 지폐가 1달러 지폐 가치의 100배가 된다고 말한다. 왜냐하면 연준은 하나의 지폐에는 단순히 "100"을 인쇄하고 다른 하나의 지폐에는 단순히 "1"을 인쇄했기 때문이다. 말 그대로 그 이상은 없다. 우리의 지갑을 채우는 법정화폐는 객관적으로 국가가 만들어 놓은 것에 불과하다. 그러나 모든 사람이 가치가 있는 것처럼 행동하고 그 가치가 중앙은행(실제로는 조폐공사) 인쇄기가 부여한 숫자와 동일한 것처럼 행동하기 때문에 엄청난 가치가 있는 것이다.

(4) 대체통화: 미래 화폐?

지난 몇 년 동안 돈에 대한 국가의 독점권이 덜 확실해 보이기 시작했다. 일부 대체통화가 교환 수단 및 가치저장 수단으로 널리 받아들여짐으로써 달러와 경쟁하기 시작할 것인가? 새로운 형태의 돈이 등장하고 있는가?

비트코인과 같은 암호화폐가 주요 대체통화로 부상했다. 암호화폐라는 이름은 암호화폐를 안전하고 위조하기 어렵게 만드는 정교한 암호화 알고리즘의 이름을 따서 명명되었다. 암호화폐에 대한 논의에는 기반이 되는 블록체인 기술, 암호화 기술, 사람들이 보유하는 가상의 지갑, 모든 거래에 광범위하게 배포된 전자 원장, 새로운 통화 단위를 생산하는 복잡한 방법인 채굴, 그리고 전체 프로세스가 소비하는 엄청난 양의 전기가 포함된다.

그런데 대부분의 대체통화는 그들을 담보하는 것이 없고 내재적 가치도 없다. 대체통화는 정부가 아닌 누군가가 발행한다는 점을 제외하고는 명목화폐와 같다. 대체통화는 사이버 공간의 숫자일 뿐이다. 그렇다면 왜 가치가 있는가? 대체통화는 금괴(gold bar), 미키 맨틀(Mickery Mantle) 야구 카드, 또는 예술 작품의 인증된 원본 전자 사본(대체 불가 토큰 또는 NFT라고도 함)이 특정 가치를 갖는 것과 동일한 이유로 특정 가치를 갖는다. 그 이유는 공급이 제한되어 있고, 그것이 다른 사람들이 기꺼이 대가를 지불하는 것이기 때문이다. 그 이상은 없다.

3. 인플레이션

우리가 현재 사용하고 있거나 미래에 사용하게 될 화폐의 유형이 무엇이든 간에 인플레이션은 항상 발생할 가능성이 있다. 인플레이션은 물가수준이 지속적으로 상승하는 현상을 말한다. 인플레이션은 종종 평균가격의 상승으로 정의되지만 화폐 구매력의 감소로 볼 수도 있다. 즉 돈 가치의 5% 하락만큼 물가의 5% 상승을 쉽게 볼 수 있다.

국가의 화폐 공급이 상품과 서비스의 총 공급보다 빠르게 증가하면 평균적으로 가격이 상승할 것이다. 인플레이션은 본질적으로 너무 많은 돈이 너무 적은 상품을 쫓는 것이다. 또한 모든 상품 및 서비스의 가격은 상품 및 서비스의 풀(pool)의 크기에 대한 화폐 풀(pool)의 크기에 따라 결정된다. 화폐 풀이 상품과 서비스의 풀보다 더 빨리 증가하면 인플레이션이 발생한다. 화폐 풀이 상품과 서비스의 풀보다 더 느리게 증가하면 디플레이션(또는 마이너스 인플레이션)이 발생한다. 화폐 풀이 상품과 서비스의 풀과 같은 속도로 증가하면 가격은 안정적이다.

인플레이션은 적당히 조절하면 상대적으로 해롭지 않지만 그렇지 않으면 재난이 될 수 있다. 이 재난 시나리오는 "하이퍼인플레이션"이라 하며, 이는 궁극적으로 돈을 가치 없게 만드는 통제 불능의 가격 상승을 의미한다.

4. 실물경제와 금융경제

금융경제는 돈의 풀(pool)이다. 우리가 알다시피 중앙은행이 찍어 낼 수 있는 돈의 양에는 제한이 없다. 돈의 금액은 단순히 중앙은행이 통제하는 숫자이다. 돈의 가치는 사람들이 그것을 현실에서 상품과 서비스와 기꺼이 교환하기 때문에 생기는 것이다.

반면 실물경제는 생산 및 소비되는 실제 상품(재화)과 서비스의 풀(pool)이다. 이러한 상품과 서비스는 금융경제에서 달러화나 원화 등의 돈으로 측정되지만 단순한 숫자 그 이상이다. 실물경제는 우리를 먹이고 주거하게 하고 입히고 몸단장하고 정보를 제공하고 살아 있게 한다. 실물경제는 우리의 모든 노동의 산물이다. 즉 돈과 달리 중앙은행에서 컴퓨터 버튼 몇 개를 누르는 것만으로는 증가할 수 없다.

실물경제는 재화와 서비스를 생산·판매·소비하는 활동을 말하고 금융경제는 실물경제 활동을 매개하고 경제적 가치의 저장 및 자본의 축적 수단이 되는 화폐의 발행·유통을 의미하며 화폐경제라고도 한다. 금융경제는 실물경제와 비교할 때 다음과 같은 특징을 갖고 있다.

ⅰ) 금융부문의 거래 목적물은 화폐이다. 처음에 화폐의 용도는 실물경제의 목적물인 재화와 서비스 거래의 편의성을 높이기 위한 매개물로서 실물경제의 보조적 수단이었다. 그러나 그후 화폐가치의 안정성과 공신력이 확보되면서 현대경제에서는 재화와 서비스 거래와 무관하게 화폐 자체만으로 저축과 자본축적 수단이 되었다. 따라서 화폐적 거래를 전문적으로 중개하는 금융기관이 빠르게 증가하고 다양한 형태로 발전하였으며 현대사회에서 실물부문 못지않게 중요성이 커졌다. 특히 1997년의 아시아 외환위기와 2008년의 글로벌 금융위기는 금융부문의 불안정성이 실물경제에 심각한 충격을 줄 수 있다는 사실을 환기시켜 주었다.

ⅱ) 금융기관 업무는 불특정 다수를 상대로 한다. 실물경제가 주로 일반기업을 중심으로 이루어지는 것처럼 금융경제는 주로 금융기관을 중심으로 이루어진다. 그런데 실물부문의 일반기업이 특정 재화와 서비스를 생산하여 제한된 판매처에 공급하는 구조인 반면 금융기관은 불특정 다수의 상대로부터 자금을 조달하여 불특정 다수를 상대로 운용하거나 불특정 다수의 고객 간 금융거래를 중개한다. 따라서 금융기관에 사고가 발생하거나 경영실패로 도산하는 경우 그 피해자 수가 매우 많아질 수 있어 막대한 사회적 비용을 유발할 수 있다.

ⅲ) 금융기관의 재무구조는 실물부문 일반기업에 비해 매우 취약하다. 즉 일반기업이 주

로 자기자본을 기반으로 활동하는데 반해 은행의 경우 고객의 예금이나 예탁금, 금융채 발행, 중앙은행 차입 등 주로 부채에 의존하여 영업한다. 통상 일반기업은 부채비율(총부채/자기자본)이 100%를 넘으면 부실화 우려가 있다고 보는데, 금융기관의 경우 건실한 은행도 부채비율이 1,000%가 넘는 것이 보통이다. 은행의 자산은 대부분이 대출금으로 구성되어 있어 경기 불황 등으로 대출금 차주의 상환능력이 악화될 경우 대출금을 회수하지 못할 가능성인 신용위험이 매우 크다. 즉 금융기관은 부채를 기반으로 영업자금을 조달하여 신용위험이 큰 대출자산을 중심으로 자금을 운용하는 방식으로 일반기업과는 전혀 다른 재무구조를 갖고 있다. 이에 따라 금융기관 재무상태표(B/S)에서는 단순한 부채비율보다는 신용위험이 큰 자산의 손실가능성을 자기자본으로 얼마나 흡수할 수 있는지가 중요하며, 금융기관 자산을 위험가중치별로 환산하여 산정한 위험가중자산(Risk-weighted Asset) 대비 자기자본비율로 건전성을 판단한다. 한편 금융기관은 예금자의 인출 요구에 언제라도 응해야 하는 반면 자금이 필요한 경우에도 대출금을 중도에 회수하기는 어려워 자산-부채 간 만기 불일치로 인한 유동성 리스크를 안고 있다.

II. 금융의 개념

1. 금융의 의의

금융(financing)이란 시간과 공간상의 제약을 넘어 "돈"(화폐)을 원활하게 사용하기 위한 방법이다. 금융은 일정기간 동안 장래의 원금반환과 이자지급을 목적으로 상대방을 신용하고 자금을 융통하는 행위로서 국민경제 전체 측면에서는 자금의 여유가 있는 부분에서 자금이 부족한 부문으로 자금이 이전되는 것을 의미한다. 즉 금융은 타인으로부터 자금을 빌리거나 타인에게 자금을 빌려주는 행위를 말한다. 따라서 금융거래는 일시적인 자금의 잉여 및 부족으로 인한 지출 변동을 줄임으로써 개인의 소비나 기업의 경영을 안정화하는 기능을 담당한다. 그리고 인적·물적 자본에 대한 투자가능성을 제고하여 개인에게 소득증대의 기회를 주고, 기업에게는 생산성 향상기회를 제공한다.

2. 직접금융과 간접금융

금융제도는 국가마다 다르다. 기업자금 조달에 있어 영국과 미국은 채권이나 주식 등 직접금융에 대한 의존도가 높은 반면 독일 또는 일본은 은행대출과 같은 간접금융이 더 중요한 역할을 담당한다. 이처럼 금융시장도 각국의 역사적 발전과정에 따라 다소 상이하지만, 자금을 조달하고 운용하는 방식을 기준으로 크게 직접금융과 간접금융으로 나눌 수 있다.

(1) 직접금융

직접금융(direct financing)이란 자금의 공급자와 수요자가 금융시장에서 직접 자신의 책임과 계산으로 자금거래를 하는 방식이다. 예를 들면 증권시장에서 주식이나 채권으로 자금을 조달하는 방식이 이에 해당된다. 직접금융은 간접금융에 비해 금융비용이 적게 들고 자금수요자의 신용 정도에 따라 거액의 자금도 일시에 조달할 수 있는 장점을 갖고 있다. 그러나 자금 공급자의 입장에서 보면 은행 예금과 달리 원금을 보장받지 못하는 등 상대적으로 높은 위험을 떠안게 되는 단점이 있다.

한편으로 직접금융의 경우에도 증권회사나 은행과 같이 금융기관의 중개서비스가 필요하며, 금융기관은 이 서비스의 대가로 수수료를 받는다. 그렇다 하더라도 투자자는 여전히 거래에 따르는 위험을 안게 되며, 이때 금융기관은 발행절차의 대행 이외에 투자자들에게 투자의 판단에 도움이 되는 각종 정보나 대내외 경제동향과 시장상황 분석 등의 서비스를 제공하기도 한다.

(2) 간접금융

간접금융(indirect financing)은 자금의 공급자와 수요자가 은행과 같은 금융기관을 상대로 금융거래(예금 또는 대출)를 하므로 자금의 공급자와 수요자 사이에 직접적인 거래관계가 형성되지 않는 금융방식이다. 자금공급자는 중개기관이 제공하는 금융상품을 선택할 뿐 자금수요자가 누구인지 알지 못하며 자금의 출처에 대해서도 알 필요가 없다. 공급된 자금의 원리금 상환은 전적으로 거래 금융기관이 책임을 지며 자금수요자들도 금융기관에 대해서만 원리금의 상환의무를 지게 된다.

이와 같은 간접금융의 장점은 금융기관이 불특정 다수인으로부터 다양한 규모의 자금을 유치한 다음 이를 대규모의 기업자금이나 소액의 가계자금 대출로 구분하여 탄력적으로 운용할 수 있다는 데에 있다. 그 결과 간접금융은 자금제공자에게는 상대적으로 자금운용의 안정성을 높여주고 자금수요자에게는 필요한 자금을 조달할 수 있도록 해준다.

3. 금융의 구조와 특성

(1) 금융의 구조

금융의 중심적 수단은 화폐이다. 공적으로 통용되는 화폐를 통화(currency)라 한다. 그런데 사실상 통화의 구성에서 발행되는 화폐, 즉 지폐나 주화는 그 비중이 매우 낮다. 현실적으로 중요한 의미를 갖는 통화의 공급은 "지급준비시스템(reserve system)"을 통해 창조되는 것이다.

화폐는 시대를 거듭할수록 그 의미가 변화확대되고 있다. 화폐의 의미가 단순한 교환의 매개수단 중심에서 오늘날에는 새로운 가치를 창출하는 자본 중심으로 그 의미의 중심이 옮겨가고 있다. 화폐 자체의 가치창출능력은 금융의 기능 확대를 통해 또는 이와 관련되어 더욱 커지게 된다. 화폐의 의미 변화에 따라 금융의 의미도 함께 변화발전해 왔다. 심지어 이제 금융은 경제의 혈액과 같은 기능을 넘어서 경제의 머리가 되어가고 있다.

　　금융기능이 안정적으로 유지되는 것은 경제의 지속적이고 안정적인 발전에 절대적인 중요성을 갖는다. 금융의 불안은 대체로 갑작스런 신용경색을 수반하기 마련이고 대외교역이나 자본거래의 위축, 국가신용의 하락, 그리고 통화가치의 급락으로 이어져 결국 경제를 파탄시키거나 경제에 중대한 동요를 야기할 수 있다. 중앙은행의 통화정책은 금융을 통해 생산활동과 물가로 이어지는데, 금융이 불안해지면 통화정책의 파급경로에 문제가 생겨 결국 금융위기로 치달을 수도 있다. 따라서 금융은 그 자체로 공공재적 특성을 강하게 가지며, 금융안정은 중요한 국가적 과제에 속한다. 적어도 안정적인 화폐제도를 마련하고 화폐가 안정적으로 유통될 수 있는 신용환경을 구축하면서 이를 보장하는 것은 모든 생활관계에 있어서 기초적인 의미를 갖는다. 따라서 안정적이고 원활한 금융제도의 마련은 중요한 헌법적 과제로 이해될 수 있다.

(2) 금융의 특성

　　금융은 무형의 금융수익을 낳는 성질을 갖는다. 금융은 일정 시간이 흐르면 일정한 금융수익을 낳는 구조로 되어 있다. 돈을 빌려주면 일정 시간 후에 원본에 이자가 더해진다. 또 이자를 다시 원본에 산입하는 복리의 경우에는 금융수익이 눈덩이처럼 증가하게 된다.

　　금융의 사행적 특성과 경제적 중요성은 동전의 양면과 같은 불가분의 관계에 있다. 따라서 한편으로는 금융의 경제적 중요성에 비추어 볼 때 최대한의 자율성을 보장할 필요도 있지만, 다른 한편으로는 그 사행성으로 인해 금융은 사물의 본성상 높은 도덕성과 엄격한 규제를 필요로 하게 된다. 예를 들어 과도한 사행성을 띠는 투기적 주식거래는 기업의 가치를 적정하게 반영하지 못함으로써 금융을 불안정하게 만들 우려가 있으며, 과도한 거품형성으로 인해 경제 전체가 혼란에 빠질 수도 있기 때문이다.

　　금융의 특성을 정리하면 다음과 같다. ⅰ) 금융의 특성으로서 "사행성"은 (금융이익을 쫓아) 돈이 많은 곳으로 오히려 돈이 몰리고 정작 돈이 필요한 곳에는 돈이 공급되지 않게 만들 수 있다. 금융의 실패는 자원배분의 왜곡으로 이어져 경제에 장애를 야기할 수 있다.

　　ⅱ) 금융의 특성으로서 "경제에 대한 지배력과 파괴력"으로 인해 금융시장은(반드시 투기가 아니더라도) 의도적인 금융패권의 영향력 속에서 왜곡될 우려가 있다. 특히 은행은 금융의 근간이 되는 것으로서 여타의 금융수단보다 강한 공공성을 가진다고 할 수 있는데, 만약 은행이 금융패권의 영향 아래 방치된다면 또는 엄격한 은행제도가 마련되지 못한 채 은행이 방만하게

운영된다면, 금융 전체에 심각한 문제를 야기할 수 있다.

iii) 금융의 특성으로서의 "사행성"은 인간의 이기심과 탐욕으로 인해 "투기성"으로 나타날 수 있다. 즉 금융은 언제든지 도를 넘는 투기적 행위로 변질될 가능성이 크다. 그러나 사회적으로 용인되는 "투자행위"와 규제가 필요한 "투기행위"의 구별은 사실상 어렵다. 양자의 차이는 객관적인 사실에 있다기보다는 대체로 주관적인 의도에서 비롯되는 것이기 때문이다.

Ⅲ. 금융제도

경제제도는 경제 각 부문에서 발생하는 지출의 순환적 흐름과 관련된 기구와 제도로서 경제주체, 재화와 서비스, 금융수단 등으로 구성된 경제객체 및 시장으로 구성된다. 금융제도는 경제제도의 일부로서 국가의 금융질서를 구성하는 요소이다. 그런데 금융이 실현되기 위해서는 통화제도 및 지급결제제도, 외환제도, 금융상품, 금융시장, 금융기관 등의 금융제도(financial system)가 마련되어야 하며, 금융제도를 통해 비로소 금융거래가 이루어질 수 있다. 금융제도에는 공식적인 것뿐만 아니라 비공식적인 것도 있을 수 있으나, 금융의 특성 또는 중요성에 비추어 원칙적으로 금융제도는 법률에 의해 규율되어야 한다.

금융제도는 금융거래에 관한 체계와 규범을 총칭한다. 금융제도의 핵심 구성요소로는 금융거래가 이루어지는 금융시장, 금융거래의 대상인 금융상품, 금융거래를 중개해주는 금융기관, 금융거래를 지원·규제·감독하는 금융행정으로 구분될 수 있다.

제2절 경제의 작동체계: 돈의 작동원리

★ 한국경제 2024년 10월 7일

활력 잃은 소비·투자…3분기도 '성장 부진' 예고

　민간소비와 투자를 비롯한 내수 장기 침체가 이어지면서 지난 3분기 국내총생산(GDP) 증가율이 0%대 초반에 그쳤을 가능성이 제기되고 있다. 반도체·자동차 등 제조업을 앞세운 수출 호황의 온기가 하반기 들어서도 좀처럼 내수 부문으로 확산되지 않고 있기 때문이다. 한국은행의 기준금리 인하 등 '피벗'(통화정책 전환)이 이달에 이뤄지지 않으면 4분기 경기 회복도 장담하기 어렵다는 관측이 나온다.

　기재부는 한은이 2분기 GDP 속보치를 공개한 지난 7월 말에도 올해 성장률 전망치(2.6%)를 달성할 수 있다고 자신했다. 하반기에는 고물가·고금리 상황이 완화되면서 내수가 개선될 것으로 봤기 때문이다. 이는 한은이 다음달인 8월 기준금리를 인하할 것으로 내심 기대하고 내린 판단이기도 했다. 하지만 한은 금융통화위원회는 8월 기준금리를 연 3.5%로 동결했다. 이에 대해 대통령실이 이례적으로 "내수 진작 측면에서 아쉬움이 있다"고 논평한 것도 이와 무관치 않다는 분석이 나온다.

　내수의 핵심인 민간 소비와 건설·설비투자는 하반기 들어서도 회복될 기미를 보이지 않고 있다. 소비 동향을 보여주는 소매판매는 7월 2.0% 감소했다가 8월 휴가철 특수에 힘입어 전월 대비 1.7% 깜짝 증가하면서 '울퉁불퉁한 흐름'을 이어가고 있다. 9월엔 전월 휴가철 특수에 따른 기저효과 때문에 소매판매 지표가 다시 곤두박질칠 수 있다는 우려가 나온다.

Ⅰ. 개인

1. 소비, 생산, 소득

(1) 나의 소비는 너의 소득

　경제학에서 가장 기본적인 관계 중 하나는 경제주체의 쓰는 것(=소비)과 버는 것(=소득) 사이의 관계이다. 소득과 소비의 관계는 매우 중요하기 때문에 그 관계의 설명을 위해 3가지 예를 들어 본다. 경제주체인 개인, 기업, 정부의 경우를 나누어 쓰는 것과 버는 것 사이의 관계

를 살펴보면 다음과 같다.[3)

첫째, 내가 교보문고에서 신간 서적을 3만원에 사면 나는 3만원을 썼고 누군가는 3만원을 벌었다. 여기는 "누군가"는 일반적으로 교보문고의 임직원과 주주, 책을 출간하는 출판사의 임직원과 주주, 책의 편집자, 책의 기획 및 마케팅 담당자, 심지어 저자를 포함하는 사람들의 집합이다. 나의 책 구매(=소비)로 인한 모든 소득의 합계는 정확히 3만원이다.

둘째, 삼성전자가 컴퓨터용 새 소프트웨어를 설계하고 구현하는 데 2백억원을 지출하면 삼성전자는 2백억원을 썼고 누군가는 2백억원을 벌었다. 여기서 "누군가"는 일반적으로 컴퓨터 프로그래머, 새 시스템을 배우기 위해 초과 근무 수당을 받는 직원, 새 컴퓨터 시스템을 제공하고 설정하는 데 관련된 사람들은 총 2백억원의 소득을 얻는다.

셋째, 정부가 국경 장벽에 5천억원을을 지출하면 정부는 5천억원을 썼고 누군가는 5천억원을 벌었다. 여기서 "누군가는 장벽을 건설하는 노동자, 건축 장비 제공자, 엔지니어, 컨설턴트, 이 사업과 관련해 상품이나 서비스를 제공하는 데 관련된 사람들은 총 5천억원의 소득을 얻는다.

결론은 모든 소득은 개인, 기업, 정부가 새로운 상품과 서비스에 지출(=소비)하기 때문에 발생한 것이다.

(2) 국내총생산(GDP): 총생산=총지출(총소비)

2020년 사람들은 미국에서 생산된 새로운 상품과 서비스에 약 20조 9,000억 달러를 지출했다. 따라서 이는 미국에서 20조 9,000억 달러의 총소득이 창출된 것을 의미한다. 이 숫자는 다른 숫자와도 친숙하다. 즉 한 국가의 국내총생산(GDP) 숫자이다.

해당 연도의 GDP(Gross Domestic Product)는 해당 연도에 해당 국가에서 생산된 모든 상품과 서비스의 판매가격(즉 달러가치, 원화가치 등)으로 정의된다. 여기에는 당신이 청바지와 셔츠, 소설책과 시집을 구입하기 위해 지출한 금액, 기업이 새로운 컴퓨터 장비를 설치하기 위해 지출한 금액, 정부가 도로를 건설하고 공무원 급여를 지급하기 위해 지출한 금액이 포함된다. GDP는 한 나라의 경제 성적표로 생각하면 된다. GDP는 한 국가가 해당 연도에 얼마나 많은 것을 생산하는지를 보여주는 것이다.

해당 연도의 GDP가 해당 연도에 해당 국가에서 생산된 상품과 서비스에 대한 총지출과 같다는 것은 우연이 아니다. 이는 해당 연도의 해당 국가의 총소득과 같다. 또한 미국에서 사람들이 새로운 상품이나 서비스에 20조 9,000억 달러를 소비했다면, 사람들은 20조 9,000억 달러의 새로운 상품이나 서비스를 생산했고 그 결과 20조 9,000억 달러를 벌었다는 것은 우연이

---

3) 이상복 옮김(2023), 60-64쪽.

아닌 것도 이해가 된다. 앞에서 본 신간 서적은 GDP에 3만원을 기여했을 것이고, 새로운 컴퓨터 시스템은 GDP에 2백억원을 기여했을 것이며, 장벽은 GDP에 5천억원을 기여했을 것이다.

GDP가 어느 시점에 우리 경제가 얼마나 많은 생산을 하고 있는지를 보여줄 수는 것처럼, GDP는 시간이 지남에 따라 우리 경제가 얼마나 개선되었는지를 보여줄 수 있다. 한 해의 GDP를 다른 해의 GDP와 비교할 때 유일한 문제는 그 변화의 일부가 물가 변동(인플레이션) 때문이라는 것이다. 따라서 1년에서 다음 해까지의 생산량은 정확히 동일하지만, 물가가 오르면 GDP는 올라가지만 우리는 더 나아지지는 않을 것이다. 따라서 시간 경과에 따른 경제의 실질 성장을 측정하기 위해 인플레이션으로 인한 물가상승을 뺀다. 이것은 실제 생산량의 증가를 측정하기 때문에 "실질 GDP" 성장이라고 한다. 평균적으로 실질 GDP로 측정한 미국 경제는 제2차 세계대전이 끝난 후 매년 3% 이상 성장했다. 2000년 이후 실질 GDP 성장률은 연평균 약 1.8%로 둔화되었으며 일부 경제학자들은 성장률이 계속 둔화될 것이라고 우려하고 있다.

2. 노동소득, 투자소득, 부(Wealth)

(1) 누가 벌고 있는가

미국산 상품과 서비스에 대한 소비 1달러는 미국인에게 1달러의 소득을 창출한다. 그렇다면 수조 달러의 소비가 어떻게 소득으로 우리에게 전달될까? 2가지 방법이 있다.[4]

소득을 얻는 첫 번째 방법은 임금, 급여, 팁, 보너스 등 노동을 제공한 대가로 얻는 노동소득이다. 노동소득에는 최저임금 노동자의 시간당 임금에서부터 월가 CEO의 수백만 달러의 연간 보너스에 이르기까지 모든 것이 포함된다. 이것을 모두 합산하면 GDP에서 노동에 돌아가는 비율로 볼 수 있다.

소득이 우리에게 들어오는 두 번째 방법은 투자소득이다. 투자소득에는 기업이 영업의 결과로 얻는 이익, 남에게 빌려준 돈에 대한 이자 수입, 임대 부동산의 임대료 수입 등이 포함된다. 모든 투자소득을 합산하면 자본(소득을 창출하는 자산) 소유자에게 돌아가는 GDP의 몫으로 볼 수 있다.

투자소득의 범주는 사람들이 생각하는 것보다 훨씬 크다. 왜냐하면 기업에서 1달러의 이익은 실제로 자본 소유자에게 1달러의 소득이기 때문이다. 그렇다면 노동과 자본 사이의 GDP 분배에 무슨 일이 일어났는가? 맥킨지 글로벌 연구소(Mckinsey Global Institute)에 따르면 미국 전체 소득에서 노동이 차지하는 비중은 2000년 63.3%에서 2016년 56.7%로 떨어졌다(자본의 몫이 36.7%에서 43.3%으로 증가했음을 의미). 노동에서 자본으로의 소득 이동은 같은 16년 동안 미국의 GDP가 82% 증가한 반면 노동자의 평균 순 보상은 46%에 그쳤다. 노동소득이 GDP보다

---

4) 이상복 옮김(2023), 73-79쪽.

느리게 성장하고 있으며 투자소득은 GDP보다 빠르게 성장하고 있다. 지난 20년 동안 대부분의 주요 국가에서도 미국만큼은 아니지만 노동에 분배되는 소득의 비율이 감소하고 있다.

(2) 부(富)는 부(富)를 낳는다

모든 노동소득이 노동으로 인해 발생하는 것처럼 모든 투자소득은 "투자소득을 창출하는 자본의 소유권"인 부(wealth)에서 발생한다. 부는 주로 주식(기업의 소유권을 나타냄), 채권(채권 소유자에게 빚진 돈을 나타냄), 물리적 자산(예: 부동산), 은행 계좌 잔고로 구성된다.

부를 갖는 것이 소득이 있는 것보다 틀림없이 더 유익하다. 부는 어떤 목적으로든 언제든지 이용할 수 있는 가치 저장소이며 계속해서 일자리를 찾는 데 의존하지 않는다. 여기서 중요한 점은 부는 소유자를 위한 소득을 창출하고 시간이 지남에 따라 가치를 평가함으로써 거의 항상 추가적인 부를 창출한다는 것이다. 억만장자 에드가 브론프만 주니어(Edgar Bronfman Jr.)는 이 현상에 대해 "100달러를 110달러로 만드는 것은 일이다. 1억 달러를 1억 1,000만 달러로 만드는 것은 불가피하다"고 말했다. 다시 말해 저소득층은 돈을 저축하는 데 어려움을 겪고 저축액이 적기 때문에 제한된 투자 옵션에 직면하는 반면, 부유한 사람들은 경제가 제공하는 최고의 투자 기회뿐만 아니라 소비 후에도 돈이 남는다.

대부분의 사람들이 상당한 기간에 걸쳐 투자하는 것처럼, 투자 가치가 증가할 때 소유자가 실제로 투자대상을 매각하고 이익을 얻을 때까지는 가치 상승에 대해 세금이 전혀 부과되지 않는다. 예를 들어 제프 베조스의 자산은 아마존 주식 가치 상승으로 인해 2020년에 약 750억 달러 증가했지만, 그는 해당 이익에 대해 세금을 내지 않았으며, 주식을 매각할 때까지 해당 이익에 대해 세금을 내지 않을 것이다. 한편 미국 아마존 정규직 직원의 평균 급여는 2020년 기준 37,930달러였으며, 해당 직원 각각은 전체 금액에 대해 세금이 부과되었다.

주식과 같은 자산을 최종 매각할 때 세법은 투자자가 벌어들인 이익에 대해 "자본이득세율(capital gains tax rate)"이라고 하는 특별히 낮은 세율을 적용한다. 자본이득세는 다음과 같이 작동한다: 누군가가 주식을 100,000달러에 사서 그것을 5년 후 160,000달러에 팔 때, 60,000달러의 "자본이득"이 있다고 말한다. 해당 기간 동안 주식의 가치가 매년 증가할 수 있었음에도 불구하고 주식이 판매된 5년 기간 말에만 해당 이득에 대한 세금이 부과된다. 마지막으로 60,000달러의 이득에는 더 낮은 자본이득세율이 적용된다. 판매가격 160,000달러 중 100,000달러는 자본금의 반환일 뿐이며, 이것은 단지 그 사람의 원래 투자금의 반환이기 때문에 당연히 비과세이다.

이것은 무엇을 의미 하는가? 사람들이 자신의 노동으로 번 돈인 임금소득은 부유한 납세자들에게 집중되는 투자소득보다 거의 항상 더 높은 세율로 과세된다. 약 800억 달러로 추산되는 재산을 가진 워렌 버핏(Warren Buffett)은 자신의 비서보다 소득의 낮은 비율을 세금으로 내고 있는 것으로 유명하다. 이것은 그가 돈을 버는 방식인 자본이득에 대한 낮은 세율과 그의 비서인 그녀가 돈을 버는 방식인 임금소득에 대한 높은 세율 때문이다.

많은 자산은 시간이 지남에 따라 가치가 증가하는 것 외에도 소유하는 동안 소유자에게 정기적으로 금전을 지급해 준다. 여기에는 주식에 대한 배당금, 채권에 대한 이자, 부동산에 대한 임대료가 포함된다. 또한 이 소득의 대부분은 노동소득보다 낮은 세율로 과세된다. 자산이 매각되기 전에는 소득이 없더라도(주인이 임대하지 않는 두 번째 집이나 배당금을 지급하지 않는 주식처럼) 소유자는 투자 가치 증가로 인한 혜택을 받는다. 이러한 비과세 혜택에는 증가하는 자산 가치를 담보로 사용하여 더 낮은 이자율로 돈을 빌릴 수 있는 능력, 더 큰 부가 제공하는 재정적 안정성, 필요에 따라 이득을 현금으로 전환할 수 있는 능력, 그리고 두 번째 집의 경우 이 집에서 시간을 보내는 것이 포함된다.

부는 부를 낳고 사람은 더 많이 가질수록 더 많이 축적할 수 있다는 것은 분명하다. 소득 불평등 심화 및 상속 증가와 결합된 투자소득에 대한 이러한 세제 혜택으로 인해 부는 더욱 집중되고 있다. 미국의 부가 얼마나 집중되었는지에 대한 많은 추정치가 있다. 즉 세인트루이스 연방준비은행(Federal Reserve Bank of St. Louis)의 추산에 따르면 상위 10% 가구가 전체 부의 77%를 소유하고 있다고 추정하고, 의회예산처(Congressional Budget Office)는 모든 가구의 하위 절반이 전체 부의 1%만을 소유하고 있다고 추정한다. 경쟁의 장을 보다 공평하게 만들기 위해 어떤 조치를 취하지 않는 한, 이러한 불평등은 상대적으로 적은 수의 사람들에게 부(따라서 권력)가 지속적으로 집중되는 결과를 낳을 가능성이 높다.

이 현상은 토마스 피케티(Thomas Piketty)의 유명한 "21세기 자본(Capital in the Twenty-First Century)"의 초점이다. 이 책은 800페이지가 넘는 경제학 책이 베스트셀러가 된 보기 드문 사례이다. 피케티는 경제의 대부분이 상속된 부에 의해 지배되는 "세습 자본주의(patrimonial capitalism)" 시스템으로 돌아가는 세계에 대해 말하고 있다. 그는 이것이 우리 사회를 민주주의에서 기대했던 것보다 훨씬 더 많은 통제력을 행사하는 과두 정치로 만들지 않을까 우려하고 있다.

Ⅱ. 기업

1. 주식시장

(1) 주식회사란 무엇인가

주식회사란 사업을 영위하고 상품과 서비스를 생산할 목적으로 법률에 의해 설립된 영리 사단법인을 말한다. 주식회사는 법인격을 부여받았기 때문에 사람과 마찬가지로 권리의무의 귀속주체가 된다. 따라서 주식회사는 사람은 아니지만 설립 목적을 위해 별개의 실체로 취급된다. 특히 주식회사는 주주라고 하는 소유자와 구별되고 분리된 것으로 취급된다.[5]

주식회사가 어떻게 소유되는지 보기 위해 많은 조각으로 나누어진 파이를 생각해 볼 수 있다. 주식회사의 경우 이러한 조각을 주식이라고 한다. 회사의 발행주식이 100주이고 주주가 1주를 소유한 경우 회사의 1%를 소유한다. 모든 주식의 가치는 동일하므로 회사의 총 가치는 단순히 주가에 발행 주식수를 곱한 것이다.

주주들은 다른 회사와의 합병 여부 등 주요 결정에 대해 자신들이 소유한 각 주식당 1개의 의결권을 갖는다(1주 1의결권의 원칙). 주식회사는 때때로 이익의 일부를 회사에 보유하지 않고 주주들에게 배당하기로 결정하고, 주주들은 자신들이 소유한 주식수에 비례하여 배당금을 나눈다.

(2) 주주의 유한책임

주주는 회사에 대하여 주식의 인수가액을 한도로 출자의무를 부담할 뿐 그 이상 회사에 출연할 책임을 부담하지 않는다. 따라서 회사가 채무초과 상태에 빠지더라도 주주는 회사의 채권자에게 변제할 책임을 지지 않는다. 이를 주주의 유한책임이라고 한다.

거의 모든 중요한 사업체가 주식회사인 이유는 무엇인가? 주식회사의 소유주인 주주의 유한책임이 가장 큰 이유이다. 주식회사의 유한책임은 주주의 개인재산만을 보호하고, 주식회사 자체의 자산은 보호하지 않는다. 주식회사 자체가 소유한 돈과 재산은 회사가 초래한 손해나 책임을 해결하는 데 사용된다. 상당한 회사 자산이 발생한 손해를 배상하는데 사용되면, 회사 주식의 가치는 타격을 입는다.

주주의 책임을 제한하는 것은 회사로 인해 피해를 입은 사람들에게 다소 불공정하게 보일 수 있다. 그럼에도 불구하고 주식회사가 없다면 우리 모두는 중세 마을에서 식량이 부족한 소작농처럼 살고 있을지도 모른다. 유한책임은 투자자들(가장 작고 덜 세련된 투자자부터 가장 크고 현명한 투자자에 이르기까지)이 세상을 바꿀 수 있는 거대하고 위험한 기업에 돈을 투자하도록 장려한다.

기업은 개인의 무한책임을 가진 소유주를 유한책임을 가진 주주로 통합하여 전환함으로써, 효율적인 조립 라인을 만들고, 신약을 개발하고, 전기를 공급하는 데 필요한 거대한 발전소를 건설하고, 인터넷과 스마트폰을 현실로 만드는 인프라를 구축하는 데 필요한 막대한 금액을 모을 수 있었다. 많은 중요 대기업들은 소유주가 회사에 발생할 수 있는 사고나 기타 문제에 대해 무제한 청구를 당할 것을 두려워했다면 필요한 수십억 달러를 모을 수 없었을 것이다.

---

5) 이상복 옮김(2023), 96-103쪽.

(3) 주식회사와 주식시장

대다수의 대기업은 공개적으로 소유되며, 이는 증권거래소(예: New York Stock Exchange)에서 일반인이 주식을 사고팔 수 있음을 의미한다. 따라서 우리의 소유지분은 마크 저커버그의 소유지분보다 훨씬 적지만, 여러분과 나는 마크 저커버그와 함께 페이스북의 소유자가 될 수 있다. 기업이 공개되기 위해서는 증권거래위원회(SEC: Securities and Exchange Commission)가 부과하는 엄청난 요구사항을 충족하고, 기업실적, 경영상태, 장래 전망에 대한 방대한 세부 정보를 공개해야 한다(IPO와 상장→공개회사)

대부분의 소기업과 블룸버그 통신(Bloomberg L.P.) 및 코크 인더스트리즈(Koch Industries)와 같은 일부 대기업과 같이 기업이 공개되지 않은 경우 해당 주식은 개인 소유라고 한다. 이것은 기업의 기존 주주가 개인 거래로 주식을 매각하는 데 동의하지 않는 한, 일반 대중이 소유자가 될 수 없음을 의미한다. 또한 이것은 공개회사에게 공시하도록 요구되는 기업활동에 관한 모든 세부정보를 공시하는 것을 피할 수 있음을 의미한다(폐쇄회사)

누가 주식회사를 지배하는가? 당신이 발행주식의 50% 이상을 소유하고 있다면 당신이 회사를 지배하는 것이다. 이것은 여러분이 주주 투표에서 무엇이든 이길 수 있도록 해준다. 여러분은 회사의 방향을 바꿀 새로운 CEO(여러분이 될 수 있음)를 채용할 새로운 이사 후보자 명단(여러분을 포함할 수 있음)에 투표할 수 있다. 만약 회사가 수천 명의 주주를 가질 정도로 규모가 크고, 주주들 중 다수가 회사에서 무슨 일이 일어나고 있는지에 대한 관심이 없거나 주주총회에서 의결권을 행사하지 않는다면, 당신은 아마 50% 미만의 지분으로 회사를 지배할 수 있을 것이다. 예를 들어 제프 베조스는 아마존의 발행주식 약 5억주 중 11.1%를 소유하고 있으며, 이는 그가 회사를 지배하기에 충분하다(다음으로 큰 개인 최대주주는 아마존 주식의 0.02%를 소유하고 있으며, 기관 최대주주는 아마존 지분 7.1%를 보유한 증권사이다).

(4) 주가는 어떻게 결정되는가

주식의 가격은 대부분의 물건 가격이 결정되는 방식, 즉 수요와 공급에 의해 결정된다. 사람들이 회사의 주식을 매수하면 문자 그대로 회사의 지분과 미래의 모든 이익을 얻는 것이다. 따라서 사람들이 기업의 전망이 밝다고 생각하면, 매수자가 매도자보다 많아지고 회사의 주가가 상승한다. 그렇지 않으면, 매도자가 매수자보다 많아지고 주가가 하락한다.

존 메이너드 케인즈(John Maynard Keynes)는 이 과정을 그의 시대(20세기 초)에 진행된 미인대회, 즉 한 신문에서 여러 장의 사진 중에서 가장 매력적인 6명의 여성을 선택한 사람에게 상품을 제공했다는 대회에 비유한 적이 있다. 매력은 어떤 형식적인 기준이 아니라 모두의 선택에 기반을 두었다. 따라서 누가 객관적으로 가장 매력적이냐는 중요하지 않았다. 중요한 것은 다른 참가자를 통해 각 참가자가 가장 매력적이라고 생각하는 사람이었다. 주식시장도 비슷하다. 투자자들은 다른 투자자들이 살 것이라고 생각하는 주식을 산다. 케인즈는 "성공적인 투자는 다른 사람들의 기대를 예상하는 것"이라는 말로 미인대회의 교훈을 요약했다.

많은 투자자문업자들의 주장에도 불구하고, 케인즈가 설명한 미인대회의 결과를 예측하는 객관적인 공식이 없듯이 가장 유망한 주식을 식별하는 객관적인 공식은 없다. 만약 객관적인 공식이 있다면, 투자자문업자들은 당신에게 자문 의견을 팔기 위해 시간을 보내는 대신 그들 자신이 많은 돈을 벌기 위해 시간을 보낼 것이다.

지난 몇 년 동안 기업들은 주식시장에서 자사 주식을 다시 매입하는 데 수조 달러를 지출했다. 왜 그랬을까? 이론적으로 회사는 사업에 필요하지 않은 현금(보통 수익에서 얻은)이 있다고 판단한 후 주식을 되사므로, 회사 소유주인 주주에게 반환해야 한다. 자사주 매입은 주주들에게 어떻게 이익이 되는가?

당신은 기업과 파이 사이의 비유를 떠올려 보면 그 방법을 알 수 있다. 회사가 자사의 발행 주식을 매입하면 해당 주식은 시장에서 사라지고 더 이상 소유권을 나타내지 않는다. 따라서 회사의 소유권은 더 적은 수의 주식으로 나뉜다. 파이를 더 적은 조각으로 나누면 조각의 규모가 커지는 것처럼, 기업을 더 적은 수의 주식으로 나누면 주식의 가치가 높아진다. 회사의 이익은 더 적은 수의 주식으로 나누어져 주당 이익이 증가한다. 그리고 주당 이익이 증가하면 주가가 상승한다.

배당금과 마찬가지로 자사주 매입은 회사로부터 소유주에게 현금을 이전한다. 회사가 팔고자 하는 사람들의 주식을 사면 더 이상 회사에 관심이 없는 주주들에게 현금을 보낼 뿐이다. 그것은 그들의 소유 지분을 배제하고, 그 결과 그들의 지분은 나머지 주주들에게 분배된다.

2. 금융회사의 역할: 빚(=신용)의 창조

상업은행, 투자은행, 헤지펀드 등의 금융회사는 개인 주주가 소유하고 주주가치에 중점을 둔다는 점에서 다른 기업과 같다. 그러나 금융회사들은 그들의 활동이 경제에 막대한 영향을 미친다는 점에서 대부분의 다른 기업과 다르다. 특히 금융회사는 2008년 대침체(Great Recession)와 같은 경기침체를 악화시키거나 실제로 초래했다는 비난을 받는 경우가 많다.[6]

금융회사의 가장 기본적이고, 중요하며, 전통적인 역할은 현재 필요하지 않은 돈을 가진 사람들의 자금을 현재 돈이 필요한 사람들과 연결시켜 그 과정에서 모두를 더 잘 살게 하는 것이다. 돈을 제공하는 사람(저축자/투자자)은 수익을 얻는다(예: 이자, 배당금, 자본이득). 돈을 제공받은 사람들은 집을 사거나, 사업을 시작하거나, 신제품을 발명하는 것과 같이 평소보다 더 일

---

6) 이상복 옮김(2023), 114-115쪽.

찍 하고 싶은 일을 시작할 수 있다.

우리 경제에는 금융부문을 통해 돈을 찾는 세 가지 주요 그룹이 있다. 즉 소비자(여러분과 나 같은 개인), 기업, 정부이다. 개인, 기업, 정부는 부채(빛: debt)를 통해 원하는 자금을 얻을 수 있다. 부채란 정확히 무엇인가?

부채는 다양한 형태를 띨 수 있으며, 누가 빌리느냐와 무슨 목적으로 빌리느냐에 따라 이름이 바뀔 수 있다. 부채의 예로는 학자금 대출자의 대출증서, 주택소유자가 주택 구입을 위해 빌린 돈을 상환하도록 요구하는 모기지 증서, 기업의 신용 한도 상환채무증서, 정부가 채권 소유자에게 일정 금액을 지급할 의무가 있는 재무부 채권이 있다.

결론은 이름이 무엇이든, 어떤 형태를 취하든, 모든 부채는 단순히 한 당사자가 다른 당사자에게 빚진 돈일 뿐이다. 일반적으로 해당 금액을 상환해야 하는 자세한 조건을 설명하는 문서가 함께 제공된다. 특히 차용인이 차용 금액(원금)과 해당 금액에 대한 이자를 상환해야 하는 방법 및 시기가 문서에 포함된다. 그것이 무엇이라고 부르든 어떤 형태를 취하든 상관없이 부채에 대한 본질적인 전부이다.

기업(주식회사)은 개인과 정부가 하지 않는 돈을 제공하는 사람(저축자/투자자)으로부터 돈을 구할 수 있는 또 다른 방법이 있다. 즉 주식 지분이다. 지분(equity)은 기업의 전체 또는 일부에 대한 소유권을 나타내는 또 다른 단어이며, 주식의 소유지분으로 표시된다. 고맙게도 저축자·투자자는 사람에 대한 소유권을 가질 수 없고, 정부의 일부에 대한 소유권을 가질 수 없기 때문에, 기업만이 주식을 통해 자금을 조달할 수 있다.

따라서 자금이 필요한 기업은 부채(debt) 또는 주식(equity＝지분)을 통해 자금을 조달할 수 있다. 금융부문의 상상력이 풍부한 사람들은 상상할 수 있는 모든 방식으로 부채와 주식의 특성을 결합한 다양한 상품을 만들어 냈다.

Ⅲ. 경기순환

1. 버블의 형성과 붕괴

(1) 경기침체의 의미

코로나바이러스 관련 경기침체(recession)와 2008년의 대침체(Great Recession)는 가장 최근에 발생한 경기침체이다. 그런데 1930년 초 대공황(Great Depression) 이후 적어도 12번의 다른 경기침체가 있었다. 경기침체는 정확히 무엇이며, 왜 계속 발생하는가?[7]

일반적으로 "경기침체"는 연속 2분기 동안 생산량(GDP)이 감소하는 것으로 정의된다. 따

---

7) 이상복 옮김(2023), 140-147쪽.

라서 지난 분기의 생산량이 감소하고, 다음 분기에 생산량이 다시 감소하면, 일반적으로 경제는 경기침체에 빠진 것으로 간주된다. "불황(depression)"이라는 용어는 "경기침체"라는 용어와 같이, 널리 받아들여지는 정의가 없지만, 일반적으로 특히 심각한 경기침체를 의미한다. 얼마나 심각한가? 지난 100년 동안, 1930년대에 발생한 "대공황"만이 일관되게 불황이라고 불린다. 2008년에 발생한 경기침체는 대부분의 경기침체보다 심했지만, 대공황만큼 심하지는 않았기 때문에, 일반적으로 "대침체(Great Recession)"라고 불린다.

우리 대부분은 분기별 GDP 수치를 따르지 않는데, 경기가 침체에 빠졌다는 것을 어떻게 알 수 있을까? 앞에서 본 것처럼 것처럼 경제의 상품과 서비스의 총생산량은 총소비 및 총소득과 같다. 따라서 생산량이 감소하면 소비와 소득도 함께 감소한다. 이것은 우리가 더 큰 실업률(더 적은 생산량을 생산하기 위해 더 적은 수의 노동자가 필요하기 때문에), 더 큰 소득 감소(더 많은 노동자가 해고됨에 따라), 더 큰 가격 하락(기업이 더 작고 덜 부유한 고객에게 판매하기 위해 경쟁함에 따라), 그리고 더 많은 파산, 압류 및 퇴거를 보게 될 것임을 의미한다.

그렇다면 소득이 줄면 어떻게 될까? 사람들은 훨씬 더 적게 소비한다. 사람들이 더 적게 소비하면 어떻게 될까? 소득은 더 많이 줄어든다. 소득이 더 많이 줄어들면 어떻게 될까? 나는 당신이 "경제는 하향곡선에 접어든다"는 그림을 떠올릴 것으로 생각한다. 이것은 "이 하향곡선은 처음에 어떻게 시작되는가?"라는 질문을 제기한다.

(2) 경기침체의 원인
(가) 수요충격

심각한 침체에 대한 경제적 용어가 심각한 침체에 대한 심리학 용어인 "우울증(depression)"과 동일하다는 사실은 그 원인에 대한 실마리를 제공한다. 전형적인 불황(또는 더 일반적으로 경기침체)에서 변화하는 것은 사회의 전반적인 분위기와 전망이다. 전염성 우울이 이어지고, 사람들은 덜 쓰고, 생산량이 감소하며, 소득이 줄어든다. 이러한 전망 변화를 "수요충격(demand shock)"이라고 한다. 사람들의 소비 의향이 갑자기 감소하고 더 적은 상품과 서비스를 "수요(demand)"하기 때문이다.

수요충격은 대규모의 심리적 현상이다. 경기가 침체되더라도 공장은 무너지지 않고 노동자들은 자신의 기술을 잊지 않으며 경제의 자원은 사라지지 않는다. 일반적인 불황이 시작되기 직전과 시작된 직후에, 당신은 공장의 산업 능력, 기업의 생산 잠재력, 노동자의 기술 수준을 테스트할 수 있으며, 당신은 어떤 차이도 알아채지 못할 것이다. 변화하는 것은 사람들의 관점이다. 경기침체는 순전히 심리적 현상으로 시작될 수 있지만, 그것은 매우 빠르게 실제 결과를 초래한다.

왜 사람들은 갑자기 관점을 바꾸고 비관적이 되며 소비를 줄이고 소득이 줄어드는 악순환을 시작하는가? 경제학자와 기업가들은 종종 주식, 부동산, 또는 그 가치가 급격하게 상승한 기타 자산의 가치가 갑작스럽게 폭락하는 것을 우울의 원인으로 지적하고 있다. 이러한 현상을 자산 "거품(bubble)"이라고 하며, 가격 폭락을 거품의 "붕괴(bursting)"라고 한다. 그 자산이 1929년의 주식이나 2008년의 주택과 같이 많은 사람들에게 영향을 미칠 때, 거품의 붕괴는 수요충격과 그에 따른 경기침체를 일으킬 가능성이 있다. 이것은 처음에 거품이 형성되는 이유에 대한 의문을 제기한다. 왜 일부 자산의 수익은 나중에 폭락하고 소각될 때만 갑자기 팔려나가는가?

대답은 집단 심리학(mass psychology)이다. GDP가 성장하는 호황기에는 사람들이 낙관적이 된다. 사람들은 큰 수익을 올릴 것이라는 기대를 가지고 주식, 부동산, 기타 자산에 투자한다. 많은 경우에 특히 높은 수익을 내는 자산이 이례적인 관심을 끈다. 그것은 많은 수의 투자자들을 끌어들여 합리적인 분석이 예측하거나 정당화할 수 있는 모든 것을 능가하여 훨씬 더 가격을 치솟게 한다. 존 메이너드 케인즈는 이 현상을 "야성적 충동(animal spirits)의 결과-양적 확률을 곱한 양적 이익의 가중 평균 결과가 아니라 행동하지 않기보다는 행동에 대한 자발적인 충동."이라고 말했다.

자산 거품에 휩싸인 많은 투자자들은 그들이 지불하고 있는 가격과 상승하는 자산을 사기위해 취할 수 있는 대출이 어리석을 수 있음을 깨닫는다. 그럼에도 불구하고 투자자들은 이익을 남기고 자신의 투자대상을 팔 수 있는 더 큰 바보가 항상 있을 것이라고 생각한다. 집단심리, 다른 투자자들이 어떻게 부자가 되었는지에 대한 끊임없는 일화, 그리고 놓치는 것에 대한 두려움 때문에, 많은 사람들이 어리석게 행동할 수 있다. 경제학자들은 이것을 "더 큰 바보 이론(greater fool theory)"이라고 부른다. 그리고 그것은 더 이상 바보가 남지 않고, 내가 "더 큰 바보"라고 부르는 투자자가 마침내 거품이 터질 때 자산에 갇히게 될 때까지 작동한다.

우리는 거품이 붕괴하는 이 현상을 쉽게 이해할 수 있지만, 이벤트 시점은 미스터리로 남아 있다. 투자자들은 자산 거품을 타고 거품이 붕괴하기 직전에 매도함으로써 많은 돈을 벌 수있다. 경제학자들도 경제의 미래를 예측하는 데 큰 성공을 거두지 못하고 있다. 심리학자와 그 문제에 대해 다른 모든 사람들과 마찬가지로 경제학자들은 국가 분위기가 바뀔 정확한 시간을 예측하는 데 어려움을 겪는다.

소수의 사람들이 그러한 예측을 성공적으로 수행했다. 전설에 따르면 케네디 대통령의 아버지인 조셉 케네디(Joseph Kennedy)는 1929년 구두닦이 소년이 그에게 주식 정보을 준 후, 주식이 폭락하기 직전에 주식을 매도하기로 결정했다고 한다. 그는 구두닦이 소년이라도 주식을 사고팔면 주식시장이 최대한 올라간다고 생각했다. 즉 모든 여분의 달러는 이미 시장에 투자되었으므로 시장이 갈 수 있는 유일한 방향은 하락하는 것으로 생각했다. 2008년 9월 글로벌 금융위기시에는 헤지펀드 매니저 마이클 버리(Michael Burry)가 파생증권(구체적으로는 CDS)을 이용해 주택 가격이 급락할 수 있다는 데 베팅했다. 그는 정기적으로 베팅에서 돈을 잃었기 때문에, 자금 제공자들로부터 몇 년 동안의 회의론을 견뎌냈다. 책과 영화 < 빅 쇼트: Big Short > 에 묘사된 것처럼 그는 주택 거품이 결국 터질 때까지 간신히 버텼고 많은 돈을 벌 수 있었다. 그럼에도 불구하고 조셉 케네디와 마이클 버리에게 좋은 것은 경제에 매우 나빴다.

(나) 공급충격

때때로 수요충격 이외의 요인이 경기침체를 유발한다. 또한 경기침체는 국가에 대한 직접적인 물리적 피해로 인해 촉발될 수 있으며 이로 인해 상품 및 서비스 생산 능력이 감소한다. 상당한 수의 사람들이 일을 할 수 없거나 사망한다면(예: 전쟁 또는 전염병으로 인해), 또는 생산에 필요한 물리적 기반시설 또는 공급품의 상당 부분이 파괴되거나 쉽게 구할 수 없다면(예: 자연재해 또는 적대적 행동으로 인해), 생산이 감소할 것이다. 경제학자들은 상품과 서비스의 공급에 직접적인 영향을 미치고, 특히 어려운 경기침체를 야기할 수 있는 이와 같은 사건을 "공급충격(supply shocks)"이라고 부른다.

2020년 이전에는 공급충격 침체의 고전적인 예는 석유수출국기구(OPEC) 회원국이 부과한 석유 금수 조치에 뒤이은 것이다. 금수 조치는 미국과 OPEC이 1973년 욤 키푸르 전쟁(Yom Kippur War) 동안 이스라엘을 지원하는 것으로 인식한 다른 국가를 표적으로 삼았다. 석유는 사실상 모든 생산활동에 필수적이기 때문에, 석유 공급 감소와 가격 상승으로 거의 모든 유형의 생산이 훨씬 더 비싸고 어려워졌다. 예상대로 심각한 경기침체가 뒤따랐다.

훨씬 더 최근에 불행하게도 공급충격으로 인한 경기침체의 또 다른 예가 있다. 코로나바이러스로 인해 정부는 경제의 전체 부문을 폐쇄하여 많은 상품과 서비스의 공급을 갑자기 줄였다. 정부가 경제의 많은 부분을 폐쇄하지 않았다면, 아마 겁에 질린 직원들의 결근과 함께 훨씬 더 많은 사망자가 발생했을 것이며, 잠재적으로 생산량이 훨씬 더 감소했을 것이다. 그러나 국가는 코로나바이러스가 경제를 방해하고, 물건을 덜 생산하고, 물건을 덜 사고, 돈을 더 적게 벌게 할 운명이라고 반응했다. 당신이 예상할 수 있듯이, 공급충격은 소비자 심리를 위축시키며, 일반적으로 수요충격을 유발한다.

당신은 사람의 침체 원인을 보는 방식으로 경기침체의 원인을 볼 수 있다. 심리적 불안에 시달리는 사람은 수요충격에 시달리는 경제와 비슷하다. 비관적이고 우울한 전망이 사람과 경제를 압도하여 생산성을 떨어뜨린다. 다리가 부러지거나 동맥이 막히는 것과 같은 심각한 신체적 질병을 앓고 있는 사람은 공급충격에 시달리는 경제와 같다. 신체에 대한 직접적인 손상은 생산성을 떨어뜨린다. 신체적 질병으로 고통받는 사람도 사기를 잃을 가능성이 높으며, 공급충격이 자체 수요충격을 유발할 가능성이 있는 것처럼 잠재적으로 생산성 회복을 더욱 어렵게 만든다.

지금까지 우리는 경기침체의 원인에 대해 논의했으므로, 정부가 경기침체에 대해 무엇을 해야 하는지에 대한 질문으로 넘어갈 수 있다.

2. 연방준비제도(FRS)와 은행

(1) 연준은 무엇이며, 무엇을 하는가?

"Fed"라고 불리는 미국 연방준비제도(Federal Reserve System)는 미국의 중앙은행이다. 아주 작은 국가를 제외한 모든 국가에는 중앙은행이 있다. 영란은행(Bank of England), 일본은행(Bank of Japan), 호주준비은행(Reserve Bank of Australia), 스위스 국립은행(Swiss National Bank)과 같은 이름은 연준과 다르지만, 중앙은행은 모두 국가의 통화정책을 수행할 책임이 있다. 즉 중앙은행은 국가의 화폐공급을 통제하여 금리(이자율)와 경제활동에 영향을 미친다. 유로(euro)를 사용하는 국가들은 예외이다. 이들 국가들은 하나의 공동 중앙은행인 유럽중앙은행(ECB: European Central Bank)을 가지고 있다.[8]

1913년 미국 정부는 연준을 독립기관으로 만들었다. 연준의 본부는 워싱턴 D.C.에 있고, 미국 전역의 주요 도시에 12개의 지역 연방준비은행(regional reserve banks)이 있으며, 관할 지역의 은행을 감독할 책임이 있다. 14년 임기로 대통령이 지명하고 상원에서 인준한 7명으로 구성된 이사회가 연준을 감독한다. 대통령은 7명 중 1명을 상원의 동의를 얻어 4년 임기의 연준 의장으로 지명한다.

연준에는 두 가지 임무가 있다. 첫 번째는 "은행의 은행" 역할을 하는 것이다. 개인, 기업, 정부, 그리고 모든 공공 조직 및 민간 조직(은행 제외)은 모두 은행에 예금한다. 은행은 연준에 예금한다. 당신이 은행에 100달러를 예금할 수 있는 것처럼 은행은 당신의 100달러를 연준의 은행 계좌에 예금할 수 있다. 은행에 있는 당신의 기본 계좌를 당좌계좌(checking account: 입출입이 자유로운 계좌))라고 한다. 연준에 있는 은행 계좌를 "준비금 계좌(reserve account)라고 한다.

당신이 통화를 은행에 예금하는 대신 보유할 수 있는 것처럼 은행도 예금자의 돈을 연준에 예금하는 대신 통화로 보유할 수 있다. 그러나 실질적으로 사람들이 대부분의 돈을 집이 아닌 은행에 보관하는 것과 같은 이유로, 은행은 예금의 대부분을 금고가 아닌 연준에 보관한다. 그것이 보관상 편리하고 안전하기 때문이다. 은행 "준비금"은 단순히 은행이 연준에 예금한 금액에 은행이 보유하고 있는 상대적으로 적은 양의 통화를 더한 것이다. 또한 연준은 국가의 은행 시스템을 감독하고 안전과 건전성을 보장하기 위한 정책을 수립한다.

연준의 또 다른 두 번째 역할은 ─ 경기침체에 관한 논의에서 중요한 것 ─ "이중 책무

---

8) 이상복 옮김(2023), 149-162쪽.

(dual mandate)"를 수행하는 것이다. 한편으로 연준은 완전고용을 달성할 책임이 있다(본질적으로 경제성장을 유지하는 것을 의미함). 다른 한편으로 연준은 물가안정(연준은 연평균 2% 이상의 인플레이션을 방지하는 것으로 해석함)를 달성할 책임이 있다.

그러나 이중 책무(완전고용과 물가안정의 동시 달성)는 다소 모순적인 목표를 부과한다. 앞에서 많은 돈을 경제에 투입하면 사람들이 더 많이 소비하게 될 것이라고 말했다. 기업은 가능한 한 더 많이 고용하고 생산함으로써 반응할 것이다. 그러나 화폐량의 증가가 생산량의 증가보다 크면 인플레이션이 발생한다. 반면에 인플레이션을 방지하기 위해 화폐 발행을 제한하면 완전고용을 달성할 수 있는 충분한 지출을 촉진하지 못할 위험이 있다. 연준의 목표는 최적의 지점을 찾는 것이다. 즉 완전고용을 달성할 만큼 충분히 경제를 자극하지만 인플레이션을 부추기기에는 충분하지 않은 경우이다.

화폐량(금융경제에서 오는 것)의 증가가 어떻게 고용과 생산(실물경제)에 그렇게 큰 영향을 미치는지 논의하기 전에, 먼저 새 돈이 어떻게 만들어지는지 논의하는 것이 필요하다.

(2) 돈의 창조 방식

"화폐(money)" 또는 "화폐공급(money supply)"은 단순히 유통되는 통화와 당좌예금 잔액을 의미한다. 경제에서 구매력의 양을 나타내는 화폐의 양은 항상 증가하고 있다. 예를 들어 1960년에 화폐공급은 약 1,400억 달러였다. 2022년 1월에는 약 20조 7000억 달러로 150배 증가했다. 어떻게 이런 일이 발생했으며, 누가 그 엄청난 양의 새 돈을 얻었는가?

미국 의회는 돈이 만들어지는 과정에 대한 통제권을 연준에 부여했으며, 연준이 돈을 만들어 개인, 기업, 의회나 미국 재무부를 포함한 정부의 모든 부처에 돈을 넘기는 것을 금지했다. 의회는 이러한 제약을 부과하고 연준을 설립하는 법률을 제정할 때 연준에 화폐 창출 능력을 위임했다. 우리는 연준이 화폐를 통제하는 것이 천부적으로 정해진 것이 아니라는 점을 명심해야 한다. 이것은 100여 년 전에 의회에서 내린 선택이었다. 따라서 미래의 의회는 이 제약을 쉽게 제거하고 자체적으로 화폐를 창출할 수 있는 권한을 되찾거나 화폐를 창출하기 위한 새로운 시스템을 설정할 수 있다.

미국 및 대부분의 국가가 이런 식으로 스스로를 제약하고 국가의 화폐 창출 권한을 중앙은행에 위임한 이유는 그러한 제약이 없으면 재앙이 될 수 있기 때문이다. 화폐 창출 기계에 직접 접근할 수 있는 정부는 자신의 지출에 대한 통제력을 잃은 채 너무 많은 돈을 창출하여 돈이 가치가 없게 될 수 있다.

그럼 어떻게 이런 일이 발생할 수 있는가? 한 국가의 정부는 세금을 올리거나(이것은 인기가 없다) 차입(어렵거나 이자가 비쌀 수 있다)하는 대신, 새롭거나 성장하는 정부 프로그램, 특히 그들이 권력을 유지하는 데 도움이 될 것이라고 생각하는 프로그램의 비용을 충당하기 위해 단순히 돈을 창출할 수 있다. 더 많은 돈을 창출하면 인플레이션이 발생하여 프로그램 비용이 상승한다. 따라서 정부는 점점 더 비용이 많이 드는 프로그램을 감당하기 위해 더 많은 돈을 창출한다. 그러나 인플레이션은 훨씬 더 증가하므로 정부는 훨씬 더 많은 양의 돈을 창출해야 한다. 이로 인해 "하이퍼인플레이션"이라고 하는 지속적으로 가속화되는 인플레이션이 발생하여 궁극적으로 국가의 통화 시스템이 붕괴되고 불타게 된다.

예를 들어 1920년대 독일의 바이마르 정부는 사람들이 집을 난방하기 위해 장작 대신 화폐를 태우고 빵을 사기 위해 화폐로 가득 찬 손수레를 끌고 왔다고 보고될 정도로 많은 새로운 화폐를 창출했다. 음식을 주문했을 때보다 청구서가 나왔을 때 식당 식사 비용이 더 많이 든다는 이야기가 있다. 제2차 세계대전 직후 사상 최악의 하이퍼인플레이션 중 하나인 헝가리의 물가 상승률은 매달 41.9조 퍼센트에 이르렀고 이로 인해 유통되는 모든 헝가리 통화의 총 가치는 미국 페니의 일부에 불과했다. 최근에 짐바브웨 정부는 100조 달러 지폐를 인쇄했고(2022년에 이베이(eBay)에서 약 10달러에 판매되었다) 인플레이션은 매달 796억 퍼센트에 달했다. 이런 식으로 돈이 그 가치를 상실하면 그 결과의 범위는 짐바브웨에서와 같은 단순한 경제 붕괴에서부터 독일에서와 같이 대량 사망과 세계 문명에 대한 심각한 위협에 이르기까지 다양하다.

연준이 화폐를 창출하고 화폐공급을 늘리는 특권을 행사할 때 사람들은 종종 연준이 돈을 "찍어 낸다(printing)"고 말한다. 당신은 단순히 통화를 인쇄하는 것만으로 화폐공급이 증가하지 않는 이유를 이미 알고 있을 것이다. 새로 인쇄된 통화는 정부 금고에 보관되며 누구도 (법적으로) 사용할 수 없다. 새로 인쇄된 통화가 실제로 그것을 사용할 수 있는 사람의 손에 들어가지 않는 한, 새 통화는 누구에게도 구매력을 생성하지 않고, 경제에 영향을 미치지 않으며, 녹색 전표 이상의 의미가 없다. 우리가 살펴본 것처럼 새 통화는 어떻게든 "유통"되기 전까지는 "돈"의 자격조차 없다.

그렇다면 돈은 어떻게 빠져나갈까? 은행 대출을 통해서이다. 은행은 대출을 할 때 새로 찍어낸 돈으로 대출을 한다. 은행은 우리의 당좌예금에서 인출하지 않으며 대출을 원할 때 우리 돈의 일부를 넘겨달라고 요구하지도 않는다. 은행은 단순히 허공에서 대출 자금을 창출한다(無에서 有를 창출한다). 차용인이 이 새로 창출된 달러를 통화(필요한 경우 연준이 차용인에게 공급하기 위해 은행에 공급할 것임)로 받든, 자신의 당좌예금에 대한 신용으로 받든, 화폐공급은 이 대출의 전체 금액만큼 증가한다. 경제학자들이 즐겨 말하듯이: 새로운 돈은 대출되어 존재하게 된다.

연준이 은행을 통해 화폐공급을 하는 이 시스템을 "부분 (지급) 준비금(fractional reserve)" 은행 업무라고 한다. 기본적으로 당신이 은행에 돈을 넣으면 은행은 그 돈의 "일부"만 "준비금"

으로 보유하고 나머지는 대출할 수 있다. 이 책을 쓰는 시점에 은행이 준비금으로 보유하는 예금의 비율은 은행에 달려 있다. 2020년 이전에 은행은 전체 예금의 최소 10%를 준비금으로 보유해야 했다. 예를 들어 당신이 당좌예금계좌에 1,000달러를 넣으면, 은행은 100달러를 준비금으로 남겨두고 나머지 900달러를 빌려줄 수 있다. 당신은 여전히 당신의 1,000달러를 가지고 있고, 당신이 원할 때마다 그것을 쓸 수 있다. 그러나 누군가에 대한 은행의 대출로 인해 그 차용인이 지출할 수 있는 900달러의 새 돈도 있다. 화폐공급이 900달러 증가했다. (대출 전에 1,000달러가 있었고, 은행 시스템의 마법을 통해 대출 후 1,900달러가 있다.)

이 과정은 복잡해 보이지만 모든 주요 국가가 돈을 만드는 과정이다. 노벨상 수상 경제학자 밀턴 프리드먼(Milton Friedman)은 화폐공급을 늘리는 훨씬 간단한 방법을 논의한 것으로 유명하다. 그는 이를 "헬리콥터 머니(helicopter money)"라고 불렀다. 특히 그는 통화를 인쇄한 다음 헬리콥터에서 뿌리는 것에 대해 썼다. 사람들은 그것을 주워들 것이고, 화폐공급(유통 통화)이 증가할 것이다. 그의 예는 두 가지 중요한 점을 강조한다. 첫 번째는 은행 대출 외에 돈을 창출하는 추가 방법이 있다는 것이다. 두 번째는 돈이 단순히 허공에서 창출된다는 것이다(그리고 그의 예에서는 허공에서도 배포되었다).

(3) 돈의 창조로 누가 이익을 얻는가

새 통화가 인쇄되어 헬리콥터에서 뿌려지거나 (덜 혼란스럽게) 개별 시민에게 우편으로 발송되면 누가 얼마나 많은 혜택을 받는지 쉽게 알 수 있다. 1920년대 독일 정부가 그랬던 것처럼 정부가 단순히 인쇄기에서 나오는 통화를 집어서 사용하면 돈이 어디로 가는지 쉽게 알 수 있다. 화폐공급을 늘리기 위한 이러한 대안적(그리고 더 간단한) 시스템의 공통점은 새 돈으로 누가 부자가 될지와 언제 부자가 될지를 결정하는 정부를 포함한다는 것이다.

그렇다면 은행이 대출을 위해 새로운 돈을 창출하면 누가 부자가 될까? 차용인은 (이자 포함) 돈을 은행에 갚아야 하므로 차용인은 아니다. 그들은 대출을 감사하고 혜택을 받을 수 있지만, 대출로 인해 더 부유해지지는 않았다. 이 거래의 상대방인 은행은 이익을 얻는다. 불행하게도 그들이 어떻게 이익을 얻는지는 누군가 헬리콥터에서 뿌려진 현금을 주워드는 경우처럼 분명하지 않다.

은행은 대출을 위해서만 돈을 창출할 수 있다 - 다른 목적으로는 돈을 창출할 수 없다. 대출로 창출된 돈은 은행에서 부과하는 20달러의 당좌 인출 수수료와 다르다. 모든 은행 수수료와 마찬가지로 그 수수료는 큰 보너스를 지불하거나, 국회의원에게 로비하거나, 주요 도시에서 과도한 공간을 임대하는 데 사용할 수 있는 은행의 수입이다. 대출로 창출된 새 돈은 차용인에게 전달된다. 그러나 대출에 대한 이자는 20달러 초과 인출 수수료와 같다. 은행이 대출

이자로 벌어들이는 것은 무엇이든 은행의 수입이다. 이는 화폐 창출 시스템이 은행에 주는 혜택이다. 이것이 은행이 돈을 버는 방법이다. 즉 화폐공급을 늘리고 대출에 부과하는 이자를 통해 스스로 이익을 얻는 방법이다.

사실 은행이 예금이자를 지급하기 위해 대출이자의 일부를 사용해야 하기 때문에, 은행이 새 돈으로 얻는 혜택은 대출이자보다 적다. 그럼에도 불구하고 미결제 대출(예: 신용카드 부채)과 은행에 돈을 동시에 가지고 있는 사람이라면 누구나 증명할 수 있듯이, 대출에 부과되는 이자율과 예금에 대해 지급하는 이자율 사이에는 상당한 차이가 있다. 은행가들이 "스프레드"라고 부르는 그 차이는 은행의 중요한 수익원이다. 당신은 스프레드를 저축하려는 사람(예금자)의 자금과 빌리려는 사람의 자금을 연결해 주는 은행의 수수료라고 생각하면 된다.

은행은 통화 시스템에서 중요한 역할을 하므로, 다음과 같은 의문이 남아 있다. 은행은 그 역할을 잘 수행하고 있는가? 구체적으로 누가, 어떤 금액으로, 어떤 조건으로 대출을 받는지를 결정하는 권한과 예금자에게 얼마를 지급하고, 어떤 수수료를 부과할지를 결정하는 권한을 어떻게 사용했는가? 은행의 결정은 공정성, 형평성, 기회에 상당한 영향을 미칠 수 있다.

당신이 은행 시스템의 서비스를 잘 받고 있다고 느끼든 그렇지 않든, 당신은 은행 대출을 통한 이 돈 창출 시스템이 당신과 경제 전반에 어떤 영향을 미치는지 궁금할 것이다. 이 시스템이 우리의 삶과 경기침체에 대처하는 능력에 어떤 영향을 미치는지는 다음 장의 주제이다.

3. 통화정책

(1) 돈의 양의 변화와 경제에 대한 영향

금융경제(통화량의 증가)는 실물경제(판매할 상품의 량)에 영향을 미친다. 더 많은 돈은 더 많은 상품과 서비스로 이어진다. 어떻게 그럴까?[9]

이 의문에 대한 답은 심리학 영역에서 찾을 수 있다. 더 많은 돈은 사람들을 더 낙관적이고 희망적으로 만든다. 그들은 금융경제와 실물경제를 구분하는 것보다, 지갑의 현금과 은행 계좌의 잔액에 더 초점을 맞춘다. 사업주들은 이익을 얻을 수 있는 능력에 대해 낙관하고(어떤 사람들은 그들의 탐욕이 시작되었다고 말할 것이다), 실업자들을 다시 일터로 돌려놓고, 활용도가 낮은 공장을 다시 최대한 활용하고, 유휴 자원을 다시 생산에 투입하기 시작한다. 더 많은 돈이 떠다니면서 소비자들이 이 새로운 생산품에 지출하도록 장려한다. 간단히 말해서 이것은 연준이 "통화정책"에 관여하는 방식이다.

경기 침체기에 더 많은 돈을 창출하면 더 많은 경제 활동을 창출할 수 있다는 생각이 이 복잡한 과정에서 직관적으로 분명한 부분 중 하나일 수 있지만 몇 가지 예는 무슨 일이 일어나

---

9) 이상복 옮김(2023), 164-168쪽.

고 있는지 실제로 이해하는 데 유용하다.

내 집에 증축이 좋을 것이라고 생각하고 주택담보대출(또는 그 문제에 대한 모든 대출)에 대한 이자율이 낮아지면, 나는 돈을 빌려 증축을 할 가능성이 더 크다. 기업이 새로운 공장을 지을 생각을 하고 있고 그것을 짓기 위한 대출금의 이자율이 낮아진다면, 건물 프로젝트가 수익성이 있을 가능성이 높아지고 공장이 지어질 가능성이 높아진다. 두 경우 모두 연준이 은행에 준비금 대출을 장려했기 때문에 또 금리가 하락했기 때문에 실물경제 활동이 증가했다.

그러나 이것은 새로 창출된 돈으로 인한 1차 경제활동에 불과하다. 주택소유자는 건축가, 도급업체, 몇 명의 노동자를 고용하여 추가 건물을 짓는데, 이들은 주택소유자가 지불하는 많은 돈을 소비한다. 위의 노동자들은 저녁을 먹으러 나가거나, 여분의 옷을 사거나, 더 비싼 휴가를 가거나, 자신의 집을 확장할 수도 있다. 마찬가지로 기업은 공장을 짓고 운영하기 위해 온갖 종류의 사람들을 고용하고 있으며, 고용된 사람들은 차례로 모든 종류의 일에 지불되는 많은 돈을 소비한다.

따라서 최초의 은행 대출에 의해 가능해진 새로운 지출은 더 많은 경제활동을 가져온다. 재택 근무자가 식사를 한 식당의 주인도 소득이 어느 정도 증가하는 것을 보게 될 것이고 그 돈 중 적어도 일부는 소비할 것이다. 사람들이 번 돈을 모두 쓰지 않고 일부를 저축하기 때문에, 각각의 연속적인 지출은 이전의 경우보다 적다. 그럼에도 불구하고 총지출 및 경제적 생산량의 증가는 최초 대출 금액의 몇 배가 될 수 있다. 이것은 승수 효과의 또 다른 예이다. 즉 지출의 총 변화는 이 경우 은행 대출로 인한 초기 지출의 "배수"이다.

대출 증가는 소비 증가로 이어지고 소비 증가는 소득 증가로 이어진다. 소득이 증가하면 무슨 일이 일어날까? 사람들은 더 많이 투자하고 지출한다. 사람들이 더 많이 투자하고 지출하면 어떻게 될까? 소득은 더욱 늘어난다. 이것은 경기침체와 관련하여 암울한 현상에 대한 낙관적인 대응이다. 이 경우 경제는 소비와 소득이 증가함에 따라 성장 단계에 들어간다. 이를 "상향곡선"이라고 부르는 것은 과장이지만, 경기침체의 하향곡선과는 반대이다.

이런 방식으로 경제활동을 활성화하는 것을 "확장적 통화정책(expansionary monetary policy)"이라고 한다. 연준은 은행이 대출을 하도록 장려한다. 따라서 은행은 더 많은 대출을 하기 위해 이자율을 낮추어 소비와 경제를 자극한다. 대부분의 사람들은 이 복잡한 과정을 단순히 "금리 인하(lowering interest rates)"라고 부른다. 왜냐하면 그것이 확장적 통화정책의 초점이자 경제 활동을 촉진하는 메커니즘이기 때문이다.

그렇다면 왜 연준은 계속해서 더 많은 돈을 경제에 투입하여 더 큰 경제 활동을 촉진하지 않을까? 이러한 행동은 연준이 완전고용을 달성하는 이중 임무의 한 부분을 달성하도록 보장할 것이다. 그러나 당신은 이미 알고 있겠지만, 연준은 이중 임무의 다른 부분인 물가안정을 달성하지 못하게 될 것이다.

어느 시점에 일자리를 원하고 일자리를 유지할 능력이 있는 거의 모든 사람들이 일자리를 얻고 경제는 다시 최대 가동 상태로 돌아간다. 여전히 약간의 실업이 있는가? 물론이다. 호황기에도 일부 사람들은 직업을 유지하는 기술이 부족하거나, 직장을 옮기거나, 또는 더 나은 기회를 위해 기다리고 있다. 그러나 일단 불황이 끝나고, 일자리를 유지하기를 원하고, 능력이 있는 모든 사람들에게 적어도 약간의 기회가 생기면, 더 많은 돈과 소비는 더 많은 일자리와 생산으로 이어지지 않을 것이다. 경제는 최대 용량으로 운영되고 있으며, 더 많은 돈은 인플레이션을 가져올 것이다. 즉 돈의 양은 증가하지만, 생산량은 증가하지 않는다.

경기가 뜨거워지고 인플레이션이 가속화되는 경우(너무 많은 돈이 너무 적은 상품을 쫓는 경우), 연준은 경기침체 동안에 할 수 있는 예비 조치를 취할 수 있다. 즉 연준은 통화공급을 줄일 수 있다. 돈이 적으면 인플레이션이 줄어든다. 이 조치를 "긴축적 통화정책(contractionary monetary policy)"이라고 하며 확장적 통화정책의 반대이다. 대부분의 사람들은 긴축적 통화정책을 "금리 인상(raising interest rates)"이라고 부른다. 금리 인상이 정책의 목적이기 때문이다.

(2) 연준의 통화정책 결정 방식

연준은 경기가 부양책을 사용할 수 있다고 생각할 때 확장적 통화정책을 사용한다. 그렇다면 연준은 경기가 부양책을 사용할 수 있는 시기를 어떻게 알 수 있는가? 경기가 침체기에 있을 때와 같이 때때로 그것은 분명하다. 그러나 경기가 순조롭게 진행되고 있지만 경기침체가 임박한 경우(또는 일부 사람들이 경기침체가 어렴풋이 보일 수 있다고 생각하는 경우)처럼 명확하지 않은 경우가 많다. 연준은 소비, 소득, 재고 변동, 차입 활동, 자산 가격, 사업 이익, 건설 활동, 그리고 경제가 어디로 향하고 있는지에 대한 단서를 제공할 수 있는 거의 모든 것에 대한 모든 종류의 데이터를 살펴본다. 이 과정의 정교함에도 불구하고, 경제가 진정한 잠재력 이하로 수행되고 있는지 또는 곧 진정한 잠재력 이하로 수행될 것인지를 평가하는 것은 과학이라기보다는 예술에 가깝다.

연준은 긴축적 통화정책을 수행하여 경기를 식히기 전에 어느 정도의 인플레이션을 허용해야 하는지를 결정할 때 유사한 문제에 직면한다. 연준의 현재 목표는 연평균 2%이다. 왜 0%가 아니라 2%인가? 천천히 오르는 물가는 사람들에게 돈을 쓰고 경제를 강하게 유지하도록 약간의 자극을 주기 때문이다. 예를 들어 새 차의 가격이 그대로 유지되기보다는 매년 2%씩 오를 것으로 예상되는 경우 일부 사람들은 차를 빨리 사도록 유인될 수 있다. 또한 높은 인플레이션은 금리를 상승시켜 연준이 필요할 경우 금리를 낮출 수 있는 여지를 더 많이 준다. 따라서 약간의 인플레이션은 연준이 물가를 상대적으로 안정적으로 유지하면서 완전고용을 달성한다는 목표를 달성하는 데 도움이 된다.

연평균 2% 인플레이션 목표의 객관적인 특성에도 불구하고, 연준이 목표가 달성될 것이라고 생각하는 시점과 그에 대해 무엇을 해야 하는지는 매우 주관적이다. 다시 말해 인플레이션이 목표치보다 훨씬 낮지만 가까운 미래(또는 그리 멀지 않은)의 어느 시점에 평균 2% 이상이 될 것이라고 생각한다면 긴축적 통화정책을 사용하는 것이 좋다. 아니면 그렇지 않다.

4. 재정정책

(1) 경기침체와 정부의 역할

앞에서 살펴본 바와 같이 연준의 역할은 확장적 통화정책을 채택함으로써 경제성장을 유지하고 현재의 경기침체 또는 다가오는 경기침체에 대응하는 것이다. 즉 금리를 인하해 대출과 지출(=소비)을 장려하는 것이다. 그러나 경기 침체기에는 사람들이 지출(=소비)을 줄인다. 따라서 경기 침체기에 연준은 경제가 필요로 하는 것을 제공할 수 없다. 즉 연준은 상품 및 서비스에 대한 실제 지출(=소비) 증가를 제공할 수 없다. 소비자가 지출을 하지 않고 기업이 지출을 하지 않을 때 지출을 하게 하고 경제를 다시 움직이게 하는 일은 정부에 맡겨진다.[10]

초기 경제학자들 중 한 명인 존 메이너드 케인즈는 1930년대 초에 동료들과 의견을 달리했다. 그는 정부가 대공황의 결과로 많은 사람들이 겪고 있는 현실적인 고통에 대응해야 한다고 생각했다. 케인즈는 "장기적으로 우리 모두가 죽기(In the long run, we are all dead)" 때문에 장기적으로 모든 것이 잘 될 것이라는 다른 동료들의 예측에 위안을 얻지 못했다.

아무 것도 하지 않고 경기침체가 끝나기를 기다리는 것은 실업과 저소득의 고통에 더해 큰 희생을 치르게 한다. 정리 해고된 노동자는 기술을 잃기 시작하고 경기침체가 끝난 후 이전 직장으로 돌아갈 가능성이 줄어든다. 경기침체가 오래 지속될수록 그들이 구직 시장에 다시 진입하지 못할 가능성이 커진다. 특히 나이가 많거나 경력이 불규칙한 경우는 더욱 그렇다. 노동인구에 새로 진입한 사람들은 자신의 기술 개발을 시작할 수 없어 생산적으로 될 수 없다. 침체된 경제에서 노동인구에 진입한 사람들은 호황기에 진입한 사람들에 비해 첫 직장에서 더 낮은 임금을 받을 뿐만 아니라 평생 동안 더 낮은 임금을 받는다. 마지막으로 장기 침체는 기존의 사회적 긴장 강도를 높여 사람들을 더 화나게 만들고 건설적으로 일하려는 의지를 약화시킨다.

지출 감소와 소득 감소의 고리를 끊는 열쇠는 정부에 있다. 경기 침체기에 개인과 기업이 한 발짝 물러설 때 정부가 나서지 않으면 악순환을 멈출 수 없다. 정부는 본질적으로 최후의 수단을 쓰는 자이다.

---

10) 이상복 옮김(2023), 171-183쪽.

경기 침체기에 정부가 어떻게 지출해야 하는가는 우선 경기가 침체된 이유에 달려 있다. 앞서 설명한 바와 같이 대공황(Great Depression) 및 2008년의 대침체(Great Recession)와 같은 대부분의 경기침체는 사람들의 지출이 갑자기 감소하는 "수요충격"에 기인한다. 코로나바이러스로 인한 것과 같은 경기침체는 경제의 생산 능력을 감소시키는 물리적 영향인 "공급충격"으로 인한 것이다. 여기서는 각 충격에 대한 정부의 최선의 대응에 대해 개별적으로 설명할 것이다.

(2) 수요충격 경기침체와 정부의 대응

역사가들은 일반적으로 케인즈가 개인 및 기업 지출 감소로 인한 경기침체에 대한 정부 구제책을 내놓은 공로를 인정하고 있다. 케인즈의 아이디어가 완전히 독창적인 것은 아니었지만 많은 유명인들처럼 아이디어를 대중화하고 현실 세계에서 구현함으로써 아이디어에 대한 공로를 인정받았다. 케인즈는 정부가 지출을 늘리고/늘리거나 세금을 줄여 경제를 다시 움직이게 해야 한다고 주장했다. 정부의 세금 및 지출 정책을 "재정정책"이라고 한다. 경기침체에 대처하기 위해 지출을 늘리고/늘리거나 세금을 줄이는 것을 "재정정책 부양책(fiscal policy stim-ulus)"이라고 한다.

이것이 왜 경제에 도움이 될까? 민간부문의 모든 새로운 지출이 누군가에게는 새로운 달러의 수입으로 이어지듯이 정부나 세금 감면을 받은 개인이 지출하는 모든 새로운 달러는 누군가에게 새로운 달러의 수입으로 이어진다. 그리고 사람들이 더 많은 소득을 얻으면 어떻게 될까? 그들은 더 많이 소비한다. 그리고 그들이 더 많이 소비하면 어떻게 될까? 그들은 더 많은 소득을 얻게 된다. (당신은 지금 이 현상에 대한 전문가이다.) 소득이 더 많은 새 직업을 가지게 됨으로써 개인이 우울한 기분을 떨쳐버릴 수 있는 것처럼 경제의 암울함이 걷히고 경제는 새로운 성장 국면에 진입한다.

경기 침체기에 새로운 지출 및/또는 세금 감면 중 일부는 실제로 자동으로 발생하는데, 이는 의회가 문제에 얼마나 효율적이고 건설적으로 대응하는 경향이 있는지를 고려하면 훌륭한 일이다. 구체적으로 경기침체기에는 실업보험, 푸드 스탬프(food stamps),[11] 건강보험 보조금, 기타 복지 프로그램과 같은 기존 프로그램에 대한 정부 지출이 증가한다. 이는 더 많은 사람들이 기존 프로그램에 따라 혜택을 받을 수 있는 자격을 충족하기 때문이다. 또한 사람들이 일자리를 잃거나 소득을 잃으면 내야 할 세금도 줄어든다. 이러한 "자동 안정화 장치(automatic

---

11) 미국의 대표적인 복지 프로그램으로 푸드 스탬프(food stamp)가 있다. 미국 정부가 정하는 빈곤선의 100~165%(가족 중 노약자 유무에 따라 달라짐) 이하에 속하는 개인이나 가정이 식품 구입을 위해 정부로부터 받는 복지 지원책이다.

stabilizers)"는 정부 관리나 다른 사람들이 경기가 침체했다는 사실을 인지하기도 전에 작동할 수 있다. 그 결과 자동 안정화 장치는 경제 전반의 안정에 도움을 주기 때문에 어려움에 처한 서민뿐 아니라 모든 국민에게 도움을 주고 있다. 경제적 어려움에 처한 사람들이 재정 지원을 받으면 신속하게 돈을 사용하여 즉시 일자리 창출과 기업활동을 지원한다.

정부가 부양책으로 얼마나 많은 돈을 경제에 투입해야 하는지는 경제학자들에게도 대답하기 어려운 질문이다. 그것이 그렇게 어려운 이유는, 이미 짐작할 수 있듯이, 경제의 많은 부분이 심리학에 의해 좌우되기 때문이다. 우울함을 극복하고 사람들을 다시 낙관적으로 만드는 데 필요한 정부 지출의 양도 예외는 아니다. 의기소침한 친구를 예전의 모습으로 되돌리려면 얼마나 많은 좋은 일이 일어나야 하는지 정확히 수치화해보라. 그러면 경제를 정상 궤도로 되돌리기 위해 얼마나 많은 부양책이 필요한지 정확하게 말하는 것이 얼마나 어려운지 이해하게 될 것이다. 가장 좋은 방법은 지출을 늘리고 세금을 적게 내며 경제 상황을 주시하고 필요에 따라 조정하는 것이다.

(3) 공급충격 경기침체와 정부의 대응

전쟁, 전염병, 자연재해로 인한 피해와 같이 상품 및 서비스 생산 능력을 크게 감소시켜 경기침체를 초래하는 국가에 대한 직접적인 물리적 피해는 매우 드물다. 그럼에도 불구하고 코로나바이러스는 이러한 유형의 피해와 그 영향을 그 어느 때보다 관련성 있게 만들었다.

이러한 공급충격이 발생하면 사람들의 전망에 영향을 미치고, 일반적으로 수요충격도 유발한다. 경제에 대한 이 원투펀치(one-two punch)는 물건 공급을 줄어들게 할 뿐만 아니라 종종 물건 수요도 줄어들게 한다. 이러한 상황은 일반적인 수요충격 경기침체(예: 실업, 낮은 임금 및 지급불능)와 관련된 모든 나쁜 결과와 한 가지 추가 나쁜 결과인 많은 상품과 서비스의 가격 상승을 초래한다. 이 추가 문제가 발생하는 이유는 무엇인가?

수요충격 경기 침체기에 기업은 일반적으로 소득과 일자리 전망이 감소함에 따라 고객을 붙잡기 위해 가격을 낮춘다. 공급충격 침체기에 국가의 생산 능력이 손상되었기 때문에 기업은 팔 수 있는 것이 적다. 전쟁으로 기반 시설이 파괴되었을 수 있고 금수 조치로 석유나 가스 부족이 초래되거나 전염병으로 인해 노동자가 업무를 수행하지 못할 수도 있다. 따라서 대부분의 상품을 생산하는 것이 더 비싸거나 어려워지며, 결과적으로 더 적은 상품이 생산되고 소비자에게 더 높은 가격이 책정된다. 물가상승과 함께 생산량이 감소하는 현상을 "스태그플레이션(stagflation)"이라고 하는데, 1970년대 OPEC이 부과한 유가 급등 이후 심각한 문제였다.

수요충격 경기침체와 관련하여 논의한 재정정책 수단(정부 지출 증가 및 세금 감소)은 여기에서 유용하지 않다. 공급충격 경기 침체기에 생산량 감소의 주요 원인은 사람들이 돈을 쓸 기분이 아니기 때문이 아니라 더 많은 생산이 단순히 불가능하거나 너무 비싸기 때문이다. 세상의 모든 응원은 폭격당한 공장, 석유 부족, 또는 전염병으로 인한 생산 제한을 해결하지 못할 것이다. 기업이 더 많은 물건을 생산할 수 없기 때문에, 그러한 상황에서 사람들의 주머니에 더 많은 돈을 넣어 주는 것은 더 많은 물건을 생산하도록 유도하지 않을 것이다. 더 많은 돈은 더 적은 상품을 쫓아다니며 인플레이션을 일으킬 것이다.

상황을 개선하기 위해 정부는 우선 경제의 생산 능력을 손상시킨 피해를 해결해야 한다. OPEC의 석유 금수 조치 이후 새로운 에너지원 탐색이 본격화되면서 국내 석유 생산량이 크게 증가하고 새로운 에너지원이 개발되었다. 공급 문제를 성공적으로 해결하면 수요 문제도 해결된다. 경제를 강타한 피해를 치료하면 일반적으로 사람들의 사기도 고양되기 때문이다.

Ⅳ. 정부

1. 조세와 정부지출

(1) 세금

여기서는 미국의 연방 소득세와 법인세 관련 간략한 내용만 소개한다. 연방정부는 소득에 세금을 부과하여 막대한 돈을 거둬 들인다. 2020년에는 3조 4,200억 달러의 수익 중 85.4%가 개인의 소득에 대한 세금에서 나왔고 6.2%는 법인세에서 나머지는 소비세, 부동산 및 기타 세금에서 나왔다. 연방 소득세율은 정부가 정하며 시간이 지남에 따라 크게 달라졌다. 2021년 현재 개인에 대한 미국 연방 최고 소득세율은 37%이다.[12] 1950년대 공화당이었던 아이젠하워 대통령 치하에서는 91%였다(이것은 오타가 아니다). 또한 공화당원인 닉슨 대통령하에서도 70%였다. 종종 "사회주의자"라는 비난을 받았던 민주당 소속 오바마 대통령하에서 임기 초에는 35%, 임기 말에는 39.6%였다.[13]

마찬가지로 법인 소득에 대한 세율은 시간이 지남에 따라 다양해졌다. 트럼프 대통령하에서 최고 세율이 35%에서 21%로 낮아져 기업의 수익성이 향상되고 소유자의 소득이 증가하며 주가가 상승했다.

어떤 세금이 소득 불평등에 미치는 영향을 알기 위해서는 먼저 세금이 누진세인지, 역진세인지, 또는 균일세(flat tax)인지를 결정해야 한다. 누진세는 소득이 높은 납세자에게 더 높은 비율의 세율을 부과하므로 세후 소득이 더 평등하다. 역진세는 소득이 높은 납세자에게 더 낮

---

12) 이것은 최고 한계 세율이라고도 하며 누군가의 소득 중 마지막(또는 가장 높은) 달러에 부과되는 세율이다. 이 37%의 세율은 개인의 경우 518,401달러 이상의 소득과 부부 공동 보고의 경우 622,051달러 이상의 소득에만 적용된다.
13) 이상복 옮김(2023), 192-194쪽.

은 비율의 세율을 부과하므로 세후 소득이 덜 평등하다. 균일세는 모든 납세자에게 동일한 비율의 세율을 부과하므로 소득 평등에 영향을 미치지 않는다.

(2) 정부지출

2019년 미국의 정부 총예산(연방정부, 주정부, 지방정부가 상품과 서비스에 지출하는 것뿐만 아니라 개인이 지출할 수 있도록 개인에게 돈을 이전하는 것)은 GDP의 38.3%로 추산되었다. 대부분의 다른 부유한 국가에서는 정부가 지출하는 GDP의 비율이 더 높다. 예를 들어 2019년 프랑스 GDP의 55.3%, 덴마크 GDP의 49.5%, 독일 GDP의 44.9%가 각 정부에서 지출되었다. 이러한 백분율 차이는 달러 기준으로 표시하기 전까지는 크게 들리지 않을 수 있다. 미국 정부가 GDP의 1% 지출을 늘리면 2019년 푸드 스탬프에 지출한 총금액의 약 3배인 2,090억 달러를 추가로 지출하게 된다.

GDP에서 공공부문과 민간부문이 지출하는 부분은 자연법이나 정교한 분석 결과에 의해 결정되지 않는다. 집단적 의사결정과 개인적 의사결정 사이의 균형과 마찬가지로 그것은 단순히 정치 시스템의 결과이다. 특히 연방, 주 및 지방 정부가 지출하기로 선택한 금액에 따라 결정된다. 당신이 사회보장제도(Social Security)를 "파산" 중이라거나 또는 "감당할 수 없는" 정부 프로그램으로 읽을 때 그것은 경제적 주장이 아니라 정치적 주장이다. 정부는 항상 세금을 부과하고 채권을 발행하여 필요한 자금을 조달할 수 있는 능력이 있다. 부족할 수 있는 것은 자금을 조달하려는 의지이다.

주정부와 지방정부는 화폐를 창출할 수 없고, 의회가 연준에 부여한 화폐 창출 권한을 되찾지 않는 한, 연방정부는 예산을 충당할 화폐를 창출할 수 없기 때문에 정부 예산에 대한 제약은 개인의 예산에 대한 제약과 매우 유사하다. 정부와 개인 모두 연간 소득이 있다. 정부의 연간 소득은 세금에서 나오고 개인의 연간 소득은 임금소득과 투자소득에서 나온다. 정부와 개인 모두 연간 지출이 있다. 정부와 아마 너무 많은 개인은 연간 지출이 연간 소득을 초과한다. 지출이 소득을 초과하는 금액(예산적자라고 함)은 차입을 통해 조달된다. 개인은 주로 은행 대출, 신용카드 대출, 또는 가족으로부터 돈을 빌린다. 연방정부, 주정부, 그리고 지방정부는 모두 채권을 발행하여 차입한다.

연방정부 채권(국채)[14]은 T-bonds, T-notes, T-bills, 그리고 기타 채권과 같은 다양한 이름을 가지고 있으며, 그것은 다양한 이자율, 기간, 상환 일정, 기타 조건을 가진 다양한 금액으

---

14) 미국 국채는 일반적으로 연방정부채 중 시장성국채인 T-Bills(만기 1년 미만의 단기국채), T-Notes(만기 1년 이상 10년 미만의 중기국채), T-Bonds(만기 10년 이상의 장기국채) 등 재무부채권을 말하며 단일 종목의 발행잔액으로는 세계 최대규모이다.

로 거의 셀 수 없이 다양한 형태로 발행된다. 그럼에도 불구하고 그것은 모두 다른 채권과 같다. 한 당사자(이 경우 정부)가 다른 당사자(이 경우 채권을 구입한 사람)에게 빚진 돈이다. 정부 채권을 사는 사람들은 본질적으로 정부에 대출을 하는 것이므로, 정부가 막대한 적자를 낼 수 있다.

정부 채권을 사서 이러한 적자를 가능하게 하는 사람들은 누구일까? 당신이 머니 마켓 계좌(money market account)나 은행 계좌를 갖고 있다면, 당신의 돈을 보유하고 있는 금융기관에 의해 계좌에 들어있는 당신의 돈의 상당 부분이 미국 정부 채권에 투자되었다. 사실 (국채 매입을 통해) 정부에 돈을 빌려주는 것은 은행 준비금의 가장 일반적인 용도 중 하나이다.

2. 빚: 국가부채

부채가 문제인지 여부는 부채가 처음 발생한 이유에 따라 크게 달라진다. 어떤 사람이 특히 사치스러운 일련의 휴가 비용을 지불하거나 약품 추가 비용을 지불하기 위해 빚을 졌다면, 당신은 지출이 낭비이며 장기적인 복지에 대한 위협이라고 쉽게 결론을 내릴 수 있다. 그 사람이 집을 사거나 의대에 가거나 사업을 시작하기 위해 빚을 졌다면 어떤가? 나는 당신의 결론이 매우 다를 것이라고 생각한다.[15)]

국가부채도 마찬가지다. 정부가 중요한 기반시설에 자금을 지원하거나 자녀를 교육하거나 경기침체에서 벗어나는 등 경제성장을 위해 차입한다면 부채를 발생시키는 것이 합리적이다. 사실 생산의 이득은 발생한 부채보다 월등하게 더 클 수 있으며 결과적으로 경제적 홈런이 될 수 있다. 실업자가 연 10%의 이익(전형적인 적당히 성공적인 비즈니스의 이익률)을 내는 사업을 시작하기 위해 5%의 이자율로 대출을 받는 것과 같다. 이전에 실직했던 사람은 이제 사업 수익의 일부로 생계를 유지하고 경제에 기여하며 쉽게 대출금을 갚고 있다.

민간 차입과 마찬가지로 일부 정부 차입은 성장을 가능하게 하고 사람들을 더 잘 살게 하며 본질적으로 그 자체로 비용을 지불한다. 반면에 일부 차입은 수익성 있는 사업에 보조금을 지급하거나 군대가 원하지도 않는 군비 자금을 조달하기 위해 차입하는 것과 같이 결과적으로 부채 부담만 남기고 돈을 낭비한다.

---

15) 이상복 옮김(2023), 194-205쪽.

제3절 화폐와 신용의 경제학

★ 내일신문 2013년 10월 10일
동양그룹 사태가 던진 교훈

　동양그룹 사태의 파문이 날로 확산되어가고 있다. 동양그룹을 둘러싼 각종 의혹과 대기업의 도덕성. 책임 문제가 검찰의 손으로 넘어갔다. 금융감독원이 현재현 회장에 대해 계열사 간 불법 자금거래를 주도한 혐의로 검찰에 수사의뢰 했다.

　금감원이 동양증권에 대해 무기한 특별감사를 실시하기로 한 가운데 동양증권 임직원들이 동양시멘트 법정관리 신청 기각을 호소하고 나섰고 피해자들이 '행동'을 준비 중이다. 집단소송 움직임마저 보이면서 동양사태는 일파만파로 번지고 있다.

　재계 순위 38위 동양그룹 사태는 (주)동양, 동양레저, 동양인터내셔널 등 3개 계열사가 법정관리 신청을 하면서 표면화했다. 이어 비교적 재무구조가 양호한 핵심계열사 동양시멘트, 동양네트웍스마저 법정관리를 신청하면서 파문은 더욱 확대되고 있다.

　동양사태는 대부분의 대기업이 그러하듯, 불법과 편법, 부도덕 경영의 백화점이었다. 투자위험을 제대로 알리지 않은 불안전 회사채를 발매하고 사기성 기업어음을 팔기도 했고 계열 금융사 돈을 사금고화 했다. 오너 일가가 법정관리 직전에 재산을 빼돌리기도 한 것으로 드러났다. 피해는 고스란히 개인투자자들의 몫이 됐다. 피해자가 무려 5만명에 이르고 피해액도 2조원이 넘는 것으로 추정된다.

Ⅰ. 서설

1. 동양그룹 사례

　2013년 말 동양그룹 사태가 발발했다. 이 사태가 터지기 약 1개월 전부터 동양그룹 유동성 위기에 관한 소문이 있었다. 결국 2013년 9월 30일 동양그룹의 주요 계열사는 법정관리를 신청했다. 금융기관의 파산이 아니더라도, 기업의 파산은 금융시장에 엄청난 악재이다. 파산한 기업이 발행한 주식은 물론 기업어음(CP), 회사채 등 채무증권이나 은행 대출도 모두 부실화되기 때문이다. 동양그룹 사태는 2008년 글로벌 금융위기 이후 한국경제에서는 최악의 대기업 파산 사태이다. 당시 기업어음(CP), 특정금전신탁, 불완전판매 등의 문제점이 또 다시 불거졌다. 동양그룹 사태는 한국경제의 기업과 금융시장에 내재된 잠재적 취약성들이 동시 다발적으로 나타난 사건이다.

CP 부실화 사건으로는 동양사태를 포함하여 4번째이다.[16] LIG, 웅진, STX 모두 부도가 나기 직전 집중적으로 CP를 발행했다. 기업 경영주로서는 부도를 막기 위한 마지막 수단이었을 수 있다. 하지만 자신이 발행한 CP로 투자자가 피해를 보건 말건 경영주는 전혀 신경 쓰지 않았다. 경영주도 부도를 막기 위해 부단한 노력을 기울였겠지만, 결과적으로 부도가 나면서 CP는 부실화되고, 이를 보유한 많은 투자자가 큰 피해를 입었다. 저축은행 사태는 동양그룹 사태에 비해서 약 2년 앞서 발생했지만, 당시 저축은행이 발행했던 후순위채와 그 부실화는 동양그룹의 CP 발행 사례와 유사하다.

동양그룹 사태는 기존의 LIG, 웅진, STX나 저축은행 사태 이상으로 피해자 수나 규모가 대단히 크다. 동양그룹이 발행한 회사채와 CP 모두 합하여 약 4조원이 넘는다. 개인이 그중 90% 이상을 들고 있었다. 나머지는 기관이라서 그나마 안심했을까? 자기 돈으로 장사하는 금융기관은 없다. 기관의 피해는 곧 그 기관에 예치하거나 투자한 고객의 피해로 이어지게 되어 있다. 그 기관 자체의 피해는 수수료 좀 깎아 먹는 정도이다.

2. 금융과 신용

동양사태까지 한국에서는 4차례나 기업의 사기성 CP 발행이 있었다. 저축은행의 후순위채도 유사하다. 이제 CP나 후순위채를 발행하는 기업이나 금융기관은 시장에 안 좋은 시그널로 작용할지도 모른다. 그렇게 되면 건전한 기업마저도 단지 운전자본(working capital) 조달의 목적으로 CP를 발행해도 현금 조달이 어려울 것이다. CP 시장이 문제가 생기면 회사채 시장이라고 온전할 리 없다. 회사채 시장이 망하면 금융시장도 온전할 리 없다. 금융시장이 망하면, 기업이 망하고, 국가경제는 작동 불능이다.

금융은 "신뢰"와 "믿음"이다. 금융을 "신용(credit)"이라고도 한다. 둘은 거의 동의어이다. 돈 빌려주는 걸 신용공여 한다고 하지만, 그러한 행위를 포함하여 타인을 믿고 지급을 늦춰 주는 모든 행위가 금융이고 금융거래이다. 그래서 신용경색과 금융경색은 완전히 동일한 말이다. 믿지 않으면 순식간에 완전하게 붕괴되는 것이 금융시장이다. 금융시장이 붕괴하면 실물경제 역시 붕괴한다. 신용카드를 이용한 결제도 믿음이 있고 신용이 있기에 가능하다.

현대자본주의 시장경제를 떠받치는 핵심 기제는 "통화·금융시스템"이다. 이러한 경제가

---

16) 2012년 9월 웅진그룹의 회생절차개시 신청과 부도 후 불과 6개월이 지난 2013년 4월에는 STX조선해양의 자율협약 신청과 6월 STX팬오션 법정관리신청으로 STX그룹도 부실이 드러났으며, 다시 5개월도 지나지 않아 동양그룹의 법정관리신청이 발생했다.

작동하는 원리를 끝까지 파고 들어가면 신용이라는 조그만 핵이 나온다. 믿음이라는 그 조그만 알맹이가 금융과 경제시스템을 원활하게 작동하게 하고 경제성장을 실현하는 핵심적 원동력인 것이다.

Ⅱ. 화폐의 경제학

1. 금융자산

우리가 사용하는 동전과 지폐를 중앙은행이 발행한 본원통화 또는 화폐라고 한다.[17] 모든 거래는 화폐나 화폐에 준하는 자산(예금)을 기준으로 이루어진다. 여기서는 편의상 화폐 및 예금을 "현금"이라고 한다. 상업거래나 금융거래 모두 현금의 이전이 반드시 수반된다. 예를 들어 카드로 지불한다고 해서 거래가 종결되는 것이 아니다. 반드시 현금으로 카드값을 내야 결국 거래가 종결된다. 극히 이례적으로 현금이 없는 거래가 일어나기도 한다. 이를 물물교환이라고 한다. 금융부문에서는 금융기관 간 두 가지 금융상품이나 계약을 맞바꾸는 일종의 계약교환이 일어나는데 이를 "스왑"(swap)이라고 한다.

금융시장에서 가장 중요한 자산이 무엇일까? 어떤 사람은 주식, 어떤 사람은 채권, 어떤 사람은 파생상품이라고 생각할 수 있다. 그러나 현금(통화)이 가장 중요한 증서이자 금융자산이다. 주식이나 채권도 모두 결국은 현금을 조달하고자 하는 금융수단이다. 기업이 조달하기도 하고, 국가나 지방자치단체 또는 공공기관이 조달하기도 한다. 모두 현금 조달이 목적이다. 임금 지불, 원자재 구입, 설비투자, R&D 투자 등 모든 거래에서 반드시 현금이 지불되어야 하기 때문이다. 지급을 미룰 수는 있어도 궁극적으로 현금으로 결제되어야 거래가 종결된다. 이에 현금이 부족하면 현금을 조달하고자 증권을 발행하거나 금융기관에서(대출계약서를 작성하는데, 즉 대출채권을 발행한다) 대출을 한다. 따라서 미래에 이자까지 쳐서 갚을 각오만 되어있다면 현재 소득 이상으로 소비를 하거나 금융자산을 구입할 수 있다.

금융기관과 증권시장은 현금을 중개한다. 즉 현금이 남아도는 경제주체(자본공급자)가 금융기관에 예치·투자하거나 증권시장에서 증권을 매입하고, 현금이 부족한 경제주체(자본수요자)가 금융기관에 가서 대출을 받거나 증권시장에 증권을 판매(발행)한다. 파생상품은 금융거래로 인해 위험에 노출되는 경제주체들에게 필요한 금융계약 또는 금융자산이다. 파생상품거래에서도 스왑을 제외하면 모두 현금이 수반되고, 많은 경우 실물 인도가 아니라 현금 정산이 이

---

17) 동전과 지폐를 반드시 중앙은행이 발행해야 하는 것은 아니다. 홍콩에서는 인가를 받은 몇 개의 시중은행이 자기명의의 동전과 지폐를 발행한다. 중앙은행이 동전과 지폐를 발행해도 일반은행은 예금증서를 발행하고, 예금증서는 곧 예금통화가 된다. 중앙은행이 발행하던, 일반은행이 발행하던 그것이 지폐와 동전이던 예금증서이던, 화폐는 은행의 채무증서이다.

루어진다.

　　모든 금융거래의 목적은 현금 조달이라는 점도 중요하지만, 모든 금융자산의 가치도 현금으로 평가된다는 점 역시 매우 중요하다. 즉 우리나라에서는 "00원"으로 측정된다. 미국에서는 "00달러"로 측정된다. 주식 몇 주로 측정되거나, 토지 몇 평, 금 몇 돈 등, 이런 식으로 측정되지 않는다. 금융자산뿐만 아니라 실물자산이나 소비재 상품이나 서비스의 가치도 원화로 평가된다. 수익률이나 금리의 단위는 %이지만, 이는 현금으로 측정한 가치의 상대적 변화율이다. 예를 들어 10% 수익률이나 이자율이라는 것은 100원 빌려주어 110원 돌려받았다는 말이다. 이를 명목수익률이나 명목이자율이라고 한다. 금 10돈 빌려주었다가 11돈 돌려받았다는 의미가 아니다. 이상의 설명을 벗어나는 금융거래는 없다. 금융에 있어 가장 기본은 현금이고, 가장 중요한 기본 금융자산은 현금이다.[18]

2. 법정화폐

　　그렇다면 금속쪼가리에 불과하거나 종이 또는 전자적 기록에 불과한 현금은 왜 가치를 지닐까? 우리가 1만원 지폐를 씹어 먹으면 1만원 어치 배불러지기 때문이 아니다. 1만원짜리 화폐로 1만원 어치의 음식을 사서 먹을 수 있기 때문이다. 이렇듯 화폐는 "구매력"(purchasing power)을 지닌다. 화폐의 구매력은 어디서 오는가? 2차 대전 이후 브레턴우즈 체제가 유지되던 시기에 달러화는 세계적으로 유일한 금태환 화폐였다. 금태환 화폐는 중앙은행이 화폐를 발행하면서 보관하는 금에 대한 청구권이 있어 금의 가치를 표창한다. 따라서 화폐는 금의 가치를 단지 표창하는 것일 뿐이다. 그러나 현재 우리나라 원화를 포함하여 어느 국가에서도 금태환 제도는 없다. 그렇다면 도대체 화폐의 가치는 어디서 오는가?

　　답은 의외로 간단하다. 단지 법이 가치가 있으라고 했기 때문이다. 그래서 현대 화폐를 "법정화폐"(legal tender)라고 한다. 법정화폐의 가치를 뒷받침해 주는 금과 같은 실물자산 따위는 없다. 그런데 신(God)도 아닌 법(law)이 있으라 해서 그런 가치가 있을 리는 없다. 법의 강제만으로는 될 일이 아니다. 저개발 국가에서는 자국 화폐의 유통이 부족하고, 거래 시 자국 화폐 받기를 주저한다. 북한 경제가 그러한 예이다. 화폐개혁 후 무력으로 새로운 화폐의 가치를 강제하고 있지만, 결국 암시장 거래가 커지고 자신의 적국으로 간주하는 미국의 달러화로 선호하고 이를 이용하여 거래한다. 경제 원리는 법이나 무력의 강제력이 통하지 않는다.

　　그렇다면 우리나라 원화를 보자. 왜 원화의 표면에 쓰인 액수로 물건, 서비스, 금융상품이나 금이나 부동산 등의 자산 구입이 가능한 것일까? 원화가 법정화폐라는 것을 아는 사람은 별로 없다. 역시 법이 강제를 하고 안 하고의 문제는 아니다. 따라서 원화가 액면에 쓰여진 가치

---

18) 현금은 중앙은행이나 일반은행이 발행한 부채증서·채무증서이다.

를 지니고 화폐로 유통되기 위해서는 이를 사용하는 경제주체 모두가 "1만원은 1만원의 구매력이 있다고 믿어야" 한다. 원화가 화폐 구실을 제대로 해야 상업거래도 이루어지고 금융거래도 이루어진다. 화폐의 가치에 대한 믿음, 즉 신용을 바탕으로 재화와 서비스가 사고 팔리고, 금융시장에서 증권이 사고 팔리고, 대출과 차입이 이루어지고, 주택시장에서 주택이 사고 팔린다. 금융시장이 작동하고, 경제가 돌아간다.

그리하여 한국은 1년에 약 1,700-1,800조원 어치의 국내총생산(GDP)을 창출한다. 그중 일부를 소비하고, 그중 일부를 자본스톡으로 쌓아 경제 내부로 축적한다. 이 어마어마한 금융·경제적 기제의 근원에는 단지 화폐에 대한 신용만 존재하는 것이다. 기술적으로 화폐는 중앙은행이 발행한 신용증서·채무증서이다. 자국 화폐에 대한 신용이 없는 국가는 예외 없이 저개발 상태의 후진국이다. 기본적 금융자산인 화폐의 유통이 어렵기 때문에 거래가 이루어지기 어렵고, 경제성장이 정체된다. 이런 국가에서는 달러화로 결제를 하면 거래가 쉽게 성사된다.

Ⅲ. 신용의 경제학

1. 신용팽창과 신용수축

(1) 통화창조

종종 신용이라는 매우 전문적이고 추상적인 용어를 자주 사용한다. 신용은 금융과 동일한 말이다. 신용이란 말의 본질적 의미를 파악하는 것이 쉽지는 않지만, 대략적으로 신용에 대한 합의된 개념이 있다. 그렇지만 그것이 결국 모든 각종 유형의 금융이나 금융거래를 의미한다는 것은 잘 알려져 있지 않다.

좁은 의미로는 화폐나 통화와 같은 순수한 유동성(자산)을 신용이라고도 한다. 때로는 은행의 대출을 신용이라고도 한다. 은행은 대출을 하면서 신용을 새로 창출해낸다. 그래서 은행은 신용창조, 통화창조를 한다. 중앙은행이 발행한 지폐와 동전만 통화(중앙은행의 부채)로 사용하는 것이 아니다. 여기에 은행의 부채인 예금을 더하여 M1이라는 통화량이 된다. 예금과 대출이 실시간으로 반복적으로 이루어지면서 경제질서 내에 유통되는 현금과 예금의 통화량이 형성된다. 이러한 통화량을 유동성 또는 신용이라고도 한다.[19] 은행의 예금과 대출에 더하여 짧은 만기로 돈을 빌리고 빌려주는 거래가 이루어지는 단기금융시장(자금시장, money market)의 각종 단기금융상품 거래에서도 유동성이 높은 부채증권이 발행된다. 이러한 거래의 기반은 역시 신용이다. 단기금융상품 거래도 역시 유동성을 부풀리고 통화량을 늘린다. 나아가 국공채나 회사채 시장에서도 신용을 바탕으로 금융거래가 이루어진다. 가장 넓은 의미의 통화량 지표인

---

19) 최근에는 유동성 중심으로 통화량을 정의하고 편제하는 것이 IMF의 권고이다.

총유동성(L)에는 국공채나 회사채도 포함된다는 점을 주지할 필요가 있다.

(2) 신용팽창과 신용경색

중앙은행이 발행하는 지폐와 동전도 신용이지만, 은행 대출도 신용이고, 단기금융시장의 거래도 신용이고, 나아가 자본시장의 채권거래도 신용이다. 본원통화 발행 자체를 제외하면, 모두 금융거래이며 이러한 모든 금융거래는 거래당사자 간의 신용에 기반하여 이루어진다. 그래서 '신용＝통화＝유동성＝금융'으로 모두 같은 말이다. 금융거래는 경제시스템에서 가장 빠르고 효율적으로 돈(현금)을 돌린다(유통시킨다). 금융거래가 반복되면서 통화량이 팽창한다. 이를 유동성 팽창 또는 신용팽창(신용확장, 신용확대) 또는 레버리징(leveraging)이라고 한다. 경상 GDP를 통화량으로 나누어 구해지는 통화유통속도(velocity라서 v로 많이 표시, 이는 회전율 개념)가 커지면서 통화량이 팽창하는 경우 통화량은 가속적으로 증가한다. 적절한 수준의 통화량, 신용과 적절한 신용팽창속도, 즉 통화유통속도는 경제가 건전하다는 증거이다. 그러나 과도하게 높아지면 주식시장 거품(버블), 과도한 물가상승, 부동산시장 거품을 유발하기도 한다. 믿음과 신용이 너무 과도하면 부작용을 일으키는 것이다.

돈이 모자라면 모자란 대로, 남아돌면 남아도는 대로 정체하는 경제는 발전할 리가 없다. 신용이 없어 금융거래가 이루어지지 않는 경제이다. 정상적인 경제도 신용이 팽창하다가 팽창 속도가 느려지거나, 멈추거나, 극단적으로 더 이상 믿지 못하고 회수하는 상황이 발생하기도 한다. 이를 디레버지링(deleveraging), 신용수축(신용위축), 유동성 수축(유동성 위축), 때로는 신용경색, 금융경색, 금융위기라 부른다. 레버리지가 팽창하면서 경제에 윤활유를 뿌려주는 것이 아니라, 정체하거나 오히려 역방향으로 레버리지가 발생하면서 경제가 매우 뻑뻑하게 돌아간다. 제대로 해결하지 못하면 공황이나 경기침체로 이어진다.

따라서 경제가 잘 돌아가고 성장하거나 아니면 침체, 저성장하거나 후퇴하는 원인은 금융에 달려 있다. 그리고 금융은 곧 신용이다. 금태환과 같이 담보가 있어야만 하는 것이 아니라, 믿음과 신뢰라는 신용만으로 자본주의 시장경제의 엄청나게 복잡다단한 시스템이 작동하고 있다. 그러나 신용이 사라지는 상황, 즉 신용경색의 상황에 대해서 이러한 경제시스템은 매우 취약하다. 글로벌 경제는 이러한 상황을 2008년 글로벌 금융위기로부터 경험하였다.

2. 신용경색의 원인

신용경색 사태는 모든 경제주체들이 유동성이 과도하다고 느끼면서 서서히 이루어지는 것이 아니다. 어느 날 갑작스럽게 발생한다. 경제성장의 속도와 함께 신용팽창이나 후퇴의 속도도 함께 조정되어 가면 좋겠지만, 신용은 통상 경기역행적(countercyclical)인 게 아니라, 경기순응적(procyclical)이라고 한다. 때로는 경제는 이미 경기변동의 사이클에서 완화기에 들어섰는데, 신용이 스스로 마구 팽창하기도 한다. 이는 거품이다. 인류의 경험상, 부동산 가격이 급격히 상승하고, 주식시장이 지속적으로 크게 상승하는 시기는 주의해야 한다. 이는 과도하게 신용이 팽창되는 시기이고, 대부분의 경우 연착륙이 아닌 거품 붕괴로 이어진다.

거품 붕괴는 붕괴와 함께 급격한 신용경색이 나타난다. 신용 저하의 속도는 천천히 떨어지지 않는다. 불연속적으로 속도가 크게 저하되거나 순식간에 음(−)으로 떨어진다. 즉 금융거래가 정체될 뿐만 아니라 역으로 회수(exit)마저 이루어진다. 이러한 신용경색은 대비할 틈도 없이 급작스럽게 발생한다. 신뢰와 믿음이 순식간에 사라지면서 현금과 통화, 유동성의 융통이 되지 않는다. 만기연장은 차치하고 만기 전에 돌려 달라고 아우성이다. 큰 탈 없이 운영해오던 가계나 기업도 그러한 만약의 사태를 대비하지 않는 한, 유동성 위기에 몰려 파산하기도 한다. 정부나 중앙은행은 안심하라고 한다. 그러나 안심했다 자칫 손해를 보는 사람은 나 자신이므로 그 누구도 안심하지 않는다. 따라서 신용경색이 한 번 발생하면 더욱 악성적으로 파급되어 간다. 신용경색이 지배하는 경제는 활동과 성장을 멈추게 된다.

신용경색은 거품 붕괴, 글로벌 금융경색 등의 글로벌 시장, 거시경제의 체계적이고 전반적인 요인으로 발생하기도 하지만(1997년 한국 경제위기도 마찬가지), 예상치 못한 매우 특수한 원인으로 발생하기도 한다. 그만큼 믿음·신뢰·신용은 본질적으로 취약하다. 2009년 그리스는 재정위기를 겪었다. 그런데 그리스 경제가 전 세계에서 차지하는 비중이 얼마나 된다고 그리스 위기에 전 세계 금융시장이 들썩들썩했던 것일까? 2003년 한국에서 카드채 사태의 주원인은 LG카드 파산이다. 단지 수많은 기업과 금융기관 중 하나인 LG카드만의 문제인데 국내에서 상당한 금융경색을 유발했다. 2004년 SK그룹의 회계부정사태도 적지 않은 신용경색을 불러일으켰다. 통상 신용경색의 첫 번째 신호탄은 주가 폭락이다. 2011년 저축은행 파산사태, 2013년 동양그룹 사태 모두 1개 또는 몇 개의 금융기관이나 기업의 일이지만, 신용경색을 유발할 수 있는 매우 중대한 사건들이었다. 정상적인 경영에도 불구하고 파산해도 큰 문제지만, 저축은행이나 동양그룹은 파산에 이르는 과정에서 투자자나 금융소비자를 기만하였고 사회 전반적으로 신용이라는 중대한 자산을 크게 훼손하였다.

제
2
장
/

헌법과 금융질서

제1절 금융질서의 헌법상 지위

Ⅰ. 금융에 관한 헌법적 기초

경제질서가 전체 헌법질서의 일부이듯, 금융질서 역시 전체 헌법질서의 일부를 구성하며, 헌법의 규범적 테두리 내에서 형성되고 실현되어야 한다. 금융은 경제의 중심적 역할을 수행하며, 심지어 경제를 지배하는 모습으로까지 나타나고 있다. 헌법이 국가의 중요한 질서를 형성하고 규율하는 것이라면, 금융이야말로 헌법적으로 규율되고 평가되어야 한다. 따라서 금융에 대한 헌법적 기초를 확인하는 작업은 국가질서에 있어서 실질적으로 중요한 "알맹이"를 채우는 작업이 될 것이다.

우리 헌법은 금융관련 명문 규정을 두고 있지 않다.[1] 그러나 헌법상 규정이 없더라도 예를 들어 화폐제도의 경우처럼 몇몇 중심적 금융제도는 국가의 중요 질서로서 헌법적 의미를 가질 수 있다. 헌법 제127조 제2항은 "국가표준제도"를 규정하고 있으며, 여기에는 화폐제도가 포함된다고 해석할 수 있다. 헌법에서 금융에 대한 간접적 근거 규정들을 발견할 수는 있다. 이를테면 헌법 제6장의 경제에 관한 규정들, 정부의 재정(수입과 지출)에 관한 규정들, 헌법 제23조의 재산권 보장과 사회적 구속성 등이 그것이다. 또한 민주주의, 법치주의, 사회국가원리와 같은 헌법상의 기본원리도 역시 금융에 관한 헌법적 기초를 해석함에 있어서 중요한 기준

---

1) 헌법상 화폐, 은행, 금융 등과 관련한 명시적 규정을 마련하고 있는 국가는 그리스, 네델란드, 남아공, 미국, 프랑스, 호주, 캐나다, 독일, 러시아, 스페인, 오스트리아, 이탈리아, 스위스 등 많이 있으며, 종래의 선진 G7 국가의 대부분이 여기에 속하고 있다.

을 제공해 줄 수 있다. 따라서 헌법상 간접적인 의미를 갖는 규정들과 헌법의 기본원리 및 기본권 등을 고려하고, 금융의 성질과 의미를 파악함으로써 금융에 관한 헌법적 원칙들을 발견해 나가야 한다.

Ⅱ. 헌법의 기본원리와 금융질서

헌법의 중심 가치인 기본권의 보장, 기본원리로서의 민주주의, 법치주의, 사회국가원리에 따른 금융질서의 형성방식은 다음과 같다.

1. 기본권 보장과 금융질서

무엇보다 금융질서의 마련은 기본권의 보장과 실현이라는 헌법적 과제 수행의 맥락에서 이해되어야 한다. 헌법질서의 한 부분으로서 금융질서는 한편으로는 기본권을 최대한 실현할 수 있도록 형성되어야 한다. 금융질서를 통해 실현되는 기본권은 자유로운 금융활동의 보장과 금융재산 및 금융수익에 대한 재산권적 보호가 중심이 될 것이다. 또한 금융과 관련된 기회의 균등과 공정한 분배의 달성 등은 평등권에 의해 보호될 수 있다.[2] 이 밖에도 금융개인정보의 보호를 통한 사생활의 자유와 비밀의 보호, 금융과 관련된 결사의 자유나 직업의 자유, 공개 가능한 금융관련 정보에 대한 알권리 등도 당연히 금융질서를 통해 보장되어야 할 기본권적 사항이라고 할 수 있다. 그러나 금융질서를 통한 기본권의 보장은 여기에 그치지 않는다. 금융질서가 전체 국가질서에서 차지하는 의미와 비중에 비추어 볼 때, 금융질서로부터 영향을 받는 다양한 생활관계와 관련된 모든 기본권의 실질적인 보장으로 이어질 수 있다.

다른 한편으로 금융질서는 적절한 국가적 개입을 통해 기본권 실현에 최적의 여건이 조성될 수 있도록 이루어져야 한다. 금융질서가 언제나 개개인의 자율성만을 보호하는 것으로 이해되지는 않는다. 금융질서는 개인적 기본권의 보장을 위해 필요한 모든 국가적 개입을 포함하는 것으로서, 국가적 개입을 통해 비로소 금융질서가 완성되는 것이다. 이러한 국가적 개입은 모든 사람들의 기본권을 실질적으로 보장하고 실현하기 위해 필요한 것으로 공익 실현 수단으로 이해된다. 따라서 금융질서를 통해 금융활동의 자유, 재산권, 평등권, 사생활의 보호 등은 제한될 수밖에 없다. 다만 이러한 제한에는 헌법적, 법률적 한계가 있음은 물론이다.

---

2) 예를 들어 국가의 금융기관에 대한 정당한 이유 없는 차별적 취급, 금융기관의 합리적인 이유 없는 금융대출의 거부, 부당하게 높은 금리를 강요받거나 또는 부당하게 낮은 금리의 특혜를 받는 것, 과도한 금융수익의 방치로 인한 분배정의의 왜곡 등은 금융질서의 마련 속에서 고려되어야 하는 것이다.

2. 민주주의와 금융질서

금융질서는 헌법의 기본원리인 민주주의의 토대 위에 성립되어야 한다. 금융질서에 있어서 민주주의가 갖는 의미는 매우 크다. 어떠한 금융제도를 도입할 것인지, 무엇을 어떻게 규제할 것인지를 결정하는 것은 전적으로 민주적 절차를 거쳐 이루어져야 하며, 이에 대한 최종적인 정당성은 국민에게 있기 때문이다.

ⅰ) 민주주의는 국민의 자기지배를 이상으로 하는 것이다. 국가적 지배관계는 금융법적 제도의 형성에 있어서도 존재하는 것이고, 금융과 관련한 제도적 구속은 직·간접적으로 모든 국민을 대상으로 하는 것이다. 전(全)국민적 이해관계를 갖는 금융문제에 있어서 민주주의 원리가 적용되지 않는다면, 그것은 결국 근원적인 의미에서 예속적이 될 것이다. 따라서 금융에 관하여 무엇을 어떻게 규율할 것인지는 "국민의 자기결정"에 기초하여야 한다.

ⅱ) 오늘날 대의민주주의에서는 강력한 민주적 정당성을 가진 주체가 금융에 대한 판단권한을 가져야 한다. 이런 의미에서 금융과 관련한 정당한 권한주체에는 국회, 대통령이 속한다. 다만 대통령의 금융관련 권한은 헌법에 명시된 금융관련조약의 체결, 금융관련 정부계약 등 금융위원회 등을 통한 금융개입, 재정행위, 금융감독, 나아가 긴급재정경제처분 및 명령 등이 있을 수 있으나, 조약체결과 긴급재정경제처분 및 명령을 제외한 나머지는 원칙적으로 법률에 근거하여야 한다는 점에서 국회의 권한과는 구별될 것이다.

ⅲ) 국회에 의한 금융 권한의 행사는 우선 금융법률의 제정을 통해 나타난다. 각종 금융관련 법률의 마련은 정당한 법질서의 구축이라는 의미와 함께 금융과 관련한 합리적 규율을 가능하게 하는 토대가 형성되는 의미를 갖는다. 금융과 관련한 법적 토대 없이 금융엘리트만의 정책적 판단만으로 중요 결정이 이루어지는 현실 속에서는 그 의미가 크다. 법률은 국회에서 합리적인 의사결정 절차에 따라 성립하는 것이므로 금융과 관련한 무엇을 어떻게 규율할 것인지에 대해 심사숙고할 수 있는 기회를 제공한다는 점에서 합리적 규율의 가능성을 제공한다. 금융과 관련한 국정 현안의 비판과 감시는 국회의 중요한 국정 통제적 역할에 해당한다. 이를 위해 국정감사나 국정조사 등 다양한 수단이 이용될 수 있다. 국회는 헌법 제60조에 따라 금융과 관련한 조약으로서 중대한 재정적 부담을 지우는 조약이나 입법사항에 관한 조약의 체결·비준에 대한 동의권(사전 의결권)을, 또 제58조에 따라 국민의 부담이 될 금융관련 정부계약에 대한 사전동의권(사전 의결권)을 행사할 수 있다.

3. 법치주의와 금융질서

금융질서는 법치주의를 그 기본으로 한다. 법치주의는 국가권력 담당자의 자의적 지배가 아닌 법에 의한 지배를 의미한다. 또 단순히 법적 수단만 마련되어 있을 것을 요구하는 것이 아니며, 내용적으로도 정당한 법, 즉 합리적이고 공정한 법을 마련하여 지배하여야 한다(실질적 법치주의).

ⅰ) 금융과 관련한 올바른 법치가 되기 위해서는 법적 질서가 마련되어야 한다. 금융법질서의 마련은 그 자체로 법적 안정성에 기여한다. 금융질서는 한편으로는 금융의 자율성을 보장하면서도 다른 한편으로는 공정한 금융활동이 가능할 수 있도록 규제를 필요로 한다. 그러나 금융의 자율성 보장과 규제의 필요성이 실제에 있어서 어떻게 조화될 수 있을지가 문제이다. 금융질서는 합목적적이어야 하며, 합목적성은 비례성의 요청으로 이해된다. 다시 말해 금융규제는 비례적이어야 한다. 따라서 규제목적의 달성에 적합하고 필요한 규제수단이 사용되어야 하며, 금융규제의 필요성은 금융의 특성에 비추어 다양하게 나타날 수 있다.

ⅱ) 공정한 금융활동을 보장하기 위해 필요한 금융규제는 법률에 근거하여 이루어져야 한다. 금융규제는 법률유보의 원칙 아래 가능하다. 법률의 근거 없는 금융규제는 그 자체로 위헌이며, 결국 기본권의 과도한 제한으로 나타날 수밖에 없다. 또 정당하고 필요한 금융규제가 되기 위해서는 금융규제법률 자체가 합헌적이어야 한다. 금융입법의 합헌성 여부는 비례성 원칙을 중심으로 판단될 수 있다. 즉 규제목적에 적합한 수단이어야 하며, 관련 기본권을 덜 침해하는 수단이 없어야 하고, 규제수단으로 달성하려는 목적과 침해되는 이익 간에 균형이 달성되어야 한다.

ⅲ) 금융질서의 준수를 담보하기 위한 제재수단의 마련이 필요하다. 금융 관련 사건의 전문성과 기술성에 비추어 사법작용의 전문화를 높일 수 있는 제도가 요구될 수 있으며, 금융감독제도의 개선이 함께 문제될 수 있다. 이와 관련하여 과도한 금융규제에 의해 기본권이 침해된 경우에 대비하여 사법적 구제수단이 마련되어야 한다. 금융규제로 인해 기본권을 침해받은 경우에는 종래의 사법제도를 통해 구제받을 수 있지만, 특히 권력적 사실행위에 따른 기본권 침해에 대해서는 헌법소원을 통한 구제가 가능할 것이다. 헌법 제24조 소비자의 보호는 금융소비자의 피해구제와 관련하여 헌법적 근거가 될 수 있다.

4. 사회국가원리와 금융질서

금융질서는 헌법상 사회국가원리를 반영하여야 한다. 금융에 대한 국가의 사회국가적 개입은 금융에 있어서의 사회적 정의실현에 근거하는 것이다.

금융에 관한 사회국가적 개입과 관련하여 ⅰ) 금융소득에 대한 누진적 과세 등은 부의 재분배 및 건전한 경제 관념의 유지 및 발전을 위하여 필요하고 또 정당화된다. ⅱ) 금융시장에의 접근가능성에 있어서 형평성을 높이기 위한 노력도 필요하다. 금융기관의 문턱을 낮추거나, 국가가 직접 서민에게 신용을 지원하거나 간접적으로 보증을 지원함으로써 서민금융(micro finance)의 이용을 원활하게 하는 것은 사회국가적 요청에 근거한다. iii) 각종 사회보험(예컨대 고용보험, 건강보험, 산재보험 등), 연금, 기금 등의 금융적 수단을 통해 개입하거나, 서민생활안정을 위한 기금이나 연금, 보험 등에 국고를 지원하는 것은 금융에 관한 사회국가적 요청에 근거한다. iv) 각종 파산자나 신용불량자에 대한 회생제도, 면책제도 내지 각종 구제제도는 한편으로는 신용에 기초한 전체 금융질서의 건전한 발전을 위해 필요한 노력임과 동시에 다른 한편으로는 이러한 자에 대한 국가의 사회국가적 개입에 따른 요청에 기인한다. v) 사회국가적 요청에 따른 각종 국가의 재정활동은 그것이 금융과 관련된 것이라면 역시 금융에 대한 사회국가적 개입에 해당할 수 있다.

이러한 사회국가적 개입은 그것이 전면적 사회주의적 수단의 도입으로 나아가지 않는 이상, 결국 사회국가원리에 따른 국가작용의 '보충성'은 금융에 대한 국가적 개입에 있어서도 그대로 적용될 것이다. 즉 국가의 금융적 개입은 개인의 자율을 우선하는 속에서 보충적으로 이루어져야 하며, 국가가 주도적으로 금융에 개입할 수 없다.

제2절 경제헌법과 금융질서

Ⅰ. 경제질서와 금융질서

금융질서는 헌법질서의 일부이면서 동시에 전체 경제질서의 일부라고 파악된다. 따라서 헌법상 경제질서와 관련된 주요한 원칙과 기준은 금융질서에 그대로 적용될 수 있다. 예를 들어 헌법 제119조에 따라 기본적으로 금융관련 종사자 및 금융기업의 자율과 창의를 존중한다든지, 균형 있는 국민경제의 성장 및 안정과 적정한 소득의 분배를 유지하기 위한 금융규제와 조정, 거대 독점 금융기업에 의한 경쟁 제한의 억제, 경제의 민주화를 위해 금융에 대하여 국가가 개입하고 조정하는 것 등은 금융질서에도 그대로 적용될 수 있다.

국가는 자립능력이 높은 대자본의 금융기관보다는 자립능력이 부족한 중소규모의 금융기관을 육성할 수 있으며(제123조 제3항), 금융과 관련한 소비자의 구제를 위한 제도를 마련하여야 한다(제124조). 또 광물 기타 지하자원이나 국토 등은 경제적으로 특별하게 취급되어야 하므로, 이와 관련한 금융제도 역시 이러한 헌법적 기준을 고려하여야 한다(제120조 및 제122조). 예를 들어 광물 기타 지하자원의 개발이 갖는 중요성에 비추어 이를 위한 금융지원의 요건과 한계를 특별히 정할 수 있으며, 국토의 균형 있는 이용과 개발을 위한 금융제도의 마련 등이 필요할 수 있다. 또한 경자유전의 원칙을 유지하는데 필요한 금융제도, 농업과 어업의 산업구조적 문제점을 해소하고, 농·어업인을 지원하기 위한 금융제도(제121조, 제123조 제1항, 제4항, 제5항), 지역 간의 균형 있는 발전과 지역경제의 육성을 위한 금융제도(제123조 제2항), 중소기업의 보호·육성을 위한 금융제도(제123조 제3항), 대외무역의 육성을 위한 금융제도(제125조), 과학기술인력 등의 개발을 위한 금융제도(제127조 제1항), 국민경제상 긴절한 필요에 따른 私금융기업의 국공유화 내지 경영의 통제 또는 관리(제126조) 등은 금융질서와 관련한 헌법적 근거로 이용될 수 있다.

Ⅱ. 금융질서의 구조적 특성

금융에 관한 헌법의 명시적인 태도를 확인할 수 없는 상황에서, 금융관련 입법의 헌법적 기준과 원칙은 이미 선취(先取)될 수 있는 것이 아니다. 이는 금융의 본성과 발전에 따라 함께 발전하는 것이며, 법적 규율이 필요한 개별적 금융 사실과의 관련 속에서 그때그때 확인되어야 하는 것으로 이해된다.

앞서 보았듯이 경험적으로 볼 때, 금융은 사행성 내지 투기성, 변동성, 불안정성, 불평등성, 경제에 대한 지배력과 파괴력이라는 특성을 보인다. 이에 따라 금융질서는 효율성, 건전성, 안정성의 요청 아래에 있다고 할 수 있다.

즉 ⅰ) "금융질서의 효율성 요청"은 금융의 원활한 흐름을 보장하기 위한 것으로 이해된다. 이는 한편으로는 금융패권에 의한 영향력 속에서 금융이 왜곡되거나 실패해서는 안 된다는 점에서 금융의 과도한 자율성에 대한 규제의 필요성으로 나타나기도 하지만, 다른 한편으로는 국가 역할 역시 금융의 효율성을 목적으로 하여야 하고 이를 저해하는 방향으로 개입해서는 안 된다는 의미에서 국가 개입의 한계로서의 의미도 갖는다. ⅱ) "금융질서의 건전성 요청"은 금융이 사행적 투기나 범죄의 장이 되거나 경제력의 남용 또는 극심한 부의 불균형으로 치닫지 않아야 한다는 의미이다. ⅲ) "금융질서의 안정성 요청"은 급속한 금융 변동성을 억제함으로써 금융을 일정 수준에서 지속시켜야 한다는 의미이다. 이러한 변동성은 곧 불안정성으로 이어질 수 있으며, 투기적 금융이 행해질 때 특히 심화될 수 있다.

금융질서의 효율성, 건전성, 안정성 요청은 상호 밀접한 관련 속에 있으므로, 삼자를 엄격히 구별하기는 쉽지 않다. 예를 들어 건전성은 안정성과 인과관계로 연결될 수 있으며, 안정성과 건전성이 전제되지 않고서는 금융의 효율성 또한 가능하지 않다. 효율성, 건전성, 안정성 요청은 금융질서 속에서 금융에 대해 확대된 금융규제를 정당화하는 근거가 된다.

Ⅲ. 금융질서의 법적 규율체계

1. 형식

ⅰ) 금융질서는 헌법질서에서 경제질서로, 경제질서에서 다시 금융질서로 구체화되는 체계 속에 있다. 따라서 금융질서는 헌법질서 안에서 한편으로는 경제질서 일반에 속하는 기준과 원칙에 따르면서 동시에 금융질서의 특수성에 따른 기준과 원칙에 따라 구축된다.

ⅱ) 금융질서는 법률→시행령→시행규칙→고시→민간의 자율적 규정으로 이어지는 법체계에 따라 구축된다. 다만 금융위원회의 '고시'가 위임입법의 한 형태로 인정될 수 있는지, 한국거래소의 자율적 규정이 이러한 법체계 내에서 어떠한 의미를 가질 수 있는지가 문제될 수 있다.

ⅲ) 금융관련 법체계는 규율면제→자율규제→행위규제→진입규제의 체계로 이어지는 모습으로 나타날 수 있다. 금융의 공공재적 특성을 감안하여 금융질서는 대체로 강력한 진입규제의 틀 속에서 구축된다.3) 그런데 일단 금융질서에 편입되어 금융활동을 할 수 있게 된 경우에도 금융의 효율성과 건전성, 안정성을 확보하기 위해 다양한 행위규제가 이루어질 수 있다. 다만 금융의 자율성을 보장하기 위해 때로는 자율규제를 활용하기도 한다. 그러나 금융에 대한 규율면제는 금융의 자율성 확보라는 점에서는 유용한 것이겠지만, 금융의 특성상 규율면제는 최소화되는 것이 바람직하다.

2. 내용

다음으로 내용적인 측면에서 볼 때, 금융질서는 세 가지 요청, 즉 효율성, 건전성, 안정성의 요청에 따라 구축된다.

ⅰ) 금융질서는 금융거래의 효율성을 지향하는 방향으로 구축된다. 금융거래의 효율성은 원활한 금융의 확보를 위하여 한편으로는 자유로운 금융거래를, 다른 한편으로는 장애요소를 제거하기 위해 오히려 자율성을 일부 제한하는 법적 제도의 틀을 마련함으로써 달성될 수 있다. 예를 들어 은행법 제1조(목적)은 "자금중개기능의 효율성"을 높이는 것을 은행법의 목적 중 하나로 규정한다. 자본시장법 제1조(목적)는 자본시장의 공정성·신뢰성 및 "효율성"을 높이는 것을 자본시장법의 목적 중 하나로 한다.

ⅱ) 금융질서는 건전성의 요청에 따라 구축된다. 예를 들어 금융위원회의 설치 등에 관한 법률("금융위원회법") 제3조 등에서는 "건전성 감독"이라는 표현을 사용하고 있다. 은행법 제1조

---

3) 예를 들어 은행업을 영위하려는 자는 은행법이 정하는 요건을 갖추어야 하며, 금융투자업을 영위하려는 자는 마찬가지로 자본시장법이 정하는 요건을 갖추어 인가 또는 등록을 마쳐야 하고, 보험업을 영위하려는 자는 보험업법이 정하는 요건을 갖추어 허가를 받아야 한다.

(목적)은 "은행의 건전한 운영의 도모"를 은행의 목적 중 하나로 규정한다. 자본시장법 제13조 제4항은 금융위원회가 금융투자업인가를 하는 경우에는 경영의 건전성 확보 및 투자자 보호에 필요한 조건을 붙일 수 있도록 하고 있으며, 동법 제30조는 금융투자업자로 하여금 '영업용순자본'을 '총위험액' 이상으로 유지하도록 하고 있다. 은행제도의 경우에도 역시 이러한 건전성의 요청이 반영된다(은행법 제8조 제4항 또는 제34조 등은 은행의 경영건전성을 명시하고 있다). 또한 보험업법 제11조의2 제2항은 보험회사의 경영건전성을 해치는 경우에는 부수업무를 하는 것을 제한하고 있다.

iii) 금융질서는 안정성의 요청에 따라 구축된다. 예를 들어 금융위원회법 제1조는 "금융시장의 안정"을 도모함을 설립목적 중 하나로 명시하고 있다. 한국은행법 제1조(목적)에 의하면 한국은행은 통화신용정책을 수행할 때에는 "금융안정"에 유의하여야 한다고 규정하고 있다. 은행법 제1조(목적)은 "금융시장의 안정"을 규정하고 있다. 금융위원회는 금융투자업자의 부수업무가 금융시장의 안정성을 저해하거나 투자자의 보호에 지장을 초래하는 등의 경우에는 그 부수업무의 영위를 제한하거나 시정할 것을 명할 수 있다(자본시장법41②). 또한 누구든지 원칙적으로 증권시장에서 상장증권에 대하여 "소유하지 아니한 상장증권의 매도, 차입한 상장증권으로 결제하고자 하는 매도"를 하거나 그 위탁 또는 수탁을 할 수 없도록 하는 "공매도의 제한"도 금융질서의 안정성을 위한 것이다(자본시장법180).

제3절 재정헌법과 금융질서

Ⅰ. 재정질서와 금융질서

일반적으로 "재정"은 개별적인 사회구성원의 욕망을 충족시키는 동시에 사회공동체의 형성·유지·발전을 위해 필요한 재화와 용역을 획득하고 운영하며 처분하는 국가의 경제적 행위로서 이해되고 있다. 이와 같은 정의 속에서 공통적으로 발견할 수 있는 요소는 "국가", "공공" 그리고 "경제적 행위"라는 개념적 징표이다.

정부의 재정활동 수단은 매우 다양할 수 있다. 재정질서와 금융질서는 개념상 서로 구별되는 것이지만, 정부가 특히 금융적 수단을 통한 재정활동을 하는 경우에 금융질서와 밀접한 관련을 가지게 되며, 심지어 금융질서의 일부로서 파악될 수도 있게 된다. 또 국가가 자신의 자금을 어떻게 충당하고 소비할 것인지가 재정의 문제라면 그것은 결국 금융질서와 밀접한 관련을 가질 수밖에 없다.

　　이러한 양자의 관련성은 국가의 재정행위가 금융에 미치는 영향과 금융이 국가재정에 미치는 영향을 함께 살펴봄으로써 분명하게 드러날 수 있다. 국가재정의 기본원칙은 많은 부분 금융질서와 관련하여 고려되어야 할 부분이 많다. 예를 들어 과도한 재정지출과 재정수입을 확보하기 위한 조세, 부담금, 과징금, 각종 벌과금, 사용료 등의 징수는 전체 금융질서에 적지 않은 영향을 미칠 수 있기 때문이다.[4] 따라서 사전에 재정행위의 원칙과 한계를 정함으로써 예측가능하고 안정적인 재정행위가 가능하도록 하여야 하고, 이로써 금융시장의 자율성이 보장되면서 건전하고 안정적인 발전을 위한 기초가 마련될 수 있게 된다.

　　국가의 재정행위는 금융의 자율성과 안정성을 강화하고 유지하는 것을 고려하여 이루어져야 하지만, 만약 금융이 자율적인 조정능력을 상실하거나 또는 사회적 건전성의 한도를 넘어서게 된다면 곧 국가의 재정행위로써 조절될 필요가 생겨나게 된다. 무엇보다 금융의 성장과 쇠락은 국가경제에 막대한 영향을 미치므로 국가는 경제에 대한 관리자의 입장에서 금융을 관리하는 재정활동을 할 필요가 있다. 특히 금융위기가 발생하는 경우에는 국가에게 예외적으로 재정활동에 관한 법률상의 원칙과 한계를 넘어 금융에 개입할 수 있는 헌법적 비상권한이 요구될 수 있다.

　　그런데 현실적으로 금융의 규모는 국가의 재정행위를 능가하며, 심지어 이를 압도할 수도 있다. 특히 글로벌 금융환경에서는 국가의 재정이란 무력할 뿐만 아니라 파괴될 수도 있는 것이다. 따라서 금융과 국가재정이 서로 영향을 미치는 관계는 좀 더 세분하여 살펴볼 필요가 있다.

Ⅱ. 재정과 금융의 상호작용

1. 금융이 재정에 미치는 영향

　　금융이 재정에 미치는 영향은 다시 국가작용의 수동적 측면과 능동적 측면으로 구분해 볼 수 있다.

　　ⅰ) 수동적인 측면은 금융상황의 변화가 국가재정에 영향을 자연스레 미치는 관계로서 여기에는 긍정적인 면과 부정적인 면이 있을 수 있다. 예를 들어 금융의 활성화로 인한 국가재정적 부담의 감소나 재정적 수익의 증가 같은 것은 긍정적인 면이지만, 금융위기로 인해 어쩔 수 없이 국가재정에 파탄이 야기될 수 있는 것은 부정적인 면에 해당한다. 즉 금융상황의 변화와

---

4) 재정지출의 시기와 정도는 시중의 통화량에 중대한 영향을 미칠 수 있으며, 과도한 조세나 부담금의 납부는 경우에 따라 개별 경제주체의 재정상황을 악화시켜 파산에 이르게 하거나 신용의 저하로 나아가게 함으로써 결국 금융의 안정성에 영향을 미칠 수 있다.

이로 인한 경제상황의 변화가 자연스레 국가재정에 영향을 미치게 되는 것이다.

ⅱ) 능동적인 측면은 금융상황의 변화가 적극적으로 국가재정을 변화시키는 관계이다. 특히 국외로부터 유입되는 금융자본이 의도적으로 한 국가의 재정에 영향을 미치려는 경우에 나타날 수 있으며, 이 역시 긍정적인 효과와 부정적인 효과가 모두 가능할 수 있다. 국외로부터의 자본의 적극적인 유치가 국내 금융과 경제상황을 호전시키고 결국 국가 재정의 부담을 완화시키는 경우에는 긍정적인 효과가 있겠지만, 공격적인 투기자본이 유입되면서 적극적으로 한 나라의 금융과 경제상황을 악화시키는 경우, 그리고 직접적으로 한 나라의 재정을 악화시켜 파탄위기에 내모는 경우에는 부정적인 효과가 나타나는 경우라고 볼 수 있다.

2. 재정행위가 금융에 미치는 영향

반대로 국가의 재정행위가 금융에 미치는 영향을 살펴볼 수 있다.

ⅰ) 재정행위가 자연스레 금융에 영향을 미치는 경우는 간접적으로 영향을 미치는 경우와 직접적인 영향을 미치는 경우가 있을 수 있다. 국가의 재정행위는 크게 재정지출과 재정수입으로 구별되는데, 양자 모두 금융시장에 직·간접적으로 영향을 미치게 된다. 예를 들어 정부의 재정지출로 인해 발생하는 통화량의 증감은 금융시장에서의 이자율에 영향을 미쳐 금융시장이 활성화(또는 과열)되거나 안정(또는 침체)되는 경우가 있다.

통화량이 증가한다는 것은 인플레이션과 함께 경제가 활력을 찾기도 하지만, 동시에 누군가에게는 금융으로 인한 수익의 증가 및 부의 편재의 심화가 발생한다는 것을 의미하여, 다시금 사회적 불안정성을 야기할 수 있는 원인이 되기도 한다. 또 통화량이 감소한다는 것은 인플레이션이 억제되면서 경제가 안정화되는 효과를 가져오기도 하지만, 경제가 침체되기도 하고 또 누군가에게는 막대한 손해가 발생하여 경제가 파탄 나며 결국에는 사회적 불안정성을 야기할 수 있는 원인이 될 수도 있다. 이렇듯 국가의 재정행위는 적어도 금융에 있어서는 적절한 약이 될 수도 있지만 동시에 독약이 되어 전체 경제뿐만 아니라 사회 전체의 불안정성을 높이는 원인이 될 수도 있다.

ⅱ) 재정행위가 적극적으로 금융에 영향을 미치는 경우도 가능하다. 예를 들어 금융의 안정성을 높이기 위해, 또는 사회국가적 목적을 달성하기 위해 국가가 적극적으로 금융에 관한 조정적 수단을 사용하는 경우가 있다. 또한 어떤 의도에서 금융에 대해 직접적인 재정행위를 한 결과 금융에 대한 국가적 지배력과 영향력이 강화되거나 유지되는 경우도 있을 수 있다. 금융에 대한 국가의 지배력과 영향력을 강화하는 것이 금융위기나 경제위기를 극복하는 방법이 될 수도 있지만, 그러한 위기와 무관한 경우에는 금융의 자율성 파괴라는 부정적인 면으로 이어질 수 있다.

금융행정

한은, 환율 변동성 커져 통화정책 전환 가속 고심

한국은행이 통화정책 운용에서 고려해야 할 요인이 추가됐다. 물가 오름세가 둔화하고, 한미간 기준금리 격차가 축소돼 통화정책 전환의 속도를 높일 수 있는 일부 여건이 조성됐지만 외환시장이 요동치고 있어서다.

한은은 지난달 금융통화위원회에서 기준금리를 기존 연 3.50%에서 3.25%로 낮췄다. 한은이 기준금리를 인하한 것은 3년여만으로 고금리와 고물가로 내수경제가 부진에 빠진 상황에서 불가피한 선택이라는 평가였다. 이에 따라 실질적인 내수 촉진을 위해 추가적인 기준금리 인하를 통해 좀 더 과감한 정책전환을 요구하는 목소리도 높다.

정책 전환의 속도를 좀 더 빠르게 가져갈 수 있는 여건도 조성됐다. 가장 큰 과제인 물가안정이 예상보다 빠르게 진전되고 있다.

통계청이 발표한 10월 소비자물가지수는 전년 동기 대비 1.3% 상승으로 둔화했다. 전달(1.6%)에 이어 비교적 빠르게 물가가 안정되는 흐름이다. 한은은 연말까지 대체로 물가안정목표치인 2% 수준으로 수렴될 것으로 내다보고 있다.

미국 연준(Fed)이 7일(현지시간) 정책금리를 연 4.50~4.75%로 낮춰 한미간 기준금리 격차가 1.50%p 수준으로 다시 좁혀진 점도 한은의 추가 금리인하 부담을 덜어줬다는 평가다.

미국보다 지나치게 금리가 낮으면 외환시장 변동성이 커질 우려가 있지만 양국간 금리 격차가 줄었기 때문이다. 기준금리를 인하할 수 있는 여건이 조성된 것과 함께 인하해야 하는 필요성도 커졌다.

올해 3분기 실질 국내총생산(GDP) 성장률이 전분기 대비 0.1%에 그치면서 경기 침체에 대한 우려가 커졌다. 소비와 투자가 일부 개선됐다고 하지만 건설투자를 중심으로 내수가 부진하고, 수출마저 후퇴해 성장세가 둔화하고 있는 것으로 확인됐기 때문이다.

불과 한달 전까지 달러당 1300원대 초반까지 내려가 안정세를 보이다 트럼프 당선 가능성이 커지면서 급등했다. 이처럼 환율 변수가 부상하면서 한은도 통화정책 전환 속도에 고심하는 모양새다.

트럼프 재집권 이후 상당기간 고환율이 유지될 가능성을 내다보고 통화정책을 운용해야 하는 부담이 생긴 셈이다. 한편 한은은 이달 28일 금융통화위원회를 열어 올해 마지막 통화정책 방향을 결정한다. 시장에서는 한은이 추가 금리인하와 관련 속도조절에 나설 것으로 관측했다.

제
1
장
／

서 론

★ 동아일보 2024년 10월 29일

30조 세수 펑크 때우려… '외환 방파제' 또 허문다

2년 연속 세수 펑크가 확실시되자 정부가 '외환 방파제'를 허물고 청약통장 가입자들이 낸 돈까지 끌어와 빈 곳간을 메우기로 했다. 지방정부에 나눠 주는 돈 역시 삭감하고 예정된 사업에 돈을 쓰지 않는 불용(不用)으로 지출도 줄인다.

나랏빚을 늘리는 대신 '기금 돌려막기'로 부족분을 채우고 허리띠를 졸라매는 고육지책을 내놓은 것이다. 하지만 대외경제 불확실성이 커지고 성장률이 2개 분기 쇼크를 보인 상황에서 정부가 '꼼수 대책'에만 의존하며 스스로 경기 대응 여력을 갉아먹고 있다는 지적이 나온다.

기획재정부는 28일 열린 국회 기획재정위원회 종합감사에서 '2024년 세수 재추계에 따른 재정 대응 방안'을 보고했다. 정부는 올해 세금이 예상보다 29조6000억 원 부족할 것이라고 내다본 바 있는데 이에 따른 대책을 내놓은 것이다.

정부는 우선 각종 기금 및 특별회계에서 최대 16조 원을 끌어다 쓰기로 했다. 이 중 외국환평형기금(외평기금)에서 끌어다 쓰는 돈이 4조~6조 원으로 가장 많다. 앞서 최상목 부총리 겸 기재부 장관은 세수 결손을 메우는 데 "외평기금 활용은 현재 검토하고 있지 않다"고 밝힌 바 있는데 한 달여 만에 이를 뒤집었다.

외평기금은 환율 급등락 시기에 달러나 원화를 사고팔아 시장을 안정시킬 수 있도록 마련된 일종의 '국가 비상금'이다. 환율을 안정시키는 외환 방파제 역할을 하지만 지난해부터는 이런 목적과 달리 세수 결손을 메우는 데도 쓰이고 있다. 외평기금과 달리 올해 처음 끌어다 쓰는 주택도시기금 역시 서민들을 위한 임대주택 공급 등에 쓰여야 하는 돈으로, 주택청약 저축액 등으로 조성된다. 주택도시기금에서도 최대 3조 원이 동원된다.

정부는 또 최대 9조 원 규모의 예산은 당초 편성 계획과 달리 지출하지 않기로 했다. 연말까지 경기 둔화에 대응할 재정 실탄이 부족해진 셈이다.

제1절 금융행정의 개념과 특수성

Ⅰ. 금융행정의 개념

금융행정은 금융부문에 대한 공법적 행정작용을 말한다. 금융기관은 소액의 자기자본과 불특정 다수의 고객으로부터 조달한 거액의 부채를 재원으로 불특정 다수의 고객을 상대로 영업을 하고 있어 상당한 리스크가 항상 내재되어 있고 경영실패로 도산할 경우 국민경제에 막대한 피해를 입힐 수 있다는 점에서 일정 부분 공법적인 규율이 불가피하다.

금융은 화폐의 존재를 전제로 한다. 그런데 20세기 들어 각국이 금본위제를 대신하여 통용력을 법으로 보장하는 법화제도를 도입했다. 화폐제도에서는 준비자산 없이 화폐를 무제한으로 발행할 수 있어 많은 나라에서 극심한 인플레이션을 경험한 바 있다. 이에 따라 적정 수준의 화폐를 발행함으로써 물가를 안정시키는 것이 국가의 중요한 책무로 인식됐다. 특히 1971년 국제 기축통화인 미국 달러화마저 금태환을 정지함으로써 세계적으로 완전한 관리통화제도가 정착됨에 따라 국내 및 국제 금융시장에서의 통화가치 안정을 위한 통화정책과 외환정책의 중요성이 커졌다.

이런 점에서 국가는 화폐를 발행하고 통화가치를 안정적으로 유지하며 국민의 화폐거래를 중개하는 금융기관들이 도산하지 않도록 적절한 정책을 시행하고 필요한 규제와 감독을 실시해야 할 책무가 있는데 이런 작용들을 금융행정이라 할 수 있다. 그런데 금융행정이란 금융부문에 대한 행정의 역할을 전제로 하여 그 역할 수행 전반을 포괄한다. 따라서 공권력적 작용인 행정의 개념은 기본적으로 정책 사항을 중심으로 공익적 목적의 규제와 감독을 포괄해야 하므로, 금융행정의 개념에는 화폐와 금융에 관한 정책, 금융기관과 금융산업에 관한 정책, 금융시장과 금융소비자 보호 정책 등이 포함될 수 있을 것이다.

Ⅱ. 금융행정의 특수성

금융행정은 그 어느 행정 영역보다도 전문성과 기술성이 상당 부분 요청되고 있다. 그런데 각각의 행정 영역에서 전반적으로 요구되는 전문성과 기술성 외에도 금융행정만의 특수성이 있기 때문에, 금융행정체계는 단순히 행정법의 일반이론을 기계적으로 적용해서는 해답을 얻을 수 없는 한계가 있다. 일반적인 행정작용과 비교하여 금융행정에는 다음과 같은 특수성을 인정할 수 있다.

ⅰ) 대량성이다. 금융산업에 관해서는 예금주와 기업, 금융기관의 주주뿐만 아니라 경제주체로서의 국가 및 지방자치단체와 기타 공공단체, 나아가 모든 국민들이 직·간접적으로 관련되어 있다. 따라서 금융행정은 수많은 이해관계인을 대상으로 한다는 특징을 갖는다. 특히 금융산업의 대량성에 대처하기 위해, 일반소비자보호법에 우선하여 금융산업에 더 실효성 있게 대응할 수 있는 2020년 3월 5일 금융소비자보호법이 제정되었다.

ⅱ) 거시성이다. 금융산업은 국민경제에 미치는 효과가 크기 때문에, 금융행정은 특정 시기에 특정한 규제대상에 한정된 미시적 관점에서가 아니라 항상 국민경제 전체를 고려해야 하는 거시적 성격을 갖는다. 이에 더해 금융의 국제화가 촉진되면서 우리나라에 국한한 정책으로는 복잡한 상황에 대처할 수 없는 한계를 보이고 있다.

ⅲ) 신속성이다. 금융 관계는 경제적 계기만이 아니라 일정한 정치적·사회적·문화적 계기에 의해서도 민감하게 반응하여 일순간에 모든 것이 변화하여 기성 사실로 되어버리는 경우가 많으므로, 이에 대처하기 위해 금융행정은 신속한 정책 수립과 집행이 필요하다.

ⅳ) 밀행성이다. 금융 관계는 행정규제에 의해 특히 민감한 영향을 받게 되기 때문에, 행정의 정책·의사결정이 사전에 공개되면 이미 행정규제가 실효성을 잃을 염려가 있다. 따라서 경우에 따라 행정의 효율성을 위해 행정과정의 비밀이 보장되어야 할 필요성이 있다. 금융행정의 밀행성은 "자칫 과장되기 쉽다."는 점에서 국민의 권익침해와의 긴장관계가 크게 나타나므로 법치행정과의 관계에서 주의가 필요한 부분이기도 하다.

ⅴ) 치명성이다. 금융행정의 규제수단들은 대부분의 경우 그 직접 상대방인 금융기관뿐만 아니라 기업, 예금주, 주주 기타 이해관계인에 대해 회복 불가능한 손해를 초래하게 된다. 문제는 손해가 경제적 차원에 국한하지 않고 생존, 인간의 존엄 등과 같은 인격적 차원으로까지 확대되는 점에 있다. 이러한 금융행정의 치명성으로 인해 이 분야에 대한 지속적인 점검과 적실성 있는 운영이 법치행정의 관점에서 보장될 필요성이 있다.

제2절 금융행정의 근거와 주체

Ⅰ. 금융행정의 근거

1. 금융행정의 헌법적 근거

우리나라는 헌법에서 국가의 화폐제도와 통화가치의 안정 책무, 이를 위한 규제와 감독

등 공법적 개입의 근거를 구체적으로 명시하지 않고 금융위원회법, 한국은행법, 은행법, 자본시장법, 보험업법, 여신전문금융업법 등 하위법에서 규율하고 있다. 이러한 금융행정 관련 법률의 제정근거는 국민의 재산권을 규정한 헌법 제23조와 국가의 국민경제 안정 책무와 경제에 관한 규제와 조정을 규정한 제119조 제2항에서 간접적으로 찾아볼 수 있다. 헌법 제119조는 자유시장경제를 원칙으로 하되, 시장의 건전한 질서유지와 국가정책목표의 달성을 위해 국가가 자유시장경제에 일정한 제한을 가할 수 있는 것으로 받아들여지고 있다. 금융 역시 경제구조의 일부분이라는 점에서 원칙적으로는 사적자치, 사경제활동의 자유가 보장돼야 하며, 금융시장의 안정과 질서유지라는 점에서 일정한 규제가 가해지게 된다.

국민의 재산권 보호 의무를 지고 있는 국가는 금융부문에 대해 적절한 정책을 시행하고 통제할 책무가 있다. 한편 국가가 금융기관의 경영에 자의적으로 간섭하여 화폐와 금융의 부적절한 흐름을 유도할 경우 국민의 재산권이 침해될 수 있으므로 부당하게 금융기관의 경영에 간섭하는 소위 관치금융을 하지 않아야 할 의무도 있다.

금융행정에서 정부의 역할에 대한 헌법적 근거에 대해서는 다음과 같이 말할 수 있다. 정부는 헌법 제66조 제4항(행정권은 대통령을 수반으로 하는 정부에 속한다)의 행정권에 기초해 금융입법에 대한 독자적인 집행 권한을 가지며, 구체적인 금융 관련 각종 행정처분을 통해 금융을 관리하고 조정하며 통제한다. 권력분립의 관점에서 볼 때, 정부의 역할은 한편으로는 국회 입법을 집행하는 것이지만, 다른 한편으로는 국회 입법을 집행하는 과정에서 입법의 의미를 합리적으로 해석하고 제한함으로써 기본권이 입법적으로 침해되는 것을 방지할 수도 있다. 물론 그 반대도 가능하며, 오히려 그 반대가 더 심각하게 나타나는 경우가 보통이다. 하지만 아무리 잘 만들어진 법률이라도 그 집행이 어떻게 이루어질 것인지에 따라 전혀 다른 결과가 가능하다.

정부는 시장경제 자체의 안정화라는 헌법적 요청에 근거해 개입할 수 있으며, 또한 사회국가적 과제의 수행이라는 헌법적 요청에 근거해서도 금융시장에 직접 개입할 수 있다. 이런 정부의 역할에 대해서는 원칙적으로 법률적 근거의 마련이 선행돼야 한다. 정부는 금융시장의 정책적 방향을 수립한다는 점에서 입법자와 함께 금융질서의 "설계자"이기도 하지만, 행정권에 근거해 금융의 안정적이고 건전한 운영에 대한 "관리자"이고, 경제적 불균형을 시정하는 "조정자"이며, 위법적 사항에 대한 "통제자"라고 할 수 있다.

2. 개별법적 근거와 형식

(1) 법률유보원칙

헌법 제37조 제2항은 "국민의 모든 자유와 권리는 국가안전보장·질서유지·공공복리를 위하여 필요한 경우에 한하여 법률로써 제한할 수 있으며, 제한하는 경우에도 자유와 권리의 본질적인 내용을 침해할 수 없다"고 규정하여 국가의 개입과 간섭은 법률유보원칙에 따라 필요 최소한으로 이루어져 함을 밝히고 있다. 모든 규제행정은 그 성격이 침익적인 면을 가지고 있기 때문에 법률유보의 원칙이 적용된다.

금융규제의 가장 기본적인 근거 법률이라고 할 수 있는 것들은 금융위원회법, 외국환거래법, 한국은행법, 은행법, 자본시장법, 보험업법, 여신전문금융업법, 예금자보호법, 금융소비자보호법, 금융산업구조개선법 등을 들 수 있다. 이 법률들은 공법적인 사항과 사법적인 사항을 모두 포함하고 있는 중간영역에 속한 것으로서 양쪽 영역에서 모두 접근이 가능하다.

(2) 고시에 의한 규제

금융규제법령의 특징 중 다른 법령과 명확히 구별되는 부분이 고시(예: 감독규정)에 의한 규제이다. 고시에 의한 규제가 발령될 수밖에 없는 것은 두 가지 이유에 기인한다. ⅰ) 행정조직법적 측면의 이유다. 금융위원회는 독립행정위원회적 구조로 정부조직법상 독임제 부처에 포함되지 않는다. 따라서 헌법상 정하고 있는 부령을 발령할 수 없다. 총리령이 있지만 금융위원회는 시행규칙에서 규정해야 할 사항을 담는 형식으로 고시를 주로 이용하고 있다. ⅱ) 금융거래의 복잡성이다. 금융부문은 거래 및 상품구조가 복잡하며, 인터넷의 발달로 세계가 하나의 시장으로 통합되면서 단기간에 많은 변화를 겪고 있어 이를 규율하는데 어려움이 많다. 특히 2008년 글로벌 금융위기를 겪으면서 리스크 중심의 금융규제체제로의 변화는 입법에 어려움을 더욱 가중시키고 있다. 리스크의 속성 자체가 불확정적인 것으로 행정청의 광범위한 판단여지를 기반으로 하기 때문이다. 따라서 법률에 불확정개념으로 요건을 설정하고 이를 구체화하는 것은 고시의 형식을 취하는 것이 탄력적 행정이라는 측면에서 필요하다.

(3) 국제금융기구 가이드라인

오늘날 금융법 분야에서의 주도적인 입법은 실질적으로 국제금융기구에서 이루어지고 있다. 그중에서 가장 활발하게 국제적인 가이드라인이 제정되고 있는 분야가 은행업이다. 금융시장에서 은행업은 금융업의 기반이자 최종적인 결제가 이루어지는 곳이며, 투자자 이외에 예금자, 즉 원본 손실의 위험이 배제돼야 하는 이해관계자가 있기 때문이다. 그래서 예금자에게는 예금자보호법이라는 별도의 보호장치를 두고 있다. 은행업에 대한 주도적인 가이드라인은 주로 바젤은행감독위원회(BCBS)와 금융안정위원회(FSB)에 의해서 만들어지고 있으며, 그 대표적인 예가 자기자본비율을 규정한 바젤협약 Ⅰ, Ⅱ, Ⅲ(Basel Accord Ⅰ, Ⅱ, Ⅲ)과 시스템적으로 중요한 금융기관들(SIFIs)에 대한 감독원칙이다.[1]

---

1) 이러한 규범의 특징은 연성규범이라는 점이다. 연성규범은 구속력을 수반하지 않으며, 해당 회원국이 이를

Ⅱ. 금융행정의 주체

1. 직접적인 금융행정주체

금융행정의 주체인 정부의 개념을 확인할 필요가 있다. 일반적으로 정부라 함은 국회(헌법 제3장)나 법원(헌법 제5장)과 구별되는 협의의 정부(헌법 제4장)인 대통령(헌법 제4장 제1절)과 행정부(헌법 제4장 제2절)를 지칭하며 그 수반은 대통령이다. 정부는 헌법상의 행정권의 주체가 된다. 대통령은 외국에 대하여 국가를 대표하는 국가원수이며, 행정부의 수반으로서 지위를 갖는다(헌법66). 행정부 수반으로서의 대통령의 지위를 크게 ⅰ) 정부조직권자로서의 지위, ⅱ) 최고행정청으로서의 지위, ⅲ) 국무회의 의장으로서의 지위 등으로 구분할 수 있다. 행정에 관한 대통령의 주요 권한으로는 국무총리 임명권(헌법86①), 행정각부장의 임명권(헌법94), 공무원임명권(헌법78), 행정각부의 통할권(헌법86②), 긴급재정·경제처분·명령권 및 긴급명령권(헌법76), 위임명령·집행명령제정권(헌법75) 등이 있다. 대통령의 권한행사는 미리 국무회의를 거쳐야 하고(헌법89), 문서로 하여야 하며, 국무총리와 관계 국무위원의 부서가 있어야 한다(헌법82).

헌법상 행정각부(헌법94, 95, 96)는 대통령 및 그의 명을 받은 국무총리의 통할하에 국무회의의 심의를 거친 정부의 정책과 부의 사무를 부문별로 집행하는 중앙행정청을 말한다. 행정각부는 국가기능을 담당하는 가장 중요한 지위에 있는 국가기관으로서 장관을 정점으로 하나의 거대한 피라미드를 형성하고 있다. 헌법은 행정각부의 설치 및 조직을 법률에 위임하고 있는데, 이에 따라 정부조직법이 제정·시행되고 있다.

대통령은 국무총리·국무위원·행정각부의 장 기타 법률이 정하는 공사의 직을 겸할 수 없으며(헌법83), 정부의 수반으로서 법령에 따라 모든 중앙행정기관의 장을 지휘·감독하고 국무총리와 중앙행정기관의 장의 명령이나 처분이 위법 또는 부당하다고 인정하면 이를 중지 또는 취소할 수 있다(정부조직법11). 이처럼 정부는 대통령의 강력한 통할하에 있지만, 대통령이 모든 사무를 직접 처리할 수 없고 정부 내에 설치되는 기관들을 통해 행정권이 행사되므로 그러한 한도 안에서 분업적 사무수행이 이루어지고 있다고 할 수 있다. 또한 금융과 관련한 포괄적인 사무를 수행하는 행정각부로서, 정부조직법 제27조는 기획재정부를 두고 있다. 행정기관에는 그 소관사무의 일부를 독립하여 수행할 필요가 있는 때에는 법률로 정하는 바에 따라 행정위

받아들일 것인가는 자유의사에 달려 있다. 그러나 현실적으로 금융은 국제금융시장을 중심으로 해서 네트워크적으로 연결될 수밖에 없고, 비구속적 연성규범이라고 하더라도 이를 따르지 않을 경우 평판효과(reputation effect)에 의해 국내 금융산업에 부정적인 영향을 미침에 따라(예를 들어 채권프리미엄의 상승, 대출이자 스프레드의 상승 등) 결국은 실질적인 강제력을 갖는다. 따라서 국제금융기구의 가이드라인은 대체로(자국의 사정에 따라 완전히는 아니며, 시기적으로도 각기 다르지만) 회원국의 국내법화 과정을 거쳐 국내 금융규범으로 정립되는 것이 보통이다.

원회 등 합의제행정기관을 둘 수 있다(정부조직법5). 합의제행정기관이란 다수인으로 구성되며, 그 다수인의 대등한 의사의 합치(다수결)에 의하여 기관의 의사를 결정하고, 그 결정에 대하여 책임을 지는 행정기관을 말한다. 금융위원회법에 의해 설치된 금융위원회는 이에 속한다.

따라서 금융행정의 주체로서 협의의 정부는 일차적으로 기획재정부이며, 기획재정부는 대통령의 포괄적인 통할하에 있으므로 결국 대통령까지 금융행정의 주체에 포함될 수 있다. 그리고 금융규제 및 감독과 관련하여 별도의 중앙행정기관으로 금융위원회가 설치되어 있으므로 정부의 직접적인 금융행정은 기획재정부와 금융위원회로 이원화되고 있다고 할 수 있다.

2. 간접적인 금융행정주체

간접적인 금융행정의 방법으로서, 무자본 특수법인으로 한국은행과 금융감독원이 설치되어 있다. 한국은행 총재는 금융통화위원회의 정책 결정에 대해 이를 집행하는 기관이고, 금융통화위원회는 사실상 정부의 간접적 영향하에 있다는 점에서[2] 한국은행 역시 정부의 범주에 넣을 수 있다. 또한 금융감독원 역시 금융위원회나 증권선물위원회의 지도·감독을 받아 금융기관에 대한 검사나 감독업무를 수행하는 기관(금융위원회법24)이고, 원장의 임명과 해임도 대통령의 권한으로 규정(금융위원회법29 및 32)하고 있으므로 사실상 정부의 직·간접적 영향하에 있다는 점에서 역시 정부의 범주에 포함될 수 있다.

한편 예금자보호법은 금융회사가 파산 등의 사유로 예금등을 지급할 수 없는 상황에 대처하기 위하여 예금보험제도 등을 효율적으로 운영함으로써 예금자등을 보호하고 금융제도의 안정성을 유지하는 데에 이바지함을 목적으로 제정(예금자보호법1)되었으며, 예금자보호법에에 따라 예금보험제도 등을 효율적으로 운영하기 위하여 무자본 특수법인으로 예금보험공사가 설립되어 있다(예금자보호법3). 예금보험공사는 예금보험기금의 관리 및 운용, 그 상환기금의 관리 및 운용, 부실금융기관의 정리, 예금자보호법 제2조에 따른 부보금융기관에 대한 조사 등 금융질서의 안정성을 유지하는데 필요하고 중요한 역할을 수행한다(예금자보호법18). 다만 이 역시 금융위원회의 지도·감독 및 명령하에 있다(예금자보호법27)는 점에서 사실상 정부의 범주에 포함될 수 있다.

---

2) 금융통화위원회의 구성과 관련한 한국은행법 제13조는 금융통화위원회 7인의 위원에 기획재정부장관이 추천하는 위원, 금융위원회 위원장이 추천하는 위원을 포함시키고 있으며, 한국은행 총재가 금융통화위원회 의장을 겸임하도록 하면서 국무회의의 심의를 거쳐 대통령이 임명하도록 하여 사실상 대통령의 영향력하에 두고 있다.

금융정책의 유형과 내용

제1절 서론

★ 한겨레 2024년 11월 11일

초긴축 '건전재정'의 민낯, 성장률도 재분배도 놓쳤다.

올해 주요 거시 정책 결과의 현주소 자료: 한국은행, 기획재정부, 통계청

경기 전망	정부, 올해 국내총생산(GDP) 성장률 2.6% 전망했으나 하향 조정 예정
세수 추계	지난해 56조원에 이어 올해 30조원 규모의 2년 연속 세수 결손 이어가
재정건전성	내년부터 정부 GDP 대비 재정적자(관리재정수지) 목표는 3% 이내 국회예산정책처는 3% 이상 전망
가구 소득 제자리	지난해 2분기 3.9% 감소한 뒤 올해 2분기까지 실질소득 0.8% 증가하며 사실상 정체

윤석열 정부가 펼친 거시경제정책의 가장 큰 특징은 감세정책에 기반한 '짠물 재정 운용'이다. 전임 정부 때 코로나19 극복 과정에서 불어난 국가 부채를 줄여야 한다는 취지에서 나온 정책 기조다. 하지만 낙관적 경기 전망을 토대로 재정 계획을 짠 탓에 대규모 세수결손이 연이어 발생하는 등 파행을 빚었다. '작은 재정'의 한계로 소득·부의 재분배는 더 취약해졌다.

■ **낙관적 예측 … 파행 빚은 재정 운용**

다음달 '2025년 경제정책방향' 수립에 한창인 기획재정부는 요즘 경제 전망 수정을 놓고 머리를 싸매고 있다. 최근 발표된 3분기 성장률이 예상을 크게 밑돈 0.1%(전기비·계절조정 기준)로 집계된 탓이다. 정부로선 올해 성장률 전망(2.6%)을 큰 폭으로 내려잡아야 할 처지다. 시장에선 2%

초반대로 예측하고 있다.

잘못된 예측, 특히 낙관적 전망은 거시경제정책 전반에 차질을 줬다. 정부의 핵심 거시경제정책인 재정정책이 '경제 전망'을 토대로 운용되는 탓이다. 지난해 약 56조원에 이어 올해 30조원에 이르는 세수결손(예산보다 세금이 덜 걷힘을 뜻함)은 현 정부의 재정 운용 난맥상을 보여주는 대표적인 예다. 세수결손은 국회 동의를 받은 예산 사업 차질로 이어질 뿐만 아니라 경기를 끌어내리는 구실을 한다. 정부는 외환시장 방파제인 외국환평형기금과 서민 주거 안정을 위해 조성한 주택도시기금 등을 끌어와 세수 부족에 대응하나, 추가경정예산 편성을 피하기 위한 꼼수란 평가를 낳았다.

■ **무너지는 세수 기반 … 건전재정은 어디에?**

현 정부의 재정정책의 가장 큰 특징은 대규모 감세와 초긴축 예산이다. 우선 정부는 올해와 내년 예산 모두 총지출 증가율을 경상성장률보다 크게 낮게 설정해 편성했다. 나라 경제 규모가 커지는 속도보다 재정 증가 속도를 낮췄다는 뜻이다. 또 법인세는 물론 종합부동산세, 상속·증여세 등 주요 세목의 과세 기준을 완화하거나 세액공제를 확대하는 등 공격적 감세정책을 추진했다. 재정건전성 확보와 더불어 작은 정부를 지향하는 보수정부의 이념이 투영된 재정 전략이다.

문제는 이런 전략이 재정의 지속가능성을 훼손한다는 데 있다. 저출생-고령화 현상에 따른 향후 재정 소요를 염두에 둘 때 세수 기반을 확충해야 한다는 게 보수와 진보를 막론한 재정 전문가들의 공통된 지적이었다. 이런 이유로 박근혜 정부는 보수정부였음에도 법인세와 소득세 등을 중심으로 과세를 대폭 강화해 조세부담률을 20% 가까이 끌어올렸다.

작은 재정으로 재분배 기능의 제약도 커졌다. 강병구 인하대 교수(경제학)가 통계청의 가계동향조사 자료를 분석한 결과, 상위 20%와 하위 20% 계층 간 시장소득(근로+사업+재산소득+사적이전소득-사적이전지출) 격차가 2022년 2분기 15.6배에서 2024년 2분기 18.2배로 벌어진 상태다. 강 교수는 "시장소득으로 양극화가 확대되는데 초긴축 예산으로 대응하는 것은 성장률을 넘어 재분배 관점에서도 자멸적 결정"이라고 꼬집었다.

정부 스스로 제시한 재정건전성 관리 목표 달성 여부도 미지수다. 정부는 재정적자 비율을 3% 이내로 묶는다는 방침이지만 대규모 세수결손 등으로 목표 달성이 쉽지 않은 상황이다. 국회예산정책처는 최근 낸 보고서에서 내년 재정적자 비율이 3%를 웃돌 것으로 내다본 바 있다. 김유찬 전 조세재정연구원장은 "결국 세입 확보가 안 되니 지출도 충분히 할 수 없는 상황이 되는 등 재정건전성, 거시경제 대응이 모두 뒤죽박죽이 됐다"고 지적했다.

Ⅰ. 금융정책의 의의

1. 금융정책의 개념

금융정책은 금융 그랜드 디자인과 같은 역할을 한다. 자본주의를 기반으로 하는 시장경제에서 경제발전을 위해 자금의 자본화가 어떻게 원활하게 이루어지도록 할 것인가를 정하는 전략이라 할 수 있다. 돈은 돈으로 머물러서는 자본이 되지 않는다. 원유를 휘발유로 정제해서 자동차의 연료 탱크에 넣는 것과 같은 시스템을 금융에 적용해 구축할 필요가 있다.

금융제도의 합리적이고 효율적인 운영을 위해서는 금융정책의 수립이 필요하다. 금융정책은 금융현상을 대상으로 하는 경제정책의 한 부분이다. 금융정책은 한 나라의 중앙은행이나 정부 등이 통화와 신용의 수요·공급을 직접 또는 간접적으로 조절하고, 금융기관에 대한 규제·감독을 통해 이들의 건전성을 유지함으로써 국민경제의 안정과 성장 등의 목표를 추구하는 제반 경제정책을 총칭한다.

2. 광의의 금융정책과 협의의 금융정책

먼저 넓은 의미의 금융정책은 정부와 중앙은행이 경제성장, 완전고용, 물가안정, 국제수지 균형 등 경제목표를 달성하거나 산업발전과 금융시장의 안정을 위해서 금융기관과 금융시장을 대상으로 통화량, 금리, 신용 등 금융적 수단을 사용하는 것이라고 정의한다. 이런 입장에서 금융정책을 구체적으로 세분하면 다음과 같다. ⅰ) 금융기능의 효율성을 높이고 새로운 금융제도를 형성하고 이를 발전시키기 위해 관련 법규를 제정하거나 선진적인 관행을 조성하는 것을 내용으로 하는 금융시스템정책이 있다. ⅱ) 통화량, 신용 또는 금리의 수준을 적절하게 조정하여 소기의 물가안정 등 경제목표를 달성하는 것을 핵심내용으로 하는 통화정책이 있다. 여기에는 외환정책과 환율정책이 포함된다. ⅲ) 금융시장의 안정성을 유지하고 금융기관의 건전한 경영을 유도하며 금융이용자를 보호하기 위한 감독 활동을 주요 내용으로 하는 금융감독정책이 있다.

반면에 금융정책을 좁은 의미로 보는 입장이 있다. 이 입장은 중앙은행의 통화정책과 정부의 금융규제정책으로 한정하여 금융정책을 정의한다. 통화량과 금리와 같은 변수를 조정하여 물가안정 등 거시경제 목표를 달성하려는 중앙은행의 통화정책이 곧 금융정책이라고 보는 거시경제학자들이 이 입장에 선다.

결론적으로 금융정책의 효과가 어디까지 미치는가에 따라 이에 합당한 정의를 선택할 필요가 있다. 실제로 금융정책의 효과는 통화량 및 금리 수준의 조정을 통해 거시경제 목표달성뿐만 아니라 민간 경제주체의 금융자산 포트폴리오 구성은 물론, 개별 금융시장과 금융산업의 구조에도 영향을 미친다. 따라서 금융정책을 통화신용정책, 외환정책과 환율정책, 금융시스템정책, 거시건전성감독정책 등을 포함하는 넓은 의미의 금융정책으로 정의하는 것이 바람직하다.

Ⅱ. 금융정책과 재정정책

1. 재정정책의 개념

(1) 거시경제정책과 재정정책

정부의 거시경제정책은 경제성장, 인플레이션, 실업률, 국제수지 등을 대상으로 하는데, 크게 재정정책과 통화정책에 의존한다. 재정정책은 예산지출을 실행하는 것인데, 구체적인 사례로 세출예산편성, 민간과의 합작투자에 대한 지출, 공공부문을 통한 투자집행, 세법 개정을 통한 세수감소를 들 수 있다.

정부가 재정정책을 실시하기 위해서는 재원조달이 뒷받침돼야 한다. 일반적으로 정부의 조세수입을 초과한 재정지출 증대로 재정적자가 발생하는 경우에 적자보전은 통화증발, 국공채발행 증대, 해외차입 등의 방법으로 충당된다. 변동환율제도에서 국제수지 불균형은 환율변동으로 나타나기 때문에 국제수지적자는 평가절하의 결과로 나타나고, 국제수지흑자는 평가절상의 결과로 나타난다. 주어진 물가수준에서 환율이 상승하는 경우에는 지출전환 효과로 수출이 증대하는 반면 수입은 억제되기 때문에 실질소득은 고정환율제도보다 더욱 증가한다. 그러나 반대로 확장재정정책이 환율하락을 수반하는 경우에는 실질소득은 고정환율제도보다 작은 폭으로 증가하게 된다.

(2) 확장적 재정정책

경기침체 시 민간투자를 촉진해 일자리를 창출할 수 있는 확장적인 재정정책을 택하는 것이 일반적이다. 확장적인 재정정책의 효과를 살펴보면 ⅰ) 사회간접자본의 확충을 위한 정부의 자본지출은 물적 자본의 순증가를 초래하여 민간의 투자기회 확대 및 민간자본의 생산성 향상을 도모함으로써 민간부문의 투자 및 생산의 증대를 유발하는 보완적인 역할을 할 수 있다. ⅱ) 여타 경상 및 자본지출도 부분적으로 민간자본의 생산성을 향상시켜 인적자본의 형성 및 기술발전 등을 초래함으로써 경제성장에 기여하는 것으로 인식되고 있다. ⅲ) 경상 및 자본지출은 일반적으로 여타 지출에 비해 회임기간이 보다 긴 것이 특징이며 주로 인적자본 형성 및 노동생산성 형성을 초래함으로써 장기적으로 경제성장을 촉진시키는 역할을 하는 것으로 알려져 있다. 재정지출은 정부가 지출 재원을 국채발행 등을 통해 조달하는 과정에서 민간부문의 투자를 구축하므로 정부부문의 생산성이 민간부문보다 낮을 경우에는 경제성장을 저해하는 요인으로 작용할 수 있다.

따라서 재정지출이 경제성장에 미치는 총체적인 효과는 재정지출의 외부효과와 정부부문과 민간부문간의 생산성 차이에 의해 결정되므로 그 방향을 사전적으로 명확하게 설정하기는 어렵지만 정부가 경제성장에 필수적인 공공재를 효율적으로 배분·운용할 경우에는 재정지출의 정(+)의 외부효과가 상대적으로 커질 수 있기 때문에 재정지출의 확대가 경제성장에 기여할 가능성은 높은 것으로 볼 수 있다.

2. 금융정책과 재정정책의 구별

금융정책은 재정정책과 함께 가장 중요한 경제정책의 하나다. 재정정책은 조세와 국공채수입을 통해 들어오는 재정수입을 가지고 정부정책의 목표를 달성하기 위해 정부가 추진하는 일체의 공공지출 정책을 말한다. 이에 비해 금융정책은 경제의 성장과 안정이라는 거시적인 목표와 금융기능의 효율성 제고 및 금융산업의 발전이라는 미시적인 목표를 달성하기 위한 경제정책의 한 분야이다.

정부는 유효수요를 증가시키기 위해서 세입보다 더 큰 세출을 집행하는 재정정책을 시행할 수도 있다. 그리고 적자재정의 부족분을 메우기 위하여 정부는 국채를 발행하여 중앙은행에 팔고 그 대금을 소비나 투자에 사용하기도 한다. 물론 국채를 일반 국민들에게 매각할 수도 있지만, 이 경우에는 구매력(자금)이 국민들로부터 나와서 정부로 이전하는 것에 불과하므로 새로운 구매력이 창출되지는 않는다. 또한 정부는 고소득층에 대한 누진세율을 올리고 저소득층에 대한 세금감면을 시행하여 소득재분배를 강화할 수도 있다. 그리고 통화량을 확대하기 위해 중앙은행은 금융정책(통화정책)을 통해서 금리를 인하할 수도 있다. 중앙은행이 국채시장에서 국채를 매입하고 현금을 시장에 풀면 이자율은 내려가게 되고, 그 반대의 정책을 취하면 이자율은 상승한다.

이와 같이 정부가 직접 세입과 세출을 조정하는 재정정책과 중앙은행이 시중자금의 유동성을 조절하는 금융정책(통화정책)은 개념적으로 구별될 수 있다. 그러나 여기서 주의할 점은 금융정책과 재정정책이 동시에 병행적으로 시행될 수도 있다는 것이다.[1] 오늘날 대부분의 국가는 재정정책과 금융정책을 혼합적으로 활용하는 경우가 대부분이다. 오늘날 대부분의 국가는 직접적인 당사자로 등장하는 재정정책 또는 간접적으로 금융기관을 매개하여 시장질서에 관여하는 금융정책을 문제 상황에 적합하게 자율적으로 선택하여 시행하고 있다. 따라서 국가

---

1) 예를 들어 정부는 수출산업, 중소기업 또는 첨단산업을 육성하기 위해 특별자금을 마련하여 지원할 수 있다. 그 방법상 정부가 우선순위에 따라 직접 예산지원을 하거나 기금을 마련하는 방식을 채택한다면 재정정책이 될 것이고, 민간금융기관인 은행의 자금으로 펀드를 조성하거나 대출을 장려하는 방식을 채택한다면 금융정책이 될 것이다.

는 이와 같은 재정정책 및 금융정책을 뒷받침할 수 있는 별도의 정책적 수단과 법제도를 정비해야야 한다.[2]

제2절 통화정책

> ★ 아시아경제 2024년 11월 8일
> **미국은 '스몰컷' ⋯ 한국은 이달 동결할 듯, "1월 인하 가능성"**
>
> 미국 연방준비제도(Fed)가 시장 예상대로 기준금리를 0.25%포인트 인하한 가운데 한국은행은 당장 이달 금리는 동결하고 내년 1월 금리 인하에 나설 것이란 전망이 나온다. 트럼프 전 대통령의 당선으로 달러 강세가 이어지면서 환율이 1400원을 돌파했을뿐더러 가계부채 등 금융안정 우려도 아직 완전히 해소되지 않았기 때문이다.
>
> Fed는 7일(현지시간) 연방공개시장위원회(FOMC) 정례회의에서 기준금리를 4.75~5.0%에서 4.5~4.75%로 0.25%포인트 인하했다. 지난 2022년 3월 금리를 인상한 후 2년 6개월 만인 올해 9월 '빅컷'(0.5%포인트 금리 인하)에 나서며 금리 인하 사이클을 개시한 뒤 두 번째 인하다.
>
> Fed는 정책 결정문을 통해 "고용과 인플레이션 목표 달성과 관련한 위험이 대략적으로 균형을 이루고 있다고 판단한다"고 평가했다. 인플레이션에 대해선 '둔화의 더 큰 확신'이 필요하다는 문구를 삭제하고 "여전히 다소 높지만 위원회의 목표치인 2%를 향해 진전을 이루고 있다"고 평가했다.
>
> 이날 제롬 파월 Fed 의장은 기자회견에서 "오늘 금리 인하에도 불구하고 현재 통화정책은 아직도 제약적"이라며 "통화정책 기조를 더 중립적으로 가져갈 것"이라고 밝혔다. 현재의 완화적인 통화정책이 지속될 것임을 시사한 것이다.
>
> 미국이 시장 예상대로 '스몰컷'(0.25%포인트 인하)을 단행한 가운데 한국은 당장 이달 기준금리는 동결할 가능성이 크다. 최근 발표된 3분기 실질 국내총생산(GDP)이 전기 대비 0.1%에 성장하는 데 그치고 상품소비, 건설투자 등 부진한 내수 지표가 인하를 서두르게 하는 요인이지만, 1400원선에

---

2) 정부는 국가의 재정정책과 금융시장의 상호관련성에 대한 정확한 이해와 예측을 전제로 하여 국가재정을 운영해야 할 것이다. 왜냐하면 금융위기로 인한 부실을 메우기 위해 결국 국가재정을 투입할 것을 요청하게 되고, 이는 결과적으로 국민의 부담을 가중시킬 것이기 때문이다. 즉 오늘날 재정에 대한 책임 역시 과거처럼 정치과정에 의지하는 것이 아니라, 재정헌법의 관점에서 효율적이고 공정한 법적 규율을 통해서 재정에 대한 광범위한 법적 규율이 요청되고 있기 때문에, 민주적 재정질서의 형성과 유지를 위한 합리적인 재정법제의 헌법적 의의와 기능이 주목받고 있다.

가까운 환율과 안심하기 이른 가계부채 상황이 한은의 금리 결정을 고민하게 하는 대목이다.

　지난 6일 서울 외환시장에서 원·달러 환율은 지난 4월 이후 약 7개월 만에 장중 1400원을 넘었다. 미국 대선에서 도널드 트럼프 후보의 당선이 확정되면서다. 관세 인상 등 미국 우선주의와 보호무역주의를 내세운 트럼프 후보의 공약은 달러 강세를 이끌었다. 원·달러 환율은 8일 오전 전거래일(오후 3시30분 종가 기준) 대비 10.6원 내린 1386원에 개장해 1380원대로 복귀했지만 여전히 높은 수준을 유지하고 있다.

　지난달 29일 종합 국정감사에서 이창용 한은 총재는 이달 금리 결정에 대해 "미국 대선 이후 달러 강세가 어떻게 될 것인지, 지난달부터 시작한 거시안정성 정책이 부동산과 가계부채에 미치는 영향이 어떻게 될지를 종합적으로 보고 결정하겠다"고 말한 바 있다. 지난달 말 미국 워싱턴 D.C.에서는 "환율이 지금 우리가 원하는 것보다 굉장히 높고 상승 속도도 크다"며 "지난 회의에서 고려 요인이 아니었던 환율도 다시 고려 요인으로 들어왔다"고 언급했다.

Ⅰ. 통화정책의 의의

1. 통화정책의 개념

　통화정책이란 한 나라에서 화폐(법정통화 및 본원통화)의 독점적 발행권을 지닌 중앙은행이 물가안정 등의 거시경제 목표를 달성하기 위해 통화량과 신용 공급량을 조절하거나 금융기관의 자금대출과 금리를 직접 규제하는 정책을 말한다. 중앙은행은 금리와 통화량을 변동시켜 경기의 흐름을 조절한다. 중앙은행은 통화정책을 수행할 때 기준금리(=정책금리)를 지표로 삼는다. 기준금리를 변경하고 여기에 맞춰 통화량을 조절하면 금융시장에서 콜금리, 채권금리, 은행 예금 및 대출 금리 등이 변동하게 된다.

　중앙은행이 처음부터 통화정책을 수행한 것은 아니다. 중앙은행의 역할은 영리를 목적으로 운영되던 상업은행이 화폐발행의 독점권을 부여받는 대신 정부가 필요로 하는 자금을 대출해 주는 "정부의 은행" 기능을 수행하면서 시작됐다. 중앙은행은 발권력을 토대로 다른 상업은행에 부족자금을 대출해 주는 "은행의 은행" 기능을 자연스럽게 하게 됐고, 이 과정에서 금융시장 불안 등으로 인해 일시적으로 유동성 부족 상태에 빠진 금융기관을 지원하는 최종대부자로서의 기능도 수행하게 됐다. 이처럼 정부자금 관리나 은행제도 보호 등의 역할을 주로 하던 중앙은행이 경제상황 변화에 대응해 적정 수준의 통화공급을 통해 거시경제의 안정을 도모하게 된 것은 1930년대 대공황을 계기로 많은 나라들이 금본위제를 포기하면서부터라고 할 수 있다. 이때부터 중앙은행은 금과의 연계가 단절된 화폐를 발행하고 재량으로 통화를 공급할 수 있게 됐다. 이런 가운데 통화량과 물가가 밀접한 관계에 있다는 것을 알게 되면서 통화의 방만한 공급을 차단하여 물가를 안정시키는 것이 통화정책의 주된 목표로 일반화되고 보편적으로 받아들여지기 시작했다. 특히 1970년대 두 차례의 석유파동으로 세계경제가 극심한 인플레이션의 폐해를 경험하면서 통화정책의 목표로서 물가안정의 중요성이 더욱 확고해지고 통화정책은 거시경제정책의 하나로 자리 잡게 되었다.

한국은행은 한국은행법에 근거해 정부와 협의해 물가안정목표를 설정하고 있다. 2019년 이후 물가안정목표는 소비자물가 상승률(전년동기대비) 기준 2%이다. 한국은행은 중기적 시계에서 소비자물가 상승률이 물가안정목표에 근접하도록 통화정책을 운영하며, 소비자물가 상승률이 목표수준을 지속적으로 상회하거나 하회할 위험을 균형있게 고려한다.

2. 통화정책의 수행주체

통화정책 수행 주체는 정부3)인 경우도 일부 있지만 오늘날 시장경제체제를 채택하고 있는 대부분의 국가에서는 정부로부터 독립된 중앙은행으로 정립됐다. 주요국은 통화정책이 금융행정의 중요 영역으로 인식되기 시작한 1900년대 중후반부터 중앙은행에 통화정책 결정 전문기구를 설치했다. 미국은 대공황 직후인 1933년 연방준비법(Federal Reserve Act)을 개정해 중앙은행인 연방준비제도이사회 내에 통화정책 결정을 담당하는 연방공개시장위원회(FOMC)를, 일본은 1949년 일본은행법을 개정해 일본은행 정책위원회를, 영국은 1997년 영란은행법(Bank of England Act of 1998)을 개정해 영란은행 내에 통화정책위원회(MPC)를 설치했다. 우리나라는 1950년 제정된 한국은행법에 따라 한국은행에 통화정책을 수행하는 기구로 금융통화위원회를 설치했다.

(1) 연방준비제도(Fed)

연방준비제도(Fed: Federal Reserve System, 약칭 "연준")는 미국의 중앙은행이다. 대통령이 임명하고 상원이 승인한 이사 7명으로 구성된 연방준비제도이사회(FRB: Federal Reserve Board)에 의해 운영된다. 미국에는 12개의 연방준비은행(Federal Reserve Banks)이 보스턴, 뉴욕, 필라델피아, 클리블랜드, 리치몬드, 애틀란타, 시카고, 세인트루이스, 미니애폴리스, 캔자스시티, 댈러스, 샌프란시스코에 위치하고 있다. 각 연방준비은행은 담당구역의 은행들에 대한 책임이 있다. 연방준비은행은 국립은행이 아닌 민간은행이며, JP모건 등 민간은행들이 지분을 100% 소

---

3) 중국, 싱가포르, 홍콩 등은 통화정책을 정부가 수행한다. 중국의 경우 행정부인 국무원 소속으로 중앙은행인 중국인민은행을 설치하였으며, 싱가포르와 홍콩은 중앙은행 대신 행정부의 외청으로 통화청을 각각 설치하여 화폐 발행과 통화가치의 유지 등 통화정책을 수행토록 하고 있다.

유하고 있다.

연준(Fed)은 대부분의 중앙은행들이 통화량, 환율, 인플레이션 등의 명목 기준지표를 설정하고 있는 것과는 달리 완전고용과 물가안정이라는 두 가지 목표를 통화정책의 목표로 한다.

통화정책은 지급준비제도, 공개시장조작, 대기성 여수신제도 등과 같은 전통적 방식으로 주로 운용되는데 글로벌 금융위기가 발생한 2008년 이후에는 이전과는 달리 정책금리를 제로 수준(0.0-0.25%)까지 낮추고 금융기관이나 신용시장에 직접 유동성을 공급하는 등 비전통적 통화정책 소위 양적완화 정책을 시행했다.

(2) 영란은행(BOE)

그동안의 경험을 통해 통화량·환율 등 중간목표와 최종목표 간의 관계가 불안정함을 인식하고 있던 영란은행은 물가상승률을 명목기준지표로 정의하는 물가안정목표제를 채택하고 있다. 영란은행은 물가안정을 "소비자 물가 상승률 연평균 2%"로 정의하고, 이를 달성하기 위한 통화정책, 즉 물가안정목표제를 운용한다. 통화정책은 지급준비제도, 공개시장조작, 대기성 여수신제도 등과 같은 전통적 방식으로 주로 운용한다. 2008년 글로벌 금융위기 시에는 유동성 공급 확대를 위해 전통적 방식을 개편해 나가면서 양적완화 정책을 시행했다.

(3) 유럽중앙은행(ECB)

유럽중앙은행은 물가안정을 "유로지역 종합 소비자물가(HICP: Harmonized Index of Consumer Prices) 상승률을 중기적으로 2% 이내 또는 이에 근접한 수준"으로 정의하고, 이 목표를 달성하기 위해 통화정책을 운용한다. 이처럼 물가안정을 구체적인 수치로 정의하여 공표한 목적은 장기 인플레이션에 대한 기대가 낮은 수준에서 형성되도록 함으로써 개별 경제주체들의 합리적 의사결정을 유도하고, 이를 통해 통화정책의 유효성을 높이는 데 있다. 또한 통화정책의 투명성을 높이고 일반에게 ECB의 성과를 평가할 수 있는 척도를 제공하는 데도 그 목적이 있다. 통화정책은 지급준비제도, 공개시장조작, 대기성 여수신제도 등과 같은 전통적 방식을 주로 활용하고 있다. 글로벌 금융위기 시에는 양적완화 정책을 시행했으나 미국 연준이나 일본은행보다는 소극적인 입장을 견지했다.

(4) 일본은행(BOJ)

일본은행은 대다수 중앙은행들과 마찬가지로 통화정책의 최우선 목표를 물가안정에 두고 있다. 미국 연준과 같이 명시적인 기준지표 없이 이용 가능한 모든 정보를 활용해 물가안정을 달성하는 방식으로 통화정책을 운영한다. 통화정책은 기본적으로 지급준비제도, 공개시장조작,

중앙은행대출 등과 같은 전통적 방식으로 운용되는데 2008년 글로벌 금융위기 시에는 다양한 비전통적 운용수단을 확대했다.

(5) 한국은행(BOK)

한국은행 금융통화위원회는 물가 동향, 국내외 경제 상황, 금융시장 여건 등을 종합적으로 고려하여 연 8회 기준금리를 결정하고 있다. 이렇게 결정된 기준금리는 초단기금리인 콜금리에 즉시 영향을 미치고, 장단기 시장금리, 예금 및 대출 금리 등의 변동으로 이어져 궁극적으로는 실물경제 활동에 영향을 미친다.

한국은행 기준금리는 한국은행이 금융기관과 환매조건부증권(RP) 매매, 자금조정 예금 및 대출 등의 거래를 할 때 기준이 되는 정책금리로서 기준금리(base rate)라고도 한다.

Ⅱ. 통화정책의 목표

한국은행은 효율적인 통화신용정책의 수립과 집행을 통해 물가안정을 도모함으로써 국민경제의 건전한 발전에 이바지함을 목적으로 설립됐고, 한국은행이 통화신용정책을 수행할 때에는 금융안정에 유의하여야 한다(한국은행법1).

1. 물가안정

중앙은행의 가장 중요한 목표는 물가안정의 추구라고 할 수 있으며, 선진국을 포함한 대다수 국가의 중앙은행은 물가안정 목표를 성공적으로 달성하기 위한 정책을 수립하는 것을 통화정책의 목표로 삼고 있다. 물가안정은 금융 분야에서 과잉투자를 예방한다. 고물가의 환경에서 인플레이션의 비용을 감당하기 위해 개인과 기업들은 금융 분야에 수익추구행위를 증가시킬 것이고, 이는 금융 분야에서 과잉투자를 유발한다. 그리고 물가안정은 상대적인 물가와 미래의 물가수준에 대한 불확실성을 낮춰 준다. 이는 개인과 기업들이 적절한 결정을 내리는 것을 용이하게 해주고, 경제적 효율성을 증가시킨다. 이처럼 물가를 안정적으로 관리하기 위해서는 무엇보다 국민들의 물가기대심리를 불식시켜야 한다. 팽창적 통화정책으로 물가상승률이 높아지면 국민들 마음속에 물가기대심리가 형성된다. 물가기대심리가 임금계약에 반영되면 임금상승률이 높아지고, 이는 다시 물가 불안을 부추긴다. 만일 통화정책이 이를 수용하면 물가상승률이 높은 수준을 유지하게 되고, 이는 다시 물가기대심리를 낳는다. 반대로 만일 통화당국이 물가를 안정시키고자 긴축기조로 돌아서면 기대물가상승률을 반영한 실질통화증가율은 급격히 감소하고 실물경제는 상당한 타격을 입게 된다. 경기 위축을 통해 물가안정이 이루어진

후에야 국민들은 물가기대심리를 낮추게 되는데, 이 과정에서 성장둔화와 실업증가로 인해 고통을 겪게 되는 것이다.

만약 물가를 안정적으로 관리하지 못하고, 예상치 못한 인플레이션이 크게 발생한다면, 경제주체들이 부담하고 있는 채무의 실질가치를 떨어뜨려 돈을 빌리면 빌릴수록 유리해지는 상황이 발생하여 경제질서를 왜곡시킨다. 또한 미래의 불확실성이 증가하기 때문에, 경제주체들이 자금을 빌리는 경우 금리가 올라가고, 자금조달비용이 증가하게 된다. 경제성장을 위한 투자와 자금의 흐름이 원활히 이루어지지 않아 경제주체들의 경제활동을 위축시키는 결과를 낳고, 건전한 경제활동보다 투기활동을 증가시키는 결과를 가져올 수 있다. 따라서 인플레이션율은 모든 경제주체들이 예측 가능한 범위 내에서 관리하는 것이 매우 중요하다.

2. 금융안정

물가안정에 대해서는 소비자물가 등과 같은 단일 지표를 기준으로 상승률이 대체로 낮은 수준(예: 연간 상승률 2% 내외)을 유지하는 경우에 안정적이라고 정의할 수 있다. 그러나 금융안정에 대해서는 다양한 구성부문(예: 금융시장, 금융기관 등), 부문 간 상호연계성, 금융 현상의 복잡성 등으로 인해 단일화된 지표를 통해 정의하기가 힘들다. 이런 점 때문에 금융안정은 그간 다양한 방법으로 정의되어 왔다.

따라서 금융안정을 정의하기가 어렵지만 여기서는 다음의 요소를 포함하는 것으로 정의하기로 한다. ⅰ) 개별 금융기관의 건전성, ⅱ) 금융시장 및 금융거래의 안정성, ⅲ) 가계·기업·금융기관·해외부문을 포함하는 개별 경제주체의 행위와 이들 간 상호작용의 결과로 나타나는 거시건전성, ⅳ) 금융기관과 금융시장을 규율하는 각종 제도의 정합성 등이 금융안정을 이루는 핵심 요소라고 할 수 있다. 물론 이들 금융안정 요소는 서로 밀접하게 연계되어 있으며 이 중 어느 하나라도 제대로 관리되지 못할 경우 전체 금융시스템의 안정을 담보할 수 없을 것이다.

금융안정은 중앙은행의 핵심적 기능의 하나로 금융의 발전과 안정은 경제의 지속적이고 안정적인 성장을 위해 반드시 필요한 토대가 된다. 잘 발달한 금융은 자원배분의 효율성을 높여 경제성장을 뒷받침하지만, 그렇지 못하면 극단적인 경우 경제위기의 진앙지가 될 수도 있다. 금융중개기능이 마비된다면 대외교역 및 자본거래가 위축되고 대외적인 국가신용도가 하락하여 자국 통화의 가치가 급락하는 등 경제파탄이 초래될 수 있다. 이 경우에는 통화정책이나 재정정책만으로 이를 극복하기 어렵다. 이렇게 금융 불안은 국민경제를 크게 동요시킬 가능성이 있으므로 경제안정을 책임지고 있는 중앙은행의 입장에서는 이런 사태를 미연에 방지하는 것이 중요한 과제가 된다. 또한 금융 불안은 급속한 신용경색을 수반하기 마련인데 중앙은행은 이에 대처하는 독점적 발권력을 바탕으로 금융시장에 필요한 유동성을 신속히 공급한다.

이를 중앙은행의 최종대부자 기능이라고 하는데 유동성 위기가 발생한 특정 금융기관에 중앙은행이 필요한 자금을 지원함으로써 한 금융기관의 파산이 여타 금융기관의 연쇄도산으로 이어지는 사태를 방지하기 위한 것이다. 그리고 통화정책의 효과는 금융 부문을 통해 생산활동과 물가로까지 파급되기 때문이다.

한편 금융 부문이 불안하거나 제 기능을 수행하지 못하면 통화정책의 파급경로가 원활히 작동하지 않게 되고, 이로 인해 통화정책의 효과를 기대만큼 얻을 수 없다. 금융시장이 통화정책을 효과적으로 수행하기 위해서는 통화정책의 파급경로와 효과 등에 관한 정보가 필요하다. 금융시장이 불안해 여기서 형성되는 정보가 왜곡되거나 잘못된 신호를 주게 되면 이를 바탕으로 하는 통화정책 역시 실패할 가능성이 높아진다. 이런 이유 때문에 많은 중앙은행들은 금융안정을 중요한 정책목표의 하나로 설정하고 있으며 설령 법제상으로 그렇지 않다 하더라도 실제 정책운영에 있어서는 이를 중시하고 있다.

Ⅲ. 통화정책의 수단

1. 공개시장 조작(공개시장운영)

(1) 공개시장 조작의 의의

공개시장 조작이란 한국은행이 금융시장에서 금융기관을 상대로 국채 등 증권을 사고팔아 시중에 유통되는 화폐의 양이나 금리 수준에 영향을 미치려는 가장 대표적인 통화정책 수단이다. 즉 공개시장 조작은 중앙은행이 단기금융시장(＝자금시장)이나 채권시장과 같은 공개시장[4] 에서 금융기관을 상대로 국공채 등 증권의 매매 등을 통해 이들 기관의 유동성 규모를 변화시킴으로써 본원통화량[통상 중앙은행의 통화성 채무인 화폐민간보유액(현금통화)과 금융기관 지급준비금의 합이다]이나 초단기시장금리[일반적으로 금융기관 간 익일물(overnight) 자금거래의 금리를 의미한다]를 조절하는 정책수단이다.[5]

한국은행은 공개시장 조작을 통해 금융기관 간 일시적인 자금과부족을 조정하는 콜시장의 초단기금리(콜금리)가 "한국은행 기준금리" 수준에서 크게 벗어나지 않도록 유도하고 있다. 이

---

4) 공개시장(open market 또는 freely competitive market)은 구매의사와 구매력만 있으면 누구나 참여하여 상품이나 서비스를 매입할 수 있는 시장을 말한다. 예를 들어 단기금융시장, 채권시장 등은 자금과 매매의사만 있으면 누구나 참여할 수 있기 때문에 공개시장이라고 부른다.

5) 공개시장 조작 시 본원통화량이나 초단기시장금리를 운용목표로 삼을 수 있는데 물량변수와 가격변수인 이들 두 가지 중 하나의 목표만을 달성할 수 있다. 예를 들어 중앙은행이 본원통화량(지급준비금 공급량) 목표를 설정하고, 이 목표치를 유지할 경우 예상치 않은 예금의 변동 등으로 금융기관의 지급준비금 수요가 변동하게 되면 금리변동이 불가피하다. 반대로 중앙은행이 초단기시장금리를 일정하게 유지하기 위해서는 금융기관의 지급준비금 수요가 변할 경우 지급준비금 공급량을 조절해야 한다.

와 함께 한국은행은 금융불안 시 공개시장 조작을 활용해 시중에 유동성을 확대 공급하는 등 금융시장 안정을 도모하는 기능도 수행한다.

공개시장 조작이 중요한 통화정책 수단으로 부각되기 시작한 것은 20세기에 들어와서이다. 1914년 제1차 세계대전이 발발하자 영란은행 및 독일제국은행은 전쟁국채를 인수하는 형태로 자금을 공급했으며, 미국은 1913년 연준의 설립과 함께 공개시장 조작에 관한 사항을 가장 먼저 입법화했다. 특히 미국은 연방정부의 중앙은행 차입을 금지하고 있어 재정적자를 국채 발행에 의존해 해결할 수밖에 없었으며, 그 결과 국채가 풍부히 발행되어 공개시장 조작을 원활히 수행할 수 있는 여건이 조성됐다. 이후 1980년대 들어 금융자유화와 혁신의 진전으로 금융시장 발전이 가속됨에 따라 공개시장 조작은 여러 나라에서 주된 통화정책 수단으로 활용되고 있다.

중앙은행은 평상시에는 공개시장 조작을 통해 초단기시장금리가 정책금리 수준에 근접하게 움직이도록 유도하고 있다. 금융기관은 예금 등 금전채무의 일정 비율에 해당하는 부분을 의무적으로 중앙은행에 지급준비금으로 예치할 의무가 있다. 금융기관이 예금 보유로 인해 적립해야 할 필요지급준비금(지급준비금수요)이 확정된 상황에서 정부 세출입, 민간의 현금보유 등 외생적 요인으로 인해 금융기관이 중앙은행 당좌계정에 쌓아두는 예금액(지급준비금공급)이 변동하게 되면 지급준비금 과부족이 발생한다. 이때 금융기관은 부족자금과 잉여자금을 통상 단기금융시장에서 조달·운용함에 따라 초단기시장금리가 변동하게 된다. 이에 대응하여 중앙은행은 공개시장 조작을 통해 단기유동성을 조절하여 지급준비금 과부족을 해소한다.

금융위기 시에는 공개시장 조작이 금융안정, 경기부양 등을 위해 활용되기도 한다. 2008년 글로벌 금융위기 이후 주요 선진국 중앙은행들을 중심으로 한 전통적 공개시장 조작 방식의 변화를 그 예로 들 수 있다. 이들 중앙은행들은 금융위기 수습 과정에서 공개시장 조작의 대상증권 요건 완화 및 대상기관 확대, 담보인정비율 상향조정 등을 통해 대규모 유동성을 공급했으며, 전통적 통화정책의 효과가 제한된 상황에서 국채 및 신용증권 등을 직접 매입해 장기금리 하락을 유도하고 금융시장의 신용경색을 완화시키고자 했다.

(2) 공개시장 조작의 체계

한국은행 공개시장 조작의 목표는 콜금리(구체적으로는 무담보 익일물 콜금리)가 금융통화위원회에서 결정하는 기준금리 수준에서 크게 벗어나지 않도록 하는 것이다. 은행이 지준의 과부족을 해결하기 위해 초단기(대부분 익일물)로 자금이 거래되는 콜시장을 이용하기 때문에 콜금리는 은행의 지준 상황에 따라 크게 영향을 받는다. 따라서 공개시장 조작의 목표를 달성하기 위해서는 은행의 지준과부족 규모를 파악하고 이를 적절히 해소하는 것이 필요하다.

더 자세히 살펴보면 지준의 수요는 매월의 지준 적립대상 채무를 기초로 계산되어 다음 달 둘째 주 목요일부터 그다음 달 둘째 주 수요일까지 은행이 의무적으로 적립해야 하는 필요지준을 의미한다.[6] 지준의 공급은 은행이 실제로 적립하고 있는 지준으로 정부, 국외, 민간 및 기타 부문에서의 수급변동에 따라 매일매일 달라진다. 정부가 세금을 징수하면 납세자들은 이를 현금이나 은행예금으로 납부하는데, 이 경우 지준예치 등의 목적으로 한국은행에 설치된 은행계좌에서 정부예금계좌로 자금이 이체됨에 따라 은행의 지준이 그만큼 줄어든다. 반대로 정부가 민간건설업자에게 공사대금을 지급하면 그만큼의 자금이 정부예금계좌에서 민간업자가 거래하는 은행계좌로 옮겨지게 되므로 은행의 지준이 늘어난다. 한국은행이 은행으로부터 달러화를 사들이면 그 대가로 원화가 해당 은행의 계좌로 입금되므로 지준이 증가한다. 한국은행 대출창구를 통해 은행에 자금이 공급될 때도 마찬가지로 지준이 늘어난다.

지준공급이 지준수요를 크게 상회할 경우 은행은 무수익 초과지준(실제지준-필요지준)을 콜시장에서 운용하려 하기 때문에 콜자금 공급이 수요보다 많아져 콜금리는 하락압력을 받게 된다. 반대로 실제지준이 필요지준에 미치지 못할 경우 콜시장에서 은행의 자금차입 수요가 증가함에 따라 콜금리는 상승압력을 받게 된다.

한국은행은 다양한 지준 변동 요인을 감안해 지준공급 규모를 예측하고 이를 지준수요와 비교하여 지준이 부족할 것으로 예상되면 유동성을 공급하는 방향으로, 남을 것으로 예상되면 유동성을 흡수하는 방향으로 공개시장 조작을 수행함으로써 콜금리가 기준금리 수준에서 크게 벗어나지 않도록 조절한다.

(3) 한국은행의 공개시장 조작 수단(공개시장에서의 증권매매 등)

한국은행의 공개시장 조작은 증권매매, 통화안정증권(통안채) 발행·환매, 통화안정계정 예수 등 3가지 형태로 이뤄진다. 한국은행은 한국은행이 자기계산으로 공개시장에서 증권을 매매·대차(한국은행법68), 한국은행통화안정증권("통화안정증권")을 발행·환매·상환(한국은행법 69) 또는 한국은행통화안정계정("통화안정계정")을 설치·운용(한국은행법70)하는 데 필요한 사항을 규정하기 위해 「공개시장운영규정」(이하 "규정")을 두고 있다. 이 규정을 시행하는 데 필요한 사항은 「공개시장운영세칙」에서 정하고 있다.

---

6) 지준은 필요지준과 초과지준으로 구성된다. 필요지준은 한국은행법에 의해 의무적으로 보유토록 되어 있는 지준이며 초과지준은 지급결제 목적 및 불확실성에 대한 대비 등의 목적으로 필요지준을 초과하여 보유하는 지준이다. 한국은행법상 지준에 대해서는 이자를 지급할 수 있도록 되어 있으나 위기 시와 같은 특별한 경우를 제외하고는 통상적으로 지준에 대해 이자가 지급되지 않고 있다. 이에 따라 금융기관들은 초과지준을 최소화하기 위해 노력한다.

(가) 증권매매

증권매매는 국공채 등을 매매하여 자금을 공급하거나 회수하는 것을 말한다. 한국은행이 금융시장에서 증권을 매입하면 이에 상응하는 유동성(본원통화)이 시중에 공급되며, 반대로 보유 증권을 매각하면 이에 상응하는 유동성(본원통화)이 환수된다. 한국은행의 매매대상 증권은 공개시장운영의 효율성과 대상증권의 신용리스크를 감안하여 국채, 정부보증채, 금융통화위원회가 정하는 기타 유가증권으로 제한되어 있다(한국은행법68①).

증권매매는 단순매매(Outright Sales and Purchases)[7]와 일정기간 이후 증권을 되사거나 되파는 환매조건부매매(RP: Repurchase Agreements)로 구분된다. 단순매매 가운데 유동성을 흡수하는 단순매각은 통화안정증권을 발행할 경우와 같은 효과를 거둘 수 있기 때문에 굳이 활용할 필요가 없다. 단순매입도 시중 유동성이 일반적으로 잉여상태에 있기 때문에 유동성 공급을 위한 활용의 필요성은 낮으며, RP매각용 국고채를 확보하거나 시장금리 급등 시 금융시장의 안정을 위한 경우 등에 한해 제한적으로 활용된다.

따라서 증권매매는 대부분 RP매매를 중심으로 이뤄진다. RP매각(매입)은 한국은행이 보유하고 있는 국고채를 금융기관에 매각(매입)했다가 만기일에 되사는(되파는) 형태로 이뤄지므로 해당 만기 동안 자금을 흡수(공급)하는 효과를 가진다. RP매매의 최장만기는 91일이지만 실제로는 7일물 중심으로 실시하며, 2012년부터 지준 적립 기간이 종전의 반월에서 월로 확대되면서 14일물 거래도 활용한다. 한편 한국은행은 RP매각 필요규모가 한국은행의 보유국채 규모를 상회할 경우에는 금융기관들로부터 부족한 만큼 국채를 차입하여 이를 RP매각에 활용한다.

(나) 통화안정증권의 발행·환매

통화안정증권(통안채)은 한국은행이 발행하는 채무증서로서 한국은행이 채권을 발행하면 시중 유동성(본원통화)이 흡수되는데, 증권의 만기가 비교적 길기 때문에 그 기간 동안 정책효과가 지속되는 경상수지 흑자 및 외국인 국내증권투자 등 국외부문을 통한 통화공급 등의 기조적인 유동성을 조절하는 수단으로 활용된다.

한국은행은 법률과 금융통화위원회가 정하는 바에 따라 통화안정증권을 공개시장에서 발행할 수 있으며(한국은행법69①), 통화안정증권의 이율·만기일 및 상환조건에 관한 사항은 금융통화위원회가 정한다(한국은행법69③). 통화안정증권의 발행, 환매 및 상환은 한국은행에서 취급한다(규정11①). 금융통화위원회는 금융시장 여건과 시중 유동성사정 등을 고려하여 3개월마다 통화안정증권 발행한도를 정한다(규정12 본문). 다만, 금융경제 여건상 부득이한 경우에는 3개월이 경과하기 전이라도 통화안정증권 발행한도를 변경할 수 있다(규정12 단서).

---

7) 한국은행이 공개시장에서 증권을 직접 매각 또는 매입하는 거래로서, RP(환매조건부)매매와 구분하기 위하여 단순매매라고 한다

(다) 통화안정계정 예수

통화안정계정은 시장친화적 방식의 기간부 예금입찰 제도로서, 주로 지준자금의 미세조절 및 예상치 못한 지준수급 변동에 대응하는 수단으로 활용된다. 통화안정계정은 금융기관으로부터 기간물 예치금(term deposit)을 수입하기 위해 한국은행 내에 설치된 계정으로서 단기유동성을 조절하는 공개시장 조작 수단이다. 평상시에는 시장친화적으로 경쟁입찰을 통해 예치금을 수입하지만 급격한 신용팽창 등 이례적인 상황에서는 금융기관으로 하여금 강제적으로 통화안정계정에 자금을 예치하게 할 수 있다. 통화안계정은 중도해지가 자유롭지 못하며 통안계정 예치금은 지준으로 인정되지 않는다.

한국은행은 금융통화위원회가 정하는 바에 따라 통화안정계정을 설치하여 금융기관으로 하여금 그 계정에 예치하게 할 수 있다(법70①). 통화안정계정에 예치된 금액은 지급준비금으로 보지 아니한다(법70②).

2. 여수신제도(재할인제도)

(1) 의의

중앙은행의 여수신제도는 중앙은행이 금융기관을 대상으로 대출 및 예금을 통해 자금의 수급을 조절하는 정책을 말한다. 중앙은행 대출제도는 상업어음 재할인제도에서 시작해 유동성조절대출제도를 거쳐 현재 대기성 여수신제도로 발전해 왔다. 중앙은행 제도가 형성되기 시작했을 때 중앙은행은 상업은행이 기업에 할인해 준 어음을 다시 할인·매입하는 형식으로 자금을 지원했기 때문에 중앙은행 대출제도를 통상 재할인제도라고 부른다. 상업어음 재할인제도는 적격어음을 정하고 이에 맞는 자금만 공급하는 제도이다.

중앙은행 대출제도는 도입 초기 상당기간 동안 은행들이 중앙은행으로부터 일상적인 영업자금을 조달하는 수단으로 활용됐다. 그러나 근래 들어 자금이 부족한 은행이 필요자금을 조달하기 어려울 경우 마지막으로 의존하는 창구로서의 성격이 강해졌다. 이에 따라 전통적인 상업어음 재할인제도는 점차 쇠퇴했고 특히 선진국에서 중앙은행 대출제도는 매우 제한적으로 활용됐다.

제도적 변화과정을 거쳐 현재 대부분의 주요국 중앙은행은 금리 중심 통화정책 운영방식 하에서 단기시장금리의 시장성을 제고하는 가운데 단기시장금리의 과도한 변동을 억제하기 위한 정책수단으로 대기성 여수신제도를 도입·운영하고 있다. 대기성 여신제도는 중앙은행이 차입기관의 자금사정이나 자금용도 등에 대한 제한 없이 단기자금을 제공하되 시장금리보다 높은 벌칙성 금리로 제공하는 담보대출제도를 말한다. 차입은행이 기본적인 자산건전성 등의 요건을 충족하는 한 차입수요에 따라 제한 없이 자금을 자동적으로 공급한다는 점에서 금융기관의 단기유동성 부족을 해소하는 안전판 기능을 수행한다. 이에 비해 대기성 수신제도는 중앙은행이 은행의 여유자금을 금액 제한 없이 수신하여 정책금리보다 낮은 금리를 지급하는 제도이다.

이와 함께 주요국 중앙은행은 은행의 일중 결제부족자금의 지원과 지급결제의 원활화를 위한 대출제도(예: 일중당좌대출제도)를 도입·운영하고 있다. 일중당좌대출제도는 경제규모의 확대와 금융거래 증대 등으로 금융기관 간 자금결제규모가 큰 폭으로 늘어나는 추세를 감안해 지급결제의 원활화를 위해 도입됐다. 특히 전자정보처리기술의 발달에 힘입어 시스템리스크가 작고 실시간으로 신속하게 자금을 이체하는 총액결제(RTGS: Real Time Gross Settlement)를 중심으로 결제규모가 크게 증가함에 따라 중앙은행에 예치된 은행의 당좌예금만으로는 원활한 결제가 이루어지기 어려워진 것이 이 제도 도입의 주요 배경이다. 이 제도는 금융기관의 지급결제 부족자금을 해당일 업무마감 시각 전까지 지원한다.

한편 신흥국과 저개발국 등에서는 중앙은행의 대출제도가 경제성장을 뒷받침하기 위한 통화공급 창구로 많이 활용되어 왔으며, 특정 산업에 대해 대출금리 또는 한도를 우대 적용하는 등 산업정책을 위한 선별 금융수단으로 이용되기도 했다.

(2) 기능

ⅰ) 중앙은행 대출제도는 금융기관에 대해 유동성을 공급하는 기능을 수행한다. ⅱ) 중앙은행 대출제도는 최종대부자기능 수행에 있어 중요한 역할을 한다. 개별 금융기관이 일시적 자금부족에 직면하는 경우 중앙은행은 대출제도를 통해 이들 금융기관에 필요 자금을 신속하게 지원함으로써 금융 불안의 확산을 차단한다. 다만 이런 기능 수행 시 대출금리는 금융기관의 과다차입 및 도덕적 해이를 방지하기 위해 시장금리보다 다소 높은 수준의 금리를 적용하는 한편, 단기시장금리가 동 대출금리 이상으로 상승하지 않도록 금융기관의 자유로운 차입을 보장한다. ⅲ) 중앙은행은 대기성 여수신제도를 통해 정책금리를 중심으로 상하 일정 한도의 금리수준에서 제한 없이 유동성을 공급·흡수함으로써 단기시장금리의 변동성이 지나치게 커지지 않도록 제어한다. 단기시장금리는 대기성 여신금리보다 높아지기 어렵고 대기성 수신금리보다 낮아지기 어렵기 때문에 대기성 여수신금리가 단기시장금리의 상하한으로 작용한다. ⅳ) 중앙은행 대출제도는 일중당좌대출제도 등을 통해 일시적인 결제부족자금을 실시간으로 지원함으로써 지급결제의 원활화에도 기여한다. 이런 4가지 기능 모두 중앙은행이 금융시스템에 유동성을 적절히 공급함으로써 금융시스템이 원활하게 작동하도록 유도한다는 점에서 공통점이 있다.

(3) 내용

현재 한국은행이 한국은행법 또는 「한국은행의 금융기관대출규정」에 따라 상시적으로 운용하고 있는 대출제도는 다음과 같다.

(가) 특별대출

한국은행은 한국은행법에 따라 비상시에는 금융기관은 물론 영리기업에 대해서도 특별대출을 할 수 있다. 특별대출에는 금융기관에 대한 긴급여신(한국은행법65)과 영리기업에 대한 여신(한국은행법80)이 있다.

금융기관에 대한 긴급여신은 긴급한 사유 발생시 금융통화위원회 위원 4인 이상의 찬성으로 실행될 수 있다. 이 경우 임시로 적격성을 부여한 자산도 담보로 할 수 있다. 한국은행법 제65조는 긴급 사유를 ⅰ) 자금조달 및 운용의 불균형 등으로 금융기관의 유동성이 악화된 경우, ⅱ) 전산정보처리조직의 장애, 기타 우발적 사고 등으로 인하여 금융기관 지급자금의 일시적 부족이 발생함으로써 업무수행에 현저한 지장이 초래될 것으로 인정되는 경우로 한정하고 있다.

영리기업에 대한 여신은 금융기관의 신용공여가 크게 위축되는 등 금융기관으로부터의 자금조달에 중대한 애로가 발생하거나 발생할 가능성이 높은 경우 금융통화위원회 위원 4인 이상의 찬성으로 금융기관이 아닌 자로서 금융업을 영위하는 자(비은행금융기관) 등 영리기업에 대하여 실시될 수 있다. 이 여신을 받는 영리기업은 금융통화위원회가 지정하는 조건을 준수해야 한다

(나) 자금조정대출

「한국은행의 금융기관대출규정」("규정")에 의하면 자금조정대출이란 금융기관이 자금수급을 조정하는 데 필요한 자금을 지원하는 대출을 말한다(규정2(1)). 자금조정대출의 형식은 한국은행법 제64조 제1항 제2호에 따른 증권담보대출로 한다(규정3). 자금조정대출의 대상금융기관은 한국은행에 예금지급준비금을 예치하여야 하는 금융기관으로 한다(규정5).

(다) 금융중개지원대출

「한국은행의 금융기관대출규정」("규정")에 의하면 금융중개지원대출은 금융기관이 중소기업 등에 대한 금융중개기능을 수행하는 데 필요한 자금을 지원하는 대출을 말한다(규정2(2)). 금융중개지원대출의 형식은 한국은행법 제64조 제1항 제1호 및 제2호에 따른 어음재할인 또는 증권담보대출로 한다(규정3). 금리정책은 경제 전반에 무차별적 영향을 미치는데 비해 금융중개지원대출은 보다 생산적인 부문으로 자금이 배분될 수 있도록 신용경로를 개선해 통화정책의 실효성을 높일 수 있다. 한국은행은 대출한도 범위 내에서 금융기관의 중소기업 대출실적 등에 따라 저리자금을 지원한다.

금융통화위원회는 금융·경제동향 및 중소기업 자금사정 등을 고려해 금융중개지원대출의 총 한도와 프로그램별 한도 및 한도 유보분을 정한다(규정9①). 프로그램별 한도는 무역금융지원 프로그램, 신성장·일자리지원 프로그램, 중소기업대출안정화 프로그램 및 지방중소기업지

원 프로그램으로 구분한다(규정9②).

　　개별 프로그램의 특징을 살펴보면, ⅰ) 무역금융지원 프로그램은 수출금융 지원 목적으로 중소기업의 원자재조달 및 제품생산 등에 소요되는 자금을 지원대상으로 하고 있다. ⅱ) 성장·일자리지원 프로그램은 창업 촉진을 통한 경제활력 제고를 위해 창업 후 7년 이내의 중소기업 중에서 우수기술을 보유하였거나 신성장동력 발굴과 일자리 창출에 기여하는 중소기업의 운용자금을 지원대상으로 하고 있다. ⅲ) 중소기업대출안정화 프로그램은 중소기업에 대한 대출 변동성을 완화하고 신용경로의 원활한 작동을 통한 통화신용정책의 효율성 제고를 목적으로 하고 있다. ⅳ) 지방중소기업지원 프로그램은 지방소재 중소기업을 지원대상으로 하며 전략지원부문, 특별지원부문 및 일반지원부문으로 구분하여 지역 경제사정에 부합하는 특화산업을 중심으로 지원하고 있다.

(라) 일중당좌대출

　　「한국은행의 금융기관대출규정」("규정")에 의하면 일중당좌대출이란 금융기관이 지급 또는 결제하는데 필요한 일중의 일시적인 부족자금을 지원하는 대출을 말한다(규정2(3)). 일중당좌대출의 형식은 한국은행법 제64조 제1항 제2호에 따른 증권담보대출로 한다(규정3). 일중당좌대출의 대상금융기관은 한국은행에 예금지급준비금을 예치하고 한국은행 금융결제망("한은금융망")에 가입한 금융기관으로 한다(규정14).

　　일중당좌대출제도는 금융기관의 영업시간에 발생하는 일시적인 지급결제부족자금을 실시간으로 지원함으로써 금융기관 간 자금거래와 이를 매개로 하는 기업 간 대금결제가 원활히 이루어지게 할 목적으로 2000년 9월 도입됐다. 이 제도를 도입한 것은 경제규모 확대와 금융거래 증가 등으로 금융기관 간 자금결제 규모가 크게 늘어남에 따라 지급결제를 제시간에 하지 못해 대기처리한 후 결제하는 사례가 많아졌기 때문이다. 일중당좌대출은 하루 중 금융기관이 한국은행에 보유하고 있는 당좌예금계정에 예치된 금액을 초과하는 지급 또는 결제의 요청이 있는 경우 가용담보 범위 내에서 자동으로 실행된다.

3. 지급준비제도

(1) 의의

　　지급준비제도란 중앙은행이 금융기관으로 하여금 예금 등과 같은 채무의 일정 비율에 해당하는 금액을 중앙은행에 예치하도록 하는 제도이다. 금융기관은 고객으로부터 예금을 받아 이를 여러 형태의 자산으로 운용한다. 이 과정에서 수익을 높이기 위해 수익성이 낮은 유동성 자산을 가능하면 적게 보유하려고 할 것이다. 극단적인 예로 금융기관이 받은 예금의 99%를 장기채권이나 대출로 운용했다고 가정하자. 이 경우 수익성은 높아지겠으나 예금자의 인출요구가 한꺼번에 집중된다면 장기채권이나 대출은 짧은 시간에 현금화가 어려워 1%의 유동자산만으로 고객의 지급요구를 충족시키지 못할 수 있다. 그러면 이 금융기관은 다른 금융기관으로부터 높은 금리를 주고라도 자금을 빌리려고 할 것이므로 금리가 상승하고 금융시장이 불안해진다. 따라서 예금인출요구에 응할 수 있도록 각 금융기관에게 최소한의 유동성 자산보유를 법적으로 강제하는 제도가 생겨났다. 금융기관이 고객의 지급요구에 대응하기 위해 미리 준비해 놓고 있는 유동성 자산을 지급준비금(reserve)이라 하고, 이때 지급준비금 적립대상 채무 대비 지급준비금의 비율을 지급준비율이라 한다. 지급준비금은 금융기관이 보유하고 있는 현금(시재금)과 금융기관이 중앙은행에 예치하고 있는 자금으로 구성된다.

(2) 기능

지급준비제도는 단기시장금리의 변동성 확대를 방지하는 데 기여한다. 이는 중앙은행에 예치된 지급준비금은 은행들의 결제자금 용도로도 이용되는데 필요지급준비금 규모가 결제자금 수요에 비해 충분히 큰 경우에는 결제자금 수요가 변동하더라도 지급준비금으로 이를 충족할 수 있어 단기시장에서 자금을 조달할 필요가 적어지기 때문이다.

또한 지급준비제도는 외생적 요인에 의한 본원통화 팽창압력이 큰 경우 1차적인 잉여유동성 흡수수단으로서 중요한 역할을 수행한다. 예를 들어 경상수지 흑자, 외국인 증권투자자금 유입 등으로 인한 본원통화 증발압력을 모두 환율하락(통화절상)이나 통화안정증권 발행 등으로 흡수할 경우 환율, 금리 등 가격변수의 변동성이 대폭 확대돼 경제 불안 요인으로 작용하게 된다. 외화자산 보유 부담이 큰 중국, 브라질 등의 중앙은행들이 지급준비제도를 기조적인 유동성조절 수단으로 유용하게 활용하고 있는 것은 이러한 점이 반영된 것이다.

한편 지급준비제도는 적용범위나 효과에 있어 공개시장 조작이나 중앙은행 여수신제도 등 여타 통화정책 수단과 다른 몇 가지 특징을 가진다. 먼저, 공개시장 조작이나 여수신제도는 시장메커니즘에 주로 의존해 통화량을 조절하거나 금리에 영향을 미치는 데 비해 지급준비제도는 강제력을 갖고 있다. 또한 지급준비제도는 일반적으로 대상 금융기관의 규모나 자금사정 등을 개별적으로 고려하지 않고 모든 대상 금융기관에 무차별적으로 적용된다. 따라서 지급준비율의 변경은 그 조정폭이 미세하더라도 금융기관 및 금융시장 전체적으로 보면 그 영향이 적지 않다. 이런 이유로 지급준비제도는 금융시장이 발달하지 않아 공개시장 조작이나 여수신제도를 활용할 수 있는 여건이 갖추어지지 못한 개발도상국에서 유효한 정책수단으로 이용되어 왔다. 이에 비해 선진국에서는 일상적 유동성 조절보다 금융의 기조적인 긴축 또는 완화가 필요한 경우에 주로 활용하고 있다.

(3) 지급준비금의 결정 등

한국은행법 제55조에 따라 금융기관은 예금채무와 그 밖에 "대통령령으로 정하는 채무" ("지급준비금 적립대상 채무")에 대하여 지급준비율을 적용하여 산정한 금액 이상의 금액을 지급 준비금으로 보유하여야 한다. 금융통화위원회는 각 금융기관이 보유하여야 할 지급준비금의 최저율("지급준비율")을 정하며, 필요하다고 인정할 때에는 이를 변경할 수 있다(법56①).

한국은행의 「금융기관 지급준비규정」("규정")은 각 금융기관이 보유해야 할 지급준비금 적 립대상 채무 종류별 지급준비금의 최저율을 정하고 있다(규정2①).

Ⅳ. 통화정책의 파급 경로

한국은행의 기준금리 변경은 다양한 경로를 통해 경제 전반에 영향을 미친다. 파급경로는 길고 복잡하며 경제상황에 따라 변할 수도 있기 때문에 기준금리 변경이 물가에 미치는 영향 의 크기나 그 파급 시차를 정확하게 측정할 수는 없지만 일반적으로 다음과 같은 경로를 통해 통화정책의 효과가 파급된다.

1. 금리경로

기준금리 변경은 단기시장금리, 장기시장금리, 은행 예금 및 대출 금리 등 금융시장의 금 리 전반에 영향을 미친다. 예를 들어 한국은행이 기준금리를 인상할 경우 콜금리 등 단기시장 금리는 즉시 상승하고 은행 예금 및 대출 금리도 대체로 상승하며 장기시장금리도 상승압력을 받는다. 이와 같은 각종 금리의 움직임은 소비, 투자 등 총수요에 영향을 미친다. 예를 들어 금 리 상승은 차입을 억제하고 저축을 늘리는 한편 예금이자 수입 증가와 대출이자 지급 증가를 통해 가계의 소비를 감소시킨다. 기업의 경우에도 다른 조건이 동일할 경우 금리 상승은 금융 비용 상승으로 이어져 투자를 축소시킨다.

2. 자산가격경로

기준금리 변경은 주식, 채권, 부동산 등 자산가격에도 영향을 미친다. 예를 들어 금리가 상승할 경우 주식, 채권, 부동산 등 자산을 통해 얻을 수 있는 미래 수익의 현재가치가 낮아지 게 되어 자산가격이 하락하게 된다. 이는 가계의 자산, 즉 부(wealth)의 감소로 이어져 가계소 비의 감소 요인이 된다.

3. 신용경로

기준금리 변경은 은행의 대출 태도에 영향을 미치기도 한다. 예를 들어 금리가 상승할 경우 은행은 차주의 상환능력에 대한 우려 등으로 이전보다 대출에 더 신중해질 수 있다. 이는 은행 대출을 통해 자금을 조달하는 기업의 투자는 물론 대출자금을 활용한 가계의 소비도 위축시킨다.

4. 환율경로

기준금리 변경은 환율에도 영향을 미치게 된다. 예를 들어 다른 나라의 금리가 변하지 않은 상태에서 우리나라의 금리가 상승할 경우 국내 원화표시 자산의 수익률이 상대적으로 높아져 해외자본이 유입될 것이다. 이는 원화를 사려고 하는 사람들이 많아진다는 의미이므로 원화 가치의 상승으로 이어진다. 원화 가치 상승은 원화표시 수입품 가격을 하락시켜 수입품에 대한 수요를 증가시키고 외화표시 수출품 가격을 상승시켜 우리나라 제품 및 서비스에 대한 해외수요를 감소시킨다.

따라서 여러 경로를 통한 총수요, 즉 소비·투자·수출(해외수요)의 변동은 다시 물가에 영향을 미친다. 예를 들어 금리 상승으로 인한 소비, 투자, 수출 등 총수요의 감소는 물가 하락압력으로 작용한다. 특히 환율경로에서는 원화 가치 상승으로 인한 원화표시 수입물가의 하락이 국내 물가를 직접적으로 하락시키는 요인으로 작용한다.

5. 기대경로

기준금리 변경은 일반의 기대인플레이션 변화를 통해서도 물가에 영향을 미친다. 예를 들어 기준금리 인상은 한국은행이 물가상승률을 낮추기 위한 조치를 취한다는 의미로 해석되어 기대인플레이션을 하락시킨다. 기대인플레이션은 기업의 제품가격 및 임금근로자의 임금 결정에 영향을 미치기 때문에 결국 실제 물가상승률을 하락시키게 된다.

제3절 외환정책과 환율정책

★ 동아일보 2024년 11월 15일
정부 구두개입에도 원-달러 환율 3일 연속 1400원대

미국 대선 이후 연일 치솟는 환율에 정부가 뒤늦게 구두 개입에 나섰지만 결국 원-달러 환율이 1400원대를 벗어나지 못했다. 달러화 강세가 이어지는 데다 외국인 투자자 이탈 등으로 인해 1400원대 고환율이 고착화되는 양상이다. 증시 역시 보합세에 그치며 의미 있는 반등을 거두지 못했다.

최상목 부총리 겸 기획재정부 장관은 14일 오전 긴급 거시경제 간담회를 열고 "금융·외환시장 변동성이 과도하게 확대되는 경우에는 적극적 시장 안정 조치를 적기에 신속히 시행해달라"고 당부했다. 정부가 이렇듯 외환시장에 대해 구두 개입에 나선 것은 중동 지역의 정세 불안으로 환율이 치솟았던 4월 이후 7개월 만이다.

하지만 이날도 원-달러 환율은 전일 대비 1.5원 내린 1405.1원(오후 3시 반 기준)에 주간 거래를 마쳤다. 정부의 엄포에도 환율이 3일 연속 '심리적 마지노선'인 1400원을 넘기면서 정부가 국내 외환시장에 대한 통제권을 잃은 게 아니냐는 비판도 새어 나온다.

시장에서는 미국 공화당이 상원과 하원을 모두 휩쓰는 '레드 스위프(red sweep)'가 현실화되면서 달러화가 더 강세를 보인 영향이 컸다고 풀이한다. 이날 주요 6개국 통화 대비 달러 가치를 나타내는 달러인덱스는 최고 106.78까지 치솟았는데, 이는 지난해 11월 이후 1년 만에 최고치다.

고환율 여파로 환손실을 우려한 외국인 투자자들의 이탈이 가속화되면서 증시 부진도 이어졌다. 코스피는 전일보다 0.07% 오른 2,418.86에 거래를 마쳤으나 외국인은 2000억 원 넘게 팔면서 5거래일 연속 순매도를 이어 갔다. 8월 이후 외국인 투자자의 순매도 규모는 약 17조 원에 달한다. 코스닥은 전일 대비 1.17% 하락한 681.56으로 장을 마쳤다. 2023년 1월 5일 이후 1년 10여 개월 만의 최저치다.

Ⅰ. 외환관리

1. 외환관리의 의의

외환(foreign exchange)은 외국환의 약칭으로 국제거래(국가 간의 상품 및 서비스거래, 자본거래 등)로 인해 발생하는 대차관계를 결제하는데 사용되는 대외거래수단을 말한다. 외환관리란 국가가 외환(또는 외국환. 이하 양자를 호환적으로 사용한다[8])의 수요·공급을 직접 통제하는 것을 의미한다. 우리나라와 외국과의 상품거래, 서비스거래, 자본거래 등에 따른 자금결제는 대부분의 경우 우리나라 통화가 아닌 미국 달러화 등 외화로 이뤄진다. 이는 거래당사자들이 결제통화로 우리나라 통화보다는 미국 달러화 등을 더 안전하거나 가치 있다고 믿고 선호하기 때문이다. 국제결제에 주로 쓰이는 통화를 기축통화라고 하는데 일반적으로 제1차 세계대전 기간 중 미국 달러화가 영국의 파운드화를 대신하여 기축통화의 지위를 차지했다. 이에 따라 기축통화 보유국, 즉 미국을 제외한 대부분의 나라는 국제결제에 사용할 미국 달러화를 일정 수준 확보·유지해야 할 필요성이 생겼다.

외환의 수요와 공급은 우리나라와 외국 간에 거래에 따른 자금의 수수로부터 발생한다. 편의상 "우리나라와 외국 간의 거래"라고 표현했지만 외환관리 측면에서는 국가 간 경계를 기준으로 하는 장소적 개념이나 거래당사자의 국적보다 거래당사자의 거주성(domicile or residence)을 기준으로 외환의 수요와 공급을 판단한다. 거주자와 비거주자 간에 수출·수입을 하거나 용역서비스를 제공·이용하거나 외국인 직접투자·내국인 해외투자 등을 하는 경우에는 각각 국내 외환시장에 외환이 공급되거나 수요가 발생한다. 한편 국제거래 없이 해외에 사는 친지에게 생활보조금을 주거나 받는 경우, 해외여행을 가거나 외국인 관광객이 오는 경우 또는 해외이주자가 자신의 재산을 반출·반입하는 경우 등에도 외환의 수요와 공급이 발생한다. 거주자와 비거주자 간의 거래를 "대외거래"라고 하고 대외거래에 따른 지급·수령을 "대외지급·대외수령"이라고 한다.

모든 대외지급·수령은 복식부기방식으로 기록되는데 이것이 국제수지표(balance of payment)이다. 말하자면 국제수지는 우리나라 거주자의 대외거래 성적표라고 할 수 있다. 국제수지는 가급적 균형을 이루는 것이 바람직하며 심각한 불균형은 문제를 일으키는데, 국제수지적자의 누적은 대외지불능력을 감소시켜 국가부도위기(Insolvency problem)를 초래할 수도 있고 지나친 국제수지흑자는 통화관리에 어려움을 줄 수도 있다. 이론적으로 국제수지의 불균형은

---

8) 외국환거래법은 법률 이름과 개념 정의 조항(법3(16)) 등에서 "외국환"이라는 용어를 사용한다. 제4조 제2항 등에서는 "외환"이라는 용어를 사용한다. 여기서 외국환은 실질적으로 외환을 의미한다고 보고 호환적으로 사용한다.

환율의 등락이라는 자동조절장치를 통해 균형으로 수렴해 간다. 그러나 환율이라는 시장기능이 제대로 작동하지 않는 경우도 많고 균형을 이루는 데는 시간이 걸리기 때문에 외환 수급의 변동성이 큰 경우 그 국가의 다른 경제운용 목표(경제성장, 물가안정 등)와 충돌하는 경우가 많다. 이 경우에 국가가 직접 외환 수급에 관여해 거시경제 목표들을 안정적으로 관리하려는 유혹을 받기 마련이다. 이와 같이 경제의 대외균형을 가격기구에 일임하지 않고 정부의 직접적인 통제방식에 의해 외환시장의 수요·공급을 조정하려는 것이 외환관리이다.

2. 외환관리의 목적

외국환거래법("법") 제1조는 "이 법은 외국환거래와 그 밖의 대외거래의 자유를 보장하고 시장기능을 활성화하여 대외거래의 원활화 및 국제수지의 균형과 통화가치의 안정을 도모함으로써 국민경제의 건전한 발전에 이바지함"을 목적으로 한다고 규정한다. 외환관리가 국제수지의 균형과 통화가치의 안정을 목적으로 하고 있다는 것은 쉽게 이해할 수 있다. 그러나 대외거래의 원활화를 목적으로 하고 있다는 것은 다소 완곡한 표현이라고 할 수 있다. 외국환거래법령의 많은 내용은 "대외거래의 원활화"를 목적으로 하기보다는 "대외거래를 억제"하고자 하는 내용이 많다. 외환관리는 국가부도 위기에 대비해 적정 외환보유액을 유지하기 위해 대외지급을 억제함을 그 목적으로 하고 있다는 것이 좀 더 솔직한 표현이라고 생각한다. 우리나라에 외환 지급불능(Insolvency problem)의 우려가 완전히 없어질 때 비로소 더 이상 외환관리가 필요 없게 될 것이나 그렇지 않는 한 외환관리는 존속될 것이다. 원화가 국제거래에서 결제통화로 쓰이지 않는 한 우리나라는 대외결제를 위한 외화자금을 확보하고 있어야 하며 이를 위한 외환관리는 존속될 수밖에 없다.

우리나라 경제를 일컬어 소위 "소규모개방경제"라고 한다. 우리나라는 세계 10위권 교역국으로서 경제규모에 비해 수출입 규모가 큰 편이다. 즉 우리나라는 국내총생산이 국내총소비·투자를 초과해 해외소비(수출)에 크게 의존하고 있다. 이를 국민소득 방정식으로 설명해 보면 $Y=C+I+G+(X-M)$에서 X는 수출(즉 해외소비)을 의미하는데 우리나라의 경우 X가 Y에서 차지하는 비중이 대략 60% 수준이다. 국내생산을 자체적으로 소화할 수 있는 내수시장을 가지고 있지 않은 우리로서는 국내에서 생산된 물건을 해외시장에 팔아야만 한다는 점에서 우리 경제는 대외의존적일 수밖에 없다. 이에 따라 수입국들의 경기변동 또는 통상정책 등이 우리경제에 곧바로 영향을 미치며 유가 급등 또는 반도체 등 주요 수출품목의 수출단가 하락은 곧바로 국제수지 악화로 이어져 외환위기를 야기할 수 있다. 이와 같이 우리경제의 대외의존도가 높은 점이 다른 나라에 비해 우리나라에 외환관리가 더 필요한 이유다.

국제사회는 기본적으로 통상과 자본이동에 대한 장벽을 제거함으로써 국제교역을 확대하고 자본의 생산성과 효율성을 향상시켜 세계경제 발전에 이바지함을 추구하고 있다. 그러나 국제사회가 이런 이념을 각국에 무차별적으로 강요하는 것은 아니며 각국이 사국의 경세발전 단계와 외환 수급 상황에 맞는 외환통제를 실시하는 것은 허용하고 있다. 따라서 한 국가가 자국의 경제상황에 맞는 외환관리를 실시하는 것은 주권국가로서 당연한 권리행사이고 국가경제상 필요한 일이기도 하다.

Ⅱ. 외환정책

1. 외환정책의 의의

(1) 외국환거래의 규율체계

외환시장에서의 거래 및 국경간 자본거래 전반을 규율하는 기본법률로 제정된 외국환거래법("법")은 법 자체가 매우 포괄적이고 추상적으로 규정되어 있어 기획재정부 고시인 외국환거래규정("규정")이 법령에서 위임받은 사항을 구체화하여 실질적인 법규범의 역할을 하고 있다. 규율대상은 거주자[9]간 국내에서의 원화거래, 비거주자[10]간 해외에서의 외화거래를 제외한 모든 지급 내지 투자활동에 따라 발생하는 자본흐름을 포함하고 있다고 볼 수 있으며,[11] 이때 거래당사자는 법률에서 달리 정하지 않는 한 해당 행정기관(기획재정부, 한국은행, 외국환은행 등)에 거래내용을 사전 신고하고 필요시 증빙자료를 제출해야 한다.[12]

외국환업무취급기관 제도를 두어 외환당국(기획재정부)에 등록한 적격 금융기관 또는 전문업자만이 외국환업무를 영위하도록 제한하고(법8),[13] 이들 기관(주로 외국환은행)에 고객과 거래한 내용의 확인 및 주요 정보의 적시 보고 등 공적인 의무와 책임을 부과하고 있다.[14] 또한 한국은행을 외환시장의 모든 거래, 지급 및 수령에 관한 정보를 중계·집중·교환하는 "외환정보집중기관"으로 지정·운영한다(법25②, 영39①, 규정10-14). 이는 외국환거래 정보를 체계적으로

---

9) "거주자"란 대한민국에 주소 또는 거소를 둔 개인과 대한민국에 주된 사무소를 둔 법인을 말한다(법3(14)).
10) "비거주자"란 거주자 외의 개인 및 법인을 말한다. 다만, 비거주자의 대한민국에 있는 지점, 출장소, 그 밖의 사무소는 법률상 대리권의 유무에 상관없이 거주자로 본다(법3(15)).
11) 대외무역법 또는 관세법이 적용되는 원인행위로서 경상거래(수출입 및 용역거래)를 제외하고, 원인행위로서 자본거래와 결제행위로서 지급 및 수령은 모두 외국환거래법의 규제대상이 된다.
12) 신고기관은 해당 거래가 시장에 미치는 영향의 정도 등을 고려해 거래내용을 확인사항, 신고사항, 신고수리사항, 허가사항, 기타 인정사항으로 분류하여 처리하고 있다.
13) 종래에는 등록된 금융기관만이 외국환업무 영위가 가능했으나, 2017년 1월 17일 외국환거래법 개정으로 금융기관이 아니더라도 소액해외송금업자, 전자지급결제대행업자 등은 전문외국환업무취급업자로 분류되어 관련 업무수행이 가능하다(법8③).
14) 기획재정부 장관으로부터 그 권한의 일부를 위임 또는 위탁받은 자와 그 소속 임직원은 형법이나 그 밖의 법률에 따른 벌칙을 적용할 때에는 공무원으로 본다(법23②).

집중·관리함으로써 평상시 외화유출입 모니터링을 강화하고 유사시에는 필요한 조치를 신속하게 취하고자 하는 취지이다. 특히 한도 관리나 지속적인 사후관리의 필요성이 있는 거래[15]는 지정된 하나의 외국환은행(영업소)을 통해서만 거래하도록 제한하는 규제를 하며, 이를 "거래외국환은행 지정제도"라 한다(규정10-11).

관련 법규는 재화·용역 등 수출입거래의 질서유지를 담당하는 대외무역법, 외국인투자 유치를 위해 외국환거래법상 특례 조항을 규정한 외국인투자촉진법, 기획재정부와 협의하여 외환정책을 수행하는 중앙은행의 역할과 기능을 규정한 한국은행법, 외화 관련 상품을 취급하는 자본시장법, 그 밖에 외국환거래를 활용한 불법자금의 유출입 방지를 규정한 특정금융정보법, 특정경제범죄법, 범죄수익은닉규제법 등 자금세탁방지 법제를 두고 있으며, 전체 규율체계상으로는 외환정책을 총괄하는 기획재정부(국제금융국 외환제도과)를 정점으로 각 행정관청이 해당 고유업무와 연관된 권한 일부를 위임 또는 위탁받아 집행하는 구조다.

(2) 외환정책 관련 규정과 개념

외환정책(foreign exchange policy)[16]은 외환, 즉 한 국가의 통화와 다른 국가의 통화 간 교환에 관한 정책이다. 여기에는 자국통화와 외국통화의 교환비율인 환율에 관한 정책과 경상거래·자본거래 등 외환거래제도의 수립과 운영 등에 관한 정책이 포함된다. 또한 외국통화의 자국내 유출입 통제, 국제무역의 원활한 결제를 지원하기 위한 대외지급준비자산 관리 등의 내용이 포함될 수 있다.

역사적으로 볼 때 금(또는 은)본위제에서는 국가간 통화의 가치가 금의 가치에 의해 결정됐고 금의 가격은 국제시장에서 시장원리에 따라 결정됐으므로 국가별 외환정책의 중요성이 크지 않았다. 하지만 세계적으로 완전한 의미의 관리통화체제가 구축되면서 외환정책은 통화주권의 문제와 결부되는 매우 중요한 사안이 됐다. 특히 각국이 자국의 이익을 위해 환율을 인위적으로 통제하거나 환율을 조작하는 문제와 1997년의 아시아 외환위기에서 드러났듯이 선진국 투기자금에 의해 한 나라의 통화질서가 교란되어 경제·사회적 문제를 유발할 수도 있어 현대국가에서 외환정책의 중요성은 점점 더 커지고 있다. 이런 점을 고려할 때 최근에 등장한 비트코인, 이더리움 등 암호자산(crypto asset)이 본위화폐제도에서의 금(monetary gold)과 같은 역할을 할 수 있을 것인지 아니면 각국의 통화질서를 교란시키는 역할만 하게 될지 귀추가 주목

---

15) 예를 들어 해외여행경비, 해외이주비, 재산반출, 해외외금, 해외차입, 해외직접투자, 현지금융, 해외부동산 취득 등의 거래를 말한다(외국환거래규정10-11 참조).
16) 외환정책은 환율정책과 외환제도에 관한 정책을 포괄하는 개념이다. 두 정책이 서로 연관되어 있지만, 이 중 환율정책이 환율제도의 선택과 외환시장의 안정적 운영에 관한 정책을 의미한다면 외환제도에 관한 정책은 경상·자본 거래와 관련한 제반 외환거래제도의 수립과 운영 등을 포함한다.

된다.

1950년 한국은행법 제정 당시의 우리나라는 금과 외환 보유량이 절대적으로 부족한 상황이었으며 1960년대 수출주도형 성장전략을 채택하면서 외환에 대한 강력한 통제가 필요했는데, 이와 같은 외환정책 기조는 1997년 외환위기를 겪으면서 자유변동환율제도를 채택하고 종전의 외국환관리법을 외국환거래법으로 명칭을 변경하는 등 외환정책의 패러다임이 크게 바뀌었다. 이후 환율정책의 목표도 국제수지흑자 달성에서 환율의 변동성 완화 등 외환시장 안정에 비중을 두는 방식으로 변경됐다.

(3) 외환정책의 수행 주체와 주요 수단

외환정책의 수행 주체는 주요국의 경우 정부 또는 중앙은행인데, 어느 경우에도 외환보유고를 관리하는 중앙은행의 역할은 중요하다. 우리나라의 경우 1950년 한국은행법 제정으로 외환정책이 한국은행의 주요 업무로 규정됐지만 1962년 외국환거래법 제정과 한국은행법 개정 이후 외환정책은 정부(기획재정부)가 수행하고 있다. 다만, 기획재정부는 외환정책 업무 중 상당 부분을 한국은행에 위탁하고 있어 실제로는 법령 등 주요 제도에 대하여는 기획재정부가, 외환시장 개입 등 실무는 한국은행이 수행하고 있다. 한편 대외지급결제준비자산인 외환보유고는 한국은행의 외화표시 자산이므로 한국은행이 직접 관리하고 있다.

외환정책의 주요 수단은 외환시장 개입, 외화유동성 공급, 외화유출입 조절 및 모니터링, 외화지급준비금 부과, 외환보유액의 관리·운용이 포함된다. 2008년 글로벌 금융위기 이후에는 여기에 외환부문 거시건전성정책 수단으로 외환건전성부담금(bank levy), 외화포지션 한도 설정, 외화유동성비율 규제 등이 새로 도입됐다.

2. 외국환의 법적 성격과 규제의 의의

(1) 외국환의 법적 성격

외국환거래법상 외국환이란 대외지급수단, 외화증권, 외화파생상품 및 외화채권을 말한다(법3(13)). "대외지급수단"이란 외국통화, 외국통화로 표시된 지급수단, 그 밖에 표시통화에 관계없이 외국에서 사용할 수 있는 지급수단을 말하고(법3(4)), "외화증권"이란 외국통화로 표시된 증권 또는 외국에서 지급받을 수 있는 증권을 말하며(법3(8)), "외화파생상품"이란 외국통화로 표시된 파생상품 또는 외국에서 지급받을 수 있는 파생상품을 말하고(법3(10)), "외화채권"이란 외국통화로 표시된 채권 또는 외국에서 지급받을 수 있는 채권을 말한다(법3(12)).

따라서 외국환은 서로 다른 통화를 사용하는 격지자간에 발생하는 채권·채무관계를 해소하는 데 활용되는 다양한 결제수단이자 재산적 가치를 지닌 외화표시자산이라고 말할 수 있다.

결제수단이므로 거래당사자간 직접 지급도 가능하지만, 현실은 환거래계약을 체결한 은행간 계좌이체에 의한 송금방식이 보편적이다. 또한 외국환은 단순히 원인거래(경상거래·자본거래)에 수반되는 교환의 매개수단이 되는 것에 그치지 않고 그 자체로 투자대상이기도 하다. 외국환은 그 형태가 화폐(통화), 주식, 채권, 파생상품 등 무엇이든지 거래당사자인 내국인 입장에서는 외국통화로 표시된 자산의 성격을 갖는다. 이때 실시간으로 시장상황에 따라 변동하는 환율의 존재로 말미암아 외국환은 태생적으로 양방향의 투자성(이익 및 원본손실 가능성)을 갖게 된다. 실제로 모든 외화표시자산의 수익률은 해당 자산의 수익률과 환율변동률의 합으로 구성되며, 투자성 있는 금융상품이라 해서 비단 증권 및 파생상품에만 국한되지 않는다.

외국환이란 금융자산의 일종으로, 외국환거래에 필연적으로 수반되는 외국통화의 (상대)가격을 환율이라 정의한다면 환율은 결국 자산가격이라 할 수 있다. 환율은 이종통화(자산) 간 거래가 이루어지는 외환시장내 수요와 공급이 균형을 이루는 지점에서 결정된다. 외화에 대한 수요는 수입대금 지불, 여행자금 환전, 해외자산(증권, 부동산 등) 매입 및 투자 등 다양한 이유로 발생하며, 외화의 공급은 수출대금의 유입, 외국인 관광객의 방문, 국내 자산에 대한 외국인 투자 등 역시 다양한 경로를 통해 발생한다.

(2) 외환시장과 외국환거래의 특징

지난 30여 년 간 정보통신기술(ICT)의 비약적인 발달로 선진국을 중심으로 한 자본규제의 완화로 외환시장은 국경과 시간을 초월해 하루 24시간 거래가 이루어지는, 범세계적인 시장으로서의 기능을 수행한다. 시장 참여층이 매우 두텁고 유동성이 풍부하며, 거래 관련 규제가 거의 없거나 최소한으로 운영되기 때문에 현존하는 시장 가운데 가장 이상적이고 효과적인 시장으로 평가받고 있다. 또한 외국환거래는 장외시장에서 은행 딜러 간 전화와 컴퓨터 단말기 등 다양한 통신망을 통한 거래가 대부분이며, 어느 일방이 이익을 실현했다면 상대방은 이에 상응하는 손실을 입게 된다는 점에서 파생상품거래와 유사한 제로섬(zero sum) 게임의 속성을 갖는다.

(3) 외국환거래의 본질은 금융규제

외국환거래 규제는 그 본질이 금융규제로서 여타 공적규제와 달성하고자 하는 목적을 상당 부분 공유한다. 일반적으로 공적규제는 도입이 독점방지, 소비자보호, 경제시스템 전반의 안정성 보장이라는 목적을 달성하기 위한 것이고, 그중에서도 금융규제는 소비자보호와 금융시스템의 안정성 유지를 주된 목적으로 한다는 점에서 외국환거래의 보호법익 역시 금융소비자 보호와 시스템리스크의 예방 및 관리가 된다. 그 중간목표로 외환시장의 정보비대칭 아래서 본인-대리인 문제의 해소, 잠재적 위험요인이자 위기증폭의 기제로 작동 가능한 외부성의 통제 등이 외국환거래 규제가 해결해야 할 중요한 과제가 된다.

3. 외국환거래 관련기관

(1) 외환 정책당국 및 감독기관

(가) 기획재정부(외환정책 총괄, 법령 관리)

기획재정부장관은 외환정책의 수립 및 운영, 외환시장의 안정 등에 대한 최종 권한 및 책임을 지고 있다(법4). 또한 외국환거래법상 외국환업무취급기관의 등록(법8①), 외국환평형기금의 운용·관리(법13), 외국환거래에 대한 제한 및 허가(법11), 외국환거래의 정지 명령(법6) 등에 관한 권한을 가진다.

기획재정부장관은 외국환업무취급기관등(외국환업무취급기관등의 외국에 있는 영업소 포함)의 업무를 감독하고 감독상 필요한 명령을 할 수 있으며(법11①), 외환시장의 안정과 외국환업무취급기관등의 건전성을 유지하기 위하여 필요하다고 인정되는 경우에는 외국환업무취급기관등의 외국통화 자산·부채비율을 정하는 등 외국통화의 조달·운용에 필요한 제한을 할 수 있다(법11②). 기획재정부장관은 권한의 일부를 금융위원회, 증권선물위원회, 관계 행정기관의 장, 한국은행총재, 금융감독원장, 외국환업무취급기관등의 장, 관세청장 등에게 위임하거나 위탁할 수 있다(법23①, 영37①).

(나) 한국은행(외환시장 운용, 정보 집중, 외국환중개회사 검사)

한국은행법에 따라 한국은행은 기획재정부장관의 인가를 받아 ⅰ) 외국환업무 및 외국환의 보유(제1호), ⅱ) 외국의 금융기관, 국제금융기구, 외국정부와 그 대행기관 또는 국제연합기구로부터의 예금의 수입(제2호), ⅲ) 귀금속의 매매(제3호) 업무를 수행할 수 있다(법82). 이에 따라 한국은행은 외국환업무로서 외국환의 매매 및 파생상품거래, 외화자금 및 외국환의 보유와 운용, 정부 및 그 대행기관, 국내금융기관으로부터의 외화예금의 수입, 외국의 금융기관, 국제금융기구, 외국정부와 그 대행기관 또는 국제연합기구로부터의 예금의 수입, 외국에 있는 금융기관 또는 외국정부로부터의 외화자금의 차입, 채무의 인수 및 보증, 국제금융기구에 대한 출자 및 융자, 외국환은행에 대한 외화자금의 융자, 귀금속의 매매, 외국 중앙은행으로부터의 원화예금의 수입, 대외외환거래 계약 체결 등의 외국환업무를 수행한다(외국환거래규정2-15).

또한 한국은행법에 따라 정부의 환율정책, 외화여수신정책 및 외환포지션정책에 대하여 협의하는 기능을 수행한다(법83). 이와 더불어 한국은행은 외환전산망을 통해 외국환업무취급기관 등으로부터 외환정보를 제공받아 관리하는 외환정보집중기관으로 지정되어 있다(법25②).

한편 기획재정부장관은 외국환거래법상의 권한 중 일부를 한국은행총재에게 위탁하고 있다(법23①). 이러한 한국은행의 위탁업무에는 대외지급 및 자본거래 관련 신고 접수 등의 업무,

환전영업자 및 외국환중개회사에 대한 업무감독, 외국환업무취급기관에 대한 검사, 외환거래에 대한 사후관리, 외국환평형기금의 운용·관리에 관한 사무처리, 외환건전성부담금 부과 등 외국환업무취급기관에 대한 건전성 규제 등이 있다.

(다) 금융위원회와 금융감독원(금융기관과 거래당사자 검사)

금융위원회 및 금융감독원(금융위원회가 위탁받은 권한의 일부를 재위탁)은 기획재정부장관의 위탁(법23①)을 받아 외국환업무취급기관에 대한 감독 및 검사(법20⑥), 외환거래에 대한 사후관리 업무를 담당하고 있다.

(2) 외국환업무취급기관: 외국환 금융기관

외국환업무를 취급하고자 하는 금융기관은 충분한 자본·시설 및 전문인력을 갖추어 기획재정부장관에게 등록(체신관서는 예외)하여야 하며 외환업무는 등록한 금융기관에 한하여 해당 업무와 직접 관련되는 범위 내에서 이를 영위할 수 있다(법8). 한편 기획재정부장관은 외국환업무취급기관이 허위 등의 방법으로 등록하였거나 등록조건을 위반한 경우 해당 기관의 등록 또는 인가 취소, 6개월 이내의 업무 제한이나 업무의 전부 또는 일부 정지 등의 조치를 취할 수 있다(법12①).

외국환업무취급기관 중 은행, 농협은행, 수협은행, 한국산업은행, 한국수출입은행, 중소기업은행을 외국환은행으로 정해 대부분의 외환업무를 취급하도록 하고 있다(규정1-2(16)). 또한 종합금융회사, 체신관서, 투자매매업자, 투자중개업자, 집합투자업자, 투자일임업자, 신탁업자에 대해서도 외국환업무취급기관으로서 해당 기관의 고유업무와 직접 관련되는 범위 내에서 기획재정부장관이 정하여 고시하는 업무를 취급할 수 있다(규정 제2장).

(3) 외국환중개회사

외국환중개회사는 외국통화의 매매·교환·대여의 중개, 외국통화를 기초자산으로 하는 파생상품거래의 중개 또는 이와 관련된 업무를 영위하는 자로서 외국환중개업무를 영위하려면 자본·시설 및 전문인력에 관한 증빙서류 등을 기획재정부장관에게 제출하여 인가를 받아야 한다(법9①). 기획재정부장관은 외국환중개회사에 대한 업무상의 감독 및 감독상의 필요한 명령, 법령 위반시 업무 제한 및 정지 등에 관한 권한을 한국은행총재에게 위탁하고 있다(법20⑥, 법23①). 또한 한국은행총재는 외국환중개회사의 업무를 감독하고 업무감독에 필요한 명령을 할 수 있으며 외국환중개회사가 중대한 위반을 한 경우에는 기획재정부장관에게 인가취소를 건의할 수 있으며(규정2-42①), 외국환중개업무의 보고, 검사, 사후관리 및 제재 등에 관하여 필요한 사항을 정할 수 있다(규정2-42②).

(4) 전문외국환업무취급업자

(가) 환전영업자

환전영업자란 법 제8조 제3항에 따라 환전업무의 등록을 한 자를 말한다. 여기서 환전업무란 "외국통화의 매입 또는 매도, 외국에서 발행한 여행자수표의 매입"에 해당하는 외국환업무를 말한다(법8③(1), 영15①). 매입할 수 있는 대상은 외국통화와 여행자수표에 한하며 외화송금수표, 환어음 등은 매입할 수 없다.

(나) 소액해외송금업자

소액해외송금업자란 법 제8조 제3항에 따라 소액해외송금업무를 등록한 자를 말한다. 여기서 소액해외송금업무란 "대한민국와 외국 간의 지급 및 수령과 이에 수반되는 외국통화의 매입 또는 매도"에 해당하는 외국환업무를 말한다(법8③(2), 영15의2①).

(다) 기타 전문외국환업무취급업자

기타전문외국환업무업자란 법 제8조 제3항에 따라 기타전문외국환업무를 등록한 자를 말한다. 여기서 기타전문외국환업무란 "전자금융거래법에 따른 전자화폐의 발행·관리업무, 선불전자지급수단의 발행·관리업무 또는 전자지급결제대행에 관한 업무와 직접 관련된 외국환업무로서 기획재정부장관이 정하여 고시하는 업무"를 말한다(법8③(3), 영15의5①).

Ⅲ. 환율정책

1. 의의

(1) 환율의 개념

외환거래에서 빼놓고 생각할 수 없는 것이 환율의 개입이다. 환율(exchange rate)은 두 통화간 교환(매매)비율이며, 이때 그 대상이 되는 통화단위는 하나의 "상품"처럼 취급된다. 예를 들어 서울외환시장에서 거래되는 원/달러 환율이 1,000원이라 할 때 미화 1달러라는 상품의 가치는 원화 가치 1,000원에 상당하다는 의미로 받아들인다. 또한 달러화 가치는 시장 수급에 따라 상시적으로 변하기 때문에 이를 보유 또는 처분함으로써 이익 내지 손실을 실현할 수도 있다. 이렇게 보면 한 나라의 정부가 발행한 통화의 상대가치를 표시하는 환율은 곧 자산가격이다.

환율은 외화의 국내통화 가격으로 정의되며, 자국통화에 대한 3국 통화와의 교환가치를 의미한다. 원화를 제외한 3국의 통화는 외화라 하며 일반적으로 기축통화인 미국 달러(USD)를 의미하는 경우가 많다. 통상적으로 미국 달러 1단위에 대한 원화의 교환가치를 기준환율이라 하며, 현재 미국 달러 및 중국 위안화 이외의 통화에 대한 원화의 환율은 달러의 환율을 기준으로 산정하는데, 이를 재정환율(arbitrage rate)이라 한다.

환율의 상승은 외국통화 가치의 상승, 즉 원화가치의 하락 또는 원화가 평가절하되었다고 표현하며, 반대로 환율의 하락은 외국통화 가치의 하락, 즉 원화가치의 상승 또는 원화가 평가 절상되었다고 표현한다. 환율은 원칙적으로 외환시장에서 유통되는 통화의 수요와 공급에 의해 자율적으로 결정되어야 하지만 일정 부분 정부가 개입을 하거나 또는 정부가 철저하게 환율의 변동폭을 관리하는 등 각국의 환율정책에 따라 다소 차이가 있다.

환율의 변동은 국가경제와 국민의 생활에 적지 않은 영향을 미치기 때문에 정부가 환율의 관리를 방치하고 전혀 개입하지 않는 것은 있을 수 없는 문제다. 또한 환율은 수출입무역이나 통상, 경상수지 등의 국가경제 수치뿐만이 아니라 소비자물가, 생산자물가, 수입물가 등을 비롯한 전반적인 물가 및 통화의 유동량을 조절하는 금리와도 상호 연관이 있기 때문에 만일 정부가 환율에 아무런 개입을 하지 않는다면 이는 국가의 통화정책을 포기하는 것과 마찬가지이기 때문이다. 다만 개입의 정도가 심해지면 WTO에서 금지하는 무역장벽에 해당되어 환율조작국 지정과 함께 교역국가와의 통상관계에 있어 악영향을 미칠 수 있기 때문에 적절한 조절이 요구된다.

(2) 관련 법규

환율과 관련된 우리나라의 법제도를 보면 외국환거래법에서는 불가피한 경우에 한정해 정부가 환율을 결정할 수 있음을 규정하고 있으며, 일정 부분 정부의 외환시장 개입의 문을 열어놓고 있다.

기획재정부장관은 안정적인 외국환수급의 기반 조성과 외환시장의 안정을 위하여 노력하여야 하며, 이를 위한 시책을 마련하여야 한다(법4②). 기획재정부장관은 원활하고 질서 있는 외국환거래를 위하여 필요하면 외국환거래에 관한 기준환율, 외국환의 매도율·매입률 및 재정환율("기준환율등")을 정할 수 있다(법5①). 거주자와 비거주자는 기획재정부장관이 기준환율등을 정한 경우에는 그 기준환율등에 따라 거래하여야 한다(법5②).

한국은행은 정부의 환율정책, 외국환은행의 외화 여신·수신업무 및 외국환 매입·매도 초과액의 한도설정에 관한 정책에 대하여 협의하는 기능을 수행한다(한국은행법83). 한국은행총재는 외환시장의 안정을 위하여 필요하다고 인정될 때에는 한국은행 및 외국환평형기금의 자금으로 외환시장에 개입할 수 있으며 기획재정부장관은 외환시장 개입, 외화자금의 조달 및 운용에 대하여 필요한 지시를 할 수 있다(규정2-27). 한국은행은 기획재정부장관의 인가를 받아 외국환업무 및 외국환의 보유업무, 외국의 금융기관, 국제금융기구, 외국정부와 그 대행기관 또는 국제연합기구로부터의 예금의 수입 업무를 수행할 수 있다(한국은행법82).

(3) 환율의 영향

환율은 중요한 거시가격변수로서 국내외의 개인, 기업, 정부 등 경제주체의 행동에 영향을 미쳐 나라 전체의 경제 상황에 많은 영향을 미친다. 환율이 경제에 미치는 영향은 다양하다.

ⅰ) 환율은 수출입(경상수지)에 영향을 미친다. 환율은 국내상품과 해외상품의 상대가격에 영향을 미치기 때문에 수출입에 중요한 영향을 미친다. 미국시장에서의 한국상품의 달러가격은 한국상품의 원화가격과 원/달러 환율에 의해 결정된다. 따라서 원화의 가치가 상승(원화절하)하면 두 나라의 국내가격이 변화하지 않는 경우 해외에서의 한국상품은 더 비싸지며 한국에서의 외국상품은 더 싸진다. 따라서 수출은 줄고 수입은 증가하며 경상수지는 악화된다. 이로 인해 일부의 수출산업은 타격을 입고 그 대신 값싼 외국상품을 쉽게 구매할 수 있기 때문에 소비자들(수입업자)은 유리해진다. 또 경상수지의 악화로 경제운용에 제약이 발생한다. 반면 통화가치가 하락하면 경상수지가 개선되고 거시적 경제운용에 여유가 생기게 된다.

ⅱ) 환율은 물가에도 영향을 미친다. 환율이 상승하는 경우 수입원재료의 원화가격이 상승하고 이에 따른 생산원가 상승으로 국내물가가 상승할 수 있다. 물가상승에 따라 임금이 상승하고, 이것이 다시 물가상승으로 이어질 경우 환율상승에 따른 물가상승 효과는 증폭된다. 특히 수입 비중이 높거나 수입원자재의 사용 비중이 높은 석유화학제품, 나무·종이제품, 정밀기기 등의 가격상승 압력이 커질 것이다.

ⅲ) 환율은 경제주체들의 대외채무의 상환부담에 영향을 미친다. 예를 들면 환율상승이 있는 경우 미국 달러화 표시 대외채무의 원리금(원화기준) 상환부담이 증가한다. 환율이 갑자기 크게 상승(원화가치하락)하는 경우 해외(외화)채무가 많은 기업이나 금융기관의 채무부담이 갑자기 증가하고 차환이 어려워 외환위기를 겪기도 한다.

ⅳ) 환율은 자본유출입에 영향을 미친다. 환율상승이 있고 환율상승이 예상되는 경우 환차손 우려로 인해 외국인 주식투자자금 등 해외자본이 유출됨에 따라 주식시장 등 금융시장에 큰 영향을 줄 수 있을 뿐 아니라 때로는 이런 자본유출로 환율이 더욱 상승하고 환율의 변동성이 증대되어 경제에 큰 타격을 줄 수도 있다. 환율에는 예상이 매우 중요하게 영향을 미친다. 그러므로 미래 환율에 대한 예상이 현재 환율에 직접적으로 영향을 주게 되고 예상으로 인해 환율이 변화하는 경우 자본유출입이 크게 증폭될 수 있다.

(4) 환율정책의 목표

환율정책의 목표는 환율제도의 선택과 밀접한 관계가 있다. 왜냐하면 환율제도에 따라 환율정책의 목표와 정책수단이 달라지기 때문이다. 우리나라가 관리변동환율제도를 채택했던 1980-1997년의 환율정책 목표는 명목환율의 안정보다는 경상수지의 균형 달성에 초점이 맞춰

졌다. 반면 자유변동환율제도로 이행한 이후에는 환율의 급격한 변동을 완화해 외환시장 안정을 달성하는 데 가장 큰 목적을 두고 있다. 이는 우리나라가 1997년 외환위기 이후 통화정책 운영방식을 물가안정목표제로 전환하면서 물가목표와 환율안정을 동시에 달성하는 것이 현실적으로 어려워진 데 기인한다.

한편 우리나라는 선진국에 비해 외환시장 규모가 상대적으로 협소하고 외부충격에 따라 환율이 민감하게 반응하는 특징을 보이고 있다. 또한 높은 대외의존도 및 개방도 등으로 인해 환율변동이 경제 전반에 미치는 파급효과도 매우 크다.[17] 이런 점에서 외환당국은 기본적으로 외환시장에서의 수요와 공급에 따라 결정되는 시장원리를 중시해 나가되 일시적인 수급불균형이나 외부충격 등에 따른 시장불안으로 환율이 급등락하는 경우 이를 완화하기 위한 시장안정화 조치를 취하게 된다.

또한 환율의 시장기능이 원활히 작동되기 위해서 외환시장의 양적·질적 발전을 도모해 나가는 것도 환율정책의 주요 목표라고 할 수 있다. 왜냐하면 외환시장의 발전은 환율의 안정, 경제주체에 대한 다양한 헤지수단 제공, 은행의 대외경쟁력 제고 등에 긴요하기 때문이다.

2. 환율의 변동요인

환율은 변동환율제도에서 외환시장의 수요와 공급에 따라 결정된다. 즉 외환의 공급이 수요를 초과하면 자국통화의 가치가 상승(환율하락)하고 반대로 외환의 수요가 공급을 초과하면 자국통화 가치가 하락(환율상승)한다. 그러나 현실적으로 환율은 다양한 국내외 경제여건, 기대요인 및 기술적 요인 등에 의해 복합적으로 영향을 받기 때문에 외환수급만으로 설명하는 데는 한계가 있다. 우리나라의 경우를 예로 들면 2000년 이후 대부분의 기간 동안 국제수지흑자를 기록하였음에도 불구하고 환율이 지속적으로 하락하기보다는 상승과 하락을 반복하는 모습을 보였다. 만약 환율이 외환의 수급요인에 의해서만 변동한다면 원/달러 환율은 추세적인 하락(원화의 절상)을 보였어야 할 것이다.

여기서는 환율변동에 영향을 미치는 다양한 요인들에 대해 주로 기초경제여건에 관련된 중·장기 요인과 시장기대나 국제금융시장 동향 등과 같은 단기 요인으로 구분하여 살펴본다.

---

17) 환율변동은 수입재 가격의 변동을 통해 물가에 직접적인 영향을 줄 뿐만 아니라 교역재와 비교역재의 상대가격 변화를 통해 국내 총수요를 변화시킴으로써 간접적으로도 물가에 영향을 미친다. 또한 환율변동은 수출입상품의 가격경쟁력을 결정하는 중요한 변수로 작용하고 외자의 유출입에도 적지 않은 영향을 미치게 된다.

(1) 중·장기 요인

(가) 해당 국가와 상대국의 물가수준 변동

각국의 물가수준, 생산성 등 경제여건 변화는 장기적으로 통화가치에 영향을 미친다. 환율을 결정하는 가장 근본적인 요인으로 해당 국가와 상대국의 물가수준 변동을 들 수 있다. 통화가치는 재화, 서비스, 자본 등에 대한 구매력의 척도이므로 결국 환율은 상대 물가수준을 반영한 상대적 구매력에 의해 결정된다. 예를 들어 한 나라의 물가가 상승할 경우 그 나라 통화의 구매력이 떨어지므로 통화의 상대가격을 나타내는 환율은 상승하게 된다.

(나) 생산성의 변화

장기적으로 환율에 영향을 미치는 또 다른 요소로 생산성의 변화를 들 수 있다. 예를 들어 한 나라의 생산성이 다른 나라보다 더 빠른 속도로 향상(악화)될 경우 자국통화는 절상(절하)된다. 이는 생산성이 개선될 경우 재화생산에 필요한 비용이 절감되어 보다 저렴한 가격으로 재화를 공급할 수 있기 때문이다. 이에 따라 물가가 하락하고 통화가치는 올라가게 된다.

(다) 대외거래

중기적 관점에서 환율에 영향을 미치는 중요한 요인으로 대외거래를 들 수 있다. 상품·서비스 거래, 자본거래 등의 대외거래 결과 국제수지가 흑자를 보이면 외환의 공급이 늘어나므로 환율은 하락하게 된다. 반대로 국제수지가 적자를 보여 외환의 초과수요가 지속되면 환율은 상승하게 된다. 이러한 환율 상승(하락)은 국제수지의 개선(악화)요인으로 작용해 국제수지가 다시 균형을 회복하는 데 도움이 된다. 외환시장에서의 외환수급 상황은 국제수지표(balance of payments)[18]를 이용해 종합적으로 파악할 수 있다. 즉 경상수지와 금융계정의 합계에서 준비자산 증감을 제외한 값은 대략적으로 그 기간 동안 외환시장의 초과공급 또는 초과수요 규모를 나타낸다고 할 수 있다. 다만 국제수지표는 모든 경제적 거래를 발생주의[19] 원칙에 따라 계상하고 있으므로 실제 외환시장에서 발생한 수요 및 공급과는 다소 차이가 있다.

(라) 거시경제정책

통화정책 등 거시경제정책도 환율에 영향을 미친다. 통화정책을 긴축적으로 운영하면 통화공급이 감소하고 국내금리는 상승하게 된다. 이론적으로 외국의 통화량에 변화가 없을 때 우리나라의 통화량이 감소하게 되면 시중에 원화의 상대적인 공급이 줄어들어 환율이 하락(원화 절상)한다. 한편 국내금리 상승은 내외금리차를 확대시켜 주로 채권투자자금을 중심으로 자본

---

18) 국제수지표란 일정기간 중 거주자와 비거주자간에 발생하는 모든 경제적 거래를 기록한 통계이다.

19) 발생주의는 차기(次期)의 것을 미리 주거나 받았을 때와 전기의 것을 후에 주고받았을 경우 실제로 주고받은 시점에 관계없이 그것이 어느 기간의 손익에 해당하는지를 구분하여 그 기간의 손익으로 처리하는 방법이다. 예를 들면 이자를 선지불하였을 때 지불된 이자 중 당기에 해당하는 금액만을 당기비용으로 처리하고 차기 해당금액은 차기손익으로 처리하는 방법을 말한다.

유입을 증가시키므로 환율하락을 초래하게 된다. 그러나 국내금리 상승이 반드시 환율하락을 초래한다는 것에 대한 반론도 적지 않다. 왜냐하면 국내금리가 상승하면 경기가 위축되어 외국인 주식투자자금이 유출됨으로써 환율상승 요인으로 작용할 수도 있기 때문이다.

(마) 중앙은행의 외환시장 개입

중앙은행의 외환시장 개입이 환율 수준에 직접적인 영향을 미칠 수 있다. 국제단기자본이동 등 대외충격에 의해 환율이 단기간에 큰 폭으로 상승할 경우 중앙은행이 직접 외환시장에 참여하여 외환보유액을 매도하고 자국통화 유동성을 흡수함으로써 환율의 급격한 절하를 방지할 수 있다.[20]

(2) 단기 요인

중·장기 요인으로 매일 또는 실시간의 환율변동을 설명하는 데에는 한계가 있다. 이는 환율이 단기적으로 외환시장 참가자들의 기대나 주변국의 환율변동, 뉴스, 은행의 포지션 변동 등에 따라서도 많은 영향을 받기 때문이다.

(가) 시장참가자의 기대

다양한 요인들에 의해 시장참가자들의 환율에 대한 기대가 변하게 되면 자기실현적(self-fulfilling) 거래에 의해 환율의 변동이 초래된다. 예를 들어 대부분의 시장참가자가 환율상승을 예상할 경우 환율이 오르기 전에 미리 외환을 매입하면 이익을 볼 수 있으므로 외환에 대한 수요가 증가하게 되어 실제 환율이 상승하게 된다. 이와 같이 시장참가자들의 환율상승(또는 하락) 기대가 같은 방향으로 형성될 경우 매입 또는 매도주문이 한 방향으로 집중되는 동반효과(bandwagon effect)가 나타나면서 환율이 급변동하고 외환시장이 불안정하게 된다.

(나) 주요국의 환율변동

주요국의 환율변동도 자국통화의 가치에 많은 영향을 주게 된다. 예를 들어 수출경쟁국의 통화가 절하될 경우 자국의 수출경쟁력 약화로 인해 외환공급이 감소할 것이라는 시장기대가 형성되어 자국의 통화도 절하된다.

(다) 뉴스

각종 뉴스도 시장참가자들의 기대변화를 통해 단기 환율변동에 영향을 미치게 된다. 경제 관련 뉴스뿐만 아니라 정치 뉴스도 마찬가지이며 국내 뉴스는 물론 해외 뉴스도 환율의 움직임에 영향을 줄 수 있다. 일례로 미국의 연방공개시장위원회(FOMC) 회의결과 통화정책이 완화

---

20) 우리나라의 경우 환율이 원칙적으로 외환시장에서 자율적으로 결정되도록 하고 있으나 한국은행법 제82조 및 제83조, 외국환거래규정 제2-27조에 의거 외환시장 안정을 위해 필요하다고 인정될 때에는 중앙은행이 외환시장에 개입할 수 있다.

적(dovish)인 것으로 보도됨에 따라 원/달러 환율이 단기적으로 하락했으며 과거 대북 확성기 포격 사건 등으로 지정학적 리스크가 부각되면서 원/달러 환율이 급등하는 모습을 보였다.

(라) 외국환포지션의 변동

은행의 외국환포지션 변동에 의해서도 환율이 영향을 받게 된다. 은행의 외국환포지션(외화자산−외화부채)이 매도초과 또는 매입초과의 한 방향으로 크게 노출될 경우 포지션조정[21]을 위한 거래가 일어나고 그 결과 환율이 변동하게 된다. 예를 들어 은행의 선물환포지션이 큰 폭의 매도초과를 보일 경우 환율변동에 따른 위험에 노출되지 않기 위해 현물환 매입수요를 늘림으로써 환율이 상승하게 된다.

3. 환율정책의 수단

(1) 적정환율의 결정기준

환율은 원칙적으로는 외환시장에서 수요와 공급에 의해 결정된다. 외화의 공급이 많으면 환율은 하락하고, 수요가 많으면 환율은 상승한다. 그러나 이렇게 시장경제에 의해 결정된 환율이 반드시 한 국가의 경제 운용에 적정한 수준이라고는 말할 수 없다. 환율은 경제의 대외 부문과 대내 부문의 균형을 달성할 수 있는 수준이어야 하고, 외환수급과 수출입, 금리와 물가 수준 등의 운용에 적합한 수준이어야 하기 때문이다. 따라서 각국은 경제운용의 제반 사정을 고려해 적정환율을 유지하기 위해 정책적으로 노력하고 있으며, 심지어 직접적으로 정부가 환율의 변동을 유인하도록 개입하는 경우도 있다.

예를 들어 환율이 10원 하락하는 경우 항공기 원유부터 시작해 많은 부분을 수입에 의존할 수밖에 없는 국내항공사는 영업이익이 최대 200억까지 증가하며, 반대로 환율이 10원 상승하는 경우에는 수출의존도가 높은 우리나라 자동차기업의 영업이익은 1,000억 가까이 증가한다. 적정환율의 기준은 수출기업과 수입기업 간에 큰 차이가 발생하며 우리나라에서의 적정환율이 결정되더라도 이는 반드시 우리나라와 교역하는 다른 나라에서도 적정하다고 할 수는 없다.

적정환율의 문제는 1980년대 중반 이후 무역수지의 불균형이 심화되면서 논의되기 시작했는데 1997년 이후 무역자유화가 심화됨에 따라 환율변동이 수출입의 변동을 통해 각국의 경제성장, 고용, 물가, 산업구조 등 경제 전반에 미치는 영향이 커졌기 때문이다. 환율의 상승으로 우리나라가 수출시장에서 경쟁력을 가지게 되면 반대로 우리나라와 수출시장에서 경쟁하는 기업은 수출의 감소로 피해를 볼 수밖에 없으며, 우리나라에서 수입하는 국가의 입장에서는 자국 생산품을 이용하는 것보다 우리나라 물품을 수입하는 것이 저렴하기 때문에 수입량이 증가하고 이는 국내산업 보호의 측면에서 문제가 발생한다.

---

21) 우리나라는 종합포지션과 외환파생상품포지션을 중심으로 외국환포지션을 관리하고 있다.

하지만 수출량이 증가한다는 것은 반대급부로 외화가 급격하게 우리나라로 유입되어 환율이 하락하게 되며, 이는 다시 수출경쟁력의 감소와 함께 수입시장이 성장하게 된다. 자유변동환율제도의 이론에 의하면 이와 같은 환율의 변동을 수요와 공급이라는 시장경제에 맡겨두면 정화작용을 통해 환율은 상승과 하락을 반복하면서 적정수준을 유지하게 된다. 하지만 자유변동환율제도가 그 원칙이나 기대와는 달리 자국에 유리하도록 환율을 조정하려는 정부의 직간접적인 개입으로 인해 무역수지의 조정기능(자정기능)을 하지 못하기 때문에 주요 선진국들 사이에서는 교역국에 대한 적정환율 문제를 계속하여 제기하고 있는 것이 현실이다.

(2) 외환시장 개입
(가) 의의
환율 및 외환시장 안정 등 환율정책 목표를 달성하기 위한 대표적인 정책수단으로 외환당국의 시장개입을 들 수 있다. 외환시장 개입이란 외환당국이 외환시장에서 자국통화를 대가로 외화자산을 매입 또는 매각하는 것을 말한다.22) 즉 외환시장 개입은 외환당국이 은행간 외환시장에 직접 참가하는 것을 의미하며, 이 경우 국내 통화량과 외화자산의 상대적 규모를 변화시키거나 시장참가자들의 기대를 변화시켜 환율수준이나 변동성에 영향을 미치게 된다.

실무적으로 기획재정부 국제금융국(외화자금과)이 환율정책을 기획, 한국은행과 협의를 거쳐 한국은행이 보유·운용하고 있는 외환보유액과 외국환평형기금의 자금을 이용해 외환시장에 개입하는 형태로 집행이 이루어진다. 한편 자유변동환율제도를 채택하고 있는 우리나라는 환율이 원칙적으로 외환시장에서 자율적으로 결정되도록 하되 일시적인 수급불균형이나 시장 불안심리 등으로 환율이 급변동하는 경우에 한해 환율변동 속도를 조절하는 스무딩 오퍼레이션(smoothing operation)을 하고 있다.23)

(나) 재원 및 효과
외환시장 개입을 위한 원화 재원으로는 본원통화나 외환시장 안정용 국고채 발행자금이 있으며 외화 재원은 한국은행이 보유·운용하고 있는 외환보유액과 외국환평형기금 자금이 있다. 외국환평형기금은 외국환거래를 원활하게 하기 위하여 국가재정법 제5조에 따른 기금으로서 정부로부터의 출연금 및 예수금, 외국환평형기금 채권의 발행으로 조성된 자금, 외국정부,

---

22) 외환당국이 시장에 대한 정책신뢰를 바탕으로 구두로 환율 움직임에 대한 입장이나 견해 등을 밝힘으로써 시장참가자의 환율기대를 변화시켜 환율에 영향을 주기도 하는데 이를 구두개입(oral intervention)이라 한다.
23) 외환당국이 외환시장에 개입하는 이유는 환율 변동성의 완화, 목표환율의 달성, 외환보유액 수준의 변화, 그리고 다른 나라의 시장개입에 대한 동조개입 등이 있는데 우리나라는 주로 환율 변동성 완화에 중점을 두고 있다.

외국중앙은행, 그 밖의 거주자 또는 비거주자로부터의 예수금 또는 일시차입금, 외환건전성부담금 등으로 조성되며, 외국당국의 시장개입 또는 위기 시 금융기관 등에 긴급 유동성을 지원하는 용도로 사용된다(외국환거래법13).

외환시장 개입의 예를 살펴보면 단기간에 환율이 급격하게 하락할 경우 환율변동성 확대 등 불확실성이 증대되므로 외환당국은 외환시장에서 원화를 대가로 미달러화를 매입함으로써 미달러화의 초과공급(원화의 초과수요)을 흡수하여 원화의 절상속도를 조절할 수 있다. 이와는 반대로 환율이 급등하는 경우에는 외환당국이 원화를 대가로 미달러화를 매각하게 된다.

외환시장 개입은 외환의 매매에 대한 반대급부로 국내 통화량에도 영향을 미치게 된다. 예를 들어 외환시장 매입 개입 시 한국은행은 공개시장 조작 등을 통해 증가한 통화를 환수하고 있다. 이 같은 외환시장 개입에 의한 통화량 변동을 중화시키는 것을 불태화 외환시장개입이라 하며 그렇지 않은 경우를 태화 외환시장개입이라고 한다.[24]

(3) 외화자금시장에서의 유동성 공급

국제금융시장의 신용경색 등으로 국내 외국환은행[25]이 외화자금 조달에 상당기간 어려움을 겪는 경우 해당 국가의 금융시장 및 실물부문 전반에 미칠 영향을 고려해 외환당국이 외화자금시장에 유동성을 직접 공급할 필요가 있다. 특히 2008년 글로벌 금융위기 등으로 인해 외자가 급격히 유출되고 국내 금융기관의 외화유동성[26] 사정이 크게 악화되는 경우에는 외환당국이 외국환은행 등을 대상으로 외화유동성을 직접 공급하기도 한다.

2008년 글로벌 금융위기 이후 국제금융시장에서 극심한 신용경색이 발생하고 해외 금융기관의 자금 회수가 가속화되면서 국내은행의 외화유동성이 크게 악화됨에 따라 한국은행은 외화자금시장의 안정을 도모하기 위해 외화유동성을 공급했다. 당시 한국은행 자체 자금을 활용한 경쟁입찰방식 외환스왑거래를 통해 102.7억달러, 미국 연준과의 통화스왑 자금을 활용한 경쟁입찰방식 외화대출을 통해 163.5억달러 등 총 266.2억 달러를 2008년 10월부터 2009년 1월까지 외국환은행을 대상으로 공급했다.

---

24) 우리나라 등 다수의 국가가 불태화 개입정책을 시행하고 있다. 한국은행은 외환시장개입에 따른 통화량 증감을 상쇄시키기 위한 공개시장정책 수단으로 통화안정증권, 환매조건부채권(RP)매매 등을 활용하고 있다.
25) 외국환은행은 크게 국내은행과 외은지점으로 구분되며 환전 등 외환 매매뿐만 아니라 무역거래, 유학생 환전 등 대고객과의 외환거래를 위해 외환을 외화예금, 외화차입, 외화사채 발행 등을 통해 조달하고 외화대출, 무역금융 등으로 운용한다. 외국환은행의 외화자금조달은 단기 외화차입이 큰 비중을 차지하며 외국인 주식·채권과 더불어 외국환은행의 외화차입도 중요한 외화유동성 증가 요인이라고 할 수 있다.
26) 외화유동성이란 국내 외환시장이나 국제금융시장에서 필요할 때 언제든지 외화(달러)를 손쉽게 조달할 수 있는 정도를 나타내는 용어이다. 외화유동성 사정이 좋거나 외화유동성이 풍부하다는 것은 국내 외환시장에서는 원화를 대가로 낮은 가격(환율)에 달러를 매입하거나 국제금융시장에 낮은 금리로 달러를 조달할 수 있다는 것을 의미하고 외화유동성 사정이 나쁘다는 것은 그 반대 상황을 의미한다.

이런 신속한 외화유동성 공급으로 외환시장 및 외화자금시장이 점차 안정되고 환율의 변동성도 크게 축소됐다. 이후 국제금융시장 여건이 개선되고 우리나라의 경상수지흑자 및 외국인 증권투자자금 유입 등으로 국내 금융기관의 외화자금 사정이 크게 호전됨에 따라 그동안 공급했던 자금의 만기도래분을 점진적으로 회수하기 시작해 2009년 12월에는 이를 전액 회수했다.

(4) 자본유출입 규제
(가) 의의

외환 및 자본 자유화는 기업의 자금조달 비용을 낮춰 투자를 활성화하는 긍정적인 측면도 있지만 급격한 자본유출입으로 인해 경제의 안정기조를 저해할 수 있다. 해외자본이 과다 유입되면 환율이 하락하고 해외부문을 통한 통화공급이 증가함에 따라 경상수지 악화, 부동산가격 급등 등의 부작용이 나타날 수 있다. 반대로 자본의 급격한 유출은 환율과 금리의 급등을 초래해 국내 금융시장 및 외환시장을 교란시키고 국내 경기침체를 가져올 가능성이 높다. 이와 같은 부작용은 과거 1997년 외환위기 사례에서 볼 수 있듯이 신흥국의 경우 더욱 두드러지게 나타날 수 있다.

이런 점을 고려해 각국의 정책당국은 자본자유화 기조하에서도 자본유출입의 규모와 속도를 적절히 조절하는 정책을 활용하고 있다. 자본유출입의 변동성 완화를 위한 정책수단은 자본유출입 규제와 거시건전성정책으로 구분된다. 개념적으로 보면 자본유출입 규제는 자본흐름 자체를 직접적으로 조절하는 정책인데 반해 거시건전성정책은 시스템리스크 축소를 통해 간접적으로 자본흐름에 영향을 미치는 정책이라 할 수 있다. 그러나 현실적으로 양자를 명확히 구분하기는 어렵다.

자본유출입 규제는 대규모 자본유입 등에 대해 환율절상 용인, 외환보유액 축적, 통화정책 및 재정정책 등과 같은 전통적 방법이나 거시건전성 차원의 정책대응이 여의치 않을 경우 유용한 정책대안이 될 수 있다. 그러나 자본유출입 규제는 규제회피 거래에 따른 규제의 유효성 저하, 효율적 자본배분의 왜곡 등 부작용이 나타날 수 있고, 특정 국가의 규제 도입으로 규제 차익거래가 발생하면 주변 국가들의 연쇄적인 규제도입을 유발할 수 있다는 점이 문제시되고 있다.

(나) 과도한 자본유입의 문제점

2008년 글로벌 금융위기가 발생하기 전까지만 하더라도 자본자유화는 자본시장을 선진화시키고 대외거래를 활성화해 경제의 효율성을 극대화하고 선진경제로 진입하기 위한 필수적인 과제로 널리 인정받아 왔다. 우리나라도 1997년 외환위기 이후 지속적으로 자본자유화를 추진해 왔으며 외국환거래법상 증권투자전용 계좌를 설치하는 등 형식적·절차적 요건만 갖추면 외국인 투자자는 국내 주식·채권 등 유가증권과 부동산을 자유롭게 취득·처분할 수 있다.

그러나 과도한 자본유입과 자본자유화는 긍정적 기능과 함께 다음과 같은 부작용을 갖는다. ⅰ) 외화차입, 국내 주식·채권 투자를 위해 유입된 달러는 외환시장에 공급되어 원화와 환전되는 과정에서 원화의 과도한 절상압력으로 작용하는 한편 동 자금의 유출 시에는 원화의 하락압력으로 작용하는 등 환율의 변동성을 확대시킬 수 있다. ⅱ) 과도한 자본유입은 원화로 환전되는 과정에서 국내 원화 유동성을 증가시킴으로써 국내 통화관리의 어려움을 초래할 수 있다. ⅲ) 외국인 주식·부동산 투자자금의 과도한 유입으로 국내 자산시장의 거품을 확대시킬 수 있다. ⅳ) 2008년 금융위기 때의 리먼 브라더스 사태와 같은 예상치 못한 대외충격이 발생할 경우 국내의 실물경기와 펀더멘탈에 상관없이 급격한 자본유출, 즉 서든스탑[27]으로 인해 국내 외환시장은 외화유동성 위기에 직면할 수 있는 부작용을 가지고 있다. ⅴ) 외화유동성 경색으로 인한 환율급등은 외환의 실수요자인 개인과 기업의 환차손을 확대시킴으로써 실물경제의 침체로 확대될 수도 있다.

이런 과도한 자본유입으로 인한 부작용은 2008년 리먼 브라더스 사태 직후 우리나라를 비롯한 많은 신흥국 시장에서 현실화됐다. 특히 우리나라는 외화유동성 경색으로 외화 현금흐름이 원활하지 않거나 환위험 헤지에 취약한 국내 외화차입기업, 중소수입업체, 키코(KIKO)거래 기업 등에게 막대한 환차손과 외환파생상품거래 손실을 초래한 바 있다.

(다) 유사시 자본규제 수단

기획재정부장관은 천재지변, 전시·사변, 국내외 경제사정의 중대하고도 급격한 변동, 그밖에 이에 준하는 사태가 발생하여 부득이 하다고 인정되는 경우에는 ⅰ) 외국환거래법을 적용받는 지급 또는 수령, 거래의 전부 또는 일부에 대한 일시 정지(제1호: 대외결제 및 거래일시정지), ⅱ) 지급수단 또는 귀금속을 한국은행·정부기관·외국환평형기금·금융회사등에 보관·예치 또는 매각하도록 하는 의무의 부과(제2호: 외환집중제), ⅲ) 비거주자에 대한 채권을 보유하고 있는 거주자로 하여금 그 채권을 추심하여 국내로 회수하도록 하는 의무의 부과(제3호: 대외채권회권 의무제) 등의 조치를 할 수 있다(외국환거래법6①).

기획재정부장관은 ⅰ) 국제수지 및 국제금융상 심각한 어려움에 처하거나 처할 우려가 있

---

27) 서든스탑(sudden stop)이란 외화차입, 외국인 주식·채권 투자자금 등 자본거래를 통해 유입된 외화자금이 일시에 빠져나가는 현상을 말한다. 서든스탑의 과정에서 자본유출을 위해 필요한 외환(달러) 수요는 급증하는 반면 달러공급은 급속히 위축됨으로써 환율이 급등하는 등 원화를 대가로 달러를 환전하기가 어려운 상황이 바로 외화유동성 경색 내지는 외화유동성 위기 상황이라고 할 수 있다. 이와 같은 외화유동성 위기의 발생은 수입에 필요한 수입대금의 결제, 유학생 송금, 환전 등 우리의 일상생활 및 수출입거래 등 경제생활에 중대한 영향을 미친다고 할 수 있다

는 경우(제1호), ⅱ) 대한민국과 외국 간의 자본이동으로 통화정책, 환율정책, 그 밖의 거시경제정책을 수행하는 데에 심각한 지장을 주거나 줄 우려가 있는 경우(제2호)에 해당된다고 인정되는 경우에는 자본거래를 하려는 자에게 허가를 받도록 하는 의무를 부과하거나(자본거래 허가제), 자본거래를 하는 자에게 그 거래와 관련하여 취득하는 지급수단의 일부를 한국은행·외국환평형기금 또는 금융회사등에 예치하도록 하는 의무를 부과(가변예치 의무제)하는 조치를 할수 있다(외국환거래법6②).

　　가변예치의무제도는 외환위기시 외국으로부터 유입된 단기 외화자금의 일부를 한국은행 등에 강제 예치시키는 제도이다. 이 제도는 거주자의 해외차입이나 외화증권발행에 대해서 일정 비율을 중앙은행에 무이자로 예치하록 하는 방법으로서 예치대상이나 예치비율의 조정 등을 통해 자본이동 규모를 신축적으로 조절할 수 있다.

(5) 외환보유액 관리

　　외환보유액은 중앙은행이나 정부가 국제수지 불균형을 보전하거나 외환시장 안정을 위해 언제든지 사용할 수 있도록 보유하고 있는 대외지급준비자산[28]을 말한다. 따라서 외환보유액은 필요시 즉시 사용할 수 있도록 유동성 및 안전성을 최우선적으로 고려해 운용된다. 다만 우리나라의 경우 최근 들어 외환보유액이 꾸준히 증가함에 따라 운용수익도 중요시해 유동성과 안전성을 확보함과 동시에 수익성도 제고할 수 있도록 외환보유액을 운용하고 있다.

　　일반적으로 외환보유액은 긴급 시 국민경제의 안전판 역할을 할 뿐만 아니라 환율을 안정시키고 국가신인도를 높이는 데 기여한다. 즉 긴급사태 발생으로 금융기관 등 경제주체가 해외차입을 못해 대외결제가 어려워질 경우에 대비하고 외환시장에 외화가 부족해 환율이 급등할 경우 시장안정을 위해 외환보유액을 사용한다. 또한 외환보유액을 많이 축적하고 있다는 것은 그만큼 국가의 지급능력이 충분하다는 것을 의미하므로 외환보유액 보유를 통해 국가신인도를 높여 민간기업 및 금융기관의 해외 자본조달 비용을 낮추고 외국인투자 촉진을 기대할 수 있게 된다.

　　외환보유액의 적정 수준은 각국의 환율제도, 자본자유화 및 경제발전 정도, 외채구조, 경상수지 사정, 국내 금융기관의 대외차입능력 등 여러 변수에 따라 달라질 수 있으므로 모든 국가에 일률적으로 적용할 수 있는 보편적인 산정기준은 없다. 한편 외환보유액 보유에는 비용이 따른다. 이는 외환보유액을 적립하기 위한 조달비용이 운용수익보다 클 수 있는 데다 운용에 있어서 수익성이 높은 자산보다는 유동성과 안전성에 우선해 신용도가 높은 안전자산에 운용

---

28) 대외지급준비자산은 비거주자에 대한 청구권이어야 하며 필요시 즉각 활용 가능해야 하므로 유동성, 시장성을 갖춘 통화표시자산으로써 일반적으로 신용등급이 적격투자등급 이상인 자산이어야 한다.

함에 따라 기회비용이 발생하기 때문이다.

한국은행은 2005년 5월 외환보유액을 활용해 보유외환을 국민연금에 공급하는 대신 원화자금을 받고 만기에 이를 재교환하는 방식의 통화스왑거래를 실시했다. 이를 통해 한국은행은 시중 유동성을 흡수함으로써 유동성관리 부담을 완화했으며, 국민연금은 늘어나는 연금수입으로 해외투자를 확대해 자산구성의 다변화 및 평균자산 만기의 장기화를 도모했고, 그 과정에서 발생하는 환위험도 헤지할 수 있었다. 또한 한국은행은 유동성관리 부담을 완화하고 국내 외국환은행의 외화영업 활성화와 기업의 투자촉진을 도모하기 위해 외국환은행과 외화대출연계 통화스왑거래를 실시했다. 이 외에도 한국은행은 글로벌 금융위기 이후 외화유동성 경색을 완화하기 위해 경쟁입찰방식 스왑거래, 경쟁입찰방식 외화대출, 수출환어음 담보대출 등을 한시적으로 시행한 바 있다.

제4절 금융시스템정책

I. 의의

1. 개념

금융시스템정책은 효율적인 금융제도를 형성하고, 금융제도들이 정상적으로 작동되도록 하기 위해 정부가 취하는 일체의 법규 제개정과 관행 개선을 위한 행정을 말한다. 구체적으로 금융시장과 금융기관을 어떻게 형성하고 운영하며, 금융시장에서 거래되는 금융상품은 어느 정도의 범위와 내용으로 허용할 것인지, 그리고 금융시장의 질서유지와 시장참여자의 편의와 보호를 위해서 어떤 조치를 취할 것인지를 결정하고 이를 시행하는 것이라고 말할 수 있다. 따라서 금융시스템정책은 금융기관에 관한 정책, 금융시장에 관한 정책, 금융상품에 관한 정책, 금융소비자보호 정책 등으로 분류할 수 있다.

2. 정책수행 주체

정부조직법에 따른 주무관청(기획재정부)과 금융위원회법에 의한 금융위원회가 "금융에 관한 정책 및 제도"의 골격을 짜고, 금융감독기관(금융위원회, 증권선물위원회, 금융감독원, 한국은행, 예금보험공사 등)에 의한 감독, 검사, 제재가 이루어진다. 한편 금융기관의 파산시에는 금융산업구조개선법과 예금자보호법이 적용된다.

유의할 점은 은행에 대한 건전성 규제는 국제결제은행(BIS)의 바젤은행감독위원회(BCBS)의 협약과 같은 국제기준의 적용을 받는다는 점이다. 바젤협약은 비록 법적 구속력이 약하거나 없는 연성규범이지만, 대부분의 회원국은 이에 기초해 국내법규를 정비한다. BIS 등 국제금융기구는 국제기준이라는 감독규율을 마련해 각국에 권고하고 있다. 여기서 국제기준이란 국가별로 다양한 금융정책과 금융제도를 국제적인 정합성을 구비하고 투명성을 높이기 위한 기준을 말한다. 이런 국제기준은 각국이 반드시 지켜야 할 의무가 있는 것은 아니다. 하지만 IMF (국제통화기금)와 World Bank(세계은행) 등 국제금융기구들은 회원국의 국제기준 이행상황을 점검하는 한편 국제사회가 요구하는 국제적 정합성과 투명성을 확보하지 않을 경우 국제금융시장 접근이 어려워지기 때문에, 각국은 국제기준의 준수를 위해 자발적으로 노력하지 않을 수 없는 입장이다.

Ⅱ. 금융기관에 관한 정책

1. 의의

금융기관은 금융시장에서 자금의 공급자와 수요자 간에 자금융통의 매개자 역할을 한다. 이런 매개자 역할을 제대로 수행하도록 하는 정책이 금융기관에 관한 정책이다. 즉 금융의 중개, 거래비용의 절감, 만기 및 금액의 변환, 신용위험 및 수익률의 변동위험 축소, 그리고 지급결제수단의 제공 등의 기능이 원활히 수행되도록 하는 정책이다. 금융기관은 공공성과 시장성을 함께 갖는 특성이 있으므로 공공성을 담보하기 위한 조치를 취하면서도 시장경제 원리에 따른 자율성이 최대한 보장되도록 정책 추진의 지혜를 발휘해야 한다.

금융기관에 대한 정책은 금융산업 전반에 대한 큰 그림을 그리는 ⅰ) 금융산업정책(예: 진입규제와 퇴출규제), ⅱ) 금융기관의 부실화 및 도산을 방지하기 위한 건전성규제, ⅲ) 금융기관의 영업행위규제, ⅳ) 금융기관이 금융관련법령과 규정에 따라 적절하게 업무를 수행하고 있는지 감시하는 금융감독과 검사·제재 등이 포함된다.

금융기관에 대한 규제는 금융기관이 정상적으로 경영되고 있는 경우의 규제(평상시 규제)와 금융기관이 부실하게 된 경우의 규제(비상시 규제)로 나눠 볼 수 있다. 평상시 규제는 ⅰ) 금융업을 수행하기 위하여 필요한 인·허가, 등록 등의 요건을 정하는 진입규제, ⅱ) 일정한 자기자본 비율 유지를 요구하는 건전성규제, (ⅲ) 금융업을 영위할 때 준수할 사항 등을 규율하는 영업행위규제로 나누어 볼 수 있다. 이런 규제는 대체로 개별 금융권역별 규제법(은행법, 자본시장법, 보험업법, 여신전문금융업법, 상호저축은행법 등)에서 정하고 있다. 영업행위규제는 그밖에도 금융실명법, 신용정보법, 특정금융정보법, 유사수신행위법 등에서도 정하고 있다. 비상시 규제

는 부실금융기관의 구조조정에 관한 내용을 규정한 금융산업구조개선법과 부실금융기관의 구
조조정 및 금융기관의 부실화에도 불구하고 일정한 범위 내에서 예금 지급을 보장하는 내용의
예금자보호법에 주로 규정되어 있다. 금융기관의 부실자산정리에 관하여는 자산관리공사법에
서 규율한다.

2. 진입규제

진입규제의 전형적인 수단은 금융기관의 신설 또는 지점의 증설에 대해 당국의 인·허가
를 받도록 함으로써 금융기관의 수를 제한하는 것이다. 현재의 시장규모로 보아 금융기관이 수
가 지나치게 많아 금융기관 경영의 안정성 보장이 어렵다고 판단되는 경우에는 설립인가 조건
을 까다롭게 하는 등의 방식으로 금융기관의 신규진입을 제한하고, 시장규모에 비해 금융기관
의 수가 적어 금융기관 경영의 효율성이 저하되고 경쟁력이 떨어지는 등 독과점의 폐해가 생
기게 되면 설립인가 조건을 완화해 금융기관의 신규진입을 완화하게 된다. 한편 금융기관의 퇴
출 또한 예금자와 투자자의 보호 및 퇴출에 따른 파급효과를 최소화하기 위해 정책당국이 퇴
출방법, 부실기관의 처리 등을 결정한다.

진입규제는 금융업을 영위하기 위하여 필요한 인허가, 등록 등의 요건을 정하는 것으로
개별 금융기관 설립 및 금융업 인·허가 등에 관한 금융행정을 의미한다. 이는 은행 등 금융기
관의 건전성 보호를 위한 출발점이 된다. 금융기관은 예금, 차입금, 금융채 발행 등으로 불특정
다수로부터 조달한 부채를 주요 재원으로 불특정 다수를 상대로 운용하고 있어 경영실패 시
국민경제 전체에 막대한 피해를 입힐 수 있다. 따라서 금융기관 설립과 금융업 인허가에는 매
우 엄격한 기준이 요구된다. 따라서 금융기관은 일반 주식회사와 달리 반드시 법인으로 설립해
야 하는 원칙, 금융자본과 산업자본의 분리 정도, 주식보유 한도, 최저자본금 제도 등 매우 엄
격한 인가요건을 설정하고 있다.

진입규제는 대체로 개별 금융권역별 규제법(금융지주회사법, 은행법, 자본시장법, 보험업법, 여
신전문금융업법, 상호저축은행법 등)에서 정하고 있다. 금융기관의 설립, 합병, 해산, 영업의 폐지,
영업의 전부 또는 일부의 양도·양수 등 진입 및 퇴출에 관련된 사항은 대부분 금융위원회의
인허가를 받도록 관련 법률에 규정되어 있다(은행법8 이하, 자본시장법12 이하, 보험업법4 이하).
특히 금융기관의 설립과 관련해 대주주 및 경영진에 대한 적격성 심사(fit and proper test)가 강
조되면서 대주주의 출자능력, 사회적 신용 및 건전한 경영능력, 경영진의 전문성과 도덕성 등
을 심사해 금융기관의 공공성을 강조하며, 아무나 금융기관을 설립할 수 없도록 규제하고 있다
(은행법8②(5), 자본시장법23①, 보험업법6①(4)).

3. 금융기관 건전성 보호

(1) 금융기관 건전성규제

건전성규제는 금융기관의 도산을 방지하기 위해 자본과 유동성 등에 대한 관리기준을 사전에 정해 금융기관이 준수하도록 하는 행정적 통제이다. 전통적 의미의 건전성규제는 금융기관이 부실화되지 않도록 자본적정성, 자산건전성, 경영일반, 수익성, 유동성 등을 규제하는 것으로 이를 중심으로 하는 금융기관의 건전성 분석방법을 CAMEL분석이라고도 한다.

금융감독기관은 개별 금융기관에 대해 BIS 자기자본비율, 고정이하여신비율 등 개별 항목별로 건전성 정도를 나타내는 기준을 사전에 제시하고 매월, 매분기, 매년 등 주기적으로 개별 금융기관의 건전성 지표를 산출해 관리하는데 이를 미시건전성규제라고 한다. 금융감독기관은 개별 금융기관의 건전성 상황을 상시감시하고, 필요시 검사를 실시하고 건전성이 악화된 금융기관에 대해서는 경영개선명령 등 적기시정조치를 취한다.

금융기관의 경영건전성은 국가경제에 미치는 영향이 상당히 크며, 특히 은행의 경우에는 결제업무를 담당하고 있기 때문에 부실화될 경우에는 금융시스템이 마비돼 경제 전체의 기반이 붕괴될 우려가 있으므로 금융기관의 건전성규제에 철저를 기하고 있다. 금융기관의 건전성규제를 위해 적기시정조치제도, 상시감시제도, 자산건전성분류제도, 대손충당금적립 및 대손상각제도, 경영실태평가제도, 신용공여한도제도, 유동성관리제도, 자회사관리제도, 공시 및 회계제도 등을 도입해 운영하고 있다(은행법34, 자본시장법30, 보험업법123).

금융기관 건전성규제는 개별 금융권역별 규제법(금융지주회사법, 은행법, 자본시장법, 보험업법, 여신전문금융업법 등)에서 정하고 있다.

(2) 금융감독

금융감독의 개념은 아직 확립된 것은 아니며 명확하게 정의하는 것도 쉽지 않다. 금융감독원에 따르면 금융감독이란 "금융감독당국이 금융회사의 경영건전성 확보, 금융시장의 신용질서 및 공정거래관행 확립, 금융소비자의 보호 등을 도모하고자 금융회사와 금융시장에 대해 인·허가, 건전성에 관한 규제, 경영개선조치, 검사 및 제재 등의 기능을 수행하는 제반 활동"을 말한다고 정의한다. 이런 개념 정의는 금융감독기관(금융위원회와 금융감독원)이 행하는 모든 업무를 금융감독으로 보는 것으로 지나치게 광범위하게 정의한 것으로 생각된다.

금융감독은 금융기관이 법규를 잘 준수하고 있는지 감독당국이 사후적으로 살펴보는 것이고, 금융규제는 금융기관의 영업행위나 금융상품의 내용 등을 사전적으로 통제하는 것이라고 할 수 있다. 금융행정의 한 영역으로서 금융감독은 금융기관이 법령과 규정에 따라 주주와 채권자를 위해 자산을 건전하게 잘 관리하고 있는지 여부를 사후적으로 감독당국이 감시하는 것이라고 말할 수 있다.

(3) 금융기관에 대한 검사와 제재

금융기관에 대한 검사는 금융감독기관이 피감독기관인 금융기관의 경영상황을 점검함으로써 건전경영을 유도하는 활동이다. 이는 금융기관이 취급한 업무가 관련 법규에 위배되지 않았는지 점검하고 금융기관의 경영상태를 분석·평가하여 부실화 위험이 없는지 확인하는 방식으로 수행된다.

금융기관 검사는 금융업무에 대한 전문성을 필요로 하므로 중앙은행과 금융감독기관이 주로 담당한다. 다만, 회계처리 내용의 점검이 검사의 주목적인 경우에는 회계법인에 위탁해 수행하기도 한다. 검사결과 위법사항이 발견되거나 부적절한 업무처리 내용이 발견되는 경우 시정을 요구하거나 행정적인 제재조치가 내려진다.

4. 영업행위규제

영업행위규제는 금융소비자 보호의 측면에 중점을 두는 규제로서 적절한 영업행위와 공정한 영업관행의 확립을 목적으로 한다. 금융기관의 영업대상은 일반투자자이며 이들 일반투자자들은 개인의 재산을 증식하기 위해 금융상품에 가입하는 것인데, 금융상품은 기본적으로 상품 자체의 리스크를 포함한 다양한 리스크를 보유하고 있다. 또한 금융기관은 투자자에 대한 금융상품 매도을 통해 수익을 창출하기 때문에 투자자들이 금융상품에 가능한 한 많이 가입하도록 권유할 유인을 가지고 있다. 그러나 금융거래에 있어서는 정보비대칭이 존재하기 때문에 이를 방치할 경우에는 일반투자자들이 금융거래에서 커다란 손해를 볼 수 있으며, 이는 궁극적으로 금융시장에 대한 불신으로 이어져 금융산업의 발전을 저해하게 된다. 따라서 금융기관의 영업행위를 일정한 범위에서 규제함으로써 투자자를 보호하기 위한 조치가 필요하다.

영업행위규제는 대체로 개별 금융권역별 규제법(금융지주회사법, 은행법, 자본시장법, 보험업법, 여신전문금융업법 등)에서 정하고 있다. 영업행위규제는 그 밖에도 금융실명법, 신용정보법, 특정금융정보법, 외국환거래법, 유사수신행위법 등에서도 정하고 있다.

또한 금융소비자보호법도 영업행위규제 사항을 정하고 있다. 즉 금융상품판매업자등의 영업행위 준수사항을 규정하고 있는데, 영업행위 일반원칙(신의성실의무, 공정의무, 부당한 차별금지 등), 금융상품 유형별 영업행위 준수사항(적합성원칙, 적정성원칙, 설명의무, 불공정영업행위의 금지, 부당권유행위 금지, 금융상품등에 관한 광고 관련 준수사항, 계약서류의 제공의무), 금융상품판매업자등의 업종별 영업행위 준수사항(고지의무, 선관주의의무, 충실의무 등)을 정하고 있다.

Ⅲ. 금융시장에 관한 정책

금융행정기관은 금융시장에 관한 정책을 수행한다. 금융시장에 관한 정책은, 금융시장이 자금을 중개하고 금융상품의 가격을 결정하며, 금융상품의 유동성을 높이고 금융거래의 위험성을 낮추는 기능을 제대로 수행하도록 하는 정책이다. 여기에 더해 단기금융시장(자금시장)과 장기금융시장인 자본시장, 직접금융시장과 간접금융시장, 국내시장과 국제시장 등 다양한 시장들이 조화와 균형을 이루면서 개별적으로 각자의 고유기능을 효율적으로 발휘하도록 유도한다.

금융시장 규제정책은 금융기관 이외에 일반인이 함께 참여하는 증권시장과 파생상품시장과 같은 자본시장의 규제를 중심으로 한다. 자본시장은 다수의 일반투자자가 참여하는 시장이고 시장의 신뢰가 시장의 존속을 위한 필수적인 요소이다. 이런 관점에서 자본시장법은 시장의 효율성뿐 아니라 공정성을 유지할 수 있도록 하는 법적 장치로서 정보의 공시(발행시장공시와 유통시장공시)와 불공정거래규제(미공개정보이용행위 금지, 시세조종행위 금지, 부정거래행위 금지, 시장질서교란행위 금지)의 두 축을 중심으로 규율하고 있다.

Ⅳ. 금융상품에 관한 정책

금융행정기관은 금융상품에 관한 정책, 즉 금융상품의 구성·형태·내용 등에 관한 정책을 수행한다. 금융상품은 금융시장에서 생산(=발행)되어 유통되는 상품을 말한다. 자본시장법에서는 금융상품을 투자성을 기준으로 금융투자상품과 비금융투자상품으로 나눈다. 전자에 해당하는 상품은 주식·채권 등이 있고 이들은 투자 원본의 손실 가능성이 있다. 후자에 해당하는 상품은 예금·대출이나 보험상품 등이 있다.

금융상품 규제정책은 금융상품에 대한 이자율이나 각종 서비스 제공의 대가인 수수료에 대한 규제 등을 의미한다. 개별 금융권역별로 취급할 수 있는 금융상품의 범위가 다르다. 이와 관련해 특히 문제가 제기되어 온 사항은 가장 금융혁신이 빠르게 일어나는 자본시장에서 거래되는 금융투자상품의 범위이다.

다수의 고객을 상대로 거래하는 금융상품은 약관을 사용하므로 이런 금융상품의 내용에 대한 직접적인 규제는 약관규제법에 의한다. 금융기관의 금융상품 판매는 개별 금융권역별로 법규로 규율한다.

V. 금융소비자보호정책

1. 금융소비자보호와 금융행정

금융행정기관은 금융소비자의 보호제도를 마련하는 데도 관여한다. 금융소비자는 이용 측면이나 거래능력 측면에서 금융기관에 비해 상대적으로 불리한 처지에 놓여 있기 때문에 이들을 보호하는 제도를 마련하는 것이다. 금융소비자 보호는 금융기관과 거래하는 불특정 다수의 예금자, 금융상품 투자자 등을 보호하는 것으로 금융행정 영역에서 전통적으로 다루어졌던 부분이다. 즉 금융기관의 예금채무에 대한 중앙은행의 지급준비금 강제부과, 예금보험 강제 가입, 금융거래 약관에 대한 심사 등 일련의 공법적 규제들이 여기에 해당한다.

그런데 2008년 글로벌 금융위기 이후 대마불사 논리를 불식시키기 위해 금융감독의 무게 중심이 금융시스템 전체의 건전성 보호로 이동하면서 금융소비자에 대한 보다 강력한 보호가 새로운 이슈로 부상되게 됐다. 즉 거시건전성정책 체계에서는 금융시스템 전체의 불안정을 유발하지 않는 한 개별 금융기관의 경영실패를 국가가 구제하지 않고 도산을 용인하게 된다. 그런데 이 경우 건전경영에 실패한 금융기관과 거래하는 불특정 다수의 금융소비자가 피해를 입게 되는데 수백만명과 거래하는 대형 금융기관의 경우 그 피해가 커져서 심각한 사회문제를 유발할 수도 있다. 따라서 국가가 거시건전성정책을 강화할수록 금융소비자에 대한 보호를 더욱 강화하게 된다. 이에 따라 영국, 미국 등 거시건전성정책 체계를 조기에 구축한 국가들은 동시에 금융소비자 보호를 위한 행정체계도 함께 구축했다.

2. 금융소비자보호법의 주요 내용

금융소비자보호법은 i) 금융상품 유형 분류 및 금융회사 등 업종 구분, ii) 금융상품판매업자 및 금융상품자문업자 등록 근거 마련, iii) 금융상품판매업자 등의 영업행위 준수사항 마련, iv) 금융교육 지원 및 금융교육협의회 설치 등, v) 금융분쟁 조정제도 개선, vi) 금융상품판매업자 등의 손해배상책임 강화, vii) 금융소비자의 청약 철회권 및 위법한 계약 해지권 도입, viii) 금융상품판매업자가 설명의무 등 영업행위 준수사항 위반 시 과징금 제도의 도입 등을 주요 내용으로 해, 금융소비자의 권익 증진과 금융상품판매업 및 금융상품자문업의 건전한 시장질서 구축을 위해 금융상품판매업자 및 금융상품자문업자의 영업에 관한 준수사항과 금융소비자 권익 보호를 위한 금융소비자정책 및 금융분쟁조정절차 등에 관한 사항을 규정함으로써 금융소비자 보호의 실효성을 높이고 국민경제 발전에 이바지함을 목적으로 하고 있다.

특히 금융소비자보호법은 금융상품 및 판매행위의 속성을 재분류·체계화하고, 동일기능-동일규제를 원칙으로 하는 체계를 도입했다는 점에서 성과가 인정된다. 금융소비자보호정책의 패러다임이 변화하고 있는 추세 속에서 금융소비자보호법은 금융상품을 예금성·대출성·투자성·보장성 상품으로 재분류하고, 판매업자 등을 직판업자·판매대리 및 중개업자·자문업자 등으로 구분하여 규제하는 것을 전제로 금융소비자에 대한 사전 정보제공을 강화하는 한편 개별 금융법상 판매행위 규제를 총망라하여 모든 금융상품의 판매에 관한 6대 판매행위 원칙(적합성원칙, 적정성원칙, 설명의무, 불공정영업행위금지, 부당권유금지, 광고규제)을 규정했으며, 특히 징벌적 과징금 제도의 도입을 통해 금융회사의 자율적 규제 준수 노력을 확보할 수 있는 발판을 마련하고 있다.

금융행정기관

제1절 기획재정부

Ⅰ. 구성과 직무

기획재정부장관은 중장기 국가발전전략수립, 경제·재정정책의 수립·총괄·조정, 예산·기금의 편성·집행·성과관리, 화폐·외환·국고·정부회계·내국세제·관세·국제금융, 공공기관 관리, 경제협력·국유재산·민간투자 및 국가채무에 관한 사무를 관장한다(정부조직법27①). 내국세의 부과·감면 및 징수에 관한 사무를 관장하기 위하여 기획재정부장관 소속으로 국세청을 둔다(동법27③). 관세의 부과·감면 및 징수와 수출입물품의 통관 및 밀수출입단속에 관한 사무를 관장하기 위하여 기획재정부장관 소속으로 관세청을 둔다(동법27⑤). 정부가 행하는 물자(군수품을 제외한다)의 구매·공급 및 관리에 관한 사무와 정부의 주요시설공사계약에 관한 사무를 관장하기 위하여 기획재정부장관 소속으로 조달청을 둔다(동법27⑦). 통계의 기준설정과 인구조사 및 각종 통계에 관한 사무를 관장하기 위하여 기획재정부장관 소속으로 통계청을 둔다(동법27⑨).

기획재정부에 제1차관 및 제2차관을 두며, 장관이 부득이한 사유로 그 직무를 수행할 수 없는 때에는 제1차관, 제2차관의 순으로 그 직무를 대행한다(기획재정부와 그 소속기관 직제5①). 제1차관은 인사과·운영지원과·세제실·경제정책국·정책조정국·경제구조개혁국·장기전략국·국제금융국·대외경제국 및 개발금융국의 소관업무에 관하여 장관을 보조한다(동직제5②). 제2차관은 예산실·국고국·재정혁신국·재정관리국 및 공공정책국의 소관업무에 관하여 장관을 보조한다(동직제5③).

Ⅱ. 업무

기획재정부는 중장기 국가발전전략수립, 경제·재정정책의 수립·총괄·조정, 예산·기금의 편성·집행·성과관리, 화폐·외환·국고·정부회계·내국세제·관세·국제금융, 공공기관 관리, 경제협력·국유재산·민간투자 및 국가채무에 관한 사무를 관장한다(동직제 제3조).

기획재정부는 경제·재정정책의 결정과 집행을 담당하는 기관이라고 할 수 있다. 대통령과 국무총리 그리고 국무위원으로 구성되는 국무회의에서 국가의 주요정책을 심의하게 되므로, 경제·재정부문 역시 경제, 금융, 고용, 산업정책 등과의 관계에서 적절하게 조율된다. 대통령은 정부의 수반으로서 경제·재정정책을 기타의 정책부문과의 조화로운 관계 속에서 실현될 수 있도록 조정하여 결정하는 중요한 역할을 담당하고 있다.

또한 기획재정부는 금융기관의 외국환업무에 대한 인허가권을 가지며 감독권을 가진다(외국환거래법11).

제2절 금융위원회

Ⅰ. 금융위원회

1. 설립목적

금융위원회의 설치 등에 관한 법률(금융위원회법: "법") 제1조에 따르면 금융위원회는 "금융산업의 선진화와 금융시장의 안정을 도모하고 건전한 신용질서와 공정한 금융거래 관행을 확립하며 예금자 및 투자자 등 금융 수요자를 보호함으로써 국민경제의 발전에 이바지함"을 목적으로 설립되었는데(법1), 금융위원회는 그 업무를 수행할 때 공정성을 유지하고 투명성을 확보하며 금융기관의 자율성을 해치지 아니하도록 노력하여야 한다(법2).

2. 설치 및 지위

행정기관에는 그 소관사무의 일부를 독립하여 수행할 필요가 있는 때에는 법률로 정하는 바에 따라 행정위원회 등 합의제행정기관을 둘 수 있다(정부조직법5조). 행정기관에 그 소관사무의 일부를 독립하여 수행할 필요가 있을 때에는 법률이 정하는 바에 의하여 행정기능과 아울러 규칙을 제정할 수 있는 준입법적 기능 및 이의의 결정 등 재결을 행할 수 있는 준사법적 기능을 가지는 행정위원회 등 합의제행정기관을 둘 수 있다(행정기관의 조직과 정원에 관한 통칙 제21조).

금융정책, 외국환업무 취급기관의 건전성 감독 및 금융감독에 관한 업무를 수행하게 하기 위하여 국무총리 소속으로 금융위원회를 둔다(법3①). 금융위원회는 중앙행정기관으로서 그 권한에 속하는 사무를 독립적으로 수행한다(법3②). 중앙행정기관이라 함은 국가의 행정사무를 담당하기 위하여 설치된 행정기관으로서 그 관할권의 범위가 전국에 미치는 행정기관을 말한다(행정기관의 조직과 정원에 관한 통칙2(1)). 다만 업무 및 권한 등에 있어 다른 정부부처의 업무 및 권한이 정부조직법에 의해 정해지는 것과는 달리 금융위원회법, 대통령령인 「금융위원회와 그 소속기관 직제」 및 금융관련법령에 의해 정해진다.

3. 구성

금융위원회는 9명의 위원으로 구성하며, 위원장·부위원장 각 1명과 기획재정부차관, 금융감독원 원장, 예금보험공사 사장, 한국은행 부총재, 금융위원회 위원장이 추천하는 금융전문가 2명, 대한상공회의소 회장이 추천하는 경제계대표 1명의 위원으로 구성한다(법4①). 위원장은 국무총리의 제청으로 대통령이 임명하며, 금융위원회 부위원장은 위원장의 제청으로 대통령이 임명한다. 이 경우 위원장은 국회의 인사청문을 거쳐야 한다(법4②). 위원장은 금융위원회를 대표하며, 금융위원회의 회의를 주재하고 사무를 총괄한다(법5①). 위원장·부위원장과 임명직 위원의 임기는 3년으로 하며, 한 차례만 연임할 수 있다(법6).

4. 운영

금융위원회의 회의는 3명 이상의 위원이 요구할 때에 위원장이 소집한다. 다만, 위원장은 단독으로 회의를 소집할 수 있다(법11①). 금융위원회의 회의는 그 의결방법에 관하여 금융위원회법 또는 다른 법률에 특별한 규정이 있는 경우를 제외하고는 재적위원 과반수의 출석과 출석위원 과반수의 찬성으로 의결한다(법11②). 금융위원회는 심의에 필요하다고 인정할 때에는 금융감독원 부원장, 부원장보 및 그 밖의 관계 전문가 등으로부터 의견을 들을 수 있다(법13). 위원장은 내우외환, 천재지변 또는 중대한 금융 경제상의 위기로 긴급조치가 필요한 경우로서 금융위원회를 소집할 시간적 여유가 없을 때에는 금융위원회의 권한 내에서 필요한 조치를 할 수 있다(법14①). 금융위원회의 사무를 처리하기 위하여 금융위원회에 사무처를 둔다(법15①).

5. 소관 사무

금융위원회의 소관 사무는 ⅰ) 금융에 관한 정책 및 제도에 관한 사항(제1호), ⅱ) 금융기관 감독 및 검사·제재에 관한 사항(제2호), ⅲ) 금융기관의 설립, 합병, 전환, 영업의 양수·양도 및 경영 등의 인가·허가에 관한 사항(제3호), ⅳ) 자본시장의 관리·감독 및 감시 등에 관한 사항(제4호), ⅴ) 금융소비자의 보호와 배상 등 피해구제에 관한 사항(제5호), ⅵ) 금융중심지의 조성 및 발전에 관한 사항(제6호), ⅶ) 제1호부터 제6호까지의 사항에 관련된 법령 및 규정의 제정·개정 및 폐지에 관한 사항(제7호), ⅷ) 금융 및 외국환업무 취급기관의 건전성 감독에 관한 양자 간 협상, 다자 간 협상 및 국제협력에 관한 사항(제8호), ⅸ) 외국환업무 취급기관의 건전성 감독에 관한 사항(제9호), ⅹ) 그 밖에 다른 법령에서 금융위원회의 소관으로 규정한 사항(제10호) 등이다(법17).

6. 금융감독원에 대한 지도·감독

금융위원회는 금융위원회법 또는 다른 법령에 따라 금융감독원의 업무·운영·관리에 대한 지도와 감독을 하며, ⅰ) 금융감독원의 정관 변경에 대한 승인(제1호), ⅱ) 금융감독원의 예산 및 결산 승인(제2호), ⅲ) 그 밖에 금융감독원을 지도·감독하기 위하여 필요한 사항(제3호)을 심의·의결한다(법18).

Ⅱ. 증권선물위원회

1. 설치배경

증권 및 선물거래의 특수성을 감안하여 증권선물위원회를 금융위원회 내부에 설치하고 증권 및 선물 분야에 대하여는 별도로 심의 또는 의결할 수 있도록 하는 체계를 구축하기 위한 것이다.

2. 업무

증권선물위원회는 금융위원회 내의 위원회로서 금융위원회법 또른 다른 법령에 따라 ⅰ) 자본시장의 불공정거래 조사(제1호), ⅱ) 기업회계의 기준 및 회계감리에 관한 업무(제2호), ⅲ) 금융위원회 소관 사무 중 자본시장의 관리·감독 및 감시 등과 관련된 주요사항에 대한 사전심의(제3호), ⅳ) 자본시장의 관리·감독 및 감시 등을 위하여 금융위원회로부터 위임받은 업무(제4호), ⅴ) 그 밖에 다른 법령에서 증권선물위원회에 부여된 업무(제5호)를 수행한다(법19).

3. 구성

증권선물위원회는 위원장 1명을 포함한 5명의 위원으로 구성하며, 위원장을 제외한 위원 중 1명은 상임으로 한다(법20①). 위원장이 아닌 증권선물위원회 위원의 임기는 3년으로 하며, 한 차례만 연임할 수 있다(법20④).

증권선물위원회 위원장은 금융위원회 부위원장이 겸임하며, 증권선물위원회 위원은 다음의 어느 하나에 해당하는 사람 중에서 금융위원회 위원장의 추천으로 대통령이 임명한다(법5②).

1. 금융, 증권, 파생상품 또는 회계 분야에 관한 경험이 있는 2급 이상의 공무원 또는 고위공무원단에 속하는 일반직공무원이었던 사람
2. 대학에서 법률학·경제학·경영학 또는 회계학을 전공하고, 대학이나 공인된 연구기관에서 부교수 이상 또는 이에 상당하는 직에 15년 이상 있었던 사람
3. 그 밖에 금융, 증권, 파생상품 또는 회계 분야에 관한 학식과 경험이 풍부한 사람
4. 운영

증권선물위원회의 회의는 2명 이상의 증권선물위원회 위원이 요구할 때에 증권선물위원회 위원장이 소집한다(법21① 본문). 다만, 증권선물위원회 위원장은 단독으로 회의를 소집할 수 있다(법21① 단서). 회의는 3명 이상의 찬성으로 의결한다(법21②).

4. 금융감독원에 대한 지도·감독

증권선물위원회는 업무에 관하여 금융감독원을 지도·감독한다(법23).

제3절 금융감독원

Ⅰ. 설립과 지위

금융위원회나 증권선물위원회의 지도·감독을 받아 금융기관에 대한 검사·감독 업무 등을 수행하기 위하여 금융감독원을 설립한다(법24①). 금융감독원은 무자본 특수법인으로 한다(법24

②). 무자본이란 자본금 없이 국가예산이나 기타의 분담금으로 운영된다는 의미이다. 금융감독원은 특별법인 금융위원회법에 의해 설립되고 국가 또는 지방자치단체로부터 독립하여 특정 공공사무를 수행하는 영조물법인이다.

Ⅱ. 구성과 직무

금융감독원에 원장 1명, 부원장 4명 이내, 부원장보 9명 이내와 감사 1명을 둔다(법29①). 원장은 금융위원회의 의결을 거쳐 금융위원회 위원장의 제청으로 대통령이 임명한다(법29②). 부원장은 원장의 제청으로 금융위원회가 임명하고, 부원장보는 원장이 임명한다(법29③). 감사는 금융위원회의 의결을 거쳐 금융위원회 위원장의 제청으로 대통령이 임명한다(법29④). 원장·부원장·부원장보 및 감사의 임기는 3년으로 하며, 한 차례만 연임할 수 있다(법29⑤). 원장·부원장·부원장보와 감사에 결원이 생겼을 때에는 새로 임명하되, 그 임기는 임명된 날부터 기산한다(법29⑥).

원장은 금융감독원을 대표하며, 그 업무를 총괄한다(법30①). 원장이 부득이한 사유로 직무를 수행할 수 없을 때에는 금융감독원의 정관으로 정하는 순서에 따라 부원장이 원장의 직무를 대행한다(법30②). 부원장은 원장을 보좌하고 금융감독원의 업무를 분장하며, 부원장보는 원장과 부원장을 보좌하고 금융감독원의 업무를 분장한다(법30③). 감사는 금융감독원의 업무와 회계를 감사한다(법30④).

Ⅲ. 업무

금융감독원은 금융위원회법 또는 다른 법령에 따라 ⅰ) 검사대상기관(법38)의 업무 및 재산상황에 대한 검사(제1호), ⅱ) 검사 결과와 관련하여 이 법과 또는 다른 법령에 따른 제재(제2호), ⅲ) 금융위원회와 금융위원회법 또는 다른 법령에 따라 금융위원회 소속으로 두는 기관에 대한 업무지원(제3호), ⅳ) 그 밖에 이 법 또는 다른 법령에서 금융감독원이 수행하도록 하는 업무(제4호)를 수행한다(법37).

원장은 업무수행에 필요하다고 인정할 때에는 검사대상기관 또는 다른 법령에 따라 금융감독원에 검사가 위탁된 대상기관에 대하여 업무 또는 재산에 관한 보고, 자료의 제출, 관계자의 출석 및 진술을 요구할 수 있다(법40①). 검사를 하는 자는 그 권한을 표시하는 증표를 관계인에게 내보여야 한다(법40②).

원장은 검사대상기관의 임직원이 ⅰ) 금융위원회법 또는 금융위원회법에 따른 규정·명령 또는 지시를 위반한 경우(제1호), ⅱ) 금융위원회법에 따라 원장이 요구하는 보고서 또는 자료를 거짓으로 작성하거나 그 제출을 게을리한 경우(제2호), ⅲ) 금융위원회법에 따른 금융감독원의 감독과 검사 업무의 수행을 거부·방해 또는 기피한 경우(제3호), ⅳ) 원장의 시정명령이나 징계요구에 대한 이행을 게을리한 경우(제4호)에 해당하는 경우에는 그 기관의 장에게 이를 시정하게 하거나 해당 직원의 징계를 요구할 수 있다(법41①). 징계는 면직·정직·감봉·견책 및 경고로 구분한다(법40②).

원장은 검사대상기관의 임원이 금융위원회법 또는 금융위원회법에 따른 규정·명령 또는 지시를 고의로 위반한 때에는 그 임원의 해임을 임면권자에게 권고할 수 있으며, 그 임원의 업무집행의 정지를 명할 것을 금융위원회에 건의할 수 있다(법42). 원장은 검사대상기관이 금융위원회법 또는 금융위원회법에 따른 규정·명령 또는 지시를 계속 위반하여 위법 또는 불건전한 방법으로 영업하는 경우에는 금융위원회에 ⅰ) 해당 기관의 위법행위 또는 비행(非行)의 중지, ⅱ) 6개월의 범위에서의 업무의 전부 또는 일부 정지를 명할 것을 건의할 수 있다(법43).

제4절 한국은행

Ⅰ. 설립과 지위

한국은행법("법")에 의하면 한국은행은 효율적인 통화신용정책의 수립과 집행을 통하여 물가안정을 도모함으로써 국민경제의 건전한 발전에 이바지할 목적으로 설립되었다(법1). 법적 지위는 무자본 특수법인으로 한다(법2). 한국은행의 통화신용정책은 중립적으로 수립되고 자율적으로 집행되도록 하여야 하며, 한국은행의 자주성은 존중되어야 한다(법3). 한국은행의 통화신용정책은 물가안정을 해치지 아니하는 범위에서 정부의 경제정책과 조화를 이룰 수 있도록 하여야 한다(법4①).

Ⅱ. 구성과 직무

한국은행에 집행간부로서 총재 및 부총재 각 1명과 부총재보 5명 이내를 둔다(법32). 총재는 국무회의 심의와 국회 인사청문을 거쳐 대통령이 임명한다(법33①). 총재의 임기는 4년으로 하며, 한 차례만 연임할 수 있다(법33②). 총재는 한국은행을 대표하고 그 업무를 총괄한다(법34

①). 총재는 금융통화위원회가 수립한 정책을 수행하며, 한국은행법과 정관에 따라 부여된 그 밖의 권한을 행사한다(법34②). 총재는 금융통화위원회가 유의하여야 할 사항을 수시로 통보하며, 금융통화위원회의 심의·의결을 위하여 필요한 자료와 의견을 제공할 의무를 진다(법34③).

한국은행에 감사 1명을 둔다(법43①). 감사는 기획재정부장관의 추천으로 대통령이 임명한다(법43②). 감사의 임기는 3년으로 하며, 한 차례만 연임할 수 있다(법44). 감사는 한국은행의 업무를 상시 감사(監査)하며, 그 결과를 수시로 금융통화위원회에 보고하여야 한다(법45①). 감사는 매년 종합감사보고서를 작성하여 정부와 금융통화위원회에 제출하여야 한다(법45②).

Ⅲ. 업무

1. 한국은행권의 발행(독점적 발권력)

화폐의 발행권은 한국은행만이 가진다(법47). 한국은행이 발행한 한국은행권은 법화(法貨)로서 모든 거래에 무제한 통용된다(법48). 한국은행이 보유하는 한국은행권은 한국은행의 자산 또는 부채가 되지 아니한다(법50).

2. 정부 및 정부대행기관과의 업무

한국은행은 대한민국 국고금의 예수기관으로서 「국고금 관리법」에서 정하는 바에 따라 국고금을 취급한다(법71). 한국은행은 정부에 속하는 증권, 문서, 그 밖의 고가물을 보호예수할 수 있다(법72). 한국은행은 법령에서 정하는 바에 따라 국가의 수입 징수를 보조하며, 국채의 발행·매각·상환 또는 그 밖의 사무를 취급할 수 있다(법73).

한국은행은 정부에 대하여 당좌대출 또는 그 밖의 형식의 여신을 할 수 있으며, 정부로부터 국채를 직접 인수할 수 있다(법75①). 여신과 직접 인수한 국채의 총액은 금융기관과 일반에 대하여 정부가 부담하는 모든 채무를 합하여 국회가 의결한 기채(起債) 한도를 초과할 수 없다(법75②). 여신에 대한 이율이나 그 밖의 조건은 금융통화위원회가 정한다(법75③).

한국은행은 원리금 상환에 대하여 정부가 보증한 채권을 직접 인수할 수 있다(법76①). 인수에 대한 이율이나 그 밖의 조건은 금융통화위원회가 정한다(법76②).

한국은행은 정부대행기관의 예금을 받고, 이에 대하여 대출할 수 있다(법77①). "정부대행기관"이란 생산·구매·판매 또는 배급에 있어서 정부를 위하여 공공의 사업 또는 기능을 수행하는 법인으로서 정부가 지정한 법인을 말한다(법77②). 대출은 그 원리금 상환에 대하여 정부가 보증한 경우로 한정한다(법77③). 금융통화위원회는 한국은행의 정부대행기관에 대한 대출 이율이나 그 밖의 조건을 정한다(법77④).

한국은행은 통화팽창기에 정부대행기관에 대한 여신의 억제와 여신액의 감축을 위하여 노력하여야 한다(법78).

3. 외국환업무 등

한국은행은 기획재정부장관의 인가를 받아 ⅰ) 외국환업무 및 외국환의 보유(제1호), ⅱ) 외국의 금융기관, 국제금융기구, 외국정부와 그 대행기관 또는 국제연합기구로부터의 예금의 수입(제2호), ⅲ) 귀금속의 매매(제3호)에 해당하는 업무를 수행할 수 있다(법82).

총재는 외화표시 자산의 운용과 관련된 주요 계획에 관하여 미리 금융통화위원회의 의견을 들어야 한다(법82의2). 한국은행은 정부의 환율정책, 외국환은행의 외화 여신·수신업무 및 외국환 매입·매도 초과액의 한도 설정에 관한 정책에 대하여 협의하는 기능을 수행한다(법83). 한국은행은 금융통화위원회가 정하는 바에 따라 금융기관과 환거래계약을 할 수 있다(법84).

Ⅳ. 권한

1. 자료제출요구권

한국은행은 금융통화위원회가 통화신용정책 수행을 위하여 필요하다고 인정하는 경우 ⅰ) 금융기관(제1호), ⅱ) 금융기관이 아닌 자로서 금융업을 하는 자 중 한국은행과 당좌예금거래약정을 체결한 자(제2호), ⅲ) 제1호와 제2호 모두에 속하지 아니하는 자로서 금융산업구조개선법 제2조에 따른 금융기관 중 자산규모 등을 고려하여 대통령령으로 정하는 자[1](제3호)에게 자료제출을 요구할 수 있다. 이 경우 요구하는 자료는 자료제출을 요구받는 자의 업무부담을 충분히 고려하여 필요한 최소한의 범위로 한정하여야 한다(법87).

---

1) "대통령령으로 정하는 자"란 다음의 어느 하나에 해당하는 금융업을 영위하는 자로서 자산규모가 해당 금융업의 평균 자산규모(제1호 및 제8호의 경우에는 각 금융업을 같은 금융업으로 보아 산출한 평균 자산규모) 이상인 자를 말한다(영15의2①).
   1. 자본시장법에 따른 증권(집합투자증권 제외)에 관한 투자매매업 또는 투자중개업. 다만, 자본시장법 제22조에 따른 겸영금융투자업자가 해당 금융업을 영위하는 경우는 제외한다.
   2. 자본시장법에 따른 집합투자업
   3. 보험업법에 따른 생명보험업
   4. 보험업법에 따른 손해보험업
   5. 보험업법에 따른 제3보험업
   6. 상호저축은행법에 따른 상호저축은행업
   7. 여신전문금융업법에 따른 신용카드업
   8. 여신전문금융업법에 따른 시설대여업, 할부금융업 또는 신기술사업금융업

2. 검사 및 공동검사의 요구 등

한국은행은 금융통화위원회가 통화신용정책 수행을 위하여 필요하다고 인정하는 경우 금융감독원에 구체적 범위를 정하여 금융기관에 대한 검사를 요구할 수 있으며, 필요시 한국은행 소속 직원이 금융감독원의 금융기관 검사에 공동으로 참여할 수 있도록 요구할 수 있다. 이 경우 금융감독원은 금융감독원은 검사 또는 공동검사를 요구받은 날부터 1개월 내에 응하여야 한다(법88①, 영15의3). 한국은행은 금융감독원에 검사결과의 송부를 요청하거나 검사 결과에 따라 금융기관에 대한 필요한 시정조치를 요청할 수 있다(법88② 전단). 이 경우 금융감독원은 이에 따라야 한다(법88② 후단).

3. 재의요구권

금융통화위원회는 금융위원회가 통화신용정책과 직접 관련되는 금융감독상의 조치를 하는 경우 이의가 있을 때에는 재의를 요구할 수 있다(법89①). 재의 요구가 있는 경우에 금융위원회가 재적위원 3분의 2 이상의 찬성으로 전과 같은 의결을 하였을 때에는 조치는 확정된다(법89②).

Ⅴ. 정부와의 관계

기획재정부차관 또는 금융위원회 부위원장은 금융통화위원회 회의에 열석(列席)하여 발언할 수 있다(법91 본문). 다만, 금융위원회 부위원장의 경우에는 금융위원회 소관 사항에 한정하여 열석하여 발언할 수 있다(법91 단서). 기획재정부장관은 금융통화위원회의 의결이 정부의 경제정책과 상충된다고 판단되는 경우에는 재의를 요구할 수 있다(법92①). 재의 요구가 있는 경우에 금융통화위원회가 위원 5명 이상의 찬성으로 전과 같은 의결을 하였을 때에는 대통령이 이를 최종 결정한다(법92②). 기획재정부장관은 재의 요구를 할 때에 대통령령으로 정하는 바에 따라 이를 즉시 공표하여야 한다(법92③). 정부는 금융통화에 관한 중요한 정책을 수립할 때에는 금융통화위원회의 의견을 들어야 한다(법93).

제5절 예금보험공사

Ⅰ. 설립과 지위

예금자보호법("법")에 따라 설립된 예금보험공사("공사")는 예금보험제도 등을 효율적으로 운영하기 위하여 설립된 무자본특수법인이다(법3 및 4①). 예금보험제도의 목적은 금융회사가 파산 등의 사유로 예금등을 지급할 수 없는 상황에 대처하기 위하여 예금보험제도 등을 효율적으로 운영함으로써 예금자등을 보호하고 금융제도의 안정성을 유지에 이바지하는 데 있다(법1).

Ⅱ. 구성과 직무

공사에 사장 1명을 두고, 부사장 1명을 포함한 5명 이내의 상임이사, 7명 이내의 비상임이사와 감사 1명을 둔다(법11①). 임원에 결원이 생겼을 때에는 새로 임명하되, 그 임기는 임명된 날부터 기산한다(법11②). 사장은 공사를 대표하고, 그 업무를 총괄한다(법12①). 부사장은 사장을 보좌하고, 부사장을 제외한 상임이사와 비상임이사("이사")는 사장과 부사장을 보좌하되, 각각 정관으로 정하는 바에 따라 공사의 업무를 나눠 맡는다(법12②). 감사는 공사의 업무와 회계를 감사한다(법12③). 공사에 이사회를 둔다(법14①). 이사회는 사장·부사장 및 이사로 구성한다(법14②). 이사회는 공사의 업무에 관한 주요사항을 의결한다(법14③). 감사는 이사회에 출석하여 의견을 진술할 수 있다(법14④).

Ⅲ. 업무

공사는 설립목적을 달성하기 위하여 ⅰ) 예금보험기금의 관리 및 운용(제1호), ⅱ) 상환기금의 관리 및 운용(제2호), ⅲ) 손해배상청구권의 대위행사 등(제3호), ⅳ) 보험료 및 예금보험기금채권상환특별기여금("특별기여금")의 산정 및 수납(제4호), ⅴ) 보험금 등의 지급 및 계산(제5호), ⅵ) 부실금융회사의 정리 등(제6호), ⅶ) 착오송금 반환지원(제6의2호), ⅷ) 제1호부터 제6호까지 및 제6호의2의 업무에 부대하는 업무(제7호), ⅸ) 예금자등을 보호하기 위하여 정부가 위탁하거나 지정하는 업무(제8호), ⅹ) 그 밖에 다른 법령에서 정하는 업무(제9호)를 수행한다(법18①).

Ⅳ. 권한

1. 자료제출요구권

공사는 부보금융회사 및 그 부보금융회사를 금융지주회사법에 따른 자회사등으로 두는 금융지주회사에 대하여 부실금융회사 또는 부실우려금융회사의 결정, 보험료 및 특별기여금의 산정 및 수납, 보험금 등의 지급 및 계산, 부실금융회사의 정리 등의 업무를 수행하기 위하여 필요한 범위에서 그 업무 및 재산 상황에 관련된 자료의 제출을 요구할 수 있다(법21①).

공사는 예금자등을 보호하기 위하여 필요하다고 인정하면 금융감독원장에게 구체적인 범위를 정하여 부보금융회사 및 그 부보금융회사를 금융지주회사법에 따른 자회사등으로 두는 금융지주회사와 관련된 자료를 제공하여 줄 것을 요청할 수 있다. 이 경우 요청을 받은 금융감독원장은 이에 따라야 한다(법21④). 공사는 부보금융회사가 보험사고의 위험이 있는지를 판단하기 위하여 제공받은 자료의 사실 여부를 확인할 필요가 있다고 인정되면 금융감독원장에게 1개월의 기간을 정하여 해당 부보금융회사 및 그 부보금융회사를 금융지주회사법에 따른 자회사등으로 두는 금융지주회사에 대한 검사 등을 통하여 그 자료의 사실 여부를 확인하여 줄 것을 요청할 수 있다(법21⑤).

2. 조사권

공사는 제출된 자료 등을 기초로 하여 "대통령령으로 정하는 기준"에 따라 부실 우려가 있다고 인정되거나, 제공받은 자료의 사실 여부의 확인이 이루어지지 아니한 경우에는 부보금융회사 및 그 부보금융회사를 금융지주회사법에 따른 자회사등으로 두는 금융지주회사의 업무 및 재산 상황에 관하여 조사를 할 수 있다(법21②).

여기서 "대통령령으로 정하는 기준"이란 금융산업구조개선법 제10조 제2항에 따라 금융위원회가 정하는 기준을 말한다(영12의2 본문). 다만, 상호저축은행의 경우에는 ⅰ) 금융산업구조개선법 제10조 제2항에 따라 금융위원회가 정하는 기준에 해당하는 경우(제1호), ⅱ) 자기자본비율이 제1호의 기준에 100분의 2를 더한 비율 미만인 경우(제2호), ⅲ) 최근 3 회계연도 연속하여 당기순손실이 발생한 경우(제3호), ⅳ) 공사가 자기자본비율의 하락추세 및 하락폭 등을 고려하여 금융감독원과 협의하여 조사의 필요성이 있다고 인정하는 경우(제4호)를 말한다(영12의2 단서).

공사는 조사결과에 따라 금융감독원장에게 해당 부보금융회사 및 그 부보금융회사를 금융지주회사법에 따른 자회사등으로 두는 금융지주회사에 대하여 필요한 시정조치를 하여 줄 것을 요청할 수 있다(법21⑥ 전단). 이 경우 요청을 받은 금융감독원장은 특별한 사유가 없으면 이에 따라야 하며, 그 조치결과 및 조치대상기관의 이행내역을 공사에 송부하여야 한다(법21⑥ 후단). 공사는 조사결과 보험사고의 위험이 있다고 판단되면 이를 금융위원회에 통보하고 적절한 조치를 해 줄 것을 요청할 수 있다(법21⑦ 전단). 이 경우 요청을 받은 금융위원회는 특별한 사유가 없으면 이에 따라야 한다(법21⑦ 후단).

3. 검사요청권 및 공동검사요구권

공사는 예금자등의 보호와 금융제도의 안정성 유지를 위하여 필요하다고 인정하면 금융감독원의 원장에게 구체적인 범위를 정하여 부보금융회사 및 그 부보금융회사를 금융지주회사법에 따른 자회사등으로 두는 금융지주회사에 대하여 검사를 할 것을 요청하거나, 공사 소속 직원이 해당 검사에 공동으로 참여하도록 위원회의 의결을 거쳐 요청할 수 있다(법21③ 전단). 이 경우 요청을 받은 금융감독원장은 이에 따라야 한다(법21③ 후단).

공사는 금융감독원장에게 검사결과의 송부를 요청하거나 검사결과에 따라 해당 부보금융회사 및 그 부보금융회사를 금융지주회사법에 따른 자회사등으로 두는 금융지주회사에 대하여 필요한 시정조치를 하여 줄 것을 요청할 수 있다(법21⑧ 전단). 이 경우 요청을 받은 금융감독원장은 이에 따라야 하며, 그 조치결과 및 조치대상기관의 이행내역을 공사에 송부하여야 한다(법21⑧ 후단).

제 4 장 /

금융유관기관

제1절 서론

Ⅰ. 금융규제 운영규정

금융관련법령에는 금융유관기관에 관한 정의 규정을 두고 있지 않다. 다만 국무총리 훈령인 「금융규제 운영규정」 제2조 제2호는 금융유관기관은 일정한 법인·단체 또는 그 기관을 말한다(동규정2(2))고 규정하면서 다음과 같이 나열하고 있다.

"금융유관기관"이란 다음 각 목의 법인·단체 또는 그 기관을 말한다(동규정2(2)).

가. 금융감독원
나. 예금자보호법에 따른 예금보험공사
다. 한국산업은행법에 따른 한국산업은행
라. 자본시장법에 따른 한국거래소
마. 자본시장법에 따른 한국예탁결제원
바. 민법 제32조에 따라 설립된 금융결제원
사. 신용보증기금법에 따른 신용보증기금
아. 삭제 <2022.4.4.>
자. 한국주택금융공사법에 따른 한국주택금융공사
차. 자산관리공사법에 따른 한국자산관리공사
카. 관계 법령에 따라 금융회사등을 감독하거나 검사, 그 밖에 이와 비슷한 행정조사(행정조사

기본법에 따른 행정조사) 권한을 행사하거나 업무를 하는 법인·단체 또는 그 기관

타. 금융위원회나 가목부터 카목까지의 규정에 따른 법인·단체 또는 그 기관으로부터 금융회사등에 대한 감독, 검사, 그 밖에 이와 비슷한 행정조사에 관한 권한이나 업무를 위임·위탁받은 법인·단체 또는 그 기관

파. 자본시장법 제286조 제1항 제1호에 따른 자율규제업무 등 금융회사등을 회원으로 하면서 그 금융회사등 간의 합의에 따라 정관, 규칙 또는 규약 등을 정하고 집행하여 금융회사등을 규율하는 업무를 하는 법인 또는 단체

현재 위 카목에 해당하는 기관으로는 상호저축은행중앙회(상호저축은행법 시행령 26조 2항 3호), 신용협동조합중앙회(신용협동조합법 78조 1항), 농협중앙회(농협구조개선법 시행령 20조), 수협중앙회(수산업협동조합법 시행령 62조)가 있다. 그리고 파목에 해당하는 유관기관은 금융투자협회(자본시장법286), (생명·손해)보험협회(보험업법175), 신용정보협회(신용정보법44)가 있다.

Ⅱ. 금융유관기관의 개념

금융규제 운영규정 상의 금융유관기관은 개별 법률에 의해 금융위원회로부터 금융행정업무의 일부를 위임·위탁받아 수행하는 기관으로 금융위원회의 지시·명령·감독을 받는 기관을 기준으로 분류한 것으로 보인다.

금융위원회의 조직 밖에 설립되면서도 성질상 금융행정 업무를 수행하거나 지원하고 있고, 수행하는 업무에 관해 금융위원회의 지시·명령 아래 있고 감독·검사를 받고 있다면 결국 그 법적 지위는 합리적인 금융행정 수행을 위한 금융위원회의 "늘어난 팔"이라고 볼 수 있다.

이처럼 업무의 실질은 금융행정이지만 금융위원회 외부에 조직을 설립함으로써 금융행정의 수행 주체를 세분화하는 것은 한편으로는 금융 부문의 복잡성에 따른 효율적인 대응을 위한 것이고, 다른 한편으로는 금융위원회에 의한 직접적인 행정의 여지를 간접적인 방법으로 전환시켜 금융의 효율성을 최대한 보장하기 위한 것으로 이해할 수 있다.

여기서는 금융기관 운영규정 상의 분류를 기준으로 금융유관기관을 살펴보되 그 외의 금융행정을 수행하는 기관 등도 포함해 설명하기로 한다. 금융감독원과 예금보험공사는 이미 앞에서 설명했다.

제2절 금융투자업관계기관

Ⅰ. 한국거래소

1. 설립과 지위

자본시장법("법")상 "거래소"란 증권 및 장내파생상품의 공정한 가격 형성과 그 매매, 그 밖의 거래의 안정성 및 효율성을 도모하기 위하여 금융위원회의 허가를 받아 금융투자상품시장을 개설하는 자를 말한다(법8의2②). 거래소는 상법상 주식회사(법373의2②(1))로서, 자본시장법에서 특별히 정한 경우를 제외하고는 상법 중 주식회사에 관한 규정을 적용한다(법374).

2. 업무

거래소는 정관으로 정하는 바에 따라 다음의 업무를 행한다(법377① 본문). 다만, 제3호 및 제4호의 업무는 제378조에 따라 금융위원회로부터 청산기관 또는 결제기관으로 지정된 거래소로 한정한다(법377① 단서).

1. 거래소시장의 개설·운영에 관한 업무
2. 증권 및 장내파생상품의 매매에 관한 업무
3. 증권 및 장내파생상품의 거래(다자간매매체결회사에서의 거래를 포함)에 따른 매매확인, 채무인수, 차감, 결제증권·결제품목·결제금액의 확정, 결제이행보증, 결제불이행에 따른 처리 및 결제지시에 관한 업무
4. 장내파생상품의 매매거래에 따른 품목인도 및 대금지급에 관한 업무
5. 증권의 상장에 관한 업무
6. 장내파생상품 매매의 유형 및 품목의 결정에 관한 업무
7. 상장법인의 신고·공시에 관한 업무
8. 증권 또는 장내파생상품 매매 품목의 가격이나 거래량이 비정상적으로 변동하는 거래 등 대통령령으로 정하는 이상거래의 심리 및 회원의 감리에 관한 업무
9. 증권의 경매업무
10. 거래소시장 등에서의 매매와 관련된 분쟁의 자율조정(당사자의 신청이 있는 경우에 한한다)에 관한 업무
11. 거래소시장의 개설에 수반되는 부대업무
12. 금융위원회의 승인을 받은 업무

13. 그 밖에 정관에서 정하는 업무

3. 거래소시장에 대한 규제

(1) 시장의 개설

"거래소시장"이란 거래소가 개설하는 금융투자상품시장을 말한다(법8의2③). 거래소시장은 거래대상 상품에 따라 증권의 매매를 위한 증권시장과 장내파생상품의 매매를 위한 파생상품시장으로 구분한다(법8의2④).

(2) 증권시장

(가) 의의

증권시장이란 증권의 매매를 위하여 거래소가 개설하는 시장(법8의2④(1))으로서, 한국거래소의 증권시장에는 유가증권시장, 코스닥시장, 코넥스시장 등이 있다.

유가증권시장이란 증권(채무증권·지분증권·수익증권·투자계약증권·파생결합증권·증권예탁증권)의 매매거래를 위하여 개설하는 시장을 말한다. 코스닥시장은 유가증권시장에 상장되지 아니한 증권의 매매를 위하여 개설하는 시장을 말한다. 코넥스시장은 코스닥시장의 상장요건보다 완화된 요건이 적용되는 시장으로 코스닥시장과 별도로 개설·운영되는 시장을 말한다.

(나) 상장규정

거래소는 증권시장에 상장할 증권의 심사 및 상장증권의 관리를 위하여 증권상장규정("상장규정")을 정하여야 한다(법390① 전단). 상장규정에는 ⅰ) 증권의 상장기준 및 상장심사에 관한 사항(제1호), ⅱ) 증권의 상장폐지기준 및 상장폐지에 관한 사항(제2호), ⅲ) 증권의 매매거래정지와 그 해제에 관한 사항(제3호), ⅳ) 그 밖에 상장법인 및 상장증권의 관리에 관하여 필요한 사항(제4호)이 포함되어야 한다(법390②).

(다) 공시규정

거래소는 주권, 그 밖에 대통령령으로 정하는 증권을 상장한 법인("주권등상장법인")의 기업내용 등의 신고·공시 및 관리를 위하여 주권등상장법인 공시규정("공시규정")을 정하여야 한다(법391① 전단). 공시규정에는 다음의 사항이 포함되어야 한다(법391②).

1. 주권등상장법인이 신고하여야 하는 내용에 관한 사항
2. 주권등상장법인이 신고함에 있어서 준수하여야 할 방법 및 절차에 관한 사항
3. 주권등상장법인에 관한 풍문이나 보도 등의 사실 여부 및 그 법인이 발행한 증권의 가격이나 거래량의 현저한 변동의 원인 등에 대한 거래소의 신고 또는 확인 요구에 관한 사항

4. 주권등상장법인의 경영상 비밀유지와 투자자 보호와의 형평 등을 고려하여 신고·공시하지 아니할 사항
5. 주권등상장법인이 신고한 내용의 공시에 관한 사항
6. 주권등상장법인의 제1호부터 제4호까지의 위반유형, 위반 여부 결정기준 및 조치 등에 관한 사항
7. 매매거래의 정지 등 주권등상장법인의 관리에 관한 사항
8. 주권등상장법인의 신고의무 이행실태의 점검에 관한 사항
9. 그 밖에 주권등상장법인의 신고 또는 공시와 관련하여 필요한 사항

(라) 업무규정

증권시장에서의 매매거래에 관하여 ⅰ) 매매거래의 종류 및 수탁에 관한 사항(제1호), ⅱ) 증권시장의 개폐·정지 또는 휴장에 관한 사항(제2호), ⅲ) 매매거래계약의 체결 및 결제의 방법(다만, 증권인도와 대금지급에 관한 것을 제외)(제3호), ⅳ) 증거금의 납부 등 매매거래의 규제에 관한 사항(제4호), ⅴ) 그 밖에 매매거래에 관하여 필요한 사항(제5호)은 거래소의 증권시장업무규정으로 정한다(법393① 전단).

(3) 파생상품시장

파생상품시장이란 장내파생상품의 매매를 위하여 거래소가 개설하는 시장을 말한다(법8의 2④(2)). "파생상품거래"란 한국거래소가 개설한 파생상품시장에서 이루어지는 자본시장법 제5조 제2항의 장내파생상품의 거래를 말한다(파생상품시장업무규정2①(1)). 파생상품시장에서의 매매에 관하여 일정 사항은 거래소의 파생상품시장업무규정으로 정한다(법393②). 파생상품시장에 관하여는 상장규정·공시규정이 없다.

4. 시장감시

(1) 시장감시위원회

거래소에 다음의 업무를 수행하기 위하여 시장감시위원회를 둔다(법402①)

1. 시장감시, 이상거래의 심리 및 회원에 대한 감리(지정거래소가 제78조 제3항 및 제4항에 따라 행하는 감시, 이상거래의 심리 또는 거래참가자에 대한 감리를 포함)
2. 증권시장과 파생상품시장 사이의 연계감시(지정거래소가 제404조 제2항 및 제3항에 따라 하는 거래소시장과 다른 거래소시장 사이 및 거래소시장과 다자간매매체결회사 사이의 연계감시를 포함)

3. 제1호 및 제2호에 따른 이상거래의 심리, 회원에 대한 감리, 연계감시의 결과에 따른 회원 또는 거래참가자에 대한 징계 또는 관련 임직원에 대한 징계요구의 결정

4. 불공정거래의 예방 등을 위한 활동

5. 자본시장법 제377조 제10호에 따른 분쟁의 자율조정에 관한 업무

6. 시장감시규정 및 분쟁조정규정의 제정·변경 및 폐지

7. 그 밖에 제1호부터 제6호까지의 업무에 부수하는 업무

(2) 시장감시규정

시장감시위원회는 제402조 제1항 제1호부터 제4호까지의 규정 및 이에 부수하는 사항이 포함된 시장감시규정을 제정하고, 이에 따라 업무를 수행한다(법403).

"시장감시"란 시장에서의 증권 또는 장내파생상품의 매매("거래")나 그 주문·호가의 상황 또는 이와 관련된 제보·공시·풍문·보도 등("풍문등")을 감시 및 분석하는 것을 말한다(시장감시규정2②).

시장감시위원회는 심리의 수행을 위하여 이상거래혐의종목을 선정하고, 감리의 수행을 위하여 거래소의 업무 또는 자본시장법 제178조의2를 위반할 우려가 있는 거래를 선정하며, 불공정거래의 예방 등을 위하여 이상거래의 염려가 있는 경우 공시, 풍문, 보도 등을 고려하여 집중적인 감시가 필요한 종목("이상급등종목")을 선정하는 등 시장감시를 한다(시장감시규정11①).

Ⅱ. 한국예탁결제원

1. 설립과 지위

"증권등"(증권, 그 밖에 대통령령으로 정하는 것)의 집중예탁과 계좌 간 대체, 매매거래에 따른 결제업무 및 유통의 원활을 위하여 한국예탁결제원("예탁결제원")을 설립한다(법294①). 여기서 "증권등"이란 증권, 원화표시 양도성 예금증서(CD), 어음[기업어음증권(CP) 제외], 그 밖에 증권과 유사하고 집중예탁과 계좌 간 대체에 적합한 것으로서 예탁결제원이 따로 정하는 것, 한국거래소가 개설한 금 현물시장에서 거래되는 금지금 등을 말한다(영310 및 금융투자업규정 제8-2조).

예탁결제원은 법인으로 하며(법294②), 주된 사무소의 소재지에서 설립등기를 함으로써 성립한다(법294③). 예탁결제원이 아닌 자는 "한국예탁결제원" 또는 이와 유사한 명칭을 사용하여서는 아니 된다(법295).

2. 업무

(1) 고유업무와 예탁결제기관업무

예탁결제원은 정관으로 정하는 바에 따라 ⅰ) 증권등의 집중예탁업무(제1호), ⅱ) 증권등의 계좌 간 대체업무(제2호), ⅲ) 증권시장 밖에서의 증권등의 매매거래(다자간매매체결회사에서의 증권의 매매거래는 제외)에 따른 증권등의 인도와 대금의 지급에 관한 업무(제4호), ⅳ) 예탁결제원과 유사한 업무를 영위하는 외국 법인("외국예탁결제기관")과의 계좌설정을 통한 증권등의 예탁, 계좌 간 대체 및 매매거래에 따른 증권등의 인도와 대금의 지급에 관한 업무(제5호)를 행한다(법296①).

(2) 부수업무

예탁결제원은 정관으로 정하는 바에 따라 부수업무로서 ⅰ) 증권등의 보호예수업무(제1호), ⅱ) 예탁증권등의 담보관리에 관한 업무(제2호), ⅲ) 법 제80조에 따라 집합투자업자·투자일임업자와 집합투자재산을 보관·관리하는 신탁업자 등 사이에서 이루어지는 집합투자재산의 취득·처분 등에 관한 지시 등을 처리하는 업무(제3호), ⅳ) 그 밖에 금융위원회로부터 승인을 받은 업무(제4호)를 행한다(법296②).

(3) 겸영업무

예탁결제원은 정관으로 정하는 바에 따라 위의 업무 이외에 ⅰ) 금융위원회의 승인을 받은 업무(이 경우 자본시장법 또는 다른 법률에서 인가·허가·등록·신고 등이 필요한 경우에는 인가·허가 등을 받거나 등록·신고 등을 하여야 한다)(제1호), ⅱ) 자본시장법 또는 다른 법령에서 예탁결제원의 업무로 규정한 업무(제2호)를 영위할 수 있다(법296③).

Ⅲ. 한국금융투자협회

1. 설립과 지위

자본시장법("법")에 따라 회원 상호 간의 업무질서 유지 및 공정한 거래를 확립하고 투자자를 보호하며 금융투자업의 건전한 발전을 위하여 한국금융투자협회("협회")를 설립한다(법283①). 협회는 회원조직으로서의 법인으로 한다(법283②). 협회의 회원이 될 수 있는 자는 금융투자업자, 그 밖에 금융투자업과 관련된 업무를 영위하는 자로서 대통령령으로 정하는 자로 한다(법285①).

2. 업무

협회는 정관이 정하는 바에 따라 다음의 업무를 행한다(법286①).

1. 회원 간의 건전한 영업질서 유지 및 투자자 보호를 위한 자율규제업무
2. 회원의 영업행위와 관련된 분쟁의 자율조정(당사자의 신청이 있는 경우에 한한다)에 관한 업무
3. 다음 각 목의 주요직무 종사자의 등록 및 관리에 관한 업무
   가. 투자권유자문인력(투자권유를 하거나 투자에 관한 자문 업무를 수행하는 자)
   나. 조사분석인력(조사분석자료를 작성하거나 이를 심사·승인하는 업무를 수행하는 자)
   다. 투자운용인력(집합투자재산·신탁재산 또는 투자일임재산을 운용하는 업무를 수행하는 자)
   라. 그 밖에 투자자 보호 또는 건전한 거래질서를 위하여 대통령령으로 정하는 주요직무종사자
4. 금융투자업자가 다음 각 목의 어느 하나에 해당하는 장외파생상품을 신규로 취급하는 경우 그 사전심의업무
   가. 기초자산이 제4조 제10항 제4호 또는 제5호에 해당하는 장외파생상품
   나. 일반투자자를 대상으로 하는 장외파생상품
5. 증권시장에 상장되지 아니한 주권의 장외매매거래에 관한 업무
6. 금융투자업 관련제도의 조사·연구에 관한 업무
7. 투자자 교육 및 이를 위한 재단의 설립·운영에 관한 업무
8. 금융투자업 관련 연수업무
9. 자본시장법 또는 다른 법령에 따라 위탁받은 업무
10. 제1호부터 제9호까지의 업무 외에 대통령령으로 정하는 업무
11. 제1호부터 제10호까지의 업무에 부수되는 업무

협회는 업무를 행함에 있어 위 제1항 제1호(자율규제업무), 제2호(분쟁조정업무) 및 제4호(장외파생상품 사전심의업무)의 업무가 다른 업무와 독립적으로 운영되도록 하여야 하며, 이를 위하여 별도의 조직을 갖추어야 한다(법286②).

Ⅳ. 증권금융회사

1. 의의

누구든지 자본시장법에 따른 인가를 받지 아니하고는 증권금융업무(제326조 제1항에 따른

업무)를 영위하여서는 아니 된다(법323의21 본문). 다만, 투자자 보호 및 건전한 거래질서를 해할 우려가 없는 경우로서 대통령령으로 정하는 경우는 제외한다(법323의21 단서). 증권금융업무를 영위하려는 자는 일정한 요건을 갖추어 금융위원회의 인가를 받아야 한다(법324①②).

2. 업무

(1) 증권금융업무

증권금융업무는 ⅰ) 금융투자상품의 매도·매수, 증권의 발행·인수 또는 그 중개나 청약의 권유, 청약, 청약의 승낙과 관련하여 투자매매업자 또는 투자중개업자에 대하여 필요한 자금 또는 증권을 대여하는 업무(제1호), ⅱ) 거래소시장에서의 매매거래(다자간매매체결회사에서의 거래를 포함) 또는 청산대상거래에 필요한 자금 또는 증권을 청산기관인 거래소 또는 금융투자상품거래청산회사를 통하여 대여하는 업무(제2호), ⅲ) 증권을 담보로 하는 대출업무(제3호), ⅳ) 그 밖에 금융위원회의 승인을 받은 업무(제4호)이다(법326①).

(2) 겸영업무

증권금융회사는 증권금융업무 외에 ⅰ) 투자매매업 및 투자중개업 중 환매조건부매매, 환매조건부매매의 중개·주선 또는 대리업무, 집합투자증권을 대상으로 하는 투자매매업·투자중개업, 신탁업무, 집합투자재산의 보관·관리 업무, 증권대차업무를 영위할 수 있다. 이 경우 자본시장법 또는 다른 법률에서 인가·허가·등록 등이 필요한 경우에는 이를 받아야 한다. ⅱ) 자본시장법법 또는 다른 법령에서 증권금융회사의 업무로 규정한 업무를 영위할 수 있다. ⅲ) 그 밖에 금융위원회로부터 승인을 받은 업무를 영위할 수 있다(법326②).

(3) 부수업무

증권금융회사는 증권금융업무, 겸영업무 또는 자금예탁업무(법330)에 부수하는 업무로서 ⅰ) 보호예수업무(제1호), ⅱ) 그 밖에 금융위원회의 승인을 받은 업무(제2호)를 행한다(법326③).

Ⅴ. 신용평가회사

1. 신용평가업의 의의

신용평가업이란 금융투자상품, 기업·집합투자기구, 국가, 지방자치단체, 법률에 따라 직접 설립된 법인. 민법, 그 밖의 관련 법령에 따라 허가·인가·등록 등을 받아 설립된 비영리법

제 4 장 금융유관기관 **137**

인에 대한 신용상태를 평가("신용평가")하여 그 결과에 대하여 기호, 숫자 등을 사용하여 표시한 등급("신용등급")을 부여하고 그 신용등급을 발행인, 인수인, 투자자, 그 밖의 이해관계자에게 제공하거나 열람하게 하는 행위를 영업으로 하는 것을 말한다(법9⑯, 영14의3).

2. 신용평가업의 인가

누구든지 자본시장법에 따른 신용평가업인가를 받지 아니하고는 신용평가업을 영위하여서는 아니 된다(법335의2 본문). 다만, 투자자 보호 및 건전한 거래질서를 해할 우려가 없는 경우로서 신용조회회사가 영위하는 기업에 대한 신용조회업무로서 "ⅰ) 기업에 대한 신용정보를 신용정보주체 또는 그 신용정보주체의 상거래의 상대방 등 이해관계를 가지는 자에게만 제공하여야 하고, ⅱ) 신용정보를 제공할 때 신용조회업무임을 알려야 하며, ⅲ) 신용조회회사의 신용정보를 만들어 내는 부서와 영업부서(법 제335조의8 제2항 제1호에 따른 영업조직에 준하는 부서)의 분리에 관하여 내부통제기준을 마련하여야 한다"는 요건을 모두 충족하는 경우는 제외한다(법335의2 단서, 영324의2).

신용평가업을 영위하려는 자는 일정한 요건을 갖추어 금융위원회로부터 신용평가업인가를 받아야 한다(법335의3①②). 신용평가회사가 아닌 자는 신용평가 또는 이와 유사한 명칭을 사용하여서는 아니 된다(법335의7).[1]

3. 신용평가업무 실무

(1) 신용등급 및 신용등급체계

신용등급은 신용평가의 결과를 기호 또는 숫자를 사용하여 표시한 등급을 말하며, 신용평가회사별로 등급체계 및 등급의 정의를 정하고 있다. 신용평가회사별로 해당 등급내에서 상대적 위치를 표시하기 위해 +/- 부호를 부여하고 있다. 일반적으로 분석기간이 장기인가 단기인가 따라 장기신용등급(1년 이상)과 단기신용등급(1년 미만)으로 구분하고 있다.

실무적으로 회사채는 장기신용등급을, 기업어음에는 단기신용등급을 부여한다. 장기신용등급과 단기신용등급 간에는 통상적으로 강한 상관관계가 나타나지만, 반드시 일대일 대응관계는 아니다. 장기신용등급이 BBB+로 동일한 경우도 단기신용등급은 A2-, A3+가 될 수 있다.

신용등급은 신용평가회사의 고유한 의견으로, 신용등급 자체가 해당 투자에 대한 수익이나 부도 여부를 보증하는 것이 아니며, 자산가치를 측정하는 지표도 아니다.

---

1) 2024년 12월말 현재 신용평가업 인가를 받은 회사는 한국기업평가, 한국신용평가, NICE신용평가 및 서울신용평가 등 4개가 있다.

(2) 투자등급(투자적격등급)과 투기등급

일반적으로 장기신용등급의 경우 AAA－BBB(BBB－포함), 단기신용등급의 경우 A1－A3 (A3－포함)을 투자등급으로 분류하고, 그 이하 등급을 투기등급으로 분류한다.

Ⅵ. 자금중개회사

1. 의의

"대통령령으로 정하는 금융기관 등" 간 자금거래의 중개업무를 영위하려는 자는 일정한 요건을 갖추어 금융위원회의 인가를 받아야 한다(법355①②). 여기서 "대통령령으로 정하는 금융기관 등"이란 은행, 한국산업은행, 중소기업은행, 한국수출입은행, 농업협동조합중앙회, 수산업협동조합중앙회, 보험회사, 증권금융회사, 종합금융회사, 자금중개회사, 여신전문금융회사, 상호저축은행 및 그 중앙회, 새마을금고연합회, 신용협동조합중앙회, 한국자산관리공사를 말한다(영345①).

자금중개회사는 금융기관간 콜자금 거래의 중개 및 대차, 단기자금거래의 중개 및 대차, 채권매매의 중개, 금 중개 및 외국환거래법에 의한 외국환 중개를 수행함으로써 금융시장의 안정적 발전에 기여할 목적으로 금융위원회의 인가를 받아야 하며, 외국환중개업무를 하기 위해서는 기획재정부장관의 인가를 받아야 한다(외국환거래법9①). 외국환중개업무란 ⅰ) 외국통화의 매매·교환·대여의 중개(제1호), ⅱ) 외국통화를 기초자산으로 하는 파생상품거래의 중개(제2호), ⅲ) 그 밖에 제1호 및 제2호와 관련된 업무(제3호)를 말한다(외국환거래법9①).

현재 한국자금중개, 서울외국환중개, KIDB자금중개, IPS외국환중개 등 4개 국내사와 ICAP외국환중개, Tullett Prebon외국환중개 등 6개 외국사가 영업 중이다.

2. 업무

자금중개회사가 중개하는 금융기관간 자금거래의 종류는 90일 이내의 금융기관간 단기자금거래(콜거래), CD매매, RP매매, 어음매매, 외국환매매, 외화콜, 외환파생상품거래, 장외시장 채권매매 등이 있다. 자금중개회사는 자금중개를 할 경우에는 단순중개(자금중개회사가 일정한 수수료만 받고 자금대여자와 자금차입자 간의 거래를 연결해 주는 것)를 하여야 한다. 다만, 콜거래중개의 경우에는 원활한 거래를 위하여 금융위원회가 정하여 고시하는 최소한의 범위에서 매매중개(금융위원회가 정하여 고시하는 매매거래 형식의 중개)를 할 수 있다(영346③).

자금중개회사는 ⅰ) 은행, ⅱ) 한국산업은행, ⅲ) 중소기업은행, ⅳ) 한국수출입은행, ⅴ) 그 밖에 금융기관 등 간의 원활한 자금거래를 위하여 필요하다고 인정하여 금융위원회가 정하여 고시하는 자에 해당하지 아니하는 자에 대하여 콜거래(90일 이내의 금융기관 등 간의 단기자금 거래)의 중개·주선 또는 대리를 해서는 아니 된다(영346②).

제3절 신용보증기관

Ⅰ. 신용보증제도의 의의

신용보증제도란 물적 담보능력이 부족한 기업의 원활한 자금조달을 위해 공신력이 있는 신용보증기관의 보증을 통해 경제주체 간 신용거래에 게재되어 있는 채무불이행 위험을 경감시켜주는 공적 금융시스템을 말한다. 중소기업에 대한 신용보증제도는 세계 각국의 중소기업들이 공통적으로 직면하게 되는 문제인 규모의 영세성, 담보부족, 정보비대칭 등의 문제로 인해 기업운영에 필요한 자금을 제대로 조달하기 어려운 현실을 타개하기 위해 도입되었다.

우리나라의 신용보증제도는 일본, 대만 등 아시아지역에서 운영되고 있는 공공기관보증제도의 형태로서 중앙정부 및 지방정부의 재정투입 및 금융기관의 출연을 통해 운영기관의 재정적 공신력을 확보하는 동시에 독립된 보증운영기관을 설립하여 보증운영을 개별기관이 독자적으로 수행하고 있는 점에 특색이 있다.

Ⅱ. 신용보증기금

1. 설립과 지위

신용보증기금법("법") 제1조(목적)는 "이 법은 신용보증기금을 설립하여 담보능력이 미약한 기업의 채무를 보증하게 하여 기업의 자금융통을 원활히 하고, 신용정보의 효율적인 관리·운용을 통하여 건전한 신용질서를 확립함으로써 균형 있는 국민경제의 발전에 이바지함"을 목적으로 한다고 규정한다. 신용보증기금("기금")은 법인으로 하며, 신용보증기금법, 신용보증기금법에 따른 명령과 정관으로 정하는 바에 따라 운영한다(법4).

기금은 담보력이 미약한 중소기업(중소기업기본법 제2조에 따른 중소기업)과 수출지원금융자금, 기업의 생산성향상에 기여하는 등 국민경제상 특히 필요한 자금에 대하여 우선적으로 신용보증을 하여야 한다(법3 및 영4). 기금이 업무계획을 작성 또는 변경함에 있어서는 총보증금액의 60% 이상이 중소기업에 대한 보증이 되도록 하여야 한다(영5).

　　기금의 기본재산은 ⅰ) 정부의 출연금(제1호), ⅱ) 금융회사등의 출연금(제2호), ⅲ) 기업의 출연금(제3호), ⅳ) 제1호부터 제3호까지 외의 자의 출연금을 재원으로 하여 조성한다(법6①). 정부의 출연금의 예산은 중소벤처기업부 소관으로 한다(법6②). 금융회사등은 해당 대출금에 대하여 연율(年率) 1천분의 3을 초과하지 아니하는 범위에서 총리령으로 정하는 비율("출연요율")에 따른 금액을 기금에 출연하여야 한다. 다만, 농협은행 및 수협은행의 경우에는 출연요율을 총리령으로 달리 정할 수 있다(법6③).

2. 업무

　　기금은 설립목적을 달성하기 위하여 ⅰ) 기본재산의 관리(제1호), ⅱ) 신용보증(제2호), ⅲ) 보증연계투자(제2의2호), ⅳ) 중소·중견기업팩토링 운용(제2의3호), ⅴ) 경영지도(제3호), ⅵ) 신용조사 및 신용정보의 종합관리(제4호), ⅶ) 구상권의 행사(제5호), ⅷ) 신용보증제도의 조사·연구(제6호), ⅸ) 앞의 제1호부터 제6호까지의 업무에 부수되는 업무로서 금융위원회의 승인을 받은 업무(제7호)를 수행한다(법23①). 기금은 앞의 업무 외에 재보증업무 및 유동화회사보증업무를 수행할 수 있다(법23②).

Ⅲ. 기술보증기금

1. 설립과 지위

　　기술보증기금법("법") 제1조(목적)는 "이 법은 기술보증기금을 설립하여 기술보증제도를 정착·발전시킴으로써 신기술사업에 대한 자금의 공급을 원활하게 하고 나아가 국민경제의 발전에 이바지함"을 목적으로 한다고 규정한다. 담보능력이 미약한 기업의 채무를 보증하게 하여 기업에 대한 자금 융통을 원활하게 하기 위하여 기술보증기금("기금")을 설립한다(법12①). 기금은 법인으로 한다(법12②).

　　기금의 기본재산은 ⅰ) 금융회사등의 출연금(제1호), ⅱ) 정부의 출연금(제2호), ⅲ) 제1호 및 제2호 외의 자의 출연금(제3호)을 재원으로 조성한다(법13①). 정부 출연금의 예산은 중소벤처기업부 소관으로 한다(법13②). 금융회사등은 해당 융자금에 대하여 대통령령으로 정하는 비율에 따른 금액을 기금에 출연하여야 한다(법13③ 본문). 다만, 농협은행 및 수협은행의 경우에는 그 비율을 달리 정할 수 있다(법13③ 단서). 융자금의 범위, 출연의 방법 및 시기, 그 밖에 출연에 관하여 필요한 사항은 금융위원회와 협의하여 중소벤처기업부령으로 정한다(법13④).

2. 업무

기금은 ⅰ) 기본재산의 관리(제1호), ⅱ) 기술보증(제2호), ⅲ) 신용보증(제3호), ⅳ) 보증연계투자(제3의2호), ⅴ) 기업에 대한 경영지도 및 기술지도(제4호), ⅵ) 중소기업 기술보호(제4의2호), ⅶ) 기술신탁관리(기술신탁관리업)(제4의3호), ⅷ) 신용조사 및 신용정보의 종합관리(제5호), ⅸ) 기술평가(해당 기술과 관련된 기술성·시장성·사업성 등을 종합적으로 평가하여 금액·등급·의견 또는 점수 등으로 표시하는 것)(제6호), ⅹ) 구상권 행사(제7호), ⅺ) 신용보증제도의 조사·연구(제8호), ⅻ) 중소기업팩토링(제9호), ⅹⅲ) 앞의 제1호부터 제3호까지, 제3호의2, 제4호, 제4호의2, 제4호의3 및 제5호부터 제9호까지의 업무에 부수되는 업무로서 중소벤처기업부장관의 승인을 받은 업무(제10호)를 수행한다(법28①).

기금은 앞의 업무 외에 재보증업무 및 유동화회사보증업무를 수행할 수 있다(법28②). 기금은 기술평가의 객관성 및 공정성 등을 확보하기 위하여 기술평가의 기준·절차·방법·종류 등에 관한 사항을 미리 정하여야 한다(법28③).

Ⅳ. 지역신용보증재단

1. 설립과 지위

지역신용보증재단법("법") 제1조(목적)는 "이 법은 신용보증재단과 신용보증재단중앙회를 설립하여 담보력이 부족한 지역 내 소기업·소상공인 등과 개인의 채무를 보증하게 함으로써 자금 융통을 원활하게 하고 아울러 지역경제 활성화와 서민의 복리 증진에 이바지함"을 목적으로 한다고 규정한다. 신용보증재단("재단")은 법인으로 한다(법3). 재단은 그 명칭 중에 "신용보증재단"이라는 글자를 사용하여야 한다(법4). 재단은 특별시·광역시·도 또는 특별자치도(이하 "시·도"라 한다)를 업무구역으로 한다. 다만, 대통령령으로 정하는 특별한 사유가 있을 때에는 2 이상의 시·도를 업무구역으로 할 수 있다(법5). 재단은 시·도별로 2 이상을 둘 수 없다(법9②).

재단은 소기업, 소상공인, 정부 또는 지방자치단체가 조성한 자금 중 대통령령으로 정하는 자금을 추천받은 중소기업에게 우선적으로 신용보증을 하여야 한다(법21). 여기서 "대통령령으로 정하는 자금"이란 ⅰ) 재해구호법 제3조에 따른 구호의 대상이 되는 재해의 복구를 지원하기 위한 자금(제1호), ⅱ) 중소벤처기업부장관 또는 시·도지사가 지역경제의 활성화 또는 지역특화산업의 육성을 위하여 필요하다고 인정하는 자금(제2호)을 말한다(영18).

재단의 기본재산은 ⅰ) 지방자치단체의 출연금(제1호), ⅱ) 금융회사등의 출연금(제2호), ⅲ) 기업의 출연금(제3호), ⅳ) 제1호부터 제3호까지 외의 자의 출연금(제4호)을 재원으로 조성한다(법7①). 정부는 재단의 기본재산 확충을 위하여 시·도에 보조할 수 있다(법7②). 금융회사 등은 그 대출금에 대하여 연 비율 1천분의 3을 초과하지 아니하는 범위에서 대통령령으로 정하는 비율에 따른 금액을 재단 및 중앙회에 출연하여야 한다(법7③).

2. 업무

재단은 ⅰ) 기본재산의 관리(제1호), ⅱ) 신용보증(제2호), ⅲ) 신용조사 및 신용정보의 관리(제3호), ⅳ) 경영지도(제4호), ⅴ) 구상권의 행사(제5호), ⅵ) 앞의 제2호 및 제3호의 업무에 부수되는 업무로서 중소벤처기업부장관의 승인을 받은 업무(제6호), ⅶ) 앞의 제1호·제4호 및 제5호의 업무에 부수되는 업무로서 시·도지사의 승인을 받은 업무(제7호), ⅷ) 국가, 지방자치단체, 공공기관 등이 위탁하는 사업 중 소기업등 지원 또는 그에 부수되는 사업으로서 중소벤처기업부장관 또는 시·도지사의 승인을 받은 사업(제8호), ⅸ) 다른 법령에서 재단의 사업으로 정하는 사업(제9호)을 수행한다(법17).

제4절 금융결제원

Ⅰ. 설립과 지위

금융결제원은 효율적인 어음교환제도 및 지로 제도를 확립하고 금융공동망을 구축하여 자금결제 및 정보유통을 원활하게 함으로써 건전한 금융거래의 유지발전과 금융기관 이용자의 편의 제고 등 금융산업의 발전에 기여함을 목적으로 한다(정관 제2조). 비록 민법상 비영리사단법인이기는 하나 금융결제원의 정관상 설립목적은 "건전한 금융거래의 유지발전과 이용자의 편의제공 등 금융산업의 발전"이란 공익적 목적을 가지고 있고, 실질적으로도 지급결제서비스 제공에 있어 공공재적 성격을 가진 금융시장 인프라로서 지급결제시스템 운영기관으로서 공적인 기능을 수행하는 측면이 있다. 따라서 일반적인 민법상의 비영리사단법인과는 구별된다.

Ⅱ. 사업

비영리 사단법인인 금융결제원은 정관 제2조의 목적을 달성하기 위해 고유목적사업인 ⅰ) 어음교환소의 설치, 운영 등에 관한 사업(제1호), ⅱ) 지로에 관한 사업(제2호), ⅲ) 금융공동망의 구축·운영사업(제3호), ⅳ) 금융기관이 공동으로 이용하는 전산시스템의 구축·운영사업(제4호), ⅴ) 금융기관이 개별적으로 수행하는 전산업무의 지원 또는 대행사업(제5호), ⅵ) 제1호 내지 제5호의 업무에 관한 조사연구(제6호), ⅶ) 기타 결제원의 목적을 달성하기 위하여 필요하다고 인정되는 사업을 행한다(정관 제4조 제1항).

또한 금융결제원은 수익사업으로 ⅰ) 지로업무의 원활한 수행을 위하여 이용기관의 자료를 온라인으로 중계하는 사업(제1호), ⅱ) 금융공동망과 외부기관의 전산망을 연계하여 정보를 중계하는 사업(제2호), ⅲ) 어음교환, 지로, 금융공동망 등 지급결제사업과 관련한 소프트웨어의 자문, 개발 및 공급에 관한 사업(제3호), ⅳ) 금융기관의 공인인증사업에 부수되는 공인인증 등록대행 및 관련 부대사업(제4호), ⅴ) 유사시 개별 금융기관의 데이터 복구 등을 위한 전산백업시스템 구축·운영사업(제5호), ⅵ) 신용·직불·선불카드망을 이용하여 결제정보를 중계하는 부가통신 및 관련 부대사업(제6호), ⅶ) 소유 부동산의 임대(제7호)를 할 수 있다(정관 제4조 제2항).

제5절 한국주택금융공사

Ⅰ. 설립과 지위

한국주택금융공사법("법") 제1조(목적)는 "이 법은 한국주택금융공사를 설립하여 주택저당채권 등의 유동화와 주택금융 신용보증 및 주택담보노후연금보증 업무를 수행하게 함으로써 주택금융 등의 장기적·안정적 공급을 촉진하여 국민의 복지증진과 국민경제의 발전에 이바지함"을 목적으로 한다고 규정한다. 한국주택금융공사("공사")는 법인으로 하며(법3①), 한국주택금융공사법 및 공공기관운영법과 정관으로 정하는 바에 따라 운영한다(법3②). 공사의 자본금은 5조원으로 하고, 정부 및 한국은행이 출자한다(법5).

Ⅱ. 업무

공사의 업무에 관해 한국주택금융공사법 제22조에서 정하고 있다. 공사는 ⅰ) 채권유동화(제1호), ⅱ) 채권보유(제2호), ⅲ) 주택저당증권, 학자금대출증권, 유동화전문회사등이 주택저당채권을 유동화자산으로 하여 발행한 유동화증권에 지급보증(제3호), ⅳ) 금융기관에 대한 신용공여(제4호), ⅴ) 주택저당채권 또는 학자금대출채권에 대한 평가 및 실사(제5호), ⅵ) 기금·계정의 관리 및 운용(제6호), vii) 신용보증(제7호), viii) 제7호와 관련된 신용보증채무의 이행 및 구
상권의 행사(제8호), ix) 주택담보노후연금보증(제9호), ⅹ) 제9호와 관련된 신탁(제9호의2), xi)
주택담보노후연금보증채무의 이행 및 구상권의 행사(제10호), xii) 주택담보노후연금채권의 양
수 및 보유와 이에 따른 주택담보노후연금의 지급(제11호), xiii) 제7호 및 제9호와 관련된 신용
조사 및 신용정보의 종합관리(제12호), xiv) 주택금융에 관한 조사·연구 및 통계자료의 수집·
작성과 국내외 유관기관과의 교류·협력(제13호), xv) 제1호부터 제13호까지의 업무에 딸린 업
무로서 금융위원회의 승인을 받은 업무(제14호)를 수행한다(법22①).

공사는 앞의 각 호의 수행할 때 주택가격의 변동 등을 고려하여 서민층의 주택 구입 등을
우선적으로 지원하여야 한다(법22②).

Ⅲ. 주택금융신용보증기금

신용보증을 통한 주택금융의 활성화를 위하여 공사에 주택금융신용보증기금을 설치한다
(법55). 기금은 ⅰ) 정부의 출연금(제1호), ⅱ) 금융기관의 출연금(제2호), ⅲ) 정부 및 금융기관
외의 자의 출연금(제3호), ⅳ) 보증료 수입금(제4호), ⅴ) 구상권 행사에 따른 수입금(제5호), ⅵ)
기금의 운용수익금(제6호), vii) 금융기관 또는 정부가 관리·운용하는 기금으로부터의 차입금
(제7호), viii) 정부로부터의 차입금 또는 외국정부 및 국제기구 등으로부터의 차입금(제8호)을 재
원으로 재원으로 조성한다(법56①, 영33). 정부는 회계연도마다 예산의 범위에서 일정한 금액을
기금에 출연할 수 있다(법56②).

기금은 신용보증채무의 이행, 차입금의 원리금 상환, 기금의 조성·운용 및 관리를 위한
경비, 기금의 육성을 위한 연구·개발, 주택정보의 상담 및 제공 사업, 주택사업자 등에 대한
경영 및 기술지도 사업 등에 사용한다(법57, 영34).

제6절 한국자산관리공사

Ⅰ. 설립과 지위

자산관리공사법("법") 제1조(목적)는 "이 법은 금융회사등이 보유하는 부실자산의 효율적
정리를 촉진하고 부실징후기업의 경영정상화 노력을 지원하기 위하여 필요한 사항을 규정하며,

한국자산관리공사를 설립하여 부실자산의 정리와 개인채무자 및 기업의 정상화를 지원하고 국가기관 등의 재산에 대한 관리·처분·개발 등 업무를 수행하게 함으로써 금융회사등의 건전성을 제고하고 경제주체들의 재기를 도모하며 공공자산의 가치를 제고하여 금융산업 및 국가경제의 발전에 이바지함"을 목적으로 한다고 규정한다. 이에 따라 한국자산관리공사("공사")가 설립되었는데, 공사는 금융회사등이 보유하는 부실자산의 정리 촉진과 부실징후기업의 경영정상화 등을 효율적으로 지원하기 위하여 위하여 설립되었다(법6). 공사는 법인으로 하며(법7), 자본금은 7조원으로 한다(법9①). 공사의 자본금은 금융회사등이 출자하여야 한다(법9②). 정부는 공사의 업무수행을 지원하기 위하여 필요하다고 인정할 때에는 공사에 출자하거나 필요한 경비를 지원할 수 있다(법9③).

Ⅱ. 업무

1. 기본업무

공사는 한국자산관리공사법의 목적을 달성하기 위하여 다음의 업무를 수행한다(법26①).

1. 부실자산의 효율적 정리를 위한 다음의 업무
   가. 부실채권의 보전·추심(민사소송법 및 민사집행법에 따른 경매 및 소송 등에 관한 모든 행위를 포함)의 수임 및 인수정리
   나. 부실채권의 매입과 그 부실채권의 출자전환에 따른 지분증권의 인수
   다. 자산유동화법 제3조 제1항에 따른 유동화전문회사등이 발행하는 채권·증권의 인수
   라. 나목에 따라 지분증권을 취득하였거나 제4호 라목에 따라 출자를 한 법인("출자법인")에 대한 금전의 대여 및 공사의 납입자본금·이익준비금 및 사업확장적립금 합계액의 500%의 범위에서 대통령령으로 정하는 한도에서의 지급보증
   마. 공사가 인수한 자산(담보물 포함)의 매수자에 대한 연불매각(延拂賣却) 등 금융지원과 인수한 부실채권의 채무자의 경영정상화, 담보물의 가치의 보전·증대 등 부실자산의 효율적 정리에 필요한 자금의 대여·관리 및 라목에 따른 지급보증의 범위에서의 지급보증(차입원리금의 상환에 대한 지급보증은 제외)
   바. 부실채권의 보전·추심 및 채무관계자에 대한 재산조사
   사. 국외부실자산 정리 등에 관한 자문과 업무대행 및 대통령령으로 정하는 회사 등에 대하여 국외부실자산에 대한 투자를 목적으로 하는 출자·투자
2. 부실징후기업 및 구조개선기업의 경영정상화 지원을 위한 다음의 업무
   가. 부실징후기업의 자구계획대상자산의 관리·매각의 수임 및 인수정리
   나. 부실징후기업 및 구조개선기업에 대한 경영진단과 정상화 지원을 위한 자문 및 기업인

수·합병의 알선

다. 채무자회생법 제34조 또는 제35조에 따라 법원에 회생절차개시를 신청한 기업 등에 대한 자금의 대여 및 지급보증을 위한 특수목적법인에 대한 출자. 이 경우 자금대여·지급보증의 대상·방식, 지급보증의 범위는 대통령령으로 정한다.

라. 비업무용자산 및 구조개선기업의 자산의 관리·매각, 매매의 중개 및 인수정리

마. 부실징후기업 및 구조개선기업의 경영정상화 지원을 위한 선박 관련 투자기구 등에 대한 출자·투자 및 제1호 라목에 따른 지급보증의 범위에서의 지급보증

3. 공공자산의 가치 제고를 위한 다음의 업무

가. 법령에 따라 국가기관, 지방자치단체, 공공기관운영법 제4조에 따른 공공기관 등("국가기관등")으로부터 대행을 의뢰받은 압류재산의 매각, 대금 배분 등 사후관리 및 해당 재산의 가치의 보전·증대 등을 위한 관련 재산(저당권 등 제한물권을 포함)의 매입과 개발

나. 법령에 따라 국가기관등으로부터 수임받은 재산의 관리·처분·개발, 채권의 보전·추심 및 해당 재산의 가치의 보전·증대 등을 위한 관련 재산의 매입과 개발

다. 국유재산법에 따라 국가가 주식 또는 지분의 2분의 1 이상을 보유하는 회사의 청산업무

4. 제1호부터 제3호까지의 업무와 관련한 다음의 업무

가. 부실채권정리기금 및 구조조정기금의 관리 및 운용

나. 자산유동화법 제10조 제1항에 따라 위탁받은 유동화자산의 관리에 관한 업무

다. 정보통신망 등을 이용한 자산관리·처분시스템의 구축, 운영 및 대여, 그 밖의 관련 지원 업무

라. 공사의 업무수행에 따른 출자·투자

마. 신탁업 중 부동산 담보신탁업무 및 구조개선기업의 부동산의 관리·처분신탁업무

바. 제1호(사목은 제외), 제2호가목·라목 및 이 호 나목의 업무수행과 관련된 재산의 매입과 개발

사. 라목에 따른 업무를 수행하기 위하여 설립하는 회사(라목에 따라 출자·투자한 회사 등을 포함)의 업무 대행

2. 부대업무

공사는 한국자산관리공사법의 목적을 달성하기 위하여 기본업무에 딸린 업무로서 대상, 방법, 범위 등의 추가 등이 필요한 경우 금융위원회의 승인을 받아 부대업무를 수행한다(법26②).

제7절 한국투자공사

I. 설립과 지위

한국투자공사법("법") 제1조(목적)는 "이 법은 한국투자공사를 설립함으로써 정부와 한국은행 등으로부터 위탁받은 자산의 운용업무를 효율적으로 수행하게 하여 금융산업의 발전에 이바지함"을 목적으로 한다고 규정한다. 한국투자공사("공사")는 법인으로 하며(법3), 자본금은 1조원으로 하고, 정부가 전액 출자한다(법5). 한국투자공사(KIC)는 외환보유액 및 공공기금의 효율적 운용을 위해 2005년 7월 설립되었다.

II. 업무

공사는 i) 위탁기관에서 위탁받은 자산의 관리 및 운용(제1호), ii) 제1호와 관련된 조사·연구 및 국내외 관련기관과의 교류·협력(제2호), iii) 그 밖에 제1호 및 제2호와 관련된 부수업무로서 운영위원회가 의결한 업무(제3호)를 수행한다(법29①). 공사는 제1호의 자산에 대하여 타인에 대한 담보제공, 신용보증 등 자산의 가치에 영향을 미칠 수 있는 행위를 하여서는 아니된다(법29②).

제8절 서민금융진흥원 및 신용회복위원회

I. 서민금융진흥원

1. 설립과 지위

서민금융법("법") 제1조(목적)는 "이 법은 서민금융진흥원 및 신용회복위원회를 설립하여 서민의 금융생활과 개인채무자에 대한 채무조정을 지원함으로써 서민생활의 안정과 경제·사회의 균형 있는 발전에 이바지함"을 목적으로 한다고 규정한다. 이에 따라 서민의 원활한 금융생활을 지원하기 위하여 서민금융진흥원("진흥원")이 설립되었다(법3①).

진흥원은 법인으로 하며(법3②), 자본금은 1조원으로 한다(법4①). 진흥원의 자본금은 정부,

금융회사, 한국자산관리공사, 금융지주회사, 전국은행연합회, 보험협회, 한국금융투자협회, 상호저축은행중앙회, 여신전문금융업협회, 대부업 및 대부중개업 협회, 한국수출입은행, 한국주택금융공사, 신용회복위원회 등이 출자할 수 있다(법4②, 영5①). 출자금은 현금으로 납입한다(영5② 본문). 다만, 필요에 따라 그 일부를 현물로 납입할 수 있다(영5② 단서).

2. 업무

진흥원은 ⅰ) 서민 금융생활 지원사업(제1호), ⅱ) 서민의 금융생활 지원을 위한 금융상품 등의 알선(제2호), ⅲ) 서민의 금융생활 관련 조사·연구 및 대외 교류·협력(제3호), ⅳ) 서민에 대한 신용보증 및 자금대출(제4호), ⅴ) 진흥원의 업무수행에 따른 출자 및 투자(제5호), ⅵ) 서민금융 지원을 조건으로 금융회사에 대한 출연과 출자(제6호), ⅶ) 서민금융 지원 실적이 우수한 금융회사에 대한 출연과 출자(제7호), ⅷ) 지방자치단체가 운영하는 대통령령으로 정하는 서민금융지원센터에 대한 자금 지원(제8호), ⅸ) 사업수행기관에 대한 지원 및 감독(제9호),[2] ⅹ) 서민금융협의회의 운영 사무(제11호), ⅺ) 금융회사 또는 예탁결제원("금융회사등")이 휴면계정에 출연한 휴면예금등의 관리·운용(제12호), ⅻ) 휴면예금등 원권리자에 대하여 휴면예금등을 갈음하는 금액의 지급(제13호), ⅹⅲ) 신용회복위원회로부터 위탁받은 사업(제14호), ⅹⅳ) 서민금융 종합정보시스템의 구축·운영(제15호), ⅹⅴ) 그 밖에 서민 금융생활 지원을 위하여 필요한 업무로서 대통령령으로 정하는 업무(제16호)를 수행한다(법24①).

Ⅱ. 신용회복위원회

1. 설립과 지위

개인채무자의 채무조정 지원 등을 위하여 신용회복위원회("위원회")를 설립한다(법56①). 위원회는 법인으로 한다(법56②). 위원회에 관하여 서민금융법에서 규정한 것을 제외하고는 민법 중 사단법인에 관한 규정을 준용한다(법56③).

2. 사업

위원회는 ⅰ) 위원회 업무계획의 수립·시행(제1호), ⅱ) 위원회의 정관 및 규정의 제정·개정 및 폐지(제2호), ⅲ) 위원회 예산의 편성·변경 및 결산(제2의2호), ⅳ) 신용회복지원협약에 관한 사항(제3호), ⅴ) 개인채무자에 대한 채무상담, 채무조정 지원신청의 접수 및 채무조정 지원(제4호), ⅵ) 채무조정이 확정된 개인채무자에 대한 사후관리(제5호), ⅶ) 개인채무자의 채무

---

2) 제10호 삭제 <2021. 6. 8.>.

자회생법에 따른 회생절차 또는 파산절차의 신청과 그에 필요한 제반 사항의 지원(제6호), ⅷ) 그 밖에 위원회가 필요하다고 인정하는 사항(제7호)을 사항을 심의·의결한다(법60).

금융감독행정

★ 동아일보 2024년 9월 3일
금감원, 내달 우리금융-은행 정기검사

금융감독원이 다음 달 우리금융지주와 우리은행 등에 대한 정기검사에 착수한다. 손태승 전 우리금융 회장 친인척의 350억 원대 부당대출이 드러난 만큼 그 어느 때보다 강도 높은 검사가 될 것이란 관측이다.

2일 금융당국에 따르면 금감원은 이날 우리금융 등에 대해 정기검사를 실시하겠다고 통지했다. 금감원의 우리금융·우리은행에 대한 정기검사는 2021년 말 이후 약 3년 만이다. 최근 은행 본점과 영업점에서 대규모 횡령이나 배임 사건이 잇따라 발생했고, 손 전 회장의 친인척에게 부당대출이 드러나는 등 내부 통제 문제가 심각하다는 판단에 따른 조치로 풀이된다. 금감원 관계자는 "이날 우리금융 측에 정기검사 진행을 통보했다"라며 "최근의 금융사고 때문에 조금 앞당겨 나가게 됐다"고 설명했다.

금감원은 이번 정기검사에서 금융사고 예방을 위한 내부통제 시스템 등 전반적인 상황을 살펴볼 계획이다. 임종룡 회장 취임 이후 발 빠르게 추진되고 있는 비은행 부문 인수합병 등도 금감원의 검사 대상으로 거론되고 있다. 우리투자증권의 출범 과정, 우리금융이 추진해 온 보험사 M&A와 관련한 자본비율 적정성 등도 들여다볼 것으로 예상된다. 우리금융은 지난달 28일 이사회를 열어 동양생명과 ABL생명 인수를 결의하고, 중국 다자보험그룹 측과 주식매매계약(SPA)을 체결한 바 있다.

한편 금감원은 손 전 회장 친인척 부당 대출과 관련해 우리금융저축은행과 우리캐피탈, 우리카드에 대한 현장검사에도 착수한다. 금감원은 3곳의 계열사에서 20억 원 안팎의 대출이 실행된 것으로 보고 있다.

제1절 개관

I. 금융감독의 개념

금융위원회법 제1조(목적)는 "이 법은 금융위원회와 금융감독원을 설치하여 금융산업의 선진화와 금융시장의 안정을 도모하고 건전한 신용질서와 공정한 금융거래 관행을 확립하며 예금자 및 투자자 등 금융 수요자를 보호함으로써 국민경제의 발전에 이바지함"을 목적으로 한다고 규정한다. 이 규정은 i) 금융산업의 선진화와 ii) 금융시장의 안정을 도모하고 iii) 건전한 신용질서와 공정한 금융거래 관행을 확립하여 iv) 예금자 및 투자자 등 금융수요자를 보호하는 것을 금융위원회와 금융감독원의 설치목적으로 하고 있다. 따라서 금융감독은 금융산업 선진화를 위해 금융기관의 효율성을 담보해야 하고, 금융기관과 금융수요자들의 활동무대인 금융시장의 안정을 도모해야 하며, 또한 건전한 신용질서와 공정한 금융거래 관행을 확립하여 건전하고 공정한 금융질서를 형성해 나가야 하는 목표를 갖는다.

따라서 금융감독이란 금융감독기관이 금융기관과 금융시장의 효율성, 안정성, 건전성, 공정성을 달성하기 위하여 금융기관의 관련 법률 준수 여부를 관리 감독하는 행정행위를 말한다. 즉 금융시스템의 효율성, 안정성, 건전성, 공정성을 달성하기 위한 금융감독기관의 제반 행정행위로 볼 수 있다.

II. 금융감독의 구분

금융감독은 다양한 방법으로 구분할 수 있다. 금융감독은 인·허가, 건전성 감독, 검사 및 제재, 위기관리의 4단계가 유기적으로 연결되는 일련의 절차라 할 수 있다. 금융감독기관이 금융감독을 효과적으로 수행하고 그 결과에 대해 책임을 부담하기 위해서는 금융감독에 필요한 규정 제·개정, 인·허가, 검사·제재 등 일련의 감독업무를 일관성 있게 수행할 수 있도록 포괄적 감독권을 가져야 한다는 것이 국제결제은행(BIS), 국제증권감독기구(IOSCO), 국제보험감독자협의회(IAIS) 등 국제금융감독기구가 권고하는 원칙이기도 하다.

III. 금융감독 수행기관

금융감독 수행기관은 넓게 보면 기획재정부, 금융위원회, 금융감독원, 한국은행, 예금보험공사를 들 수 있으나, 일반적으로 금융위원회와 금융감독원을 말한다.

제2절 금융기관감독

I. 의의

여기서는 금융기관감독의 기본형태인 진입과 퇴출, 건전성감독, 영업행위감독을 간략하게 살펴본다.

II. 진입과 퇴출

금융중개기능을 수행하는 금융기관이 새로 생기거나 없어지는 경우 시장에 미치는 영향이 막대하기 때문에 금융기관의 진입과 퇴출에 대해 일정한 요건과 절차를 정하고 있다. 금융기관 설립에 관해 금융감독기관은 신설회사의 경영진과 대주주의 자격요건, 예상 수익성과 건전성 및 자본조달능력 등을 감안하여 설립 인가(허가 및 승인 포함)를 실시한다. 설립인가 시에는 법 규에서 정하는 계량적 요건 충족 여부를 확인할 뿐만 아니라, 위험 선호적 기업가가 금융기관 을 지배하는 것을 방지하기 위해 금융기관 경영진과 대주주 등에 대한 자격요건을 정하고 적 격성 심사(fit and proper test)를 실시한다. 금융기관 진입과 관련된 대표적인 규제가 은행의 사 금고화 방지를 위한 산업자본의 은행소유 제한이다.

한편 금융기관의 해산·합병 또는 영업의 양수도의 경우에도 금융소비자의 재산을 보호하 고 금융시스템에 미치는 충격을 완화하기 위해 금융감독당국의 인가를 받도록 하고 있다. 또한 특정 금융기관이 부당한 행위를 하거나 부실이 심화된 경우 인허가 취소 또는 적기시정조치 중 퇴출조치 등을 통해 강제 퇴출시킬 수도 있다.

III. 건전성감독

1. 의의

전통적인 금융감독은 주로 개별 금융기관에 대한 건전성감독을 위주로 하는 미시건전성 감독이 주를 이뤘다. 미시건전성 감독의 주된 이유는 개별 금융기관의 건전성 확보를 통해 금융안정을 이룰 수 있다는 논리에서 출발한다. 하지만 최근 발생한 금융시장의 위기를 살펴보면 금융시장의 연계성이 높아지면서 특정 금융기관의 위기가 일종의 전염효과(contagion effect)를 불러일으키고 그 결과 개별 금융기관에 대한 건전성감독만으로 금융시장의 안정성을 확보할 수 없다는 사실을 보여준다. 물론 개별 금융기관에 대한 건전성감독은 금융시스템의 안정성 확보를 위해 반드시 필요하다. 과거 전체 금융시스템의 위험은 개별 금융기관이 갖는 리스크의 단순 합으로 나타낼 수 있다는 관점에서 출발한 미시건전성 관점에서 인식됐다. 따라서 이런 관점에서 미시건전성 감독은 전체 금융시스템의 안정을 위한 필요충분조건이 된다. 하지만 특정 금융기관의 커다란 손실이 실현된 이후에 나타날 수 있는 여타 금융기관의 반응에 따른 추가적인 효과를 고려하지 못하는 한계가 존재한다. 따라서 거시건전성 관점에서는 개별 금융기관에 대한 건전성감독은 시스템적 리스크를 방지하는데 충분조건이 되지 못하고 단지 필요조건에만 그치게 된다.

2. 자기자본규제

(1) 의의와 목적
(가) 자기자본규제의 의의

재무건전성 제도는 각국의 상황에 따라 그 체계를 조금씩 달리 하나 대부분 자본적정성, 자산건전성, 유동성 등에 대한 규제를 포함한다. 우리나라 금융기관의 재무건전성 제도도 자본적정성 규제, 자산건전성 규제, 유동성 규제, 외환건전성 규제 등의 여러 가지가 있으나, 이 중 금융기관의 손실흡수능력 제고를 목적으로 하는 자기자본규제가 핵심을 이룬다. 금융기관에 대한 자기자본규제[1]는 금융기관으로 하여금 보유자산의 부실화 등 미래의 위험에 대비해 충분한 손실흡수능력을 확보할 수 있도록 자기자본을 적립하도록 하는 제도라고 말할 수 있다. 현재 우리나라의 금융기관에 대한 자기자본규제를 보면 은행은 위험가중자산에 대한 자기자본비율을, 금융투자업자는 영업용순자본비율을, 보험회사는 RBC방식 지급여력비율을 채택하고 있다.

(나) 자기자본규제의 목적

금융기관에 대한 자기자본규제의 목적은 금융기관의 파산을 예방하여 예금자, 투자자, 보험계약자 등의 권익을 보호하고, 금융기관의 연쇄적 파산을 방지해 금융시스템 전체의 안정성

---

1) 은행법은 은행의 자본적정성에 관한 재무건전성 기준을 "위험가중자산에 대한 자기자본비율"로 규정하고(법34, 영20), 자본시장법은 금융투자업자의 자본적정성에 관한 재무건전성 기준을 "영업용순자본비율"로 규정하며(법31 등), 보험업법은 보험회사의 자본적정성에 관한 재무건전성 기준을 "지급여력비율"로 규정(법123, 영65)한다. 여기서는 이를 통칭하는 용어로는 "자기자본규제"라고 한다. 개별적으로는 일반적 명칭으로서 은행은 BIS비율, 금융투자업자는 영업용순자본비율, 보험은 지급여력비율이라고 한다.

을 도모하는 데 있다. 은행의 경우에는 전체 금융시스템 및 지급결제시스템에서 차지하는 높은 비중으로 인해 시스템리스크를 유발할 가능성이 높다는 점에서 개별 금융기관의 파산 가능성 억제를 위한 자기자본규제의 중요성이 강조된다.

보험회사의 경우 여타 금융기관과 달리 위험보장이라는 최후 안전판으로서의 사회적 기능을 고려할 때 보험계약자 등의 보험금청구 등에 대비해 사전적으로 충분한 지급능력을 확보하는 것이 필요하다. 최근에는 자본시장의 발달로 인해 대형 보험회사를 중심으로 은행이나 증권회사를 상대로 한 파생금융상품 거래가 늘어나고 있어, 보험회사의 파산이 은행의 파산과 동일하게 금융시스템을 통해 시스템리스크를 유발할 가능성이 있다. 이에 따라 각국은 자국 금융시스템의 안정성 유지를 위해 금융회사에 대한 자기자본규제를 건전성감독의 핵심적인 제도의 하나로서 유지 발전시켜 나가고 있다.

(2) 자기자본규제의 법적 체계
(가) 상법

금융기관은 개인 또는 특정 단체에 의한 완전한 소유 지배를 방지하기 위해 상법상 주식회사로 한정되어 있다. 따라서 금융기관에도 주식회사에 대한 상법상의 자본규제 관련 조항들이 적용된다. 주주의 유한책임을 특징으로 하는 주식회사에 대한 자본규제로는 자본준비금과 이익준비금 등의 법정준비금 제도, 준비금 사용제한, 준비금 감소, 이익배당 요건 등의 규제가 있다. 이와 같은 자본규제를 도입한 이유는 주주의 유한책임으로 인해 채권자 보호 문제가 대두되기 때문이다. 즉 주주가 부담해야 할 사업위험을 채권자에게 이전하게 됨에 따라 주주가 사회적으로 비효율적인 의사결정을 내릴 가능성이 높아질 수 있는데, 이런 주주의 인센티브를 교정함으로써 사회적 효율성의 증진에 기여하는 효과를 가진다.

(나) 금융규제법령
1) 의의

우리나라의 금융관련법률은 은행법, 자본시장법, 보험업법, 여신전문금융업법, 상호저축은행법 등과 같은 개별 금융규제법령과 금융거래법령으로 구분할 수 있다. 이 외에도 금융기관에 대한 규제기관인 금융위원회의 설치근거 등을 내용을 하는 금융위원회법, 부실 금융기관에 대한 적기시정조치 등을 규정한 금융산업구조개선법, 부당공동행위 등을 규제하는 공정거래법, 예금자보호제도의 근거가 되는 예금자보호법 등이 포함된다. 한편 기획재정부의 재정정책(세제 등), 한국은행의 통화신용정책도 금융기관 규제와 밀접한 관련이 있기 때문에 각종 세제 관련 법률 및 한국은행법도 광의의 금융관련법률에 속한다.

한편 금융기관에 대한 자기자본규제의 구체적인 내용은 은행법, 자본시장법, 보험업법, 여신전문금융업법, 상호저축은행법 등과 같은 개별 금융규제법령(시행령, 시행규칙을 포함하고 금융위원회가 정하는 감독규정 및 금융감독원장이 정하는 감독규정 시행세칙을 포함) 등에서 정하고 있으므로, 여기서는 금융관련법률 중에서도 개별 금융규제법령의 내용을 중심으로 살펴본다.

2) 상법과의 관계

상법이 주식회사의 형태로 존재하는 금융기관에 대해 일반법적 지위를 갖는다면 은행법, 자본시장법, 보험업법, 여신전문금융업법, 상호저축은행법 등의 개별 금융규제법령은 상법에 대해 특별법적 지위를 갖는다. 은행법과 같이 개별 금융규제법령에서 그 관계를 명시하는 경우도 있다. 특별법 우선의 원칙에 따라 양 법률의 내용이 상충될 경우, 우선적으로 개별 금융규제법령이 적용되고 상법의 규정은 보충적으로 적용된다. 따라서 은행 등 금융기관에 대해서는 특별법 우선의 원칙에 따라 은행법 등 개별 금융규제법령에서 정하고 있는 자본규제의 규율을 먼저 받게 되고 전술한 상법상의 자본규제는 보충적으로 적용된다.

한편 개별 금융규제법령에서 금융기관에 대해 광범위하고 강력한 자본규제를 두는 이유는 특히 채권자 보호와 밀접한 관련이 있다. 대부분의 자본조달이 예금 등 타인 부채에 의존하는 금융기관의 경우 채권자 보호의 필요성이 더욱 크며, 일반 주식회사보다 더 광범위하고 강력한 자본규제의 필요성이 논리적으로 도출된다. 개별 금융규제법령에 규정돼 있는 자본규제는 크게 2가지로 분류된다. 하나는 인가요건으로서의 "최저자본금 규제"이고, 다른 하나는 건전성감독 목적의 "자기자본규제"이다. 최저자본금 제도는 상법에서 폐지됐으나 개별 금융규제법령에서는 여전히 존재하며, 금융기관의 경영건전성 확보를 위한 자기자본규제 역시 대상범위 및 규제강도 면에서 일반 주식회사의 자본규제와는 그 성격을 달리한다.

여기서는 자본규제 일반론 차원에서 은행법, 자본시장법, 보험업법에서 규율하고 있는 내용을 살펴보도록 한다.

3) 은행법

은행법상 최저자본금 요건을 보면 시중은행은 1천억원, 지방은행은 250억원이다(법8②(1)). 외국은행 국내지점에 대해서는 영업기금의 하나인 갑기금을 30억원 이상 유지할 것을 요구한다(법63, 영26, 은행업감독규정11③). 이익준비금 적립의 경우 결산 순이익금을 배당할 때마다 자본금의 총액이 될 때까지 순이익금의 10% 이상을 적립하도록 하여(법40), 상법보다 강화된 규정을 적용하고 있다.

자기자본규제에 대해서는 은행법이 "은행은 경영의 건전성을 유지하기 위해 자본의 적정성에 관한 사항, 자산의 건전성에 관한 사항, 유동성에 관한 사항, 그 밖에 경영건전성 확보에 필요한 사항에 관하여 대통령령으로 정하는 바에 따라 금융위원회가 정하는 경영지도기준을 지켜야 한다"(법34②)고 규정하여 경영지도기준 준수의무를 부과하고 있으며, 은행법 시행령 및 은행업감독규정에서는 자본적정성과 관련된 기준으로 위험가중자산에 대한 자기자본비율 8% 이상을 규정하고 있다(영20, 은행업감독규정26①).[2] 여기서 위험가중자산에 대한 자기자본비율의 구체적인 산정기준은 은행업감독업무시행세칙에서 정하고 있다. 은행의 위험가중자산에 대한 자기자본비율은 적기시정조치의 요건으로 규정돼 있으며, 그 비율이 8%, 6%, 2% 미만일 경우 각각 경영개선 권고·요구·명령의 대상이 된다.[3]

그 외에도 은행의 위험가중자산에 대한 자기자본비율은 은행의 자회사 등 출자요건(전년 말 BIS비율이 8% 이상일 것),[4] 외국은행에 대한 비금융주력자 판단시 외국은행이 출자지분을 보유하는 외국법인을 동일인 범위에서 제외하는 요건(최근 3년간 계속하여 BIS비율이 8% 이상일 것),[5] 부실금융기관 결정을 위한 자산 부채 평가대상 선정 요건(BIS비율이 4% 미만)[6] 등으로 활용된다. 또한 은행에 대한 경영실태평가 시에 평가의 자본적정성 평가부문의 계량 평가항목으로 BIS 자기자본비율 등이 포함돼 있다.

4) 자본시장법

자본시장법상 최저자본금 요건의 경우, 금융투자업 인가가 금융기관 자체에 대한 인가가 아닌 영업종류별 인가제를 취하고 있음에 따라 최저자본금 요건도 금융투자업의 종류, 금융투자상품의 범위, 투자자의 유형에 따라 다르다. 즉 일반투자자 및 전문투자자를 상대로 모든 증권의 투자매매업을 영위하는 경우 500억원(인가업무단위 1-1-1), 전문투자자를 상대로 채무증권의 투자중개업을 영위하는 경우 5억원(인가업무단위 2-11-2), 모든 집합투자기구의 집합투자업을 영위하는 경우 80억원(인가업무단위 3-1-1) 등 금융투자회사가 영위하는 금융투자업의 종류, 금융투자상품의 범위 및 투자자의 유형을 기준으로 하여 인가업무단위 별로 최저자본금 요건을 달리 정하고 있다(법12①, 영15① 별표1, 인가업무단위 및 최저자기자본).

한편 자기자본규제에 대하여 자본시장법은 "금융투자업자는 경영의 건전성을 유지하기 위하여 자기자본비율 및 기타 자본의 적정성에 관한 사항, 자산의 건전성에 관한 사항, 유동성에 관한 사항, 그 밖에 경영건전성 확보를 위하여 필요한 사항으로서 대통령령으로 정하는 사항에 대해 금융위원회가 정하여 고시하는 경영건전성기준을 준수하여야 하며, 이를 위한 적절한 체계를 구축·시행하여야 한다"(법31①)고 규정하여 경영건전성기준 준수의무를 부과하고 있다.

---

2) 은행의 바젤Ⅲ 도입에 따른 2013.12.1 개정으로 위험가중자산에 대한 자기자본비율 8% 이상에서, 보통주 자본비율 3.5%, 기본자본비율 4.5%, 총자본 비율 8.0%(이상 2013.12.1 이후), 보통주 자본비율 4.0%, 기본 자본비율 5.5%, 총자본비율 8.0%(이상 2014.1.1 이후), 보통주 자본비율 4.5%, 기본자본비율 6.0%, 총자본 비율 8.0%(이상 2015.1.1 이후)로 변경되었다(은행업감독규정26①(1)).
3) 은행업감독규정 제34조(경영개선권고), 제35조(경영개선요구), 제36조(경영개선명령).
4) 은행업감독규정 제50조(자회사등 출자의 요건).
5) 은행업감독규정 제16조의3(외국은행등에 대한 특례).
6) 은행업감독규정 제42조(평가대상 은행).

이에 따라 금융위원회가 정하는 금융투자업규정은 자기자본비율로서 영업용순자본비율(NCR: Net Capital Ratio)을 규정하고 있는데, 총위험액에 대한 영업용순자본의 비율을 의미하며 총위험액 및 영업용순자본의 범위 등 구체적인 산출기준은 금융투자업규정에서 정하고 있다. 금융투자업자의 영업용순자본비율은 적기시정조치의 요건으로 규정되어 있으며, 그 비율이 150%, 120%, 100% 미만일 경우 각각 경영개선 권고·요구·명령의 대상이 된다.[7]

그 외에도 금융투자업자의 영업용순자본비율은 금융투자업자에 대한 외국환 업무의 등록요건 등으로 활용되고 있으며[영업용순자본비율이 150% 이상일 것; 금융투자업규정 제2-11조(외국환업무 등록요건) 제1항], 경영실태평가 시에 자본적 정성 평가부문의 계량 평가항목에 영업용순자본비율이 포함돼 있다.

5) 보험업법

보험회사에 대한 최저자본금 제도의 경우 보험종목별 허가제도가 도입되면서 영업범위에 따라 요건이 다르게 정해지는데(법4), 보험업 전부를 영위하기 위해서는 300억원 이상의 자본금 또는 기금을 납입해야 하며, 일부 종목에만 특화하는 경우에는 50억원 이상의 범위에서 대통령령이 정하는 바에 따라 자본금 및 기금을 납입해야 한다(법9①). 외국보험회사도 대통령으로 정하는 영업기금을 자본금 또는 기금으로 의제한다는 차이만 있을 뿐, 최저자본금 요건은 동일하게 적용된다(법9③).

한편 보험업법은 자기자본규제에 대해 "보험회사는 보험금 지급능력과 경영건전성을 유지하기 위하여 자본의 적정성에 관한 사항, 자산의 건전성에 관한 사항, 그 밖에 경영건전성 확보에 필요한 사항에 관하여 대통령령으로 정하는 재무건전성 기준을 지켜야 한다"(법123①)고 규정하고, 시행령에서는 자본적정성과 관련된 기준으로 지급여력비율 100% 이상을 규정하고 있다(영65②). 지급여력비율은 적기시정조치의 요건으로 규정되어 있으며, 그 비율이 100%, 50%, 0% 미만일 경우 각각 경영개선 권고·요구·명령의 대상이 된다.[8]

그 외에도 지급여력비율은 보험업 허가시 심사기준(지급여력비율 100% 이상을 지속적으로 유지할 수 있을 것),[9] 보험종목 추가 허가에 대한 심사기준(지급여력비율 150% 이상),[10] 자본감소 승인에 관한 심사기준(자본감소 후에도 지급여력비율이 150% 이상일 것)[11] 및 합병인가에 관한 심사기준(합병 후 지급여력비율이 100% 이상을 유지할 수 있을 것)[12] 등으로 활용된다. 또한 금융감

---

7) 금융투자업규정 제3-26조(경영개선권고), 제3-27조(경영개선요구), 제3-28조(경영개선명령).
8) 보험업감독규정 제7-17조(경영개선권고), 제7-18조(경영개선요구), 제7-19조(경영개선명령).
9) 보험업감독규정 [별표3] 사업계획의 세부요건에 관한 기준.
10) 보험업감독규정 제2-6조의3(보험종목 추가 허가에 관한 심사기준) 제1항.
11) 보험업감독규정 제3-5조의2(자본감소의 승인에 관한 심사기준 등) 제1항.
12) 보험업감독규정 제7-36조(합병인가에 관한 심사기준) 제1항.

독원장이 보험회사의 경영실태 및 위험을 평가하는 것을 위험기준 경영실태평가제도(RAAS)라고 하는데, 이 평가의 자본적정성 평가부문의 계량 평가항목에도 지급여력비율이 포함돼 있다.[13]

(3) 자기자본규제 위반의 법적 효과(적기시정조치)

(가) 서설

1) 의의

적기시정조치제도(Prompt Corrective Action)란 금융기관의 건전성을 자본충실도, 경영실태평가 결과 등 경영상태를 기준으로 몇 단계의 등급으로 나눠, 경영상태가 악화된 금융기관에 대하여 금융감독당국이 단계적으로 시정조치를 부과해 나가는 제도를 말한다. 적기시정조치는 부실화 징후가 있는 금융기관에 대해 적기에 경영개선을 유도·강제함으로써 부실화를 예방하고 경영 취약부문의 정상화를 도모하는 건전성감독 수단으로서의 성격을 지닌다. 그러나 적기시정조치는 경영상태가 동 조치의 발동요건에 해당하는 경우 무차별적으로 시정조치를 시행하는 강행규정이므로, 정상화 가능성이 없는 금융기관을 조기에 퇴출시킴으로써 금융소비자의 피해 및 예금보험기금의 고갈 등 금융기관의 부실화에 따른 사회적 비용을 경감시키고 금융시스템의 안정성을 도모하기 위한 행정적 퇴출수단이기도 하다. 적기시정조치는 시장규율의 강화를 통해 금융기관의 부실화 및 도산가능성을 감소시키고 자구노력을 촉발해 부실금융기관 처리비용을 경감시키는 한편, 재무건전성 위주의 객관적 평가를 통해 대형 및 소형 금융기관 간의 공정경쟁여건(level playing field)을 조성하는 효과가 있다.

금융기관이 앞에서 살펴본 자기자본규제 기준에 미달할 경우 개별 금융규제법령 및 금융산업구조개선법에 따른 법적 효과, 즉 적기시정조치가 발동된다. 물론 자기자본규제 기준이 은행 등 금융기관에 대한 경영실태평가 또는 경영공시의 대상 항목이 되고, 이외에도 자본감소 승인에 관한 심사기준, 합병인가에 관한 심사기준 등으로 활용되는 등 다양한 법적 효과를 발생시키지만, 이 중에서 대표적인 효과는 금융산업구조개선법 제10조에 따른 적기시정조치라고 할 수 있다.

2) 연혁

적기시정조치제도는 1974년 덴마크가 「상업은행 및 저축은행법(CBSBA)」 제정 시에 최초로 도입했으며, 미국이 1980년대 초 시작된 금융기관의 도산 및 이로 인한 예금보험기금 고갈

---

13) 7개 평가부문(경영관리리스크, 보험리스크, 금리리스크, 투자리스크, 유동성리스크, 자본적정성, 수익성 부문)의 계량/비계량 평가항목으로 구성되며, 사전에 정해진 등급 기준에 따라 1등급(우수)-5등급(위험)의 5단계로 평가된다. 자본적정성 부문의 계량 평가항목으로는 ⅰ) 지급여력비율, ⅱ) 기본지급여력비율, ⅲ) 자기자본지급여력비율이 있다(보험업감독규정 제7-14조, <별표> 13-2).

사태 발생 이후 덴마크의 제도를 계수해 1992년 「연방예금보험공사 개혁법(FDICIA)」을 제정할 때 도입하면서 국제적으로 주목받기 시작했다.

우리나라에는 1992년 7월 은행권에 최초로 도입됐으며, 은행의 자기자본비율이 기준비율에 미달하는 정도에 따라 경영개선 권고·요구·명령의 3단계로 구분해 경영개선조치를 취하도록 했다. 1998년 4월 외환위기를 극복하는 과정에서 은행 구조조정을 촉진하기 위해 감독당국의 재량권을 축소하고 실효성을 강화하는 방향으로 운영방법이 개선됐다. 1998년 6월에는 자기자본비율 이외에 경영실태평가(CAMELS) 결과와 연동해 적기시정조치를 취할 수 있도록 했다. 은행의 건전성 감독기준을 준용하던 종금사에도 동일하게 적용됐다.

1998년 6월 금융산업구조개선법이 제정·시행되면서 적기시정조치제도를 은행 및 종금사 이외의 여타 금융권역에도 적용할 수 있는 근거가 마련됐다. 이에 1999년 4월 상호저축은행, 증권회사(금융투자업자) 및 보험회사에 동 제도가 도입됐다. 이후 전 금융권역으로 확대돼 현재는 금융위원회 등록대상인 일부 금융기관을 제외하고는 거의 모든 금융기관에 적용되고 있다. 다만 개별 금융권역별 업황과 수신업무·국제업무 취급 여부 등에 따라 적기시정조치의 발동요건과 조치내용이 달라진다.

적기시정조치제도는 1997년 외환위기를 전후해 우리나라 금융산업의 구조조정 과정에서 크게 활용됐다. 은행 권역의 경우 1997년 9월 제일은행과 서울은행에 대한 경영개선권고를 포함해 총 14차례에 걸쳐 33개 은행에 대해 적기시정조치가 발동됐으며, 적기시정조치를 통해 퇴출된 은행은 11개에 이른다. 금융투자권역의 경우 1998년 8월부터 총 5개사에 대해 경영개선명령을 부과해 이 중 3개사가 적기시정조치를 통해 퇴출됐다. 다만 투자신탁회사에서 전환된 증권회사[14]에 대해서는 구조조정을 자발적으로 추진하거나 또는 제3자 인수를 통한 경영정상화 기회를 제공하기 위해 적기시정조치가 유예된 바 있다. 보험권역의 경우 1999년 이후 2003년까지 부실보험회사에 대한 구조조정 과정에서 보험계약자 등을 보호하기 위해 경영개선 권고 1건, 경영개선요구 5건, 경영개선명령 8건 등 총 14건의 적기시정조치를 부과했다.

3) 적기시정조치의 종류

적기시정조치 제도는 경영개선권고, 경영개선요구, 경영개선명령의 3단계로 구분되는데 원칙적으로 적기시정조치는 발동요건이 충족되면 금융위원회 또는 금융감독원장이 반드시 조치해야 하는 강행규정이다. 적기시정조치의 요건 및 효과는 은행업감독규정, 금융투자업규정, 보험업감독규정, 여신금융전문업감독규정, 상호저축은행업감독규정 등 개별 금융규제법령에 따른 감독규정에서 상세히 규정하고 있는데, 자기자본비율이 일정 수준 미만으로 하락하거나 경영실태평가 등급이 일정 등급 이하로 하락하는 경우 적기시정조치가 발동된다. 따라서 자기

---

14) 제일투자신탁증권, 동양오리온투자신탁증권, 한국투자신탁증권, 대한투자신탁증권, 현대투자신탁증권.

자본규제는 금융기관의 재무건전성을 제고하는 감독수단으로뿐만 아니라 사실상 행정적 퇴출 수단으로서의 역할도 하고 있다.

한편 적기시정조치의 기준에 해당하는 경우에도 금융기관이 자본의 확충 또는 자산의 매각 등을 통해 단기간 내에 그 기준에 해당하지 않을 수 있다고 판단되는 경우 또는 이에 준하는 사유가 있다고 인정되는 경우에는 일정 기간 조치의 유예가 인정되는데 이를 "적기시정조치 유예제도"라고 한다.[15]

(나) 적기시정조치의 유형

여기서는 은행, 금융투자회사, 보험회사의 경우를 살펴본다.

1) 경영개선권고

경영개선권고[16]의 요건은 자기자본비율 요건과 경영실태평가 요건으로 크게 구분할 수 있다. 자기자본비율 요건은 은행의 경우 BIS 비율이 6% 이상 8% 미만, 금융투자회사의 경우 영업용순자본비율(NCR)이 120% 이상 150% 미만, 보험회사의 경우 지급여력비율이 50% 이상 100% 미만인 경우이다. 경영실태평가 요건은 금융투자회사와 보험회사는 "종합평가등급이 3등급(보통) 이상으로서 자본적정성 부문의 평가등급이 4등급(취약) 이하로 평가받은 경우"이고, 은행은 "종합평가등급이 1등급 내지 3등급으로서 자산건전성 또는 자본적정성 부문의 평가등급을 4등급 또는 5등급으로 판정받은 경우"로 규정하고 있어, 은행의 경우에는 자본적정성 부문의 평가결과 외에 자산건전성 부문의 평가결과가 추가된다. 또한 보험회사는 그 외에도 "종합평가등급이 3등급(보통) 이상으로서 보험리스크, 금리리스크 및 투자리스크 부문의 평가등급 중 2개 이상의 등급이 4등급(취약) 이하로 평가받은 경우"가 경영개선권고의 요건으로 규정되어 있다. 또한 자기자본비율 지표나 경영실태평가 결과가 산출되기 전이라도, 거액의 금융사고 또는 부실채권 발생으로 동 요건에 해당될 것이 명백한 경우에도 발동된다.

은행업감독규정, 금융투자업규정, 보험업감독규정에 따라 금융위원회는 경영개선권고 대상인 금융기관에 대하여 자본금의 증액 또는 감액, 인력 및 조직운영의 개선, 부실자산의 처분, 신규업무의 진출 제한 등을 권고할 수 있으며, 당해 금융기관 및 관련 임원에 대해서는 주의 또는 경고 조치를 취할 수 있다.

2) 경영개선요구

경영개선요구[17]의 요건도 자기자본비율 요건과 경영실태평가 요건으로 크게 구분된다. 자기자본비율 요건은 은행의 경우 BIS 비율이 2% 이상 6% 미만, 금융투자회사의 경우 영업용순자

---

15) 금융산업구조개선법 제10조 제3항, 은행업감독규정 제37조, 금융투자업규정 제3-30조, 보험업감독규정 제7-23조, 여신금융전문업감독규정 제20조, 상호저축은행감독규정 제50조 등.

16) 은행업감독규정 제34조, 금융투자업규정 제3-26조, 보험업감독규정 제7-17조.

17) 은행업감독규정 제35조, 금융투자업규정 제3-27조, 보험업감독규정 제7-18조.

본비율(NCR)이 100% 이상 120% 미만, 보험회사의 경우 지급여력비율이 0% 이상 50% 미만인 경우이다. 경영실태평가 요건은 은행, 금융투자회사, 보험회사 모두 "종합평가등급을 4등급(취약) 이하로 평가받은 경우"이다. 또한 경영개선권고와 마찬가지로 거액의 금융사고 또는 부실채권 발생으로 동 요건에 해당될 것이 명백한 경우에도 발동된다. 이에 더하여 경영개선권고를 받은 금융기관이 경영개선계획을 성실히 이행하지 아니하는 경우에도 경영개선요구가 발동된다.[18]

은행업감독규정, 금융투자업규정, 보험업감독규정에 따라 금융위원회는 경영개선요구 대상인 금융기관에 대하여 점포의 폐쇄·통합 또는 신설제한, 조직의 축소, 임원진 교체요구, 영업의 일부 정지, 합병 금융지주회사의 자회사로 편입 제3자 인수 영업의 전부 또는 일부 양도 계획의 수립 등의 조치를 요구해야 한다.

3) 경영개선명령

경영개선명령은 사실상 퇴출수단으로도 활용될 수 있는 단계이며, 자기자본비율 요건이 은행의 경우 BIS 비율이 2% 미만, 금융투자회사의 경우 영업용순자본비율(NCR)이 100% 미만, 보험회사의 경우 지급여력비율이 0% 미만인 경우에 발동된다. 그러나 경영개선명령은 경영개선권고·요구와 달리 해당 금융기관의 퇴출이 가능한 강력한 조치가 부과되므로 경영실태평가 결과에 따른 발동요건은 없고,[19] 거액의 금융사고 또는 부실채권의 발생으로 발동요건에 해당될 것이 명백하다고 판단되는 경우라 하더라도 실사를 거쳐 부실금융기관에 해당되지 않는 이상 발동할 수 없다. 다만, 금융산업구조개선법 제2조 제2호에서 정하는 부실금융기관에 해당하는 경우에는 요건 해당 여부와 관계없이 발동될 수 있고, 경영개선요구가 부과된 금융기관이 경영개선계획의 주요사항을 이행하지 않아 이행촉구를 받았음에도 이를 이행하지 아니하거나 이행이 곤란하여 정상적인 경영이 어려울 것으로 인정되는 경우에도 발동된다.[20]

은행업감독규정, 금융투자업규정, 보험업감독규정에 따라 금융위원회는 경영개선명령 대상인 금융기관에 대하여 주식소각, 영업정지 및 양도, 외부 관리인 선임, 계약이전 및 합병 등의 조치를 취할 수 있으나 주식의 전부 소각, 영업의 전부 정지 및 전부 양도, 계약의 전부 이전 등의 퇴출 조치는 건전한 신용질서나 예금자 투자자 등의 권익을 해할 우려가 현저하다고 인정되는 경우에만 허용된다.

---

18) 은행업감독규정은 이를 경영개선요구의 발동요건으로 규정하고 있는 반면, 금융투자업규정 및 보험업감독규정은 "경영개선계획의 불이행에 따른 조치"라고 하면서 다른 조항에서 규정하고 있다(은행업감독규정 제35조, 금융투자업규정 제3-34조 제1항, 보험업감독규정 제7-22조 제1항).

19) 이에 반해 카드사 이외의 여신전문금융회사(할부금융사, 신기술금융사 등)는 경영실태평가 결과가 종합등급 5등급인 경우 경영개선명령을 발동(여신전문금융업법 제53조의3 제2항, 동 감독규정 제19조 제1항 제2호)할 수 있다.

20) 은행업감독규정은 이를 경영개선명령 발동요건으로 규정하고 있는 반면, 금융투자업규정 및 보험업감독규정은 "경영개선계획의 불이행에 따른 조치"라고 하여 다른 조항에서 규정하고 있다(은행업감독규정 제36조, 금융투자업규정 제3-34조 제2항, 보험업감독규정 제7-22조 제3항).

3. 자산건전성 분류와 대손충당금 적립

(1) 자산건전성 분류

(가) 자산건전성 분류의 의의

자산건전성 분류제도란 금융기관의 여신 등 자산에 대해 그 상환능력 및 위험을 감안해 등급을 부여하는 것이다. 이는 빌려준 돈을 받을 수 있는가 또는 없는가, 받을 확률은 얼마쯤 되는가에 따라 여신으로 빌려준 돈 가운데 얼마만큼 금융기관의 자산으로 취급할 수 있는지를 분류·산정함으로써 금융기관이 갖고 있는 자산이 얼마나 건전한지, 또 금융기관이 얼마나 튼튼한지를 가늠하고, 회계상으로 미래의 손실에 대비한 대손충당금을 얼마나 쌓아야 되는지를 알아보기 위한 것이다. 또한 자산건전성 분류 결과 회수의문이나 추정손실 등 부실자산으로 분류된 자산에 대해 대손충당금을 통한 조기상각을 유도함으로써 자산의 과대계상을 방지하고 적정 자기자본 규모를 산출하는데 그 목적이 있다. 즉 금융기관이 자산운용상 부담하고 있는 신용리스크 정도에 대한 평가를 통해 부실자산의 발생을 사전에 예방하고 이미 발생한 부실자산의 조기정상화를 촉진함으로써 자산운용의 건전성을 도모하기 위함이다.

(나) 자산건전성 분류제도 도입배경

1999년 말 새로운 개념의 자산건전성 분류기준이 도입되기 이전까지 우리나라 금융기관은 금융감독당국이 제시한 자산건전성 분류기준 중 차주의 과거 금융거래실적에 중점을 두고 이루어졌다. 따라서 거시경기 변동 및 차주의 경영환경 변화 등에 따른 부실화 징후를 조기에 발견하지 못하고 부실화가 상당히 진전된 이후에 사후적으로 인식함으로써 부실채권 발생의 사전예방 기능이 매우 취약했다. 또한 부실화에 대비한 충당금 적립기능도 제대로 작동하지 않음으로써 차주 기업이 부실화될 경우 일시에 거액의 충당금을 적립했고, 이로 인해 금융기관의 건전성이 급격하게 악화되는 결과를 초래했다.

결국 1997년 외환위기를 겪으면서 수많은 금융기관이 구조조정 됐고, 급기야 퇴출되는 곳도 적지 않았다. 이에 따라 금융당국은 새로운 개념의 자산건전성 분류제도에 의한 자산건전성 분류기준을 마련하여 시행했다. 이를 통해 연체기간, 부도여부 등 과거 실적에 기초한 그동안의 자산건전성 분류에서 탈피해 차주의 미래 상환능력까지 종합적으로 감안한 건전성 분류를 하고자 한 것이다.

(다) 자산건전성 분류의 단계별 특성

금융기관은 정기적으로(매 분기) 차주의 채무상환능력과 금융거래 내용 등에 기초한 보유자산의 건전성을 "정상", "요주의", "고정", "회수의문", "추정손실"의 5단계로 분류하고 적정 수준의 대손충당금을 적립·유지해야 한다.

(2) 금융기관의 대손충당금 적립제도

충당금이란 장래의 특정한 지출을 위한 준비금을 말하며, 지급이 없음에도 불구하고 결산 회계 시 기간비용으로 계상되므로 그만큼 자산이 내부에 유보된다. 대손충당금은 금융기관의 대출자산 등이 향후 손실이 발생되었을 경우를 대비해 사전에 적립하는 내부적립금으로써 미래의 실질가치를 반영하기 위한 평가계정이다. 만약 미래에 발생될 수 있는 손실에 대해 조정을 하지 않은 대출자산 등을 재무제표에 그대로 표시할 경우 건전성과 안전성 등 각종 지표는 왜곡되어 나타나게 된다. 그 결과 금융감독당국이나 투자자들은 정확한 재무상태를 파악할 수 없다. 따라서 금융기관은 보유하고 있는 대출자산 등에 대해 향후 발생할 수 있는 손실추정액을 산출하고 그 추정액을 근거로 하여 대손충당금을 설정함으로써 보유 중인 대출자산 등의 실질가치를 보다 정확하게 표시하게 된다. 그리고 대손충당금의 적립누계액이나 추가적립액의 규모도 함께 공시함으로써 보다 정확한 재무상태 정보를 알 수 있다.

4. 금융기관의 경영실태평가

(1) 경영실태평가의 의의

금융감독당국은 금융기관의 경영상태를 파악하기 위해 경영실태평가라는 분석수단(toolkit)을 활용한다. 경영실태평가는 개별 금융기관의 경영실적, 경영의 건전성, 경영진의 경영능력, 법규준수 상황, 리스크관리 실태 등 다양한 평가부문을 종합적이고 통일적인 방식에 따라 일정한 등급으로 평가해 금융기관의 경영상태를 체계적이고 객관적으로 확인하는 방법의 하나이다.

경영실태평가의 가장 기본적인 목표는 현재의 금융기관 경영실태를 정확히 파악하고, 이를 바탕으로 일정 기간 후 금융기관의 경영상태가 어떻게 변화될 것인가를 판단하는 것이다. 경영실태평가 결과에 따라 부실금융기관에 대해서 적기시정조치를 취하는 한편 감독상 주의 및 관심을 더욱 집중해 금융기관 경영의 건전성 확보와 금융이용자 보호 및 신용질서 유지 등 감독·검사업무의 효율성을 높일 수 있는 장점도 있다.

(2) 경영실태평가 방법

금융기관의 경영실태평가는 각국의 금융정책이나 특성에 따라 약간씩 차이를 보이고 있다. 하지만 주요국의 경영평가는 감독기관들이 감독대상 금융기관에 대한 임점검사(On-site Examination) 이외에 금융기관의 재무·경영상태를 상시 점검할 수 있는 상시감시(Off-site Monitoring)로 양분된 체제로 운영된다. 이는 금융기관의 재무상태 및 경영 전반에 걸친 문제점 등을 임점검사를 통해 보다 정확히 파악할 수 있도록 하며, 임점검사의 제약성을 보완하기 위해 상시감시를 이용하고 있다. 즉 감독기관은 이 두 가지 체계를 통한 경영실태의 분석을 수행하여 부실금융기관을 조기에 정확하게 식별하는데 활용한다.

현재 우리나라에서 시행되고 있는 임점검사 분석기법으로 CAMEL은 금융기관의 경영상태를 종합적으로 분석하기 위해 재무비율 등 각종 분석지표를 활용하여 평점 방식으로 개발한 것이다. 여러 단계를 거쳐 선정된 분석지표로는 자본적정성(Capital Adequacy), 자산건전성(Asset Quality), 경영관리(Management), 수익성(Earnings), 유동성(Liquidity)의 5개 부문으로 구성된다. 그리고 시장의 민감도를 추가적으로 분석해 금융기관의 경영성과를 평가하는 CAMEL방식이 이용되고 있다.

(3) 경영실태평가의 활용

경영실태평가 결과는 그 결과에 따라 경영개선권고, 경영개선요구, 경영개선명령 등의 적기시정조치에 활용된다. 경영개선권고 사유로는 종합평가등급이 3등급 이상으로서 은행의 경우 자산건전성 또는 자본적정성 부문의 평가등급이 4등급 이하인 경우에, 보험사의 경우 자본적정성 부문(=지급여력) 또는 보험·금리·투자리스크의 평가등급 중 2개 이상 4등급 이하인 경우에, 증권회사의 경우 자본적정성 부문의 평가등급이 4등급 이하인 경우이다. 경영개선요구 사유로는 은행·보험·증권 모두 종합평가등급이 4등급 이하인 경우이며, 경영개선명령은 부실금융기관에 해당하는 경우이다

Ⅳ. 영업행위감독

금융기관의 영업행위 감독은 금융기관과 거래하는 금융소비자를 보호하고 시장규율(market discipline)을 확립하는 데 있다.

금융기관 영업행위감독에 관하여는 제3편 금융기관 부분에서 설명하기로 한다.

제3절 금융시장감독(자본시장감독)

Ⅰ. 자본시장감독의 의의

금융시장에는 불특정 다수의 시장참여자 사이에 정보 비대칭이 존재한다. 특히 증권이 발행되고, 유통되는 자본시장에서 가격에 민감한 영향을 주는 정보를 소유한 자는 그렇지 아니한

시장참여자에 비해 위험부담 없이 거래할 수 있어 형평성 측면에서 부당하다. 그리고 미공개중요정보를 부정하게 사용하거나 사기적 부정행위로 시세를 조작하는 것은 시장에 대한 투자자의 신뢰를 손상시키고 자본시장의 기능을 훼손한다. 자본시장감독은 자본시장에서 거래의 효율성 및 공정성 제고와 투자자 보호를 목적으로 하는 감독형태이다. 금융기관감독은 개별 금융기관의 행위를 감시하여 전반적인 금융안정을 도모하고 금융소비자를 보호하기 위한 기반이다. 따라서 금융기관감독과 금융시장감독은 상호보완관계에 있다고 볼 수 있다.

　　금융시장감독은 금융기관 이외에 일반인이 함께 참여하는 증권시장 및 장내파생상품시장과 같은 자본시장감독을 중심으로 한다. 자본시장은 다수의 일반투자자가 참여하는 시장이고 시장에 대한 신뢰가 시장의 존속을 위한 필수적인 요소이다. 이런 관점에서 자본시장법은 시장의 효율성뿐 아니라 공정성을 유지할 수 있도록 하는 법적 장치로서 정보공시규제(발행시장공시와 유통시장공시)와 불공정거래규제(미공개 중요정보 이용행위 금지, 시세조종행위 금지, 부정거래행위 금지, 시장질서 교란행위 금지)의 두 축을 중심으로 규율하고 있다.

　　또한 외부감사법에 따라 수행하는 회계감독·감리업무도 자본시장감독에 포함된다. 기업이 회계처리 및 보고를 할 때 준수해야 할 회계처리기준을 외부감사법에 따라 제정하고 있다. 외부감사대상회사는 반드시 동 기준을 준수하여 재무제표를 작성해야 하며, 감사인은 기업이 작성한 재무제표가 기업회계기준에 따라 적정하게 작성되었는지 감사하고 감사의견을 표명해야 한다. 감독당국은 회사의 회계처리 및 외부감사인의 감사결과와 절차의 적정성에 대한 감리업무를 통해 회계투명성 및 재무제표의 신뢰성을 제고하고 있다. 또한 외국환거래에 대해서는 외국환거래법이 다양한 규정을 두고 있다.

Ⅱ. 기업공시

　　발행시장은 기업이 자금조달을 위해 증권을 신규발행하고 투자자들은 투자이익, 경영 참여 등 각기 다른 목적달성을 위해 신규 발행된 증권에 투자하는 시장이다. 자금을 조달하는 기업의 입장에서는 투자유치를 위해 투자자들에게 기업 및 증권에 대해 긍정적이고 희망적인 정보를 공시할 유인이 있고, 투자자 입장에서는 투자를 위한 의사결정을 위해 객관적이고 정확한 정보가 제공되기를 원한다. 이런 양 당사자의 입장 차이에서 비롯되는 정보 비대칭을 해소하기 위해 자본시장법은 증권을 신규로 발행해 자금을 조달하고자 하는 기업으로 하여금 투자자에게 투자판단에 필요한 정보를 신속 정확하게 시장에 제공하도록 강제하는 공시규제를 마련해 운용하고 있다. 발행시장 공시규제 수단은 그 내용 및 기능에 따라 증권신고서, 일괄신고서, 투자설명서, 소액공모 공시서류, 사모발행 증권에 대한 전매제한 규제 등이 있다.

한편 유통시장 공시규제는 두 가지 측면에서 구성돼 있다. 하나는 주권상장법인, 증권을 모집 또는 매출한 실적이 있는 발행인 등("상장법인등")에게 회사의 주요 재무상황, 경영실적 등의 변동사항이 발생한 경우에 수시로 시장에 공시하도록 하거나 정기적인 보고서를 통해 공시하도록 하는 것이고, 또 다른 하나는 경영권의 변동을 초래할 가능성이 있는 증권거래가 있었거나 회사내부자로서 특정증권등을 거래한 경우에 이를 시장에 공개하거나 금융감독당국에 보고할 의무를 당해 거래행위자에게 부과하는 체계로 돼 있다. 상장법인등으로 하여금 회사경영에 관한 사항을 수시로 또는 정기적으로 공개하도록 하는 이유는 당해 회사가 발행한 증권에 대하여 투자하고 있거나 투자할 의사가 있는 투자자로 하여금 발행회사에 대한 정확한 정보를 알 수 있게 함으로써 합리적인 투자판단이 가능하도록 하고, 시장가격이 공정하게 형성되도록 하기 위한 것이다. 유통시장공시와 관련해 상장법인등에 대해 부과하는 의무로는 정기공시인 사업보고서 및 분기·반기 보고서가 있고, 비정기공시로는 주요사항보고서 및 한국거래소의 수시공시가 있으며, 특수한 상황에서의 공시의무인 공정공시, 조회공시 등이 있다. 한편 유통시장 투자자에게 부과하는 의무로는 공개매수신고의무, 대량보유상황 보고의무, 특정증권등의 소유상황보고의무, 단기매매차익 반환제도, 의결권 대리행사 권유제도 등이 있다.

기업공시에 관하여는 제5편 금융시장 편에서 설명하기로 한다.

Ⅲ. 불공정거래 조사

경제발전을 위해서는 기업활동이 활발해야 하고 기업의 성장은 훌륭한 인적 자원과 튼튼한 기업재무구조에서 비롯된다. 기업의 자금이 반드시 풍부하다고 해서 좋은 것만은 아니고(예컨대 많은 대출로 현금성 자산은 많지만 부채가 높은 회사가 좋다고 할 수는 없다) 효율적으로 사용되어질 수 있을 때 비로소 건전한 기업의 성장도 있을 수 있다.

기업이 자금조달을 하는 방법은 은행 등 여신기관으로부터 대출을 받는 간접금융과 회사채나 주식을 발행해 투자자로부터 직접 자금을 조달하는 직접금융이 있다. 직접금융은 기업이 자금조달을 하는 수단이기도 하지만 투자자 입장에서는 투자의 기회이기도 하기 때문에 이들을 연결해 주는 자본시장은 투명하게 운영돼야 한다. 자본시장법은 자본시장의 투명성을 위해 발행시장 공시규제와 유통시장 공시규제를 두고 있는데 이것만으로는 부족하다. 즉 시장참여자들이 증권가격을 조작하거나 기업의 중요한 미공개정보를 이용하고 부정한 방법으로 증권사기가 발생하는 경우에는 투자자들이 자본시장을 믿지 못하고 떠나게 될 것이다. 이처럼 기업자금조달의 장인 자본시장이 신뢰를 받지 못하게 하는 불공정거래는 증권범죄로서 반드시 척결돼야 한다. 자본시장법은 이들 불법행위들을 유형화하여 미공개 중요정보 이용행위 금지, 시세조종행위 금지, 부정거래행위 금지, 시장질서 교란행위 금지로 구별해 규제하고 있다.

불공정거래에 관해서는 제5편 금융시장 편에서 설명하기로 한다.

Ⅳ 회계감독

1. 서설

(1) 회계감독의 목적

투자자의 의사결정을 위해 회사가 투자자나 이해관계자에게 제공하는 가장 중요한 정보는 재무제표로 대표되는 재무정보이다. 회사와 투자자나 이해관계자 간에 정보의 비대칭을 해소하고 정확하고 신뢰성 있는 재무정보가 작성·공시되도록 여러 가지 제도적 장치가 구축되어 있고, 이런 제도적 장치가 효율적이고 효과적으로 작동되고 있는지 심사하고 조사하는 감독절차가 마련되어 있다. 이러한 일련의 제도 및 절차가 회계감독이다.

사실 회계감독의 개념은 외국에서 별도로 정의되지 않고 대부분 자본시장에서 공시규제의 틀 속에서 이해되고 있다. 왜냐하면 기업공시의 핵심은 기업의 재무정보인 재무제표이며 재무제표의 정확성 및 신뢰성이 제고되도록 감독하는 것이 회계감독의 목적이기 때문이다. 현재 우리나라에서는 자본시장법과는 별도로 외부감사법에서 일정조건(상장법인, 상장예정법인, 자산총액 또는 매출액 500억원 이상 등)에 해당하는 주식회사 및 유한회사는 외부감사를 받도록 의무화되어 있다. 따라서 우리나라에서는 회계감독이 자본시장 규제의 틀을 넘어 경제사회의 인프라로서 회계에 대한 감독으로 이해되기도 한다.

결론적으로 회계감독의 목적은 미시적으로는 회사의 재무제표의 정확성 및 신뢰성을 제고하는 것이며(회계투명성 제고), 거시적으로는 투자자나 이해관계자를 보호하고 자본시장의 건전한 발전을 도모하는 것이다.

(2) 회계감독의 주요 내용

회사 재무제표의 정확성 및 신뢰성을 제고하기 위한 제도적 장치 및 감독과정은 자본시장법, 외부감사법, 공인회계사법 등에 규정되어 있다. 금융위원회는 관련 법령·규정을 입안·제정한다. 증권선물위원회는 회사 및 감사인에 대한 조사 및 감리업무를 수행하는 등 회계감독의 핵심적인 기관이다. 금융감독원은 증권선물위원회의 조사 및 감리업무의 지원기관으로 회계감독을 실질적으로 수행하는 주체이다. 또한 한국공인회계사회도 증권선물위원회의 감리업무, 자료의 제출요구, 감사인 및 감사인에 소속된 공인회계사에 대한 조치에 관한 업무의 전부 또는 일부를 위탁받아 회계감독을 실질적으로 수행한다.

회계감독은 주로 다음 세 부분으로 대별할 수 있다. ⅰ) 재무제표를 정확하게 작성하여 공시해야 할 책임은 회사에게 있기 때문에 회사는 회계감독의 1차적인 대상이 된다. 회계감독은 회사의 재무제표가 적정하게 작성되어 공시되도록 하는 제도적 장치를 마련하고 효과적으로 집행되는지를 심사하고 조사하는 것이다. ⅱ) 외부감사인(회계법인 또는 감사반)에 대한 감독이다. 회사가 작성한 재무제표를 투자자가 보다 신뢰할 수 있도록 하기 위하여 외부감사인의 감사를 받도록 하고 있다. 외부감사인이 공정하고 독립적인 지위에서 감사를 수행하고 감사 품질을 제고하도록 하는 제도적 장치를 마련하고 감독하는 것이다. ⅲ) 회사의 재무제표 작성기준인 회계처리기준, 외부감사인이 외부감사시 준수해야 하는 회계감사기준 등 회계 관련 기준에 대한 감독이다. 이러한 회계 관련 기준에 대한 감독도 그 자체로서 중요성이 있다기보다는 종국적으로는 정확하고 신뢰성 있는 재무정보가 제공되도록 하여 투자자 및 이해관계자를 보호하고 자본시장의 건전한 발전을 도모하는데 그 의의가 있다.

회계감독 제도 및 절차의 주요내용은 자본시장법 및 외부감사법에 규정되어 있다. 기본적으로 자본시장법은 상장법인을 규제하고 있으며, 외부감사법은 외부감사인 및 외부감사대상회사를 규제하고 있다.

2. 감독

(1) 증권선물위원회의 감리업무

외부감사법("법")에 따라 증권선물위원회는 재무제표 및 감사보고서의 신뢰도를 높이기 위하여 ⅰ) 감사인이 제출한 감사보고서에 대하여 회계감사기준의 준수 여부에 대한 감리(제1호), ⅱ) 회사가 제출한 재무제표에 대하여 회계처리기준의 준수 여부에 대한 감리(제2호), ⅲ) 감사인의 감사업무에 대하여 품질관리기준의 준수 여부에 대한 감리 및 품질관리수준에 대한 평가(제3호), ⅳ) 그 밖에 "대통령령으로 정하는 업무"(제4호)를 한다(법26①).

위에서 "대통령령으로 정하는 업무"란 ⅰ) 회사가 내부회계관리제도를 운영했는지에 대한 감리(법 제26조 제1항 제2호의 감리업무를 수행하는 데 필요한 경우로 한정) 업무(제1호), ⅱ) 주권상장법인의 감사인으로 등록한 자가 등록요건을 유지하는지에 대한 감리업무(제2호), ⅲ) 회사 또는 회사의 감사인과 그 감사인에 소속된 공인회계사가 법 제6조 제6항에 따른 의무를 준수하는지에 대한 감리업무(제3호)를 말한다(영29).

(2) 자료제출요구

증권선물위원회는 감리업무를 수행하기 위하여 필요하면 회사 또는 관계회사와 감사인에게 자료의 제출, 의견의 진술 또는 보고를 요구하거나, 금융감독원장에게 회사 또는 관계회사의 회계에 관한 장부와 서류를 열람하게 하거나 업무와 재산상태를 조사하게 할 수 있다(법27 ① 전단). 이 경우 회사 또는 관계회사에 대한 업무와 재산상태의 조사는 업무수행을 위한 최소한의 범위에서 이루어져야 하며, 다른 목적으로 남용해서는 아니 된다(법27① 후단).

(3) 부정행위 신고와 신고자의 보호

이는 기업이 의도적으로 회계부정을 숨길 경우 회계정보를 1차적으로 접하는 내부자의 고발 없이는 적발이 쉽지 않은 점을 감안하면 내부 신고를 활성화하기 위한 입법이다.

증권선물위원회는 회사의 회계정보와 관련하여 ⅰ) 내부회계관리제도에 의하지 아니하고 회계정보를 작성하거나 내부회계관리제도에 따라 작성된 회계정보를 위조·변조·훼손 또는 파기한 사실(제1호), ⅱ) 회사가 회계처리기준을 위반하여 재무제표를 작성한 사실(제2호), ⅲ) 회사, 감사인 또는 그 감사인에 소속된 공인회계사가 외부감사법 제6조 제6항을 위반한 사실(제3호), ⅳ) 감사인이 회계감사기준에 따라 감사를 실시하지 아니하거나 거짓으로 감사보고서를 작성한 사실(제4호), ⅴ) 앞의 제1호부터 제4호까지의 규정에 준하는 경우로서 회계정보를 거짓으로 작성하거나 사실을 감추는 경우(제5호)를 알게 된 자가 그 사실을 증권선물위원회에 신고하거나 해당 회사의 감사인 또는 감사에게 고지한 경우에는 그 신고자 또는 고지자("신고자등")에 대해서는 회사 및 감사인 등에 대한 조치를 감면할 수 있다(법28①).

신고 또는 고지를 받은 자는 신고자등의 신분 등에 관한 비밀을 유지하여야 한다(법28②). 신고자등이 신고 또는 고지를 하는 경우 해당 회사(해당 회사의 임직원 포함)는 그 신고 또는 고지와 관련하여 직접 또는 간접적인 방법으로 신고자등에게 불이익한 대우를 해서는 아니 된다(법28③). 증권선물위원회는 신고가 회사의 회계정보와 관련하여 신고대상(법28①) 중 어느 하나에 해당하는 사항을 적발하거나 그에 따른 제29조(회사 및 감사인 등에 대한 조치 등) 또는 제30조(위반행위의 공시 등)에 따른 조치 등을 하는 데에 도움이 되었다고 인정하면 신고자에게 포상금을 지급할 수 있다(법28⑤).

3. 증권선물위원회의 조치권

(1) 회사에 대한 조치

증권선물위원회는 회사가 재무제표를 작성하지 아니하거나 회계처리기준을 위반하여 재무제표를 작성한 경우 등의 사유에 해당하면 필요한 조치를 할 수 있다(법29①). 회사가 위의 조치사유에 해당하는 경우 증권선물위원회는 해당 회사에 임원의 해임 또는 면직 권고, 6개월 이내의 직무정지, 일정 기간 증권의 발행제한, 회계처리기준 위반사항에 대한 시정요구 및 그 밖에 필요한 조치를 할 수 있다(법29①).

(2) 감사인에 대한 조치

증권선물위원회는 감사인이 외부감사법 제6조 제6항을 위반하여 해당 회사의 재무제표를 대신하여 작성하거나 재무제표 작성과 관련된 회계처리에 대한 자문에 응하는 등의 행위를 한 경우 등의 사유에 해당하는 경우에는 필요한 조치를 할 수 있다(법29③)

감사인이 위의 조치사유에 해당하는 경우 증권선물위원회는 ⅰ) 해당 감사인의 등록을 취소할 것을 금융위원회에 건의(제1호), ⅱ) 일정한 기간을 정하여 업무의 전부 또는 일부 정지를 명할 것을 금융위원회에 건의(제2호), ⅲ) 손해배상공동기금 추가 적립 명령(제3호), ⅳ) 일정한 기간을 정하여 증권선물위원회가 감사인을 지정하는 회사(법11) 또는 그 밖에 증권선물위원회가 정하는 특정 회사에 대한 감사업무 제한(제4호), ⅴ) 경고(제5호), ⅵ) 주의(제6호), ⅶ) 그 밖에 위법행위를 시정하거나 방지하기 위하여 필요한 조치(제7호)를 할 수 있다(법29③).

(3) 감사인에 소속된 공인회계사에 대한 조치

증권선물위원회는 감사인에 소속된 공인회계사(회계법인 대표이사 포함)가 외부감사법 제6조 제6항을 위반하여 해당 회사의 재무제표를 대신하여 작성하거나 재무제표 작성과 관련된 회계처리에 대한 자문에 응하는 등의 행위를 한 경우 등에 해당하는 경우에는 필요한 조치를 할 수 있다(법29④).

감사인에 소속된 공인회계사(회계법인 대표이사 포함)가 위의 조치사유에 해당하는 경우 증권선물위원회는 ⅰ) 공인회계사 등록을 취소할 것을 금융위원회에 건의(제1호), ⅱ) 일정한 기간을 정하여 직무의 전부 또는 일부 정지를 명할 것을 금융위원회에 건의(제2호), ⅲ) 일정한 기간을 정하여 주권상장법인, 대형비상장주식회사, 증권선물위원회가 감사인을 지정하는 회사(법11), 또는 그 밖에 증권선물위원회가 정하는 특정 회사에 대한 감사업무 제한(제3호), ⅳ) 경고(제4호), ⅴ) 주의(제5호), ⅵ) 그 밖에 위법행위를 시정하거나 방지하기 위하여 필요한 조치(제6호)를 할 수 있다(법29④).

Ⅴ. 외국환거래 감독 및 검사

1. 업무감독

외국환거래법("법")에 따라 기획재정부장관은 외국환업무취급기관, 전문외국환업무취급업자 및 외국환중개회사["외국환업무취급기관등"(외국환업무취급기관등의 외국에 있는 영업소 포함)]의 업무를 감독하고 감독상 필요한 명령을 할 수 있다(법11①).

2. 검사

(1) 거래 당사자 또는 관계인의 보고의무

기획재정부장관은 외국환거래법의 실효성을 확보하기 위하여 거래 당사자 또는 관계인으로 하여금 필요한 보고를 하게 할 수 있으며, 비거주자에 대한 채권을 보유하고 있는 거주자로 하여금 대통령령으로 정하는 바에 따라 그 보유 채권의 현황을 기획재정부장관에게 보고하게 할 수 있다(법20①).

(2) 관계기관의 장에 대한 자료 또는 정보의 제출요구권

기획재정부장관은 외국환거래법을 시행하기 위하여 필요하다고 인정되는 경우에는 국세청, 한국은행, 금융감독원, 외국환업무취급기관등 외국환거래법을 적용받는 관계기관의 장에게 관련 자료 또는 정보의 제출을 요구할 수 있다(법20② 전단). 이 경우 관계기관의 장은 특별한 사유가 없으면 그 요구에 따라야 한다(법20② 후단).

(3) 기획재정부장관의 검사권
(가) 의의

기획재정부장관은 외국환거래법을 시행하기 위하여 필요하다고 인정되는 경우에는 소속 공무원으로 하여금 외국환업무취급기관등이나 그 밖에 외국환거래법을 적용받는 거래 당사자 또는 관계인의 업무에 관하여 검사하게 할 수 있다(법20③). 검사는 서면검사 또는 실지검사로 구분하여 할 수 있다(영35①). 검사를 하는 사람은 그 권한을 표시하는 증표를 지니고 이를 관계인에게 내보여야 한다(법20⑦).

(나) 업무와 재산에 관한 자료제출 요구

기획재정부장관은 효율적인 검사를 위하여 필요하다고 인정되는 경우에는 외국환업무취급기관등이나 그 밖에 외국환거래법을 적용받는 거래 당사자 또는 관계인의 업무와 재산에 관한 자료의 제출을 요구할 수 있다(법20④).

(다) 시정명령 등 조치

기획재정부장관은 검사결과 위법한 사실을 발견하였을 때에는 그 시정을 명하거나 그 밖에 필요한 조치를 할 수 있다(법20⑤).

(4) 검사 위탁

기획재정부장관은 필요하다고 인정되는 경우에는 한국은행총재, 금융감독원장, 관세청장에게 위탁하여 그 소속 직원으로 하여금 기획재정부장관의 검사권에 관한 업무를 수행하게 할 수 있다(법20⑥, 영35②).

<h1 style="text-align:center">제4절 금융기관 검사</h1>

Ⅰ. 서설

1. 검사의 의의

검사는 금융기관의 업무활동과 경영상태를 분석·평가하고 금융기관이 취급한 업무가 관계법령에 위반되지 않았는지를 확인·점검해 적절한 조치를 취하는 활동으로서, 감독정책이 시장에서 작동되도록 보장할 뿐만 아니라 검사결과 도출된 제반 정보를 반영하여 보다 실효성 있는 금융감독정책을 수립할 수 있도록 지원하는 기능도 담당한다. 이에 반해 금융감독은 사전예방적인 감독활동과 사후교정적인 검사활동으로 구분할 수 있다. 일반적으로 감독은 금융기관의 건전경영을 유도하기 위하여 기준을 설정하고 이를 준수하도록 지도하는 행위를 말한다.

금융기관에 대한 검사방식은 과거에는 사후교정적 측면을 강조하는 지적 위주의 검사에서 1980년대 이후에는 금융자율화 추세에 따라 내부통제 기능 강화와 책임경영체제 확립을 도모하였고, 2000년대 이후에는 제한된 검사인력을 효율적으로 운용하기 위하여 리스크 중심의 검사를 지향하고 있으며, 2008년 금융위기 이후에는 금융기관 및 금융시장의 잠재적 위험에 선제적으로 대응하여 위기의 발생을 억제하는 사전예방적 검사의 중요성이 강조되어 금융시스템에 영향이 큰 대형금융기관에 대한 현장검사의 강화 및 상시감시활동, 금융기관의 내부감사 및 내부통제 활동의 중요성이 더욱 부각되고 있다.

2. 검사의 법적 근거

금융감독원은 금융위원회법 또는 다른 법령에 따라 검사대상기관의 업무 및 재산상황에 대한 검사업무를 수행한다(금융위원회법37(1)). 금융위원회법 제37조 및 동법 시행령, 금융업관련법 및 그 시행령과 기타 관계법령에 의하여 금융감독원장("감독원장")이 실시하는 검사의 방법, 검사결과의 처리 및 제재, 기타 필요한 사항을 정한 금융위원회 고시로 「금융기관 검사 및 제재에 관한 규정」("검사제재규정")이 있다. 검사는 행정조사의 일종으로서 권력적 행정조사와 비권력적 행정조사를 모두 포함한다.

3. 검사 대상기관

금융감독원의 검사를 받는 기관은 은행, 금융투자업자, 증권금융회사, 종합금융회사 및 명의개서대행회사, 보험회사, 상호저축은행과 그 중앙회, 신용협동조합 및 그 중앙회, 여신전문금융회사 및 겸영여신업자, 농협은행, 수협은행이 있으며, 다른 법령에서 금융감독원이 검사를 하도록 규정한 기관도 검사 대상기관이다(금융위원회법38).

검사제재규정의 적용범위는 금융감독원장이 검사를 실시하는 "금융기관"에 적용한다(검사제재규정2①). 여기서 "금융기관"이라 함은 설립·해산, 영업의 인·허가, 승인 또는 업무감독·검사 등과 관련하여 금융위원회법 및 금융업관련법의 적용을 받는 회사·관계기관·단체 등을 말한다(검사제재규정3(2)).

II. 검사의 종류

1. 정기검사와 수시검사

이는 운영방식에 따른 구분이다. "정기검사"라 함은 금융기관의 규모, 시장에 미치는 영향력 등을 감안하여 일정 주기에 따라 정기적으로 실시하는 검사를 말하고(검사제재규정3(3)), "수시검사"라 함은 금융사고예방, 금융질서확립, 기타 금융감독정책상의 필요에 따라 수시로 실시하는 검사를 말한다(검사제재규정3(4)).

2. 현장검사와 서면검사

이는 검사 실시방법에 따른 구분이다. "현장검사"란 검사원(금융감독원장의 명령과 지시에 의하여 검사업무를 수행하는 자)이 금융기관을 방문하여 실시하는 검사를 말하고(검사제재규정3(5)), "서면검사"란 검사원이 금융기관으로부터 자료를 제출받아 검토하는 방법으로 실시하는 검사를 말한다(검사제재규정3(6)).

3. 건전성검사와 영업행위검사

실시목적 기준에 따라 건전성검사와 영업행위검사로 구분된다. 건전성검사는 금융기관의 리스크관리, 경영실태평가, 지배구조 등 건전경영 유도 목적에 보다 중점을 둔 검사이며, 영업행위검사는 금융소비자에 대한 금융상품 판매행위 등 금융소비자 보호 및 금융거래질서 확립 목적에 보다 중점을 둔 검사이다.

4. 평가성검사와 준법성검사

중대한 법규 위반사항 적발 목적 기준에 따라 평가성검사와 준법성검사로 구분된다. 평가성검사는 컨설팅 방식으로 진행되며 미흡한 사항에 대해서는 개선권고, 경영유의, 현지조치, MOU 체결 등으로 처리하되, 중대한 법규 위반사항 발견 시에는 준법성검사로 전환한다. 준법성검사는 사실관계 확인 및 위법성 검토 방식으로 진행되며, 검사결과 위법성의 경중에 따라 기관 및 개인에 대해 제재조치한다. 평가성검사와 준법성검사가 혼재된 경우 준법성검사로 구분한다.

Ⅲ. 검사결과의 보고, 통보 및 조치

1. 검사결과의 보고

금융감독원장은 금융기관에 대하여 검사를 실시한 경우에는 그 결과를 종합정리하여 금융위에 보고하여야 한다(검사제재규정13① 본문). 다만, 현지조치사항만 있거나 조치요구사항이 없는 경우에는 보고를 생략할 수 있다(검사제재규정13① 단서). 금융감독원장은 시스템리스크 초래, 금융기관 건전성의 중대한 저해, 다수 금융소비자 피해 등의 우려가 있다고 판단하는 경우에는 보고와 별도로 검사 종료 후 지체없이 그 내용을 금융위에 보고하여야 한다(검사제재규정13②). 금융감독원장은 타기관에 위임 또는 위탁한 검사에 대하여도 그 검사결과를 보고받아 금융위에 보고하여야 한다(검사제재규정13③).

2. 검사결과의 통보 및 조치요구

(1) 의의

금융감독원장은 금융기관에 대한 검사결과를 검사서에 의해 당해 금융기관에 통보하고 필요한 조치를 취하거나 당해 금융기관의 장에게 이를 요구할 수 있으며(검사제재규정14①), 조치를 요구한 사항에 대하여 금융기관의 이행상황을 관리하여야 한다(검사제재규정14③ 본문). 다만, 현지조치사항에 대하여는 당해 금융기관의 자체감사조직의 장이나 당해 금융기관의 장에게 위임하며, 신용협동조합·농업협동조합·수산업협동조합·산림조합에 대한 조치요구사항은 당해 설립법에 의한 중앙회장에게 위임할 수 있다(규정14③ 단서).

(2) 검사결과 조치요구사항

검사서 작성 및 검사결과 조치요구사항은 아래와 같이 구분한다(검사제재규정14②). 여기서

"조치요구사항"이란 경영유의사항, 지적사항, 현지조치사항 등 감독원장이 금융기관에 대하여 조치를 요구하는 사항을 말한다(검사제재규정3(8)).

(가) 경영유의사항(검사제재규정14②(1))

경영유의사항이란 금융기관에 대한 검사결과 경영상 취약성이 있는 것으로 나타나 경영진의 주의 또는 경영상 조치가 필요한 사항을 말한다(검사제재규정3(9)).

(나) 지적사항(검사제재규정14②(2))

지적사항이란 금융기관에 대한 검사결과 나타난 위법·부당한 업무처리내용 또는 업무처리방법의 개선 등이 필요한 사항을 말하며, 이는 문책·자율처리필요·주의· 변상·개선사항으로 다음과 같이 구분한다(검사제재규정3(10)).

ⅰ) 문책사항(가목): 금융기관 또는 금융기관의 임직원이 금융관련법규를 위반하거나 금융기관의 건전한 영업 또는 업무를 저해하는 행위를 함으로써 신용질서를 문란하게 하거나 당해 기관의 경영을 위태롭게 하는 행위로서 과태료·과징금 부과, 기관 및 임원에 대한 주의적 경고 이상의 제재, 직원에 대한 면직·업무의 전부 또는 일부에 대한 정직·감봉·견책에 해당하는 제재의 경우, ⅱ) 자율처리필요사항(나목): 금융기관 직원의 위법·부당행위에 대하여 당해 금융기관의 장에게 그 사실을 통보하여 당해 금융기관의 장이 조치대상자와 조치수준을 자율적으로 결정하여 조치하도록 하는 경우, ⅲ) 주의사항(다목): 위법 또는 부당하다고 인정되나 정상참작의 사유가 크거나 위법·부당행위의 정도가 상당히 경미한 경우, ⅳ) 변상사항(라목): 금융기관의 임직원이 고의 또는 중대한 과실로 금융관련법규 등을 위반하는 등으로 당해 기관의 재산에 대하여 손실을 끼쳐 변상책임이 있는 경우, ⅴ) 개선사항(마목): 규정, 제도 또는 업무운영 내용 등이 불합리하여 그 개선이 필요한 경우

(다) 현지조치사항(검사제재규정14②(3))

현지조치사항이란 금융기관에 대한 검사결과 나타난 위법·부당행위 또는 불합리한 사항 중 그 정도가 경미하여 검사반장이 검사현장에서 시정, 개선 또는 주의조치하는 사항을 말한다(규정3(11)).

제5절 제재(검사결과의 조치)

I. 서설

1. 제재의 의의

제재라 함은 금융감독원의 검사결과 등에 따라 금융기관 또는 그 임직원에 대하여 금융위원회 또는 금융감독원장이 검사제재규정에 의하여 취하는 조치를 말한다(검사제재규정3(18)). 검사결과 법규위반행위에 대하여는 제재를 하게 되는데, 제재는 금융기관 또는 그 임직원에게 영업상, 신분상, 금전상의 불이익을 부과함으로써 금융기관 경영의 건전성 확보 및 금융제도의 안정성 도모 등 금융기관 감독목적의 실효성을 확보하기 위한 사후적 감독수단이다.

제재는 금융관련법령의 목적달성인 금융감독의 목적을 달성하기 위하여 검사대상기관에 부과하는 징계벌이라는 점에서 검사 대상기관의 장이 그 소속직원에 대하여 취하는 면직, 정직, 감봉, 견책 등의 신분상의 조치인 징계와 구별된다. 징계란 금융감독원장의 요구에 의하여 당해 기관의 장이 그 소속직원에 대하여 취하는 면직, 정직, 감봉, 견책 등 신분상의 제재조치를 말한다(검사제재규정3(19)).

2. 제재의 법적 근거

제재는 금융기관 및 그 임직원에게 새로운 의무를 부과하거나 기존의 권리나 이익을 박탈하는 등 영업상, 신분상, 금전상의 불이익 부과를 주된 내용으로 하고 있으므로 명확한 법적 근거가 있어야 한다. 따라서 금융감독기관이 제재를 하기 위해서는 명확한 법적 근거가 요구되는데, 현행 금융기관 임직원에 대한 제재는 금융위원회법, 은행법, 자본시장법, 보험업법 등의 개별 금융관련법령, 그리고 금융기관 검사 및 제재에 관한 규정 및 동 규정 시행세칙에 그 법적 근거를 두고 있다.

금융위원회법은 금융위원회의 소관 사무 중 하나로 금융기관 감독 및 검사·제재에 관한 사항을 규정하고 있으며(금융위원회법17(2)), 또한 금융감독원은 금융위원회법 또는 다른 법령에 따라 검사대상기관의 업무 및 재산상황에 대한 검사업무를 수행한 검사결과와 관련하여 금융위원회법 또는 다른 법령에 따른 제재업무를 수행한다(금융위원회법37(2)).

금융감독원장은 검사 대상기관의 임직원이 i) 금융위원회법 또는 금융위원회법에 따른 규정·명령 또는 지시를 위반한 경우(제1호), ii) 금융위원회법에 따라 원장이 요구하는 보고서 또는 자료를 거짓으로 작성하거나 그 제출을 게을리한 경우(제2호), iii) 금융위원회법에 따른 금융감독원의 감독과 검사 업무의 수행을 거부·방해 또는 기피한 경우(제3호), ⅳ) 원장의 시정명령이나 징계요구에 대한 이행을 게을리한 경우(제4호)에는 그 기관의 장에게 이를 시정하게 하거나 해당 직원의 징계를 요구할 수 있다(금융위원회법41①). 징계는 면직·정직·감봉·견책 및 경고로 구분한다(금융위원회법41②).

금융감독원장은 검사 대상기관의 임원이 금융위원회법 또는 금융위원회법에 따른 규정·명령 또는 지시를 고의로 위반한 때에는 그 임원의 해임을 임면권자에게 권고할 수 있으며, 그 임원의 업무집행의 정지를 명할 것을 금융위원회에 건의할 수 있다(금융위원회법42).

금융감독원장은 검사 대상기관이 금융위원회법 또는 금융위원회법에 따른 규정·명령 또는 지시를 계속 위반하여 위법 또는 불건전한 방법으로 영업하는 경우에는 금융위원회에 ⅰ) 해당 기관의 위법행위 또는 비행(非行)의 중지(제1호), 또는 ⅱ) 6개월의 범위에서의 업무의 전부 또는 일부 정지(제2호)를 명할 것을 건의할 수 있다(금융위원회법43).

Ⅱ. 제재의 종류

1. 기관제재

금융위원회법, 금융산업구조개선법 및 금융업관련법의 규정 등에 의거 금융기관에 대하여 취할 수 있는 제재의 종류 및 사유는 다음 각호와 같다(검사제재규정17①). 금융감독원장은 금융기관이 다음 각호에 해당하는 사유가 있는 경우에는 당해 금융기관에 대하여 제1호 내지 제6호에 해당하는 조치를 취할 것을 금융위원회에 건의하여야 하며, 제7호 및 제9호에 해당하는 조치를 취할 수 있다(다만, 개별 금융업관련법 등에서 달리 정하고 있는 때에는 그에 따른다. 이하 제18조 제2항, 제19조 제1항, 제21조에서 같다)(검사제재규정17②).

(1) 영업의 인가·허가 또는 등록의 취소, 영업·업무의 전부 정지(제1호)

제재 사유는 ⅰ) 허위 또는 부정한 방법으로 인가·허가를 받거나 등록을 한 경우 또는 인가·허가의 내용이나 조건에 위반한 경우(가목), ⅱ) 금융기관의 건전한 영업 또는 업무를 크게 저해하는 행위를 함으로써 건전경영을 심히 훼손하거나 당해 금융기관 또는 금융거래자 등에게 중대한 손실을 초래한 경우(나목), ⅲ) 영업·업무의 전부 또는 일부에 대한 정지조치를 받고도 당해 영업·업무를 계속하거나 동일 또는 유사한 위법·부당행위를 반복하는 경우(다목), ⅳ) 위법부당행위에 대한 시정명령을 이행하지 않은 경우(라목)이다.

(2) 영업·업무의 일부에 대한 정지(제2호)

제재 사유는 ⅰ) 금융기관의 건전한 영업 또는 업무를 저해하는 행위를 함으로써 건전경영을 훼손하거나 당해 금융기관 또는 금융거래자 등에게 재산상 손실을 초래한 경우(나목),[21] ⅱ) 제3호의 영업점 폐쇄, 영업점 영업의 정지조치 또는 위법·부당행위의 중지조치를 받고도 당해 영업점 영업을 계속하거나 당해 행위를 계속하는 경우(다목), ⅲ) 제7호의 기관경고를 받고도 동일 또는 유사한 위법·부당행위를 반복하는 경우(라목)이다.

(3) 영업점의 폐쇄, 영업점 영업의 전부 또는 일부의 정지(제3호)

제재 사유는 금융기관의 위법·부당행위가 제2호의 "영업·업무의 일부에 대한 정지"에 해당되나 그 행위가 일부 영업점에 국한된 경우로서 위법·부당행위의 경중에 따라 당해 영업점의 폐쇄 또는 그 영업의 전부 또는 일부를 정지시킬 필요가 있는 경우이다

(4) 위법·부당행위 중지(제4호)

제재 사유는 금융기관의 위법·부당행위가 계속되고 있어 이를 신속히 중지시킬 필요가 있는 경우이다.

(5) 계약이전의 결정(제5호)

제재 사유는 금융산업구조개선법에서 정한 부실금융기관이 동법 제14조 제2항 각호의 1에 해당되어 당해 금융기관의 정상적인 영업활동이 곤란한 경우이다.

(6) 위법내용의 공표 또는 게시요구(제6호)

제재 사유는 금융거래자의 보호를 위하여 위법·부당내용을 일간신문, 정기간행물 기타 언론에 공표하거나 영업점에 게시할 필요가 있는 경우이다.

(7) 기관경고(제7호)

기관경고의 사유는 다음과 같다.

가. 제2호 나목의 규정에 해당되나 위법·부당행위의 동기, 목적, 방법, 수단, 사후수습 노력 등을 고려할 때 그 위반의 정도가 제2호의 제재에 해당되는 경우보다 가벼운 경우
나. 위법·부당행위로서 그 동기·결과가 다음 각호의 1에 해당하는 경우

---

21) 가목은 삭제됨<2006. 8. 31.>.

(1) 위법·부당행위가 당해 금융기관의 경영방침이나 경영자세에 기인한 경우

(2) 관련점포가 다수이거나 부서 또는 점포에서 위법·부당행위가 조직적으로 이루어진 경우

(3) 임원이 위법·부당행위의 주된 관련자이거나 다수의 임원이 위법·부당행위에 관련된 경우

(4) 동일유형의 민원이 집단적으로 제기되거나 금융거래자의 피해규모가 큰 경우

(5) 금융실명법의 중대한 위반행위가 발생한 경우

(6) 위법·부당행위가 수사당국에 고발 또는 통보된 사항으로서 금융기관의 중대한 내부통제 또는 감독 소홀 등에 기인한 경우

다. 최근 1년 동안 내부통제업무 소홀 등의 사유로 금융사고가 발생하여

(1) 당해 금융기관의 최직근 분기말 현재 자기자본(자기자본이 납입자본금보다 적은 경우에는 납입자본금. 이하 같다)의 100분의 2 (자기자본의 100분의 2가 10억원 미만인 경우에는 10억원) 또는 다음의 금액을 초과하는 손실이 발생하였거나 발생이 예상되는 경우

(가) 자기자본이 1조5천억원 미만인 경우 : 100억원

(나) 자기자본이 1조5천억원 이상 2조5천억원 미만인 경우 : 300억원

(다) 자기자본이 2조5천억원 이상인 경우 : 500억원

(2) 손실(예상)금액이 (1)에 미달하더라도 내부통제가 매우 취약하여 중대한 금융사고가 빈발하거나 사회적 물의를 크게 야기한 경우

(8) 기관주의(제9호)[22]

제7호에 해당되나 위법·부당행위의 동기, 목적, 방법, 수단, 사후수습 노력 등을 고려할 때 정상참작의 사유가 크거나 위법·부당행위의 정도가 제7호의 제재에 해당되는 경우보다 경미한 경우이다.

2. 임원제재

금융위원회법, 금융산업구조개선법 및 금융업관련법의 규정 등에 의거 금융기관의 임원에 대하여 취할 수 있는 제재의 종류 및 사유는 다음과 같다(검사제재규정18①). 금융감독원장은 금융기관의 임원이 제1항 각호에 해당하는 사유가 있는 경우에는 당해 임원에 대하여 제1항 제1호 및 제2호에 해당하는 조치를 취할 것을 금융위에 건의하여야 하며, 제1항 제3호 내지 제5호에 해당하는 조치를 취할 수 있다(검사제재규정18②). 다만, 개별 금융업관련법 등에서 달리 정하고 있는 때에는 그에 따른다(검사제재규정17②).

---

22) 제8호는 삭제됨<2004. 3. 5.>

(1) 해임권고(해임요구, 개선요구 포함)(제1호)

제제 사유는 ⅰ) 고의로 중대한 위법·부당행위를 함으로써 금융질서를 크게 문란시키거나 금융기관의 공신력을 크게 훼손한 경우(가목), ⅱ) 금융기관의 사회적 명성에 중대한 손상이 발생하는 등 사회적 물의를 야기하거나 금융기관의 건전한 운영을 크게 저해함으로써 당해 금융기관의 경영을 심히 위태롭게 하거나 당해 금융기관 또는 금융거래자 등에게 중대한 재산상의 손실을 초래한 경우(나목), ⅲ) 고의 또는 중과실로 재무제표 등에 허위의 사실을 기재하거나 중요한 사실을 기재하지 아니하여 금융거래자등에게 중대한 재산상의 손실을 초래하거나 초래할 우려가 있는 경우 또는 위의 행위로 인하여 금융산업구조개선법에서 정한 적기시정조치를 회피하는 경우(다목), ⅳ) 고의 또는 중과실로 감독원장이 금융관련법규에 의하여 요구하는 보고서 또는 자료를 허위로 제출함으로써 감독과 검사업무 수행을 크게 저해한 경우(라목), ⅴ) 고의 또는 중과실로 직무상의 감독의무를 태만히 하여 금융기관의 건전한 운영을 크게 저해하거나 금융질서를 크게 문란시킨 경우(마목), ⅵ) 기타 금융관련법규에서 정한 해임권고 사유에 해당하는 행위를 한 경우(바목)이다.

(2) 업무집행의 전부 또는 일부의 정지(제2호)

제재 사유는 ⅰ) 위법·부당행위가 제1호 각 목의 어느 하나에 해당되고 제1호에 따른 제재의 효과를 달성하기 위해 필요한 경우(가목), ⅱ) 위법·부당행위가 제1호 각 목의 어느 하나에 해당되나 위법·부당행위의 동기, 목적, 방법, 수단, 사후수습 노력 등을 고려할 때 정상참작의 사유가 있는 경우(나목)이다.

(3) 문책경고(제3호)

문책경고는 ⅰ) 금융관련법규를 위반하거나 그 이행을 태만히 한 경우(가목), ⅱ) 당해 금융기관의 정관에 위반되는 행위를 하여 신용질서를 문란시킨 경우(나목), ⅲ) 감독원장이 금융관련법규에 의하여 요구하는 보고서 또는 자료를 허위로 제출하거나 제출을 태만히 한 경우(다목), ⅳ) 직무상의 감독의무 이행을 태만히 하여 금융기관의 건전한 운영을 저해하거나 금융질서를 문란시킨 경우(라목), ⅴ) 금융관련법규에 의한 감독원의 감독과 검사업무의 수행을 거부·방해 또는 기피한 경우(마목), ⅵ) 금융위, 감독원장, 기타 감독권자가 행한 명령, 지시 또는 징계요구의 이행을 태만히 한 경우(바목), ⅶ) 기타 금융기관의 건전한 운영을 저해하는 행위를 한 경우(사목)이다.

(4) 주의적 경고(제4호)

주의적 경고는 제3호 각목의 1에 해당되나 위법·부당행위의 동기, 목적, 방법, 수단, 사후수습 노력 등을 고려할 때 정상참작의 사유가 있거나 위법·부당행위의 정도가 제3호의 제재에 해당되는 경우보다 가벼운 경우이다.

(5) 주의(제5호)

주의는 제4호에 해당되나 위법·부당행위의 동기, 목적, 방법, 수단, 사후수습 노력 등을 고려할 때 정상참작의 사유가 크거나 위법·부당행위의 정도가 제4호의 제재에 해당되는 경우보다 경미한 경우이다.

3. 직원제재

금융감독원장은 금융관련법규에 따라 i) 금융기관의 건전성 또는 금융소비자 권익을 크게 훼손하거나 금융질서를 문란하게 한 경우(제1호), ii) 당해 금융기관의 내부통제체제가 취약하거나 제2항에 의한 자율처리필요사항이 과거에 부적정하게 처리되는 등 자율처리필요사항을 통보하기에 적합하지 않다고 판단되는 경우(제2호) 금융위에 금융기관의 직원에 대한 면직요구 등을 건의하거나 당해 금융기관의 장에게 소속 직원에 대한 면직, 정직, 감봉, 견책 또는 주의 등의 제재조치를 취할 것을 요구할 수 있다(검사제재규정19②). 다만, 개별 금융업관련법 등에서 달리 정하고 있는 때에는 그에 따른다(검사제재규정17②). 금융기관 직원에 대한 제재의 종류 및 사유는 다음과 같다(규정 시행세칙45①).

(1) 면직(제1호)

면직 사유는 i) 고의 또는 중대한 과실로 위법·부당행위를 행하여 금융기관 또는 금융거래자에게 중대한 손실을 초래하거나 신용질서를 크게 문란시킨 경우(가목), ii) 횡령, 배임, 절도, 업무와 관련한 금품수수 등 범죄행위를 한 경우(나목), iii) 변칙적·비정상적인 업무처리로 자금세탁행위에 관여하여 신용질서를 크게 문란시킨 경우(다목), iv) 고의 또는 중과실로 감독원장이 금융관련법규에 의하여 요구하는 보고서 또는 자료를 허위로 제출함으로써 감독과 검사업무 수행을 크게 저해한 경우(라목), v) 고의 또는 중과실로 직무상의 감독의무를 태만히 하여 금융기관의 건전한 운영을 크게 저해하거나 금융질서를 크게 문란시킨 경우(마목)이다.

(2) 업무의 전부 또는 일부에 대한 정직(제2호)

업무의 전부 또는 일부에 대한 정직 사유는 위 제1호 각목의 1에 해당되나 위법·부당행위의 동기, 목적, 방법, 수단, 사후수습 노력 등을 고려할 때 정상참작의 사유가 있거나 위법·부당행위의 정도가 제1호의 제재에 해당되는 경우보다 비교적 가벼운 경우이다.

(3) 감봉(제3호)

감봉 사유는 ⅰ) 위법·부당행위를 한 자로서 금융기관 또는 금융거래자에게 상당한 손실을 초래하거나 신용질서를 문란시킨 경우(가목), ⅱ) 업무와 관련하여 범죄행위를 한 자로서 사안이 가벼운 경우 또는 손실을 전액 보전한 경우(나목), ⅲ) 자금세탁행위에 관여한 자로서 사안이 가벼운 경우(다목), ⅳ) 감독원장이 금융관련법규에 의하여 요구하는 보고서 또는 자료를 허위로 제출하거나 제출을 태만히 한 경우(라목), ⅴ) 직무상의 감독의무 이행을 태만히 하여 금융기관의 건전한 운영을 저해하거나 금융질서를 문란시킨 경우(마목)이다.

(4) 견책(제4호)

견책 사유는 위 제3호 각목의 1에 해당되나 위법·부당행위의 동기, 목적, 방법, 수단, 사후수습 노력 등을 고려할 때 정상참작의 사유가 있거나 위법·부당행위의 정도가 제3호의 제재에 해당되는 경우보다 비교적 가벼운 경우이다.

(5) 주의(제5호)

주의 사유는 위 위 제4호에 해당되나 위법·부당행위의 동기, 목적, 방법, 수단, 사후수습 노력 등을 고려할 때 정상참작의 사유가 크거나 위법·부당행위의 정도가 제4호의 제재에 해당되는 경우보다 경미한 경우이다.

4. 금전제재

(1) 검사제재규정

금융감독원장은 금융기관 또는 그 임직원, 그 밖에 금융업관련법의 적용을 받는 자가 금융업관련법에 정한 과징금 또는 과태료의 부과대상이 되는 위법행위를 한 때에는 금융위에 과징금 또는 과태료의 부과를 건의하여야 한다(검사제재규정20① 전단). 당해 위법행위가 법령 등에 따라 부과면제 사유에 해당한다고 판단하는 경우에는 부과면제를 건의하여야 한다(검사제재규정20① 후단). 과징금 또는 과태료의 부과를 금융위에 건의하는 경우에는 <별표2> 과징금 부과기준, <별표3> 과태료 부과기준 및 <별표6> 업권별 과태료 부과기준에 의한다(검사제재규정20③).

　　그러나 금융감독원장은 과징금 또는 과태료의 부과면제 사유가 다음의 어느 하나에 해당하는 경우에는 금융위에 건의하지 않고 과징금 또는 과태료의 부과를 면제할 수 있다(검사제재규정20②).

　1. 삭 제 <2017. 10. 19.>
　2. <별표2> 과징금 부과기준 제6호 라목의 (1)(경영개선명령조치를 받은 경우에 한한다), (2) 또는 마목의 (2), (4)
　3. <별표3> 과태료 부과기준 제5호의 (1), (2)
　4. 위반자가 채무자회생법에 따른 개인회생절차개시결정 또는 파산선고를 받은 경우

(2) 과징금

　　과징금이란 행정법규상의 의무위반에 대하여 행정청이 그 의무자에게 부과·징수하는 금전적제재를 말한다. 과징금제도는 의무위반행위로 인하여 얻은 불법적 이익을 박탈하기 위하여 그 이익 금액에 따라 과하여지는 일종의 행정제재금의 성격을 갖는다.

(3) 과태료

　　과태료는 모두 행정법규상 의무(명령·금지) 위반행위에 대하여 국가의 일반통치권에 근거하여 과하는 제재수단으로 그 위반이 행정상의 질서에 장애를 주는 경우 의무이행의 확보를 위하여 일반적으로 행정기관이 행정적 절차에 의하여 부과·징수하는 금전벌로서 이른바 행정질서벌에 속한다. 행정질서벌로서의 과태료는 과거의 행정법상 의무위반 사실을 포착하여 그에 대하여 사후에 과하는 제재수단의 의미가 강한 것이다.

국제금융기구

★ 매일경제 2024년 11월 20일

또 떨어진 韓성장률 … IMF "올해 2.2%"

국제통화기금(IMF)이 올해와 내년 한국 경제성장률 전망치를 종전보다 하향 조정했다. 내수 회복세가 더딘 것은 물론 미국 도널드 트럼프 신정부 출범, 글로벌 경기 둔화 우려 등 불확실한 대외 환경이 향후 위험 요인으로 작용할 수 있다는 판단에서다. 또 IMF는 "대외 여건보다 저출생·고령화가 더 큰 위험 요인"이라며 연금개혁·재정준칙 도입 등 구조개혁이 필요하다고 당부했다.

20일 IMF 한국미션단은 이 같은 내용을 담은 '2024년 IMF 연례협의 결과'를 발표했다. 연례협의는 IMF가 매년 미션단을 파견해 회원국의 경제·금융 상황 전반을 점검하는 절차다. 한국미션단은 지난 7일부터 국내 경제 산업계를 두루 점검했다.

미션단은 올해 한국 경제성장률을 2.2%로 조정했다. 지난달 IMF가 보고서를 통해 전망한 수치보다 0.3%포인트 낮춘 것이다. 지난 12일 한국개발연구원(KDI)도 올해 성장률을 2.5%에서 2.2%로 하향 조정한 바 있다. 라훌 아난드 미션단장은 이날 기자간담회에서 "성장률은 국내 수요 회복 약세로 일부 상쇄되나 반도체 수출 호조에 힘입어 2.2%를 달성할 것"이라고 말했다. 바꿔 말하면 역대 최고 수준의 수출 실적에도 부진한 내수가 성장률을 끌어내렸다는 것이다.

아난드 단장은 "3분기부터 (내수가) 반등세를 보이고 2분기 대비 시설투자도 개선세"라며 "(기준금리 인하) 통화정책이 시장에 더 반영되고 물가가 낮아지면서 실질소득이 높아져 내수는 반등할 것"이라며 내수 회복을 예상했다.

그러나 아난드 단장은 "경제 전망을 둘러싼 불확실성이 큰 상황이며 위험은 하방 리스크가 더 높은 편"이라고 말했다. 수출 주도형 경제 구조를 지닌 한국 앞에 불확실한 대외 환경이 놓여 있기 때문이다. 그는 "한국 주요 상대국(교역국)들의 성장 둔화나 지정학적 긴장관계 고조, 중동 사태가 원자재 가격에 영향을 미칠 가능성 등을 감안한 것"이라고 설명했다. '트럼프 리스크' 관련 질문에는 "당연히 미국 선거 결과가 영향을 미칠 수 있다"면서도 "아직 불확실성이 너무 큰 상황"

이라고 말했다.

IMF는 경제성장률을 끌어올리기 위해 산업부문 구조개혁이 필요하다고 조언했다. 제조업과 서비스업, 대기업과 중소기업 간 생산성 격차를 좁히고 연구개발(R&D) 분야에 정부 지출을 꾸준하게 집행해야 한다는 것이다. 또 수출시장 다변화뿐 아니라 제조업 위주 수출에서 서비스 수출을 늘리는 방안도 고려해야 한다고 주문했다. 아난드 단장은 "한국에는 디지털 인프라가 잘 구비돼 있고 고숙련 인력이 있어 하이엔드 서비스 수출이 가능하다고 본다"고 말했다.

미션단은 저출생·고령화 문제도 수차례 지적했다. 저출생·고령화에 따른 경제활동 인구 감소, 급증하는 정부지출 등을 감안하면 이에 대응할 개혁 과제가 산적해 있다는 것이다. 아난드 단장은 "잠재성장률을 높이기 위해 여러 가지 구조개혁이 필요한데 특히 대외 부문보다 저출생으로 인한 고령화 문제에 더 관심을 둬야 한다"고 말했다. 또 "출산율이 낮아져 노동 공급이 감소하는 것에 대응할 수 있는 개혁이 필요하다"며 "교육·주거비·출산의 기회비용을 낮추고 청년들에게 양질의 일자리를 제공해야 한다"고 제언했다. 고령 인구가 늘어나면서 복지 수요 역시 확대되기 때문에 지출 증가에도 대비해야 한다고 지적했다.

제1절 국제통화기금(IMF)

I. 서설

1. 설립배경

2차 세계대전 후 국제사회에서는 통화협력이 중요한 문제로 등장했다. 전후 국제통화의 무질서가 심각하여 혼란을 겪었을 뿐 아니라 전쟁으로 무너진 국제통상의 재건을 위해 통화의 안정이 무엇보다도 시급히 요청됐다. 통화는 금융의 수단일 뿐 아니라 국제통상의 수단이기 때문에 건전한 금융·통상을 확립하려면 통화의 안정이 선결되어야 했다.

이와 같은 이유에서 1944년 7월 미국 뉴햄프셔(New Hampshire)주의 소도시 브레턴우즈에서 UN통화금융회의(UN Monetary and Financial Conference)가 개최됐다. 1945년 12월 29일 29개국이 협정문(Articles of Agreement)에 조인함으로써 설립이 확정된 IMF는 미국 정부가 제시한 화이트안을 모체로 했다. 이는 회원국의 쿼터로 기금을 조성하고 국제수지상의 위기에 직면한 회원국에 대한 자금지원 규모를 당해국의 쿼터 범위 내로 제한한다는 것과 고정환율제를 유지한다는 것을 특징으로 하고 있었다. 1947년 3월 1일 업무를 시작한 IMF는 국제통화제도의 본질적 기능인 국제유동성의 공급과 국제수지 조정을 금본위제도, 고정환율제 및 기금인출제(fund drawings)를 통해 해결하고자 했다.

2. 설립목적

IMF 협정문은 전 세계적으로 합의된 가장 포괄적인 국제통화협정이며 IMF는 다른 국제금융기구보다 그 목적에 있어서 훨씬 방대하다. 협정문은 제1조에서 그 목적을 다음 6개로 열거하고 있다. ⅰ) 회원국 간 협의를 통해 국제통화협력을 촉진한다. ⅱ) 국제무역의 확대와 균형을 도모함으로써 모든 회원국의 고용 및 실질소득의 확대와 생산자원의 개발에 기여한다. ⅲ) 외국환의 안정을 촉진하고 회원국 간의 질서있는 외국환 약정을 유지하며 경쟁적인 평가절하를 방지한다. ⅳ) 회원국 간의 경상거래에 관한 다자적 결제제도의 확립과 세계무역의 성장을 저해하는 외국환에 관한 각종 제한의 철폐에 조력한다. ⅴ) 적절한 보장조건에 가맹국으로 하여금 기금의 일반재원을 일시적으로 이용할 수 있게 하고, 이로써 가맹국이 국내 또는 국제적 번영을 파괴하는 조치에 의하지 않고 국제수지의 불균형을 시정할 수 있는 기회를 제공함으로써 가맹국에 신뢰감을 준다. ⅵ) 이상과 같은 조치로 회원국의 국제수지 불균형이 지속되는 기간을 단축하고 그 정도를 경감한다.

따라서 IMF의 기본목표는 외환의 안정과 무역의 확대를 통해 세계경제의 균형성장을 도모하고, 외환에 대한 규제조치의 철폐 및 다자간 결제제도를 확립하는 한편 단기적 국제수지 불균형을 완화하기 위해 신용을 공여하는 것으로 요약할 수 있다. IMF 협정문의 규정 중에서 특별히 두 가지 방법이 목적을 구체화하기 위하여 사용됐다. 하나는 연례협의(Article Ⅳ consultation)를 통한 회원국들의 환율과 국제수지 정책의 감시, 그리고 다른 하나는 적절한 안정장치하에서의 국제수지지원(Balance of payments support under adequate safeguards)이다.

그러나 설립 이후 70여년이 경과하는 동안 IMF가 활동하는 경제적 환경에는 큰 변화가 있었으며 IMF 목적의 구체화를 위해 사용되는 방법들의 적절성 역시 변화했다. 1970년대 초 브레턴우즈체제의 붕괴는 IMF의 주요 임무 중 하나였던 환율균형에 대한 감시역할을 제거했다. 이에 따라 IMF의 경제감시는 환율과 국제수지를 포함하는 보다 넓은 범위의 거시경제적 정책감시로 변경됐다. 그와 동시에 선진 산업국가들 사이의 민간 자본시장의 성장과 안정성으로 인해 국제수지 차관제공의 주요 고객은 영국, 프랑스와 같은 전통적인 고객으로부터 개발도상국 국가들, 특히 국제자본시장에 대한 접근이 불안정한 신흥시장 국가들로 대체됐다. 1982년과 1994년 멕시코, 1997년 태국, 인도네시아, 한국, 1998년 러시아, 2001년 아르헨티나 등에 IMF가 구제금융을 제공한 것이 그 예이다.

Ⅱ. 회원국 및 조직

1. 회원국

IMF의 회원국 수는 세계정치 및 경제상황 변화에도 불구하고 꾸준히 증가하여 1945년 12월 27일 출범 시 29개국에서 2024년 12월 말 현재 190개국에 이르고 있다. IMF 출범 이후 회원국이 지속적으로 증가했으나, 동서 간 긴장이 냉전체제로 굳어지면서 폴란드(1950년), 체코슬로바키아(1954년), 쿠바(1959년) 및 인도네시아(1965년)가 IMF에서 탈퇴했고, 1980년대에 이르기까지 소련 및 중국의 영향권에 있는 국가들은 IMF에 가입하지 않았다.

이런 가운데 아프리카 국가의 등장으로 IMF의 회원국 증가세가 지속되었다. IMF 창설회원국 중 아프리카 국가는 이집트·에티오피아·남아프리카공화국 등 3개국뿐이었으나 1957년 가나와 수단을 필두로 아프리카 신생독립국들이 IMF에 가입하기 시작했다. 냉전체제가 와해되면서 IMF는 비로소 전 세계적인 국제기구로서의 면모를 갖추게 됐다. 1989년 베를린 장벽 붕괴에서 1991년 소련 해체에 이르기까지 3년 사이에 IMF 회원국은 151개에서 178개로 증가했다. 2000년대 들어서는 동티모르(2002년), 몬테네그로(2007년), 코소보(2009년), 투발루(2010년), 남수단(2012년) 및 나우루(2016년)가 IMF에 가입했다.

2. 조직

IMF는 최고 의사결정기구인 총회와 이사회, 총회의 자문기구인 국제통화금융위원회(IMFC: International Monetary and Financial Committee), 일반업무를 관장하는 총재·수석부총재·부총재 및 집행부서, 그리고 IMF의 활동에 대한 사후평가를 담당하는 독립평가실로 구성되어 있다. 미국 워싱턴의 본부 이외에 유럽사무소(파리, 브뤼셀, 제네바 소재) 및 아시아·태평양사무소(일본 동경 소재)를 두고 있으며 IMF의 신용공여 등과 관련하여 회원국에 85여개의 주재 사무소를 설치하고 있다.

Ⅲ. 주요 활동

1. 감시활동

IMF는 국제통화체제의 효율적 운용을 촉진하고 IMF 협정문 제4조 제1항에 규정된 회원국의 의무 준수 여부를 확인하기 위하여 회원국 및 세계경제에 대한 모니터링을 하며, 회원국들과 정책협의를 수행하고 있는데, 이러한 일련의 모니터링 및 협의과정을 감시활동(surveillance)이라고 한다. IMF 감시활동의 법적 체계는 IMF 협정문 제4조 및 「회원국 정책에 관한 양자간

감시활동에 관한 결의(Decision on Bilateral Surveillance over Members' Policies)로 구성된다.

IMF 협정문 제4조는 회원국이 질서 있는 외환제도를 확립하고 안정적인 환율체제를 유지하기 위해 준수해야 하는 의무 및 IMF가 회원국의 의무준수 여부를 감시해야 함을 규정하고 있다. 한편「회원국 정책에 관한 양자간 감시활동에 관한 결의」는 IMF 협정문 제4조에 규정된 IMF의 감시활동을 뒷받침하기 위하여 2007년 6월 채택된 IMF 이사회 결의(decision)로서 감시활동의 범위, 실행방법 등을 규정하고 있으며 통상「2007 Decision」이라고 불린다. 감시활동은 크게 양자간 감시활동(bilateral surveillance)과 다자간 감시활동(multilateral surveillance)으로 나뉜다.

(1) 양자간 감시활동

양자간 감시활동은 개별 회원국의 경제정책을 당해국의 대외안정성 및 국제통화체제의 안정성 유지의 관점에서 검토하는 것으로서 협정문 제4조에 의한 정례협의(Article Ⅳ consultation)가 이에 해당하며, 이 밖에 금융부문 평가프로그램(FSAP: Financial Sector Assessment Program)도 광의의 양자간 감시활동에 포함된다.

정례협의는 모든 회원국에 대해 실시하며, 원칙적으로 매년 실시하나 각국의 사정에 따라 최장 24개월 주기로 실시하는 것도 가능하다. 협의절차는 IMF 협의단이 회원국을 방문하여 정부 유관부처, 중앙은행은 물론 민간부문 및 노동계 대표 등과 경제동향 및 전망 그리고 정책전반에 관해 폭넓게 의견을 교환하는 형태를 취하고 있다. IMF 협의단은 이와 같은 정책협의를 통해 수집한 정보를 토대로 회원국의 대내외 경제정책이 국제수지에 미친 효과나 경제안정, 성장 및 고용증대 등에 기여한 효과를 분석 평가한 제4조 정례협의 보고서(Staff Report for the Article Ⅳ Consultation)를 작성하여 이사회에 제출한다.

1990년대 말 신흥시장국의 금융위기가 금융부문의 취약성, 부적절한 금융규제 및 감독, 투명성 부재 등에 기인한 것으로 밝혀지면서 거시경제 발전과 금융시스템의 건전성 간 연관성이 강조됐다. 이에 따라 IMF와 세계은행은 회원국의 금융기관 및 금융시장의 건전도, 취약성 및 리스크를 파악하여 건전한 금융시스템을 구축하고 금융위기로부터의 복원력을 향상시키기 위해 1999년 5월 금융부문 평가프로그램(FSAP: Financial Sector Assessment Program)을 도입했다.

(2) 다자간 감시활동

IMF는 국제통화체제의 효율적 운용 여부를 감시하기 위해 다양한 방식으로 세계경제 및 금융시장 동향을 모니터링 하는데 이를 통칭하여 다자간 감시활동이라고 한다. 다자간 감시활동의 결과는 1년에 2번(춘·추계 IMFC회의 시) 세계경제전망(World Economic Outlook), 세계금융안정보고서(Global Financial Stability Report), 재정모니터(Fiscal Monitor) 등의 정기간행물로 발간

된다. 한편 IMF는 2012년부터 매년 주요 28개국과 유로지역에 대해 경상수지, 환율, 대외부채, 자본이동, 외환보유액 등에 대한 동향 및 평가를 실시하여 대외부문보고서(External Sector Report)를 발간하고 있다.

2. 회원국에 대한 금융지원

일반적인 국제수지 문제해결을 지원하기 위해 전통적 융자제도인 "스탠드바이협약(SBA)" 및 "확대신용제도(EFF)"가 있으며, 2008년 글로벌 금융위기 이후 위기의 사전 예방을 위해 "탄력적 크레딧라인(FCL)"과 "예방적 크레딧라인(PCL)"을 도입했다. 2011년 11월에는 예방적 크레딧라인을 "예방적·유동성지원라인(PLL)"으로 개편했다. 그 밖에도 IMF는 자연재해 및 전쟁 피해 회원국의 재건을 지원하기 위해 긴급지원금융을 제공하고 있으며, 저소득국에 "빈곤감축 및 성장지원기금(PRGT)"을 통해 저리의 양허성 자금을 제공하고 있다.

회원국이 IMF로부터 융자를 받기 위해서는 사전에 적절한 경제정책프로그램에 관하여 IMF와 합의하고 이를 준수해야 한다. 융자한도는 쿼타의 배수로 정해져 있으며, 융자기간도 정해져 있지만 국제수지 사정이 호전되면 만기 전이라도 이를 상환해야 한다. 또한 융자수혜액에 대하여는 이자에 해당하는 일정률의 수수료가 부과된다.

한편 IMF 융자는 차입국이 SDR이나 여타 회원국 통화를 동 국가의 통화로 매입하는 방식을 취하고 있으며, 상환 시에도 인출통화와 관계없이 차입국이 SDR 또는 여타 교환성 통화로 IMF가 보유하고 있는 동 국가의 통화를 환매하는 형식을 취하고 있다. 따라서 융자 또는 상환에도 불구하고 IMF의 재원(SDR 및 회원국통화 보유액)은 감소하거나 증가하지 않으며 단지 그 구성만 변화하게 된다.

3. 재원의 조달

IMF는 융자재원으로 우선 회원국의 쿼타납입금을 활용하며 필요할 경우 회원국 또는 비회원국 및 민간으로부터 재원을 차입한다.

(1) 쿼타납입금

쿼타납입금은 IMF의 가장 기본적인 융자재원이며, 쿼타납입금의 대부분을 차지하는 회원국 통화는 IMF의 재원 중 가장 큰 비중을 차지하고 있다.[1] 그러나 그 상당 부분은 IMF에 순채무를 지고 있거나 국제수지 사정이 어려운 회원국의 통화이므로 IMF가 이러한 통화까지 포함

---

[1] IMF 설립 시 쿼타의 25%는 금으로, 나머지 75%는 자국통화로 납입토록 하였으며, 1978년 4월 제2차 협정문 개정으로 쿼타 증액 시 증액분의 25%는 SDR로, 나머지 75%는 자국통화로 납입하도록 되어 있다.

하여 보유 회원국 통화 전부를 융자재원으로 활용하기는 불가능하다.

따라서 IMF는 융자재원으로 사용할 수 있는 회원국 통화를 국제수지나 대외지급준비 사정이 건실한 회원국의 통화로 제한하고 있다. 이사회는 자금거래계획(FTP: Financial Transaction Plan)을 통해 IMF가 보유하고 있는 회원국 통화 중에서 신용공여 및 차입금의 원리금 상환 등에 사용할 통화(지급통화)와 신용회수 등에 사용할 통화(수취통화)를 선정한다. 금융위기 등으로 재원이 부족하다고 판단되면 IMF는 보충차입협정(supplementary borrowing arrangement)을 이용해 부족재원을 조달하게 된다.

(2) 보충차입협정

IMF는 즉시 사용이 가능한 쿼타납입금이 부족할 경우 회원국 정부 및 중앙은행뿐만 아니라 비회원국 및 민간으로부터도 차입할 수 있다. 그러나 IMF는 비회원국 통화를 보유할 수 없도록 되어 있으므로 비회원국 통화에 의한 차입은 불가능하며 민간으로부터 차입한 경우도 아직은 없다. 현재 IMF가 회원국과 맺고 있는 차입협정에는 일반차입협정(GAB), 신차입협정(NAB) 및 양자간 차입협정이 있다.

(3) 보유금

1973년 브레튼우즈체제가 붕괴되기까지 금은 국제통화제도에서 중심적인 역할을 수행했다. IMF의 경우에도 당초에는 쿼타의 25%를 금으로 납부하게 되어 있었으며 IMF 신용 이용에 따른 이자 납입과 융자금 상환도 통상 금으로 이루어졌다. 그러나 제2차 세계대전 이후 환율제도의 기준이 되었던 금은 1978년 협정문 개정 시 폐화되었으며 금의 공정가격과 IMF와 회원국 간 금 사용 의무도 폐지되었다. 아울러 IMF가 금을 거래하는 경우에는 가격을 조절하거나 고정가격을 설정하지 못하도록 했다.

그 후 금의 역할은 점차 줄어들었지만 아직도 많은 나라들이 지급준비자산으로서 상당량의 금을 보유하고 있으며 IMF 또한 세계 최대의 금 보유기관 중 하나로 남아 있다. 현재에도 IMF는 시장가격에 의해 금을 직접 매각하거나 회원국이 IMF에 대한 지급의무를 SDR이나 여타 통화 대신 금을 이용하여 결제하도록 할 수 있으나 이 경우 총 투표권 85% 이상의 찬성을 얻도록 함으로써 IMF의 현실적인 업무운영 및 거래에 있어서는 금 사용을 제한하고 있다. 그 외 금 매입 및 대여·리스·스왑·담보 제공 등도 금지되어 있다.

제2절 G20

Ⅰ. 설립 배경 및 목적

1. G20 재무장관·중앙은행총재회의

1970년대 이후 G20이 출범하기 전까지 세계경제의 최상위 포럼 역할은 G7[2])이 담당했다. 서방 선진 7개국 회의로 불리는 G7은 미국의 금태환 정지(1971년)에 따른 변동환율제로의 이행, 제1차 석유파동(1973년)으로 인한 물가 급등, 세계경제 침체 등에 효율적으로 대처하기 위해 1975년 프랑스 주도로 창설됐으며 회원국 간 적정 환율수준 유지, 대외불균형 해소 등 국제공조가 필요한 분야에서 상당한 성과를 거뒀다. 그러나 1997년 아시아 외환위기 이후 국제금융시장 안정을 위해 신흥국을 포함하는 광범위한 회의체 설립의 필요성이 증가했다. 이는 글로벌 경제에서 차지하는 신흥국의 비중이 과거에 비해 확대되어 G7만으로는 효과적인 대응이 어렵다는 인식이 확산되었기 때문이다. 이에 따라 1998년 4월과 10월 미국 워싱턴에서 G22 재무장관·중앙은행 총재회의가 개최되어 주요 선진국과 신흥국이 공동으로 아시아 외환위기 해결, 글로벌 금융시장 안정 및 구조개혁 등을 추진하기로 합의했다. 또한 1999년에는 참여국을 33개국으로 확대하고 두 차례 세미나(3월 독일 본, 4월 미국 워싱턴)를 개최하여 금융시장 감독, 신흥국 금융시장 강화 및 취약성 극복을 위한 정책 대안 등을 논의했다. 그러나 G22 및 G33 회의의 경우 회의결과에 대한 긍정적인 평가에도 불구하고 회의 운영의 지속성 문제가 지적되면서 별도의 상설 회의체 설립 필요성이 증대됐다.

이에 따라 G7은 1999년 6월과 9월에 열린 G7 재무장관·중앙은행 총재회의에서 정책협력 대상을 주요 신흥시장국을 포함한 G20으로 확대하기로 결정하고 1999년 12월 15일 독일 베를린에서 G20 재무장관·중앙은행 총재회의를 최초로 개최했다. G20은 미국, 일본, 영국, 프랑스, 독일, 캐나다, 이탈리아 등 G7 국가와 한국, 중국, 인도, 브라질, 러시아, 인도네시아, 아르헨티나, 멕시코, 호주, 남아프리카공화국, 사우디아라비아, 터키 등 12개 신흥시장국을 포함한 19개 국가 및 유럽연합(EU)으로 구성됐다. 1999년 당시 캐나다 재무장관 폴 마틴은 신흥시장국의 적극적인 참여가 반드시 필요하다고 주장함으로써 G20의 창설에 크게 기여했다.

G20은 2016년 기준 세계 GDP의 80%와 교역량의 77%를 차지하는 반면 G7이 세계 GDP

---

2) 1975년 지스카르 데스탱 프랑스 대통령의 주도로 서방 선진 6개국(G6: 미국, 영국, 프랑스, 독일, 일본, 이탈리아) 회담이 개최되었고, 다음 해 캐나다가 합류하여 G7(G6+캐나다) 회담이 출범하였으며 1990년대 들어 냉전체제가 종식되면서 러시아가 1997년에 추가되어 G8(G7+러시아)로 불리고 있다.

에서 차지하는 비중은 지난 1980년 56%에서 2016년에는 31%로 하락했으며 세계 교역량에서 차지하는 비중도 1980년 47%에서 2016년 35%로 낮아졌다.

2. G20 정상회의

G20은 2008년 9월 리먼 브라더스 파산에 따른 글로벌 금융시스템 붕괴 위기를 계기로 기존의 G20 재무장관·중앙은행 총재회의를 정상회의로 격상시키면서 세계경제의 최상위 포럼 역할을 수행하게 됐다. 이는 2000년대 들어 세계경제의 글로벌화 및 자본자유화가 진전되고 상호연계성이 확대되면서 국제공조를 통한 글로벌 금융시스템 정상화 의지를 시장과 국민들에게 전달할 필요성이 크게 늘어났기 때문이다.

당초 글로벌 금융위기 극복을 위한 한시적 협의기구 성격으로 출발한 G20 정상회의는 피츠버그 정상회의를 거치면서 세계경제 주요이슈를 논의하고 미래비전을 제시하는 등 세계경제의 최상위 포럼으로 본격 변모했다. 특히 주요 논의 의제는 금융위기 원인 파악 및 해결방안을 모색에 그치지 않고 IMF 등 국제금융기구의 개편, 금융규제 개혁, 글로벌 불균형 완화를 통한 지속가능한 성장체계 구축 등으로 광범위하게 확대됐다. 이와 같은 G20 차원의 국제공조와 협력강화 등에 힘입어 세계경제는 완만하게나마 글로벌 금융위기의 충격에서 벗어날 수 있던 것으로 평가된다.

Ⅱ. 회원국 및 회의

1. G20 회원국

1999년 G20 재무장관·중앙은행 총재회의 출범 당시 회원국 자격에 대한 명시적인 기준은 없었으나 세계경제에서 차지하는 위치, 글로벌 금융안정에 미치는 기여도, 지역적 균형 등이 종합적으로 고려하되, G7이 갖고 있는 소규모 협의체로서의 장점도 살리는 수준에서 결정됐다. 예를 들어 스페인, 네덜란드 등 유럽의 선진국들에게는 G20의 문호가 개방되는 대신 유럽연합과 유럽중앙은행의 참여가 허용됐다. 아프리카 국가로는 남아프리카공화국이 유일하게 포함되었으며 인도네시아의 경우 1999년 정치 불안 우려에도 불구하고 참여하게 됐다.

이와 함께 IMF 총재, 세계은행 총재, 국제통화금융위원회(IMFC) 의장 및 IMF/세계은행 합동개발위원회(DC) 의장은 G20 재무장관·중앙은행 총재회의에 참석할 자격을 부여받았는데, 이는 IMF 및 세계은행 등 국제기구들이 관련 분야의 전문성을 바탕으로 G20 논의에 적극 기여하도록 하기 위함이다. G20 회의는 투표권이나 법적 구속력이 있는 결의문이 없기 때문에 회원국의 의견을 종합하여 권고안이나 조치에 대해 합의를 도출하는 것을 원칙으로 하고 있다.

2. G20 회의 구성

G20 회의는 정상회의를 정점으로 재무장관·중앙은행 총재회의와 정상회의 사전교섭을 담당하는 외교라인인 셰르파(Sherpa)회의가 있다. 재무차관·중앙은행 부총재회의, 워크숍 (Workshop), 의장국단(Troika 또는 Steering Group)회의, 실무그룹(Working Group)회의, 전문가그룹(Expert Group)회의, 스터디그룹(Study Group)회의 등 실무회의가 재무장관·중앙은행 총재회의를 뒷받침하고 있다.

정상회의는 재무장관·중앙은행 총재회의에서 협의된 사항과 셰르파회의에서 논의된 별도 의제를 논의하고 합의 사항의 이행을 최종 승인한다. 재무장관·중앙은행 총재회의에서는 재무차관·중앙은행 부총재회의에서 논의된 사항을 토대로 실질적인 합의에 주력하며 재무차관·중앙은행 부총재회의에서는 정상회의에서 부여된 임무를 보다 구체화하여 실무적인 논의를 진행한다. 워크숍, 실무그룹, 전문가그룹 등은 보다 구체적이고 실무적인 내용을 논의함으로써 재무차관·중앙은행부총재회의에서 정상회의에 이르는 일련의 회의가 원활하게 진행되도록 지원한다.

G20 회의별로 살펴보면 재무장관·중앙은행 총재회의는 의장국의 재무장관과 중앙은행 총재가 공동의장을 수임하며 회원국[3] 재무장관 및 중앙은행 총재와 국제기구 및 초청국[4] 대표가 참가한다. 동 회의는 통상 연 3-4회 개최된다. 재무차관·중앙은행 부총재회의는 연 4-5 회 개최되며 공동선언문 초안 마련 등을 위해 재무장관·중앙은행 총재회의와 연계하여 실시되거나 단독회의 형식으로 개최된다. 재무장관·중앙은행 총재회의 및 재무차관·중앙은행 부총재회의 개최일자는 국경일, 선거, 종교행사, 국제회의 일정, 회원국 의견 등을 반영하여 의장국이 결정한다.

실무그룹회의는 회의 의제의 원활한 이행을 위해 주로 선진국과 신흥국으로 이루어진 공동의장과 회원국 및 국제기구별 실무진 대표로 구성된다. 실무그룹회의 의장은 논의결과를 재무장관·중앙은행총재회의 또는 재무차관·중앙은행부총재회의에 보고한다. 실무그룹이 회의준비를 위한 공식조직인 반면 전문가그룹과 스터디그룹은 회원국간 합의가 이루어지지 못하였거나 구체적인 이행방안 마련이 불확실한 특별주제 등을 논의하기 위한 비공식 조직이다. 실무그룹, 전문가그룹 및 스터디그룹을 구성할 때는 목적, 연구과제 등을 명시한 운영규약(Terms of Reference)을 작성하여 회원국들에게 배포하는데 실무그룹은 모든 회원국이 참여하는 반면 전문가그룹과 스터디그룹은 자발적으로 참여 여부를 결정할 수 있다.

---

3) EU의 경우 ECB 총재와 임기 6개월씩 순번제로 운영되는 EU 의장국 재무장관이 참석한다.
4) 2017년 기준(4개국): 스페인(상시초청국), 네덜란드, 노르웨이, 싱가포르이다.

3. G20 의장국 및 의장국단회의

G20 재무장관·중앙은행 총재회의 의장국은 별도의 정해진 규칙은 없으나 G20 출범 초기5)부터 선진국과 신흥국간 안배가 이루어져야 한다는 원칙 하에 선출되고 있다. 의장국은 2년 전에 선출되는데 회원국을 5개 그룹으로 나누고 각 그룹에서 1개 국가가 의장국으로 선출되는 그룹별 순환방식이 적용된다. 이에 따라 우리나라는 2008년 11월 상파울로 재무장관·중앙은행 총재회의에서 2010년 G20 재무장관·중앙은행 총재회의 의장국으로 선출됐다. 2011년에는 프랑스가 의장국을 맡았으며 이후 멕시코(2012년), 러시아(2013년), 호주(2014년), 터키(2015년), 중국(2016년), 독일(2017년) 등이 의장국을 수임하였고 2018년 이후에는 아르헨티나(2018년), 일본(2019년), 사우디아라비아(2020년)가 의장국을 수임할 예정이다.

2002년부터 의장국의 원활한 업무수행을 지원하기 위해 전 의장국, 현 의장국 및 차기 의장국 등 3개국 재무차관으로 구성된 의장국단회의가 운영되고 있다. 의장국단회의는 G20 회의 의제와 발표자 등을 정하고 회의 행사를 처리하는 한편 전임 의장국의 경험을 전수하는 경로로 활용된다. G20 회의는 다른 국제기구 등과 달리 설립 당시부터 관료화에 대한 우려로 사무국을 두지 않고 의장국이 사무국 역할을 담당하고 있다.

제3절 국제결제은행(BIS)

Ⅰ. 서설

1. 설립 배경 및 목적

국제결제은행(BIS: Bank for International Settlements)의 기원은 IMF의 창립 이전 1930년대로 거슬러 올라가, 독일 전쟁배상금 지불의 원활한 시행을 위해 유럽의 중앙은행 협력체로 처음 출범했다. 1930년 5월 17일에 설립된 국제결제은행은 세계에서 가장 오래된 국제금융기구이며 각국 중앙은행들 사이의 조정을 맡는 국제협력기구이다.

제1차 세계대전 종전 후 유럽경제 복구 및 독일의 전쟁배상금 지급 문제6)가 국제경제의

---

5) 1999년에서 2001년까지 초대 G20 재무장관·중앙은행 총재회의 의장직을 수행한 캐나다 재무장관 폴 마틴이 사의를 표명하자 캐나다, 브라질, 중국 및 영국의 재무차관으로 구성된 소위원회를 중심으로 2002년 의장직을 인도 재무장관 야스완트 신하(Yashwant Sinha)가 맡기로 결정하였다.
6) 1919년 설치된 연합국 배상위원회는 독일의 배상총액을 1,320억 마르크로 확정하였다. 그러나 이 결정은

주요 현안 과제로 대두되자 당사국인 벨기에, 프랑스, 독일, 이탈리아, 일본, 영국 등 6개국이 1930년 1월 20일 네덜란드의 헤이그에서 독일의 전쟁배상금 문제 해결을 위한 헤이그 협정을 체결하고 배상금결제 전담기구로서 국제결제은행의 설립을 결정했다. 같은 날 6개국 및 스위스 정부는 "국제결제은행에 관한 협정"을 체결하였으며, 2월 27일 6개국 중앙은행과 미국의 민간상업은행[7]이 로마에서 국제결제은행 설립헌장 및 정관에 서명하고 스위스 정부가 이를 승인함으로써 BIS 창설기반이 완료되었다. BIS는 동년 5월 17일부터 스위스 바젤에 본부를 두고 정식으로 업무를 개시했다.

BIS 정관 제3조는 BIS의 설립목적을 "중앙은행 간의 협력을 증진하고 국제금융거래의 원활화를 위한 편의를 제공하며 국제결제업무와 관련하여 수탁자 및 대리인으로서의 역할을 수행하는 데 있다."고 규정하고 있다. BIS는 독일의 전쟁배상금 지급문제를 계기로 설립된 점을 반영, 초기에는 주로 결제기관으로서의 역할 수행에 중점을 두고 운영됐지만 시대적 상황에 따라 점차 변화하여 현재는 주로 중앙은행 간 협력체로서의 기능 수행에 중점을 두고 있다.

2. 성격 및 특징

국제결제은행의 법적 성격은 스위스 국내법 절차에 의해 설립된 주식회사인 동시에 정부 간 협약인 헤이그협약에 의해 설립된 국제금융기구로서 각국 정부에 의해 설립결의가 이루어졌으나 출자와 운영은 각국 중앙은행이 맡아서 하는 기구라 정의할 수 있다. 이 은행에서는 각국 중앙은행들 간 국제금융거래의 결제은행 역할과 동시에 전세계 은행산업의 안정성과 건전성 확보를 위한 국제협약을 체결하는 국제기구의 역할도 함께 하고 있다.

다른 국제금융기구와 다르게, 국제결제은행은 각국 중앙은행과 국제기구로부터 예금을 받는 등 실제 은행과 같은 기능을 갖는다. 국제결제은행이 받은 예금은 국제금융시장에 투자되거나 또는 중앙은행의 단기 신용을 위해 사용된다. 뿐만 아니라 국제결제은행은 각국 중앙은행들이 참여할 수 있도록 국제적 금융협력을 위한 포럼을 개최하기도 한다. 또한 국제결제은행은 사무차관(BCBS, IAIS, CGFS, CPSS)과 같은 다양한 위원회와 감독기관을 통해 국제적 금융안정성

당시 독일의 경제적 능력을 고려하지 않은 것으로서 독일은 1923년 9월 지급불능을 선언했다. 이에 따라 독일의 경제복구 지원을 위해 유가증권 발행을 통한 배상자금 마련 및 미국의 자금공여 등을 내용으로 하는 도즈(Dawes)안이 1924년 채택되었으나 1929년 미국의 대공황으로 도즈안의 실현도 불가능하게 되었다. 이에 따라 같은 해 6월 독일의 배상부담 경감 및 지급조건 완화, 그리고 국제시장에서의 기채를 통한 배상자금 마련 등을 내용으로 하는 영(Young)안이 채택되었다.

7) 미국정부는 독일 배상문제의 직접 당사자가 아니었기 때문에 헤이그 협정 체결에 참여하지 않았으며 BIS 설립을 위한 스위스 정부와의 협정체결에도 참여하지 않았다. 그러나 미국이 전쟁배상금 수수계획(도즈안 및 영안)을 기초한 국가였기 때문에 BIS 창립에는 참여하였는데 의회가 연준의 BIS 가입을 인준하지 않음에 따라 민간상업은행(J.P. Morgan & Company, First National Bank of New York, First National Bank of Chicago)이 연준을 대신하여 BIS 창설 6개국 중앙은행과 함께 BIS 설립헌장에 서명하였다.

을 발전시키려는 목적으로 국제금융의 표준 설정 과정에 깊이 관여해 왔다.

II. 회원 중앙은행

2017년 11월 현재 6개 창설회원 중앙은행을 포함하여 모두 60개의 중앙은행이 가입되어 있다. 이 중 35개 은행은 유럽지역 소재 중앙은행이며 OECD 가입국 중앙은행은 모두 BIS에 가입되어 있다. 회원국의 경제규모는 전 세계 GDP의 약 95%에 해당한다. 창설회원 중앙은행은 설립 시 최초로 가입한 벨기에, 프랑스, 독일, 이탈리아, 영국 및 미국 등 6개국 중앙은행을 말한다. 당초 일본은행도 창설회원 중앙은행에 포함돼 있었으나 1951년 8월 샌프란시스코 평화조약에 의거 보유주식의 BIS 매각과 함께 그 지위를 상실하였으며 그 후 1970년 1월 일반회원 중앙은행으로 재가입하였다. 일반회원 중앙은행은 창설회원 이외의 54개 중앙은행이다.

BIS 가입자격은 국제통화 협력 및 BIS 활동에 상당한 공헌을 하였다고 판단되는 국가의 중앙은행으로 제한하고 있다(정관 제8조 제3항). 다만 최초 출자시 참여한 금융기관은 기득권을 보유한다. 미국의 경우 의회가 연준의 BIS가입을 인준하지 않아 당시 J.P.Morgan, First National Bank 등 민간금융기관이 대신 출자했었다.

BIS는 유럽 중심 특히 선진국 중심의 기구로서 상당히 폐쇄적인 성격이어서 그동안 개발도상국에 대해서는 문호를 개방하지 않아 1971년 이래 신규 가입국이 전혀 없었으나 1990년 중반 이후 주요지역별 거점국가와 국제금융센터를 보유한 중앙은행에 한하여 문호개방을 추진했다. 1996년 9월 9일 BIS 이사회 결의에 의해 신규 가입이 결정된 국가는 한국을 비롯하여 중국, 홍콩, 인도, 브라질, 러시아, 사우디아라비아, 싱가포르의 9개국이다.

제4절 금융안정위원회(FSB)

I. 서설

1. 설립배경

금융안정위원회(FSB)는 2008년 글로벌 금융위기의 발생으로 기존의 금융안정포럼(FSF)이 확대되어 출범했다. 글로벌화 된 시장을 감독하고 통제하기 위해 글로벌 기구의 권한과 능력을 강화시킬 필요가 있었다. 이런 맥락에서 금융안정포럼(FSF: Financial Stability Forum)이 확대·강화된 금융안정위원회(FSB: Financial Stability Board)로 재탄생했다. FSF는 글로벌 금융체제의 취약성을 감시하고 최선의 금융 기준과 규칙 시행을 권유하는 느슨한 협력체였으나 그 범주와 기능을 업그레이드시킬 필요에 공감했다. FSB는 금융 거버넌스의 집행에 있어 공적 구속력을 가졌다기보다는 회원국 동료집단의 압력(peer group pressure)을 통해 국제기준을 따를 것을 권고하는 권한을 가진다. BCBS(바젤은행감독위원회)의 "은행규제와 감독에 대한 원칙"과 "바젤 I, II, III"의 집행이 궁극적으로는 개별정부의 재량권 영역에 남아있다. 이들을 포함한 다양한 국제금융의 여러 규제, 국제금융의 기준과 코드를 준수하도록 FSB는 개별정부에게 권고하고 동료그룹 평가를 시행하는 역할을 한다. 개별국의 주권적 재량권을 초월하지 않는 범위의 구속력을 가지고 국제금융의 가이드라인을 제시하는 FSB는 이전의 FSF에 비해 국제금융체제에 대해 구조적으로 더 큰 힘을 가졌다고 보기 어렵다. 즉 FSB의 역할과 권한은 제한적이다.

2. 임무

금융안정위원회(FSB)는 각국의 금융당국 및 국제기준 수립기구의 임무를 국제적인 차원에서 조정하고 효과적인 규제, 감독과 금융안정을 위한 기타 금융정책을 수립하고 실행하는 기구로 24개국의 금융안정당국, 국제금융기관, 금융전문 국제 규제 및 감사기관, 중앙은행 전문가 위원회가 참여한다. 또한 6개의 지역협의체를 통해 65개의 국가에서 활동하고 있다. 사무국은 스위스 바젤에 있고 국제결제은행(BIS)이 사무는 담당하고 있다.

국제적 금융규제 개혁 작업은 바젤은행감독위원회(BCBS)를 중심으로 실무 작업을 담당하는 기관이 국제기준의 초안을 작성하여 이를 FSB에 제출하면 FSB에서 이 어젠다에 대해서 24개 회원국 간의 의견을 조율함으로써 실질적 규제안을 확정하고 이를 G20 정상회의에서 최종적으로 추인하는 절차를 거친다. 금융안정위원회(FSB) 임무는 ⅰ) 금융시스템 취약성 평가 및 이에 대한 대응조치의 식별 및 감독, ⅱ) 각국 금융당국 간 정책조율 및 정보공유 촉진, ⅲ) 금융시장 발전에 대응하기 위한 규제정책상의 조언, ⅳ) 각종 규제기준을 충족하는 모범사례(best practice) 파악 및 조언, ⅴ) 여러 국제기준 제정기구의 정책개발과정에 참여하여 전략적 검토 수행, ⅵ) 공동감시단 가이드라인 설정 등 공동감시단 설립 및 활동 지원, ⅶ) SIFIs에 대한 국가 간 위기관리를 위한 비상계획 수립 지원, ⅷ) IMF와 협조 하에 조기경보 활동 실시이다.

Ⅱ. 회원국

2017년 말 현재 FSB에는 25개국의 금융당국과 10개 국제기구 대표가 참가하고 있다.[8]

---

8) FSB 회원자격은 금융안정 기능을 담당하고 있는 각국의 금융당국(즉 재무부, 중앙은행 및 감독기관), 국제

FSB로 확대 개편되기 직전인 2009년 3월, 기존의 FSB에 우리나라를 포함한 브라질·러시아·인도·중국(BRICs), EU집행위원회(European Commission), 아르헨티나, 인도네시아, 멕시코, 사우디아라비아, 남아프리카공화국, 스페인과 터키가 추가로 가입함으로써 회원이 크게 확대됐다.

회원국에게는 경제 및 금융시장 규모 등의 객관적인 기준에 따라 1-3개의 의석이 배정된다. 구체적으로는 G7 국가와 BRICs, 유럽연합에 각 3개 의석(중앙은행, 재무부 및 감독기관 대표)을, 아르헨티나·호주·인도네시아·우리나라·멕시코·네덜란드·사우디아라비아·남아프리카공화국·스페인·스위스·터키에 각 2개 의석을, 홍콩과 싱가포르에 각 1개 의석을 배정했다. 국제기구 중에서는 IMF·세계은행·BIS·OECD·바젤은행감독위원회(BCBS)·국제보험감독자협의회(IAIS)·국제증권감독기구(IOSCO)·국제회계기준위원회(IASB)·글로벌금융시스템위원회(CGFS)·지급 및 시장인프라 위원회(CPMI)에 각 1개 의석을 배정했다.9)

회원국은 금융안정 도모, 금융부문의 개방성과 투명성 유지, 국제금융기준의 이행, 국가별·주제별로 시행되는 동료평가(peer review)10) 수검 등의 의무를 성실히 수행하여야 한다. FSB는 회원들의 국제금융기준 이행 상황과 평가 과정을 관리하고 G20에 보고한다.

우리나라는 2009년 3월 FSF에 신규 가입했으며, 이 포럼이 2009년 4월 FSB로 확대 개편된 시점부터 금융위원회와 한국은행이 총회에 함께 참여하고 있다. 산하 위원회의 경우 금융위원회는 운영위원회(SC)와 감독·규제협력 상임위원회(SRC)에, 한국은행은 취약성평가 상임위원회(SCAV)에 각각 참여하고 있다.

Ⅲ. 주요 활동

FSB는 금융위기 예방 및 글로벌 금융안정을 목표로 구체적인 글로벌 금융규제 개혁 과제를 도출하고 실천 가능한 개선방안을 마련하는 작업을 수행한다. 또한 추진경과와 각국의 이행 상황을 점검한 후 그 결과를 G20 회의에 정례적으로 보고한다.11)

금융기구 및 국제기준제정기구와 중앙은행 전문가위원회에게 주어진다.
 9) 2014년 11월 G20 정상회의에서 결정된 「금융안정위원회 대표성 제고를 위한 지배구조 재검토」 결과에 따라 현행 의석수로 확정되었다.
10) FSB가 마련한 국제금융기준, 원칙 등 이행 현황을 국가별·주제별로 평가하며, 회원국의 전문가로 구성된 평가팀(peer review team)이 평가를 진행하기 때문에 동료평가로 명명되었다.
11) FSB의 글로벌 금융규제 개혁 작업과정은 G20으로부터 시작하여 G20에서 완료되는데, 먼저 G20 정상들이 글로벌 금융규제 개혁의 기본방향을 설정하고 이와 관련된 세부과제를 FSB에 부여하였다. FSB는 이를 산하의 상임위원회에 위임하거나 국제기준제정기구들에게 요청하여 관련 정책이나 기준을 개발하는 한편 작업 간 중복되거나 상충되는 부분을 조율하고 일정을 조정하는 등의 역할도 수행한다. 완료된 작업은 FSB 총회에서 승인을 받아 G20 정상회의에 제출되며 G20 정상회의에서 최종 승인을 받으면 글로벌 금융규제 개혁안이 확정된다.

FSB의 주요 책무로는 글로벌 금융시스템의 불안을 야기할 수 있는 취약성의 포착 및 대응방안 마련, 금융당국 간 정책조율 및 정보교환, 규제기준 준수를 위한 모범사례 모니터링, 시스템적 중요 금융기관(SIFI)에 대한 규제강화 및 정리가능성 제고, IMF와의 조기경보활동 공동 수행, 이행상황 모니터링 및 동료평가 등을 통한 회원국의 국제금융기준 이행 촉진 등이 있다. 이러한 논의를 진행하는 과정에서 IMF, 바젤은행감독위원회(BCBS)와 같은 국제기구 등과도 상시적으로 협의하고 있다. 이러한 목적 및 책무를 수행하기 위해 FSB는 ⅰ) 금융시스템에 영향을 미치는 취약성 평가, ⅱ) 동 리스크 해소를 위한 규제정책 개발 및 조율, ⅲ) 규제정책 이행현황 모니터링 및 효과 평가 등 3단계로 업무를 수행한다.

제5절 그 밖의 국제금융기구

Ⅰ. 바젤은행감독위원회(BCBS)

1. 의의

바젤은행감독위원회(BCBS: Basel Committee on Banking Supervision)는 1974년 12월 G10[12] 중앙은행 총재 이사들이 모여 은행감독에 관한 각국 간의 협력증대를 위해 설립했으며, 금융안정 증진을 위해 은행 규제 및 감독을 강화하는데 목적을 두고 있다. 이는 독일 쾰른의 헤르슈타트 은행(Bankhus I. D. Herstatt)이 파산하는 위기를 겪음에 따라 은행 부문에서 생겨난 국제적 협력체이다. 바젤은행감독위원회는 은행 감독자들 간의 주기적인 협력을 위해 포럼을 개최한다. 그러나 이 위원회는 공식적인 초국가적 감독 권한을 갖지 않으며, 위원회의 권고 또한 법률적 효력을 갖지 않는다. 이 위원회에서는 일반적인 감독 기준과 가이드라인, 모범적 경영에 대한 권고 사항을 만들어 내며, 각국이 자세한 처리 방식을 통해 집행하도록 한다.

2. 목적

바젤은행감독위원회(BCBS)는 금융감독 문제에 있어서 정기적인 협력을 위한 포럼을 제공한다. 주요감독 사안에 대한 이해를 강화하고, 세계적인 금융감독의 질을 개선하는 것이 목적이다. 2008년 11월 G20정상회의에서 금융안정포럼(FSF: Financial Stability Forum) 및 바젤위원회

12) 벨기에, 캐나다, 프랑스, 독일, 이태리, 일본, 네덜란드, 스웨덴, 스위스, 영국, 미국 등 11개국(당초 10개국에 스위스가 추가 참여하였으나 명칭은 그대로 유지)이다.

등 주요 국제표준제정기구의 회원 확대가 필요하다는 지적에 따라 2009년 3월 한국을 비롯한 7개 나라가 신규회원국으로 추가됐다. 따라서 이 위원회의 구성원은 아르헨티나, 오스트리아, 벨기에, 브라질, 캐나다, 중국, 프랑스, 독일, 홍콩, 인도, 인도네시아, 이태리, 일본, 한국, 룩셈부르크, 멕시코, 네덜란드, 러시아, 사우디아라비아, 싱가포르, 남아프리카, 스페인, 스웨덴, 스위스, 터키, 영국, 미국 총 27개국이다.

3. 역할

바젤은행감독위원회(BCBS)의 임무는 금융안정 향상을 위해 세계은행들의 감독과 관행에 있어서의 규제를 강화시키는 것이다. 이 위원회는 아래와 같은 활동을 통해 그 임무를 달성하게 된다. ⅰ) 글로벌 금융시스템의 현재와 일어날 리스크를 규명하는 데 도움을 주고, 금융부문과 금융시장에서의 발전에 대한 정보를 교환한다. ⅱ) 국가 간 협력을 개선하기 위해 또는 공통의 이해를 촉진하기 해 감독문제, 접근방법과 기술을 공유한다. ⅲ) 지침과 건전한 관행뿐만 아니라 은행의 규제와 감독을 위한 국제적인 기준을 설정하고 촉진한다. ⅳ) 금융안정을 위해 위험을 초래하는 규제와 감독의 격차를 해결한다. ⅴ) 지속적이고 효과적인 구현을 보장하기 위하여 위원회 기준의 구현을 주시하며, 국제적으로 활발한 은행들 사이에서의 "균등한 경쟁조건"에 기여한다. ⅵ) 위원회 정책수립 과정 도입의 혜택과 위원회의 국제표준, 지침 그리고 건전한 관행의 이행을 촉진하기 위해 회원국뿐만 아니라 회원국이 아닌 중앙은행과 중앙은행 감독당국에게도 조언한다. ⅶ) 금융안정 촉진을 포함한 다른 금융부문 기준 제정자와 국제기구를 조정하고 협력한다. 이처럼 바젤은행감독위원회는 BIS 자기자본비율 등 은행감독과 관련한 국제적 기준제정 그리고 회원국 및 비회원국 감독당국 간 협력 및 정보교환 등의 기능을 수행하고 있다.

Ⅱ. 국제증권감독기구(IOSCO)

국제증권감독기구(IOSCO)는 1983년 설립되었으며, 현재 120여개국의 증권감독기관이 참여하고 있다. 우리나라는 1984년에 회원에 가입했으며, 현재 금융위원회와 금융감독원이 공동회원으로 참여하고 있으며, 2012년 5월에는 이사회에 진출했다.

IOSCO는 공정하고, 효율적이며 투명한 시장 유지를 위한 국제증권 감독기준을 제정하고 각국 자본시장의 공통 관심사를 논의한다. 즉 각 회원 금융감독당국의 자본시장 발전과 효율성 제고, 각 회원 금융감독당국 간 정보교환 및 조사업무 협조, 그리고 국제기준의 제정 및 시행 등이다. IOSCO는 대표위원회(Presidents Committee), 이사회(Board) 및 정책위원회(Policy Committee), 신흥시장위원회(Growth and Emerging Markets Committee), 지역위원회(Regional Committee) 등으로 구성되어 있으며, 정책위원회에서 국제감독기준 제·개정 실무를 수행하며, 이사회는 단일 최고의사결정기구로서 국제기준을 의결한다.

Ⅲ. 국제보험감독자협의회(IAIS)

국제보험감독자협의회(IAIS: International Association of Insurance Supervisors)는 세계 3대 국제금융감독기구(은행: BCBS, 증권: IOSCO, 보험: IAIS) 중 하나로 약 140개국이 회원으로 가입한 보험감독 분야 최고 권위의 국제기구이다. G20 산하에 금융규제 및 감독과 관련한 국제기관에는 세계금융 안정화와 규제개혁 방향을 검토하는 FSB가 있고, 그 산하에 각기 업종별 감독기관으로 바젤은행감독위원회(BCBS), 증권감독자국제기구(IOSCO), 보험감독자국제기구(IAIS)가 있다. IAIS는 1994년 설립되어 바젤의 국제결제은행(BIS)에 사무국을 두고 있으며 2016년 4월 현재 약 150개국과 지역별 보험감독당국이 회원으로, 150여 보험회사와 사업자단체가 옵서버로 활동하고 있다. IAIS는 보험감독당국 간의 협력 촉진, 보험감독에 관한 국제기준의 책정과 도입촉진, 회원에 대한 교육·훈련 실시, 다른 금융부분의 감독기관 및 국제적인 금융기관과의 협력 등의 활동을 하고 있다.

Ⅳ. 국제회계기준위원회(IASB)

국제회계기준위원회(IASB)는 국제적으로 통일된 재무회계기준을 제정할 목적으로 세계 각국의 회계 전문단체들이 협력하여 1973년 6월 29일 영국 런던에서 설립된 국제민간단체이다. 1973년 미국, 영국, 독일, 일본 등 10개 국가의 회계 관련기관이 IASB의 전신인 IASC를 설립하여 국제회계기준서인 IAS(International Accounting Standards)를 공표했다. IASC는 1995년에 EC 및 EU의 다국적기업에게, 2001년에는 전 세계의 다국적기업에게 IAS의 사용을 권고하였으며, 2002년 국제회계기준서의 명칭이 IAS에서 IFRS로 변경됐다.

IASB는 현재 EU를 중심으로 주요국 15명의 위원으로 구성되어 있으며, 이의 보조기구로서 기준자문위원회(SAC: Standards Advisory Council), 국제재무보고기준해석위원회(IFRIC: International Financial Reporting Interpretations Committee) 등을 두고 있다. IASB가 정한 IFRS는 법적 강제력은 없으나, EU를 비롯한 많은 나라들이 이기준을 따르고 있으며, 재무제표와 기타 재무보고에 있어 고품질, 투명성, 비교가능성을 갖춘 이해가능하고 강제성 있는 단일의 국제회계기준을 제정하고 이의 이용 및 엄격한 적용을 장려한다.

제 3 편

금융기관

★ 조선일보 2024년 10월 28일
금리 하락기에도… 역대급 돈방석 금융지주

KB·신한·우리·하나 등 4대 금융지주가 올해 3분기(7~9월) 일제히 역대급 실적을 올린 것으로 나타나고 있다. 국내외 금리 하락 기대로 시장 금리가 떨어지면서 대출로 돈을 벌기 어려워지지만, 대출 규모를 불리면서 이자 이익을 늘린 결과다.

지난 24일 가장 먼저 실적을 발표한 KB금융지주의 3분기 순이익은 1조6140억원으로 작년 같은 기간(1조3689억원)보다 약 18% 늘었다. 3분기까지 누적 순이익은 4조3953억원으로 1년 전보다 188억원 늘며 사상 최대치를 기록했다. 이어 나온 신한금융지주의 3분기 당기순이익(1조2386억원)도 작년 같은 기간(1조1921억원)보다 3.9%(465억원) 증가했다. 3분기까지 누적 순이익(3조9856억원)은 작년(3조8183억원)보다 4.4% 늘어나면서 역시 사실상 역대 최대치다.

우리금융지주의 3분기까지 누적 순이익은 작년 같은 기간보다 9.1% 증가한 2조6591억원을 기록했다. 그러자 우리금융지주는 "(올해는) 3분기 만에 지난해 연간 실적(2조5063억원)을 초과 달성했다. '연간 당기순이익 3조원'을 향한 순조로운 행보를 이어 나갔다"고 자평하는 자료를 냈다.

이런 좋은 실적은 마진폭은 줄었지만, 서울·수도권 주택 가격 상승으로 주택담보대출 규모 등이 늘어나면서 이자 이익이 늘어난 영향이 컸다. 게다가 8월 들어 금융 당국이 대출 규제를 강화하라고 요구하자 대출 금리에 가산금리를 붙이는 식으로 이자 수익이 주는 걸 막았다. KB의 3분기 이자이익은 3조1650억원으로 작년보다 1.3%, 신한은 2조8550억원으로 3.3%, 우리는 2조2190억원으로 1.5% 불어났다. 비이자이익 증가도 실적 개선에 한 몫 했다. KB금융의 경우 은행의 방카슈랑스와 증권사의 각종 수수료 수입이 증가하면서 비이자이익(1조3414억원)이 지난해(8352억원)보다 약 60% 증가했다. 증가 폭은 이자이익(1.3%)보다 훨씬 크다.

이런 현상은 4분기(10~12월)에도 이어질 것으로 보인다. 한 금융지주 관계자는 "대출 규모는 커지는데, 정부의 대출 죄기에 따라 대출금리까지 오르다 보니 이익이 커질 수밖에 없는 환경이 조성되고 있다"고 말했다.

서 론

제1절 금융기관의 의의 및 기능

I. 금융기관의 의의

금융기관은 금융업을 영업으로 하는 주식회사이다. 여기서 영업으로 하는 것은 영리를 목적으로 금융행위를 반복하는 것이다. 이는 영리성, 계속성, 영업의사를 요소로 하여, 규칙적·조직적으로 영위하는 것이다. 당연상인인 상사회사의 설립에 관하여 상법은 원칙적으로 엄격 준칙주의이다. 금융업에 관하여는 영업면허제도를 채택하고 있다. 이렇게 볼 때 개별 법률에 의해 금융업 영위의 인가·허가를 취득하거나 등록한 주식회사를 통칭하여 금융기관이라고 할 수 있다. 주식회사로 운영되기는 하지만 이윤추구만을 목표로 하는 영리법인인 일반 주식회사와는 달리, 금융기관은 예금자의 재산을 보호하고 신용질서 유지와 자금중개기능의 효율성 유지를 통해 금융시장의 안정 및 국민경제의 발전에 이바지해야 하는 공공적 역할을 담당하는 위치에 있기 때문이다.

금융기관은 영리기업으로서 상행위의 한 형태로서 금융업을 영위한다. 금융기관이 영리기업이라는 점에서 "금융회사"로 표현하기도 하지만 여기서는 금융기관의 자산-부채 구조의 특성상 높은 수준의 공공성이 요구되고 있고 국제적으로도 Financial Institution 용어가 보편화되어 있으므로 "금융기관"이라는 용어를 쓰기로 한다. 경우에 따라서는 "금융회사"라는 용어도 함께 사용한다.

Ⅱ. 금융기관의 기능

금융기관은 자금의 공급자와 수요자 사이의 금융거래를 성립시켜 주는 것을 목적으로 금융중개를 하거나 또는 단순히 자금의 공급자와 수요자를 연결하는 기능을 수행한다. 금융기관은 계약의 당사자로서 역할을 수행하기도 하지만 단순한 중개자로서 보조적 역할을 수행하기도 한다. 예를 들면 은행의 경우 계약의 당사자로서 예금자로부터 금전소비대차계약을 통해 자금을 수취하게 되어 예금자의 반환청구에 대한 책임을 부담하고, 대출계약을 통해 차주에게 자금을 융통하는 채권관계를 형성한다. 반면 증권회사와 같이 기업이 회사채를 발행하는 경우 필요한 서비스를 제공하는 경우에는 해당 금융거래의 직접 당사자가 아닌 단순한 중개자나 보조자에 지나지 않는 형태를 띠기도 한다.

이에 따라 간접금융거래를 중개하는 금융기관의 경우 위험을 분담하는데 반해, 직접금융에 참여하는 금융기관은 해당 금융거래에 따른 위험을 부담하지 않기 때문에 개별 금융기관의 특성이 드러난다. 은행의 경우에는 자금중개기능을 본질적 요소로 하고, 증권회사의 경우 위험인수기능을 주된 요소로 하며, 보험회사의 경우에는 위험인수기능과 자금중개기능을 보유한다.

금융기관은 자금공급자와 자금수요자 간의 탐색비용을 줄여주고, 신용정보 획득의 용이성 및 정보 분석 능력을 통해 감시비용을 절감시키는 거래비용 절감기능과 거래기간을 일치시키는 만기변환기능, 여신위험분산 등을 통해 손실위험을 축소시키는 위험변환기능, 소액의 자금을 집적하여 거액의 자금으로 전환하는 금액변환기능, 다양한 지급결제 수단을 지급하고 결제하는 지급결제기능을 수행한다. 금융기관은 이런 역할을 통해 자금의 공급자와 수요자 간의 상충된 이해관계를 조정함으로써 자금의 이전을 원활하게 하여 국민경제의 안정적인 성장과 발전을 지속시키는데 기여한다.

제2절 금융기관의 특수성과 구분

Ⅰ. 금융기관의 특수성

금융기관은 금융거래를 중개하는 기관으로 금융중개를 통해 금융시장의 위험을 감소시키고, 금융시장에 유동성을 공급하며, 자금의 수요자와 공급자 사이에 발생하는 이해관계를 조정함으로써 효율적인 자원배분이 가능하게 하는 공적인 기능을 수행하지만, 본질적으로 금융업을 영위하는 주식회사이다. 따라서 영리를 목적으로 금융거래를 업으로써 반복적·계속적으로 수행한다. 그러나 금융기관은 일반 주식회사와 달리 특별한 취급을 받는다. 상법상 주식회사의 설립과 달리 금융기관의 설립에 있어 금융위원회로부터 인·허가를 받거나 금융위원회에 등록을 하는 등 진입규제가 존재하고, 영업활동과 퇴출에 이르기까지 각종 규제를 받는다.

일반 주식회사와 달리 금융기관에 대해 강한 규제가 이루어지는 이유는 금융기관의 고유한 특성에서 찾을 수 있다. ⅰ) 금융기관은 강한 공공적 성격을 갖고 있다. 금융기관은 불특정다수인으로부터 자금을 수취하여 이를 배분하는 자금중개기능을 통해 금융시장의 안정성을 도모하고, 금융이용자를 보호하며, 국민경제 발전에 이바지해야 하는 공공적 역할을 수행하기 때문에 일반 주식회사에 비하여 강한 규제가 요청된다. 특히 개별 금융기관의 문제가 금융기관 전체에 영향을 미쳐 금융질서의 안정성을 위협할 수 있으므로 금융기관에 대한 위험통제가 필요하고, 이에 따라 규제의 강도가 일반 주식회사에 비해 상대적으로 강하게 이루어지게 된다.

ⅱ) 금융기관은 일반 주식회사와 다른 자본구조는 갖고 있다. 자본구조의 면에서 금융기관은 적은 자기자본과 높은 부채의존도를 보인다. 이는 금융기관이 불특정다수인으로부터 수취하는 자금이 부채의 형태로 조달되고, 금융기관은 이를 바탕으로 높은 지렛대효과(leverage effect)를 거두고 있다. 금융기관이 높은 부채비율에도 불구하고 문제가 되지 않는 이유는 대부분의 자산이 유동성이 높은 자산, 예를 들어 대출자산이나 유가증권 등에 운용되기 때문에 현금흐름에 별다른 문제가 발생하지 않기 때문이다. 또한 예금보험제도를 통해서 일정 부분 보장을 받고 있기 때문에 안정적인 자산보호가 가능하다. 그런데 금융기관은 상대적으로 높은 부채비율을 갖고 있다는 점에서 채권자인 예금자 등의 금융이용자가 금융기관의 성과에 따른 자산가치의 변동 위험에 노출되어 있으며, 예금보험제도로 말미암아 금융기관 경영에 대한 예금자 등의 금융이용자의 감시 유인이 낮기 때문에 금융기관의 경영부실 및 이로 인한 금융위기 가능성이 상존한다. 또한 금융기관의 자산 대부분이 유동성 자산에 운용되고 있기 때문에 내부자에 의한 사적인 이해추구의 가능성이 높다. 유동성 자산은 그 성격상 쉽게 전용이 가능하다는 점에서 외부자에 의한 통제가 어려워 내부자에 의한 자금유용 사례가 빈번하게 발생한다. 이런 이유에서도 일반 주식회사와 달리 금융기관에 대한 엄격한 통제가 필요하다.

ⅲ) 금융업은 위험성을 수반하는 산업으로 외부성이 높은 산업이다. 즉 금융업은 미래에 대한 정보와 예측을 바탕으로 위험에 대한 적절한 통제를 통해 수익추구를 꾀하는 업으로 업무영위에 있어 각종 위험에 노출되어 있으며, 특정 금융기관의 위험이 다른 금융기관에 위험이 전이될 수 있고, 신용불안으로 인한 예금인출사태(bank run)와 같은 문제로 인해 금융질서 전

체에 악영향을 줄 수 있다.

이러한 금융기관의 특성으로 말미암아 금융기관은 일반 주식회사와 달리 특별한 취급을 받고 있으나, 금융기관도 금융시장에서 자유롭게 경쟁하면서 일반 주식회사와 마찬가지로 영리를 추구하고 성장해 나가는 기업성 또는 갖고 있기 때문에 금융기관에 대한 규제는 금융기관의 특수성을 인정하면서 기업성이 제대로 발휘될 수 있록 해야 하는 문제도 내포하고 있다.

Ⅱ. 금융기관의 구분

금융기관은 금융시장에서 예금자와 차입자 사이에서 예금과 차입 또는 투자를 연결해 주는 기능 등을 수행하며 은행, 비은행예금취급기관, 금융투자업자, 보험회사, 기타 금융기관 등으로 분류할 수 있다.

이러한 분류체계를 중심으로 각 그룹에 포함되는 금융기관을 구체적으로 보면 우선 은행에는 일반은행과 특수은행이 있다. 일반은행은 시중은행, 지방은행 그리고 외국은행 국내지점으로 구성된다. 특수은행은 은행법이 아닌 개별적인 특별법에 의해 설립되어 은행업무를 핵심업무로 취급하고 있는 금융기관이다. 여기에는 한국산업은행, 한국수출입은행, 중소기업은행, 농협은행 및 수협은행 등이 포함된다.

비은행예금취급기관은 은행과 유사한 여수신업무를 주요 업무로 취급하고 있지만 보다 제한적인 목적으로 설립되어 자금조달 및 운용 등에서 은행과는 상이한 규제를 받는 금융기관이다. 즉 지급결제기능을 전혀 제공하지 못하거나 제한적으로만 제공할 수 있는 등 취급 업무의 범위가 은행에 비해 좁으며 영업대상이 개별 금융기관의 특성에 맞추어 사전적으로 제한되기도 한다. 여기에 분류되는 금융기관으로는 상호저축은행, 신용협동조합, 새마을금고, 농업협동조합, 수산업협동조합, 산림조합 등이 있다.

금융투자업자는 직접금융시장에서 유가증권의 거래와 관련된 업무를 주된 업무로 하는 금융기관을 모두 포괄하는 그룹이다. 여기에는 투자매매·중개업자(증권회사), 집합투자업자(자산운용회사), 투자일임업자, 투자자문업자, 신탁업자가 있다.

보험회사는 사망·질병·노후 또는 화재나 각종 사고를 대비하는 보험을 인수·운영하는 기관이다. 보험회사는 업무 특성과 기관 특성을 함께 고려하여 생명보험회사, 손해보험회사, 우체국보험, 공제기관[1] 등으로 구분된다. 손해보험회사에는 일반적인 손해보험회사 이외에 재보험회사와 보증보험회사가 있다.

---

1) 공제기관의 경우 일반인을 대상으로 보험서비스를 판매하고 있는 수산업협동조합공제, 신용협동조합공제, 새마을금고공제 등이 포함된다.

기타 금융기관은 앞에서 열거한 그룹에 속하는 금융기관의 업무로 분류하기 어려운 금융업무들을 주된 업무로 취급하는 기관을 말한다. 여기에는 금융지주회사, 여신전문금융회사(신용카드회사, 리스회사, 할부금융회사, 신기술사업금융회사), 대부업자 등이 있다.

금융기관

제1절 금융투자업자

> ★ 아시아경제 2024년 11월 14일
>
> 고개숙인 'K-증권사'‥ 올해도 물 건너간 증권사 초대형 IB인가
>
> 연내 초대형 투자은행(IB) 인가 신청을 하려고 계획을 세웠던 증권사들이 최근 냉랭해진 금융당국의 기조에 눈치만 살피고 있다. 초대형 IB 제도는 신용공여 한도 확대와 발행어음 등 유동성 관리에 장점이 있지만, 늘어난 한도를 모험자본 대신 주가연계증권(ELS), 부동산 투자에 활용했다는 지적이 나오면서 금융당국이 섣불리 인가해주지 않으려는 움직임을 보인다. 최근 금융투자사고나 부당거래 의혹까지 발생하면서 대부분의 증권사가 제재를 받거나 조사가 진행 중인 상황이라 추가 인가는 당분간 힘들 것이란 전망이 나온다.
>
> 14일 금융투자업계에 따르면 올 하반기 초대형 IB 인가 신청서를 제출하겠다는 목표를 밝혔던 키움증권은 아직 금융당국에 인가 신청서를 제출하지 못했다.
>
> 불완전판매, 내부통제 부실, 선행매매 등 각종 금융사고를 연거푸 터뜨린 증권업계의 최근 행적 탓에 당국은 추가인가보다는 시장 신뢰 회복과 리스크 관리 강화가 우선이라는 입장이다.
>
> 초대형 IB 재무 요건은 자기자본 4조원이다. 현재 국내 자본시장에 초대형 IB는 미래에셋증권, 한국투자증권, NH투자증권, KB증권, 삼성증권 등 5곳이다. 이들 5개사는 2017년 초대형 IB로 일괄 지정됐다. 이후 지금까지 여섯 번째 초대형 IB는 탄생하지 못했다.
>
> 초대형 IB는 기업 신용공여 한도가 자기자본의 200%로 확대된다. 단기금융업 인가를 받아 발

행어음이 가능해진다. 발행어음은 증권사가 자체 신용으로 발행하는 만기 1년 이내 어음으로 자기자본의 2배까지 판매할 수 있다. 발행 절차가 간단하고 자금 조달이 쉬워 유동성 확보 측면에서 유리하다.

I. 의의

1. 금융투자업자의 개념

자본시장법("법")에 의하면 금융투자업자란 금융투자상품의 거래와 관련된 업무를 주된 업무로 하는 금융기관으로 금융투자업에 대하여 금융위원회의 인가를 받거나 금융위원회에 등록하여 이를 영위하는 자를 말한다(법8①). 즉 금융투자업자는 직접금융시장에서 증권의 거래와 관련된 업무를 주된 업무로 하는 금융기관을 모두 포괄하는 용어이다. 여기에는 투자매매·중개업자(증권회사), 집합투자업자(자산운용회사), 투자자문업자, 투자일임업자, 신탁업자가 있다.

금융투자업이란 이익을 얻을 목적으로 계속적이거나 반복적인 방법으로 행하는 행위로서 기능에 따라 투자매매업, 투자중개업, 집합투자업, 신탁업, 투자자문업, 투자일임업의 6가지로 구분한다(법6①). 증권업은 집합투자업을 제외한 나머지의 조합으로 이해할 수 있다. 6가지 금융투자업 중 투자자문업과 투자일임업은 등록제이며 나머지 4가지 업종은 인가제가 적용된다. 인가제와 등록제는 투자자가 노출되는 위험의 크기에 따라 기능적으로 구분한 것이다.

자본시장법이 기능별로 분류된 6개의 금융투자업을 한 회사 내에서 모두 수행할 수 있도록 겸영을 허용하면서, 우리나라의 증권사 또는 자산운용사 등도 주요 선진 투자은행(IB: Investment Bank)과 마찬가지로 기업금융업무, 직접투자업무, 증권서비스업무, 자산관리업무 등의 모든 금융투자업을 종합적으로 영위할 수 있도록 해 투자은행이 영위할 수 있는 모든 업무를 하나의 회사에서 겸영할 수 있게 됐다.

2. 기능별 규제

금융투자업자에 대한 분류와 관련해 종래의 증권회사·선물회사는 투자매매·중개업자로, 자산운용회사는 집합투자업자로, 투자자문회사 및 투자일임회사는 투자자문업자 및 투자일임업자로, 신탁회사는 신탁업자로 단순히 명칭만 변경된 것으로 오해될 수도 있다. 이는 자본시장법 시행 이후에도 대다수 금융투자업자는 증권회사, 선물회사, 자산운용회사 등 종래 명칭을 그대로 유지하고 있으며 영위하는 업무도 기존과 거의 유사하기 때문이다. 그러나 금융투자업자로의 명칭 변경은 실제로 종래와는 다른 큰 차이를 반영하고 있다. 왜냐하면 자본시장법은 금융투자업자의 진입규제와 관련해 금융기능별로 진입요건을 정해 놓고, 그 요건의 부합 여부를 심사하는 add-on 방식을 취함에 따라 금융투자업자가 복수의 업무단위를 자유롭게 선택해 영위할 수 있기 때문이다. 예를 들어 종래의 증권회사는 유가증권의 매매, 위탁매매, 인수·주선 등 현재 투자매매 및 투자중개 업무를 주로 영위했으나 현재의 증권회사는 원칙적으로 인가취득에 따라 집합투자업을 제외한 모든 금융투자 관련 업무를 영위할 수 있다.

금융기관이 금융투자업을 영위하기 위해서는 금융투자업의 종류, 금융투자상품의 범위, 투자자의 유형[1] 등 금융기능 조합으로부터 설정되는 한 단위의 금융기능을 "인가업무 단위"로 해 인가업무 단위의 전부나 일부를 선택해 금융위원회로부터 인가를 받아야 한다(법12①). 다만 자본시장법은 각 금융기능별로 투자자가 부담하는 위험의 크기에 따라 인가제와 등록제로 구분하고 있다. 이에 따라 고객과 직접 채무관계를 갖거나 고객의 자산을 수탁하는 투자매매·투자중개·집합투자·신탁업은 인가대상으로 하고, 투자자의 재산을 수탁하지 않는 투자일임업·투자자문업은 등록만으로 영위할 수 있도록 하고 있다(법12①, 18①). 한편 자본시장법 시행령은 금융투자업의 위험과 투자자 보호 필요성 등에 따라 인가 및 등록 단위별 최저 자본요건을 다르게 설정하고, 취급하려는 인가업무가 늘어나면 그에 해당하는 자기자본 금액을 추가로 보유하도록 함으로써 금융투자업자의 대형화, 겸업화, 전문화 및 진입완화 규제를 유도하고 있다. 업종별로는 투자매매업은 투자중개업에 비해, 신탁업은 집합투자업에 비해, 인가대상 업무는 등록대상 업무에 비해 각각 높은 자기자본을 요구하고 있다. 금융상품별로는 장외파생상품, 증권, 장내 파생상품 순으로, 투자자 유형별로는 일반투자자를 대상으로 하는 경우 높은 자기자본을 요구하고 있다.

Ⅱ. 투자매매·중개업자

1. 투자매매업자

(1) 의의

투자매매업자란 금융투자업자 중 누구의 명의로 하든지 자기의 계산으로 금융투자상품의 매도·매수, 증권의 발행·인수 또는 그 청약의 권유, 청약, 청약의 승낙을 영업으로 하는 금융투자업자를 말한다(법8② 및 법6②). 투자매매업자의 증권의 발행은 일반적으로는 증권의 생산

---

1) "전문투자자"란 금융투자상품에 관한 전문성 구비 여부, 소유자산규모 등에 비추어 투자에 따른 위험감수 능력이 있는 투자자로서 다음의 어느 하나에 해당하는 자를 말한다. 1. 국가, 2. 한국은행, 3. 대통령령으로 정하는 금융기관, 4. 주권상장법인(다만, 금융투자업자와 장외파생상품 거래를 하는 경우에는 전문투자자와 같은 대우를 받겠다는 의사를 금융투자업자에게 서면으로 통지하는 경우에 한한다), 5. 그 밖에 대통령령으로 정하는 자(법9⑤ 본문)이고, "일반투자자"란 전문투자자가 아닌 투자자를 말한다(법9⑥).

제 2 장 금융기관 **213**

이 아닌 증권의 판매를 말한다. 다만 파생결합증권의 경우에는 증권의 생산도 포함한다.

고유재산운용업무는 "누구의 명의로 하든지 자기의 계산으로 금융투자상품을 매매하거나 소유하는 업무로서 투자매매업이나 기업금융업무(영68②)가 아닌 업무"를 말한다(영50①(1)). 따라서 고유재산운용업무에 대하여는 자본시장법상 투자매매업에 관한 규제가 적용되지 않는다.

(2) 금융투자상품의 매매

투자매매업과 투자중개업은 계산의 주체를 기준으로 구분되며 투자매매업은 일반적으로 자기매매 또는 딜러매매라 하고 투자중개업은 위탁매매 또는 브로커매매로 불린다. 자기매매업무(dealing)는 투자매매업무로서 자기계산으로 인적·물적 시설을 갖추고 계속적·반복적으로 금융투자상품을 매매하는 업무를 말한다. 투자매매업자는 자기매매업무를 통해 증권시장 또는 장외거래에서 일시적인 수급불균형을 조정하는 한편 금융투자상품 가격의 연속성을 확보함으로써 시장조성자(market maker)로서의 역할을 수행한다.

(3) 증권의 발행

일반기업이 자금조달 목적으로 주권, 사채 등의 증권을 발행하는 경우를 투자매매업이라고 보기 어려우므로 자본시장법은 자기가 증권을 발행하는 경우에는 투자매매업으로 보지 아니한다(법7① 본문). 다만, ⅰ) 투자신탁의 수익증권, ⅱ) 대통령령으로 정하는 파생결합증권, ⅲ) 투자성 있는 예금계약, 그 밖에 이에 준하는 것으로서 대통령령으로 정하는 계약에 따른 증권, ⅳ) 투자성 있는 보험계약에 따른 증권은 투자매매업으로 규율하고 있다(법7① 단서). 이것은 자기가 증권을 발행하더라도 계속적·반복적으로 영리를 목적으로 증권을 발행하는 경우에는 투자매매업으로 포함시킬 필요가 있기 때문이다. 목차를 바꾸어 살펴본다.

(4) 증권의 인수

인수란 제3자에게 증권을 취득시킬 목적으로 ⅰ) 그 증권의 전부 또는 일부를 취득하거나 취득하는 것을 내용으로 하는 계약을 체결하는 것(제1호), ⅱ) 그 증권의 전부 또는 일부에 대하여 이를 취득하는 자가 없는 때에 그 나머지를 취득하는 것을 내용으로 하는 계약을 체결하는 것(제2호) 중 어느 하나에 해당하는 행위를 하거나 그 행위를 전제로 발행인 또는 매출인을 위하여 증권의 모집·사모·매출을 하는 것을 말한다(법9⑪).

증권의 인수업무(underwriting)는 투자매매업무로서 투자매매업자가 신규 발행된 증권을 매출할 목적으로 취득하는 업무를 말하며 발행형태로는 모집·매출(공모), 사모의 세 가지가 있다. "모집"이란 대통령령으로 정하는 방법에 따라 산출한 50인 이상의 투자자에게 새로 발행되는 증권의 취득의 청약을 권유하는 것을 말하고(법9⑦), "매출"이란 대통령령으로 정하는 방법에 따라 산출한 50인 이상의 투자자에게 이미 발행된 증권의 매도의 청약을 하거나 매수의 청약을 권유하는 것(법9⑨)을 말한다. 한편 "사모"란 새로 발행되는 증권의 취득의 청약을 권유하는 것으로서 모집에 해당하지 아니하는 것을 말한다(법9⑧).

2. 투자중개업자

(1) 의의

투자중개업자란 금융투자업자 중 누구의 명의로 하든지 타인의 계산으로 금융투자상품의 매도·매수, 그 중개나 청약의 권유, 청약, 청약의 승낙 또는 증권의 발행·인수에 대한 청약의 권유, 청약, 청약의 승낙을 영업으로 하는 금융투자업자를 말한다(법8③ 및 법6③). 투자중개업자는 타인의 계산에 의해 영업이 이루어진다는 점에서 투자매매업자와 구분된다. 투자중개업은 종전의 증권거래법에서 규정하고 있던 위탁매매, 매매의 중개 또는 대리, 국내외 증권시장에서의 매매거래에 관한 위탁의 중개·주선 또는 대리 및 모집·매출의 주선업무를 포함한다.

(2) 위탁매매업무

위탁매매업무(brokerage)는 증권 및 파생상품 등 금융투자상품에 대한 투자중개업무로서 고객의 매매주문을 성사시키고 수수료를 받는 업무이다. 위탁매매업무는 위탁매매, 매매의 중개·대리 및 위탁의 중개·주선·대리 세 가지 형태로 이루어진다.

ⅰ) 위탁매매업무는 고객의 매매주문을 받아 투자중개업자의 명의와 고객의 계산으로 금융투자상품의 매매를 하는 업무이다. 매매거래에 따른 손익은 위탁자인 고객에게 귀속되며 투자중개업자는 고객으로부터 일정한 위탁수수료를 받는다.

ⅱ) 매매의 중개·대리는 타인 간의 금융투자상품의 매매가 성립되도록 노력하거나 고객을 대리하여 매매를 하고 일정한 수수료를 받는 업무를 말한다.

ⅲ) 위탁의 중개·주선·대리는 한국거래소의 회원이 아닌 투자중개업자가 수행하는 업무로서 비회원인 투자중개업자는 회원인 투자중개업자를 통해 고객의 위탁매매 주문을 중개·주선·대리해주고 고객으로부터 받은 수수료를 회원인 투자중개업자와 배분한다.

(3) 펀드판매업무 및 랩어카운트업무(자산관리업무)

펀드는 자본시장법상 집합투자기구를 지칭하며, 펀드판매업무는 증권회사가 투자중개업자로서 펀드에서 발행하는 수익증권 등을 투자자에게 판매하는 업무이다. 자산관리업무는 투자자문 및 투자일임업자로서 투자자에게 랩어카운트(Wrap Account)2) 및 CMA(Cash Management Account) 서비스 등을 제공하는 업무이다. 랩어카운트는 투자일임업을 경영하는 투자중개업자가 투자중개업무와 투자일임업무를 결합한 자산관리계좌["맞춤식 자산관리계좌(Wrap Account)]이다(금융투자업규정4-77(7)).3) 즉 랩어카운트는 증권회사가 고객의 증권거래, 고객에 대한 자문 등의 서비스를 통합해 제공하고 그 대가로 고객예탁재산의 평가액에 비례하여 연간 단일보수율로 산정한 수수료를 받는 업무이다. 랩어카운트에는 자문형과 일임형 두 가지가 있는 데 자문형은 예탁재산의 운용에 대하여 자산관리자가 투자자문서비스를 제공하고 최종결정은 고객이 내리는 반면, 일임형은 증권회사가 고객의 성향에 따라 주식이나 채권, 주식형 펀드 등 투자자의 자산 포트폴리오 구성에서 운용까지 모든 자산운용 업무를 대신한다.

(4) CMA업무

CMA업무는 고객과 사전 약정에 따라 예치자금이 MMF, RP 등 특정 단기금융상품에 투자되도록 설계한 CMA계좌를 고객예탁금 계좌와 연계해 수시입출, 급여이체, 신용카드 결제대금 납부 등의 부가서비스를 제공하는 업무이다.

Ⅲ. 집합투자업자

1. 의의

집합투자업자는 2인 이상의 투자자로부터 모은 금전 등을 투자자의 일상적인 운용지시없이 투자대상자산에 운용하고 그 결과를 투자자에게 배분 및 귀속시키는 집합투자를 영업으로 하는 금융투자업자를 말한다(법8④ 및 법6④⑤). 집합투자업자는 투자신탁, 투자회사 등의 방식으로 설정·설립되는 집합투자기구의 재산을 운용하는 것을 주된 업무로 한다. 집합투자업자는 자본시장법에 따른 집합투자를 수행하는 금융기관으로서 자산운용회사에 해당된다.

---

2) 랩어카운트(Wrap Account)는 증권회사가 고객의 자산을 대신 운용하는 계좌이고, 이에 관련된 자산운용 서비스의 모든 것을 랩 서비스(Wrap Service)라고 한다. 포장하다(Wrap)와 계좌(Account)의 합성어인 랩어카운트는 고객이 맡긴 자산에 대해 자산구성부터 운용, 투자, 자문까지 통합적으로 관리해주는 종합서비스로 투자중개업무와 투자일임업무가 결합된 맞춤식 자산관리계좌이다.

3) Wrap이란 금융투자회사가 고객의 금융투자상품 거래와 관련한 투자조언, 거래집행, 계좌 및 금융투자상품의 관리 등 일체의 서비스를 단일계약과 단일 수수료체계에 의하여 종합적으로 제공하는 일종의 one-stop service 상품을 지칭하는 실무적 용어로 사용되어 왔다. 2011년 1월 금융투자업규정 개정으로 "투자중개업무와 투자일임업무를 결합한 자산관리계좌"를 "맞춤식 자산관리계좌(Wrap Account)"로 정의하였다.

2. 업무

집합투자업자의 업무를 크게 집합투자기구의 기획, 집합투자재산의 운용의 두 가지로 나누어 보았다.

(1) 집합투자기구의 기획업무

집합투자업자는 집합투자를 수행하기 위해 집합투자기구를 설정·설립한다. 투자신탁형태에서 집합투자업자는 신탁업자(신탁회사)와의 신탁계약을 통해서 투자신탁을 설정하고, 회사형인 투자회사·투자유한회사·투자합자회사·투자유한책임회사에서 집합투자업자는 초기 설립시 정관작성의 주체로 참여한다. 조합형에서 집합투자업자는 조합계약(투자합자조합의 경우)이나 익명조합계약(투자익명조합의 경우)을 작성하는 주체로서 집합투자기구를 설립한다.

투자신탁형은 회사형·조합형 집합투자기구와는 달리 스스로 집합투자기구를 설정할 수 없다는 특징이 있다. 즉 투자신탁을 설정하기 위해서 집합투자업자는 반드시 신탁업자인 당사자를 끌어들여야 한다.

(2) 집합투자재산의 운용업무

집합투자재산의 운용은 매우 광범위하게 해석하여 단순히 집합투자재산을 취득·처분하는 것뿐만 아니라, 집합투자재산과 관련된 집합투자증권의 발행·판매 및 환매, 집합투자기구의 합병 및 해지·해산과 같은 행위까지도 운용업무에 포함될 수 있다. 적어도 집합투자재산이 집합투자기구에 남아 있는 동안 이루어지는 모든 행위는 집합투자재산의 운용업무라고 보아야 투자자를 두텁게 보호할 수 있다.

여기서는 협의의 운용업무로 한정하여 살펴본다. 운용이란 집합투자재산에 직접적인 영향을 미치는 행위로, 집합투자재산의 취득·처분 등의 행위를 말한다. 투자신탁과 투자익명조합을 제외하고는 모두 집합투자기구의 명의로 그 운용을 행하며(법80⑤), 투자신탁은 신탁회사의 명의로, 투자익명조합은 집합투자업자의 명의로 운용한다. 투자신탁에서 집합투자업자는 단지 명의자인 신탁업자로 하여금 그 운용의 지시를 내릴 뿐이다.

투자신탁과 관련하여 살펴보면, 집합투자업자는 신탁업자로 하여금 운용의 지시를 통해서 집합투자재산을 운용하는데, 이는 별도의 신탁관계를 통해서 집합투자 운용이 이루어진다고 볼 수 있다. 즉 집합투자업자는 위탁자로서 수탁자인 신탁업자로 하여금 위탁지시를 통해서 신탁업자의 명의로 투자신탁재산을 운용하는 것이다. 하지만 자본시장법에는 투자신탁이 신탁업자 명의로 운용되지 않는 예외조항도 존재한다. 수탁자가 아닌 집합투자업자(위탁자) 스스로의 명의로 운용할 수 있는 단서 규정(법80① 단서)을 두고 있고, 그에 해당하는 투자행위의 범위도 상당히 넓게 규정하고 있다.

Ⅳ. 투자자문·일임업자

1. 투자자문업자

투자자문업자란 금융투자업자 중 금융투자상품, 그 밖에 대통령령으로 정하는 투자대상자 산("금융투자상품등")의 가치 또는 금융투자상품등에 대한 투자판단(종류, 종목, 취득·처분, 취득· 처분의 방법·수량·가격 및 시기 등에 대한 판단)에 관한 자문에 응하는 것을 영업으로 하는 금융 투자업자를 말한다(법8⑤ 및 법6⑦).

현재 자본시장에서는 투자매매업·중개업자(증권회사), 집합투자업자(자산운용사) 또는 전업 투자자문사 등이 투자자문업을 영위한다. 투자자문업은 투자매매·중개업 및 집합투자업과 직 접적 연관이 있기 때문에 증권사 및 자산운용사는 투자자문업을 겸영하는 것이 일반적이다. 반 면 전업 투자자문사는 투자자문업 또는 투자일임업만을 영위하는 회사이다.

2. 투자일임업자

투자일임업자란 금융투자업자 중 투자자로부터 금융투자상품등에 대한 투자판단의 전부 또는 일부를 일임받아 투자자별로 구분하여 그 투자자의 재산상태나 투자목적 등을 고려하여 금융투자상품등을 취득·처분, 그 밖의 방법으로 운용하는 것을 영업으로 하는 금융투자업자를 말한다(법8⑥ 및 법6⑧).

투자일임업에는 매매 등 자산의 운용, 자산의 보관 및 관리(배당금과 이자의 수령 등), 자산 운용에 따른 각종 보고 등의 업무가 포함된다. 투자일임재산은 투자자문업의 경우와 같이 금융 투자상품에 한정되나, 그 운용방법으로는 매매 외에 다양한 방법이 인정된다. 자본시장법은 자 산운용방법을 특별히 제한하고 있지 않기 때문에 투자신탁 등 집합투자, 신탁업자에 대한 신 탁, 금융기관에의 예치, 단기대출 등의 방법으로 운용하는 것이 가능하다.

투자일임행위가 투자일임업으로 인정되기 위해서는 그에 대한 "보수를 받고" 이를 "영업 으로" 하여야 한다. 투자매매·중개업자(증권회사)가 투자자의 매매주문을 처리하는 과정에서 투자자로부터 투자판단의 전부 또는 일부를 일임받는 것은 단지 위탁매매의 실행에 부수하는 것으로서 별도의 보수가 지급되지 않기 때문에 투자일임업으로 보지 않는다.

Ⅴ. 신탁업자

1. 의의

(1) 신탁업자의 의의

신탁업자란 금융투자업자 중 신탁업을 영위하는 금융투자업자를 말한다(법8⑦ 및 법6⑨). 신탁업자는 금전 또는 재산을 고객(위탁자)으로부터 수탁받아 수익자(고객 또는 제3자)의 이익을 위해 운영·관리·처분하는 기능을 담당한다.

신탁업자로는 은행, 금융투자업자(증권회사), 보험회사 등에 의한 신탁겸업사와 부동산신탁회사가 있다. 겸업사의 경우 부동산신탁업무의 범위4) 등에서 다소 차이가 있는 점을 제외하고는 대부분 동일하다. 겸업사 신탁계정에서는 금전 및 재산을 신탁받아 이를 유가증권, 대출금 등으로 운용하여 그 수익을 분배하는 업무가 이루어진다.

2024년 12월 말 기준 신탁 겸업사는 국내은행 16개5)와 외국은행 국내지점 3개,6) 증권사 20개,7) 보험회사 6개8) 등이 있다. 한편 부동산 신탁회사는 2009년(2개사 인가) 이후 추가 진입 없이 11개사9)가 영업 중이었는데, 2019년 3개사10)를 신규인가하여 총 14개사가 영업 중이다.

(2) 부동산신탁업자의 의의

부동산신탁업자는 부동산 소유자인 위탁자와 신탁계약을 체결하고 그 부동산을 관리·처분·개발함으로써 나오는 수익을 수익자에게 교부하고 그 대가로 수수료(신탁보수)를 취득한다. 부동산신탁과 유사 개념으로 부동산투자신탁이 있는바, 이는 금전을 신탁받아 부동산에 투자하는 기존의 불특정금전신탁 상품을 일컫는 것으로서 현물인 부동산 자체를 신탁받는 부동산신탁과는 근본적으로 다르다.

부동산의 관리·처분·개발에 신탁제도를 도입한 이유는 신탁재산은 독립성이 보장되고 강제집행 등이 금지되어 수익자 및 신탁재산의 보호에 만전을 기할 수 있기 때문이다. 부동산 신

---

4) 투자매매·중개업자(증권회사)의 경우 신탁업자로서의 대출업무가 제한된다. 부동산 신탁업무와 관련하여 은행의 경우 토지신탁 업무가, 투자매매·중개업자 및 보험회사는 담보 및 토지신탁 업무가 제한된다.

5) 신한, 우리, SC제일, KEB하나, 씨티, 국민, 대구, 부산, 광주, 경남, 산업, 기업, 농협, 수협, 전북 15개사(인가단위: 종합신탁업), 제주 1개사(인가단위: 금전신탁업).

6) 뉴욕멜론(인가단위: 종합신탁업), 도이치, 홍콩상하이 2개사(인가단위: 금전신탁업).

7) 신한, 교보, 대신, 미래에셋대우, 하나, 유안타, 삼성, 한국투자, KB, 키움, NH투자, 한화, 메리츠, 신영, 유진투자, HMC투자, 동부, SK, IBK 19개(인간단위: 종합신탁업), 하이(인가단위: 금전신탁업).

8) 미래에셋생명, 삼성생명, 한화생명, 흥국생명(인가단위: 종합신탁업), 교보생명, 삼성화재(인가단위: 금전신탁업.

9) 한국토지, KB부동산, 대한토지, 생보부동산, 한국자산, 하나자산, 코람코자산, 아시아, 국제자산, 무궁화, 코리아(인가단위: 부동산신탁업).

10) 대신자산신탁, 신영부동산신탁, 한국투자부동산신탁(인가단위: 부동산신탁업).

탁제도는 부동산에 대한 전문성을 보유한 신탁회사가 부동산을 관리·개발함으로써 한정된 자원을 효율적으로 이용할 수 있을 뿐만 아니라 부동산 매매가 수반되지 않으므로 양도과정에서의 양도세 및 등록세 등 제반 비용을 절감할 수 있다. 한편 부동산신탁회사는 인가조건으로 그 수탁가능 재산이 부동산 등으로 제한됨에 따라 현재 부동산을 수탁받아 그에 대한 관리·처분·개발을 대행하는 업무를 수행하고 부수업무로서 주로 부동산컨설팅, 대리사무, 부동산 매매의 중개 등을 수행한다.

2. 업무

신탁업무는 신탁관계인, 신탁재산 등의 개념과 수탁자의 권리의무 등 신탁에 관한 일반적인 법률관계를 민사적 차원에서 규정하고 있는 신탁법과 신탁업자 업무의 내용, 감독 등을 규정하고 있는 자본시장법에 의하여 운영된다. 신탁업자가 신탁계약에 따라 인수할 수 있는 재산은 금전, 증권, 금전채권, 동산, 부동산, 지상권·전세권·부동산임차권·부동산소유권 이전등기 청구권 및 그 밖의 부동산 관련 권리, 지적재산권 등 무체재산권으로 제한되어 있다. 수탁업무는 이러한 인수재산에 따라 크게 금전신탁과 재산신탁으로 구분된다. 이외에도 담보부사채신탁법, 신탁법 등에 근거를 두고 담보부사채신탁, 공익신탁 등의 수탁업무를 영위하고 있다.

자본시장법은 신탁재산에 속하는 금전의 운용방법을 증권, 장내외 파생상품 등 금융투자상품의 매수, 금융기관에의 예치, 금전채권의 매수, 대출, 어음의 매수, 실물자산의 매수, 무체재산권의 매수, 부동산의 매수 또는 개발, 그 밖에 신탁재산의 안전성·수익성 등을 고려하여 대통령령으로 정하는 방법 등으로 제한하고 있다(법106). 또한 신탁운용자산의 처분은 이익상충 방지를 위해 시장을 통하여 매매함을 원칙으로 하며 특정 신탁상품의 수익률을 제고할 목적으로 운용자산을 편출하거나 편입할 수 없다.

Ⅵ. 종합금융투자사업자

1. 서설

(1) 입법배경

국내 증권산업은 대형 증권회사나 중소형 증권회사 모두 위탁매매·단순중개 위주의 동질적인 업무를 주로 수행하고 있어 증권회사의 역량이 글로벌 투자은행(IB)[11]에 비해 절대적으로

---

11) 전통적인 투자은행의 개념은 증권의 발행시장에서 인수(underwriting) 등 투자의 형태로 기업에 자금을 중개·공급하는 업무를 의미하지만, 최근 투자은행의 영역은 기업의 설립·성장·변경·구조조정의 과정에서 M&A, 프로젝트파이낸싱 등 금융업무 일체를 주선·자문하는 업무로 확대되었다.

낮은 수준이다. 국내 증권회사는 기업공개(IPO), 회사채 인수 등의 전통적인 투자은행 업무에 이제 진입한 단계로 해외 유수의 투자은행이 자본시장에 제공하는 M&A, 프로젝트파이낸싱 등 모험자본의 기능은 부족한 것으로 평가받고 있다. 그 결과 국내 증권회사들은 대형 증권회사와 중소형 증권회사 모두 위탁매매·IPO·회사채 인수 등의 동질적인 업무를 수행하면서 저가 출혈 경쟁을 벌이고 있는 상황으로 볼 수 있다. 반대로 M&A 자문, 구조화증권(주가연계증권 등) 발행 등 고부가가치 업무는 외국계 투자은행에 내주는 등 고착화된 국내 증권산업의 구조 변화가 필요하다는 지적이 제기되어 왔다.

2013년 5월 개정된 자본시장법은 투자은행을 활성화하기 위하여 대형 증권회사를 종합금융투자사업자로 지정하여 신규 업무를 허용하는 것을 주요 내용으로 하고 있다. 종합금융투자사업자제도는 투자은행 활성화를 통해 위탁매매·단순중개 업무에만 치중되어 있는 국내 증권산업의 구조개편과 함께 자본시장의 실물경제 지원을 강화하는 데에 그 목적이 있다.

그러나 종합금융투자사업자 제도 도입한 후에도 국내 증권산업은 여전히 중개업 영역에서 크게 벗어나지 못하고 있고, 투자은행으로서의 기능과 경쟁력은 부족하였다. 이에 정부는 2016년 8월 초대형 투자은행 육성을 위한 종합금융투자사업자 제도의 개선방안을 발표했으며, 2017년 5월 자본시장법 시행령 개정을 통해 자기자본 규모에 따라 신규 업무를 추가 허용하는 등 증권회사의 대형화를 유도하는 정책을 강화하고 있다. 개정된 자본시장법 시행령은 자기자본 요건에 따라 초대형 종합금융투자사업자가 영위할 수 있는 단기금융업무(4조원), 종합투자계좌업무(8조원)를 추가 허용하는 것을 주요 내용으로 하고 있다.

(2) 종합금융투자사업자의 의의와 지정요건

종합금융투자사업자란 투자매매업자 또는 투자중개업자 중 금융위원회의 지정을 받은 자를 말한다(법8⑧). 자본시장법은 금융투자업을 크게 6가지로 분류하여 금융위원회의 인가를 받도록 하고 있는데(법12), 종합금융투자사업자는 인가 제도가 아닌 투자매매업자 또는 투자중개업자가 일정 요건을 구비한 경우 투자은행 업무를 영위할 수 있도록 금융위원회가 지정하는 방식이다(법77의2①). 투자매매업자 또는 투자중개업자가 종합금융투자사업자로 지정받고자 하는 경우 금융위원회에 신청하여야 한다(법77의2②).

투자매매업자 또는 투자중개업자가 금융위원회로부터 종합금융투자사업자로 지정받기 위해서는 다음의 요건을 모두 갖추어야 한다. ⅰ) 상법에 따른 주식회사이어야 한다. 지정요건의 하나로 주식회사의 형태를 요구함으로써 종합금융투자사업자의 자본력 축적을 유도하고 있다. ⅱ) 증권에 관한 인수업을 영위해야 한다. 투자은행의 핵심 업무가 인수(underwriting) 업무라는 것을 감안하여 종합금융투자사업자 지정을 신청하는 투자매매업자 또는 투자중개업자가 인수업을 영위하고 있어야 하는 요건을 부과하고 있다. iii) 3조원 이상으로서 대통령령으로 정하는 금액 이상의 자기자본을 보유하여야 한다. 종합금융투자사업자의 자기자본 3조원 기준은 시장 선도적 대형 투자은행을 육성하려는 정책 목적을 달성하기 위해 충분한 자기자본이 필요하다는 점이 고려되었다. iv) 해당 투자매매업자 또는 투자중개업자의 신용공여 업무수행에 따른 위험관리 능력 등을 고려하여 대통령령으로 정하는 기준을 충족해야 한다(법77의2①).

2024년 12월 기준 금융위원회로부터 종합금융투자사업자로 지정받은 증권회사는 미래에셋대우, NH투자증권, 한국투자증권, 삼성증권, KB증권, 신한금융투자, 메리츠종합금융증권, 하나금융투자 총 8개사이다.[12]

2. 업무

(1) 전담중개업무

종합금융투자사업자가 프라임브로커(prime broker)로서 전문투자형 사모집합투자기구 등을 대상으로 증권대차, 신용공여, 펀드재산 보관·관리 등의 종합금융서비스를 제공할 수 있도록 전담중개업무를 허용하고 있다(법77의3①).

전담중개업무란 일반 사모집합투자기구, 그 밖에 대통령령으로 정하는 투자자("일반 사모집합투자기구등")에 대하여 ⅰ) 증권의 대여 또는 그 중개·주선이나 대리업무, ⅱ) 금전의 융자, 그 밖의 신용공여, ⅲ) 일반 사모집합투자기구등의 재산의 보관 및 관리, ⅳ) 일반 사모집합투자기구등의 투자자재산(일반 사모집합투자기구등의 재산으로서 전담중개업무의 대상이 되는 투자자재산)의 매매에 관한 청약 또는 주문의 집행업무, ⅴ) 일반 사모집합투자기구등의 투자자재산의 매매 등의 거래에 따른 취득·처분 등의 업무, ⅵ) 파생상품의 매매 또는 그 중개·주선·대리업무, ⅶ) 환매조건부매매 또는 그 중개·주선·대리업무, ⅷ) 집합투자증권의 판매업무, ⅸ) 일반 사모집합투자기구등의 투자자재산의 운용과 관련한 금융 및 재무 등에 대한 자문업무, ⅹ) 다른 투자자의 투자를 유치하거나 촉진하기 위하여 일반 사모집합투자기구에 출자(투자신탁의 경우에는 그 수익증권의 매수를 포함)를 하는 업무를 효율적인 신용공여와 담보관리 등을 위하여 증권의 대여 또는 그 중개·주선이나 대리업무, 금전의 융자, 그 밖의 신용공여, 일반 사모집합투자기구등의 재산의 보관 및 관리(법 제6조 제10항 제1호부터 제3호까지의 업무) 및 위의 업무를 서로 연계하여 제공하는 방법으로 연계하여 제공하는 업무를 말한다(법6⑩, 영6의3③②). 이 경우 금전의 융자, 그 밖의 신용공여, 전문투자형 사모집합투자기구등의 재산의 보관 및 관리(법 제6

---

12) 2013년 10월 30일 금융위원회로부터 미래에셋대우(구 대우증권), NH투자증권(구 우리투자증권), 한국투자증권, 삼성증권, KB증권(구 현대증권)이 종합금융투자사업자로 지정받았으며, 2017년 3월 8일 신한금융투자, 2017년 11월 23일 메리츠종합금융증권, 2019년 7월 10일 하나금융투자가 종합금융투자사업자로 추가 지정받았다.

조 제10항 제2호 및 제3호)의 업무가 포함되어야 한다(영6의3②).

(2) 신용공여업무

종합금융투자사업자는 전담중개업무 외에 투자은행 업무 활성화를 위해 기존에 금융투자업자에게 허용되지 않았던 기업에 대한 신용공여업무를 영위할 수 있다(법77의3③(1)). 따라서 종합금융투자사업자는 대출, 기업어음증권에 해당하지 않는 어음의 할인·매입 등의 방법으로 신용공여를 할 수 있다(영77의5①).[13] 종합금융투자사업자가 전담중개업무를 영위하는 경우에는 제72조에도 불구하고 증권 외의 금전등에 대한 투자와 관련하여 전문투자형 사모집합투자기구등에 신용공여를 할 수 있다(법77의3④).

(3) 기타 대통령령으로 정하는 업무
(가) 의의

종합금융투자사업자는 자본시장법 또는 다른 금융관련법령에도 불구하고 해당 종합금융투자사업자의 건전성, 해당 업무의 효율적 수행에 이바지할 가능성 등을 고려하여 종합금융투자사업자에게만 허용하는 것이 적합한 업무로서 ⅰ) 상장주권 등의 장외매매업무 등(제1호), ⅱ) 법 제360조에 따른 단기금융업무(제2호), ⅲ) 종합투자계좌업무를 영위할 수 있다(법77의3③(2), 영77의6①).

(나) 상장주권 등의 장외매매업무 등

종합금융투자사업자는 증권시장에 상장된 주권, 증권시장에 상장되지 아니한 주권, 그 밖에 금융위원회가 정하여 고시하는 금융투자상품에 관하여 동시에 다수의 자를 거래상대방 또는 각 당사자로 하는 장외매매 또는 그 중개·주선이나 대리업무로서 ⅰ) 해당 금융투자상품의 매매주문이 금융위원회가 정하여 고시하는 매매금액 또는 매매수량 기준을 초과하고, ⅱ) 증권시장에 상장된 주권인 경우 그 주권이 상장된 거래소에서 형성된 매매가격에 근거하여 매매가격을 결정하는데 적합한 업무(영77의6①(1))를 영위할 수 있다.

(다) 단기금융업무

단기금융업무란 1년 이내에 만기가 도래하는 어음의 발행·할인·매매·중개·인수 및 보증업무와 그 부대업무로서 어음을 담보로 한 대출업무를 말한다(법360①, 영348①②). 단기금융회사란 단기금융업무를 영위하기 위하여 일정한 요건을 갖추어 금융위원회의 인가를 받은 자를 말한다(법360①②, 영348①-④). 즉 종합금융투자사업자로서 지정된 후 일정한 요건을 갖추어 금

---

13) 기업신용공여 업무는 기업에 대한 대출과 어음할인을 의미하며, 전통적으로 은행, 저축은행, 보험사, 여신 전문금융회사 등에서 이루어지던 업무이다.

융위원회의 인가를 받은 자가 단기금융회사이다.

(라) 종합투자계좌업무

종합금융투자사업자는 종합투자계좌업무를 영위할 수 있다(영77의6①(3)). 종합투자계좌란 고객으로부터 예탁받은 자금을 통합하여 기업신용공여 등 금융위원회가 정하여 고시하는 기업 금융 관련 자산("기업금융관련자산") 등에 운용하고, 그 결과 발생한 수익을 고객에게 지급하는 것을 목적으로 종합금융투자사업자가 개설한 계좌를 말한다(영77의6①(3)).

Ⅶ. 겸영금융투자업자

겸영금융투자업자란 은행, 보험회사, 한국산업은행, 중소기업은행, 한국수출입은행, 증권 금융회사, 종합금융회사, 자금중개회사, 외국환거래법에 따른 외국환중개회사, 한국주택금융공 사 등으로 금융투자업을 겸영하는 자를 말한다(법8⑨, 영7의2).

Ⅷ. 온라인소액투자중개업자

1. 의의

온라인소액투자중개업자란, 온라인상에서 누구의 명의로 하든지 타인의 계산으로 온라인 소액증권발행인이, "대통령령으로 정하는 방법"으로 발행하는 채무증권, 지분증권, 투자계약증 권의 모집 또는 사모에 관한 중개("온라인소액투자중개")를 영업으로 하는 투자중개업자를 말한 다(법9㉗). 여기서 "대통령령으로 정하는 방법"이란 온라인소액투자중개업자의 인터넷 홈페이 지[이동통신단말장치에서 사용되는 애플리케이션(Application), 그 밖에 이와 비슷한 응용프로그램을 통 하여 온라인소액투자중개업자가 가상의 공간에 개설하는 장소를 포함 = 크라우드펀딩 플랫폼][14]에 게 재한 사항에 관하여 온라인소액증권발행인과 투자자 간, 투자자 상호 간에 해당 인터넷 홈페이 지에서 의견의 교환이 이루어질 수 있도록 한 후에 채무증권, 지분증권 또는 투자계약증권을 발행하는 방법을 말한다(영14의4①).

무자격 업체의 난립에 따른 투자자의 피해양상 등 시장질서 교란을 방지하기 위하여 온라 인소액투자중개업자는 반드시 자본금, 인적·물적 요건 등 일정 요건을 갖추어 금융위원회에 등록하여야 한다(법117의4①). 온라인소액투자중개업자에 대하여는 일반적인 투자중개업자에

---

14) "크라우드펀딩 플랫폼"은 법률용어는 아니지만 통용되고 있다. 이는 온라인소액투자중개업자가 크라우드 펀딩을 중개하는 온라인상의 공간을 말한다. 크라우드펀딩 플랫폼은 이동통신단말장치에서 사용되는 애플 리케이션, 그 밖에 이와 비슷한 응용프로그램을 통하여 온라인소액투자중개업자가 가상의 공간에 개설하 는 장소를 포함한다(영14의4①).

비해 영업범위가 협소하고 투자자의 재산을 직접 관리하지 않는 점 등을 고려하여 진입규제 등 규제수준을 대폭 완화하고 있다(법117의4②).

2. 업무

온라인소액투자중개업자의 업무인 "모집 또는 사모에 관한 중개"란 새로 발행되는 증권에 대하여 온라인소액증권발행인을 위하여 ⅰ) 투자자에게 그 증권의 취득에 관한 청약을 권유하는 행위, ⅱ) 직접 또는 간접으로 온라인소액증권발행인과 그 증권의 모집 또는 사모를 분담하는 행위, ⅲ) 투자자로부터 그 증권의 취득에 관한 청약을 받아 온라인소액증권발행인에게 전달하는 행위를 말한다(영14의4②).

제2절 일반은행(은행법상 은행)

★ 헤럴드경제 2024년 11월 14일

약탈자가 된 은행들

금리가 오르며 서민들이 이자부담에 허덕이는 사이 은행들은 '이자장사'로 배를 불린 것으로 확인됐다. 주요 시중은행은 지난 10년간 꾸준히 이익이 늘었고 특히 이 중 이자이익이 차지하는 비중도 지속적으로 상승했다.

심지어 기준금리 인하가 시작된 올해도 은행들은 시장 기조를 거스르고 역대급 이자이익을 거둬들이고 있다.

가계대출 관리를 명목으로 대출금리를 끌어올린 영향이다. 특히 치솟는 대출금리와 달리 예금금리를 기준금리 변동에 따라 즉각 인하하며, 소비자를 고려한 사회적 역할보다는 수익성 확보에 몰두하고 있다.

14일 헤럴드경제가 주요 시중은행의 10개년 실적발표 자료를 분석한 결과, 지난해 4대 시중은행(KB국민·신한·하나·우리)이 거둔 이자이익은 33조6264억원으로 지난 2015년(17조4186억원)과 비교해 16조2078억원(93%) 늘어난 것으로 나타났다. 10년도 채 되지 않아 예대금리차를 통해 벌어들인 이자이익이 두 배가량 불어난 셈이다.

이자이익은 매년 단 한 차례도 줄어들지 않았다. 통상 은행업은 기준금리가 상승하는 기간에 이

익이 늘어나고 하락하는 기간에 이익이 줄어드는 것으로 알려져 있다. 하지만 최근 10년간 한국은행 기준금리가 최저 0.5%에서 최대 3.5%로 등락을 지속하는 동안, 이자이익은 매년 최소 4%에서 최대 23%에 달하는 증가율을 보였다. 이 기간 쌓은 이자이익만 234조원에 달한다.

이는 단순히 대출금이 늘어난 영향은 아니다. 금융감독원에 따르면 지난해 말 기준 4대 은행의 원화대출금 규모는 1203조8022억원으로 지난 2015년 말(738조2526억원)과 비교해 465조5496억원(63.1%) 늘어난 것으로 집계됐다. 하지만 같은 기간 4대 은행의 이자이익은 93%가량 증가했다.

대출금 증가 규모보다 약 30% 포인트 많은 이자이익을 수취해 온 셈이다. 전체 순이익 중 이자이익 비중도 나날이 높아졌다. 지난 2015년 기준 4대 은행의 총 영업이익(20조8414억원) 중 이자이익(18조582억원) 비중은 81.7% 수준이었다. 하지만 2023년 기준 총 영업이익(36조3040억원) 중 이자이익(33조6264억원) 비중은 92.6%로 10%포인트 이상 늘었다. 기준금리가 가파르게 오른 지난 2022년에는 이자이익 비중이 94.7%까지 치솟았다.

은행들은 비이자이익의 성장 없이 이자이익 확대만으로 순이익을 크게 늘렸다. 혁신사업 없이 예대마진에 기대 돈을 번 것이다.

Ⅰ. 서설

1. 의의

우리나라 은행은 은행법에 의거 설립·영업하는 일반은행과 개별 특수은행법에 의거 설립·영업하는 특수은행으로 구분한다. 은행은 고유업무 이외에 이와 분리된 별도의 계정(은행신탁계정)으로 자본시장법에 의한 신탁업을 겸영하고 있다.

일반은행(commercial bank)은 예금·대출 및 지급결제 업무를 고유업무로 하고 있어 상업은행으로도 불리며 시중은행(3개 인터넷전문은행[15] 포함), 지방은행 및 외국은행 국내지점 등으로 구분된다.[16] 시중은행(nationwide bank)은 전국을 영업구역으로 하는 은행이다. 지방은행(local bank)은 지역경제의 발전에 필요한 자금을 공급하는 것을 주목적으로 광역시나 각 도 등

---

15) 인터넷전문은행은 주로 인터넷 및 모바일을 기반으로 무점포 비대면 거래를 통해 지급결제, 송금및 대출업무 등을 수행하는 은행을 의미한다. 인터넷전문은행은 디지털기술을 기반으로 한다는 점에서 핀테크의 범주에 속한다고 할 수 있다. 인터넷전문은행 도입 초기에는 완전 무점포형 은행이주로 설립되었으나 최근에는 오프라인 지점을 활용하는 형태도 일부 있다. 인터넷전문은행은 기존은행과는 달리 365일 24시간 운영이 가능하며 지점은 보조적인 역할만 수행한다. 다만 지점 유지비용이 별로 들지 않는 대신, IT 인프라 구축, 마케팅 등 초기비용이 크게 소요되는 특성이 있다.
16) 2024년말 현재 9개 시중은행, 5개 지방은행, 38개 외국은행 국내지점 등 총 52개 일반은행이 영업중이다.

에 설립된 은행이다. 외국은행 국내지점이란 외국법령에 의해 설립되어 외국에서 은행업을 영위하는 자의 대한민국 내 영업소를 말한다.

특수은행이란 일반은행이 재원·채산성 또는 전문성 등의 제약으로 인해 필요한 자금을 충분히 공급하지 못하는 특정 부문에 대해 자금을 원활히 공급함으로써 일반 상업금융의 취약점을 보완하고, 이를 통해 국민경제의 균형적인 발전을 도모하기 위해 개별법에 의해 설립된 금융기관이다. 특수은행에 관하여는 후술한다.

2. 은행법상 은행과 은행업

은행이란 은행업을 규칙적·조직적으로 경영하는 한국은행 외의 모든 법인을 말한다(은행법2①(2), 이하 "법"). 여기서 은행은 전국을 영업구역으로 하는 은행을 말한다(법2①(10)(가)). 한국은행과 은행이 아닌 자는 그 상호 중에 은행이라는 문자를 사용하거나 그 업무를 표시할 때 은행업 또는 은행업무라는 문자를 사용할 수 없으며, 은행·은행업 또는 은행업무와 같은 의미를 가지는 외국어 문자로서 대통령령으로 정하는 문자[17]를 사용할 수 없다(법14).

은행업이란 예금을 받거나 유가증권 또는 그 밖의 채무증서를 발행하여 불특정 다수인으로부터 채무를 부담함으로써 조달한 자금을 대출하는 것을 업으로 하는 것이다(법2①(1)). 이러한 은행을 영국에서는 예금은행, 미국에서는 상업은행, 독일에서는 신용은행, 일본에서는 보통은행으로 불린다.

Ⅱ. 은행의 업무 내용

1. 의의

금융업법의 특징 중의 하나는 해당 금융기관의 업무 범위에 대하여 규정하고 있다는 점이다. 금융기관의 업무 범위는 중요한 금융업법의 영역이다. 은행법도 은행의 업무 범위를 고유업무, 겸영업무, 부수업무로 구분하여 정하고 있다. 고유업무는 업종별로 핵심기능에 해당하는 업무를 말한다. 겸영업무는 원칙적으로 다른 업종의 금융업무를 은행이 하는 것을 말한다. 부수업무는 개별 업종별로 고유업무에 부수하는 비금융업무를 말한다. 고유업무와 부수업무는 금융위원회의 별도 인가 없이 영위할 수 있으나, 일부 겸영업무의 경우 해당 법령에 따라 금융위원회의 겸영인가를 필요로 한다.

---

17) "대통령령으로 정하는 문자"란 bank 또는 banking(그 한글표기문자를 포함)이나 그와 같은 의미를 가지는 다른 외국어문자(그 한글표기문자를 포함)를 말한다(영3의4).

2. 고유업무

(1) 범위

은행업무의 범위는 ⅰ) 예금·적금의 수입 또는 유가증권, 그 밖의 채무증서의 발행, ⅱ) 자금의 대출 또는 어음의 할인, ⅲ) 내국환·외국환 업무를 말한다(법27②). 고유업무는 예금·적금 수입, 유가증권 또는 채무증서 발행 등으로 조달한 자금을 대출하는 업무와 내·외국환업무로 구성된다. 은행은 상업금융업무와 장기금융업무를 모두 운영할 수 있다(법31). 상업금융업무란 대부분 요구불예금을 받아 조달한 자금을 1년 이내의 기한으로 대출하거나 금융위원회가 예금 총액을 고려하여 정하는 최고 대출한도를 초과하지 아니하는 범위에서 1년 이상 3년 이내의 기한으로 대출하는 업무를 말한다(법2①(3)). 장기금융업무란 자본금·적립금 및 그 밖의 잉여금, 1년 이상의 기한부 예금 또는 사채(社債)나 그 밖의 채권을 발행하여 조달한 자금을 1년을 초과하는 기한으로 대출하는 업무를 말한다(법2①(4)).

(2) 자금조달

(가) 예금

은행법상 은행은 제한 없이 예금을 수입할 수 있다. 그러나 당좌예금에 대해서는 특칙이 있다. 당좌예금은 예금자 입장에서는 출납예금으로서의 기능 외에 어음·수표의 발행을 통한 신용수단이 된다. 은행 입장에서는 당좌대월 등을 통한 신용창조의 원천이 되면서 요구불 예금으로서 항상 지급준비를 요하는 제약이 있다. 이런 점을 고려하여 당좌예금은 단기성예금을 재원으로 단기운용을 하는 상업은행업무를 운영하는 은행만이 취급할 수 있다(법32). 예금에 대한 자세한 내용은 제4편 금융상품 중 예금상품을 참조하기 바란다.

(나) 금융채의 발행

은행은 금융채를 발행할 수 있다(법33①). 금융채의 발행조건 및 발행방법 등에 관하여 필요한 사항은 대통령령으로 정한다(법33②). 일반금융기관의 예금수입은 단기융자를 위한 자금을 조달하는 수단으로 행하여지나, 금융채의 발행은 장기융자를 위한 자금을 조달하는 수단으로 이용되는 점에 차이가 있다. 금융채는 발행은행의 채무이다. 상환방법에는 상환기간이 미리 정해져 있는 것, 매입매각에 의해 수시 상환되는 것 또는 추첨에 의해 기한 전에 상환되는 것 등 여러 가지가 있다. 일반적으로는 무기명채권으로 유통된다.

은행이 발행할 수 있는 금융채는 ⅰ) 상법상 사채, ⅱ) 상각형 조건부자본증권, ⅲ) 은행주식 전환형 조건부자본증권, ⅳ) 은행지주회사주식 전환형 조건부자본증권(비상장은행만 발행할 수 있다), ⅴ) 기타 사채를 말한다(법33①(1)-(5)).

(3) 자금운용

대출은 일반은행의 주된 신용공여 수단으로서 취급방식에 따라 어음할인과 대출로 구분되며, 대출은 다시 어음대출, 증서대출 및 당좌대출로 나뉘어진다. 어음할인은 차주가 취득한 어음을 금융기관이 어음할인일로부터 만기일까지의 이자를 차감하고 매입함으로써 차주에게 자금을 공급하는 대출이다. 일반은행은 조달한 자금을 대출에 운용하는 외에 유가증권 투자를 통하여 보유자산의 다양화와 수익성 제고를 도모한다. 일반은행이 보유하고 있는 유가증권으로는 국고채, 통화안정증권, 금융채, 지방채, 주식, 사채 등이 있다.

은행법상 자금운용에는 대출이 포함되어야 한다. 대출이 아닌 유가증권 투자로도 운용할 수 있지만 대출업무를 전혀 하지 않는 경우를 은행이라고 보기 어렵다. 대출에 대한 자세한 내용은 제4편 금융상품 중 대출상품을 참조하기 바란다.

(4) 환업무

내국환이란 국내 격지간의 채권·채무 결제 또는 자금수수를 당사자간의 직접적인 현금수수 없이 은행을 매개로 결제하는 금융거래를 말한다. 환업무는 예금이나 대출업무와 같이 자금의 조달과 운용에 따르는 이자의 획득을 목적으로 하는 것은 아니다. 그 대신 은행은 환업무를 통하여 수수료 수입을 얻을 뿐만 아니라 송금 또는 추심대전을 단기간 은행에 머물게 함으로써 운용자금의 확대 효과를 누릴 수 있다. 또한 환업무는 현금수수에 따른 위험배제, 시간과 경비의 절감 등을 통해 국민경제 내의 자금유통을 원활히 하는 데도 기여한다.

외국환업무는 국제간의 대차관계를 현금수송에 의하지 않고 외국환은행의 중개에 의하여 결제하는 업무이다. 외국환은 이와 같은 기능적인 의미 이외에 경우에 따라서는 외국화폐, 외화수표, 외화증권 등 구체적인 대외지급수단 그 자체를 말하기도 한다. 이러한 혼동을 줄이기 위해 외국환거래법에서는 외국환을 대외지급수단, 외화증권 및 외화채권으로 정의하고 있다(외국환거래법3(13)).

3. 겸영업무

(1) 의의

겸영업무는 은행업이 아닌 업무로서 은행이 직접 운영하는 업무를 말한다(법28①). 겸영업무는 은행법이 아닌 다른 법령의 규제를 받는 금융업무에 한정된다. 은행이 겸영업무를 직접 운영하려는 경우에는 금융위원회에 신고하여야 한다(법28②). 신고시점은 업무의 종류에 따라 i) 대통령령으로 정하는 금융관련법령에서 인가·허가 및 등록 등을 받아야 하는 업무 중 대통령령으로 정하는 금융업무는 금융관련법령에 따라 인가·허가 및 등록 등을 신청할 때, ii)

대통령령으로 정하는 법령에서 정하는 금융관련 업무로서 해당 법령에서 은행이 운영할 수 있도록 한 업무와 iii) 그 밖에 그 업무를 운영하여도 제27조의2 제4항 각 호의 어느 하나에 해당할 우려가 없는 업무로서 대통령령으로 정하는 금융업무는 그 업무를 운영하려는 날의 7일 전까지 신고하여야 한다.

금융위원회는 겸영업무의 신고내용이 은행의 경영건전성을 해치는 경우, 예금자 등 은행이용자의 보호에 지장을 가져오는 경우, 또는 금융시장 등의 안정성을 해치는 경우 중 어느 하나에 해당할 우려가 있는 경우에는 그 겸영업무의 운영을 제한하거나 시정할 것을 명할 수 있다(법28③).

(2) 금융 관련 법령에서 인가·허가 및 등록 등을 받아야 하는 업무

자본시장법에 따른 업무는 다음과 같다(영18의2②). 파생상품의 매매·중개 업무, 파생결합증권(금융위원회가 정하여 고시하는 파생결합증권[18]으로 한정)의 매매업무, 국채증권, 지방채증권 및 특수채증권의 인수·매출 업무, 국채증권, 지방채증권, 특수채증권 및 사채권의 매매업무, 국채증권, 지방채증권 및 특수채증권의 모집·매출 주선업무, 집합투자업, 투자자문업, 신탁업, 집합투자증권에 대한 투자매매업, 집합투자증권에 대한 투자중개업, 일반사무관리회사의 업무, 명의개서대행회사의 업무, 환매조건부매매의 업무, 자산구성형 개인종합자산관리계약에 관한 투자일임업 등이 있다.

또한 보험업법 제91조에 따른 보험대리점의 업무(방카슈랑스), 근로자퇴직급여 보장법에 따른 퇴직연금사업자의 업무, 여신전문금융업법에 따른 신용카드업, 담보부사채신탁법에 따른 담보부사채에 관한 신탁업, 그 밖에 금융관련법령에 따라 인가·허가 및 등록 등을 받은 금융업무 등이다.

(3) 기타 금융업무(비본질적 겸영업무)

자산유동화법에 따른 유동화전문회사의 유동화자산 관리의 수탁업무 및 채권추심 업무의 수탁업무, 기업의 인수 및 합병의 중개·주선 또는 대리 업무, 기업의 경영, 구조조정 및 금융 관련 상담·조력 업무, 증권의 투자 및 대차거래(貸借去來) 업무, 상업어음 및 무역어음의 매출, 금융관련법령에 따라 금융업을 경영하는 자의 금융상품 및 무역보험법에 따른 무역보험의 판매 대행, 대출 및 대출채권매매의 중개·주선 또는 대리 업무, 국외지점이 소재하는 국가의 관련 법령에 따라 영위할 수 있는 업무(해당 국외지점이 영위하는 경우로 한정), 그 밖에 해당 업무

---

18) "금융위원회가 정하여 고시하는 파생결합증권"은 금적립계좌 및 은적립계좌를 말한다(은행업감독규정25의 2①).

를 운영하여도 법 제27조의2 제4항 각 호의 어느 하나에 해당할 우려가 없는 업무로서 금융위
원회가 정하여 고시하는 업무 등이다(영18의2④).

4. 부수업무

(1) 의의

은행은 은행업무에 부수하는 업무("부수업무")를 운영할 수 있다(법27의2①). 은행이 부수업
무를 운영하려는 경우에는 그 업무를 운영하려는 날의 7일 전까지 금융위원회에 신고하여야
한다. 다만, 부수업무 중 ⅰ) 채무의 보증 또는 어음의 인수(제1호), ⅱ) 상호부금(제2호), ⅲ) 팩
토링(기업의 판매대금 채권의 매수·회수 및 이와 관련된 업무)(제3호), ⅳ) 보호예수(제4호), ⅴ) 수납
및 지급대행(제5호), ⅵ) 지방자치단체의 금고대행(제6호), ⅶ) 전자상거래와 관련한 지급대행
(제7호), ⅷ) 은행업과 관련된 전산시스템 및 소프트웨어의 판매 및 대여(제8호), ⅸ) 금융 관련
연수, 도서 및 간행물 출판업무(제9호), ⅹ) 금융 관련 조사 및 연구업무(제10호), ⅺ) 그 밖에
은행업무에 부수하는 업무로서 "대통령령으로 정하는 업무"(제11호)는 신고를 하지 아니하고
운영할 수 있다(법27의2②).

위에서 "대통령령으로 정하는 업무"란 ⅰ) 부동산의 임대(다만, 업무용 부동산이 아닌 경우에
는 법 제39조에 따라 처분하여야 하는 날까지의 임대로 한정)(제1호), ⅱ) 수입인지, 복권, 상품권 또
는 입장권 등의 판매대행(제2호), ⅲ) 은행의 인터넷 홈페이지, 서적, 간행물 및 전산 설비 등
물적 설비를 활용한 광고 대행(제3호), ⅳ) 그 밖에 법 제27조의2 제4항 각 호의 어느 하나에
해당할 우려가 없는 업무로서 금융위원회가 정하여 고시하는 업무(제4호)를 말한다(영18①).

(2) 지급보증

지급보증이란 은행이 타인의 채무를 보증하거나 인수하는 것을 말한다(법2①(6)). 은행의
지급보증은 피보증채무의 채권자에게 주채무자보다 높은 신용을 가진 은행이 채무를 부담하는
방법으로 주채무자에게 신용을 공여하는 것이다(법2①(7) 및 영1의3①(2)). 인수는 어음의 인수를
말한다. 신용장 개설이나 환어음 인수 또는 환어음이나 약속어음 보증 등도 지급보증에 속한다.

(3) 골드뱅킹
(가) 의의

은행은 부수업무로서 지금형주화(금화·은화 및 금화·은화모양 메달)·금지금·은지금의 판매
대행, 금지금 매매·대여, 금 관련 금융상품의 개발 및 판매를 할 수 있다(은행업감독규정25②
(1)). 은행법상 은행은 금속이나 원자재를 매매하거나 거래할 수 없다. 그 취지는 일반상품 위

험이 은행시스템으로 전파되는 것을 방지하기 위한 것이다. 다만 금과 은에 대해서는 가치저장 및 지급결제수단으로서의 기능을 고려하여 은행의 거래를 허용하고 있다.

골드뱅킹(금적립계좌)이란 고객이 은행에 원화를 입금하면 국제금가격 및 원달러 환율을 적용하여 금으로 적립한 후 고객이 인출을 요청할 경우 고객의 선택에 따라 국제금가격 및 원달러 환율로 환산한 원화를 출금하거나 금실물을 인도받을 수 있는 상품이다. 고객의 입장에서 보면 골드뱅킹의 수익은 국제금가격의 변동, 환율의 변동, 은행의 수수료와 연동되어 있다. 은행은 고객이 입금한 금원 중 일부는 실물인출에 대비하여 금실물을 매수하여 보관하고 나머지는 주로 해외은행의 골드계좌(gold account)에 예치한다.

(나) 도입배경

재정경제부(현재의 기획재정부)는 2002년 7월 11일 밀수 금으로 음성화된 국내 금시장을 양성화하기 위하여 은행연합회에 골드뱅킹 업무 도입을 검토해 줄 것을 요청하였다. 이에 따라 은행연합회를 중심으로 4개 은행이 참여한 '골드뱅킹 업무 공동개발을 위한 실무 작업반'이 구성되었다. 은행연합회는 2002년 11월 18일 은행이 골드뱅킹을 취급할 수 있도록 관련 규정 등에 반영시켜 줄 것을 재정경제부에 건의하였다. 이에 재정경제부는 '은행업무 중 부수업무의 범위에 관한 지침(재정경제부 고시)'을 개정하여 골드뱅킹을 은행업에 따른 부수업무(현재는 겸영업무)로 도입하였다.

은행법은 금지금의 판매대행과 매매는 은행의 부수업무(은행업감독규정25②(1))로, 금적립계좌(골드뱅킹)는 은행의 겸영업무(은행업감독규정25의2①)로 구분하여 규율하고, 실버뱅킹(은적립계좌)의 판매를 겸영업무의 하나로 추가(은행업감독규정25의2①)하였다. 골드뱅킹을 둘러싼 법적 쟁점은 골드뱅킹뿐만 아니라 은, 구리, 니켈 등 다양한 실물상품들의 가격변동과 연계된 금융상품의 판매와 관련하여 나타날 수 있다.

(다) 자본시장법상 파생결합증권

자본시장법은 골드뱅킹을 은행등이 투자자와 체결하는 계약에 따라 발행하는 금적립계좌 또는 은적립계좌[투자자가 은행등에 금전을 지급하면 기초자산인 금(金) 또는 은(銀)의 가격 등에 따라 현재 또는 장래에 회수하는 금전등이 결정되는 권리가 표시된 것으로서 금융위원회가 정하여 고시하는 기준에 따른 파생결합증권]으로 정의하고 있다(영7②(1)).

금융투자업규정에 의하면 골드뱅킹이 충족해야 하는 파생결합증권의 요건으로, ⅰ) 투자자가 금전등을 지급한 날에 파생결합증권이 발행될 것(제1호), ⅱ) 파생결합증권의 계약기간(계약기간을 따로 정하지 아니한 경우에는 무기한으로 본다) 동안 매 영업일마다 청약 및 발행이 가능할 것(제2호), ⅲ) 파생결합증권의 계약기간 동안 매 영업일마다 투자자가 그 파생결합증권을 매도하여 금전 또는 실물로 회수할 수 있을 것(제3호), ⅳ) 발행인이 파생결합증권의 발행을 통하여 조달한 자금의 일부를 투자자에게 지급할 실물의 매입을 위하여 사용할 것(제4호)을 정하고 있다(금융투자업규정1-4의3②).

자본시장법은 골드뱅킹을 파생결합증권으로 규제하면서, 매일매일 수시로 판매 및 해지될 수 있는 골드뱅킹의 특수성을 고려하여 파생결합증권의 발행 및 판매와 관련한 자본시장법상의 규제를 대폭 완화하였다.

제3절 특수은행

I. 의의

특수은행은 1960년대 들어 국민경제의 취약부문과 전략적 육성이 필요한 부문에 대한 금융지원 강화를 위하여 설립되었으며 주택금융, 중소기업금융, 농·수·축산금융 등과 같이 일반은행만으로는 충분히 뒷받침하기 어려운 분야를 전문적으로 맡아 자금을 공급해 왔다. 한편 특수은행은 그동안 정부의 지원, 채권발행, 외국으로부터의 차입과 같은 방법으로 많은 자금을 조달해 왔으나 최근에는 금융자율화의 진전 및 특수은행에 대한 정부의 지원 축소 등으로 특수은행의 업무 성격이 일반은행과 큰 차이가 없게 되었다. 이에 따라 일부 특수은행은 이미 일반은행으로 전환되었다. 특수은행 중에서는 중소기업은행이 유일하게 한국거래소에 상장되어 있다.

현재 영업 중인 특수은행은 한국산업은행, 한국수출입은행, 중소기업은행, 농협은행과 수산업협동조합중앙회의 신용사업 부문인 수협은행이다.[19] 이들 특수은행은 그 업무의 전문성과 특수성 때문에 개별법에 의해 설립되었으며 이중 한국산업은행, 한국수출입은행, 중소기업은행은 정부계 은행이다. 한편 특수은행은 설립 근거법에 따라 일부 또는 모든 업무에서 한국은행법 및 은행법의 적용을 배제하고 있다.

---

19) 2012년 3월 농협협동조합중앙회의 금융사업과 경제사업 부문을 분리하여 농협금융지주회사와 농협 경제지주회사가 설립되었다. 농협금융지주회사는 중앙회 신용사업 및 공제사업으로부터 분리 설립된 농협은행, 농협생명보험 및 농협손해보험 등 기존 금융회사를 자회사로 지배하면서 금융사업을총괄하고, 농협경제주지회사는 농산물 유통판매사업과 농업인에 대한 경제활동 지원을 담당하게 되었다. 한편 수협은행은 2016년 12월 수산업협동조합중앙회의 신용사업부문으로부터 분리되었다.

Ⅱ. 특수은행의 종류

1. 한국산업은행

(1) 의의

한국산업은행은 한국산업은행법("법")에 의해 설립된 특수은행이다. 한국산업은행은 공법인으로 자본금은 30조원 이내에서 정관으로 정하되, 정부가 51% 이상을 출자하여야 하고(법5①), 자본금은 주식으로 분할한다(법5②). 한국산업은행의 설립목적은 "산업의 개발·육성, 사회기반시설의 확충, 지역개발, 금융시장 안정 및 그 밖에 지속가능한 성장 촉진 등에 필요한 자금을 공급·관리"하는 것이다(법1).

(2) 업무

한국산업은행은 원칙적으로 은행법의 적용을 받지 않으며, 자금운용과 업무내용에 대해서는 금융위원회의 승인을 받도록 되어 있다. 한국산업은행은 설립목적을 달성하기 위하여 ⅰ) 산업의 개발·육성, ⅱ) 중소기업의 육성, ⅲ) 사회기반시설의 확충 및 지역개발, ⅳ) 에너지 및 자원의 개발, ⅴ) 기업·산업의 해외진출, ⅵ) 기업구조조정, ⅶ) 정부가 업무위탁이 필요하다고 인정하는 분야, ⅷ) 그 밖에 신성장동력산업 육성과 지속가능한 성장 촉진 등 금융산업 및 국민경제의 발전을 위하여 자금의 공급이 필요한 분야에 자금을 공급한다(법18①).

한국산업은행은 자금 공급을 위하여 ⅰ) 대출 또는 어음의 할인(제1호), ⅱ) 증권의 응모·인수 및 투자(다만, 주식의 인수는 한국산업은행의 납입자본금과 적립금 합계액의 2배를 초과할 수 없다)(제2호). ⅲ) 채무의 보증 또는 인수(제3호), ⅳ) 제1호부터 제3호까지의 업무를 위하여 ㉠ 예금·적금의 수입, ㉡ 산업금융채권이나 그 밖의 증권 및 채무증서의 발행, ㉢ 정부, 한국은행, 그 밖의 금융기관 등으로부터의 차입. 다만, 한국산업은행이 정부로부터 차입하여 생긴 채무의 변제순위는 한국산업은행이 업무상 부담하는 다른 채무의 변제순위보다 후순위로 한다. ㉣ 외국자본의 차입의 방법으로 하는 자금 조달(제4호), ⅴ) 내국환·외국환 업무(제5호), ⅵ) 정부·공공단체 또는 금융기관이나 그 밖의 사업체로부터 위탁을 받아 수행하는 특정 사업에 대한 경제적·기술적 타당성의 검토 및 계획·조사·분석·평가·지도·자문 등 용역의 제공(제6호), ⅶ) 금융안정기금·기간산업안정기금의 관리·운용 및 자금지원(제7호), ⅷ) 제1호부터 제7호까지의 업무에 딸린 업무로서 금융위원회의 승인을 받은 업무(제8호), ⅸ) 제1호부터 제8호까지의 업무 외에 설립목적을 달성하기 위하여 필요한 업무로서 금융위원회의 승인을 받은 업무(제9호)를 수행한다(법18②).

(3) 산업금융채권발행

한국산업은행은 업무를 수행하는 데 필요한 자금을 산업금융채권을 발행하여 조달할 수 있는데, 산업금융채권의 발행은 한국산업은행만이 할 수 있다(법23). 한국산업은행이 부담하는 외화표시 채무의 원리금 상환은 미리 국회의 동의를 받아 정부가 보증할 수 있다(법19).

2. 한국수출입은행

(1) 의의

한국수출입은행("수출입은행")은 한국수출입은행법("법")에 의해 설립된 특수은행이다. 수출입은행은 공법인으로 자본금은 25조원으로 하고, 정부, 한국은행, 한국산업은행, 은행(일반은행), 수출업자의 단체와 국제금융기구가 출자하되, 정부출자는 연차적으로 나누어 현금으로 납입한다. 다만, 필요에 따라 그 일부를 현물로 납입할 수 있다(법4). 수출입은행의 설립목적은 "한국수출입은행을 설립하여 수출입, 해외투자 및 해외자원개발 등 대외 경제협력에 필요한 금융을 제공"하는 것이다(법1).

(2) 업무

수출입은행은 설립목적을 달성하기 위하여 ⅰ) 수출 촉진 및 수출경쟁력 제고(제1호), ⅱ) 국민경제에 중요한 수입(제2호), ⅲ) 중소기업기본법 제2조에 따른 중소기업 및 중견기업 성장 촉진 및 경쟁력 강화에 관한 특별법 제2조 제1호에 따른 중견기업의 수출입과 해외 진출(제3호), ⅳ) 해외투자, 해외사업 및 해외자원개발의 활성화(제4호), ⅴ) 정부가 업무위탁이 필요하다고 인정하는 업무(제5호) 분야에 자금을 공급한다(법18①).

수출입은행은 자금을 공급하기 위하여 ⅰ) 대출 또는 어음의 할인(제1호), ⅱ) 증권에 대한 투자 및 보증(제2호), ⅲ) 채무의 보증(제3호), ⅳ) 정부, 한국은행, 그 밖의 금융기관으로부터의 차입(제4호), ⅴ) 외국자본의 차입(제5호), ⅵ) 수출입금융채권과 그 밖의 증권 및 채무증서의 발행(제6호), ⅶ) 외국환 업무(제7호), ⅷ) 정부가 위탁하는 업무(8호), ⅸ) 그 밖에 제1항 각 호의 분야에 따른 자금을 공급하기 위하여 필요하다고 인정하여 기획재정부장관이 승인한 업무(제9호)를 수행한다(법18②).

(3) 수출입금융채권발행

수출입은행이 차입하는 외국자본의 원리금 상환에 대하여 정부가 보증할 수 있다(법19의2①). 정부가 보증채무를 부담하는 경우에는 국가재정법 제92조에 따라 미리 국회의 동의를 받아야 한다(법19의2②). 수출입은행은 대통령령으로 정하는 바에 따라 수출입금융채권을 발행할 수 있다(법20①). 수출입금융채권은 그 원리금상환에 대하여 정부가 보증할 수 있다(법20②). 정부가 보증채무를 부담하는 경우에는「국가재정법」제92조에 따라 미리 국회의 동의를 받아야 한다(법20③)

3. 중소기업은행

(1) 의의

중소기업은행은 중소기업은행법("법")에 의해 설립된 특수은행이다. 중소기업은행은 공법인으로 자본금은 10조원으로 하며(법5①), 자본금은 주식으로 분할한다(법5②). 중소기업은행의 설립목적은 "중소기업자(中小企業者)에 대한 효율적인 신용제도를 확립함으로써 중소기업자의 자주적인 경제활동을 원활하게 하고 그 경제적 지위의 향상을 도모함"을 목적으로 한다(법1). 여기서 "중소기업자"란 중소기업기본법 제2조에 따른 중소기업자(중소기업자로 보는 경우를 포함)를 말하고, 중소기업협동조합법 제3조에 따른 중소기업협동조합과 중소기업자들의 이익증진을 위하여 조직된 단체는 중소기업자로 본다(법2②).

(2) 업무

중소기업은행은 설립목적을 달성하기 위하여 ⅰ) 중소기업자에 대한 자금의 대출과 어음의 할인(1호), ⅱ) 예금·적금의 수입 및 유가증권이나 그 밖의 채무증서의 발행(제2호), ⅲ) 중소기업자의 주식의 응모·인수 및 사채(社債)의 응모·인수·보증(다만, 주식의 인수는 중소기업은행의 납입자본금을 초과하지 못하며 소유 주식 또는 사채는 수시로 매각할 수 있다)(제3호). ⅳ) 내·외국환과 보호예수(제4호), ⅴ) 지급승낙(제5호), ⅵ) 국고대리점(제6호), ⅶ) 정부·한국은행 및 그 밖의 금융기관으로부터의 자금 차입(제7호), ⅷ) 정부 및 공공단체의 위탁 업무(제8호), ⅸ) 제1호부터 제8호까지의 업무에 딸린 업무(제9호), ⅹ) 제1호부터 제9호까지의 업무 외에 설립목적을 달성하기 위하여 필요한 업무로서 금융위원회의 승인을 받은 업무(제10호)를 수행한다(법33).

중소기업은행은 중소기업에 대한 조사연구와 기업지도 업무를 수행한다(법33의3). 중소기업은행의 지급준비금은 금융통화위원회가 다른 금융기관과 구분하여 정하는 비율에 따른다(법33의4). 중소기업에 관한 재정자금은 중소기업은행만이 차입할 수 있다(법34). 중소기업은행은 그 공급하는 자금이 특정한 목적과 계획에 따라 사용되도록 관리하고 공급한 자금을 효율적으로 관리하기 위하여 직원을 파견하거나 그 밖에 필요한 조치를 할 수 있다(법36①).

(3) 중소기업금융채권발행

중소기업은행은 중소기업금융채권을 발행할 수 있는데, 발행액은 중소기업은행의 자본금과 적립금을 합한 금액의 20배를 초과할 수 없다(법36의2). 중소기업은행은 중소기업금융채권을 차환(借換)하기 위하여 일시적으로 위의 20배를 초과하여 중소기업금융채권을 발행한 경우에는 발행 후 1개월 내에 그 발행액면금액에 해당하는 종전의 중소기업금융채권을 상환하여야 한다(법36의3). 중소기업금융채권은 그 원리금상환에 대하여 정부가 보증할 수 있다(법36의5).

4. 농협은행

(1) 의의

농협은행은 농업인에 대한 금융지원 목적으로 농업협동조합법("법")에 의해 설립된 특수은행이다. 특별한 설립 인가나 허가 없이 법 자체에 의해 설립된 특수은행이다(법161의11).

농업협동조합의 농정 활동 및 경제사업 충실화를 위해 농업협동조합중앙회("중앙회")의 신용사업 부문과 경제사업 부문을 분리하는 방안이 추진되어 2011년 3월 농업협동조합법 개정으로 2012년 3월 2일 농협금융지주회사와 농협경제지주회사가 신설되고 농협은행이 농협금융지주회사의 자회사로 농협생명보험, 농협손해보험과 함께 신설되었다. 농협금융지주회사가 농협은행에 대해 100% 지분을 보유하고 있다.

중앙회는 지역조합(지역농업협동조합과 지역축산업협동조합)과 품목조합(품목별·업종별 협동조합)을 회원으로 하여 설립된 조직이다(법2). 중앙회는 농업인과 조합에 필요한 금융을 제공함으로써 농업인과 조합의 자율적인 경제활동을 지원하고 그 경제적 지위의 향상을 촉진하기 위하여 신용사업을 분리하여 농협은행을 설립한다(법161의11①).

(2) 업무

농협은행은 예금수입 업무와 대출업무를 영위하므로(법161의11②), 은행법상의 은행에 해당한다. 따라서 농협은행에 대해서는 농업협동조합법에 특별한 규정이 없으면 은행법을 적용한다(법161의11⑧). 농협은행은 ⅰ) 농어촌자금 등 농업인 및 조합에게 필요한 자금의 대출(제1호), ⅱ) 조합 및 중앙회의 사업자금의 대출(제2호), ⅲ) 국가나 공공단체의 업무의 대리(제3호), ⅳ) 국가, 공공단체, 중앙회 및 조합, 농협경제지주회사 및 그 자회사가 위탁하거나 보조하는 사업(제4호), ⅴ) 은행법 제27조에 따른 은행업무(예금 및 대출업무 등의 고유업무), 같은 법 제27조의2에 따른 부수업무 및 같은 법 제28조에 따른 겸영업무(제5호)를 수행한다(법161의11②). 은행법에 따른 업무를 수행하므로 일반은행과 업무에서 차이가 없다. 이는 수협은행도 동일하지만, 다른 특수은행과 다르다. 농협은행은 업무를 수행하기 위하여 필요한 경우에는 국가·공공단체 또는 금융기관으로부터 자금을 차입하거나 금융기관에 예치하는 등의 방법으로 자금을 운용할 수 있다(법161의11⑤).

농협은행은 조합, 중앙회 또는 농협경제지주회사 및 그 자회사의 사업 수행에 필요한 자금이 ⅰ) 농산물 및 축산물의 생산·유통·판매를 위하여 농업인이 필요로 하는 자금, ⅱ) 조합, 농협경제지주회사 및 그 자회사의 경제사업 활성화에 필요한 자금에 해당하는 경우에는 우선적으로 자금을 지원할 수 있으며, 농림축산식품부령으로 정하는 바에 따라 우대조치를 할 수 있다(법161의11③④).

(3) 농협금융채권발행

중앙회, 농협은행은 각각 농업금융채권을 발행할 수 있으며(법153①), 중앙회, 농협은행은 각각 자기자본의 5배를 초과하여 농업금융채권을 발행할 수 없다. 다만, 법률로 따로 정하는 경우에는 그러하지 아니하다(법153②). 농업금융채권의 차환을 위하여 발행하는 농업금융채권은 제2항에 따른 발행 한도에 산입하지 아니한다(법153③). 농업금융채권을 그 차환을 위하여 발행한 경우에는 발행 후 1개월 이내에 상환 시기가 도래하거나 이에 상당하는 사유가 있는 농업금융채권에 대하여 그 발행 액면금액에 해당하는 농업금융채권을 상환하여야 한다(법153④).

5. 수협은행

(1) 의의

수협은행은 수산업협동조합법("법")에 의해 설립된 특수은행이다. 수산업협동조합은 중앙회 및 지구별, 업종별 수산업협동조합과 수산물 가공 수산업협동조합이 각각 독립된 법인체로서 회원 조합 및 조합원을 위한 교육·지원사업, 경제사업, 신용사업, 공제사업, 후생·복지사업, 운송사업 등을 영위하다가, 2016년 12월 신용사업부문을 분리하여 수협은행이 설립되었다.[20] 수산업협동조합중앙회가 수협은행에 대해 100% 지분을 보유하고 있다.

수산업협동조합중앙회는 회원의 공동이익의 증진과 건전한 발전을 도모함을 목적으로 한다(법116). 중앙회는 어업인과 조합에 필요한 금융을 제공함으로써 어업인과 조합의 자율적인 경제활동을 지원하고 그 경제적 지위의 향상을 촉진하기 위하여 신용사업을 분리하여 그 사업을 하는 법인으로서 수협은행을 설립한다(법141의4①). 수협은행은 은행법 제2조 제1항 제2호에 따른 은행으로 본다(법141의4②). 수협은행에 대해서는 수산업협동조합법에 특별한 규정이 없으면 은행법을 적용한다(법141의4③).

---

20) 2005년 7월 1일 시행된 수산업협동조합법에서는 중앙회의 신용사업 부문만 은행으로 간주되는 것으로 변경되었고, 2016년 수협은행이 설립되면서 동 간주 규정도 삭제되었다.

(2) 업무

수협은행은 설립목적을 달성하기 위하여 ⅰ) 수산자금 등 어업인 및 조합에서 필요한 자금의 대출(제1호), ⅱ) 조합 및 중앙회의 사업자금의 대출(제2호), ⅲ) 국가나 공공단체의 업무대리(제3호), ⅳ) 국가, 공공단체, 중앙회 및 조합이 위탁하거나 보조하는 업무(제4호), ⅴ) 은행법 제27조에 따른 은행업무(고유업무), 같은 법 제27조의2에 따른 부수업무 및 같은 법 제28조에 따른 겸영업무(제5호), ⅵ) 중앙회가 위탁하는 공제상품의 판매 및 그 부수업무(제6호), ⅶ) 중앙회 및 조합 전산시스템의 위탁운영 및 관리(제7호) 업무를 수행한다(법141의9①). 수협은행은 은행법에 따른 은행업무, 겸영업무, 부수업무를 영위할 수 있으므로 자본시장법상의 신탁업무, 여신전문금융업법상의 신용카드업 등을 겸영업무로 영위할 수 있어 일반은행의 업무와 차이가 없다.

수협은행은 조합 및 중앙회의 사업 수행에 필요한 자금이 ⅰ) 수산물의 생산·유통·가공·판매를 위하여 어업인이 필요로 하는 자금, ⅱ) 조합 및 중앙회의 경제사업 활성화에 필요한 자금에 해당하는 경우에는 우선적으로 자금을 공급할 수 있다(법141의9④). 수협은행은 중앙회의 신용사업특별회계 외의 부문 및 조합에 대하여 자금을 지원하는 경우 대통령령으로 정하는 사업을 제외하고는 다른 신용업무에 비하여 금리 등 거래 조건을 부당하게 우대해서는 아니 된다(법141의9⑤). 수협은행은 업무를 수행하기 위하여 필요한 경우에는 국가·공공단체 또는 금융기관으로부터 자금을 차입하거나 금융기관에 예치하는 등의 방법으로 자금을 운용할 수 있다(법141의9⑥).

(3) 수산금융채권발행

중앙회 또는 수협은행은 필요한 자금을 조달하기 위한 채권("수산금융채권")을 발행할 수 있다(법156①). 중앙회 및 수협은행은 자기자본(중앙회는 제164조에 따른 자기자본을 말하고, 수협은행은 은행법 제2조 제1항 제5호에 따른 자기자본)의 5배를 초과하여 수산금융채권을 발행할 수 없다. 다만, 중앙회가 제138조 제1항 제1호 또는 제2호에 따른 사업을 수행하기 위하여 필요한 경우에는 그러하지 아니하다(법156②). 그러나 중앙회 또는 수협은행은 수산금융채권의 차환을 위하여 그 발행 한도를 초과하여 수산금융채권을 발행할 수 있다. 이 경우 발행 후 1개월 이내에 상환 시기가 도래하거나 이에 상당하는 이유가 있는 수산금융채권에 대하여 그 발행 액면금액에 해당하는 수산금융채권을 상환하여야 한다(법156③).

제4절 보험회사

★★ 매일경제 11월 22일

손보사 치솟는 손해율에 車보험료 2년만에 오르나

대형 손해보험사들의 자동차보험 손해율이 폭증하며 적자 구간에 가까워졌다. 설상가상으로 겨울철에는 계절적 요인으로 손해율이 더 오르는 경향이 있어 내년도 차보험료 인상이 불가피한 상황이다.

21일 손해보험업계에 따르면 대형 손해보험사 4곳(삼성화재·현대해상·DB손해보험·KB손해보험)의 지난 10월 자동차보험 단순 평균 손해율은 85.2%로 전년 동기(81.5%) 대비 3.7%포인트 상승했다. 올해 10월까지의 누적 손해율은 전년 동기(78.6%)보다 2.9%포인트 높은 81.5%를 기록했다. 손해보험 업계에서는 가을철 이동객 증가와 부품비 상승으로 손해율이 올랐다고 보고 있다. 10월 당월 손해율을 각사 별로 살펴보면 KB손해보험은 87.8%로 가장 높았고, 현대해상은 85.8%, 삼성화재는 84.2%, DB손해보험은 82.9%로 집계돼 모두 80%를 넘었다. 롯데손해보험(87.8%), 한화손해보험(86.8%), 메리츠화재(86.1%) 모두 손해율이 86%를 넘어 대형사보다 오히려 상황이 나빴다.

자동차보험 손해율은 보험사가 사고가 난 가입자에게 지급한 보험금을 전체 자동차보험 가입자로부터 받은 수입보험료로 나눈 값이다. 손해보험업계는 손해를 보지 않는 자동차보험 적정손해율 손익분기점을 80%로 보는데, 대형사는 82% 정도다. 숫자만 보면 대형사와 중소형사 모두 10월 기준 손익분기점에 가까워져 적자 구간 진입을 눈앞에 뒀다. 문제는 올해 말까지 남은 한 달여 동안 손해율이 더 올라갈 수 있다는 점이다. 통상 겨울철에는 자동차 이용률이 높고 자연재해가 많아 손해율이 오르는 경향이 있다. 손해율이 여기서 더 올라가면 보험사들은 자동차보험료를 인상할 가능성이 크다. 2022년과 지난해 손해율이 떨어지며 2년 연속 자동차보험료를 인하했던 것과는 다른 상황이다. 보험업계 관계자는 "손해율은 12월까지 지속적으로 나빠질 것으로 보인다"고 설명했다.

Ⅰ. 보험업과 보험회사

1. 보험업의 의의와 종류

보험업이란 보험상품의 취급과 관련하여 발생하는 보험의 인수, 보험료 수수 및 보험금 지급 등을 영업으로 하는 것으로서 생명보험업·손해보험업 및 제3보험업을 말한다(법2(2)). 보험의 인수는 보험계약의 인수를 말한다. 보험계약을 인수하면 그 효과로서 보험료의 수수와 보험금 지급이 수반된다.

생명보험업이란 생명보험상품의 취급과 관련하여 발생하는 보험의 인수, 보험료 수수 및 보험금 지급 등을 영업으로 하는 것을 말하고(법2(3)), 손해보험업이란 손해보험상품의 취급과 관련하여 발생하는 보험의 인수, 보험료 수수 및 보험금 지급 등을 영업으로 하는 것을 말하며(법2(4)), 제3보험업이란 제3보험상품의 취급과 관련하여 발생하는 보험의 인수, 보험료 수수 및 보험금 지급 등을 영업으로 하는 것을 말한다(법2(5)).

2. 보험회사

(1) 보험회사의 의의

보험회사란 허가를 받아 보험업을 경영하는 자를 말한다(법2(6)). 보험업을 경영하려는 자는 "보험종목"별로 금융위원회의 허가를 받아야 한다(법4①). 생명보험업의 보험종목은 생명보험, 연금보험(퇴직연금 포함)을 말하고(제1호), 손해보험업의 보험종목은 화재보험, 해상보험(항공·운송보험 포함), 자동차보험, 보증보험, 재보험, 책임보험, 기술보험, 권리보험, 도난·유리·동물·원자력 보험, 비용보험, 날씨보험을 말하며(제2호), 제3보험업의 보험종목은 상해보험, 질병보험, 간병보험을 말한다(제3호).

(2) 보험종목별 허가주의

보험종목별로 보험업의 허가를 받은 자는 해당 보험종목의 재보험에 대한 허가를 받은 것으로 본다(법4②). 제3보험업만을 경영하려는 자는 제3보험업의 허가를 받아야 한다. 그러나 생명보험업 또는 손해보험업의 보험종목 전부에 관한 허가를 받은 자에 대해서는 제3보험업 허가를 받은 것으로 의제한다. 즉 생명보험업이나 손해보험업에 해당하는 보험종목의 전부(보증보험 및 재보험은 제외)에 관하여 보험업의 허가를 받은 자는 제3보험업에 해당하는 보험종목에 대한 허가를 받은 것으로 본다(법4③). 손해보험업의 보험종목 전부에서 보증보험 및 재보험을 제외한 이유는, 이러한 보험종목이 제3보험업 허가의제의 필요성에 영향을 미치지 않기 때문이다. 생명보험은 정액보상, 손해보험은 손해보상, 그리고 제3보험은 정액보상과 손해보상이 모두 가능하다. 예컨대 생명보험업과 제3보험업은 정액보상 면에서, 그리고 손해보험업과 제3보험업은 손해보상 면에서 유사하다. 이렇게 제3보험업이 보상방식 면에서 생명보험과 손해보험의 특성을 모두 갖고 있다는 점에서 허가의제를 인정한 것이다.

　보험종목 전부를 허가받은 보험업종 내에서 기존의 보험종목 이외에 보험종목이 신설되는 경우는 이에 대한 허가를 받은 것으로 의제한다. 즉 생명보험업 또는 손해보험업에 해당하는 보험종목의 전부(보증보험 및 재보험은 제외)에 관하여 보험업 허가를 받은 자는 경제질서의 건전성을 해친 사실이 없으면 해당 생명보험업 또는 손해보험업의 종목으로 신설되는 보험종목에 대한 허가를 받은 것으로 본다(법4④). 이는 어떤 보험업종의 보험종목 전부에 대해서 허가를 받은 경우라면 그 보험업종 내에서 일부 보험종목이 신설되어도 이에 대한 보험업 경영능력을 충분히 갖춘 것으로 보아서 신설되는 보험종목에 대한 허가를 의제한 것이다.

　제3보험업에 관하여 보험업의 허가를 받은 자는 질병을 원인으로 하는 사망을 제3보험의 특약 형식으로 담보하는 보험으로서 ⅰ) 보험만기는 80세 이하이고(제1호), ⅱ) 보험금액의 한도는 개인당 2억원 이내이며(제2호), ⅲ) 만기 시에 지급하는 환급금은 납입보험료 합계액의 범위 내(제3호)이어야 하는 요건을 충족하는 보험종목(영15②)을 취급할 수 있다(법4⑤).

(3) 보험회사의 종류

　보험회사의 종류로는 주식회사, 상호회사, 그리고 외국보험회사의 국내지점이 있다(법4⑥). 상호회사란 보험업을 경영할 목적으로 보험업법에 따라 설립된 회사로서 보험계약자를 사원으로 하는 회사를 말하고(법2(7)), 외국보험회사란 대한민국 이외의 국가의 법령에 따라 설립되어 대한민국 이외의 국가에서 보험업을 경영하는 자를 말한다(법2(8)).

　보험회사는 그 상호 또는 명칭 중에 주로 경영하는 보험업의 종류를 표시하여야 한다(법8①). 보험업상 보험업의 종류는 생명보험업, 손해보험업, 제3보험업의 세 가지이다. 보험업종 표시의무의 취지는 보험회사가 주로 경영하는 보험업이 무엇인지를 상호 또는 명칭에 표시하게 함으로써 거래상대방이 이에 관하여 오인하지 않게 하자는 취지이다.

Ⅱ. 보험회사의 업무범위

1. 보험업 겸영의 제한

(1) 겸영금지의 원칙

　보험회사는 생명보험업과 손해보험업을 겸영하지 못한다(법10). 여기서 금지되는 것은 하나의 보험회사가 두 가지 보험업을 모두 허가받아서 자신의 회사 내에서 같이 경영하는 것이다. 이를 사내겸영이라고 한다. 따라서 생명보험회사가 손해보험회사를 자회사로 두거나 손해보험회사가 생명보험회사를 자회사로 두거나(자회사 방식의 겸영), 금융지주회사가 생명보험회사와 손해보험회사를 자회사로 두는 것(지주회사 방식의 겸영)은 허용된다. 즉 사외겸영까지 금지하는 것은 아니다. 또한 보험회사가 생명보험업과 제3보험업, 또는 손해보험업과 제3보험업을 겸영하는 것은 허용된다.

생명보험업과 손해보험업 겸영금지의 취지는 리스크 전이 문제 때문이다. 양자를 비교해 보면, 대체적으로 생명보험은 보험기간이 장기이고 보험사고의 빈도는 높지만 보험금액이 적은 정액보험이고, 이와 달리 손해보험은 상대적으로 보험기간이 단기이고 보험사고의 빈도는 낮지만 보험금액이 큰 실손보험이다. 이와 같은 차이로 인해 생명보험업과 손해보험업의 재무건전성에 미치는 보험위험, 자산운용위험(금리위험, 신용위험, 시장위험 등) 등이 다르다. 따라서 이러한 위험의 전이로부터 보험회사의 재무건전성 및 보험계약자의 권익을 보호하기 위하여 생명보험업과 손해보험업의 겸영을 금지하는 것이다. 앞에서 본 자회사 방식의 겸영이나 지주회사 방식의 겸영에서도 이러한 위험전이 현상은 간접적으로 나타나지만 이를 이유로 겸영을 금지할 수준이라고 보기는 어렵다.

(2) 겸영금지의 예외

생명보험업과 손해보험업의 겸영은 원칙적으로 금지되지만 예외적으로 허용되는 경우가 있다(법10).

(가) 일정한 재보험

생명보험의 재보험 및 제3보험의 재보험은 겸영이 허용된다(법10(1)). 재보험은 손해보험업에 속하는 보험종목이어서 생명보험회사나 제3보험회사가 겸영할 수 없다. 그러나 자신이 경영하는 생명보험 또는 제3보험에 대한 재보험은 위험전이의 문제가 크지 않다고 보아 겸영을 허용하고 있다.

(나) 다른 법령상 겸영가능한 보험종목

다른 법령에 따라 겸영할 수 있는 보험종목으로서 연금저축과 퇴직연금은 겸영이 허용된다(법10(2)). 다만, 손해보험업의 보험종목(재보험과 보증보험은 제외) 일부만을 취급하는 보험회사와 제3보험업만을 경영하는 보험회사는 겸영할 수 없다(영15① 단서). 연금저축이나 퇴직연금에 대해서는 일반인의 접근성을 높이기 위해서 겸영을 허용한 것이다. 이러한 연금저축 또는 퇴직연금은 신탁 또는 펀드 등의 형태로 은행, 증권회사 등도 겸영이 가능하다.

연금저축은 생명보험업의 보험종목이지만, 예외규정에 의해 손해보험회사도 겸영이 가능하다. 즉 조세특례제한법 제86조의2에 따른 연금저축은 손해보험회사도 겸영할 수 있다(영15①

(1)). 또한 퇴직연금(보험)은 생명보험업의 보험종목이지만, 예외규정에 의해 손해보험회사도 겸영이 가능하다. 즉 근로자퇴직급여 보장법 제29조 제2항에 따른 보험계약 및 법률 제7379호 근로자퇴직급여보장법 부칙 제2조 제1항에 따른 퇴직보험계약도 손해보험회사가 겸영할 수 있다(영15①(2)).

(다) 제3보험의 부가보험

질병을 원인으로 하는 사망을 제3보험의 특약 형식으로 담보하는 보험으로서 ⅰ) 보험만기는 80세 이하이고(제1호), ⅱ) 보험금액의 한도는 개인당 2억원 이내이며(제2호), ⅲ) 만기 시에 지급하는 환급금은 납입보험료 합계액의 범위 내(제3호)일 것의 요건을 충족하는 보험은 겸영이 허용된다(법10(3) 및 영15②).

질병을 원인으로 사망("질병사망")하는 것을 보험종목에 부가하는 보험은 겸영이 가능하다. 제3보험상품의 일종인 질병보험으로는 질명사망을 보장할 수 없다. 사망보험은 생명보험업에 속하므로 손해보험회사가 겸영할 수 없지만, 일정 요건을 갖춘 사망보험은 손해보험회사가 겸영할 수 있도록 허용한 것이다. 이 겸영허용은 손해보험회사의 겸영 요청에 의해 정책적으로 결정된 것이다.

2. 보험회사의 겸영업무

(1) 의의

보험회사는 주로 보험업을 경영하는 자이다. 보험회사가 보험업 이외에 다른 금융업무를 겸영하는 것이 보험회사의 겸영업무의 문제이다. 보험회사는 경영건전성을 해치거나 보험계약자 보호 및 건전한 거래질서를 해칠 우려가 없는 금융업무로서 일정한 업무를 할 수 있다. 이 경우 보험회사는 그 업무를 시작하려는 날의 7일 전까지 금융위원회에 신고하여야 한다(법11). 보험회사가 다른 금융업무를 겸영하는 경우에는 그 업무를 보험업과 구분하여 회계처리하여야 한다(법11의3). 보험업무와 여타 금융업무를 구분하여 회계처리하게 하는 이유는 이를 통해 보험업무의 경영성과를 정확하게 측정하려는 것이다. 이를 통해 보험업무에 대한 충실도가 감소하거나 보험업무와 여타 금융업무 사이에 위험이 전이되는 문제를 간접적으로 규율할 수 있다.

(2) 금융 관련 법령에서 정하고 있는 금융업무

보험회사는 ⅰ) 자산유동화법에 따른 유동화자산의 관리업무(제1호),[21] ⅱ) 한국주택금융공사법에 따른 채권유동화자산의 관리업무(제3호), ⅲ) 전자금융거래법에 따른 전자자금이체업무(결제중계시스템의 참가기관으로서 하는 전자자금이체업무와 보험회사의 전자자금이체업무에 따른 자

---

21) 제2호 삭제 < 2023. 5. 16.>.

금정산 및 결제를 위하여 결제중계시스템에 참가하는 기관을 거치는 방식의 전자자금이체업무는 제외)(제4호) 중 어느 하나에 해당하는 업무로서 해당 법령에서 보험회사가 할 수 있도록 한 업무를 겸영할 수 있다(법11(1) 및 영16①). 이러한 업무는 별도의 인가 등을 포함한 절차 없이 겸영이 가능하다.

(3) 해당 법령에 따라 인가·허가·등록 등이 필요한 금융업무

보험회사는 ⅰ) 집합투자업(제1호), ⅱ) 투자자문업(제2호), ⅲ) 투자일임업(제3호), ⅳ) 신탁업(제4호), ⅴ) 집합투자증권에 대한 투자매매업(제5호), ⅵ) 집합투자증권에 대한 투자중개업(제6호), ⅶ) 외국환업무(외국환거래법)(제7호), ⅷ) 퇴직연금사업자의 업무(제8호), ⅸ) 보험업의 경영이나 법 제11조의2에 따라 보험업에 부수하는 업무의 수행에 필요한 범위에서 영위하는 전자금융거래법에 따른 선불전자지급수단의 발행 및 관리 업무(제9호)를 겸영할 수 있다(법 11(2), 영16②).

(4) 기타 업무

그 밖에 보험회사의 경영건전성을 해치거나 보험계약자 보호 및 건전한 거래질서를 해칠 우려가 없다고 인정되는 금융업무로서 다른 금융기관의 업무 중 금융위원회가 정하여 고시하는 바에 따라 그 업무의 수행방법 또는 업무 수행을 위한 절차상 본질적 요소가 아니면서 중대한 의사결정을 필요로 하지 아니한다고 판단하여 위탁한 업무를 겸영할 수 있다(법11(3), 영16③).

3. 보험회사의 부수업무

보험회사는 보험업 이외에 이에 부수하는 업무를 수행할 수 있다. 보험회사는 보험업에 부수하는 업무를 하려면 그 업무를 하려는 날의 7일 전까지 금융위원회에 신고하여야 한다(법11의2①). 보험업법은 부수업무의 종류를 규정하고 있지 않다. 다만 금융위원회는 부수업무에 관한 신고내용이 ⅰ) 보험회사의 경영건전성을 해치는 경우(제1호), ⅱ) 보험계약자 보호에 지장을 가져오는 경우(제2호), ⅲ) 금융시장의 안정성을 해치는 경우(제3호)에 해당하면 그 부수업무를 하는 것을 제한하거나 시정할 것을 명할 수 있다(법11의2②).

금융위원회는 보험회사가 부수업무를 신고한 경우에는 그 신고일부터 7일 이내에 ⅰ) 보험회사의 명칭(제1호), ⅱ) 부수업무의 신고일(제2호), ⅲ) 부수업무의 개시 예정일(제3호), ⅳ) 부수업무의 내용(제4호), ⅴ) 그 밖에 보험계약자의 보호를 위하여 공시가 필요하다고 인정되는 사항으로서 금융위원회가 정하여 고시하는 사항(제5호)을 인터넷 홈페이지 등에 공고하여야 한다(영16의2①). 금융위원회는 부수업무를 하는 것을 제한하거나 시정할 것을 명한 경우에는 그 내용과 사유를 인터넷 홈페이지 등에 공고하여야 한다(영16의2②).

Ⅲ. 모집과 모집종사자

1. 모집종사자

대량적·반복적인 보험거래의 특성상 보험계약은 모집을 통해 체결되는 것이 보통이다. 또한 보험상품은 무형의 추상적인 상품으로서 미래에 불확실한 사고가 발생해야 그 효용이 드러나므로 보험소비자 스스로보다는 모집종사자의 권유에 의해 구매하는 경우가 많기 때문에 보험계약은 전통적으로 모집을 통해 체결되는 경우가 많다.

모집이란 보험계약의 체결을 중개하거나 대리하는 것을 말한다(법2(12)). 모집은 보험의 모집, 보험계약의 모집, 보험계약 체결의 모집이라고도 한다. 모집종사자는 보험의 모집을 할 수 있는 자를 말한다. 보험업법은 모집종사자의 종류를 일정하게 제한한다. 그 취지는 건전한 모집질서를 확보하고 보험계약자를 포함한 이해관계자를 보호하고자 하는 것이다. 모집을 할 수 있는 자는 보험설계사, 보험대리점, 보험중개사, 또는 보험회사의 임원(대표이사·사외이사·감사 및 감사위원은 제외) 또는 직원에 해당하는 자이어야 한다(법83①).

2. 보험설계사

(1) 의의

보험설계사란 보험회사·보험대리점 또는 보험중개사에 소속되어 보험계약의 체결을 중개하는 자로서 금융위원회에 등록된 자를 말한다(법2(9)). 보험설계사는 법인이 아닌 사단과 재단도 가능하다. 실무상으로는 개인이 아닌 보험설계사를 발견하기 어렵다. 보험설계사는 보험계약의 체결을 중개하는 자이다. 이는 보험설계사가 보험계약 체결을 중개하는 권한을 갖는다는 의미다. 따라서 보험설계사는 원칙적으로 보험계약체결을 대리하는 권한은 없다.

보험회사·보험대리점 및 보험중개사("보험회사등")는 소속 보험설계사가 되려는 자를 금융위원회에 등록하여야 한다(법84①). 보험설계사의 등록요건은 별표 3과 같다(영27②).

(2) 보험설계사의 구분

보험설계사는 생명보험설계사, 손해보험설계사 및 제3보험설계사로 구분한다. 손해보험설계사에는 간단손해보험대리점 소속의 손해보험설계사("간단손해보험설계사")를 포함한다(영27①). 생명보험설계사, 손해보험설계사, 제3보험설계사는 영업범위에 따른 구분이다. 여기의 영업범위는 보험종목의 종류를 기준으로 정해진다.

보험설계사는 원칙적으로 전속의무를 진다. 즉 보험설계사는 자기가 소속된 보험회사, 보험대리점 또는 보험중개사 이외의 자를 위하여 모집을 하지 못한다(법85②). 보험설계사 전속주의가 원칙이지만 그 예외도 있다. 즉 1개의 보험회사에 소속된 보험설계사가 일정한 다른 보험회사를 위해서도 모집할 수 있다(법85③). 이를 교차모집이라고 한다. 보험설계사가 교차모집하려는 경우에는 교차모집을 하려는 보험회사의 명칭 등 금융위원회가 정하여 고시하는 사항을 적은 서류를 설립된 보험협회에 제출하여야 한다(영29①).

(3) 보험설계사의 영업범위
(가) 보험종목

생명보험설계사는 생명보험, 연금보험, 퇴직보험 등을 포함한 생명보험업의 보험종목을 취급할 수 있다(영28①(1)). 손해보험설계사는 화재보험, 해상보험, 항공·운송보험, 자동차보험, 보증보험, 재보험 등을 포함한 손해보험업의 보험종목을 취급할 수 있다(영28①(2)). 간단손해보험설계사는 간단손해보험대리점 소속의 보험설계사이다(영27①).

간단손해보험대리점이란 재화의 판매, 용역의 제공 또는 사이버몰(전자상거래 등에서의 소비자보호에 관한 법률 제2조 제4호[22]에 따른 사이버몰)을 통한 재화·용역의 중개를 본업으로 하는 자가 판매·제공·중개하는 재화 또는 용역과 관련 있는 보험상품을 모집하는 손해보험대리점을 말한다(영30①). 예를 들어 여행자보험을 모집하는 항공사, 애견보험을 모집하는 애견샵, 골프보험을 모집하는 스포츠용품판매업자는 간단손해보험대리점으로 등록할 수 있다.

간단손해보험설계사의 영업범위는 간단손해보험대리점이 영위하는 본업과의 관련성 등을 고려하여 금융위원회가 정하여 고시하는 종목으로 한다(영28①(2)). 제3보험설계사는 상해보험, 질병보험, 간병보험 등을 포함한 제3보험업의 보험종목을 취급할 수 있다(영28①(3)).

(나) 집합투자증권의 투자권유대행

보험설계사는 관련 법령에 따라 보험의 모집 이외에도 다른 금융상품의 모집도 할 수 있다. 보험설계사는 다음의 요건을 갖추면 금융상품 중에서 집합투자증권의 투자권유를 대행할 수 있다. 즉 보험설계사가 집합투자증권의 투자권유대행인이 되기 위해서는 ⅰ) 보험설계사의 등록요건을 갖춘 개인으로서 보험모집에 종사하는 자로서, ⅱ) 금융투자협회가 정하여 금융위원회의 인정을 받은 교육을 이수해야 하며, ⅲ) 금융투자업자로부터 집합투자증권의 투자권유

---

22) 4. "통신판매중개"란 사이버몰(컴퓨터 등과 정보통신설비를 이용하여 재화등을 거래할 수 있도록설정된 가상의 영업장)의 이용을 허락하거나 그 밖에 총리령으로 정하는 방법으로 거래 당사자 간의 통신판매를 알선하는 행위를 말한다.

위탁을 받아야 하며, ⅳ) 투자권유를 위탁한 금융투자업자가 위탁받은 자를 금융위원회에 투자권유대행인으로 등록해야 한다(자본시장법 시행령 56조).

3. 보험대리점

(1) 의의

보험대리점이란 보험회사를 위하여 보험계약의 체결을 대리하는 자(법인이 아닌 사단과 재단을 포함)로서 개인과 법인을 구분하여 일정한 절차에 따라 금융위원회에 등록된 자를 말한다(법2(10)). 보험회사와 보험대리점은 위임(민법680)의 관계에 있고 보험대리점은 보험회사의 수임인이다.

(2) 보험대리점의 구분

보험대리점은 먼저 개인보험대리점 또는 법인보험대리점으로 구분하고, 각각 생명보험대리점, 손해보험대리점 또는 제3보험대리점으로 구분한다. 이에 따르면 보험대리점은 개인생명보험대리점, 개인손해보험대리점, 개인제3보험대리점, 법인생명보험대리점, 법인손해보험대리점, 법인제3보험대리점의 6개 유형으로 구분할 수 있다. 보험대리점은 법인이 아닌 개인인 보험대리점(개인보험대리점)과 법인인 보험대리점(법인보험대리점)으로 구분된다(영30①). 보험대리점은 생명보험대리점, 손해보험대리점, 제3보험대리점으로 구분된다(영31①). 이는 영업범위에 따른 구분이다.

(3) 보험대리점의 영업범위
(가) 보험종목

생명보험대리점은 생명보험, 연금보험, 퇴직보험 등을 포함한 생명보험업의 보험종목을 취급할 수 있다(영31①(1)). 손해보험대리점은 화재보험, 해상보험, 항공·운송보험, 자동차보험, 보증보험, 재보험 등을 포함한 손해보험업의 보험종목을 취급할 수 있다(영31①(2)).

간단손해보험대리점이란 재화의 판매, 용역의 제공 또는 사이버몰(전자상거래 등에서의 소비자보호에 관한 법률 제2조 제4호에 따른 사이버몰)을 통한 재화·용역의 중개를 본업으로 하는 자가 판매·제공·중개하는 재화 또는 용역과 관련 있는 보험상품을 모집하는 손해보험대리점을 말한다(영30①). 예를 들어 여행자보험을 모집하는 항공사, 애견보험을 모집하는 애견샵, 골프보험을 모집하는 스포츠용품판매업자는 간단손해보험대리점으로 등록할 수 있다.

간단손해보험대리점의 영업범위는 간단손해보험대리점이 영위하는 본업과의 관련성 등을 고려하여 금융위원회가 정하여 고시하는 종목으로 한다(영28①(2)). 제3보험대리점은 상해보험,

질병보험, 간병보험 등을 포함한 제3보험업의 보험종목을 취급할 수 있다(영 28①(3)).

(나) 집합투자증권의 투자권유 대행

보험대리점은 관련 법령에 따라 보험의 모집 이외에도 다른 금융상품의 "모집"도 할 수 있다. 보험대리점은 다음의 요건을 갖추면 금융상품 중에서 집합투자증권의 투자권유를 대행할 수 있다. 즉 보험대리점이 집합투자증권의 투자권유대행인이 되기 위해서는 i) 보험대리점의 등록요건을 갖춘 개인으로서 보험모집에 종사하는 자로서, ii) 금융투자협회가 정하여 금융위원회의 인정을 받은 교육을 이수해야 하며, iii) 금융투자업자로부터 집합투자증권의 투자권유 위탁을 받아야 하며, iv) 투자권유를 위탁한 금융투자업자가 위탁받은 자를 금융위원회에 투자권유대행인으로 등록해야 한다(자본시장법 시행령56).

4. 보험중개사

(1) 의의

보험중개사란 독립적으로 보험계약의 체결을 중개하는 자(법인이 아닌 사단과 재단을 포함)로서 개인과 법인을 구분하여 일정한 절차에 따라 금융위원회에 등록된 자를 말한다(법2(11)). 보험중개사는 특정한 보험회사로부터 독립하여 불특정 다수를 대상으로 중개행위를 한다는 점에서 특정한 보험회사를 위하여 계속하여 중개행위를 하는 보험설계사와 다르다.

(2) 보험중개사의 구분

보험중개사는 법인이 아닌 개인인 보험중개사(개인보험중개사)와 법인인 보험중개사(법인보험중개사)로 구분된다(법89①). 보험중개사는 생명보험중개사, 손해보험중개사, 제3보험중개사로 구분한다(영35). 생명보험중개사, 손해보험중개사, 제3보험중개사는 영업범위에 따른 구분이다. 영업범위는 보험종목의 종류를 기준으로 정해진다.

(3) 보험중개사의 영업범위

생명보험중개사는 생명보험, 연금보험, 퇴직보험 등을 포함한 생명보험업의 보험종목 및 재보험을 취급할 수 있다(영35(1)). 생명보험설계사와 생명보험대리점이 생명보험업의 보험종목만을 취급할 수 있는 반면, 생명보험중개사는 생명보험업의 보험종목뿐만 아니라 그 재보험도 취급할 수 있다는 점이 특색이다. 손해보험중개사는 화재보험, 해상보험, 항공·운송보험, 자동차보험, 보증보험, 재보험 등을 포함한 손해보험업의 보험종목 및 그 재보험을 취급할 수 있다(영35(2)). 제3보험중개사는 상해보험, 질병보험, 간병보험 등을 포함한 제3보험업의 보험종목 및 그 재보험을 취급할 수 있다(영35(3)). 제3보험설계사와 제3보험대리점이 제3보험업의 보험종목만을 취급할 수 있는 반면, 제3보험중개사는 제3보험업의 보험종목뿐만 아니라 그 재보험도 취급할 수 있다는 점이 특색이다.

보험중개사는 보험계약체결의 중개와 그에 부수하는 위험관리자문을 할 수 있다(보험업감독규정4-19①). 여기서 위험관리자문은 보험계약체결의 중개에 부수하여 고객의 위험을 확인·평가·분석하고, 보험계획 또는 설계에 대한 검토와 검증을 하며, 그에 대한 권고 또는 조언(보험금청구에 대한 조언을 포함)하는 것을 말한다(보험업감독규정4-19②).

Ⅳ. 우체국보험

1. 의의

우체국예금·보험에 관한 법률("우체국예금보험법", 이하 "법")에 근거하는 우체국보험이란 체신관서에서 피보험자의 생명·신체의 상해를 보험사고로 하여 취급하는 보험을 말한다(법2(4)). 우체국보험사업은 국가가 경영하며, 과학기술정보통신부장관이 관장한다(법3). 체신관서로 하여금 간편하고 신용 있는 보험사업을 운영하게 함으로써 금융의 대중화를 통하여 국민의 저축의욕을 북돋우고, 보험의 보편화를 통하여 재해의 위험에 공동으로 대처하게 함으로써 국민 경제생활의 안정과 공공복리의 증진에 이바지함을 목적으로 한다(법1)고 해도, 우체국보험의 실질을 공보험이라고 보기는 어렵다. 따라서 민영화의 대상으로 종종 거론되고 있다.

과학기술정보통신부장관은 우체국보험 사업에 대한 건전성을 유지하고 관리하기 위하여 필요한 경우에는 금융위원회에 검사를 요청할 수 있고, 우체국보험 사업의 건전한 육성과 계약자 보호를 위하여 금융위원회와 협의하여 건전성을 유지하고 관리하기 위하여 필요한 기준을 정하고 고시하여야 한다(법3의2).

2. 업무 등

(1) 개요

국가는 우체국보험계약에 따른 보험금 등의 지급을 책임진다(법4). 계약보험금 한도액은 보험종류별(연금보험은 제외)로 피보험자 1인당 4천만원으로 하되, 보험종류별 계약보험금한도액은 우정사업본부장이 정한다. 다만, 보장성보험 중 우체국보험사업을 관장하는 기관의 장이 국가공무원법 제52조(능률 증진을 위한 실시사항)에 따라 그 소속 공무원의 후생·복지를 위하여 실시하는 단체보험상품의 경우에는 2억원으로 한다(시행규칙36①). 연금보험(소득세법 시행령 제40조의2 제2항 제1호에 따른 연금저축계좌에 해당하는 보험은 제외)의 최초 연금액은 피보험자 1인당 1년에 900만원 이하로 한다(시행규칙36②). 연금보험 중 소득세법 시행령 제40조의2 제2항 제1호에 따른 연금저축계좌에 해당하는 보험의 보험료 납입금액은 피보험자 1인당 연간 900만 원 이하로 한다(시행규칙36③). 과학기술정보통신부장관은 계약보험금 한도액을 과학기술정보통신부령으로 정하려면 금융위원회와 협의하여야 한다(법10②).

우정사업본부장은 예정이율·예정사업비율 및 예정사망률 등을 기초로 하여 보험료를 산정하고, 그 내용을 고시하여야 한다(시행규칙37). 과학기술정보통신부장관은 회계연도마다 보험의 결산이 끝났을 때에는 재무제표 등 결산서류를 금융위원회에 제출하고 협의하여야 한다(법10⑤).

(2) 보험의 종류
(가) 의의

우체국보험은 생명보험만을 취급한다(법2(4)). 보험의 종류, 계약보험금 한도액, 보험업무의 취급 등에 필요한 사항은 과학기술정보통신부령으로 정한다(법28). 이에 따라 우체국예금보험법 시행규칙은 보험의 종류를 ⅰ) 보장성보험: 생존 시 지급되는 보험금의 합계액이 이미 납입한 보험료를 초과하지 아니하는 보험(제1호), ⅱ) 저축성보험: 생존 시 지급되는 보험금의 합계액이 이미 납입한 보험료를 초과하는 보험(제2호), ⅲ) 연금보험: 일정 연령 이후에 생존하는 경우 연금의 지급을 주된 보장으로 하는 보험(제3호)으로 구분된다(법28, 시행규칙35①). 그리고 보험의 종류에 따른 상품별 명칭, 특약, 보험기간, 보험료 납입기간, 가입 연령, 보장 내용 등은 우정사업본부장이 정하여 고시한다(시행규칙35②). 과학기술정보통신부장관은 보험의 종류를 수정하려면 보험업법 제5조 제3호에 따른 기초서류 등을 금융위원회에 제출하고 협의하여야 한다(법10④).

(나) 보험의 종류

우체국보험의 종류는 우정사업본부장이 정하여 고시(시행규칙35②)하는 "우체국보험의 종류, 약관, 보험료 및 환급금 등 고시" [별표 1]에서 규정한다.

(3) 환급금의 대출

체신관서는 보험계약자가 청구할 때에는 보험계약이 해지된 경우 등에 환급할 수 있는 금액의 범위에서 과학기술정보통신부령으로 정하는 바에 따라 대출할 수 있다(법41). 이에 따라 대출을 할 수 있는 금액의 범위는 보험종류별로 우정사업본부장이 정한다(시행규칙58).

제5절 여신전문금융기관

★ 머니투데이 2024년 11월 6일
'실적 한파' 녹이려는 카드사, 매출채권 2.5조원 팔아치웠다

8개 카드사가 올해 9월까지 2조5,000억원이 넘는 대출채권을 외부에 팔아넘긴 것으로 나타났다. 대출채권을 매각해 얻은 이익은 4,000여억원으로 원금의 16%를 남겼다. 대출을 직접 회수하면 원금의 40~50%까지 회수할 수 있으나 당장의 수익을 방어하기 위해 매각을 결정한 것으로 보인다.

5일 강준현 더불어민주당 의원실이 금융감독원에서 받은 '카드사 대출채권 매각현황' 자료에 따르면 국내 8개 카드사는 지난 9월까지 총 2조5,286억원 규모의 대출채권을 신용정보회사·사모펀드·저축은행 등 외부에 매각했다. 카드사가 외부에 매각하는 대출채권은 신용카드를 쓰고 대금을 상환하지 못한 회원의 신용판매 채권과 카드론·현금서비스·리볼빙 등 대출성 상품 연체채권이다.

매각규모가 가장 큰 카드사는 롯데카드로 총 6041억원 규모의 대출채권을 팔아넘겼다. 신한카드와 우리카드도 각각 5,263억원, 4,892억원어치를 팔았다. 나머지 카드사의 매각규모는 △KB국민카드 3,192억원 △하나카드 2,947억원 △현대카드 2,462억원 △BC카드 489억원이다. 삼성카드만 유일하게 대출채권을 매각하지 않았다.

카드사가 대출채권을 판매하는 이유는 당장의 실적을 방어하기 위해서로 분석된다. 외부에 대출채권을 매각하면 직접 회수했을 때보다 10~20% 손실이 발생하지만 매매이익을 통해 즉각적인 실적개선이 가능하다. 직접 추심하면 수년의 시간이 소요되기 때문에 대부분의 카드사가 장기적으로 더 많은 이익을 건질 수 있는 추심 대신 매각을 선택한다.

실제 8개 카드사는 올해 9월 대출채권 매각을 통해 3,978억원의 매매이익을 남겼다. 이 중 3분기 실적을 발표한 4개 금융지주계열 카드사의 매매이익은 2,591억원으로 집계됐다. 4개 카드사 3분기 당기순이익(1조2,760억원)의 20%에 해당하는 금액이다. 대출채권 매각이 효과를 거두면 4개 카드사의 3분기 순이익은 적게는 14%에서 많게는 53% 감소한다.

건전성을 관리하기 위해서이기도 하다. 매각하는 대출채권이 연체채권이기 때문에 매각하면 연체율을 낮출 수 있다. 실제로 신한카드의 3분기 연체율은 1.33%로 지난해 말 1.45%보다 낮아졌다.

Ⅰ. 서설

1. 의의

(1) 개요

여신전문금융업법("법")상 여신전문금융회사란 여신전문금융업인 신용카드업, 시설대여업, 할부금융업 또는 신기술사업금융업(법2(1))에 대하여 금융위원회의 허가를 받거나 금융위원회에 등록을 한 자로서 제46조 제1항 각 호에 따른 업무를 전업으로 하는 자를 말한다(법2(15)). 즉 여신전문금융회사는 수신기능 없이 여신업무만을 취급하는 금융기관이다. 여신전문금융회사는 주로 채권발행과 금융기관 차입금 등에 의해 자금을 조달하여 다른 금융기관이 거의 취급하지 않는 소비자금융에 운용한다.

(2) 신용카드업자

신용카드업자란 신용카드업의 허가를 받거나 등록을 한 자를 말한다(법2(2의2) 본문). 다만, 일정한 요건에 해당하는 자가 일정한 업무를 하는 경우에는 그 업무에 관하여만 신용카드업자로 본다(법2(2의2) 단서).

(3) 시설대여업자·할부금융업자·신기술사업금융업자

시설대여업자란 시설대여업에 대하여 금융위원회에 등록한 자를 말하고(법2(10의2)), 할부금융업자란 할부금융업에 대하여 금융위원회에 등록한 자를 말하며(법2(13의2)), 신기술사업금융업자란 신기술사업금융업에 대하여 금융위원회에 등록한 자를 말한다(법2(14의3)).

(4) 겸영여신업자

겸영여신업자란 여신전문금융업에 대하여 금융위원회의 허가를 받거나 금융위원회에 등록을 한 자로서 여신전문금융회사가 아닌 자를 말한다(법2(16)). 즉 겸영여신업자란 신용카드업·시설대여업·할부금융업·신기술사업금융업을 영위하되, 이들 업무를 전업으로 하지 않는 금융기관을 말한다.

2. 업무 범위

(1) 고유업무
(가) 고유업무의 내용

여신전문금융회사가 할 수 있는 업무로 ⅰ) 허가를 받거나 등록을 한 여신전문금융업(시설대여업의 등록을 한 경우에는 연불판매업무를 포함)(제1호), ⅱ) 기업이 물품과 용역을 제공함으로써 취득한 매출채권(어음을 포함)의 양수·관리·회수업무(제2호), ⅲ) 대출(어음할인 포함)업무(제3호), ⅳ) 신용카드업자의 부대업무(신용카드업의 허가를 받은 경우만 해당)인 직불카드의 발행 및 대금의 결제와 선불카드의 발행·판매 및 대금의 결제(제4호), ⅴ) 앞의 4가지 업무와 관련하여 다른 금융회사(금융위원회법 제38조 각 호의 검사대상기관)가 보유한 채권 또는 이를 근거로 발행한 유가증권의 매입업무 및 지급보증업무(제5호), ⅵ) 제1호부터 제4호까지의 업무와 관련된 신용조사 및 그에 따르는 업무(제6호)를 말한다(법46①, 영16①).

(나) 대출 채권액의 한도

대출업무 및 대출업무와 관련하여 다른 금융회사가 보유한 채권 또는 이를 근거로 발행한 유가증권의 매입업무에 따라 발생하는 채권액은 총자산의 30%를 초과해서는 아니 된다(법46②, 감독규정6). 다만 신용카드업 및 신용카드업자의 부대업무(법13)와 관련하여 발생한 채권액은 총자산에서 제외한다(법46②, 영17①).

(2) 겸영업무

여신전문금융회사는 그 업무를 함께 하여도 금융이용자 보호 및 건전한 거래질서를 해할 우려가 없는 업무로서 집합투자업, 투자자문업, 신탁업, 투자중개업, 경영참여형 사모집합투자기구의 업무집행사원 업무, 보험대리점 업무, 외국환업무, 유동화자산 관리업무, 전자금융업, 산업발전법 제20조(기업구조개선 경영참여형 사모집합투자기구의 등록 등)에 따른 기업구조개선 경영참여형 사모집합투자기구의 업무집행사원 업무, 대출의 중개 또는 주선 업무를 할 수 있다(법46①(6의2), 영16②).

(3) 부수업무

(가) 의의

여신전문금융회사는 여신전문금융업에 부수하는 업무로서 소유하고 있는 인력·자산 또는 설비를 활용하는 업무를 할 수 있다(법46①(7)).

(나) 부수업무의 신고 및 공고

여신전문금융회사가 부수업무를 하려는 경우에는 그 부수업무를 하려는 날의 7일 전까지 이를 금융위원회에 신고하여야 한다(법46의2① 본문). 금융위원회가 부수업무를 신고 받은 경우에는 신고일부터 7일 이내에 ⅰ) 해당 여신전문금융회사의 명칭, ⅱ) 신고일, ⅲ) 신고한 업무의 내용, ⅳ) 신고한 업무의 개시 예정일 또는 개시일 등을 인터넷 홈페이지에 공고하여야 한다(영17의2②).

3. 자금조달방법

(1) 자금조달방법의 제한

여신전문금융회사는 ⅰ) 다른 법률에 따라 설립되거나, 금융위원회의 인가 또는 허가를 받거나, 금융위원회에 등록한 금융기관으로부터의 차입, ⅱ) 사채나 어음의 발행, ⅲ) 보유하고 있는 유가증권의 매출, ⅳ) 보유하고 있는 대출채권의 양도, ⅴ) 외국환거래법 제8조에 따라 외국환업무취급기관으로 등록하여 행하는 차입 및 외화증권의 발행, ⅵ) 법 제46조 제1항 제1호부터 제4호까지의 업무와 관련하여 보유한 채권의 양도, ⅶ) 법 제46조 제1항 제1호부터 제4호까지의 업무와 관련하여 보유한 채권을 근거로 한 유가증권의 발행, ⅷ) 법 제46조 제1항 제7호에 따른 부수업무 중 금융위원회가 정하여 고시하는 부수업무와 관련하여 보유한 채권을 근거로 한 유가증권의 발행으로만 자금을 조달할 수 있다(법47①, 영18①).

(2) 사채 또는 어음발행 등의 제한 및 제한의 예외

(가) 사채 또는 어음발행 등의 제한

여신전문금융회사는 ⅰ) 개인에 대한 발행 또는 매출, ⅱ) 공모, 창구매출, 그 밖의 이와 유사한 방법에 의한 불특정 다수의 법인에 대한 발행 또는 매출의 방법으로 사채나 어음을 발행하거나 보유하고 있는 유가증권을 매출해서는 아니 된다(영19①). 이는 자금조달방법 중 사채나 어음의 발행 및 보유하고 있는 유가증권의 매출은 그 방법에 따라 수신행위가 될 소지가 있으므로 방법을 제한한 것이다.

(나) 사채 또는 어음발행 등의 제한의 예외

다만 ⅰ) 투자매매업의 인가를 받은 자의 인수에 의한 사채의 발행, ⅱ) 종합금융회사 또는 투자매매업자·투자중개업자의 인수, 할인 또는 중개를 통한 어음의 발행의 경우에는 제한을 받지 않는다(영19②).

(3) 차입금과 사채발행

여신전문금융회사는 주로 차입금과 사채발행을 통해 자금을 조달하고 있다. 차입금은 경제적 실질이 있는 담보를 제공하거나 신용으로 일정기간 동안 또는 동 기간 종료시 원리금의 반환을 약정하고 자금을 차입하는 경우로서 자금차입의 형태 등에 따라 원화차입금, 외화차입금, 콜머니 등이 있다. 사채는 여신전문금융업법 및 상법 등에 따라 장기 안정적인 자금조달 또는 재무구조 개선 등을 위하여 발행하는 채권으로 일반사채, 전환사채, 신주인수권부사채 등이 있다. 자금운용은 허가를 받거나 등록한 고유업무를 중심으로 이루어지고 있다.

Ⅱ. 신용카드업자(신용카드회사)

1. 신용카드업의 정의

(1) 신용카드업(기본업무)

신용카드업이란 ⅰ) 신용카드의 발행 및 관리, ⅱ) 신용카드 이용과 관련된 대금의 결제, ⅲ) 신용카드가맹점의 모집 및 관리 업무 중 대금의 결제업무를 포함한 2개 이상의 업무를 업으로 하는 것을 말한다(법2(2)).

(2) 신용카드업자의 부대업무

(가) 부대업무 범위 및 대행

1) 부대업무의 범위

신용카드업 허가를 받은 경우에만 부대업무를 영위할 수 있다. 신용카드업자는 기본업무인 신용카드업과 함께 ⅰ) 신용카드회원에 대한 자금의 융통, ⅱ) 직불카드의 발행 및 대금의 결제, ⅲ) 선불카드의 발행·판매 및 대금의 결제와 같은 부대업무를 할 수 있다(법13①).

다만 금융위원회 등록만으로 신용카드업의 등록을 한 겸영여신업자는 부대업무를 할 수 없다(영6의5①).

2) 대행이 허용되는 부대업무의 범위

신용카드업자는 ⅰ) 직불카드 및 선불카드의 발행업무, ⅱ) 선불카드의 판매업무(환불업무 포함), ⅲ) 직불카드 및 선불카드 이용대금의 결제업무(거래의 승인업무 포함)를 제3자에게 대행하게 할 수 있다(영6의5④).

(나) 부대업무 취급한도

신용카드업자는 매 분기 말을 기준으로 신용카드회원에 대한 자금의 융통으로 인하여 발생한 채권(신용카드업자가 신용카드회원에 대한 채권 재조정을 위하여 채권의 만기, 금리 등 조건을 변경하여 그 신용카드회원에게 다시 자금을 융통하여 발생한 채권은 제외)의 분기 중 평균잔액이 ⅰ) 신용카드회원이 신용카드로 물품을 구입하거나 용역을 제공받는 등으로 인하여 발생한 채권(기업구매전용카드로 거래하여 발생한 채권액은 제외)의 분기 중 평균잔액과 ⅱ) 직불카드회원의 분기 중 직불카드 이용대금의 합계액을 초과하도록 해서는 아니 된다(영6의5②).

또한 신용카드업자는 법인 신용카드회원을 상대로 신용카드회원에 대한 자금의 융통과 관련된 자금융통거래를 할 수 없다(영6의5③ 본문). 다만, 법인 신용카드회원이 비밀번호 사용을 약정하여 해외에서 현금융통을 하는 경우는 그러하지 아니하다(영6의5③ 단서).

(3) 신용카드업자

신용카드업자란 신용카드업의 허가를 받거나 등록을 한 자를 말한다(법2(2의2) 본문). 다만, 은행, 농협은행, 수협은행, 한국산업은행, 중소기업은행, 한국수출입은행, 종합금융회사, 금융투자업자(신기술사업금융업을 하려는 경우만 해당), 상호저축은행중앙회, 상호저축은행(할부금융업을 하려는 경우만 해당), 신용협동조합중앙회, 새마을금고중앙회가 ⅰ) 직불카드의 발행 및 대금의 결제업무, ⅱ) 선불카드의 발행·판매 및 대금의 결제업무를 하는 경우에는 그 업무에 관하여만 신용카드업자로 본다(법2(2의2) 단서).

2. 신용카드업의 허가

신용카드업을 하려는 자는 금융위원회의 허가를 받아야 한다(법3① 본문).

3. 신용카드업의 등록

경영하고 있는 사업의 성격상 신용카드업을 겸하여 경영하는 것이 바람직하다고 인정되는 자로서 대규모점포를 운영하는 자 또는 계약에 따라 같은 업종의 여러 도매·소매점포에 대하여 계속적으로 경영을 지도하고 상품을 공급하는 것을 업으로 하는 자는 금융위원회에 등록하면 신용카드업을 할 수 있다(법3① 단서, 법3③, 영3②).

Ⅲ. 시설대여업자(리스회사)

1. 의의

시설대여업자란 시설대여업에 대하여 금융위원회에 등록한 자로서(법2(10의2)) 시설대여 방식으로 기업 설비자금을 공급하는 금융기관이다. 시설대여업이란 "시설대여"를 업으로 하는 것을 말하는데(법2((9)), "시설대여"란 ⅰ) 시설, 설비, 기계 및 기구(제1호), ⅱ) 건설기계, 차량, 선박 및 항공기(제2호), ⅲ) 위 ⅰ) 및 ⅱ) 의 물건에 직접 관련되는 부동산 및 재산권(제3호), ⅳ) 중소기업(중소기업기본법 제2조)에 시설대여하기 위한 부동산으로서 금융위원회가 정하여 고시하는 기준을 충족하는 부동산(제4호), ⅴ) 그 밖에 국민의 금융편의 등을 위하여 총리령으로 정하는 물건(제5호)을 새로 취득하거나 대여받아 거래상대방에게 일정 기간 이상 사용하게 하고, 그 사용 기간 동안 일정한 대가를 정기적으로 나누어 지급받으며, 그 사용 기간이 끝난 후의 물건의 처분에 관하여는 당사자 간의 약정으로 정하는 방식의 금융을 말한다(법2(10), 영2①).

여신전문금융업법은 시설대여거래의 사법(私法)상 법리를 규율하기 위해 입법된 것이 아니라 시설대여업에 대한 금융감독이나 행정적 규제의 목적에서 입법된 것이므로 사법(私法)적

문제에 대한 전반적인 해결수단이 되지는 못한다. 그러나 여신전문금융업법 이외에는 특별히 이를 규율하는 법이 없고, 따라서 실무상으로는 대부분 시설대여업자가 작성한 약관에 의하여 계약이 체결된다.

2. 업무

리스회사는 시설대여와 연불판매업무를 취급하고 있다(법28). 시설대여란 특정물건을 새로 취득하거나 대여받아 거래상대방에게 일정기간(법인세법 시행령상 내용연수의 20%에 해당하는 기간) 이상 사용하게 하고, 그 사용 기간 동안 일정한 대가를 정기적으로 나누어 지급받으며, 그 사용 기간이 끝난 후의 물건의 처분에 관하여는 당사자 간의 약정으로 정하는 방식의 금융을 말한다(법2(10)). 연불판매란 특정물건을 새로 취득하여 거래상대방에게 넘겨주고, 그 물건의 대금·이자 등을 1년 이상 동안 정기적으로 나누어 지급받으며, 그 물건의 소유권 이전 시기와 그 밖의 조건에 관하여는 당사자 간의 약정으로 정하는 방식의 금융을 말한다(법2(11)). 이러한 연불판매는 금융리스와 후술하는 할부금융의 중간적 형태이다. 시설대여 기간 종료 후 물건의 처분 및 연불판매시 물건의 소유권 이전에 관한 사항은 당사자간의 약정에 따른다.

리스와 연불판매의 차이점은 다음과 같다. ⅰ) 리스의 대상 물건은 리스회사가 빌린 것이라도 가능하나 연불판매의 대상 물건은 반드시 리스회사가 취득한 것이어야 한다. ⅱ) 리스료는 일정 기간 동안 물건을 사용하는 데 따른 사용료이지만 연불판매에 따른 정기 지급금은 물건의 구입 대금과 이자의 분할 상환금이다. ⅲ) 리스의 경우에는 계약 기간 종료 후 당사자간의 약정에 의해 물건을 리스회사에 반환할 수도 있고 또한 고객에게 소유권을 이전할 수도 있으나 연불판매의 경우에는 물건의 소유권이 반드시 고객에게 이전되어야 하고 다만 그 시기만을 당사자간의 약정에 의해 정한다.

Ⅳ. 할부금융업자(할부금융회사)

1. 의의

할부금융업자란 "할부금융업"에 대하여 금융위원회에 등록한 자(법2(13의2))로서 할부금융 이용자에게 재화와 용역의 구매자금을 공여하는 소비자금융[23]을 취급하는 금융기관이다. 여기서 "할부금융"이란 재화와 용역의 매매계약에 대하여 매도인 및 매수인과 각각 약정을 체결하

---

23) 물품 대금이 일시에 생산자 또는 제품 판매자에게 직접 지급되어 생산자도 실질적인 수혜자이므로 이들에 대한 유통금융의 일종이라고도 할 수 있다.

여 매수인에게 융자한 재화와 용역의 구매자금을 매도인에게 지급하고 매수인으로부터 그 원리금을 나누어 상환받는 방식의 금융을 말한다(법2(13)). 또한 할부거래법는 할부금융을 "소비자가 신용제공자에게 재화등의 대금을 2개월 이상의 기간에 걸쳐 3회 이상 나누어 지급하고, 재화등의 대금을 완납하기 전에 사업자로부터 재화등의 공급을 받기로 하는 계약"(할부거래법 2(1)(나))으로 정의하면서 간접할부계약이라는 용어를 사용하고 있다.

할부금융의 거래당사자는 소비자, 공급자(판매자) 그리고 할부금융사이다. 할부금융을 취급하는 할부금융업은 신용카드사를 제외하고는 현재 금융위원회의 허가가 필요한 인·허가제가 아닌 등록제이다. 따라서 일정한 자본금 요건만 갖추면 등록 후 바로 영업을 개시할 수 있다.

할부금융업의 대표적 회사인 캐피탈사는 수신기능이 없는 여신전문금융회사로서 산업용 기계나 건설장비 등을 취급하는 기업금융과 자동차 및 내구재 등을 취급하는 소매금융을 담당한다. 수신기능이 없기에 자금조달은 은행 대출이나 회사채 발행을 통해서 이루어지며, 이에 은행권에 비해 높은 금리를 적용하고 있다.

2. 업무

할부금융은 할부금융회사가 재화와 용역의 매도인 및 매수인과 각각 약정을 체결하여 재화와 용역의 구매자금을 매도인에게 지급하고 매수인으로부터 그 원리금을 분할상환받는 방식의 금융이다. 따라서 할부금융회사는 할부금융의 대상이 되는 재화 및 용역의 구매액을 초과하여 할부금융 자금을 대출할 수 없다. 또한 할부금융 자금은 목적 이외의 전용을 방지하기 위해 매도인에게 직접 지급한다. 그 밖에 할부금융회사는 기업의 외상판매로 발생한 매출채권을 매입함으로써 기업에 자금을 빌려주고 동 채권의 관리·회수 등을 대행하는 팩토링업무와 가계의 학자금, 결혼자금, 전세자금 등을 신용이나 담보 조건으로 대여하는 가계대출업무를 영위한다.

V. 신기술사업금융업자(신기술사업금융회사)

1. 의의

신기술사업금융업자란 "신기술사업금융업"에 대하여 금융위원회에 등록한 자(법2(14의3))로서 기술력과 장래성은 있으나 자본과 경영기반이 취약한 기업에 대하여 자금지원, 경영·기술지도 등의 서비스를 제공하고 수익을 추구하는 금융회사이다. "신기술사업금융업"이란 신기술사업자에 대한 투자·융자·경영 및 기술의 지도, 신기술사업투자조합의 설립, 그리고 신기술사업투자조합 자금의 관리·운용 업무를 종합적으로 업으로서 하는 것을 말한다(법2(14)).

신기술사업금융업은 장래성이 있지만 자본과 경영기반이 취약한 기업에 대하여 기업주와 공동으로 위험을 부담하면서 자금관리, 경영관리, 기술지도 등 종합적인 지원을 제공함으로써 높은 자본이득을 추구하는 금융활동으로서 일반적으로 벤처캐피탈(Venture Capital)로 알려진 위험부담자본을 운용하는 금융업이다. 또한 창업하는 신분야 개척기업(Venture Business)은 물론 기존의 중소·중견기업을 망라하여 통상적으로 위험이 높다고 인식되어 투자가 잘 이루어지지 않은 분야를 전문가적인 안목으로 발굴하여 투자하는 금융업이다. 투자업체가 본 궤도에 오른 후 지분을 매각하거나 증권시장에 상장함으로써 투자자본을 회수할 수 있게 되는데, 이 경우 신기술사업금융업자의 지원을 믿고 증권회사도 적극적으로 동 지분의 인수를 주선하게 되는 효과를 얻을 수 있다. 따라서 기업주의 입장에서는 여타 금융기관으로부터의 대출이 현실적으로 불가능하고 사업의 성공 여부가 불확실한 단계에서 신기술사업금융업자가 제공하는 벤처캐피탈과의 합작을 통해 자신의 아이디어를 사업화할 수 있다.

2. 업무

신기술사업금융업자는 ⅰ) 신기술사업자에 대한 투자(제1호), ⅱ) 신기술사업자에 대한 융자(제2호), ⅲ) 신기술사업자에 대한 경영 및 기술의 지도(제3호), ⅳ) 신기술사업투자조합의 설립(제4호), ⅴ) 신기술사업투자조합 자금의 관리·운용 업무(제5호)를 한다(법2(14) 및 41①). 신기술사업자에 대한 투자는 주식인수나 전환사채·신주인수권부사채 등 회사채 인수를 통해 이루어진다. 신기술사업자에 대한 융자는 일반융자 또는 조건부융자 방식으로 이루어진다. 조건부융자는 계획한 사업이 성공하는 경우에는 일정기간 사업성과에 따라 실시료를 받지만 실패하는 경우에는 대출원금의 일부만을 최소 상환금으로 회수하는 방식이다.

신기술사업금융회사는 다른 여신전문금융회사와 마찬가지로 금융기관 차입, 회사채 또는 어음 발행, 보유 유가증권 매출, 보유 대출채권 양도 등을 통해 자금을 조달한다. 이 밖에 공공자금관리기금, 신용보증기금 등 정부기금으로부터 신기술사업 투·융자에 필요한 자금을 차입할 수 있다.

제6절 서민금융기관

Ⅰ. 의의와 종류

1. 의의

서민금융기관은 일정한 행정구역 내에 영업기반을 두고 영세상공인, 자영업자, 지역주민 등 서민계층을 대상으로 금융중개를 비롯한 각종 금융서비스를 제공하는 지역밀착형 소규모 금융기관을 말한다. 여기에는 상호저축은행과 조합원의 저축편의 제공과 여수신을 통한 상호 간의 공동이익 추구를 목적으로 설립된 신용협동조합, 새마을금고, 농업협동조합, 수산업협동조합, 산림조합이 포함된다. 이러한 맥락에서 은행법상 일반은행이 신용도가 높은 기업과 가계 금융에 중점을 둔다면, 서민금융기관은 일정한 행정구역 내에 영업기반을 두고 영세자영업자 및 소상공인, 지역 내 서민가계 및 금융 취약계층을 대상으로 금융중개 및 서비스를 제공하는 지역밀착형 소규모금융기관이라고 할 수 있다.

2. 종류

서민금융기관은 서민금융시장에 자금공급자로 참여하는 주체이며 상호저축은행과 신용협동조합, 새마을금고, 농업협동조합, 수산업협동조합, 산림조합 등 소위 상호금융기관으로 불리는 협동조합형 금융기관이 여기에 속한다.

Ⅱ. 상호저축은행

★ 매일경제 2024년 11월 13일
금리경쟁 본격화 … 저축銀 자금쏠림 가능성

여야 정책위원회가 13일 예금자 보호 한도를 5,000만원에서 1억원으로 높이는 예금자보호법 개정안 통과에 합의하며 저축은행으로의 '머니 무브' 현상이 가속화할 공산이 크다. 시중은행에 비해 상대적으로 금리가 높은 저축은행을 찾는 수요가 늘어날 수 있기 때문이다.

금융당국에 따르면 예금 보호 한도를 5,000만원에서 1억원으로 올리면 저축은행 예금이 현재보다 16~25% 증가하는 것으로 추산됐다.

다만 금융업권에서는 급격한 자금 이동에 대한 우려가 존재한다. 저축은행으로 많은 자금이 이동하면 자본 대비 예금 규모가 급증해 자본 비율이 하락할 수 있기 때문이다. 게다가 저축은행에서 부실이 발생하면 예금자와 예금보험기구 등이 부담해야 하는 비용이 증가할 수 있다. 유재훈 예금보험공사 사장도 지난달 국정감사에서 "저희 연구용역 결과 머니 무브를 가장 우려하고 있다"고 말했다.

저축은행업권에서 예금 유치 경쟁이 치열해지며 과도한 예금 금리 인상이 촉발될 가능성도 있다. 저축은행 중에서도 상대적으로 자금 능력이 좋은 대형 회사가 유리한 고지를 점할 것이라는 평가가 나오는 이유다.

1. 서설

(1) 의의

상호저축은행은 서민과 중소기업의 편의를 도모하기 위해 설립된 서민금융기관이다. 상호저축은행은 일반적으로 제1금융권에서 대출을 받을 수 없는 서민 계층을 대상으로 금융 혜택을 제공할 목적으로 설립된 금융기관이다. 주로 중소 자영업자들과 서민의 신용도에 맞는 대출을 지원하는 지역금융기관으로서 서민금융의 중추적 역할을 담당하고 있다. 외환업무를 제외한 업무는 일반 시중은행과 비슷하나, 주요 대출고객이 신용도가 낮은 서민으로 구성되어 있어 제1금융권에 비해 예금 이자와 대출 이자가 일반적으로 높은 특징을 보이고 있다. 보통 자영업자에 유리한 상품들도 있지만 일반 개인에 있어서는 신용도를 크게 떨어뜨리지 않고 대출을 받을 수 있는 수단이 되고 있다.

2024년 12월 현재 79개 저축은행이 영업활동을 하고 있다. 상호저축은행법에 근거하여 6개 권역으로 영업구역 제한을 받고 있으며, 영업구역 내 개인 및 중소기업에 50% 이상 의무대출이 적용되며, 지방 저축은행은 영업활성화를 위해 40%의 규제를 받고 있다는 점이 일반은행과 다르다.

(2) 기능과 특성

상호저축은행은 2001년 3월 상호신용금고법이 개정되면서 종전의 상호신용금고의 명칭이 변경되어 생겨난 금융기관으로, 명칭이 변경되었지만 동일한 종류의 금융기관이다. 상호신용금고는 1972년 정부의 8.3조치에 따라 사금융 양성화를 위해 제정된 상호신용금고법에 의해 설립된 금융기관으로서 "서민의 금융편의 도모"를 그 목적으로 한다.

서민금융기관으로서의 본래 취지에 따라 영업구역이나 업무의 범위에 제한이 따르기는 하지만, 금융이용자 쪽에서 본다면 은행과 그 기능에 큰 차이가 없다. 금융기관의 업종을 크게 은행, 금융투자, 보험으로 구분할 때 저축은행을 이러한 금융업종과 구분하여 독립된 영역으로 취급하기는 하지만, 예금과 대출이 그 핵심업무라는 점을 고려한다면 사실상 은행과 같은 업무를 하고 있다. 그러나 소규모 서민금융기관이란 점 때문에 저축은행의 경우 시장진입이나 건전성규제 등에서 은행보다 매우 완화된 기준을 적용하고 있다.[24] 특히 은행은 사금고화를 방지하기 위해 산업자본에 의한 은행의 소유를 엄격히 제한하고 있는데 반해 유사한 기능을 영위하는 저축은행에 대해서는 소유제한이 거의 없다.

또한 저축은행은 지역밀착형 서민금융기관이라는 점에서 영업구역의 제한을 받는다. 상호저축은행법은 전국을 6개의 영업구역으로 구분하고 저축은행은 이 영업구역 내에서 영업함을 원칙으로 하고 있다. 저축은행에 대한 영업구역 제한은 지역에 특화된 서민금융기관으로서 기능하도록 하기 위한 조치이며 이 점에서 전국을 영업무대로 하는 은행과 차이가 있다.

상호저축은행은 도입 당시에는 그 업무가 매우 제한적이어서 은행에서 취급하는 예금과 대출 등은 취급할 수가 없었으나, 점진적인 업무범위의 확대로 이제는 사실상 은행이 취급하는 업무와 거의 차이가 없다. 즉 1972년 상호신용금고법 제11조에서는 상호신용금고의 업무범위를 상호신용계업무, 신용부금업무, 할부상환방법에 의한 소액신용대출, 계원 또는 부금자에 대한 어음의 할인만으로 규정하고 있었다. 그러나 현행 상호저축은행법("법")은 예금 및 적금의 수입, 자금의 대출, 어음의 할인과 같이 은행의 핵심 여·수신업무를 포함하고 있으며, 내·외국환, 보호예수, 수납 및 지급대행, 기업합병 및 매수의 중개·주선 또는 대리 업무 등의 업무도 할 수 있도록 규정하고 있다(법11①).

2. 영업구역 제한

상호저축은행의 영업구역은 주된 영업소("본점") 소재지를 기준으로 ⅰ) 서울특별시(제1호), ⅱ) 인천광역시·경기도를 포함하는 구역(제2호), ⅲ) 부산광역시·울산광역시·경상남도를 포함하는 구역(제3호), ⅳ) 대구광역시·경상북도·강원특별자치도를 포함하는 구역(제4호), ⅴ) 광주광역시·전라남도·전라북도·제주특별자치도를 포함하는 구역(제5호), ⅵ) 대전광역시·세종특별자치시·충청남도·충청북도를 포함하는 구역(제6호)의 어느 하나에 해당하는 구역으로 한다(법4①). 즉 상호저축은행은 주된 영업소인 본점이 소재한 지역으로 영업구역이 제한된다. 다만 합병상호저축은행 및 계약이전을 받는 상호저축은행은 합병에 의하여 소멸되는 상호저축

---

24) 금융기관에 대한 규제는 시장에의 진입과 퇴출, 소유, 자기자본비율, 영업행위 등 여러 측면에서 살펴볼 수 있는데, 저축은행은 이러한 규제에서 은행과 많은 차이가 있다.

은행 또는 계약이전을 하는 상호저축은행의 영업구역을 해당 상호저축은행의 영업구역으로 포함시킬 수 있다(법4②).

시중은행 및 지방은행은 점포 수 규제가 없어 스스로 적정 지점 수준을 유지하고 있다. 그러나 저축은행은 시중은행 및 지방은행과는 달리 지정된 영업구역 내에서만 지점 및 영업소를 설치해야 하며, 각 영업구역 내에서 일정 비율 이상의 여신을 해야 하는 규제를 받고 있다. 예금은 전국 지역에서 가입이 가능하지만 대출에 있어서는 해당 관할 구역에서 30-50% 정도 할당량 이상의 의무여신 영업을 하도록 규정되어 있다.

3. 업무 범위

(1) 개요

최근 상호저축은행은 법정 최고금리 인하, 가계부채 대책 등 각종 규제가 강화되고, 인터넷전문은행의 출범으로 경쟁이 더욱 치열해지면서 수익다각화를 모색하고 있다. 상호저축은행은 카드발급을 통한 수수료 수입 확대, 항공금융, 오토론, 방카슈랑스, 골드바 판매 등 사업다각화를 통한 수익다변화 전략에 집중하고 있다. 상호저축은행 수의 지속적인 감소에도 불구하고 인터넷은행, P2P업체 등의 진입으로 산업간 경쟁강도가 매우 높은 수준이다. 저축은행은 대부분 예수부채를 통해 자금을 조달하고 대출로 자산운용이 이루어지고 있어 영업이익의 대부분이 순이자마진이다. 그러나 치열한 경쟁 환경 속에서 저축은행은 수익다변화에 대한 필요성을 인식하고 사업다각화를 통한 비이자수익 확대를 위한 다양한 전략을 모색 중에 있다. 즉 대출채권매각이익, 투자부동산임대수익, 유가증권 평가 및 처분이익, 수수료수입 등을 통한 비이자수익을 증대하고자 한다. 또한 대형 저축은행 중심으로 체크카드발급, 보험상품판매, 오토론 등을 통한 수수료 수익을 창출하고 있으며, 주택금융공사 보금자리론 외에 새로운 정책금융상품을 취급하면서 고객확보를 통한 사업다각화 전략을 취하고 있다.

(2) 고유업무

상호저축은행은 최초 도입 당시에는 그 업무가 매우 제한적이어서 은행에서 취급하는 예금과 대출 등은 취급할 수가 없었으나, 점진적인 업무범위의 확대로 이제는 사실상 은행이 취급하는 업무와 거의 차이가 없다. 즉 1972년 상호신용금고법 제11조에서는 상호신용금고의 업무범위를 상호신용계업무, 신용부금업무, 할부상환방법에 의한 소액신용대출, 계원 또는 부금자에 대한 어음의 할인만으로 규정하고 있었다. 그러나 현행 상호저축은행법에서는 예금 및 적금의 수입, 자금의 대출, 어음의 할인과 같이 은행의 핵심 여·수신업무를 포함하고 있으며, 내·외국환, 보호예수, 수납 및 지급대행, 기업합병 및 매수의 중개·주선 또는 대리 업무 등의 업무도 할 수 있도록 규정하고 있다(법11①).

상호저축은행은 ⅰ) 신용계업무(제1호), ⅱ) 신용부금업무(제2호), ⅲ) 예금 및 적금의 수입 업무(제3호), ⅳ) 자금의 대출 업무(제4호), ⅴ) 어음의 할인 업무(제5호), ⅵ) 내·외국환 업무(제 6호), ⅶ) 보호예수업무(제7호), ⅷ) 수납 및 지급대행 업무(제8호), ⅸ) 기업 합병 및 매수의 중 개·주선 또는 대리 업무(제9호), ⅹ) 국가·공공단체 및 금융기관의 대리 업무(제10호), ⅺ) 상호 저축은행중앙회를 대리하거나 그로부터 위탁받은 업무(제11호), ⅻ) 전자금융거래법에서 정하 는 직불전자지급수단의 발행·관리 및 대금의 결제(상호저축은행중앙회의 업무를 공동으로 하는 경 우만 해당)(제12호), ⅹⅲ) 전자금융거래법에서 정하는 선불전자지급수단의 발행·관리·판매 및 대금의 결제(상호저축은행중앙회의 업무를 공동으로 하는 경우만 해당)(제13호), ⅹⅳ) 자본시장법에 따라 금융위원회의 인가를 받은 투자중개업, 투자매매업 및 신탁업(제14호), ⅹⅴ) 여신전문금융 업법에 따른 할부금융업(거래자 보호 등을 위하여 재무건전성 등 대통령령으로 정하는 요건을 충족하 는 상호저축은행만 해당)(제15호) 업무를 영위할 수 있다(법11①).

상호저축은행은 외국환거래법 시행령 제14조 및 외국환거래규정 제2-21조에 따라 상호저 축은행법상 허용된 상호저축은행 업무와 직접 관련된 외국환업무(외화송금 및 금전대차 중개 제 외)를 영위할 수 있다(외국환거래규정2-21①).

(3) 부대업무

부대업무는 고유업무에 부대되는 업무 또는 상호저축은행의 설립목적 달성에 필요한 업무 로서 금융위원회의 승인을 받은 업무를 말한다(법11①(16)). 부대업무는 ⅰ) 표지어음의 발행, ⅱ) 금융결제 관련 업무(CD공동망, CMS, 지로, 전자금융공동망 관련 업무), ⅲ) 상품권 및 복권 판 매대행, ⅳ) 지금형 주화(금화·은화 및 금화·은화모양 메달)의 수탁판매, ⅴ) 금지금의 판매대행, ⅵ) 보험업법 제91조에 의한 금융기관 보험대리점 업무, ⅶ) 부동산의 임대, ⅷ) 상호저축은행 업 관련 전산시스템 및 소프트웨어의 판매 및 대여, ⅸ) 상호저축은행의 인터넷 홈페이지, 서 적, 간행물 및 전산 설비 등 물적 설비를 활용한 광고 대행, ⅹ) 다른 상호저축은행이 금융감독 원장으로부터 승인받은 업무와 같은 업무(다만, 금융감독원장이 그 승인을 하면서 저축은행의 경영 건전성, 금융이용자 보호, 금융시장의 안정성 등을 위해 자기자본, 자산규모, 경영관리능력 등의 요건을 둔 경우에는 제외)이다(감독규정22의5①).

4. 업무수행 시 준수사항(취급업무 관련 특수한 영업행위규제)

상호저축은행은 업무를 할 때 신용공여 총액에 대한 영업구역 내의 개인과 중소기업에 대 한 신용공여 합계액의 최소 유지비율, 그 밖에 상호저축은행이 지켜야 할 구체적인 사항은 대통령령으로 정한다(법11②).

(1) 영업구역내 신용공여한도

상호저축은행은 영업구역 내의 "금융위원회가 정하여 고시하는 개인과 중소기업에 대한 신용공여"의 합계액을 다음의 구분에 따라 유지하여야 한다(영8의2(1) 본문). 다만, "금융위원회가 정하여 고시하는 신용공여"는 유지비율 산정시 신용공여에서 제외한다(영8의2(1) 단서).

(가) 금융위원회가 정하여 고시하는 개인과 중소기업에 대한 신용공여

"금융위원회가 정하여 고시하는 개인과 중소기업에 대한 신용공여"란 다음의 어느 하나에 해당하는 신용공여를 말한다(감독규정22의2①).

1) 개인에 대한 신용공여

개인에 대한 신용공여는 ⅰ) 신용공여 당시 신용공여 받는 자의 주민등록지가 영업구역 내인 자, ⅱ) 신용공여 당시 신용공여 받는 자의 실제 근무지가 영업구역 내인 자에 대한 신용공여를 말한다(감독규정22의2①(1)).

2) 중소기업에 대한 신용공여

중소기업에 대한 신용공여는 ⅰ) 신용공여 당시 신용공여 받는 자의 본점·주사무소·지점의 등기부상 소재지가 영업구역 내인 자, ⅱ) 신용공여 당시 신용공여 받는 자의 부가가치세법상 사업장 소재지가 영업구역 내인 자, ⅲ) 금융감독원장이 신용공여 받는 자의 사업·생산과 직접 관련이 있다고 인정하는 부동산 담보물의 소재지가 영업구역 내에 있는 자(다만, 부동산 프로젝트파이낸싱, 부동산임대업을 영위하기 위한 대출은 제외)에 대한 신용공여를 말한다(감독규정22의2①(2)).

위에서 "금융감독원장이 신용공여 받는 자의 사업·생산과 직접 관련이 있다고 인정하는 부동산 담보물"이란 ⅰ) 신용공여 받는 자(개인사업자에 대한 신용공여의 경우 특수관계인을 포함)가 소유하는 부동산이어야 하고(제1호), ⅱ) 공장(공장저당법 제2조 제2호에 따른 공장재단을 포함), 창고, 사업장, 사무실 등 신용공여를 받는 자가 사업·생산에 직접 사용하는 것을 저축은행이 실지조사하여 확인한 부동산이어야 하며(제2호), ⅲ) 부동산의 유효담보가액이 신용공여금액의 120% 이상인 부동산이어야 한다(제3호)는 3가지 요건을 모두 충족하는 경우를 말한다(시행세칙19의9①). 제1호의 특수관계인은 배우자, 6촌 이내 혈족, 4촌 이내 인척을 말한다(시행세칙19의9②). 복수의 신용공여가 있는 경우에는 위의 3가지 요건을 모두 충족하는 담보물에 의하여 담보되는 신용공여에 한하여 영업구역 내 신용공여로 본다(시행세칙19의9③).

3) 그 밖의 신용공여

그 밖에 신용공여 당시 신용공여 받는 자의 경제활동이 영업구역 내에서 이루어지는 경우로서 금융감독원장이 영업구역 내 신용공여로 인정하는 신용공여를 말한다(감독규정22의2①(3)).

4) 영업구역 내의 신용공여 의제

다음의 어느 하나에 해당하는 신용공여로서, 개인과 중소기업에 대한 신용공여는 그 신용공여의 150%에 해당하는 금액을 영업구역 내의 신용공여로 본다(감독규정22의2②).

1. 금융위원회로부터 보험업법 제4조 제1항 제2호 라목의 보증보험 경영을 허가받은 자가 발급한 개인에 대한 재무. 신용 보증증권부 대출
2. 다음 각 목의 요건을 모두 충족하는 개인에 대한 신용대출
   가. 개인신용평점(신용정보법 제2조 제5호 가목에 따른 개인신용평가회사(신용정보법 제5조 제1항에 따른 전문개인신용평가업을 영위하는 회사는 제외)로부터 제공받은 것)이 하위 50%에 해당하는 차주에 대한 대출
   나. 16%를 기준으로 조달금리 등을 감안하여 금융위원회가 정하여 고시하는 금리상한 이하인 경우, 다만 이 경우 금리상한 한도는 17.5%로 한다.
   다. 삭제 <2021. 10. 27>
   라. 삭제 <2021. 10. 27>
3. 지역신용보증재단법에 따른 신용보증재단이 발급한 중소기업에 대한 신용 보증증권부 대 출

(나) 개인과 중소기업에 대한 신용공여 합계액의 유지

금융위원회가 정하여 고시하는 개인과 중소기업에 대한 신용공여의 합계액을 다음의 구분에 따라 유지하여야 한다(영8의2(1) 본문).

1) 영업구역이 서울 및 인천광역시·경기도인 경우

영업구역이 서울특별시, 인천광역시·경기도를 포함하는 구역(법4①(1)(2))인 상호저축은행의 경우에는 신용공여 총액의 50% 이상 유지하여야 한다(가목).

2) 영업구역이 서울 및 인천광역시·경기도 이외인 경우

영업구역이 부산광역시·울산광역시·경상남도를 포함하는 구역, 대구광역시·경상북도·강원도를 포함하는 구역, 광주광역시·전라남도·전라북도·제주특별자치도를 포함하는 구역, 대전광역시·세종특별자치시·충청남도·충청북도를 포함하는 구역(법4①(1)(2)의 구역 이외의 구역)인 상호저축은행의 경우에는 신용공여총액의 40% 이상 유지하여야 한다(나목).

3) 최대주주변경 상호저축은행 등의 경우

다음의 어느 하나에 해당하는 상호저축은행, 즉 ⅰ) 최대주주변경 상호저축은행, ⅱ) 신규로 설립된 상호저축은행으로서 계약이전에 따라 최대주주변경 상호저축은행의 본점 및 지점

등만을 승계한 상호저축은행, iii) 앞의 i) 또는 ii)에 따른 상호저축은행으로서 계약이전·합병 등에 따라 다른 i) 또는 ii)에 따른 상호저축은행의 본점 및 지점 등만을 승계한 상호저축은행의 경우에는 신용공여 총액의 30% 이상 유지하여야 한다(다목).

4) 기타 상호저축은행의 경우

위 가목부터 다목까지 어느 하나에 해당하지 아니하는 상호저축은행의 경우에는 신용공여 총액의 30% 이상 50% 이하의 범위에서 금융위원회가 정하는 기준 이상 유지하여야 한다(라목). 여기서 "금융위원회가 정하는 기준"이란 i) 계약이전·합병 등에 따라 시행령 제8조의2 제1호 나목 및 다목에 해당하는 상호저축은행의 본점 및 지점 등만을 승계하는 경우에는 40%(제1호), ii) 제1호에 해당하지 아니하는 상호저축은행의 경우에는 50%(제2호)를 말한다(감독규정22의2④ 본문). 다만, 금융위원회는 금융산업구조개선법 및 예금보험공사가 자금을 지원하는 상호저축은행에 대하여 예금보험기금의 손실 절감 등의 사유가 있다고 인정되어 예금보험공사 사장이 요청하는 경우 또는 상호저축은행의 계약이전·합병과 관련하여 해당 상호저축은행의 영업구역 현황·분포 및 영업구역 외의 지점 등의 현황·분포 등을 고려하여 타당하다고 인정되는 경우 그 기준을 따로 정할 수 있다(감독규정22의2④ 단서).

(다) 유지비율 산정시 제외되는 신용공여

금융기관에 대한 신용공여는 유지비율 산정시 신용공여에서 제외한다(영8의2(1) 단서, 감독규정22의2③).

(2) 업종별 신용공여한도 등

상호저축은행은 "금융위원회가 정하여 고시하는 업종 및 부문"에 대한 신용공여의 합계액은 신용공여 총액의 70%를 초과하지 않고 해당 업종 및 부문별 신용공여는 "금융위원회가 정하여 고시하는 비율이나 금액"을 초과하지 않아야 한다(법11②, 영8의2(2)).

여기서 "금융위원회가 정하여 고시하는 업종 및 부문"과 "금융위원회가 정하여 고시하는 비율이나 금액"이란 다음과 같다(감독규정22의3①).

(가) 부동산PF 대출

부동산PF 대출의 경우는 신용공여 총액의 20%인 경우를 말한다(감독규정22의3①(1)). 여기서 부동산PF 대출이란 특정 부동산 프로젝트의 사업성을 평가하여 그 사업에서 발생할 미래 현금흐름을 차입원리금의 주된 상환재원으로 하는 신용공여를 말한다(감독규정22의3①(1)).

(나) 건설업 또는 부동산업

건설업 또는 부동산업의 업종별 신용공여액이 신용공여 총액의 30%인 경우를 말한다(감독규정22의3①(2)). 여기서 건설업 또는 부동산업은 한국표준산업분류(통계청 고시 2017-13호) 중

대분류 기준에 따른 업종 중 건설업 또는 부동산업에 해당하는 업종을 말한다(감독규정22의3①(2)).

(다) 위 (가)와 (나)의 합계액

위 (1)의 신용공여와 (2)의 업종에 대한 신용공여의 합계액의 경우는 신용공여 총액의 50%인 경우를 말한다(감독규정22의3①(3)).

(라) 등록 대부업자

대부업법 제3조에 따라 등록한 대부업자에 대한 신용공여 합계액의 경우는 신용공여 총액의 15%인 경우를 말한다(감독규정22의3①(4)). 구체적으로는 ⅰ) 금전대부업자와 대부중개업자에 대한 신용공여 합계액의 경우는 신용공여 총액의 5% 또는 300억(자기자본이 1,000억원 이상인 상호저축은행은 500억원) 중 적은 금액을 말하고, ⅱ) 대부채권매입추심업자에 대한 신용공여한도는 신용공여 총액의 15%에서 금전대부업자와 대부중개업자에 대한 신용공여 합계액을 제외한 나머지 금액을 말한다.

(마) 신용공여비율 산출

위 (가), (나), (다), (라)의 비율을 산출함에 있어 부동산PF 대출이 위 (나)의 건설업 또는 부동산업 중 어느 하나에 해당하는 경우에는 부동산PF 대출의 경우의 신용공여로 구분하여 비율을 산출한다(감독규정22의3②).

Ⅲ. 상호금융기관

> **★ 머니투데이 2024년 11월 4일**
> **'몸집'만 커버린 상호금융 … "지역밀착 '본업' 돌아가야"**
>
> 상호금융권 총자산이 1000조원을 돌파해 '공룡급'으로 커졌다. KB국민은행과 하나은행을 합친 자산과 맞먹고 국내 증권사를 모두 합친 것보다는 더 크다. 상호금융권은 몸집이 불어날 수록 조합원이나 지역경제와는 멀어졌다. 부동산 PF(프로젝트파인낸싱) 대출액이 전 업권에서 가장 많다. '지역밀착'이라는 본업으로 돌아가려면 조합원 대상 의무 대출 비중을 확대하고 자산성장의 동력이 돼 온 비과세 혜택 축소를 본격 논의해야 한다는 지적이 나온다.
>
> 3일 금융권에 따르면 지난 6월 말 기준 농협·수협·신협·산림조합·새마을금고 등 5개 상호금융권의 총 자산은 1028조9,000억원에 달한다. 이는 농협금융지주(550조4,000억원)의 2배 수준이다. 국민·하나은행을 합친 1036조7,000억원과 엇비슷하다. 전체 증권사 총자산인 734조4,000억

원보다 3,000조원 가량 더 많다. 상호금융권 자산 규모는 지난 2020년 759조4,000억원이었으나 코로나19(COVID-19) 대유행 시기를 거치면서 3~4년 새 약 1.5배 늘었다.

빠른 시간에 상호금융이 덩치를 불릴 수 있었던 데는 비대면 영업과 비과세 혜택 영향이 컸다. 비대면 금융이 본격화하면서 상호금융은 지역 기반과 상관없이 전국적으로 수신할 수 있었다.

더불어 상호금융의 조합원·준조합원이 되면 조세특례제한법에 따라 1인당 3,000만원까지 예탁금에 비과세 혜택이 주어진다. 농·어업인이 아니어도 준조합원으로 가입해 손쉽게 비과세 혜택을 누릴 수 있다. 상호금융기관이 있는 지역에 실제 거주하거나 주민등록상 주소가 해당 구역으로 돼 있으면 연령 제한 없이 준조합원이 된다. 상호금융 비과세 혜택 조항은 내년 말 일몰된다. 하지만 조항의 일몰 기한은 1995년 도입 이후 2~3년에 한 번씩 늘 연장돼 왔다.

상호금융은 비과세 혜택과 상대적인 고금리로 쉽게 자금을 조달해 주로 부동산 PF(프로젝트 파이낸싱)이나 건설업 관련 대출로 돈을 굴렸다. 수십 개 금고나 조합이 공동으로 부동산 관련 대출을 공격적으로 해 왔다. 조합원 중심의 지역 기반 서민금융이라는 설립 취지는 무색해졌다.

상호금융이 부동산 PF 투자로 최근 위기를 겪은 만큼 지역 밀착형 서민 금융기관이라는 본래의 역할로 돌아가야 한다는 지적이 나온다. 김병환 금융위원장도 지난달 9일 상호금융권과 만나 "최근 상호금융권이 겪는 위기의 해법은 '본질'과 '기본'으로 돌아가는(Back to basics) 것에서 찾을 수 있다"고 말했다. 이를 위해 비과세 혜택 축소에 대해서 본격적인 검토가 필요하다는 지적이 나온다. 1~2년 안에 예금자보호 한도가 5,000만원에서 1억원으로 상향될 예정인 가운데 비과세 혜택이 유지되면 상호금융권 수신 쏠림 현상은 더 심화할 수 있다.

1. 상호금융

(1) 의의

상호금융이란 동일 생활권 등 공동유대(상호유대)를 가진 사람들이 자발적으로 조합을 구성하여 조합원으로부터 여유자금을 예치 받고 이를 필요로 하는 조합원에게 대출함으로써 조합원 상호 간에 자금 과부족을 스스로 해결하는 금융이다. 따라서 상호금융기관은 일정 공동유대 범위 내에서 상호부조의 성격을 갖는 조합형 금융기관이다. 상호금융기관은 은행이 담당하기 곤란한 지역 및 틈새시장의 특화된 금융 수요를 배경으로 태동하여 제도권 금융기관으로 정착했으며, 현재 신용협동조합법에 의한 신용협동조합("신협"), 농업협동조합법에 의한 지역농업협동조합과 지역축산업협동조합, 수산업협동조합법에 의한 지구별 수산업협동조합, 산림조합법에 의한 지역산림조합, 새마을금고법에 의한 새마을금고("금고")가 있다. 기관이 영세하고 서민을 상대로 한 금융이라는 점을 감안하여 각국 정부는 상호금융기관에 대하여 일정 부분 제도적 지원정책을 실시하고 있다.

(2) 과세특례
(가) 의의

우리나라의 협동조합은 특별법으로 설립된 협동조합[25]과 협동조합기본법에 의한 협동조합 두 가지로 나눌 수 있다. 이 중 협동조합기본법으로 설립된 협동조합은 조세특례의 적용 범위가 일반법인과 크게 다르지 않다. 그러나 우리나라는 특별법에 의해 설립된 협동조합에 대해서 각종 비과세·감면 등의 과세 혜택을 부여하여 설립목적을 달성하도록 지원하고 있다.

신용협동조합 등의 상호금융금융기관은 특별법에 의해 설립된 조합으로서 그 고유목적사업의 원활한 수행을 지원하고 조합원의 안정적인 활동을 지원하기 위해 세제상 비과세·감면 혜택이 주어지고 있다. 이러한 비과세·감면 혜택은 국세의 감면 등 조세특례에 관한 사항을 규정한 조세특례제한법과 지방세의 감면 또는 중과 등 지방세특례에 관한 사항을 규정한 지방세특례제한법에서 규정하고 있으며, 각각의 조문은 일몰조항을 두어 일정 기간마다 특례조항의 유지 여부를 놓고 입법적 검토를 하고 있다.

(나) 조합법인 등에 대한 법인세 과세특례

신용협동조합법에 따라 설립된 신용협동조합 및 새마을금고법에 따라 설립된 새마을금고, 농업협동조합법에 따라 설립된 조합 및 조합공동사업법인, 수산업협동조합법에 따라 설립된 조합(어촌계 포함) 및 조합공동사업법인, 산림조합법에 따라 설립된 산림조합(산림계 포함) 및 조합공동사업법인의 각 사업연도의 소득에 대한 법인세는 2025년 12월 31일 이전에 끝나는 사업연도까지 법인세법 제13조 및 같은 법 제55조에도 불구하고 해당 법인의 결산재무제표상 당기순이익(법인세 등을 공제하지 아니한 당기순이익)에 법인세법 제24조에 따른 기부금(해당 법인의 수익사업과 관련된 것만 해당)의 손금불산입액과 같은 법 제25조에 따른 기업업무추진비(해당 법인의 수익사업과 관련된 것만 해당)의 손금불산입액 등 대통령령으로 정하는 손금의 계산에 관한 규정을 적용하여 계산한 금액을 합한 금액에 9%[해당금액이 20억원(2016년 12월 31일 이전에 조합법인간 합병하는 경우로서 합병에 따라 설립되거나 합병 후 존속하는 조합법인의 합병등기일이 속하는 사업연도와 그 다음 사업연도에 대하여는 40억원)을 초과하는 경우 그 초과분에 대해서는 12%]의 세율을 적용하여 과세("당기순이익과세")한다(조세특례제한법72① 본문). 다만, 해당 법인이 대통령령으로

---

25) 우리나라는 9개의 특별법으로 각 협동조합의 설립 및 지원 근거를 규정하고 있다. 구체적으로 중소기업협동조합법, 신용협동조합법, 농업협동조합법, 수산업협동조합법, 산림조합법, 새마을금고법, 엽연초생산협동조합법, 소비자생활협동조합법, 염업조합법이 있다.

정하는 바에 따라 당기순이익과세를 포기한 경우에는 그 이후의 사업연도에 대하여 당기순이익과세를 하지 아니한다(조세특례제한법72① 단서).

이는 경제가 발전함에 따라 정부의 재정지출만으로는 공익사업의 수요를 충당하는 것이 매우 어렵기 때문에 공익사업을 수행하는 공익법인에 대해서는 낮은 세율로 과세하는 조세 유인책을 사용하고 있는 것이다.

(다) 조합 등 출자금 등에 대한 과세특례

농민·어민 및 그 밖에 상호 유대를 가진 거주자를 조합원·회원 등으로 하는 금융기관에 대한 대통령령으로 정하는 출자금으로서 1명당 1천만원 이하의 출자금에 대한 배당소득과 그 조합원·회원 등이 그 금융기관으로부터 받는 사업 이용 실적에 따른 배당소득("배당소득등") 중 2025년 12월 31일까지 받는 배당소득등에 대해서는 소득세를 부과하지 아니하며, 이후 받는 배당소득등에 대한 원천징수세율은 소득세법 제129조에도 불구하고 ⅰ) 2026년 1월 1일부터 2026년 12월 31일까지 받는 배당소득등: 5%(제1호), ⅱ) 2027년 1월 1일 이후 받는 배당소득등: 9%(제2호)의 구분에 따른 세율을 적용하고, 그 배당소득등은 같은 법 제14조 제2항에 따른 종합소득과세표준에 합산하지 아니한다(조세특례제한법88의5).

이는 조합원으로 하여금 신용협동조합에 대한 출자를 장려함과 동시에 출자배당소득을 비과세 함으로써 조합원에 대한 소득보전에 기여하기 위함이다.

(라) 조합등 예탁금에 대한 저율과세 등

농민·어민 및 그 밖에 상호 유대를 가진 거주자를 조합원·회원 등으로 하는 조합 등에 대한 예탁금으로서 가입 당시 19세 이상인 거주자가 가입한 대통령령으로 정하는 예탁금(1명당 3천만원 이하의 예탁금만 해당하며, 이하 "조합등 예탁금")에서 2007년 1월 1일부터 2025년 12월 31일까지 발생하는 이자소득에 대해서는 비과세하고, 2026년 1월 1일부터 2026년 12월 31일까지 발생하는 이자소득에 대해서는 소득세법 제129조에도 불구하고 5%의 세율을 적용하며, 그 이자소득은 소득세법 제14조 제2항에 따른 종합소득과세표준에 합산하지 아니하며, 지방세법에 따른 개인지방소득세를 부과하지 아니한다(조세특례제한법89의3①).

2027년 1월 1일 이후 조합등 예탁금에서 발생하는 이자소득에 대해서는 소득세법 제129조에도 불구하고 9%의 세율을 적용하고, 같은 법 제14조 제2항에 따른 종합소득과세표준에 합산하지 아니하며, 지방세법에 따른 개인지방소득세를 부과하지 아니한다(조세특례제한법89의3②).

이는 신용협동조합을 비롯한 농업협동조합, 수산업협동조합, 산림조합, 새마을금고에 예탁한 예탁금에 대하여 이자소득를 비과세함으로써 농어민과 서민의 재산형성을 지원하기 위함이다.

2. 신용협동조합

(1) 의의

신용협동조합법("법")에 의하면 신용협동조합("조합")은 지역·직장·단체 등 상호유대(공동유대)를 가진 개인이나 단체간의 협동조직을 기반으로 하여 자금의 조성과 이용을 도모하는 비영리 금융기관을 말한다. 신용협동조합은 비영리법인으로서(법2(1)) 조합을 설립하려면 일정한 요건을 갖추어 금융위원회의 인가를 받아야 한다(법7, 법8). 신용협동조합의 업무를 지도·감독하며 그 공동이익의 증진과 건전한 발전을 도모하기 위하여 조합을 구성원으로 하는 신용협동조합중앙회("중앙회")를 두는데(법61), 중앙회는 조합의 공동이익을 도모하기 위하여 신용협동조합법에 따라 설립된 비영리법인이다(법2(2)).

(2) 신용협동조합의 종류 및 조합원의 자격

(가) 공동유대에 따른 분류

1) 공동유대의 의의

"공동유대"란 조합의 설립과 구성원의 자격을 결정하는 단위를 말한다(법2(3)). 조합에서 공동유대는 조합의 설립과 구성원의 자격을 정하는 단위로서 정관의 절대적 기재사항이다(법10(4)). 공동유대는 조합원을 모집할 수 있는 범위를 뜻하여 조합의 업무영역을 한정 짓는다.

조합의 공동유대는 행정구역·경제권·생활권 또는 직장·단체 등을 중심으로 하여 정관에서 정한다(법9① 전단). 이 경우 공동유대의 범위, 종류 및 변경에 관한 사항은 대통령령으로 정하는 바에 따른다(법9① 후단).

2) 공동유대의 범위

조합의 종류별 공동유대의 범위는 다음과 같다(법9①, 영12①). 조합은 공동유대에 따라 지역조합, 직장조합, 단체조합으로 구분한다.

가) 지역조합

"지역조합"이란 동일한 행정구역·경제권 또는 생활권을 공동유대로 하는 조합을 말한다(법2(8)). 여기서 지역조합의 공동유대는 같은 시·군 또는 구에 속하는 읍·면·동이다(영12①(1) 본문). 다만 생활권 또는 경제권이 밀접하고 행정구역이 인접하고 있어 공동유대의 범위 안에 있다고 인정되는 경우로서 공동유대의 범위별로 재무건전성 등의 요건을 충족하여 금융위원회(금융감독원장)가 승인한 경우에는 같은 시·군 또는 구에 속하지 아니하는 읍·면·동을 포함할 수 있다(영12①(1) 단서). 이에 따른 공동유대의 범위별로 정하는 재무건전성 등 승인 요건 및 승인 절차 등에 관하여 필요한 사항은 금융위원회가 정하여 고시한다(영12⑥).

나) 직장조합

직장조합의 공동유대는 같은 직장이다(영12①(2) 본문). 이 경우 당해 직장의 지점·자회사·계열회사 및 산하기관을 포함할 수 있다(영12①(2) 단서).

다) 단체조합

단체조합의 공동유대는 ⅰ) 교회·사찰 등의 종교단체(가목), ⅱ) 시장상인단체(나목), ⅲ) 구성원간에 상호 밀접한 협력관계가 있는 사단법인(다목), ⅳ) 국가로부터 공인된 자격 또는 면허 등을 취득한 자로 구성된 같은 직종단체로서 법령에 의하여 인가를 받은 단체(라목)이다(영12①(3)). 그러나 위 ⅰ)의 교회·사찰 등의 종교단체는 동일한 시·군 또는 구에 소재하는 다른 종교단체와 공동유대를 구성할 수 있다(영12②).

3) 공동유대의 종류 전환

조합이 설정한 공동유대의 종류는 변경할 수 있다. 시행령 제12조에서 정하는 공동유대 중 직장과 단체를 공동유대로 하는 조합은 지역조합으로 전환할 수 있다. 공동유대를 전환하고자 하는 조합은 일정한 요건을 갖추고, 조합 이사회 결의를 거쳐 공동유대 전환의 타당성에 대한 심사를 받아야 한다. 조합은 타당성 심사결과에 따라 총회에서 정관변경 결의를 받은 후 중앙회장의 정관변경 승인 절차를 거쳐 공동유대의 종류가 전환된다.

(나) 조합원의 자격

1) 원칙: 공동유대에 소속한 자

조합원은 조합의 공동유대에 소속된 자로서 제1회 출자금을 납입한 자로 한다(법11①). 조합원의 출자행위는 조합원 자격을 취득하는 필수조건이다.

조합원의 자격은 다음과 같다(영13①).

가) 지역조합

정관이 정하는 공동유대안에 주소나 거소가 있는 자(단체 및 법인 포함) 및 공동유대안에서 생업에 종사하는 자이다(영13①(1)). 2 이상의 지역조합 가입이 가능하다.

나) 직장조합

정관이 정하는 직장에 소속된 자(단체 및 법인 포함)이다(영13①(2)). 직장조합은 직장의 지점·자회사·계열회사 및 산하기관을 포함할 수 있다(영12①(2)).

다) 단체조합

정관이 정하는 단체에 소속된 자(단체 및 법인 포함)이다(영13①(2)). 여기서 단체는 ⅰ) 교회·사찰 등의 종교단체, ⅱ) 시장상인단체, ⅲ) 구성원간에 상호 밀접한 협력관계가 있는 사단법인, ⅳ) 국가로부터 공인된 자격 또는 면허 등을 취득한 자로 구성된 같은 직종단체로서 법령에 의하여 인가를 받은 단체를 말한다(영12①(3)).

2) 예외: 공동유대에 소속되지 아니한 자

조합은 조합의 설립목적 및 효율적인 운영을 저해하지 아니하는 범위에서 해당 공동유대에 소속되지 아니한 자 중 ⅰ) 조합원의 가족(배우자 및 세대를 같이하는 직계존·비속)(제1호), ⅱ) 조합의 합병 또는 분할, 계약이전, 조합의 공동유대의 범위조정 또는 종류전환으로 인하여 조합의 공동유대에 해당하지 아니하게 된 자(제1의2호), ⅲ) 단체 사무소의 직원 및 그 가족(제2호), ⅳ) 조합의 직원 및 그 가족(제3호), ⅴ) 조합이 소속한 당해 직장(당해 직장안의 단체 포함)(제4호), ⅵ) 같은 직종단체를 공동유대로 하는 조합의 경우에는 조합원이 그 직종과 관련하여 운영하는 사업체의 종업원(제5호)을 조합원에 포함시킬 수 있다(법11②, 영13②).

(3) 영업구역

조합의 영업구역은 공동유대를 기본으로 하나, 조합은 공동유대 범위 외에도 비조합원 등에 대한 대출 등의 영업을 할 수 있다. 따라서 영업구역은 공동유대보다 넓게 사용될 수 있다.

(가) 지역조합

지역조합은 같은 시·군 또는 구에 속하는 읍·면·동을 영업구역으로 한다(법9① 전단, 영12①(1) 전단). 지역조합은 동일구역 내 중복 설립이 가능하며, 금융위원회(금융감독원장) 승인으로 같은 시·군 또는 구에 속하지 아니하는 읍·면·동을 포함할 수 있다(법9① 후단, 영12①(1) 후단).

(나) 직장조합

직장조합은 같은 직장을 영업구역으로 한다(영12①(2) 전단). 이 경우 당해 직장의 지점·자회사·계열회사 및 산하기관을 포함할 수 있다(영12①(2) 후단).

(다) 단체조합

단체조합은 단체 또는 법인을 영업구역으로 한다(영12①(3)).

(4) 업무(사업의 종류)

신용협동조합법은 공동유대를 바탕으로 하는 신용협동조직의 건전한 육성을 통해 그 구성원의 경제적·사회적 지위를 향상시키고, 지역주민에 대한 금융편의를 제공함으로써 지역경제발전에 기여하고자 하는 신용협동조합의 설립목적을 달성하기 위해 신용사업 등의 각종 사업을 규정하고 있다.

신용협동조합법은 조합이 목적 달성을 위해 수행할 수 있는 사업의 종류를 제한적으로 열거하고 있다(법39). 대표적으로 신용사업과 공제사업이 규정되어 있으며, 조합이 영위할 수 있는 신용사업의 범위에 대해서도 구체적으로 열거하고 있다(법39①(1)).

신용협동조합법에 따른 예탁금, 대출 및 공제는 금융소비자보호법상 금융상품에 해당한다

(금융소비자보호법 시행령2①(2)). 신용협동조합이 계약에 따라 금융소비자로부터 금전을 받고 장래에 그 금전과 그에 따른 이자 등의 대가를 지급하기로 하는 계약도 금융상품이다(금융소비자보호에 관한 감독규정2②(1) 본문). 신용협동조합중앙회가 금융소비자에 어음 할인·매출채권 매입(각각 금융소비자에 금전의 상환을 청구할 수 있는 계약으로 한정)·대출·지급보증 또는 이와 유사한 것으로서 금전 또는 그 밖의 재산적 가치가 있는 것("금전등")을 제공하고 장래에 금전등 및 그에 따른 이자 등의 대가를 받기로 하는 계약은 금융상품이다(금융소비자 보호에 관한 감독규정2②(2) 본문).

조합은 그 목적을 달성하기 위하여 신용사업, 복지사업, 조합원을 위한 공제사업, 조합원의 경제적·사회적 지위 향상을 위한 교육, 중앙회가 위탁하는 사업, 국가 또는 공공단체가 위탁하거나 다른 법령에서 조합의 사업으로 정하는 사업 등을 한다(법39①).

이 중 금융업과 관련이 있는 신용사업의 범위는 ⅰ) 조합원으로부터의 예탁금·적금의 수납(가목), ⅱ) 조합원에 대한 대출(나목), ⅲ) 내국환(다목), ⅳ) 국가·공공단체·중앙회 및 금융기관의 업무 대리(라목), ⅴ) 조합원을 위한 유가증권·귀금속 및 중요 물품의 보관 등 보호예수업무(마목), ⅵ) 어음할인(바목), ⅶ) 전자금융거래법에서 정하는 직불전자지급수단의 발행·관리 및 대금의 결제(신협중앙회의 업무를 공동으로 수행하는 경우로 한정)(사목), ⅷ) 전자금융거래법에서 정하는 선불전자지급수단의 발행·관리·판매 및 대금의 결제(신협중앙회의 업무를 공동으로 수행하는 경우로 한정)(아목) 업무이다(법39①(1)). 다만 비조합원도 신용협동조합을 이용할 수 있으나 비조합원에 대한 대출 및 어음할인은 당해 사업연도 대출 및 어음할인 신규 취급분의 1/3을 초과하지 않아야 한다(법40①, 영16의2).

3. 지역농업협동조합과 지역축산업협동조합

(1) 서설
(가) 의의
농업협동조합("농협")은 1961년 통합 농업협동조합법("법" 또는 "농협법")이 제정된 이후 개정을 거치면서 조직이 복합적이고 대규모 조직으로 성장했고, 농협의 소유 및 지배구조가 순차적으로 여러 단계를 거치면서 협동조합의 설립취지 및 정제성이 훼손되는 등 협동조합 원래의 모습과는 다른 조직으로 변모되었다.

농협의 계통조직은 크게 지역조합과 농업협동조합중앙회("중앙회" 또는 "농협중앙회")라는 2단계로 되어 있다(법2 및 법4). 지역조합에는 지역농업협동조합("지역농협")과 지역축산업협동조합("지역축협"), 품목조합인 품목별조합과 업종별조합, 그리고 품목조합(품목별 또는 업종별)연합회가 있다. 품목조합연합회는 품목조합의 연합체이기는 하나 지역조합이나 품목조합과 동일하게 중앙회의 회원이 되므로 넓은 의미에서 지역조합으로 분류된다. 농협중앙회는 지역조합과 품목별조합연합회가 회원으로 참여하는 전국적인 단일 조직이다. 우리나라는 2011년 농협법을 개정하여 농협중앙회 산하에 농협경제지주회사와 농협금융지주회사를 두면서 각 지주회사 산하에 여러 자회사를 두는 형태로 농협의 소유·지배구조를 근본적으로 변경하였다. 지역조합은 종래와 동일하게 경제사업과 신용사업(상호금융)을 겸업하는 형태로 운영된다. 반면에 농협중앙회는 직접적 또는 자회사를 통해 경제사업과 교육사업 등을 수행함과 동시에 종래의 경제사업과 신용사업을 분리하여 각 지주회사에 이를 분담시키는 형태이다.

농협법은 지역조합의 구성원을 조합원이라 하고(법19, 법105, 법110), 중앙회의 구성원을 회원이라 한다(법115). 농협의 조합원(회원)은 농협 조직에 출자자로 참여하는 인적 요소로서 농협의 최고기관인 총회의 구성원이 된다. 농협은 조합원의 인적 연대를 기초로 하는 조직인 협동조합의 기본원칙을 구현하는 인적 단체이다. 지역조합의 조합원이 될 수 있는 자는 자연인인 농업인과 영농조합법인·농업회사법인(법19, 법107, 법112) 및 일부 품목조합(법19③, 법107)이다. 결국 지역조합의 구성원인 조합원은 모든 농업인을 가리키는 것이 아니고 조합원으로 가입한 농업인과 조합원으로 가입한 영농조합법인과 농업회사법인 그리고 조합원으로 가입한 품목조합만이 된다. 중앙회 회원은 회원으로 가입한 지역조합과 품목조합이며, 조합공동사업법인 및 농업 또는 농촌 관련 단체와 법인을 준회원으로 할 수 있다(법116).

(나) 상호금융기관

농업협동조합법("법")의 적용 대상인 상호금융기관은 지역농업협동조합과 지역축산업협동조합이다. 신용협동조합법도 이러한 조합의 신용사업에 대해서는 신용협동조합으로 본다. 즉 농업협동조합법에 따라 설립된 지역농업협동조합과 지역축산업협동조합(신용사업을 하는 품목조합26)을 포함)이 신용사업 및 국가 또는 공공단체가 위탁하거나 다른 법령에서 조합의 사업으로 정하는 사업을 하는 경우에는 신용협동조합법에 따른 신용협동조합으로 본다(신용협동조합법95 ①(1)).

(2) 지역농업협동조합
(가) 의의

지역농업협동조합("지역농협")의 구역은 지방자치법 제2조 제1항 제2호에 따른 하나의 시·군·구에서 정관으로 정한다. 다만 생활권·경제권 등을 고려하여 하나의 시·군·구를 구역으로 하는 것이 부적당한 경우로서 농림축산식품부장관의 인가를 받은 경우에는 2 이상의 시·군·구에서 정관으로 정할 수 있다(법14①). 지역농협은 정관으로 정하는 기준과 절차에 따

---

26) "품목조합"이란 농업협동조합법에 따라 설립된 품목별·업종별 협동조합을 말한다(법2(3)).

라 지사무소를 둘 수 있다(법14②).

조합원은 지역농협의 구역에 주소, 거소나 사업장이 있는 농업인이어야 하며, 2 이상의 지역농협에 가입할 수 없다(법19①). 지역농협을 설립하려면 그 구역에서 20인 이상의 조합원 자격을 가진 자가 발기인이 되어 정관을 작성하고 창립총회의 의결을 거친 후 농림축산식품부장관의 인가를 받아야 한다(법15①).

(나) 업무

지역농협은 그 목적을 달성하기 위하여 교육·지원 사업, 경제사업, 신용사업, 복지후생사업, 국가, 공공단체, 중앙회, 농협경제지주회사 및 그 자회사, 농협은행 또는 다른 조합이 위탁하는 사업 등의 전부 또는 일부를 수행한다(법57①).

이 중 신용사업은 ⅰ) 조합원의 예금과 적금의 수입(가목), ⅱ) 조합원에게 필요한 자금의 대출(나목), ⅲ) 내국환(다목), ⅳ) 어음할인(라목), ⅴ) 국가·공공단체 및 금융기관의 업무 대리(마목), ⅵ) 조합원을 위한 유가증권·귀금속·중요물품의 보관 등 보호예수 업무(바목), ⅶ) 공과금, 관리비 등의 수납 및 지급대행(사목), ⅷ) 수입인지, 복권, 상품권의 판매대행(아목) 업무이다(법57①(3)).

(3) 지역축산업협동조합

(가) 의의

지역축산업협동조합("지역축협")의 구역은 행정구역이나 경제권 등을 중심으로 하여 정관으로 정한다. 다만, 같은 구역에서는 둘 이상의 지역축협을 설립할 수 없다(법104).

조합원은 지역축협의 구역에 주소나 거소 또는 사업장이 있는 자로서 축산업을 경영하는 농업인이어야 하며, 조합원은 2 이상의 지역축협에 가입할 수 없다(법105①). 지역축협을 설립하려면 농림축산식품부장관의 인가를 받아야 한다(법107, 법15).

(나) 업무

지역축협은 그 목적을 달성하기 위하여 교육·지원 사업, 경제사업, 신용사업, 조합원을 위한 의료지원 사업 및 복지시설의 운영, 국가, 공공단체, 중앙회, 농협경제지주회사 및 그 자회사, 농협은행 또는 다른 조합이 위탁하는 사업 등의 전부 또는 일부를 수행한다(법106).

이 중 신용사업은 ⅰ) 조합원의 예금과 적금의 수입(가목), ⅱ) 조합원에게 필요한 자금의 대출(나목), ⅲ) 내국환(다목), ⅳ) 어음할인(라목), ⅴ) 국가·공공단체 및 금융기관의 업무의 대리(마목), ⅵ) 조합원을 위한 유가증권·귀금속·중요물품의 보관 등 보호예수 업무(바목), ⅶ) 공과금, 관리비 등의 수납 및 지급대행(사목), ⅷ) 수입인지, 복권, 상품권의 판매대행(아목) 업무이다(법106(3)).

4. 지구별 수산업협동조합

(1) 의의

수산업협동조합법("법" 또는 "수협법")에 따른 수산업협동조합("수협")의 계통조직은 크게 지역조합과 수산업협동조합중앙회("중앙회" 또는 "수협중앙회")라는 2단계로 되어 있다(법2 및 법4). 지역조합에는 지구별 수산업협동조합("지구별수협"), 업종별 수산업협동조합("업종별수협") 및 수산물가공 수산업협동조합("수산물가공수협")이 있다. 수협중앙회는 지역조합을 회원으로 참여하는 전국적인 단일 조직이다.

수산업협동조합법("법")에 의해 설립되는 지구별 수산업협동조합("지구별수협")도 상호금융기관이다. 신용협동조합법도 지구별 수산업협동조합의 신용사업에 대해서 신용협동조합으로 본다. 즉 수산업협동조합법에 따라 설립된 지구별 수산업협동조합(법률 제4820호 수산업협동조합법중개정법률 부칙 제5조에 따라 신용사업을 하는 조합을 포함)이 신용사업 및 국가 또는 공공단체가 위탁하거나 다른 법령에서 조합의 사업으로 정하는 사업을 하는 경우에는 신용협동조합법에 따른 신용협동조합으로 본다(신용협동조합법95①(2)). 지구별수협을 설립하려면 해당 구역의 조합원 자격을 가진 자 20인 이상이 발기인이 되어 정관을 작성하고 창립총회의 의결을 거친 후 해양수산부장관의 인가를 받아야 한다(법16①).

(2) 업무

지구별수협은 그 목적을 달성하기 위하여 교육·지원 사업, 경제사업 신용사업, 공제사업, 후생복지사업, 운송사업, 어업통신사업, 국가, 공공단체, 중앙회, 수협은행 또는 다른 조합이 위탁하거나 보조하는 사업, 다른 경제단체·사회단체 및 문화단체와의 교류·협력, 다른 조합·중앙회 또는 다른 법률에 따른 협동조합과의 공동사업 및 업무의 대리, 다른 법령에서 지구별수협의 사업으로 정하는 사업. 위의 사업에 관련된 대외무역, 차관사업 등의 전부 또는 일부를 수행한다(법60①).

이 중 신용사업은 ⅰ) 조합원의 예금 및 적금의 수납업무(가목), ⅱ) 조합원에게 필요한 자금의 대출(나목), ⅲ) 내국환(다목), ⅳ) 어음할인(라목), ⅴ) 국가, 공공단체 및 금융기관 업무의 대리(마목), ⅵ) 조합원의 유가증권·귀금속·중요물품의 보관 등 보호예수 업무(바목)이다(법60①(3)).

5. 지역산림조합

(1) 의의

산림조합은 산림소유자와 임업인의 지위 향상과 임업의 경쟁력 강화를 위해 산림소유자와 임업인 스스로가 주체가 되어 만든 협동조합이다. 산림조합이 산림소유자와 임업인의 자주적인 조직이라고 해서 모든 산림소유자와 임업인의 이익을 보호하는 단체가 되는 것은 아니다. 왜냐하면 산림조합은 조합에 출자자로 참여하는 조합원과 준조합원의 이익을 보호하는 비공익법인으로 되어 있기 때문이다.

산림조합법("법")에 의해 설립된 지역산림조합도 상호금융기관이다. 신용협동조합법도 지역산림조합의 신용사업에 대하여 신용협동조합으로 본다. 산림조합법에 따라 설립된 산림조합이 신용사업 및 국가 또는 공공단체가 위탁하거나 다른 법령에서 조합의 사업으로 정하는 사업을 하는 경우에는 신용협동조합법에 따른 신용협동조합으로 본다(신용협동조합법95①(3)). 조합을 설립하려면 해당 구역의 30인 이상의 조합원 자격을 가진 자가 발기인이 되어 정관을 작성하고 창립총회의 의결을 받은 후 산림청장의 인가를 받아야 한다(법14①).

(2) 업무

지역조합은 그 목적을 달성하기 위하여 교육·지원 사업, 경제사업, 산림경영사업, 조합원을 위한 신용사업, 임업자금 등의 관리·운용과 자체자금 조성 및 운용, 공제사업, 복지후생사업 등의 전부 또는 일부를 한다(법46①). 이 중 조합원을 위한 신용사업은 ⅰ) 조합원의 예금과 적금의 수납(가목), ⅱ) 조합원에게 필요한 자금의 대출(나목), ⅲ) 내국환(다목), ⅳ) 조합원의 유가증권, 귀금속, 중요 물품의 보관 등 보호예수업무(라목), ⅴ) 국가, 지방자치단체 등의 공공단체와 금융회사 등의 업무대행(마목) 업무이다(법46①(4)).

6. 새마을금고

(1) 의의

새마을금고법("법")에 의해 설립된 새마을금고("금고")도 상호금융기관이다. 새마을금고는 일정한 요건을 갖추어 행정안전부장관의 인가를 받아 그 주된 사무소의 소재지에서 설립등기를 함으로써 성립한다(법7, 법7의2). 새마을금고중앙회("중앙회")는 모든 금고의 공동이익 증진과 지속적인 발전을 도모하기 위하여 설립된 비영리법인(법2③)으로 금고의 업무를 지도·감독하며 그 공동 이익의 증진과 건전한 발전을 도모하기 위하여 금고를 구성원으로 하고(법54①), 중앙회는 1개를 두며 서울특별시에 주된 사무소를 두고 정관으로 정하는 바에 따라 분사무소를 둘 수 있다(법54②).

(2) 업무

금고는 설립목적을 달성하기 위하여 신용사업, 문화 복지 후생사업, 회원에 대한 교육사업, 지역사회 개발사업, 회원을 위한 공제사업, 중앙회가 위탁하는 사업, 국가나 공공단체가 위탁하거나 다른 법령으로 금고의 사업으로 정하는 사업, 그 밖에 목적 달성에 필요한 사업으로서 주무부장관의 승인을 받은 사업의 전부 또는 일부를 행한다(법28①). 이 중 신용사업은 ⅰ) 회원으로부터 예탁금과 적금 수납(가목), ⅱ) 회원을 대상으로 한 자금의 대출(나목), ⅲ) 내국환과 외국환거래법에 따른 환전 업무(다목), ⅳ) 국가, 공공단체 및 금융기관의 업무 대리(라목), ⅴ) 회원을 위한 보호예수(마목), ⅵ) 어음할인(바목), ⅶ) 상품권의 판매대행(사목) 업무이다(법28①(1)). 금고는 회원의 이용에 지장이 없는 범위에서 비회원에게 사업을 이용하게 할 수 있다(법30).

Ⅳ. 우체국예금

1. 의의

우체국예금·보험에 관한 법률("우체국예금보험법")에 근거하는 우체국예금이란 우체국예금보험법("법")에 따라 체신관서에서 취급하는 예금을 말한다(법2(1)). 우체국예금사업은 국가가 경영하며, 과학기술정보통신부장관이 관장한다(법3). 우체국예금은 민간금융이 취약한 농어촌지역까지 저축수단을 제공하기 위해 전국에 고루 분포되어 있는 체신관서를 금융창구로 활용하는 국영금융으로, 농어촌 및 도시 지역 가계에 소액 가계저축수단을 제공하는 등 서민금융역할을 수행하고 있으나 서민전문금융기관으로 분류하지는 않는다.

2. 업무 등

국가는 우체국예금(이자를 포함) 등의 지급을 책임진다(법4). 우체국은 대출업무를 영위할 수 없다. 예금업무의 취급에 관한 우편물은 과학기술정보통신부령으로 정하는 바에 따라 무료로 할 수 있다(법9).

예금은 요구불예금과 저축성예금으로 구분한다(법11①). 예금의 종류와 종류별 내용 및 가입대상 등에 관하여 필요한 사항은 과학기술정보통신부장관이 정하여 고시한다(법11②). 과학기술정보통신부장관은 예금의 종류와 종류별 내용 및 가입대상 등에 관한 고시에 관한을 우정사업본부장에게 위임한다(영11①(5)). 이에 따라 예금의 종류는 우정사업본부가 고시한 "우체국예금에 관한 사항"에서 정하고 있다.

Ⅴ. 대부업자

★ 서울경제 2024년 11월 13일
95만원 빌려주고 "1100만원으로 갚아" … 악마도 울고갈 '이 사람들' 결국

충북 제천·단양과 강원 영월 지역을 중심으로 활동하던 불법 대부업 조직이 검찰에 적발됐다. 이들은 무등록 대부업체를 운영하며 서민들에게 최대 연 5만5,000%의 살인적인 고금리로 대출을 실행한 것으로 드러났다.

11일 청주지검 제천지청에 따르면 대부업법 위반 혐의로 자금 총괄책 A(31)씨 등 5명을 구속 기소하고 대출 모집과 추심을 담당한 10명을 불구속 기소했다. 수사 결과 제천·단양·영월지역 중고교 선후배로 구성된 이들은 2021년 6월부터 지난 7월까지 비대면·점조직 형태로 무등록 대부업체를 운영했다. 이들은 인터넷 대부 중개사이트를 통해 급전이 필요한 서민들을 상대로 30만 원에서 100만 원 상당의 단기·소액 대출을 실행했다. 이후 연 1,000%부터 최대 5만 5,000%의 초고금리 이자를 뜯어낸 혐의를 받는다.

특히 이들은 7,570차례에 걸쳐 총 59억2,643만 원을 대부하고 법정이자율(원금의 20%)을 초과한 33억7,592만원 의 불법 이자를 챙긴 것으로 밝혀졌다. 대출 상환 방식은 일주일 후 50만~140만원을 상환받고 기일 내 변제가 어려운 경우 '연장비' 명목으로 추가 이자를 부과하는 수법을 사용했다.

피해자들은 대부분 금융권 이용이 제한된 사회초년생이나 영세 자영업자 등 금융 취약계층이었다. 한 피해자는 95만원을 대출받았다가 8개월 동안 1,100만원을 상환한 것으로 조사됐다.

1. 의의

대부란 일반적으로 동산과 부동산 또는 개인의 신용을 담보로 일정기간 동안 돈을 빌려주고 이 기간 동안에 정해진 이자를 받는 거래행위를 말한다. 따라서 대부업이란 이런 거래행위를 영업으로 하는 금융업의 일종인데, 주로 소액자금을 신용도가 낮은 이용자에게 대부하거나 이러한 금전의 대부를 중개하는 것을 말한다.

2. 대부업자 및 대부중개업자

(1) 대부업자

대부업자란 대부업을 영위하려고 하는 자로서 특별시장·광역시장·특별자치시장·도지사 또는 특별자치도지사("시·도지사") 또는 금융위원회에 등록한 자를 말한다(법3①②). 대부업이란 "금전의 대부(어음할인·양도담보, 그 밖에 이와 비슷한 방법을 통한 금전의 교부를 포함)를 업(業)으로 하거나" "ⅰ) 대부업의 등록을 한 대부업자(가목), 또는 ⅱ) 여신금융기관(나목)으로부터 대부계약에 따른 채권을 양도받아 이를 추심("대부채권매입추심")하는 것을 업으로 하는 것"을 말한다(법2(1) 본문). 위에서 "여신금융기관"이란 대통령령으로 정하는 법령에 따라 인가 또는 허가 등을 받아 대부업을 하는 금융기관을 말한다(법2(4).

여기서 "대통령령으로 정하는 법령"이란 ⅰ) 은행법(제1호), ⅱ) 중소기업은행법(제2호), ⅲ) 한국산업은행법(제3호), ⅳ) 한국수출입은행법(제4호), ⅴ) 한국은행법(제5호), ⅵ) 자본시장법(제6호), ⅶ) 상호저축은행법(제7호), ⅷ) 농업협동조합법(제8호), ⅸ) 수산업협동조합법(제9호), ⅹ) 신용협동조합법(제10호), ⅺ) 산림조합법(제11호), ⅻ) 새마을금고법(제12호), ⅹⅲ) 보험업법(제13호), ⅹⅳ) 여신전문금융업법(제14호), ⅹⅴ) 자산유동화법(제15호), ⅹⅵ) 우체국예금보험법(제16호), ⅹⅶ) 벤처투자법(제17호), ⅹⅷ) 온라인투자연계금융업법(제17의2)을 말한다(영2의2).

따라서 "여신금융기관"이란 대부업법 이외의 다른 법령에 의하여 인가 또는 허가 등을 받아 대부업을 영위하는 금융회사, 즉 은행, 보험회사, 상호저축은행, 신용협동조합, 할부금융회사 등의 금융기관을 말하며, 이들 여신금융기관은 대부업법에서 규정한 이자율 제한의 규제 등을 받는다.

다만 대부의 성격 등을 고려하여 다음의 경우는 제외한다(법2(1) 단서). ⅰ) 사업자가 그 종업원에게 대부하는 경우(제1호), ⅱ) 노동조합 및 노동관계조정법에 따라 설립된 노동조합이 그 구성원에게 대부하는 경우(제2호), ⅲ) 국가 또는 지방자치단체가 대부하는 경우(제3호), ⅳ) 민법이나 그 밖의 법률에 따라 설립된 비영리법인이 정관에서 정한 목적의 범위에서 대부하는 경우(제4호)의 경우는 대부업법 적용이 배제된다(영2).

(2) 대부중개업자

대부중개업자는 대부중개업을 영위하려는 자로서 특별시장·광역시장·특별자치시장·도지사 또는 특별자치도지사("시·도지사") 또는 금융위원회에 등록한 자를 말한다(법3①②). 대부중개업이란 대부중개를 업으로 하는 것을 말한다(법2(2)).

대부중개업은 대부중개를 업으로 하는 것을 말하며, 대부중개는 중개, 알선, 주선, 컨설팅 등 명칭에 관계없이 실질적으로 금전의 대부를 중개하는 행위를 말하며, 대부중개는 거래당사자 사이에서 금전의 대부를 주선하는 행위를 뜻하고(대판 2017도641), 개별 사안에서 특정 용역의 제공행위가 대부중개에 해당하는지는 용역 제공의 원인이 된 계약의 체결 경위와 그 내용, 용역 제공자가 실제로 수행한 업무의 성격 등을 종합적으로 고려하여 결정한다.

3. 대부업법과 대출

(1) 대부업자의 이자율 제한

대부업자가 개인이나 소기업(중소기업기본법 제2조 제2항)에 해당하는 법인에 대부를 하는 경우 그 이자율은 연 20%를 초과할 수 없다(법8①). 미등록대부업자가 대부를 하는 경우의 이자율은 연 25%를 초과할 수 없다(법11①, 이자제한법2①). 대부업자가 대부업법에서 제한하는 이자율을 위반하여 대부계약을 체결한 경우 초과하는 부분에 대한 이자계약은 무효로 한다(법8④). 이와 관련하여 대부업자를 제외한 여신금융기관도 대부업자와 동일하게 연 20%를 초과할 수 없다(법15①, 영9①). 여기서 "여신금융기관"이란 대통령령으로 정하는 법령에 따라 인가 또는 허가 등을 받아 대부업을 하는 금융기관을 말한다(법2(4)).

이자율을 산정할 때 사례금, 할인금, 수수료, 공제금, 연체이자, 체당금(替當金) 등 그 명칭이 무엇이든 대부와 관련하여 대부업자가 받는 것은 모두 이자로 본다. 다만, 해당 거래의 체결과 변제에 관한 부대비용으로서 담보권 설정비용 및 신용조회비용(신용정보법 제4조 제1항 제1호의 업무를 허가받은 자에게 거래상대방의 신용을 조회하는 경우만 해당)의 경우는 이자로 보지 않는다(법8②, 영5④). 이자율의 산정과 관련한 내용은 대부업자뿐만 아니라 여신금융기관에도 준용한다(법15②).

(2) 과잉대부의 금지

대부업법은 대부의 한도와 관련하여 대부를 받으려는 금융소비자의 소득 등에 따라 개별적으로 설계하도록 규정하고 있다(법7). 이는 금융소비자가 필요 없거나 상환능력이 부족함에도 불구하고 대부업자가 필요 또는 상환능력을 초과하는 대부를 하여 금융소비자의 금융건전성을 악화되는 것을 방지하지 위함이다. 따라서 대부업자는 대부계약을 체결하려는 경우에는 미리 거래상대방으로부터 그 소득·재산 및 부채상황에 관한 것으로서 대통령령으로 정하는 증명서류를 제출받아 그 거래상대방의 소득·재산 및 부채상황을 파악하여야 한다. 다만, 대부금액이 대통령령으로 정하는 금액 이하인 경우에는 그러하지 아니하다(법7①). 대부업자는 거래상대방의 소득·재산·부채상황·신용 및 변제계획 등을 고려하여 객관적인 변제능력을 초과하는 대부계약을 체결하여서는 아니 된다(법7②).

(3) 대부조건의 게시와 광고

대부업자는 등록증, 대부이자율, 이자계산방법, 변제방법, 연체이자율, 대부업 등록번호, 대부계약과 관련한 부대비용의 내용을 일반인이 알 수 있도록 영업소마다 게시하여야 한다(법9①, 영6①). 대부업자가 대부조건 등에 관하여 표시 또는 광고를 하는 경우에는 ⅰ) 명칭 또는 대표자 성명(제1호), ⅱ) 대부업 등록번호(제2호), ⅲ) 대부이자율(연 이자율로 환산한 것을 포함) 및 연체이자율(제3호), ⅳ) 이자 외에 추가비용이 있는 경우 그 내용(제4호), ⅴ) 채무의 조기상환수수료율 등 조기상환조건(제5호), ⅵ) 과도한 채무의 위험성 및 대부계약과 관련된 신용등급의 하락 가능성을 알리는 경고문구 및 그 밖에 대부업자의 거래상대방을 보호하기 위하여 필요한 사항(제6호)으로서 대통령령으로 정하는 사항을 포함하여야 한다(법9②).

금융기관규제

★ 한겨레 2024년 11월 20일

환율 뛰자 마음 급해진 은행들 … 연말 자본비율·유동성 관리 총력

이달 들어 원-달러 환율이 고공행진하면서 은행권도 분주해졌다. 환율 상승이 은행의 자본적정성과 유동성 비율 하락으로 이어질 수 있기 때문이다. 금융감독원은 20일 은행권과 간담회를 열고 외화유동성 상황 등을 점검한다.

올해 내내 1,300원을 웃돌았던 원-달러 환율은 이달 들어 1,400원(주간거래 종가 기준)을 넘어서는 등 높은 수준을 이어가고 있다. 미국 대선 결과로 '트럼프 트레이드'가 몰아치면서 달러가 강세를 보이며 원화 가치가 추락했다. 지난 13일 연고점(1406.6원)을 갱신한 뒤 최근 며칠 새 주춤하고는 있지만, 최근의 환율 움직임이 단기간 내에 끝나지 않고 강달러와 높은 변동성이 '뉴노멀'(새로운 기준)이 될 수 있단 전망도 나온다.

지금처럼 환율이 급등할 때 은행권이 우려하는 것 중 하나는 자본적정성 비율의 하락이다. 자본적정성 비율인 국제결제은행(BIS) 보통주자본비율(CET1)은 위험가중자산이 많아질수록 낮아지는데, 달러값이 오르면 외화로 된 위험가중자산(RWA)의 원화환산액이 늘어나기 때문이다. 원-달러 환율이 10원 오르면 은행권 평균적으로 보통주자본비율은 2~3bp(1bp=0.01%포인트)가 떨어지는 것으로 알려져 있다. 한 금융지주 관계자는 "1bp 움직임이 작아 보일 수 있지만 은행 입장에서는 그렇지 않다. 최근 환율 상황과 자본적정성을 매일 모니터링하고 있다"고 말했다.

올해 6월 말 기준으로 국내은행(은행지주사 8곳+비지주은행 9곳)의 보통주자본비율은 13.18%로 금융당국의 권고치(12~13%)를 웃도는 수준이지만, 높은 수준의 환율이 이어진다면 위험가중치가 높게 책정되는 대출자산을 축소하는 등의 방법으로 대응할 공산이 크다. 최근 케이비금융이 보통주자본비율에 연동한 주주환원책을 발표하는 등 밸류업(기업가치 제고) 면에서도 보통주자본비율과 이를 결정하는 위험가중자산의 중요성은 특히 커진 상태다.

이와 관련해 진옥동 신한금융지주 회장은 19일 오전 대한상의 금융산업위원회 전체회의에서

"지금 환율이 12월까지 가면 국제결제은행(BIS) 비율에 굉장히 부담이 걸린다. 연말 환율이 (달러
당) 1,400원으로 끝나게 되면 비율을 맞추는 데 굉장히 어려워진다. 각 금융사가 자산을 줄여야
하는 문제가 있다"고 말하기도 했다.

제1절　의의

Ⅰ. 금융법상 규제의 상호관계

　　이론적으로는 금융기관의 건전성규제와 영업행위규제가 명확하게 구분되는 것처럼 보이
지만, 실제에 있어서는 상호간에 구분이 애매한 경우도 있고, 어느 한쪽이 다른 한쪽에 영향을
미치는 경우가 발생하기도 한다. 예를 들어 2013년에 발생한 동양그룹 사태에 있어서 동양그
룹 계열사의 회사채와 기업어음(CP) 등 증권을 동양종금증권이 인수하여 판매했는데, 그룹의
자금위기가 발생하여 계열사가 발행한 증권에 대한 디폴트가 발생하게 되었고, 판매과정에서
일반투자자들에 대한 불완전판매행위가 대량으로 발생하였음이 적발되었다. 이로 인해 동양종
금증권에 유동성위기가 발생하였다. 이 경우 불완전판매행위라고 하는 금융기관의 영업행위규
제 위반으로 인해 대량의 환매 요구 사태와 집단적인 손해배상청구소송이 제기됨으로써 당해
금융기관의 자기자본비율이 급격히 하락하여 건전성규제 요건을 충족하지 못하는 일이 벌어진
것인데, 이처럼 영업행위규제 위반이 건전성을 해치는 결과를 초래할 수도 있는 것이다. 따라
서 건전성 유지에 위협이 되는 영업행위는 어떤 것이 있는지, 이에 대한 최고경영진의 관리와
감독이 제대로 이루어지고 있는지가 매우 중요하다. 앞으로도 계속 금융소비자의 권익을 보호
하는 것이 금융감독당국의 정책관심사인 만큼 금융기관의 영업행위규제 위반이 금융기관의 건
전성에 미치는 영향은 지속적으로 모니터링되어야 하는 부분이다.

　　건전성규제와 영업행위규제가 복합적으로 일어난 또 하나의 대표적인 사례가 2011년 저축
은행사태라고 볼 수 있다. 저축은행 창구에서 당해 저축은행이 발행한 후순위채권을 마치 특판
예금인 것처럼 판매함으로써 많은 금융소비자들에게 피해를 발생시킨 것으로, 투자성 금융상품
의 판매와 관련한 영업행위규제를 위반한 것이다. 이로 인해 저축은행의 신뢰도가 하락하면서
시스템위험으로까지 전이될 우려가 있었던 것으로 미시적인 영업행위규제 위반이 미시적인 당
해 저축은행의 건전성은 물론 거시적인 금융시장의 건전성까지도 위협한 사례라고 볼 수 있다.

Ⅱ. 건전성규제의 실효성확보 수단인 경영실태평가

은행, 금융투자회사, 보험회사, 여신전문금융회사, 상호저축은행, 상호금융회사에 대한 경영실태평가와 적기시정조치는 건전성규제의 실효성 확보수단으로 기능을 수행한다. 은행, 금융투자회사, 보험회사의 경영실태평가와 적기시정조치에 관해서는 제2편 금융행정 제5장 금융감독행정에서 살펴보았다.

Ⅲ. 영업행위규제의 실효성확보 수단인 금융감독기관의 검사

금융기관 감독 및 검사·제재에 관한 사항은 금융위원회의 소관 사무이다(금융위원회법 17(2)). 금융위원회나 증권선물위원회의 지도·감독을 받아 금융기관에 대한 검사·감독 업무 등을 수행하기 위하여 금융감독원을 설립한다(금융위원회법24①). 금융감독원은 금융위원회법 또는 다른 법령에 따라 검사대상기관의 업무 및 재산상황에 대한 검사와 검사 결과와 관련하여 금융위원회법과 또는 다른 법령에 따른 제재 업무를 수행한다(금융위원회법37). 금융감독원장은 검사를 한 경우에는 그 결과를 금융위원회에 보고하여야 한다(금융위원회법59).

제2절 진입 및 퇴출 규제

Ⅰ. 규제 필요성

금융회사를 설립하기 위해서는 법규에서 달리 정하고 있는 경우를 제외(신협 이외의 상호금융기관인 농협, 수협, 산림조합, 새마을금고는 각각 농협법, 수협법, 산림조합법, 새마을금고법에 의해 인가를 받아야 한다)하고는 금융위원회로부터 인가 또는 허가를 받거나 금융위원회에 등록하여야 한다. 이처럼 금융업을 영위하려는 자에 대하여 인허가 제도를 운영하는 이유는 법인 성격의 적합성, 사업계획의 타당성, 자본금 및 주주구성과 설립·인수 자금의 적정성, 발기인·대주주·경영진의 경영능력과 성실성 및 공익성 등을 확인함으로써 금융업을 수행하기에 부적절한 자가 금융업에 진출하는 것을 사전적으로 차단하기 위해서이다.

1. 인가 대상 금융기관

금융위원회의 인가 규제를 받는 대상은 은행권역에서 시중은행, 지방은행 및 외국은행 국내지점, 비은행권역에서 상호저축은행 및 신용협동조합, 금융투자권역에서 투자매매업자, 투자중개업자, 집합투자업자 및 신탁업자, 그리고 공통권역으로는 금융지주회사가 있다.

2. 허가 대상 금융기관

금융위원회의 허가 규제를 받는 대상으로는 보험권역에서 생명보험회사, 손해보험회사 및 제3보험 영위 회사, 비은행권역에서 신용카드업자(유통계 신용카드업자 제외)가 있다.

3. 등록 대상 금융기관

금융위원회의 등록규제를 받는 대상은 비은행권역에서는 유통계 신용카드업자, 시설대여업자, 할부금융업자 및 신기술금융업자 등이 있으며, 금융투자권역에서는 전문사모 집합투자업자, 투자자문업자 및 투자일임업자가 있고, 보험권역에서는 보험영업을 담당하는 보험설계사, 대리점 및 중개사 등과 보험상품의 설계나 보험금지급에 필요한 전문조직인 보험계리사와 손해사정사 등을 등록대상으로 하고 있다. 한편, 2015.1.20. 개정된 여전법에 따라 카드사와 가맹점 사이에 결제망시스템을 구축하는 업체인 신용카드 부가통신사업자(일명 VAN사)에 대하여는 비록 여전법상 여신전문금융회사에 해당하지 않음에도 불구하고 직무의 특성상 민감한 금융정보를 다루는 경우가 많아 금융관련법령의 관리 감독의 대상에 포함시키기 위해 금융위원회에 등록하도록 하고 있다(여전법27의2). 또한 여신전문금융업자는 신용카드업을 제외하고는 등록규제를 받지 않으나 대부업자의 경우는 특별시장·광역시장·특별자치시장·도지사 또는 특별자치도지사("시·도지사")에게 등록하도록 하고 있으며 일정한 요건에 해당하는 대부업자의 경우에는 금융위원회에 등록하도록 하고 있다.

4. 진입규제의 공통 내용

금융회사 진입규제에서 공통적인 내용을 살펴보면 다음과 같다.

(1) 법인의 성격

금융업법은 금융회사의 법인의 성격을 상법상 주식회사로 한정하고 있다는 점이다. 이는 금융회사가 개인 또는 특정 단체에 의해 완전 소유·지배되는 경우를 방지하기 위한 것으로 생각된다. 다만, 금융업종의 특성에 따라 주식회사 형태가 아닌 경우에도 허용되는 예외가 있는데, 예를 들면 신용협동조합의 법인격은 민법상 비영리법인인 조합이며, 보험회사는 주식회사

형태뿐만 아니라 상호회사의 형태도 허용하고 있고 이들 간에는 서로 회사형태를 변경할 수 있도록 허용하는 조직변경절차도 마련되어 있다.

(2) 사업계획의 타당성

사업계획의 타당성에 관한 사항인데, 추정 재무제표와 수익전망 등 계량적 분석은 물론 신설 금융회사의 계속기업성(going-concern)에 대한 정성적 분석에 따라 당해 금융회사가 장기적인 경쟁력을 확보할 수 있는지 여부와 해당 권역 및 전체 금융산업에 미치는 영향 등을 포괄적으로 판단하여 진입허용 여부를 판단하게 된다.

(3) 인적 및 물적 시설 요건

금융회사로서 업무를 수행하기에 충분한 전문인력 등 인적 기반과 전산설비 등 물적 기반을 확보하고 또 금융소비자의 보호가 가능한지가 진입규제의 판단기준이 된다. 인적·물적 기반의 확보 여부는 업권별·영업종류별로 다르기는 하지만 대체로 기존 금융회사들의 평균수준과 해당 산업의 발전 정도를 감안하여 신축적으로 결정하게 되는데, 일부 업종에서는 전문인력의 최소한 고용인원을 법규로 강제하기도 한다.

Ⅱ. 금융회사 영업영위를 위한 최저자본금 요건

금융회사가 영업영위를 위해 필요로 하는 최저자본금 요건을 두는 이유는 금융회사의 자본금은 당해 금융회사가 부담하는 리스크에 대한 기본적인 완충장치(buffer) 내지는 저수지 역할을 하는 것이기 때문이다. 현행법은 금융권역별·취급업무별로 주요 리스크의 성질이나 규모에 따라서 이를 달리하여 규제하고 있다.

1. 은행

은행법("법")상 은행은 최저자본금이 1천억원 이상이어야 한다. 다만, 지방은행의 자본금은 250억원 이상으로 할 수 있다(법8②(1)). 여기서 자본금은 납입자본금을 말한다. 은행은 인가를 받아 은행업을 경영할 때 최저자본금을 유지하여야 한다(법9).

2. 금융투자업자

자본시장법("법")상 금융투자업 인가는 기관인가가 아닌 영업종류별 인가제 즉 「add on」 방식이므로 최저 자본금요건도 금융투자업의 종류, 금융투자상품의 범위, 투자자의 유형에 따라 각각 다르다. 금융투자업 인가를 받으려는 자는 인가업무 단위별로 5억원 이상으로서 "대통령령으로 정하는 금액"(시행령 별표 1은 인가범위 단위 및 최저자기자본을 정하고 있다) 이상의 자기자본을 갖추어야 한다(법12②(2), 영16③). 금융투자업자는 업무단위별로 영위하려는 금융투자업마다 규정된 최저자기자본의 합산액을 갖추어야 한다. 이에 따라 일반투자자 및 전문투자자를 상대로 모든 증권의 투자매매업을 영위하는 경우에는 500억원의 자기자본이 필요하지만, 전문투자자를 상대로 채무증권의 투자중개업만을 영위하는 경우에는 5억원이면 가능하다.

3. 보험업자

보험업법("법")상 보험업의 경우에는 생명보험과 손해보험을 엄격하게 분리하여 각각 별도로 허가제를 운영하고 있는데, 2000년에 보험종목별 허가주의가 도입되면서 최저자본금요건도 영업의 범위에 따라 다르게 규율하고 있다. 즉 보험업을 전부 영위하기 위해서는 300억원 이상의 자본금 또는 기금을 납입하여야 하지만, 일부 종목에만 특화하는 경우에는 50억원 이상의 범위에서 일정한 자본금 및 기금을 납입하면 된다(법9①). 예컨대 보험회사가 2 이상의 종목을 영위하고자 하는 경우에는 종목별 자본금 및 기금의 합계액을 최저자본금으로 하되, 합계액이 300억원을 넘는 경우에는 300억원으로 하며(법9①, 영12③), 통신판매전문 보험회사의 경우에는 최저자본금 요건이 일반 보험회사의 2/3 수준으로 경감된다(법9②). 또한 외국보험회사 국내지점의 영업기금은 30억원 이상이어야 한다(법9③).

4. 여신전문금융업자

여신전문금융업법("법")상 여신전문금융업은 자본금 규모에 따라서 신용카드업, 시설대여업, 할부금융업 또는 시설금융업 등 복수의 업종을 통합·영위할 수 있는 방식으로 되어 있는데, 여신전문금융업의 허가를 받거나 등록을 하여 여신전문금융회사가 될 수 있는 자는 주식회사로서 자본금이 다음의 구분에 따른 금액 이상인 자로 제한한다(법5①). ⅰ) 신용카드업을 하려는 경우로서 시설대여업·할부금융업 또는 신기술사업금융업을 함께 하지 아니하거나 그 중 하나의 업을 함께 하려는 경우 200억원(제1호), ⅱ) 신용카드업을 하려는 경우로서 시설대여업·할부금융업 또는 신기술사업금융업 중 둘 이상의 업을 함께 하려는 경우 400억원(제2호), ⅲ) 시설대여업·할부금융업 또는 신기술사업금융업 중 어느 하나 또는 둘 이상의 업을 하려는 경우로서 신용카드업을 하지 아니하는 경우 200억원(제3호), ⅳ) 신기술사업금융업을 하려는 경우로서 신기술사업금융전문회사가 되려는 경우 100억원(제4호) 이상의 자본금을 보유하여야 한다(법6②(1)).

경영하고 있는 사업의 성격상 신용카드업을 겸하여 경영하는 것이 바람직하다고 인정되는 자로서 유통산업발전법 제2조 제3호에 따른 대규모점포를 운영하는 자 또는 계약에 따라 같은 업종의 여러 도매·소매점포에 대하여 계속적으로 경영을 지도하고 상품을 공급하는 것을 업으로 하는 자(영3②)로서 여신전문금융회사가 아닌 자(법3③(2))인 겸영여신업자로서 신용카드업의 등록을 할 수 있는 자는 주식회사로서 자본금과 자기자본이 20억원 이상인 자로 제한한다(법5②).

5. 상호저축은행 및 신용협동조합

상호저축은행법("법")상 상호저축은행업 인가를 받으려는 자는 일정한 금액의 납입 자본금을 갖추어야 한다(법6의2①(1) 및 5③). 상호저축은행의 경우는 영업지역에 따라 최저자본금 요건이 다른데 상호저축은행의 자본금은 ⅰ) 본점이 특별시에 있는 경우 120억원(제1호), ⅱ) 본점이 광역시에 있는 경우 80억원(제2호), ⅲ) 본점이 특별자치시·도 또는 특별자치도에 있는 경우 40억원(제3호) 이상이어야 한다(법5①).

신용협동조합법("법")상 신용협동조합의 출자금요건은 지역·직장·단체에 따라 다른데, 출자금 합계액의 최저한도는 다음과 같다(법8①(1), 법14④). ⅰ) 지역조합(동일한 행정구역·경제권 또는 생활권을 공동유대로 하는 조합)의 경우에는 주된 사무소의 소재지에 따라 특별시·광역시: 3억원(가목), 특별자치시·시(제주특별자치도 설치 및 국제자유도시 조성을 위한 특별법 제15조 제2항에 따른 행정시를 포함): 2억원(나목), 군(광역시·특별자치시 또는 시에 속하는 읍·면을 포함): 5천만원(다목)(제1호), ⅱ) 직장조합의 경우에는 4천만원(제2호), ⅲ) 단체조합의 경우에는 주된 사무소의 소재지에 따라 특별시·광역시: 1억원(가목), 특별자치시·시: 8천만원(나목), 군: 5천만원(다목)(제3호)의 요건을 갖추어야 한다.

Ⅲ. 금융회사 설립시 대주주 및 경영진의 적합성 요건

금융당국은 금융회사가 사금고화되는 것을 방지하는 등 건전경영기반을 확보하기 위하여 금융회사 설립시에 주주 및 경영진의 적합성 여부를 검증하고 있는데, 금융회사의 주요주주[1]에 대하여는 출자능력, 재무상태, 사회적 신용, 법규 및 건전한 거래관행 위반 전력, 출자금의 적법성 및 적합성 등을 포괄적으로 검증하며 금융회사의 주요주주가 되고자 하는 자에 대하여는 금융위원회에 사전 신고하거나 인가 또는 승인을 받도록 하고 있다.

---

1) 주주에 대한 적합성 검증 대상이 되는 주요주주에는 주요주주, 주요출자자, 대주주, 발기인뿐만 아니라 이들의 특수관계인인 주주 및 출자자 등 금융회사의 소유자 중 지배력이 있어 금융회사 경영에 중대한 영향을 미칠 수 있는 자를 포괄하고 있다.

또한 은산분리 원칙에 따라 은행 등 수신업무를 하는 금융회사가 특정 개인이나 기업 또는 기업집단에 의해 사실상 지배되는 것을 방지하기 위해 주주구성의 적합성도 심사대상이 된다. 예컨대 은행의 경우 동일인 주식보유한도를 설정·운영하고 있으며(은행법15), 상호저축은행의 경우는 의결권 있는 주식의 30%를 초과하여 취득하거나 최대주주·주요주주가 되려는 자는 사전에 금융위원회에 주식취득 사전승인을 받도록 하고 있다(상호저축은행법10의6①). 상호금융인 신용협동조합의 경우는 최소출자인원 수가 100인 이상이어야 하고(신협법11③), 동일인의 출자한도는 자기자본의 20% 혹은 자산총액의 10% 중 큰 금액을 초과할 수 없도록 규제하고 있다(신협법42).

IV. 예비 인·허가제도

금융회사가 설립 인·허가를 받기 위해서는 많은 요건들을 충족하여야 하며, 이러한 요건 충족을 위해서는 인적·물적 투자가 사전에 이루어져야 하는데 금융당국의 심사결과 인·허가를 받지 못하게 되는 경우에는 인·허가 신청자의 큰 손실이 우려되므로 예비 인·허가제도를 두고 있다(은행법11의2, 자본시장법14, 보험업법7, 여신전문금융업법8, 상호저축은행법6 등). 금융당국은 이러한 예비 및 본인·허가 신청이 있는 경우에는 법규에 명시된 기간 내에 심사를 마치도록 하고 있으며, 예비 인·허가를 받은 자가 필요한 조건들을 모두 이행한 경우에는 특별한 사유가 없는 한 본 인·허가를 해 주어야 한다.

V. 금융회사 퇴출제도

금융회사는 신설 또는 영업 인·허가와 같은 진입 시에 일정한 절차에 따라 규제를 받지만 퇴출(합병 등으로 소멸하는 경우도 포함) 시에도 금융시스템과 금융시장 및 금융소비자에게 미치는 영향이 클 수 있기 때문에 금융당국의 인·허가 또는 승인 등 일정한 절차를 필요로 한다. 금융회사의 퇴출은 자발적인 퇴출과 강제퇴출로 구분할 수 있는데, 자발적인 퇴출은 분할, 합병, 해산, 영업양수도, 자발적 영업폐지 등이 있으며, 강제퇴출은 금융당국에 의한 일정한 처분으로 인하여 실행되는데, 적기시정조치에 의한 경우와 중대한 위법행위로 인한 인·허가 취소나 등록취소의 처분이 있는 경우가 이에 해당된다.

1. 자발적인 퇴출

먼저 자발적인 퇴출의 경우를 보면, 금융위원회로부터 설립 인·허가 또는 승인을 받은 금융회사는 분할하거나 동일 금융권역의 다른 금융회사와 합병하는 경우, 해산 또는 해당 금융업 폐지 또는 영업의 전부 또는 일부를 양수도하고자 하는 경우에는 해당 금융업 관련 법규에 따라 금융위원회의 인·허가 또는 승인을 받아야 한다. 만일 서로 다른 금융업종의 금융회사간 합병의 경우에는 금융산업구조개선법에 따라 금융위원회의 인가를 받아야 한다(금융산업구조개선법4). 다만, 등록제 금융회사의 경우에는 별도의 조건 없이 등록취소 또는 철회를 통해 자유로이 퇴출할 수 있도록 하고 있다.

2. 강제 퇴출

강제퇴출의 경우를 살펴보면, 먼저 금융회사의 건전성이 악화되어 계속기업으로 존속하기 어렵다고 판단되는 경우 금융위원회는 적기시정조치 중 경영개선명령을 내리게 되는데(은행법 34④), 이러한 경영개선명령에 의하여 해당 금융회사를 영업양도·합병 등을 통해 퇴출시킬 수 있다. 다음으로는 금융회사가 진입 시에 부정한 방법으로 인·허가를 받거나 등록한 경우 또는 중대한 위법행위를 한 경우에는 적기시정조치 발동요건에 해당하지 아니하더라도 소정의 청문절차를 거쳐 영업 인·허가나 등록을 취소함으로써 퇴출시킬 수 있다(은행법53, 자본시장법420① (1)(2) 등). 등록대상 금융회사가 허위 또는 부정한 방법으로 등록하거나 등록 후 등록요건을 유지하지 못하는 경우에 대하여는 등록을 취소할 수 있도록 하고 있다(자본시장법420①(3)).

제3절 자본건전성규제

Ⅰ. 은행의 자본건전성규제

은행은 주된 업무인 대출업무와 관련한 신용위험, 시장위험 및 운영위험 등 영업을 영위하면서 직면하게 되는 다양한 위험에 처할 수 있는데, 은행법은 은행의 재무건전성과 관련하여 자기자본비율, 자산건전성분류, 여신한도, 출자제한의 형태로 규제하고 있다. 이러한 규제는 사전적으로는 해당 은행이 이러한 위험에 대한 사전적 통제기준을 설정하도록 하는 한편, 금융감독기관은 은행에 대한 상시감시를 통해 재무건전성 위험으로 인한 금융소비자들의 피해와 나아가 금융시스템 위기를 사전에 방지하는데 그 목적이 있다.

1. 자기자본비율규제

(1) 자기자본규제의 연혁

은행의 BIS 자기자본규제는 상업은행의 신용리스크에 대한 효율적 관리와 국제업무를 영위하는 은행 간 형평성 확보를 위해 1988년부터 바젤은행감독위원회("바젤위원회")가 제정하여 시행해온 제도로서, 은행의 자본적정성 확보를 위하여 위험가중자산(risk-weighted asset)의 8% 이상을 자기자본으로 보유하도록 의무화[2])하고 있다. BIS 자기자본비율 또는 "Cooke Ratio"라고 불리는 동 비율은 그동안 전 세계 100여개 국가에서 도입 시행되고 있어 현재 은행의 자본적정성을 판단하는 대표적인 지표로 자리매김하고 있다.

글로벌 금융환경의 변화에 따라 BIS 자기자본규제 기준도 변화해오고 있으며, 1988년 최초로 확정된 BIS 협약인 바젤 I 에서 시작해 2004년의 바젤 II 를 거쳐 2008년 글로벌 금융위기 이후 자본의 질과 양을 강화하고 완충자본 등을 도입하여 은행 부문의 복원력을 강화하고자 하는 바젤 III 에 이르게 되었다. 이러한 BIS 기준은 이제 은행감독 분야에서 국제적으로 통용되는 기준으로 자리매김하고 있는데, 2008년 글로벌 금융위기 이후 세계 경제의 새로운 최고 논의기구가 된 G20의 승인을 받는 과정이 더해져 BIS 기준의 국내 법규에 대한 구속력이 더욱 강화되었다. 우리나라의 은행법 제34조 제3항은 "금융위원회가 경영지도기준을 정할 때에는 국제결제은행(BIS)이 권고하는 은행의 건전성 감독에 관한 원칙을 충분히 반영하여야 한다"고 하여 BIS 기준이 사실상 국내 법규성이 있음을 인정하고 있다. 우리나라는 1992년 7월 바젤 I 을, 2008년초 바젤 II 를 도입하였고, 2013년 12월 1일부터는 단계적으로 바젤 III 를 도입하고 있다.

(2) 자기자본의 의의
(가) 의의

은행법은 은행에게 적정한 수준의 자기자본을 보유할 것을 강제하고 있다. 이는 은행 자신의 재산인 자기자본으로 손실흡수능력을 갖추도록 하기 위한 것이다. 따라서 여기서는 은행이 보유하고 있는 자산에 대하여 자본측정을 어떻게 할 것이며 자본기준을 어떻게 정의하느냐가 매우 중요하다. 은행법상 자기자본이란 국제결제은행(BIS)의 기준에 따른 기본자본과 보완자본의 합계액을 말한다(법2①(5)). 기본자본과 보완자본은 다음의 기준에 따라 금융위원회가 정하여 고시하는 것으로 한다(법2②, 영1의2). 자기자본은 은행의 개별재무제표를 기준으로 보통주자본, 기타기본자본 및 보완자본에서에서 공제항목을 차감하여 산출한다(은행업감독규정2①).

---

2) 현재 바젤 III 도입에 따른 2013. 12. 1. 개정으로 "위험가중자산에 대한 자기자본비율" 대신 보통주자 본비율, 기본자본비율 및 총자본비율이 일정 수준 이상이 되어야 한다(은행업감독규정26①(1)).

(나) 기본자본

기본자본은 보통주자본과 기타기본자본의 합계액으로 한다(법2②, 영1의2(1)(가)(나), 은행업 감독규정 <별표 1>). 보통주자본은 보통주 발행으로 인한 자본금(이와 유사한 출자금을 포함) 및 자본잉여금, 기타 자본잉여금(보통주 외 기타자본증권의 발행에 따른 자본잉여금은 제외), 이익잉여 금, 기타포괄손익누계액을 말한다. 그리고 기타기본자본은 영구적 성격을 지닌 자본증권의 발 행으로 인한 자본금·자본잉여금 등으로서 은행의 손실을 기본자본 다음의 순위로 보전할 수 있는 것 및 감독원장이 정하는 기준(은행업감독규정26②)을 충족하는 신종자본증권 등 자본증권 을 말한다.

(다) 보완자본

보완자본은 기본자본에 준하는 성격의 것으로서 기본자본에 포함되지 않는 후순위채권 등 은행의 청산 시 은행의 손실을 보전할 수 있는 것, 자산건전성 분류결과 "정상" 및 "요주의"로 분류된 자산에 대하여 적립된 대손충당금등, 감독원장이 정하는 기준(은행업감독규정26②)을 충 족하는 후순위채권 등 자본증권을 말한다(법2②, 영1조의2(2), 은행업감독규정 <별표 1>).

(라) 공제항목

해당 은행이 보유하고 있는 자기주식 등 실질적으로 자본충실에 기여하지 아니하는 것은 기본자본 및 보완자본에 포함시킬 수 없다(법2②, 영1의2(3), 은행업감독규정 <별표 1>). 영업권 상당액, 기타 무형자산, 이연법인세자산, 확정급여형 연금자산, 유동화거래 매각이익은 보통 주 자본에서 공제한다. 주식할인발행차금, 자기주식 및 자기발행 자본증권 보유금액, 자기자 본비율 제고를 목적으로 타 금융기관과 상호보유한 자본증권은 해당 자본에서 공제한다. 그 밖의 은행의 손실에 충당할 수 없는 자산 또는 자본항목으로서 감독원장이 정하는 사항도 공 제한다.

(3) 자기자본비율

자기자본비율은 위험가중자산에 대한 자기자본의 비율로서 연결기준으로 하되 연결재무 상태표의 작성방식, 자본비율의 계산방법 등은 국제결제은행이 제시한 기준을 참작하여 정한 다(은행업감독규정26②). 은행은 자본비율에 관하여 총자본비율(위험가중자산 대비 전체 자기자본의 비율) 8%, 기본자본비율(위험가중자산 대비 기본자본의 비율) 6%, 보통주자본비율(위험가중자산 대 비 보통주자본의 비율) 4.5% 이상을 유지해야 한다(법34②, 영20, 은행업감독규정26①(1)).

여기에 자본보전완충자본 및 경기대응완충자본을 추가적으로 부과할 수 있다. 자본보전완 충자본은 은행의 손실흡수능력을 높이기 위하여 추가적으로 유지해야 하는 자본을 말한다(은행 업감독규정26④). 경기대응완충자본은 신용공급에 따른 경기변동이 금융시스템 및 실물경제에 미치는 효과를 고려하여 은행에 적립을 요구하는 추가적인 자본을 말한다(은행업감독규정26의3①).

(4) 유동성커버리지비율

은행은 향후 30일간 순현금유출액에 대한 고유동성자산의 비율("유동성커버리지비율") 100% 이상(외국은행지점의 경우에는 60% 이상)을 유지해야 한다. 다만, 금융위가 급격한 경제 여건의 변화 또는 국민생활 안정 목적 등 불가피한 사유가 있다고 인정하여 6개월 이내의 기간을 정하는 경우 100% 미만에서 금융위가 정하는 비율 이상을 유지해야 한다(법34②, 영20, 은행업감독규정26①(2)).

(5) 실효성 확보수단

금융위원회는 은행이 경영지도기준을 충족시키지 못하는 등 경영의 건전성을 크게 해칠 우려가 있거나 경영의 건전성을 유지하기 위하여 불가피하다고 인정될 때에는 자본금의 증액, 이익배당의 제한, 유동성이 높은 자산의 확보, 일정한 규모의 조건부자본증권(제33조 제1항 제2호부터 제4호까지의 사채)의 발행·보유 등 경영개선조치를 요구할 수 있다(법34④). 금융위원회는 경영개선조치로서 은행이 경영지도기준을 준수하지 못할 우려가 있거나 경영상 취약한 부분이 있다고 판단되는 경우에는 해당 은행에 대하여 이의 개선을 위한 계획 또는 약정서를 제출하도록 요구하거나 해당 은행과 경영개선을 위한 협약을 체결할 수 있다(영20②).

2. 시스템적 중요 은행 선정

금융위원회는 매년 은행의 규모, 다른 금융회사와의 연계성 등 국내 금융시스템에 미치는 영향력("시스템적 중요도")을 고려하여 시스템적 중요 은행을 선정하여야 한다. 이 경우 금융위원회는 금융지주회사감독규정 제25조의2에 따라 선정한 시스템적 중요 은행지주회사의 소속 자회사인 은행을 시스템적 중요 은행으로 선정할 수 있다(은행업감독규정26의2①). 시스템적 중요도는 규모, 상호연계성, 대체가능성, 복잡성, 국내 특수요인을 평가지표로 산정한다(은행업감독규정26의2②).[3]

---

3) 은행업감독규정 제26조의2 제1항에 따라 금융위원회는 매년 은행의 규모, 다른 금융업자와의 상호연계성, 대체가능성, 복잡성, 국내 특수요인 등을 평가지표로 산정하여 국내 금융시스템에 미치는영향력 등을 고려하여 '시스템적으로 중요한 은행(D-SIB)'을 선정하고 있다. 금융위원회는 2016년과 2017년에 신한금융지주, 하나금융지주, KB금융지주, 농협금융지주를 시스템적으로 중요한 은행지주회사로 선정하였고, 우리은행, 신한은행, 제주은행, KEB하나은행, 국민은행, 농협은행을 시스템적으로 중요한 은행으로 선정하였다. 그리고 2018년도 시스템적으로 중요한 은행·은행지주회사(D-SIB)로는 신한금융지주, KEB하나금융지주, KB금융지주, 농협금융지주 및 우리은행 등을 선정하였다.

3. 자산건전성 분류기준

은행은 정기적으로 차주의 채무상환능력과 금융거래내용 등을 감안하여 보유자산 등의 건전성을 정상, 요주의, 고정, 회수의문, 추정손실의 5단계로 분류하고, 적정한 수준의 대손충당금등(지급보증충당금, 미사용약정충당금 및 대손준비금을 포함한다. 이하 "대손충당금등"이라 한다)을 적립·유지하여야 한다(은행업감독규정27①). 은행은 위의 자산건전성 분류 및 대손충당금등 적립을 위하여 <별표 3> 및 제29조에서 정하는 기준을 반영하여 차주의 채무상환능력 평가기준을 포함한 자산건전성 분류기준 및 대손충당금등 적립기준을 설정하여야 한다(은행업감독규정27②). 은행은 자산건전성 분류 및 대손충당금등 적립의 적정성·객관성 확보를 위하여 독립된 여신감리(Credit Review)기능을 유지하는 등 필요한 내부통제체제를 구축·운영하여야 한다(은행업감독규정27③). 은행은 회수의문 또는 추정손실로 분류된 자산("부실자산")을 조기에 상각하여 자산의 건전성을 확보하여야 한다(은행업감독규정27④).

II. 금융투자업자의 재무건전성규제

1. 재무건전성규제의 특징

건전성규제는 원래 개별 금융기관이 건전한 경영상태를 유지하도록 하여 가능한 금융기관의 부실을 방지하고 금융기관의 파산 등으로 인하여 고객에게 피해가 가는 것을 방지하기 위한 미시적 목표가 최초의 출발점이었다. 그러나 금융기관이 점차 대형화되고 고객간 및 금융기관간 거래관계가 복잡다기화되고 상호 연결이 되면서 금융시스템 자체가 불안해지는 결과가 초래되자 이제는 금융시스템의 안정성을 유지하여 고객, 채권자, 투자자를 보호하는 이른바 거시적 목표를 병행하는 것에 이르게 되었다.

시스템위험이 가장 많은 은행과는 달리 금융투자회사의 경우는 그 고객이 통상 자신의 책임하에 투자를 하고 투자자산도 고객에게 직접 귀속되기 때문에 금융투자회사의 파산 등 사유가 시스템 위기로까지 번질 가능성이 크지 않다. 또한 금융투자회사가 영위하는 업무의 종류가 매우 다양하기 때문에 일률적인 건전성기준을 적용하기도 어렵다. 그러나 자본시장에서도 시스템적인 거래가 많이 도입되고, 금융투자회사 중에서는 대형 IB업무를 하면서 사실상 수신업무를 할 수 있게 되었으며, 자본거래의 자유화 및 국제화로 인해 하나의 금융투자회사에서 벌어지는 일들이 자본시장의 투자자 심리에 미치는 영향이 커졌기 때문에 점차 건전성규제 강화의 필요성이 대두되고 있다.

이에 자본시장법은 금융투자업자에게 영업용순자본을 총위험액 이상으로 유지하도록 하고(법30①), 금융위원회가 경영건전성기준을 정하고 또 경영실태 및 위험에 대한 평가를 하여 위반사항에 대하여는 자본금 증액이나 이익배당 제한과 같은 적절한 조치를 취할 수 있도록 하였으며, 대주주와의 거래를 제한하는 등 이해상충의 우려가 있는 행위를 엄격하게 규제하고 있다(법34). 다만 금융투자업이 그 특성상 업무의 스펙트럼이 매우 넓은 관계로 각 업무별로 건전성규제의 수준을 달리하고 있다. 예를 들어 고객과 직접적인 채권채무관계가 형성될 수 있는 투자매매업에 대하여는 강화된 건전성규제를 적용하고 있으며, 고객의 자산을 수탁하는 투자중개업, 집합투자업, 신탁업 등에 대하여는 완화된 건전성 규제를 적용하고, 고객의 자산을 아예 수탁하지 않는 투자일임업과 투자자문업에 대하여는 물적·인적 설비에 대한 매우 기초적인 건전성규제만 적용하고 있다.

2. 순자본비율(영업용순자본비율) 규제 연혁

금융투자업자의 재무건전성규제의 핵심인 영업용순자본비율(NCR: Net Capital Ratio)규제는 1997년 4월부터 증권회사에 대하여 처음 도입되었다. 그러나 2009년 자본시장법이 시행되면서 금융투자업에 대한 add-on 방식의 인가·등록제 도입에 따른 진입요건 완화와 자율화·겸업화 등으로 금융투자산업의 경쟁이 심화되고 자본시장법에서 포괄주의 도입에 따른 신종 금융투자상품의 개발과 파생금융상품 거래의 증가로 새로운 위험요인이 급격하게 증가하면서 금융투자업자의 파산위험이 높아지고 있다. 그런 의미에서 영업용순자본비율 규제의 의미가 재조명되고 있으나 기존의 NCR제도는 변화하고 있는 시장환경을 충분히 반영하지 못하고 있다는 평가가 있어 왔다. 즉 위탁매매 중심의 국내 영업을 규율에 치중하다 보니 최근 들어 급증하는 PI투자, 인수금융 등의 IB업무와 해외진출 등의 영업을 과도하게 제약하는 요소가 되기도 했다. 또한 파생결합증권의 발행이 기하급수적으로 증가함으로써 증권사의 신용위험이 중요해지고 있음에도 정확한 손실흡수 능력을 제대로 나타내 주지 못하고 있었다.

이에 2014년 4월에 새로운 재무건전성지표인 순자본비율을 도입하였는데, 그 주요 내용은 ⅰ) 손실흡수능력의 정확한 산출할 수 있게 되었고, ⅱ) 자회사 리스크의 정확한 산출이 가능하게 되었으며, ⅲ) 금융투자업자에게 적용되는 건전성지표를 다원화하였다는 점이다. 아래서 살펴본다.

ⅰ) 기존의 NCR 산출체계에서는 총위험액이 분모에 반영되어 증권회사에 필요 이상의 유휴자본을 강요하는 측면이 있었으나, 새로 도입된 순자본비율제도에서는 분모를 필요유지자기자본으로 고정시키고 분자에 잉여자본(영업용순자본-총위험액)을 반영함으로써 증권사의 손실흡수능력을 정확하게 산출해 낼 수 있게 되었다.

ⅱ) 기존의 NCR체계에서는 자회사의 위험수준에 관계없이 자회사 출자금을 영업용순자본

에서 전액 차감함으로써 자회사의 자산·부채 리스크를 정확하게 반영하지 못하고, 해외진출 또는 M&A과정에서 인수한 자회사 출자지분을 전액 차감함에 따라 증권회사의 해외진출 및 M&A를 제약하는 문제점이 있었다. 새로 도입된 순자본비율제도에서는 개별재무제표 기준이 아닌 연결재무제표 기준으로 잉여자본을 산출하여, 자회사의 자산·부채에 대한 위험 값을 각각 산출함으로써 자회사 리스크를 정확하게 산출할 수 있도록 하였다.

iii) 순자본비율제도를 도입하면서 "동일행위 동일규제" 개념을 세분화하여 금융투자업자에게 적용되는 건전성지표를 다원화하였는데, 투자매매·중개업을 영위하는 1종 금융투자업자들에 대하여는 순자본비율제도를 적용하고, 신탁업자와 같은 3종 금융투자업자들은 영업용순자본비율제도를 계속 적용받게 하였으며, 집합투자업자인 2종 금융투자업자에 대하여는 2015년 4월부터 집합투자업의 고유한 특성을 반영하여 순자본비율(영업용순자본비율)제도의 적용을 배제하였다.

3. 금융투자업자의 재무건전성기준과 공시

(1) 영업용순자본과 총위험액

금융투자업자는 영업용순자본을 총위험액 이상으로 유지하여야 한다(법30①). 이는 금융투자회사의 재무건전성규제는 자기자본규제방식으로 하고 있음을 의미한다.

여기서 영업용순자본은 ⅰ) 자본금·준비금, 그 밖에 총리령으로 정하는 금액의 합계액(가산항목)에서 ⅱ) 고정자산, 그 밖에 단기간 내에 유동화가 어려운 자산으로서 총리령으로 정하는 자산의 합계액(차감항목)을 뺀 금액을 말한다(법30①). 이는 금융투자업자의 유동성부족이나 경영악화로 인한 파산위험에 대처할 수 있는 자산을 제대로 확보하고 있으라는 의미이다. 총위험액이란 자산 및 부채에 내재하거나 업무에 수반되는 위험을 금액으로 환산하여 합계한 금액을 말한다. 총위험액은 시장위험액, 신용위험액, 운영위험액을 모두 합산한 것을 말한다.

영업용순자본과 총위험액의 산정에 관한 구체적인 기준 및 방법은 금융위원회가 정하여 고시한다(법30②). 금융투자업규정 제3-11조는 제1항에서 "영업용순자본은 다음 산식에 따라 산정한 금액으로 한다. 영업용순자본 = 기준일 현재 재무상태표의 자산총액에서 부채총액을 차감한 잔액("순재산액") - 차감항목의 합계금액 + 가산항목의 합계금액"으로 규정하고, 제2항에서 총위험액은 "시장위험액, 신용위험액, 운영위험액"을 합산한 금액으로 한다고 규정한다.

(2) 적용제외 금융투자업자

금융투자업자에게 이러한 재무건전성기준을 유지하도록 하는 것은 시스템위험을 방지하고 부실경영으로 인해 금융투자업자의 고객 등에 대한 피해를 최소화하기 위한 것이므로 그러한 위험이 없는 금융투자업자에 대하여서까지 영업용순자본 유지의무를 부과할 필요는 없다. 따라서 겸영금융투자업에 대하여는 각 겸영금융투자업자의 건전성규제 제도 및 기준은 당해 금융업자의 영업전반에 따른 경영의 건전성을 규제하는 것이므로 자본시장법상의 재무건전성 기준 적용에서 제외된다. 또한 ⅰ) 투자자문업자 또는 투자일임업자(다른 금융투자업을 경영하지 아니하는 경우만 해당)(제1호), ⅱ) 집합투자업자(집합투자증권 외의 금융투자상품에 대한 투자매매업 또는 투자중개업을 경영하는 자는 제외)(제2호)에 대하여는 영업용순자본 유지의무가 없다(영34①).

(3) 보고 및 공시

금융투자업자는 매 분기의 말일을 기준으로 영업용순자본에서 총위험액을 뺀 금액을 기재한 서면(분기별 업무보고서)을 해당 분기의 말일부터 45일 이내에 금융위원회에 보고하여야 하며, 보고기간 종료일부터 3개월간 본점과 지점, 그 밖의 영업소에 비치하고, 인터넷 홈페이지 등을 이용하여 공시하여야 한다(법30③).

Ⅲ. 보험회사의 지급여력 제도

1. 지급여력의 의의

(1) 지급여력 등의 개념

보험업법("법")의 규율을 받는 보험회사는 보험계약자로부터 받은 보험료를 적립하여 운용하고 보험사고 발생시 약속한 금액을 지급하여야 한다. 보험회사의 지급여력이란 보험계약자에 대한 보험금 지급의무 이행을 위해 필요한 책임준비금과는 별도로 추가로 보유하도록 한 순자산(자기자본)을 말한다. 책임준비금이란 보험계약자로부터 매년 납입받은 보험료 중에서 사업비 등 비용을 제외하고 보험계약자에게 장래에 지급할 보험금, 환급금, 계약자 배당금 등의 지급을 위하여 적립하는 부채인데(보험업법120 참조), 이를 초과하여 적립하는 것이 지급여력금액이다. 결론적으로 보험회사의 지급여력금액이란 자기자본[4]과 같이 향후 예상할 수 없는 리스크의 발생에 대비하여 보험회사의 보험계약자 보호를 위한 일종의 충격흡수장치(buffer) 또는 잉여금(surplus)이라고 할 수 있다.

(2) 지급여력제도의 일반적 분류

일반적으로 보험회사의 지급여력비율 산출을 위한 지급여력기준금액을 어떤 방식으로 산

[4) 자기자본(순자산)은 리스크가 손실로 현실화 될 경우 이를 흡수하는 버퍼(buffer) 역할을 함으로써 거래상 대방의 청구권에 대한 지급능력을 나타낸다는 점에서 금융기관의 영업기반으로서 중요한 의미를 갖는다.

출하느냐를 기준으로 ⅰ) 고정비율방식, ⅱ) RBC(risk-based capital)방식, ⅲ) 시나리오방식 (scenario approach), ⅳ) 확률론적 방식(probabilistic approach)으로 나눌 수 있다.

ⅰ) 고정비율방식은 대차대조표상의 일부 부채항목 등(책임준비금, 보험료 등)의 대리변수에 일정비율을 곱하여 지급여력기준금액을 산출한다. ⅱ) RBC방식은 보험회사의 위험을 세분화하여 개별위험의 노출 규모에 해당 위험계수를 곱하여 기준금액을 산출하는 방식으로서, 보험회사 대차대조표의 자산 및 부채 항목을 폭 넓게 반영할 뿐만 아니라 위험을 세분화하여 적용함으로써 고정비율방식보다 정교한 지급여력기준금액 산출이 가능하다. ⅲ) 시나리오방식은 특정 변수가 보험회사의 위험에 미치는 영향을 분석하기 위한 목적으로 일정 상황을 가정하여 계산된 결과치를 반영하여 지급여력기준금액을 산출하는 방식으로서, 미래의 보험사고율, 보험료, 대형 보험사고, 금리, 자산수익률 등을 변수로 하여 시나리오를 구성한다. ⅳ) 확률론적 방식은 모든 가능성을 최대한 고려하기 위한 목적으로 특정 변수에 대하여 확률론적 통계기법을 활용하는 방식으로서, 지급여력 악화 가능성과 리스크간 상관관계를 고려하여 지급여력기준금액을 산출한다.

시나리오방식과 확률론적 방식의 지급여력제도는 고정비율방식 및 RBC방식의 지급여력제도에 비해 정교하게 리스크를 반영할 수 있지만, 산출방법이 복잡하고 필요한 정보의 양이 과다하여 표준화하기가 어려운 단점이 있다. 이에 반해 RBC방식 지급여력제도는 고정비율방식 지급여력제도보다는 보험회사에 내재된 리스크를 적절히 산출할 수 있으면서도 위험계수의 산출이 간편하다는 장점이 있는데, 현재 우리나라 보험회사에 대해 적용되는 방식은 RBC방식의 지급여력제도이다.

(3) 자기자본규제의 변천

우리나라 보험회사에 대한 자기자본규제인 지급여력제도의 모태가 되는 최초의 제도는 1991년 3월 도입된 담보력 확보기준이다. 동 기준은 보험회사의 총자산이 해약식 책임준비금보다 일정액(1991회계년도: 30억원, 1992회계년도: 50억원, 1993회계년도: 100억원) 이상 초과하는 담보력을 확보하도록 규정하였다. 다만 담보력을 확보하지 못하더라도 계약자배당 제한이라는 소극적 제재조치만이 부과되었을 뿐이다.

1994년 6월 도입된 지급능력 규정은 매 사업년도말 100억원 이상의 지급능력금액을 확보하도록 규정하고 부족시에는 자본금 증액을 권고 또는 명령하도록 하면서 미이행시에는 배당제한, 기관경고, 영업정지라는 3단계에 걸친 제재조치를 취하도록 하였다. 그러나 동 지급능력규정은 회사 규모에 관계없이 담보력을 일률적으로 적용하였다는 문제가 지적되었다.

1998년 외환위기 이후 보험회사에 대한 감독수준을 국제기준에 부합하도록 개선할 필요가 있다는 반성과 IMF의 권고 등에 따라, 보험회사의 재무건전성을 제고하고 지급여력제도의 국제적 정합성을 확보하기 위하여 1999년 5월부터 대부분의 선진국에서 운영하고 있던 EU식 지급여력제도를 도입하여 운영하였다.

그 후 2000년을 전후하여 금융시장의 변동성이 증대하고 보험회사 간 경쟁이 심화됨에 따라 리스크 중심의 예방적·선제적 자기자본규제 기준의 도입이 시급한 과제로 대두되었다. 왜냐하면 파생금융상품, 자산유동화증권 등 새로운 금융기법이 출현함에 따라 보험회사에 노출되는 리스크가 점점 증가하고 있는 상황에서 고정비율방식의 단순한 EU식 지급여력제도는 감독기관 및 보험회사가 운영하기에 편리한 장점은 있었으나, 보험회사가 직면하는 다양한 리스크를 종합적이고 정교하게 평가하여 필요한 자기자본을 산출하지 못한다는 한계가 지적되었기 때문이다.

이미 이러한 변화를 반영하여 미국(1993), 일본(1996) 등은 소위 RBC방식의 위험 중심 지급여력제도를 도입·운영 중이었고, EU도 리스크 인식방식 및 규제기준을 획기적으로 개선한 새로운 지급여력제도인 SolvencyⅡ를 2014년 도입하였다. 이에 우리나라도 미국, 일본 등의 사례를 참고하여 리스크 중심의 RBC방식 지급여력제도를 글로벌 금융위기 직후인 2009년 4월 이후 2년간의 시범운영을 거쳐 2011년 4월부터 시행하고 있다. 또한 2021년부터는 보험부채를 시가평가하는 ˝보험계약에 관한 새로운 국제회계기준(IFRS17)˝이 시행될 예정인데, 이에 대응하여 우리나라도 현행 RBC제도를 대체하는 신지급여력제도(K-ICS)를 시행할 예정이다.

2. 지급여력제도의 구조 및 특징

(1) 구조

보험회사에 적용되는 자기자본 규제기준인 RBC방식의 지급여력비율은 ˝가용자본(available capital)˝인 지급여력금액을 ˝요구자본(required capital)˝인 지급여력기준금액으로 나눈 비율로서, 보험회사의 재무건전성 중 자본적정성을 평가한다. 가용자본은 자본금, 잉여금 등으로 구성되며, 요구자본은 해당 보험회사에 내재된 보험·금리·신용·시장·운영위험액을 산출하여 이를 적정한 상관계수를 통해 합산한 총 리스크량을 의미한다. RBC방식 지급여력비율의 분자에 해당하는 지급여력금액과 분모에 해당하는 지급여력기준금액은 후술한다.

(2) 특징

우리나라 보험회사의 RBC방식 지급여력제도는 제도 도입 시 원칙적으로 95%의 신뢰수준으로 산출된 위험계수를 적용하여 리스크량을 산출하고 이를 통해 지급여력기준금액을 산출하도록 설계되었다. 리스크량은 보험회사가 직면하게 될 각종 리스크의 해당 익스포져에 일정 위험계수를 적용하여 산출하는데, 여기서 95%의 신뢰수준이라 함은 해당 리스크량을 산출함에 있어 보험금 지급액 등 과거 경험치의 분포곡선을 이용하여 95%의 통계적 신뢰도를 기준으로 산출한다는 의미이다. 이에 따라 신뢰수준은 해당 지급여력비율의 안정성을 나타내는 지표로서 활용되기도 하는데, 통계적으로 95% 신뢰수준에서 산출된 리스크량은 20년에 1회 미만으로 발생 가능한 손실을 의미하고 99.5%에서 산출된 리스크량은 200년에 1회 미만으로 발생 가능한 손실을 의미한다.

현행 RBC방식 지급여력비율의 지급여력기준금액은 보험회사 공통의 표준모형에 따라 산출되고 내부모형을 인정하지 않고 있다. 그러나 국제적으로는 IAIS 및 바젤기준 등에서 단순한 형태의 표준모형을 금융기관에 공통적으로 적용하되 금융기관이 내부모형을 선택할 수 있도록 이원화할 것을 권고하고 있다.

3. 지급여력비율

지급여력비율이란 지급여력금액을 지급여력기준금액으로 나눈 비율을 말한다(보험업법 시행령, 이하 "영", 영65①(3)). 지급여력비율은 보험회사의 재무건전성을 나타내는 자기자본규제 기준이다. 보험업법은 보험회사가 지급여력비율을 100% 이상으로 유지하도록 규정(영65②(1))하고 있다. 여기서 지급여력비율 100%의 의미는 보험회사가 자기자본인 지급여력금액을 요구자본인 지급여력기준금액 이상으로 보유하도록 하는 것을 의미하는데, 이를 충족하지 못할 경우 바로 보험회사가 지불불능 상태에 빠지는 것은 아니지만 각종 리스크에 종합적으로 대비하여 보험계약자를 보호하기 위해서는 보험회사가 자본확충 등 조치를 취해야 하는 상태라고 볼 수 있다.

4. 지급여력금액

지급여력금액이란 자본금, 이익잉여금, 후순위차입금, 그 밖에 이에 준하는 것으로서 금융위원회가 정하여 고시하는 금액을 합산한 금액에서 영업권, 그 밖에 이에 준하는 것으로서 금융위원회가 정하여 고시하는 금액을 뺀 금액을 말한다(법65①(1)). 즉 보험회사가 실제로 추가 보유한 여분의 금액이다. 지급여력금액은 보험회사의 순자산을 말한다.

5. 지급여력기준금액

지급여력기준금액이란 보험업을 경영함에 따라 발생하게 되는 위험을 금융위원회가 정하여 고시하는 방법에 의하여 금액으로 환산한 것을 말한다(영65①(2)).

지급여력기준금액은 제1호에서 정한 기본요구자본에서 제2호에서 정한 법인세조정액을 차감한 후 제3호에서 정한 기타요구자본을 가산하여 산출한다(보험업감독규정7-2①).

1. 기본요구자본은 가목에서 정한 위험액에 대해 나목의 방법으로 산출한다.
   가. 위험액 산출대상 : 생명·장기손해보험위험액, 일반손해보험위험액, 시장위험액, 신용위험액, 운영위험액
   나. 기본요구자본은 제2항부터 제6항까지에 따라 산출한 위험액을 기초로 아래 수식을 적용하여 산출한다. 다만, 각 위험액 간 상관관계를 나타내는 상관계수는 감독원장이 정한다.

$$기본요구자본 = \sqrt{\sum_i \sum_j 상관계수_{ij} \times 개별위험액_i \times 개별위험액_j} + 운영위험액$$

$$i, j = 새명장기손해보험, \ 일반손해보험, \ 시장, \ 신용$$

2. 법인세조정액은 기본요구자본에 상응하는 손실이 발생하는 경우 순이연법인세자산 증가로 보전할 수 있는 손실금액을 의미하며, 감독원장이 정하는 기준에 따라 산출한다.
3. 기타요구자본은 제1호에서 정한 기본요구자본을 적용하기 어려운 자회사 등에 적용하는 요구자본을 의미하며, 감독원장이 정하는 기준에 따라 산출한다.

Ⅳ. 여신전문금융업자의 재무건전성 규제

1. 경영지도기준

여신전문금융업법("법")에 따라 금융위원회는 여신전문금융회사의 건전한 경영을 지도하고 금융사고를 예방하기 위하여 대통령령으로 정하는 바에 따라 다음의 어느 하나에 해당하는 경영지도의 기준을 정할 수 있다(법53의3①).

1. 자본의 적정성에 관한 사항
2. 자산의 건전성에 관한 사항
3. 유동성에 관한 사항
4. 그 밖에 경영의 건전성 확보를 위하여 필요한 사항

경영지도의 기준에는 다음의 사항이 포함되어야 한다(영19의20).

1. 자기자본의 보유기준에 관한 사항
2. 대출채권 등 여신전문금융회사가 보유하는 자산의 건전성 분류기준 및 운용기준에 관한 사항

3. 충당금 및 적립금의 적립기준에 관한 사항

4. 금융회사지배구조법 제27조 제1항에 따른 위험관리기준 및 회계처리기준에 관한 사항

2. 경영지도비율의 유지

여신전문금융회사는 다음에서 정하는 경영지도비율을 유지하여야 한다(법53의3, 영19의20, 여신전문금융업감독규정8①).

1. 조정총자산에 대한 조정자기자본 비율: 7%(신용카드업자는 8%) 이상

2. 원화유동성부채에 대한 원화유동성자산 비율 : 100% 이상

3. 1개월 이상 연체채권비율: 10% 미만(신용카드업자에 한한다)

경영지도비율을 산정함에 있어 조정총자산, 조정자기자본, 원화유동성부채, 원화유동성자산 및 1개월 이상 연체 채권의 구체적인 범위는 금융감독원장이 정한다. 다만, 여신전문금융업감독규정 제8조 제1항 제1호의 조정총자산 및 조정자기자본은 여신전문금융회사의 대차대조표를 기준으로 하되 국제결제은행이 제시한 기준을 참작하고 여신전문금융회사의 업무의 특성을 반영하여 다음 각 호의 방법으로 정한다(여신전문금융업감독규정8②).

1. 조정총자산은 총자산에서 현금, 담보약정이 없는 단기성예금, 만기 3개월이내의 국공채 및 공제항목을 차감한 금액으로 한다.

2. 조정자기자본은 기본자본 및 보완자본(기본자본 범위내에 한한다)을 더한 금액에서 공제항목을 차감한 금액으로 한다.

3. 제1호 및 제2호의 총자산, 공제항목, 기본자본 및 보완자본의 범위는 감독원장이 정하는 바에 따른다.

금융감독원장은 여신전문금융업감독규정 제16조의 규정에 의한 경영실태분석 및 평가결과 경영지도비율이 악화될 우려가 있거나 경영상 취약부문이 있다고 판단되는 여신전문금융회사에 대하여 이의 개선을 위한 계획 또는 약정서를 제출토록 하거나 당해 금융기관과 경영개선협약을 체결할 수 있다. 다만, 경영개선권고, 경영개선요구 또는 경영개선명령을 받고 있는 여신전문금융회사의 경우에는 그러하지 아니하다(여신전문금융업감독규정8③).

3. 자산건전성의 분류

여신전문금융회사는 허가받거나 등록받은 업별로 다음 각호의 보유자산과 대출금, 할인어

음, 팩토링, 유가증권, 미수금, 가지급금, 지급보증(부동산프로젝트파이낸싱 관련 채무보증은 제외), 부동산프로젝트파이낸싱 관련 채무보증, 미사용약정에 대하여 정기적으로 건전성을 분류하여 야 한다(여신전문금융업감독규정9①).

1. 신용카드업: 카드자산, 신용카드약정
2. 시설대여업: 리스자산
3. 할부금융업: 할부금융
4. 신기술사업금융업: 투자주식(사채포함), 리스자산
5. 그 밖에 금융감독원장이 정하는 건전성 분류가 필요하다고 인정하는 자산 등

자산에 대한 건전성은 "정상", "요주의", "고정", "회수의문", "추정손실"의 5단계로 구분 하되, 유가증권의 경우에는 "고정" 분류를, 가지급금(여신성 가지급금을 제외)의 경우에는 "요주 의" 및 "고정" 분류를 제외하며, 신용카드업자의 대환대출채권에 대하여는 대환취급 이전 및 이후의 기간을 합산하여 분류한다(여신전문금융업감독규정9②).

Ⅴ. 상호저축은행의 재무건전성 규제

1. 경영건전성 기준

상호저축은행법("법")에 따라 금융위원회는 상호저축은행의 건전한 경영을 유도하고 금융 사고를 예방하기 위하여 대통령령으로 정하는 바에 따라 다음에 해당하는 경영건전성의 기준 을 정할 수 있다(법22의2①).

1. 재무건전성 기준
2. 자산건전성 분류 기준
3. 회계 및 결산 기준
4. 위험관리 기준
5. 유동성 기준

2. 재무건전성 기준

(1) 의의

금융위원회는 상호저축은행의 건전한 경영을 유도하고 금융사고를 예방하기 위하여 재무 건전성 기준을 정할 수 있다(법22의2①(1)). 재무건전성 기준에는 다음의 사항이 포함되어야 한

다(영11의7①).

1. 국제결제은행의 기준에 따른 위험 가중 자산에 대한 자기자본비율
2. 적립필요금액에 대한 대손충당금 비율
3. 퇴직금 추계액에 대한 퇴직급여충당금 비율
4. 예금등에 대한 대출금 비율

(2) 재무건전성 비율

재무건전성 기준이란 다음에서 정하는 기준을 말하며, 상호저축은행은 동 기준을 유지하여야 한다. 다만, 제4호의 기준은 직전 분기말 대출금 잔액이 1천억원 미만인 상호저축은행에 대해서는 적용하지 아니한다(상호저축은행업감독규정44①).

1. 위험가중자산에 대한 자기자본비율: 7%(자산총액이 1조원 이상인 상호저축은행은 8%)
2. 대손충당금비율: 100% 이상
3. 퇴직급여충당금비율: 100% 이상
4. 예금등에 대한 대출금 비율("예대율"): 100% 이하

상호저축은행업감독규정에 따른 건전성비율의 산정기준은 감독원장이 정하며, 감독원장은 위의 비율 이외에 상호저축은행의 경영건전성 확보를 위하여 필요하다고 인정되는 비율을 정할 수 있다(상호저축은행업감독규정44②). 상호저축은행은 매회계연도말에는 결산을, 매분기말에는 가결산을 실시하고, 결산일 및 가결산일 기준으로 건전성비율을 산정하여 결산일 및 가결산일로부터 30일 이내에 감독원장에게 보고하여야 한다(상호저축은행업감독규정44③). 상호저축은행이 위험가중자산에 대한 자기자본비율을 산정하여 보고하는 경우 분기별로 재무제표에 대한 외부감사인의 검토보고서를 가결산일로부터 2개월 이내에 추가로 제출하여야 한다(상호저축은행업감독규정44④).

3. 자산건전성 분류기준

(1) 의의

금융위원회는 상호저축은행의 건전한 경영을 유도하고 금융사고를 예방하기 위하여 자산건전성 분류 기준을 정할 수 있다(법22의2①(2)). 자산건전성 분류 기준에는 ⅰ) 분류 대상 자산의 범위(제1호), ⅱ) 자산에 대한 건전성 분류 단계 및 그 기준(제2호)이 포함되어야 한다(영11의7②).

(2) 자산건전성의 분류

상호저축은행은 다음의 보유자산에 대하여 정기적으로 건전성을 분류하여야 하며, 적정한 수준의 대손충당금(지급보증충당금, 미사용약정충당금을 포함)을 적립·유지하여야 한다(상호저축은행업감독규정36①).

1. 명칭 등 형식에 불구하고 경제적 실질이 이자수취 등을 목적으로 원리금의 반환을 약정하고 자금을 대여하여 발생한 채권 및 대지급금 등의 구상채권("대출채권")
2. 유가증권
3. 가지급금 및 미수금
4. 확정지급보증
5. 미수이자
6. 그 밖에 금융감독원장이 정하는 건전성 분류가 필요하다고 인정하는 자산 등

위의 자산에 대한 건전성 분류는 매분기말(유가증권의 경우에는 매월말일) 기준으로 <별표 7> 및 <별표 7-1>에서 정하는 바에 따라 "정상", "요주의", "고정", "회수의문", "추정손실"의 5단계로 구분한다. 다만 유가증권의 경우에는 "고정" 분류를, 가지급금(여신성 가지급금을 제외)의 경우에는 "요주의" 및 "고정" 분류를 제외한다(상호저축은행업감독규정36②).

Ⅵ. 상호금융기관의 재무건전성규제

상호금융기관은 신용협동조합, 농업협동조합, 수산업협동조합, 산림조합, 새마을금고를 말한다. 이들 기관들 중에서 새마을금고를 제외한 기관들은 모두 금융감독기관의 건전성감독을 있으며, 새마을금고만 행정안전부의 건전성감독을 받고 있다.

여기서는 신용협동조합을 중심으로 살펴보기로 한다.

1. 경영건전성 기준

신용협동조합법("법")상 신용협동조합("조합") 및 신용협동조합중앙회("중앙회")는 경영의 건전성을 유지하고 금융사고를 예방하기 위하여 다음의 사항에 관하여 대통령령으로 정하는 바에 따라 금융위원회가 정하는 경영건전성 기준을 준수하여야 한다(법83의3①).

1. 재무구조의 건전성에 관한 사항
2. 자산의 건전성에 관한 사항

3. 회계 및 결산에 관한 사항

4. 위험관리에 관한 사항

5. 그 밖에 경영의 건전성을 확보하기 위하여 필요한 사항

2. 재무구조 건전성

(1) 의의

조합 및 중앙회는 경영의 건전성을 유지하고 금융사고를 예방하기 위하여 금융위원회가 정하는 재무구조의 건전성에 관한 사항인 ⅰ) 자산등에 대한 자기자본비율(제1호), ⅱ) 적립필요금액에 대한 대손충당금비율(제2호), ⅲ) 퇴직금추계액에 대한 퇴직급여충당금비율(제3호)을 준수하여야 한다(영20의2(1)).

(2) 재무건전성 비율

상호금융업감독규정에 따라 조합은 다음 각호에서 정하는 건전성 비율을 유지하여야 한다. 다만, 제5호의 건전성 비율은 직전 분기 중 분기말월 기준 대출금 200억원 미만인 조합의 경우에는 적용하지 아니한다(상호금융업감독규정12①).

1. 총자산 대비 순자본비율: 2% 이상
2. 대손충당금비율: 100% 이상. 다만, 한국표준산업분류 중 대분류 기준에 따른 업종 중 건설업 또는 부동산업에 대한 대출로서 건전성 분류가 '정상', '요주의', '고정' 또는 '회수의 문'인 대출의 경우 130% 이상
3. 퇴직급여충당금비율: 100% 이상
4. 유동성부채에 대한 유동성자산비율("유동성 비율"): 100% 이상. 다만, 직전 사업연도말 기준 자산총액 300억원 이상 1,000 억원 미만 조합의 경우에는 90% 이상, 자산총액 300억원 미만 조합의 경우에는 80% 이상
5. 예탁금, 적금 및 출자금에 대한 대출금 비율("예대율")
   가. 직전 반기말 주택담보대출의 분할상환비율이 20% 미만의 경우: 80% 이하
   나. 직전 반기말 주택담보대출의 분할상환비율이 20% 이상 30% 미만인 경우: 90% 이하
   다. 직전 반기말 주택담보대출의 분할상환비율이 30% 이상인 경우: 100% 이하

3. 자산건전성 분류기준

(1) 의의

조합 및 중앙회는 경영의 건전성을 유지하고 금융사고를 예방하기 위하여 금융위원회가

정하는 자산의 건전성에 관한 사항인 ⅰ) 자산건전성분류대상 자산의 범위(제1호), ⅱ) 자산에 대한 건전성분류 단계 및 그 기준(제2호)을 준수하여야 한다(영20의2(2)).

(2) 자산건전성의 분류

조합은 다음 보유자산의 건전성을 <별표 1-1>에 따라 매분기 말(유가증권에 대한 평가는 매월 1회 정기적으로 실시하고 평가일의 종가를 적용한다)을 기준으로 분류하여야 한다. 다만 감독 원장 및 중앙회장이 따로 요청하는 경우에는 이를 따른다(상호금융업감독규정11①).

1. 다음 각목의 대출 및 어음할인("대출금")과 당해 대출금을 회수하기 위하여 지급된 가지급 금("여신성가지급금")
   가. 상호금융대출
   나. 정책자금대출
   다. 공제대출
2. 유가증권
3. 가지급금
4. 신용카드 채권
5. 미수금
6. 환매조건부채권매수

자산에 대한 건전성은 "정상", "요주의", "고정", "회수의문", "추정손실"의 5단계로 구분 하되, 유가증권의 경우에는 "고정"분류를, 가지급금(여신성 가지급금을 제외)의 경우에는 "요주 의" 및 "고정"분류를 제외한다(상호금융업감독규정11②).

제4절 지배구조건전성규제

Ⅰ. 대주주 변경승인제도

1. 의의

금융기관의 대주주는 해당 금융기관의 건전성과 영업행위를 비롯한 조직문화 전반에 걸쳐 영향을 미칠 수 있다. 따라서 금융당국은 대주주가 금융회사를 건전하게 영위할 만한 자격이 있는지 여부를 정기적으로 또는 수시로 점검하고 있다. 이와 관련하여 개별 금융업법은 최초 인허가·등록 시에 대주주의 적격요건을 심사하고, 대주주 변경 시에는 금융사지배구조법("법")에서 금융위원회가 이를 승인하거나 금융위원회에 사후 보고를 하도록 하고 있다.

제2금융권에 속하는 금융회사5)가 발행한 주식을 취득·양수하여 새로이 대주주가 되려는 자는 금융사지배구조법 제31조에 따라 사전에 변경승인을 받아야 한다. 변경승인의 요건은 금융사지배구조법 시행령 별표 1에서 상세하게 규정하고 있는데, 대주주가 금융기관인지 개인인지 외국인인지 집합기구인지 등에 따라 재무건전성 등 여러 요건을 다르게 요구한다. 대주주의 분류에도 불구하고 일반적으로 적용되는 내용으로 대주주의 법령위반이 없는 등 사회적 신용요건이 있다. 여기서는 사회적 신용요건을 중심으로 다룬다.

변경승인제도에 위반하면 금융위원회의 처분명령의 대상이 될 수 있으며, 의결권행사가 제한된다. 다만 불가피한 사유로 변경대상 대주주가 된 경우에는 사후승인을 신청할 수 있다.

2. 승인대상

금융회사6)가 발행한 주식을 취득·양수(실질적으로 해당 주식을 지배하는 것을 말하며, 이하 "취득등"이라 한다)하여 대주주(최대주주의 경우 최대주주의 특수관계인인 주주를 포함하며, 최대주주가 법인인 경우 그 법인의 중요한 경영사항에 대하여 사실상 영향력을 행사하고 있는 자로서 대통령령으로 정하는 자를 포함)가 되고자 하는 자는 건전한 경영을 위하여 공정거래법, 조세범 처벌법 및 금융관련법령을 위반하지 아니하는 등 대통령령으로 정하는 요건을 갖추어 미리 금융위원회의 승인을 받아야 한다(법31①). 다만, 대통령령으로 정하는 자는 그러하지 아니하다(법31①).

3. 승인요건

승인요건 중 대주주의 사회적 신용요건은 다음과 같다(영 별표1 제1호 다목).

1) 최근 5년간 금융관련법령, 공정거래법 또는 조세범 처벌법을 위반하여 벌금형 이상에 상당하는 처벌받은 사실이 없을 것
2) 최근 5년간 채무불이행 등으로 건전한 신용질서를 저해한 사실이 없을 것
3) 금융산업구조개선법에 따라 부실금융기관으로 지정되거나 금융관련법령에 따라 허가·인가 또는 등록이 취소된 금융기관의 대주주 또는 그의 특수관계인이 아닐 것. 다만, 법원의 판

---

5) 인가대상 금융투자업자, 보험회사, 신용카드사와 비은행금융지주회사가 이에 속하며, 은행, 은행지주회사 및 상호저축은행은 은행법 등 해당 법령에서 규율한다. 등록대상 금융기관은 적용범위에 들어가지 않는다.
6) 은행법에 따른 인가를 받아 설립된 은행, 금융지주회사법에 따른 은행지주회사, 상호저축은행법에따른 인가를 받아 설립된 상호저축은행, 자본시장과 금융투자업에 관한 법률에 따른 투자자문업자및 투자일임업자, 여신전문금융업법에 따른 시설대여업자, 할부금융업자, 신기술사업금융업자는 제외한다(법31①).

결에 의하여 부실책임이 없다고 인정된 자 또는 부실에 따른 경제적 책임을 부담한 경우 등 금융위원회가 정하는 기준에 해당하는 자는 제외한다.

4) 그 밖에 1)부터 3)까지의 규정에 준하는 것으로서 금융위원회가 정하여 고시하는 건전한금융거래질서를 저해한 사실이 없을 것

한편, 대주주가 법인인 경우 형식적으로는 사회적 신용에 관한 결격사유에 해당하나 현재의 법인에 대하여 그 결격사유에 대한 귀책사유가 있다고 보기 어려운 경우에는 특례를 인정하여 결격사유에 해당하지 않는 것으로 본다.

4. 승인신청

승인을 받으려는 자는 ⅰ) 신청인에 관한 사항(제1호), ⅱ) 대주주가 되려고 금융회사의 주식을 취득하려는 경우 그 금융회사가 발행한 주식의 소유현황(제2호), ⅲ) 대주주가 되려는 자가 주식취득대상 금융회사가 발행하였거나 발행할 주식을 취득하려는 경우 그 취득계획(제3호), ⅳ) 그 밖에 승인요건 심사에 필요한 사항으로서 금융위원회가 정하여 고시하는 사항(제4호)이 기재된 대주주 변경승인신청서를 금융위원회에 제출하여야 한다(영26⑥).

5. 승인심사기간

(1) 원칙

금융위원회는 변경승인신청서를 제출받은 경우에는 그 내용을 심사하여 60일 이내에 승인 여부를 결정하고, 그 결과와 이유를 지체 없이 신청인에게 문서로 통지하여야 한다(영26⑨ 전단). 이 경우 변경승인신청서에 흠결이 있는 경우에는 보완을 요구할 수 있다(영26⑨ 후단).

(2) 예외

심사기간을 계산할 때 변경승인신청서의 흠결 보완기간 등 금융위원회가 정하여 고시하는 기간은 심사기간에 넣지 아니한다(영26⑩).

여기서 "금융위원회가 정하여 고시하는 기간"이란 다음의 어느 하나에 해당하는 기간을 말한다(금융회사 지배구조 감독규정16③). 실무에서는 심사대상자가 아래 제3호의 사유에 해당하여 심사가 중단되는 경우가 종종 있다.

1. 법 제31조 제1항의 요건을 충족하는지를 확인하기 위하여 다른 기관 등으로부터 필요한 자료를 제공받는 데에 걸리는 기간

2. 영 제26조 제9항 후단에 따라 변경승인신청서 흠결의 보완을 요구한 경우에는 그 보완 기간

3. 금융회사의 대주주가 되려는 자를 상대로 형사소송 절차가 진행되고 있거나 금융위, 공정 거래위원회, 국세청, 검찰청 또는 감독원 등(외국 금융회사인 경우에는 이들에 준하는 본 국의 감독기관 등을 포함)에 의한 조사·검사 등의 절차가 진행되고 있고, 그 소송이나 조 사·검사 등의 내용이 심사에 중대한 영향을 미칠 수 있다고 인정되는 경우에는 그 소송이 나 조사·검사 등의 절차가 끝날 때까지의 기간

4. 천재·지변 그 밖의 사유로 불승인사유를 통지할 수 없는 기간

6. 의결권행사 제한과 주식처분명령

대주주 변경승인을 받지 아니한 자는 승인 없이 취득하거나 취득 후 승인을 신청하지 아 니한 주식에 대하여 의결권을 행사할 수 없다(법31④). 승인을 받지 아니하고 취득등을 한 주식 에 대하여 6개월 이내의 기간을 정하여 처분을 명할 수 있다(법31③).

Ⅱ. 대주주 적격성 심사제도

1. 의의

대주주의 적격성 심사제도는 은행에 대하여 규정되어 있던 제도로, 저축은행 사태 이후 저축은행에도 도입되었으며, 동양그룹 사태 이후 제2금융권 전반에 확대해야 한다는 논의가 촉발되어 금융회사지배구조법에 도입되었다.

대주주 적격성 심사제도의 적용대상은 대주주 변경승인 대상과 동일한 제2금융권 금융기 관이다. 금융위원회가 해당 금융기관에 대하여 주기적으로 최대주주 중 최다출자자 1인의 자 격요건 유지 여부를 심사하여, 자격 미달의 경우 금융위원회는 적격성 유지요건을 충족하기 위 한 조치를 취할 것을 명할 수 있고, 2년 이내의 기간으로 심사대상이 보유한 주식의 일정 부분 에 대하여 의결권행사를 제한할 수 있다.

은행, 은행지주회사, 상호저축은행은 금융회사지배구조법이 아닌 은행법 등에서 대주주 적격성 심사를 받고 있다. 또한 자본시장법에 따른 투자자문업자 및 투자일임업자, 여신전문금 융업법에 따른 시설대여업자, 할부금융업자, 신기술사업금융업자는 제외되는데, 이들은 진입규 제에서 인가제가 아닌 등록제를 취하고 있기 때문에 더 엄격한 주기적 심사의 대상이 되지 않 는다.

2. 승인대상

최대주주(특수관계인을 포함하며, 법인인 경우 그 최대주주 및 대표자를 포함)와 주요주주에 대하여 모두 요건 충족을 요구하는 대주주 변경승인과 달리, 대주주의 주기적 적격성은 최대주주의 최다출자자 개인에 한정하여 적용된다.

금융위원회는 금융회사(제31조 제1항의 적용대상인 금융회사에 한정)의 최대주주 중 최다출자자 1인(최다출자자 1인이 법인인 경우 그 법인의 최대주주 중 최다출자자 1인을 말하며, 그 최다출자자 1인도 법인인 경우에는 최다출자자 1인이 개인이 될 때까지 같은 방법으로 선정한다. 다만, 법인 간 순환출자 구조인 경우에는 최대주주 중 대통령령으로 정하는 최다출자자 1인으로 한다. 이하 "적격성 심사대상"이라 한다)에 대하여 대통령령으로 정하는 기간마다 변경승인요건 중 공정거래법, 조세범 처벌법 및 금융관련법령을 위반하지 아니하는 등 대통령령으로 정하는 요건("적격성 유지요건")에 부합하는지 여부를 심사하여야 한다(법32①).

3. 적격성 유지요건

"대통령령으로 정하는 요건"(적격성 유지요건)이란 다음의 요건을 말한다(영27④).

1. 법 제5조 제1항 제1호·제2호·제5호·제6호·제7호에 해당하지 아니할 것
2. 다음 각 목의 요건을 모두 충족할 것. 다만, 그 위반 등의 정도가 경미하다고 인정되거나 해당 금융회사의 건전한 업무 수행을 어렵게 한다고 볼 수 없는 경우는 제외한다.
   가. 최근 5년간 금융관계법령, 공정거래법률 또는 조세범 처벌법을 위반하여 벌금형 이상에 상당하는 형사처벌을 받은 사실이 없을 것
   나. 금융산업구조개선률에 따라 부실금융기관으로 지정되었거나 금융관계법령에 따라 영업의 허가·인가·등록 등이 취소된 금융기관의 대주주 또는 그 특수관계인이 아닐 것. 다만, 법원의 판결에 따라 부실책임이 없다고 인정된 자 또는 부실에 따른 경제적 책임을 부담하는 등 금융위원회가 정하여 고시하는 기준에 해당하는 자는 제외한다.
   다. 최근 5년간 부도발생 및 그 밖에 이에 준하는 사유로 은행거래정지처분을 받은 사실이 없을 것
   라. 최근 3년간 신용정보법에 따른 종합신용정보집중기관에 금융질서 문란정보 거래처 또는 약정한 기일 내에 채무를 변제하지 아니한 자로 등록된 사실이 없을 것
   마. 최근 5년간 채무자회생법에 따른 회생절차 또는 파산절차를 진행 중인 기업의 최대주주 또는 주요주주로서 해당 기업을 회생절차 또는 파산절차에 이르게 한 책임이 인정되지 아니하고 이에 직접 또는 간접으로 관련된 사실이 없을 것

4. 요건 미충족시의 조치

위반분 전체에 대한 의결권 제한과 처분명령을 규정하고 있는 대주주 변경승인의 경우와 달리, 주기적 적격성 심사에서는 금융위원회에 6개월 이내의 기간을 정하여 해당 금융회사의 경영건전성을 확보하기 위한 ⅰ) 적격성 유지요건을 충족하기 위한 조치(제1호), ⅱ) 해당 적격성 심사대상과의 거래의 제한 등 이해상충 방지를 위한 조치(제2호), ⅲ) 그 밖에 금융회사의 경영건전성을 위하여 필요하다고 인정되는 조치로서 대통령령으로 정하는 조치(제3호)를 이행할 것을 명하는 권한만이 부여되어 있다(법32④).

금융위원회는 심사 결과 적격성 심사대상이 ⅰ) 제1항에 규정된 법령의 위반으로 금고 1년 이상의 실형을 선고받고 그 형이 확정된 경우(제1호), ⅱ) 그 밖에 건전한 금융질서 유지를 위하여 대통령령으로 정하는 경우(제2호)로서 법령위반 정도를 감안할 때 건전한 금융질서와 금융회사의 건전성이 유지되기 어렵다고 인정되는 경우 5년 이내의 기간으로서 대통령령으로 정하는 기간 내에 해당 적격성 심사대상이 보유한 금융회사의 의결권 있는 발행주식(최다출자자 1인이 법인인 경우 그 법인이 보유한 해당 금융회사의 의결권 있는 발행주식을 말한다) 총수의 10% 이상에 대하여는 의결권을 행사할 수 없도록 명할 수 있다(법32⑤).

의결권 행사금지는 5년 이내의 기간으로 명할 수 있으며, 대상은 해당 적격성 심사대상이 보유한 금융회사의 의결권 있는 발행주식 총수의 10% 이상이다. 예컨대, 적격성 심사대상이 해당 금융회사의 주식을 15% 소유하고 있다면 10% 이상이 되는 부분인 5% 부분에 대하여 의결권 행사금지를 명할 수 있다.

Ⅲ. 지배구조규제

1. 경영진구성과 관련한 규제

금융사지배구조법상 금융회사의 임원의 범위는 이사, 감사, 집행임원(상법상 집행임원을 둔 경우로 한정) 및 업무집행책임자로 한정하고(법2(2)), 금융회사는 임원의 자격요건을 충족하는지를 확인하여 선임하여야 하며(법7①), 임원의 선임 및 해임 내용을 인터넷 홈페이지에 공시하고 금융위원회에 보고하여야 한다(법7②③). 특히 사외이사의 경우는 임원요건을 충족하여야 함은 물론 해당 금융회사 또는 그 계열사와 일정한 관계에 있는 자뿐만 아니라 최대주주 및 주요주주 등과 일정한 관계에 있는 자에 대하여는 사외이사 선임을 배제함으로써 사외이사들이 대주주 및 경영진으로부터 독립성을 확보할 수 있도록 하고 있다(법6). 또한 사외이사, 대표이사, 대표집행임원, 감사위원은 임원후보추천위원회의 추천에 의해 주주총회에서 선임하여야 한다

(법17).

금융회사의 상근임원은 다른 영리법인에 상근으로 종사하는 것이 원칙적으로 금지된다(법 10①). 다만 금융지주회사는 금융자회사를 지배하는 것이 고유업무이므로 금융지주회사의 임직원이 자회사 등의 임직원을 겸직하는 것은 허용되며, 금융지주회사 자회사의 임직원이 동일 금융지주회사 산하 다른 자회사의 임직원을 겸직하는 것도 허용된다(법10②④).

대규모 금융회사(은행, 금융지주회사, 자산규모가 5조원 이상인 금융투자업자·보험회사·여신전문 금융회사, 자산규모가 7천억원 이상인 저축은행이 이에 해당)의 경우에는 이사회에 사외이사를 3명 이상 두어야 하며(법12①), 사외이사의 수가 이사 총수의 과반수가 되어야 한다(법12②). 또한 이러한 대규모 금융회사는 지배구조 내부규범을 마련하여 이사회의 구성과 운영, 이사회 내 위원회의 설치, 임원의 전문성요건, 임원 성과평가 및 최고경영자의 자격 등 경영승계에 관한 사항 등에 관하여 지켜야 할 구체적인 원칙과 절차를 마련하여야 한다(법14①). 또한 이사회 내 위원회로 임원후보추천위원회, 감사위원회, 위험관리위원회, 보수위원회를 설치하여야 하며(법 16①), 위원회 위원의 과반수는 사외이사로 구성하고(법16③), 위원회의 대표는 사외이사로 한다(법16④).

2. 내부통제

지배구조규제에 있어 중요한 부분은 내부통제와 위험관리에 관한 사항이다. 사외이사나 이사회내 위원회 등 이사회 관련 제도가 대규모 금융회사에게만 국한되는 규제인 반면에 내부통제기준과 위험관리기준에 관한 사항과 이와 관련된 업무를 하는 준법감시인제도와 위험관리책임자제도는 규모, 업종 및 상장 여부 등에 관계없이 모든 금융회사에 적용되는 점이 다르다. 아래서는 내부통제기준과 준법감시인제도, 위험관리기준과 위험관리책임자제도를 살펴보기로 한다.

(1) 내부통제기준

금융회사는 법령을 준수하고, 경영을 건전하게 하며, 주주 및 이해관계자 등을 보호하기 위하여 금융회사의 임직원이 직무를 수행할 때 준수하여야 할 기준 및 절차인 내부통제기준을 마련하여야 한다(법24①).

내부통제기준에는 금융회사의 내부통제가 실효성있게 이루어질 수 있도록 ⅰ) 업무의 분장 및 조직구조(제1호), ⅱ) 임직원이 업무를 수행할 때 준수하여야 하는 절차(제2호), ⅲ) 내부통제와 관련하여 이사회, 임원 및 준법감시인이 수행하여야 하는 역할(제3호), ⅳ) 내부통제와 관련하여 이를 수행하는 전문성을 갖춘 인력과 지원조직(제4호), ⅴ) 경영의사결정에 필요한 정

보가 효율적으로 전달될 수 있는 체제의 구축(제5호), vi) 임직원의 내부통제기준 준수 여부를
확인하는 절차·방법과 내부통제기준을 위반한 임직원의 처리(제6호), vii) 임직원의 금융관계법
령 위반행위 등을 방지하기 위한 절차나 기준(임직원의 금융투자상품 거래내용의 보고 등 불공정행
위를 방지하기 위한 절차나 기준을 포함)(제7호), viii) 내부통제기준의 제정 또는 변경 절차(제8호),
ix) 준법감시인의 임면절차(제9호), x) 이해상충을 관리하는 방법 및 절차 등(금융회사가 금융지
주회사인 경우는 예외로 한다)(제10호), xi) 상품 또는 서비스에 대한 광고의 제작 및 내용과 관련
한 준수사항(제11호), xii) 법 제11조 제1항에 따른 임직원 겸직이 제11조 제4항 제4호 각 목의
요건을 충족하는지에 대한 평가·관리(제12호), xiii) 그 밖에 내부통제기준에서 정하여야 할 세
부적인 사항으로서 금융위원회가 정하여 고시하는 사항(제13호)이 포함되어야 한다(영19①).

　　금융지주회사가 금융회사인 자회사등의 내부통제기준을 마련하는 경우 그 자회사등은 내
부통제기준을 마련하지 아니할 수 있다(법24②). 금융회사(소규모 금융회사는 제외)는 내부통제기
준의 운영과 관련하여 최고경영자를 위원장으로 하는 내부통제위원회를 두어야 한다(영19②).
금융회사는 금융위원회가 정하여 고시하는 바에 따라 내부통제를 전담하는 조직을 마련하여야
한다(영19③).

(2) 준법감시인
(가) 의의

　　준법감시인은 금융회사(자산규모 등을 고려하여 대통령령으로 정하는 투자자문업자 및 투자일임
업자는 제외)에서 내부통제기준의 준수 여부를 점검하고 내부통제기준을 위반하는 경우 이를
조사하는 등 내부통제 관련 업무를 총괄하는 사람을 말하는데(법25①), 준법감시인은 필요하다
고 판단하는 경우 조사결과를 감사위원회 또는 감사에게 보고할 수 있다(법25①). 금융회사는
준법감시인에 대하여 회사의 재무적 경영성과와 연동하지 아니하는 별도의 보수지급 및 평가
기준을 마련하여 운영하여야 한다(법25⑥).

(나) 선임과 해임

　　금융회사는 준법감시인을 1명 이상 두어야 하며(법25①), 사내이사 또는 업무집행책임자
중에서 준법감시인을 선임하여야 한다. 다만, 자산규모, 영위하는 금융업무 등을 고려하여 대
통령령으로 정하는 금융회사 또는 외국금융회사의 국내지점은 사내이사 또는 업무집행책임자
가 아닌 직원 중에서 준법감시인을 선임할 수 있다(법25②). 준법감시인을 직원 중에서 선임하
는 경우 「기간제 및 단시간근로자 보호 등에 관한 법률」에 따른 기간제근로자 또는 단시간근로
자를 준법감시인으로 선임하여서는 아니 된다(법25⑤). 금융회사(외국금융회사의 국내지점은 제
외)가 준법감시인을 임면하려는 경우에는 이사회의 의결을 거쳐야 하며, 해임할 경우에는 이

사 총수의 3분의 2 이상의 찬성으로 의결한다(법25③). 준법감시인의 임기는 2년 이상으로 한다(법25④).

제5절 영업행위규제

Ⅰ. 은행

1. 불건전 영업행위의 금지

(1) 의의

은행법("법")상 불건전 영업행위는 은행의 우월적 지위를 규제하는 금융소비자보호법상의 불공정영업행위와는 달리 은행이용자의 우월적 지위에 은행이 정상적이지 못한 일정한 편익제공 등을 하는 행위를 말한다. 이러한 행위들은 거래의 형평성과 은행의 건전성을 해칠 수 있는 행위들이기 때문에 법으로 금지하고 있으며, 그 구체적인 유형 또는 기준은 시행령에서 정하고 있다.

(2) 유형

(가) 실제 자금 수취없는 입금거래 등에 의한 부당편익제공행위

은행이 실제로는 자금을 수취하지 아니하였음에도 입금처리를 하는 등 은행이용자에게 부당하게 편익을 제공하는 행위는 불건전영업행위로 금지된다(법34의2①(1)). 이러한 행위는 은행의 건전한 경영을 저해하는 행위로도 볼 수 있으며, 특정 상품에 대한 과당 경쟁 과정에서도 발생하기도 한다. 그 구체적인 유형으로 은행이용자에게 부당하게 편익을 제공하기 위하여 자기앞수표·양도성예금증서 등을 선(先)발행하는 등 실제 자금을 수취하지 아니하였음에도 입금처리하는 행위를 들 수 있다(영20의2(1)).

(나) 은행상품의 비정상적 취급에 의한 부당거래 지원

은행상품을 비정상적으로 취급하여 은행이용자의 조세포탈·회계분식·부당내부거래 등 부당한 거래를 지원하는 행위는 금지된다(법34의2①(2)). 그 구체적인 유형으로 은행이용자의 조세포탈·회계분식·부당내부거래 등 부당한 거래를 지원하기 위하여 은행이용자가 대출을 받아 그 재원을 예금하고 예금담보대출을 받게 하는 행위 또는 타인이 은행이용자 명의로 양도성예금증서 또는 자본시장법에 따른 채무증권을 발행·매매하도록 하는 행위를 들 수 있다(영

20의2(2)).

(다) 은행업무 등과 관련하여 정상적 수준을 초과한 재산상 이익의 제공

은행이 은행이용자에게 은행업무 등과 관련하여 정상적 수준을 초과하여 재산상 이익을 제공하는 행위는 불건전영업행위로서 금지된다(법34의2①(3)). 여기서 은행업무의 범위에는 은행업무, 부수업무 또는 겸영업무가 모두 포함되며 겸영업무의 경우에는 다른 금융업법에서 규율하고 있는 위반행위에 대하여도 경합될 수 있다.

위반을 판단하는데 있어서 정상적 수준을 어떻게 판단할 것인지가 문제되는데, 은행법 시행령은 정상적인 수준을 금융위원회가 정하여 고시하도록 하고 있으며(영20의2①(3)), 이를 절차적 요건과 실질적 요건으로 나누어 판단하고 있다.

은행업감독규정은 절차적 요건으로 5가지를 들고 있다. 즉 ⅰ) 은행이 은행이용자에게 금전·물품·편익 등 재산상 이익(경제적 가치가 3만원 이하인 물품·식사 또는 20만원 이하의 경조비·조화·화환을 제외)을 제공하는 경우 미리 준법감시인에게 보고하고 그 제공한 날부터 5년간 제공목적, 제공내용, 제공일자 및 제공받는 자 등에 대한 기록을 유지할 것. 다만, 준법감시인에게 미리 보고하기 곤란한 경우에는 사후에 보고할 수 있다(제1호). ⅱ) 은행이 은행이용자에게 재산상 이익을 제공하기 전에 이사회 의결(외국은행지점의 경우 국내 대표자의 승인)을 거칠 것. 다만, 이사회(외국은행지점의 경우 국내 대표자)가 정한 기준에 해당하는 경우에는 이사회 의결을 재산상 이익을 제공한 후 이사회에 보고하는 것으로 갈음할 수 있다(제2호). ⅲ) 재산상 이익의 제공에 대한 적정성 점검 및 평가절차 등을 포함한 내부통제기준을 운영할 것(제3호), ⅳ) 재산상 이익의 제공에 대한 현황, 적정성 점검 및 평가결과 등을 매년 이사회에 보고할 것(제4호), ⅴ) 최근 5개 사업연도 중 특정 은행이용자에게 제공된 재산상 이익이 10억원을 초과한 경우(종전 공시된 재산상 이익에서 추가 10억원이 제공된 경우를 포함) 감독원장이 정하는 절차 및 방법 등에 따라 그 내용을 인터넷 홈페이지 등을 이용하여 공시할 것(제5호)의 요건을 모두 충족하는 경우로서 제공규모 및 횟수 등을 감안하여 일반인이 통상적으로 이해하는 수준에 반하지 아니하는 수준을 말한다(은행업감독규정29의3①).

재산상 이익 제공의 실질적 요건은 제공 규모와 횟수 등을 감안하여 일반인이 통상적으로 이해하는 수준에 반하지 않는 수준이거나 사회상규에 맞는 수준이 그 기준이 될 수 있다. 은행이 공익법인 등에 기부를 하는 경우가 있는데, 실질적으로 기부대상이 대주주의 특수관계인에 포함되지 않는다면 이러한 기부행위가 정상적인 수준을 초과한 재산상 이익제공행위라고 볼 수는 없을 것이다.

(라) 기타 은행업무 등과 관련하여 취득한 정보 등을 활용하여 은행의 건전운영 또는 신용
    질서를 해치는 행위

그 밖에 은행업무, 부수업무 또는 겸영업무와 관련하여 취득한 정보 등을 활용하여 은행
의 건전한 운영 또는 신용질서를 해치는 행위는 금지된다(법34의2①(4)). 구체적으로는 은행과
은행이용자 간, 특정 은행이용자와 다른 은행이용자 간에 이해상충이 발생할 수 있는 거래에
활용하기 위하여 은행업무 등과 관련하여 취득한 정보 등을 이용하는 행위는 은행의 불건전영
업행위로서 금지된다(영20의2(4)). 예를 들어 은행이 차주의 여신관리 목적상 취득한 도산 가능
성을 포함한 신용위험에 관한 정보를 자기나 다른 거래처의 신용파생상품거래에 이용하게 할
목적으로 제공하는 경우가 이에 해당될 수 있다.

(마) 기타 불건전영업행위

그 밖에 은행업무등과 관련하여 은행의 건전한 운영 또는 신용질서를 해치는 행위로서 금
융위원회가 정하여 고시하는 행위는 금지된다(영20의2(5)). 여기서 금융위원회가 정하는 고시하
는 행위는 ⅰ) 본인확인을 하지 않고 예금을 지급하는 행위. 다만, 통장과 인감이 있는 경우나
국민기초생활 보장법 제45조 및 노인복지법 제48조 등 관련법령에 따라 시장·군수·구청장, 복
지실시기관 및 노인복지시설의 장에 대해 사망자의 유류예금을 지급하는 경우는 제외한다(제1
호), ⅱ) 거래처의 통장 또는 인감 등을 보관하는 행위(제2호), ⅲ) 창구를 거치지 아니하고 예
금을 입출금하는 행위(제3호), ⅳ) 예금잔액증명서에 허위사실을 기재하거나 중요사항을 누락
하여 발급하는 등의 방법으로 은행이용자의 자금력 위장에 직·간접적으로 관여하는 행위(제4
호), ⅴ) 집합건물의 소유 및 관리에 관한 법률에 따른 집합건물을 담보로 하는 대출에 관하여
다음에서 정하는 사항을 준수하지 않는 행위, 즉 ㉠ 원칙적으로 동 담보건물의 건축자금에 한
하여 취급할 것, ㉡ 입주자 또는 입주예정자 등 제3자의 기득권 보호를 위한 조치를 강구한 후
취급할 것(제5호 가목 및 나목), ⅵ) 당좌대출에 대한 부채잔액증명서 발급시 미결제타점권(未決
濟他店券) 입금액(자기앞수표, 송금수표, 우편환증서 및 국고수표는 제외)이 있는 경우 그 내용을 별
도 기재하지 않는 행위(제6호)를 말한다. 다만, 제1호부터 제3호까지의 어느 하나에 해당하는
행위는 감사통할책임자의 확인 및 영업점장의 승인을 받은 경우에는 이를 제외하고, 은행은 그
처리사항에 관한 기록 및 보관 등 관리를 철저히 하여야 한다(은행업감독규정29의3②).

2. 금융거래상 중요 정보 제공의무

(1) 의의

은행은 예금자 등 은행이용자를 보호하고 금융분쟁의 발생을 방지하기 위하여 은행이용자
에게 금융거래상 중요정보를 제공하는 등 적절한 조치를 마련하여야 한다(법52의2②). 은행은

이를 위해 금리 등의 공시의무와 금융거래단계별 정보나 자료를 제공하고 그 내용을 설명하여야 한다(법52의2③ 및 영24의6②). 금융위원회는 은행이용자의 보호 등이 필요하다고 인정하는 경우 앞의 제2항에 따른 조치에 대하여 시정 또는 보완을 명할 수 있다(법52의2⑤).

(2) 금리 등의 공시의무

은행은 예금자 등 은행이용자를 보호하고 금융분쟁의 발생을 방지하기 위하여 금리, 계약해지 및 예금자 보호에 관한 사항 등 은행이용자가 유의하여야 할 사항을 공시하여야 한다(영24의6②(1)).

은행은 은행상품에 관한 계약을 체결하거나 계약의 체결을 권유하는 경우에는 공시사항이 기재된 자료를 은행이용자에게 제공하고 그 내용을 설명하여야 한다. 다만, 겸영업무에 대하여는 해당 법령에서 정하는 사항을 따른다(감독규정89③). 은행은 설명내용에 대해 은행이용자가 이해하였음을 은행이용자의 서명, 기명날인, 녹취, 그 밖에 감독원장이 정하는 방법 중 하나 이상의 방법으로 확인을 받아 이를 유지·관리하여야 한다(감독규정89④).

(3) 금융거래단계별 설명의무

은행은 금융거래 단계별로 ⅰ) 계약체결을 권유하는 경우: 계약조건, 거래비용 등 계약의 주요 내용(가목), ⅱ) 은행이용자가 청약하는 경우: 약관(나목), ⅲ) 계약을 체결하는 경우: 계약서류(다목)을 제공하고 그 내용을 설명하여야 한다. 다만, 이미 체결된 계약과 같은 내용으로 계약을 갱신하는 경우 등 금융위원회가 정하여 고시하는 경우에는 정보나 자료의 제공 및 설명을 생략할 수 있다(영24의6②(2)).

은행은 상품의 중요내용을 설명함에 있어서 은행이용자의 합리적인 판단 또는 해당 상품의 가치에 중대한 영향을 미칠 수 있는 사항("중요사항")을 거짓 또는 왜곡(불확실한 사항에 대하여 단정적 판단을 제공하거나 확실하다고 오인하게 할 소지가 있는 내용을 알리는 행위)하여 설명하거나 중요사항을 누락하여서는 아니 된다(감독규정89⑤). 그리고 은행상품의 종류별로 공시할 내용이 정해져 있다. 저축상품의 경우에는 은행업감독규정 시행세칙 제70조, 대출상품의 경우에는 동 시행세칙 제70조의2, 복합금융상품의 경우에는 동시행세칙 제70조의3, 기타 상품 또는 서비스에 대해서는 동 시행세칙 제70조의4에 상세히 규정되어 있다.

은행이용자는 약관 및 계약서류에 대한 열람을 신청할 수 있다. 이 경우 은행은 정당한 사유가 없으면 이에 따라야 한다(법52의2③).

3. 이해상충관리

(1) 의의

금융업자는 업권을 불문하고 고객과의 관계 또는 고객간의 관계에서 이해상충 가능성이 상존하고 있다. 은행법은 이해상충의 정도에 따라 ⅰ) 이해상충의 관리 ⅱ) 이해상충의 통지 및 감축 후 거래 ⅲ) 거래단념의 3단계로 구분하여 이를 은행이 관리하도록 하고 있다.

(2) 이해상충의 관리

은행의 이해상충관리체계는 정보교류 차단장치, 내부통제기준설정, 장부 및 기록의 별도 유지관리로 구성된다.

ⅰ) 은행은 은행법에 따른 업무를 운영할 때 은행과 은행이용자 간, 특정 이용자와 다른 이용자 간의 이해상충을 방지하기 위하여 대통령령으로 정하는 업무 간에는 이해상충이 발생할 가능성에 대하여 인식·평가하고 정보교류를 차단하는 등 공정하게 관리하여야 한다(법28의2①).

ⅱ) 은행은 이해상충을 관리하는 방법 및 절차 등을 대통령령으로 정하는 바에 따라 금융회사지배구조법상 내부통제기준(동법24)에 반영하여야 한다(법28의2②). 금융위원회는 은행이용자 보호 등을 위하여 필요하다고 인정되는 경우에는 이해상충에 관한 내부통제기준의 변경을 권고할 수 있다(법28의2⑤).

ⅲ) 은행은 집합투자업, 신탁업, 집합투자증권에 대한 투자매매업, 집합투자증권에 대한 투자중개업, 신용카드업은 은행업무와 구별하고 별도의 장부와 기록을 보유하여야 한다(법28의2⑥ 및 영18의3③). 이 경우 신탁업 업무를 수행하는 은행은 해당 업무에 속하는 자금, 유가증권 또는 소유물을 구별하여 별도의 장부와 기록을 보유하여야 한다(영18의3④).

(3) 이해상충의 정도와 은행의 의무

은행은 이해상충을 공정하게 관리하는 것이 어렵다고 인정되는 경우에는 그 사실을 미리 해당 이용자 등에게 충분히 알려야 하며, 그 이해상충이 발생할 가능성을 내부통제기준이 정하는 방법 및 절차에 따라 은행이용자 보호 등에 문제가 없는 수준으로 낮춘 후 거래를 하여야 한다(법28의2③). 그러나 이해상충이 발생할 가능성을 낮추는 것이 어렵다고 판단되는 경우에는 거래를 하여서는 아니 된다(법28의2④).

Ⅱ. 금융투자업자

1. 금융투자업자의 공통영업행위규제

(1) 신의성실의무과 투자자 이익 우선의무

자본시장법("법")상 금융투자업자는 신의성실의 원칙에 따라 공정하게 금융투자업을 영위하여야 한다(법37①). 여기서 신의성실의 원칙은 모든 금융투자업자는 업무를 수행하는 과정에서 투자자의 신뢰와 기대를 배반하여서는 안 된다는 것을 의미하며 투자자와의 분쟁이 발생하는 경우 신의성실의 원칙 준수 여부가 판단기준이 될 수 있다. 금융투자업자는 금융투자업을 영위함에 있어서 정당한 사유 없이 투자자의 이익을 해하면서 자기가 이익을 얻거나 제3자가 이익을 얻도록 하여서는 아니 된다(법37②).

(2) 이해상충 방지
(가) 이해상충 규제의 기본원칙

자본시장법은 다음과 같이 3단계로 이해상충 방지의무를 부과하고 있다.

ⅰ) 내부통제를 통한 이해상충 방지의무이다. 금융투자업자는 이해상충 발생 가능성을 상시적으로 파악·평가하고 내부통제기준이 정하는 방법과 절차에 따라 적절하게 관리할 의무가 있다. 이해상충이 발생할 가능성이 있다고 인정하는 경우에는 그 사실을 미리 해당 투자자에게 알려야 하고, 그 이해상충이 발생할 가능성을 내부통제기준이 정하는 방법 및 절차에 따라 투자자보호에 문제가 없는 수준으로 낮춘 후 매매, 그 밖의 거래를 하여야 하며, 이해상충 가능성을 낮추는 것이 곤란하다고 판단되는 경우에는 그러한 거래를 해서는 안된다(법44조).

ⅱ) 이해상충 발생의 가능성이 높은 개별행위를 법령에서 직접 금지시키고 있다. 이해상충은 금융투자업의 종류에 따라 다르게 나타날 수 있는 만큼 6가지 금융투자업별(투자매매업, 투자중개업, 집합투자업, 투자자문업, 투자일임업, 신탁업)로 금지되는 이해상충행위를 불건전 영업행위로서 각각 규정하고 있다.

ⅲ) 이해상충이 발생할 가능성이 큰 부서간 정보교류를 금지시키는 Chinese-Wall 설치를 의무화하고 있다(법45). 이러한 정보교류 차단장치는 공통적으로 정보교류 차단장치의 설치 대상, 교류금지 정보의 범위, 금지대상 정보교류 행위를 각각 규정하고 있다.

자본시장법은 개별 금융투자업자별로 이해상충행위를 금지하는 규정을 두고, 일반적인 의무로서 이해상충관리의무와 정보교류차단의무를 규정하고 있다.

(나) 내부통제

1) 이해상충 파악·평가·관리 의무

금융투자업자는 금융투자업의 영위와 관련하여 금융투자업자와 투자자 간, 특정 투자자와 다른 투자자 간의 이해상충을 방지하기 위하여 이해상충이 발생할 가능성을 파악·평가하고, 금융회사지배구조법에 내부통제기준이 정하는 방법 및 절차에 따라 이를 적절히 관리하여야 한다(법44①).

2) 이해상충 공시·감축 의무

금융투자업자는 이해상충이 발생할 가능성을 파악·평가한 결과 이해상충이 발생할 가능성이 있다고 인정되는 경우에는 그 사실을 미리 해당 투자자에게 알려야 하며, 그 이해상충이 발생할 가능성을 내부통제기준이 정하는 방법 및 절차에 따라 투자자 보호에 문제가 없는 수준으로 낮춘 후 매매, 그 밖의 거래를 하여야 한다(법44②). 금융투자업자는 그 이해상충이 발생할 가능성을 낮추는 것이 곤란하다고 판단되는 경우에는 매매, 그 밖의 거래를 하여서는 아니 된다(법44③).

(다) 정보교류의 차단

금융투자업자는 금융투자업, 제40조 제1항 각 호의 업무, 부수업무 및 제77조의3에서 종합금융투자사업자에 허용된 업무("금융투자업등")를 영위하는 경우 내부통제기준이 정하는 방법 및 절차에 따라 제174조 제1항 각 호 외의 부분에 따른 미공개중요정보 등 대통령령으로 정하는 정보의 교류를 적절히 차단하여야 한다(법45①). 금융투자업자는 금융투자업등을 영위하는 경우 계열회사를 포함한 제삼자에게 정보를 제공할 때에는 내부통제기준이 정하는 방법 및 절차에 따라 제174조 제1항 각 호 외의 부분에 따른 미공개중요정보 등 대통령령으로 정하는 정보의 교류를 적절히 차단하여야 한다(법45②).

(라) 이해상충방지의무 위반에 대한 책임

금융투자업자는 법령에 위반하는 행위를 하거나 그 업무를 소홀히 하여 투자자에게 손해를 발생시킨 경우에는 그 손해를 배상할 책임이 있다(법64① 본문). 다만, 배상의 책임을 질 금융투자업자가 투자매매업 또는 투자중개업과 집합투자업을 함께 영위함에 따라 발생하는 이해상충방지의무를 위반한 경우에는 그 금융투자업자가 상당한 주의를 하였음을 증명하거나 투자자가 금융투자상품의 매매, 그 밖의 거래를 할 때에 그 사실을 안 경우에는 배상의 책임을 지지 아니한다(법64① 단서).

(3) 투자권유대행인
(가) 투자권유의 의의

투자권유란 특정 투자자를 상대로 금융투자상품의 매매 또는 투자자문계약·투자일임계약·신탁계약(관리형신탁계약 및 투자성 없는 신탁계약을 제외)의 체결을 권유하는 것을 말한다(법9④). 즉 투자자가 금융상품의 취득·처분 등에 관해 투자자가 판단을 하는 데 있어, 영향을 미치는 정보를 제공하거나 또는 이에 관한 조언을 하는 행위로서 청약의 유인에 해당한다. 투자권유는 각종 투자자 보호 장치가 작동하는 출발점이다. 자본시장법은 투자자 유형을 일반투자자와 전문투자자로 구분하여 투자권유 시 적용되는 보호장치를 달리한다.

(나) 투자권유대행인
1) 투자권유대행인의 의의와 자격

투자권유대행인(개인에 한한다)이란 금융투자업자의 위탁을 받아 금융투자상품에 대한 투자권유(파생상품등에 대한 투자권유를 제외)를 대행하는 자이다(법51①). 금융투자업자는 투자권유대행인 외의 자에게 투자권유를 대행하게 하여서는 아니 된다(법52①).

금융투자업자는 i) 금융위원회에 투자권유대행인으로 이미 등록된 자가 아닐 것(제1호), ii) 금융투자상품에 관한 전문지식이 있는 자로서 대통령령으로 정하는 자격을 갖출 것(제2호), iii) 등록이 취소된 경우 그 등록이 취소된 날부터 3년이 경과하였을 것(제3호)의 요건을 모두 갖춘 자(개인에 한한다)에게 투자권유(파생상품등에 대한 투자권유를 제외)를 위탁할 수 있다(법51① 전단). 이 경우 금융투자업자의 업무위탁에 관한 제42조를 적용하지 않는다(법51① 후단).

2) 투자권유대행인의 등록의무

금융투자업자로부터 투자권유를 위탁받은 자는 등록 전에는 투자권유를 하여서는 아니 된다(법51②). 법 제51조 제2항을 위반하여 등록 전에 투자권유를 한 자는 3년 이하의 징역 또는 1억원 이하의 벌금에 처한다(법445(7)).

투자권유대행인으로 등록된 자는 등록 이후 그 영업을 영위함에 있어서 금융투자상품에 관한 전문지식이 있는 자로서 제51조 제1항 제2호의 요건을 유지하여야 한다(법51⑨).

(4) 직무관련 정보의 이용 금지 등
(가) 직무관련 정보의 이용 금지

금융투자업자는 직무상 알게 된 정보로서 외부에 공개되지 아니한 정보를 정당한 사유 없이 자기 또는 제삼자의 이익을 위하여 이용하여서는 아니 된다(법54①)). 금융투자업자 및 그 임직원은 제45조 제1항 또는 제2항에 따라 정보교류 차단의 대상이 되는 정보를 정당한 사유 없이 본인이 이용하거나 제삼자에게 이용하게 하여서는 아니 된다(법54②).

(나) 손실보전 등의 금지

금융투자업자는 금융투자상품의 매매, 그 밖의 거래와 관련하여 제103조 제3항에 따라 손실의 보전 또는 이익의 보장을 하는 경우, 그 밖에 건전한 거래질서를 해할 우려가 없는 경우로서 정당한 사유가 있는 경우를 제외하고는 ⅰ) 투자자가 입을 손실의 전부 또는 일부를 보전하여 줄 것을 사전에 약속하는 행위(제1호), ⅱ) 투자자가 입은 손실의 전부 또는 일부를 사후에 보전하여 주는 행위(제2호), ⅲ) 투자자에게 일정한 이익을 보장할 것을 사전에 약속하는 행위(제3호), ⅳ) 투자자에게 일정한 이익을 사후에 제공하는 행위(제4호)를 하여서는 아니 된다. 금융투자업자의 임직원이 자기의 계산으로 하는 경우에도 또한 같다(법55).

이 규정은 자본시장의 공정한 건전한 거래질서를 확보하기 위해 제정된 강행법규로서 이를 위반하는 약정은 무효이다. 법 제55조(제42조 제10항 또는 제52조 제6항에서 준용하는 경우를 포함)를 위반하여 같은 조 각 호의 어느 하나에 해당하는 행위를 한 자는 3년 이하의 징역 또는 1억원 이하의 벌금에 처한다(법445(10)).

(다) 수수료규제

금융투자업자는 투자자로부터 받는 수수료의 부과기준 및 절차에 관한 사항을 정하고, 인터넷 홈페이지 등을 이용하여 공시하여야 한다(법58①). 금융투자업자는 수수료 부과기준을 정함에 있어서 투자자를 정당한 사유 없이 차별하여서는 아니 된다(법58②). 금융투자업자는 수수료 부과기준 및 절차에 관한 사항을 협회에 통보하여야 한다(법58③). 협회는 통보받은 사항을 금융투자업자별로 비교하여 공시하여야 한다(법58④).

(라) 임직원의 금융투자상품 매매(자기매매)

금융투자업자의 임직원(겸영금융투자업자 중 대통령령으로 정하는 금융투자업자의 경우에는 금융투자업의 직무를 수행하는 임직원에 한한다)은 자기의 계산으로 대통령령으로 정하는 금융투자상품을 매매하는 경우에는 다음 각 호의 방법에 따라야 한다(법63①).

1. 자기의 명의로 매매할 것
2. 투자중개업자 중 하나의 회사(투자중개업자의 임직원의 경우에는 그가 소속된 투자중개업자에 한하되, 그 투자중개업자가 그 임직원이 매매하려는 금융투자상품을 취급하지 아니하는 경우에는 다른 투자중개업자를 이용할 수 있다)를 선택하여 하나의 계좌를 통하여 매매할 것. 다만, 금융투자상품의 종류, 계좌의 성격 등을 고려하여 대통령령으로 정하는 경우에는 둘 이상의 회사 또는 둘 이상의 계좌를 통하여 매매할 수 있다.
3. 매매명세를 분기별(투자권유자문인력, 제286조 제1항 제3호 나목의 조사분석인력 및 투자 운용인력의 경우에는 월별로 한다. 이하 이 조에서 같다)로 소속 금융투자업자에게 통지할 것

4. 그 밖에 불공정행위의 방지 또는 투자자와의 이해상충의 방지를 위하여 대통령령으로 정하는 방법 및 절차를 준수할 것

금융투자업자는 그 임직원의 자기계산에 의한 금융투자상품 매매와 관련하여 불공정행위의 방지 또는 투자자와의 이해상충의 방지를 위하여 그 금융투자업자의 임직원이 따라야 할 적절한 기준 및 절차를 정하여야 한다(법63②). 금융투자업자는 분기별로 임직원의 금융투자상품의 매매명세를 이러한 기준 및 절차에 따라 확인하여야 한다(법63③).

2. 금융투자업자별 영업행위규제

(1) 투자매매·중개업자

(가) 매매관련 규제

1) 매매형태의 명시

투자매매업자 또는 투자중개업자는 투자자로부터 금융투자상품의 매매에 관한 청약 또는 주문을 받는 경우에는 사전에 그 투자자에게 자기가 투자매매업자인지 투자중개업자인지를 밝혀야 한다(법66). 금융투자상품은 거래상대방이 누구이냐에 따라 신용위험 등에 큰 차이가 발생할 수 있기 때문에 투자매매·중개업자를 통해 거래하는 경우에 거래상대방이 누구인지를 분명히 할 필요가 있기 때문이다.

2) 자기계약의 금지

가) 원칙적 금지

투자매매업자 또는 투자중개업자는 금융투자상품에 관한 같은 매매에 있어 자신이 본인이 됨과 동시에 상대방의 투자중개업자가 되어서는 아니 된다(법67 본문). 자기계약 금지의무는 투자매매·중개업자가 투자중개업자로서 투자자로부터 금융투자상품 매매를 위탁받고 나서 타인이 아니라 자기와 직접 계약을 체결하는 경우를 금지하는 것이다. 이 경우에는 공정한 가격으로 매매가 이루어질 수 없으므로 투자중개업자에게 매매를 위탁한 투자자를 보호하기 위한 것이다.

나) 예외적 허용

ⅰ) 투자매매업자 또는 투자중개업자가 증권시장 또는 파생상품시장을 통하여 매매가 이루어지도록 한 경우(제1호), ⅱ) 그 밖에 투자자 보호 및 건전한 거래질서를 해할 우려가 없는 경우로서 대통령령으로 정하는 경우(제2호)에는 자기계약 금지 규정이 적용되지 않는다(법67 단서).

제2호에서 "대통령령으로 정하는 경우"란 다음의 어느 하나에 해당하는 경우를 말한다(영66).

1. 투자매매업자 또는 투자중개업자가 자기가 판매하는 집합투자증권을 매수하는 경우
2. 투자매매업자 또는 투자중개업자가 다자간매매체결회사를 통하여 매매가 이루어지도록 한 경우
3. 종합금융투자사업자가 시행령 제77조의6 제1항 제1호에 따라 금융투자상품의 장외매매가 이루어지도록 한 경우
4. 그 밖에 공정한 가격 형성과 매매, 거래의 안정성과 효율성 도모 및 투자자의 보호에 우려 가 없는 경우로서 금융위원회가 정하여 고시하는 경우

이는 시장을 통한 거래에서는 상대방이 우연적으로 결정되므로 투자매매·중개업자가 투 자자의 상대방이 된다고 하더라도 투자자의 이익을 침해할 가능성이 없기 때문이다.

3) 최선집행의무

가) 의의

최선집행의무란 금융투자상품의 매매에 관한 투자자의 청약 또는 주문을 최선의 거래조건 으로 집행해야 하는 투자매매업자 또는 투자중개업자의 의무를 말한다(법68①). 최선집행의무 를 부담하는 주체는 금융투자업자 가운데 투자매매업자 또는 투자중개업자로 한정된다.

나) 적용대상 금융투자상품

투자매매업자 또는 투자중개업자가 모든 금융투자상품의 매매처리에 관하여 최선집행의 무를 부담하는 것은 아니다. 다음과 같은 매매에 관하여는 최선집행의무가 적용되지 않는다(법 68①, 영66의2①). 즉 ⅰ) 증권시장에 상장되지 아니한 증권(제1호), ⅱ) 장외파생상품(제2호), ⅲ) 증권시장에 상장된 증권이나 장내파생상품 가운데 복수의 금융투자상품시장에서의 거래 가능 성 및 투자자 보호의 필요성 등을 고려하여 시행규칙으로 정하는 금융투자상품(제3호의 경우에 는 그 매매처리 시 최선집행의무가 적용되지 않는다(영66의2①). 시행규칙은 최선집행기준이 적용되 지 않는 금융투자상품으로 ⅰ) 채무증권(제1호), ⅱ) 지분증권(주권은 제외)(제2호), ⅲ) 수익증권 (제3호), ⅳ) 투자계약증권(제4호), ⅴ) 파생결합증권(제5호), ⅵ) 증권예탁증권(주권과 관련된 증권 예탁증권은 제외)(제6호), ⅶ) 장내파생상품(제7호)을 규정하고 있다(시행규칙7의3).

따라서 상장주권과 주권예탁증권만이 최선집행의무의 대상이 된다. 이처럼 최선집행의무 의 적용대상상품을 제한하는 이유는 새로 도입된 다자간매매체결회사가 취급할 수 있는 상장 주권과 주권예탁증권을 우선적으로 최선집행의무의 대상으로 하기 위한 것이다.

다) 최선집행기준 작성의무

투자매매업자나 투자중개업자가 최선집행의무를 이행하는 방법은 최선의 거래조건으로 집행하기 위한 기준("최선집행기준")을 마련하고 이에 따라 금융투자상품의 매매에 관한 투자자 의 청약 또는 주문을 처리하는 것이다(법68①②).

최선집행기준에는 ⅰ) 금융투자상품의 가격(제1호), ⅱ) 투자자가 매매체결과 관련하여 부담하는 수수료 및 그 밖의 비용(제2호), ⅲ) 그 밖에 청약 또는 주문의 규모 및 매매체결의 가능성 등(제3호)을 고려하여 최선의 거래조건으로 집행하기 위한 방법 및 그 이유 등이 포함되어야 한다(영66의2② 본문). 다만 투자자가 청약 또는 주문의 처리에 관하여 별도의 지시를 하였을 때에는 그에 따라 최선집행기준과 달리 처리할 수 있다(영66의2② 단서).

라) 최선집행기준 공표의무

투자매매업자 또는 투자중개업자는 이와 같이 마련된 최선집행기준을 공표하여야 한다(법68①). 투자매매업자 또는 투자중개업자는 3개월마다 최선집행기준의 내용을 점검하여야 한다(법68③, 영66의2⑤). 이 경우 최선집행기준의 내용이 청약 또는 주문을 집행하기에 적합하지 아니한 것으로 인정되는 때에는 이를 변경하고, 그 변경 사실을 공표하여야 한다(법68③).

최선집행기준의 공표 또는 그 변경 사실의 공표는 ⅰ) 투자매매업자 또는 투자중개업자의 본점과 지점, 그 밖의 영업소에 게시하거나 비치하여 열람에 제공하는 방법(제1호), ⅱ) 투자매매업자 또는 투자중개업자의 인터넷 홈페이지를 이용하여 공시하는 방법(제2호)을 포함하는 방법으로 하여야 한다. 이 경우 최선집행기준의 변경 사실을 공표할 때에는 그 이유를 포함하여야 한다(영66의2③).

4) 자기주식의 예외적 취득

투자매매업자는 투자자로부터 그 투자매매업자가 발행한 자기주식으로서 증권시장(다자간매매체결회사에서의 거래를 포함)의 매매 수량단위 미만의 주식에 대하여 매도의 청약을 받은 경우에는 이를 증권시장 밖에서 취득할 수 있다. 이 경우 취득한 자기주식은 취득일로부터 3개월(영67) 이내에 처분하여야 한다(법69).

증권시장에서는 일정 수량 이상으로 최소 거래단위를 규정하고 있어 거래 수량 이하의 주식을 보유한 투자자의 경우에는 이를 매도하기 어려운 상황에 직면한다. 이런 점을 고려하여 자본시장법에서는 투자매매업자가 투자자로부터 그 투자매매업자가 발행한 자기주식으로서 증권시장(다자간매매체결회사에서의 거래를 포함)의 매매 수량단위 미만의 주식에 대하여 매도의 청약을 받은 경우에는 이를 증권시장 밖에서 취득할 수 있도록 허용한다. 그러나 자본시장법에서는 이러한 방법이 불공정거래에 활용될 여지가 여전히 있는 만큼 이를 통해 취득한 자기주식을 3개월 이내에 처분하도록 하고 있다

5) 임의매매의 금지

임의매매는 투자매매·중개업자가 투자자나 그 대리인으로부터 금융투자상품의 매매의 청약 또는 주문을 받지 아니하고 투자자로부터 예탁받은 재산으로 금융투자상품의 매매를 하는 것을 말한다(법70). 임의매매는 일임매매보다 위법성이 크기 때문에 엄격히 금지된다.

법 제70조를 위반하여 투자자로부터 예탁받은 재산으로 금융투자상품의 매매를 한 자는 5년 이하의 징역 또는 2억원 이하의 벌금에 처한다(법444(7)).

6) 매매명세의 통지

투자매매업자 또는 투자중개업자는 금융투자상품의 매매가 체결된 경우에는 그 명세를 대통령령으로 정하는 방법에 따라 투자자에게 통지하여야 한다(법73).

(나) 불건전 영업행위의 금지

1) 개관

투자매매업자 또는 투자중개업자의 불건전영업행위 금지는 자본시장법 제71조, 동법 시행령 제68조 및 시행령 제68조 제5항 14호에서 금융위원회가 정하여 고시하는 행위인 금융투자업규정 제4-19조(불건전한 인수행위의 금지), 제4-20조(불건전 영업행위의 금지)에서 상세하게 규정하고 있다.

자본시장법 제71조는 다음과 같은 불건전 영업행위를 열거한 후 투자매매업자 또는 투자중개업자는 이러한 행위를 하여서는 아니 된다고 규정한다. 과태료 부과대상인 제7호를 제외하고 이러한 행위를 한 자는 5년 이하의 징역 또는 2억원 이하의 벌금에 처한다(법444(8)).

투자매매업자 또는 투자중개업자는 다음 각 호의 어느 하나에 해당하는 행위를 하여서는 아니 된다(법71 본문).

1. 투자자로부터 금융투자상품의 가격에 중대한 영향을 미칠 수 있는 매수 또는 매도의 청약이나 주문을 받거나 받게 될 가능성이 큰 경우 이를 체결시키기 전에 그 금융투자상품을 자기의 계산으로 매수 또는 매도하거나 제삼자에게 매수 또는 매도를 권유하는 행위
2. 특정 금융투자상품의 가치에 대한 주장이나 예측을 담고 있는 자료("조사분석자료")를 투자자에게 공표함에 있어서 그 조사분석자료의 내용이 사실상 확정된 때부터 공표 후 24시간이 경과하기 전까지 그 조사분석자료의 대상이 된 금융투자상품을 자기의 계산으로 매매하는 행위
3. 조사분석자료 작성을 담당하는 자에 대하여 대통령령으로 정하는 기업금융업무와 연동된 성과보수를 지급하는 행위
4. 다음 각 목의 어느 하나에 해당하는 증권의 모집 또는 매출과 관련한 계약을 체결한 날부터 그 증권이 증권시장에 최초로 상장된 후 대통령령으로 정하는 기간 이내에 그 증권에 대한 조사분석자료를 공표하거나 특정인에게 제공하는 행위
   가. 주권
   나. 대통령령으로 정하는 주권 관련 사채권
   다. 가목 또는 나목과 관련된 증권예탁증권

5. 투자권유대행인 및 투자권유자문인력이 아닌 자에게 투자권유를 하게 하는 행위

6. 투자자로부터 금융투자상품에 대한 투자판단의 전부 또는 일부를 일임받아 투자자별로 구분하여 금융투자상품을 취득·처분, 그 밖의 방법으로 운용하는 행위. 다만, 투자일임업으로서 행하는 경우와 제7조 제4항에 해당하는 경우에는 이를 할 수 있다.

7. 그 밖에 투자자 보호 또는 건전한 거래질서를 해할 우려가 있는 행위로서 대통령령으로 정하는 행위

다만 투자자 보호 및 건전한 거래질서를 해할 우려가 없는 경우로서 대통령령으로 정하는 경우에는 이를 할 수 있다(법71 단서). 법 제71조 제1호, 제2호, 제3호, 제5호 등에 관하여 시행령에서 허용되는 경우는 다음과 같다(영68①).

1. 법 제71조 제1호를 적용할 때 다음 각 목의 어느 하나에 해당하는 경우
   가. 투자자의 매매에 관한 청약이나 주문에 관한 정보를 이용하지 아니하였음을 증명하는 경우
   나. 증권시장(다자간매매체결회사에서의 거래를 포함)과 파생상품시장 간의 가격 차이를 이용한 차익거래, 그 밖에 이에 준하는 거래로서 투자자의 정보를 의도적으로 이용하지 아니하였다는 사실이 객관적으로 명백한 경우

2. 법 제71조 제2호를 적용할 때 다음 각 목의 어느 하나에 해당하는 경우
   가. 조사분석자료의 내용이 직접 또는 간접으로 특정 금융투자상품의 매매를 유도하는 것이 아닌 경우
   나. 조사분석자료의 공표로 인한 매매유발이나 가격변동을 의도적으로 이용하였다고 볼 수 없는 경우
   다. 공표된 조사분석자료의 내용을 이용하여 매매하지 아니하였음을 증명하는 경우
   라. 해당 조사분석자료가 이미 공표한 조사분석자료와 비교하여 새로운 내용을 담고 있지 아니한 경우

3. 법 제71조 제3호를 적용할 때 해당 조사분석자료가 투자자에게 공표되거나 제공되지 아니하고 금융투자업자 내부에서 업무를 수행할 목적으로 작성된 경우

4. 법 제71조 제5호를 적용할 때 투자권유대행인 및 투자권유자문인력이 아닌 자에게 금적립계좌등에 대한 투자권유를 하게 하는 경우

2) 선행매매 금지

가) 원칙적 금지

투자매매·중개업자는 투자자로부터 금융투자상품의 가격에 중대한 영향을 미칠 수 있는

매수 또는 매도의 청약이나 주문을 받거나 받게 될 가능성이 큰 경우 이를 체결시키기 전에 그 금융투자상품을 자기의 계산으로 매수 또는 매도하거나 제3자에게 매수 또는 매도를 권유하는 행위를 하여서는 아닌 된다(법71(1)). 즉 이러한 선행매매(front running)가 금지되므로 위탁매매를 자기매매보다 우선하여 행하여야 한다.

선행매매는 주로 기관투자자의 대량주문 또는 외국인의 주문동향과 관련하여 발생한다. 매매는 투자자의 주문방향과 동일한 방향으로 나타난다. 예를 들어 기관투자자가 대량의 주식을 매수하는 경우에는 대량매수주문을 처리하기 이전에 자기 등의 계산으로 미리 해당 주식 등을 매수하는 것이다.

나) 예외적 허용

선행매매가 시행령에 의해 허용되는 경우는 ⅰ) 투자자의 매매에 관한 청약이나 주문에 관한 정보를 이용하지 아니하였음을 증명하는 경우(가목), ⅱ) 증권시장(다자간매매체결회사에서의 거래를 포함)과 파생상품시장 간의 가격 차이를 이용한 차익거래, 그 밖에 이에 준하는 거래로서 투자자의 정보를 의도적으로 이용하지 아니하였다는 사실이 객관적으로 명백한 경우(나목)이다(영68①(1)).

3) 조사분석자료 공표전 매매거래 금지(스캘핑)

가) 원칙적 금지

투자매매업자·투자중개업자는 특정 금융투자상품의 가치에 대한 주장이나 예측을 담고 있는 자료("조사분석자료")를 투자자에게 공표함에 있어서 그 조사분석자료의 내용이 사실상 확정된 때부터 공표 후 24시간이 경과하기 전까지 그 조사분석자료의 대상이 된 금융투자상품을 자기의 계산으로 매매하는 행위를 하지 못한다(법71(2)). 이러한 행위를 스캘핑(scalping)이라고 한다.

나) 예외적 허용

조사분석자료 공표 전 매매거래가 시행령에 의해 예외적으로 허용되는 경우는 ⅰ) 조사분석자료의 내용이 직접 또는 간접으로 특정 금융투자상품의 매매를 유도하는 것이 아닌 경우(가목), ⅱ) 조사분석자료의 공표로 인한 매매유발이나 가격변동을 의도적으로 이용하였다고 볼 수 없는 경우(나목), ⅲ) 공표된 조사분석자료의 내용을 이용하여 매매하지 아니하였음을 증명하는 경우(다목), ⅳ) 해당 조사분석자료가 이미 공표한 조사분석자료와 비교하여 새로운 내용을 담고 있지 아니한 경우(라목)이다(영68①(2)).

4) 조사분석자료 작성 담당자에 대한 성과보수 지급 금지

가) 원칙적 금지

투자매매·중개업자는 조사분석자료 작성을 담당하는자에 대하여 "대통령령으로 정하는

제 3 장 금융기관규제 **333**

기업금융업무"와 연동된 성과보수를 지급하는 행위를 하지 못한다(법71(3)). 기업금융업무는 거래 성사 여부에 따라 투자매매·중개업자의 손익이 크게 달라지므로 조사분석자료 작성자를 이러한 손익관계에 연계시킴으로서 왜곡된 자료를 작성하도록 하는 것을 방지하기 위한 목적이다.

나) 예외적 허용

해당 조사분석자료가 투자자에게 공표되거나 제공되지 아니하고 금융투자업자 내부에서 업무를 수행할 목적으로 작성된 경우에는 조사분석자료 작성을 담당하는자에 대하여 성과보수를 지급하는 행위를 할 수 있다(영68①(3)).

5) 증권의 인수업무와 관련된 조사분석자료의 공표 금지

투자매매업자·투자중개업자는 ⅰ) 주권(제1호), ⅱ) 주권 관련 사채권[영68④: 전환사채권, 신주인수권부사채권, 교환사채권(주권, 전환사채권 또는 신주인수권부사채권과 교환을 청구할 수 있는 교환사채권만 해당한다), 전환형 조건부자본증권](제2호), ⅲ) 이와 관련된 증권예탁증권(제3호)의 모집 또는 매출과 관련한 계약을 체결한 날부터 그 증권이 증권시장에 최초로 상장된 후 40일(영68③) 이내에 그 증권에 대한 조사분석자료를 공표하거나 특정인에게 제공하는 행위는 금지된다(법71(4)). 이러한 규제를 두는 이유는 편향적일 수 있는 조사분석자료의 영향없이 시장 스스로 공정가격을 형성할 수 있도록 하기 위한 것이다.

6) 부적격자에 의한 투자권유대행 금지

투자매매업자·투자중개업자는 투자권유대행인 및 투자권유자문인력이 아닌 자에게 투자권유를 하게 하는 행위를 하지 못한다(법71(5)). 다만 투자권유대행인 및 투자권유자문인력이 아닌 자에게 금적립계좌등에 대한 투자권유를 하게 하는 경우는 허용된다(영68①(4)).

7) 일임매매 금지

가) 원칙적 금지

투자매매업자·투자중개업자는 투자자로부터 금융투자상품에 대한 투자판단의 전부 또는 일부를 일임받아 투자자별로 구분하여 금융투자상품을 취득·처분, 그 밖의 방법으로 운용하는 행위를 하지 못한다(법71(6) 본문).

나) 예외적 허용

투자일임업으로서 행하는 경우와 자본시장법 제7조 제4항에 해당하는 경우에는 이를 할 수 있다(법71(6) 단서). 따라서 투자중개업자가 투자자의 매매주문을 받아 이를 처리하는 과정에서 금융투자상품에 대한 투자판단의 전부 또는 일부를 일임받을 필요가 있는 경우로서 대통령령으로 정하는 경우에는 투자일임업으로 보지 아니한다(법7④).

8) 기타 불건전 영업행위

투자매매업자·투자중개업자는 그 밖에 투자자 보호 또는 건전한 거래질서를 해할 우려가

있는 행위로서 대통령령으로 정하는 행위를 하지 못한다(법71(7)). 형사제재의 대상인 제1호부터 제6호까지의 위반행위자와 달리 제7호 위반행위는 1억원 이하의 과태료 부과대상이다(법449(29)).

(2) 집합투자업자

(가) 선관의무 및 충실의무

집합투자업자는 투자자에 대하여 선량한 관리자의 주의로써 집합투자재산을 운용하여야하고(법79①), 투자자의 이익을 보호하기 위하여 해당 업무를 충실하게 수행하여야 한다(법79②). 자본시장법은 금융투자업자 중 집합투자업자·투자자문업자·투자일임업자·신탁업자에게만 선관의무 및 충실의무를 직접 부여하고 있다. 이는 타인의 자산을 운용하는 업무를 수행하고 있다는 업무의 특수성에 기인하는 것으로 생각된다.

(나) 금전차입 등의 제한

1) 의의

집합투자업자는 집합투자재산을 운용함에 있어서 집합투자기구의 계산으로 금전을 차입(借入)하지 못한다(법83① 본문). 그 취지는 집합투자기구의 계산으로 금전을 차입하는 경우에는 집합투자기구의 이자부담이 발생하고, 투자대상자산의 가격하락시에 투자손실이 확대되는 것을 방지하기 위함이다.

2) 예외적 허용과 한도

다음의 어느 하나에 해당하는 경우에는 집합투자기구의 계산으로 금전을 차입할 수 있다(법83① 단서).

1. 집합투자증권의 환매청구가 대량으로 발생하여 일시적으로 환매대금의 지급이 곤란한 때
2. 반대수익자의 수익증권매수청구(법191) 및 투자회사 주주의 주식매수청구(법201④)가 대량으로 발생하여 일시적으로 매수대금의 지급이 곤란한 때
3. 그 밖에 집합투자기구의 운용 및 결제 과정에서 일시적으로 금전의 차입이 필요하고 투자자 보호 및 건전한 거래질서를 해할 우려가 없는 때로서 "대통령령으로 정하는 때"

3) 금전대여 제한

집합투자업자는 집합투자재산을 운용함에 있어서 집합투자재산 중 금전을 대여하여서는아니 된다. 다만 대통령령으로 정하는 금융기관에 대한 30일 이내의 단기대출은 할 수 있다(법83④). 여기서 "대통령령으로 정하는 금융기관"이란 제345조 제1항 각 호의 어느 하나에 해당

하는 금융기관을 말한다(영83④).

4) 채무보증·담보제공 제한

집합투자업자는 집합투자재산을 운용함에 있어서 집합투자재산으로 해당 집합투자기구 외의 자를 위하여 채무보증 또는 담보제공을 하여서는 아니 된다(법83⑤).

(다) 불건전 영업행위의 금지

1) 원칙적 금지

집합투자업자는 타인으로부터 자금을 모아 투자대상자산에 투자하여 그 수익을 배분하는 것을 영업으로 한다는 특징이 있다. 따라서 자본시장법은 이해상충 등이 발생할 수 있는 다음과 같은 행위를 불건전 영업행위로 금지하고 있다(법85 본문).

1. 집합투자재산을 운용함에 있어서 금융투자상품, 그 밖의 투자대상자산의 가격에 중대한 영향을 미칠 수 있는 매수 또는 매도 의사를 결정한 후 이를 실행하기 전에 그 금융투자상품, 그 밖의 투자대상자산을 집합투자업자 자기의 계산으로 매수 또는 매도하거나 제3자에게 매수 또는 매도를 권유하는 행위

2. 자기 또는 대통령령으로 정하는 관계인수인이 인수한 증권을 집합투자재산으로 매수하는 행위

3. 자기 또는 관계인수인이 발행인 또는 매출인으로부터 직접 증권의 인수를 의뢰받아 인수조건 등을 정하는 업무(영87③)를 담당한 법인의 특정증권등(제172조 제1항의 특정증권등)에 대하여 인위적인 시세(제176조 제2항 제1호의 시세)를 형성하기 위하여 집합투자재산으로 그 특정증권등을 매매하는 행위

4. 특정 집합투자기구의 이익을 해하면서 자기 또는 제3자의 이익을 도모하는 행위

5. 특정 집합투자재산을 집합투자업자의 고유재산 또는 그 집합투자업자가 운용하는 다른 집합투자재산, 투자일임재산(투자자로부터 투자판단을 일임받아 운용하는 재산) 또는 신탁재산과 거래하는 행위

6. 제3자와의 계약 또는 담합 등에 의하여 집합투자재산으로 특정 자산에 교차하여 투자하는 행위

7. 투자운용인력이 아닌 자에게 집합투자재산을 운용하게 하는 행위

8. 그 밖에 투자자 보호 또는 건전한 거래질서를 해할 우려가 있는 행위로서 대통령령으로 정하는 행위

2) 예외적 허용

투자자 보호 및 건전한 거래질서를 해할 우려가 없는 경우로서 대통령령으로 정하는 경우에는 이를 할 수 있다(법85 단서). 여기서 "대통령령으로 정하는 경우"란 다음의 어느 하나에 해

당하는 경우를 말한다(영87①).

1. 법 제85조 제1호를 적용할 때 다음 각 목의 어느 하나에 해당하는 경우
    가. 집합투자재산의 운용과 관련한 정보를 이용하지 아니하였음을 증명하는 경우
    나. 증권시장(다자간매매체결회사에서의 거래를 포함)과 파생상품시장 간의 가격 차이를
        이용한 차익거래, 그 밖에 이에 준하는 거래로서 집합투자재산의 운용과 관련한 정보를
        의도적으로 이용하지 아니하였다는 사실이 객관적으로 명백한 경우
2. 법 제85조 제2호를 적용할 때 인수일부터 3개월이 지난 후 매수하는 경우
2의2. 법 제85조 제2호를 적용할 때 인수한 증권이 국채증권, 지방채증권, 한국은행통화안정
    증권, 특수채증권 또는 사채권(주권 관련 사채권 및 제176조의13 제1항에 따른 상각형 조
    건부자본증권은 제외) 중 어느 하나에 해당하는 경우. 다만, 사채권의 경우에는 투자자 보
    호 및 건전한 거래질서를 위하여 금융위원회가 정하여 고시하는 발행조건, 거래절차 등의
    기준을 충족하는 채권으로 한정한다.
2의3. 법 제85조 제2호를 적용할 때 인수한 증권이 증권시장에 상장된 주권인 경우로서 그 주
    권을 증권시장에서 매수하는 경우
3. 법 제85조 제5호를 적용할 때 집합투자업자가 운용하는 집합투자기구 상호 간에 자산(제
    224조 제4항에 따른 미지급금 채무를 포함)을 동시에 한쪽이 매도하고 다른 한쪽이 매수
    하는 거래로서 다음 각 목의 어느 하나에 해당하는 경우. 이 경우 집합투자업자는 매매가
    격, 매매거래절차 및 방법, 그 밖에 투자자 보호를 위하여 금융위원회가 정하여 고시하는
    기준을 준수하여야 한다.
    가. 자본시장법, 동법 시행령 및 집합투자기구의 집합투자규약상의 투자한도를 준수하기 위
        한 경우
    나. 집합투자증권의 환매에 응하기 위한 경우
    다. 집합투자기구의 해지 또는 해산에 따른 해지금액 등을 지급하기 위한 경우
    라. 그 밖에 금융위원회가 투자자의 이익을 해칠 염려가 없다고 인정한 경우
4. 법 제85조 제5호를 적용할 때 특정 집합투자재산을 그 집합투자업자의 고유재산과 제85조
    제2호에 따른 매매중개를 통하여 같은 호 각 목의 투자대상자산을 매매하는 경우
5. 법 제85조 제7호를 적용할 때 전자적 투자조언장치를 활용하여 집합투자재산을 운용하는
    경우

(라) 성과보수의 제한
1) 원칙적 금지
집합투자업자는 집합투자기구의 운용실적에 연동하여 미리 정하여진 산정방식에 따른 보
수("성과보수")를 받아서는 아니 된다(법86① 본문). 이는 운용실적에 따른 성과보수를 받기 위해

무리한 투자를 할 경우 기본적인 운용보수는 집합투자업자가 가져가게 되고 그 손실은 투자자가 부담하는 문제를 막기 위한 것이다.

2) 예외적 허용

다음의 어느 하나에 해당하는 경우에는 성과보수를 받을 수 있다(법86① 단서).

1. 집합투자기구가 사모집합투자기구인 경우
2. 사모집합투자기구 외의 집합투자기구 중 운용보수의 산정방식, 투자자의 구성 등을 고려하여 투자자 보호 및 건전한 거래질서를 해할 우려가 없는 경우로서 "대통령령으로 정하는 경우"

(3) 투자자문·일임업자

(가) 선관의무 및 충실의무

투자자문업자는 투자자에 대하여 선량한 관리자의 주의로써 투자자문에 응하여야 하며, 투자일임업자는 투자자에 대하여 선량한 관리자의 주의로써 투자일임재산을 운용하여야 한다(법96①). 투자자문업자 및 투자일임업자는 투자자의 이익을 보호하기 위하여 해당 업무를 충실하게 수행하여야 한다(법96②). 투자자문업자 및 투자일임업자에게는 아래와 같이 보다 강화된 규제가 적용된다.

(나) 불건전 영업행위의 금지

1) 투자자문업자·투자일임업자

가) 원칙적 금지

투자자문업자 또는 투자일임업자는 다음의 어느 하나에 해당하는 행위를 하여서는 아니된다(법98① 본문).

1. 투자자로부터 금전·증권, 그 밖의 재산의 보관·예탁을 받는 행위
2. 투자자에게 금전·증권, 그 밖의 재산을 대여하거나 투자자에 대한 제3자의 금전·증권, 그 밖의 재산의 대여를 중개·주선 또는 대리하는 행위
3. 투자권유자문인력 또는 투자운용인력이 아닌 자에게 투자자문업 또는 투자일임업을 수행하게 하는 행위
4. 계약으로 정한 수수료 외의 대가를 추가로 받는 행위
5. 투자자문에 응하거나 투자일임재산을 운용하는 경우 금융투자상품등의 가격에 중대한 영향을 미칠 수 있는 투자판단에 관한 자문 또는 매매 의사를 결정한 후 이를 실행하기 전에 그 금융투자상품등을 자기의 계산으로 매매하거나 제3자에게 매매를 권유하는 행위

나) 예외적 허용

투자자 보호 및 건전한 거래질서를 해할 우려가 없는 경우로서 "대통령령으로 정하는 경우"에는 이를 할 수 있다(법98① 단서). 여기서 "대통령령으로 정하는 경우"란 다음의 경우를 말한다(영99①).

1. 법 제98조 제1항 제1호 및 제2호를 적용할 때 투자자문업자 또는 투자일임업자가 다른 금융투자업, 그 밖의 금융업을 겸영하는 경우로서 그 겸영과 관련된 해당 법령에서 법 제98조 제1항 제1호 및 제2호에 따른 행위를 금지하지 아니하는 경우
1의2. 법 제98조 제1항 제3호를 적용할 때 전자적 투자조언장치를 활용하여 일반투자자를 대상으로 투자자문업 또는 투자일임업을 수행하는 경우
2. 법 제98조 제1항 제5호를 적용할 때 다음 각 목의 어느 하나에 해당하는 경우
   가. 투자자문 또는 투자일임재산의 운용과 관련한 정보를 이용하지 아니하였음을 증명하는 경우
   나. 차익거래 등 투자자문 또는 투자일임재산의 운용과 관련한 정보를 의도적으로 이용하지 아니하였다는 사실이 객관적으로 명백한 경우

2) 투자일임업자
가) 원칙적 금지

투자일임업자는 투자일임재산을 운용함에 있어서 다음의 어느 하나에 해당하는 행위를 하여서는 아니 된다(법98② 본문).

1. 정당한 사유 없이 투자자의 운용방법의 변경 또는 계약의 해지 요구에 응하지 아니하는 행위
2. 자기 또는 관계인수인이 인수한 증권을 투자일임재산으로 매수하는 행위
3. 자기 또는 관계인수인이 대통령령으로 정하는 인수업무를 담당한 법인의 특정증권등(제172조 제1항의 특정증권등을 말한다)에 대하여 인위적인 시세(제176조 제2항 제1호의 시세를 말한다)를 형성하기 위하여 투자일임재산으로 그 특정증권등을 매매하는 행위
4. 특정 투자자의 이익을 해하면서 자기 또는 제3자의 이익을 도모하는 행위
5. 투자일임재산으로 자기가 운용하는 다른 투자일임재산, 집합투자재산 또는 신탁재산과 거래하는 행위
6. 투자일임재산으로 투자일임업자 또는 그 이해관계인의 고유재산과 거래하는 행위
7. 투자자의 동의 없이 투자일임재산으로 투자일임업자 또는 그 이해관계인이 발행한 증권에 투자하는 행위

8. 투자일임재산을 각각의 투자자별로 운용하지 아니하고 여러 투자자의 자산을 집합하여 운용하는 행위

9. 투자자로부터 다음 각 목의 행위를 위임받는 행위

　가. 투자일임재산을 예탁하는 투자매매업자·투자중개업자, 그 밖의 금융기관을 지정하거나 변경하는 행위

　나. 투자일임재산을 예탁하거나 인출하는 행위

　다. 투자일임재산에 속하는 증권의 의결권, 그 밖의 권리를 행사하는 행위

10. 그 밖에 투자자 보호 또는 건전한 거래질서를 해할 우려가 있는 행위로서 "대통령령으로 정하는 행위"

나) 예외적 허용

투자자 보호 및 건전한 거래질서를 해할 우려가 없는 경우로서 "대통령령으로 정하는 경우"에는 이를 할 수 있다(법98② 단서).

여기서 "대통령령으로 정하는 경우"란 다음의 경우를 말한다(영99②).

1. 삭제 [2013.8.27]

2. 법 제98조 제2항 제2호를 적용할 때 인수일부터 3개월이 지난 후 매수하는 경우

2의2. 법 제98조 제2항 제2호를 적용할 때 인수한 증권이 국채증권, 지방채증권, 한국은행통화안정증권, 특수채증권 또는 사채권(주권 관련 사채권 및 제176조의13 제1항에 따른 상각형 조건부자본증권은 제외) 중 어느 하나에 해당하는 경우. 다만, 사채권의 경우에는 투자자 보호 및 건전한 거래질서를 위하여 금융위원회가 정하여 고시하는 발행조건, 거래절차 등의 기준을 충족하는 채권으로 한정한다.

2의3. 법 제98조 제2항 제2호를 적용할 때 인수한 증권이 증권시장에 상장된 주권인 경우로서 그 주권을 증권시장에서 매수하는 경우

3. 법 제98조 제2항 제6호를 적용할 때 다음 각 목의 어느 하나에 해당하는 경우

　가. 이해관계인이 되기 6개월 이전에 체결한 계약에 따른 거래인 경우

　나. 증권시장 등 불특정 다수인이 참여하는 공개시장을 통한 거래인 경우

　다. 일반적인 거래조건에 비추어 투자일임재산에 유리한 거래인 경우

　라. 환매조건부매매

　마. 투자일임업자 또는 이해관계인의 중개·주선 또는 대리를 통하여 금융위원회가 정하여 고시하는 방법에 따라 투자일임업자 또는 이해관계인이 아닌 자와 행하는 투자일임재산의 매매

　바. 이해관계인이 매매중개(금융위원회가 정하여 고시하는 매매형식의 중개를 통하여 채무증권, 원화로 표시된 양도성 예금증서 또는 어음(기업어음증권은 제외)을 그 이해관계

인과 매매하는 경우

사. 투자에 따르는 위험을 회피하기 위하여 투자일임재산으로 상장지수집합투자기구의 집합투자증권을 차입하여 매도하는 거래인 경우

아. 그 밖에 금융위원회가 투자자의 이익을 해칠 염려가 없다고 인정하는 경우

3의2. 법 제98조 제2항 제6호 및 같은 항 제9호 나목을 적용할 때 증권에 관한 투자매매업자 또는 투자중개업자인 투자일임업자가 제182조 제2항에 따라 증권의 대차거래 또는 그 중개·주선이나 대리 업무를 하기 위하여 투자자로부터 동의를 받아 투자일임재산(증권인투자일임재산으로 한정)으로 해당 투자일임업자의 고유재산과 거래하거나 투자자로부터 투자일임재산의 인출을 위임받는 경우. 이 경우 해당 업무를 하기 전에 다음 각 목의 사항에 관하여 준법감시인의 확인을 받아야 한다.

가. 해당 투자일임재산이 제182조 제2항에 따른 대차거래의 중개의 목적으로만 활용되는지 여부

나. 그 대차거래의 중개로 해당 투자일임재산과 고유재산이 혼화(混和)됨에 따라 투자자보호와 건전한 거래질서를 저해할 우려가 없는지 여부

다. 그 밖에 금융위원회가 정하여 고시하는 사항

4. 법 제98조 제2항 제8호를 적용할 때 개별 투자일임재산을 효율적으로 운용하기 위하여 투자대상자산의 매매주문을 집합하여 처리하고, 그 처리 결과를 투자일임재산별로 미리 정하여진 자산배분명세에 따라 공정하게 배분하는 경우

5. 법 제98조 제2항 제9호 다목을 적용할 때 다음 각 목의 어느 하나에 해당하는 경우

가. 주식매수청구권의 행사

나. 공개매수에 대한 응모

다. 유상증자의 청약

라. 전환사채권의 전환권의 행사

마. 신주인수권부사채권의 신주인수권의 행사

바. 교환사채권의 교환청구

사. 파생결합증권의 권리의 행사

아. 법 제5조 제1항 제2호에 따른 권리의 행사

자. 투자자의 이익을 보호하기 위하여 금융위원회가 정하여 고시하는 요건을 갖춘 투자일임업자가 제10조 제3항 제12호에 따른 기금(이에 준하는 외국인을 포함) 또는 같은 항 제13호에 따른 법인(이에 준하는 외국인을 포함)으로부터 위임받은 의결권의 행사. 이 경우 의결권 행사의 제한에 관하여는 법 제112조 제2항부터 제4항까지의 규정을 준용하며, "신탁업자"는 "투자일임업자"로, "신탁재산"은 "투자일임재산"으로, "신탁계약"은 "투자일임계약"으로 본다.

(다) 성과보수의 제한

1) 원칙적 금지

투자자문업자 또는 투자일임업자는 투자자문과 관련한 투자결과 또는 투자일임재산의 운용실적과 연동된 성과보수를 받아서는 아니 된다(법98의2① 본문).

2) 예외적 허용

투자자 보호 및 건전한 거래질서를 해할 우려가 없는 경우로서 "대통령령으로 정하는 경우"에는 성과보수를 받을 수 있다(법98의2① 단서). 여기서 "대통령령으로 정하는 경우"란 다음의 어느 하나에 해당하는 경우를 말한다(영99의2①).

1. 투자자가 전문투자자인 경우
2. 투자자가 일반투자자인 경우에는 다음 각 목의 요건을 모두 충족하는 경우
    가. 성과보수가 금융위원회가 정하여 고시하는 요건을 갖춘 기준지표 또는 투자자와 합의에 의하여 정한 기준수익률("기준지표등")에 연동하여 산정될 것
    나. 운용성과(투자자문과 관련한 투자결과 또는 투자일임재산의 운용실적)가 기준지표등의 성과보다 낮은 경우에는 성과보수를 적용하지 아니하는 경우보다 적은 운용보수를 받게 되는 보수체계를 갖출 것
    다. 운용성과가 기준지표등의 성과를 초과하더라도 그 운용성과가 부(負)의 수익률을 나타내거나 또는 금융위원회가 정하여 고시하는 기준에 미달하는 경우에는 성과보수를 받지 아니하도록 할 것
    라. 그 밖에 성과보수의 산정방식, 지급시기 등에 관하여 금융위원회가 정하여 고시하는 요건을 충족할 것

3) 계약서류 기재

투자자문업자 또는 투자일임업자가 제1항 단서에 따라 성과보수를 받고자 하는 경우에는 그 성과보수의 산정방식, 그 밖에 "대통령령으로 정하는 사항"을 해당 투자자문 또는 투자일임의 계약서류에 기재하여야 한다(법98의2②). 여기서 "대통령령으로 정하는 사항"이란 다음을 말한다(영99의2②).

1. 성과보수가 지급된다는 뜻과 그 한도
2. 성과보수를 지급하지 아니하는 경우보다 높은 투자위험에 노출될 수 있다는 사실
3. 성과보수를 포함한 보수 전체에 관한 사항
4. 기준지표등

5. 성과보수의 지급시기

6. 성과보수가 지급되지 아니하는 경우에 관한 사항

7. 그 밖에 투자자를 보호하기 위하여 필요한 사항으로서 금융위원회가 정하여 고시하는 사항

(4) 신탁업자

(가) 선관의무 및 충실의무

신탁업자는 수익자에 대하여 선량한 관리자의 주의로써 신탁재산을 운용하여야 한다(법 102①). 신탁법 제32조(수탁자의 선관의무)도 "수탁자는 선량한 관리자의 주의로 신탁사무를 처리하여야 한다. 다만, 신탁행위로 달리 정한 경우에는 그에 따른다"고 규정한다.

신탁업자는 수익자의 이익을 보호하기 위하여 해당 업무를 충실하게 수행하여야 한다(법 102②). 신탁법 33조(충실의무)도 "수탁자는 수익자의 이익을 위하여 신탁사무를 처리하여야 한다"고 규정한다.

(나) 신탁업무의 방법

신탁업자는 수탁한 재산에 대하여 손실의 보전이나 이익의 보장을 하여서는 아니 된다(영 104① 본문). 다만, 연금이나 퇴직금의 지급을 목적으로 하는 신탁으로서 금융위원회가 정하여 고시하는 경우에는 손실의 보전이나 이익의 보장을 할 수 있다(영104① 단서). 신탁업자는 손실의 보전이나 이익의 보장을 한 신탁재산의 운용실적이 신탁계약으로 정한 것에 미달하는 경우에는 특별유보금(손실의 보전이나 이익의 보장 계약이 있는 신탁의 보전 또는 보장을 위하여 적립하는 금액), 신탁보수, 고유재산의 순으로 충당하여야 한다(영104②).

신탁업자는 신탁계약기간이 끝난 경우에는 손실의 보전이나 이익의 보장을 한 경우를 제외하고는 신탁재산의 운용실적에 따라 반환하여야 한다(영104③). 신탁업자는 위탁자가 신탁계약기간이 종료되기 전에 신탁계약을 해지하는 경우에는 신탁재산의 운용실적에서 신탁계약에서 정하고 있는 중도해지수수료를 빼고 반환하여야 한다(영104④ 본문). 다만, 금융위원회가 정하여 고시하는 사유에 해당하는 경우에는 이를 빼지 아니한다(영104④ 단서). 신탁업자는 신탁계약이 정하는 바에 따라 신탁보수를 받을 수 있다(영104⑤).

(다) 신탁재산과 고유재산의 구분

1) 신탁법 규정

수탁자는 신탁재산을 수탁자의 고유재산과 분별하여 관리하고 신탁재산임을 표시하여야 하고(신탁법37①), 여러 개의 신탁을 인수한 수탁자는 각 신탁재산을 분별하여 관리하고 서로 다른 신탁재산임을 표시하여야 하며(신탁법37②), 신탁재산이 금전이나 그 밖의 대체물인 경우에는 그 계산을 명확히 하는 방법으로 분별하여 관리할 수 있다(신탁법37③).

또한 수탁자는 누구의 명의로도 ⅰ) 신탁재산을 고유재산으로 하거나 신탁재산에 관한 권리를 고유재산에 귀속시키는 행위(제1호), ⅱ) 고유재산을 신탁재산으로 하거나 고유재산에 관한 권리를 신탁재산에 귀속시키는 행위(제2호), ⅲ) 여러 개의 신탁을 인수한 경우 하나의 신탁재산 또는 그에 관한 권리를 다른 신탁의 신탁재산에 귀속시키는 행위(제3호), ⅳ) 제3자의 신탁재산에 대한 행위에서 제3자를 대리하는 행위(제4호), ⅴ) 그 밖에 수익자의 이익에 반하는 행위(제5호)를 하지 못한다(신탁법34①). 그러나 수탁자는 ⅰ) 신탁행위로 허용한 경우(제1호), ⅱ) 수익자에게 그 행위에 관련된 사실을 고지하고 수익자의 승인을 받은 경우(제2호), ⅲ) 법원의 허가를 받은 경우(제3호)에는 신탁재산을 고유재산으로 하는 행위를 예외적으로 할 수 있다(신탁법34②).

2) 자본시장법 규정

신탁법 제34조(이익에 반하는 행위의 금지) 제2항은 신탁업자에게는 적용하지 아니한다(법104①).

신탁업자는 다음의 어느 하나에 해당하는 경우 신탁계약이 정하는 바에 따라 신탁재산을 고유재산으로 취득할 수 있다(법104②).

1. 신탁행위에 따라 수익자에 대하여 부담하는 채무를 이행하기 위하여 필요한 경우[금전신탁재산의 운용으로 취득한 자산이 거래소시장(다자간매매체결회사에서의 거래를 포함) 또는 이와 유사한 시장으로서 해외에 있는 시장에서 시세(제176조 제2항 제1호의 시세)가 있는 경우에 한한다]
2. 신탁계약의 해지, 그 밖에 수익자 보호를 위하여 불가피한 경우로서 대통령령으로 정하는 경우(제103조 제3항에 따라 손실이 보전되거나 이익이 보장되는 신탁계약에 한한다)

(라) 불건전 영업행위의 금지

1) 원칙적 금지

신탁업자는 다음의 어느 하나에 해당하는 행위를 하여서는 아니 된다(법108 본문).

1. 신탁재산을 운용함에 있어서 금융투자상품, 그 밖의 투자대상자산의 가격에 중대한 영향을 미칠 수 있는 매수 또는 매도 의사를 결정한 후 이를 실행하기 전에 그 금융투자상품, 그 밖의 투자대상자산을 자기의 계산으로 매수 또는 매도하거나 제3자에게 매수 또는 매도를 권유하는 행위
2. 자기 또는 관계인수인이 인수한 증권을 신탁재산으로 매수하는 행위
3. 자기 또는 관계인수인이 대통령령으로 정하는 인수업무를 담당한 법인의 특정증권등(제172

조 제1항의 특정증권등)에 대하여 인위적인 시세(제176조 제2항 제1호의 시세)를 형성시키기 위하여 신탁재산으로 그 특정증권등을 매매하는 행위

4. 특정 신탁재산의 이익을 해하면서 자기 또는 제3자의 이익을 도모하는 행위

5. 신탁재산으로 그 신탁업자가 운용하는 다른 신탁재산, 집합투자재산 또는 투자일임재산과 거래하는 행위

6. 신탁재산으로 신탁업자 또는 그 이해관계인의 고유재산과 거래하는 행위

7. 수익자의 동의 없이 신탁재산으로 신탁업자 또는 그 이해관계인이 발행한 증권에 투자하는 행위

8. 투자운용인력이 아닌 자에게 신탁재산을 운용하게 하는 행위

9. 그 밖에 수익자 보호 또는 건전한 거래질서를 해할 우려가 있는 행위로서 대통령령으로 정하는 행위

2) 예외적 허용

수익자 보호 및 건전한 거래질서를 해할 우려가 없는 경우로서 "대통령령으로 정하는 경우"에는 이를 할 수 있다(법108 단서). 여기서 "대통령령으로 정하는 경우"란 다음의 어느 하나에 해당하는 경우를 말한다(영109①).

1. 법 제108조 제1호를 적용할 때 다음 각 목의 어느 하나에 해당하는 경우
    가. 신탁재산의 운용과 관련한 정보를 이용하지 아니하였음을 증명하는 경우
    나. 증권시장(다자간매매체결회사에서의 거래를 포함)과 파생상품시장 간의 가격 차이를 이용한 차익거래, 그 밖에 이에 준하는 거래로서 신탁재산의 운용과 관련한 정보를 의도적으로 이용하지 아니하였다는 사실이 객관적으로 명백한 경우
2. 법 제108조 제2호를 적용할 때 인수일부터 3개월이 지난 후 매수하는 경우
2의2. 법 제108조 제2호를 적용할 때 인수한 증권이 국채증권, 지방채증권, 한국은행통화안정증권, 특수채증권 또는 사채권(주권 관련 사채권 및 제176조의13 제1항에 따른 상각형 조건부자본증권은 제외) 중 어느 하나에 해당하는 경우. 다만, 사채권의 경우에는 투자자 보호 및 건전한 거래질서를 위하여 금융위원회가 정하여 고시하는 발행조건, 거래절차 등의 기준을 충족하는 채권으로 한정한다.
2의3. 법 제108조 제2호를 적용할 때 인수한 증권이 증권시장에 상장된 주권인 경우로서 그 주권을 증권시장에서 매수하는 경우
3. 법 제108조 제5호를 적용할 때 같은 신탁업자가 운용하는 신탁재산 상호 간에 자산을 동시에 한쪽이 매도하고 다른 한쪽이 매수하는 거래로서 다음 각 목의 어느 하나에 해당하는 경우. 이 경우 매매가격, 매매거래 절차 및 방법, 그 밖에 필요한 사항은 금융위원회가 정하여 고시한다.

가. 신탁계약의 해지(일부해지를 포함)에 따른 해지금액 등을 지급하기 위하여 불가피한 경우

나. 그 밖에 금융위원회가 수익자의 이익을 해칠 염려가 없다고 인정하는 경우

4. 법 제108조 제6호를 적용할 때 다음 각 목의 어느 하나에 해당하는 경우. 다만, 퇴직급여법에 따른 특정금전신탁의 경우에는 다음 각 목(라목은 제외)의 어느 하나에 해당하는 경우 중 신탁재산으로 신탁업자의 원리금 지급을 보장하는 고유재산과 거래하는 경우는 제외한다.

가. 이해관계인이 되기 6개월 이전에 체결한 계약에 따른 거래

나. 증권시장 등 불특정다수인이 참여하는 공개시장을 통한 거래

다. 일반적인 거래조건에 비추어 신탁재산에 유리한 거래

라. 환매조건부매매

마. 신탁업자 또는 이해관계인의 중개·주선 또는 대리를 통하여 금융위원회가 정하여 고시하는 방법에 따라 신탁업자 및 이해관계인이 아닌 자와 행하는 투자대상자산의 매매

바. 신탁업자나 이해관계인의 매매중개(금융위원회가 정하여 고시하는 매매형식의 중개)를 통하여 그 신탁업자 또는 이해관계인과 행하는 채무증권, 원화로 표신된 양도성 예금증서 또는 어음(기업어음증권은 제외)의 매매

사. 법 제104조 제2항 또는 법 제105조 제2항에 따른 거래

아. 예금거래(수탁액이 3억원 이상인 특정금전신탁 또는 자산유동화법 제3조에 따른 자산유동화계획에 의한 여유자금운용)

자. 금액의 규모 또는 시간의 제약으로 인하여 다른 방법으로 운용할 수 없는 경우로서 일시적인 자금의 대여(그 신탁재산을 운용하는 신탁업자에게 대여하는 경우만 해당)

차. 그 밖에 거래의 형태, 조건, 방법 등을 고려하여 신탁재산과 이해가 상충될 염려가 없는 경우로서 금융위원회가 정하여 고시하는 거래

5. 제3항 제5호를 적용할 때 개별 신탁재산을 효율적으로 운용하기 위하여 투자대상자산의 매매주문을 집합하여 처리하고, 그 처리 결과를 신탁재산별로 미리 정하여진 자산배분명세에 따라 공정하게 배분하는 경우

Ⅲ. 보험업자

1. 보험안내자료 제공의무

보험안내자료는 보험상품을 소개하고 가입을 권유하는 내용이 담긴 보험상품의 판매를 위한 보조자료를 말한다. 보험계약의 내용이 되는 보험약관은 그 내용이 방대하고 법률용어나 의학용어 등 전문적인 용어 등이 다수 포함되어 있으므로 보험에 가입하고자 하는 보험소비자로서는 이를 쉽게 이해할 수 없다. 따라서 그림이나 도표 등을 활용하여 보험계약의 내용을 쉽게

표현하여 보험소비자의 보험상품 이해에 도움을 줄 수 있는 자료가 필요하다. 실무상 가입 권유 단계에서 보험가입설계서, 보험상품설명서 등의 이름으로 팜플렛이나 안내장 형태로 보험소비자들에게 보험상품의 주요 정보를 제공하는 역할을 하고 있다.

보험업법은 보험회사가 정보제공 의무의 일환으로 보험안내자료를 제공할 때는 보험계약자의 보험계약에 대한 이해를 도모하기 위해 보험계약의 단계별로 보험계약자에게 제공하도록 하고 있다(보험업법 제95조 및 보험업감독규정 제4-34조). 즉 보험계약 체결 권유단계에서는 보험가입설계서, 상품설명서, 변액보험의 경우 변액보험 운용설명서를 제공하여야 하고, 청약단계에서는 보험계약청약서 부본 및 보험약관, 승낙한 경우에는 보험증권을 제공하여야 한다. 특히 변액보험의 경우는 다른 보험상품에 비해 매우 강하게 규제하고 있는데, 이는 투자성이 있는 상품이고 상대적으로 열위에 있는 보험계약자의 교섭력을 향상시켜서 공정하고 합리적인 거래가 이루어질 수 있도록 하기 위한 것으로 해석된다.

한편, 보험안내자료에 기재되어야 하는 사항은 보험업법 제95조 제1항에서 정하고 있으며, 동법 시행령 제45조 제2항에서는 보험안내자료에 기재가 금지되는 사항에 대하여 정하고 있다.

2. 단계별 설명의무

(1) 의의

보험회사는 보험계약의 체결 시부터 보험금 지급 시까지의 주요 과정을 대통령령으로 정하는 바에 따라 일반보험계약자에게 설명하여야 한다(법95의2③ 본문). 다만, 일반보험계약자가 설명을 거부하는 경우에는 그러하지 아니하다(법95의2③ 단서).

보험회사는 법 제95조의2 제3항 본문 및 제4항에 따라 다음의 단계에서 중요 사항을 항목별로 일반보험계약자에게 설명하여야 한다(영42의2③ 본문). 다만, 제1호에 따른 보험계약 체결 단계(마목에 따른 보험계약 승낙 거절 시 거절사유로 한정한다), 제2호에 따른 보험금 청구 단계 또는 제3호에 따른 보험금 심사·지급 단계의 경우 일반보험계약자가 계약 체결 전에 또는 보험금 청구권자가 보험금 청구 단계에서 동의한 경우에 한정하여 서면, 문자메시지, 전자우편 또는 모사전송 등으로 중요 사항을 통보하는 것으로 이를 대신할 수 있다(영42의2③ 단서).

(2) 보험계약 체결 단계(1호)

가. 보험의 모집에 종사하는 자의 성명, 연락처 및 소속

나. 보험의 모집에 종사하는 자가 보험회사를 위하여 보험계약의 체결을 대리할 수 있는지 여부

다. 보험의 모집에 종사하는 자가 보험료나 고지의무사항을 보험회사를 대신하여 수령할 수 있는지 여부

라. 보험계약의 승낙절차

마. 보험계약 승낙거절 시 거절 사유

바. 상법 제638조의3 제2항에 따라 3개월 이내에 해당 보험계약을 취소할 수 있다는 사실 및 그 취소 절차·방법

사. 그 밖에 일반보험계약자가 보험계약 체결 단계에서 설명받아야 하는 사항으로서 금융위원회가 정하여 고시하는 사항

(3) 보험금 청구 단계(2호)

가. 담당 부서, 연락처 및 보험금 청구에 필요한 서류

나. 보험금 심사 절차, 예상 심사기간 및 예상 지급일

다. 일반보험계약자가 보험사고 조사 및 손해사정에 관하여 설명받아야 하는 사항으로서 금융위원회가 정하여 고시하는 사항

라. 그 밖에 일반보험계약자가 보험금 청구 단계에서 설명받아야 하는 사항으로서 금융위원회가 정하여 고시하는 사항

(4) 보험금 심사·지급 단계(3호)

가. 보험금 지급일 등 지급절차

나. 보험금 지급 내역

다. 보험금 심사 지연 시 지연 사유 및 예상 지급일

라. 보험금을 감액하여 지급하거나 지급하지 아니하는 경우에는 그 사유

마. 그 밖에 일반보험계약자가 보험금 심사·지급 단계에서 설명받아야 하는 사항으로서 금융위원회가 정하여 고시하는 사항

(5) 지급절차 및 지급내역 설명의무

보험회사는 일반보험계약자가 보험금 지급을 요청한 경우에는 대통령령으로 정하는 바에 따라 보험금의 지급절차 및 지급내역 등을 설명하여야 하며, 보험금을 감액하여 지급하거나 지급하지 아니하는 경우에는 그 사유를 설명하여야 한다(법95의2④).

3. 중복계약 체결 확인의무

(1) 중복확인의무
(가) 일정한 손해보험계약

보험회사 또는 보험의 모집에 종사하는 자는 실제 부담한 의료비만 지급하는 제3보험상품 계약("실손의료보험계약")과 실제 부담한 손해액만을 지급하는 것으로서 금융감독원장이 정하는 보험상품계약("기타손해보험계약")을 모집하기 전에 보험계약자가 되려는 자의 동의를 얻어 모집하고자 하는 보험계약과 동일한 위험을 보장하는 보험계약을 체결하고 있는지를 확인하여야 하며 확인한 내용을 보험계약자가 되려는 자에게 즉시 알려야 한다(법95의5①, 영42의5① 본문).

이러한 의무 규정을 두게 된 이유는 현실적으로 보험계약자가 의료 실손 보험계약의 체결 상황을 제대로 알지 못하거나 비례 보상의 원칙을 충분히 인지하지 못하여 보험계약자가 유사한 의료 실손 보험계약을 다시 가입하는 경우도 있으며, 보험회사로서는 이러한 의료 실손 보험계약의 중복적 가입으로 인하여 보험료는 중복적으로 수취하고 있으나, 보험금의 지급은 비례 보상을 하고 있어 부당한 수입을 올리고 있기 때문에 이를 방지하기 위하여 보험회사나 보험 모집종사자로 하여금 중복계약의 체결 여부를 보험계약자에게 알려주도록 한 것이다.

(나) 제외되는 보험계약

ⅰ) 여행 중 발생한 위험을 보장하는 보험계약으로서 관광진흥법 제4조에 따라 등록한 여행업자가 여행자를 위하여 일괄 체결하는 보험계약 및 특정 단체가 그 단체의 구성원을 위하여 일괄 체결하는 보험계약, ⅱ) 국외여행, 연수 또는 유학 등 국외체류 중 발생한 위험을 보장하는 보험계약은 제외한다(영42의5① 단서). 위 ⅰ)의 보험계약은 보험회사가 여행업자 또는 단체와 일괄적으로 체결하기 때문에 개별 피보험자별로 중복보험을 확인하기 곤란하고, ⅱ)의 보험계약은 중복보험 사례가 사실상 없기 때문에 예외로 인정한 것이다.

(2) 중복가입 확인 방법 및 절차

보험회사 또는 보험의 모집에 종사하는 자가 실손의료보험계약 또는 기타손해보험계약을 모집하는 경우에는 법 제95조의5 제1항에 따라 피보험자가 되려는 자가 이미 다른 실손의료보험계약 또는 보장내용이 동일한 기타손해보험계약의 피보험자로 되어 있는지를 확인하여야 한다(영42의5②). 확인 결과, 피보험자가 되려는 자가 다른 실손의료보험계약 또는 보장내용이 동일한 기타손해보험계약의 피보험자로 되어 있는 경우에는 보험금 비례분담 등 보장금 지급에 관한 세부 사항을 안내하여야 한다(영42의5③).

4. 보험계약의 체결 또는 모집에 관한 금지행위

(1) 보험계약의 부당한 권유행위
(가) 의의

보험계약자 또는 피보험자로 하여금 이미 성립된 보험계약("기존보험계약")을 부당하게 소멸시킴으로써 새로운 보험계약(대통령령으로 정하는 바에 따라 기존보험계약과 보장 내용 등이 비슷한 경우만 해당)을 청약하게 하거나 새로운 보험계약을 청약하게 함으로써 기존보험계약을 부당하게 소멸시키거나 그 밖에 부당하게 보험계약을 청약하게 하거나 이러한 것을 권유하는 행위는 금지된다(법97①(5)). 부당한 계약전환 등을 포함하여 부당하게 보험계약의 청약을 하게 하는 행위는 보험계약자에게 손해를 끼치기 때문에 금지하는 것이다.

(나) 전환계약 사이의 유사성

새로운 보험계약은 기존보험계약과 보장내용 등이 비슷한 경우만 해당한다. 즉 기존보험계약과 보장 내용 등이 비슷한 새로운 보험계약은, ⅰ) 기존보험계약과 새로운 보험계약의 피보험자가 같고, ⅱ) 기존보험계약과 새로운 보험계약의 위험보장의 범위가 생명보험상품, 손해보험상품, 제3보험상품의 구분에 따라 비슷하여야 한다(영43의2① 본문). 다만 기존보험계약 또는 새로운 보험계약의 보험기간이 1년 이하인 경우 또는 컴퓨터통신을 이용하여 새로운 보험계약을 체결하는 경우에는 그러하지 아니하다(영43의2① 단서).

(다) 전환계약의 부당성 의제
1) 의의

일정한 경우에는 계약전환이 부당한 것으로 의제 또는 간주한다. 즉 일정한 유형의 행위를 한 경우에는 기존보험계약을 부당하게 소멸시키거나 소멸하게 하는 행위를 한 것으로 본다(법97③). 간주 규정을 둔 취지는 이러한 유형의 전환행위의 경우 부당성이 농후하다는 점을 고려하여 입증의 편의를 도모하려는 것이다.

2) 1개월 이내의 전환행위

기존보험계약이 소멸된 날부터 1개월 이내에 새로운 보험계약을 청약하게 하거나 새로운 보험계약을 청약하게 한 날부터 1개월 이내에 기존보험계약을 소멸하게 하는 행위는 부당한 전환계약으로 간주된다(법97③(1) 본문). 다만, 보험계약자가 기존 보험계약 소멸 후 새로운 보험계약 체결 시 손해가 발생할 가능성이 있다는 사실을 알고 있음을 자필로 서명하는 등 대통령령으로 정하는 바에 따라 본인의 의사에 따른 행위임이 명백히 증명되는 경우에는 부당한 전환계약으로 간주되지 않는다(법97③(1) 단서).

3) 6개월 이내의 전환행위

기존보험계약이 소멸된 날부터 6개월 이내에 새로운 보험계약을 청약하게 하거나 새로운 보험계약을 청약하게 한 날부터 6개월 이내에 기존보험계약을 소멸하게 하는 경우로서 해당 보험계약자 또는 피보험자에게 기존보험계약과 새로운 보험계약의 보험기간 및 예정 이자율 등 대통령령으로 정하는 중요한 사항을 비교하여 알리지 아니하는 행위는 부당 전환으로 간주된다(법97③(2)). 이는 부당성이 상당하므로 보험계약자에게 중요사항에 대한 비교·고지를 통한 객관적 판단 기회를 제공한 경우가 아니라면 부당성을 간주한다는 취지이다.

(라) 보험계약의 부활청구 및 취소

부당한 계약전환이 이루어진 경우 보험계약자는 소멸된 보험계약에 대한 부활청구권과 새로운 보험계약에 대한 취소권을 갖는다. 즉 보험계약자는 보험계약의 체결종사자 또는 모집종사자(보험중개사는 제외)가 부당하게 기존보험계약을 소멸시키거나 소멸하게 하였을 때에는, 그 보험계약의 체결종사자 또는 모집종사가 속하거나 모집을 위탁한 보험회사에 대하여, 그 보험계약이 소멸한 날부터 6개월 이내에 소멸된 보험계약의 부활을 청구하고 새로운 보험계약은 취소할 수 있다(법97④). 보험계약의 부활의 청구를 받은 보험회사는 특별한 사유가 없으면 소멸된 보험계약의 부활을 승낙하여야 한다(법97⑤).

(2) 허위·가공계약 및 무단차명계약 모집금지

실제 명의인이 아닌 자의 보험계약을 모집하거나 실제 명의인의 동의가 없는 보험계약을 모집하는 행위는 금지된다(법97①(6)). 이는 보험계약자의 이익을 해치고 보험업에 대한 신뢰를 훼손하는 행위이므로 금지하는 것이다.

(3) 자필서명의 대행행위 금지

보험계약자 또는 피보험자의 자필서명이 필요한 경우에 보험계약자 또는 피보험자로부터 자필서명을 받지 아니하고 서명을 대신하거나 다른 사람으로 하여금 서명하게 하는 행위는 금지된다(법97①(7)). 보험계약자 또는 피보험자에게 자필서명을 요구하는 것은 계약의 청약 등에서 본인의 의사 또는 이해 등을 명확하게 확인하기 위한 것이다.

(4) 다른 모집종사자 명의 이용 금지

다른 모집종사자의 명의를 이용하여 보험계약을 모집하는 행위는 금지된다(법97①(8)). 다른 모집종사자의 명의를 이용하게 되면 보험계약자 모집의 책임관계가 불분명해지고 모집제한에 관한 규정들이 잠탈될 가능성 등의 문제가 생기므로, 이를 방지하기 위한 것이다.

(5) 금전대차 이용 모집금지

보험계약자 또는 피보험자와의 금전대차의 관계를 이용하여 보험계약자 또는 피보험자로 하여금 보험계약을 청약하게 하거나 이러한 것을 요구하는 행위는 금지된다(법97①(9)). 금전대차로 인한 우월적 지위를 이용하여 보험계약자 또는 피보험자에게 보험계약의 청약을 하게 하거나 요구하는 것을 금지하는 데 그 취지가 있다.

(6) 장애인 보험가입 거부 금지

정당한 이유 없이 장애인의 보험가입을 거부하는 행위는 금지된다(법97①(10)). 여기서 장애인은 신체적·정신적 손상 또는 기능상실이 장기간에 걸쳐 개인의 일상 또는 사회생활에 상당한 제약을 초래하는 상태의 장애가 있는 사람을 말한다(장애인차별금지 및 권리구제 등에 관한 법률2). 장애인에 대한 보험가입 거절이 문제되는 것은 주로 장애인이 생명보험 또는 제3보험의 피보험자가 되는 경우이다.

(7) 청약철회 또는 계약해지의 방해 금지

보험계약의 청약철회 또는 계약 해지를 방해하는 행위는 금지된다(법97①(11)). 이는 보험계약자의 이익을 해치고 보험업에 대한 신뢰를 훼손하는 행위이므로 금지되는 것이다.

Ⅳ. 여신전문금융업자

1. 신용카드의 발급

(1) 미성년자 등에 대한 신용카드발급 금지

여신전문금융업법("법")에 따르면 신용카드업자는 일정한 요건을 갖춘 자에게 신용카드를 발급할 수 있다(법14③). 그 요건 중 하나는 신용카드의 발급신청일 현재 민법 제4조(사람은 19세로 성년에 이르게 된다)에 따른 성년 연령 이상인 자이어야 한다(법14③(2), 영6의7② 본문).

다만 다음의 어느 하나에 해당하는 경우, 즉 ⅰ) 아동복지법 제38조에 따른 자립지원 등 국가 또는 지방자치단체의 정책적 필요에 따라 불가피하게 신용카드를 발급하여야 하는 경우(제1호), ⅱ) 발급신청일 현재 재직을 증명할 수 있는 경우(제2호), ⅲ) 신용카드로서 「대중교통의 육성 및 이용촉진에 관한 법률」 제2조 제6호에 따른 교통카드 기능을 이용할 목적으로 발급하는 경우(제3호)에는 성년 연령 미만인 사람에게도 발급할 수 있는데, 제2호의 경우에는 18세이상인 사람을 말하고 제3호의 경우에는 12세 이상인 사람을 말한다(영6의7② 단서).

(2) 신용카드한도액 준수의무

신용카드업자는 신용카드 한도액이 신용카드업자가 정하는 ⅰ) 소득과 재산에 관한 사항, ⅱ) 타인에 대한 지급보증에 관한 사항, ⅲ) 신용카드이용대금을 결제할 수 있는 능력에 관한 사항, ⅳ) 신청인이 신용카드 발급 당시 다른 금융기관으로부터 받은 신용공여액에 관한 사항, ⅴ) 신용카드의 발급신청인이 그 신용카드업자나 다른 금융기관(금융산업구조개선법 제2조에 따른 금융기관)에 상환 기일 내에 상환하지 못한 채무("연체채무")의 존재 여부, ⅵ) 채무가 상환되거나 변제된 경우에는 그 상환방법이나 변제방법의 신용한도 산정기준에 따른 개인신용한도를 넘지 않도록 하여야 한다(법14②(2), 영6의7①).

(3) 부당한 경제적 이익제공 금지

신용카드업자는 신용카드 발급과 관련하여 그 신용카드 연회비(연회비가 주요 신용카드의 평균연회비 미만인 경우에는 해당 평균연회비)의 10%를 초과하는 경제적 이익을 제공하거나 제공할 것을 조건으로 하는 모집행위를 할 수 없다. 다만 컴퓨터통신을 이용하여 스스로 신용카드회원이 되는 경우에는 그 신용카드 연회비의 100% 이하의 범위에서 경제적 이익을 제공하거나 제공할 것을 조건으로 하여 모집할 수 있다(법14④(3), 영6의7⑤(1)).

(4) 길거리모집 금지

신용카드업자는 도로 및 사도(私道) 등 길거리에서 하는 신용카드회원을 모집해서는 아니 된다(법14④(3), 영6의7⑤(2)). 여기서 도로란 차도, 보도, 자전거도로, 측도(側道), 터널, 교량, 육교 등을 말하며, 도로의 부속물을 포함한다(도로법2(1)). 사도란 도로가 아닌 것으로서 그 도로에 연결되는 길을 말한다(사도법2). 또한 공원, 역, 여객자동차터미널, 놀이동산, 상가, 전시관, 운동장, 학교 등 공공의 시설 또는 장소 내에서 다수인이 통행하는 통로도 길거리에 해당한다(여신전문금융업감독규정 24의3).

(5) 다단계판매를 통한 모집 및 방문모집 금지

신용카드업자는 방문판매법 제2조 제5호에 따른 다단계판매를 통해 신용카드회원을 모집하여서는 아니 된다(법14④(1)). 또한 신용카드업자는 방문을 통해 신용카드회원을 모집할 수도 없다. 다만 미리 동의를 받은 후 방문하거나 사업장을 방문하는 경우는 제외한다(법14④(3), 영6의7⑤(3)).

2. 신용카드회원의 모집

(1) 신용카드모집을 할 수 있는 자의 제한

신용카드회원을 모집할 수 있는 자는 ⅰ) 해당 신용카드업자의 임직원, ⅱ) 신용카드업자를 위하여 신용카드 발급계약의 체결을 중개하는 자("모집인"), ⅲ) 신용카드업자와 신용카드회원의 모집에 관하여 업무 제휴 계약을 체결한 자(신용카드회원의 모집을 주된 업으로 하는 자는 제외) 및 그 임직원에 해당하는 자이어야 한다(법14의2①).

(2) 모집자의 준수사항

(가) 모집자의 의의

여신전문금융업법은 "모집자"란 용어와 "모집인"이라는 용어를 구별하여 사용하고 있다. "모집인"이란 신용카드업자를 위하여 신용카드 발급계약의 체결을 중개하는 자를 말하고, "모집자"는 이러한 모집인 이외에 해당 신용카드업자의 임직원과 신용카드업자와 신용카드회원의 모집에 관하여 업무제휴 계약을 체결한 자(신용카드회원의 모집을 주된 업으로 하는 자는 제외) 및 그 임직원을 포괄하는 의미라고 생각된다.

(나) 모집자의 의무

신용카드회원을 모집하는 자("모집자")는 신용카드회원을 모집할 때 다음의 사항을 지켜야 한다(영6의8①).

1. 신청인에게 자신이 신용카드회원을 모집할 수 있는 사람임을 알릴 것
2. 신청인에게 신용카드에 대한 약관과 연회비 등 신용카드의 거래조건 및 제6조의7 제7항 제4호의 사항(＝연회비 반환사유, 연회비 반환금액 산정방식 및 연회비 반환금액의 반환기한)을 설명할 것
3. 신청인이 본인임을 확인하고, 신청인이 직접 신청서(전자문서로 된 신청서를 포함) 및 신용카드 발급에 따른 관련 서류(전자문서로 된 서류를 포함) 등을 작성하도록 할 것. 이 경우 다음 각 목의 사항을 지켜야 한다.
   가. 「장애인차별금지 및 권리구제 등에 관한 법률」 제2조에 따른 장애인에 대한 본인 확인 및 신용카드 발급신청 서류(전자문서로 된 서류를 포함) 등의 작성을 할 때에는 같은 법 제4조 제2항에 따른 정당한 편의를 제공할 것
   나. 전자문서로 된 신청서 및 서류 등을 작성하는 경우 신청인이 작성하는 정보는 암호화되어 신용카드업자에게 전달되도록 할 것
4. 신청인이 작성한 신용카드 발급신청서에 모집자의 성명과 등록번호(모집자임을 표시하는

다른 징표를 포함)를 적을 것

5. 신용카드업자 외의 자를 위하여 신용카드 발급계약의 체결을 중개하지 아니할 것

6. 신용카드회원을 모집할 때 법 제14조 제4항 및 이 영 제6조의7 제5항에 따른 방법으로 할 것

7. 신용카드회원을 모집할 때 알게 된 신청인의 신용정보(신용정보법 제2조 제1호에 따른 신용정보) 및 사생활 등 개인적 비밀을 업무 목적 외의 목적으로 누설하거나 이용하지 아니할 것

8. 신용카드회원을 모집할 때 자금의 융통(법13①(1))을 권유하는 경우에는 대출금리, 연체료율 및 취급수수료 등의 거래조건을 감추거나 왜곡하지 아니하고, 이해할 수 있도록 설명할 것

3. 모집질서 유지

(1) 신용카드업자의 금지행위

신용카드업자는 신용카드를 모집할 수 있는 자[해당 신용카드업자의 임직원, 신용카드업자를 위하여 신용카드 발급계약의 체결을 중개하는 자("모집인"), 그리고 신용카드업자와 신용카드회원의 모집에 관하여 업무제휴계약을 체결한 자(신용카드회원의 모집을 주된 업으로 하는 자는 제외) 및 그 임직원]의 어느 하나에 해당하는 자 외의 자에게 신용카드회원의 모집을 하게 하거나 모집에 관하여 수수료·보수, 그 밖의 대가를 지급하지 못한다(법14의5①).

(2) 모집인의 금지행위

모집인은 ⅰ) 자신이 소속된 신용카드업자 외의 자를 위하여 신용카드회원을 모집하는 행위, ⅱ) 신용카드회원을 모집할 때 알게 된 발급신청인의 개인식별정보(신용정보법 제34조에 따른 정보) 또는 신용정보(신용정보법 제2조 제1호에 따른 신용정보) 및 사생활 등 개인적 비밀을 업무 목적 외의 목적으로 누설하거나 이용하는 행위, ⅲ) 거짓이나 그 밖의 부정한 수단 또는 방법으로 취득하거나 제공받은 개인식별정보 또는 신용정보를 모집에 이용하는 행위를 하지 못한다(법14의5②).

(3) 모집자(신용카드 회원을 모집하는 자)의 금지행위

신용카드회원을 모집하는 자("모집자")는 제14조 제4항 각 호의 행위 및 제24조의2(신용카드회원 모집행위와 관련된 행위에 한한다)에 따른 금지행위를 하여서는 아니 된다(법14의5③).

(가) 다단계판매를 통한 모집

모집자는 방문판매법 제2조 제5호에 따른 다단계판매를 통해 신용카드회원을 모집하여서

는 아니 된다(법14④(1)).

(나) 인터넷을 통한 모집

모집자는 인터넷을 통한 모집방법으로서 "대통령령으로 정하는 모집" 방법으로 신용카드 회원을 모집하여서는 아니 된다(법14④(2)). 여기서 "대통령령으로 정하는 모집"이란 신용카드 업자가 전자서명법 제2조 제3호에 따른 공인전자서명을 통하여 본인 여부를 확인하지 아니한 신용카드회원 모집을 말한다(영6의7④ 본문). 다만, 신청인의 신분증 발급기관·발급일 등 본인임을 식별할 수 있는 정보와 본인의 서명을 받는 방법 등으로 본인이 신청하였음을 확인할 수 있는 경우는 제외한다(영6의7④ 단서).

(다) 과다경품 제공·길거리 모집·방문모집

모집자는 i) 신용카드 발급과 관련하여 그 신용카드 연회비(연회비가 주요 신용카드의 평균 연회비 미만인 경우에는 해당 평균연회비)의 10%를 초과하는 경제적 이익을 제공하거나 제공할 것을 조건으로 하는 신용카드회원을 모집할 수 없다. 다만, 컴퓨터통신을 이용하여 스스로 신용카드회원이 되는 경우에는 그 신용카드 연회비의 100% 이하의 범위에서 경제적 이익을 제공하거나 제공할 것을 조건으로 하여 신용카드회원을 모집할 수 있다. ii) 도로법 제2조 및 사도법 제2조에 따른 도로 및 사도(私道) 등 길거리에서 신용카드회원을 모집할 수 없다. 방문을 통해 신용카드회원을 모집할 수 없다. 다만, 미리 동의를 받은 후 방문하거나 사업장을 방문하는 경우는 제외한다(법14④(3), 영6의7⑤).

(4) 금융위원회의 조사

금융위원회는 건전한 모집질서의 확립을 위하여 필요하다고 인정되는 경우에는 신용카드 회원을 모집하는 자에 대하여 대통령령으로 정하는 바에 따라 조사를 할 수 있다(법14의5④). 이에 따라 금융위원회는 조사를 위하여 필요하다고 인정되는 경우에는 모집자에 대하여 i) 조사사항에 대한 사실과 상황에 대한 진술서의 제출, ii) 조사에 필요한 장부·서류와 그 밖의 물건의 제출을 요구할 수 있다(영6의8②). 조사를 하는 사람은 그 권한을 표시하는 증표를 지니고 관계인에게 보여 주어야 한다(영6의8③).

(5) 금융위원회에의 신고

신용카드업자는 모집인의 행위가 여신전문금융업법 또는 여신전문금융업법에 따른 명령이나 조치에 위반된 사실을 알게 된 경우에는 이를 금융위원회에 신고하여야 한다(법14의5⑤).

(6) 모집인 교육

신용카드업자는 모집인에게 모집인이 신용카드회원을 모집할 때 지켜야 하는 사항을 교육하여야 한다(법14의5⑥). 교육 내용 및 방법에 관하여 필요한 사항은 금융위원회가 정하여 고시한다(법14의5⑦). 이에 따라 신용카드업자는 등록한 모집인에 대해 교육을 해당 모집인의 등록 시점 직전 1개월 동안 10시간 이상 실시하여야 한다(여신전문금융업감독규정25의2① 본문). 다만 신용카드 모집경력이 1년 이상인 모집인의 경우 해당 모집인에 대한 교육은 등록 시점 전·후 1개월 이내에 10시간 이상 실시하여야 한다(여신전문금융업감독규정25의2① 단서).

4. 신용카드의 양도 등의 금지

신용카드는 양도·양수하거나 질권을 설정(設定)할 수 없다(법15). 법 제15조를 위반하여 신용카드에 질권을 설정하는 행위를 통하여 자금을 융통하여 준 자 또는 이를 중개·알선한 자는 3년 이하의 징역 또는 2천만원 이하의 벌금에 처한다(법70③(2) 다목). 법 제15조를 위반하여 신용카드를 양도·양수한 자는 1년 이하의 징역 또는 1천만원 이하의 벌금에 처한다(법70④(3)).

Ⅴ. 상호저축은행

1. 개별차주·동일차주에 대한 신용공여한도

(1) 입법취지

상호저축은행의 경우에도 은행, 종합금융회사 등 예금 수취가 가능한 대출기관과 동일하게 개별차주 신용공여한도, 동일차주 신용공여한도 및 거액신용공여한도를 규정하고 있다. 이 한도들은 자기자본을 기준으로 한도를 규정한다는 점에서 은행 등과 동일하나, 저축은행의 경우 개별차주 신용공여한도에 대해서는 자기자본 기준 외에 금액을 기준으로 한도를 규제하는 2중의 규제체계를 운영하고 있다.

상호저축은행법 제12조는 개별차주 등의 신용공여 한도에 대한 내용을 규정하고 있는데, 특히 동일인에 대한 대출 등의 한도와 관련된 내용이다. 본 규정의 입법취지는 영리법인인 상호저축은행이 가지고 있는 자금중개기능에 따른 공공성 때문에 특정인에 대한 과대한 편중여신의 규제를 통하여 많은 사람들에게 여신기회를 주고자 함에 있다. 즉 신용공여한도제도는 특정한 개인 또는 법인이나 동일한 계열에 대하여 과도한 편중 신용공여를 제한하여 차주의 신용위험이 금융회사로 전이되는 것을 막고, 금융자원의 효율적은 배분을 위한 제도이다.

(2) 개별차주 신용공여한도 및 거액신용공여한도

(가) 개별차주 신용공여한도

상호저축은행은 개별차주에게 해당 상호저축은행 자기자본의 20% 이내의 금액으로서 ⅰ)
법인(제2호에 따른 법인은 제외)에 대한 신용공여는 100억원(제1호), ⅱ) 법인이 아닌 사업자(제2
호에 따른 법인이 아닌 사업자는 제외), 즉 개인사업자에 대한 신용공여는 50억원(제1호의2), ⅲ)
지역개발사업이나 그 밖의 공공적 사업을 하는 자에 대한 신용공여는 해당 사업에 직접 드는
금액(제2호), ⅳ) 제1호, 제1호의2 및 제2호에 해당하지 아니하는 자(＝개인)에 대한 신용공여는
8억원(제3호)을 초과하는 신용공여를 할 수 없다(법12① 전단, 영9①).

현실적인 자금의 수수 없이 형식적으로만 신규대출을 하여 기존채무를 변제하는 이른바
대환은 특별한 사정이 없는 한 형식적으로는 별도의 대출에 해당하나 실질적으로는 기존채무
의 변제기 연장에 불과하므로 상호저축은행법에서 금지·처벌의 대상으로 삼고 있는 '개별차주
에 대한 한도를 초과하는 신용공여'에 해당하지 아니한다. 그러나 이와 달리 대출로 인하여 실
제로 자금의 이동이 있었던 경우에는 그러하지 아니하고(대법원 2012. 6. 28. 선고 2012도2087 판
결 등 참조), 이러한 법리는 "대주주 신용공여"의 경우에도 마찬가지로 적용된다.

(나) 동일계열상호저축은행의 개별차주에 대한 신용공여 합계액

연결재무제표를 작성하여야 하는 계열관계에 있는 상호저축은행("동일계열상호저축은행")의
개별차주에 대한 신용공여 합계액은 연결재무제표에 따른 자기자본의 20%를 초과할 수 없다
(법12① 후단, 영9②, 감독규정22의6).

(다) 개별차주에 대한 거액신용공여의 합계액

개별차주에 대한 거액신용공여의 합계액은 상호저축은행의 자기자본의 5배를 초과하여서
는 아니 된다(법12②). 다만 개별차주 중 위 제1항 2호 및 3호에 따라 신용공여를 받는 자는 제
외한다(법12②, 영9③). 거액신용공여란 개별차주에 대한 신용공여로서 상호저축은행 자기자본
의 10%를 초과하는 신용공여를 말한다(법2(7)).

(3) 동일차주 신용공여한도 등

(가) 의의

상호저축은행은 동일차주(개별차주와 신용위험을 공유하는 자)에게 해당 상호저축은행의 자
기자본의 25%를 초과하는 신용공여를 할 수 없다(법12③ 전단, 영9④). 또한 동일계열상호저축
은행의 동일차주에 대한 신용공여의 합계액은 연결재무제표에 따른 자기자본의 25%를 초과할
수 없다(법12③ 후단, 영9⑤). 기업집단에 속하는 회사는 동일차주에 해당한다(법2(8)(나), 영3의3).
기업집단이란 ⅰ) 동일인이 회사인 경우 그 동일인과 그 동일인이 지배하는 하나 이상의 회사

의 집단, ⅱ) 동일인이 회사가 아닌 경우 그 동일인이 지배하는 2 이상의 회사의 집단으로 일정한 기준에 의하여 사실상 그 사업내용을 지배하는 회사의 집단을 말한다(공정거래법2(2)).

(나) 동일인 판단

각각의 대출명의인이 형식적으로 독자성을 갖거나 독립된 법인격을 갖추고 있고 대출명의인을 기준으로 한 대출금은 동일인에 대한 대출한도를 초과하지 않는다고 하더라도, 대출금이 실질적으로 귀속되는 자를 기준으로 할 경우 대출한도를 초과하는 이상 그 대출행위는 상호저축은행법 제12조의 동일인에 대한 대출한도 제한규정에 위배된다.

동일인에 대한 대출한도 제한규정을 회피하기 위하여 실질적으로는 한 사람에게 대출금이 귀속됨에도 다른 사람의 명의를 빌려 그들 사이에 형식적으로만 공동투자약정을 맺고 그 다른 사람들 이름으로 동일인에 대한 대출한도를 초과하는 대출을 받게 하는, 이른바 "사업자쪼개기" 방식의 대출은 동일인에 대한 대출한도 제한규정을 위반한 대출이다.

(4) 개별차주·동일차주에 대한 신용공여한도 공제금액

개별차주와 동일차주에 대한 신용공여 한도는 개별차주 또는 동일차주에 대한 신용공여의 총액에서 다음의 금액, 즉 ⅰ) 해당 상호저축은행에 대한 개별차주 명의의 예금등(수시 입출금이 가능하거나 양도가 자유로운 것과 제3자를 위하여 담보로 제공된 것은 제외)에 해당하는 금액, ⅱ) 정부, 한국은행 또는 은행이 지급을 보증한 금액, ⅲ) 정부, 한국은행 또는 은행이 발행하거나 보증한 증권에 의하여 담보된 금액, ⅳ) 그 밖에 지방자치단체가 발행한 채권에 의하여 담보된 금액 등 채권 회수에 위험이 없는 것으로서 자기자본 산출시 위험가중치가 20 이하에 해당하는 자산에 의하여 담보된 금액(이 경우 은행의 범위는 은행법에 따른 은행에 한한다)을 빼고 산정한다(영9⑥, 감독규정22의7).

2. 대주주가 발행한 주식의 취득요건 등

(1) 취득한도와 이사회 결의

상호저축은행은 그의 대주주(그의 특수관계인을 포함)가 발행한 주식을 금융위원회가 정하여 고시하는 단일거래 금액(증권시장·다자간매매체결회사 또는 이와 비슷한 시장으로서 외국에 있는 시장에서 취득하는 금액은 제외)이 상호저축은행 자기자본의 1만분의 10에 해당하는 금액과 10억원 중 적은 금액 이상으로 취득하려는 경우에는 미리 이사회의 결의를 거쳐야 한다. 이 경우 이사회는 재적이사 전원의 찬성으로 의결한다(법12의2①, 영9의4①).

위에서 "금융위원회가 정하여 고시하는 단일거래금액"은 단일한 매매계약에 의한 취득금액을 기준으로 산정한다(감독규정23의3① 본문). 다만, 같은 날에 다수의 매매계약이 체결되는 경우에는 그 합계액을 기준으로 산정한다(감독규정23의3① 단서).

상호저축은행이 대주주인 회사의 주식을 취득하는 것도 신용공여와 같이 대주주에 대한 부당한 자금지원 또는 불공정한 거래의 수단으로 이용되는 것을 차단하기 위한 것이다.

(2) 보고 및 공시

취득 사실을 금융위원회에 지체 없이 보고하고, 인터넷 홈페이지 등을 이용하여 공시하여야 한다(법12의2②). 상호저축은행은 법 제12조의2 제1항 및 제2항에 해당하는 대주주 발행주식을 취득한 경우에는 금융감독원장이 정하는 바에 따라 금융감독원장에게 보고하여야 한다(감독규정23의3②). 감독규정 제23조의3 제2항에 따른 대주주 발행주식 취득현황 보고는 [별지 제10호 서식]으로 한다(시행세칙6의4).

보고사항 중 ⅰ) 분기 말 현재 대주주가 발행한 주식을 취득한 규모, ⅱ) 분기 중 보유주식의 증감액, ⅲ) 분기 중 보유주식의 취득가격, ⅳ) 취득목적, ⅴ) 분기말 현재 보유주식의 지분율, ⅵ) 분기말 현재 보유주식의 시가, ⅶ) 당해 분기 중 보유주식을 처분한 경우 처분가격 및 동 처분에 따른 손익현황을 종합하여 분기별로 금융위원회에 보고하고, 인터넷 홈페이지 등을 이용하여 공시하여야 한다(법12의2③, 영9의4②, 감독규정23의3③). 또한 대주주 발행주식 취득현황을 발행회사별로 구분하여 공시하여야 한다(감독규정23의3③).

3. 대주주의 부당한 영향력 행사의 금지

상호저축은행의 대주주(그의 특수관계인을 포함)는 상호저축은행의 이익에 반하여 대주주 자신의 이익을 목적으로 부당한 영향력을 행사할 수 없다(법12의3, 영9의5).

(1) 미공개 자료 또는 정보 요구 금지

대주주(그의 특수관계인 포함)는 부당한 영향력을 행사하기 위하여 상호저축은행에 대하여 외부에 공개되지 아니한 자료 또는 정보의 제공을 요구하는 행위를 할 수 없다(법12의3(1) 본문). 다만, 금융회사지배구조법 제33조 제6항에 해당하는 경우는 제외한다(법12의3(1) 단서). 즉 6개월 전부터 계속하여 금융회사의 발행주식 총수의 10만분의 50 이상(대통령령으로 정하는 금융회사의 경우에는 10만분의 25 이상)에 해당하는 주식을 대통령령으로 정하는 바에 따라 보유한 자는 주주의 회계장부열람권(상법466)을 행사할 수 있다(금융회사지배구조법33⑥).

여기서 대통령령으로 정하는 금융회사는 최근 사업연도 말 현재 자산총액이 7천억원 이상인 상호저축은행을 말한다(금융회사지배구조법 시행령28②(4)). 또한 주식을 대통령령으로 정하는 바에 따라 보유한 자는 주식의 소유, 주주권 행사에 관한 위임장의 취득, 주주 2인 이상의 주주권 공동행사를 말한다(금융회사지배구조법 시행령28①).

(2) 인사 또는 경영 개입 금지

대주주(그의 특수관계인 포함)는 경제적 이익 등 반대급부의 제공을 조건으로 다른 주주와 담합하여 상호저축은행의 인사 또는 경영에 부당한 영향력을 행사하는 행위를 할 수 없다(법12의3(2)).

(3) 위법행위 요구 금지

대주주(그의 특수관계인 포함)는 상호저축은행으로 하여금 위법행위를 하도록 요구하는 행위를 할 수 없다(법12의3(3), 영9의5(1)).

(4) 통상의 거래조건과 다른 거래요구 금지

대주주(그의 특수관계인 포함)는 금리, 수수료, 담보 등에 있어서 통상적인 거래조건과 다른 조건으로 대주주 자신 또는 제3자와의 거래를 요구하는 행위를 하여서는 아니 된다(법12의3(3), 영9의5(2)).

4. 대주주등에 대한 신용공여 등의 금지

(1) 원칙적 금지

(가) 의의

상호저축은행은 다음의 어느 하나에 해당하는 자("대주주등"), 즉 ⅰ) 대주주("대통령령으로 정하는 주주"를 포함)(제1호), ⅱ) 상호저축은행의 임직원(제2호), ⅲ) 제1호와 제2호의 자 또는 상호저축은행과 "대통령령으로 정하는 친족 또는 특수한 관계에 있는 자"(제3호), ⅳ) 제1호부터 제3호까지의 어느 하나에 해당하지 아니하는 자로서 대주주의 특수관계인(제4호)에 대하여 신용공여 및 예금등을 하거나 가지급금을 지급하지 못하며, 대주주등은 상호저축은행으로부터 신용공여 및 예금등을 받거나 가지급금을 받지 못한다(법37① 본문). 예금 등을 제한하는 것은 대주주가 상호저축은행인 경우에 예금의 형태로 자금을 지원하는 것을 막기 위한 것이다.

(나) 입법취지

상호저축은행법 제37조 제1항은 대주주나 임원 또는 상호저축은행과 특수한 관계에 있는 자에 대한 부당한 대출로 상호저축은행이 부실화하는 것을 방지함과 아울러 예금주 등 상호저축은행의 채권자를 보호하고자 하는 데 목적이 있다. 또한 대주주에 대한 신용공여 제한은 저축은행의 영업행위를 제한할 뿐 아니라, 대주주도 신용공여를 "받지 못한다"고 규정하여 대주주에 의한 위법행위를 적극적으로 차단하고 있다.

상호저축은행은 서민과 중소기업의 금융편의를 도모하고 거래자를 보호하며 신용질서를 유지하는데 그 설립 목표가 있다(법2) 그렇기 때문에 정부의 보증으로 수신한 예금을 기초로 서민, 중소기업 등 제1금융권의 자금중개 기능이 닿지 못하는 경제 주체들에게 대출을 해 줌으로써 서민경제를 활발히 하고 자금거래를 중개하는 매개체로서의 역할을 충실히 수행해야 할 의무가 있다. 따라서 그 업무범위는 신용계업무, 예금 및 적금의 수입, 자금 대출, 어음할인 등 자금중개행위로 엄격히 한정되고(법11), 서민들이 수신한 예금으로 부동산개발업이나 제조업 등을 직접 영위하는 것은 여하한 경우에도 허용될 수 없다. 나아가 업무용 부동산 외에는 부동산의 취득 자체가 금지되고(법18의2), 개별차주에게 자기자본의 20% 이상 대출할 수 없으며(법12), 자기자본비율("BIS비율")이 8% 미만일 경우 동일차주에게 80억 원 이상을 대출해 줄 수 없는 등 대출 위험을 철저히 분산토록 하고 있는데, 이는 어떤 경우에도 서민이 예치한 소중한 자금에 손실이 발생하는 일이 없도록 하기 위함이다.

이러한 상호저축은행의 자금중개 기능과 자산건전성을 지키는 핵심 제도는 "대주주 사금고화 방지"로 집약된다. 대주주가 지배하는 은행이나 기타 기업체에 은행 자금을 지원해 줄 경우 자금중개 기능이라는 공공정책 목표가 훼손됨은 물론 엄격한 여신 심사와 확실한 채권 회수를 기대할 수 없기 때문이다.

상호저축은행법은 상호저축은행이 대주주와 그 영향권 안에 있는 개인이나 기업에게 대출하는 것을 담보의 제공 여부, 이익 여하를 따지지 않고 엄격히 금지하고 있으며(법37), 우회적으로 대주주에게 대출하는 것을 방지하기 위하여 아예 차명으로 대출하는 것 자체가 금지되어 있다(법18의2). 따라서 상호저축은행은 발행주식의 2% 이상을 소유한 대주주, 임원이나 동인들의 직계비속, 동인들이 사실상 지배하고 있다고 인정되는 법인 및 그 지배기업집단에 이르기까지 어떠한 명목으로도 신용공여를 하여서는 아니된다.

(2) 예외적 허용
(가) 의의
대주주등에 대한 자금지원의 목적이 없는 것으로서 "대통령령으로 정하는 예금등"과 채권의 회수에 위험이 없거나 직원의 복리후생을 위한 것으로서 "대통령령으로 정하는 신용공여"의 경우는 제외한다(법37① 단서).
(나) 대통령령으로 정하는 예금등
"대통령령으로 정하는 예금등"이란 ⅰ) 영 제6조의3(지점 등의 설치인가 기준 등) 제4항(최대주주변경상호저축은행)에 따라 중앙회가 상호저축은행의 대주주가 된 경우에 그 상호저축은행이 중앙회에 예치하는 예치금(제1호), ⅱ) 상호저축은행이 그 상호저축은행의 대주주인 금융기관에 개설한 계좌에 대출원리금 등의 납입을 위하여 입금한 금액으로서 입금일부터 3영업일이 지나지 아니한 금액(제2호), ⅲ) 상호저축은행이 그 상호저축은행의 대주주인 금융기관에 예치한 주식 증거금 및 유가증권의 거래를 목적으로 증권예탁계좌 등에 예치한 금액(제3호)을 말한다(영29①).

(다) 대통령령으로 정하는 신용공여

"대통령령으로 정하는 신용공여"란 ⅰ) 법 제37조 제1항 제1호부터 제3호까지의 자에 대하여 그 자신의 해당 상호저축은행에 대한 예금등을 담보로 하는 신용공여(제1호), ⅱ) 법 제37조 제1항 제1호의 대주주와 제30조(대주주 등의 범위) 제2항 제5호부터 제8호까지의 규정에 따른 특수한 관계에 있는 자의 해당 상호저축은행에 대한 예금등을 담보로 하는 신용공여(제2호), ⅲ) 복리후생을 위하여 상호저축은행 직원에게 하는 ㉠ 2천만원 이내의 일반자금대출, ㉡ 5천만원 이내의 주택자금대출, ㉢ 해당 직원의 행위로 상호저축은행이 입은 손해를 보전하기 위한 5천만원 이내의 대출(제3호 본문)을 말한다(영29②). 다만, 제3호 본문의 경우 상호저축은행 자기자본의 15%를 한도로 하며 개별차주에 대한 ㉠ ㉡ ㉢의 신용공여 합계액은 5천만원을 초과할 수 없다(제3호 단서).

(3) 교차 신용공여 등의 금지 등

상호저축은행은 신용공여 및 예금등의 금지 또는 가지급금의 지급 금지를 피할 목적으로 다른 상호저축은행과 서로 교차하여 다른 상호저축은행의 대주주등에게 신용공여 및 예금등을 하거나 가지급금을 지급하여서는 아니 된다(법37②). 상호저축은행의 대주주등은 해당 상호저축은행으로 하여금 이에 위반하게 하여 다른 상호저축은행으로부터 신용공여 및 예금등을 받거나 가지급금을 받아서는 아니 된다(법37③).

Ⅵ. 신용협동조합

1. 비조합원 대출한도

신용협동조합법에 의하면 신용협동조합("조합")은 조합원의 이용에 지장이 없는 범위에서 대통령령으로 정하는 바에 따라 비조합원(조합원이 아닌 자)에게 조합의 사업을 이용하게 할 수 있다(법40① 전단). 이 경우 "조합원"은 "비조합원"으로 본다(법40① 후단). 조합원과 동일한 세대에 속하는 사람과 다른 조합 및 다른 조합의 조합원이 이를 이용하는 경우에는 조합원이 이용한 것으로 본다(법40②).

그러나 당해 신용협동조합의 비조합원(다른 조합의 조합원인 경우 포함)에게 사업을 이용하게 하는 경우 그에 대한 대출 및 어음할인("대출등")은 다음 금액의 합계액의 3분의 1을 초과할수 없다(영16의2).

1. 조합이 해당 사업연도에 새로이 취급하는 대출등 중 조합원(다른 조합의 조합원은 제외)에 대한 것으로서 금리 등을 고려하여 금융위원회가 정하는 대출등의 150%에 해당하는 금액
2. 조합이 해당 사업연도에 새로이 취급하는 대출등 중 제1호에 따른 대출등을 제외한 금액

2. 동일인에 대한 대출등의 한도

(1) 원칙적 제한

신용협동조합은 동일인에 대하여 원칙적으로 조합의 직전 사업연도말 자기자본의 20% 또는 자산총액의 1% 중 큰 금액을 초과하는 대출등을 할 수 없다(법42 본문). 이 경우 본인의 계산으로 다른 사람의 명의에 의하여 하는 대출등은 그 본인의 대출등으로 본다(법42 단서, 영16의4① 전단). 이 경우 금융위원회는 자기자본의 20%에 해당하는 금액과 자산총액의 1%에 해당하는 금액에 대하여 각각 최고한도를 설정할 수 있다(영16의4① 후단).

(2) 대출액 산정시 제외사항

위의 제한에도 불구하고 다음에 해당하는 대출은 동일인에 대한 대출액 산정시 이를 포함하지 아니한다(영16의4②).

1. 당해 조합에 대한 예탁금 및 적금을 담보로 하는 대출
2. 당해 조합과의 공제계약에 의하여 납입한 공제료를 담보로 하는 대출
3. 정부·한국은행 또는 은행이 보증하거나 동 기관이 발행 또는 보증한 증권을 담보로 하는 대출
4. 그 밖에 금융위원회가 정하는 대출

(3) 중앙회장의 초과 승인(예외적 허용)

신용협동조합은 동일인에 대하여 금융위원회가 정하는 기준에 따라 중앙회장의 승인을 받은 경우에는 예외적으로 한도를 초과하는 대출등을 할 수 있다(법42).

제

4

편

금융상품

★ 경향신문 2024년 11월 13일
국민은 '영끌', 정부는 '영혼' 없는 관리 ··· 2,000조원 향해가는 가계부채

전 세계에서 유례없는 전세보증금을 부채에 포함할 경우 한국의 가계부채 규모는 국내총생산(GDP) 대비 150%를 넘는다. 버는 돈(GDP)에 비해 빚이 훨씬 크다는 의미다. 가계부채 관리도 시급하지만 주거 안정이라는 과제도 남아 있다. 인구 1,000명당 주택 수는 2022년 전국 기준으로 430호다. 경제협력개발기구(OECD)의 인구 1,000명당 평균 주택 재고(462호)에 비하면 부족하다. 중위소득 가구의 자가보유율은 하락하는 추세다.

가계부채 관리와 주거 안정, 두 가지 목표를 한 번에 이루는 방법이 있긴 하다. 집값 자체가 안정적 수준이 되고 대출도 자신의 벌이 수준에 맞게 받는 것이다. 저렴하고 입지 좋은 임대주택을 널리 보급되는 것도 방법이다. 가계대출을 관리하는 금융위원회와 주거 안정을 목표삼는 국토교통부가 긴밀한 협조를 한다면 두 목표를 모두 달성할 수도 있다. 반대로 두 부처 간 불협화음이 나거나, 의지가 약하면 두 과제 모두 무기한 방치된다.

■ 상반기 주담대 증가액 70%가 정책대출

올 상반기엔 유독 정책대출 규모가 크게 늘었다. 상반기 은행권 재원으로 집행된 디딤돌(매매)·버팀목(전세) 대출, 즉 정책대출 규모는 총 18조1,000억원으로 집계됐다. 은행권 전체 주택담보대출 증가액(26조1,500억원)의 69.2%에 달한다. 국토부가 관리하는 신생아 특례대출은 올 상반기에만 6조원 가까이 몰렸다. 주택도시보증공사(HUG) 관계자는 "출생아 수가 늘고 상품에 대한 인지도가 높아지면서 대출이 늘었다"고 말했다. 올 2분기(4~6월) 출생아 수는 전년 동기 대비 1.2% 늘었다.

가계대출 관리 측면에서 보면 은행 자체 대출과 디딤돌 같은 정책대출을 같이 잡아야 한다는 이야기다. 실제로 금융위는 지난 8월 이후 총량 규제를 압박해 은행들이 대출을 조이게 만들었다. 대출금리는 올랐고, 그간 나왔던 대출에 각종 허들(조건)이 생겼다. 돈 나올 구멍을 틀어막아 대출을 받지 못하게 하는 1차원적 가계대출 관리다. 국토부도 손을 들었다. 디딤돌 대출을 일부 축소·제한하기로 한 것이다. 수도권 아파트를 구입하는 경우 최대 5,500만원에 이르는 최우선변제금 공제를 의무화하고, 준공 전 미등기 아파트를 담보로 한 대출을 금지해 대출한도를 대폭 줄이기로 했다.

■ 대출량 vs 서민 주거 안정, 무엇이 우선?

전문가들은 고삐가 풀린 정책대출을 조이는 현재 방향은 급한 불을 끄기 위해 필요한 조치라고 말한다. 가계부채 증가속도를 보면 위기감이 너무 크고, 수도권을 중심으로 부동산시장도 과열될 수 있기 때문이다. 한재준 인하대 교수는 "서울을 중심으로 부동산 대세상승 분위기가 나타나면서 지금 정책대출부터 막지 않으면 나중에 더 큰 불을 막아야 하는 부담이 생길 수 있다"고 말했다.

그간 정책대출이 지나치게 시장을 팽창시켰다는 점에서 정책대출 조이기가 너무 늦게 나왔다는 지적도 있다. 정준호 강원대 교수는 "주택공급이 주 역할인 국토부 입장에선 짓기만 하면 팔린다는 사인을 민간 건설사업자들에게 주기 위해 정책대출을 많이 풀어놓을 수밖에 없다"고 말했다.

서민 주거 안정이라는 정책 목표 달성을 위한 수단이 지나치게 대출 의존적이었다는 비판도 나온다. 박창균 자본시장연구원 부원장은 "정책대출을 빨리 줄여 금융을 안정시키는 게 급선무"라며 "집을 사게 해주는 것만이 주거 안정 정책이 아니다. 양질의 주거 서비스를 저렴하게 이용하도록 하는 임대주택도 방편이 될 수 있다"고 말했다.

■ 가계부채 관리 진짜 '영혼' 있는 걸까

하지만 정책대출 조이기만으론 6월 말 기준 1,900조원에 육박하며 역대 최대를 기록한 가계빚을 관리하기는 역부족이다. 박 부원장은 "전체 대출잔액을 보면 비정책대출의 규모가 훨씬 크기 때문에 정책대출을 조여도 가계부채 증가폭을 줄이는 수준에 그칠 것"이라고 말했다.

은행의 일반 주택담보대출 취급이 지속적으로 낮아야 한다는 이야기인데, 현재 1금융권의 대출관리 방식은 이르면 연말쯤 자체적으로 종료될 가능성이 있다. 시중은행 관계자는 "대출은 신규 취급을 막으면 분할 상환분이 들어오는 만큼 자연감소분이 생겨 은행들의 이자수익이 줄어든다"며 "장기적으로 영업이익에 영향을 주기 때문에 당국이 눈치를 주더라도 언제까지나 비대면 대출문을 닫고 있을 수는 없다"고 말했다.

결국 가계부채 관리는 총부채원리금상환비율(DSR) 강화를 통해 부동산시장 안정을 꾀하는 것이 정공법이다.

현재 전체 대출에서 DSR이 적용되는 건 40%에 불과한데, 이 범위를 확대해 상환 능력에 맞는 대출로 한도를 크게 낮춰야 한다는 이야기다. 현재 전세자금·개인사업자·중도금 대출 등은 DSR이 적용되지 않는다.

하지만 당국은 적극적이지 않다. 김병환 금융위원장은 지난달 30일 기자간담회에서 전세자금 대출에도 DSR을 적용하는 방안에 대해 "언제 (적용)하겠다 말겠다라고 답변하기 어렵다"

368 제 4 편 금융상품

며 사실상 연내 도입을 목표로 했던 올 초 금융위 업무계획과 상충된 답변을 내놨다.

DSR 확대는 부동산시장에 찬물을 크게 끼얹을 수 있는데 그 점을 우려한 것으로 보인다. 정 교수는 "소득이 증가하지 않는 경제 상황에서 부동산시장에 군불을 유지하려는 건 결국 자산에 베팅하는 한탕주의 사회로 계속 가겠다는 것"이라고 말했다.

제
1
장
/

개 관

제1절 금융상품의 정의와 특성

Ⅰ. 금융상품의 정의

    금융소비자보호법("법")에 의하면 금융상품이란 ⅰ) 은행법에 따른 예금 및 대출, ⅱ) 자본시장법에 따른 금융투자상품, ⅲ) 보험업법에 따른 보험상품, ⅳ) 상호저축은행법에 따른 예금 및 대출, ⅴ) 여신전문금융업법에 따른 신용카드, 시설대여, 연불판매, 할부금융, ⅵ) 대부업법상 대부,[1] ⅶ) 신용협동조합법에 따른 예탁금, 대출 및 공제,[2] ⅷ) 연계투자 및 연계대출,[3] ⅸ) 신탁계약 및 투자일임계약,[4] ⅹ) 중소기업은행법에 따른 예금 및 대출, ⅺ) 한국산업은행법에 따른 예금 및 대출) 등을 말한다(법2(1), 영2①, 금융소비자 보호에 관한 감독규정2①, 이하 "감독규정").

    금융상품의 정의는 금융규제법의 적용 범위를 정하는 출발점으로서 핵심적인 개념이다.

---

[1] "대부"란 금전의 대부, 어음할인·양도담보, 그 밖에 이와 비슷한 방법을 통한 금전의 교부를 말한다(대부업법2(1)).

[2] "공제"는 조합 등 특정단체에 가입한 가입자가 일정한 금액을 단체에 납입하고, 가입자에게 소정의 사고가 발생한 경우 해당 단체가 미리 정해진 금액을 지급하는 제도이다.

[3] "연계투자"란 온라인플랫폼을 통하여 특정 차입자에게 자금을 제공할 목적으로 하는 투자를 말하고, "연계대출"이란 투자자의 자금을 투자자가 지정한 해당 차입자에게 대출, 어음할인·양도담보, 그 밖에 이와 비슷한 방법을 통한 자금의 제공을 말한다(온라인투자연계금융업법2(1)).

[4] "투자일임계약"이란 투자일임업자와 투자자 사이에 체결하는 계약이다. 투자일임업자란 금융투자업자 중 투자자로부터 금융투자상품등에 대한 투자판단의 전부 또는 일부를 일임받아 투자자별로 구분하여 그 투자자의 재산상태나 투자목적 등을 고려하여 금융투자상품등을 취득·처분, 그 밖의 방법으로 운용하는 것을 영업으로 하는 금융투자업자를 말한다(자본시장법8⑥ 및 6⑧).

금융상품이란 금융시장에서 금융기관 또는 자금수요자에 의해 창출되는 금융기법의 결과로 만들어진 금융형식이다. 경제주체가 보유자산을 금융에 운용하는 경우 금융상품을 구매하는 것이므로 금융상품은 금융자산이라고도 한다. 그 법적 성격은 현재 또는 미래의 현금흐름에 대한 채권적 청구권을 나타내는 화폐증서이다.

금융상품은 금융업을 수행하는 금융기관에 있어서 가장 중요한 수익의 원천에 해당한다. 따라서 각 금융권역별 또는 각 금융기관별로 시장을 소구할 수 있는 양질의 금융상품을 여하히 개발하느냐가 각 금융권역 및 각 금융기관의 생존 및 성장의 관건이 된다고 볼 수 있다. 금융기관은 소비자의 금융 수요, 조달금리, 금융환경 등을 감안하여 금융상품을 개발하고 있다. 예를 들면 IMF 경제위기 이후 파생상품, 인터넷전용 금융상품, 펀드 등이 많이 만들어지고, 최근에는 주식·채권·보험이 결합한 복합금융상품도 판매되고 있다. 금융상품은 많은 종류가 있고, 상품명이나 내용이 복잡하다.

Ⅱ. 금융상품의 특성

금융산업의 발전과 더불어 새로운 금융상품이 등장하고, 금융상품이 복잡·다양화되면서 금융거래에 필요한 지식은 급격히 늘어나고 있다. 금융상품 정보의 종류와 양이 점점 많아지고 복잡해지고 있으나 이를 충분히 인지하지 못한 상태에서 금융거래가 이루어져, 이로 인한 소비자의 불만과 피해가 지속적으로 제기되고 있다. 금융상품은 무형의 상품으로서 소비자들이 그 외형을 통하여 상품의 질과 내용을 알기가 어렵다. 또한 가계 부채로 인한 개인 파산, 무계획한 금융투자나 대출증가, 금융피라미드나 보이스피싱 등의 금융사기 사건 증가, 금융상품에 대한 충분한 설명이 이루어지지 않는 불완전판매, 정보비대칭 금융거래로 인한 불만이나 피해가 발생하고 있다.

금융상품은 정보의 전문성, 차별성, 시간성과 지속성으로 정보화 시대에서 필요한 정보를 찾아내는 일은 쉬운 일이 아니다. 이러한 이유로 금융소비자들은 필요한 정보를 얻기 어렵고 정보에 대한 이해나 활용에서도 금융기관보다 열위에 있다. 더욱이 금융상품이 복잡·다양화되면서 금융기관과 소비자 간의 정보와 교섭력 불균형이 더욱 심각해지고, 금융소비자들이 알아야 할 정보를 충분히 알지 못한 상황에서 불완전판매가 이루어지고 이로 인한 피해와 불만이 끊임없이 제기되고 있다.

금융상품은 일반상품과는 다르게 무형성, 불가분성, 이질성, 소멸성이라는 서비스 특성을 가진다. "금융"이라는 상품은 구입된 당시 소비의 질이 종결되기 전까지 금융서비스의 공급자와 수요자 간에는 정보의 비대칭성이 심각하게 발생될 여지가 있다. 또한 금융상품은 매우 복잡하게 설계되어 있어 그 수요자가 정보를 갖고 있거나 심지어 사용하고 있더라도 그 질적 수준을 이해하거나 평가할 수 없는 신용상품의 특성을 갖고 있다.

제2절 금융상품의 분류

Ⅰ. 금융상품의 분류방법

금융기관에서는 투자자들의 다양한 욕구를 충족시키기 위해 많은 종류의 금융상품을 개발·판매하고 있다. 금융상품을 분류하는 방법은 여러 가지가 있다. 가장 흔하게 사용하는 분류방법은 금융기관별로 취급하는 상품을 분류하는 방법이다. 두 번째 방법은 금리확정여부에 따라 분류할 수 있다. 즉 금리확정형과 실적배당형으로 구분할 수 있다. 세 번째 방법은 과세방법에 따라 비과세, 분리과세, 세금면제 등의 방법으로 분류하기도 한다. 그 외에도 원금보장여부, 투자기간, 이자지급방법 등 많은 방법으로 분류할 수 있다.

금융상품은 자본시장법의 시행으로 원본 손실의 가능성(＝투자성) 여부에 따른 금융투자상품과 비금융투자상품으로 구분된다. 비금융투자상품은 은행상품, 보험상품 등으로 구분된다.

Ⅱ. 금융상품의 유형

금융소비자보호법("법")은 금융상품을 속성에 따라 예금성 상품, 대출성 상품, 투자성 상품 및 보장성 상품으로 유형을 재분류(법3)하였다. 금융상품의 유형은 다음과 같이 구분한다(법3 본문). 다만, 개별 금융상품이 상품유형 중 둘 이상에 해당하는 속성이 있는 경우에는 해당 상품유형에 각각 속하는 것으로 본다(법3 단서).

1. 예금성 상품

예금성 상품은 은행 예금과 같이 이자수익이 발생하는 금융상품으로서 원금보장이 되는 상품(예: 예·적금 등)을 말한다. 금융소비자보호법에 따른 예금성 상품은 ⅰ) 은행법·상호저축은행법에 따른 예금, ⅱ) 신용협동조합법에 따른 예탁금, ⅲ) 중소기업은행법에 따른 예금 또는 한국산업은행법에 따른 예금, ⅳ) 금융산업구조개선법에 따라 종합금융회사와 합병한 기관, 농협은행, 상호저축은행, 수협은행, 신용협동조합, 은행, 금융투자업자 및 증권금융회사, 종합금융회사, 중소기업은행, 한국산업은행이 계약에 따라 금융소비자로부터 금전을 받고 장래에 그 금전과 그에 따른 이자 등의 대가를 지급하기로 하는 계약을 말한다. 다만, 주택법에 따른 입주자저축은 제외한다(법3(1), 영3①, 감독규정3(1)).

2. 대출성 상품

대출성 상품은 은행 대출과 같이 금전을 빌려 사용한 후 원금과 이자를 상환하는 금융상품(예: 대출상품, 신용카드 등)을 말한다. 금융소비자보호법에 따른 대출성 상품은 ⅰ) 은행법·상호저축은행법에 따른 대출, ⅱ) 여신전문금융업법에 따른 신용카드·시설대여·연불판매·할부금융, ⅲ) 대부업법상 대부, ⅳ) 온라인투자연계금융업법상 연계대출, ⅴ) 중소기업은행법에 따른 대출 또는 한국산업은행법에 따른 대출, ⅵ) 신용협동조합법에 따른 대출, ⅶ) 금융산업구조개선법에 따라 종합금융회사와 합병한 기관, 농협은행. 상호저축은행, 수협은행, 신용협동조합, 은행, 금융투자업자 및 증권금융회사, 종합금융회사자. 중소기업은행, 한국산업은행, 보험회사, 신용협동조합중앙회, 여신전문금융회사(신기술사업금융업자는 제외) 및 겸영여신업자, 온라인투자연계금융업자, 금융투자업자, 단기금융회사 및 자금중개회사가 금융소비자에 어음할인·매출채권 매입(각각 금융소비자에 금전의 상환을 청구할 수 있는 계약으로 한정)·대출·지급보증 또는 이와 유사한 것으로서 금전 또는 그 밖의 재산적 가치가 있는 것("금전등")을 제공하고 장래에 금전등 및 그에 따른 이자 등의 대가를 받기로 하는 계약을 말한다. 다만, 수출환어음 매입 등 수출·수입 대금결제와 관련된 계약은 제외한다(법3(2), 영3②, 감독규정3(2)).

3. 투자성 상품

투자성 상품은 펀드와 같이 투자수익이 발생하는 금융상품으로서 원금이 보장되지 않는 상품(예: 펀드 등 금융투자상품, 신탁상품)을 말한다. 금융소비자보호법에 따른 투자성 상품은 ⅰ) 자본시장법에 따른 금융투자상품, ⅱ) 연계투자, ⅲ) 신탁계약, ⅳ) 투자일임계약, ⅴ) 투자성이 있는 금융상품을 말한다(법3(3), 영3③, 감독규정3(3)).

4. 보장성 상품

보장성 상품은 보험상품과 같이 장기간 보험료를 납입한 후 장래 보험사고 발생 시 보험금을 지급받는 금융상품(예: 보험상품 등)을 말한다. 금융소비자보호법에 따른 보장성 상품은 ⅰ) 보험업법에 따른 보험상품, ⅱ) 신용협동조합법에 따른 공제를 말한다(법3(4), 영3④).

Ⅲ. 금융상품과 소득의 분류

금융상품으로부터 발생하는 소득은 금융상품을 보유·처분하는 과정에서 발생하는 이자소득, 배당소득, 양도소득 등으로 구분할 수 있다. 은행의 수신상품과 같이 일정기간 금전대여의 대가로 발생한 소득은 이자소득으로 분류하고, 금융투자상품의 경우 채권 등에 투자하여 금전을 대여한 경우 발생한 소득은 이자소득, 주식 등에 투자하여 지분투자에 대한 사업이익의 분배금을 수령한 경우 배당소득으로 분류한다. 이때 채권의 이자율 변동으로 인한 채권가격의 상승, 주식가격이 상승하여 이익을 얻게 된 경우 이를 자본이득(capital gain)으로 보고 소득분류는 양도소득으로 분류한다. 그리고 보험상품의 경우 보험사고의 발생으로 인해 지급받는 보험금 혹은 보험보장기간 만료 이후 수령하는 만기환급금액은 보험이익으로 분류한다.

제3절 금융상품규제

Ⅰ. 서설

금융상품은 금융기관에 의해 생산되고 개인 및 가계에 의해 소비된다. 금융상품규제에 대한 논의는 "금융상품이 생산되고 소비되는 금융산업의 전반적인 특성은 정보의 비대칭성이 크고 금융상품이 신뢰재로서의 성격을 갖는다"는 것에서 출발한다. 금융상품이 신뢰재라는 것은 금융상품의 소비를 결정한 이후 특정한 상황이 되어서야 동 상품의 최종적인 효용 및 비효용이 결정됨을 뜻한다.

금융상품에 대한 사전적 규제는 민원·분쟁조정·소송 등으로 금융소비자의 불만이 제기되기 이전에 불만의 요인을 없애고, 정보가 원활히 제공되도록 하며, 금융소비자의 편의를 증대시키는 기능을 할 수 있다. 예를 들어 공정한 공시·광고 등은 금융소비자가 금융상품을 구매(또는 가입) 시 의사결정에 필요한 정보를 제공하며, 구매 이후 금융상품에 대해 평가할 수 있는 정보를 제공하여 금융소비자는 불만족스러울 가능성이 높은 금융상품은 선택하지 않거나 불만족스러운 금융상품은 보다 만족스러운 금융상품으로 변경할 수 있도록 한다. 또한 금융상품 비교공시는 금융소비자들이 보다 편하게 유사한 금융상품을 비교할 수 있게 도와주는 역할을 한다. 이와 더불어 민원·분쟁조정·소송 등으로 이어질 가능성을 줄여주어 금융기관의 잠재적 부담을 사전적으로 줄여주는 기능도 한다. 그리고 금융상품에 대한 사전적 규제는 금융기관이 금융소비자에게 양질의 정보를 제공하도록 유도하는 측면이 있다. 이러한 양질의 정보는 분쟁조정 등 금융소비자보호의 사후적 제도가 효율적으로 작동하게 하는 근간이 된다.

금융상품에 대한 사전적 규제의 항목들은 금융기관의 영업행위규제의 일부이다. 여기서는 영업행위규제 중 불건전영업행위 규제 내에서 ⅰ) 금융상품을 구입하기 전의 정보수집단계와 관련이 있는 공시·광고 규제, ⅱ) 금융상품에 대한 정보수집단계(공시·광고)와 실제로 계약을 체결하는 단계(약관) 사이의 중간단계는 금융상품 판매 과정이라고 할 수 있는데, 이는 금융상품 제조행위, 판매행위, 판매를 위한 위임행위와 관련이 있는 판매 과정 중 나타나는 판매규제, ⅲ) 금융상품을 구입하는 시점에서 금융기관과 소비자 간의 계약 체결과 관련되는 약관규제를 살펴보기로 한다.

Ⅱ. 금융상품 공시규제

1. 금융상품공시의 의의

금융상품 정보는 거래약관, 이자율, 수수료 등과 같이 금융상품에 관한 주요 정보로서 개별 금융업법에서 공시항목으로 정하고 있는 것을 말한다. 한편 금융상품 공시제도는 금융상품 정보를 공개하여 금융소비자의 합리적인 금융상품 선택을 돕고 공시내용대로 법률효과를 부여하여 금융소비자를 보호하고자 하는 제도로서 개별공시와 비교공시로 나눌 수 있다.

개별공시는 개별 금융기관이 주체가 되어 해당 금융상품에 관한 정보를 금융소비자에게 공시하는 것이며, 비교공시는 해당 금융권역에 속한 전체 금융기관의 금융상품 정보를 일목요연하게 비교하여 공시하는 것이다. 금융상품 비교공시는 정보 비대칭을 해소하여 금융소비자의 상품선택권을 강화하고 금융기관들 간의 경쟁을 유도하기 위한 목적을 가지고 있다. 따라서 금융소비자에게 제공되어야 할 금융상품 정보에는 기본적으로 금융상품 비교공시의 내용도 포함된다.

금융기관이 출시하는 금융상품이 다양화되면서 금융소비자들이 본인에 적합한 상품을 선택하기가 점점 더 어려워지고 있다. 개별 금융상품은 공시를 통해 기본적인 정보가 제공되고는 있으나 금융소비자가 자신에 맞는 금융상품을 선택하기 위해서는 유사상품 간의 비교를 위한 정보가 필요하다. 이러한 측면에서 볼 때 비교공시는 금융소비자의 합리적인 상품선택을 위해 중요하며, 스스로 합리적인 상품을 선택하려고 노력하는 금융소비자에게 정보를 제공하기 때문에 금융소비자보호 측면에서도 중요하다.

2. 금융상품 비교공시의 기능

금융소비자보호 강화는 우리나라뿐만 아니라 세계적인 추세이다. 이를 다른 측면에서 보면 그 동안 금융부문에서 소비자보호가 취약했다고 볼 수 있다. 금융부문에서 소비자보호가 중요한 이슈로 대두되는 이유는 무엇보다도 정보비대칭 문제 때문이다. 인구구조 변화, 경제상황 변화 등에 따라 금융소비자의 금융상품에 대한 수요도 변화하고 이에 부합하려는 금융기관의 노력은 금융상품의 복잡화로 이어질 수밖에 없다. 그런데 금융상품이 복잡해질수록 금융기관과 금융소비자 간의 정보비대칭은 커질 수밖에 없고, 이에 따라 금융소비자보호는 더욱 강조될 수밖에 없는 상황이다. 결국 금융소비자보호가 중요한 이슈로 부각되는 근본적 원인의 저변에는 정보비대칭 문제가 존재한다. 금융소비자보호에 있어서는 분쟁조정, 처벌 강화 등 사후적인 제재도 중요하지만 사전적으로 금융소비자에게 충분한 정보를 제공함으로써 문제가 발생하는 것을 사전적으로 예방하는 것도 중요하다. 이러한 측면에서 금융상품 비교공시는 중요한 의미를 갖는다.

비교공시가 갖는 또 다른 기능으로는 금융소비자가 금리(돈의 가격), 수수료, 수익률 등에 대해 보다 쉽게 알 수 있게 한다는 점을 들 수 있다. 이 중에서 금리, 수익률 등은 금융시장의 상황에 따라 사후적으로 변동할 수도 있는 반면, 수수료의 경우는 금융소비자가 미리 명확히 이해하고 상품을 구입할 필요가 있다. 금융기관은 당연히 필요한 수수료를 수취해야 하지만 이와 관련하여 수수료 지불 주체인 금융소비자에게 수수료와 관련된 명확한 정보를 제공하는 것이 타당하다. 비교공시가 면밀하게 이루어진다면 이러한 수수료체계가 투명하게 공개되어 금융소비자의 금융기관 및 금융상품에 대한 신뢰도 제고에도 도움이 될 것이다.

3. 금융상품 비교공시의 법적 근거

금융소비자보호법(법32①)에 근거해 금융위원회는 금융소비자가 금융상품의 주요 내용을 알기 쉽게 비교할 수 있도록 금융상품의 유형별로 금융상품의 주요 내용을 비교하여 공시할 수 있다. 금융위원회가 비교하여 공시("비교공시")할 수 있는 금융상품의 범위는 ⅰ) 예금, ⅱ) 대출, ⅲ) 집합투자증권, ⅳ) 보험, ⅴ) 적금, ⅵ) 연금저축계좌, ⅶ) 퇴직연금제도이다(금융소비자보호법 시행령29①, 동법 감독규정27①). 금융상품의 비교공시에는 ⅰ) 이자율, ⅱ) 보험료, ⅲ) 수수료, ⅳ) 중도상환수수료율, 위험등급 등 금융소비자가 유의해야 할 사항, ⅴ) 비교공시된 정보에 관한 해당 정보를 제공한 금융상품직접판매업자의 담당부서 및 연락처와 비교공시 시점, ⅵ) 그 밖에 금융소비자 보호를 위해 비교공시가 필요한 사항으로서 "금융감독원장이 정하는 사항"이 포함되어야 한다(동법 시행령29②, 동법 감독규정27②). 금융위원회가 비교공시를 하는 때에는 금융위원회 인터넷 홈페이지 또는 금융위원회가 정하여 고시하는 방법에 따라 그 내용을 게시한다(동법 시행령29④).

금융상품에 대한 비교공시는 각 금융업권별로 협회에서 수행하고 있다. 현재 우리나라에서는 은행연합회, 금융투자협회, 생명보험협회, 손해보험협회, 여신금융협회, 저축은행중앙회, 신협중앙회, 한국대부금융협회에서 업권별로 인터넷을 통해 비교공시를 시행하고 있다. 금융투자상품과 보험상품의 경우 해당 협회가 비교공시를 할 수 있는 법적 근거가 존재한다. 즉 자본시장법(법58, 90)에는 금융투자협회의 집합투자상품에 대한 비교공시를 규정하고 있으며, 보험업법(법124, 175)에는 보험협회의 보험상품에 대한 비교공시를 규정하고 있다. 그러나 은행법, 여신전문금융업법, 상호저축은행법, 신용협동조합법, 대부업법 등에는 금융상품에 대한 비교공시의 법적 근거가 마련되어 있지 않다.

Ⅲ. 금융상품 광고규제

1. 서설

(1) 개요

금융상품의 경우 정보비대칭이 심하여 성격상 금융소비자가 그 내용을 충분히 이해하고 계약을 체결한다고 보기 어렵다. 더구나 상품별로 내재된 특유의 복잡성은 상품에 대한 이해를 더욱 어렵게 한다. 대표적으로 ETN(Exchange Traded Note, 상장지수채권)이나 ELS(Equity linked Securities, 주가연계증권)와 같은 금융투자상품은 복잡·복합적인 상품이어서 그 구조와 투자위험을 일반인이 이해하기는 쉽지 않으며, 생명보험상품은 통상 장기의 계약인데다 사망보장금은 고액의 상품이고 다수의 특약이 부가되는 경우가 적지 않아 그 효과와 비용을 이해하기가 쉽지 않다. 때문에 모집인의 불완전판매가 있는 경우 금융소비자들은 본인의 수요에 맞지 않는 상품의 구매로 인해 불이익을 보는 경우가 적지 않다. 이처럼 금융상품의 경우 판매단계에서 금융회사의 적정한 정보제공과 금융소비자에게 적합한 상품의 권유는 기본이고 필수라 할 것이다.

그런데 금융소비자가 금융상품을 선택하고 계약체결에 이르는 과정에서 영향을 미치는 것은 비단 판매단계에 국한되지 않는다. 이미 그 이전단계에서부터 금융기관의 영향을 받기 때문이다. 대표적으로 TV나 신문·잡지·전단지 등을 통한 광고와 인터넷 사이트 등에 게시된 정보, 그리고 버스·지하철·택시에 부착된 다양한 광고 등을 통해 금융상품에 대한 일정한 이미지가 형성되기 때문이다. 이처럼 해당 금융상품에 관한 구체적인 정보를 적절하게 제공받기 전에 선행하는 이미지는 금융소비자의 상품 선택과 행동에 영향을 미친다.

한편 금융소비자의 입장에서 광고는 상품을 선택하는데 중요한 판단자료가 되며 유의한 정보를 제공한다. 대표적으로 적절한 비교정보의 제공은 금융소비자의 현명한 선택을 지원한다. 따라서 금융상품의 판매 이전에 제공되는 광고는 금융소비자의 금융상품 구매에 관한 의사결정에 상당한 영향을 미칠 수 있어 판매 프로세스의 일환으로 보고 규제와 감독이 행해지는 것이 일반적이다. 다만 구체적으로 판매단계 이전인지 또는 판매에 직접 영향을 미치는지 등에 차이가 있음을 고려하여 규제 방법면에서 달리 접근하는 경향이 있다. 즉 통상 규제와 감독차원에서 권유규제와 광고규제로 구분하여 규율하고 있다.

(2) 허위·과장 금융상품광고 사례

일부 금융기관은 여전히 고객유인을 목적으로 사실과 다른 내용을 반복적으로 광고하는 경향이 있고, 특히 경제적 취약계층을 대상으로 오해를 유발할 수 있는 표현을 무분별하게 사용하는 것(예컨대 "누구나" "무차별" "00%" 등)으로 나타나고 있다. 또한 근거없이 "최고" "최상" "최저" "우리나라처럼" "당해 금융회사만" 등의 표현을 사용하여 최상 또는 유일성을 나타내는 표현을 사용하고 있으며, "보장" "즉시" "확정" 등의 표현을 빈번히 사용하여 금융소비자와의 분쟁을 초래하는 경우가 적지 않다.

상품별로 보면 은행상품의 경우 이자의 지급 및 부과시기, 부수적 혜택과 비용 등과 관련하여 미확정된 사항을 확정적으로 사용하는 경우가 적지 않고, 금융투자상품의 경우에는 수익률이나 운용실적이 좋은 기간의 수익률이나 운용실적만을 표시하는 경우가 많으며, 최근에는 광고성 보도자료를 활용하여 금융투자상품의 위험성에 대한 정보제공 없이 유리한 정보만 제공하는 경우도 많은 것으로 나타나고 있다. 보험상품의 경우에는 특정한 보험금 수령사례를 소개하여 보험금을 많이 또는 반복해서 지급하는 것으로 과장하는 경우가 있거나 정확한 금액을 설명하지 않고 "0만원대" "만원도 안되는 등"의 표현을 사용 또는 "치료비를 쓰고도 남는" 등의 표현을 사용하여 역선택을 조장하는 경우도 있다. 그 외 저축은행의 경우 TV광고에서 "서류없이" "날쌘 대출" 등의 자극적인 표현을 사용하여 대출의 신속성·편리성을 지나치게 강조하는 경향이 있으며, 대부업의 경우에는 반복적인 TV광고를 통해 금융취약계층의 과잉차입을 유도하거나 지나치게 미화하는 경향이 강한 것으로 나타나고 있다.[5]

2. 금융상품 광고규제의 기능

광고는 상품을 판매하기 위해 해당 상품에 대한 장점을 위주로 한 설명이 수반된다. 단점

---

[5] 무조건대출!!, 신용불량자 가능, 무담보 무보증 등 누구나 대출이 가능한 것처럼 오인하게 하는 광고가 행해지고 있고, 서민금융상품을 연상시키는 명칭을 사용하는 광고유형도 적지 않다.

은 설명하지 않고 해당 상품만 소개하는 제한적 정보이기는 하지만 정보를 제공하는 기능을 수행한다. 따라서 금융상품의 부당·과장 광고는 금융소비자의 그릇된 의사결정으로 이어져 부당한 피해를 입을 수 있는 단초를 제공한다. 더구나 금융상품을 제대로 이해하기 위해서는 상대적으로 전문적 지식이 더 필요한 것으로 인식되고 있어, 금융에 대한 전문적 지식이 부족한 일반 소비자의 경우 이러한 위험에 더욱 노출되어 있다. 또한 광고에 의해 전달되는 정보는 소비자에게 일방적으로 전달되고 소비자가 이에 대한 질의, 의견 등을 상품 제공자에게 전달하고 확인을 받기 어렵기 때문에 해석의 오류 등으로 정보의 왜곡이 발생할 가능성은 더욱 높다. 일방향 정보전달의 왜곡 가능성, 불특정 다수인 금융소비자의 피해 가능성 등은 금융상품 광고규제에 대한 근거를 제공한다.

광고규제는 해당 업권 및 유사한 상품에 대한 부정적 이미지를 축소하는 긍정적 외부효과를 생성하는 데에도 도움을 준다. 특정한 금융상품의 부당한 광고로 인해 문제가 나타날 경우 유사한 금융상품 및 여타 금융기관의 부정적 이미지로 이어지는 부정적 외부효과가 발생하게 된다. 따라서 광고규제는 부적절한 광고에 의해 발생할 수 있는 부정적 외부성을 축소시키는 데 기여하므로 금융기관 입장에서도 광고 규제를 능동적으로 수용하는 것이 유리한 측면이 있다.

금융시장의 발전과 함께 금융상품의 판매채널이 다양화되고 광고도 다양한 형태가 나타나고 있다. 예컨대 홈쇼핑 TV, 인터넷, 전화마케팅, 편의점 판매 등 금융상품에 대한 광고 방식이 빠르게 진화를 거듭하고 있다. 광고 매체의 변화와 함께 규제의 어려움은 심화되고 있어 현재 금융업권의 광고규제의 취약지점이 존재할 가능성이 높다. 따라서 금융상품의 광고규제도 금융상품의 발전과 함께 진화해야 한다.

3. 금융상품 광고규제의 법적 근거

금융소비자보호법 제22조는 금융상품등에 관한 광고 관련 준수사항을 규정하고 광고규제를 하고 있다. 광고의 주체를 규정하여 광고를 할 수 없는 자와 광고를 수 있는 자를 규정하고, 금융상품 유형별로 광고의 필요적 포함사항을 나열하고 있으며, 광고의 방법과 절차, 광고시 금지행위 등을 규정하고 있다.

Ⅳ. 금융상품 판매규제

1. 의의

금융상품의 판매와 관련된 사항들은 금융기관과 고객을 연결하는 행위로, 판매행위 과정 자체가 고객과 접촉이 있기 때문에 고객 보호와 관련된 직접적인 이슈가 존재한다. 따라서 고객 보호와 관련된 다양한 영업행위들도 판매 과정에서 구체적으로 나타나는 경우가 빈번하다. 예를 들어 신의성실의무, 이해상충방지의무 등은 판매과정뿐만 아니라 금융상품 제조 및 관리 과정에 전반적으로 적용되는 반면, 설명의무, 적합성원칙 등은 판매 시 준수해야 하는 사항이다. 또한 광고 자체가 판매행위는 아니지만 금융기관이 고객에게 금융상품을 판매하기 위한 행위이며, 약관은 판매 시점에 체결되는 것으로 판매행위가 밀접히 관련된다.

2. 금융상품의 판매경로규제

(1) 금융상품 판매방식

금융상품의 판매방식은 직접판매, 대리·중개, 자문으로 나눌 수 있다. "직접판매"는 금융상품의 제조업자가 대리·중개업자를 거치지 않고 금융소비자에게 직접 금융상품을 판매하는 것을 말하고, "대리·중개"는 금융기관과 금융소비자의 중간에서 계약을 중개하는 행위 또는 금융기관의 위탁을 받아 대리 판매를 하는 행위를 말하며,[6] "자문"은 소비자의 의사결정에 도움이 될 수 있도록 금융상품의 구매 또는 평가에 관한 정보를 제공하는 행위이다.

자문을 금융상품의 판매 방식 중 하나로 인식하는 이유는 자문의 대상이 펀드 등 이미 제조된 금융상품일 때 투자자문업자의 조언을 근거로 고객이 투자 또는 구입한다면 이는 실질적으로 판매권유와 유사하기 때문이다. 그러나 자문료, 일임료를 수취할 뿐, 금융투자상품 제조업자로부터 직접 판매수수료를 수취하지 않기 때문에 통상의 판매 창구의 판매와는 구별된다.

(2) 직접판매와 대리·중개

현재 우리나라에서는 금융상품을 제조하는 금융기관은 자동으로 직접판매를 할 수 있다. 대리·중개의 경우 금융상품별로 별도의 자격증이 존재하며 대출, 금융투자상품, 보험상품별로 다양하다. 은행, 상호저축은행, 여신전문금융기관 등이 취급하는 대출상품의 경우 대출모집인이 금융상품 제조사로부터 분리된 대리·중개인에 해당하며, 대출모집인에 대한 규율은 은행, 상호저축은행, 신협, 캐피탈의 각 업권의 자율규제 협약에 따르고 있다. 금융투자회사가 제조사인 경우 투자권유대행인이 대리·중개인에 해당한다. 투자권유대행인은 금융위원회에 등록하도록 하고 있으며(자본시장법51③), 투자권유대행인의 자격 요건은 자격시험에 합격하거나 보험설계사, 보험대리점, 보험중개사로 등록된 자가 일정한 교육을 받은 경우이다(자본시장법 시행령 56). 보험상품의 경우 보험설계사, 보험대리점, 보험중개사가 대리·중개인에 해당한다. 보험중

---

6) 대리와 중개는 금융상품 제조업자가 직접 판매하지 않는다는 점에서 공통점이 있으나 판매계약을 체결할 수 있느냐에 따라 차이가 있다. 대리의 경우 판매의 권한을 위임받아 계약체결이 가능하며, 중개는 계약체결을 중개할 뿐 체결할 권한은 없다.

개사는 자격시험에 합격한 자이며(보험업법 시행령27② 별표3), 보험대리점과 보험설계사는 일정한 연수를 받거나, 금융위원회가 인정한 이에 준하는 자 등의 요건을 갖추어야 한다(보험업법 시행령27② 별표3).

(3) 자문

자문에 해당하는 행위에서 특정 상품의 광고 또는 설명 수준에 해당하는 것을 제외하고, 전문적 자문서비스에 해당하는 것으로 현재 국내에는 투자자문업과 투자일임업이 있다. 자본시장법에서 투자자문업이란 "금융투자상품의 가치 또는 금융투자상품에 대한 투자판단에 관한 자문에 응하는 것을 영업으로 하는 것"(자본시장법6⑥)이라고 규정되어 있으며, 투자일임업이란 "투자자로부터 금융투자상품에 대한 투자판단의 전부 또는 일부를 일임받아 투자자별로 구분하여 금융투자상품을 취득·처분, 그 밖의 방법으로 운용하는 것을 영업으로 하는 것"(자본시장법6⑦)이라고 되어 있다. 자본시장법상 투자자문업은 투자결정에 관한 최종 권한을 투자자 자신이 갖는 반면, 투자일임업은 투자일임업자에게 투자결정에 대한 재량권까지 부여하고 있다는 점에서 차이점이 있다. 그러나 자본시장법상 투자자문업과 투자일임업 모두 자산운용에 대한 결정적인 판단을 한다는 공통점이 있기 때문에 투자자문업으로 통칭하는 것이 일반적이다. 또한 투자자문업은 투자자별로 개별적 맞춤형 투자조언 및 자산운용 자문이 가능하기 때문에 집합투자업과는 구별된다.

현재 증권사, 자산운용사 또는 전업 투자자문사 등이 투자자문업을 영위한다. 투자자문업은 투자매매·중개 및 집합투자업과 직접적 연관이 있기 때문에 증권사 및 자산운용사는 투자자문업을 겸영하는 것이 일반적이다. 반면 전업 투자자문사는 투자자문업 또는 투자일임업만을 영위하는 회사이며 전문적 자산운용기술을 토대로 소규모 자본 및 인력으로 창업이 가능하기 때문에 자본시장의 벤처기업으로 인식되고 있다.

이와 함께 자본시장법에는 유사투자자문에 대한 규정도 존재한다. 유사투자자문은 주로 인터넷, 방송 등을 통해 증권투자 관련 정보를 제공하지만, 투자자문업의 핵심인 맞춤형 자문서비스를 제공하지는 않기 때문에 통상 인식하는 자문서비스와는 구별된다. 유사투자자문을 자문의 범주에 넣는 것은 논란의 소지가 있으며, 여기서는 유사투자자문은 자문의 범주에 포함시키지 않고 단순 정보제공 행위로 간주한다.

(4) 결어

앞서 본 내용을 토대로 현재 우리나라에서 판매업무를 수행하는 금융업자를 판매업무별로 살펴보면, 다음과 같이 정리할 수 있다. ⅰ) 직접판매는 은행, 투자매매업자, 투자중개업자, 신탁업자, 보험회사, 여신전문금융회사, 겸영여신업자, 상호저축은행 등이 할 수 있고, ⅱ) 대리·중개는 대출모집인, 투자권유대행인, 보험설계사, 보험대리점, 보험중개사, 신용카드모집인 등이 할 수 있으며, ⅲ) 자문7)은 투자자문업자, 투자일임업자8)가 할 수 있다.

3. 금융상품 판매행위규제: 판매행위 6대 원칙

금융소비자보호법은 판매 관련 규제를 강화하고 체계화하여 불완전판매 등을 방지하고 금융회사의 자발적 노력을 유도하기 위하여 금융상품 판매행위 규제체계를 마련하였다. 금융상품 판매행위 규제 체계화를 위하여 모든 금융상품의 판매에 6대 판매행위 원칙을 규정하였다. 광고규제는 앞에서 살펴보았다.

(1) 적합성원칙

적합성원칙은 금융소비자의 재산상황, 금융상품 취득·처분 경험 등을 고려하여 금융소비자에게 부적합한 금융상품 계약체결의 권유를 금지하는 원칙이다.

(가) 소비자 분류 확인의무(소비자 유형 구분)

금융상품판매업자등은 금융상품계약체결등을 하거나 자문업무를 하는 경우에는 상대방인 금융소비자가 일반금융소비자인지 전문금융소비자인지를 확인하여야 한다(금융소비자보호법17①).

(나) 소비자 정보 파악·확인(유지·관리·제공)의무

금융상품판매업자등은 일반금융소비자에게 보장성 상품, 투자성 상품, 대출성 상품의 계약(예금성 상품은 제외) 체결을 권유(금융상품자문업자가 자문에 응하는 경우를 포함)하는 경우에는 면담·질문 등을 통하여 금융소비자보호법이 정하는 정보를 파악하고, 일반금융소비자로부터 서명(전자서명을 포함), 기명날인, 녹취의 방법으로 확인을 받아 이를 유지·관리하여야 하며, 확인받은 내용을 일반금융소비자에게 지체 없이 제공하여야 한다(금융소비자보호법17②).

(다) 부적합 계약체결 권유 금지 의무

금융상품판매업자등은 확인한 정보를 고려하여 그 일반금융소비자에게 적합하지 아니하다고 인정되는 계약체결을 권유해서는 아니 된다(법17③ 전단). 이 원칙은 적합한 계약체결을 권유하여야 하는 적극적인 의무가 아니라 부적합한 계약체결을 권유하지 않도록 하는 소극적인 의무이다.

---

7) 유사투자자문업은 투자자문업의 핵심인 맞춤형 자문서비스를 제공하지 않기 때문에 자문에서 제외하였다.
8) 투자일임업도 투자자문업과 마찬가지로 자산운용에 대한 결정적인 판단을 제공한다는 점에서 자문으로 분류하였다.

적합성원칙은 판매자가 소비자 정보를 확인한 후에 소비자에 부적합한 상품은 권유하지 못하도록 규정하고 있다. 소비자가 원한다는 이유로 펀드 카탈로그 제공 등의 방법으로 부적합한 상품을 권유하고 소비자로부터 부적합확인서를 받아 계약하는 행위는 적합성원칙 위반으로 볼 수 있다. 한편 판매자는 소비자 정보 확인 후 적합한 상품을 권유했으나 소비자가 부적합한 상품을 특정하여 청약하는 경우에는 ⅰ) 그 상품이 적정성원칙 적용대상인 경우에는 부적합하다는 사실을 법령에 따라 알린 후 계약체결이 가능하며, ⅱ) 적정성원칙 적용대상이 아닌 경우에는 별도 조치 없이 계약체결이 가능하다.

(2) 적정성원칙

적정성원칙은 금융상품판매업자가 일반금융소비자에게 계약체결을 권유하지 아니한 금융상품을 일반금융소비자의 요청에 의한 거래라 하더라도 해당 금융상품이 일반금융소비자에게 적정한지를 판단하고, 적정하지 않으면 그 사실을 사전에 경고함으로써 금융소비자를 보호하는 원칙이다.

적합성원칙이 금융상품판매업자의 계약체결의 권유가 있는 경우에 적용되는데 반하여 적정성원칙은 금융상품판매업자의 권유행위가 없는 경우에 적용된다. 적합성원칙이 금융상품판매업자등에게 적용되는데 반하여 적정성원칙은 금융상품판매업자에게만 적용되므로 금융상품자문업자에게는 그 적용이 없다.

(가) 소비자 정보파악의무

금융상품판매업자는 보장성 상품, 투자성 상품 및 대출성 상품(적용대상 상품)에 대하여 일반금융소비자에게 계약체결을 권유하지 아니하고 금융상품 판매계약을 체결하려는 경우에는 미리 면담·질문 등을 통하여 금융소비자보호법이 정하는 정보를 파악하여야 한다(금융소비자보호법18①). 예금성 상품은 적용대상에서 제외된다.

(나) 부적정 판단 사실 고지·확인의무 등

금융상품판매업자는 금융상품의 유형에 따라 확인한 사항을 고려하여 해당 금융상품이 그 일반금융소비자에게 적정하지 아니하다고 판단되는 경우에는 그 사실을 알리고, 그 일반금융소비자로부터 서명, 기명날인, 녹취의 방법으로 확인을 받아야 한다(금융소비자보호법18② 전단).

적정성원칙은 해당 금융상품이 일반금융소비자에게 적정하지 아니하다고 판단되는 경우에 그 사실을 일반금융소비자에게 통지하여 해당 금융상품의 위험성에 대하여 경고하는 것이다.

(3) 설명의무

(가) 중요사항 설명의무

금융상품판매업자등은 일반금융소비자에게 계약체결을 권유(금융상품자문업자가 자문에 응하는 것을 포함)하는 경우 및 일반금융소비자가 설명을 요청하는 경우에는 금융상품에 관한 중요한 사항(일반금융소비자가 특정 사항에 대한 설명만을 원하는 경우 해당 사항으로 한정)을 일반금융소비자가 이해할 수 있도록 설명하여야 한다(금융소비자보호법19①).

금융상품판매업자등에 설명의무를 부과하는 이유는 금융상품에 대한 지식, 경험, 정보에 있어 현저한 차이를 보이는 일반금융소비자에게 금융상품에 대한 올바른 정보를 제공하여 계약체결의 공정성을 확보하고자 함이다.

적용대상 상품은 적합성원칙과 적정성원칙이 적용되지 않는 예금성 상품을 포함한 모든 금융상품이다.

(나) 설명서 제공의무

금융상품판매업자등은 설명을 하기 전에 ⅰ) 서면 교부, ⅱ) 우편 또는 전자우편, ⅲ) 휴대전화 문자메시지 또는 이에 준하는 전자적 의사표시의 방법으로 일반금융소비자에게 설명서를 제공해야 한다(금융소비자보호법19② 본문, 동법 시행령14③). 전자적 의사표시에는 전자적 장치(모바일 앱, 태블릿 등)의 화면을 통해 설명서 내용을 보여주는 것도 포함된다.

(다) 설명내용 확인의무

금융상품판매업자등은 설명한 내용을 일반금융소비자가 이해하였음을 서명, 기명날인, 녹취의 방법으로 확인을 받아야 한다(금융소비자보호법19② 본문).

(4) 불공정영업행위의 금지

금융상품판매업자등은 금융소비자에 비해 우월적 지위에 있기 때문에 이러한 지위를 남용하게 되는 경우 금융소비자의 권익을 크게 해할 우려가 있다. 이에 금융소비자보호법은 금융상품판매업자등의 우월적 지위 남용행위를 엄격하게 금지하고 있다.

금융상품판매업자등은 우월적 지위를 이용하여 금융소비자의 권익을 침해하는 다음의 어느 하나에 해당하는 행위("불공정영업행위")를 해서는 아니 된다(금융소비자보호법20①).

주요 내용을 살펴본다.

(가) 대출성 상품에 관한 구속성 금융상품 계약의 체결 금지

대출성 상품에 관한 계약체결과 관련하여 금융소비자의 의사에 반하여 다른 금융상품의 계약체결을 강요하는 행위는 금지된다(금융소비자보호법20①(1)). 금융상품판매업자등이 우월적 지위를 이용하여 거래를 강요하는 거래행태를 구속성 거래(은행의 경우 소위 "꺾기")라고 한다.

구속성 금융상품계약체결 금지규정은 적합성원칙, 적정성원칙, 설명의무와 달리 전문금융
소비자와 일반금융소비자를 구별하지 않고 있다. 이는 실제 기업 여신과 관련하여 꺾기 등의
불공정영업행위가 많이 발생하고 있는 점을 고려한 규정이다.

(나) 대출성 상품에 관한 부당한 담보 및 보증요구 금지

대출성 상품에 관한 계약체결과 관련하여 부당하게 담보를 요구하거나 보증을 요구하는
행위는 금지된다(금융소비자보호법20①(2)). 이에 따라 ⅰ) 담보 또는 보증이 필요 없음에도 이를
요구하는 행위, ⅱ) 해당 계약의 체결에 통상적으로 요구되는 일반적인 담보 또는 보증 범위보
다 많은 담보 또는 보증을 요구하는 행위는 금지된다(동법 시행령15④(2)).

(다) 편익 요구·수령 행위 금지

금융상품판매업자등 또는 그 임직원이 업무와 관련하여 편익을 요구하거나 제공받는 행위
는 금지된다(법20①(3)).

(5) 부당권유행위 금지

부당권유행위 금지규정은 금융상품판매업자등이 계약체결을 권유하는 경우뿐만 아니라
금융상품자문업자가 자문행위를 하는 경우에도 동일하게 적용된다. 또한 전문금융소비자와 일
반금융소비자를 구별하지 않고 모든 금융소비자에게 적용된다.

금융상품판매업자등은 계약체결을 권유(금융상품자문업자가 자문에 응하는 것을 포함)하는 경
우에 다음의 어느 하나에 해당하는 행위를 해서는 아니 된다(금융소비자보호법21 본문).

(가) 단정적 판단 제공 금지 등

금융상품판매업자등은 계약체결을 권유(금융상품자문업자가 자문에 응하는 것을 포함)하는 경
우 불확실한 사항에 대하여 단정적 판단을 제공하거나 확실하다고 오인하게 할 소지가 있는
내용을 알리는 행위를 해서는 아니 된다(금융소비자보호법21(1)).

(나) 사실과 다른 내용 고지 금지

금융상품판매업자등은 계약체결을 권유(금융상품자문업자가 자문에 응하는 것을 포함)하는 경
우 금융상품의 내용을 사실과 다르게 알리는 행위를 해서는 아니 된다(금융소비자보호법21(2)).

(다) 중대한 사항 불고지 금지

금융상품판매업자등은 계약체결을 권유(금융상품자문업자가 자문에 응하는 것을 포함)하는 경
우 금융상품의 가치에 중대한 영향을 미치는 사항을 미리 알고 있으면서 금융소비자에게 알리
지 아니하는 행위를 해서는 아니 된다(금융소비자보호법21(3)).

(라) 비교대상 및 기준 불명시 금지 등

금융상품판매업자등은 계약체결을 권유(금융상품자문업자가 자문에 응하는 것을 포함)하는 경

우 금융상품 내용의 일부에 대하여 비교대상 및 기준을 밝히지 아니하거나 객관적인 근거 없이 다른 금융상품과 비교하여 해당 금융상품이 우수하거나 유리하다고 알리는 행위를 해서는 아니 된다(금융소비자보호법21(4)).

(마) 보장성 상품의 중요사항 고지 방해 등 금지

보장성 상품의 경우, 금융상품판매업자등은 계약체결을 권유(금융상품자문업자가 자문에 응하는 것을 포함)하는 경우 ⅰ) 금융소비자(보장성 상품의 계약에 따른 보장을 받는 자 포함)가 보장성 상품 계약의 중요한 사항을 금융상품직접판매업자에게 알리는 것을 방해하거나 알리지 아니할 것을 권유하는 행위, ⅱ) 금융소비자가 보장성 상품 계약의 중요한 사항에 대하여 부실하게 금융상품직접판매업자에게 알릴 것을 권유하는 행위를 해서는 아니 된다(금융소비자보호법21(5), 동법 시행령16②).

(바) 투자성 상품의 불초청 권유 및 재권유 금지

투자성 상품의 경우, 금융상품판매업자등은 계약체결을 권유(금융상품자문업자가 자문에 응하는 것을 포함)하는 경우 ⅰ) 금융소비자로부터 계약의 체결권유를 해줄 것을 요청받지 아니하고 방문·전화 등 실시간 대화의 방법을 이용하는 행위, ⅱ) 계약의 체결권유를 받은 금융소비자가 이를 거부하는 취지의 의사를 표시하였는데도 계약의 체결권유를 계속하는 행위를 해서는 아니 된다(금융소비자보호법21(6)).

(사) 그 밖에 금융소비자 보호 또는 건전한 거래질서를 해칠 우려가 있는 행위 금지

금융상품판매업자등은 계약체결을 권유(금융상품자문업자가 자문에 응하는 것을 포함)하는 경우 그 밖에 금융소비자 보호 또는 건전한 거래질서를 해칠 우려가 있는 행위로서 동법 시행령과 감독규정이 규정하는 일정한 행위를 하게 해서는 아니 된다(금융소비자보호법21(7), 동법 시행령16③, 감독규정15④).

Ⅴ. 금융상품 약관규제

1. 의의

금융상품의 약관이란 금융회사와 금융소비자 간에 체결한 계약을 의미한다. 금융소비자보호의 관점에서 금융상품의 약관과 관련된 이슈를 검토할 때에는 일차적으로는 금융기관이 약관을 충실히 준수하는가에 관심을 갖는다. 그러나 금융소비자는 금융기관에 비해 금융, 법률 등에 대한 전문적 지식이 부족하기 때문에 단순히 약관이 준수되었다고 하더라도 금융소비자 보호가 이루어진다고 할 수 없는 측면이 존재한다.

금융기관의 약관 준수 여부에서 한 단계 더 나아가 약관상 잠재적 독소 조항, 모호한 해석이 가능한 부분 등이 존재하는지에 주목해야 한다. 예컨대 약관상 이미 금융소비자에게 불리하게 작용될 소지가 있는 조항이 있다면 금융기관이 약관을 준수하더라도 금융소비자에게 불리하게 작용하는 것이며, 금융기관은 약관 및 계약을 준수한다는 이유로 금융소비자에게 손실을 강제할 수 있다. 또한 모호한 해석이 가능한 부분이 존재할 경우에는 금융, 법률 등에 대한 전문적 지식을 갖춘 금융회사가 자신의 이익에 유리하게 해석할 수 있다. 물론 금융소비자가 이의를 제기할 수 있을 것이나 이를 금융소비자 스스로 증명하기 위해서는 큰 비용이 소요될 것이다. 따라서 약관이 심사되는 단계에서 심사자가 잠재적 독소 조항, 모호한 해석이 가능한 부분을 충실히 발굴하는 것이 약관과 관련한 금융소비자보호를 이행하는 데 매우 중요하다.

2. 관련 법률

금융상품 약관을 포함한 모든 약관은 기본적으로 약관규제법의 적용을 받는다. 이에 더해 자본시장법, 은행법, 여신전문금융업법, 대부업법 등은 해당 금융업에 대해 추가적인 약관규제를 부과하고 있다. 약관규제법(제19조, 제19조의2)에서는 공정거래위원회가 소비자단체, 사업자단체 등의 약관 심사청구가 있는 경우에 사후적으로 심사하도록 규정되어 있다. 자본시장법(제56조)에서는 금융투자회사는 금융투자업의 영위와 관련한 약관의 제정과 변경의 내용을 금융위원회에 사후보고하도록 하고 있으며, 은행법(제52조)과 여신전문금융업법(제54조의3), 상호저축은행법에서는 은행, 여신전문금융회사, 상호저축은행은 금융거래와 관련한 약관의 제정과 변경의 내용을 금융위원회에 사후에 보고하도록 되어 있다. 보험업법(제5조)에서는 업무 허가를 받기 위해 보험약관을 기초서류로 제출하도록 되어 있다. 대부업법의 경우 대부계약서의 작성에 대한 내용을 명시(제6조)하고는 있지만 금융당국에 사전 보고하도록 하는 규제는 존재하지 않는다. 이상의 내용을 종합하면 약관규제법에 의한 공정거래위원회의 약관규제는 사후규제이며, 상기 금융관련 법률에 의한 약관규제도 금융위원회의 사후규제에 해당한다고 볼 수 있다.

금융상품 약관에 대한 사후규제의 권한은 개별 금융법에 의해 금융위원회에 부여되어 있지만 실제로 약관의 심사 및 이와 관련된 제재의 권한은 상당 부분 금융감독원으로 위임되어 있어 실질적으로 금융상품 약관에 대한 규제는 금융감독원이 수행한다. 금융투자업의 경우에는 금융투자협회도 약관 심사에 참여한다. 금융투자상품 약관의 신고, 보고 접수, 검토 권한은 금융투자협회와 금융감독원에 위임되어 있는데(자본시장법56, 동법438, 동법 시행령387), 표준약관의 경우에는 금융감독원이, 개별약관에 대해서는 금융투자협회가 실무를 담당하고 있다. 은행(겸영업무 포함), 보험 등과 관련한 약관에 대해서는 금융감독원이 심사, 제재 등을 전담하고 있다.

금융상품마다 약관이 존재하지만 실제로는 표준약관을 상품의 특성에 따라 수정하여 사용하기 때문에 실제로 약관 심사에 수반되는 비용은 금융상품의 개수와 비례하지는 않는다. 금융투자업, 은행업, 보험업, 여신전문금융업에 표준약관은 널리 사용되고 있으며 금융상품이 상대적으로 더 다양할 것으로 여겨지는 금융투자업의 경우 약 14개 정도 표준약관이 존재한다.

금융투자상품

★ 매일경제 2024년 11월 5일

올해 회사채 30조 빚 돌려막는데 썼다

국내 상장사들이 회사채를 발행해 조달한 자금 대부분을 '빚 돌려막기'에 쓴 것으로 드러났다. 시설 투자나 운영 자금으로 활용한 비중은 급감했다.

4일 금융감독원에 따르면 올 들어 3분기까지 국내 상장사들이 발행한 회사채 규모는 총 41조 1,665억원이다. 이 중 75.4%인 약 31조원이 기존 채무 상환을 목적으로 발행됐다. 차환용 회사채 발행 비중은 2021년 53.6%에서 2022년 60.6%, 2023년 70.5%로 매년 커지고 있다.

반면 시설 투자 목적으로 발행한 회사채 비중은 2022년 20.8%에서 2023년 10.5%로 줄어드는 추세다. 올해 3분기까지 시설 투자용 회사채 발행 비중은 7%에 그쳤다. 지난 8월과 9월 시설 투자를 위한 회사채 발행은 '0'이었다.

이는 경기 부진 등으로 국내 상장사들의 자금 사정이 갈수록 악화되고 있음을 의미한다. 또 미국 대선을 비롯한 국내외 정치·안보 상황을 감안할 때 불확실한 미래를 대비해 성장동력에 투자하기보다는 재무구조 안정화를 우선시한 것으로 풀이된다.

국내 제조업체 A사 관계자는 "고금리 대출로 영업이익 20% 정도가 이자로 나가고 있다"며 "시설 투자나 신규 사업 투자는 엄두도 못 내는 상황"이라고 전했다. 운영 자금 목적으로 발행한 회사채 비중도 줄어들었다. 2021년 운영 자금용 회사채 발행 비중은 27.7%였지만 지난해 19%, 올해 3분기까지 17.6%로 축소됐다. 운영 자금은 원자재 구매나 영업활동 등에 사용되는데 경기 부진으로 사업 여건이 좋지 않았던 탓이다.

이상호 한국경제인협회 경제산업본부장은 "올해 만기가 도래하는 회사채 규모가 사상 최대에 달할 것으로 예상되는데, 기업들의 현금 창출 능력은 약화돼 대규모 차환 발행이 불가피해졌다"며 "기업들은 대내외 불확실성을 대비하기 위해 유동성 확보에 주력해야 하기 때문에 빚을 상환하고 남은 자금도 투자에 활용하기 어렵다"고 설명했다. 이 본부장은 "기업들이 적극 투자에 나설 수 있도록 하기 위해서는 선제적인 세제·금융 지원과 규제 개선이 시급하다"고 강조했다.

제1절 의의

자본시장법("법")은 금융투자상품을 ⅰ) (목적) 이익을 얻거나 손실을 회피할 목적으로, ⅱ) (금전등의 지급) 현재 또는 장래의 특정 시점에 금전, 그 밖의 재산적 가치가 있는 것("금전등")을 지급하기로, ⅲ) (권리) 약정함으로써 취득하는 권리로서, ⅳ) (투자성) 그 권리를 취득하기 위하여 지급하였거나 지급하여야 할 금전등의 총액(판매수수료 등 대통령령으로 정하는 금액을 제외)이 그 권리로부터 회수하였거나 회수할 수 있는 금전등의 총액(해지수수료 등 대통령령으로 정하는 금액을 포함)을 초과하게 될 위험(투자성 = 원본손실위험)이 있는 것(법3① 본문)으로 정의한다.

투자성이란 "그 권리를 취득하기 위하여 지급하였거나 지급하여야 할 금전등의 총액이 그 권리로부터 회수하였거나 회수할 수 있는 금전등의 총액을 초과하게 될 위험"을 말한다. 투자성은 취득원본(지급금액)이 처분원본(회수금액)을 초과하게 될 원본손실위험이다. 원본손실위험이란 금리, 환율, 주가 등의 변동에 의한 시장위험에 따라 원본손실을 입을 가능성이다. 투자성 요소는 은행상품, 보험상품 등 비금융투자상품과 차별되는 특징이다. 어떤 금융상품에 원본손실가능성으로서의 투자성이 있는지는 권리를 취득하기 위하여 지급하는 지급금액과 그 권리로부터 회수하는 회수금액을 비교하여 결정한다.

자본시장법은 금융투자상품을 증권과 파생상품으로 구분하면서(법3②) ⅰ) 증권을 일반적으로 정의(법4①)한 후 다시 6가지 유형으로 나누고(법4②), 개별 증권의 추상적 개념을 정의하는 동시에 이에 해당하는 상품을 열거하는 한편(법4②), ⅱ) 파생상품을 거래내용에 따라 선도, 옵션, 스왑으로 나누고(법5① 각 호) 거래되는 시장에 따라 장내파생상품과 장외파생상품으로 구분한다(법3②(2)).

제2절 증권

I. 증권의 개념과 종류

1. 증권의 개념

증권이란 ⅰ) (발행인) 내국인 또는 외국인이 발행한, ⅱ) (투자성) 금융투자상품으로서, ⅲ) (추가지급의무 부존재) 투자자가 취득과 동시에 지급한 금전등 외에 어떠한 명목으로든지 추가로 지급의무를 부담하지 아니하는 것을 말한다(법4① 본문). 다만, 투자자가 기초자산에 대한 매매를 성립시킬 수 있는 권리를 행사하게 됨으로써 부담하게 되는 지급의무는 제외된다(법4① 본문). 이는 파생결합증권의 경우에는 투자자가 기초자산에 대한 매매를 성립시킬 수 있는 권리를 행사하게 함으로써 지급의무를 부담하기 때문에 이를 "지급의무"에서 제외한 것이다.

추가지급의무의 부존재가 파생상품과의 차별적 요소이다. 그러나 현물인도에 의한 결제가 이루어지는 경우 이를 위한 대금의 지급을 추가지급으로 볼 가능성을 없애기 위하여 명시적 제외규정을 두고 있다. 즉 증권에 표시될 수 있거나 표시되어야 할 권리는 그 증권이 발행되지 아니한 경우에도 그 증권으로 본다(법4⑨).

2. 증권의 종류

증권에 표시되는 권리의 종류에 따라 채무증권, 지분증권, 수익증권, 투자계약증권, 파생결합증권, 증권예탁증권으로 구분된다(법4②). 여기에 열거된 증권 외의 다른 유형의 증권은 인정되지 않는다.

Ⅱ. 채무증권

1. 국채증권

(1) 의의

국채란 정부가 국채법과 다른 법률에 따라 공공목적에 필요한 자금의 확보 등을 위하여 발행하는 채권이다(국채법2(1)). 정부가 정책목표를 달성하기 위해서는 많은 재원이 필요한데 통상 조세를 통해 조달하는 것이 바람직하나 정부 지출이 확대되어 조세로 충당하기 어려운 경우에는 국채를 발행하여 이를 시중에 매각하거나 인수하는 방법을 사용한다.

국채는 국회의 의결을 받아 기획재정부장관이 발행하며(국채법5①), 공개시장에서 발행하는 것을 원칙으로 한다(국채법5②). 국채는 정부가 발행하기 때문에 신용도가 높으며, 발행물량도 많고 정기적으로 발행됨에 따라 거래가 가장 활발한 최근 발행 국고채권의 유통수익률이 지표금리의 역할을 한다. 국채는 정부가 원리금의 지급을 보증하여 가장 신용도가 높은 채권으로서 사실상 상환불능의 위험이 없으므로, 증권신고서 제출절차에 관한 규정의 적용이 면제된다(자본시장법118).

(2) 종류

국채의 종류는 ⅰ) 공공자금관리기금(공공자금관리기금법2)의 부담으로 발행하는 국채("국고채권")와 ⅱ) 다른 법률에 특별한 규정이 있는 경우 그 법률에 따라 회계, 다른 기금 또는 특별계정의 부담으로 발행하는 국채로 구분한다(국채법4①). 국고채권의 종목은 재정 수요와 국채시장의 상황 등을 고려하여 국고채권의 상환기한별 또는 종류별로 기획재정부장관이 정한다(국채법4②).

(가) 국고채권

국고채권은 정부가 재정융자 등 공공목적에 필요한 자금을 확보·공급하고, 국채의 발행 및 상환 등을 효율적으로 관리하기 위하여 설치한 공공자금관리기금을 근거로 발행되는 국채로서 1994년 농지채권·농어촌발전채권·국민주택기금채권을 통합하고 2000년 1월 양곡관리기금채권을, 2003년 11월에는 외국환평형기금채권을 통합하여 발행되고 있다. 현재 국고채권은 만기 3년물, 5년물, 10년물, 20년물, 30년물, 50년물 등 고정된 원금과 이자가 지급되는 6종의 이표채권과 원금이 물가에 따라 변동하는 물가연동국고채권(만기 10년) 등으로 발행되고 있다. 50년물을 제외한 국고채권은 국고채전문딜러[1]제도에 의한 경쟁입찰방식에 의해 정례발행되고 있다.

(나) 외국환평형기금채권

외국환평형기금채권은 외환수급을 조절하여 외환거래를 원활화하기 위해 1987년부터 발행된 채권으로 원화표시채권은 2003년 11월부터는 국고채로 통합발행[2]되고 있다. 반면 외화표

---

1) 국고채전문딜러(Primary Dealer)는 국고채에 대한 투자매매업 인가를 받은 기관 중 자금력과 시장운영의 전문성을 갖춘 자로서 국고채에 대한 시장조성기능을 수행한다. 국채의 원활한 발행 및 국채유통시장 활성화를 위하여 은행, 증권회사 중에서 재무건전성, 국채거래의 실적 등이 우수한 기관을 대상으로 기획재정부장관이 지정·운영한다.

2) 통합발행이란 일정기간 내에 발행하는 채권의 만기와 표면금리 등 발행조건을 동일하게 하여 이 기간 동안 발행된 채권을 단일 종목으로 취급하는 제도를 말한다. 예를 들어 2024년 6월 10일에 신규로 발행된 3년 만기 국고채는 2024년 4월 2일, 4월 30일, 5월 28일, 7월 2일, 7월 30일, 8월 27일, 10월 1일, 10월 29일에 동일한 조건으로 통합발행되어 발행시기는 다르지만 유통시장에서는 동일 종목으로 거래된다. 통합발행의 목적은 종목당 발행물량을 증가시켜 유동성을 제고시킴으로써 정부의 이자비용을 절감하고 신뢰성 있는 지표금리를 형성하는 것이다. 채권의 유동성은 일반적으로 종목당 물량에 비례하고, 발행금리는 유동

시 외국환평형기금채권은 국제금융시장에서 국내금융기관의 외화차입 시 기준금리를 제시하기 위한 목적에서 외국환거래법 제13조(외국환평형기금) 및 제14조(외국환평형기금 채권의 원리금 상환)를 근거로 하여 외국환평형기금의 부담으로 발행된다.

(다) 재정증권

재정증권은 재정 부족자금을 일시 보전하기 위하여 일반회계 또는 특별회계(법률에 따라 일시차입을 할 수 있는 것만 해당)의 부담으로 기획재정부장관이 발행하는데, 공개시장에서 발행하지만 필요하다고 인정될 때에는 금융회사등, 정부출자기업체, 보험회사, 그 밖의 자에게 매각할 수 있다(국고금관리법33①②). 재정증권은 만기 1년 미만(실제로는 통상 3개월 이내로 발행)의 단기국채이다. 이는 일반적으로 정부의 일시적 자금융통, 단기금융시장에서 지표금리 제공, 통화정책 거래대상 증권 공급의 기능 등을 수행한다. 이러한 단기국채는 미국과 영국을 비롯한 많은 국가에서 T-Bills(Treasury Bills)로 불리고 있으며, 주로 행정부의 일시적인 자금융통을 위하여 발행되기 시작하였다. 무위험채권인 단기국채가 단기금융시장에서 갖는 지표금리로서의 역할이 점차 중요해지면서 정부는 정기적인 경매를 통해 단기국채를 시장에 안정적으로 공급하고 있다.

(라) 국민주택채권

국민주택채권은 국민주택사업에 필요한 자금을 조달하기 위하여 정부가 기금의 부담으로 발행하는 채권(주택도시기금법7)이다. 국가 또는 지방자치단체로부터 면허·허가·인가를 받는 자 또는 국가 또는 지방자치단체에 등기·등록을 신청하는 자, 국가·지방자치단체 및 공공기관과 건설공사의 도급계약을 체결하는 자, 주택법에 따라 건설·공급하는 주택을 공급받는 자가 의무적으로 매입하여야 하는 첨가소화형 채권이다(주택도시기금법8). 과거에는 무기명 실물채권으로 발행하였으나 무기명 채권의 특성상 편법 증여·상속 등 불법적으로 활용될 수 있어 이를 방지하기 위해 2004년 4월에 전자발행 방식으로 변경되었다. 또한 용도에 따라 제1종, 제2종, 제3종 국민주택채권으로 구분되던 것이 폐지 및 기능 통합되어 현재는 제1종 국민주택채권 이외에는 신규발행이 중지되었다.

(마) 물가연동국고채권

물가연동국고채권은 원금 및 이자지급액을 물가에 연동시켜 채권투자에 따른 물가변동위험을 제거함으로써 투자자의 실질구매력을 보장하는 국고채권이다. 물가연동국고채권은 정부의 이자비용 절감, 안정적인 재정 조달기반 확보, 민간의 물가연동국고채권 발행시 기준금리 제공 및 정부의 물가관리 의지 전달 등 목적으로 2007년 3월 최초로 발행되었다. 최초 발행 시에는 인수단을 구성하여 발행하였으나 2007년 6월부터는 국고채전문딜러 입찰방식으로 발행하

___
성에 비례하기 때문이다.

였고, 2008년 8월부터 투자수요 부족 등으로 발행을 일시 중단하였다가 2010년 6월부터는 국고채전문딜러의 비경쟁인수권한 행사 방식으로 발행되고 있다.

(3) 기능

국채의 가장 기본적인 기능은 정부 재정적자를 보전하는 기능이다. 정부의 재정지출이 조세로 충분하지 못할 때 국채를 발행해 부족분을 충당한다. 국채시장이 잘 발달되어 있으면 정부는 재정지출에 필요한 자금을 적기에 낮은 금리로 조달할 수 있다.

국채는 거시경제적인 측면에서의 경기조절 기능을 한다. 재정정책 측면에서, 국채발행 및 이를 통한 재정지출 조절을 통해 지나친 경기변동을 완화시켜 경제성장을 안정적으로 도모할 수 있다. 통화정책 측면에서도 재정증권과 같은 국채 발행 및 회수를 통해 시중의 통화량을 조절함으로써 경기조절을 하기도 한다. 또한 국채발행은 이자율에 영향을 미치기 때문에 이를 통한 경기조절 기능도 수행한다.

거시경제적인 측면뿐만 아니라 미시적인 면에서도 국채는 여러 가지 기능을 수행한다. 이 중 가장 대표적인 것이 산업자금조달 기능 또는 공공투자 기능이다. 특히 금융시장이 발달하지 못해 민간금융 부문을 통해 자금조달이 용이하지 않은 경우 국채를 통한 재원은 설비투자, 사회간접자본의 투자, 연구 및 인적 자본투자 등 공공투자 효과를 가질 수 있다.

국채는 해당 국가에서 해당국의 통화로 발행되는 가장 신용도가 우수한 채권이다.[3] 국채가 발행되게 될 경우 국채 금리는 향후 발행되는 모든 종류의 채권에 있어 하나의 기준점을 제시하게 된다. 이에 따라 다른 채권들의 적정 금리와 가격 발견에 도움을 주는 기능을 수행하게 된다. 국가는 외환시장에서의 불균형한 수급 상황을 조절하기 위해서 국채를 발행하기도 한다.

2. 지방채증권

(1) 의의

지방채 발행의 근거 법률은 지방자치법(법124), 지방재정법(법11), 도시철도법(법19), 지방공기업법(법19), 도시개발법(법62) 등이 있다. 지방자치단체인 특별시, 광역시, 시·도·군 등의 경비는 원칙적으로 지방세, 세외수입, 지방교부세, 보조금 및 지방양여금 등에 의해 조달되어

---

3) 미국 국채는 일반적으로 연방정부채 중 시장성국채인 T-Bills(만기 1년 미만의 단기국채), T-Notes(만기 1년 이상 10년 미만의 중기국채), T-Bonds(만기 10년 이상의 장기국채) 등 재무부채권을 말하며 단일 종목의 발행잔액으로는 세계 최대규모이다. 연방정부채는 크게 시장성국채와 비시장성국채로 분류하는데 시장성국채는 일반적으로 재무부채권을 지칭하고 비시장성국채는 만기 전 매각불능 조건으로 발행되는 채권으로 저축채권(savings bonds)이 대표적이다. 미국의 경우 재무부채권이 지표채권의 역할을 담당하고 있다. 2001년 10월 이전에는 만기 30년 장기국채(T-Bonds)가 지표채권의 역할을 수행해 왔으나 2001년 10월 만기 10년 초과 장기국채의 발행 중단을 계기로 만기 10년 국채가 지표채권의 역할을 수행해 오고 있다.

야 하지만 대규모 건설사업(지하철·교량·하수종말처리장 등), 지방공기업의 설비투자 또는 재해 복구 등의 경우 경상적인 수입에 의해서는 필요경비의 조달이 어려운 경우가 많다. 지방채는 지방자치단체가 이러한 재정수입의 부족을 보충하거나 특수목적을 달성하기 위하여 자금을 차입하는 채무로서, 그 이행이 수년에 걸쳐 이루어지면서 증서차입 또는 증권발행의 형식을 취하는 것으로 정의할 수 있다.

(2) 종류
(가) 개요

지방채는 발행방법에 따라 증권발행채(증권의 발행·교부로 기채)와 증서차입채(차입금 기채계약 후 차입증서 제출), 채권을 인수하는 자금원에 따라 정부자금채(정부특별회계·기금·정부투자기금 등에서 인수), 지방공공자금채(지역개발기금·청사정부기금·재해복구기금 등에서 인수), 민간자금채(금융기관·주민 등이 인수) 등으로 나뉘며, 사업성격에 따라 일반회계채(지방일반회계의 재원조달용: 주택·택지개발, 농공단지·공단조성, 상·하수도사업, 신시가지개발, 관광휴양단지조성 등), 공기업채(공기업특별회계의 재월조달용: 상·하수도사업, 공영개발사업, 지하철건설, 지역개발기금조성사업 등) 등으로 분류할 수 있다. 대표적인 지방채로는 도시철도채권, 지역개발채권 등이 있다.

(나) 도시철도채권

도시철도법은 국가, 지방자치단체 및 도시철도공사가 도시철도의 건설 및 운영에 소요되는 자금을 도시철도채권의 발행을 통하여 조달할 수 있도록 규정하고 있다(도시철도법19 및 20). 도시철도채권은 도시철도법에 따라 지하철건설자금을 조달하기 위하여 지방자치단체가 발행하는 지방채이다. 도시철도채권은 서울·부산·인천·대구·광주·대전에서 발행되었다. 따라서 발행주체는 지하철공사가 아닌 관할 지방자치단체이다. 도시철도채권의 발행을 위해서는 지방자치단체의 장이 국토교통부장관과 협의한 후 행정안전부장관이 승인을 얻어야 한다(도시철도법20②). 다른 도시철도채권과 달리 서울도시철도채권은 만기 7년에 일시상환되지만, 다른 도시철도채권은 만기 5년에 일시상환된다.

(다) 지역개발채권

지역개발공채는 지방자치법, 지방공기업법 등에 따라 지역개발기금의 재원조달용으로 발행되는 지방채이다. 현재 17개 지방자치단체에서 연복리 1.25%(2018년 현재)에 만기 5년 일시상환의 조건으로 발행되고 있으며, 도시철도채권과 동일하게 첨가소화되어 매출되고 있다. 채권의 매입대상은 지방공기업법 제19조에 따라 각 광역자치단체의 지역개발기금설치조례를 통해 각 시·도별로 달리 정하고 있다.

(3) 기능

1995년 지방자치제가 시행되면서 각 지방의 개발수요가 증가하였고 자금조달을 위한 지방채 발행의 필요성도 점차 증대하였다. 지방채의 기능은 다음과 같다.

ⅰ) 재원조달 기능이다. 지방자치단체가 대규모 자본적 지출이 요구되는 사업이나 자연재해 등으로 상당한 재원이 필요한 경우 지방채를 발행할 수 있다. 특히 세율인상의 경우 세법개정, 조세저항, 지역경제 위축 등의 문제가 발생할 수 있고, 다른 부문의 지출삭감이나 국고보조금에 의존하는 것 역시 한계가 있으므로 지방채에 의한 재원조달은 상대적인 매력을 갖게 된다.

ⅱ) 적자재정 보전기능이다. 지방채는 재정적자가 누적되어 지방재정에 압박을 줄 때 이를 보전하는 수단으로 이용될 수 있다. 또한 높은 이자율로 발행된 지방채를 낮은 이자율의 지방채로 상환하는 차환발행(revolving)을 할 수 있다. 그러나 과도한 지방채 의존은 지방재정의 원리금 상환불능으로 인한 위기를 초래할 수도 있다.

ⅲ) 세대에 공공비용을 분담할 수 있다. 지하철·도로·상하수도 등과 같은 내구적 공공재의 편익은 미래 세대에게도 향유되나 건설비용을 지방세로만 충당하는 경우 현 세대가 해당비용을 모두 부담하는 셈이 된다. 하지만 지방채를 발행하는 경우 납세자가 1년 이상의 장기에 걸쳐 원리금의 상환을 부담하는 것으로 볼 수 있으므로, 비용을 세대 간 분담하여 공평하게 편익을 누릴 수 있다.

ⅳ) 지역간 균형개발을 촉진하는 기능이다. 지방채는 금융기관이나 일반인뿐만 아니라 잉여자금을 보유한 타 지방자치단체도 투자할 수 있다. 이에 따라 지방채를 발행하는 지방자치단체는 지역발전을 위한 필요경비를 조달할 수 있는 반면, 지방채에 투자한 지방자치단체는 채권투자수익으로 해당 지역의 발전을 도모할 수 있으므로 지역 간 균형발전이 가능해진다.

3. 특수채증권

(1) 의의

특수채는 특별한 법률에 의하여 직접 설립된 법인(특수법인)이 발행한 채권으로서(법4③), ⅰ) 한국은행이 한국은행법(법69①)과 「한국은행 통화안정증권법」에 따라 통화량 조절을 위하여 발행하는 통화안정증권(통안증권), ⅱ) 한국산업은행(한국산업은행법23)·중소기업은행(중소기업은행법36의2)·한국수출입은행(한국수출입은행법20) 등이 자금조달을 위하여 발행하는 산업금융채권·중소기업금융채권·수출입금융채권 등의 금융특수채와, ⅲ) 특수은행을 제외한 특별법에 의하여 설립된 공사 및 공단이 자금조달을 위하여 발행하는 비금융특수채(한국전력공사법 제16조에 따른 한국전력공사채, 한국가스공사법 제14조에 따른 한국가스공사채, 한국도로공사법 제15조에 따른 한국도로공사채 등)로 구분된다. 특수채 중 대통령령으로 정하는 법률에 따라 직접 설립된 법인이 발행한 채권은 증권신고서 제출의무가 면제된다(자본시장법118, 동법 시행령119).

(2) 기능

여기서는 통화안정증권의 기능을 살펴본다. 통화안정증권은 유동성 조절을 목적으로 발행되며, 환매조건부(RP)매매 및 통화안정계정 예치와 함께 한국은행의 주요 공개시장 조작 수단으로 활용된다. 한국은행은 경상수지 흑자(적자) 또는 외국인투자자금 유입(유출) 등으로 시중의 유동성이 증가(감소)하여 이를 기조적으로 환수(공급)할 필요가 있을 경우에 통화안정증권을 순발행(순상환)하여 유동성을 흡수(공급)하게 된다. 통화안정증권은 여타 공개시장 조작 수단에 비해 만기가 길어 정책효과가 오래 지속되기 때문에 기조적 유동성 조절수단으로 활용된다. 반면 금융시장의 일시적인 유동성 조절을 위해서는 주로 환매조건부(RP)매매와 통화안정계정이 이용된다.

한국은행은 정부의 세출·입, 한국은행 대출, 통화안정증권 만기도래 등에 따른 본원통화 공급과 현금통화, 지준예치금 등 본원통화 수요를 전망한 후 유동성조절 필요 규모를 산정한다. 유동성 과부족이 기조적일 경우에는 주로 통화안정증권 발행·상환을, 일시적일 경우에는 주로 환매조건부(RP)매매 및 통화안정계정 예치를 통해 유동성조절이 이루어진다.

통화안정증권은 실제로 시중의 유동성의 과부족을 조절하는 용도보다는 외환시장에서 발생한 과잉 유동성을 흡수하는데 주로 사용되고 있다. 물론 외환시장에서 발생한 과잉 유동성도 시중 유동성으로 연결되기 때문에 결국은 같은 용도로 봐야 할 것이나 통화안정증권의 발행 유인이 국내보다는 해외 요인, 즉 경상수지에 의해 결정되는 부분이 상당히 크다고 볼 수 있다.

4. 사채권

(1) 의의

사채는 주식회사가 불특정다수인으로부터 자금조달의 목적으로 비교적 장기간의 자금을 집단적, 대량적으로 조달하기 위하여 채권을 발행하여 부담하는 채무이다. 불특정 다수에 대하여 집단적으로 발행한다는 점에서 특정인으로부터 개별적으로 차입하는 금융기관으로부터의 차입과 구별되며, 유통성이 있다는 점에서도 금융기관으로부터의 차입과 구별된다. 사채발행은 금융기관에서 대출을 받는 것이나 기업어음(CP)을 발행하는 것보다도 장기적으로 대규모의 자금을 공급할 수 있는 장점이 있으므로 유동성위험 관리가 중요한 시점에서는 가장 적합한 자본조달방법이 된다.

(2) 상법상 사채

(가) 일반사채

일반사채는 회사가 투자자로부터 자금을 차입하기 위하여 발행한 채무증권으로서 전환권 등 특수한 정함이 없는 것을 말한다. 일반사채 발행시 발행회사는 청약자 또는 인수인으로부터 원금 상당액(또는 일정한 할인 또는 할증한 금액)을 납입받고, 상환기일에 원금을 상환하고 일정 기간(예: 3개월)마다 이자를 지급하는 조건으로 발행한다.

후순위채란 발행인의 다른 채권이 모두 변제되기 전에는 원리금의 상환을 받을 수 없는 조건이 붙은 사채이다. 발행인은 후순위에 대한 보상으로서 일반사채보다 더 높은 이자를 후순 위채권자에게 지급하며 후순위채에 대한 투자를 유도하기 위해 후순위채에 신주인수권이나 전 환권을 추가로 부여하기도 한다. 후순위채는 변제순위에 있어 일반사채보다 열위에 있다는 점, 특히 신주인수권이나 전환권이 부여된 경우 증자에 참가할 수 있다는 점에서 주식과 유사하다. 그러나 회사에 배당가능이익이 없는 경우에도 후순위채에 대한 이자를 지급해야 하고, 보통주 나 우선주와의 관계에서는 후순위채의 변제순위가 앞선다는 점에서 사채로 남는다.

(나) 전환사채

전환사채(CB)는 일반사채에 사채권자의 전환권을 붙인 것이다(상법514). 즉 사채권자는 사 채의 상환 대신에 신주를 발행받을 수 있는 옵션(=전환권)을 가지도록 한 것이다. 전환권은 사 채권자가 가지는 권리이므로 행사하지 않을 수도 있다. 전환권을 행사하지 않을 경우, 사채권 자는 사채의 조건에 따라 사채의 상환과 이자의 지급을 받는다. 전환권을 행사하면 사채는 소 멸하고 신주가 발행되어 사채권자는 주주가 된다. 전환사채의 발행은 잠재적으로 신주발행을 예정하고 있다는 점에서 일반사채의 발행보다 회사법에서 규율할 사항이 많다(상법 제513조부터 제516조까지).

(다) 신주인수권부사채

신주인수권부사채(BW)는 일반사채에 사채권자의 신주인수권을 붙인 것이다(상법516의2). 즉 사채권자는 사채의 조건에서 정한 기간 중 신주의 발행을 받을 권리가 있다. 신주인수권부 사채에 부착된 신주인수권은 상법 제418조 제1항에 정한 주주가 가지는 신주인수권과는 다르 다. 신주인수권부사채에 부착된 신주인수권은 형성권으로 그 행사와 신주발행가액의 납입이 있으면 신주가 발행된다. 신주인수권부사채에 붙은 신주인수권은 사채권자(또는 분리형의 경우 에는 신주인수권증서의 보유자)가 가지는 권리이므로 행사하지 않을 수도 있다. 신주인수권을 행 사하지 않는 경우 사채권자는 사채의 조건에 따라 사채의 상환과 이자의 지급을 받는다.

(라) 이익참가부사채

이익참가부사채(PB)는 사채권자가 그 발행회사의 이익배당에 참가할 수 있는 사채를 말한다(상법469②(1)). 일반사채의 사채권자는 전형적인 소비대차에서와 마찬가지로 원금의 상환과 이자의 지급을 받을 권리가 있고, 이자의 산정기준이 되는 이자율은 발행 시에 미리 정한다. 사채권자가 일정한 이자에 추가하여 발행회사의 이익배당에 참가할 수 있는 권리를 가지거나 이자의 지급 없이 이익배당에 참가하는 권리만을 가지는 경우 모두 이익참가부사채이다.

(마) 교환사채

교환사채(EB)는 사채권자가 회사 소유의 주식이나 그 밖의 다른 유가증권으로 교환할 수 있는 사채이다(상법시행령22①). 교환사채는 일반사채에 사채권자의 교환권을 붙인 것이다. 즉 사채권자는 사채의 상환 대신 미리 정한 교환대상증권(=발행회사가 소유한 주식이나 다른 증권)으로 교환할 수 있는 옵션(=교환권)을 가지도록 한 것이다(상법469②(2)). 교환권은 사채권자가 가지는 권리이므로 행사하지 않을 수도 있다. 교환권을 행사하지 않는 경우 사채권자는 사채의 조건에 따라 사채의 상환과 이자의 지급을 받는다. 사채권자가 교환권을 행사하면 사채는 소멸하고 교환대상증권을 교부받는다.

(바) 상환사채

상환사채는 회사가 그 소유의 주식이나 그 밖의 다른 유가증권으로 상환할 수 있는 사채를 말한다(상법시행령23①). 교환사채는 사채를 주식·유가증권으로 교환할 권리를 사채권자에게 부여하는 것인데 반해, 상환사채는 발행회사의 선택 또는 일정한 조건의 성취나 기한의 도래에 따라 주식이나 그 밖의 다른 유가증권으로 상환한다. 상환사채의 경우 사채권자가 상환받는 것은 주식이나 유가증권이고 원래의 사채의 원금과 다르게 된다는 점에서 파생결합사채와 매우 유사한 기능을 수행한다.

(사) 파생결합사채

파생결합사채는 그 상환 또는 지급금액이 다른 기초자산의 가격·이자율·지표·단위 또는 이를 기초로 하는 지수의 변동에 따라 결정되는 사채이다(상법469②(3)). 기초자산에는 금융투자상품, 통화, 일반상품, 신용위험, 기타 자연적·환경적·경제적 현상에 속하는 위험으로 합리적이고 적정한 방법에 의하여 평가가 가능한 것이 포함된다(상법시행령20, 자본시장법4⑩). 이는 자본시장법상 파생상품 및 파생결합증권의 정의에서 사용되는 기초자산과 같다. 파생결합사채에 따른 상환·지급금액은 다른 기초자산의 가격이나 지수 등에 따라 정해지므로 파생결합사채의 발행가액 또는 원금액을 초과할 수 있고 그보다 작아질 수도 있다. 또한 상환·지급금액이 발행가액을 초과하는 경우에도 그 초과금액이 원금에 대한 일정한 비율로 시간의 경과에 따라 증가하는 이자와는 달리 기초자산의 가격이나 지수 등에 따라 산정된다.

(3) 특별법상 사채

상법 이외의 특별법에 규정된 사채로는 ⅰ) 담보부사채신탁법에 의한 담보부사채, ⅱ)「이중상환청구권부 채권 발행에 관한 법률」("이중상환채권법")에 이중상환청구권부 채권(커버드본드, Covered Bond), ⅲ) 자본시장법 제165조의11에 의한 조건부자본증권, ⅳ) 은행이 발행하는 금융채(은행법33), ⅴ) 전자증권법(법59, 60, 61)에 의한 전자단기사채(=단기사채등)와 같이 발행회사가 속한 산업을 규율하는 특별법으로 그 산업의 특성에 따라 별도로 규율하는 경우가 있다. 전자단기사채에 관하여는 후술한다.

(가) 담보부사채

1) 의의

담보부사채는 사채의 원리금 지급을 담보하기 위하여 물상담보가 붙어있는 사채이다. 담보부사채를 규율하는 법으로 담보부사채신탁법이 있다. 담보부사채신탁법은 발행회사가 각 사채권자에게 개별적으로 담보권을 설정하는 것이 실제로 불가능하므로 발행회사(위탁회사)와 사채권자와의 사이에 신탁회사를 두고 위탁회사와 신탁회사 간에 체결한 신탁계약에 의하여 신탁회사는 담보목적물을 취득하고 이것을 총사채권자를 위하여 보존·관리하며 그 권리를 행사하도록 규정하고 있다. 총사채권자는 위와 같이 설정된 담보신탁의 수익자로서 그 채권액에 따라 평등하게 담보의 이익을 향유한다. 즉 담보부사채는 발행회사가 재정 상태가 나빠져서 사채의 원리금 지급채무를 불이행하는 경우에 사채권자가 신탁계약에서 정해진 담보를 확보함으로써 그로부터 사채의 원리금을 상환받을 수 있다는 점에 그 특징이 있다.

2) 효용

담보부사채의 발행을 활성화시키면 신용도가 다소 낮은 중소기업에게 다양한 금융 조달의 방법을 열어줄 뿐만 아니라, 자금조달거래를 하는 경우 차주의 협상력도 높일 수 있다. 또한 차주의 입장에서는 대출거래와 비교하여 동일한 담보를 제공하고 더 많은 자금을 조달할 수 있어 효율적이다. 따라서 우량자산을 가지고 있음에도 자산유동화법상 자산보유자에 해당하지 아니하여 자산유동화거래를 할 수 없는 기업들에게 우량자산을 이용한 자금조달거래의 길을 열어줄 수 있도록 담보부사채의 발행을 활성화할 필요가 있다.

(나) 이중상환청구권부 채권

1) 의의

이중상환채권법에 의한 이중상환청구권부 채권(커버드본드, Covered Bond)이란 발행기관에 대한 상환청구권과 함께 발행기관이 담보로 제공하는 기초자산집합(커버풀, Cover Pool)에 대하여 제3자에 우선하여 변제받을 권리를 가지는 채권으로서 이 법에 따라 발행되는 것을 말한다(이중상환채권법2(3)). 기초자산집합이란 이중상환청구권부 채권의 원리금 상환을 담보하는 자산으로서 등록된 것을 말한다(동법2(4)). 커버드본드는 금융기관의 중장기자금 조달을 위해 보유 중인 우량자산을 담보(Cover Pool)로 발행하는 일종의 담보부사채이다. 커버드본드는 발행기관의 파산 시에 분리된 기초자산집합으로부터 우선변제를 받을 수 있으므로 발행회사보다 높은 신용등급을 부여받을 수 있는데, 커버드본드를 이용하면 발행기관은 발행비용을 낮출 수 있고 투자자는 보다 안전한 자산에 투자할 수 있다.

2) 특징

이중상환채권법에 의하면 발행기관은 법률에 정한 일정한 자본금 규모, 재무상태, 위험관리 및 통제 절차와 수단 등 적격 발행기관으로서의 요건을 갖추어야 한다(법4①). 또한 기초자산집합("담보자산")은 커버드본드의 원리금 상환을 담보하는 자산으로서 일정한 법적 기준을 충족하는 자산으로 구성되고 금융위원회에 등록된 자산(법2(4), 5 및 6)을 말하는데, 발행기관이 파산하거나 회생절차가 개시되더라도 담보자산은 파산재산 또는 회생절차 관리인이 관리 및 처분 권한을 가지는 채무자의 재산을 구성하지 않고, 커버드본드 소지자는 담보자산으로부터 제3자에 우선하여 변제받을 권리를 보유하게 함으로써(법3), 커버드본드의 핵심적 특징인 도산절연(bankruptcy remoteness)과 이중상환청구권을 법률적으로 부여받게 되었다. 따라서 발행기관이 도산하기 전에는 발행기관이 커버드본드의 원금과 이자를 상환하지만, 발행기관이 도산하는 경우 담보자산으로부터 발생되는 현금흐름은 파산재단에 귀속되지 않고 커버드본드 원리금 상환에 우선 사용할 수 있는 채권을 복잡한 구조화 과정을 거치지 않고도 발행할 수 있다.

3) 효용

자산유동화증권은 자산보유자의 도산으로부터 격리된 특수목적회사가 보유하는 기초자산으로부터 상환을 받을 수 있는 장점이 있지만, 자산보유자에 대하여 청구하는 것은 불가능하다는 단점이 있다. 아울러 담보부사채신탁법에 의한 담보부사채는 담보자산으로부터 우선변제권을 부여받음과 동시에 발행기업의 재산을 책임재산으로 청구할 수 있다는 점에서 이중상환청구권부 채권의 이중상환청구권과 유사한 권리를 가지나, 발행기업이 회생절차와 기업구조조정촉진절차에 들어갈 경우 다수결의 원칙에 따라 담보 및 담보부채권의 채무도 조정될 수 있다는 점에서 도산 격리 기능이 완전하지 못하다는 단점이 있다. 이중상환청구권부 채권은 자산유동화증권과 담보부사채의 단점을 극복하고 장점만을 모아 완전한 도산 격리 기능을 가지면서 동시에 발행기업에 대한 상환청구권을 행사할 수 있다는 점에서 그 효용가치를 찾을 수 있다.

(다) 자본시장법상 조건부자본증권

1) 의의

자본시장법상 조건부자본증권은 "해당 사채의 발행 당시 객관적이고 합리적인 기준에 따라 미리 정하는 사유가 발생하는 경우 주식으로 전환되거나 그 사채의 상환과 이자지급 의무가 감면된다는 조건이 붙은 것으로서 제165조의11 제1항에 따라 주권상장법인이 발행하는 사채"를 말한다(법4⑦(3)). 이러한 조건부자본증권은 은행의 규제자본 수단과는 달리 자본조달이라는 사채 측면에서 파악하여, 상법상 이익배당참가부사채, 교환사채·상환사채, 파생결합사채(상법469②), 전환사채(상법513), 신주인수권부사채(상법제516의2)와는 다른 종류의 사채이다. 조건부자본증권에는 일정 조건이 충족되면 주식으로 전환되는 '전환형 조건부자본증권'(법176의12)과 사채의 상환과 이자지급 의무가 감면(채무재조정)되는 형태를 취하는 '상각형 조건부자본증권'(법176의13)의 형태가 있다.

2) 효용

ⅰ) 전환형 조건부자본증권은 사채와 같은 전통적인 채무증권으로서의 특징과 주식과 같은 지분증권으로서의 성격이 혼합된 하이브리드 증권의 일종이다. 전환형 조건부자본증권은 일정한 요건이 충족되면 채권에서 주식으로 전환된다는 점에서 상법상의 전환사채와 유사하다. 전환사채는 사채권자가 원하면 전환권을 행사하여 미리 약정한 비율에 따라 사채발행회사의 신주로 전환하는 것이 가능한 사채이다. 그러나 전환사채는 사채권자의 전환권 행사에 의하여 주식으로 전환되지만 전환형 조건부자본증권은 특정 조건이 충족되면 자동적으로 증권발행회사의 신주로 전환된다는 점에서 양자는 구별된다. 즉 상법 제515조 제1항은 사채권자가 전환사채상의 전환권을 행사함을 전제로 하고 있고, 회사가 전환권을 행사하거나 자동적으로 전환되는 것은 상정하지 않기 때문에 조건부자본증권은 상법상의 전환사채와는 다르다.

ⅱ) 자본시장법상 조건부자본증권은 상법상 교환사채와 비교해 보면, 교환사채의 교환대상은 주로 발행자가 아닌 다른 회사의 주식이나 그 밖의 다른 유가증권인데 비해, 조건부자본증권에 의해 전환되는 주식은 발행자의 신주라는 점에서 차이가 있다. 또한 교환사채의 교환권은 사채권자가 보유하나 조건부자본증권의 전환이나 상각은 일정한 행사조건 성취시 자동으로 이루어진다는 점에서도 차이가 있다.

ⅲ) 상법상 상환사채와 비교해 보면, 상환사채의 경우에는 발행자가 상환권을 가지며, 이때 회사의 선택 또는 일정한 조건의 성취나 기한의 도래에 따라 주식이나 그 밖의 다른 유가증권으로 상환한다는 뜻을 상환의 조건과 함께 이사회가 정한다. 이에 반해 조건부자본증권은 정관에 근거를 두고 정관으로 정하는 바에 따라 이사회의 결의로 그 내용을 결정해야 한다. 또한 조건부자본증권의 경우에는 행사조건이 성취되어 그 원금과 이자지급 의무가 감면되는데, 이를 두고 상환이라고 평가하지 않는다.

(라) 은행의 금융채

1) 의의

은행은 금융채를 발행할 수 있다. 은행이 발행할 수 있는 금융채는 ⅰ) 상법상 사채, ⅱ)

상각형 조건부자본증권, ⅲ) 은행주식 전환형 조건부자본증권, ⅳ) 은행지주회사주식 전환형 조건부자본증권(비상장은행만 발행할 수 있다), ⅴ) 기타 사채이다(은행법33①).

2) 영구채

가) 영구채의 의의

회사는 사채를 발행하여 대규모의 자금을 차입할 수 있다. 사채는 발행회사의 수익에 관계없이 일정 비율의 이자와 함께 만기에 원금을 상환하는 채무를 말한다. 물론 이자를 정기적으로 받지 않는 사채도 있다. 이러한 사채에 할인채가 있다. 할인채는 단리로 계산된 상환기일까지의 이자를 액면금액에서 차감하여 발행되는 채권으로, 만기에 액면금액을 상환받음으로써 할인액만큼의 총 이자효과를 본다. 사채의 특성 중의 하나가 만기의 존재인데, 만기는 사채를 분류하는데 중요하다.

그러나 모든 사채가 만기가 있는 것은 아니다. 영구채(perpetual bond)는 만기가 없거나 만기가 있더라도 회사가 만기를 연장할 수 있다. 영구채란 액면금액에 따라 매기 확정적인 이자를 지급하나 원금을 상환할 만기가 적혀 있지 않거나 "100년 만기"처럼 만기가 매우 길게 발행되는 채권이다. 대표적인 영구채는 2006년 영국 회사법(제739조)에 명문으로 규정된 영구채이다. 영국에서 영구채는 실제로 발행되고 있다.

영구채라는 단어의 의미만 보면, 영구채란 발행인에게 원금 및 이자지급의무가 없고, 발행인이 원금과 이자 지급을 임의로 연장할 수 있는 사채를 말한다. 그러나 위와 같은 영구채가 실제로 발행되지는 않을 것이다. 한편 만기가 장기이지만, 만기를 계속 연장할 수 없는 사채는 장기채에 해당하지만, 영구채로 볼 수 없다.[4]

나) 영구채의 도입 과정

영구채는 금융기관 특히 은행의 자기자본 확충을 위한 수단으로 2002년 신종자본증권[5]이란 이름으로 도입되었다. 영구채가 국내에 도입된 것은 2002년이지만, 국제적으로 이러한 유형의 증권이 처음 도입된 것은 1998년 바젤은행감독위원회(BCBS)의 결정에 의한 것이다. 이 결정에서는 Tier1 자기자본[6]의 최소기준을 제시하였는데, 이 기준에 따라 각국의 금융감독당국은 자국의 법제에 맞추어 바젤은행감독위원회(BCBS)의 최저기준을 충족하는 가이드라인을 만들고 시장의 변화에 따라 여러 형태로 영구채의 발행을 허용했다. 우리나라는 2002년 11월 은행업

---

4) 사채는 상환기간에 따라, 단기채·중기채·장기채로 구분될 수 있다. 단기채는 통상 만기 1년 이하의 채권, 중기채는 1년 초과 5년 이하인 채권, 장기채는 5년 이상이면서 영구채가 아닌 채권이다.
5) 신종자본증권이란 은행업감독규정 <별표1>에서 처음 정의한 용어로 그 발행요건이 동 규정 시행세칙에 명시되어 있는 데 반해, 일반사업회사들은 반드시 동 규정에 의해 증권을 발행하는 것이 아니라는 점에서 언론 등에서 널리 이용되는 "영구채"란 표현을 사용한다.
6) 2013년 7월 규정 개정 전 은행업감독규정 제2조 및 <별표1>에서 규정한 "기본자본"을 말한다.

감독업무시행세칙을 개정하여 우선주 형태로 발행되는 신종자본증권을 도입하였으며, 2003년 4월 동 세칙을 개정하여 사채형태로 발행되는 신종자본증권도 기본자본으로 인정하게 되었다.[7]

이러한 과정을 거쳐 생겨난 영구채가 금융기관의 자기자본비율 확충이라는 원래의 취지를 넘어 기업의 일반적인 자금조달수단으로 활용되고 있다. 은행의 경우 은행법에서 바젤은행감독위원회(BCBS)의 권고에 따라 엄격한 자기자본비율의 유지를 요구받고 있는데, 이러한 자기자본비율을 주식발행을 통한 자본금으로 유지하기에는 큰 부담이 되기 때문에 보다 발행·관리가 용이한 채권발행으로 조달한 자금도 일정한 요건 아래 자기자본으로 인정해 주고 있다. 이러한 취지에서 도입된 신종자본증권은 은행을 중심으로 금융기관의 건전성 유지 목적으로 제한적으로 발행되어 왔으며, 동 증권이 일반사업회사의 일반적인 자금조달수단으로 인식되지는 않았다. 그러나 회계적인 측면에서 자본으로 인정되어 부채비율 하락 등 재무구조가 개선되는 효과와 함께 사채라는 법적 형식으로 인해 지급이자에 대한 절세효과가 인정되는 장점이 알려지면서 일반사업회사들이 신종자본증권의 요건을 원용하여 유사한 영구채를 발행하기 시작하였다. 국내에서는 2012년 10월 두산인프라코어가 영구채를 해외에서 발행하여 5억 달러를 조달한 것을 시작으로 많은 기업이 유사한 형태의 영구채를 발행하였다.

일반사업회사의 영구채 발행증가와 달리 은행은 2013년 바젤Ⅲ[8]의 시행으로 2013년 12월부터 종전과 같은 형태의 영구채를 더 이상 발행할 수가 없고 조건부자본[9] 형태의 영구채를 발행하게 되었다. 그러나 일반사업회사는 바젤Ⅲ의 적용을 받지 않기 때문에 앞으로도 조건부자본의 요건이 없는 신종자본증권을 계속 발행할 것으로 예상된다. 은행의 경우에도 조건부자본 요건이 부가되기는 하였지만 기본적인 발행조건은 기존의 신종자본증권의 골격을 유지하고 있다.

3) 은행법상 조건부자본증권

가) 의의

조건부자본증권은 은행의 손실흡수능력의 강화를 위해 발행 당시 미리 정한 예정사유가

---

7) 최영주(2015), "영구채 성격논쟁과 법적 과제", 경영법률 제25권 제3호(2015. 4), 3-4쪽.
8) 은행의 건전성 제고를 위한 자기자본비율에 관한 국제적 통일 기준을 말하며, 국제결제은행(BIS) 산하의 BCBS가 제정한다. 1989년 처음 도입(바젤Ⅰ)된 이후 2004년 대폭 수정(바젤Ⅱ)되었으나, 2008년 글로벌 금융위기를 거치면서 금융위기시 은행 자기자본의 손실흡수능력이 떨어진다는 비판에 따라 자기자본비율을 다시 수정하여 바젤Ⅲ가 만들어졌다.
9) 조건부자본이란 회사의 채권이 사전에 정한 전환시점에 발행인의 주식인 자본으로 자동 전환될 수 있는 것으로 사채 등의 증권 형식으로 발행된 것을 조건부자본증권이라 한다. 채권에서 주식으로 전환된다는 조건이 있다는 점에서 전환사채와 유사하지만 전환사채의 경우에는 전환권을 보유한 사채권자의 전환권 행사에 의해 주식으로 전환되지만 조건부자본은 이와 달리 일정한 조건이 충족되면 자동으로 주식으로 전환된다.

발생한 경우 그 발행인의 보통주로 전환되거나 원리금이 소각되는 사채를 말한다. 은행법에서는 2016년 법개정을 통해 자본시장법에 규정되어 있던 조건부자본증권을 은행법상 금융채로 편입시켰다(은행법33).

조건부자본증권은 예정사유 발생 시 상각 또는 주식으로 전환되는 조건으로 발행되는 증권으로서 바젤Ⅲ 기준에 의해 자기자본으로 인정되므로, 국내은행들은 바젤Ⅲ 적용에 따른 국제결제은행(BIS)비율 기준을 유지하기 위해 발행하고 있다.[10]

2008년 글로벌 금융위기 이후의 조건부자본증권에 관한 국제적 논의는, 기업의 특수한 자금조달수단으로서의 조건부자본증권이 아니라 여기서 한 걸음 나아가 은행의 손실흡수능력 강화를 통하여 금융시스템의 안정을 도모하는 수단으로서의 조건부자본증권에 초점이 맞추어져 있었다. 이에 바젤Ⅲ에서는 은행의 자기자본규제에 조건부자본증권 요건을 도입하였다.

나) 상각형 조건부자본증권

상각형 조건부자본증권은 주권상장법인인 은행이 일정한 예정사유가 발생하는 경우 사채 원리금이 감면되는 사채를 말한다(은행법33①(2)). 즉 자본시장법상 조건부자본증권 중 해당 사채의 발행 당시 예정사유(객관적이고 합리적인 기준에 따라 미리 정하는 사유)가 발생하는 경우 그 사채의 상환과 이자지급의무가 감면된다는 조건이 붙은 사채이다. 상각형 조건부자본증권이 신종자본증권으로 인정되기 위해서는 은행업감독업무시행세칙에서 정하고 있는 기타기본자본의 요건을 추가로 갖추어야 한다.

다) 은행주식 전환형 조건부자본증권

은행주식 전환형 조건부자본증권은 주권상장법인인 은행이 일정한 예정사유가 발생하는 경우 발행은행의 주식으로 전환되는 사채를 말한다(은행법33①(3)). 즉 자본시장법상 조건부자본증권 중 해당 사채의 발행 당시 예정사유가 발생하는 경우 은행의 주식으로 전환된다는 조건이 붙은 사채를 말한다. 이 증권이 신종자본증권으로 인정되기 위해서는 은행업감독업무시행세칙에서 정하고 있는 기타기본자본의 요건을 추가로 갖추어야 한다.

라) 은행지주회사주식 전환형 조건부자본증권

은행지주회사주식 전환형 조건부자본증권은 주권비상장법인인 은행이 일정한 예정사유가 발생하는 경우 일단 발행은행 주식으로 전환된 후 상장법인인 은행지주회사의 주식과 교환되는 조건이 붙은 사채를 말한다(은행법33①(4)). 즉 상법상의 이익참가부사채·교환사채·상환사채·파생결합사채(상법469②), 전환사채 및 신주인수권부사채(상법513 및 516의2)와 다른 종류의

---

10) 원래 조건부자본은 보험회사 및 재보험회사가 그들의 인수능력을 관리하기 위해 오래전부터 사용하여 왔는데, 이러한 전통적인 조건부자본의 속성과 사채를 결합시켜 역전환증권 형태로 만든 것이 조건부자본증권이다.

사채로서 해당 사채의 발행 당시 예정사유가 발생하는 경우 비상장은행의 주식으로 전환됨과 동시에 그 전환된 주식이 상장은행지주회사의 주식과 교환된다는 조건이 붙은 사채를 말한다.

5. 기업어음증권

(1) 의의

기업어음증권(CP)이란 기업이 사업에 필요한 자금을 조달하기 위하여 발행한 약속어음으로서 ⅰ) 은행(은행법 제59조에 따라 은행으로 보는 자 포함, 수협은행, 농협은행), ⅱ) 한국산업은행, ⅲ) 중소기업은행이 내어준 것으로서 "기업어음증권"이라는 문자가 인쇄된 어음용지를 사용하는 것을 말한다(법4③, 영4).

기업어음증권은 신용상태가 양호한 기업이 상거래와 관계없이 운전자금 등 단기자금을 조달하기 위하여 자기신용을 바탕으로 발행하는 융통어음이다. 따라서 상거래에 수반되어 발행되는 상업어음(진성어음)과는 성격이 다르지만, 법적으로는 상업어음과 같은 약속어음으로 분류된다. 유동화를 목적으로 설립된 특수목적회사(SPC)가 기초자산(정기예금, 대출채권, 회사채 등)을 담보로 발행하는 자산담보부기업어음(ABCP: Asset Backed CP)도 있다.

(2) 신용평가

투자매매업자 또는 투자중개업자는 기업어음증권을 매매하거나 중개·주선 또는 대리하는 경우에는 ⅰ) 2개 이상의 신용평가회사로부터 신용평가를 받은 기업어음증권이어야 하고, ⅱ) 기업어음증권에 대하여 직접 또는 간접의 지급보증을 하지 아니하여야 한다(영183①).

신용평가란 전문성과 객관성을 갖춘 신용평가기관이 특정 기업에 대해 제반 환경을 감안한 신용도를 평가함으로써 해당기업이 자금조달 목적으로 발행하는 채권이나 차입금 등에 대하여 그 원리금이나 이자를 약정한 기일에 제대로 상환할 수 있는가를 분석하여 이를 일정한 기호를 이용하여 등급화하는 제도이다. 외부기관에서 평가된 기업신용등급은 기업의 자금조달 및 조달비용에 직접적인 영향을 미친다. 기업신용등급에 따라 채권의 이자율 및 은행 차입금의 이자율은 차등적으로 적용된다. 기업의 채무의 지급 가능성에 관한 지표뿐 아니라 경제적인 능력과 같은 전반적인 정보를 제공하기 때문에 기업신용등급정보는 관련 경제적 의사결정에 유용한 정보라 할 수 있다. 더구나 신용평가에 대한 인식 증대로 좋은 기업신용등급은 기업의 이미지와 기업가치를 향상시키는 수단으로 작용하기도 한다.

Ⅲ. 지분증권

1. 지분증권의 분류

지분증권이란 일반인들이 흔히 말하는 "주식"을 의미한다. 자본시장법은 지분증권을 "주권, 신주인수권이 표시된 것, 법률에 의하여 직접 설립된 법인이 발행한 출자증권, 상법에 따른 합자회사, 유한회사, 익명조합의 출자지분, 그 밖에 이와 유사한 것으로 출자지분이 표시된 것으로서 출자지분 또는 출자지분을 취득할 권리가 표시된 것"으로 정의하고 있다(법4④).

2. 주권

(1) 개요

주권(株券)이란 주식회사의 지분권을 표시하는 증권을 말한다. 주식회사에서는 주주의 지위를 주식이라 부른다. 주식은 우선적 지위가 인정되나 의결권이 제한되는 우선주와 표준적 성격의 보통주로 나뉜다. 실무에서 발행·유통되고 있는 주식의 대부분은 보통주이다. 특히 상장법인의 경우에는 유통되는 주식의 95% 이상이 보통주이고, 종류주식은 일부에 불과하다. 회사는 보통주를 발행하지 않고 우선주를 발행할 수는 없다.

(2) 보통주

이익배당이나 잔여재산분배에서 어떠한 제한이나 우선권도 주어지지 않는 주식이다. 보통주에 대한 배당금액은 주주총회의 결의(또는 이사회 결의)로 결정되며, 회사에 이익이 있어도 반드시 배당해야 하는 것도 아니고, 주주가 배당을 청구할 수 있는 것도 아니다. 그러나 보통주는 회사에 이익이 있는 한 무제한의 배당가능성이 주어지는 개방적(open-ended) 지분이다.

(3) 우선주

우선주란 회사가 종류주식을 발행하는 경우에 다른 주식에 우선하여 이익배당 또는 잔여재산분배를 받을 수 있는 주식이다. 그 후 잔여가 있으면 보통주가 배당 또는 분배받을 수 있다. 실무상 배당금에 관한 우선주가 주로 발행되며, 잔여재산분배에 관한 우선주는 드물다. 우선적 배당은 통상 액면가에 대한 비율 또는 1주당의 금액으로 표시된다. 예컨대 "1주당 액면가의 15%를 배당한다" 또는 "1주당 900원을 배당한다"라는 식이다.

상환전환우선주(RCPS: Redeemable Convertible Preferred Stock)란 상환권과 전환권을 선택적으로 또는 동시에 가지고 있는 주식으로서, 투자대상 회사의 사업 성공 시에는 주가 상승 등과 관련하여 보통주로의 전환권을 행사할 수 있고, 사업 실패 시에는 일정기간이 지난 이후 상환하여 투자금을 효율적으로 회수할 수 있는 우선주이다. 실질적으로는 사채와 비슷하지만 일정한 요건을 충족하면 자기자본으로 분류되기 때문에 영구후순위채와 마찬가지로 기업의 재무구조를 개선하는 역할을 한다. 특히 상환전환우선주는 상환주식, 전환주식 및 우선주의 속성을 모두 가진 주식으로서, 우선주의 매력을 가지는 동시에 자금 사정이 좋아진 이후에는 발행회사가 언제든지 상환을 할 수 있다.

3. 신주인수권이 표시된 것

(1) 신주인수권증서

신주인수권증서는 주주의 신주인수권을 표창한 증권이다. 이사회가 주주가 가지는 신주인수권을 양도할 수 있는 것을 정한 경우(상법416(5)), 그 이전에 공시방법을 갖추게 하고 유통성을 강화해 주기 위해서 발행되는 증권이다. 주주의 신주인수권에 대해서만 신주인수권증서를 발행할 수 있고, 제3자의 신주인수권에 대해서는 발행할 수 없다. 제3자의 신주인수권은 그 양도성 자체가 부정되기 때문이다. 신주인수권증서의 점유이전만으로 신주인수권이 양도되므로 신주인수권증서는 무기명증권이다. 신주인수권증서는 신주발행시에 주금납입의 여력이 없는 주주가 주식의 시가와 발행가와의 차액을 취득할 수 있게 함으로써 종전 지분의 비례적 이익을 누릴 수 있게 해주기 위한 것이다.

(2) 신주인수권증권

신주인수권부사채(BW)에는 분리형과 결합형이 있다. 결합형은 사채권과 신주인수권이 같이 하나의 사채권에 표창된 것이고, 분리형은 사채권에는 사채권만을 표창하고 신주인수권은 별도의 증권(신주인수권증권)에 표창하여 양자를 분리하여 양도할 수 있게 한 것이다. 신주인수권증권은 신주발행청구권을 표창하는 것이다. 신주인수권증권은 신주인수권부사채에 의해 결합되어 있기는 하지만 별도의 측정기준에 의해 변동되는 가격을 갖는 사채와 주식이라는 이질적인 재산을 별도로 유통시켜 독자적인 시장가치를 갖도록 하기 위해 발행된다.

4. 특수법인의 출자증권

법률에 의하여 직접 설립된 법인은 상법 이외의 개별법에 의해 설립된 법인을 말하며, 이를 특수법인이라 한다. 특수법인 중 자본금을 가지고 설립되는 법인의 경우 출자증권을 발행하게 된다. 이는 주식회사의 주식과 동일한 성격을 가진다고 볼 수 있다. 대표적인 특수법인으로 한국산업은행, 한국수출입은행, 한국전력공사, 한국가스공사, 한국도로공사 등을 들 수 있다.

Ⅳ. 수익증권

1. 수익증권의 분류

수익증권이란 신탁재산의 운용에서 발생하는 수익을 분배받고 그 신탁재산을 상환받을 수 있는 수익자의 권리(수익권)가 표시된 증권이다. 자본시장법상 수익증권은 신탁업자의 금전신탁계약에 의한 수익증권(법110), 투자신탁의 수익증권(법189), 그 밖에 이와 유사한 것으로서 신탁의 수익권이 표시된 것을 말한다(법4⑤). 자본시장법은 관리형신탁의 수익권을 제외(법3①(2))하고는 신탁의 수익권이 표시된 것을 모두 수익증권으로 정의하고 있다.

2. 신탁업자의 금전신탁계약에 의한 수익증권

여기서 수익증권은 신탁업자가 금전신탁계약에 의한 신탁수익권에 대하여 발행하는 수익증권을 말한다. 비금전신탁계약에 의한 신탁수익권은 제110조에 의한 수익증권은 아니지만 유사성 요건을 충족하면 수익증권에 해당한다(예: 신탁법 제78조의 수익증권발행신탁의 수익증권).

3. 투자신탁의 수익증권

투자신탁의 수익증권은 투자신탁 형태의 집합투자기구를 설정한 집합투자업자가 투자신탁의 수익권을 균등하게 분할하여 발행하는 수익증권을 말한다. 투자신탁의 집합투자업자는 투자신탁재산을 운용함에 있어서 그 투자신탁재산을 보관·관리하는 신탁업자에 대하여 일정한 방법에 따라 투자신탁재산별로 투자대상자산의 취득·처분 등에 관하여 필요한 지시를 하여야 하며, 그 신탁업자는 집합투자업자의 지시에 따라 투자대상자산의 취득·처분 등을 하여야 한다(법80① 본문). 수익자는 신탁원본의 상환 및 이익의 분배 등에 관하여 수익증권의 좌수에 따라 균등한 권리를 가진다(법189②).

4. 그 밖에 이와 유사한 것으로서 신탁의 수익권이 표시된 것

신탁업자가 비금전신탁계약의 수익권에 대하여 발행하는 수익증권은 자본시장법의 "그 밖에 이와 유사한 것으로서 신탁의 수익권이 표시된 것"(법4⑤)에 해당한다. 자산유동화구조에서 유동화기구를 신탁으로 구성한 경우 발행되는 신탁수익증권, 신탁업자가 신탁계약에 따라 발행하는 신탁수익권증서 등도 이에 해당된다.

Ⅴ. 투자계약증권

투자계약증권이란 특정 투자자가 그 투자자와 타인(다른 투자자를 포함) 간의 공동사업에 금전등을 투자하고 주로 타인이 수행한 공동사업의 결과에 따른 손익을 귀속받는 계약상의 권리가 표시된 것을 말한다(법4⑥). 이는 미국 증권법상 투자계약의 개념을 도입한 것으로 미국의 판례에 의해 형성된 "Howey Test"를 원용한 것이다. 투자계약증권은 주식, 수익증권 등 전통적인 증권과 구 간접투자자산운용업법상 간접투자증권뿐만 아니라 동법의 규율을 받지 않는 비정형 간접투자까지 포괄하는 것이나, 신종증권을 금융투자상품으로 포괄하기 위하여 도입된 개념인 만큼 실무적으로는 특정 증권이 다른 증권에 해당하는지 여부를 먼저 검토한 후 보충적으로 투자계약증권에 해당하는지 여부를 검토해야 할 것이다.

Ⅵ. 파생결합증권

1. 파생결합증권의 개념과 기초자산

(1) 파생결합증권의 개념

파생결합증권은 기초자산 가격 등의 변동과 연계하여 미리 정하여진 방법에 따라 수익구조가 결정되는 금융투자상품이다. 즉 파생결합증권이란 기초자산의 가격·이자율·지표·단위 또는 이를 기초로 하는 지수 등의 변동과 연계하여 미리 정하여진 방법에 따라 지급하거나 회수하는 금전등이 결정되는 권리가 표시된 것을 말한다(법4⑦ 본문). 파생결합증권은 기초자산 가격변화와 같은 외생적인 지표에 의해 수익이 결정되는데, 기초자산의 위험 정도와 기초자산의 종류에 따라 주가연계증권, 이자율연계증권, 통화연계증권, 실물연계증권, 신용연계증권 등으로 구분할 수 있다. 실제 금융기관들은 크게 주가연계증권(ELS), 주식워런트증권(ELW) 그리고 기타파생결합증권(DLS)으로 구분하여 판매하고 있다.

현재 우리나라에서 거래되는 대표적인 파생결합증권은 주가연계증권(ELS: Equity Linked Securities), 기타파생결합증권(DLS),[11] 주식워런트증권(ELW: Equity Linked Warrant), 상장지수증권(ETN) 등이 있다. ELS는 주가지수 또는 특정주식가격의 변동과 연계되어 수익률이 결정되는 증권이고, DLS는 주가 외 기초자산(금리, 통화, 상품, 신용위험 등) 가격의 변동과 연계되어 수익률이 결정되는 증권이다. ELW는 주가지수 또는 특정주식 등의 기초자산을 사전에 정한 가격으로 미래시점에 사거나 팔 수 있는 권리를 나타내는 증권으로서 거래소에 상장되어 거래된다.

---

11) 자본시장법 제정 이전 종전 증권거래법 시행령에서 주식워런트증권과 주가연계증권이 파생결합증권과 별도로 구분되어 정의되었기 때문에 파생결합증권이 "기타파생결합증권"을 의미하는 것으로 통용되고 있다.

ELW는 옵션(장내파생상품)과 경제적 효과는 동일하나 증권의 속성을 가지고 있어 투자손실은 원금에 한정된다. ETN는 기초자산 가격의 변동과 연계되어 수익률이 결정되는 증권으로 거래소에 상장되어 거래된다.

(2) 파생결합증권의 기초자산

기초자산이란 i) 금융투자상품(제1호), ii) 통화(외국의 통화를 포함)(제2호), iii) 일반상품(농산물·축산물·수산물·임산물·광산물·에너지에 속하는 물품 및 이 물품을 원료로 하여 제조하거나 가공한 물품, 그 밖에 이와 유사한 것)(제3호), iv) 신용위험(당사자 또는 제3자의 신용등급의 변동, 파산 또는 채무재조정 등으로 인한 신용의 변동)(제4호), v) 그 밖에 자연적·환경적·경제적 현상 등에 속하는 위험으로서 합리적이고 적정한 방법에 의하여 가격·이자율·지표·단위의 산출이나 평가가 가능한 것(제5호)을 말한다(법4⑩). 파생결합증권의 기초자산은 파생상품의 기초자산과 동일하다.

기초자산 중 제1호부터 제4호까지의 기초자산(금융투자상품, 통화, 일반상품 및 신용위험)은 구 증권거래법 시행령에서 인정되었던 것이며, 새로이 추가된 것은 제5호의 기초자산이다. 제5호는 경제적인 의미에서 합리적으로 추정 가능한 현금흐름의 경우, 객관성이 담보되는 경우에는 이를 모두 기초자산으로 인정하겠다는 취지이다. 이와 관련하여 새로이 추가될 수 있는 기초자산으로는 재난이나 자연재해와 같은 자연적 현상, 탄소배출권 등 환경적 현상, 물가상승률 등 경제적 현상 등이 될 수 있다.

이를 통하여 파생상품은 금융투자상품의 수익 등이 주가, 환율 등 외생적 지표에 연계되는 금융상품이므로 연계대상이 되는 기초자산을 금융투자상품, 통화, 일반상품, 신용위험 이외에 자연적·환경적·경제적 현상 등으로 확대함으로써 자연재해, 날씨, CO_2배출권, 사회현상 등 모든 변수를 기초로 하는 금융투자상품이 허용되었다. 이에 따라 지진 등 재해를 대비하여 일정금액의 프리미엄을 제공하고 재해 발생 시 사전에 정해진 지표에 따라 금전을 지급받는 재해를 기초로 하는 파생상품계약, 프리미엄을 제공하고 범죄발생률 등을 기초로 지표에 연계하여 금전을 지급받는 범죄발생률을 기초로 하는 파생상품계약, 프리미엄을 제공하고 강수량, 강설량 등의 지표와 연계하여 금전등을 지급받는 날씨를 기초로 하는 파생상품계약 등이 있다.

(3) 파생결합증권의 특징

파생결합증권은 기초자산의 가격에 따라 본질가치가 변동되는 파생상품적 성격이 내재된 증권이라는 점에서 통상의 증권과 다른 위험요소, 발행 및 수익구조 그리고 발행자 및 투자자의 위험관리 측면에서의 특징이 있다.

(가) 위험요소의 특징

위험요소의 특징과 관련하여 파생결합증권에 내재한 위험요소는 ⅰ) 증권의 가치가 변동하는 점에서 주식과 유사하지만, 주식이나 채권과는 달리 내부적으로 복잡한 손익구조를 갖는다. ⅱ) 발행자의 재무상태 내지 신용상태의 변화에 따른 위험을 갖는다. 따라서 발행자인 금융투자업자가 재무상태의 악화로 지급불능 상태에 처할 경우 투자원금과 투자수익 전부에 대하여 지급받지 못할 위험이 있다. 이 점에서 예금자보호가 되는 은행의 예금상품과 차이가 있다. ⅲ) 현재 투자상품화된 파생결합증권은 주식워런트증권(ELW)을 제외하고는 거래소에서 상장되어 있지 않고, 또한 장외거래도 활발하게 이루어지지 않아 투자자가 만기 전에 현금화하는 것이 어려운 환금성 위험이 있다. 금융투자업자가 사전에 증권신고서에서 밝힌 방법으로만 현금화가 가능할 뿐이다.

(나) 발행 및 수익구조상의 특징

다음으로 발행 및 수익구조상의 특징과 관련하여 파생결합증권의 발행과 수익구조는 ⅰ) 이자나 원금 등이 기초자산의 움직임에 연동되며, ⅱ) 투자수익은 평가일(Valuation Date)로 정해진 특정일 또는 특정기간을 기준으로 결정된다. 즉 평가일 또는 평가기간 전후에 발생한 기초자산의 움직임은 투자수익상 아무런 의미가 없다. ⅲ) 투자수익은 발행조건에서 이미 결정되어 있다. ⅳ) 증권은 투자자에게 이익을 확정하거나 담보하는 것은 아니며, 경우에 따라서는 투자 전액을 상실할 수도 있다. 예컨대 기초자산이 주식인 경우 원금이 보장되지 않는 조건의 경우 주가 움직임에 따라 투자원금까지 잃을 수 있으며, 특히 신용으로 매입한 경우 그 손실은 무한대로 커지는 특징이 있다.

(다) 발행자 및 투자자의 위험관리 측면에서의 특징

마지막으로는 발행자 및 투자자의 위험관리 측면에서의 특징과 관련하여 투자자로서는 ⅰ) 다양한 발행조건과 행사일까지 기초자산의 움직임에 변화가 있기 때문에 투자설명서에 기재된 조건을 파악하고 매입하여야 한다. ⅱ) 발행자인 금융투자업자는 파생결합증권의 발행으로 조달된 자금을 주식, 채권, 파생상품 등으로 운용한 후 약정에 따라 원리금을 지급하므로, 발행자로서는 자금운용에 따른 위험관리와 기술이 필요하다. 이 때문에 파생결합증권은 일정한 물적·인적 기반이 있는 금융투자업자에게만 허용되고 있다. ⅲ) 파생결합증권의 경우 상환금액이 기초자산의 가격변동률에 기초하여 산출되므로 객관적인 기초자산을 평가하는 방법이 필요하다. 따라서 기초자산의 가격변동률의 산출을 맡을 산정기관(calculation agent)을 선정할 필요가 있다. ⅳ) 주식워런트증권(ELW) 등 일부 상품은 이른바 장기투자상품(이른바 'buy and hold product'라 불린다)에 속하는 것으로 유동성이 크지 않다. 따라서 사실상 거래에 응해주는 유동성공급자(liquidity provider)의 존재가 필수적이다.

2. 종류

(1) 주가연계증권(ELS)

(가) 의의

ELS는 특정 주권이나 주가지수와 같은 기초자산의 가격변동에 연동되어 투자수익이 결정되는 파생결합증권으로서 사전에 정한 일정 조건이 충족되면 발행회사는 약정된 수익금을 투자자에게 지급하는 금융투자상품이다. 다시 말하면 ELS는 코스피200지수, 일본Nikkei225지수, HSCEI(홍콩항셍지수)지수, S&P500지수, 삼성전자 보통주식, 현대자동차 보통주식과 같은 주식의 가격에 연동된 증권으로서 지수나 주식의 가격이 변동함에 따라 수익이 나기도 하고 손실이 나기도 하는 상품을 의미한다.

ELS는 만기시 투자자에게 지급되는 금액이 기초자산인 주식의 가격이나 주가지수의 변동과 연계된다는 점에서 선도 또는 옵션과 같은 파생상품적 요소가 기존의 사채에 결합된 것으로 볼 수 있다. 그러나 파생상품과 달리 최대 손실이 투자한 원금을 초과하지 않고, 추가지급의무가 없으므로 자본시장법상 증권에 해당한다. 다만 ELS의 원금이 보장되는 경우에는 채무증권으로 분류되고, 원금이 보장되지 않는 경우에만 파생결합증권으로 분류된다. ELS는 거래소에 상장되지 않아 만기가 도래하기 전에는 투자금을 회수할 수 없으므로 환금성의 제고를 위해 발행인에게 중도환매할 수 있는 조건이 부가된다.

(나) 특징

초기에는 옵션과 채권이 결합된 원금보장형 상품이 주류를 이루었고, 이후에는 점차 다양한 상품들이 출시되었다.

ELS는 한국거래소 장내시장에 상장 및 유통되지 않고, 장외에서 사모 또는 공모의 방식으로 발행되고, 발행사는 자체적인 헤지 프로세스를 구축하거나(자체헤지), 같은 손익구조를 가진 상품을 외부로부터 구입한 뒤 ELS를 발행하여 투자자에게 판매한다(백투백헤지: back to back hedge). 즉 백투백헤지의 경우 발행사와 헤지사가 별도로 존재함에 반해 자체헤지의 경우 발행사가 헤지업무까지 담당하는 것이다.

2008년 글로벌 금융위기 시에 리먼 브라더스의 파산보호 신청으로 국내 증권사나 투자자가 책임져야 할 파생상품 위험 노출액이 당시 1,500억원으로 집계되었다. 금융감독원 분석결과 ELS가 약 1,000억원, ELF가 약 500억원으로 집계되었다. 이로 인해 국내 증권사뿐만 아니라 일반투자자들도 큰 피해를 보았다. 이처럼 다른 파생상품과 마찬가지로 ELS도 발행사의 신용위험에 따라 투자금액을 상환받지 못할 위험이 항상 존재한다.[12]

---

12) 2008년 글로벌 금융위기의 여파로 인해 ELS와 연계한 연계불공정거래가 문제되었다. 연계불공정거래란 자

(2) 기타파생결합증권(DLS)

DLS는 주가 또는 주가지수만을 기초자산으로 하는 ELS와 ELW를 제외한 이자율연계증권, 통화연계증권, 상품연계증권 등과 같은 파생결합증권을 통칭하는 표현이다. 따라서 기초자산에 주가 또는 주가지수가 포함되어 있더라도 신용·환율·원자재·부동산 등 다른 자산이 함께 혼합되어 있는 경우에는 DLS로 분류된다. DLS는 ELS처럼 기초자산의 가격이 어느 수준(보통 50% 이상) 이상 떨어지지 않으면 발행시 정해진 이자를 지급하는 상품이다. DLS는 ELS와 거의 유사하지만 기초자산이 주가와 주가지수에의 한정 여부에 따라 양자를 구별할 수 있다

자본시장법상 파생결합증권은 ELS와 ELW를 포함하는 포괄적인 개념이지만 좁은 의미로는 주가만을 기초자산으로 하는 ELS와 ELW를 제외한 다른 형태의 자산을 기초자산으로 하는 파생결합증권을 기타파생결합증권(DLS)이라 한다.

(3) 주식워런트증권(ELW)

(가) 의의

ELW란 투자매매업자가 발행하는 파생결합증권으로서 당사자 일방의 의사표시에 따라 증권시장 또는 외국 증권시장에서 매매거래되는 특정 주권의 가격이나 주가지수의 수치의 변동과 연계하여 미리 정하여진 방법에 따라 주권의 매매나 금전을 수수하는 거래를 성립시킬 수 있는 권리를 표시하는 것을 말한다(금융투자업규정6-1(11)). 이는 특정 주식에 대해 사전에 정한 조건으로 거래할 수 있는 권리가 부여된 증권으로서 옵션과 사실상 구조가 동일하여 파생상품의 개념에도 포섭될 수 있다. 그러나 ELW의 발행인은 투자매매업 인가를 받은 금융투자회사로 제한되어 있고, 일반투자자는 매수만 가능하다는 점에서 자본시장법은 ELW를 명시적으로 파생상품에서 제외하여 증권으로 규제한다(법5① 단서 및 영4의3(1)). ELW는 한국거래소 유가증권시장에 상장되어 있다.

예를 들어 S사의 현재 주가가 5만원인 상황에서 어떤 사람이 S사의 주식을 1년 뒤에 5만 5,000원에 살 수 있는 ELW를 2,000원에 샀다. 1년이 지났을 때 주가가 6만 원까지 오를 경우, 주식을 산 사람은 ELW의 권리를 행사해 5만 5,000원에 주식을 사서, 현재의 시세인 6만 원에 팔 수 있다. 이때 투자자는 1년 전에 ELW를 산 가격 2,000원을 제하더라도 3,000원의 투자수익을 올릴 수 있다. 이와 반대로 주가가 5만 5,000원 이하라면, 행사할 수 있는 권리를 포기함으로써 자신이 투자한 2,000원만 손해를 보면 된다. 만기 전이라도 자신이 투자한 2,000원보다 가격이 상승하면, 즉 주가가 5만 7,000원 이상 오른다면 언제든지 팔아서 시세 차익을 올릴 수 있

본시장법의 규제대상이 되는 금융투자상품 간의 가격 연계성을 이용하여 하나의 금융투자상품에 대한 포지션에서 이득을 얻고자 다른 종류의 금융투자상품의 가격에 인위적으로 영향을 미치는 것을 말한다.

다. 이러한 구조로 거래되는 ELW는 "주식의 미래가치"를 미리 사고파는 거래라고 할 수 있다.

(나) 기본예탁금과 수탁 거부

회원이 주식워런트증권 보유잔고가 없는 개인인 위탁자(해당 회원에 설정된 계좌별 위탁자를 말하고, 투자중개업자로부터 위탁의 주선을 받은 경우에는 그 투자중개업자에 설정된 계좌별 위탁자를 포함)의 주식워런트증권 거래의 위탁을 받는 때에는 사전에 세칙으로 정하는 금액("기본예탁금") 이상의 현금 또는 대용증권을 기본예탁금으로 예탁받아야 한다(유가증권시장 업무규정87의2① (1)). 주식워런트증권의 매도로 주식워런트증권 보유잔고가 소멸된 후에는 제96조에 따른 결제 시한이 도래하기 전까지 제1항 제1호에 따른 주식워런트증권 보유잔고가 있는 것으로 보고, 최 종거래일의 도래로 주식워런트증권 보유잔고가 소멸된 후에는 해당 주식워런트증권의 권리행 사기간만료 후 권리행사에 따른 결제금액 지급시한까지는 제1항 제1호에 따른 주식워런트증권 보유잔고가 있는 것으로 본다(유가증권시장 업무규정87의2②).

회원은 제87조의2의 규정에 위반하는 주식워런트증권 주문의 수탁을 거부하여야 한다(유 가증권시장 업무규정84⑤).

(4) 상장지수증권(ETN)

(가) 의의

상장지수증권(ETN: Exchange Traded Note)이란 파생결합증권으로서 기초자산의 가격, 이자 율, 지표, 단위 또는 이를 기초로 하는 지수의 변동과 연계하여 미리 정하여진 방법에 따라 이 익을 얻거나 손실을 회피하기 위한 계약상의 권리를 나타내는 증권을 말한다(유가증권시장 상장 규정138(3), 이하 "상장규정"). 즉 ETN은 기초지수 변동과 수익률이 연동되도록 증권회사가 자기 신용으로 발행한 파생결합증권으로 거래소에 상장되어 주식처럼 거래되는 증권을 말한다. 발 행인인 금융투자회사는 수요가 예상되는 다양한 ETN을 상장시키고, 유동성공급자로서 호가를 제출하며, 상품에 관한 주요 공시정보와 투자 참고자료를 제공한다.

ETN은 자본시장법상 파생결합증권에 속하며, 발행인인 증권회사가 만기에 기초자산의 가 격 또는 지수의 수익률에 연동하는 수익의 지급을 약속하는 증권으로서 거래소에 상장되어 매 매되는 금융투자상품이다. ETN은 거래소에 상장되는 증권으로서 유동성이 있어 언제든지 환 금이 가능하다. 또한 특정 추적지수의 수익을 오차 없이 보장하고 만기까지 소유할 수 있지만 발행인이 파산하면 투자원금을 모두 잃을 수 있다.

(나) 유형

ETN은 ETF와 마찬가지로 추종하는 기초자산의 유형에 따라 국내외 주식, 원자재, 변동성 ETN 등으로 분류된다. 운용전략에 따라서는 만기시점에 최대 손실이 사전에 약정된 수준까지 제한되는 손실제한형,13) 옵션 양매도 전략형14) 상품들이 상장되어 있다. ETF와 마찬가지로 기초지수를 추종하는 배수에 따라 2배와 음의 1배, 2배를 추종하는 ETN도 상장되어 있다.

ETN은 크게 일반상품(대표지수, 섹터지수, 개별 상품지수 등), 변동성지수, 통화선물 그리고 특정 전략을 구사하는 주식 벤치마크지수를 추종하는 상품으로 구분된다. 변동성과 통화선물은 비교적 최근에 도입되었고, 상대적으로 ETN 상품 자체에 대한 거래량이 많지 않다. 주식을 기초자산으로 하는 ETN의 경우 한국거래소의 규제에 따라 시장대표 지수 등은 벤치마크지수로 사용할 수 없으며, 특정 전략형 투자 벤치마크지수에 대한 ETN만 존재한다. 이러한 ETN으로는 코스피 양매도(straddle) 상품 등이 대표적인데, 이는 ETN 시장에서 상당한 비중을 차지하고 있다. 원자재 ETN의 경우 국내에 ETN 최초로 도입된 후 바로 다음 해인 2015년부터 발행되기 시작하였으며, 시장에서 가장 활발히 거래되는 종류의 상품으로 볼 수 있다.

(다) 기본예탁금과 수탁 거부

회원이 상장지수증권에 대한 개인인 위탁자의 매수주문 거래의 위탁을 받는 때에는 사전에 세칙으로 정하는 금액("기본예탁금") 이상의 현금 또는 대용증권을 기본예탁금으로 예탁받아야 한다(유가증권시장 업무규정87의2①(2)). 회원은 제87조의2의 규정에 위반하는 상장지수증권주문의 수탁을 거부하여야 한다(유가증권시장 업무규정84⑤).

3. 구별 상품

(1) 상장지수펀드(ETF)

(가) 의의

"상장지수펀드증권"이란 자본시장법 제234조 제1항에 따른 상장지수집합투자기구("상장지수펀드": ETF)가 발행한 주권 또는 수익증권을 말한다(유가증권시장 상장규정99(3)). ETF란 금, 원유 등과 같은 특정 기초자산의 가격 또는 KOSPI200 등과 같은 다수 종목의 가격수준을 종합적으로 표시하는 특정 지수의 움직임과 수익률이 연동되도록 설계된 집합투자기구로서 증권시장에 상장되어 거래되는 집합투자기구를 말한다. 즉 특정 주가지수 또는 특정 자산의 수익률을 추종하도록 설계된 펀드상품으로 주식처럼 거래되는 금융상품이다. 해당 주가지수와 동일하게 주식바스켓을 현물로 납입하고 이를 바탕으로 발행된 주권을 거래소에 상장시켜 거래하는 펀

---

13) 손실제한형 ETN이란 만기시점에 기초지수가 일정 수준 이하로 하락하더라도 사전에 약정된 수준, 예를 들어, 발행금액의 70%로 최저 상환금액이 지급되는 최대 손실이 제한되는 구조의 상품이다.

14) 양매도 ETN이란 스트랭글 매도(Short Strangle) 전략을 활용한 상품으로, KOSPI200 지수가 일정 범위 안에서 횡보하는 경우 KOSPI200 옵션 매도 프리미엄을 수익으로 확보하는 구조를 가지는 상품이다. 여기서 스트랭글 매도 전략이란 행사가가 다른 콜 풋옵션을 매도하는 전략으로, 기초자산 가격의 두 행사가격 사이에서 머무를 것으로 예상되는 경우에 이용하는 전략을 말한다.

드이다.

예를 들어 KOSPI200을 추종하는 ETF인 KODEX200의 경우 지수의 구성종목들로 펀드를 구성하고, 이를 바탕으로 ETF를 발행하기 때문에 KODEX200을 매수하면 KOSPI200 구성종목 전체를 매수하는 것과 동일한 효과가 나타나는 것이다. 따라서 ETF는 적은 투자자금으로 분산투자가 가능하며 개별 종목에 대한 분석이나 정보 없이 주식시장 전체 또는 특정산업의 전반적인 흐름에 대한 판단을 기초로 투자가 가능하다. 또한 상장되어 거래되기 때문에 실시간 거래를 통한 현금화가 용이하고, 신용거래나 차익거래가 가능하기 때문에 기존의 인덱스펀드가 가지고 있는 단점을 극복할 수 있다.

(나) 법적 형태

ETF는 자본시장법상의 집합투자기구로서 원칙적으로 자본시장법에 따라 다른 집합투자기구에 관한 규제를 동일하게 적용받는다. 자본시장법에서 집합투자기구는 투자신탁, 투자회사, 투자유한회사, 투자유한책임회사, 투자합자회사, 투자합자조합, 투자익명조합 형태로 설립할 수 있도록 허용하고 있으나, ETF는 증권시장에 상장되어 거래되는 상품의 특성을 고려하여 이러한 법적 형태 중 투자신탁과 투자회사만 허용하고 있다(법234①(2)(3)). 우리나라에서는 모든 ETF가 수익증권(투자신탁) 형태로 발행된다.

ETF는 집합투자기구이면서도 몇 가지 독특한 특징을 가지고 있어 자본시장법에서는 특례조항을 두어 일반 집합투자기구와 구별하고 있으며, 그 명칭도 상품의 구조를 고려하여 "상장지수집합투자기구"라 부르고 있다. 다만 투자회사형 ETF인 "상장지수투자회사"는 매매시 증권거래세가 부과되기 때문에 국내에서는 활성화되지 못하고 있으며, 현재 국내의 모든 ETF의 법적 지위는 투자신탁인 "상장지수투자신탁"이다.

(다) 유형

한국거래소에서 거래되는 ETF를 종류별로 분류하면, 국내 ETF와 해외 ETF로 구분할 수 있으며, 기초자산에 따라 주식, 채권, 원자재, 부동산, 통화, 혼합, ELS, 인덱스 ETF로 구분한다. 또한 ETF는 추적배수에 따라 레버리지형 및 인버스형이 있다.

기초자산 등락에 비례해서 가격이 변하는 일반 ETF에 비해서 추적배수 ETF는 기초자산 가격 등락율과 다르게 가격이 변한다. 추적배수 ETF는 가격변화율이 큰 레버리지 ETF와 가격변화율이 일반 ETF와 반대로 움직이는 인버스 ETF가 있다. 현재 한국거래소에는 기초지수의 일별 수익률의 2배를 추구하는 레버리지 ETF와 기초지수의 음의 1배와 음의 2배를 추구하는 인버스 ETF가 상장되어 거래되고 있다.

일반 ETF가 KOSPI200과 같은 대표적 지수구성 종목을 보유하며, 지수의 흐름과 비슷한 수익률을 내는 데 반해, 레버리지 ETF는 스왑이나 선물 등 파생상품에 투자해 기초지수 수익률의 양의 배수의 수익을 추구하는 ETF이다. 레버리지 ETF는 추종하는 지수변동폭의 1.5배 또는 2배 수익률을 올리도록 설계된 상품이다. 지수가 떨어지면 손실도 1.5배 또는 2배가 된다. 레버리지 상품의 특성상 주가지수가 오르더라도 반드시 1.5배-2배 수익률을 보장하는 것도 아니다. 기초지수가 등락을 거듭하다가 올랐다면 일부 손실도 날 수 있다.

반면 인버스 ETF는 파생상품투자 등을 통해 1ETF당 순자산가치의 일별 수익률을 기초지수의 일별 수익률의 음의 배수, 즉 역방향으로 추적하는 ETF를 말한다. 다시 말해 인버스 ETF는 주가지수 방향과 반대로 수익률이 결정되도록 설계된 상품이다. 주가지수가 하락하면 수익이 발생하는 구조이다.

(2) 주가연계예금(ELD)

자본시장법상 투자매매·중개업자(증권회사)가 발행하는 ELS와 유사한 상품으로 은행법에 따라 은행이 취급하는 주가연계예금(ELD)이 있다. ELD는 정기예금과 주식의 장점을 모아 만든 금융상품으로 이자 부분을 주식과 연계하여 투자하고, 은행이 원금을 보장해 주며, 예금자보호의 대상이 되는 등 안정성이 높다. 또한 긴급하게 자금이 필요한 경우 원금의 90%까지 예금을 담보로 대출도 가능하다.

ELD는 2002년에 처음으로 국내에 소개되었으며 최근에도 활발하게 판매되고 있는 예금상품이다. ELD는 시중은행에서 정기예금의 형태로 판매되는데, 원금은 예금자보호법에 의해 보장되며 지급이자는 주가지수 또는 주식가격에 연동되어 결정된다. ELD가 국내시장에 등장한 이후 ELD의 판매금액은 급격하게 증가하였다. 이는 낮은 이자율 수준이 지속되면서 많은 투자자들이 위험이 따르더라도 일반 정기예금에 비해 높은 수익을 올릴 가능성이 있는 상품인 ELD에 대한 투자 비중을 높였기 때문이다.

(3) 주가연계파생결합사채(ELB)

주가연계파생결합사채(ELB: Equity Linked Bonds)는 주식·주가지수만을 기초자산으로 하는 파생결합증권으로 원금이 보장되는 채무증권이다.

ELS는 원금손실을 볼 수 있는 투자상품인 반면, ELB는 상품의 수익구조상 만기까지 보유하게 되면 최소한 원금 이상을 받을 수 있도록 설계되어 있기 때문에 ELB는 ELS에 비해 안정적인 상품으로 투자자들은 받아들인다. 그러나 ELB가 반드시 원금보장형 상품이 아니라는 점은 유의해야 한다. ELB 발행 증권회사의 신용에 문제가 발생하게 되면, 원금을 돌려받지 못할 수 있기 때문이다. ELB는 증권시장이 일정 범위 내에서 박스권을 형성하고 있는 기간 동안에는 투자자에게 유리하나, 주가지수가 큰 폭으로 상승하는 경우는 직접 주식에 투자한 것과 비교하여 투자자에게 불리하다. ELB의 수익구조는 최소보장수익률이 가장 중요하다. 참여율 및 최대수익률, 주가상승률 한도가 낮더라도 최소보장수익률이 높은 상품의 실현수익률이 높게 나타난다.

(4) 주가연계펀드(ELF)

ELF는 파생상품 펀드의 일종으로 자산운용회사들이 ELS상품을 펀드에 편입하거나 자체적으로 "원금보존 추구형" 펀드를 구성해 판매하는 형태의 상품으로 운용실적에 따라 수익이 지급된다. 대부분의 펀드자산은 국공채나 우량 회사채 등 안전자산에 투자하여 만기에 원금을 확보하고, 나머지 잔여재산은 ELS를 편입해 펀드 수익률이 주가에 연동되도록 설계되어 있다. 따라서 ELF는 펀드의 수익률이 주가나 주가지수 움직임에 의해 결정되는 구조화된 수익구조를 갖는다. 최근 급변하는 시장 환경과 초저금리 기조로 ELS시장이 성장하고 있는데, 이에 자산운용사들이 펀드 형태의 ELS상품을 내놓으면서 시장이 더욱 커지고 있다. 일반 ELS는 단발성 상품이라 6개월에서 3년 사이에 상환되고 재투자하기 위해서는 다시 신상품을 청약해야 하는 번거로움이 있으나, ELF는 여러 개의 ELS를 지수화해 리스크를 낮추고, 투자자가 원하면 언제든지 환매가 가능하다.

(5) 주가연계신탁(ELT)

은행에서 판매하는 ELT는 ELS나 ELD와 비슷한 구조이나 원금을 보장하는 ELD와 달리 원금을 보장해 주지 않는다. 이는 증권회사에서 발행한 ELS를 편입해 만든 특정금전신탁 상품이다. 은행은 증권회사에서 발행한 ELS를 직접 판매할 수 없기 때문에 신탁을 통해 ELS를 편입한 다음 이를 수익증권으로 판매한다. 증권회사에서 판매하는 ELS와 비슷한 상품구조로 원금보장형과 비보장형이 있다. 최근 ELT상품 판매가 급증세를 보이고 있는 것은 정기예금 금리가 1% 후반대까지 떨어지는 등 저금리 기조하에서 예금 대체상품 선호 경향이 짙어진 데 따른 것으로 보인다. ELT의 기초자산은 주로 KOSPI200, S&P500, HSCEI 등 2-3개 지수로 구성되며 통상 만기는 3년으로 6개월 조기상환이 가능하다.

Ⅶ. 증권예탁증권

1. 의의

DR(Depositary Receipts)은 흔히 "예탁증서" 또는 "예탁증권"으로 불린다. 주식을 기초로 발행하는 것이 대부분이나, 반드시 이에 한정되는 것은 아니다. 채권 등 다른 종류의 증권을 기초로 발행할 수도 있기 때문에 자본시장법은 이를 "증권예탁증권"으로 규정하였다. DR은 특정 국가 내에서 발행·유통되기도 하고, 2개 이상의 국가에서 동시에 발행·유통되기도 한다.[15] 전자의 경우 그 발행지 국명의 약호를 붙여 ADR(American Depositary Receipts), JDR(Japanese Depositary Receipts), KDR(Korean Depositary Receipts), EDR(European Depositary Receipts) 등으로 표시되며, 후자의 경우에는 GDR(Global Depositary Receipts)로 표시된다.

증권예탁증권이란 채무증권, 지분증권, 수익증권, 투자계약증권, 파생결합증권을 예탁받은 자가 그 증권이 발행된 국가 외의 국가에서 발행한 것으로서 그 예탁받은 증권에 관련된 권리가 표시된 것을 말한다(법4⑧). 국내에서 발행되는 DR("KDR")은 예탁기관이 외국기업의 주식을 예탁받아 그 주식(원주)에 관한 권리를 표시하여 국내에서 발행한 증권이다. KDR 소유자는 이익을 얻을 목적으로 금전을 지급하고 KDR을 취득하고 그 시장가격 변동에 따라 투자원본의 손실을 입을 수 있기 때문에 KDR은 당연히 자본시장법상 금융투자상품이고 증권에 해당한다.

2. 연혁

1900년대 초 미국의 투자자들은 외국주식에 대한 투자에 관심을 갖기 시작했으나, 국제거래에 따른 법적 제약, 비용과 위험 등의 문제로 인하여 실제 투자로는 이어지지 못했다. 기업경영과 금융의 관행뿐만 아니라 회사법과 증권법 등 법률면에서 국가간에 많은 차이가 있기 때문이었다. 이러한 차이를 극복하기 위하여 고안된 것이 DR이다. 1927년 미국의 Morgan Guaranty가 영국 기업에 투자하고자 하는 미국 투자자들의 수요를 충족시키기 위하여 미국 내에서 처음으로 DR을 발행하였다. 이렇게 하여 1950년대부터 미국에서 널리 이용되던 DR은 점차 다른 국가로 확산되었고, 1980년대 들어 자본시장이 글로벌화되면서 세계적으로 활발하게 발행되기 시작하였다.

DR은 기본적으로 주식을 대신하여 외국 증권시장에서 자금을 조달하는 수단이다. 주식("원주")은 발행기업의 본국에 보관하고 원주를 예탁받은 외국의 예탁기관(depositary)이 이에 관한 권리를 표시하는 증권으로서 DR을 발행한다. 이미 발행된 주식에 관한 권리를 표시하는 주식의 대체증서(alternative instrument)인 것이다.

---

15) 자본시장의 국제화가 진전되고 국내 주식시장이 크게 성장함에 따라 외국기업이 주식이나 그 대체증서인 예탁증권("DR")을 통하여 국내에서 자금을 조달하는 사례가 증가하고 있다. 국내기업이 미국시장이나 유로시장에 진출한 것은 이미 오래전의 일이나[1990년 삼성물산이 GDR(Global Depositary Receipts)을 미국과 유럽에서 동시에 발행한 것이 처음이다], 외국기업이 국내시장에 진출한 것은 비교적 최근의 일이다. 2007년 중국계 기업인 3Nod Digital Group이 처음으로 주식을 상장하였고(코스닥시장), 역시 중국계 기업인 화풍집단지주회사가 처음으로 DR을 상장하였다(유가증권시장).

제3절 파생상품

Ⅰ. 파생상품의 개념

1. 의의

파생상품(Derivatives)은 기초자산으로부터 그 가치가 파생되어 나온 상품을 말한다. 예를 들어 기초자산이 삼성전자인 파생상품은 삼성전자 주식 가치의 변동(주가 상승 또는 하락)에 따라 가치가 결정된다. 여기서 기초자산(underlying asset)이란 파생상품거래의 대상으로 파생상품의 가치를 산정하는 기초가 되는 금융상품이나 자산을 말한다.

파생상품의 발달 초기에는 농축산물이나 원자재 같은 실물자산들이 주된 기초자산이었던 반면, 금융이 발달한 현재에 와서는 사실상 수치화될 수 있는 모든 대상이 파생상품의 기초자산이 되고 있다. 이에 따라 전 세계적으로 외국환(달러, 유로, 엔 등)과 같이 증권(특정 기업의 주식, 채권 등)은 물론이고 주가지수(코스피200, S&P500 등)와 같이 통계적으로 산출된 수치를 기초자산으로 하는 파생상품도 크게 발달하였다.

2. 자본시장법

자본시장법은 파생상품을 기초자산의 가격을 기초로 손익(수익구조)이 결정되는 금융투자상품으로, ⅰ) 선도, 옵션, 스왑의 어느 하나에 해당하는 계약상의 권리(법5①)로 정의하고, ⅱ) 파생상품시장 등에서 거래되는 파생상품을 장내파생상품으로 규정하면서(법5②), ⅲ) 장내파생상품 외의 파생상품을 장외파생상품으로 정의하고 있다(법5③). 그 외 기타 규정에서 목적에 따라 한정적으로 적용되는 파생상품의 구체적 정의를 두는 경우가 있으나, 자본시장법상 정의 외 일반적으로 적용되는 정의는 존재하지 않는다. 자본시장법상 파생상품의 기초자산은 파생결합증권의 기초자산과 동일하다.

일반적으로 파생상품은 원본 초과손실이 발생할 수 있는 금융투자상품으로서 금융투자상품, 통화, 일반상품, 신용위험, 기타 합리적인 방법에 의해 가치의 평가가 가능한 것을 기초자산으로 하는 선물, 옵션, 스왑 계약을 의미한다. 자본시장법에서는 기초자산이나 기초자산의 가격, 이자율, 지표, 단위 또는 이를 기초로 하는 지수 등에 의하여 산출된 금전등을 장래의 특정시점에 인도하거나, 권리를 부여하거나 또는 금전등을 교환할 것을 약정하는 계약으로 정의하고 있다(법5). 초기 파생상품은 기초상품의 가격변동위험을 헤지하기 위한 수단으로 시작되었으나, 최근에는 적은 자금으로 고수익을 누리기 위한 투자수단으로 사용되고 있다. 우리나라

는 파생상품을 한국거래소에서 거래되는 장내파생상품과 그 외의 장외파생상품으로 구분하고
있다.

3. 외국환거래법

외국환거래법은 파생상품을 ⅰ) 자본시장법 제5조에 따른 파생상품과, ⅱ) 상품의 구성이
복잡하고 향후 수익을 예측하기 어려워 대규모 외화유출입을 야기할 우려가 있는 금융상품으
로서 기획재정부장관이 고시하는 것(외국환거래법3①(9) 및 영5)으로 정의하고 있다. 이는 기본적
으로 자본시장법상의 파생상품 이외에도 그 외연을 확대할 수 있는 여지를 남겨두고 있는 것
으로 향후 금융기법의 발전과 현실여건을 감안하여 탄력적으로 대응함으로써 규제 공백을 막
고자 하는 입법으로 생각된다.

4. 채무자회생법

채무자회생법은 파생금융거래를 "기초자산 또는 기초자산의 가격·이자율·지표·단위나
이를 기초로 하는 지수를 대상으로 하는 선도, 옵션, 스왑거래를 말한다"고 정의하고, 그 기초
자산으로는 자본시장법과 실질적으로 동일한 내용으로 ⅰ) 금융투자상품(유가증권, 파생금융거
래에 기초한 상품), ⅱ) 통화(외국의 통화를 포함), ⅲ) 일반상품(농산물·축산물·수산물·임산물·광
산물·에너지에 속하는 물품 또는 이 물품을 원재료로 하여 제조하거나 가공한 물품 그 밖에 이와 유사한
것), ⅳ) 신용위험(당사자 또는 제3자의 신용등급의 변동·파산 또는 채무재조정 등으로 인한 신용의 변
동), ⅴ) 그 밖에 자연적·환경적·경제적 현상 등에 속하는 위험으로서 합리적이고 적정한 방법
에 의하여 가격·이자율·지표·단위의 산출이나 평가가 가능한 것을 예시하고 있다(법120③(1),
영14①).[16]

Ⅱ. 파생상품의 기능

파생상품 거래자의 유형은 그 목적에 따라 헷저(hedger), 투기자(speculator), 차익거래자
(arbitrageur)로 나눌 수 있는데 이러한 거래유형에 따른 파생상품의 기능은 다음과 같이 요약할
수 있다.

1. 순기능

파생상품의 순기능은 다음과 같다. ⅰ) 헤지(hedge)를 목적으로 한 투자자에게는 시장의

---

16) 파생상품에 관한 법령상 용어는 파생상품과 파생금융상품이 혼용되고 있다.

가격변동 위험을 회피하기 위한 헤지 수단으로 활용되거나, 고위험·고수익을 추구하는 투기자에게 위험을 전가하는 수단이 될 수 있다. ⅱ) 고수익을 목표로 하는 투자자에게는 적은 증거금만으로 큰 레버리지효과(leverage effect)를 거둘 수 있는 투자기회를 제공한다. ⅲ) 다양한 투자수단으로 활용됨으로써 금융시장에 유동성을 확대하는 결과를 가져오고 신속한 가격정보의 반영으로 미래의 현물가격에 대한 가격발견 기능을 하는 한편, 현물시장과 선물시장간의 차익거래가 가능하게 하여 현물시장의 가격왜곡 현상을 방지함으로써 전체 금융시장의 효율성을 제고시킬 수 있다. ⅳ) 기업으로서는 파생상품을 활용한 종합적인 자산부채관리로 최적의 재무상태를 유지할 수 있게 하며 안정적인 자금조달과 효율적인 자금운용을 기할 수 있게 한다. ⅴ) 상이한 통화 표시의 채무 원리금 상환을 서로 교환하는 통화스왑을 통해서 국경간 자본이동에 대한 규제를 우회하여 새로운 자본시장에의 진입을 가능하게 할 수도 있다. ⅵ) 특히 신용파생상품의 경우, ㉠ 금융시스템의 불안요인인 금융기관의 도산은 동일 차입자, 특정산업 등에 대한 집중된 신용노출(credit exposure)에 의해 발생하는 경향이 있는데, 신용파생상품은 이러한 신용위험의 집중을 완화하거나 분산시킬 수 있는 효율적인 수단을 제공한다. ㉡ 대출 또는 채권매입을 통해 부담해야 하는 신용위험을 유동화할 수 있는 수단을 제공함으로써 채권시장 등 전반적인 금융중개기능을 활성화시킬 수 있다. ㉢ 금융기관은 신용파생상품을 통한 신용위험의 이전 등으로 자기자본비율 및 여신한도를 효율적으로 관리할 수 있으며, 대출시장 참여제한, 동일인여신한도 규제 등으로 수익성이 높은 대출시장에 접근하기 어려운 투자자(보장매도자)에게는 대출시장에 간접적으로 참여할 수 있는 기회를 제공할 수 있다.

2. 역기능

파생상품의 역기능은 다음과 같다. ⅰ) 파생상품을 통한 과도한 레버리지의 부담으로 시장의 변동성이 커지는 경우 금융기관의 도산 등 부실화를 촉진할 수 있다. ⅱ) 파생상품의 거래구조가 복잡하고 2차, 3차 파생상품으로 파생화의 단계가 심화될수록 상품에 대한 정확한 정보를 획득하거나 수익성을 판단하기가 어려워진다. ⅲ) 파생상품거래 규모가 확대되고 금융시장간 연계성이 심화되어 개별 금융기관이 위험관리에 실패하는 경우 그 영향이 전체 금융시스템으로 파급될 가능성이 커진다. ⅳ) 특히 장외파생상품의 경우 거래상대방의 채무불이행 위험이 크다. ⅴ) 신용파생상품의 경우 기초자산인 대출채권에 대한 금융기관(보장매수자)의 관리와 사후 감시유인을 저하시킬 뿐만 아니라 금융기관의 재무상태에 대한 투자자의 평가를 어렵게 만들고, 시장의 자율규제기능 및 금융기관에 대한 감독기능을 약화시키는 등 금융시장의 안정성을 저해할 수 있다.

Ⅲ. 파생상품거래 관련 위험

파생상품거래의 역기능이나 부정적인 영향은 그 자체에 내포한 위험(risk)에 기인한다. 따라서 파생상품 관련 규제방안의 주된 초점은 파생상품거래상의 위험을 어떻게 정의하고 이를 제거할 것인가에 맞추어져 있다. 파생상품거래와 관련된 위험으로는 신용위험(credit risk), 시장위험(market risk), 유동성위험(liquidity risk), 법적 위험(legal risk), 결제위험(settlement risk), 운영위험(operational risk), 그리고 시스템위험(systemic risk) 등이 있다.

1. 신용위험

신용위험은 거래상대방이 계약의무의 이행을 거부하거나 이행할 수 없을 경우에 발생하는 위험으로, 금융기관의 입장에서는 보유하고 있는 대출자산이나 유가증권 등으로부터 예상되는 현금흐름이 계약대로 지급되지 않을 가능성을 의미한다. 일반적으로 신용위험은 채무불이행위험(default risk)뿐만 아니라 채무자(보유자산)의 신용도(credit quality)가 하락할 때 자산이나 계약의 시장가치가 하락하여 발생할 수 있는 손실위험으로 정의될 수 있다.

거래소 거래에서는 상품의 표준화, 일일정산 및 증거금의 적립, 거래소의 이행보증 등을 통해 신용위험을 제거하고 있기 때문에 문제되지 않으나 장외거래의 경우 필연적으로 거래상대방의 신용위험을 부담하게 되므로 이에 대한 대응이 필요하다. 장외거래에서의 신용위험 대처 방안으로는 ⅰ) 신용있는 거래상대방과만 거래를 하고 또한 개별 거래 한도를 설정하는 방법, ⅱ) 담보제공의 요구(collateralization), ⅲ) 당사자의 상호채무를 일괄청산하는 네팅(netting) 등이 있다. 또한 정책적으로는 감독당국은 은행 등 금융기관이 파생상품거래에서 과도한 신용위험을 부담하는 것을 억제하도록 위험에 상응하여 자기자본요건을 강화하기도 한다.

2. 시장위험

시장위험은 시장상황의 변동이 파생상품의 가치하락을 초래할 위험을 말한다. 시장위험은 금융자산과 부채의 미결제 포지션의 가치변동으로 측정되며 금리변동위험, 환율위험, 주가변동위험, 원유와 같은 상품가격의 변동위험 등이 시장위험에 포함된다.

금리변동위험은 예상치 못한 금리변동에 의해 자산 및 부채의 가치가 변하게 될 위험을 의미하며, 환율변동위험은 환율변동으로 인해 손실을 입게 될 위험을 말한다. 환율변동위험의 경우 다른 위험과도 밀접한 관계를 맺고 있다. 즉 특정 통화에 대한 선물환거래에서 매수와 매도 포지션이 일치하지 않을 경우 거래가 종결될 때까지 신용위험과 국가위험(country risk)[17]이

---

17) 해당 국가의 신용도와 연관되어 있는 위험으로 국가 프리미엄(country premium)으로 측정될 수 있다.

결합된 위험 형태에 노출되게 된다. 그리고 금융기관들마다 정해진 시간에 외화결제를 해야 하므로 유동성위험과도 관련되어 있으며, 환율변화는 금리변동과 밀접한 관련성을 가지므로 금리변동위험과도 직접적으로 관련되어 있다고 할 수 있다. 또한 포트폴리오 내에 주가변동에 의해 그 가치가 민감하게 변하는 자산과 상품가격에 민감한 기초상품(금, 은, 원유 등)이 포함되어 있을 경우에는 금리변동위험이나 환율변동위험 외에도 주가변동위험과 상품가격 변동위험에 노출되게 된다.

3. 유동성위험

유동성위험은 파생상품거래 참여자가 시장의 거래 부진이나 장애로 인해 종전의 가격 또는 이에 근접한 가격으로 특정 포지션을 헤지 또는 반대매매를 통해 청산할 수 없는 위험을 말한다. 파생상품이 경제적 가격 또는 이와 근접된 가격으로 신속히 매매될 수 없어 현금화가 어려운 경우에 발생한다. 한편 금융기관의 경우 해당 금융기관에 대한 시장의 신뢰 상실 등에 의해 동시다발적인 예금인출사태(bank run)가 발생하거나 채권자의 채권회수 시에도 유동성 위기에 직면하게 되는데 이러한 상황에 대비하여 일정한 현금흐름을 유지함으로써 유동성위험에 대처할 수 있다.

4. 법적 위험

법적 위험은 소송에서 파생상품계약이나 종전에 이루어진 파생상품거래의 효력이 부인됨으로써 발생하는 손실가능성을 말한다. 법적 위험은 계약당사자가 파생상품계약을 체결할 권리능력이 있는지, 해당 파생상품이 도박계약에 해당하는지, 보험법규의 적용대상에 해당하는지, 일괄 청산 네팅 조항이 유효한지 등 여러 가지의 상황에서 발생할 수 있다. 법적 위험은 다른 전통적인 금융거래나 상품거래에서도 존재하지만 고도의 위험성과 복합적인 계약내용이 수반되는 파생상품계약에서 보다 현실적인 문제가 되고 있으며, 법적으로 잘 정비된 거래소에서 거래되는 장내파생상품거래에서 보다는 장외파생상품거래에서 문제되는 경우가 많다.

파생상품 관련 법적 위험의 종류로는 관할위험(jurisdictional risk), 거래상대방위험(counterparty risk), 매도위험(selling risk) 등이 있다. 관할위험은 다수의 거래당사자가 파생상품거래에 관여하는 경우에 특정한 쟁점에 대한 각국의 법규의 차이로 인하여 발생한다. 예를 들어 해당 장외파생상품거래가 특정한 국가에서는 도박금지법에 위반하여 금지되거나 처벌될 수도 있으며 국제적인 장외파생상품 거래에서 전형적으로 사용되는 일괄네팅조항이라도 특정한 국가에서는 도산법에 위반하여 무효가 될 수도 있다.

거래상대방위험은 예를 들어 거래상대방이 파생상품계약을 체결할 권리능력이 없거나 법적 권한이 부인되는 경우, 또는 회사를 위하여 파생상품계약에 서명한 자가 회사를 대표하거나 대리할 권한을 가지지 못하는 경우 등의 위험을 말한다.

매도위험은 예를 들어 중개자가 해당 거래의 이익을 부실표시하였거나, 매매목적물에 하자가 있는 위험을 말한다.

5. 결제위험

결제위험은 지급이 관련 계약에 규정된 방식에 의해 이루어지지 않는 위험을 말한다. 결제위험의 핵심은, 지급이 당초 계획된 특정 기간 내에 유효하게 되는 경우에는 비록 계약에서는 기술적 이유로 인한 미지급은 부도처리를 하지 않는다고 규정하고 있다고 하더라도, 관련 계약에 따라 부도처리가 될 수도 있는 위험이다. 이는 계약에 정한 금액을 수취하기 전에 자금을 이체하거나 자산을 인도함으로써 발생하는 손실위험이며 이에 따라 거래상대방은 연쇄적으로 계약을 이행할 수 없게 되거나 이행하려고 하지 않을 수 있다. 또한 결제위험은 외국 거래상대방과의 시차 때문에 발생되는데 이는 현물인도와 결제가 동시에 발생되지 않거나 지급결제 방법상 자금을 즉시 수취하지 못할 때 발생한다.

6. 운영위험

운영위험은 절차, 인력, 시스템의 미비로 인하거나 외부사건으로 인한 직·간접적인 손실위험으로 정의되며, 바젤은행감독위원회(BCBS)의 정의에 따르면 법적 위험도 여기에 포함된다. 또한 거래자들이 고의로 허위정보를 퍼뜨리는 사기행위로 인한 위험과 정보시스템의 보안문제로 인해 발생할 수 있는 기술적 위험(technology risk)도 이에 해당한다. 운영위험을 줄이기 위해서는 백업시스템 및 위험관리시스템을 구축하는 한편, 적절한 내부통제장치를 마련하여야 한다.

7. 시스템위험

시스템위험은 개별 시장참가자의 위험이나 특정 시장에서의 각종 위험이 여타 시장 참가자들에게 연쇄적으로 파급되어 금융시장 전체가 마비되는 위험을 말한다. 시스템위험은 두 가지 시나리오를 예상해 볼 수 있다. ⅰ) 하나의 금융기관의 붕괴가 다른 금융기관에 도미노 영향을 가져올 수 있으며, ⅱ) 널리 이용되고 있는 동적헤지전략(dynamic hedging strategies)이 평소에는 감내할만한 시장 하강추세를 시장 급변동 상황하에서는 유동성 위기 상황으로 몰아갈 수 있다는 것이다. 시스템위험과 관련하여 그 위험요인으로는 여러 가지가 있는데 거래규모, 파생상품거래의 불투명성, 장외시장거래의 유동성 부족 등을 들 수 있다. 시스템위험은 파생상품거래로 시장간의 연계가 강화됨으로써 더욱 증대되고 있는데, 이로 인해 단순한 시장 사고 (금융기관의 도산이나 시장 및 지급결제제도의 붕괴)가 연쇄적으로 다른 금융기관의 도산이나 시장 및 지급결제제도의 붕괴를 야기할 수 있다.

Ⅳ. 파생상품의 분류

1. 계약형태에 따른 분류

자본시장법은 파생상품을 선도, 옵션, 스왑 중의 어느 하나에 해당하는 계약상의 권리로서 정의하여 파생상품거래가 계약임을 표현하고 있다.

(1) 선도
(가) 개념

선도(Forward)는 파생상품 중 가장 기본이 되는 상품으로 ⅰ) 미래 특정시점에 ⅱ) 계약시 점에 정해 놓은 가격과 수량으로 ⅲ) 기초자산을 매매하기로 약속하는 계약이다. 자본시장법상 선도는 "기초자산이나 기초자산의 가격·이자율·지표·단위 또는 이를 기초로 하는 지수 등에 의하여 산출된 금전등을 장래의 특정시점에 인도할 것을 약정하는 계약상의 권리"를 말한다(법 5①(1)). 즉 ⅰ) 선도거래는 일정한 대상(기초자산)을 매매(인도)하는 계약을 체결하면서 그 대상 의 인도와 대금의 수령시점을 장래의 특정시점으로 정해 두는 이행기가 장래인 매매(인도)계약 으로 볼 수 있다. ⅱ) 선도의 실질적인 매매시점은 장래이나 목적물의 가격변동위험을 회피하 기 위하여 현재시점에서 가격과 수량을 결정하는 것이다. 예를 들어 금 100온스(기초자산)를 3 개월 후에(장래의 특정시점) 온스당 1,000달러에 매매(인도)할 것을 약정하는 선도거래를 생각해 보자. 이는 실질적인 매매시점은 3개월 후이나 현재시점에서 가격과 수량이 결정되는데, 위험 회피 목적의 거래자(hedger)의 경우, 이 선도거래를 3개월간의 가격변동위험을 회피하기 위한 목적으로 사용할 수 있다. 반면 투기자(speculator)는 선도거래를 이익추구를 위한 목적으로 사 용할 수도 있다.

(나) 특징

선도계약(forward contract)은 계약시점 당시에 자산을 매수 또는 매도하는 현물계약(spot contract)과 대비되는 개념이다. 여기서 계약시점에 미리 정한 거래가격을 선도가격(forward price)이라 한다. 선도계약은 공식적인 거래소가 아닌 장외시장에서 거래되는 점에서 선물계약 (futures contract)과 구별된다.

선도거래는 주로 장외시장에서 거래되기 때문에 상대방의 채무불이행위험(신용위험)이 장내거래에 비해 크지만 제도화된 시장의 부재로 인하여 신뢰성 있는 계약만을 취급하므로 일반 금융상품에 비해서는 낮은 편이다. 그러나 계약 만기시점에 계약내용을 실물로 100% 인도하여야 하는 선도거래의 특성상 시장가격 변동에 따른 시장위험에 완전히 노출되어 있고, 거래당사자간에 계약이 건별로 이루어짐에 따라 계약의 중도해지나 대체 시 거래상대방을 찾기 어려운 유동성위험에 노출되어 있다.

(다) 법적 성격

선도거래는 장외파생상품으로서 거래조건이 거래당사자들의 거래목적에 부합하도록 기초금융상품의 수량, 품질 및 가격, 인도일과 인도조건, 결제방식 등의 거래조건이 조정되며 대부분 인도일에 기초상품을 인수도함으로써 종료된다. 선도계약의 주요 계약조건으로는 ⅰ) 계약당사자, ⅱ) 거래대상 및 수량, ⅲ) 이행기(만기), ⅳ) 거래가격, ⅴ) 이행(결제)방법 등을 들 수 있다. 결제방법에는 장래의 인도시점에 특정물을 인도하는 것이 원칙이지만, 대안으로서 계약시점과 장래의 인도시점 간 차액을 결제할 수도 있다.

결제방법이 달라지고 선도계약의 체결 시점과 기초자산의 인도 시점이 달라진다는 점에서 선도계약의 법적 성격에 대해 견해의 대립이 있다. 생각건대, 원칙적으로 금전을 제외한 재산적 가치있는 것에 대한 선도거래의 경우 현물거래와 마찬가지로 이행기만을 달리하는 매매(민법 제563조)에 해당한다고 할 것이나 결제방법에 따라 현물결제의 경우에는 매매로, 차액결제의 경우에는 매매와 상계가 결합된 비전형계약으로 보는 것이 타당하다. 다만, 선도계약 중 기초자산과 그에 대한 대가에 따라 매매에 해당되지 않을 수 있다. 외국통화를 대상으로 하는 외환매매의 경우 민법 제563조의 '재산권'에 외국통화를 포함하여 이해함으로써 매매거래로 볼 수도 있으나 당초 민법이 예정한 전형적인 매매거래는 아니라고 보아야 한다.

자본시장법 제5조 제4항에서는 "제1항 각 호의 어느 하나에 해당하는 계약 중 매매계약이 아닌 계약의 체결은 이 법을 적용함에 있어서 매매계약의 체결로 본다."고 규정하여 선도계약을 비롯한 파생상품에 해당하는 거래가 실질적으로 매매계약에 해당하지 않는다 하더라도 매매계약의 체결로 보아 자본시장법의 적용 대상 여부에 대해 논란의 소지가 없도록 하였다.

선도계약에서의 당사자의 수익구조(payoff structure)는, 매입(long)한 매수인은 기초자산의 가격이 상승하는 경우 이득을 보고 하락하는 경우 손해를 보게 되며, 매도(short)한 매도인은 각각의 경우에 매수인과 반대의 상황에 처하게 된다.

(2) 선물

(가) 개념

선도거래 중 표준화된 계약조건에 따라 공인된 거래소에서 경쟁매매 방식에 의하여 이루어지는 것을 선물거래(futures)라고 한다. 선물은 수량·규격·품질 등이 표준화되어 있는 특정 대상물을 현재시점(계약시점)에서 정한 가격(선물가격)으로 장래의 일정시점(최종거래일)에 주고받을 것을 정한 계약을 말한다. 선도계약과는 ⅰ) 표준화된 계약서에 의해 공식적인 거래소를 통하여 거래가 이루어지는 점, ⅱ) 계약시점과 결제시점 간 시간적 간격이 장기라는 점, ⅲ) 결제시점 이전 언제라도 반대매매를 통하여 계약으로부터 벗어날 수 있다는 점 등에서 차이가 있다.

선물거래는 제반 거래조건이 표준화되어 있어 이를 이용하는 사람들은 일반적으로 계약의 수량만을 고려하며, 현재 주식, 채권, 외환 및 지수나 변동이자율 등 광범위한 기초상품에 대해 선물거래가 이루어지고 있다.

(나) 특징

선물거래는 선도거래와 달리 매도인과 매수인을 알 수 없기 때문에 중간에 결제기관이 개입하여 매도인과 매수인 모두에 대해 거래상대방의 역할을 수행함으로써 계약이행의 책임을 진다. 이를 위하여 결제기관은 각 시장참여자의 거래포지션에 대해 계약의 이행을 보증하는 성격의 증거금을 징수하고 선물포지션의 가치변화에 따른 손익을 일일정산하여 증거금에 반영하기 때문에 계약에 따르는 신용위험이 선도계약에 비해 현저하게 낮다. 이처럼 선물거래는 근본적으로 선도거래와 동질적이지만 증거금(margin requirement), 일일정산(daily marking tomarket), 청산기관(clearing house) 등의 제도적인 장치를 통해 거래상대방의 계약이행을 보증하기 때문에 거래의 유동성이 극대화되고 있다. 이외에도 선물거래에는 가격등락폭의 제한, 표준화된 계약, 조직화된 시장 등의 운영으로 계약이행에 관련된 위험을 줄이려는 제도적 장치가 마련되어 있다.

선물거래는 대상물에 따라 금융선물거래·일반상품선물거래로 구분되고, 금융선물거래는 증권선물거래·통화선물거래·금리선물거래 등으로, 증권선물거래는 주식선물거래·주가지수선물거래 등으로 세분될 수 있다.

(다) 법적 성격

선물거래의 주요 계약조건으로는 ⅰ) 기초자산, ⅱ) 거래단위, ⅲ) 인도장소, ⅳ) 인도월, ⅴ) 가격표시방법(price quote), ⅵ) 일일가격변동 제한폭(price limits), ⅶ) 포지션한도(position limits), ⅷ) 최소가격변동단위(minimum price fluctuation), ⅸ) 최종거래일, ⅹ) 최종결제일, ⅺ) 최종결제방법 등을 들 수 있는데 이들은 모두 거래소의 규정으로 정하게 된다. 선물시장의 참여자로는 투자자와 선물거래소(futures exchange), 선물중개기관(broker), 청산기관(clearing house) 등이 있다.

투자자와 선물거래소 또는 청산소와의 법률관계가 문제된다. 장내파생상품의 거래에 있어서 이행의 위험을 부담하는 측면에서는 거래소가 모든 매수인과 매도인에 대하여 당사자가 되지만 거래소는 가격변동에 따른 이익을 추구하거나 또는 위험을 부담하는 측면에서는 당사자가 아닌 중개자의 역할을 하고 있다. 이 섬이 양 낭사자간의 매매계약과 다르며 구체적으로 보자면 거래소는 "이행위험을 담보하는 특별한 당사자"로 볼 수 있다. 선물중개기관, 즉 금융투자업자(거래소 회원)는 위탁매매인(상법101)으로 투자자와 관계에서는 위임의 규정이 준용된다(상법112). 선물계약의 법적 성격과 당사자의 수익구조는 앞에서 본 선도계약의 경우와 같다.

(라) 매매계약과의 비교

매매는 당사자 일방이 재산권을 상대방에게 이전할 것을 약정하고 상대방이 그 대금을 지급할 것을 약정함으로써 그 효력이 생긴다(민법563). 민법상의 매매계약은 '현물거래'를 대상으로 제정된 것이다. 현물거래는 매수인이 대금을 오늘 지급하고 목적물을 오늘 수령하는 계약이다. 매도인의 입장에서는 대금을 오늘 수령하고 목적물을 매수인에게 오늘 인도하는 것을 현물거래(cash 또는 spot)라 하는데, 현물계약은 현물거래를 체결하기 위한 매수인과 매도인 간의 계약이다. 그러나 선물거래는 당사자, 재산권(목적물)의 보유여부에 따른 거래의 제한 및 대금의 지급방법이 현물거래와 다르고, 효력이 발생하는 모습도 현물거래를 대상으로 한 매매계약과는 다르다.

선물계약에서는 매수인도 대금(증거금)을 지급하고 매도인도 대금(증거금)을 지급한다는 점에서, 민법상의 매매계약으로 포섭되기 어렵다. 왜냐하면 민법상 매매계약은 당사자 일방이 재산권을 상대방에게 이전할 것을 약정하고 상대방은 그 대금을 지급할 것을 약정하는 것(민법563)인데, 선물계약은 매수인과 매도인 양 당사자가 모두 대금을 지급하는 구조이기 때문이다.

선물계약은 청산기관(거래소)이 매수인의 증거금을 받는 대가로 실물인도 등 이행을 보증하고, 매도인의 증거금을 받는 대가로 실물인수 등 이행을 보증한다. 예컨대 선물계약은 민법상의 전형계약이 아니고, 시장에서 규칙과 약관을 통해 형성된 일종의 계약상품이다. 따라서 민법 구조로 정확하게 부합되는 설명을 할 수는 없지만, 자본시장법에서는 선물계약을 매매로 간주하고 있다(법5④).

(3) 옵션
(가) 개념

옵션(Option)은 ⅰ) 특정시점(만기일)에 ⅱ) 미리 정한 가격(행사가격)과 수량으로 ⅲ) 기초자산을 사거나 팔 수 있는 권리가 부여된 계약이다. 자본시장법은 옵션을 "당사자 어느 한쪽의 의사표시에 의하여 기초자산이나 기초자산의 가격·이자율·지표·단위 또는 이를 기초로 하는 지수 등에 의하여 산출된 금전등을 수수하는 거래를 성립시킬 수 있는 권리를 부여하는 것을 약정하는 계약상의 권리"로 정의하고 있다(법5①(2)). 기초자산을 행사가격에 살 수 있는 권리가 부여된 계약을 콜옵션(Call Option), 행사가격에 팔 수 있는 권리가 부여된 계약을 풋옵션(Put Option)이라고 한다. 또한 옵션계약에서 권리를 부여받은 자를 "옵션 매수인", 권리를 보장하는 자를 "옵션 매도인" 또는 "옵션 발행인"이라고 한다

예를 들어 2024년 6월 1일 6개월 후에 S전자주식 100주를 주당 1만원으로 살 수 있는 권리를 거래하였다면, 6개월 후에 S전자주식 1주가 2만원으로 상승한 경우에, 옵션 매수인은 시장가격과 무관하게 사전에 약정된 가격인 1만원으로 S전자주식 100주를 살 수 있는 권리를 행사할 수 있고(100만원 대금 지급), 매도인은 S전자주식 100주를 1만원에 인도하여야 할 이행책임을 진다. 반면 6개월 후 S전자주식 1주가 5,000원으로 하락한 경우에는 옵션 매수인은 권리를 행사하지 않고 이를 포기하면 그것으로 거래는 종결된다. 즉 옵션 매수인이 일정한 조건하에서 옵션을 행사하거나 포기할 수 있는 권리를 정할 수 있다.

(나) 특징

선도거래, 선물거래, 스왑거래에서는 계약을 이행하는 의무가 주어지나, 옵션에서는 권리만을 부여하기 때문에 옵션 매수인(option holder)은 현물가격과 행사가격을 비교하여 유리한 경우에는 옵션을 행사하지만, 불리한 경우에는 옵션을 행사하지 않아도 된다. 이처럼 옵션은 매수인에게 권리이지 의무가 아니기 때문에 보험의 성격을 갖는 상품으로서 옵션의 소지자가 기초자산의 시장가격과 옵션의 행사가격을 비교하여 권리행사 여부를 결정하게 된다.

옵션의 권리자(매수인)는 기초자산의 시장가격과 옵션의 행사가격을 비교하여 권리행사 여부를 결정하면 되지만 옵션 매도인은 매수인의 권리행사에 반드시 응하여야 한다. 옵션은 선물거래와 마찬가지로 공인된 거래소에서 이루어지는 것이 일반적이지만 당사자간의 개별계약도 가능하다. 옵션을 살 때 지급하는 가격을 옵션프리미엄(option premium)이라고 한다. 옵션프리미엄은 기초자산의 가격, 행사가격, 만기까지의 잔여기간, 기초자산의 변동성, 무위험 이자율, 만기일까지 예상되는 배당금 유무 등에 영향을 받아 결정된다.

(다) 법적 성격

옵션계약은 당사자 어느 한쪽, 즉 매수인의 의사표시만으로 거래를 성립시킬 수 있다. 이 점에서 옵션계약은 매매의 일방예약(민법 564)과 유사한 점이 있다. 예약이란 본계약에 대응하는 개념으로서, 장차 일정한 계약을 체결할 것을 약속하는 계약을 예약이라고 하고, 이 예약에 기하여 장차 맺어질 계약을 본계약이라고 한다. 옵션계약에서 최초 거래, 즉 옵션 프리미엄의 가격 결정을 "예약"으로 본다면, 장차 권리행사에 따르는 이행의무를 부담할 것을 "본계약"으로 볼 수 있다. 여기서 옵션매수인의 권리행사권은 예약완결권과 유사한 점이 있다.

옵션계약을 매매로 볼 것인가 매매의 예약으로 볼 것인가 하는 것은 관점에 따라 견해가

다를 수 있다. 즉 옵션계약의 구조 전체를 본다면 프리미엄이라는 금전을 대가로 행사권리를 매매하는, 매매계약으로 볼 수 있고, 프리미엄의 지급시점과 행사시점을 분리하여 프리미엄의 수수를 단순히 예약으로 보고, 행사권 행사에 따른 이행의무 부담을 본계약으로 본다면, 매매의 예약으로도 볼 수 있을 것이다.

옵션계약에서 권리를 부여하는 자는 매도인이고 권리를 부여받는 자는 매수인이다. 이 권리를 권리행사권(right of exercise)이라 하는데, 이는 형성권이다. 옵션계약은 옵션보유자(option-holder: 옵션매수인)가 상대방에게 약정금액의 지불이나 수령을 강제할 수 있는 권리, 또는 약정자산의 인도나 인수를 강제할 수 있는 형성권을 갖는 것이다. 이와 대조적으로 선물계약(선도계약)은 권리보유자(right-holder)인 양당사자가 한 계약의 양쪽에서 반대되는 권리를 보유하고 있는 합성옵션구조로 볼 수 있다. 그러므로 가격의 변동에 따라, 선물계약(선도계약)의 한 당사자가 권리를 행사하면 상대방은 약정된 대금을 지급하거나(가격 하락의 경우), 약정자산을 인도할(가격 상승의 경우) 의무를 부담한다. 예컨대 선물계약의 매수인은 손실인 경우에도 대금지급의 의무를 부담하지만, 옵션계약의 매수인은 손실시 지급의무가 없다는 점에서 구분되는데, 자본시장법에서는 옵션계약을 매매로 간주한다(법5조④).

옵션의 포지션은 ⅰ) 콜옵션 매입, ⅱ) 풋옵션 매입, ⅲ) 콜옵션 매도, ⅳ) 풋옵션 매도의 네 가지 형태가 있으며 콜옵션 매수자의 경우를 예로 들면 기초자산의 가치가 행사가격을 초과하면 옵션프리미엄을 제외한 이익을 얻지만 행사가격 미만이면 옵션행사를 포기하고 옵션프리미엄 만큼 손해를 보게 되며 선도계약과는 달리 수익구조는 비대칭적이 된다.

(라) 콜옵션과 풋옵션

권리자가 약정일에 미리 정한 행사가격으로 기초자산을 살 수 있는 권리를 콜옵션, 팔 수 있는 권리를 풋옵션이라 한다.

한국거래소의 「파생상품시장업무규정」("업무규정"은 "옵션거래"를 콜옵션과 풋옵션으로 분류하고 있다(규정2①). 파생상품시장 업무규정에 의하면 콜옵션은 ⅰ) 기초자산을 수수하는 옵션거래 및 선물옵션거래의 경우 권리행사에 의하여 행사가격으로 기초자산의 매수로 되는 거래를 성립시킬 수 있는 옵션, ⅱ) 현금을 수수하는 옵션거래의 경우 권리행사에 의하여 행사가격이 권리행사결제기준가격보다 낮은 경우에 그 차이로부터 산출되는 금전을 수령하게 되는 거래를 성립시킬 수 있는 옵션을 말한다(규정2②(11)). 즉 콜옵션의 매수인이 매수포지션의 취득을 청구할 수 있는 형성권이다. 매수포지션(long position)이란 매수행위에 기하여 장부 상 기재된 매수계약잔고를 의미한다. 행사가격(strike price, exercise price)이란 "권리행사에 따라 성립되는 거래에 있어서 사전에 설정된 기초자산의 가격 또는 수치"를 말한다(규정2①(10). 행사가격은 옵션가격(프리미엄)의 결정에 중대한 영향을 미치며, 옵션계약의 매수인이 형성권을 행사하였을 때, 매수포지션(콜옵션) 또는 매도포지션(풋옵션)을 취득하게 되는 기준가격이다.

콜옵션의 매수인은 형성권을 행사하면 시장가격보다 낮은 가격에 목적물을 취득할 수 있거나 또는 매수포지션을 취득하게 된다. 콜옵션의 매도인은 매수인이 동 옵션을 행사하면 시장가격보다 낮은 가격에 목적물을 처분하여야 하거나 또는 매도 포지션을 취득하게 된다.

업무규정에 의하면 풋옵션이란 i) 기초자산을 수수하는 옵션거래 및 선물옵션거래의 경우, 권리행사에 의하여 행사가격으로 기초자산의 매도로 되는 거래를 성립시킬 수 있는 옵션, ii) 현금을 수수하는 옵션거래의 경우 권리행사에 의하여 행사가격이 권리행사가격결제기준보다 높은 경우에 그 차이로부터 산출되는 금전을 수령하게 되는 거래를 성립시킬 수 있는 옵션을 말한다(규정2②(12)). 즉 풋옵션의 매수인이 매도포지션의 취득을 청구할 수 있는 형성권이다. 매도포지션(short position)이란 매도행위에 기하여 장부상 기재된 매도계약 잔고를 말한다.

풋옵션의 매수인은 동 옵션을 행사하면 시장가격보다 높은 가격에 목적물을 처분할 수 있거나 또는 매도포지션을 취득하게 된다. 풋옵션의 매도인은 매수인이 동 옵션을 행사하면 시장가격보다 높은 가격에 목적물 또는 매수 포지션을 취득하게 된다.

(4) 스왑

(가) 개념

스왑(Swap)은 "교환하다"는 의미로 거래당사자가 서로의 이익을 위해 일정기간 동안 실물 또는 현금흐름(Cash Flow)을 교환하는 계약이다. 자본시장법은 스왑을 "장래의 일정기간 동안 미리 정한 가격으로 기초자산이나 기초자산의 가격·이자율·지표·단위 또는 이를 기초로 하는 지수 등에 의하여 산출된 금전등을 교환할 것을 약정하는 계약상의 권리"로 정의하고 있다(법5 ①(3)). 즉 미래의 특정기간에 발생하는 일정한 현금흐름을 통화나 금리면에서 차이가 있는 다른 현금흐름과 합의된 공식에 따라 서로 교환하는 거래를 말한다. 스왑은 이미 존재하는 채권이나 채무의 조건을 변경하기 위해 사용되기 때문에 스왑에서 주고받은 순금액은 채권 및 채무의 현금흐름 발생시에 동시에 교환하게 된다. 따라서 스왑거래는 이러한 계약상의 권리를 거래하는 계약이다.

예를 들어 달러 채권을 보유한 자가 이 채권을 장래의 특정시점에 특정가격에 매도한다면 이는 선도거래가 되지만, 원화 채권을 보유한 사람과 교환하는 방법도 있는데, 이것이 통화스왑의 한 예이다. 즉 선도는 목적물을 금전을 대가로 매매하는 것임에 비하여, 스왑은 두 개의 목적물을 상호 교환하는 계약으로 볼 수 있다. 한편 판례[18]에서는 스왑거래를 "외국환거래에 있어서 환거래의 당사자가 미래의 이자율 또는 환율변동에서 오는 위험을 회피하기 위하여 채

---

18) 대법원 1997. 6. 13. 선고 95누15476 판결.

권이나 채무를 서로 교환하는 거래"라고 설명하고 있다. 스왑계약은 통상 이행기가 다수이나, 이행기가 단수인 스왑계약도 성립될 수 있다.

자본시장법은 스왑계약의 체결을 매매계약의 체결로 간주하는 규정을 두고 있다(법5④). 이는 자본시장법이 금융투자업자의 행위규제와 관련 매매를 중심으로 규정하고 있는데, 예컨대 스왑계약과 같은 파생상품거래가 계약 형식상으로, 법률상의 매매계약 형태를 띠고 있지 않을 수 있으므로 매매계약으로 본다는 간주규정을 둔 것이다. 즉 실질이 동일하면 동일한 규제를 하겠다는 자본시장법의 기본취지가 반영된 것으로 생각된다.

(나) 특징

선물·옵션이 미래 발생할 거래의 가격을 고정하는 것이라면, 스왑은 미래 일정기간 동안 발생할 일련의 현금흐름을 고정하는 것이라 할 수 있다. 예를 들어 미국에서 6개월 이자지급주기 3년 만기 채권을 발행한 우리나라 기업의 경우 이자지급시와 원금상환시 환위험에 노출된다. 이때 기업은 매번 별도의 외환선도계약을 맺는 대신 여러 번의 대금지급을 헤지할 수 있는 스왑계약을 체결함으로써 한 번의 계약으로 일련의 환위험을 헤지할 수 있다. 즉 스왑은 만기와 현금흐름 교환시기가 각각인 일련의 선도계약의 합으로 볼 수 있으며, 반대로 선도계약은 일회 지급 스왑(Single Payment Swap)으로 볼 수 있다. 다만 통화스왑과 같은 일부 스왑계약은 현물거래 및 일련의 선도계약의 합으로 볼 수 있다.

대표적인 스왑거래 유형인 고정금리와 변동금리 간의 이자율스왑을 들어 스왑을 살펴본다. 변동금리 대출을 통해 자금을 조달한 기업이 금리상승을 우려하여 고정금리 대출로 변경하고 싶다고 가정해 보자. 이때 기업은 기존 은행(대출은행)과 대출계약을 해지(정산)하고 새로이 고정금리 대출계약을 맺을 수도 있지만, 계약을 해지하지 않고 다른 은행(스왑은행)과 이자율스왑 계약을 맺을 수도 있다. 기업은 스왑은행으로부터 받은 변동금리 이자를 대출은행에 지급하고 스왑은행에게는 고정금리 이자를 지급하는 것이다. 결국 기업은 스왑은행과 이자율스왑 계약을 체결함으로써 기존 변동금리 대출을 해지하고 고정금리 대출을 받은 것과 같을 효과를 볼 수 있다.

스왑은 거래소 시장에서 거래되지 않고 은행 등 금융기관간에 직접 거래되는 장외파생상품이다. 이자율스왑, 통화스왑, 신용스왑 등 다양한 종류의 스왑이 거래되고 있다.

2. 기초자산의 유형에 따른 분류

(1) 의의

파생상품은 "그 가치가 글자 그대로 기초를 이루는 자산(또는 기준율이나 지수)에서 파생되는 상품"이다. 파생상품거래상의 계약당사자의 기본적 권리의무(금전지급의무 또는 금전 이외의 재산교부의무)는 다른 자산이나 다른 경제적 위험을 기초로 결정된다는 점에서 "파생"상품거래로 불린다. 파생상품거래의 구체적인 내용은 거래의 기초가 되는 다른 자산이나 위험이 무엇인가에 따라 다르다. 자본시장법은 파생상품의 기초가 되는 자산 또는 위험을 "기초자산"으로 정의함으로써 금융시장에서 개발될 수 있는 거의 모든 파생상품이 자본시장법의 규율 범위 내에 속하도록 하였다(법4⑩).

파생상품의 기초자산은 파생결합증권의 기초자산과 동일하다.

(2) 주식(주가지수) 관련 파생상품

기초자산이 주식 또는 주가지수인 경우(Equity Derivatives)에는 개별주식옵션, 개별주식선도, 주가지수선물, 주가지수옵션, 주가지수선도, 주식스왑 등이 있다. 여기서는 개별주식옵션, 주가지수선물과 주가지수옵션을 살펴본다.

(가) 개별주식옵션

주식시장에 상장되어 있는 주식을 기초자산으로 하는 옵션을 주식옵션 또는 개별주식옵션이라고 한다. 개별주식옵션은 기초자산이 되는 주식의 거래 유동성, 시가총액, 해당 기업의 재무상태 등을 감안하고 거래수요가 있는 주식의 옵션만이 상장된다.

(나) 주가지수선물

주가지수선물은 기초상품이 실물형태가 아닌 주가지수라는 점에서 결제수단과 결제방식이 일반 선물과 다르다. 결제수단은 실물의 양수도가 불가능하므로 거래시 약정한 주가지수와 만기일의 실제 주가지수 간의 차이를 현금으로 결제하게 된다. 따라서 만기시 실제 주가지수가 거래시 약정한 주가지수를 상회할 경우에는 선물 매수인이 이익을 수취하고 반대의 경우에는 선물 매도인이 이익을 수취한다.

(다) 주가지수옵션

주가지수옵션은 주가지수를 대상으로 미래의 일정시점에 사전에 약정한 가격으로 매수·매도할 수 있는 권리이다. 주가지수옵션은 주가지수("기초자산")를 만기일에 사전에 약정한 가격("행사가격")으로 매수 또는 매도할 수 있는 권리를 나타내는 증서로서 매수권리인 콜옵션과 매도권리인 풋옵션으로 구분된다. 옵션거래시 매도인은 매수인에게 옵션을 제공하고 매수인은 그 대가로 프리미엄(옵션가격)을 지급한다.

주가지수옵션은 주가지수선물과 마찬가지로 실물이 존재하지 않는 주가지수를 거래대상으로 하고 있으나 거래의 목적물이 권리라는 점에서 주가지수선물과 다르다. 또한 주가지수옵션은 주가지수선물과 달리 기초자산가격 변동에 따른 투자자의 손익구조가 비대칭적이다. 옵션 매수인은 손실이 프리미엄으로 한정되는 반면 이익은 기초자산가격에 비례하여 증가하고,

역으로 옵션 매도인은 이익이 프리미엄에 국한되는 반면 손실은 제한이 없다.

(3) 금리관련 파생상품
기초자산이 금리인 경우에는 금리선도거래, 금리선물거래, 금리스왑거래 등이 있다.

(가) 금리선도거래
금리선도거래는 미래의 금융움직임에 대하여 헤지를 하거나 투기의사를 가진 투자자 간의 거래로 인하여 실제 대금의 차입 또는 대출거래가 발생하지 않고 약정금리와 실제금리와의 차액만을 결제하는 계약이기 때문에 실제 대출의 발생 없이 위험을 줄일 수 있는 거래이다. 그러나 자금차입자의 경우 금리가 하락하는 경우 차액을 지급하고 금리가 상승하는 경우 차액을 받고, 자금대출자의 경우 금리가 상승하는 경우 차액을 지급하고 금리가 하락하는 경우 차액을 받기 때문에 위험헤지가 금리변동의 한 방향에 대해서만 이루어져 금리예측이 잘못되는 경우에 손실이 발생할 수 있다.

(나) 금리선물거래
금리선물거래란 기초자산인 금리를 거래대상으로 현재시점에서 정한 가치로 미래의 특정시점에서 사거나 팔 것을 약정한 계약이다. 실제로 거래대상이 되는 기초자산은 국채금리, 페더럴펀드금리, 유로달러금리 등으로 다양하며 이들 거래대상의 만기에 따라 단기금리선물과 장기금리선물로 나뉜다. 금리선물은 미래의 특정시점에 인도할 금리부 상품의 가격을 현재시점에서 고정시킨다는 측면에서 금리선도거래와 매우 유사하다. 그러나 금리선도거래는 계약당사자 중 어느 일방에 의한 결제불이행 등으로 거래상대방위험이 잠재되어 있는 반면 금리선물은 이러한 거래위험을 제도적으로 보완한 상품이라 할 수 있다.

(다) 금리스왑거래
금리스왑거래는 차입금에 대한 금리변동위험의 헤지(hedge)나 차입비용의 절감을 위하여 두 차입자가 각자의 채무에 대한 이자지급의무를 상호간에 교환하는 계약으로서 일반적으로 변동(고정)금리를 고정(변동)금리로 전환하는 형식을 취한다. 금리스왑거래는 통화, 원금 및 만기가 같은 부채구조를 가지고 있는 두 당사자간의 거래가 대부분으로 통화스왑거래와는 달리 계약당사자간에 이자지급의무만 있고 원금상환의무가 없다. 자금의 흐름도 원금의 교환없이 이자차액만 주고받는 것으로 당초의 자금조달과는 관계가 없는 별도의 계약에 의해 거래가 성립된다. 금리스왑은 원금을 교환하지 않기 때문에 채권투자 등에 비해 자금부담과 신용위험이 낮다.

(4) 통화관련 파생상품

기초자산이 통화인 경우에는 통화스왑거래, 선물환거래, 통화선도거래, 통화옵션거래 등이 있다.

(가) 통화스왑거래

통화스왑거래는 둘 또는 그 이상의 거래기관이 사전에 정해진 만기와 환율에 기초하여 상이한 통화로 차입한 자금의 원리금 상환을 상호 교환하는 거래이다. 일반적인 통화스왑거래 메커니즘을 설명하면 다음과 같다. 예를 들어 A는 달러화 자금을, B는 엔화 자금을 각각 유리한 조건으로 차입할 수 있는데, A는 엔화 자금이, B는 달러화 자금이 필요하다고 가정하자. 이 경우 A는 달러화 자금을, B는 엔화 자금을 각각 차입하고 동 차입자금을 상호 교환한다. 차입자금에 대한 이자는 최초 차입자가 지급하는 것이 아니라 자금이용자(A는 엔화 자금, B는 달러화 자금)가 대신 지급하고 만기가 되면 최초 차입자가 차입원금을 상환할 수 있도록 달러화 자금과 엔화 자금을 재교환함으로써 통화스왑이 종료된다.

(나) 선물환거래

선물환거래란 계약일로부터 통상 2영업일 경과 후 특정일에 외환의 인수도와 결제가 이루어지는 거래를 말한다. 선물환거래는 현재시점에서 약정한 가격으로 미래시점에 결제하게 되므로 선물환계약을 체결하면 약정된 결제일까지 매매 쌍방의 결제가 이연된다는 점에서 현물환거래와 구별된다. 일반 선물환의 거래과정을 예를 들어보면 다음과 같다. 2020년 9월 4일(금) A은행이 B은행으로부터 1백만 달러를 선물환율 1,202원에 1개월 후 매수하기로 하는 계약을 체결하였다고 하자. 이 경우 결제일인 10월 8일(목)에 A은행은 B은행에 12억2백만원(＝1,202원×1,000,000달러)을 지급하고 B은행은 A은행에 1백만달러를 지급함으로써 거래가 종결된다.

(다) 통화선도거래

통화선도거래는 미래의 일정시점에 통화를 미리 약정환율로 서로 매매하기로 현재시점에서 약속하고 약정한 기일이 도래하면 환율로 통화를 매매하는 거래방식으로서 환율의 상승을 예상하여 계약을 체결하는 것을 선매수(long position)라 하고, 환율의 하락을 예상하여 매도계약을 체결하는 것을 선매도(short position)라 한다.

(라) 통화옵션거래

통화옵션거래란 미래의 특정시점(만기일 또는 만기 이전)에 특정통화(기초자산)를 미리 약정한 가격(행사가격)으로 사거나(call option) 팔 수 있는 권리(put option)를 매매하는 거래를 말한다. 통화옵션거래시 통화옵션 매수인은 대상 통화를 매매할 수 있는 권리를 사는 대가로 통화옵션 매도인에게 프리미엄(옵션가격)을 지급하고 이후 환율변동에 따라 자유롭게 옵션을 행사하거나 또는 행사하지 않을(권리를 포기할) 수 있다. 반면 통화옵션 매도인은 통화옵션 매수인이 권리를 행사할 경우 반드시 계약을 이행해야 하는 의무를 부담한다.

(5) 상품관련 파생상품

기초자산이 일반상품인 경우에는 일반상품선도, 일반상품옵션, 일반상품스왑 등이 있고, 최근에는 기초자산이 날씨, 물가, 재해 위험 등으로 확대되고 있다.

3. 거래장소에 따른 분류

자본시장법은 파생상품을 표준화된 시장의 유무에 따라 장내파생상품과 장외파생상품으로 구분한다. 장내파생상품은 거래소에 상장되어 거래되는 파생상품을 말하며, 장외파생상품은 그 외 거래상대방과 직접 협의를 통하거나 브로커를 통해 거래되는 파생상품을 말한다.

(1) 장내파생상품
(가) 개념

자본시장법상 장내파생상품이란 ⅰ) "파생상품시장"에서 거래되는 파생상품, ⅱ) "해외 파생상품시장"에서 거래되는 파생상품, ⅲ) 그 밖에 금융투자상품시장을 개설하여 운영하는 자가 정하는 기준과 방법에 따라 금융투자상품시장에서 거래되는 파생상품을 말한다(법5②). 여기서 "파생상품시장"이란 장내파생상품의 매매를 위하여 거래소가 개설하는 시장을 말한다(법8의2④ (2)). 파생상품시장이라는 표현은 파생상품이 거래되는 모든 장소를 지칭하지만 자본시장법은 파생상품시장을 장내파생상품의 매매를 위해 거래소가 개설하는 시장이라고 명시하고 있다.

"해외 파생상품시장"이란 파생상품시장과 유사한 시장으로서 해외에 있는 시장과 "대통령령으로 정하는 해외 파생상품거래"가 이루어지는 시장을 말한다(법5②(2)). 여기서 "대통령령으로 정하는 해외 파생상품거래"란 ⅰ) 런던금속거래소의 규정에 따라 장외(파생상품시장과 비슷한 시장으로서 해외에 있는 시장 밖을 말한다)에서 이루어지는 금속거래(제1호), ⅱ) 런던귀금속시장협회의 규정에 따라 이루어지는 귀금속거래(제2호), ⅲ) 미국선물협회의 규정에 따라 장외에서 이루어지는 외국환거래(제3호),[19] ⅳ) 선박운임선도거래업자협회의 규정에 따라 이루어지는 선박운임거래(제5호), ⅴ) 그 밖에 국제적으로 표준화된 조건이나 절차에 따라 이루어지는 거래로서 금융위원회가 정하여 고시하는 거래(제6호)를 말한다(영5).

(나) 종류

한국거래소에 상장되어 있는 파생상품을 대강 살펴본다. ⅰ) 주가지수선물: 코스피200지수를 기초자산으로 하는 코스피200선물과 코스피200옵션이 있다. 또한 코스피200에너지/화학,

---

19) 제4호는 삭제됨<2017. 5. 8.>.

코스피200정보기술, 코스피200금융, 코스피200경기소비재, 코스피200건설, 코스피200중공업 등을 기초자산으로 하는 코스피200섹터지수선물이 있다. 코스피고배당50, 코스피배당성장50을 기초자산으로 하는 배당지수선물이 있다. 코스피200지수를 기초자산으로 하는 미니코스피200 선물과 미니코스피200옵션이 있다. 코스닥150지수를 기초자산으로 하는 코스닥150선물이 있으며, 유로스톡스50지수를 기초자산으로 하는 유로스톡50선물이 있다.

ⅱ) 변동성지수상품: 코스피200변동성지수를 기초자산으로 한다. ⅲ) 개별주식상품: 상장 주식을 기초자산으로 하는 주식선물과 주식옵션이 있다. ⅳ) ETF상품: ARIRANG고배당주, KODEX삼성그룹주, TIGER헬스케어를 기초자산으로 한다. ⅴ) 금리상품: 3년국채선물, 5년국 채선물, 10년국채선물이 있다. ⅵ) 통화상품: 미국달러화(USD)를 기초자산으로 하는 미국달러 선물과 미국달러옵션, 일본엔(JPY)을 기초자산으로 하는 엔선물, 유로화(EUR)를 기초자산으로 하는 유로선물, 중국위안화(CNH)를 기초자산으로 하는 위안선물이 있다. ⅶ) Commodity상품: 순도 99.99%의 금지금을 기초자산으로 하는 금선물과 돈육대표가격(산출기관: 축산물품질평가원) 을 기초자산으로 하는 돈육선물이 있다.

(2) 장외파생상품
(가) 의의

자본시장법상 장외파생상품은 파생상품으로서 장내파생상품이 아닌 것을 말한다(법5③). 따라서 거래소등을 통한 경쟁매매방식에 의존하지 않고 개별 경제주체간의 사적인 계약형태의 파생상품거래는 모두 장외파생상품거래에 해당한다.

장외파생상품은 주로 중개회사(Inter Dealer Broker, IDB)의 중개를 통해 딜러간 이루어지는 딜러간 시장과 딜러와 고객 간에 이루어지는 대고객거래로 크게 구분된다. 우리나라에서는 주 로 은행들과 일부 금융기관이 IDB 중개시장에 딜러로 참여하고 있으며, IDB는 서울외국환중 개, 한국자금중개 등이 있다.

(나) 종류

장외시장에서 거래가 이루어지는 장외파생상품으로는 통화스왑을 비롯하여, 금리스왑, 통 화옵션, 선도금리계약, 상품옵션, 주식옵션, 주식스왑, 신용부도스왑, 신용부도옵션(Credit Default Option) 등이 있다. 장외파생상품으로는 이외에도 금리스왑(IRS)으로 대표되는 이자율연계 장외 파생상품이 있는데, IRS 시장은 2000년 채권시가평가제가 도입되면서 현물채권의 시장위험을 관리할 필요성에 의해 발전되었다. 장내파생상품인 국고채선물이 풍부한 유동성을 바탕으로 이자율위험을 헤지하는 수단으로서의 역할을 수행하였지만, 다양한 이자율 관련 상품을 헤지 하는데 한계가 있어 현실에서는 IRS가 부각되어 발전하였다.

또한 키코(KIKO)를 통해 일반인에게도 익숙하게 된 통화 관련 장외파생상품은 일반적으로 개인을 위한 상품이라기보다는 주로 수출입기업들의 환헤지 상품을 중심으로 발전되어 왔다. 선물환, 통화스왑, 표준옵션(plain vanilla options) 등이 주요 상품이지만, 키코와 같은 이색옵션(exotic options)이 결합된 구조화된 장외파생상품도 거래된다.

아울러 신용위험을 기초자산으로 하는 장외파생상품도 존재하는데, 신용파생상품은 기초자산의 신용위험을 매매하는 상품으로 보장매수인은 프리미엄을 보장매도인에게 지급하여 신용위험을 이전시키고, 보장매도인은 프리미엄을 지급받는 대신 신용위험을 인수하여 계약체결 당시 정의된 신용사건이 발생할 경우 약정된 금액을 지급하는 방식의 상품이다. 국내시장은 외국계 은행 및 투자은행이 보장을 매수하고 국내은행 및 보험회사가 보장을 매도하는 채권의 대체 상품적 성격을 지닌 CLN과 특정 회사 및 국가에 대한 신용위험을 기초자산으로 하는 CDS 정도가 소규모로 거래될 뿐 크게 활성화되지는 못하였다.

Ⅴ. 신용파생상품

1. 서설

(1) 신용파생상품의 개념

신용파생상품(Credit Derivatives)이란 파생상품 중에서 금융기관 등이 보유하고 있는 채권, 대출채권 등 준거자산(reference obligation)에 내재되어 있는 신용위험을 거래상대방에게 이전하고, 거래상대방은 위험부담에 따른 수수료를 수취하는 금융거래계약으로 정의할 수 있다. 즉 신용파생상품은 장외파생상품의 하나로서, 대출자의 신용도 변화에 따라 가치가 변동하는 대출금, 회사채 등의 준거자산으로부터 신용위험만을 분리하여 매매하는 금융계약이라고 할 수 있다.

(2) 신용파생상품거래의 기본구조
(가) 거래참가자

신용파생상품거래의 참가자에는 크게 보장매수인(protection buyer)와 보장매도인(protection seller)이 있다. 보장매수인은 신용파생상품 매수계약을 통하여 신용위험을 이전시키고자 하는 자를 말하며, 보유자산의 신용위험을 보장매도인에게 이전하는 대가로 일정 프리미엄을 지급한다. 보장매도인은 신용파생상품 매도계약을 통해 보장매수인으로부터 신용위험을 인수하는 자를 말하며 프리미엄을 받는다. 보장매도인은 프리미엄을 받는 대신에 계약상의 준거자산에 신용사건(credit event)이 발생할 경우 보장매수인에게 약정된 금액을 지급한다. 보장매수인 입장에서는 ⅰ) 보유자산을 양도하지 않으면서 자산의 신용위험을 이전하는 효과를 얻을 수 있어 고객과의 관계를 유연하게 가져갈 수 있으며, ⅱ) 신용위험 이전에 따라 규제자본의 경감효과라는 이익을 얻을 수 있다. 보장매도인 입장에서는 ⅰ) 준거자산을 보유하지 않고도 보유하고 있는 것 같은 효용을 얻을 수 있고, ⅱ) 신규수익원의 창출이라는 이점이 있다. 국내금융기관의 신용파생상품거래 잔액을 살펴보면 은행과 보험회사는 상대적으로 보장매도인으로서 증권회사는 보장매수인으로서의 니즈(needs)가 많은 것으로 파악되고 있다.

(나) 준거자산(reference asset)과 기초자산(underlying asset)

신용사건의 발생 여부를 판단하는 기준이 되는 자산을 준거자산(reference asset)이라 한다. 준거자산은 신용사건 발생 여부 판단 대상에 따라 준거기업(reference entity) 또는 준거채무(reference obligation)의 형태로 달리 표현될 수 있다. 즉 신용사건 발생의 판단 대상이 기업일 경우에는 준거기업, 판단대상이 채무일 경우에는 준거채무라 표현한다.

기초자산은 보장매수인이 신용위험을 헤지하고자 하는 대상자산을 말한다. 준거자산과 기초자산은 혼용되어 사용되기도 한다. 신용위험을 이전하고 싶은 대상, 다시 말해 기초자산이 신용사건 발생 판단 대상인 준거자산과 동일할 수 있기 때문이다.

(다) 신용사건(credit event)

신용사건은 보장매도인이 보장매수인에게 신용보장금액을 지급(default protection payment)하게 하는 사건을 의미한다. 신용파생상품은 장외에서 거래되기 때문에, 즉 표준화되어 있지 않기 때문에 계약서의 작성이 매우 중요하다. 신용파생상품 매매는 ISDA가 제공하는 표준계약(master agreement)을 거래상대방 기관별로 체결하고 개별상품의 거래시에는 거래확인서(confirmation)을 주고 받는다. 계약에서 제일 중요한 부분을 꼽자면 신용사건의 정의라고 할 수 있다. 신용사건의 정의를 명확히 하지 않아 미미한 금액의 신용사건(softcredit event)에도 신용사건 발생을 선언할 수 있는 개연성이 많기 때문이고, 이는 신용파생상품거래의 안정성과 활성화를 해치는 결과를 낳을 수 있기 때문이다. ISDA 표준계약서 중에서 가장 많이 사용되는 것은 1998년 출간된 Confirmation, 1999년 출간된 ISDA 신용파생상품정의집(1999 ISDA credit derivative definitions)이며, 이외에 각종 ISDA 표준계약서상의 정의 및 절차를 보완하는 부록들이 다수 발간되어 사용되고 있다. ISDA에서 정한 표준계약서에서는 신용사건의 유형을 파산, 합병, 기한이익 상실, 교차부도, 신용등급 하락, 지급불능, 지급거절, 채무재조정 등 8가지로 구분하고 있다.

2. 신용부도스왑(CDS)

(1) CDS의 의의

CDS(Credit Default Swap)는 기업, 금융기관, 국가 등의 부도위험에 대한 보장(protection)을 거래하는 신용파생상품이며, CDS 프리미엄은 이러한 위험보장의 대가를 의미한다. 일반적으로 헤지목적의 CDS거래에서는 보장매수인이 보장매도인에게 보험료와 유사한 성격의 CDS 프리미엄(수수료)을 지급하고, 보장매도인은 계약기간 중 준거자산[20]의 파산이나 지급거절 등과 같은 신용사건이 발생할 경우 준거자산의 손실을 보전하게 된다.

CDS 프리미엄은 준거자산의 부도위험에 따라 결정되는데, 프리미엄이 낮을수록 부도확률이 낮은 것으로 이해될 수 있다. 프리미엄은 1년 단위로 지불되는 금액으로서 베이시스 포인트(bp)로 표시되며, 통상 분기 지급이 일반적이다.

CDS 거래는 주로 대형 은행의 중개를 통한 장외거래로 이루어지며, 은행, 투자은행, 헤지펀드 및 보험사 등이 주요 시장참가자이다. CDS 시장의 주요 거래자인 은행은 CDS 매수거래를 통해 위험자산의 신용위험을 헤지할 수 있게 되면서 위험자산 투자를 증가시킬 수 있게 되었다. 또한 대형 보험사 및 헤지펀드 입장에서는 CDS가 보험과의 유사성에도 불구하고 제도적으로 규제를 받는 보험상품이 아니기 때문에 수수료 수입 확대나 투자목적 거래를 많이 하게 되었다

(2) 특징

CDS[21]는 기초자산으로부터 신용위험을 분리하여 거래상대방에게 이전하고 그 대가로 일정한 수수료(premium)를 지급하는 금융상품으로 프리미엄과 손실보전금액(contingent default payment)을 교환하는 계약이며 모든 신용파생상품의 기본이 된다.

보장매수인은 약정된 계약금액에 대한 프리미엄을 보장매도인에게 지급하고, 계약기간 동안 준거자산에 대한 신용사건(credit event)이 발생할 경우 보장매도인은 보장매입자에게 손실보전금액을 지급하게 된다. 이러한 스왑계약을 통해 준거자산의 신용위험이 보장매수인에게서 보장매도인에게로 이전하게 된다. CDS 계약에서 보장매수인은 준거자산을 기초자산으로 하는 풋옵션(put option)[22]을 매입한 것과 동일한 효과를 얻게 되며, 보장매도인의 입장에서는 프리

---

20) 준거자산이 반드시 보장매수인이 CDS 거래를 통해 신용위험을 헤지하고자 하는 기초자산과 동일할 필요는 없다. 예컨대 보장매수인이 보유하고 있는 대출이나 채권 등과 같은 기초자산의 신용위험과 상관관계가 매우 높은 준거자산을 대상으로 CDS 거래를 통해 신용위험을 헤지할 수도 있기 때문이다.
21) CDS는 국제 신용파생상품시장 또는 국내 신용파생상품시장에서 가장 큰 비중을 차지하고 있는 기본적인 상품이다.

미엄을 지급받고 풋옵션을 매도한 셈이 된다. 또한 CDS의 보장매수인은 준거기업이 발행한 채권에 투자하고 그 채권의 신용위험만을 보장매도자에게 이전한 결과와 유사한 효과를 거둘 수 있다.

3. 총수익스왑(TRS)

(1) 의의

TRS(Total Return Swap) 계약은 "대출채권이나 증권, 그 밖의 기초자산에서 발생하는 실제현금흐름과 사전에 약정된 확정현금흐름을 교환하는 거래"로서 신용파생상품의 하나로 분류된다. 전통적인 주식스왑의 발전된 형태라고 할 수 있다. 주식에서 발생하는 실제현금흐름을 수취하는 대신 그 주식을 매입하는 데 필요한 자금조달비용에 해당하는 확정현금흐름을 지급하는 구조이다. TRS계약의 기초자산은 주식이나 사채에 한정되지 않고 통화의 가치를 비롯한 자본시장법상 모든 기초자산을 대상으로 할 수 있다. 물론 기초자산의 종류에 따라 발생하는 법률문제에는 많은 차이가 존재한다. 예컨대 자산보유자인 A가 거래상대방인 B에게 기초자산인 주식, 그 밖의 지분증권이나 대출채권, 사채, 그 밖의 채무증권에서 발생하는 실제현금흐름을 지급한다. 그리고 거래상대방인 B가 자산보유자인 A에게 사전에 약정된 확정현금흐름을 지급한다. 이 경우 자산보유자인 A는 보장의 관점에서는 보장매수인, 위험의 관점에서는 위험매도인(risk seller)이 된다. 거래상대방인 B는 보장의 관점에서는 보장매도인, 위험의 관점에서는 위험매수인(risk buyer)이 된다.

(2) 특징

TRS는 기초자산에 관한 모든(신용위험·시장위험을 막론하고) 위험을 보장매인에게 이전한다. 따라서 보장매도인의 입장에서는 해당 기초자산을 직접 보유하는 것과 동일한 위험을 보유하게 된다. 이는 기초자산에서 발생하는 수익 하락의 위험만 이전하거나[예를 들어 이자율스왑과 같이 일정한 명목금액(notional amount)에서 발생하는 금리의 차이만 정산하는 것], 아니면 기초자산의 부도 시 가격 하락위험만을 이전하는 것[예를 들면 CDS의 경우가 이에 해당]보다 더 많은 위험을 이전하는 것처럼 보이게 하는 TRS의 특징이 된다. 그러나 TRS의 위험은 기초자산의 유형에 따라 다르고, 기초자산의 위험이 당사자 사이에서 이전된다는 요소는 모든 스왑거래 나아가 파생금융거래의 공통적 요소라서, TRS가 다른 파생상품보다 더 위험하다고 말하기는 어렵다.

중요한 것은 TRS가 위험하냐 아니냐가 아니라, TRS가 기초자산에 관한 "모든" 위험을 이전하기 위해 고안된 상품이라는 점이다. TRS가 이전하는 위험에는 당연히 기초자산에 내재된

---

22) 자산을 일정가격에 매도할 수 있는 권리를 의미한다.

신용위험도 포함되며 이로 인하여 TRS도 신용파생상품의 일종이라고 생각하는 것이다.

(3) TRS거래의 자금조달적 성격

기초자산에서 발생하는 시장위험과 신용위험을 포함한 모든 위험을 이전하는 TRS는, 기초자산에서 발생하는 신용위험만을 이전하는 CDS의 기능을 개념적으로 포함하는 상품이다. 따라서 CDS가 신용위험을 이전한다는 측면에서 지급보증 및 보험과도 늘 비교되고, 규제의 측면에서 동등하게 보아야 할 가능성에 대하여 언급되듯이, (CDS를 포함하는) TRS도 규제의 관점에서도 지급보증이나 보험 등과 동일하게 다룰 필요가 있을 수 있다.

그러나 TRS는 CDS와 구별되는 특징으로 자금조달적 기능이 있다. 따라서 CDS나 지급보증, 보증보험 등이 신용공여를 용이하게 하기 위한 간접적이고 보조적인 수단으로 이용됨에 비추어, TRS는 그 자체로 직접적인 신용공여의 효과를 갖는다. 또한 TRS는 CDS처럼 신용사건의 발생과 그로 인하여 발생하는 경제적 손해의 처리에 특화된 구조를 갖고 있지 아니하므로, 지급보증이나 보험을 완전히 대체하기에는 부적절한 경우가 있을 수 있다.

제4절 집합투자증권(펀드상품)

집합투자증권(펀드상품)는 자본시장법("법")이 규정하고 있다. 아래서는 자본시장법상 주요 내용을 살펴본다.

Ⅰ. 집합투자증권의 의의

1. 집합투자의 의의

집합투자(Collective Investment)란 2인 이상의 투자자로부터 모은 금전등을 투자자로부터 일상적인 운용지시를 받지 아니하면서 재산적 가치가 있는 투자대상자산을 취득·처분, 그 밖의 방법으로 운용하고 그 결과를 투자자에게 배분하여 귀속시키는 것을 말한다(법6⑤ 본문). 즉 집합투자는 "다수의 투자자로부터 금전등을 모아 기금(fund)[23]을 조성한 뒤에 이 기금을 투자에 대해 전문적 지식을 가진 자가 운용하도록 하여 그 수익을 투자자들에게 나눠주는 제도"라

---

23) 투자펀드의 투자관리를 외부의 투자전문가가 수행하는 것이 곧 집합투자기구라고 할 수 있다. 이런 점에서 집합투자기구를 일반적으로 펀드로 지칭하는 것이 반드시 틀린 것은 아니다.

할 수 있다. 펀드(집합투자)의 일반적 의미는 일정한 목적을 위해 조성된 자금 또는 기금을 말한다. 주택도시기금, 국민행복기금 등이 그것이다. 펀드 운용사가 주식 등에 투자할 목적으로 투자자들로부터 모아서 조성한 자금, 즉 펀드는 투자를 목적으로 조성되었으므로 "투자펀드"라고 할 수 있다.

집합투자는 개인 또는 법인이 단독으로 투자대상자산을 취득·처분하여 발생하는 손익이 해당 개인 또는 법인에게 귀속되는 직접투자와 다르다. 집합투자 시에는 집합투자업자(펀드매니저)의 전문적인 투자결정에 따라 투자가 이루어지므로 소액의 개인투자자라도 전문가의 조력을 용이하게 받을 수 있으며, 다양한 포트폴리오 투자가 가능하게 되어 위험을 분산시킬 수 있고, 개인의 자금 규모로 투자가 어려운 고가의 증권 또는 부동산 등에 소액으로 투자가 가능하다.

2. 집합투자의 기본구조

먼저 집합투자 기획자(sponsor)는 투자자로부터 금전 등을 모아 기금(fund)을 형성한다. 기금은 법인격을 가지기도 하지만, 신탁형태로 법인격 없이 존재하기도 한다. 이렇게 모인 기금은 전문적인 운용능력을 갖춘 자, 즉 운용자에 의해 운용된다.

집합투자에서 중요한 요소는 투자자, 기금, 그리고 운용자(집합투자업자) 셋을 꼽을 수 있다. 실제로는 신탁업자,[24] 일반사무관리회사, 투자자문업자, 판매회사 등 여러 당사자가 하나의 집합투자에 참여하므로 이것만 가지고 집합투자의 실질을 모두 설명했다고는 할 수 없다. 그러나 위의 세 가지 요소를 제외하고는 모두 집합투자의 2차적인 업무를 담당하는 자이기 때문에 그 중요성은 상대적으로 낮다.

집합투자는 투자자-기금-운용자의 구조로 되어 있다. 투자자로부터 모은 금전 등을 기금으로 만들어 그 기금을 운용자가 운용한다. 이러한 형태를 실현하기 위해, 집합투자에서는 집합투자기구라는 도구(scheme)를 이용한다. 집합투자기구의 형태는 우리가 이미 알고 있는 주식회사나, 신탁을 비롯하여 유한회사, 합자회사, 유한책임회사, 합자조합, 익명조합 등 다양하게 존재한다. 집합투자제도의 투자자-기금-운용자의 구조는 주주-회사-이사 구조를 가지는 주식회사와도 유사하며, 수익자-신탁-수탁자[25] 구조의 신탁과도 유사하다. 또한 조합원-조합-업무집행조합원구조의 조합과 유사하다. 집합투자제도를 실현하기 위해 회사, 신탁, 조합 등의 개념을 빌려 집합투자에 맞게 변형하여 사용한다. 우리가 신탁형 집합투자기구, 회사형 집합투

---

24) 여기서 신탁업자는 집합투자재산을 보관·관리하는 신탁업자로 자본시장법 제244조(선관주의의무), 제245조(적용배제), 제246조(신탁업자의 업무제한 등), 제247조(운용행위감시 등), 제248조(자산보관·관리보고서의 교부)의 규제를 받는 자를 말한다.
25) 다만 우리나라에서는 신탁의 수익자-신탁-수탁자 구조가 아닌 수익자-신탁-위탁자 구조로 변형되어 사용되고 있다.

자기구, 조합형 집합투자기구라 부르는 것도 모두 각각의 형태를 빌려 만들어진 집합투자기구
라는 의미이다.

여기서 주의해야 할 것은 도구(scheme)로써 사용되는 각각의 법적 형태는 집합투자에 맞
게 변형하여 사용하는 것이지 그 형태 그대로 집합투자에 차용된 것이 아니라는 점이다. 예를
들어 신탁형 집합투자기구는 신탁의 개념을 빌린 것이지만, 결코 신탁과 일치한다고 할 수 없
다. 마찬가지로 회사형 집합투자기구도 회사와 비교했을 때 그 외형이 비슷할 뿐이지, 본질에
는 차이가 있다. 그래서 각각의 형태영역에서 논의되고 있는 고유한 문제를 그대로 집합투자에
끌고 와서는 안 된다.

3. 집합투자증권의 정의

집합투자증권이란 집합투자기구에 대한 출자지분(투자신탁의 경우에는 수익권)이 표시된 것
을 말한다(법9㉑). 집합투자증권은 자본시장법상 증권으로 금융투자상품에 속한다. 자본시장법
은 금융투자상품을 이익을 얻거나 손실을 회피할 목적으로 현재 또는 장래의 특정 시점에 금
전 또는 그 밖의 재산적 가치가 있는 것을 지급하기로 약정함으로써 취득하는 권리로서 투자
성이 있는 것으로 정의한다(법3①).

집합투자증권의 투자에는 투자로 인해 회수하는 금액이 납입한 금액보다 작아 손실을 볼
가능성이 애초부터 내재된 것임을 알 수 있다. 이러한 투자손실의 가능성은 은행에서 주로 거
래되는 원금보장이 예정된 예금상품 등과는 본질적으로 다른 특성이다. 다만 파생상품과 비교
해 볼 때 집합투자상품은 원본을 초과하여 손실을 볼 가능성이 존재하지 않는다는 차이점이
있다.

Ⅱ. 집합투자증권의 발행

여기서는 실무상 자주 활용되는 경우를 살펴보기로 한다.

1. 투자신탁 수익증권의 발행

투자신탁의 수익권은 신탁계약에서 정하는 바에 따라 투자신탁재산의 운용에서 발생하는
이익의 분배를 받고 신탁원본의 상환을 받는 등의 권리를 말한다. 수익증권은 투자신탁의 수익
권을 표창하는 유가증권이다. 수익자는 신탁원본의 상환 및 이익의 분배 등에 관하여 수익증권
의 좌수에 따라 균등한 권리를 가진다(법189②).

투자신탁을 설정한 집합투자업자는 투자신탁의 수익권을 균등하게 분할하여 수익증권을

발행하여야 하며(법189①), 신탁계약에서 정한 신탁원본 전액이 납입된 경우 신탁업자의 확인을 받아 전자증권법에 따른 전자등록의 방법으로 투자신탁의 수익권을 발행하여야 한다(법189③). 수익증권은 무액면 기명식으로 한다(법189④).

무액면 수익권이란 1좌의 금액이 표시되지 않고 수익증권에는 수익권 좌수만 기재되는 수익권을 말한다. 액면가는 없고 수익권을 발행할 때마다 정하는 발행가만 있다. 기명식으로 발행해야 하므로 집합투자증권과 집합투자자명부에 수익자의 성명이 기재되어야 한다.

2. 투자회사의 주식

투자회사는 회사 성립일 또는 신주의 납입기일에 지체 없이 전자증권법에 따른 전자등록의 방법으로 주식을 발행하여야 하며(법196②), 투자회사가 그 성립 후에 신주를 발행하는 경우 신주의 수, 발행가액 및 납입기일은 이사회가 결정한다(법196③ 본문). 다만, 정관에서 달리 정하고 있는 경우에는 그에 따른다(법196③ 단서). 투자회사의 주식은 무액면 기명식으로 한다(법196①).

무액면 주식이란 1주의 금액이 표시되지 않고 주권에는 주식 수만 기재되는 주식을 말한다. 액면가는 없고 주식을 발행할 때마다 정하는 발행가만 있다. 기명식으로 발행해야 하므로 집합투자증권과 집합투자자명부에 주주의 성명이 기재되어야 한다.

3. 투자합자회사의 지분증권

투자합자회사의 유한책임사원은 출자금액의 반환 및 이익의 분배 등에 관하여 지분증권의 수에 따라 균등한 권리를 가진다(법216②, 208①). 투자합자회사가 그 성립 후에 새 지분증권을 발행하는 경우 새 지분증권의 수, 발행가액 및 납입기일은 업무집행사원이 결정하여야 하고(다만, 정관에서 달리 정하고 있는 경우에는 그에 따른다), 투자합자회사의 지분증권은 무액면 기명식으로 한다(법216②, 208③).

Ⅲ. 집합투자증권의 판매

투자신탁이나 투자익명조합의 집합투자업자 또는 투자회사등은 집합투자기구의 집합투자증권을 판매하고자 하는 경우 투자매매업자와 판매계약을 체결하거나 투자중개업자와 위탁판매계약을 체결하여야 한다(법184⑤ 본문). 다만, 투자신탁이나 투자익명조합의 집합투자업자가 투자매매업자 또는 투자중개업자로서 집합투자기구의 집합투자증권을 판매하는 경우에는 판매계약 또는 위탁판매계약을 체결하지 아니한다(법184⑤ 단서). 그러나 다른 집합투자업자가 운용하는 집합투자기구의 집합투자증권을 판매하는 경우에는 판매회사의 지위에서 해당 집합투자기구를 운용하는 집합투자업자와 판매계약 또는 위탁판매계약을 체결하여야 한다.

간접투자자산운용업법 제26조의 판매회사 개념은 자본시장법에서는 폐지되었다. 따라서 자본시장법은 투자매매업·투자중개업자가 집합투자증권을 판매(판매계약·위탁판매계 체결해서)할 수 있도록 하고 있는데, 현재도 업계에서는 실무상 이를 판매회사라고 한다. 투자매매업자와 판매계약을 체결하거나 투자중개업자와 위탁판매계약을 체결하도록 규정한 것은 집합투증권의 판매를 기능별로 구별하여 규정한 것이다.

Ⅳ. 집합투자증권의 환매

환매금지형 집합투자기구의 투자자를 제외한 집합투자기구의 투자자는 언제든지 집합투자증권의 환매를 그 집합투자증권을 판매한 투자매매업자 또는 투자중개업자에게 청구할 수 있다(법235①②). 투자자의 환매요청을 받은 투자매매업자 또는 투자중개업자는 지체 없이 집합투자업자 또는 신탁업자에게 환매 요구를 하여야 하며(법235③), 집합투자업자 또는 신탁업자는 환매청구일로부터 15일 이내에 집합투자규약에서 정한 환매일에 환매청구일 이후에 산출된 기준가격을 적용하여 환매등에 따른 수수료를 차감한 후 금전 또는 집합투자재산으로 환매대금을 지급하여야 한다(법235④⑤). 집합투자증권의 환매는 실질적으로 펀드가 투자자에게 투자금을 상환하는 것과 동일하다.

투자신탁의 집합투자업자 또는 투자회사 등은 집합투자증권을 환매한 경우 그 집합투자증권을 소각 처리해야 한다(법235⑦). 따라서 집합투자증권의 환매는 주식회사에 있어 유상감자와 유사한 경제적 성격을 갖는다. 즉 집합투자기구의 재산 중 일부를 환매대금으로 투자자에게 내어줌으로써 집합투자기구의 규모가 감소하고 발행한 집합투자증권의 총수가 감소하는 것이다.

Ⅴ. 집합투자기구의 설립형태(1차 분류)

1. 의의

자본시장법상 집합투자기구의 법적 형태는 그 성격에 따라 신탁형(투자신탁), 회사형(투자회사, 투자유한회사, 투자유한책임회사, 투자합자회사), 조합형(투자합자조합, 투자익명조합)으로 구분할 수 있다. 회사형(Company)은 고객이 금융기관이 설립한 투자회사(Investment Company)의 주주로 참여하는 형태로 투자회사의 형태이다. 회사형 집합투자기구는 법인격이 있으므로 당해 집합투자기구의 명의로 재산을 소유하고 투자·운용을 하게 된다. 신탁형(Trust)의 경우 고객이

금융기관과 계약을 맺고 금융자산을 신탁하는 형태이다. 조합형(Partnership)은 고객과 금융기관
이 투자를 위한 조합을 형성하여 투자를 위한 기구를 구성하는 형태이다. 신탁형과 조합형은
법인격이 없으므로 당해 집합투자기구 명의로 재산을 소유하고 투자·운용을 하지 못한다. 신
탁형은 투자신탁재산의 소유명의 및 대외적 법률행위의 주체는 수탁자가 된다. 조합형 투자조
합재산은 조합원이 합유하며 대외적 법률행위는 전체 조합원을 대리하여 업무집행조합원이 하
게 된다.

집합투자의 수단으로 활용되는 주식회사 등은 상법상의 회사제도로서 상법의 적용을 받는
다. 그러나 상법규정은 상행위를 목적으로 하는 실체가 있는 사업법인을 전제로 한 것이기 때
문에 명목회사(paper company) 형태로 투자만을 목적을 하는 집합투자기구에는 적합하지 않은
규정들이 적지 않다.

2. 투자펀드의 발전과정

투자펀드의 발전과정을 보면 신탁형태의 펀드는 영국에서, 회사형태의 펀드는 미국에서,
계약형태의 펀드는 독일과 프랑스에서 주로 발전했다. 1990년대 들어 금융의 국제화가 진전되
면서 미국에서 발달한 회사형·개방형 펀드제도가 빠르게 다른 나라로 전파되어 이제는 전세계
적으로 일반적인 공모펀드의 법적 형태가 되었다.

우리나라에서는 공모펀드는 물론이고 사모펀드도 신탁형태의 펀드, 즉 투자신탁이 대부분
이고 회사형태의 펀드는 일부 이용되고 있다. 신탁제도가 우리에게 익숙하거나 잘 발달된 것이
아님에도 불구하고 이처럼 신탁형태의 펀드가 압도적으로 이용되고 있는 데에는 다음과 같은
이유가 있다. ⅰ) 1969년 증권투자신탁업법 제정을 통해 처음으로 투자펀드제도를 도입할 때
신탁형 펀드(투자신탁)만을 허용한 역사적인 이유가 가장 큰 영향을 미친 것으로 생각된다. ⅱ)
다른 이유로는 투자신탁은 수탁회사와의 계약만으로 펀드를 조직하게 되므로 회사형 펀드에
비해 펀드 조직에 드는 시간과 비용이 상대적으로 절감되고 펀드 자체가 별도의 법인격이 없
다는 점이 운용사 입장에서 심리적으로 부담이 덜하다는 측면 등을 생각해 볼 수 있다. ⅲ) 그
리고 투자자 입장에서도 회계 등 여러 가지 이유로 회사형 펀드에 대한 투자를 꺼리는 점도 한
원인으로 작용하는 것으로 보인다.

여기서는 실무적으로 가장 빈번하게 활용되는 집합투자기구의 법적 형태인 투자신탁을 대
상으로 살펴본다.

3. 투자신탁의 개념

투자신탁 집합투자기구는 신탁법상의 신탁에서 그 아이디어를 빌린 것이다. 신탁은 재산

관리제도 중 하나로서 특정된 재산이 제도의 중심이 되는 특징을 가져온 것이다. 신탁은 재산의 명목상 소유권(title)과 관리권(management)을 수익권(beneficial interests)으로부터 분리할 수 있기 때문에 집합투자기구로 사용하기에 손색이 없다. 하지만 투자신탁은 신탁과 구조적으로 차이가 난다. 신탁은 위탁자와 수탁자가 체결하는 신탁계약에 의해 설정되는데(신탁법 제2조 전단). 이와 비슷하게 투자신탁도 집합투자업자(위탁자)와 신탁업자(수탁자)가 체결하는 신탁계약에 의해 설정된다. 집합투자업자와 신탁계약을 체결하는 자는 자산을 보관·관리하는 신탁업자다. 투자신탁에서는 위탁자인 집합투자업자가 신탁재산의 운용지시를 담당하고 은행 등의 신탁회사가 신탁재산을 소유·보관·운용하게 된다.

투자신탁은 집합투자업자인 위탁자가 신탁업자에게 신탁한 재산을 신탁업자로 하여금 그 집합투자업자의 지시에 따라 투자·운용하게 하는 신탁 형태의 집합투자기구를 말한다(법9⑱(1)). 투자신탁은 신탁을 집합투자재산의 보유도구로 이용하는 집합투자기구(Collective Investment Scheme)의 일종이다. 집합투자업자가 투자신탁 도구를 만들어 투자자를 모으고 펀드 운용 등 관리를 하지만 펀드재산(신탁재산)은 신탁의 수탁자 명의로 소유·보관된다. 투자신탁의 수익권은 신탁재산에 대한 비례적 지분으로 발행되고 수익증권 발행대금이 투자를 위해 현금으로 신탁재산에 더해지므로 투자신탁의 신탁재산은 주식회사의 자본과 유사한 성격을 가진다. 투자신탁은 신탁에서의 수탁자기능(신탁재산의 소유·보관, 신탁재산의 운용·관리)이 분리되어 신탁재산의 소유·보관은 신탁업자가 수행하고, 신탁재산의 운용·관리는 집합투자업자가 수행한다.

Ⅵ. 집합투자기구의 분류

1. 운용대상에 따른 분류(2차 분류)

자본시장법은 운용대상의 종류에 따라 집합투자기구는 증권, 부동산, 특별자산, 혼합자산, 단기금융의 5종류로 구분하고(법229), 집합투자업자가 집합투자기구의 재산으로 운용할 수 있는 자산은 재산적 가치가 있는 모든 재산을 대상으로 하고 그 편입비율에 대한 제한만 두고 있다. 다만 단기금융의 경우 여전히 증권에만 투자할 수 있다(법229).

앞서 본 집합투자기구의 설립형태(1차 분류)를 아래와 같이 5종류의 집합투자기구로 2차 분류할 수 있다.

(1) 증권집합투자기구(증권펀드)

증권집합투자기구는 집합투자재산의 50%를 초과하여 주식, 채권, 파생결합증권, 수익증권

등의 증권(대통령령으로 정하는 증권을 제외) 및 증권을 기초자산으로 하는 파생상품에 투자하고 부동산 및 특별자산 집합투자기구에 해당하지 않는 것을 말한다(법229(1), 영240①②).

증권집합투자기구는 투자대상의 종류를 보다 세분화하여 집합투자규약과 투자설명서에 약관의 정함에 따라 다음과 같이 구분한다.[26]

(가) 채권형(MMF제외)

채권형(MMF제외)이란 증권집합투자기구로서 집합투자규약 상 운용대상에 주식[주식관련파생상품(파생결합증권) 포함]이 편입되지 아니하고 자산총액의 60% 이상(또는 연평균 60% 이상)을 채권 및 채권관련파생상품(파생결합증권)으로 운용하는 상품(2000년 6월 이전에 설정된 상품으로 종전 기준에 의해 공사채형으로 분류된 상품 포함)을 말한다. 다만, 자본시장법 시행령 제80조 제1항 제6호에 따라 자산총액의 60% 이상을 채무증권에 투자할 수 있는 증권집합투자기구가 국채, 통안채로 구성되는 상장지수집합투자기구에 투자하는 경우 본문의 투자비율을 산정함에 있어 그 상장지수집합투자기구를 채권으로 본다.

(나) 주식형

주식형은 증권집합투자기구로서 집합투자규약 상 자산총액의 60% 이상(또는 연평균 60% 이상)을 주식 및 주식관련파생상품(파생결합증권)으로 운용하는 상품을 말한다.

(다) 혼합주식형

혼합주식형은 증권집합투자기구로서 집합투자규약 상 채권형과 주식형에 해당되지 아니하고, 자산총액 중 주식 및 주식관련파생상품(파생결합증권)에 투자할 수 있는 최고편입 한도가 50% 이상인 상품을 말한다.

(라) 혼합채권형

혼합채권형은 증권집합투자기구로서 집합투자규약 상 채권형(채권파생형)과 주식형(주식파생형)에 해당되지 아니하고, 자산총액 중 주식 및 주식관련파생상품(파생결합증권)에 투자할 수 있는 최고편입 한도가 50% 이하인 상품을 말한다.

(마) 투자계약증권형

자산총액의 60% 이상을 투자계약증권(법4⑥)으로 운용하는 상품이다. 그러나 투자계약증권에 60% 미만 투자 시 혼합주식형 또는 혼합채권형으로 분류된다.

(바) 재간접형

증권집합투자기구로서 집합투자규약 상 자산총액의 40% 이상(또는 연평균 40% 이상)을 집합투자증권으로 운용하는 상품을 말한다. 재간접형에 대해서는 앞에서 본 바와 같다.

---

26) 금융투자회사의 영업 및 업무에 관한 규정 시행세칙 제27조 <별지 제15호> 집합투자기구 분류 참조.

(2) 부동산집합투자기구(부동산펀드)

부동산집합투자기구는 집합투자재산의 50%를 초과하여 부동산(부동산을 기초자산으로 한 파생상품, 부동산개발과 관련된 법인에 대한 대출, 그 밖에 대통령령으로 정하는 방법으로 부동산 및 대통령령으로 정하는 부동산과 관련된 증권에 투자하는 경우를 포함)에 투자하는 집합투자기구이다(법 229(2), 영240③).

(3) 특별자산집합투자기구(특별자산펀드)

특별자산집합투자기구는 집합투자재산의 50%를 초과하여 특별자산(증권 및 부동산을 제외한 투자대상자산을 말하며, 시행령 제80조 제1항 제1호 카목의 정의에 따른 사업수익권을 포함)에 투자하는 집합투자기구이다(법229(3), 영240⑥)이다. 사업수익권은 상법에 따른 합자회사·유한책임회사·합자조합·익명조합의 출자지분, 민법에 따른 조합의 출자지분, 그 밖에 특정사업으로부터 발생하는 수익을 분배받을 수 있는 계약상의 출자지분 또는 권리를 말한다(법6의2(4)).

(4) 혼합자산집합투자기구(혼합자산펀드)

혼합자산집합투자기구는 집합투자재산을 운용함에 있어서 증권, 부동산, 특별자산집합투자기구 관련 규정의 제한을 받지 않는 집합투자기구이다(법229(4)).

(5) 단기금융집합투자기구(MMF: 머니 마켓 펀드)

단기금융집합투자기구(MMF)는 자산을 주로 단기성자산(잔존만기가 짧은 채권, 콜론, CP, CD 등)으로 운용하는 상품이다. 즉 자본시장법에 의하면 단기금융집합투자기구는 집합투자재산 전부를 대통령령으로 정하는 단기금융상품에 투자하는 집합투자기구로서 대통령령으로 정하는 방법으로 운용되는 집합투자기구(MMF)이다(법229(5)).

2. 특수한 형태의 집합투자기구

(1) 개방형과 폐쇄형(환매금지형)

집합투자기구는 상기 분류 이외에도 투자자에 의한 집합투자증권의 환매가 가능한지 여부에 따라 개방형(Open-end)과 폐쇄형(Closed-end)으로 구분된다.

(가) 개방형

개방형 펀드는 투자자가 환매를 청구할 수 있는 형태이고 투자대상자산의 공정한 평가가 매일 가능한 자산에 투자를 하게 된다. 개방형은 환매수요 충당과 펀드규모 확대를 위해 계속적으로 집합투자증권을 발행한다. 집합투자증권의 계속적인 판매(발행)와 환매(소각)로 인해 펀드 규모도 그에 따라 변동하게 된다. 개방형펀드에서의 환매는 펀드의 순자산가치(NAV)에 따라서 해야 하므로 펀드재산의 평가 및 가격결정이 중요한 의미를 갖는다. 헤지펀드 투자전략을 추구하는 전문사모집합투자기구는 환매를 허용하는 개방형펀드로 조직하는 경우가 많을 것이기 때문에 자본시장법은 전문사모집합투자기구에도 집합투자재산의 평가에 관한 규정(법238) 등이 적용되도록 하고 있다.

(나) 폐쇄형

폐쇄형은 발행(판매)한 집합투자증권의 환매가 허용되지 않는 형태이고 펀드의 존속기간이 정해져 있다. 자본시장법에서는 환매금지형 집합투자기구(법230)라 한다. 폐쇄형펀드는 환매부담이 없으므로 펀드 내에 유동성을 확보하지 않고 펀드의 투자목적에 따라 펀드자산의 전부를 투자할 수 있고 유동성 없는 자산에도 투자할 수 있다. 그 대신 투자자금 회수를 위해 증권시장에 상장하도록 하며 투자자보호를 위한 규제가 행해진다.

폐쇄형펀드의 경우 투자자가 환매를 통한 투자금 회수가 어려우므로 별도의 환금성 보장 등이 없는 경우 발행일로부터 90일 이내에 집합투자증권을 거래소시장에 상장(법230③)하도록 하여 투자자가 상장된 펀드지분을 거래소시장에서 매매거래를 통하여 투자금을 회수하도록 하는 구조를 갖는다(공모펀드의 경우만 적용). 폐쇄형펀드는 원칙적으로 추가설정을 통해 집합투자증권을 발행할 수 없으나 자본시장법에서 정한 예외적인 경우에 한해 집합투자증권의 추가발행이 허용된다(법230②). 폐쇄형펀드는 환매부담이 없으므로 펀드의 투자목적에 따라 펀드자산을 전부 투자할 수 있고 부동산과 같이 매일 공정한 평가가 어려운 자산에 대한 투자를 하게 된다. 따라서 폐쇄형펀드에 대해서는 기준가격 산정, 기준가격의 공고·게시의무를 면제하고 있다(법230④).

자본시장법의 폐쇄형펀드에 관한 규정은 전문사모집합투자기구에는 적용되지 않는다(법249의8). 따라서 부동산, 부동산관련자산에 주로 투자하는 경우에도 반드시 폐쇄형펀드로 조직해야 하는 것은 아니며(영242②), 일정한 경우에는 집합투자증권을 추가발행할 수도 있다(영242①).

(2) 추가형과 단위형

추가설정 가능 여부에 따라 추가설정 가능한 경우는 추가형이며, 추가설정 불가능한 경우는 단위형이라 한다.

(3) 종류형

종류형집합투자기구(종류형펀드)란 동일한 펀드에서 판매보수의 차이로 인해 기준가격이 다르거나 판매수수료가 다른 여러 종류의 집합투자증권을 발행하는 펀드를 말한다(법231①). 투자자의 유형(기관투자자, 개인 등)이나 판매방법(창구판매, 인터넷판매 등)에 따라 판매비용을 달리 책정하기 위한 목적으로 고안된 것이다. 판매보수는 판매재산에서 지급되므로 판매보수를 달리하는 여러 종류의 집합투자증권을 발행하는 경우에는 집합투자증권 종류별로 기준가격이 달라진다. 판매수수료는 투자자가 지급하므로 판매수수료를 달리하는 여러 종류의 집합투자증권을 발행하는 경우에도 기준가격 동일하다. 물론 판매보수와 판매수수료 모두를 달리하는 경우에는 집합투자증권 종류별로 기준가격이 달라진다.

전문사모집합투자기구를 종류형펀드로 조직하는 경우에는 자본시장법상의 종류형집합투자기구에 관한 규정(법231)이 적용된다. 투자매매업자 또는 투자중개업자는 종류형펀드를 판매하는 경우에는 판매수수료나 판매보수가 다른 여러 종류의 집합투자증권이 있다는 사실과 각 종류별 차이를 설명하여야 한다(영243③).

(4) 전환형

전환형펀드란 동일한 운용사가 운용하는 복수의 펀드 간에 각 펀드의 투자자가 소유하고 있는 집합투자증권을 다른 펀드의 집합투자증권으로 전환할 수 있는 권리를 투자자에게 부여하는 구조의 펀드를 말한다(법232①). 전환형펀드를 설정·설립하는 경우에는 전환형펀드에 속하는 복수의 집합투자기구는 법적 형태가 동일해야 하며(예: 투자신탁으로만 또는 투자회사로만 조직), 복수의 집합투자기구 간에 공통으로 적용되는 집합투자규약이 있어야 한다(법232①). 전환을 청구한 투자자에게 환매수수료를 부과하여서는 아니 된다(영244②).

(5) 모자형

모자형펀드는 규모의 경제를 이루어 비용절감을 통한 운용의 효율을 극대화하기 위해 동일한 집합투자업자가 설정한 여러 펀드의 재산을 모펀드에 통합하여 운용하는 것을 말한다. 자펀드는 모펀드가 발행한 집합투자증권을 편입하게 된다. 따라서 모펀드와 자펀드의 자산운용회사는 동일해야 하고, 자펀드는 모펀드가 발행한 펀드지분 외의 다른 펀드지분은 취득할 수 없으며, 자펀드 외의 자는 모펀드가 발행한 펀드지분을 취득할 수 없다(법233①). 모자형펀드 설립·설정 사후보고 시 자펀드가 취득하는 모펀드 집합투자증권에 관한 사항을 포함해야 한다(영245①).

(6) 재간접형(FoF)

펀드재산을 주로 다른 펀드에 투자하는 펀드를 재간접형펀드라고 한다. 자본시장법은 펀드가 다른 펀드(집합투자증권)에 투자하는 것에 대해 법81조 제1항 제3호에서 여러 가지 규제를 하고 있다.

모자형펀드와 재간접형펀드는 모두 다른 펀드에 투자한다는 점에서 같지만 다음과 같은 점에서 차이가 있다. ⅰ) 모자형펀드는 모펀드와 자펀드의 운용사가 동일하지만, 재간접형펀드는 운용사가 다른 것이 일반적이다. ⅱ) 모자형펀드의 자펀드 펀드재산의 전부를 모펀드에만 투자해야 하지만, 재간접형펀드는 펀드 외의 자산에도 투자할 수 있다. ⅲ) 모자형펀드의 경우 모펀드와 자펀드 모두 국내펀드이지만, 재간접형펀드의 투자대상에는 외국펀드도 포함된다. 자본시장법에 따라 모자형펀드를 설립·설정하여 모펀드가 외국펀드에 투자하는 구조, 즉 모펀드를 재간접펀드로 설계하는 것은 가능하다.

(7) 상장지수펀드(ETF)

상장지수펀드(ETF)는 증권시장에 상장되어 거래되는 증권으로서 기초자산의 가격 또는 기초자산의 종류에 따라 다수 종목의 가격수준을 종합적으로 표시하는 지수의 변화에 연동해 운용하는 구조화된 집합투자기구의 증권을 말한다(법234①). 따라서 상장되어 거래되는 증권으로서의 특징과 기초자산의 가치를 반영하는 지수펀드의 성격을 동시에 가진 금융상품이라 할 수 있으며, 기초자산의 종류에 따라 다양한 ETF의 구성이 가능하다.

상장지수펀드(ETF)에 관한 상세한 사항은 앞에서 살펴보았다.

신탁상품

제1절 신탁과 신탁업

I. 신탁의 의의

신탁은 "믿고(信) 맡긴다(託)"는 의미를 갖는다. 자본시장법상 신탁업이란 "신탁"을 영업으로 하는 것을 말하고(법6⑨), 자본시장법에서 "신탁"이란 신탁법 제2조의 신탁을 말한다. 신탁법 제2조에 의하면, "신탁"이란 "ⅰ) 신탁을 설정하는 자(=위탁자)와 신탁을 인수하는 자(=수탁자) 간의 신임관계에 기하여, ⅱ) 위탁자가 수탁자에게 특정의 재산(영업이나 저작재산권의 일부를 포함)을 이전하거나 담보권의 설정 또는 그 밖의 처분을 하고, ⅲ) 수탁자로 하여금 일정한 자(=수익자)의 이익 또는 특정의 목적을 위하여 그 재산의 관리, 처분, 운용, 개발, 그 밖의 신탁 목적의 달성을 위하여 필요한 행위를 하는 법률관계를 말한다(신탁법2). 즉 신탁은 위탁자가 타인(수탁자)에게 사무 처리를 부탁하는 형태로, 형식적인 재산권 귀속자인 관리자(관리권자)와 실질적인 이익향유자(수익자)를 분리하면서 이익향유자를 위한 재산의 안전지대를 구축하는 제도이다. 신탁의 주된 구성요소는 위탁자, 수익자, 신탁의 목적, 신탁설정 행위 및 신탁재산이다. 수익자가 없는 특정의 목적을 위한 신탁(목적신탁)도 인정된다.

Ⅱ. 신탁업의 의의와 유형

1. 신탁업의 의의

신탁의 인수를 영업으로 하는 것을 신탁업이라고 한다(법6⑨). 따라서 신탁업이란 신탁업자(신탁회사)에 의하여 업(業)으로 행하여지는 영리신탁으로 정의할 수 있다. 자본시장법상 신탁업자는 구신탁업법상 신탁회사의 업무범위를 그대로 채택함에 따라 신탁의 수익권이 금융투자상품인지 여부를 떠나 금융투자업자로 분류된다. 자본시장법에서 규율하고 있는 금융투자업 중 그 정의 내용에 금융투자상품을 포함하지 않는 것은 신탁업이 유일하다. 투자매매·중개업 등은 그 업무의 속성이 금융투자상품과 밀접하게 연관되어 있는 반면 신탁업의 경우 신탁을 영업으로 한다고 정의함으로써 사실상 금융투자상품과 직접적인 관련성을 갖지 않는 방식으로 정의되어 있다. 이처럼 자본시장법에서 신탁업이 다른 금융투자업과 다른 방식으로 정의되어 있는 것은 신탁업의 특성상 위탁자와 수탁자 간의 신탁계약에 의해 다양하게 구현될 수 있을 뿐만 아니라 신탁업의 영업이 아닌 공익신탁 등도 존재하고 있다는 점을 고려한 것으로 생각된다.

2. 신탁업의 유형

신탁업자가 수탁할 수 있는 신탁재산의 종류는 신탁업의 분류와 밀접한 관련이 있다. 자본시장법은 신탁업을 다음과 같이 두 유형으로 구분하고, 이에 따라 수탁할 수 있는 신탁재산을 규정하는 방식을 취하고 있다. 자본시장법에서 허용하고 있는 신탁 가능한 모든 재산권(법103①)을 신탁재산으로 수탁할 수 있는 종합신탁업과 금전 또는 동산, 부동산 및 부동산 관련 권리를 수탁할 수 있는 전문신탁업으로 구분할 수 있다. 전문신탁업은 다시 금전만을 수탁할 수 있는 금전신탁업과 동산, 부동산 및 부동산 관련 권리만을 수탁할 수 있는 부동산신탁업으로 분류하고 있다. 또한 금전신탁업은 다시 특정금전신탁과 불특정금전신탁으로 구분된다(동법 시행령103).

3. 신탁법과 자본시장법의 관계

신탁법과 자본시장법은 일반법과 특별법의 관계에 있다. 따라서 신탁을 영업으로 하는 경우 특별법 우선의 원칙에 따라 자본시장법이 특별법으로서 우선 적용되고 자본시장법이 규율하지 아니한 부분은 신탁법이 적용된다.

제2절 자본시장법상 신탁상품

Ⅰ. 신탁재산의 제한

1. 신탁재산의 의의

신탁재산이란 신탁행위의 대상으로 수탁자가 위탁자로부터 양수하거나 처분받아 신탁의 목적에 따라 관리·처분하여야 할 대상을 말한다. 따라서 신탁재산은 형식적으로는 수탁자에게 귀속되어 관리·처분권이 있으나, 실질적으로는 수탁자가 신탁의 목적에 따라 관리·처분하여야 하는 제약을 받는다. 신탁은 수탁자가 보유하는 신탁재산에 관한 법률관계라고 할 수 있다. 모든 신탁에 있어서 위탁자는 수탁자에게 특정 재산을 이전하거나 기타 처분을 하게 하고(신탁법2), 이 재산은 신탁관계의 중심이 된다.

2. 신탁재산의 범위

신탁재산은 위탁자가 처분하는 하나 또는 다수의 재산을 포함하는데, 신탁법은 특별히 목적재산으로서의 신탁재산(trust fund)과 신탁재산에 속한 개별 재산(property)을 구분하지 않는다. 그리고 개별 신탁재산의 종류에 대하여도 특별한 제한을 두고 있지 않다. 다만 수탁자가 신탁업자인 경우 수탁할 수 있는 재산은 자본시장법에 따라 ⅰ) 금전, ⅱ) 증권, ⅲ) 금전채권, ⅳ) 동산, ⅴ) 부동산, ⅵ) 지상권, 전세권, 부동산임차권, 부동산소유권 이전등기청구권, 그 밖의 부동산 관련 권리, ⅶ) 무체재산권(지식재산권을 포함)만을 한정된다(법103①). 이를 위반하여 다른 재산을 수탁한 신탁업자는 징역 1년 이하 또는 3천만원 이하의 벌금에 처한다(법446(18)). 그리고 수탁자의 신탁사무의 내용은 개별 약정에 따라 다양하지만 실무상 기준에 의하면 관리, 처분, 운용, 개발 등으로 구분될 수 있다. 실무상 신탁은 그 수탁자산에 따라 크게 금전신탁과 재산신탁(부동산신탁 제외), 부동산신탁, 종합재산신탁으로 분류할 수 있다.

또한 부동산개발사업을 목적으로 하는 신탁계약을 체결한 신탁업자는 그 신탁계약에 의한 부동산개발사업별로 금전을 대통령령으로 정하는 사업비의 15% 이내에서 수탁할 수 있다(법103④).

3. 투자성있는 신탁상품

자본시장법은 금융투자상품의 매매와 그 밖의 거래를 대상으로 한다. 금융투자상품이란 이익을 얻거나 손실을 회피할 목적으로 현재 또는 장래의 특정시점에 금전, 그 밖의 재산적 가치가 있는 것을 지급하기로 약정함으로써 취득하는 권리로서, 그 권리를 취득하기 위하여 지급하였거나 지급하여야 할 금전 등으로 실제 투자에 활용되지 않은 서비스 제공의 대가의 총액(판매수수료 등 수수료, 보험계약상 사업비 및 위험보험료 등)이 그 권리로부터 회수하였거나 회수할 수 있는 금전 등(해지수수료와 제세금 등)과 발행인·거래상대방의 파산 등에 따른 손실의 총액을 초과하게 될 위험이 있는 것을 말한다(자본시장법3①, 동법 시행령3). 따라서 자본시장법의 적용을 받는 신탁상품은 원본손실의 가능성이 있는 실적배당형 신탁상품을 원칙으로 한다.

4. 신탁상품의 종류

신탁상품을 최초 신탁계약을 체결할 때 신탁받는 신탁재산의 종류에 따라 금전신탁, 증권신탁, 금전채권신탁, 동산신탁, 부동산신탁, 지상권·전세권 등 부동산의 권리에 관한 신탁, 무체재산권의 신탁으로 구분하고, 여러 가지 종류의 재산을 하나의 신탁계약으로 신탁받는 것을 종합재산신탁이라 한다.

여기서는 금전신탁, 재산신탁(증권신탁, 금전채권신탁, 동산신탁, 부동산관련 권리의 신탁, 무체재산권의 신탁), 부동산신탁, 그리고 종합신탁재산을 살펴본다.

Ⅱ. 금전신탁

1. 의의

금전신탁은 위탁자로부터 금전을 수탁하여 증권의 매수, 금융기관 예치, 대출, CP의 매수 등[1]으로 운용한 후 신탁기간 종료시 수익자에게 금전 또는 운용자산 그대로 수익자에게 교부하는 신탁이다. 금전신탁은 금전을 맡겨 자산운용을 통해 원본과 이익을 받는 것으로 적극적인 투자를 통한 재산증식을 목적으로 하는데, 오늘날 대중들에게 가장 많이 이용되고 있다.

금전신탁은 운용방법의 지정 여부에 따라 ⅰ) 위탁자가 신탁재산인 금전의 운용방법을 지정하는 특정금전신탁, ⅱ) 위탁자가 신탁재산인 금전의 운용방법을 지정하지 아니하는 불특정금전신탁으로 구분한다(영103).

---

1) 신탁법에서는 금전의 관리방법을 국채, 지방채, 특수채, 은행예금, 우체국예금 등 안정자산 위주로 허용하고 있으나(제41조), 자본시장법에서는 신탁재산의 운용방법으로 증권의 매수, 장내외파생상품 매수, 금전채권매수, 대출, 어음의 매수, 실물자산의 매수, 무체재산권의 매수, 부동산의 매수 또는 개발 등으로 운용대상을 폭넓게 인정하고 있다(법 제105조, 영 제106조).

2. 특정금전신탁

(1) 의의

특정금전신탁은 위탁자인 고객이 신탁재산의 운용방법을 수탁자인 신탁회사에게 지시하고, 신탁회사는 위탁자의 운용지시에 따라 신탁재산을 운용한 후 실적 배당하는 단독운용 신탁상품이다. 즉 특정금전신탁이란 "위탁자가 신탁재산인 금전의 운용방법을 지정하는 금전신탁"을 말하며(자본시장법 시행령103(1)), 이 경우 신탁업자는 위탁자의 운용지시에 따라 운용을 해야 하는 구속을 받게 된다(금융투자업규정 제4-85조). 특정금전신탁은 위탁자가 운용방법을 지정하지 않고 신탁업자에게 운용을 일임하는 "불특정금전신탁"과 구별된다.

특정금전신탁은 영리신탁에만 존재하는 개념으로, 위탁자와 수익자가 동일한 자익신탁인 경우가 대부분이다. 또한 특정금전신탁에는 "실적배당원칙"이 적용되므로 불특정금전신탁과 같이 원리금 보전이 불가능하며(동법 시행령104③), 개별 고객의 신탁재산을 집합하여 운용(이른바 "합동운용")해서는 안된다는 제약을 받는다(동법 시행령109③(5)).

신탁상품은 본래 분별 관리의 원칙에 따라 신탁회사의 고유재산과도 구분하여 관리하여야 하고, 다른 위탁자의 신탁재산과도 구분하여 관리하는 것이 원칙으로 위탁자별로 구분하여 관리한다고 하여 단독운용신탁이라 한다. 집합투자기구(펀드)는 특정 투자형태를 정하고 투자자가 가입하나, 특정금전신탁은 고객과 금융회사가 개별적 계약을 맺어 맞춤형 서비스가 가능하다.

(2) 지정의 정도(지정형과 비지정형)

금융투자협회의 「특정금전신탁 업무처리 모범규준」("모범규준")에 따르면 특정금전신탁은 "지정형 특정금전신탁"과 "비지정형 특정금전신탁"으로 분류된다. "지정형 특정금전신탁"이란 투자자가 운용대상을 특정 종목과 비중 등 구체적으로 지정한 특정금전신탁을 말하며, "비지정형 특정금전신탁"이란 투자자가 운용대상을 특정종목과 비중 등 구체적으로 지정하지 아니한 특정금전신탁을 말한다(모범규준3). 지정형 특정금전신탁과 비지정형 특정금전신탁의 차이는 지정형 특정금전신탁이 투자판단까지 위탁자가 지정하는 형태이며, 비지정형 특정금전신탁은 운용방법을 자산종류 등으로 포괄적으로 지정하고, 투자판단은 신탁회사에게 일임하는 형태의 신탁을 말한다.

따라서 특정금전신탁은 고객의 운용지시에 의해서 신탁재산을 운용하는 상품이므로 지정형(비일임형)특정금전신탁이 원칙이지만, 고객이 운용지시를 할 때 일정 부분 신탁회사에게 위임하는 비지정형(일임형)특정금전신탁도 가능하다. 예들 들어 위탁자가 금전 1억을 신탁회사에 수탁하고, 운용지시로 삼성전자 주식 50주를 1주당 60,000원에 매수하라고 하면 신탁회사는 아무런 투자판단 없이 고객의 지시에 따라 주식매입을 실행하고 자금결제 후 보관관리 업무를 수행하게 되면 이를 지정형(비일임형)특정금전신탁이라 한다, 반면, 운용지시할 때 상장주식으로 운용하라고 지시만 하고 종목선정, 매수 가격 및 수량은 신탁회사가 결정하도록 위임함으로써 신탁회사의 투자판단에 의해 주식매입이 이루어질 경우 이를 비지정형(일임형)특정금전신탁이라 한다.

(3) 합동운용금지

특정금전신탁에 있어서는 "신탁재산을 각각의 계약에 따른 신탁재산별로 운용하지 아니하고 집합하여 운용하는 행위"가 불건전영업행위로 금지된다(자본시장법 시행령109③(5)). 자본시장법상 신탁업자의 합동운용이 허용되는 경우는, 종합재산신탁에 있어 금전의 수탁비율이 40% 이하인 경우이거나, 신탁재산의 운용에 의하여 발생한 수익금의 운용 또는 신탁의 해지나 환매에 따라 나머지 신탁재산을 운용하기 위해 불가피한 경우에 한한다(자본시장법 시행령6④(2) 가목).

3. 불특정금전신탁

불특정금전신탁은 위탁자의 신탁목적과 수탁자의 운용방법에 따라 세분화될 수 있다. 다만 상사신탁 부분에서 현재 불특정금전신탁은 대부분 자본시장법상 집합투자기구, 즉 펀드의 개념으로 포섭되어 그 영역을 달리하고 있다. 불특정금전신탁은 위탁자의 운용지시권이 없다는 점에 착안하여 불특정금전신탁이 집합투자와 동일한 개념으로 사용되고 있다.

불특정금전신탁은 2004년 7월부터 간접투자자산운용업법에서 집합투자와 유사하다는 이유로 예외적인 경우를 제외하고는 추가설정을 허용하지 않았다. 즉 세액공제 혜택이 있고 원금이 보장되는 연금신탁상품은 원금보장의 특징상 펀드와 구분되므로 불특정금전신탁상품이지만 유일하게 계속 판매가 허용되고 있다. 이로써 현재 시장에서 신규 판매되고 있는 금전신탁은 고객이 운용지시하고 있는 특정금전신탁이 대부분을 차지하고 있다.

Ⅲ. 재산신탁

재산신탁(부동산신탁 제외)은 금전 외의 재산을 수탁하는 것을 말한다.

1. 증권신탁

증권신탁은 고객으로부터 증권을 수탁하여 관리·운용하고 신탁만기시 신탁재산을 운용현상대로 교부하는 신탁으로서, 관리증권신탁과 운용증권신탁이 있다.

2. 금전채권신탁

금전채권신탁은 금전채권을 신탁재산으로 수탁하여 이를 관리 또는 추심하고 신탁만기시 수익자에게 지급하는 신탁으로서, 신탁재산으로는 대출채권, 신용카드채권, 리스채권 등이 있다. 금전채권신탁은 금전채권의 관리·추심을 목적으로 하는 신탁이지만, 수탁된 금전채권의 수익권을 제3자에게 양도하여 자금을 조달하는 수단으로 주로 이용된다.

3. 동산신탁

동산신탁은 선박, 항공기, 차량, 중기 등의 수용설비나 기계용 설비 등을 신탁받은 후 사업자에게 임대 운용하는 방식으로 신탁재산을 관리·운용하거나 처분하는 신탁으로 주로 신탁수익권 양도를 통한 자금조달수단으로 활용된다. 동산신탁의 신탁재산은 선박, 항공기, 자동차 등과 같이 등기 또는 등록할 수 있는 재산이어야 한다.

4. 부동산 관련 권리 신탁

부동산 관련 권리의 신탁은 지상권, 전세권, 부동산임차권 등의 관리 및 활용을 목적으로 한다.

5. 무체재산권신탁

무체재산권의 신탁은 저작권, 상표권, 특허권 등의 무체재산권의 관리 또는 처분을 목적으로 하는 신탁으로, 기업들의 특허권이나 영화, 음반 제작회사의 저작권 등을 신탁회사에 신탁하여 전문적인 관리가 가능하도록 하거나 신탁수익권의 양도를 통한 자금조달수단으로 활용된다.

Ⅳ. 부동산신탁

1. 부동산신탁의 의의와 기능

(1) 부동산신탁의 의의

부동산신탁은 부동산을 신탁의 목적물로 하는 신탁이다. 즉 신탁을 설정하는 자(위탁자)와 신탁을 인수하는 자(수탁자) 간의 신탁계약을 통해 수탁자에게 부동산을 이전 또는 담보권의 설정 및 그 밖의 처분을 하고, 수탁자로 하여금 일정한 자(수익자)의 이익 또는 특정의 목적을 위하여 그 재산의 관리, 운용, 처분, 개발, 그밖에 신탁 목적의 달성을 위하여 필요한 행위를 하게 하는 법률관계를 말한다(신탁법2). 위탁자는 신탁을 설정함으로 인해 수탁자에게 재산을 이전하고, 수탁자는 사전에 계약서에서 약정한 목적에 따라 해당 재산을 관리, 운용, 처분, 개발 등의 행위를 하게 된다. 이러한 신탁행위로 발생한 이익은 수익자에게 귀속된다. 위탁자와 수익자는 별개의 지위이다. 하지만 반드시 다른 자임을 요하지는 않으며, 당사자 간의 약정에 따라 위탁자 스스로 또는 제3자로 하여금 수익자의 지위를 갖게 할 수도 있다.

부동산신탁이란 토지와 그 정착물, 즉 부동산을 목적으로 하는 신탁을 말하는 것으로 크게 관리신탁, 처분신탁, 담보신탁, 토지신탁, 분양관리신탁, 대리사무로 나누어 볼 수 있다. 이러한부동산신탁 중 토지신탁은 신탁회사가 토지소유자를 대신하여 토지개발에 대한 사업계획 수립, 개발자금의 조달, 건축, 각종 인허가, 사업관리·운영, 회계업무 등을 토지소유자인 위탁자를 대신하여 수행하고 그 수익을 위탁자(수익자)에게 돌려주는 신탁으로 다른 신탁유형과 다소 차이가 존재한다. 토지신탁을 제외한 다른 신탁은 부동산에 대한 직접적인 개발행위가 이루어지지 않지만, 토지신탁은 위탁받은 부동산에 대하여 직접적인 개발이 이루어지는 점에서 그 특징이 있다.

부동산신탁회사는 자본시장법 제12조(금융투자업자의 인가) 및 자본시장법 시행령 제16조(인가요건 등)에 따라 일정한 요건을 갖추고 금융위원회로부터 인가를 받은 후 금융투자업(신탁업)을 영위하는 금융기관이다. 이에 따라 부동산신탁업자의 영업행위와 관련해서는 자본시장법이 특별법으로 우선 적용되며 자본시장법에 특별한 규정이 없는 경우에는 신탁법의 적용을 받는다.

(2) 부동산신탁의 기능

신탁은 위탁자와 수탁자 간의 계약이지만, 위탁자의 유언 또는 신탁의 목적, 신탁재산, 수익자 등을 특정하고 자신을 수탁자로 정한 위탁자의 선언 등으로 이루어진다(신탁법3①(1)(2)(3)). 등기 또는 등록을 함으로써 그 재산이 신탁재산에 속한 것임을 제3자에게 대항할 수 있다(신탁법4①). 이와 같은 신탁재산은 위탁자의 채권자들의 강제집행 등이 제한되고(신탁법22①), 상계나 혼동에 의하여 소멸되는 데에도 제한이 있다(신탁법25, 26). 이처럼 신탁법상 신탁은 위탁자, 수탁자 및 수익자가 중심이 되어 이루어지는데, 신탁재산은 대내외적으로 수탁자에게 귀속되고 있으나 최종적으로 신탁계약이 종료되면 그 신탁재산은 위탁자의 소유로 복귀하게 된다.

신탁은 신탁재산의 관리·운용에 관한 다양한 상품조성 구조와 각종 금융상품을 설계하기 위한 "틀"의 제공을 가능하게 한다. 이러한 신탁의 상거래 활성화 기능은 신탁이 가진 도산절연(Insolvency Protection), 도관과세(Conduit Taxation), 신인체계(Fiduciary Regime), 구조의 유연성

(Flexibility in Design)의 4가지 요소를 기초로 한다. 이러한 신탁의 기능을 전환기능과 도산절연 기능으로 구분하여 설명하기도 한다. 먼저, 전환기능은 신탁이 형식적인 재산권의 귀속자 내지 관리자와 실질적인 이익의 수익자를 분리하고, 수익자를 위한 재산의 안전지대(safe harbor)를 확보하는 특성에 착안한다. 따라서 재산권의 실질은 유지되면서도 구체적이고 개별적인 목적에 맞게 재산권을 다른 형태로 전환시킨다. 이러한 전환기능에는 ⅰ) 권리자 전환기능, ⅱ) 재산권 전환기능, ⅲ) 시간 전환기능이 있다. 다음으로, 도산절연기능은 신탁재산의 독립성에 기하여 위탁자와 수탁자의 고유재산이 분리되어 재산보전의 효과를 발생시키는 것을 일컫는다. 따라서 수탁자 및 신탁자에게 권리가 있는 채권자는 신탁재산에 대하여 강제집행이 불가능할 뿐만 아니라 파산 시에도 신탁재산은 파산재산에 포함되지 않는다. 이렇듯 신탁의 도산절연기능은 재산보전이라고 하는 점에서 다양하게 활용된다.

2. 부동산신탁의 유형

(1) 의의

영리 부동산신탁의 유형은 관리신탁, 처분신탁, 담보신탁, 토지신탁 등으로 나누어 볼 수 있다. 실무적으로 영리 부동산신탁은 전형적인 관리신탁, 처분신탁, 담보신탁, 토지신탁(개발신탁)의 신탁계약서에 특약사항으로 여러 조항을 추가하여 사용되며, 이해관계자의 합리적인 요청에 의해 혼합적으로 이루어지는 경우가 빈번하다. 구체적인 사안에서 해당 부동산신탁의 유형을 판단할 때 그 신탁계약서 제목으로 판단할 것이 아니라 신탁계약서의 전체 조항을 종합적으로 검토한 후 그 신탁의 계약이 어떠한 유형에 해당하는 부동산신탁인지를 판단해야 한다. 부동산관리신탁계약서에 특약사항으로 수탁자가 제3자에게 신탁부동산을 직접 처분할 수 있다는 취지의 조항을 추가하는 경우 부동산 관리신탁 외에 부동산 처분신탁의 성질도 함께 가지게 되므로 위 신탁의 사해행위 해당 여부를 판단해야 할 필요도 있다

(2) 관리신탁

부동산관리신탁은 고도로 발달된 현대사회에서 다양하고 복잡한 권리를 보호하고 재산을 합리적으로 운용하기 위하여 전문적인 능력을 가진 부동산 관리자를 세워 부동산소유자 대신에 해당 부동산의 임대차, 시설유지, 세무 등의 관리를 일체적이고 종합적으로 하는 방법이다. 관리신탁은 수익자에게 신탁의 수익을 배분하는 갑종관리신탁과 신탁부동산의 소유 명의만을 관리하여 주는 을종관리신탁으로 나뉜다. 실무상으로는 갑종관리신탁이 이용되는 사례는 많지 않고 을종관리신탁만이 행해진다.

전업 부동산신탁회사, 은행, 증권 및 보험회사 모두 관리신탁 행위를 업으로 영위할 수 있

지만, 증권회사와 보험회사는 분양관리신탁을 업으로 영위할 수는 없다(자본시장법 시행령15①
[별표 1] 인가업무 단위).

(3) 처분신탁

부동산처분신탁은 위탁자가 신탁부동산의 소유권을 수탁자에게 이전하고, 수탁자는 신탁
부동산의 등기명의를 보존하고 이를 처분하여 그 처분대금을 신탁계약에 정해진 바에 따라 수
익자에게 지급하는 것을 목적으로 하는 신탁을 말한다(부동산처분신탁계약서 예시안 제1조 참조).

부동산처분신탁도 부동산관리신탁과 동일하게 수탁자가 신탁받은 부동산의 명의만을 관
리하다가 처분하는 을종처분신탁과 명의 이외에 처분 전까지 각종 물건관리행위 일체를 스스
로 할 수 있는 갑종처분신탁으로 나뉜다. 처분신탁에서 신탁의 목적은 주로 처분하는 것이며,
처분 전까지의 관리는 대체로 소극적이다. 실무상으로는 명의 관리를 하다가 처분하는 을종 처
분신탁만이 행해지고 있다.

자본시장법에 의하면 신탁을 전문적으로 하는 부동산신탁회사, 은행, 증권회사 및 보험회
사는 모두 처분신탁의 수탁자가 될 수 있다(자본시장법 시행령15① [별표 1] 인가업무 단위).

(4) 담보신탁

부동산담보신탁이란 위탁자가 차입 기타 거래에서 부담하는 채무를 담보하기 위하여 담보
목적물인 부동산을 수탁자에게 신탁하고 신탁행위로 채권자에게 수익권을 부여하는 것을 말한
다. 구체적으로는 위탁자가 채권을 담보하기 위하여 채권자를 우선수익자로, 위탁자를 후순위
수익자로 하여 위탁자 소유의 부동산을 신탁법에 따라 수탁자에게 이전하면서 채무불이행 시
에는 신탁부동산을 처분하여 우선수익자의 채권변제 등에 충당하고 나머지를 위탁자에게 반환
하기로 하는 내용으로 이루어진다.

부동산담보신탁은 신탁제도의 담보 기능을 이용한 관리신탁과 처분신탁의 결합형으로, 실
무상으로는 관리·처분신탁 계약 형식으로 체결된다. 전문적인 부동산신탁회사 및 은행은 담보
신탁의 수탁자가 될 수 있으나 증권회사와 보험회사는 수탁자가 될 수 없다(자본시장법 시행령
15① [별표 1] 인가업무 단위). 현행 부가가치세법 제3조의2에 의하면 담보신탁의 경우에 납세의
무자를 수탁자로 하고, 그 이외의 신탁재산의 매매에 대해서는 위탁자에게 납세의무를 두고 있
다. 뒤에서 살펴볼 관리형토지신탁과 분양형(차입형) 토지신탁 역시 위탁자의 채권자를 우선수
익자로 지정함으로써 부동산담보신탁으로서의 기능도 가지는 것이 일반적이다.

(5) 분양관리신탁

분양관리신탁은 건축물분양법에 의거하여 위탁자(분양사업자, 시행사)가 사업부지와 시공된 건축물을 수탁자(신탁업자) 앞으로 소유권을 이전함으로써 수분양자를 보호하고, 위탁자가 채무를 이행하지 않는 경우 신탁부동산을 환가·처분하여 그 처분대금에서 수분양자가 지급한 분양대금을 우선 반환하는 내용의 신탁이다. 즉 분양관리신탁은 건축물분양법에 따라 상가 등 건축물을 신축 또는 증축하여 분양하는 사업에 있어 수탁자가 신탁부동산의 소유권을 보전·관리하여 수분양자를 보호하고 위탁자가 부담하는 채무의 불이행 시 신탁부동산을 환가처분하여 정산함을 목적으로 하는 신탁을 말한다.

건축물분양법 제4조에 의하면 오피스텔, 주상복합건물 등 일정한 성질 및 규모에 해당하는 건축물을 분양하고자 하는 분양사업자가 착공신고 후 분양을 하려면 수분양자 보호를 위하여 금융기관 등으로부터 분양보증을 받거나 또는 자본시장법에 따른 신탁업자와 신탁계약 및 대리사무계약을 체결하여야 한다. 대리사무계약은 시행사가 분양 주체로서 건축물을 분양하는 것을 전제로 시행사가 대출받은 금원이나 수분양자로부터 지급받은 분양대금 등을 신탁업자가 관리하는 것을 목적으로 하는 계약이다.

(6) 토지신탁

토지신탁에 관한 상세한 내용은 아래서 살펴본다.

3. 토지신탁(개발신탁)

(1) 토지신탁의 의의

부동산토지신탁은 신탁의 인수시에 신탁재산으로 토지 등을 수탁하고 신탁계약에 따라 토지 등에 건물, 택지, 공장용지 등의 유효시설을 조성하여 처분·임대 등 부동산 사업을 시행하고 그 성과를 수익자에게 교부하여 주는 신탁을 말한다(금융투자회사의 영업 및 업무에 관한 규정 2-65⑥). 토지신탁은 토지소유자가 자신이 보유한 토지를 효율적으로 이용하기 위하여 개발사업을 전문적으로 수행하는 부동산신탁회사에 토지를 신탁하고 수탁자인 신탁회사는 신탁계약에서 정한 바에 따라 신탁재산인 토지를 관리·처분·개발하여 그 성과를 토지소유주에게 돌려주는 형태의 신탁이다. 토지신탁은 전업 부동산신탁회사만이 가능하고, 은행, 증권회사 및 보험회사는 토지신탁의 수익자가 될 수 없다(자본시장법 시행령15① [별표 1] 인가업무단위).

토지신탁은 부동산신탁회사를 통해 이루어지는 상사신탁이다. 따라서 일반 개인이 제3자에게 개발행위를 위임하여 대리하는 경우, 이는 부동산신탁업에서 말하는 토지신탁은 아니다. 그리고 개인 간의 신탁행위로 신탁법에 따라 자신의 토지를 관리 또는 처분하는 것을 신탁한 경우나 이 토지 위에 건물을 세울 것을 위임하는 경우에도 이는 엄밀한 의미의 토지신탁은 아니다. 토지신탁은 자본시장법에 따라 부동산신탁업을 영위하는 수탁자가 영업으로서 토지를 개발할 것을 위임받고, 그 기본 재산으로 토지를 수탁받아 시행하는 신탁관계이기 때문이다(신탁법2). 따라서 토지신탁은 부동산신탁이라는 범주 안에서 "전문적인 부동산신탁업을 영위하는 신탁업자가 개발행위를 전제로 위탁자 또는 위탁자들로부터 토지 및 토지위의 건물을 신탁으로 인수하여 소극적으로 토지의 관리·처분뿐만 아니라 적극적으로 개발사업을 대신 집행하는 형태의 신탁"을 말한다.

(2) 토지신탁의 분류

여기서는 건설자금의 부담에 따라 아래와 같이 분류한다.

(가) 차입형토지신탁

「금융투자회사의 영업 및 업무규정」 제2-65조 제6항 및 위 규정 별표 15는 차입형토지신탁과 관련하여, 토지신탁(신탁의 인수시에 신탁재산으로 토지 등을 수탁하고 신탁계약에 따라 토지 등에 건물, 택지, 공장용지 등의 유효시설을 조성하여 처분·임대 등 부동산 사업을 시행하고 그 성과를 수익자에게 교부하여 주는 신탁)의 한 종류로서, "사업비의 조달의무를 신탁사가 부담하는 신탁"이라고 규정하고 있다.

차입형토지신탁은 토지신탁사업(신탁토지에 신탁건물을 신축·증축·개축·재축·대수선 및 리모델링 등의 방법으로 개발하여 분양 그 밖의 방법으로 처분하거나 임대하는 사업)을 수행하기 위하여 위탁자는 신탁부동산의 소유권을 수탁자에게 이전하고, 수탁자는 신탁부동산을 보전 및 관리하며 이를 개발하여 신탁계약에서 정해진 바에 따라 신탁부동산을 분양 및 그 밖의 방법으로 처분하거나 임대한 다음 그 처분대가나 임대료 등 신탁재산을 신탁계약에 정해진 바에 따라 지급하는 것을 목적으로 하는 신탁을 말한다

(나) 관리형토지신탁

「금융투자회사의 영업 및 업무에 관한 규정」 제2-65조 제6항 및 위 규정 별표 15는 관리형토지신탁과 관련하여, 토지신탁(신탁의 인수시에 신탁재산으로 토지 등을 수탁하고 신탁계약에 따라 토지 등에 건물, 택지, 공장용지 등의 유효시설을 조성하여 처분·임대 등 부동산 사업을 시행하고 그 성과를 수익자에게 교부하여 주는 신탁)의 한 종류로서, "사업비의 조달의무를 위탁자가 부담하는 신탁"이라고 규정하고 있다.

관리형토지신탁은 위탁자가 신탁부동산의 소유권을 수탁자에게 이전하고 위탁자의 책임으로 사업비를 조달하여 이를 개발하고, 수탁자는 신탁부동산을 보존하고 관리하여 신탁계약에서 정해진 바에 따라 신탁부동산을 분양 등의 방법으로 처분하거나 임대한 다음 그 처분대

가나 임대료 등 신탁재산을 신탁계약에 정해진 바에 따라 지급하는 것을 목적으로 하는 신탁이다.

부동산신탁 중 개발사업에 가장 많이 활용되는 관리형토지신탁은 신탁회사가 개발사업의 사업주체(시행자)로서의 법률적인 지위를 보유하고, 신탁계약에 따라 일체의 시행 관련 업무는 시공사 및 위탁자가 수행하므로 정상적으로 사업이 진행되는 경우 신탁회사의 부담은 없으나, 시공사 및 위탁자의 부도·파산시 신탁회사가 사업주체의 역할을 맡아 인허가, 착공, 기성,[2] 준공, 분양 및 정산 등 사업 진행의 최종 책임을 부담하는 개발사업에 적용되는 신탁상품이다. 이는 위탁자가 시행자의 지위를 유지하고 신탁사는 관리업무만을 수행하는 분양관리신탁 또는 "담보신탁 + 대리사무"의 단점을 보완하여 사업을 진행하는 대안으로 2006년을 전후로 시작되어 현재까지 신탁회사가 중점적으로 취급하고 있는 신탁상품이다.

(다) 책임준공확약형 관리형토지신탁

책임준공확약형 관리형토지신탁이란 시공사 또는 위탁자가 책임준공의무를 불이행하는 경우 부동산신탁업자가 그에 갈음하여 책임준공의무를 부담하게 되는 형태의 관리형토지신탁계약을 말한다(금융투자업규정3-22①(12)).

책임준공확약형 관리형토지신탁은 시공사가 대출 실행일로부터 일정 기한까지 책임준공의무를 이행하지 못할 경우, 신탁사가 대신하여 책임준공의무를 부담하는 신탁상품이다. 신용도가 낮은 시공사가 참여한 개발사업에서 준공 리스크를 줄이기 위해 신탁사로부터 책임준공확약을 받는 것이 일반적이며, 최근 중소형 개발사업을 중심으로 수요가 증가하고 있다. 책임준공확약형 관리형토지신탁의 리스크 유형은 사업단계별로 시공사의 책임준공의무 이행단계, 신탁사의 책임준공의무 이행단계와 손해배상의무 이행단계로 구분하여 살펴볼 수 있다.

책임준공확약형 관리형토지신탁은 시공사가 책임준공의무를 이행하지 못할 경우 시공사의 책임준공의무를 부동산신탁회사가 부담하는 구조의 상품으로 관리형토지신탁 대비 위험도가 높아 수수료는 차입형토지신탁과 관리형토지신탁 중간 수준에서 결정되고 있으나, 시공사 부도 등이 발생할 경우 책임준공 이행을 위한 부동산신탁회사의 고유자금 투입이 불가피하여 대손위험과 유동성위험을 초래할 수 있다. 또한 책임준공확약형 관리형토지신탁은 시공사 부도 등으로 부동산신탁회사의 고유자금이 투입될 경우 동 투입금의 상환순위가 대출금융기관의 대출 원리금보다 후순위인 관계로 차입형토지신탁 대비 회수가능성 측면에서 열위에 있다.

신탁사 책임준공확약형 관리형토지신탁 부동산PF 구조가 부동산PF 시장에서 광범위하게 활용되기 전까지 일반적인 부동산PF 구조에서 신탁사는 제한적인 역할을 수행하였다. 그러나 책임준공이 가능한 건설사는 한정적일 수밖에 없는 환경에서 책임준공확약형 관리형토지신탁

---

2) 기성이란 공사의 진척도 또는 진행 정도를 말한다.

은 유용하게 활용된다.

V. 종합재산신탁

종합재산신탁이란 하나의 신탁계약에 의해 금전, 증권, 부동산, 무체재산권(지식재산권 포함) 등 여러 유형의 재산을 함께 수탁받아 통합관리·운용할 수 있는 신탁제도이다(자본시장법 103②). 이것은 고객이 신탁재산의 운용지시권을 갖는다는 점에서 특정금전신탁과 유사하나, 수탁재산의 범위가 금전에만 국한되지 않고 증권, 부동산 등 모든 재산으로 확대된다는 점에서 투자일임업(Wrap Account)과 구별된다. 즉 투자일임업은 주로 금전을 위탁받아 금융투자상품에 운용하나, 종합재산신탁은 수탁재산의 종류가 다양하고 운용대상도 증권 외에 부동산 등으로 확대 가능하므로 운용방식이나 자산 포트폴리오 구성에서 우위를 가질 수 있다.

종합재산신탁의 수탁과 관련한 신탁의 종류, 손실의 보전 또는 이익의 보장, 그 밖의 신탁 거래 조건 등에 관하여 필요한 사항은 대통령령으로 정한다(자본시장법103③). 자본시장법 시행령 제6조 제4항 제2호 가목에서 종합재산신탁으로서 금전의 수탁비율이 40% 이하인 경우(영6④(2) 가목) 재산신탁 내의 소액신탁자금 운용의 효율성을 도모하기 위해 공동운용3)을 허용하고는 있지만(영109③(5) 단서), 신탁회사가 행하는 종합재산신탁은 집합투자로 보지는 않는다(법 6⑤ 단서).

---

3) 투자목적이 같은 계좌별 신탁자금을 모아서 공동운용한 후 투자성과를 배분하는 이른바 공동운용기금(CIF: Collective Investment Fund)을 말한다.

제
4
장
/

자산유동화증권

제1절 서설

Ⅰ. 자산유동화의 의의와 연혁

1. 자산유동화의 의의

자산을 유동화 또는 증권화[1]한다는 것은 현금흐름을 창출하는 자산을 유가증권 형태의 자산유동화증권(ABS)[2] 또는 기업어음(CP)을 발행하여 쉽게 유통될 수 있는 형태로 전환하는 것이다. 자산유동화는 근거법에 따라 자산유동화법이 적용되는 "등록유동화" 거래와 상법이 적용되는 "비등록유동화" 거래로 구분된다. "비등록유동화" 거래는 SPC 설립형태에 따라 유한회사와 주식회사로 구분할 수 있다.

금융기관이 자금을 조달하여 이를 대출하면 대출금만큼 보유 현금이 줄어드는 대신 대출자산이 늘어나게 되는데, 대출채권을 매각하거나 회수할 때까지는 고정자산이 되어 금융기관은 대출금에 해당하는 만큼 유동성을 상실하게 된다. 이처럼 유동성이 떨어지는 대출채권 등을

---

1) "증권화"란 일반적으로 시장성, 즉 환금성 및 양도성이 낮은 일련의 개별적인 금전채권 등 자산으로 형성된 자산집합을 경제적 담보로 하여 새로운 증권을 발행·유통시킴으로써 경제적 담보가 된 기초자산(underlying assets), 다시 말해 유동화자산에 비해 보다 유동성이 향상된 새로운 금융상품을 창출하는 금융기법을 말한다(사법연수원(2014), 「금융거래법」(2014. 9), 269쪽). 이러한 증권화의 개념은 "자산의 유동화"와 혼용되고 있으며, 법률적으로도 "유동"이라는 표현이 주로 이용되고 있다. 그러나 유동화는 자산의 양도에 의한 투입자금의 회수라는 광의 개념인데 비하여, 증권화는 양도되는 자산을 ABS로 가공하여 불특정 다수의 투자자 간에 유가증권성을 부여하는 것이므로 유동화보다 더욱 발전된 형태라 말할 수 있다.
2) 광의의 자산유동화증권은 ABS, ABCP를 모두 포함하는 개념이나, 협의의 자산유동화증권은 ABS만을 의미하고, 자산유동화법에서는 ABS만을 다루고 있다. 자산유동화법에 의하지 않은 ABS 발행도 가능하나, 여기서의 ABS는 자산유동화법에 따른 ABS만을 의미한다.

증권화 또는 어음화하여 자금을 조달하는 금융기법을 자산의 유동화 또는 신용의 증권화라고
부른다. 즉 자산유동화란 비유동적 자산의 유동성을 높이는 일련의 행위로서 대개 현금흐름이
있는 대출채권 및 매출채권 등 비유동적인 자산을 보유한 금융기관이나 기업이 그 채권을 조
기에 회수하기 위하여 그 자산을 기초로 유가증권, 기타 채무증서를 발행하여 투자자들에게 처
분하는 것을 말한다.

원래 자산유동화의 가장 단순한 방법은 당해 자산을 매각하여 현금화하는 것이다. 그러나
당해 자산의 매수인인 투자자를 찾기가 쉽지 않다는 점,[3] 투자자를 찾더라도 투자자는 당해
자산의 위험성 등[4]을 이유로 당해 자산의 시장가격 내지 대출채권의 원본액보다는 낮은 가격
으로 매수하기를 원하는 점, 당해 자산이 저당대출채권인 경우 직접 대출채권을 회수·관리해
야 하는 투자자를 찾기란 더욱 쉽지 않은 점 등을 이유로 당해 자산을 매각하는 것은 한계가
있다. 이와 같은 이유로 대부분의 국가에서는 특정 자산의 현금수입을 기반으로 하여 유동화증
권 또는 CP를 발행하는 구조화된 금융기법인 자산유동화제도를 도입하게 되었다.

자산유동화는 통상 보유자산을 기초로 한 유가증권, 즉 유동화증권을 발행하는 방식을 말
하며, 현재 우리나라에서 시행되고 있는 자산유동화법과 한국주택금융공사법은 유동화증권을
발행하는 방식을, 어음의 발행에 있어서는 상법 및 어음법상의 CP를 발행하는 것을 전제로 하
고 있다. 자산유동화에 있어 일반채권 등을 기초자산으로 하여 증권을 발행하는 경우를 ABS,
CP를 발행하는 경우를 ABCP라고 한다.

2. 자산유동화의 연혁

전통적인 증권화 거래는 다음과 같은 구조에서 출발하였다. 우선 매출채권[5]의 보유자(자
산보유자)가 그 채권을 제3자인 특수목적기구(SPV)에 양도하고, 그 양수인은 양도대금을 마련하
기 위해 사채발행 등에 의해 투자자금을 조달받은 후 장래에 매출채권이 변제되면 그 변제금
으로 투자자들에게 투자원금을 상환한다. 즉 전통적인 증권화 제도는 본질적으로 팩토링과 같
은 매출채권금융에서 출발한다. 다만 증권화는 SPV를 통해 매출채권의 유동화가 이루어지는데
반해, 팩토링은 대주(貸主)의 성격을 띠는 팩토링 회사가 매출채권을 직접 매입하는 차이점이
있다. 따라서 증권화의 경우에는 SPV를 통해 다수의 투자자, 즉 다수의 대주들을 모집할 수 있

---

3) 예컨대 특정 자산보유자가 1,000억대의 부동산 또는 저당권 등에 의해 담보된 대출채권을 가지고 있는 경
   우 이를 매수할 투자자를 찾는 것은 현실적으로 어려운 일이다.
4) 부동산의 환금성, 저당대출 채무자의 채무불이행 위험 등이 있을 수 있다. 보통 카드회사에서 미수금채권
   을 매도하여 상각하는 경우 카드 채권액의 10-20% 정도만을 받는다고 한다.
5) 증권화의 대상인 매출채권이 일반기업의 매출채권에 한정되는 것은 아니다. 대출채권은 은행의 입장에서,
   신용카드채권은 신용카드회사의 입장에서 각각 매출채권에 해당하는 것들이며, 이러한 매출채권 이외에
   기업이 발행한 회사채도 증권화의 대상이 될 수 있다.

는데 반해, 팩토링의 경우에는 팩토링 회사로부터만 금융을 제공받게 된다.

팩토링에서 출발한 증권화가 현대화된 모습을 띠게 된 것은 1970년대 미국에서부터이다. 미국 정부투자기관인 Freddie Mac(Federal Home Loan Mortgage Corporation: 연방주택금융저당회사)과 Fannie Mae(Federal National Mortgage Association; 연방저당권협회)가 대출기관으로부터 주택저당대출채권(mortgage)을 매입하고 이들 주택저당대출채권들의 자산집합(pool)을 기초자산으로 삼아 유동화증권을 발행하였다. 이것이 바로 현대적 의미의 증권화 제도가 된다. 이후 Ginnie Mae(Governmental National Mortgage Association: 정부저당권협회)에서 주택저당대출채권 자산집합(pool)에 기초해 발행된 사채에 대해 지급보증을 해주었고, 미국의 투자은행들이 위와 같이 Ginnie Mae가 보증한 유동화증권들을 본격적으로 거래하기 시작한다. 그리고 1977년부터는 미국의 은행들이 자신의 주택저당대출채권을 대상으로 독자적인 증권화를 수행하게 되었고, 1985년부터는 주택저당대출채권 이외의 채권에 대해서도 증권화가 개시되었다. 이렇게 본격화된 증권화 제도는 주택저당대출채권 이외에 리스료 채권, 자동차할부채권, 신용카드채권과 같은 소비자 매출채권을 바탕으로 비약적인 발전을 하게 되었다.

Ⅱ. 자산유동화증권의 개념과 발행구조

1. ABS의 개념

ABS란 기본적으로 자산을 유동화하여 발행한 증권을 말한다. 일반적으로 자산의 유동화란 비유동성 자산을 유동성이 있는 증권으로 전환하여 이를 매각함으로써 현금화하는 모든 행위를 말한다. 이러한 관점에서 ABS는 유동화의 대상인 각종 채권 및 부동산, 유가증권 등의 자산에서 발생하는 집합화된 현금흐름을 기초로 원리금을 상환하는 증권을 의미한다. 자산보유자인 금융기관 또는 기업은 유동화를 위해 일정한 자산[6]을 유동화전문 SPC에 양도하고 SPC는 유동화증권을 발행한다. 이 SPC가 유동화증권을 투자자에게 발행하고 그 발행대금을 받아서 자산보유자에게 양도대금으로 지급함으로써 자산보유자는 자금을 조달하게 된다.

ABS는 기초자산을 집합하고 구조화하여 신용도를 보강하는 복잡한 증권화 과정을 거쳐 발행되기 때문에 일반 회사채와 달리 다양한 잠재 리스크를 포함한다. ABS 관련 리스크는 자체의 고유리스크와 시스템리스크로 분류될 수 있다. 고유리스크는 채무불이행리스크, 정보비대칭리스크, 유동성리스크 등이 대표적이다. 시스템리스크는 ABS에 대한 제3자의 신용보강, 유동화 과정에서 확대되는 레버리지 등에 주로 연유한다. ABS의 신용도는 제3자의 신용보증을

---

6) 초창기에는 다수의 채권으로 이루어진 집합화된 자산이 주로 유동화되었으나, 최근에는 부동산금융과 관련하여 거액의 단일 대출채권을 유동화하는 거래도 많이 이루어지고 있다.

통해 제고될 수 있으나 ABS가 부실화될 경우 보증기관 부실을 통해 금융시스템 전체로 확산될 위험은 증가한다. ABS를 기초로 다시 ABS를 발행하는 2-3차 유동화가 이루어질 경우 레버리지는 몇 배씩 더 커지게 된다. 이에 따라 기초자산 부실화시 피해 규모가 레버리지만큼 증폭되고 그 영향이 대출시장과 자본시장에 모두 파급된다. 또한 ABS의 투자자가 투자은행, 헤지펀드, 상업은행, 연기금 등으로 폭넓게 분포되어 있어 특정 자산의 부실화 리스크가 금융시장 전체로 빠르게 확산될 소지가 크다.

2. ABS의 발행구조

일반적으로 ABS를 발행하기 위해 자산보유자는 보유자산 중 일부를 유동화자산(기초자산)으로 묶고(pooling), 이를 SPC에 완전매각한다. 유동화자산을 양도받은 SPC는 ABS를 발행하여 투자자에게 매각하고 유동화자산의 관리·운용·처분에 의한 수익으로 발행증권의 원리금을 상환한다.

자산유동화는 금융기관으로부터의 차입, 주식 또는 사채 발행 등의 전통적인 자금조달방식과 달리 기업이 보유한 채권, 부동산 등의 자산에서 발생하는 현금흐름을 기초로 하여 자금을 조달하는 금융기법인데, 자산유동화를 하려면 ⅰ) 자산보유자의 선별된 자산집합을 대상으로, ⅱ) 정기적으로 원리금 상환에 필요한 충분한 현금흐름을 확보한 후, ⅲ) 원리금의 상환과 적시 배당을 보장하는 증권을 발행하되, ⅳ) 일정기준 이상의 신용등급을 받고, ⅴ) 자산보유자가 파산하더라도 원리금 지급에 영향이 없어야 한다.

제2절 자산유동화증권의 종류

I. 유동화자산의 종류에 따른 분류

1. 개요

ABS는 발행의 기초가 되는 자산의 종류에 따라 보통 별도의 명칭을 붙인다. 기초자산이 주택저당채권인 경우 MBS(Mortgage Backed Securities), 회사채인 경우 CBO(Collateralized Bond Obligation), 회사채의 발행시점에 유동화가 이루어진 경우 P-CBO(Primary Collateralized Bond Obligation), 은행의 대출채권인 경우 CLO(Collateralized Loan Obligation), 신용카드채권인 경우 CARD(Certificates of Amortizing Revolving Debts), 자동차할부채권인 경우 Auto-Loan ABS 등 다

양하게 불린다.

　일반적인 부채를 토대로 한 최초의 CDO는 1987년에 발행되었다. 정크본드 시장의 개척자로 유명한 밀켄(M. Milken)의 드렉셀(Drexel Burnham Lambert) 투자은행은 여러 기업의 고수익채권(정크본드)을 풀(pool)에 넣고, 이로부터 CDO를 발행하여 자금을 조달하였다. 이는 곧 은행으로 전파되어 자기자본비율을 낮추는 기법으로 사용된다. 이를 "재무제표 CDO"라고 한다.[7] CDO는 모든 형태의 금융자산을 재료로 삼아 발행할 수 있다. 다시 말해서 페이스루 형태로 발행한 증권을 C□O라고 부르고, 그 "재료"의 앞글자를 □ 안에 넣을 수 있다. 모기지 증서를 넣으면 CMO, 은행의 대출증서(loan)면 CLO, 채권(bond)이면 CBO가 된다.

　CDO는 초기에 자금조달(드렉셀)이나 자산이전(은행)을 목적으로 발행되었고, 1990년대 중반까지 발행 규모가 크지 않았다. 그런데 1990년대 말 CDO의 기능이 변모한다. 점차 "재료"에서 발생하는 이자와 CDO에 지급하는 이자의 차액을 획득할 목적으로 사용된다. 이를 "차익거래 CDO"라고 한다. "재무제표 CDO"에서 "차익거래 CDO"로 전환되는 것은 CDO의 기능 자체로 설명되지 않는다. 그것은 CDO를 둘러싼 금융환경의 변화에서 비롯된다.

2. CDO(Collateralized Debt Obligations: 부채담보부증권)

　CDO는 주택저당채권 이외에 회사채, 대출채권, 신용카드채권, 자동차할부채권 등 여러 채권을 기초자산으로 삼아 발행되는 증권을 말한다. CDO는 구조화 금융상품으로서, 기초자산을 가공하여 여러층(tranche; Tier)의 상이한 현금흐름을 만들어 내고 트렌치(tranche)별로 각기 다른 신용도를 가진 증권을 발행(tranching)한다는 점에 특징이 있다. 이렇게 해서 발행된 CDO는 기초자산인 매출채권이나 회사채와는 질적으로 달라진다. 여기서 통상적으로 신용등급 AAA에 해당하는 트렌치를 senior tranche라 하고, 신용등급 AA에서 BB에 이르는 트렌치를 mezzanine tranche라 부른다. 그리고 가장 낮은 신용등급의 junk나 신용등급 불가 수준의 트렌치를 equity tranche라 한다. senior tranche는 가장 위험이 낮은 트렌치로서 최우선 순위로 변제되고 채무불이행시의 손실을 가장 나중에 흡수하며 가장 안정적인 현금흐름을 제공한다. 반면 가장 낮은 등급의 equity tranche는 다른 트렌치의 변제가 이루어진 다음 가장 나중에 변제를 받아야 하며, 채무불이행 사유 발생시에는 손실을 가장 먼저 흡수하여야 한다. 그래서 이러한 최후순위의 비우량 트렌치를 toxic waste라고 부르기도 한다.

　또한 파생상품시장으로부터 신용부도스왑(CDS)을 구해 CDO와 결합시켜 위 junk tranche

　7) 일례로 내셔널 웨스터민스터 은행은 50억 달러에 달하는 200개의 대출채권을 SPV에 양도하여 이로부터 AA 등급의 선순위 증권(95.9%)과 후순위 증권을 발행하였다. 만일 CDO가 없다면, 이 은행은 50억 달러의 8%인 4억 달러의 자기자본을 보유해야 된다. 하지만 SPV는 은행과 회계상 분리된다. 50억 달러를 SPV에 이관하고 그것의 지분(2%)을 보유함으로써 필요한 자기자본을 1억 달러로 줄일 수 있다.

의 손실을 보상받을 수 있는 조건을 걸면, 따로 기초자산의 이전 없이도 원래보다 더 높은 신용도의 우량한 CDO로 탈바꿈시킬 수 있는데, 이를 신용파생상품의 하나인 합성CDO(Synthetic CDO)라 한다. 그리고 CDO 중 회사채를 기초자산으로 하는 것을 CBO, 신용등급이 낮은 기업 대출을 기초자산으로 하는 것을 CLO라 구별하여 부르기도 한다. 아래서 구체적으로 살펴본다.

3. CBO(Collateralized Bond Obligations: 채권담보부증권)

CBO는 기업이 발행한 회사채(채권)를 기초로 발행되는 ABS를 말하는데 신규발행 채권을 기초로 하는 발행시장 CBO(primary CBO)와 이미 발행된 채권을 기초로 하는 유통시장 CBO (secondary CBO)로 구분된다. 발행시장 CBO(=P-CBO)는 신용도가 낮아 채권시장에서 회사채를 직접 발행하기 어려운 기업의 회사채 차환발행 또는 신규발행을 지원하기 위해 도입되었다. 발행시장 CBO의 신용보강은 주로 수탁은행의 신용공급에 의해 이루어지며 신용보증기금 등이 이 신용공급에 대해 지급보증을 한다.[8] 유통시장 CBO는 금융기관이 보유하고 있는 기발행 채권을 SPC에 매각하고 SPC는 신용을 보강한 다음 CBO를 발행하여 투자자에게 매각함으로써 자금을 조달하는 구조로 되어있다. 유통시장 CBO의 신용보강은 수탁은행의 신용공급과 선·후순위 구조로 이루어진다.

4. CLO(Collateralized Loan Obligations: 대출채권담보부증권)

CLO는 금융기관의 기업에 대한 대출채권을 기초자산으로 발행되는 ABS를 말한다. 부실채권(NPL: Non-Performing Loan) 등을 포함한 기존 대출채권을 유동화하는 CLO와 신규 대출채권을 기초로 하는 발행시장 CLO(primary CLO)으로 나뉜다. 우리나라의 경우 CLO가 대부분 부실채권을 기초자산으로 발행되고 있는데 부실채권을 기초로 하는 CLO를 NPL ABS라고도 한다. NPL ABS는 부실채권을 처분하여 금융기관의 재무건전성을 높이기 위해 발행되는데 기초자산의 현금흐름이 없으므로 담보의 처분, 채권추심 등을 통해 얻어질 수 있는 현금흐름과 수탁은행의 신용보강 및 선·후순위 구조로 이루어진다. 한국자산관리공사가 발행하는 NPL ABS는 채권은행에 대한 환매요구권[9]이 신용보강에 이용된다.

한편 발행시장 CLO는 신용도가 취약한 기업에 대한 은행대출을 지원하기 위해 활용되고 있다. 발행시장 CLO는 은행이 다수의 기업에 대한 신규 대출채권을 SPC에 매각하고, SPC가 이를 기초로 CLO를 발행하여 자금을 조달하는 구조로 되어 있다. 발행시장 CLO의 신용보강은 주로 수탁은행의 신용공급에 의해 이루어지며 신용보증기금 등이 신용공급에 대해 지급을 보

---

8) 선순위채 전체에 대하여 지급을 보증하기도 하며 일부에 대해서만 보증하기도 한다.
9) 원채무자의 6개월 이상 연체 및 특별채권 내용 변경시 채권은행에 대해 환매를 요구할 수 있다.

증한다.

5. CARD(Certificates of Amortizing Revolving Debts: 신용카드매출채권부증권)

CARD는 현재 발생한 특정계좌의 신용카드매출채권(현금서비스 이용대금채권을 포함)과 장
래 특정시점까지 발생할 신용카드매출채권을 기초로 발행되는 ABS를 말한다. 만기가 짧은(약
45일 정도) 신용카드매출채권을 기초로 장기의 ABS를 만들기 위해 CARD에는 재투자 구조
(revolving structure)가 이용된다. 즉 ABS를 발행할 때 기초자산으로 사용된 신용카드매출채권이
결제되어 회수되는 현금흐름으로 이 ABS의 이자만을 지급하고, 남은 금액으로는 특정계좌의
새로운 신용카드매출채권을 매입하여 기초자산 집합에 추가시키는 방식이다.

CARD는 특정계좌로부터의 현금흐름을 자산보유자의 몫(seller's interest)과 투자자의 몫으
로 구분하고, 자산보유자의 몫을 일종의 내부신용보강장치로 활용하고 있다. 이에 따라 CARD
는 투자자 몫을 기초로 ABS가 발행된다는 특징이 있다. 자산보유자 몫은 유입되는 현금흐름의
변동에도 불구하고 투자자 몫이 고정되도록 하는 완충장치의 역할을 한다. 한편 자산보유자 몫
이 일정 수준 이하인 상태가 일정기간 계속되면 조기상환이 이루어진다. CARD의 원금은 재투
자 기간이 끝난 후 일정기간(축적기간) 동안 누적하여 만기에 한꺼번에 상환되거나 일정기간(조
정상환기간) 분할하여 상환된다. CARD의 신용보강은 선·후순위 구조, 초과담보, 하자담보책임
및 조기상환구조 등으로 이루어진다.

6. ABCP(Asset-Backed Commercial Paper: 자산유동화기업어음)

ABCP는 CP의 형태로 발행되는 ABS를 말하는데 자산유동화법에 근거하여서는 ABS·
ABCP 구조가 주로 활용되고 있다.[10] ABS·ABCP 구조는 SPC가 기초자산을 근거로 ABS를 발
행하는 것은 다른 ABS와 같지만 자산유동화 기간에 상응하는 장기 ABS를 1회 발행하는 대신
단기 ABS 사채를 발행한 후 만기 도래시 ABCP를 발행하여 ABS 사채를 상환하고 자산유동화
기간 동안 계속 ABCP를 차환발행하는 것이다. ABS·ABCP는 장단기 금리차이에 따른 자금조
달비용의 절감, 기초자산에서 발생하는 여유자금의 재투자위험 축소 등이 가능해지므로 ABS
발행의 경제성을 높일 수 있다.

7. MBS(Mortgage-Backed Securities: 주택저당증권)

MBS는 주택저당채권(mortgage)[11]을 기초로 발행되는 ABS이다. MBS 시장은 1차 시장, 2

---

10) ABCP는 ABS 사채의 발행 없이 CP의 형태로만 발행될 수 있다.
11) 주택저당채권이란 주택의 구입 또는 건축에 소요되는 대출자금 등에 대한 채권으로서 당해 주택에 설정된

차 시장 및 자본시장으로 구성된다. 1차 시장은 모기지 차입자와 상업은행 등 모기지 대출기관 사이에 모기지론(주택담보대출)이 이루어지는 시장이다. 2차 시장은 모기지 대출기관이 보유하고 있는 주택저당채권을 유동화(증권화)하는 시장을 말하며, 자본시장은 유동화된 주택저당증권이 기관투자자들에게 매각되고 유통되는 시장을 말한다.

MBS는 주택저당채권을 기초자산으로 ABS를 발행한다는 점에서 일반 ABS와 유사하지만 조기상환위험을 갖는다는 점에서 큰 차이가 있다. 미국의 경우 모기지론 조기상환시 주택자금 차입자에게 어떤 패널티도 부과되지 않는다. 이와 달리 한국주택금융공사가 양도받는 주택저당채권의 경우 조기상환시 수수료가 부과된다. 조기상환위험이란 모기지 차입자가 추가적인 수수료 납부 없이 잔존대출원금을 만기일 이전에 상환함으로써 ABS 발행인 또는 투자자의 현금흐름에 불확실성이 발생하는 위험을 말한다. 조기상환은 차입자가 전직, 타주택 구입 등으로 주택을 매각하는 경우, 차입자가 모기지 계약을 이행하지 못하여 담보주택이 매각되는 경우, 차입자가 재차입비용을 고려한 후에도 금리가 계약금리 이하로 하락하여 재차입을 하는 경우 등에 발생한다.

우리나라에서 MBS는 주로 한국주택금융공사가 발행하고 있으며, 주택저당채권을 가지고 있는 일부 금융기관도 SPC를 설립하여 발행하고 있다.

Ⅱ. 채권담보부증권(정책금융기관 P-CBO 사례)

1. 의의

국내 정책금융기관 P-CBO는 신용보증기금, 기술보증기금, 중소기업진흥공단, 한국주택금융공사 등이 발행을 주관해 오고 있으며, 각 기관별 P-CBO 발행 목적과 구조적 특징을 살펴보기로 한다. ⅰ) 신용보증기금은 중소·중견기업이 회사채 발행을 통해 자금을 조달할 수 있도록 하며, 금융위기 시에는 대규모 회사채 만기도래로 일시적 유동성 어려움을 겪는 대기업을 지원해 주는 P-CBO를 발행하여 보증을 한다. ⅱ) 기술보증기금은 자체신용으로 직접금융 조달이 어려운 기술혁신형 기업에게 회사채 발행을 통한 자금조달 기회를 제공하고자 보증제도를 도입하였으며 그 구조는 신용보증기금과 동일하다. ⅲ) 중소기업진흥공단은 성장성이 유망하지만 자체신용으로 회사채 발행이 어려운 중소기업의 자금확보를 지원하기 위하여 중소기업 전용 P-CBO를 발행하였으며, 중소기업진흥공단이 후순위채를 매입함으로써 정책적 지원을 하고 있다. ⅳ) 한국주택금융공사는 준공 후 미분양으로 자금난을 겪고 있는 건설사가 주택금융공사의 신용보강을 통해 저리의 자금을 조달할 수 있도록 P-CBO 발행을 하고 있다. 앞에서

저당권에 의하여 담보된 채권을 말한다.

살펴본 정책금융기관들은 대체적으로 신용과 담보 부족으로 채권시장에서 자체적으로 거래가 되지 않는 회사채에 대해서 신용보증, 후순위채 매입 등을 통한 신용보강으로 P-CBO를 발행하고 있다. 각 기관별 P-CBO의 구체적 특징을 살펴보면 다음과 같다.

2. 신용보증기금 P-CBO

신용보증기금은 개별기업이 발행하는 회사채 등을 SPC가 매입하여 유동화자산(기초자산)을 구성한 후, 이를 기초로 유동화증권을 발행한다. 유동화증권은 선순위증권과 후순위증권으로 분리 발행하며 97%를 선순위증권으로 3%를 후순위증권으로 발행한다. 선순위증권은 신용보증기금이 보증하여 AAA등급으로 최우량 등급화되어 기관투자자에게 매각되며 후순위증권은 신용보증기금의 보증없이 개별기업이 매입한다.

신용보증기금의 P-CBO 보증 상품은 중소·중견 P-CBO와 채권시장안정 P-CBO로 구분되며, 중소·중견 P-CBO는 자금조달에 어려움을 겪고 있는 우량 중소·중견기업 등에 유동성을 지원한다. 채권시장안정 P-CBO는 금융위기 시와 같이 회사채 시장이 비정상적일 때 대규모 회사채 만기도래로 유동성 어려움을 겪고 있는 대기업의 차환발행을 지원한다.

3. 기술보증기금 P-CBO

기술보증기금의 유동화증권 역시 신용보증기금과 마찬가지로 선순위증권 97%, 후순위증권 3%로 발행되고, 선순위증권은 기술보증기금이 보증하여 신용등급이 AAA로 최우량등급화된 후 투자자에게 매각되고, 후순위증권은 기술보증기금의 보증없이 참여기업이 인수하는 구조이다. 기술보증기금 P-CBO가 신용보증기금 P-CBO와 차별화되는 것은 단순 일시상환 방식이 아닌 기업 선택에 따라 만기일시상환과 분할상환(1년차 10%, 2년차 10%, 3년차 80%) 방식을 혼용해서 사용하는 점이다.

4. 주택금융공사 P-CBO

주택금융공사의 P-CBO에서는 건설사가 아파트 분양대금의 60%에 해당하는 회사채를 발행하고, 주관증권사는 발행한 회사채를 인수하여 유동화 SPC에 양도하며, 유동화 SPC는 이를 기초자산으로 P-CBO를 발행한다. 준공 전 미분양 아파트를 매입하여 건설사에 사업장 준공에 필요한 긴급 유동성을 공급하는 것이다. 이때 주택금융공사는 유동화 기초자산인 회사채 지급불능의 사유 발생에 대비하여 지급을 보장한다. P-CBO 발행 시 신용공여 은행은 유동화 SPC에 SPC의 비용과 P-CBO 원리금 전체를 보장하는 신용보강을 제공하고, 주택금융공사는 신용공여 은행에게 신용보증을 제공하는 구조이다.

제3절 자산유동화기업어음(ABCP)

I. ABCP의 의의

자산유동화기업어음(ABCP) 또는 자산담보부기업어음(ABCP)은 기업어음(CP)과 자산유동화증권(ABS)의 구조를 결합한 것으로 유동화자산을 양도받은 SPC가 유동화자산의 현금흐름에 기초하여 CP를 발행[12]하는 구조를 취하는 단기금융상품이자 기업의 대표적인 단기 자금조달수단이다. 즉 유동화증권의 일종이다. ABCP는 ABS와 구조적인 면에서의 차이는 크지 않으나, ABS가 자산유동화 사채인 반면, ABCP는 기업어음이라는 차이가 있으며, ABCP는 대체로 만기가 1년 미만(주로 3개월 이내 차환발행)인 단기채무로 발행되는 특성이 있다.

이와 같은 유동화 대상자산을 기초로 CP를 발행하여 자금을 조달하는 기법을 ABCP Program이라고 한다. 이는 1980년대 초반 선진국의 상업은행(Commercial Bank)이 기업고객에게 저리의 자금을 공급하기 위한 방법으로 개발된 금융기법이다. CP 발행의 기초자산은 일반적으로 할부매출채권, 리스채권, 카드매출채권 등 상거래 매출채권이지만, 근래에는 CP 발행의 기초자산이 ABS, PF 대출(Loan), Revolving 자산, MBS, 회사채, CP 등에 이르기까지 그 대상이 점차 확대되고 있다.

상업은행 입장에서 ABCP Program은 자신의 대차대조표에 영향을 주지 않은 채(부외금융, Off-Balance Financing) 기업고객에게 자금을 제공하면서 다양한 형태의 수수료를 획득할 수 있는 장점이 있다. 아울러 기업고객도 ABCP Program을 통해 좀 더 수월하게 자금을 조달할 수 있게 되었다.

II. ABCP와 ABS의 비교

ABCP는 CP를 발행하고, ABS는 증권(Securities)을 발행한다는 점과 ABS는 여기에 적용되는 자산유동화법이라는 특별법이 있다는 점에서 기본적인 차이가 있다. 이를 바탕으로 ABCP와 ABS를 비교해 보면 다음과 같다.

---

[12] 종래 기업들이 단기 자금조달수단으로 일반사채가 아닌 CP를 이용한 이유는 상법상 주식회사의 경우 사채 발행한도가 순자산액의 4배로 제한되어 유동화증권 발행총액을 맞출 수 없기 때문이다. 그러나 ABCP는 어음이라 제한이 없어 CP를 유동화 구조와 결합시켜 단기 자금조달수단으로 이용할 수 있다.

1. 근거 법률

ⅰ) ABCP는 상법 또는 자본시장법에 근거하여 발행되지만, ABS는 자산유동화법에 의해 발행된다. 따라서 ABS의 경우 ABCP와는 다르게 자산유동화법에 따른 채권양도·저당권취득 특례 및 등록·취득세 감면 등 조세특례의 특례가 있다. ⅱ) SPC의 경우 ABCP는 상법상의 주식회사 또는 유한회사의 형태로 설립하여 CP를 발행하고, ABS는 자산유동화법상의 유한회사 형태의 유동화전문회사를 설립하여 회사채, 수익증권 또는 지분증권을 발행한다. ⅲ) ABCP는 주로 사모로 모집하나, ABS는 공모와 사모 두 가지 형태가 모두 사용된다. ⅳ) ABCP는 각각의 conduit[13]을 구성하여 포괄유동화[14]가 가능한 반면, ABS는 원칙적으로 불가능하다. ⅴ) ABCP는 CP의 특성상 권면분할 및 분할양도 등 조건부 발행이 곤란하나, ABS는 채권이다 보니 선·후순위 등 다양한 조건으로 발행할 수 있다. ⅵ) ABCP는 단기자금조달에 적합하고 발행 소요기간은 통상 5일 이내(공모는 10일 이내) 정도로 짧으나, ABS는 장기자금조달에 적합하고 발행 소요기간도 통상 30일 내외(공모 기준)로 긴 편이다.

2. 정보공시

ABCP는 공모시에만 금융위원회에 증권신고서를 제출하고, 사모일 경우에는 별도의 공시의무가 없었으나, 2013. 2. 5. 「증권의 발행 및 공시 등에 관한 규정」("증권발행공시규정")이 개정되면서 50매 이상으로 발행되는 경우, CP의 만기가 365일 이상인 경우, CP가 자본시장법 시행령 제103조에 따른 특정금전신탁에 편입되는 경우에는 각 금융위원회에 증권신고서를 제출하도록 하고 있으며, ABS의 경우 자산유동화법의 적용을 받기 위해서는 유동화계획 및 자산양도시 등록하여 공시하도록 되어 있다.

3. 신용평가

신용평가의 경우 ABCP는 자본시장법 시행령 제183조에 따라 장외거래시 2개 이상의 신용평가기관으로부터 신용평가를 받도록 의무화되어 있으나, ABS의 경우 증권인수업무에 관한 규정 제11조의2에 따라 1개 이상의 신용평가기관으로부터 신용평가를 받아야 한다. 발행비용의 경우 ABCP가 통상 단기로 발행되기 때문에 상대적으로 장기인 ABS에 비해 저렴하다.

---

13) ABCP를 반복적으로 발행하고자 하는 경우 콘듀잇(conduit)을 설립하여 보유자산을 콘듀잇(conduit)에 매각하고, 콘듀잇(conduit)은 보유자산을 기초로 CP를 발행하는 구조를 취한다. 금융기관의 경우 콘듀잇(conduit)을 이용하여 보유자산을 콘듀잇(conduit)에 매각할 경우 부외처리가 가능해지고 부외자산에는 50%의 위험가중치만 적용받는 이점이 있다("ABCP 공장 콘듀잇 전성시대", 머니투데이(2008. 6. 23)).
14) 1개의 SPC가 다수의 유동화계획에 따라 수차례 유동화증권을 발행하는 것을 말한다.

예금상품(=수신상품)과 대출상품(=여신상품)

제1절 개설

여기서는 은행의 경우를 살펴본다. 은행상품은 저축상품, 대출상품, 파생상품, 복합금융상품으로 구분된다(은행법감독업무시행세칙59).

ⅰ) 저축상품은 예금, 적금(상호부금을 포함), 신탁, 증권 및 채무증서 등 은행이 이용자에게 판매하는 저축 또는 결제수단을 말한다(은행업감독업무시행세칙59(4)). 은행의 경우 투자자금 출금 시 원본(투자원금) 지급이 약속된 금융상품을 공급하며 이러한 상품을 저축상품이라 하는데, 대표적인 저축상품으로는 은행에서 흔히 접하는 예·적금 상품을 들 수 있다. 예·적금은 고객이 금융기관에 금전을 빌려준 것으로 보기 때문에 빌려준 돈을 되돌려 받을 때는 최소 원금과 같거나 더 많은 금액을 수령하게 된다. 원금을 예금으로 운영하여 원금을 보존하고 이자를 파생상품에 투자하여 초과수익을 추구하는 ELD의 경우 예금과 파생상품이 결합된 상품이지만, 원본손실이 없기 때문에 저축상품으로 분류한다. ELD는 이자의 일부 혹은 전부를 파생상품에 투자하여 초과수익을 추구하는 실적배당형 금융상품의 특징을 갖는다.

ⅱ) 대출상품은 은행이 이용자에게 공여하는 대출 또는 신용수단을 말한다(은행업감독업무시행세칙59(5)). 은행은 예금으로 조달된 자금을 자금수요자에게 공급하는 자금중개기관이다. 일반적으로 대출보다 넓은 의미로 은행이 신용공여하는 것을 여신이라고 한다. 대출상품을 여신상품이라고도 한다.

ⅲ) 파생상품은 통화, 채권, 주식 등 기초자산의 가격이나 자산가치 지수의 변동에 의해 그 가치가 결정되는 금융계약을 말한다(은행업감독업무시행세칙59(6)).

iv) 복합금융상품은 개별 은행상품을 연계 또는 복합하여 운용하는 상품을 말한다(은행업감독업무시행세칙59(7)).

아래서는 예금상품(＝수신상품)과 대출상품(＝여신상품)을 살펴본다.

제2절 예금상품(=수신상품)

★ 매일경제 11월 18일

트럼프發 머니무브 … 적금 깨고 코인 빚투

적금통장 깨고, 마이너스통장 털어 비트코인을 사는 이른바 '코인 빚투'가 기승을 부리고 있다. 전 세계적으로 빚어지고 있는 '트럼프 트레이드' 탓이지만 △코인값 불확실성이 크다는 점 △가계대출을 부추긴다는 점 △국내 투자자금 이탈이 과도하다는 점 △이로 인해 원화값이 급락한다는 점에서 우려가 크다.

17일 코인 통계 사이트 코인게코에 따르면 국내 5대 가상자산 거래소(업비트·빗썸·코인원·코빗·고팍스)의 평균 거래대금은 최근 한 주(11~17일)간 21조원으로 미국 대선이 있던 주(4~10일)의 7조원에 비해 187% 늘었다. 미국 대선 직전 주간과 비교하면 486% 급증했다.

코인을 사려는 대기자금인 코인거래소 예치금도 크게 늘었다. 금융당국에 따르면 15일 기준 예치금 유입 금액은 지난달 말보다 2조4000억원 증가했다. 코인 투자 상당 부분은 신용대출에서 나온 것으로 추정된다. KB국민·신한·하나·우리·NH농협 등 5대 시중은행 가계 신용대출은 이달 14일 104조6239억원으로 지난달 말에 비해 7788억원 불어났다.

이 중 97%인 7522억원이 마이너스통장에서 나왔다. 금융권 고위 관계자는 "최근 신용대출이 빠르게 늘고 있는데 상당 부분은 코인 투자로 이어졌을 것으로 보고 있다"며 "금융당국의 전방위적인 가계대출 옥죄기로 신규 대출이 쉽지 않은 상황에서 마이너스통장을 활용한 '코인 빚투' 가능성이 높다"고 말했다.

마이너스통장 대출이 늘어나는 동안 은행 예·적금은 줄어들었다. 5대 시중은행에서 이달 들어 14일까지 '대기성 자금'인 요구불예금은 10조1186억원, 적금 잔액은 7871억원 줄었다. 10월 같은 기간의 2배 수준이다. 코인 빚투에 주식 이민이 더해지면서 투자금 '탈한국'이 가속화하고 있다. 국내 투자자의 미국 주식 보관 금액은 이달 14일 기준 1001억달러로 지난 11일 역대 최고치(1035억달러)를 경신한 후 계속 1000억달러대를 유지하고 있다. 과도한 레버리지 투자와 해외로의 자금 유출 등은 달러당 원화값 약세를 부추기고 있다.

Ⅰ. 예금의 의의

1. 예금의 개념

예금은 "예금자가 은행 기타 수신을 업으로 하는 금융기관에게 금전의 보관을 위탁하되 금융기관에게 그 금전의 소유권을 이전하기로 하고, 금융기관은 예금자에게 같은 통화와 금액의 금전을 반환할 것을 약정하는 계약"이다. 예금은 은행이 전통적으로 취급하는 수신상품으로 은행부채의 대부분을 차지하며 일반적으로 은행의 영업정지, 파산 등 발생시에도 예금자보호제도를 통해 1인당 5천만원까지 보호 받을 수 있다. 이러한 예금은 예금고객의 예치 목적이나 기간에 따라 크게 요구불예금과 저축성예금으로 나누어진다.

예금을 받는 것은 은행업의 본질적 요소이고 은행을 다른 종류의 금융기관과 구별하는 기준이 된다. 은행법상의 은행 이외에 상호저축은행, 신용협동조합, 새마을금고, 체신관서 등이 예금, 예탁금, 예수금 등의 명칭으로 수신업무를 하고 있어 비은행예금취급기관으로 불린다.

2. 예금과 수신상품

수신상품으로는 은행의 예금이 가장 대표적이라 할 수 있다. 이외에도 예금과 유사하면서 취급금융기관에 따라 이름을 달리하는 광의의 예수금 상품이 다수 있다. 이와 달리 일반적으로 실적배당상품인 신탁 및 집합투자기구(펀드) 등이 있다. 과거 자본시장이 발달되지 않았을 때에는 은행 예금이 금융자산의 대부분을 차지하기도 하였으나, 금융시장의 발달과 다양한 금융상품의 등장으로 보다 복잡한 수신상품이 지속적으로 출시되고 있다. 수신상품을 선택하는 기준으로 고려하는 것은 수익성, 안전성 그리고 유동성이다. 투자자들은 높은 수익을 제공하는 금융상품에 대한 선호가 높다. 반면 해당 금융상품의 투자손실 위험은 크지 않기를 바란다. 이에 더하여 현금화에 비용과 시간이 많이 소요되는 금융상품보다는 상대적으로 적은 비용과 시간으로 현금화가 가능한 금융상품에 투자하기를 선호한다. 대체로 투자위험이 크고, 유동성이 낮은 금융상품일수록 높은 목표수익률을 제시하는데 투자자들은 본인의 투자성향과 여유자금의 성격에 따라서 자신에게 적합한 상품을 선택하게 된다.

Ⅱ. 예금의 종류

1. 만기별 분류

예금거래기본약관은 예금을 입출금이 자유로운 예금, 거치식예금 및 적립식예금으로 나누어 규정하고 있다. 예금거래기본약관에서 정한 입출금이 자유로운 예금과 거치식예금·적립식

예금의 분류는 종래의 요구불예금[1]과 저축성예금[2]에 각각 대응하는 경우가 대부분이지만 두 분류가 완전히 동일하지는 않다.

(1) 요구불예금(입출금이 자유로운 상품)

요구불예금은 자금 예치 시 기간을 설정하지 않고 일시적으로 자금을 은행에 맡겼다가 자금이 필요할 때 언제든지 마음대로 찾아 쓸 수 있는 예금을 말한다. 따라서 대체로 이자가 없거나 낮은 편으로, 예금자의 예치목적이 이자수익보다는 일시적 자금보관이나 금전출납 편의에 있다. 구체적인 상품으로는 (가계)당좌예금, 보통예금, 저축예금, 별단예금 등이 있다.

당좌예금과 가계당좌예금은 각각 기업과 가계가 당좌수표 또는 가계수표를 발행할 때 결제계좌로 사용하기 위해 개설하는 예금이다.

저축예금은 보통예금처럼 예치금액, 예치기간 등에 아무런 제한이 없으며 입출금이 자유롭고 보통예금보다 높은 이자를 받을 수 있는 가계우대성 금융상품으로 가계의 여유자금을 초단기로 예치하거나 입출금이 빈번한 자금을 운용하기에 적합하다.

별단예금은 현금이 아닌 자기앞수표로 인출할 경우 수표가 교환에 회부되어 돌아올 때까지 임시적으로 해당 자금을 계리해 두는 예금계정으로 공탁금, 사고수표담보금 등 특수한 계정 처리에 쓰인다.

은행의 입장에서 이러한 예금은 입출금이 수시로 이루어지기 때문에 자금을 안정적으로 운용할 수 없고 부대비용이 크다. 게다가 지급준비금도 상대적으로 많이 필요하기 때문에 높은 금리를 지급하기 어렵다. 또한 당좌예금과 가계당좌예금의 경우 당좌수표를 발행할 수 있도록 하고 발행된 수표의 결제업무까지 처리해준다. 그러나 최근에는 자금의 효율적 운용에 대한 관심이 높아짐에 따라 입출금이 자유로운 상품에 대해서도 금융기관 간 경쟁이 심화되고 있다.

자산운용회사의 MMF(Money Market Fund)나 증권회사의 CMA(Cash Management Account)와 같이 단기간 예치하면서 시장실세금리를 지급하는 상품과 경쟁하는 상품으로 은행의 MMDA(Money Market Deposit Account, 시장금리부 수시입출금식 예금) 규모도 증가하고 있다. MMDA는 시장실세금리에 의한 고금리와 자유로운 입출금 및 각종 이체, 결제기능이 결합된 상품으로 단기간 목돈을 운용할 때 유리한 예금상품이다.

---

1) 요구불예금은 예금자의 인출요구가 있으면 즉시 반환하여야 하는 예금으로 예치 개시 초에 기간을 설정하지 않고 일시적으로 자금을 운용, 자금보관 또는 출납편의를 목적으로 예치할 때 사용하는 예금을 말한다. 요구불예금은 이자가 없거나 아주 미미한 수준이며 대표적인 통화성 예금으로 현금통화와 함께 통화량 지표 M1에 포함된다.
2) 저축성예금은 예치 개시 초에 예치 기간을 미리 정하고 기한도래 전에는 인출이 안 되는 대신, 기한에 따라 또는 특성에 따라 높은 이자가 지급되기도 하는 고수익 예금상품이다.

(2) 저축성 상품

저축성 상품은 결제서비스 또는 단기예치보다는 장기간 저축을 통하여 높은 수익을 제공하는 수신상품이다. 저축성 상품은 과거 정기예금과 정기적금으로 구분되었으나 최근에는 정보기술의 발달 등으로 점차 통합되는 추세이다.

정기예금은 목돈을 장기간 운용하는데 적합한 상품이고 정기적금은 목돈을 마련하기 위하여 매월 또는 매분기 정기적으로 정해진 금액을 계속 납입하는 상품이다. 예전에는 가계가 1년이상 정기적금을 납입하여 마련한 목돈을 1년 이상 정기예금으로 계속 운용하는 것이 자금운용의 주요 방법이었다. 그러나 정해진 일자에 정해진 금액을 납입하는 정기적금의 불편을 줄이기 위하여 정해진 만기 내에서 원하는 금액을 수시로 납입할 수 있도록 설계된 자유적립식 적금상품이 등장하였다. 이는 또다시 각각의 납입자금을 사전에 만기를 정하지 않고 실제 인출일자까지를 만기로 하는 별개의 정기예금으로 간주하는 상품으로 통합되었다. 이러한 통합상품은 외환위기 이후 심화된 자금의 단기화 현상으로 확산되었다. 자금의 단기화 현상은 금융시장 불안으로 인한 예금자들의 장기예치 기피, 금융기관 간 예금유치 경쟁 쇠퇴, 그리고 장·단기금리격차 축소 등으로 심화되었다.

현재 정기적금의 경우 최저 가입기간이 6개월이고 정기예금의 경우 1개월 이상 예치하도록 하고 있으나 실질적으로 이러한 규제는 큰 의미가 없어 거래조건은 사실상 자유화되었다. 금리도 고정금리 대신에 다양한 형태의 변동금리를 적용할 수 있도록 설계된 많은 상품들이 출시되어 예금자들의 선호도에 맞게 판매되고 있다.

(3) 시장성 상품 및 특수목적부 상품

시장성 상품이란 단기금융시장에서 거래되는 유가증권과 유사한 금융상품을 매개로 발행되는 예금상품이다. 은행이 발행하는 시장성 상품으로는 CD(양도성예금증서), RP(환매조건부채권), 표지어음 등이 있다.

이들은 금융기관 창구에서 발행되어 하나의 수신상품시장을 형성하고 있으며 금리는 유통시장에서 결정되는 수익률을 감안하여 금융기관이 제시한다. 다만 이들 시장성 상품을 만기 전에 환매하고자 할 경우 다른 예금과 같이 금융기관 창구에서 금리 손실을 감수하면서 계약을 해지하는 것이 아니라 증권회사 등 중개기관을 통해 유통시장에서 시장수익률로 상품을 매도하여 회수하는 차이가 있다.

한편 특수목적부 상품은 일반 수신상품과 달리 정책적 차원에서 정부로부터 특수한 조건을 부여받은 상품이다. 주로 정기예금이나 정기적금에 세제혜택이 부여되어 있거나 아파트 청약권이 부여된 상품들이 대표적이다. 과거에 금리가 규제되던 시기에는 가계우대정기적금과 같이 특정한 예금에 대해 금리를 우대하였으나 대부분 폐지되었다. 세제혜택의 경우 상품에 따라 완전비과세, 저율과세 등의 다양한 구분이 있었으나 극히 일부 상품을 제외하고는 대부분 폐지되었다. 이 밖에 우리나라 주택시장의 특수성이 반영된 금융상품으로 아파트 청약권이 부여되는 주택청약종합저축이 있다.

2. 통화별 분류

예금이 어떤 통화로 이루어졌는가에 따라 원화예금과 외화예금으로 나누어지고 외화예금도 외화당좌예금, 외화보통예금, 외화정기예금, 외화별단예금 등으로 나누어진다.

외화예금은 금융기관에 미달러화, 엔화 등 외화로 예치되어 있는 예금을 말하며 보통·정기예금, 부금, 예치금 등을 포함하고 은행뿐만 아니라 체신관서 등 비은행금융기관에 금전을 맡기는 일체의 계약이 포함된다. 또한 원화예금과는 달리 환율의 움직임에 따라 원화표시 예금 잔액이 변동된다. 외화예금의 금리는 외국환은행이 주요 국제금융시장 금리 등을 감안하여 자율적으로 결정하며 외국환은행은 수취한 외화예금에 대해서 금융통화위원회가 정하는 비율의 지급준비금을 한국은행에 예치하여야 한다.

Ⅲ. 비은행금융기관의 예수금

비은행금융기관도 다양한 종류의 수신상품을 취급하고 있는데 금융기관에 따라 명칭만 조금씩 차이가 있을 뿐 대부분 그 기능이나 취급조건은 은행의 수신상품과 유사하다.

상호저축은행에서 취급하고 있는 각종 예·적금 및 부금, 신용협동기구 및 우체국에서 취급하는 예수금은 물론 종합금융회사나 증권회사 등에서도 단기 예치 목적의 수신상품을 취급하고 있다.

아울러 각 기관이 취급할 수 있도록 허용된 범위 내에서 시장성 상품도 은행과 유사한 방법으로 판매되고 있다. 증권회사의 RP나 CP, 종합금융회사의 발행어음도 이에 포함된다. 참고로 신용협동기구의 경우 상호부조적 금융기관으로서 예금주들이 통상 자본금에 해당하는 출자금을 적립하고 결산 후 배당을 수령하고 있는데 넓은 의미에서 이러한 출자금도 수신상품의 하나로 취급될 수 있다.

제3절 대출상품(=여신상품)

Ⅰ. 대출

1. 대출의 의의와 특성

대출(loan)은 은행이 이자수취를 목적으로 원리금의 반환을 약정하고 고객(=차주, 채무자)에게 자금을 대여하는 행위를 말한다. 즉 대출은 은행이 자금을 필요로 하는 차입자에게 약정 기한인 만기에 원리금의 상환을 확정하고 필요 자금을 일정 조건하에 빌려(대부)주는 것을 말한다. 일반적으로 이자는 매월마다 은행에 납부하도록 약정하며 이자체납의 경우에는 연체기간 동안 원금에 대해 일정 가산율의 연체이자율이 적용된다.

대출은 금융업자가 대출계약에 따라 금융소비자에게 직접적으로 자금을 공급하는 대표적 여신상품이다. 자금을 직접적으로 공급하기 때문에 계약의 당사자는 금융업자와 금융소비자 양당사자 구조이다. 그러나 계약의 내용에 따라 대출금의 수령자를 제3자로 할 수 있다. 전세자금대출, 주택매매자금대출 등이 바로 그러한 예이다. 수령자가 제3자라고 하더라도 제3자가 담보물을 제공하지 않는 이상 계약의 당사자에 해당하지는 않는다.

대출은 은행의 여신(=신용공여)의 한 종류이다. 은행 이외에도 보험회사(보험업법106), 여신전문금융회사(여신전문금융업법46), 상호저축은행(상호저축은행법11), 신용협동조합(신용협동조합법39), 새마을금고(새마을금고법28), 대부업자(대부업법2(1)) 등도 각 관련 법률이 정한 범위 내에서 여신·대출 업무를 수행한다.

2. 대출계약의 법적 성격

대출은 금전이 은행으로부터 고객에게 이전하는 거래로서 이전이라는 점을 중시하면, 소비임치(민법702) 또는 소비대차(민법598)로 볼 수 있다. 그러나 금전의 이전이라는 거래형식뿐만 아니라 대출계약의 목적이 금전의 보관이라는 목적이 있는 예금 등과 달리 고객이나 은행 모두 금전의 보관보다는 금전의 이용과 반대급부로서의 이자수입 획득에 있다는 점을 고려하면 전형적인 대출의 법적 성격은 소비대차라고 보아야 한다.

따라서 전형적인 대출계약은 민법상 소비대차에 해당한다. 아래 대출의 종류에서 설명하는 것처럼 어음할인도 은행이 자금을 제공하고 이자에 해당하는 대가를 수취한다는 점에서 통상 대출의 한 유형으로 설명되지만, 어음할인의 법적 성격은 어음의 매매이지 소비대차계약은 아니다. 대출은행과 차입 고객 사이의 대출 관련 권리·의무는 기본적으로 대출계약의 내용에 따른다. 은행은 불특정 다수의 고객과 정형화된 대출거래를 반복적으로 행하기 때문에 대출계약의 기본적인 사항은 약관에 의하게 된다. 약관의 내용이 약관규제법에 위반하거나 공서양속에 반하지 않는 한 대출은행과 차입 고객 사이의 법률관계는 약관과 이에 추가한 특약에 의하여 규율된다.

　은행은 대출함으로써 차입 고객의 채무불이행으로 인해 원리금채권을 회수하지 못할 위험 즉 신용위험을 떠안게 된다. 즉 대출은 신용위험을 떠안는 거래인 신용공여(=여신)의 일종이다. 대출거래의 이러한 성격 때문에 대출거래는 신용위험을 부담하는 모든 여신거래에 적용되는 여신거래기본약관을 사용한다.

　일반적인 대출의 경우 소비대차계약에 해당하나, 보험회사가 취급하는 약관대출의 법적 성격에 대해서 대법원은 기존까지는 보험약관대출금을 별도의 소비대차계약에 따른 대여금으로 보고 있었다.[3] 그러나 2007년 전원합의체 판결[4]을 통해 "약관에 따른 대출계약은 약관상의 의무의 이행으로 행하여지는 것으로서 보험계약과 별개의 독립된 계약이 아니라 보험계약과 일체를 이루는 하나의 계약이라고 보아야 하고, 보험약관대출금의 경제적 실질은 보험회사가 장차 지급하여야 할 보험금이나 해약환급금을 미리 지급하는 선급금과 같은 성격이라고 보아야 한다."고 하면서 견해를 변경하였다. 이와 같은 대법원의 입장에 따르면 약관대출은 금전소비대차계약이 아니기 때문에 대출상품에 해당하는 것으로 보기 어려울 수 있다. 그러나 대법원의 판결은 보험계약자가 파산한 경우 채무자회생법 상계제한 규정의 적용(법144조①: 구 회사정리법162①)을 배제하기 위한 사건에 관한 것이다. 현재 약관대출의 거래는 금융업자인 보험회사가 해지환급금을 한도로 자금을 지급하고, 지급한 자금에 대하여 해약환급금에 적용되는 이율에 보험회사가 산정한 가산이율이 부과한다는 점에서 다른 금융업자의 대출행위와 실질적으로 동일하다. 따라서 약관대출도 그 법적 성격이 소비대차계약이 아니라고 하더라도 기능상으로는 대출상품에 해당한다고 보아야 한다.

3. 대출과 신용공여

(1) 여신의 개념

　여신(與信)이란 신용을 거래상대방에서 주는 것으로 법적으로는 거래상대방에게 금전채무를 부담시키는 행위를 의미한다. 현재 우리나라에서는 여신(與信)이란 은행 등의 금융기관이 신용을 공여하는 일체의 금융거래를 포괄적으로 나타내기 위해 사용하는 개념으로 채권자의 자격을 금융기관으로 제한하여 개념을 축소하고 있다. 예를 들어 ⅰ) 신용대출, 부동산담보대

---

3) 대법원 1997. 4. 8. 선고 96다51127 판결.
4) 대법원 2007.9.28. 선고 2005다15598 전원합의체 판결.

출 등과 같이 직접 자금을 금융소비자에게 대여하는 대출, ⅱ) 자금을 대여하지 않고 신용만을 제공하는 지급보증, ⅲ) 수입신용장 개설이나 수출환어음매입 등 외국환 거래 등에 신용을 부여하는 성격의 거래는 모두 포함된다고 보는 것이 일반적이다.

그러나 채권자의 자격을 금융기관으로 한정하는 위의 개념에 따르면 금융업을 영위하지만 금융기관이 아닌 자와의 금융거래는 여신에 포함되지 않는다. 즉 현행 법률에 따르면 대부업자의 경우 금융기관이 아니기 때문에 법률상 대부는 여신에 포함되지 않는 등의 문제가 발생한다. 따라서 채권자의 자격을 금융기관으로 제한할 것이 아니라 신용을 금융소비자에게 공여하는 것을 업으로 하는 자로 확장하여야 한다. 이는 자본시장법에서 금융투자업자 및 금융상품판매업자를 정의하는 방식과 동일하다. 따라서 여신을 개념 정의하면, "금융을 업으로 하는 자가 금융소비자에게 신용을 공여하고, 금융소비자는 금전채무를 부담하는 것"이라고 할 수 있다.

(2) 법률상 용어

여신상품을 거래할 수 있는 자는 개별법령에 따라 금융위원회등의 인·허가를 받거나 등록을 하도록 규정하고 있어 금융업자로 인가받거나 등록하지 아니한 자의 여신행위는 제한되고 있다.

금융과 관련된 법률인 대부업법, 은행법, 보험업법 등을 비롯한 다수의 법률에서는 여신이라는 용어뿐만 아니라 다른 용어도 혼용하여 사용하고 있다. 대부업법에서는 여신이 아닌 "대부"라는 용어를 사용하고 있으며, 은행법, 보험업법 및 여신전문금융업법에서는 신용공여라는 용어를 사용하고 있다. 은행법은 신용공여에 대한 정의에 대출, 지급보증 및 자금지원적 성격을 가지는 유가증권의 매입, 그 밖에 금융거래상의 신용위험이 따른 은행의 직접적·간접적 거래를 포함하고 있다(은행법2①(7)). 보험업법은 은행법과 동일하게 대출 또는 자금지원적 성격을 가지는 유가증권의 매입이나 그 밖에 금융거래상 신용위험이 따르는 보험회사의 직접적·간접적 거래로서 대통령령으로 정하는 바에 따라 금융위원회가 정하는 거래를 신용공여로 포함하고 있다(보험업법2(13)). 보험업법은 은행법과 달리 시행령에 구체적인 범위를 위임하고 있는데, 보험업법 시행령에 따르면 대출, 어음 및 채권의 매입 그 밖에 거래상대방의 지급불능시 이로 인하여 보험회사에 손실을 초래할 수 있는 것 거래 및 이와 유사한 거래로 제한하고 있으며, 보다 상세한 내용은 금융위원회에 위임하고 있다(보험업법 시행령2①).

여신전문금융업법의 경우 법률의 명칭에서는 여신이라는 용어를 사용하고 있으며, 신용카드업 등 동법에서 허용하는 업무를 수행하는 자를 여신전문금융업으로 포괄적으로 정의하고 있지만, 거래방식의 형태에 따라 신용카드업, 시설대여업, 할부금융업으로, 법률에서 정하고 있는 자(법41①)에게만 융자를 하는 것을 신기술사업금융업로 분류하고 있다. 구체적인 규정에서는 신용공여라는 용어를 사용하고, "대출, 지급보증 또는 자금 지원적 성격의 유가증권의 매입, 그 밖에 금융거래상의 신용위험이 따르는 여신전문금융회사의 직접적·간접적 거래"로 정의하고 있다(법2(18)).

(3) 대출과 여신

대출은 은행의 여신(=신용공여)의 한 종류이다. 은행 이외에도 보험회사(보험업법106), 여신전문금융회사(여신전문금융업법46), 상호저축은행(상호저축은행법11), 새마을금고(새마을금고법28), 신용협동조합(신용협동조합법39), 대부업자(대부업법6) 등도 각 관련 법률이 정한 범위 내에서 여신·대출 업무를 수행한다.

여신상품은 상품이라는 용어가 사용되고 있지만, 그 구체적인 내용은 금융업자와 금융소비자간 약정을 통해서 특정되기 때문에 사전에 완성된 상품이 존재하는 것으로 볼 수 없다. 그러나 금융업자가 금융소비자의 모든 개인정보에 맞춘 개별상품을 만들어서 거래하는 것은 사실상 불가능하기 때문에 금융소비자의 직업, 소득, 신용정보, 담보의 종류 등에 따라 여신상품의 한도, 금리, 부가서비스 등을 사전에 유형화하고, 금융소비자가 제공하는 정보에 따라 상품의 구체적인 내용을 정하고 있다. 대부업법, 은행법 등 관계 법률에서 여신상품 관련 광고에 대하여 이자율, 변제방법 등 거래에 관한 중요사항을 게시도록 하고, 광고에 포함하도록 하는 것도 금융업자가 여신상품의 구체적인 내용에 대하여 어느 정도까지 설계할 것을 전제로 하고 있기 때문이다.

(4) 신용공여

신용공여는 ⅰ) 대출(1호), ⅱ) 지급보증(2호), ⅲ) 지급보증에 따른 대지급금의 지급(3호), ⅳ) 어음 및 채권의 매입(4호), ⅴ) 그 밖에 거래 상대방의 지급불능 시 이로 인하여 은행에 손실을 끼칠 수 있는 거래(5호), ⅵ) 은행이 직접적으로 위 ⅰ)부터 ⅴ)까지에 해당하는 거래를 한 것은 아니나 실질적으로 그에 해당하는 결과를 가져올 수 있는 거래로서 금융위원회가 정하여 고시하는 것으로 한다(법2①(7), 영1의3①). 금융위원회는 신용공여의 범위를 〈별표 2〉와 같이 고시하고 있다(은행업감독규정3). 즉 은행이 "채무자의 지급능력 부족으로 변제기에 채무를 불이행하여 채권자가 채권을 회수하지 못할 위험"을 떠안는 행위를 말한다. 금융위원회는 ⅰ) 은행에 손실을 끼칠 가능성이 매우 적은 것으로 판단되는 거래, ⅱ) 금융시장에 미치는 영향 등 해당 거래의 상황에 비추어 신용공여의 범위에 포함시키지 아니하는 것이 타당하다고 판단되는 거래 중 어느 하나에 해당하는 거래에 대해서는 신용공여의 범위에 포함시키지 아니할 수 있다(영1의3②).

II. 은행법상 여신상품 규제

1. 의의

여신상품의 거래는 은행의 본질적인 업무에 해당한다(법2①(1)(7)). 은행은 여신상품거래를 위해서 여신상품을 설계해야 하는데, 여신상품의 설계를 위해서는 금리, 거치기간, 신용위험 등 여신상품에 대한 직접적인 사항뿐만 아니라 은행의 건전성 확보를 위한 자본의 적정성, 자산의 건전성, 유동성 등과 같은 간접적인 사항까지 고려하여야 한다. 여기서는 여신상품과 직접 관련 있는 사항에 한정하여 살펴본다.

은행의 여신상품에 대한 이자는 한국은행법에 따른 금융통화위원회가 정하는 최고이자율 이하로 제한된다. 즉 은행은 한국은행법에 따른 금융통화위원회가 하는 은행의 각종 대출 등 여신업무에 대한 이자 및 그 밖의 요금의 최고율의 결정을 준수하여야 한다(은행법30②(2)). 금융통화위원회가 은행의 여신상품의 최고이자율을 정할 때에도 대부업법 제15조(여신전문금융기관의 이자율 제한) 및 동법 시행령 제9조에 따라 연 20%를 초과할 수 없다. 또한 은행은 여신상품을 광고할 때, 여신상품의 내용, 거래조건을 포함하여야 하며, 이자율의 범위 및 산정방법, 이자의 지급 및 부과시기, 부수적 혜택 및 비용을 명확히 표시하여야 한다(금융소비자보호법22③(3) 라목 등). 따라서 은행은 여신상품 설계에 있어 해당 내용을 정확하게 설계하여야 한다.

은행법상 여신상품의 설계와 관련된 규정은 위의 규정이 전부이며, 구체적인 사항은 은행업감독규정 및 은행업감독업무시행세칙 등에서 보다 구체적으로 규정하고 있다. 해당 규정을 구체적으로 살펴보면 여신상품에 대한 일반적인 규정과 주택담보대출에 관한 구체적인 규정으로 구분할 수 있다.

2. 여신상품에 대한 일반규정(여신운용원칙)

은행은 여신을 운용함에 있어서 ⅰ) 차주의 리스크 특성, 재무상태, 미래 채무상환능력 등에 대한 분석을 통한 철저한 신용리스크의 평가, ⅱ) 차주의 차입목적, 소요자금규모, 자금소요기간 등에 대한 종합적인 심사 및 분석을 통한 적정한 여신의 공급, ⅲ) 여신 실행 이후 여신자금의 철저한 관리를 통한 용도외 유용 방지, ⅳ) 차주의 신용상태 및 채무상환능력 변화에 대한 상시 모니터링 및 그 결과에 따른 적절한 조치, ⅴ) 산업별, 고객그룹별 등으로 여신운용의 다양화를 통한 여신편중 현상의 방지 등을 통해 여신의 건전성을 확보할 수 있도록 노력하여야 한다(은행업감독규정78①).

여신의 건전성을 위해 은행은 여신 실행 이전 단계에서 신용리스크를 적절히 평가, 관리할 수 있도록 건전한 여신심사 및 승인업무에 관한 내부시스템을 운영하여야 하고(규정78②),

여신 실행 이후 신용리스크의 변동상태를 적절히 평가, 관리할 수 있도록 건전한 여신사후관리 업무에 관한 내부시스템을 운영하여야 하며(규정78③), 여신심사 및 여신사후관리업무를 효율적으로 수행할 수 있도록 내부업무처리규정 및 절차를 마련하는 한편, 당해 업무를 수행할 조직을 지정하고 관련 조직간 직무분장을 명확히 하는 등 내부시스템을 구축하여야 한다(규정78④).

3. 주택담보대출에 관한 규정(주택담보대출에 대한 리스크관리)

(1) 주택담보대출의 개념

주택담보대출이라 함은 은행이 주택을 담보로 취급하는 가계대출(자산유동화된 대출을 포함)을 말하며. 분양 주택에 대한 중도금대출 및 잔금대출과 재건축·재개발(리모델링 포함) 주택에 대한 이주비대출, 추가분담금에 대한 중도금대출 및 잔금대출도 주택담보대출로 본다(규정 <별표 6>).

(2) 담보인정비율, 총부채상환비율 및 총부채원리금상환비율의 개념

은행은 주택담보대출 취급시 은행법 제34조에 따라 경영의 건전성이 유지되도록 <별표 6>에서 정하는 담보인정비율(LTV, Loan To Value ratio), 총부채상환비율(DTI, Debt To Income), 총부채원리금상환비율(DSR, Debt-Service-Ratio), 기타 주택담보대출 취급 및 만기연장에 대한 제한 등을 준수하여야 한다(규정29의2①).

"담보인정비율"(LTV, Loan-To-Value ratio)이라 함은 주택담보대출 취급시 담보가치에 대한 대출취급가능금액의 비율을 말하고(규정 <별표 6>), "총부채상환비율"(DTI, Debt-To-Income ratio)이라 함은 차주의 연간 소득에 대한 연간 대출 원리금 상환액의 비율을 말하며(규정 <별표 6>), "총부채원리금상환비율(DSR, Debt-Service-Ratio)"이란 차주의 총 금융부채 상환부담을 판단하기위하여 산정하는 차주의 연간 소득 대비 연간 금융부채 원리금 상환액 비율을 말한다 (규정 <별표 6>).

(3) 담보인정비율, 총부채상환비율 및 총부채원리금상환비율의 산정방법 등

담보인정비율, 총부채상환비율 및 총부채원리금상환비율의 산정방법 및 적용대상의 세부 판단기준, 주택담보대출 취급 및 만기연장 제한 등과 관련한 세부적인 사항은 금융감독원장이 정하는 바에 따른다(규정29의2③). 금융감독원장은 은행의 경영건전성 등을 감안하여 긴급하다고 인정하는 경우 <별표 6>에서 정한 담보인정비율, 총부채상환비율 및 총부채원리금상환비율을 10% 포인트 범위 이내에서 가감조정할 수 있다. 이 경우 금융감독원장은 그 내용을 지체 없이 금융위원회에 보고하여야 한다(규정29의2②).

Ⅲ. 대출의 종류

1. 담보유무에 따른 분류

대출은 담보의 유무에 따라 신용대출, 담보대출 및 약관대출로 구분할 수 있다. 담보대출은 담보의 종류에 따라 인적담보대출, 물적담보대출로 구분할 수 있으며, 물적담보대출은 담보의 종류에 따라 부동산담보대출, 예금담보대출, 증권대출 등으로 구분할 수 있다. 약관대출은 선급금형태의 대출로서 신용대출도 아닌 제3의 대출유형이다.

(1) 신용대출

신용대출은 담보 없이 대출을 받고자 하는 금융소비자의 신용만으로 대출이 이루어지는 것으로 보통의 경우 금융업자는 금융소비자의 직업, 소득, 인적사항, 재산상태, 해당 금융업자와의 거래실적 등을 기반으로 금융소비자의 신용위험을 평가하여 대출을 실행한다.

금융소비자의 신용도는 관련 금융업자가 자체적으로 판단하여 평가하는 것이 원칙이나, 은행이 은행연합회를 중심으로 구축하여 운영하고 있는 개인신용평가제도(CSS: Credit Scoring System)가 금융소비자의 신용도 평가에 활용되고 있다. 그러나 개인신용평가제도는 법률상 강제되는 제도는 아니고, 금융업자에 의한 자율적인 신용평가제도이다. 은행의 경우 은행으로 하여금 여신의 건전성을 확보하기 위해 여신심사 및 승인업무에 관한 내부시스템을 운영하도록 규정하고 있는 은행업감독규정, 여신심사등에 관한 내부시스템에 신용평가시스템에 의한 여신심사 및 승인을 포함하도록 규정하고 있는 은행업감독업무시행세칙에 따라 사실상 강제되고 있다.

(2) 담보대출

담보대출은 담보의 성질에 따라 인적담보대출과 물적담보대출로 구분할 수 있다. 인적담보는 금융소비자인 채무자의 채무불이행이 있을 경우 제3자인 보증인이 주채무자가 이행하지 않은 채무를 이행하겠다는 보증을 하는 것으로 금융업자와 금융소비자간 대출계약서(여신거래약정서)와 별도로 금융업자와 보증인간 보증계약서가 체결된다. 대표적인 인적담보로는 연대보증이 있다. 연대보증은 일반적으로 근보증이 체결되는데, 금융업자의 입장에서는 ⅰ) 채무자에게 우선청구 불필요, ⅱ) 보증인 1인에게 채무전부 청구가능, ⅲ) 기한연장·장래발생 신규채무까지 보증책임 부과 등의 장점이 있어 선호하는 제도였다. 그러나 새로운 연좌제라는 비판이

제기되고, 금융소비자보호에 취약하다는 역기능이 제기되었고, 2008월 7월 은행의 가계대출에 대한 연대보증제도의 폐지를 시작으로 연대보증제도를 점차 축소하고 있다.

물적담보는 금융소비자 또는 제3자가 금전등의 재산적 가치가 있는 것을 담보로 제공하는 것으로 대출의 실행과 동시에 저당권, 질권 등의 담보권이 설정된다. 담보물의 가치에 따라 대출한도 및 금리가 달라진다. 담보물의 종류에 따라 일반적으로 예금담보, 부동산담보, 증권담보로 구분할 수 있다. 금융소비자의 채무불이행이 있는 경우 금융업자는 설정한 담보권을 실행하여 채권의 만족을 얻게 되는데, 예금담보의 경우 예금과 대출채권을 상계하고, 부동산담보의 경우 경매 등의 부동산 매각절차를, 증권담보의 경우 해당 증권의 매매를 통해 담보권이 실행된다.

(3) 약관대출(보험계약대출)

약관대출(보험계약대출)은 보험회사가 자신과 보험계약을 체결한 금융소비자에게 대출원금 및 이자의 합계가 보험금 또는 해약환급금을 초과하지 않는 범위에서 체결하는 대출계약이다. 약관대출의 경우 앞서 보았듯이 대법원의 판례 변경 이전에는 보험회사와 금융소비자간 체결되는 소비대차계약으로 보아 해약환급금을 담보로 하는 담보대출에 해당하였으나, 판례의 변경으로 인하여 더 이상 담보대출로 볼 수 없고, 새로운 유형의 대출상품계약으로 보아야 한다.

약관대출은 금융소비자가 장래에 받을 보험금 또는 해지환급금을 미리 지급받는 것으로 일반적인 대출과 그 성격이 다르다. 약관대출에서 이자는 금전사용에 대한 반대급부가 아니라 보험회사가 책임준비금을 운용하여 얻을 수 있는 이익에 대한 보상 내지 보험금 또는 해약환급금의 선급에 대한 반대급부이다. 따라서 이자율은 해약환급금 계산시 적용되는 이율에 보험회사가 정하는 이율이 가산된다. 또한 이자를 납입하지 않더라도 연체이자가 부과되지 않고, 미납이자를 대출원금에 합산한다.

2. 거래유형에 따른 분류

대출은 구체적인 거래유형에 따라 통상 증서대출·당좌대출·어음대출·어음할인으로 분류한다. 여신거래기본약관(기업용)도 약관의 적용대상인 여신에 위 4가지 대출과 지급보증·환거래·기타 여신거래를 담고 있다.

(1) 증서대출

증서대출은 은행이 고객으로부터 어음거래약정서·대출거래약정서와 같이 금전소비대차계약의 내용을 기재한 문서를 받고 행하는 대출이다. 여신거래약정서·대출거래약정서는 ⅰ) 약관에 해당하는 부동문자로 인쇄된 부분, ⅱ) 당사자가 합의하여 정하는 개별 대출 거래조건(대출금액, 개시일, 만료일, 이자율, 수수료, 중도상환해약금, 대출실행방법, 상환방법, 이자지급시기 등)과 ⅲ) 기타 특약사항으로 구성된다.

증서대출은 대출시 차주로부터 어음 대신 차용증서를 징구하는 대출로 주로 특약사항이 많은 대출이나 한번 취급하면 상환시까지 재대출이 일어나지 않는 가계대출 또는 장기시설자금대출 등에 주로 활용하고 있다.

(2) 당좌대출

당좌대출은 은행에 당좌예금계좌를 개설한 고객이 당좌예금 잔액을 초과해서 발행한 어음·수표에 대해 미리 약정한 기간과 금액을 한도로 하여 은행이 지급함으로써 자금을 제공하는 방식의 대출이다. 당좌예금계좌를 개설한 고객이 은행에게 자신이 발행한 어음·수표를 당좌대출한도 내에서 지급할 것을 위임하는 내용의 위임계약과 당좌예금 잔액을 초과하는 금액의 어음·수표를 은행이 지급하면 그 초과액에 이자를 붙여 상환하기로 하는 소비대차계약이 혼합된 것이다.

(3) 어음대출

어음대출은 은행이 고객으로부터 고객이 발행한 약속어음을 받고 자금을 제공하는 방식의 대출이다. 은행과 고객 사이에서 금전소비대차계약이 체결되고 은행은 대출채권과 어음채권 양자 중 어느 쪽이라도 행사할 수 있다[은행여신거래기본약관(기업용) 제2조]. 결국 어음은 대출채권의 지급을 위하여 또는 지급을 담보하기 위하여 발행되는 것이다. 약정이자·연체이자·수수료 등을 어음에 기재할 수 없다는 점 때문에 별도의 소비대차계약에 그러한 사항을 규정해야 하고, 대출금의 회수 시에도 어음에만 의존할 수 없고 별도의 소비대차계약에 의존할 필요가 있기 때문에 어음대출은 잘 이용되지 않는다.

(4) 어음할인

어음할인은 재화 및 용역 거래에 수반하여 발행된 상업어음, 수출신용장에 근거하여 발행된 무역어음, 자금융통을 목적으로 발행된 융통어음을 어음소지인의 신청에 의하여 할인 방식으로 매입함으로써 발생되는 대출이다. 어음을 매입한 은행은 ⅰ) 어음법에 따라 약속어음 발행인(또는 환어음 인수인)에 대한 어음청구권과 할인신청인 즉 배서인에 대한 소구권을 가지게 되고, ⅱ) 별도의 약정[은행여신거래기본약관(기업용) 제9조]에 따라 발행인·인수인 또는 할인신청인에게 기한의 이익상실 사유가 발생하면 할인신청인에게 그 할인매입한 어음을 환매할 것을 청구할 수 있게 되어 환매대금채권을 가지게 된다.

이와 같이 어음할인으로 자금을 제공한 은행은 어음법상의 어음채권과 별도 약정에 따른 환매채권을 가질 뿐 소비대차에 따른 원리금반환채권을 가지는 것은 아니다. 이 점에서 어음할인은 증서대출, 당좌대출, 어음대출과는 법적 성격이 다르다.

보험상품

★ 동아일보 2024년 11월 13일

"종신보험 5~7년 들면 최대 120% 환급"··· 보험사 과열경쟁 논란

높은 보험료, 저출산·고령화 등으로 한동안 외면받아 온 종신보험 판매 건수가 작년부터 두드러지게 증가하고 있다. 보험사들이 보장 항목에 질병을 추가하고 환급률을 높이는 식으로 단기납 종신보험을 공격적으로 팔아온 결과다. 일각에서는 보험사들이 회계상 이익을 높이기 위해 종신보험을 두고 '과열 경쟁'을 벌이고 있다는 우려도 제기된다.

12일 금융권에 따르면 삼성, 한화, 교보, 신한, NH농협 등 대형 생명보험사 5곳은 올 들어 9월 말까지 총 78만581건의 종신보험을 판매했다. 현재까지의 추세대로면 지난해 판매 건수(93만1359건)를 뛰어넘을 가능성이 높다. 그동안 금융권에서는 1인 가구 증가, 출산율 감소 등으로 인해 종신보험 수요가 줄어들 것이란 분석이 많았다. 이 같은 전망과 달리 지난해 하반기(7~12월)부터 종신보험 판매 건수가 눈에 띄게 늘어난 것이다.

종신보험 판매 건수가 급증한 것은 '단기납 종신보험'이 인기를 모은 까닭이 크다. 단기납 종신보험은 고객이 보험료를 5~7년 동안 납입한 뒤, 가입한 지 10년째에 보험 계약을 해지하고 보험료의 최대 130%를 환급받는 상품이다.

보험업계에서 과당 경쟁 논란이 불거지자 금융감독원은 10년 시점 환급률이 130%에 달하는 단기납 종신보험 상품 판매에 제동을 걸었다. 하지만 영업 현장에서는 120% 안팎의 환급률을 제시하는 상품에 대한 수요가 꾸준한 분위기다. 생보사들도 사망보험금을 보장하는 종신보험에 연금, 저축 등을 덧붙이는 식으로 상품의 매력을 높이고 있다. 수도권에서 활동하는 한 보험설계사는 "원금 대비 환급률이 높은 데다 비과세 혜택까지 있다 보니 (단기납 종신보험을) 재테크 차원에서 주목하는 소비자들이 여전히 많다"며 "환급률이 120%에 조금 못 미치는 상품에 대한 문의도 꾸준한 편"이라고 설명했다.

금융권에서는 급증한 종신보험 판매 건수가 보험업계의 과당 경쟁을 적나라하게 보여주는 사례란 지적도 나온다. 생보사들이 지난해 도입된 새로운 회계기준(IFRS17)에 맞춰 회계상 이익을 끌어올리기 위해 단기납 종신보험 판매에 주력해 왔기 때문이다. 단기납 종신보험은 환급률이 높은 보험상품으로 해지가 많은 편인데도, 보험사가 고객 해지율을 낮게 가정해 자사의 수익성을 높이려 했다는 얘기다.

생보업계 고위 관계자는 "종신보험은 엄연히 보장성 보험이고 저축성 보험이 아닌데, 판매 현장에서 저축 성격을 강조하면서 이른바 '절판 마케팅'(판매 기한을 짧게 두는 영업 행위)에 나서는 경우가 대부분"이라며 "소비자들은 중도 해지 시 환급률 등을 가입 과정에서 꼼꼼하게 확인할 필요가 있다"고 우려했다.

제1절 보험상품의 의의

보험업법은 보험상품에 대하여 ⅰ) 일반적 정의로서 "위험보장을 목적으로 우연한 사건 발생에 관하여 금전 및 그 밖의 급여를 지급할 것을 약정하고 대가를 수수하는 계약"이라고 정의하고(법2(1)), ⅱ) 명시적 포함규정으로서 "생명보험상품, 손해보험상품, 제3보험상품"을 열거하고(법2(1)(가)-(다)), 구체적인 포함사항을 규정한 후, ⅲ) 명시적 제외사항을 시행령에 위임하고 있다(법2(1)).

보험상품이란 위험보장을 목적으로 우연한 사건 발생에 관하여 금전 및 그 밖의 급여를 지급할 것을 약정하고 대가를 수수하는 계약으로서 생명보험상품, 손해보험상품, 제3보험상품을 말한다. 다만, 건강보험(국민건강보험법), 고용보험(고용보험법), 국민연금(국민연금법), 장기요양보험(노인장기요양보험법), 산업재해보상보험(산업재해보상보험법), 선불식 할부계약(할부거래에 관한 법률)은 제외한다(법2(1)).

제2절 보험상품의 종류

Ⅰ. 보험업법상 분류

1. 생명보험상품

(1) 의의

생명보험상품은 위험보장을 목적으로 사람의 생존 또는 사망에 관하여 약정한 금전 및 그 밖의 급여를 지급할 것을 약속하고 대가를 수수하는 계약으로서 생명보험계약과 연금보험계약(퇴직보험계약을 포함)을 말한다(법2(1)(가) 및 (영1의2②(1)(2)).

생명보험은 사람의 생명을 보험목적으로 하고 정액보상을 보상방식으로 한다. 즉 "사람의 생존 또는 사망"은 사람의 생명에 대해 생기는 보험사고이고, "약정한 금전 및 그밖의 급여를 지급"한다는 것은 보상방식이 정책보험임을 의미한다.

(2) 종류

생명보험의 종류는 생명보험, 연금보험(퇴직보험을 포함)으로 구분된다(영1의2②). 전자의 생명보험은 넓은 의미의 생명보험이고, 후자의 생명보험은 좁은 의미, 즉 넓은 의미의 생명보험 중에서 연금보험과 퇴직보험을 제외한 것이다. 보험업감독규정 <별표 1>은 생명보험, 연금보험, 퇴직보험의 정의를 아래와 같이 규정하고 있다.

(가) 생명보험

생명보험은 사람의 생존 또는 사망에 관하여 약정한 금전 및 그 밖의 급여를 지급할 것을 약속하고 대가를 수수하는 보험이고. 다만, 연금보험 및 퇴직보험을 제외한다(감독규정 [별표1]). 생명보험은 보험사고의 종류에 따라 사망보험(사망이 보험사고), 생존보험(생존이 보험사고), 생사혼합보험(사망과 생존이 보험사고)으로 구분된다.

생명보험은 피보험자의 생명에 관한 보험사고가 발생할 경우 약정한 보험금을 지급하는 보험으로 생명보험은 사망보험, 생존보험, 생사혼합보험으로 분류할 수 있다. 사망보험은 피보험자가 사망했을 경우 보험금을 지급하는 보험을 의미하고, 생존보험이란 피보험자가 보험 만기일까지 생존해 있을 경우 보험금을 지급하는 보험을 의미하며, 생사혼합보험이란, 보험기간 만기일 이전에 피보험자가 사망할 경우 사망보험금을 지급하고, 만기일까지 생존 시 일정금액의 생존보험금을 지급하는 보험을 의미한다. 그리고 생명보험상품은 생명보험사만 판매할 수 있다.

(나) 연금보험(퇴직보험)

연금보험(퇴직보험)은 사람의 생존 또는 퇴직에 관하여 약정한 금전 및 그 밖의 급여를 연금 또는 일시금(퇴직보험계약인 경우만 해당)으로 지급할 것을 약속하고 대가를 수수 하는 보험이다. 연금보험은 생명보험의 일종인데 보험법 시행령은 연금보험을 좁은 의미의 생명보험과 구분하고 있다. 생존보험은 피보험자가 생존하면 보험금이 지급된다. 예컨대 연금보험은 생존보험의 일종인데 보험금 지급방식이 연금이라는 점에서 특색이 있다. 퇴직은 생명보험의 보험사고(생존 또는 사망)는 아니므로 이것만으로 생명보험의 일종이라고 하기는 어렵지만 보험금 지급방식이 연금인 것도 가능하다는 점을 고려하여 연금보험의 일종으로 분류한 것이다.

2. 손해보험상품

(1) 의의

손해보험상품은 위험보장을 목적으로 우연한 사건(질병·상해 및 간병은 제외)으로 발생하는 손해(계약상 채무불이행 또는 법령상 의무불이행으로 발생하는 손해를 포함)에 관하여 금전 및 그 밖의 급여를 지급할 것을 약속하고 대가를 수수하는 계약으로서 화재보험계약, 해상보험계약(항공·운송보험계약을 포함), 자동차보험계약, 보증보험계약, 재보험계약, 책임보험계약, 기술보험계약, 권리보험계약, 도난보험계약, 유리보험계약, 동물보험계약, 원자력보험계약, 비용보험계약, 날씨보험계약을 말한다(법2(1)(나) 및 영1의2③).

일반손해보험과 장기손해보험은 할인율 및 위험보험료에 따른 구분이다. 일반손해보험이란 보험료를 산출시에 할인율을 적용하지 아니하고 순보험료가 위험보험료만으로 구성된 손해보험을 말한다(보험업감독규정 1-2(11)). 여기서 할인율이란 시간의 경과를 고려한 현재가치 계산을 위해 적용하는 이율을 말한다. 일반손해보험은 이러한 할인율을 사용하지 않는다. 예를 들어, 보험기간이 3년인데 보험료 납입방식이 일시납인 경우에 2년차 및 3년차에 해당하는 보험료를 현재가치로 할인하지 않고 보험료를 산정하는 경우를 말한다. 일반손해보험의 순보험료가 위험보험료로만 구성되어 있다는 의미는 일반손해보험은 저축적 성격이 전혀 없음을 말한다. 장기손해보험이란 일반손해보험을 제외한 손해보험을 말한다(감독규정 1-2(12)).

일반손해보험은 가계성 일반손해보험, 자동차보험, 기업성 보험으로 구분된다. 가계성 일반손해보험이란 개인 또는 가계의 일상생활 중 발생하는 위험을 보장하는 일반손해보험을 말한다(감독규정 1-2(19)). 기업성 보험이란 가계성 일반손해보험과 자동차보험을 제외한 일반손해보험을 말한다(감독규정 1-2(20)).

손해보험은 재산을 보험목적으로 하고 손해보상을 보상방식으로 한다. 즉 보험업상 손해보험은 그 보험사고에 생존, 사망, 질병, 상해, 간병이 제외되므로 결국 보험목적이 사람이 아니라 재산이 된다. 손해보험은 피보험자의 재산이 예상하지 못한 사고로 인해 없어지거나 손실되는 재산상 손해 보상을 목적으로 하는 보험이다. 화재보험, 해상보험, 운송보험, 책임보험 등의 보험이 이에 속하며, 손해보험은 전보보상의 원칙(principle of indemnity)을 따르는데, 이는 손해가 발생한 만큼만 보상한다는 원칙이다. 만약 손해 이상으로 보상을 받게 될 경우 손해 이상의 이익을 얻기 위한 고의적인 사고가 발생하여 보험이 사고를 일으키는 원인이 될 것이다. 또한, 손해보험은 계약자 본인 소유의 물건에 대해서만 보험의 대상으로 삼을 수 있다. 만약 타인의 물건에 대해 보험이 가능하다면, 타인의 물건을 보험의 목적(피보험 물건)으로 하여 손실을 발생시키고 본인이 보험금을 수령하는 경우가 발생할 수 있기 때문이다. 또한 손해보험은 손해보험사만 판매할 수 있다.

(2) 종류

보험업감독규정 [별표1]은 손해보험상품의 종류 및 그 정의를 다음과 같이 14가지 종류로 규정하고 있다. 또한 보험업감독업무시행세칙 [별표 14] 표준사업방법서(제5-13조관련)는 보험의 종류를 세분화하여 규정하고 있다. 아래서는 보험업감독규정 [별표1]의 분류를 중심으로 보험업감독업무시행세칙 [별표 14] 표준사업방법서 <부표 1> 및 표준약관의 손해보험의 종류를 포함하여 살펴본다.

(가) 화재보험

화재보험은 화재로 인하여 발생하는 손해에 관하여 금전 및 그 밖의 급여를 지급할 것을 약속하고 대가를 수수하는 보험이다(규정). 화재보험에는 ⅰ) 주택화재: 보험의 목적이 단독주택이나 연립건물 등으로 각호나 각실이 주택으로만 사용되는 건물등의 화재보장, ⅱ) 일반화재: 주택이나 공장을 제외한 일반건물 및 그 수용동산의 화재보장, ⅲ) 공장건물 및 그 수용동산의 화재보장, ⅳ) 기타화재(상품별): 상기 분류 이외의 화재보험종목이다(부표1).

(나) 해상보험(항공·운송보험 포함)

해상보험(항공·운송보험 포함)은 해상사업에 관한 사고로 인하여 발생하는 손해에 관하여 금전 및 그 밖의 급여를 지급할 것을 약속하고 대가를 수수하는 보험이다. 이 경우 항공기·육상운송물·인공위성 등에 관하여 사고로 인하여 생긴 손해를 보상하는 항공·운송보험은 해상보험으로 본다(규정). 해상보험(항공·운송보험 포함)은 ⅰ) 적하보험: 화물의 해상운송 위험을 보장, ⅱ) 선박보험: 선박에 대한 손해를 보장, ⅲ) 해양종합: 해양건설위험 등 해상활동 중 위험을 보장, ⅳ) 해양책임: 해양오염배상책임보험 등 해상에서의 배상책임을 보장(선박, 해양종합 제외), ⅴ) 운송: 육상 및 내륙운송화물의 위험보장, ⅵ) 항공(재물): 항공기의 운항, 항행등 항공기 관련 손해보장, ⅶ) 항공(배상책임): 항공기사고와 관련한 손해배상책임보장, ⅷ) 우주(재물): 인공위성 등의 성공적 발사, 임무수행등에 관련된 위험보장, ix) 우주(배상책임): 인공위성 등의 사고와 관련한 손해배상책임보장, x) 해상기타: 상기분류에 속하지 않는 해상보험 종목이다(부표1).

(다) 자동차보험

자동차보험은 자동차를 소유·사용·관리하는 것과 관련한 사고로 인하여 발생하는 손해에 관하여 금전 및 그 밖의 급여를 지급할 것을 약속하고 대가를 수수하는 보험이다(규정). 자동차보험은 i) 개인용자동차보험: 법정 정원 10인승 이하의 개인 소유 자가용 승용차. 다만, 인가된 자동차학원 또는 자동차학원 대표자가 소유하는 자동차로서 운전교습, 도로주행교육 및 시험에 사용되는 승용자동차는 제외, ii) 업무용자동차보험: 개인용 자동차를 제외한 모든 비사업용 자동차, iii) 영업용자동차보험: 사업용 자동차, iv) 이륜자동차보험: 이륜자동차 및 원동기장치자전거, v) 농기계보험: 동력경운기, 농용트랙터 및 콤바인 등 농기계 등이다(표준약관).

(라) 보증보험

보증보험은 계약에 따른 채무의 불이행 또는 법령에 따른 의무의 불이행으로 발생하는 손해에 관하여 금전 및 그 밖의 급여를 지급할 것을 약속하고 대가를 수수하는 보험이다(규정). 보증보험은 i) 신원보증(Fidelity)보험: 피용인이 불성실 행위를 함으로써 고용주가 입은 손해보장, ii) 채무이행보증(Surety)보험: ㉠ 법률상채무불이행: 법령상의 채무불이행으로 채권자가 입게 되는 손해를 위해 채무자가 보험가입, ㉡ 계약상채무불이행(금융): 계약상(금융성)의 채무불이행으로 채권자가 입게 되는 손해를 위해 채무자가 보험가입, ㉢ 계약상채무불이행(비금융): 계약상(비금융성) 채무불이행으로 채권자가 입게 되는 손해를 위해 채무자가 보험가입, iii) 선급금이행보증(Advance Payment) = 선급금환급불이행: 선박건조 및 해양설비 건설 관련 선급금환급의 불이행으로 채권자(Buyer)가 입게 되는 손해를 위해 채무자(Builder)가 보험가입, iv) 신용(Credit)보험: ㉠ 상업신용: 계약상의 채무불이행으로 채권자 자신이 입게 되는 손해를 보장하는 상업성 신용보험, ㉡ 재무신용: 계약상의 채무불이행으로 채권자 자신이 입게 되는 손해를 보장하는 재무성 신용보험, ㉢ 기타: 계약상의 채무불이행으로 채권자 자신이 입게 되는 손해를 보장하는 기타 신용보험, v) 기타: 상기 분류 이외의 보증보험종목이다(부표1).

(마) 재보험

재보험은 보험회사가 인수한 보험계약상의 보험금 지급 등 기타 급여책임의 일부 또는 전부를 다시 다른 보험자에 전가하는 보험이다(규정). 재보험은 i) 수재: 재보험자로서 타보험자의 위험을 재보험으로 인수, ii) 출재: 인수한 보장위험을 분산시키기 위하여 재보험자에게 보험을 부보, iii) 기타: 상기 이외의 재보험이 있다(부표1).

(바) 책임보험

책임보험은 피보험자가 사고로 인하여 제3자에게 배상책임을 지게 됨으로써 발생하는 손해에 관하여 금전 및 그 밖의 급여를 지급할 것을 약속하고 대가를 수수하는 보험이다. 책임보험은 ⅰ) 일반배상책임보험: ㉠ 개인배상: 개인의 활동에 기인된 배상책임 위험보장, ㉡ 영업배상: 시설 및 업무수행에 기인하여 타인의 신체나 재물에 손해를 입힘으로써 발생하는 손해배상 책임보장, ㉢ 선주배상: 해운법에 의한 해상여객운송사업자가 선박 여객의 인명피해에 대한 손해배상 책임 보장, ㉣ 유도선사업자: 유선 및 도선사업법에 의한 유선, 도선사업자가 선박여객의 인명피해에 대한 손해배상 책임보장, ㉤ 도로운송사업자: 유상화물운송업자가 화물운송중 발생하는 사고로 화주에 대한 손해를 입힌 경우의 손해배상 책임보장, ㉥ 가스사고: 가스의 제조, 판매, 대여 또는 부수 사업 및 가스의 사용에 의해 발생하는 사고로 인한 배상책임보장, ㉦ 체육시설: 체육시설의 설치및이용에관한법률에 의거 체육시설 내 발생하는 사고에 의한 배상책임 보장, ㉧ 지자체: 지방자치단체가 소유, 사용 또는 관리하는 시설 및 그 용도에 따른 업무수행등에 따른 배상책임보장, ㉨ 기타: 상기분류 이외의 일반배상보험종목, ⅱ) 생산물 책임보험: ㉠ 생산물배상: 피보험자가 제조, 판매 또는 취급한 재물이나 작업결과에 기인한 배상책임손해보장, ㉡ 생산물회수: 생산물의 결함에 의한 사고로 배상책임이 발생되었거나 발생우려가 있는 경우 생산물 회수비용보장, ㉢ 생산물보증: 생산물자체의 하자나 결함을 보상, ⅲ) 전문직업인 책임보험: ㉠ 비행(Malpractice): 전문직업인이 사람의 신체에 관한 전문직업상의 행위로 부담하게 되는 손해배상책임 보장, ㉡ 하자(E&O): 전문직업인이 전문직업상의 행위로 부담하게 되는 손해배상책임 보장이 있다(부표1).

(사) 기술보험

기술보험은 기계설비 및 장치, 전자기기, 조립공사, 건설공사 등 이와 유사한 목적물과 관련된 사고로 인하여 발생하는 손해에 관하여 금전 및 그 밖의 급여를 지급할 것을 약속하고 대가를 수수하는 보험이다(규정). 기술보험은 ⅰ) 건설: 건설공사중 공사목적물에 생긴손해, 손해배상 책임보장, ⅱ) 조립: 조립공사중 조립목적물에 생긴손해, 손해배상책임보장, ⅲ) 기계: 기계에 대한 손해보장, ⅳ) 전자기기: 전자기기에 대한 손해 및 자료복구비용 등을 보장, ⅴ) 기타: 상기 분류 이외의 기술보험종목이 있다(부표1).

(아) 권리보험

권리보험은 동산·부동산에 대한 권리상의 하자로 인하여 발생하는 손해에 관하여 금전 및 그 밖의 급여를 지급할 것을 약속하고 대가를 수수하는 보험이다(규정).

(자) 도난보험

도난보험은 도난으로 인하여 발생하는 손해에 관하여 금전 및 그 밖의 급여를 지급할 것을 약속하고 대가를 수수하는 보험이다(규정).

(차) 유리보험

유리보험은 유리파손으로 인하여 발생하는 손해에 관하여 금전 및 그 밖의 급여를 지급할 것을 약속하고 대가를 수수하는 보험이다(규정).

(카) 동물보험

동물보험은 동물에 발생한 사고로 인하여 발생한 손해에 관하여 금전 및 그 밖의 급여를 지급할 것을 약속하고 대가를 수수하는 보험이다(규정).

(타) 원자력보험

원자력보험은 원자력손해배상법에 의한 배상책임을 지게 됨으로써 발생하는 손해에 관하여 금전 및 그 밖의 급여를 지급할 것을 약속하고 대가를 수수하는 보험이다(규정).

(파) 비용보험

비용보험은 상금, 상품, 소송비용, 기타비용을 발생시키는 사고로 인하여 발생하는 손해에 관하여 금전 및 그 밖의 급여를 지급할 것을 약속하고 대가를 수수하는 보험이다. 이 경우 법률서비스나 법률서비스의 비용을 발생시키는 사고로 인하여 발생한 손해를 보상하는 법률비용보험(계약)을 포함한다(규정). 비용보험은 ⅰ) 상금: 피보험자가 상금이나 상품등의 지급을 구체화시키는 사고로 인하여 피보험자가 입게 되는 손해를 보장, ⅱ) 기타: 소송비용 등 상기 이외의 비용보험 종목이 있다(부표1).

(하) 날씨보험

날씨보험은 날씨로 인하여 발생하는 손해에 관하여 금전 및 그 밖의 급여를 지급할 것을 약속하고 대가를 수수하는 보험이다(규정).

3. 제3보험상품

(1) 의의

제3보험상품은 위험보장을 목적으로 사람의 질병·상해 또는 이에 따른 간병에 관하여 금전 및 그 밖의 급여를 지급할 것을 약속하고 대가를 수수하는 계약으로서 상해보험계약, 질병보험계약, 그리고 간병보험계약이다(법2(1)(다)). 제3보험은 보험목적의 측면에서는 인보험에 속하나 보상방식 측면에서는 정액보상과 손해보상이 모두 가능하다.

제3보험은 보험의 목적물(피보험자)이 물건이 아닌 사람이라는 점에서 생명보험의 특징이 있고 사람의 생명이 아닌 상해만을 보장한다는 점에서는 손해보험의 특징이 있다. 제3보험의 대표적인 보험이라 할 수 있는 상해보험은 피보험자 신체의 상해에 관한 보험사고가 생길 경우 보험금액 및 기타의 급여를 지급할 책임을 지기로 하는 인(人)보험을 의미한다(상법737). 이를 자세히 살펴보면, 상해보험은 피보험자가 급격하고도 우연한 외래의 사고로 말미암아 신체에 상해를 입은 경우 피보험자에게 상해의 치료를 위한 비용을 지급하거나, 이러한 상해로 인하여 사망 또는 패질에 이른 경우 피보험자 또는 그 상속인에게 일정한 보험금액 및 기타의 급여를 지급하기로 약정한 보험이다.

(2) 종류

보험업감독규정 [별표1]은 제3보험의 종류 및 그 정의를 다음과 같이 규정하고 있다.

(가) 상해보험

상해보험은 사람의 신체에 입은 상해에 대하여 치료에 소요되는 비용 및 상해의 결과에 따른 사망 등의 위험에 관하여 금전 및 그 밖의 급여를 지급할 것을 약속하고 대가를 수수하는 보험이다.

(나) 질병보험

질병보험은 사람의 질병 또는 질병으로 인한 입원·수술 등의 위험(질병으로 인한 사망을 제외)에 관하여 금전 및 그 밖의 급여를 지급할 것을 약속하고 대가를 수수하는 보험이다.

(다) 간병보험

간병보험은 치매 또는 일상생활장해 등 타인의 간병을 필요로 하는 상태 및 이로 인한 치료 등의 위험에 관하여 금전 및 그 밖의 급여를 지급할 것을 약속하고 대가를 수수하는 보험을 말한다.

Ⅱ. 기능상 분류

1. 기능의 결합

원칙적으로 보험상품은 위험에 대한 보장을 목적으로 하는 금융상품으로 위험보장이 본질적인 기능이다. 그러나 위험보장기능뿐만 아니라 저축기능 및 투자기능도 가지고 있는 보험상품이 활발히 거래 중이다. 보험상품은 위험보장기능밖에 없기 때문에 다른 금융상품과 결합하는 방식으로 저축기능 및 투자기능을 결합시키고 있다.

2. 보장성 보험상품(위험보장)

보장성 보험상품은 위험보장기능만을 가지고 있는 보험상품으로 중도해지, 납입기간의 종료 등으로 인한 환급보험료가 없다. 즉 소비자가 보험회사에 지급한 보험료가 모두 위험보장을 위한 대가로만 사용되는 것을 말한다. 위험보장이라는 보험의 본질적인 기능에 충실한 것이 보장성 보험상품이다. 자동차보험 등과 같은 손해보험상품이나, 제3보험상품이 보장성 보험상품에 해당한다. 그러나 보험업감독규정은 생명보험상품에 있어서는 보장성 보험상품으로 분류하는 기준을 환급보험료가 없음이 아니라 생존시 지급되는 보험금의 합계액이 기 납입한 보험료를 초과하지 아니하는 것으로 규정하고, "순수보장성 보험상품"과 "그 밖의 보장성 보험상품"으로 구분하고 있다(감독규정1-2(3)). 이에 따르면 일반적으로 저축의 기능이 있는 만기환급형 보험상품도 보장성 보험상품에 해당한다. 보험감독규정에서는 생명보험에 한하여 저축기능이 포함되어 있더라도 위험보장목적이 더 크다면 보장성 보험으로 보고 있다.

보장성보험은 생존보험금(생존이라는 보험사고가 발생하면 지급되는 보험금)의 합계약이 이미 납입한 보험료를 초과하지 않는 보험이다. 즉 보장성보험은 기준연령 요건에서 생존 시 지급되는 보험금의 합계액이 이미 납입한 보험료를 초과하지 않는 보험을 말한다(감독규정 1-2(3)). 여기서 기준연령 요건이란 전기납 및 월납 조건으로 남자가 만 40세에 보험에 가입하는 경우를 말한다. 다만, 남자가 만 40세에 보험에 가입할 수 없거나 연령만기보험(종신보험, 연금보험 포함)의 경우에는 가입연령의 중간연령을 가입시기로 하며, 전기납이 없는 경우에는 최장기납으로 한다(감독규정 1-2(2)).

보장성보험은 순수보장성보험과 기타 보장성보험으로 구분된다. 순수보장성보험이란 생존시 지급되는 보험금이 없는 보장성보험을 말하고 그 밖의 보장성보험이란 순수보장성보험을 제외한 보장성보험을 말한다(감독규정 1-2(3)).

3. 저축성 보험상품(위험보장 + 저축기능)

저축성 보험상품은 소비자가 납입한 보험료를 보장보험료와 적립보험료로 구분하여, 적립보험료는 위험보장의 목적으로 사용되지 않고 예금과 같이 보험회사에 적립되는 보험상품이다. 중도해지 또는 기간종료 등의 사유로 보험회사의 보험금지급채무가 면제되는 경우 보험회사는 적립된 보험금을 보험계약자에게 반납해야 할 의무를 부담한다. 보험업감독규정은 보장성 보험상품을 제외한 보험상품 중 생존시 지급되는 보험금의 합계액이 이미 납입한 보험료를 초과하는 보험으로 정의하고 있다(감독규정1-2(4)). 이는 위험보장기능보다 저축기능이 강한 것을 전제로 한 것이다.

저축성 보험상품은 보험료적립금에 이율을 적용하여 환급금액이 결정되는데, 적용이율의 변동여부에 따라 금리연동형보험, 금리확정형보험, 자산연계형보험 등 3가지로 구분된다(감독규정1-2(6)(7)(8)). 아래서 살펴보는 투자형 보험상품과 달리 원금(보험료적립금)손실가능성이 없다.

금리연동형보험이란 보험회사의 자산운용이익률, 시장금리 등에 따라 보험료적립금 적용이율이 변동되는 보험을 말한다(감독규정1-2(6)). 여기서 적용이율은 보험회사가 공시하는 공시이율을 말한다(감독규정6-12③). 금리확정형보험이란 보험료적립금 적용이율이 고정된 보험을 말한다(감독규정 1-2(7)). 자산연계형보험이란 특정자산의 수익률 또는 지표 등에 연계하여 보험료적립금 적용이율이 변동되고 특별계정으로 설정·운용되는 금리연동형보험을 말한다(감독규정 1-2(8)). 자산연계형보험은 금리연동형보험의 일종이지만 적용이율이 공시이율이 아니라 연계이율이 적용된다는 점에서 구분된다.

그 밖의 보장성보험 및 저축성 보험은 모두 생존보험의 요소가 포함된 것이다. 생존이라는 보험사고가 발생하면 보험금을 받는 것이 생존보험이기 때문이다. 저축성보험이 저축이라는 용어를 사용하고 있다고 하더라도, 이것이 저축은 아니다. 저축처럼 원금등이 상환되는 것처럼 보일 수 있어서 저축이라는 수식어가 붙은 것이지만, 생존보험금은 생존해야만 지급되고 사망하면 지급되지 않으므로 저축성보험도 보험인 점에는 틀림이 없다. 하지만 노령을 제외하면, 생존가능성이 사망가능성보다 훨씬 높기 때문에 대부분 생존보험금을 받게 되고, 또한 중도에 해지하면 생존보험금의 지급을 위해 적립했던 금액을 해지환급금으로 반환받을 수 있으므로, 결과적으로 저축과 매우 유사한 결과가 나타난다는 점을 부인하기 어렵다.

4. 투자성 보험상품(위험보장 + 투자기능)

투자성 보험상품은 투자성이 있는지 여부를 기준으로 한 구분이다. 투자성 보험상품은 자본시장법이 규정한다. 여기서 "투자성"이란 그 계약상 권리를 취득하기 위하여 지급하였거나 지급하여야 할 금전등의 총액(판매수수료 등 대통령령으로 정하는 금액을 제외)이 그 권리로부터 회수하였거나 회수할 수 있는 금전등의 총액(해지수수료 등 대통령령으로 정하는 금액을 포함)을 초과하게 될 위험이다(자본시장법3①). 보험금이 자산운용 성과에 따라 변동하는 변액보험(보험업법108조①(3))은 위 투자성 요건을 충족하는 경우에 한하여 투자성 보험상품에 해당한다.

변액보험은 투자수익을 추구하는 "변액"과 보장이라는 "보험(보장)" 기능이 복합된 금융상품이다. 수익률과 노후 보장, 사망위험 보장이라는 목적을 달성하기 위해 설계된 상품으로 보험료 중에서 사업비 등을 공제한 후에 펀드에 적립·운용하여 그 운용실적에 따라 지급되는 보험금액이 변동되는 상품을 말한다. 변액보험은 투자실적에 상관없이 위험보장이라는 보험 고유의 기능을 유지하기 위해 다양한 종류의 펀드를 운용하면서 일정 수준의 최저보증을 제공하고 있고, 계약자는 보증수준 이하의 투자 리스크는 보험회사에 전가하고, 보증수준 이상의 성과에 대해서는 그 이익을 향유하게 되는 것이다.

투자성 보험상품은 자본시장법의 적용을 받는다는 점이 특징이다. 보험회사(외국보험회사, 보험설계사, 보험대리점 포함)가 투자성 있는 보험계약을 체결하거나 그 중개 또는 대리를 하는 경우에는 자본시장법상 투자매매업 또는 투자중개업에 관한 금융투자업인가를 받은 것으로 보고, 일부 규정을 제외하고 자본시장법이 적용된다(자본시장법77②). 이에 따라 금융투자업자 일반에 대한 공통영업행위 규칙은 투자성 보험상품을 취급하는 보험회사에 적용된다.

여신금융상품

★ 서울경제 11월 21일

카드론 42조 … 또 최대치 넘었다

지난달 카드론 잔액이 42조 원을 넘어서면서 역대 최대 규모에 달했다. 금융 당국의 가계대출 관리 강화 기조에 따라 시중은행이 대출 문턱을 높이자 서민들의 자금 수요가 카드론으로 대거 넘어온 것으로 보인다.

20일 여신금융협회에 따르면 9개 카드사(롯데·BC·삼성·신한·우리·하나·현대·KB국민·NH농협카드)의 10월 말 카드론 잔액은 42조 2,201억 원으로 한 달 전 41조 6,869억 원에 비해 5332억 원 늘었다. 기존 역대 최대 규모였던 8월 말(41조 8,310억 원)을 넘어서 사상 최대 규모다. 지난달 말 기준 NH농협카드를 제외한 전업 카드사 8곳의 카드론 평균금리가 연 14.4%에 달했을 정도로 금리가 높은 편이었지만 수요가 급증에 전체 규모도 급증했다.

대환대출과 결제성 리볼빙 이월 잔액, 현금 서비스 잔액 등은 전월과 비슷하거나 소폭 증가한 것으로 집계됐다. 카드론을 제때 상환하지 못해 카드론을 빌린 카드사에서 다시 대출받는 대환대출 잔액은 지난달 1조 6,555억 원으로 전월 1조 6,254억 원에 비해 301억 원, 현금 서비스 잔액은 6조 6,669억 원에서 6조 8,355억 원으로 1,686억 원 증가했다. 결제성 리볼빙 이월 잔액은 7조 158억 원으로 9월 말(7조 1,427억 원)에 비해 소폭 줄었다.

업계에서는 지난달 카드론 잔액이 재차 증가한 것은 은행권의 대출 규제 강화로 풍선 효과가 가시화했기 때문이라고 보고 있다. 정부의 대출 규제로 1·2금융권의 대출 문턱이 높아지면서 자금 수요가 카드론까지 흘러 들어갔다는 해석이다. 금융 당국이 압박 수위를 높이자 최근 시중은행뿐만 아니라 지방은행과 상호금융까지 일부 대출 상품에 대한 판매를 중단하는 등 눈치 보기가 이어지고 있다.

제1절 의의

여신전문금융업법이 정하고 있는 여신금융상품의 범위는 다음과 같다(법50의9①). 즉 ⅰ) 신용카드회원에 대한 자금의 융통(법13①(1)), ⅱ) 여신전문금융업(시설대여업의 등록을 한 경우에는 연불판매업무를 포함)(법46①(1)), ⅲ) 대출(어음할인 포함)업무(법46①(3)), ⅳ) 직불카드의 발행 및 대금의 결제와 선불카드의 발행·판매 및 대금의 결제에 관련된 신용카드업자의 부대업무(신용카드업의 허가를 받은 경우만 해당)(법46①(4)), ⅴ) 여전법 제46조 제1항 제7호에 따른 부수업무 중 금융위원회가 정하여 고시하는 업무 등이다.

여기서는 금융소비자보호법에 따른 금융상품인 여신전문금융업법에 따른 신용카드, 시설대여, 연불판매, 할부금융(금융소비자보호법2(1) 마목)을 살펴본다.

제2절 종류

Ⅰ. 신용카드상품

1. 카드상품

(1) 신용카드

여신전문금융업법상 신용카드란 "이를 제시함으로써 반복하여 신용카드가 맹점에서 결제할 수 있는 증표로서 신용카드업자(외국에서 신용카드업에 상당하는 영업을 영위하는 자를 포함)가 발행한 것"을 말한다(법2(3)). 즉 신용카드란 카드회원의 가입신청에 따라 카드회사가 카드를 발행하고, 카드회원은 그 발급받는 카드를 이용하여 현금을 지급함이 없이 계속적·반복적으로 가맹점에서 상품을 구매하거나 서비스를 제공받을 수 있음은 물론 카드회사 또는 제3자로부터 신용을 제공받을 수 있음을 증명하는 하나의 자격증권을 말한다. 신용카드는 카드회원이 물품의 구입이나 용역의 제공을 받기 위해 대금결제수단으로 사용하는 현금, 수표에 이은 "제3의 통화"라 불린다.

(2) 선불카드와 직불카드

신용카드와 구별해야 할 것으로 선불카드와 직불카드가 있다. 신용카드는 금융상품에 해당하나 선불카드와 직불카드는 지급수단에 불과하여 금융상품이 아니기 때문이다.

선불카드란 이용고객이 전자적 또는 자기적인 방법에 의해 일정 금액이 저장(충전)되어 있는 카드를 카드 발급자로부터 구입하여 물품 구매 또는 서비스 이용시 저장된 금액이 자동적으로 차감 지급되도록 한 카드를 의미한다. 여신전문금융업법은 선불카드를 "신용카드업자가 대금을 미리 받고 이에 해당하는 금액을 전자적 또는 자기적 방법에 따라 발행한 증표로서 선불카드소지자가 신용카드가맹점에 제시하여 그 카드에 기록된 금액의 범위에서 결제할 수 있게 한 증표"로 정의하고 있으며(법2(8)), 이에 따라 신용카드업자는 부대업무로서 선불카드의 발행·판매 및 대금의 결제업무를 영위할 수 있다(법13①(3)). 선불카드는 돈을 미리 지불(입금)하고 사용하는 카드이다. 신용카드 사업을 하기 위해서는 막대한 자본이 필요하지만, 고객이 먼저 돈을 입금하고 사용하는 선불카드는 카드사 입장에서 유일한 수신상품이며 이자도 주지 않는 상품이다. 또한 선불카드는 회원을 쉽게 모을 수 있어 인터넷 비즈니스가 가능한 상품이다.

직불카드란 "직불카드회원과 신용카드가맹점 간에 전자적 또는 자기적 방법으로 금융거래계좌에 이체하는 등의 방법으로 결제가 이루어질 수 있도록 신용카드업자가 발행한 증표(자금을 융통받을 수 있는 증표는 제외)"를 말한다(법2(6)). 직불카드회원이란 신용카드업자와의 계약에 따라 그로부터 직불카드를 발급받은 자를 말한다(법2(7)). 여신전문금융법상 신용카드업자가 부대업무로서 발행하는 직불카드는 신용카드사가 발행하여 신용카드가맹점에서만 유통되는 것에 한정되며, 이 경우 여신전문금융업법이 우선 적용된다. 여신전문금융업법상 직불카드는 신용카드업자가 부대업무로 발행할 수 있고, 직불카드 가맹점에서 사용이 가능하며, 금융거래계좌에 이체하는 방법이어야 하고, 예금잔액 이내에서 이용할 수 있으며, 구매 즉시 결제가 이루어지며, 할부·현금서비스가 불가능하다. 직불카드는 전자금융거래법상의 직불전자지급수단과 동일한 개념과 기능을 한다.

2. 신용카드대출상품

(1) 장기카드대출(카드론)

신용카드회원 본인의 신용도와 카드이용 실적에 따라 카드회사에서 대출해주는 장기(2개월 이상) 금융상품을 말한다(감독규정2(3) 나목 참조). 신용카드 개인회원 표준약관("표준약관")에 따르면 장기카드대출(카드론)이란 단기카드대출(현금서비스) 외에 카드회사가 본인회원에게 제공하는 자금융통으로서 일정기간 동안 일정 이자율에 따라 원리금을 상환하는 서비스를 말한다(표준약관16). "카드론"은 신용카드 가입과는 별개의 계약으로 금융소비자보호법상 금융상품에 해당된다.

가맹점수수료율 인하에 따른 수익 감소 부분을 보완하기 위해 신용카드사들은 카드론을 확대하고 있다. 연 2%대의 채권을 발행해 자금조달을 한 후 10% 이상의 금리로 대출을 하면 높은 수익을 올릴 수 있기 때문이다. 그러나 카드론 증가와 함께 카드대출 연체율도 상승하고 있는 것으로 나타나 자산건전성에 관한 우려가 높아지고 있다. 신용카드사의 카드대출은 전적으로 신용대출이라는 특성이 있어 신용위험을 제대로 관리하지 못하면 수익성에 부정적 영향을 줄 수 있기 때문이다. 대출성 자산의 확대에 따라 연체율 등 리스크관리도 강화되어야 함을 시사하고 있다.

(2) 단기카드대출(현금서비스)

단기카드대출(현금서비스)은 현금지급기에서 현금서비스를 받기 위한 신용카드의 사용이다 (여신전문금융업감독규정2(3) 나목). 단기카드대출(현금서비스)은 여신전문금융업법상 금융상품에 해당하나, 신용카드 가입에 따라 부가되는 약정에 따른 현금서비스 그 자체로서 금융소비자보호법상 별도의 금융상품으로 보기 어렵다. 신용카드는 금융상품에 해당하는바, 신용카드 계약 체결과 관련하여 현금서비스에 대해 설명의무 등 금융소비자보호법상 규제가 적용될 수 있다.

단기카드대출(현금서비스)은 신용카드회사에서 각 회원의 신용카드 한도 내에서 별도로 신용공여 한도와 금리를 적용하여 현금을 인출할 수 있는 서비스로, 개인의 신용공여기간 동안 이용할 수 있도록 하여 익월 카드결제대금과 함께 상환하는 신용카드 대출서비스이다. 단기카드대출(현금서비스)은 신용카드를 이용하여 현금을 출금하거나 계좌이체, 또는 해당 카드의 결제대금 납부가 가능하도록 제공되고 있다.

(3) 일부결제금액이월약정(리볼빙)

신용카드회원이 신용카드업자와 별도 약정에 따라 신용카드 이용대금의 일부만 결제하고 잔여금액에 대한 결제를 이월하는 상품이다(감독규정2(3) 다목). 신용카드 개인회원 표준약관 ("표준약관")에 따르면 일부결제금액이월약정(리볼빙)이란 회원이 카드이용대금 중 카드회사와 회원이 미리 약정한 약정(최소)결제비율 이상을 결제하면 다음 달 결제월에 잔여결제금액과 일부결제금액이월약정(리볼빙) 수수료를 합산하여 납부하는 결제방식이다(표준약관31①). 즉 신용카드대금 중 일정금액(5만원 이상, 이용금액의 10% 이상의 최소결제비율 이상) 이상만 결제하면 잔여대금에 대한 상환이 자동으로 연장되고 잔여 이용한도 내에서는 신용카드를 계속 이용할 수 있게 되는 결제방식이다.

리볼빙은 여신전문금융업법상 금융상품에 해당하나, 신용카드 가입에 따라 부가되는 약정에 따른 리볼빙 그 자체로서 금융소비자보호법상 별도의 금융상품으로 보기 어렵다. 신용카드

는 금융상품에 해당하는바, 신용카드 계약체결과 관련하여 리볼빙에 대해 설명의무 등 금융소
비자보호법상 규제가 적용될 수 있다.

리볼빙서비스는 카드로 물품의 대금을 결제한 후 결제해야 하는 대금의 일정금액, 주로
5-10%만 결제하면 나머지는 상환이 연장되고 잔여이용 한도 내에서 계속해서 카드를 이용할
수 있다. 카드대금을 연체하지 않고 정상적으로 카드를 이용할 수 있다는 점, 연체로 인한 신
용등급 하락의 위험을 피할 수 있다는 점에서 소비자에게 유용하게 받아들여지고 있으나 평균
금리가 연 20%에 이르는 고금리라는 점에서 사실상 소비자의 채무를 가중시키는 결과를 낳고
있다. 리볼빙서비스의 경우 매월 최소결제금액을 제외한 나머지 금액이 이월되고 이에 대한 이
자가 붙는 방식인데, 이때 매월 이월된 원금과 이자를 합한 금액에 다시 이자가 붙기 때문에
조금씩 갚아나가더라도 상환해야 하는 금액이 크게 불어날 수 있는 구조를 가지고 있다.

Ⅱ. 시설대여(리스)상품

시설대여(리스)란 리스회사가 "특정물건"을 새로 취득하거나 대여받아 거래상대방(리스이
용자)에게 내용연수의 20%에 해당하는 기간(다만, 부동산을 시설대여하는 경우에는 3년) 이상 사용
하게 하고, 그 사용기간 동안 일정한 대가(리스료)를 정기적으로 나누어 지급받으며, 그 사용
기간이 끝난 후의 물건의 처분에 관하여는 당사자 간의 약정으로 정하는 방식의 금융을 말한
다(법2(10), 영2④). 즉 금융업자가 구매자에게 직접 구매자금을 융통하여 주는 대신에 직접 구
매자가 이용하고자 하는 물건을 취득하여 제공하는 물적 금융이다.

리스의 개념 정의에서 "특정물건"이란 ⅰ) 시설, 설비, 기계 및 기구(제1호), ⅱ) 건설기계,
차량, 선박 및 항공기(제2호), ⅲ) 앞의 ⅰ) 및 ⅱ)의 물건에 직접 관련되는 부동산 및 재산권(제
3호), ⅳ) 중소기업(중소기업기본법 제2조에 따른 중소기업)에 시설대여하기 위한 부동산으로서 금
융위원회가 정하여 고시하는 기준을 충족하는 부동산(제4호)을 말한다(영2①).

Ⅲ. 연불판매상품

1. 의의

연불판매란 특정물건을 새로 취득하여 거래상대방에게 넘겨주고, 그 물건의 대금·이자 등
을 1년 이상 동안 정기적으로 나누어 지급받으며, 그 물건의 소유권 이전 시기와 그 밖의 조건
에 관하여는 당사자 간의 약정으로 정하는 방식의 금융을 말한다(여신전문금융업법2(11)). 즉 연
불판매는 금융소비자가 구매하고자 하는 물건의 소유권을 연불판매업자가 취득하고, 해당 물

건의 점유를 금융소비자에게 이전하고, 소유권의 이전 시기 등에 관한 조건 등은 당사자 간 약정으로 정하는 것을 말한다. 연불판매는 금융리스와 할부금융의 중간적 형태이다.

2. 법적 성격

연불판매는 대상 물건의 소유권이 생산자 또는 공급자로부터 연불판매업자로, 연불판매업자에서 금융소비자로 이전된다. 따라서 연불판매업자와 금융소비자 간 체결되는 계약은 매매계약이다. 계약의 형식만으로 판단하면 연불판매는 여신상품이 아닌 금융업자에 의한 할부거래로 보아야 한다. 그러나 그 본질적인 기능은 자금이 부족한 금융소비자에게 대상 물건의 취득에 필요한 금융편의를 제공하는 데 있다. 따라서 연불판매는 연불판매업자가 금융소비자에게 물건 등의 구입대금을 대여하는 대신에 금융소비자가 필요로 하는 물건을 구입하여 제공하는 물건의 융통인 물적 금융의 성격을 가지고 있다.

Ⅳ. 할부금융상품

1. 의의

할부금융은 소비자가 일시불로 구입하기 어려운 고가의 내구재나 주택 등을 구입하고자 할 때 할부금융회사가 소비자에게 구입자금의 전부 또는 일부를 대여해주고, 소비자는 할부금융회사에 일정한 수수료를 내고 원금과 이자의 분할상환이 가능하도록 하는 금융상품을 말한다. 이는 소비자에게 자금을 대여해 준다는 점에서 "소비자신용"으로 분류된다. 할부금융의 거래당사자는 소비자, 공급자(판매자) 그리고 할부금융회사이다. 즉 할부금융이란 소비자가 일시불로 구입하기 어려운 고가의 내구소비재(자동차, 가전제품 등)나 주택을 구입하고자 할 때, 할부금융회사가 신용에 특별한 이상이 없는 소비자를 대상으로 그 구입자금을 할부금융기관 및 판매자와의 계약에 의하여 구매를 조건으로 필요한 자금을 대여해주고, 할부금융회사에 일정한 수수료를 내고 원금과 이자를 분할상환하는 제도이다. 여신전문금융업법은 할부금융을 "재화와 용역의 매매계약에 대하여 매도인 및 매수인과 각각 약정을 체결하여 매수인에게 융자한 재화와 용역의 구매자금 을 매도인에게 지급하고 매수인으로부터 그 원리금을 나누어 상환받는 방식의 금융"으로 정의하고 있다(법2(13))

2. 종류

할부금융상품은 크게 내구소비재, 주택, 기계 등으로 나눌 수 있다. ⅰ) 내구소비재에는 신차·중고차·건설기계·특수자동차 등을 포함하는 자동차 품목, 컴퓨터·통신기기, 냉난방기,

음향기기, 사무기기, 생활·주방 기기 등을 포함하는 전자제품 품목과 가구·침구 같은 기타 내구소비재로 나눌 수 있다. ii) 주택은 할부조건이 신규 완공주택이나 주택건설사업자가 건설 중인 주택의 계약금납부를 완료하면 중도금이나 잔금의 대출이 가능하다. iii) 기계는 건설기계, 의료기계, 섬유기계, 공작기계, 인쇄기계 등을 포함한다. iv) 기타 용역·서비스 관련 품목은 의료비용, 예식비용, 장의비용, 인테리어 공사비용 등이 있다.

3. 자동차 할부금융

할부금융시장에서 자동차금융이 차지하는 비중은 압도적으로 높다. 이는 소비자가 필요로 하는 재화 중 자동차가 주택 다음으로 목돈이 소요되는 고가의 재화이기 때문이기도 하다. 주택구입에 따른 부족 자금의 융통은 1차적으로 은행이 담당하므로 할부금융시장에서 차지하는 주택금융 비중은 매우 낮다.

할부금융업의 대표적 회사인 캐피탈사는 수신기능이 없는 여신전문금융회사로서 산업용 기계나 건설장비 등을 취급하는 기업금융과 자동차 및 내구재 등을 취급하는 소매금융을 담당하고 있다. 수신기능이 없어 자금조달은 은행 대출이나 회사채 발행을 통해서 이루어지며, 이에 은행권에 비해 높은 금리를 적용하고 있다.

연금상품

제1절 연금구성 체계

우리나라의 노후소득 보장을 위한 연금체계는 1층에 최소한의 노후 생활수준 보장을 위해 전 국민이 의무적으로 가입해야 하는 국민연금, 2층에 직장인들을 대상으로 노후 기본적인 생활수준을 유지하기 위한 퇴직연금 그리고 3층에 노후에 여유 있는 삶을 영위하기 위한 개인연금으로 구성되어 있다. 먼저 우리나라의 연금체계에 관하여 간략히 살펴보기로 한다.

Ⅰ. 공적연금(국민연금)

국민연금은 전 국민이 의무적으로 가입하며 고소득층보다 저소득층의 급부가 더 많은 소득재분배 기능을 가지고 있어 사회보장기능이 있는 공적사회보험 제도로 볼 수 있다. 국민연금은 최소한의 노후소득 보장을 위한 제도로서 경제활동에 참여하는 모든 국민이 자동적으로 가입하며, 비경제활동자의 경우 자율적으로 가입(임의가입)할 수 있다. 가입자의 국민연금 기여율(보험료)은 소득의 9%이며, 근로자의 경우 고용주와 근로자가 절반씩 부담한다. 사회복지제도(사회보험)로서의 기능이 있어 소득계층 간, 현재와 미래세대 간 소득재분배 기능을 한다. 예를 들어 최저소득층의 경우 기여금 대비 수익비(=수령연금총액/기여금총액)는 4배로 최상위 소득층의 1.2배에 비해 높은 수준으로 소득계층 간 소득재분배 기능을 한다. 또한 최상위 소득층조차도 기여금 대비 1배 이상 연금급부를 수령하므로 부족분은 미래세대가 부담해야 하는 세대 간 소득재분배 기능이 있다. 이러한 세대 간 이전 특성으로 인해 지속적이고 충분한 인구 및 경제

성장이 뒷받침되지 않을 경우 국민연금제도의 지속성은 담보될 수 없다.

국민연금의 재정안정화를 위해 국민연금이 목표하고 있는 소득대체율은 두 차례의 개혁을 거쳐 하향 조정되었다. 시행 초기 40년 가입자를 기준으로 70% 수준이던 국민연금의 목표소득 대체율은 40%로 축소되었는데, 이에 따라, 국민 스스로 노후를 준비하는 사적연금의 기능이 강조되고 있으며 정부는 여러 가지 세제혜택 제공을 통해 사적연금 가입유인을 제고하고 있다.

Ⅱ. 준공적연금(퇴직연금)

퇴직연금은 기존 퇴직금의 수급권 보호 및 노후소득보장을 위해 2005년 도입되었으며 이는 사적기능에 의한 제도이나 정부정책에 의해 2016년부터 2022년까지 단계적으로 모든 사업장의 퇴직연금 가입이 의무화된다. 퇴직연금의 가입은 의무사항이나 퇴직연금 적립금의 적립·운용기관은 은행, 증권사, 보험사 등 사적금융기관이다. 따라서 의무가입으로 인한 공적 특징과, 운용기관이 금융기관이라는 사적 특징을 모두 가지고 있는 준공적연금으로 볼 수 있다. 그리고 사적연금의 특성상 연금상품은 가입자의 납입금액 총합이 연금수령금액 총합과 일치하는 수지상등의 원리를 만족시키도록 설계된다.

퇴직연금에서 파생된 개인형퇴직연금(IRP: Individual Retirement Pension)제도는 퇴직연금 적립금 운용의 효율성과 지속성을 제고시키기 위해 2013년부터 도입되었으며, 퇴직 IRP와 적립 IRP로 나눌 수 있다. 기존 퇴직연금 가입자가 55세 이전 퇴직 시 퇴직연금 적립금은 IRP에 적립되며 이를 퇴직 IRP라 한다. 또한 기존 퇴직연금 가입자는 퇴직 이전에 IRP계좌를 개설하여 본인의 의사에 따라 추가적으로 노후 자금을 적립할 수 있으며 이를 적립 IRP라 한다. 기업형 IRP는 퇴직연금을 운용하기 어려운 10인 이하의 사업장에서 근로자에게 IRP를 개설하여 퇴직연금계좌 대신 이용하여 퇴직연금을 제공할 수 있도록 하는 제도를 말한다. 퇴직 IRP의 경우 세제는 확정기여형 퇴직연금(DC형)의 세제와 유사하다.

Ⅲ. 개인연금

개인연금은 가입이 의무화되어있는 공적·준공적연금과 달리 가입자의 의사에 따라 임의로 가입하는 연금상품으로 세제적격과 세제비적격 연금상품으로 나눌 수 있다. 세제적격개인연금저축("연금저축")의 경우 은행, 증권사, 보험사에서 연금저축상품에 가입할 수 있다. 이때, 은행상품의 경우 개인연금저축신탁, 증권사 상품의 경우 개인연금저축펀드, 보험사 상품의 경우 개인연금저축보험을 주로 판매한다. 이들에 대한 세제혜택은 동일하여 납입 시 세액공제 혜택이 있으며, 수령 시 원금을 포함한 수령액 전체에 과세한다. 세제비적격 연금상품의 경우("연금보험") 생명보험사에서만 가입이 가능하다. 연금보험상품은 보험금 납입 시 세액공제 혜택이 없으나, 수령 시 역시 원금을 포함한 수령액 전체에 대해 비과세한다.

제2절 퇴직연금

Ⅰ. 의의

퇴직연금제도란 확정급여형 퇴직연금제도, 확정기여형 퇴직연금제도 및 개인형 퇴직연금제도를 말한다(퇴직급여법2(7)). 즉 퇴직연금제도란 일반적으로 기업이 근로자의 노후 생활의 안정을 위해 재직 중에 현금을 적립하여 정년퇴직 이후 연금급여를 지급하는 제도로서 퇴직저축(Retirement Savings) 또는 기업연금(Corporate Pensions)이라고도 하는데 우리나라의 퇴직연금제도유형으로는 퇴직급여법에 따라 확정급여형 퇴직연금(Defined Benefit Retirement Pension, DB형), 확정기여형 퇴직연금(Defined Contribution Retirement Pension, DC형), 그리고 개인형 퇴직연금(Individual Retirement Pension, IRP형)이 있다.

Ⅱ. 유형

1. 확정급여형 퇴직연금(DB형)

확정급여형 퇴직연금제도란 근로자가 받을 급여의 수준이 사전에 결정되어 있는 퇴직연금제도를 말한다(법2(8)). 확정급여형 퇴직연금(DB형)은 근로자가 퇴직 후 받을 연금액수와 산정방식이 미리 확정되고, 사용자가 실제 부담할 금액은 적립금 운용결과에 따라 변동될 수 있는 연금제도를 말한다. 즉 근로자가 받을 퇴직연금 금액은 일시금 기준의 퇴직금과 같은 금액이 되도록 산정방식을 정하고, 연금은 퇴직연금규약에서 정한 바에 따라 종신 또는 5년 이상 일정 기간으로 분할하여 받게 된다. 사용자는 연금지급을 위해 노사가 퇴직연금규약에서 정한 금융기관(퇴직연금사업자)에 일정 수준 이상의 적립금을 근로자 명의로 입금하고 최종 지급책임을 지며, 금융기관은 사용자와의 계약범위 내에서 자율적으로 적립금을 운용하게 된다. 이러한 DB형은 일반적으로 경영의 안정성 및 영속성이 있는 기업, 퇴직연금수급자를 잘 관리할 수 있는 대기업 등에 적합하다고 할 수 있다.

2. 확정기여형 퇴직연금(DC형)

　확정기여형 퇴직연금제도란 급여의 지급을 위하여 사용자가 부담하여야 할 부담금의 수준이 사전에 결정되어 있는 퇴직연금제도를 말한다(법2(9)). 즉 확정기여형 퇴직연금(DC형)은 사용자의 부담금이 미리 확정되는 반면 근로자가 받을 퇴직연금액이 적립금 운용실적에 따라 변동될 수 있는 연금제도이다. 사용자가 연간 임금총액의 1/12 이상의 금액을 노사가 퇴직연금규약에서 선정한 금융기관(퇴직연금사업자)의 근로자 개인별 계좌에 입금하면, 근로자는 금융기관이 선정·제시하는 운용방법을 선택하여 적립금 운용(투자)을 금융기관에 지시하고 금융기관은 그 지시에 따라 운용하여 근로자에게 연금이나 일시금을 지급하게 된다. 이러한 DC형은 경영이 불안정하거나 수명이 짧은 기업, 퇴직연금제도를 자체적으로 설계하기 힘든 중소기업, 연봉제와 매년 퇴직금 중간정산을 하는 기업, 자주 직장을 이동하는 근로자 등에게 적합하다고 할 수 있다.

3. 개인형 퇴직연금(IRP형)

　개인형 퇴직연금제도란 가입자의 선택에 따라 가입자가 납입한 일시금이나 사용자 또는 가입자가 납입한 부담금을 적립·운용하기 위하여 설정한 퇴직연금제도로서 급여의 수준이나 부담금의 수준이 확정되지 아니한 퇴직연금제도를 말한다(법2(10)). 개인형 퇴직연금(IRP형)은 이직시 수령한 퇴직급여를 통합하여 적립하고 노후소득의 재원으로 활용할 수 있도록 하는 통산장치(Portability)를 말한다. 즉 퇴직연금 가입 근로자의 이직시 퇴직급여를 가입자의 IRP형 계좌로 이전하고 연금 수령시까지 적립된 퇴직급여를 과세이연 혜택을 받으며 운용하다가 일시금이나 연금으로 수령하게 된다. 또한 퇴직급여 일시금 수령자나 DB형·DC형 가입자도 추가로 IRP형을 설정할 수 있다. 나아가, 상시근로자 수가 10인 미만인 사업장의 경우에도 근로자 대표의 동의를 얻어 근로자전원이 IRP형을 설정하게 할 수 있는데(퇴직급여법 제25조) 이를 기업형 IRP이라 하고 다른 IRP형은 개인형IRP로 구분하기도 한다.

4. 유형의 비교

　이러한 세 가지 유형의 퇴직연금제도를 비교하면, ⅰ) 연금수급요건은 수급연령이 모두 55세 이상부터이고 수급기간이 5년 이상이어야 하되 DB형과 DC형의 경우 가입 기간이 10년 이상이어야 한다. ⅱ) 일시금 수급요건은 DB형과 DC형의 경우 연금수급요건을 갖추지 못하거나 일시금 수급을 원할 때인 반면, IRP형의 경우 원하면 언제든지 일시금 수급이 가능하다. ⅲ) 무주택자인 가입자가 본인 명의로 주택을 구입, 가입자 또는 부양가족이 6월 이상 요양, 최근

5년 이내 파산선고, 개인회생절차개시 결정 및 천재지변의 사유로 세 가지 유형 모두 적립금의 50% 범위내에서 담보대출이 가능(퇴직급여법 시행령 제12조)한 반면, 같은 사유로 중도인출은 DC형과 IRP형만 가능하고 DB형은 불가능하다(퇴직급여법 시행령 제14조 및 제18조). iv) 한편 세 가지 유형별로 적합한 기업 및 근로자는 DB형의 경우 고용이 안정된 기업, 재무구조가 건실한 기업, 정년이 보장된 근로자 등에게 적합하고, DC형의 경우 근로자 평균연령이 낮거나 신설된 기업, 연봉제 중간정산을 실시하는 기업, 전문직 종사자나 이직률이 높은 근로자 등에게 적합하며, 기업형 IRP는 영세사업장, 개인형 IRP는 일시금 수령자에게 적합하다.

Ⅲ. 운영구조

퇴직연금의 운영구조를 살펴보면, 퇴직연금사업자는 운용관리 및 자산관리 업무를 수행하며 사용자나 근로자의 운용지시를 받아 적립금을 운용한다. 퇴직연금사업자의 퇴직연금 운영의 근거는 운용관리계약이나 자산관리계약이고 그 성격을 보면 전자는 퇴직연금의 운용관리를 위해 사용자 등이 운용관리기관과 체결하는 것이므로 사무처리를 위탁하는 민법상 위임계약(제680조)과 유사한 반면, 후자는 적립금의 보관 관리 등을 위해 사용자 등이 자산관리기관과 체결하는 것이되 자본시장법 시행령에 따른 특정금전신탁계약이나 보험업법에 따른 특별계정으로 운영하는 보험계약이어야 한다고 법정되어 있다(법29②).

운용관리기관은 운용방법 정보제공, 제도설계 및 연금계리, 적립금 운용현황의 기록·보관·통지, 운용방법의 전달 등의 업무를 수행하고, 자산관리기관은 계좌 설정 관리, 부담금의 수령, 적립금의 보관 관리, 운용지시의 이행, 급여의 지급 등의 업무를 수행한다. 운용관리기관 및 자산관리기관은 은행, 금융투자업자, 보험회사 등 금융기관이 주로 여기에 해당하고 반드시 복수일 필요는 없고 하나의 퇴직연금사업자가 수행할 수 있다.

제3절 개인연금

Ⅰ. 연금저축

1. 의의

"연금저축"의 명칭으로 설정하는 대통령령으로 정하는 계좌("연금저축계좌")(소득세법20의3

①(2))란 ⅰ) 자본시장법에 따라 인가를 받은 신탁업자와 체결하는 신탁계약, ⅱ) 자본시장법에 따라 인가를 받은 투자중개업자와 체결하는 집합투자증권 중개계약, ⅲ) 보험계약을 취급하는 기관과 체결하는 보험계약에 따라 "연금저축"이라는 명칭으로 설정하는 계좌("연금저축계좌")를 말한다(소득세법 시행령40의2①(1)).

연금저축이란 개인의 노후생활보장 및 장래의 생활 안정을 목적으로 10년 이상의 기간 동안 개인이 납입한 금액을 적립하여 55세 이후에 연금으로 수령할 수 있는 장기저축상품이다. 이러한 소득공제형 연금저축(세제적격연금)은 2001년 국민의 노후생활안정을 목적으로 국가에서 만들고, 국가에서 위탁한 각 금융사에서 판매하도록 하고 있다. 흔히 은행에서 판매하는 연금저축신탁, 증권사에서 취급하는 연금저축펀드, 보험회사에서 판매하는 연금저축보험으로 구분된다. 국가는 가입자에게 소득공제혜택을 제공하고, 각 금융사는 고유의 투자방법을 통해서 이자수익을 창출해 연금계좌에 적립해준다. 따라서 어느 회사에 가입했건 소득공제혜택은 동일하지만 받는 이자수익은 다를 수 있다. 이러한 연금저축은 매년 납입액에 대해 소득공제혜택(400만원 한도)가 있으므로 가입 시 다음의 사항들을 미리 결정해야 한다.

ⅰ) 적립기간: 연금저축은 최소 10년 이상의 기간(예: 10년, 12년, 15년 등) 동안 적립하여야 한다. ⅱ) 적립금액과 방식: 적립금액은 개인에 따라 자유롭게 정할 수 있으나 분기별 300만원으로 적립한도가 정해져 있으며, 적립방식도 매월 일정액을 납입(신탁·보험·펀드)하거나 원하는 때에 자유롭게 납입(신탁·펀드)할 수 있다. ⅲ) 개시시점: 최초로 연금이 지급되는 시점은 최소 만 55세 이상이 되는 시점(예: 55세, 56세, 60세 등)부터 연 단위로 자유롭게 정할 수 있다. ⅳ) 수령기간 및 방식: 연금은 최소 5년 이상의 기간 동안 나누어 수령하여야 하며, 만약 일시금으로 수령할 경우 중도해지시와 동일한 세금(22%)이 부과된다.

유형은 아래와 같다.

2. 연금저축신탁

연금저축신탁의 경우 납입하는 금액 및 시기를 자유롭게 결정할 수 있는 자유납입방식이고, 적립금 운영성과에 따라 연금액이 결정되는 실적배당형이다. 연금지급방식은 확정기간형이고, 원금보장이 되며 예금자보호법상 예금자보호 대상이다.

3. 연금저축펀드

연금저축펀드는 채권형, 주식형, 혼합형 등으로 구분되며, 납입액과 시기를 자유롭게 결정할 수 있는 자유납입방식이다. 투자성과에 따라 연금액이 결정되며, 원금이 보장되지 않는 실적배당형이다. 펀드자금을 전 세계 시장의 주식과 채권, 실물자산에 투자하기 때문에 은행과 보험사에 비해 투자대상이 다양하다는 특징을 가지고 있다. 또한 예금자보호법에 의한 보호대상은 아니지만, 자체적으로 안전기금을 적립하여 보호하고 있으며, 연금지급방식은 확정기간형이다.

4. 연금저축보험

연금저축보험은 일정기간 동안 정해진 금액을 주기적으로 납입하는 정기납입방식이다. 적용금리는 공시이율을 적용하되, 공시이율이 하락하더라도 최저보증이율을 적용하여 원리금이 보장되며, 예금자보호법상 예금자 보호대상이다. 생명보험회사 상품의 경우, 연금지급방식이 확정기간형과 종신형으로 구분되며, 손해보험사 상품은 연금지급방식이 확정기간형이다. 연금저축보험은 보험료를 2회 미납할 경우 계약이 실효되고, 실효 후 정상계약으로 부활하기 위해서는 밀린 보험료 및 경과이자를 전액 납입해야 하며, 실효상태에서 타사 상품으로 바꾸는 것이 불가능하다는 한계점 때문에, 납입자가 경제적 부담을 느끼고 계약해지를 선택하는 비율이 높다는 문제점이 지적되어 왔다. 이를 개선하기 위해 정부는 2014년 4월 1일 이후 출시되는 모든 연금저축보험 상품에 대해 납입유예를 가능하게 하였고, 실효된 계약의 부활을 간소화하고, 이전절차 개선을 통해 계약이전이 활발히 이루어질 수 있도록 방안을 마련하였다.

II. 연금보험

1. 의의

연금보험은 세액공제 혜택을 받을 수는 없지만, 10년 이상 유지 시에는 연금소득세 비과세가 적용되는 상품이며, 생명보험사회를 통해서만 가입이 가능하다. 세제비적격 연금보험은 계약자가 납입한 보험료를 적립하는 방식에 따라 일반연금보험과 변액연금보험, 자산연계형연금보험 등으로 구분된다. 일시금으로 수령할 경우, 10년 이상 유지 후에는 비과세가 적용되지만, 10년 이내에는 15.4%의 이자소득세(지방소득세 포함)가 부과된다. 또한 생명보험회사에 판매하는 각종 보장성 특약을 통해 경제활동기의 사망, 질병 등 보장을 강화할 수 있다는 장점이 있다.

유형은 아래와 같다.

2. 일반연금보험

일반연금보험은 계약자가 납입한 보험료 중 일부를 확정금리로 적립하는 금리확정형과 변동금리로 적립하는 금리연동형으로 구분된다. 금리확정형은 추가 연금액을 기대할 수 없는 반면, 변동금리형의 경우 적용 금리의 상승 혹은 하락에 따라 연금액이 달라질 수 있다. 일반연금보험의 경우 예금자 보호를 받을 수 있으며, 연금을 안정적으로 수령할 수 있는 장점이 있다.

3. 변액연금보험

변액연금보험은 2002년 9월에 도입된 상품으로, 보험료 중 일부를 주식, 채권 등 유가증권에 투자하여 발생한 이익을 연금으로 지급하는 실적배당형 상품이다. 투자성과에 따라 높은 연금액을 기대할 수 있지만, 펀드운영 실적이 좋지 않을 경우, 일반연금보험보다 낮은 수준의 연금액을 지급받거나 연금지급이 조기에 종료될 수도 있다. 계약자가 자신의 투자성향에 따라 자산운용형태를 직접 선택하고, 다양한 부가 특약을 조립할 수 있으며, 펀드로 변경이 가능하다는 장점이 있다.

4. 자산연계형연금보험

자산연계형연금보험은 2005년에 도입된 상품으로 보험료의 일부를 주가지수 등 특정지표 또는 자산에 연계한 후 그 수익을 연금액에 반영하여 지급하는 연금상품이다. 연계자산에서 발생한 추가 수익을 기대할 수 있으며, 최저보증이율을 설정하고 있어 일반적으로 변액연금보험보다 연금액을 안정적으로 지급받을 수 있다는 장점이 있다.

금융감독원은 연금보험이 예·적금에 비해 초기 수수료가 높고 상품이 복잡하다는 문제점을 지적한 바 있다. 연금보험의 사업비는 선취구조로 계약체결 시 비용을 계약 초기에 먼저 지급하도록 되어 있기 때문에, 가입 초기에 수익률이 낮고, 해약 시 환급금이 납입한 보험료 보다 낮아지는 제한점이 있다.

금융시장

★ 중앙일보 2024년 11월 13일

2,500(코스피)·1,400(원화가치) 다 깨졌다, 금융 '트럼프 쇼크'

도널드 트럼프(사진) 전 대통령의 미국 대통령 당선 이후 한국 증시가 계속 하락하고 원화 가치도 맥을 못 추고 있다. 닷새째 '트럼프 랠리'를 이어가는 미국 증시와 달리 코스피는 지난 8일 이후 사흘 연속 하락해 급기야 12일 2,500선마저 내줬다. 원화가치도 이날 '트럼프발 수퍼 달러(달러 강세)' 태풍에 심리적 마지노선으로 꼽은 1400원 선을 2년 만에 뚫고 미끄러졌다. '트럼프노믹스(트럼프 정부의 경제 정책)'가 한국 기업에 특히 더 큰 악재로 작용할 수 있다는 시장 의 부정적 관측에 외국인 투자자 이탈 속도도 빨라졌다.

12일 한국거래소에 따르면 이날 코스피는 전일 대비 1.94% 하락한 2,482.57포인트에 장을 마쳤다. 코스닥 역시 2.51% 급락해 710.52포인트로 마감했다. 코스피가 2,500선 아래서 마감한 건 지난 8월 5일 '검은 월요일' 이후 약 석 달 만이다.

주가 하락은 외국인과 기관이 주도했다. 이날 외국인은 코스피 시장에서 2,306억원을, 기 관은 1,095억원을 순매도했다. 금융투자소득세(금투세) 폐지와 기준금리 인하 등 증시에 우호적 인 환경이 조성됐지만, 증시 큰손의 '셀(Sell) 코리아'는 지속했다. 특히 한국 증시를 대표하는 반도체 업종의 주가 하락세가 두드러졌다. 삼성전자는 3.64% 하락한 5만3,000원에 마감해 52 주 신저가를 썼고, SK하이닉스 역시 3.53% 급락했다.

이날 서울 외환시장에서 원화값은 주간거래 종가(오후 3시30분) 기준 전날보다 달러당 8.8 원 하락한(환율은 상승) 1,403.5원에 마감했다. 주간 시장에서 종가 기준으로 1,400원 선이 깨진 것은 2022년 11월 7일(1,401.2원) 이후 처음이다.

원화값이 속절없이 추락한 것은 수퍼달러 영향이다. 도널드 트럼프 전 대통령이 2017년 집 권 1기 시절처럼 관세 장벽을 쌓는 '미국 우선주의'를 내세울 것으로 예상하면서 미국 달러 가 치가 솟구쳤다. 최근 공화당이 백악관을 비롯해 의회의 상·하원을 장악하는 '레드 스위프'가 점 쳐지면서 달러 몸값은 더 세졌다. 트럼프가 내세운 고관세와 감세, 이민정책 등의 공약이 현실 화될 수 있어서다. 월스트리트저널(WSJ)에 따르면 주요 6개국 통화 대비 달러 가치를 나타내는 달러인덱스는 11일(현지시간) 105.54로 지난 7월 2일(105.72) 이후 넉 달여 만에 가장 높다.

원화가치 하락 폭이 가팔라지면 내년 경제 성장에 제동을 거는 '위험 신호'가 될 수 있다 는 의견도 있다. 과거 달러당 원화값이 1,400원대로 밀려난 것은 1997년 외환위기, 2008년 글 로벌 금융위기, 2022년 미국 통화 긴축기 등 세 차례뿐이었다.

서 론

제1절 금융시장의 의의 및 기능

Ⅰ. 금융시장의 의의

금융시장이란 가계, 기업, 정부 등 경제주체들이 금융상품을 거래하여 필요한 자금을 조달하고 여유자금을 운용하는 조직화된 장소를 말한다. 조직화된 장소란 반드시 증권거래소와 같이 구체적인 형체를 지닌 시장(장내시장)만을 의미하는 것은 아니며, 거래가 체계적·계속적·반복적으로 이루어지는 장외시장과 같은 추상적 의미의 시장도 포함한다.

금융시장은 거래되는 금융상품의 유형에 따라 일반적으로 예금·대출시장, 집합투자증권(펀드)시장, 보험시장, 단기금융시장(자금시장), 자본시장, 파생상품시장, 외환시장으로 구분된다. 파생상품시장과 외환시장에서는 자금의 대차거래가 이루어지지 않지만, 자금이 운용되고 있는 점에서 금융시장의 범주에 포함시킨다.

단기금융시장은 "만기 1년 이내의 금융상품"(단기금융상품)이 거래되는 시장으로 참가자들이 일시적인 자금수급의 불균형을 조정하는 시장이다. 콜시장, 환매조건부매매시장(RP시장), 양도성예금증서시장(CD시장), 기업어음시장(CP시장), 단기사채시장(ABSTB) 등이 이에 해당된다. 자본시장은 장기금융시장이라고도 하며 주로 일반기업·금융기관 등이 만기 1년 이상의 장기자금을 조달하는 시장으로 주식시장과 채권시장 등이 여기에 속한다.

외환시장은 서로 다른 종류의 통화가 거래되는 시장으로 거래당사자에 따라 외국환은행간 외환매매가 이루어지는 은행간시장과 은행과 비은행 고객간에 외환매매가 이루어지는 대고객시장으로 구분할 수 있다. 은행간시장은 금융기관, 외국환중개기관, 한국은행 등이 참가하는 시장으로 외환거래가 대량으로 이루어지는 도매시장의 성격을 가지며 일반적으로 외환시장이라 할 때는 은행간시장을 의미한다.

파생상품시장은 금융상품을 보유하는 데에 따르는 금리·환율·주가의 변동위험을 회피하기 위하여 형성된 시장으로서, 이곳에서는 단기금융시장과 자본시장 및 외환시장 거래에서 발생하는 위험을 회피하기 위한 금리선물·통화선물·주가지수선물·옵션 등의 거래가 이루어진다.

Ⅱ. 금융시장의 기능

금융시장의 기능은 다음과 같다.

ⅰ) 금융시장은 국민경제 내 자금의 공급부문과 수요부문을 직·간접적으로 연결함으로써 원활한 생산활동을 지원하는 한편 효율적인 자원 배분을 통하여 경제주체들의 후생 증진에도 기여한다.

ⅱ) 금융시장은 가계에 여유자금을 운용할 수 있는 수단을 제공하고 이러한 여유자금을 생산 및 투자를 담당하는 기업 등으로 이전시킴으로써 국가경제의 생산활동을 지원한다. 또한 금융시장은 소비주체인 가계에 적절한 자산운용 및 차입기회를 제공하여 가계가 소비 시기를 선택하는 것을 가능하게 함으로써 소비자 효용을 증진시킨다.

ⅲ) 금융시장은 시장참가자들이 투자위험을 분산시킬 수 있는 환경을 제공한다. 즉 투자자들은 금융시장에 존재하는 다양한 금융상품에 분산하여 투자하거나 파생금융상품과 같은 위험 헤지수단을 활용함으로써 투자위험을 줄일 수 있다.

ⅳ) 금융시장은 부동산 등 실물 투자자산과 달리 현금화가 쉬운 유동성 수단을 제공한다. 일반적으로 금융상품의 가격은 유동성 수준을 반영하여 결정된다. 예를 들어 투자자는 유동성이 떨어지는 금융상품을 매입할 경우에는 향후 현금으로 전환하는데 따른 손실을 예상하여 일정한 보상, 즉 유동성 프리미엄을 요구하게 된다.

ⅴ) 금융시장은 금융거래에 필요한 정보를 수집하는 데 드는 비용과 시간을 줄여준다. 금융거래 당사자가 거래상대방의 신용도, 재무상황 등에 관한 정보를 직접 파악하려 한다면 비용과 시간이 많이 들 뿐 아니라 때로는 불가능할 수도 있다. 그런데 금융시장에서는 이러한 정보들이 주가나 회사채 금리 등 여러 가격변수에 반영되므로 투자자들은 이를 통해 투자에 필요한 기본적인 정보를 손쉽게 파악할 수 있다.

제2절 금융시장의 구조

금융거래가 금융중개기관을 통해 이루어지느냐 여부에 따라 금융시장을 직접금융시장과 간접금융시장으로, 금융상품의 신규발행 여부에 따라 발행시장과 유통시장으로, 거래규칙의 표준화 여부에 따라 장내시장(증권거래소시장)과 장외시장으로 구분하기도 한다. 또한 금융시장을 금융거래 당사자의 거주성 및 거래 발생 장소에 따라 국내금융시장과 국제금융시장으로, 금융상품의 표시통화에 따라 원화금융시장과 외화금융시장으로 구분하기도 한다.

Ⅰ. 국내금융시장

1. 간접금융시장과 직접금융시장

(1) 간접금융시장

간접금융시장은 자금공급자와 자금수요자가 직접적인 거래의 상대방이 되지 않고 은행과 같은 중개기관이 거래당사자로 개입하여 자금의 중개 기능을 하는 금융시장이다. 간접금융시장에서는 은행과 투자신탁회사와 같은 금융중개기관이 예금증서나 수익증권과 같은 간접증권(indirect or secondary security)을 발행하여 조달한 자금으로 자금의 최종 수요자가 발행하는 직접증권을 매입하여 자금을 공급하는 방법으로 금융이 이루어진다. 간접금융시장에는 다음과 같은 시장이 있다. 예금·대출시장은 금융중개기관(대표적인 것으로 은행이 있다)을 통해 예금상품 및 대출상품이 거래되는 시장이다. 집합투자증권(펀드)시장은 펀드상품이 거래되는 시장이고, 신탁시장은 신탁상품이 거래되는 시장이며, 보험시장은 보험상품이 거래되는 시장이다.

(2) 직접금융시장

직접금융시장에서는 자금공급자와 자금수요자가 직접 거래의 상대방이 된다. 직접금융시장에는 ⅰ) 단기금융시장(자금시장), ⅱ) 자본시장(주식시장, 채권시장), ⅲ) 외환시장, ⅳ) 파생금융상품시장 등이 있다. 직접금융시장 가운데 자본시장에서 거래되는 대표적인 금융상품은 주식과 채권이다. 주식은 주식회사만이 발행할 수 있으며, 채권은 회사가 발행하는 회사채 이외에도 국가가 발행하는 국채, 지방자치단체가 발행하는 지방채, 특수법인이 발행하는 특수채 등이 있다.

2. 발행시장과 유통시장

(1) 발행시장

자본시장(증권시장)은 발행시장과 유통시장으로 구분되며, 두 시장은 상호보완 관계에 있다. 발행시장은 증권이 발행인 또는 보유자로부터 최초의 투자자에게 매도되는 시장으로서 자금의 수요자인 발행 주체가 증권을 새로 발행하거나 특정인(예: 대주주)이 보유하고 있는 증권을 투자자에게 매각함으로써 증권시장에 새로운 증권을 공급하고 자금을 조달하는 추상적인 시장이다. 새로운 증권이 최초로 출현하는 시장이라는 점에서 1차 시장(Primary Market)이라고도 한다. 이에 반해 유통시장(2차 시장: Secondary Market)은 이미 발행되어 있는 증권을 투자자 상호간에 매매하는 구체적·현실적인 시장을 말한다. 즉 발행시장은 발행인과 투자자 사이에 이루어지는 종적 시장, 장소적 개념이 없는 추상적 시장인데 반해, 유통시장은 투자자 사이에 이루어지는 횡적 시장, 장소적 개념을 전제로 하는 구체적인 시장이다.

발행시장은 증권의 발행인이 자금을 조달하는 시장이다. 발행시장은 원칙적으로 증권거래소와는 아무런 관련이 없다. 발행인은 증권을 직접 투자자들에게 매각하는 것이 아니라, 인수인(underwriter)이라는 중개기관을 통해서 매각한다. 여기서 인수인과 투자자 사이의 매매는 증권거래소 밖에서 이루어진다. 따라서 상장되어 있는 증권의 경우에만 공모발행이 가능한 것은 아니다. 물론 주식이 이미 증권거래소에 상장되어 있다면 신규로 발행하는 주식의 가격은 거래소의 시세에 따라 결정될 것이다. 그러나 그 경우에도 발행되는 주식은 증권거래소를 통하지 않고 인수인으로부터 투자자에게 직접 넘어간다. 거래 규모면에서 발행시장은 유통시장에 비하여 훨씬 왜소하다.

(2) 유통시장

유통시장은 이미 발행된 증권이 투자자와 투자자 사이에서 거래되는 시장을 말한다. 따라서 유통시장은 회사가 새로운 자금을 조달할 수 있는 시장은 아니지만, 투자의 유동성을 제공함으로써 회사의 자금조달에 간접적으로 이바지한다. 투자자가 자신의 투자를 다시 쉽게 회수할 수 있는 유통시장이 없다면, 투자자들은 당초에 발행시장에 들어가는 것을 주저할지도 모른다. 이러한 의미에서 원활한 유통시장의 존재는 발행시장의 발달에 필수적인 조건이다. 발행시장에서 증권의 발행이 완료되면 발행된 증권은 유통시장에서 다수의 투자자들 사이에 매매가 이루어지게 된다.

3. 장내시장과 장외시장

(1) 장내시장(거래소시장)

금융투자상품거래는 그 거래가 이루어지는 장소에 따라 장내거래와 장외거래로 구분한다. 그리고 장내거래시장의 개설 주체는 거래소와 다자간매매체결회사이고, 거래소가 개설하는 금융투자상품시장을 "거래소시장"이라고 한다(자본시장법8의2③, 이하 "법"). 거래소시장을 장내시장이라고 한다. 거래소시장은 거래대상 상품에 따라 증권의 매매를 위한 증권시장과 장내파생상품의 매매를 위한 파생상품시장으로 구분한다(법8의2④).

(2) 장외시장

장외시장이란 거래소시장 및 다자간매매체결회사 이외의 시장을 말한다(금융투자업규정5-1조(1)). 자본시장법은 장외거래를 거래소시장 및 다자간매매체결회사 외에서 증권이나 장외파생상품을 매매하는 경우(영177)로 규정하고 있는데, 이러한 장외거래가 이루어지는 시장이 장외시장이다. 본래 증권의 거래는 수많은 증권보유자가 다양한 필요에 의해 다양한 방식으로 이루어지므로 정형화된 거래소시장만으로는 그 수요를 만족시키기는 어렵고 이러한 필요에 의해 장외시장의 존재는 불가피하다.

Ⅱ. 국제금융시장

1. 국제금융시장의 의의

국내거주자들 사이에 소요자금의 조달과 보유자금의 운용이 이루어지는 것을 국내금융이라고 한다면, 이와 같은 자금의 조달 및 운용이 비거주자를 상대로 국경을 넘어 이루어지는 경우를 국제금융이라고 한다. 국제금융에서 "국제"란 국가 사이란 의미도 있지만, 국제금융거래의 주체는 한쪽이 반드시 비거주자이기 때문에 거주자와 비거주자 간 또는 비거주자 간이라는 의미도 갖는다. 국제금융시장이란 이러한 국제금융이 이루어지는 장소로, 국가 간에 장단기자금의 거래가 지속적으로 이루어지면서 자금의 수급이 국제적 차원에서 효율적으로 연계되는 장소 또는 거래 메카니즘을 총칭하는 개념이다.

전통적으로 국제금융시장은 국내 거주자 간에 자금의 대차가 이루어지는 국내금융시장과 대칭되는 개념으로 이용되어 왔다. 또한 구체적 장소의 개념으로서 국제금융시장은 런던, 뉴욕 등 주요 국제금융 중심지나 이 지역에서 운영되고 있는 증권거래소, 선물옵션거래소 등을 의미한다. 그러나 오늘날에는 각국의 금융시장이나 외환시장에서 규제가 크게 완화 또는 철폐되고 정보통신기술이 급속히 발전하면서 금융시장의 범세계적 통합화 현상이 가속화됨에 따라 국제금융시장은 거주성이나 장소적 구분을 초월하여 각국의 금융시장이나 유로시장 그리고 외환시장을 포괄하는 총체적인 거래 메카니즘으로 이해되고 있다.

2. 국제금융시장의 기능

(1) 순기능

일반적으로 자유무역이 세계자원의 효율적 배분과 이용을 촉진하듯이 효율적이고 완전한 국제금융시장은 세계금융자산의 최적배분을 촉진하게 한다. 한 국가의 재무상태에 따라 국가전체적인 재무환경이 좋지 않을 때는 국제금융시장을 통하여 자금을 차입할 수 있고, 반대로 재무환경이 좋은 시기에는 동 시장을 통하여 자금을 대여할 수 있다. 기업 입장에서는 이용 가능한 자금이 증대되어 궁극적으로 자본비용을 절감할 수 있게 된다. 미시적으로 국제금융시장은 자금수급자 모두에게 보다 높은 유동성과 수익성 그리고 안정성을 제공한다. 거시적으로도 시장의 경쟁시스템에 따라 금융자산의 효율적 배분은 결국 각국의 실물자산의 생산성을 높이고 세계무역의 확대나 직접투자의 증대를 가져오게 함으로써 세계경제의 지속적 발전에 기여하게 된다.

국제금융시장은 세계적 차원에서 자금을 효율적으로 배분시켜 자본의 생산성을 제고하고, 무역 및 투자를 확대하며, 국제유동성을 조절함으로써 세계경제발전을 촉진하고 있다. 자본을 수입함으로써 국내투자와 성장을 촉진시킬 수 있게 된다. 국제증권시장이 발달하는 경우에는 금융기관간 상호경쟁을 촉진하여 더욱 효율적인 금융시스템을 가져오게 만들고, 기업공개비용을 낮추는 효과도 가져올 수 있다.

(2) 역기능

오늘날 국제금융의 특징 중의 하나는 금융의 범세계화가 진행되면서 금융기관 간 치열한 경쟁이 이루어지고 있다는 점이다. 이 과정에서 금융기관들은 고수익·고위험 자산에 투자를 증가시켜 경영면에서 불안정성이 높아졌다. 한 금융기관의 도산이 다른 금융기관으로 즉시 확산되는 시스템 리스크로 인해 국제금융제도의 불안정성이 크게 높아졌다. 리스크의 확산은 금융기관간의 문제에 그치지 아니하고, 국제금융시장의 발전으로 한 국가의 금융위기가 인접국을 넘어 세계경제 전체를 경제적 충격에 빠트릴 수 있기 때문에 규제의 신중과 국가 간 공조체제의 유지가 필요하다.

Ⅲ. 국내외 금융시장간 연계성 심화

1. 현황

규제 완화, IT기술의 발달 및 이에 따른 글로벌 자금이동의 급속한 증가 등으로 전 세계 금융시장이 상호 밀접하게 연계되어 움직이고 있다. 우리나라 금융시장도 외환위기 이후 해외 금융시장과의 연계성(interconnectedness)이 크게 높아졌다. 이는 자본이동 자유화 심화, 정보통신기술의 발달 등으로 외국자본의 국내 유입이 큰 폭으로 확대되고, 글로벌 시장정보가 국내 금융시장으로 빠르게 파급된 데 주로 기인한다.

먼저 국내에 유입된 외국인 증권투자자금 규모(잔액기준)를 보면 2000년말 803억달러로 명목GDP의 13.9%에 불과하였으나 2020년말에는 9,760억달러로 명목GDP의 59.6%에 이르고 있다. 이에 따라 국내 자본시장에서 외국인 투자자의 영향력이 크게 확대되었다. 주식시장에서 외국인의 보유비중은 2009년 이후 30%를 대체로 상회하고 있으며 2021년 6월말 현재 30.6%를 차지하고 있다. 채권시장에서도 외국인의 보유비중은 2007년 이후 꾸준히 높아져 2021년 6월말 현재 7.9%에 이르고 있다. 한편 국채선물시장에서는 거래규모에서 차지하는 비중이 2001년 2.9%에서 2021년 상반기 43.7%로 크게 높아졌다. 이러한 외국자본의 유입 증가는 글로벌 유동성 증가, 투자다변화 진전 등 해외요인(push factor)과 우리나라의 자본자유화 확대, 양호한 투자여건 등 국내요인(pull factor)이 복합적으로 작용한 결과로 분석된다. 한편 외국자본 유입 증가로 국내 외환시장도 일평균 거래규모(외국환은행간 기준)가 2000년 32억달러에서 2021년 상반기에 241억달러로 성장하였고 국내 주가·금리와 환율간의 연계성도 커졌다.

국내 금융시장에서 글로벌 투자자의 역할이 커지면서 국제금융시장의 정보가 국내에 빠르게 파급됨에 따라 국내외 금융시장 가격변수간 동조성도 강화되었다. 우리나라와 미국 금융시장 가격변수간 상관관계[1]를 보면 주가의 경우 외환위기 이후 크게 높아졌으며 국채수익률도 글로벌 금융위기 이후 크게 상승하였다.[2]

한편 파생상품시장의 급성장도 외국자본 유입을 촉진하여 국내외 금융시장의 연계성을 높이는 요인으로 작용하였다. 우리나라의 교역규모가 늘어나고 현·선물시장에서 외국인투자가 확대되면서 외환관련 파생상품거래 규모도 2002년중 1,154조원에서 2020년중 1경 4,106조원으로 급성장하였다. 이와 같은 국내 외환관련 파생상품시장 성장은 외국인의 투자에 필요한 헤지 수요를 충족시키고 국내 증권투자와 차익거래 활동을 촉진함으로써 국내 원화-외화시장 간 연

---

1) 주가 및 국채수익률의 변동폭을 이용하여 추정하였다.
2) 다만 2018년 이후에는 미국의 장기금리(국채 10년물)가 우리나라의 장기금리(국고채 10년물)를 지속 상회하다가 2020년중 코로나19로 인한 경기침체 우려로 급락하는 등 큰 폭으로 변동하면서 한·미 금리간 상관관계가 다소 약화되었다.

계거래를 확대시키는 요인으로 작용하였다.

2. 문제점

국내외 금융시장 간의 연계성 심화는 국내외 정보에 대한 가격변수의 반응 속도를 높여 금융시장의 효율성을 제고할 뿐만 아니라 중장기적으로 금융제도의 발전과 거시정책의 규율개선 등을 통해 경제발전에 기여하는 등 순기능이 크다. 그러나 자본유출입과 금융시장 가격변수의 변동성이 높아지면서 금융시스템이 취약해지고 나아가 거시경제의 불확실성이 증대되는 등 부작용이 수반되기도 한다. 국내외 금융시장의 연계성 심화에 따른 문제점으로 다음과 같은 점 등을 들 수 있다.

ⅰ) 외국인 투자자본의 유출입이 금융불안 요인이 될 수 있다. 우리나라에서는 1990년대 이후 경기확장기에 자본순유입 규모가 상대적으로 커지고, 이는 다시 경기확장을 심화시키는 등 외자유출입의 경기순응적(procyclical) 특징이 뚜렷하게 나타났다. 이러한 외국인 투자자본의 유출입 행태는 금융시장 참가자의 군집행태(herd behavior) 및 금융기관의 경기순응적 대출행태와 함께 시스템적 리스크를 야기하여 금융안정을 저해할 수 있다. 연구결과에 따르면 우리나라에서 은행의 비핵심 외화부채 누증이 글로벌 금융위기 당시 외환·금융부문의 시스템적 리스크 요인으로 작용한 것으로 나타났다.

ⅱ) 외국인 투자자금 유출입이 투자대상국의 경제상황보다 글로벌 금융·경제 여건 변화에 더 민감하게 반응할 경우 투자대상국 내에서는 금융부문과 실물부문과의 연관성이 저하되는 실물·금융부문간 괴리현상이 심화될 수 있다. 실제로 우리나라를 포함한 상당수 아시아 신흥시장국들에서는 주가·금리 등 금융변수가 각국의 실물경제 여건과 무관하게 글로벌 금융 변화에 영향받는 경우가 많이 관찰되고 있다. 이러한 실물·금융부문간 부조화 현상은 자산가격의 변동성 확대, 자원배분의 효율성 저하 등 금융·경제의 안정성을 저해하는 요인으로 작용할 수 있다.

ⅲ) 국내외 금융시장간 연계성이 심화되면 거시경제의 운영이 어려워지는 상황이 발생할 수 있다. 자본이동이 자유로운 개방경제에서는 "Impossible trinity"에 따라 통화정책의 자율성과 환율안정을 동시에 달성하기가 어렵기 때문이다. 변동환율제 하에서는 외국인 채권투자가 급증할 경우 통화절상기대에 기인한 자금유입이 가세함으로써 장기시장금리의 하락압력이 커질 수 있다. 또한 단기금리가 자국내 거시경제여건에 영향을 받는 반면 장기금리는 글로벌 시장과의 동조화 현상으로 인해 해외요인의 영향을 받으면서 장·단기 시장간 분할(market segmentation) 현상이 나타날 수 있다. 이 경우 단기금리에서 장기금리로의 금리정책 파급경로가 훼손되어 통화정책의 효과가 제약될 수도 있다.

결론적으로 소규모 개방경제인 우리나라로서는 외국인 투자자본 유입의 편익을 극대화하기 위해서는 시장의 효율적인 자원배분기능을 저해하지 않으면서도 자본유출입의 급변동 위험을 적절히 제어하는 대응체계를 구축하는 것이 중요하다. 이와 관련하여 우리나라는 글로벌 금융위기 이후 국제자본이동의 변동성으로 인한 충격을 완화하기 위해 금융기관에 대한 선물환포지션 한도(2010년 10월), 외환건전성 부담금 제도(2011년 8월) 등 외환부문 거시건전성정책[3]을 도입하였으며 국내 금융부문의 경기순응성을 완화하도록 규제체계를 개선하는 등 다양한 조치를 취하였다. 최근에는 코로나19 팬데믹으로 인한 국내 금융시장의 변동성 확대 우려에 대응하기 위하여 2020년 3월에 선물환포지션 한도를 확대(국내은행: 40% → 50%, 외은지점: 200% → 250%)하는 한편 은행, 증권사 등에 대해서는 3개월(2020년 4~6월)간 외환건전성 부담금 부과 대상기간에서 제외하는 등의 외환시장 안정화 조치를 취하였다.

제3절 금융정책과 금융시장

금융정책은 금융시장에서 구체적으로 시현된다. 금융행정기관은 시장규율에 맞추어 규제수준과 감독방식을 설정하고, 시장규율은 금융정책으로 환원되어 반영되는 관계로 금융행정기관은 금융시장을 관찰(monitoring)한다.

Ⅰ. 통화정책과 금융시장

통화정책은 독점적 발권력을 지닌 중앙은행이 통화량이나 금리에 영향을 미쳐 물가안정, 금융안정 등 최종목표를 달성함으로써 경제가 지속가능한 성장을 이룰 수 있도록 하는 정책을 말한다. 중앙은행은 통화정책의 최종목표와 밀접한 관계가 있는 통화량, 환율, 물가상승률 등과 같은 지표를 선택하여 목표수준을 결정한 다음, 이를 달성할 수 있도록 통화정책을 수행한다. 하지만 이런 지표들은 일반적으로 중앙은행이 직접적으로 제어하기 어렵다. 따라서 중앙은행은 다른 변수의 영향을 받지 않고 직접적으로 그 수준을 통제할 수 있는 지표인 단기시장금리나 지급준비금 등을 운용목표를 활용한다. 중앙은행은 운용목표의 적정 수준을 설정하고 공

---

3) 선물환포지션 한도 제도는 조선·중공업체의 과도한 선물환 매도(은행은 선물환 매입)로 인한 단기외채 증가를 방지하기 위해, 외환건전성부담금 제도는 금융기관의 과도한 외화부채 증가를 억제하기 위해 각각 도입하였다.

개시장운영, 지급준비제도, 여수신제도 등의 정책수단을 활용하여 이를 유지함으로써 궁극적으로 최종목표를 달성하고자 노력한다.

금융시장은 중앙은행의 통화정책이 파급되는 통로가 된다. 중앙은행이 단기금융시장에서 콜금리 등 운용목표를 직접적으로 제어·조정하며 그에 따른 영향이 자본시장 등 금융시장 전반으로 파급되어 소비·투자 등 실물경제로 이어지기 때문이다. 이러한 통화정책의 파급경로가 원활하게 작동하기 위해서는 금융거래가 활발히 이루어지면서 금융시장의 기능이 효율적으로 작동하여야 한다.

중앙은행과 금융시장간 커뮤니케이션도 통화정책이 효과적으로 파급되는 데 매우 중요하다. 금융시장 참가자들은 금융거래시 통화정책을 주요 요소로 고려하며 금리와 같은 금융시장 가격변수에는 미래의 통화정책에 대한 기대가 반영되어 있다. 따라서 중앙은행과 시장간 커뮤니케이션이 원활하지 못할 경우 시장의 기대와 통화정책 방향간 괴리로 금융시장의 변동성이 확대되고 통화정책의 유효성이 저하될 수 있다. 이와 같이 금융시장은 통화정책의 중요한 파급경로로서 시장참가자를 비롯한 경제주체들에게 정책 내용과 방향을 효과적으로 전달하는 등 중앙은행의 정책수행에 매우 중요한 의미를 가진다.

Ⅱ. 재정정책과 금융시장

적절한 재정 및 경제구조 정책(fiscal and structural policy)은 금융불안의 발생가능성을 낮추는 데 매우 중요하다. 이는 시스템리스크가 대내외 거시경제 불균형과 경제구조의 비효율성에 의해서도 축적될 수 있기 때문이다. 예를 들어 만성적인 경상수지 적자로 해외자본이 지속적으로 유출되고 이로 인해 국내에서 신용팽창이 발생하는 경우 거시건전성정책을 통해 대외자본 유출입을 통제하는 것만으로는 시스템리스크를 완화하는 데 한계가 있다. 이 경우 지속적인 경상수지 적자를 초래하는 근본적인 원인을 해소하는 경제구조정책이 병행된다면 더욱 효과적으로 리스크를 관리할 수 있을 것이다. 한편 재정부문의 건전성은 대외부채의 안전성을 유지하고 국가부도위험(sovereign risk)에 따른 금융시장의 혼란을 방지하는 데 필수적이다. 거시건전성정책 담당자는 거시경제의 잠재 리스크와 불균형이 시스템리스크에 미치는 영향을 모니터링하고 관련 정보를 재정 및 경제구조 정책 관련 기관에 제공함으로써 적절한 조치가 이루어지는 데 도움을 줄 수 있다.

조세정책이 시스템리스크를 유발하는 편의(bias)의 원인으로 작용할 경우 거시건전성 정책 기관이 금융안정의 목적을 달성하는 데 어려움을 겪을 수 있다. 법인세 제도는 일반적으로 기업들로 하여금 자기자본보다 부채로 자금을 조달하는 유인을 제공한다. 수익에서 차감되는 지급이자는 세금을 경감시키는 반면 배당금은 절세효과가 없기 때문에 발생하는 부채편의(debt bias) 때문이다. 주택관련 세제도 부채편의를 유발할 수 있다. 많은 국가들의 소득세제가 주택담보대출에 대해 세제 혜택을 주는 반면 주택소유자의 귀속임대료를 인정하지 않고 있다. 이는 가계가 투자나 소비 목적으로 주택담보대출을 적극적으로 이용하도록 하는 경제적 동기를 제공한다.

한편 조세정책이 시스템리스크에 대한 직접적인 대응수단으로 활용될 수도 있다. 대표적인 예가 IMF가 제안한 금융안정분담금(FSC: Financial Stability Contribution)이다. 이 제도는 금융기관들의 지나친 레버리지 확대와 시장성자금 조달을 억제하는 한편 신뢰성 있고 효과적인 정리절차를 위한 재원을 마련하는 데 의의가 있다. 또 다른 예는 자산시장에 대한 조세정책이다. 예를 들어 세금부담을 부동산가격의 급등기에 늘리는 반면 부동산가격의 급락이 예상될 때는 낮춤으로써 부동산시장의 경기순응성을 완화할 수 있다. 홍콩, 싱가포르 등의 국가들은 외국자본의 부동산투자 증가에 따른 가격 급등에 대해 취득세 인상으로 대응한 바 있다. 다만 이와 같은 경기대응적(countercyclical) 조세정책은 관련 법령의 제·개정에서 실제 시행이 이루어지기까지 일정 시일이 소요되기 때문에 정책의 적시성이 낮을 수 있다.

금융시장

제1절 단기금융시장(자금시장)

I. 서설

1. 의의

단기금융시장은 경제주체들이 단기적인 자금 과부족을 조절하기 위해 보통 만기 1년 이내의 단기금융상품을 거래하는 시장으로 자금시장이라고도 한다. 단기금융시장은 단기금융상품이 발행되는 발행시장과 이들 상품이 거래되는 유통시장으로 구분된다. 유통시장에는 특정한 장소를 중심으로 매매거래를 하는 거래소 거래 방식과 딜러들이 여러 장소에서 전화 등을 이용하여 매매거래를 하는 장외거래 방식이 있다. 단기금융상품은 주식이나 일반채권과는 달리 정형화된 거래소가 존재하는 경우가 드물며, 주로 전화나 전자적 플랫폼(electronic platform)을 통하여 장외시장 거래가 이루어지고 거래빈도도 상대적으로 높지 않다. 거래단위가 주로 10억 원 이상의 큰 규모로 형성되기 때문에 개인의 참여는 제한적이며 은행, 증권사, 보험사 등의 금융기관이 주된 시장참가자인 딜러간 시장(inter-dealer market)이다. 콜시장 등 일부 단기금융 시장의 경우 유통시장이 전혀 없거나 거의 일어나지 않을 수 있어 모든 단기금융상품에 대해 항상 유통시장이 형성되는 것은 아니다.

단기금융시장은 만기가 짧고 유동성이 높은 증권이 거래되는 시장으로 금융기관이나 일반 기업이 단기성 자금을 조달하거나 운용하는 금융시장의 중요한 구성요소이다. 단기금융시장 증권의 발행 및 거래단위가 관행적으로 매우 크게 형성되고, 발행일로부터 1년 이하의 만기를 가지는데 대개의 경우 만기가 120일 이내이다. 만기가 짧고 시장참여 주체가 주로 기관투자자, 대형 금융기관 및 대기업이기 때문에 일반적으로 부도위험이 상대적으로 낮다. 이러한 특성으로 인해 단기금융상품은 현금에 준하는 금융상품으로 간주되는 경향이 있다. 유동성이 높다는 것은 쉽게 현금화가 가능하다는 의미이다.

단기금융시장에는 정부를 포함한 모든 경제주체들이 참가하고 있다. 일반은행은 양도성예금증서 발행, 콜머니(콜차입, call money), 환매조건부매도 등을 통해 자금을 조달하고 일시적으로 남는 자금은 콜론(콜대여, call loan), 환매조건부매수 등으로 운용한다. 증권회사, 자산운용회사 등은 주로 환매조건부매매시장 등을 통해 부족자금을 조달하거나 여유자금을 운용하며, 기업은 기업어음이나 단기사채를 발행하여 단기 부족자금을 조달하고 여유자금은 환매조건부매수, 양도성예금증서 매입 등으로 운용한다. 한편 한국은행은 환매조건부매도(매수) 등을 통해 시중의 유동성을 환수(공급)하는 등 통화정책을 수행하기 위하여 단기금융시장에 참가한다. 이 밖에 가계도 일시적인 여유자금을 운용하기 위하여 단기금융시장에 참가하고 있다.

2. 특징

금융시장에서의 충격이 단기금융시장에서부터 전파된다는 측면에서 단기금융시장은 전체 금융시스템의 안정성 제고에 핵심적인 요소 가운데 하나이다. 단기금융시장이 금융시스템의 안정성 및 효율성 제고에 중요한 이유 가운데 하나는 자본시장에서와는 달리 단기금융시장에서는 시장참가자의 자금조달 및 운용이 지속적으로 이루어진다는 것이다. 즉 자본시장에서의 충격에 비해 단기금융시장에서의 충격은 시장참가자에게 즉각적인 영향을 미치게 된다.[1] 금융위기가 발생하는 경우 각 참가자에 대한 영향은 자본시장보다 크게 나타날 수 있다. 이는 시장참가자의 신용위험 변화와 관련이 있다.

금융위기가 발생하면 일부 시장참가자의 신용위험이 급격히 확대되는 경우가 빈번하며, 이는 곧바로 신용경색으로 연결된다. 즉 거래상대방의 신용위험의 불확실성이 급격히 확대됨에 따라 거래상대방을 불문하고 자금공급을 기피하는 현상이 나타나면서 신용경색이 발생하게 된다. 이에 따라 단기금융시장에서 자금을 조달하지 못하는 시장참가자는 심각한 유동성위험에 직면하게 되며, 신용경색이 지속되는 환경에서 유동성위험은 빈번히 파산위험으로 확대된다. 특히 단기금융시장은 기업이 투자목적상 부정기적으로 간혹 자금을 조달하는 자본시장과는 달리 참가자들이 일상적으로 자금을 조달하는 시장이라는 측면에서 이 시장의 경색은 경제

---

1) 물론 단기금융시장과 자본시장은 명확히 구분되지 않으며 서로 유기적으로 연계되어 있으므로 두 시장에서의 충격을 분리하는 것은 사실상 불가능하다. 그러나 단기금융시장에서의 문제는 일상적인 재무활동에 영향을 미친다는 점에서 자본시장에서의 문제보다 더 심각하다고 할 수 있다.

에 즉각적인 영향을 미친다.

단기금융시장은 일반대중에 대한 노출 정도가 낮은 시장이지만, 전체 금융시장 및 국가 경제에 미치는 영향력은 결코 무시할 수 없다.

3. 기능

단기금융시장은 단기차입 수단, 통화정책 수단, 유동성 조절 수단, 단기금리지표의 산출 등의 기능을 수행한다.

(1) 단기차입 수단

경제주체들은 단기금융시장에서 단기자금을 조달·운용함으로써 단기자금 과부족을 효율적으로 해결하고 있는데, 이는 경제주체들이 금융자산을 보유함으로써 가지게 되는 유동성위험을 관리할 수 있게 해주며, 유휴자금에 대해서도 자금 운용을 하게 해주어 금리손실을 어느 정도 만회할 수 있게 해준다.

(2) 통화정책 수단

단기금융시장은 한국은행의 통화정책 수단이 되는 시장이며, 그에 따른 정책효과가 시작되는 역할을 하고 있다. 단기금융시장은 중앙은행의 통화신용정책의 파급경로 역할을 한다. 따라서 단기금융시장의 발달은 금융시스템의 효율성 제고에 중요하다. 단기금융시장의 중요성은 중앙은행의 통화정책과도 관련이 있다. 일반적으로 중앙은행은 상업은행의 지준거래시장의 금리를 정책목표로 삼아 이를 조정함으로써 통화정책을 수행한다. 단기금융시장은 중앙은행에 의한 통화정책의 변경 효과가 가장 우선적으로 나타나는 통로이다. 중앙은행의 기준금리 결정에 직접적인 영향을 받으며, 이로부터 순차적으로 자본시장 및 전체 금융시장으로 금리변경의 영향이 퍼져나가게 된다. 그 과정에서 전반적인 이자율 기간구조가 형성됨은 당연한 결과이다. 우리나라의 경우 중앙은행인 한국은행은 콜금리 조정을 통해 단기금융시장의 금리를 변화시키고 나아가 장기금융상품의 금리, 통화량, 환율 등 금융시장과 거시경제 지표에 영향을 미친다. 이러한 면에서 단기금융시장에서 특히 콜시장은 중앙은행의 통화정책의 효과가 전파되는 시발점이라 할 수 있다.

(3) 유동성 조절 수단

단기금융시장은 기업이나 금융기관의 유동성 관리에 중요한 수단을 제공한다. 일시적인 여유자금을 가진 기업이나 금융기관은 단기금융시장을 통하여 대규모의 자금운용을 하게 된다.

최근 기업경영에 있어서 다른 목적을 위하여 집행될 일시적인 여유자금이라도 현금이나 매우 낮은 이자율을 지급하는 은행예금에 비해 다소 높은 수익률을 제공하는 단기금융상품의 형태로 보유하려는 유동자산이나 순운전자본 관리의 경향이 관찰된다. 단기금융시장이 유동성의 기회비용을 줄이는 효과적인 수단이 되기 때문이다. 일시적인 자금을 필요로 하는 기업이나 금융기관도 단기금융시장을 통하여 자금수요를 유리한 비용으로 해결할 수 있다. 일시적인 자금부족을 상대적으로 간편한 절차와 적절한 금리비용을 가진 단기금융시장에서 해결할 수 있기 때문이다. 물론 일시적인 자금의 운용이나 조달은 은행을 통해서도 가능하다. 사실 은행이 가진 중요한 기능 중의 하나가 바로 단기자금의 수신과 여신에 있음은 주지의 사실이다. 은행은 예금자 또는 차입자와 오랜 기간에 걸친 자금거래 관계를 유지하는 경향이 강해서 고객들에 관한 정보수집에 있어서는 단기금융시장에 비해 우수한 면이 있다. 금융시장의 중요 이슈 중의 하나인 정보비대칭의 문제에 있어서 좀 더 유리한 위치를 점하고 있다. 그러나 유통시장을 통한 위험의 분산과 규제비용 측면에서는 단기금융시장이 은행에 비해서 우위를 가진다. 단기금융시장은 기본적으로 1년 이내의 만기를 가진 상품들이 거래된다는 점에서 자본시장과는 구별되지만, 만기 이외의 측면에서는 자본시장과 유사한 특성을 가지며 수많은 기관이 시장에 참여하고 있기 때문에 위험의 분산기능에 있어서 은행시스템에 비하여 상대적으로 우수한 편이다. 규제측면에 있어서도 단기금융시장에서 거래되는 상품들은 지준적립이나 여신규제 등으로부터의 제한이 적어 조달과 운용 양쪽에서 다양한 전략의 구사가 가능하다는 장점이 있다.

(4) 단기금리지표의 산출 수단

단기금융시장의 중요한 기능 중의 하나는 단기금리지표의 산출이다. 단기금리지표는 국내 가계와 기업의 대출에서 높은 비중을 차지하고 있는 변동금리부 대출의 준거금리로 사용된다. 또한 파생상품시장에서도 중요한 역할을 하는데, 국내 장외파생상품시장에서 가장 거래가 활발한 종목 중의 하나인 이자율스왑(IRS) 시장에서도 단기금리지표가 중요한 가격지표로 사용된다. 대출시장과 파생상품시장의 중요 가격변수로 작용하는 단기금리지표의 변화는 가계와 기업의 의사결정에 일정 부분 영향을 미친다. 이는 결국 소비와 기업 경영활동의 패턴에 변화를 주고 자원 배분의 양상을 바꾸게 된다.

4. 종류

단기금융시장에서 거래되는 상품의 종류는 크게 콜(call), 환매조건부채권(RP 또는 Repo), 양도성예금증서(CD), 기업어음(CP), 단기사채(ABSTB) 등으로 구분할 수 있다. 경우에 따라 표지어음(cover bill)[2]이나 통화안정증권[3]을 단기금융상품으로 분류하기도 하지만, 표지어음은 전체 단기금융시장에서 차지하는 비중이 미미하고, 통화안정증권은 2년물 중심의 시장으로 자리잡아감에 따라 단기금융시장의 논의에서는 일반적으로 제외하는 경향이 있다.

단기금융상품은 주로 정부기관, 금융기관, 신용도가 높은 대기업 등이 발행하고 있어 높은 안전성을 가지고, 발행인의 신용등급, 권리이전의 용이성, 거래규모, 상품의 규격화 또는 동질성 여부에 따라 그 유동성 수준에 차이가 있다. 여기서는 국내 단기금융시장에서 거래되는 상품을 기준으로 시장을 세분하여 상품의 기본 특성과 시장의 일반구조에 대해 살펴본다.

Ⅱ. 콜(call)시장

1. 의의

콜시장은 일시적인 자금 과부족을 해결하기 위해 금융기관 간에 초단기(1일물 등)로 자금을 대여·차입하는 시장을 말한다. 콜시장에서의 자금대여(공급)기능을 콜론(call loan), 자금차입기능을 콜머니(call money)라고 한다. 금융기관에서는 일시적인 자금이 남아 운용을 하지 못할 경우 비용만 발생하게 되어 단기적으로 유동성을 필요로 하는 다른 금융기관에 대여해 주는 거래로 대부분 1일물로 거래되고 있으며 은행, 증권회사, 자산운용회사, 보험회사 등이 주로 참여하고 있는 시장으로 가장 낮은 금리로 조달·운용이 가능한 시장이라 할 수 있다. 콜시장에 참여한 금융기관 입장에서는 단기자금을 조달·운용할 수 있으므로 일시적인 유동성 자금을 관리하는데 효율적인 시장이다.

콜거래는 담보제공 여부에 따라 담보콜과 무담보콜(신용콜)로 구분된다. 콜거래는 국채, 지방채, 통화안정증권, 특수채, 금융채, 양도성예금증서 등을 담보로 하여 조달하는 담보콜도 있으나 콜시장에 참여하는 금융기관의 신용리스크가 미약하고 통제가 가능하므로 담보콜 보다는 대부분 무담보 신용으로 거래되며, 담보콜은 거래량이 극히 적은 수준이다. 이는 담보콜의 경우 담보물의 인수도, 질권 설정 등으로 거래절차가 복잡하기 때문이다.

콜금리는 한국은행이 매일 3개 자금중개회사를 통한 중개거래와 금융기관간 직거래를 포함한 전체 무담보 익일물 거래에 대해 거래금액 가중평균 방식으로 산출하여 공표하고 있다.

---

2) 표지어음이란 금융기관이 할인하여 보유하고 있는 상업어음, 무역어음, 팩토링어음 등을 분할 또는 통합하여 새로이 발행한 약속어음으로 일반적으로 만기 1년 이내인 원어음의 남은 만기를 기초로 하여 발행되고 있어 단기금융상품으로 분류된다.

3) 통화안정증권의 발행만기는 최단 14일에서 최장 2년이다. 따라서 통화안정증권시장은 자금시장과 자본시장의 성격을 모두 가지고 있다고 볼 수 있다.

2. 기능

콜시장은 지급준비제도 적용대상 금융기관[4]들이 지급준비금("지준") 과부족을 주로 콜거래를 통해 조정하고 있다는 점에서 지준시장으로서의 의미도 갖는다. 콜시장은 통화정책 수행에 있어서도 매우 중요한 위치를 차지하고 있다. 한국은행 금융통화위원회가 결정하는 기준금리는 초단기금리인 콜금리를 통해 장단기 시장금리, 예금 및 대출 금리, 궁극적으로는 실물경제 활동에 파급되기 때문이다. 이에 따라 한국은행은 무담보 익일물 콜금리가 한국은행 기준금리 수준에서 크게 벗어나지 않도록 공개시장운영을 수행한다.

콜거래는 90일 이내의 금융기관 등 간의 단기자금거래를 말한다(자본시장법 시행령 346②). 콜거래는 일시적 자금 과부족을 조절하는 거래이기 때문에 만기가 최대 90일 이내에서 일별로 정할 수 있으나 실제 거래에서는 초단기(예: 1일물) 거래가 대부분을 차지한다. 따라서 매일의 자금수급 상황에 따라 콜거래에 적용되는 금리도 새로이 결정되고 금리 수준은 다시 단기자금 수급에 영향을 미친다. 이러한 금리파급경로로서 중앙은행은 금융기관의 단기유동성 및 콜금리에 영향을 미침으로써 국내 경기를 바람직한 방향으로 유도한다. 일반적으로 콜금리의 변동은 장단기 금리차를 이용한 재정거래를 통해 CD, CP 등의 단기금리 변동으로 이어진다. 단기금리의 변동은 이어서 회사채 금리나 은행여수신 금리 등 장기금리의 변화로 이어지고 궁극적으로 소비·투자 등 실물경제 활동에 파급된다.

3. 참가기관 등

(1) 참가기관

콜거래(90일 이내의 금융기관 등 간의 단기자금거래)의 중개·주선 또는 대리를 할 수 있는 기관은 은행, 한국산업은행, 중소기업은행, 한국수출입은행, 그 밖에 금융기관 등 간의 원활한 자금거래를 위하여 필요하다고 인정하여 금융위원회가 정하여 고시하는 자이다(자본시장법 시행령 346②).

자금중개회사는 자금중개를 할 경우에는 단순중개(자금중개회사가 일정한 수수료만 받고 자금대여자와 자금차입자 간의 거래를 연결해 주는 것)를 하여야 한다(자본시장법 시행령346③ 본문). 다만, 콜거래중개의 경우에는 원활한 거래를 위하여 금융위원회가 정하여 고시하는 최소한의 범위에서 매매중개(금융위원회가 정하여 고시하는 매매거래 형식의 중개)를 할 수 있다(자본시장법 시행령346③ 단서).

---

4) 한국은행법 제11조에 따라 은행법 제2조에 따른 은행과 금융지주회사법에 따른 은행지주회사가 이에 해당한다.

(2) 콜론·콜머니기관

콜시장의 자금대여(공급)자인 콜론기관은 자산운용회사, 국내은행 및 외국은행 국내지점 등이다. 자산운용회사는 펀드 환매에 대비하여 보유하는 고유동성 자산을 콜론으로 운용하며 국내은행은 지준잉여자금을 콜론으로 공급한다.

콜시장의 자금차입자인 콜머니기관은 국내은행 및 외국은행 국내지점, 증권회사(PD·OMO 대상기관) 등이다. 국내은행은 콜자금을 공급하기도 하지만 지준자금 조절을 위한 콜머니 수요가 보다 많은 편이다. 외국은행 국내지점은 수신기반이 취약하여 주로 본지점 차입이나 콜머니를 통해 영업[5]자금을 조달해야 하므로 콜자금의 공급보다는 차입이 많은 편이다. 자금조달수단이 고객예탁금, RP매도 등으로 제한되는 증권회사도 자금 조달·운용상의 불일치 조정 등을 위해 콜자금을 차입하고 있다.

콜차입 거래의 경우 증권사의 콜차입 한도를 설정한 후 단계적으로 축소하였으며 2015년 3월부터는 국고채전문딜러(PD: Primary Dealer) 및 한국은행 공개시장운영(OMO: Open Market Operation) 대상기관 증권사에 대해서만 자기자본의 15% 이내 범위에서 허용하고 있다. 콜론 거래의 경우 2015년 3월 이후 자산운용사에 대해 총 집합투자재산의 2% 이내로 허용하고 있다. 여타 비은행금융기관의 콜시장 참가는 전면 배제되고 있다.

(3) 중개기관

현재 한국자금중개(주), 서울외국환중개(주), KIDB자금중개(주) 등 3개의 자금중개회사가 콜거래 중개업무를 영위하고 있다. 이들 자금중개회사의 콜거래중개는 단순중개[6]를 원칙으로 하고 있으며 거래의 원활화를 위해 필요한 최소한의 범위에서 매매중개[7]를 할 수 있다(자본시장법 시행령346③, 금융투자업규정8-81②). 그러나 자금중개회사가 매매중개를 하는 경우는 거의 없다. 자금중개회사는 단순중개를 제공하는 대가로 중개수수료를 거래 쌍방으로 부터 각각 받는다.

Ⅲ. 환매조건부매매(RP)시장

1. 환매조건부매매의 의의

환매조건부매매(RP)란 "증권을 일정기간 경과 후 원매도가액에 이자 등 상당금액을 합한

---

5) 외국은행 국내지점은 단기 채권매매 또는 내외금리차를 이용한 재정거래를 주된 영업으로 하고 있다.
6) 자금중개회사가 일정 수수료만 받고 자금대여자와 자금차입자간의 거래를 연결해 주는 것을 말한다.
7) 자금중개회사가 자기계산으로 거래에 직접 참가하는 것을 말한다.

가액으로 환매수할 것을 조건으로 하는 매도"(조건부매도) 또는 "증권을 일정기간 경과 후 원매수가액에 이자 등 상당금액을 합한 가액으로 환매도할 것을 조건으로 하는 매수"(조건부매수)하는 조건부매매를 말한다(금융투자업규정5-1(6)).

증권의 매매가 처음 이루어지는 시점과 이후 환매매가 이루어지는 시점을 각각 매입일(purchase date)과 환매일(repurchase date)이라 하며, 매입일의 증권 매매가격은 매입가(purchase price), 환매일의 매매가격은 환매가(repurchase price)라고 부른다. 또한 매입일에 매입가를 수취하고 증권을 매도하는 것을 "RP매도"라 하며, 매입가를 지급하고 증권을 매입하는 것을 "RP매수"라 한다.

2. 환매조건부매매의 법적 성격

법적으로 RP거래는 약정기간 동안 대상증권의 법적 소유권이 RP매도자에서 RP매수자로 이전되는 증권의 매매거래이다. 따라서 RP매도자가 파산 등으로 약정 사항을 이행하지 못할 경우 RP매수자는 대상증권을 정산할 권리를 갖게 된다. 채무자회생법에서도 기본계약에 근거하여 이루어진 RP거래는 회생 및 파산 절차상의 해제, 해지, 취소 및 부인의 대상에서 제외(채무자회생법120③)됨으로써 매매거래로서의 성격을 강화하고 있다.

법적 성격에도 불구하고 경제적 실질 측면에서 RP거래는 일정 기간 동안 RP매도자가 RP매수자에게 증권을 담보로 제공하고 자금을 차입하는 증권담보부 소비대차로서 기능한다. RP매수자와 RP매도자는 각각 자금대여자 및 자금차입자이며, 매매 대상증권은 차입담보에 해당된다. 또한 환매가와 매입가의 차이는 대출이자로, 매매 대상증권의 시가와 매입가의 차이는 초과담보로 볼 수 있다.

3. 환매조건부매매의 유형

환매조건부매매는 거래주체를 기준으로 ⅰ) 일정한 범위의 전문투자자(영7④(3))에 해당하는기관 간에 이루어지는 "기관간조건부매매"(기관간RP: 금융투자업규정5-1(7)), ⅱ) 투자매매업자 등[투자매매업자(겸영금융투자업자를 제외), 투자매매업 인가를 받은 은행, 증권금융회사 및 종합금융회사]이 일정한 범위의 전문투자자(영7④(3))에 해당하는 기관 이외의 법인 또는 개인과 행하는 "대고객조건부매매"(대고객RP: 금융투자업규정5-1(8)), ⅲ) 한국은행의 공개시장 조작 수단으로서 한국은행과 금융기관 간에 이루어지는 한국은행RP[8]로 구분된다.

RP유형 중 단기금융시장에 가장 중요한 영향을 미치는 유형은 기관간RP인데 금융기관의 단기자금조달을 통한 유동성 관리와 단기금융시장과 자본시장의 연결이라는 측면에서 기관간

---

8) 한국은행 RP에 관하여는 공개시장운영규정에서 정하고 있다.

RP는 핵심적인 역할을 담당한다. 기관간RP의 주된 매도기관(즉 자금조달기관)은 증권사와 증권사 신탁계정이다.[9] 국내은행과 기타 여신기관들로부터 일정 수준의 매도가 이루어지고는 있지만, 매도량의 절반 이상이 증권사와 증권사 신탁계정에 의한 것으로 나타난다. 이는 증권사들이 콜머니 차입 제한조치에 대응하면서 단기자금을 조달하기 위하여 보유하고 있는 채권을 적극적으로 활용하고 있기 때문이다. 사실 기관간RP 시장의 급격한 성장은 제2금융권에 대한 콜머니 차입제한 조치에 힘입은 바가 크다.

4. 환매조건부매매시장의 기능

환매조건부매매시장은 국채 등 담보자산에 대해 여타 부차적인 조건 없이 즉시 유동성을 공급한다는 측면에서 전당포와 유사한 역할을 은행에 제공하고 있으며, 은행의 단기유동성 확보를 위한 필수적인 신용조달 채널로 자리 잡고 있다. 은행 등 금융기관은 일상적으로 환매조건부매매시장을 통해 단기금융펀드(MMF)나 여타 잉여 유동성을 보유하고 있는 금융기관들로부터 최단기 익일물 신용(overnight loan)을 확보하고 있다.

RP거래의 가장 큰 기능은 채권을 담보로 하기 때문에 자금회수 가능성을 높임으로써 금융기관간 장기 자금거래 가능성을 높인다는 점이다. 그 이유는 거래상대방위험보다는 담보채권의 가치에 거래의 위험성이 결정되기 때문에 무거래기관과의 장기 자금거래도 가능하기 때문이다. RP거래는 장기상품인 채권과 연계하여 이루어지는 거래라는 고유의 특성을 가지고 있어, RP거래를 이용한 금융기법을 통해 다양한 효과를 기대할 수 있다. RP시장이 활성화되면 단기시장금리와 채권수익률의 격차를 이용한 차익거래, 채권의 현·선물시장과 연계된 차익거래 등을 활용하여 금융시장간 연계를 강화시킬 수 있다. RP시장이 활성화되면 단기금융시장을 대상으로 하는 중앙은행 통화정책의 효과가 채권시장 등 장기금융시장으로 원활히 파급되면서 통화정책의 효율성이 높아진다. 미국의 경우 연준이 공개시장 조작을 통해 공급한 자금이 RP시장을 통해 금융기관에 배분되면서 페더럴펀드 시장과 채권시장이 긴밀하게 움직인다.

한국은행은 공개시장 조작 수단의 하나로 환매조건부매매(RP)를 이용하고 있다. 한국은행은 일시적인 유동성 과부족을 조절하기 위한 수단으로 RP매매를 활용하기 때문에 통화안정증권, 통화안정계정에 비해 단기로 운용된다. RP매매는 RP매각과 RP매입으로 구분되는데 한국은행은 유동성을 흡수하기 위해서는 RP매각을 실시하고 유동성을 공급하기 위해서는 RP매입을 실시한다. 미국, 유럽중앙은행(ECB), 영란은행 등 유로지역 등 주요 선진국 중앙은행들은 환매

---

9) 증권사 신탁계정은 신탁업 인가를 받은 증권사가 고객(위탁자)으로부터 위탁받은 재산(주로 금전)을 관리하기 위하여 증권사의 고유계정과는 별도로 설정한 계정을 말한다. 신탁업을 겸업하는 증권사는 신탁계정의 재산을 증권사 고유계정의 재산과는 엄격히 분리하여 관리해야 한다.

조건부매매를 주된 공개시장 조작 수단으로 활용하고 있다. 이는 RP매매가 증권을 담보로 하기 때문에 신용위험이 작고, 유동성 상황에 따라 유동성조절 방향과 규모, 만기, 금리 등을 탄력적으로 조정할 수 있기 때문이다.

우리나라의 경우 경상수지 흑자 등에 따른 국외부문을 통한 유동성 공급으로 기조적인 유동성 잉여 상태를 지속하고 있어 한국은행의 RP매매는 유동성 흡수를 위한 RP매각이 주를 이루고 있다. 다만 글로벌 금융위기시 한국은행은 신용경색 해소 등을 위하여 RP매입을 통해 유동성을 적극적으로 공급한 바 있다.10) 또한 2020년 코로나19 확산에 따른 금융시장 불안 시에는 시장의 유동성 수요 전액을 제한없이 공급하는 전액공급방식 RP매입 제도를 도입하여 유동성을 공급하였다.11)

Ⅳ. 양도성예금증서(CD)시장

1. 서설

(1) 의의

양도성예금증서(CD)는 은행의 정기예금증서에 양도성이 부여된 단기금융상품이다. CD에 관한 법규정은 없으며 한국은행 금융통화위원회가 제정한 「금융기관 지급준비규정」과 「양도성예금증서의 발행조건」에 근거를 두고 발행되고 있다. CD는 무기명 할인식으로 발행되고 양도가 가능하다. CD의 만기는 30일 이상(중도해지 불가능. 다만, 2002년 6월 30일 이전에 발행되고 토요일에 만기가 도래하는 경우 직전 영업일에 해지 가능)으로 제한되어 있는데, 1년 이상의 만기를 가진 CD의 발행은 거의 없으며, 만기 6개월 미만의 CD발행이 주를 이룬다. CD는 투자 주체에 따라 은행간 CD와 대고객 CD로 구분할 수 있는데, 현재 국내은행의 CD발행은 대고객 CD 중심으로 이루어지며 은행간 CD발행은 지극히 미미한 편이다.

(2) 법적 성격

CD는 예금이다. CD는 한국은행법상 지급준비금 적립대상12)이 되는 예금채무에 해당한다. 다만 은행을 상대로 발행하는 CD는 지급준비금 적립대상에서 제외13)된다. 일반 고객을 대

---

10) 2008년 10월부터 2009년 2월까지 단기금융시장의 원활한 자금흐름 도모, 시장금리 안정 등을 위해 총 9회의 RP매입을 통해 13.3조원을 공급하였으며, 같은 해 12월에는 채권시장 안정을 위해 조성된 채권시장안정펀드에 대한 자금 지원 2.1조원중 1.9조원을 RP매입 방식으로 실시하였다.

11) 2020년 4월부터 7월까지 총 17회의 RP매입을 통해 19.43조원을 공급하였다.

12) 「금융기관 지급준비규정」 제2조 제1항 제2호에 따라 대고객 CD는 정기예금, 정기적금, 상호부금, 주택부금 등과 함께 2.0% 이상의 지급준비금 적립대상에 해당한다.

13) 「금융기관 지급준비규정」 제2조 제2항에 따르면 한국은행에 지급준비금 보유의무가 있는 금융기관을 상대

상으로 하는 CD거래는 예금채무에 해당되어 한국은행에 지급준비금을 예치할 의무가 있지만, 은행예금과는 달리 예금자보호 대상은 아니다(예금자보호법2(2) 단서 및 동법 시행령3②(2)).[14]

CD는 권리의 이전과 행사를 위해 증권의 소지가 필요하다는 점에서 상법상 유가증권이다. CD는 만기 전 양도되는 경우 시중금리에 따라 원본손실위험이 있으므로 투자성이 인정되나 ⅰ) 만기가 짧아 금리변동에 따른 가치변동이 미미한 점, ⅱ) 통상 은행에서 거래되는 CD를 금융투자상품으로 파악하면 기존의 금융업종 간 업무 배분에 혼란이 초래되는 점을 고려하여 정책적으로 제외한 것이다(자본시장법3①(1)). 반면 외화표시 CD는 환율변동에 따라 가치변동이 클 수 있어 투자자보호 차원에서 자본시장법상 금융투자상품에 포함된다.

(3) 기능

CD시장은 CD가 발행·유통되는 단기금융시장으로서 발행기관, 중개기관 및 매수기관으로 구성된다. 발행기관인 은행(예금은행) 입장에서는 대출 등 자금 수요에 따라 발행 규모를 조절함으로써 탄력적인 자금조달이 가능하다. 중개기관(증권사, 종합금융회사, 자금중개회사)은 발행기관과 매수기관을 연결하여 수수료를 받을 수 있을 뿐 아니라 자기계산으로 매매에 참여하여 시세차익을 얻을 수도 있다. 매수기관은 만기 1년 이하 단기자금 운용수단으로서 CD를 매입하고 있다.

2. 거래조건

CD는 중도해지할 수는 없으나 양도가 가능하므로 매수자가 보유 CD를 현금화하고자 하는 경우 매각할 수 있다. 최저 액면 금액에 대한 제한은 없으나 은행은 내규 등을 통해 5백만원 또는 1천만원으로 설정하여 운영하고 있다.

CD는 할인방식으로 발행된다. 할인이자는 "액면금액×할인율×(만기시까지의 일수/365)"로 계산된다. 매수자는 CD를 살 때 예치기간 동안의 이자를 뺀 금액만을 지급하고 만기에 액면금액을 받게 된다. 다만, 은행에서는 여타 금융상품과 수익률을 비교할 수 있도록 할인율 대신에 수익률로 금리를 고시하고 있다. CD 발행금리(수익률)는 일반적으로 은행채 등 다른 시장금리, 발행금액 및 만기 등을 감안하여 결정되는데 은행별 신용도에 따라 금리수준이 다르다.

로 발행된 양도성예금증서 발행채무는 지급준비금 적립대상 채무에서 제외된다.

14) 예금보험대상이라 함은 금융기관이 영업정지나 파산 등으로 고객의 예금을 지급하지 못하게 될 경우 예금보험공사가 금융기관을 대신하여 예금자를 보호하게 되는데, 이때 보호대상이 되는 금융상품을 의미한다. 일반적으로 보통예금, 정기예금, 정기적금 등과 같은 예금상품들은 예금보험의 대상이 되지만 은행에서 취급하더라도 CD나 실적배당형 상품인 투자신탁 등은 보호대상이 아니다.

3. 참가기관

(1) 발행기관

CD를 발행할 수 있는 금융기관은 한국은행에 예금지급준비금 예치의무가 있는 금융기관이다. 따라서 한국은행에 지급준비금을 예치할 의무가 있는 시중은행, 지방은행, 특수은행, 외은지점 등 한국수출입은행을 제외한 모든 은행이 CD를 발행할 수 있다. CD시장은 은행에 의해 무기명식으로 할인발행(발행시장)되어 거래(유통시장)되는 시장이다.

(2) 중개기관

CD거래 중개업무는 증권회사, 종합금융회사 및 3개 자금중개회사[15)]가 담당하고 있다. 중개기관은 단순중개와 매매중개를 모두 할 수 있으나 현재 자금력 부족 등으로 대부분 발행시장에서의 단순중개에만 치중하고 있다.

(3) 매수기관

CD는 매수 주체에 따라 대고객 CD와 은행간 CD로 구분된다. 대고객 CD는 다시 은행 창구에서 직접 발행되는 창구 CD(또는 통장식 CD)와 중개기관의 중개를 통해 발행되는 시장성 CD로 구분된다. 개인, 일반법인, 지방자치단체 등은 주로 발행은행 창구에서 직접 매입하는 반면 자산운용회사, 보험회사 등 금융기관은 중개기관을 통해 매입한다.

은행간 CD는 일반적으로 중개기관을 통하지 않고 발행은행과 매수은행 간 직접 교섭에 의해 발행된다. 은행간 CD는 은행 상호간 자금의 과부족을 해소하기 위한 수단으로 발행되며, 지급준비금 적립대상에서 제외되는 대신 양도가 엄격히 금지되고 있다.

Ⅴ. 기업어음(CP)시장

1. 서설

(1) 의의

CP시장은 신용상태가 양호한 기업이 상거래와 관계없이 자금운용에 필요한 단기자금을 조달하기 위하여 자기신용을 바탕으로 발행하는 만기 1년 이내의 융통어음이 발행되고 거래되는 시장이다. CP는 발행기업, 할인·매출기관 및 매수기관으로 구성되어 있으며, 할인·매출기관은 할인 CP를 매수기관에 매출하면서 매매익을 얻고 매수기관은 만기 1년 이하의 단기자금

---

15) 한국자금중개, 서울외국환중개, KIDB자금중개.

을 운용할 수 있다. 주 발행기관은 은행을 제외한 제2금융기관, 일반기업, 공사 등이 단기자금조달 수단으로 널리 사용되며 회사채와 달리 등록되지 않는 특성이 있다. 또한 일반적으로 은행대출보다 금리면에서 유리하다. 금리는 신용도 및 만기 등에 의해 결정되며 할인 발행되는 것이 일반적이다.

CP는 발행절차가 간편하고 담보없이 신용으로만 발행되기 때문에 기업의 신속한 자금조달의 수단으로 활용되고 있다. 반면 발행기업에 대한 정보가 시장에 충분히 제공되지 않기 때문에 투자자는 CP가 신용사건에 대한 잠재적인 도화선이 될 수 있다.[16]

어음법상의 특성으로 인하여 발행에 있어 신속성과 간편성을 확보하고 있지만, 유통의 측면에서는 불편함이 존재한다. 기업어음은 아직도 실물발행의 의무가 존재하며, 권면액 이하로 분할양도가 불가능하다. 액면분할이 허용되지 않는 것은 CP의 운용에 있어 특히 문제되고 있다. 관행상 100억 원 단위로 발행되는 CP를 특정펀드에 편입하였을 때 고객의 환매에 대응하여 펀드 내의 운용자산 중 해당 CP를 100억 원 이하로 유지해야 할 경우 CP의 액면분할이 원칙적으로 불가능하기 때문에 해당 CP를 매각해야 하는 상황이 발생한다. 물론 실무에서는 편법적인 방법으로 CP를 액면분할하는 관행이 관찰되고 있지만 어음법을 엄격히 적용할 경우 이러한 분할행위는 모두 불법적인 행위이며 감독당국의 의지에 따라 규제를 강화해야할 여지가 있는 영역이다. CP의 실물과 대금의 결제가 분리되어 있다는 점도 어음법 적용상의 문제점이다. 결제인프라의 발전으로 인하여 대부분의 증권거래가 동시결제(DVP)방식[17]에 의하여 처리되고 있음에도 불구하고 CP는 아직도 동시결제가 아니라 실물과 대금의 분리결제방식을 따르고 있어 거래당사자는 불필요한 신용리스크에 노출되어 있다.

(2) 법적 성격

CP는 어음법상 융통어음인 동시에 자본시장법상의 기업어음증권이다. 자본시장법이 도입되기 이전부터 CP는 증권거래법상의 유가증권으로 정의되었으며, 자본시장법은 증권거래법을 받아들이면서 CP를 채무증권으로 정의(법4③)하였다. 그런데 자본시장법은 증권거래법상 존재하던 CP에 대한 요건을 대폭으로 완화하였으며, 발행주체(상장법인 등), 만기(1년), 최저액면(1억 원), 신용등급(기업어음등급 B 이상) 등에 관한 요건이 모두 사라졌다. 이중에서 특히 문제되는 부분은 만기 제한이 없어졌다는 사실인데, 증권거래법상 CP는 만기 1년 이내에서만 발행이 가능하였으나 자본시장법에서는 CP 만기에 대해 침묵하고 있어 사실상 CP 만기에 제한이 없다.

---

16) 기업의 편리한 자금조달 수단이기는 하지만, 한국 금융시장의 경우 CP로 인하여 여러 문제가 발생한 경험이 있는데, 대우사태, SK글로벌, 카드사태 등이 문제가 발생하기 이전에 해당 기업이 CP발행을 급격히 늘려서 시스템문제가 발생한 사례였다.
17) 예탁결제원에 의해 증권결제되는 유가증권은 동시결제(DVP)방식으로 결제가 진행된다.

만기 제한이 없을 경우 1년 이상의 만기를 가진 CP가 발행될 수 있고 실제로 1년 이상의 만기를 가진 장기 CP들이 상당수 발행되고 있다. 장기 CP는 잠재적으로 회사채의 발행을 구축할 수 있으며, 이는 공모 회사채시장이 가진 다양한 정보전달기능을 잠식할 가능성이 높다.

(3) 기능

CP는 주식, 채권과 달리 이사회 의결, 발행기업등록, 증권신고서 제출 등의 절차 없이 간편하게 발행이 가능하며 대부분 사모로 발행됨으로서 등록 및 공시 의무가 면제된다. 1개월 미만의 초단기 CP가 주종을 이루는 선진국과 달리 우리나라에서는 만기가 3개월 또는 6개월 이상의 CP 비중이 상대적으로 높게 나타나고 있는데 이는 현재 우리나라 CP제도 자체의 문제점과 더불어 앞서 언급한 비은행금융기관 등의 콜시장 참가에 기인하는 것으로 추정된다. 발행기업의 입장에서 볼 때, CP의 가장 큰 장점은 간편한 발행절차라고 할 수 있다. CP는 어음법상 약속어음의 요건만 충족되면 발행가능하며, 금액과 만기를 조절할 수 있고, 금리도 발행기업의 신용도와 시장상황에 따라 협상에 의해 결정된다. CP의 또 다른 장점은 신용에 의한 자금조달이 가능하다는 것이다. CP는 발행단위가 거액이고 대부분 무담보 매출이어서 신용리스크를 부담해야 하므로 투자자의 대부분은 기관투자가들이다. 이들 기관투자가들은 CP를 단기운용펀드에 편입하여 일반에게 간접매출을 하는 기능을 수행한다.

2. 발행조건

CP 발행기업의 요건과 발행조건은 할인금융기관에 따라 상이하다. 증권회사 고유계정이 할인 매입하는 CP의 경우 대상기업, 만기 및 액면금액 등에 대한 제한이 없다. 그러나 증권회사 고유계정이 장외시장에서 CP를 매매, 중개·주선 또는 대리하는 경우에는 2개 이상의 신용평가기관으로부터 신용평가를 받은 CP만을 대상으로 무담보매매·중개방식으로 할인을 할 수 있다. 그러나 CP에 대한 직·간접의 지급보증을 할 수 없다(자본시장법 시행령183①(2)).

종합금융회사가 할인·매입하는 경우에는 만기 1년 이내 CP에 한해서만 할인·매매·중개를 할 수 있다(자본시장법336①(1) 참조). 한편 종합금융회사가 기업을 대상으로 어음할인을 하기 위해서는 해당 기업을 적격업체로 선정해야 한다(자본시장법 시행령327①). 따라서 종합금융회사는 CP 할인 전 발행기업에 대한 신용조사와 함께 재무구조 및 경영상황 등을 분석하여 적격업체로 선정 여부를 결정한 후 동일인 여신한도(자본시장법342④ = 20%) 이내에서 적정 할인한도를 설정한다.

국내 CP의 신용등급 체계는 A1을 최우량등급으로 하고 그 다음으로 A2, A3, B, C, D의 순으로 구성되어 있다. 이 중 투자등급은 A1~A3등급이며 투기등급은 B등급 이하이다. A2~B

등급에 대해서는 동일등급 내에서 우열을 나타내기 위하여 +, − 부호를 부가하여 세분하고 있다. 한편 ABCP의 경우에는 상기 신용등급에 구조화 금융상품을 의미하는 'sf(structured fi‒nance)'를 추가하여 표시한다.

3. 참가기관

(1) 발행기관

CP는 민간기업, 공기업, 증권사, 카드사, 특수목적회사(SPC) 등이 발행하고 있다.

(2) 할인 및 매출기관

CP의 할인 및 매출은 주로 증권회사와 종합금융회사가 담당하고 있다. 종합금융회사는 매출뿐만 아니라 자체 보유목적으로도 CP를 할인한다. 반면 수신기능이 제한적인 증권사는 일반적으로 CP를 할인한 후 자체보유하지 않고 매출한다.

한편 은행, 자산운용회사 및 보험회사 등의 CP 할인은 활발하지 않다. 은행의 경우 CP 할인이 대출로 간주되어 동일인 여신한도(은행법35 및 35의2: 동일계열 여신한도는 자기자본의 25%, 동일인 여신한도는 자기자본의 20%)의 제한을 받는 데다 당좌대출, 상업어음할인 등 CP 할인 외의 다양한 형태로 기업에 단기자금을 공급할 수 있기 때문이다. 자산운용회사나 보험회사, 여신전문금융회사의 경우에는 CP 발행기업에 대한 독자적인 심사기능을 갖추지 못하고 있는 데다 할인·매출기관을 통하여 CP를 매입하더라도 수수료 부담이 크지 않기 때문에 할인보다는 주로 증권회사와 종합금융회사를 통한 매입을 선호하고 있다.

(3) 매수기관

자산운용회사의 MMF, 종합금융회사, 은행신탁, 증권신탁 등이 주요 CP 매입 주체이다.[18] 자산운용회사는 주로 증권회사와 종합금융회사가 중개한 CP를 매수하며 은행신탁은 할인·매출기관이 중개한 CP를 매입할 뿐만 아니라 직접 할인하여 매입하기도 한다.

---

18) 개인들은 CP를 직접 매입하기보다는 은행의 특정금전신탁 또는 증권사 종금형 CMA 등을 통하여 간접적으로 투자하고 있다.

Ⅵ. 단기사채(ABSTB)시장

1. 의의

단기사채(ABSTB)는 기업이 단기자금을 조달하기 위하여 발행하는 만기 1년 미만의 사채로서 실물이 아닌 전자증권으로 발행·유통되는 단기금융상품이다. 이는 CP의 편리성은 유지하면서도 CP가 가지고 있던 불편함을 개선하여 발행·유통의 편리성을 제고한 상품이다. 즉 ABSTB는 CP를 대체하기 위하여 2013년 1월에 도입된 새로운 상품으로 1972년에 도입된 CP가 거래의 투명성과 효율성 등 현대 자본시장의 니즈에 맞는 새로운 상품으로 재설계된 것이다.

단기사채의 법적 성격은 어음이 아닌 사채권이지만 경제적 실질은 기존의 CP와 동일하다. 다만 CP는 실물로 발행·유통되지만 ABSTB는 실물 없이 전자등록기관의 전자등록계좌부에 전자등록되는 방식으로 발행·유통되는 점이 다르다. 전자등록이란 주식등의 종류, 종목, 금액, 권리자 및 권리 내용 등 주식등에 관한 권리의 발생·변경·소멸에 관한 정보를 전자등록계좌부에 전자적 방식으로 기재하는 것을 말한다(전자증권법2(2)).

CP의 문제를 해결하기 위하여 2013년 1월 전자단기사채법을 시행하였다. 전자단기사채법은 CP의 법적 형식을 약속어음에서 사채로 전환하고(CP의 사채화), 그 사채의 발행·유통을 전자화한 것이다(사채의 전자화). 상법의 특별법인 전자단기사채법은 CP와 같은 상품성을 갖는 단기사채라는 새로운 종류의 사채를 정의하고, 이 단기사채가 CP와 같은 상품성을 유지하고 사채권 없이 전자적으로 발행·유통되도록 상법상 사채와는 다른 특례를 규정하였다.

2019년 9월 16일부터 시행된 전자증권법의 제정에 따라 전자단기사채법은 폐지되었다(전자증권법 부칙2②). 전자증권법에서는 전자단기사채법의 규정 중에서 전자단기사채등의 정의 규정과 상법에 대한 특례 규정을 옮겨서 규정하고 있다. 다만 명칭을 전자단기사채 대신 단기사채등으로 하고 있다.

2. 도입배경

단기사채의 도입배경은 크게 두 가지 측면에서 살펴볼 수 있다.

ⅰ) 단기사채는 기업어음을 대체해 나가기 위해 도입되었다. 기업어음은 그동안 일반기업과 금융기관의 단기자금 조달수단으로의 역할을 담당해 왔으나 그 과정에서 여러 구조적인 문제점도 노출하였다. 어음법과 자본시장법을 모두 적용받는 이중 법적 지위로 인해 운영상의 불편함이 있었으며, 어음의 특성상 발행절차는 간편[19]하지만 공시의무가 없어 시장 투명성과 투

---

19) 기업어음의 경우 발행기업이 이사회의 의결이나 등록절차 없이 발행할 수 있기 때문에 자금이 필요한 경우 언제라도 즉시 발행할 수 있다.

자자 보호를 위한 제도적 장치는 미흡하다는 지적을 받아 왔다. 아울러 증권과 대금의 동시결제가 이루어지지 않아 발행회사가 신속하게 발행대금을 사용하기 어려우며 이는 기업어음이 1일물과 같은 초단기물로 발행되는 것을 제약하는 요인으로 작용하였다. 이러한 기업어음의 문제점을 해소할 뿐만 아니라 발행 및 유통의 편의성을 한층 제고하는 한편 단기자금 조달이라는 본연의 목적에도 보다 부합하는 새로운 자금조달수단으로 단기사채가 도입되었다.

ii) 증권사 등 비은행금융기관의 단기자금 조달수요가 주로 콜시장에 집중되어 있던 현상을 완화할 필요가 있었던 점도 단기사채의 도입배경이 되었다. 우리나라의 콜시장은 은행 간 시장으로 출범하였으나 점차 비은행금융기관까지 참가하는 대규모 초단기 신용시장으로 변화되었다. 은행보다 신용도가 상대적으로 떨어지는 비은행금융기관의 콜시장 참가 확대가 개별 금융기관 입장에서는 효율적일 수 있으나, 금융시장 전체적으로는 시스템리스크를 증대시키는 요인으로 작용할 수 있다. 이에 정부는 비은행금융기관의 과도한 콜시장 참가를 제한하는 한편 콜시장을 통한 단기자금 조달 및 운용 수요를 흡수해 나가기 위해 단기사채제도를 도입하였다.

3. 발행조건

단기사채란 사채 또는 법률에 따라 직접 설립된 법인이 발행하는 채무증권에 표시되어야 할 권리로서 일정한 요건을 갖추고 전자등록된 것을 말한다. 여기서 일정한 요건이란 i) 각 사채등의 금액이 1억원 이상이어야 하고. ii) 만기가 1년 이내이어야 하고, iii) 사채등의 금액을 한꺼번에 납입하여야 하고, iv) 만기에 원리금 전액을 한꺼번에 지급한다는 취지가 정해져 있어야 하고, v) 사채등에 전환권, 신주인수권, 그 밖에 다른 권리로 전환하거나 다른 권리를 취득할 수 있는 권리가 부여되지 아니하여야 하며, vi) 사채등에 담보부사채신탁법 제4조에 따른 물상담보를 붙이지 아니하여야 한다(전자증권법59).

최소금액 요건은 발행뿐만 아니라 계좌간 대체 등록, 액면 분할시에도 적용되며, 만기를 1년 이내로 제한[20]한 것은 회사채시장과의 경합 가능성을 최소화하기 위해서다. 일시 납입, 만기 전액 일시상환, 주식관련 권리 및 담보설정 금지 요건은 단기사채와 경제적 실질이 동일한 기업어음과 같이 권리·의무관계를 단순화하기 위함이다. 한편 기업어음과 동일하게 투자매매업자 또는 투자중개업자가 단기사채를 장외에서 매매하거나 중개·주선 또는 대리하는 경우에는 2개 이상의 신용평가회사로부터 해당 단기사채에 대해 신용평가를 받아야 한다(자본시장법 시행령183③).

---

20) CP의 경우에는 만기제한이 없다. 그 영향으로 회사채 수요예측제도가 시행된 2012년 4월부터 2013년 4월까지는 동 제도를 회피하기 위해 만기가 1년 이상인 CP가 다수 발행되면서 CP가 회사채시장을 일부 잠식한다는 비판이 있었다. 다만 2013년 5월 이후로는 만기 1년 이상 CP에 대해 증권신고서 제출의무를 부과한 것이 사실상 만기를 제한하는 효과를 나타내고 있다.

그리고 단기사채등에 대해서는 상법 제469조 제4항에도 불구하고 이사회가 정하는 발행 한도(미상환된 단기사채등의 발행 잔액을 기준으로 한다) 이내에서 대표이사에게 단기사채등의 발행 권한을 위임할 수 있다. 또한 상법 제488조에도 불구하고 사채원부를 작성하지 아니하며, 사채권자집회에 관한 규정 다수도 적용이 배제된다(전자증권법59, 60, 61).

제2절 주식시장

★ 한국경제 2024년 11월 10일
서학개미 美 주식 가치, 1000억달러 첫 돌파

국내 투자자가 보유한 미국 주식 가치가 처음으로 1,000억달러를 넘어섰다. 국내 증시가 외면 받는 사이 미국 증시로의 자금 쏠림이 심해진 데다 도널드 트럼프 대통령 당선 이후 미 증시가 상승세를 이어가면서 자산 평가액이 늘었기 때문이다.

■ 코로나 거치며 美 투자 급증
10일 한국예탁결제원에 따르면 국내 투자자들이 보유 중인 미국 주식 규모는 지난 7일 기준 1013억6571만달러(약 141조8600억원)로 집계됐다. 국내 시가총액 2위인 SK하이닉스의 시가총액 (145조원)과 비슷한 수준이다.

국내 투자자의 미국 주식 투자 규모는 코로나19 사태를 계기로 급증했다. 2019년 말 기준 국내 투자자들의 미국 주식 보유금액은 84억달러에 불과했지만, 코로나19 기간을 거치면서 지난해 680 억달러로 8배 이상 늘어난 데 이어 이번에 1000억달러마저 돌파했다.

시장 전문가들은 미국 주식 투자가 빠르게 증가하는 가장 큰 이유로 '수익률'을 꼽는다. 국내 증시가 부진한 가운데 미국 주식은 투자자들에게 높은 수익을 안겨주고 있다. 지난 8월 초 '블랙먼데이'(글로벌 증시 동반 급락) 이후 미국 S&P500지수는 12.1% 상승하며 빠르게 회복했다. 같은 기간 코스피지수는 7.8% 떨어졌다. 주요 20개국 가운데 러시아(-19.8%), 튀르키예(-17.1%)에 이어 세 번째로 낙폭이 컸다.

미국 증시는 지난주 대선에서 트럼프 전 대통령이 압승을 거둔 이후 상승폭을 더욱 키우고 있다. 트럼프가 승리를 선언한 지난 6일부터 S&P500지수는 사흘 만에 3.6% 올랐다. 이은택 KB증권 연구원은 "미국 중심주의를 표방하는 트럼프 당선이 한국에는 리스크, 미국에는 호재로 작용하고 있다"며 "트럼프 당선 이후 금융시장의 돈이 오직 미국으로 달려가고 있다"고 설명했다.

■ 서학개미 최선호주는 '테슬라'

국내 투자자가 가장 많이 투자한 미국 주식은 테슬라였다. 보유금액 규모는 166억달러(약 23조 2,300억원)로 유가증권시장 시총 14위인 현대모비스의 시총(22조7,000억원)보다 크다. 테슬라는 전기차 수요 부진으로 올 상반기 주가가 하락하면서 5월 말 엔비디아에 자리를 내줬지만, 트럼프 당선 이후 사흘간 27% 이상 급등하면서 1위를 탈환했다. 2위는 엔비디아(137억달러)로 집계됐다. 애플(46억달러) 마이크로소프트(35억6,000만달러) 등 기술주도 서학개미의 사랑을 받았다.

국내 증시에서는 찾기 어려운 초고위험 상품에도 뭉칫돈이 몰렸다. 미국 주식 보유금액 5위는 '프로셰어즈 울트라프로 QQQ(TQQQ)', 6위는 '디렉시온 세미컨덕터 불 3X(SOXL)'가 차지했다. 기초지수 하루 상승률의 3배만큼 수익을 내지만, 주가가 떨어질 때는 손실 규모도 3배로 커지는 초고위험 상품이다. 한국에서는 3배 레버리지 상품이 금지돼 있다.

비트코인 레버리지 상장지수펀드(ETF)인 '2X 비트코인 스트래티지(BITX)'도 보유금액 기준 29위(4억6,800만달러)에 올랐다. ETF 수익률이 비트코인 하루 손익률의 2배를 따라가는 상품이다. 국내 증시에는 비트코인 관련 ETF가 없다. 미국 증시에서는 비트코인 현물 ETF는 투자할 수 없지만, 비트코인 선물을 활용한 상품에는 투자가 가능하다.

Ⅰ. 서설

1. 자본시장의 의의와 기능

자본시장이란 기업, 정부, 지방자치단체, 공공기관 등이 장기자금을 조달하는 시장으로 넓은 의미에서는 은행의 시설자금대출 등 장기대출시장을 포함하기도 하나 통상적으로는 국채, 회사채, 주식 등이 거래되는 증권시장을 의미한다. 여기서는 자본시장의 범위를 주식시장과 채권시장으로 제한하여 살펴본다.

자본시장은 다음과 같은 기능을 수행하고 있다.

ⅰ) 가계 등의 여유자금을 기업 등에 장기투자재원으로 공급함으로써 국민경제의 자금잉여부문과 자금부족부문의 자금수급 불균형을 조절한다.

ⅱ) 자금의 배분이 효율적으로 이루어지도록 한다. 미래 수익성이 높고 성장성이 기대되는 기업으로 자본이 집중되도록 하여 이들 기업이 다른 기업보다 낮은 비용으로 필요한 자금

을 조달하고 생산능력을 확충할 수 있게 한다. 이에 따라 국민경제는 이들 기업을 중심으로 생산효율이 극대화되고 산업구조의 고도화가 촉진되면서 경제전체의 부(富)도 늘어난다.

iii) 다양한 투자수단을 제공한다. 투자자의 입장에서 주식, 채권 등은 유용한 투자수단이 되며 자본시장 발달과 함께 증권의 종류가 다양화·고도화되면서 투자자는 더욱 다양한 포트폴리오를 구성할 수 있는 기회를 갖게 된다. 자본시장에서 거래되는 금융투자상품은 금리변동에 따른 자본손실위험 및 신용위험이 비교적 커서 이들 상품의 수익률이 단기금융상품에 비해 높은 것이 일반적이다. 최근 경제주체들의 금리민감도가 높아진 가운데 위험선호도가 높은 투자자를 중심으로 주식과 채권에 대한 수요가 확대되고 있으며 전체 금융상품 중 이들 장기금융상품의 비중도 높아지는 추세에 있다.

iv) 자본시장은 중앙은행의 통화정책이 실물경제에 영향을 미치는 매개기능을 수행한다. 중앙은행이 정책금리를 변경하면 여러 경로를 통해 자본시장의 장기수익률에 영향을 미치고 기업의 자금조달비용을 변동시킴으로써 궁극적으로 기업의 투자결정에 영향을 미친다. 동시에 채권 및 주식의 자산가치 변동으로 인한 부의 효과(wealth effect)를 통해 가계소비에도 영향을 미치게 된다.

2. 주식시장의 의의와 구분

주식시장은 주식회사의 지분권을 표시하는 증권인 주식이 거래되는 시장이다. 주식은 상환의무가 없고 경영실적에 따라 배당만 하면 되기 때문에 발행기업 입장에서는 매우 안정적인 자금조달수단이 되며 자기자본으로서 기업의 재무구조를 개선시키는 효과가 있다. 또한 투자자 입장에서는 유용한 자금운용수단이 된다.

주식시장은 기업공개 및 유상증자 등을 통해 주식이 새롭게 공급되는 발행시장과 이미 발행된 주식이 투자자 간에 거래되는 유통시장으로 나누어진다. 유통시장은 장내시장과 장외시장으로 구분되는데, 장내시장(거래소시장)은 유가증권시장, 코스닥시장, 코넥스시장으로 분류되고, 장외시장은 금융투자협회가 관리하는 K-OTC시장 등이 있다.

유가증권시장은 한국거래소에서 개설하는 시장으로 이 시장의 시가총액이 우리나라의 대표주가지수인 코스피의 산출기준이 되므로 코스피시장이라고도 한다. 코스닥시장은 유가증권시장과 더불어 거래소에 개설된 시장이며 유망 중소기업, 벤처기업 등에게 자본시장을 통한 자금조달 기회를 제공하는 한편 투자자에게는 고위험·고수익 투자수단을 제공하는 역할을 한다. 코넥스시장은 유가증권시장, 코스닥시장에 이은 제3의 거래소시장으로 중소기업기본법상 중소기업만 상장이 가능하다. K-OTC시장은 비상장 주식의 매매를 위해 한국금융투자협회가 자본시장법에 따라 개설·운영하는 장외시장이다.

Ⅱ. 발행시장

주식의 발행은 주식회사가 설립자본금을 조달하거나 자본금을 증액할 때 이루어진다. 자본금 증액을 위한 주식발행에는 금전의 출자를 받아 자본금을 증가시키는 유상증자, 무상증자, 주식배당, 전환사채의 주식전환 등이 포함된다. 발행시장은 새로운 주식이 최초로 출시되는 시장이라는 점에서 제1차 시장이라고도 한다.

1. 기본구조

발행시장은 자금수요자인 발행인, 자금공급자인 투자자, 주식발행사무를 대행하고 발행위험을 부담하는 인수인으로 구성된다. 발행인에는 기업 등이 포함된다. 투자자는 일반투자자와 전문투자자로 구분되며 인수인의 역할은 투자매매업자가 담당한다. 여기서 전문투자자는 금융상품에 대한 전문성 구비 여부, 소유자산 규모 등에 비추어 투자에 따른 위험감수능력이 있는 투자자로서 국가, 한국은행, 대통령이 정하는 금융기관 및 그 밖에 대통령이 정하는 자 등이다(자본시장법9⑤). 일반투자자는 전문투자자가 아닌 투자자를 말한다(자본시장법9⑥).

2. 발행형태

주식의 발행은 기업공개, 유상증자, 무상증자, 주식배당 등 여러 가지 형태로 이루어진다.

(1) 기업공개(IPO)

기업공개(IPO)란 주식회사가 신규 발행주식을 다수의 투자자로부터 모집하거나, 이미 발행되어 대주주 등이 소유하고 있는 주식을 매출하여 주식을 분산시키는 것을 말한다. 기업공개를 추진하는 기업은 먼저 금융위원회에 등록하고 증권선물위원회가 지정하는 감사인에게 최근 사업연도 재무제표에 대한 회계감사를 받아야 한다. 그리고 대표주관회사21)를 선정하고 수권주식수, 1주의 액면가액 등과 관련한 정관 개정 및 우리사주조합 결성 등의 절차를 진행한다. 이후 금융위원회에 증권신고서 제출, 수요예측 및 공모가격 결정,22) 청약·배정·주금납입, 자본금 변경등기, 금융위원회에 증권발행실적보고서 제출 등의 절차를 거쳐 한국거래소에 상장

---

21) 대표주관회사란 상장신청인에게서 직접 증권의 인수를 의뢰받아 인수조건 등을 정하는 금융투자회사를 말한다.
22) 수요예측은 공모가격 결정을 위해 공모주 청약을 받기 전에 기관투자자 등으로부터 사전에 희망매수가격과 수량을 조사하는 것을 말하며, 공모가격은 수요예측 결과를 감안하여 대표주관회사와 발행사가 협의하여 정한다.

신청 후 승인을 받으면 공개절차가 마무리된다.

(2) 유상증자

유상증자란 기업재무구조 개선 등의 목적으로 회사가 신주를 발행하여 자본금을 증가시키는 것을 말한다. 유상증자시 신주인수권의 배정 방법에는 주주배정증자, 주주우선공모증자, 제3자배정증자, 일반공모증자 등이 있다. 주주배정증자는 주주와 우리사주조합에 신주를 배정하고 실권주가 발생하면 이사회의 결의에 따라 그 처리방법을 결정하는 것이다. 주주우선공모증자는 주주배정증자와 거의 동일하나 실권주 발생시 불특정다수인을 대상으로 청약을 받은 다음 청약이 미달되면 이사회의 결의에 따라 그 처리방침을 정한다는 점에서 차이가 있다. 제3자배정증자는 주주 대신 관계회사나 채권은행 등 제3자가 신주를 인수하도록 하는 방식이며, 일반공모증자는 주주에게 신주인수 권리를 주지 않고 불특정다수인을 대상으로 청약을 받는 방식이다. 유상증자의 절차를 보면 주주배정증자방식의 경우 이사회의 신주발행 결의, 금융위원회에 증권신고서 제출, 신주발행 및 배정기준일 공고, 신주인수권자에 신주배정 통지, 신주청약 접수, 실권주 처리, 주금납입 및 신주발행등기, 신주 상장신청 순으로 이루어진다. 유상증자시 신주발행가액은 기준주가[23]에 기업이 정하는 할인율[24]을 적용하여 산정한다.

(3) 무상증자

무상증자란 주금납입 없이 이사회의 결의로 준비금 또는 자산재평가적립금을 자본에 전입하고 전입액만큼 발행한 신주를 기존 주주에게 소유주식 수에 비례하여 무상으로 교부하는 것이다.

(4) 주식배당

주식배당이란 현금 대신 주식으로 배당함으로써 이익을 자본으로 전입하는 것을 의미한다. 상법에서는 주식배당을 배당가능이익의 50% 이내로 제한하고 있다. 배당가능이익은 대차대조표상의 순자산액에서 자본금, 자본준비금 및 이익준비금을 차감하여 구한다.

3. 발행방식

주식의 발행방식은 주식의 수요자를 선정하는 방법에 따라 공모발행과 사모발행으로, 발

---

23) 제3자배정증자방식 및 일반공모증자의 경우 청약일 전 과거 제3거래일부터 제5거래일까지의 가중산술평균주가(그 기간 동안 증권시장에서 거래된 해당 종목의 총거래금액을 총거래량으로 나눈 가격)이다.
24) 제3자배정증자방식은 10% 이내, 일반공모증자방식의 경우에는 30% 이내로 제한된다.

행에 따르는 위험부담과 사무절차를 담당하는 방법에 따라 직접발행과 간접발행으로 구분된다.[25]

(1) 공모발행과 사모발행

공모발행이란 발행회사가 투자자에 제한을 두지 않고 동일한 가격과 조건으로 주식을 다수의 투자자(50인 이상)에게 발행하는 방식으로 자본시장법상 모집과 매출이 이에 해당한다. 모집이란 50인 이상의 투자자에게 새로 발행되는 증권의 취득 청약을 권유하는 것이며(자본시장법9⑦), 매출은 50인 이상의 투자자에게 이미 발행된 증권의 매도 또는 매수 청약을 권유하는 것(자본시장법9⑨)을 말한다. 사모발행은 발행회사가 특정한 개인 및 법인을 대상으로 주식을 발행하는 방법이다(자본시장법9⑧).

(2) 직접발행과 간접발행

직접발행은 발행회사가 자기명의로 인수위험 등을 부담하고 발행사무도 직접 담당하는 방식으로 직접모집 또는 자기모집이라고도 한다. 이 방식은 미청약분이 발생하면 발행규모를 축소하거나 재모집해야 하므로 발행규모가 작고 소화에 무리가 없는 경우에 주로 이용된다. 간접발행은 발행회사가 전문적인 지식, 조직 및 경험을 축적하고 있는 금융투자회사를 통해 주식을 발행하는 방식이다. 이 경우 발행회사는 주식발행과 관련한 위험을 금융투자회사에 부담시키고 그 대가로 수수료를 지급하게 된다. 기업공개 및 유상증자는 간접발행을 통해 이루어진다.

한편 간접발행은 금융투자회사의 발행위험 부담 정도에 따라 다시 모집주선, 잔액인수 및 총액인수로 구분한다. 모집주선이란 발행회사가 발행위험을 부담하고 발행사무만 금융투자회사에 위탁하는 방법이다. 잔액인수란 응모총액이 모집총액에 미달할 경우 금융투자회사가 미소화분의 인수 의무를 부담하는 방법이다. 총액인수는 발행금액 전액을 금융투자회사가 인수하는 방식이다. 총액인수의 경우 인수에 따른 자금소요 및 위험부담이 큰 만큼 이를 분산시키고 발행주식의 매출을 원활히 하기 위해 통상 여러 금융투자회사가 공동으로 참가한다.

Ⅲ. 유통시장

유통시장은 이미 발행된 주식이 매매되는 시장으로 제2차 시장이라고도 한다. 유통시장은 발행된 주식의 시장성과 환금성을 높여 주고 자유경쟁을 통해 공정한 가격을 형성하는 기능을 한다.

---

25) 일반적으로 공모발행은 간접발행방식을 취하며, 사모발행은 직접발행방식을 취한다.

1. 장내시장(거래소시장)

(1) 의의

자본시장법상 "거래소"란 증권 및 장내파생상품의 공정한 가격 형성과 그 매매, 그 밖의 거래의 안정성 및 효율성을 도모하기 위하여 금융위원회의 허가를 받아 금융투자상품시장을 개설하는 자를 말한다(법8의2②). "거래소시장"이란 거래소가 개설하는 금융투자상품시장을 말한다(법8의2③). 거래소시장을 장내시장이라고도 한다.

거래소시장은 거래대상 상품에 따라 증권의 매매를 위한 증권시장과 장내파생상품의 매매를 위한 파생상품시장으로 구분한다(법8의2④). 증권시장이란 증권의 매매를 위하여 거래소가 개설하는 시장(법8의2④(1))으로서, 한국거래소가 운영하는 증권시장은 상장증권[26]을 거래하는 조직적이고 구체적인 유통시장을 의미한다. 한국거래소의 증권시장에는 유가증권시장, 코스닥시장, 코넥스시장 등이 있다.

유가증권시장이란 자본시장법 제4조 제2항 각 호의 증권(채무증권·지분증권·수익증권·투자계약증권·파생결합증권·증권예탁증권)의 매매거래를 위하여 개설하는 시장을 말한다. 코스닥시장은 유가증권시장에 상장되지 아니한 증권의 매매를 위하여 개설하는 시장을 말한다. 코넥스시장은 코스닥시장의 상장요건보다 완화된 요건이 적용되는 시장으로 코스닥시장과 별도로 개설·운영되는 시장을 말한다.

여기서는 거래소의 「유가증권시장 상장규정」("상장규정"), 「유가증권시장 공시규정」("공시규정"), 「유가증권시장 업무규정」("업무규정")의 주요 내용을 살펴본다.

(2) 주식시장 매매제도
(가) 시장운영
1) 매매거래의 일반절차

투자자가 증권시장에서 매매거래를 하기 위해서는 먼저 회원에 매매거래계좌를 개설해야 한다. 이후 투자자는 매매거래계좌를 개설한 회원에게 주문을 제출하고 회원은 해당 주문을 접수순서에 따라 거래소로 제출(호가)한다. 회원으로부터 매매거래의 호가를 접수한 거래소는 업무규정에서 정하는 매매체결원칙에 따라 매매거래를 체결하고, 그 결과를 즉시 해당 회원에게 통보한다. 회원은 거래소가 통보한 체결결과를 다시 투자자에게 통보하게 된다. 결제는 매매거

---

[26] 한국거래소의 상장증권의 종류에는 주식(지분증권), 외국주식예탁증권(DR), 채무증권, 상장지수집합투자기구 집합투자증권(ETF), 상장지수증권(ETN), 주식워런트증권(ELW), 신주인수권증권, 신주인수권증서, 수익증권 등이 있다.

래일(T)로부터 2거래일(T+2)에 이루어진다(업무규정7①(3)).[27] 투자자는 체결결과에 따라 결제일에 매수대금 또는 매도증권을 회원에게 납부하고, 반대로 회원은 투자자에게 매도대금을 지급하고 매수증권을 계좌에 입고한다.

2) 매매거래일 및 매매거래시간

매매거래일은 월요일부터 금요일까지이며, 휴장일은 ⅰ) 관공서의 공휴일에 관한 규정에 의한 공휴일, ⅱ) 근로자의 날, ⅲ) 토요일, ⅳ) 12월 31일(공휴일 또는 토요일인 경우에는 직전의 매매거래일), ⅴ) 그 밖에 경제사정의 급변 또는 급변이 예상되거나 거래소가 시장관리상 필요하다고 인정하는 날이다(업무규정5). 휴장일에는 매매거래뿐 아니라 청산결제도 이루어지지 않는다.

매매거래시간은 ⅰ) 정규시장은 9시부터 15시 30분까지, ⅱ) 시간외시장의 경우, 장개시 전 시간외시장은 8시부터 9시까지, 장종료 후 시간외시장은 15시 40분부터 18시까지이다(업무규정4③).

3) 가격제한폭

유가증권시장, 코스닥시장 및 코넥스시장에서는 주권, DR, ETF, ETN, 수익증권의 공정한 가격형성을 도모하고 급격한 시세변동에 따른 투자자의 피해방지 등 공정한 거래질서 확립을 위해 하루 동안 가격이 변동할 수 있는 폭을 기준가격 대비 상하 30%로 제한(코넥스시장 15%: 시간외대량매매의 경우에는 30%)하고 있다. 가격제한폭 제도에 따라 당일에 변동 가능한 가격범위인 상한가와 하한가의 가격은 기준가격에 상하 30% 범위 이내에서 가장 가까운 호가가격단위에 해당하는 가격으로 정한다. 다만 가격변동의 폭이 큰 정리매매종목, ELW, 신주인수권증서, 신주인수권증권의 경우에는 균형가격의 신속한 발견을 위하여 가격제한폭 제도를 적용하지 않는다. 또한 기초자산 가격변화의 일정배율(음의 배율도 포함)로 연동하는 레버리지 ETF 및 ETN은 그 배율만큼 가격제한폭을 확대하여 적용한다(유가증권시장 업무규정20, 코스닥시장 업무규정14, 코넥스시장 업무규정19).

(나) 호가

1) 호가(주문)의 종류

투자자가 회원에게 주문을 제출하고 회원은 해당 주문을 거래소에 호가로 제출하는 구조이므로, 호가 및 주문은 의사표시 주체에 따라 구분될 뿐 유형은 동일하다(업무규정2④⑤). 주문이란 위탁자가 매매거래를 하기 위한 매도 또는 매수의 의사표시를 말하며, 다음과 같이 구분한다(업무규정2⑤(1)~(7)).

---

27) 예외적으로 국채거래는 익일(T+1)결제이고, 일반채권 및 환매조건부채권 거래는 당일(T)결제이다(시행세칙9②(1)(2)).

가) 지정가주문

지정가주문은 시장에서 가장 일반적으로 이용되는 주문형태로서 투자자가 지정한 가격 또는 그 가격보다 유리한 가격으로 매매거래를 하고자 하는 주문이다.

나) 시장가주문

시장가주문은 수량을 지정하되 가격은 지정하지 않는 주문유형으로, 현재시점에서 시장에서 형성되는 가격으로 즉시 매매거래를 하고자 하는 주문을 말한다.

다) 조건부지정가주문

조건부지정가주문은 종가단일매매 개시 전까지는 지정가주문으로 매매거래에 참여하지만 매매체결이 이루어지지 않은 잔여수량은 종가단일가매매(장종료전 10분간)시 자동으로 시장가주문으로 전환하는 주문이다.

라) 최유리지정가주문

최유리지정가주문은 상대방 최우선호가의 가격으로 즉시 체결이 가능하도록 하기 위해 주문 접수시점의 상대방 최우선호가의 가격으로 지정되는 주문형태이다.

마) 최우선지정가주문

최우선지정가주문은 해당 주문의 접수시점에 자기 주문방향의 최우선호가 가격으로 지정되어 주문이 제출된다.

바) 목표가주문

목표가주문은 투자자가 특정 지정가격이 아닌 당일의 거래량 가중평균가격(VWAP: Volume Weighted Average Price) 등 향후에 결정될 가격 또는 그와 근접한 가격으로 매매체결을 원하는 경우, 회원이 재량으로 투자자가 목표로 하는 가격에 최대한 근접하여 체결될 수 있도록 하는 주문유형이다.

사) 경쟁대량매매주문

경쟁대량매매주문은 투자자가 수량은 지정하되 당일의 거래량가중평균가격(VWAP)으로 매매거래를 하고자 하는 주문유형이다. 이는 시장충격을 최소화하는 대량매매제도의 한 유형으로서 최소수량 요건 등이 적용되며 정규시장과는 별도의 시장에서 비공개로 매매체결이 이루어진다.

2) 호가의 효력

호가는 호가접수 당일의 호가접수시간 내에서 호가를 접수한 때부터 매매거래가 성립될 때까지 효력이 있다(업무규정12①). 호가의 접수시기는 호가의 효력발생 시점이며 동시에 동일한 가격의 호가간의 매매체결 순위를 결정하는 시점으로 의미를 갖는다.

3) 호가의 취소 및 정정

호가의 취소 및 정정은 매매거래가 성립되지 아니한 수량에 한한다(업무규정13①). 회원은 이미 제출한 호가 중 매매거래가 성립되지 아니한 수량(잔량)의 전부 또는 일부를 취소할 수 있다(시행세칙17①). 수량의 일부를 취소하는 경우 시간상의 우선순위는 변화가 없으나, 동시호가 수량 배분 시 수량상의 우선순위는 다음 배분 차수에서 후순위로 밀리게 된다. 다만 수량을 증가하는 방식으로 호가를 정정할 수는 없고, 이를 위해서는 원하는 수량만큼 신규의 호가를 제출하여야 한다. 회원은 이미 제출한 호가의 가격 또는 호가의 종류를 정정할 수 있다. 호가를 정정하는 경우 시간상 우선순위는 정정호가 접수시점으로 변경된다(시행세칙17③).

(다) 매매체결

증권시장에서 다수의 호가간에 보다 빨리, 보다 유리한 가격으로 매매거래를 성립시키기 위한 경쟁이 불가피하다. 따라서 거래소는 매매체결 우선순위와 관련하여 일정한 원칙을 정하고 있다. 매매거래는 개별경쟁매매의 방법에 의하며, 개별경쟁매매는 단일가격에 의한 개별경쟁매매(단일가매매)와 복수가격에 의한 개별경쟁매매(접속매매)로 구분한다(업무규정22①).

1) 매매체결원칙
가) 가격우선의 원칙

낮은 가격의 매도호가는 높은 가격의 매도호가에 우선하고, 높은 가격의 매수호가는 낮은 가격의 매수호가에 우선한다(업무규정22②(1) 본문). 다만, 시장가호가는 지정가호가에 가격적으로 우선하되, 매도시장가호가와 하한가의 매도지정가호가, 매수시장가호가와 상한가의 매수지정가호가는 각각 동일한 가격의 호가로 본다(업무규정22②(1) 단서).

나) 시간우선의 원칙

동일한 가격호가간의 우선순위와 시장가호가간의 우선순위는 호가가 행하여진 시간의 선후에 따라 먼저 접수된 호가가 뒤에 접수된 호가에 우선한다(업무규정22②(2)).

다) 시간우선의 원칙의 예외(동시호가)
a) 예외적용의 경우

거래소시장에서는 단일가매매 방식으로 시가 등을 결정한다. 이 경우에도 일반적으로는 가격우선의 원칙과 시간우선의 원칙이 적용되지만, 예외적으로 시가 등이 상·하한가로 결정되는 경우에는 단일가매매에 참여한 상한가매수호가 또는 하한가매도호가(시장가호가 포함) 간에는 동시에 접수된 호가로 간주하여 시간상 우선순위를 배제한다. 동시호가란 호가시간의 선후를 구분하지 아니하는 호가를 말한다(업무규정2⑥). 이를 동시호가제도라 하고 시가결정뿐만 아니라 서킷브레이커스(Circuit Breakers) 발동, 전산장애 또는 풍문 등에 의한 거래중단 후 재개 시의 최초가격이 상·하한가로 결정되는 경우에도 적용된다. 그러나 종가결정 또는 시간외단일가매매 시에는 동시호가제도를 적용하지 않는다.

b) 예외시의 체결원칙

동시호가의 우선순위는 위탁매매호가가 자기매매호가에 우선하는 것으로 한다(시행세칙34①). 이를 위탁자우선의 원칙이라 한다. 위탁자주문을 회원의 자기매매 주문보다 우선하고 체결하게 하는 것은, 회원이 투자매매업(자기매매[28])과 투자중개업(위탁매매[29])을 겸업함에 따라 발생할 수 있는 이해상충을 방지하기 위함이다.

위탁매매 호가 간, 자기매매 호가 간에는 주문수량이 많은 호가부터 우선적으로 수량을 배분하여 매매거래를 체결한다(수량우선의 원칙). 수량이 동일한 때에는 거래소시스템상의 기록순위로 배분한다(시행세칙34②). 이는 시장의 불안정한 상황에서 투자자의 주문수량에 비례하여 공평하게 분배하기 위한 것이다.

2) 매매체결방법

가) 개요

일반적으로 증권시장의 매매체결방법은 매도자와 매수자 간의 경쟁관계에 따라 다음과 같이 구분된다. ⅰ) 경쟁매매: 복수의 매도자와 매수자 간의 가격경쟁에 의한 매매거래, ⅱ) 상대매매: 매도자와 매수자 간의 가격협상에 의한 매매거래, ⅲ) 경매(입찰매매): 단일의 매도자와 복수의 매수자 또는 복수의 매도자와 단일의 매수자 간의 경쟁입찰에 의한 매매거래이다.

국내 증권시장의 일반적인 매매체결은 매도·매수 수급에 의한 균형가격을 가장 효율적으로 반영하는 경쟁매매 방법을 채용하고 있고, 세부적으로는 "단일가격에 의한 개별경쟁매매"와 "복수가격에 의한 개별경쟁매매"로 구분하고 있다. 이와 함께 일정 수량 이상의 대량주문 또는 비공개거래를 원하는 주문 등은 별도의 방식으로 체결될 수 있도록 특례제도를 운영하고 있다.

나) 단일가격에 의한 개별경쟁매매(단일가매매)

단일가매매는 일정 시간 동안 접수한 호가를 하나의 가격으로 집중 체결하는 방식이다. 이 방식은 매매거래의 연속성이 단절된 경우(시가) 또는 주가급변 가능성이 높은 경우(종가) 등(업무규정23①)에 다수의 시장참가자 주문을 통해 새로운 균형가격을 신속히 발견하는 데 효율적인 제도이다.

단일가매매는 매도호가의 합계수량과 매수호가의 합계수량이 일정한 가격에서 합치한 가

---

28) "자기매매"라 함은 회원이 자기의 명의와 계산으로 행하는 매매거래나 회원이 비회원인 투자매매업자로부터 매매거래의 위탁을 받아 자기의 명의와 그 비회원인 투자매매업자의 계산으로 행하는 매매거래를 말한다(업무규정2⑪).

29) "위탁매매"라 함은 회원이 해당 회원 외의 자로부터 위탁을 받아 행하는 매매거래로서 자기매매가 아닌 것을 말한다(업무규정2⑩).

격("합치가격")으로 하며, 호가의 우선순위에 따라 다음에 해당하는 호가 간에 매매거래를 성립시킨다(업무규정23④). 즉 ⅰ) 합치가격에 미달하는 매도호가와 합치가격을 초과하는 매수호가의 전수량, ⅱ) 합치가격의 호가 간에는 매도호가 또는 매수호가의 어느 일방의 전수량을 체결하고, 타방의 호가수량 중 당해 종목의 매매수량단위 이상의 수량으로 매매거래를 체결한다.

합치가격이 2개 이상일 경우에는 ⅰ) 직전의 가격(기세 포함)과 동일한 가격이 있을 때에는 그 가격, ⅱ) 직전의 가격과 동일한 가격이 없을 경우에는 직전의 가격에 가장 가까운 가격으로 한다(업무규정23⑤).

다) 복수가격에 의한 개별경쟁매매(접속매매)

단일가매매가 적용되지 아니하는 매매거래시간에는 "복수가격에 의한 개별경쟁매매(접속매매, Continuouw Auction)" 방식으로 매매체결이 이루어진다. 이 방식은 매매체결이 가능한 주문이 유입되면 즉시 매매거래를 체결하기 때문에 매매거래시간 중에는 복수의 가격이 계속적으로 형성된다. 이러한 매매방식은 시장상황에 대한 정보가 주가에 신속히 반영되고 투자자가 시황변화에 능동적으로 대처할 수 있다는 장점이 있다. 다만 유동성 수준이 낮은 종목 등에도 동일하게 접속매매를 적용하는 경우 균형가격을 벗어난 일부 주문에 의해 가격변동성이 증가하는 등 부작용이 발생할 우려가 있다. 따라서 이런 종목에 대해서는 호가를 집적시켜 안정적인 가격형성을 도모하기 위해 접속매매가 아닌 단일가매매 방식으로 매매거래를 체결한다.

정규시장의 매매거래시간 중 가격의 결정은 접속매매에 의한다(업무규정24①). 접속매매는 단일가매매에 의해 체결가능한 모든 매수·매수호가 간 거래가 이루어진 상황에서 시작된다. 이후 가격조건이 일치하는 주문이 신규(또는 정정)로 유입되면 가격우선의 원칙과 시간우선의 원칙에 따라 매매거래를 체결시킨다(업무규정24③ 후단). 한편 매매체결 조건이 성립되는 매도호가와 매수호가 간의 가격괴리(예: 매도호가 가격이 매수호가 가격보다 낮은 경우)가 있으면 먼저 접수된 호가(선행호가)의 가격으로 매매거래를 성립시킨다(업무규정24③ 전단).

(라) 가격안정화장치

1) 의의

증권시장은 자율경쟁에 의한 가격형성이라는 기본원리를 가지고 있기 때문에 가격형성에 인위적인 제한을 하는 것은 바람직하지 않은 면이 있다. 그러나 일시적인 수급의 편중이나 심리적인 요인 등에 의해 주가가 불안정해지고 단기간에 급등락을 하게 되면 선의의 투자자가 불측의 손실을 입을 우려가 있는 것이 현실이다. 따라서 증권시장은 가격의 급등락을 완화하고 투자자에게 주의를 환기시키기 위한 다양한 가격안정화 장치를 마련하고 있다.

2) 주식시장의 매매거래중단(CB)

서킷브레이커스(CB: Circuit Breakers) 제도는 증시의 내·외적 요인에 의해 주가지수가 일정수준 이상 급락하는 경우 시장참여자들에게 냉정한 투자판단의 시간(Cooling-off Period)을 제공하기 위해 증권시장 전체의 매매거래를 일시적으로 중단하는 제도이다. 주가 급락시에는 기업가치의 적정성에 대한 판단보다는 시장분위기에 편승한 매매주문의 쏠림현상이 심화되고, 이로 인한 시장실패 가능성이 높아지게 되므로 투자자보호 및 증권시장의 안정화를 위한 장치가 필요하다.

3) 변동성완화장치(VI)

기존의 가격제한폭만 운영하는 상황에서는 장중에 상·하한가 이내에서의 순간적인 가격급변을 완화할 수 있는 장치가 미흡해 선의의 투자자 피해에 대한 우려가 있다. 이에 변동성완화장치(VI: Volatility Interruption)가 도입되었다. 종목별 변동성완화장치(VI)는 개별종목에 대한 가격안정화장치이다. 주문실수, 수급 불균형 등에 의한 일시적 주가급변 시 단일가매매로 단기간의 냉각기간(Cooling-off Period)을 부여하여 시장참가자로 하여금 주가급변 상황에 대해 주의를 환기시킴으로써 가격급변을 완화하는 제도이다.

변동성완화장치(VI)는 동적 변동성완화장치(Volatility Interruption with Dynamic Price Range)와 정적 변동성완화장치(Volatility Interruption with Static Price Range)로 구분된다. 주식시장은 우선적으로 동적 변동성완화장치를 도입(2014. 9. 1)하였고, 그 후 가격제한폭 확대(15%→30%)와 함께 정적 변동성완화장치를 도입(2015. 6. 15)하였다. 다만 코넥스시장은 가격제한폭을 종전과 같이 15%(업무규정19②)[30]로 유지하면서 동적·정적 변동성완화 장치를 모두 도입하지 않았다.

(3) 주권상장

여기서는 유가증권시장 상장규정("상장규정")을 중심으로 주요 내용을 살펴본다.

(가) 상장의 의의

상장(Listing)이란 주식회사가 발행한 증권이 거래소가 정하는 일정한 요건을 충족하여 유가증권시장, 코스닥시장, 코넥스시장에서 거래될 수 있는 자격을 부여하는 것을 말한다. 상장과 혼용되어 사용되고 있는 용어로 기업공개(IPO: Initial Public Offering)가 있는데, 이는 기업이 공모(모집 또는 매출)를 통하여 일반대중에게 발행주식을 분산시키고 기업의 재무내용 등 기업의 실체를 알리는 것으로서 상장 이전의 단계를 말한다.

---

30) 시간외대량매매의 경우에는 30%이다.

(나) 상장절차

1) 개요

상장을 준비하는 기업은 대표주관계약을 체결하고 금융감독원에 회계감사인 지정을 신청
(상장 희망 사업연도의 직전사업연도 또는 당해사업연도)을 하여야 한다. 상장예비심사 신청시 지정
된 회계감사인의 감사보고서를 제출하여야 한다.

상장을 희망하는 기업은 유가증권시장 상장규정에 명시된 첨부서류를 대표주관회사 명의
의 상장예비심사신청 공문과 함께 제출하여야 한다. 상장예비심사신청서가 접수되면 거래소는
해당 사실을 보도자료와 홈페이지를 통하여 공개하므로 상장신청인은 사전에 거래소와 협의해
야 한다. 유가증권시장에서는 상장예비심사신청서 접수 후 3일 이내에 심사결과 통보기한을
안내하고 있다.

상장을 준비하는 기업은 상장예비심사신청서 제출전 한국거래소에 표준코드를 신청하여
부여받아야 한다. 표준코드 신청 및 부여는 거래소 채권시장부에서 담당한다.

2) 상장예비심사의 절차

상장심사는 상장예비심사를 신청한 기업이 상장규정에 명시되어 있는 상장요건(형식적 및
질적 심사요건)을 충족하는지 검토하는 과정이며, 거래소는 질적 심사요건에 대하여 질적심사기
준에 따라 상장심사를 진행한다.

상장신청인은 상장예비심사 신청시점에 형식적 및 질적 심사요건을 모두 충족하여야 한
다. 다만, 심사과정에서 경미한 미비사항에 한해서 개선 또는 보완할 수도 있다. 심사과정에서
개선 또는 보완된 사항은 경우에 따라 증권신고서에 그 내용을 명시하여야 하고 필요한 경우
상장 후 최장 1년간 사후관리 대상이 될 수도 있다.

가) 서류검토

상장심사는 상장신청인 및 대표주관회사가 제출한 상장예비심사신청서와 첨부서류의 검
토로 시작된다. 거래소는 상장예비심사신청시 제출한 서류의 검토과정에서 의문점이 발견되면
심사자료를 추가로 요청할 수 있다.

나) 인터뷰 및 현지방문

심사기간 중 거래소는 상장신청인 및 대표주관회사와 수차례 인터뷰를 실시한다. 인터뷰
과정에서는 서류검토만으로 부족한 점을 보완하고 추가적인 설명을 듣기도 한다. 상장신청인
의 부담을 최소화하기 위하여 전화인터뷰로 대체하고 있으나, 필요한 경우 상장신청인이 거래
소를 방문하여 회의를 진행하기도 한다.

심사를 진행하면서 주요 심사 포인트가 결정되면 거래소는 해당 이슈에 대하여 대표주
관회사와 상장신청인에게 상장적격성 확인서한(Comment Letter)을 발송하여 상장신청인의 구

체적인 의견을 요청한다. 이때 상장신청인과 대표주관회사는 주요 심사포인트에 대한 입장을 서면 또는 전자우편으로 제출할 수 있으며, 이는 상장신청인의 공식적인 의견으로 간주되므로 신중하게 작성하여야 한다. 확인서한(Comment Letter)은 필요한 경우 여러 번에 걸쳐 발송되기도 한다.

거래소는 상장신청인의 생산시설 등을 확인하고, 검토가 필요한 서류 등을 상장신청인의 본사와 공장에서 직접 확인하기 위하여 현지방문을 실시한다. 그러나 상장신청인의 생산시설이 단순하고 사업내용이 일반적으로 많이 알려져 있어 확인이 필요 없거나, 심사서류 검토와 면담과정을 통하여 충분히 심사가 진행된 경우에는 현지방문이 생략되기도 한다.

다) 상장공시위원회 심의

거래소는 상장공시위원회의 심의를 거쳐 상장예비심사 결과를 확정한다(상장규정22④). 주권상장법인을 자회사로 하는 지주회사 중 일정요건을 충족하는 지주회사(상장규정31②)와 공공적 법인(상장규정18(9)), 우량 외국기업의 2차 상장(적격 해외증권시장 상장 5년 경과)(상장규정53②) 등은 공익과 투자자 보호를 위하여 상장이 필요하다고 인정되는 경우 상장공시위원회 심의를 거치지 않을 수 있다.

라) 상장예비심사 결과의 통지와 효력 상실

거래소는 상장예비심사신청서를 접수한 날부터 45일(영업일 기준) 이내에 상장예비심사 결과를 해당 상장예비심사신청인과 금융위원회에 서면으로 알린다(상장규정22①). 그러나 상장예비심사신청서 또는 첨부서류의 정정·보완이 필요하거나 그 밖에 추가적인 심사가 필요한 경우에는 통지기한을 연장할 수 있다. 이 경우 거래소는 그 사유와 예상처리기한을 명시하여 상장예비심사신청인에게 서면으로 알린다(상장규정22②).

마) 최근 사업연도 변경에 따른 상장심사

상장예비심사신청 후 주권 상장일 전까지 사업연도가 바뀌어 해를 넘기게 되면 거래소는 상장심사의 연장선상에서 상장신청인의 상장적격성을 훼손하는 사유가 발생하였는지를 확인한다. 최근 사업연도가 변경되었으므로 상장신청인은 주주총회 등을 통해 재무제표가 확정된 경우 재무제표 및 감사보고서를 거래소에 제출하여야 하며, 거래소는 상장예비심사신청 시점에 검토하였던 형식적 심사요건 충족 여부를 변경된 최근 사업연도 기준으로 재확인한다. 이는 신규상장 및 재상장 등 예비심사제도가 있는 모든 상장심사의 대전제로써 예비심사 시점부터 본신청까지 기업의 기본적인 상장요건이 유지되어야 함을 의미한다.

3) 증권의 공모

상장예비심사가 승인되면 공모를 거쳐 주권이 거래소에 상장된다. 공모 과정은 대표주관회사의 주도하에 진행되며, 거래소에 공모 일정 등 진행상황을 통지한다. 거래소는 공모 후 분산요건 등을 충족하였는지, 상장예비심사결과 통지 후 경영상의 중대한 사실이 발생하였는지를 검토하고 최종적으로 신규상장을 승인한다. 유가증권시장 상장시 분산요건을 이미 충족하여 공모절차 없이 상장을 진행하는 경우에는 거래소 상장규정에 따른 상장명세서를 제출하여야 한다.

가) 증권신고서 등의 제출

a) 개요

상장예비심사 승인을 받은 상장신청인은 증권신고서를 금융위원회에 제출하여야 한다. 증권신고서는 모집 또는 매출하는 증권의 내용과 증권의 발행인에 관한 사항을 일정한 형식에 따라 작성한 서류로, 청약권유의 기초가 되는 공시서류이다.

금융위원회는 증권시장에 처음으로 진입하는 기업에게 공모하는 증권에 대한 일정한 공시의무를 부과하고 있다. 이는 투자자에게 증권발행기업에 관한 정보를 공시하고, 투자판단에 필요한 기초정보를 제공하기 위해서이다.

기재사항에 허위의 내용이 있거나 중요한 사항이 누락된 경우 발행인, 대표주관회사, 회계법인 등은 소송의 대상이 되어 손해배상책임을 부담할 수 있다(법125①). 대표주관회사 등은 Due-Diligence의 내용과 외부감사인의 의견, 변호사의 법률 검토의견 등을 기초로 상장신청인이 작성한 증권신고서의 기재내용을 검토한다. 외국주권 상장신청인이 국내에서 증권을 발행하고자 하는 경우 외국환거래규정에 따라 기획재정부에 증권발행 신고를 하여야 하며, 일반적으로 증권신고서 제출 이전에 신고절차를 완료하고 있다.

b) 증권신고서 기재사항

증권신고서에는 모집 또는 매출에 관한 사항과 발행인에 관한 사항을 기재한다(영125①). 모집 또는 매출에 관한 사항은 ⅰ) 모집 또는 매출에 관한 일반사항, ⅱ) 모집 또는 매출되는 증권의 권리내용, ⅲ) 모집 또는 매출되는 증권의 취득에 따른 투자위험요소, ⅳ) 모집 또는 매출되는 증권에 대한 인수인의 의견(인수인이 있는 경우만 해당), ⅴ) 자금의 사용목적, ⅵ) 그 밖에 투자자를 보호하기 위하여 필요한 사항 등이다(영125①(2)).

c) 정정신고서

금융위원회는 증권신고서에 형식상 불비가 있거나 중요한 사항의 기재가 불충분하다고 인정한 때에는 그 이유를 제시하고 정정신고서의 제출을 명할 수 있다(법122①). 또한 증권신고서 제출인도 청약일 개시 전에 신고서의 기재사항에 변경이 있는 때에는 정정신고서를 제출할 수 있다(법122③).

정정신고서가 제출된 때에는 그 정정신고서가 수리된 날에 당해 증권신고서가 수리된 것으로 본다. 정정신고서를 제출하는 경우 예비투자설명서와 투자설명서도 동일하게 정정되어야 하며, 이 경우 거래소에 그 정정내용을 통보하여야 한다.

공모가액이 확정되는 경우에도 확정된 공모가액과 수요예측 결과 등을 추가로 기재한 정정신고서를 제출하여야 하며, 정정신고서는 처음 제출한 증권신고서의 효력발생에 영향을 미치지 않는다.

d) 예비투자설명서 제출

증권을 모집 또는 매출하고자 하는 기업은 증권신고서가 수리된 후 그 효력이 발생되기 전에 예비투자설명서를 작성하여 당해 증권의 청약을 권유하는데 사용할 수 있다. 예비투자설명서를 사용하기 위해서는 예비투자설명서를 증권신고서와 함께 제출하여야 한다. 증권신고서의 효력이 발생될 때까지 증권신고서의 기재사항에 변경이 없는 경우에는 예비투자설명서를 투자설명서로 사용할 수 있다.

e) 효력발생

증권신고서는 금융위원회가 이를 수리한 날로부터 15일이 경과하면 그 효력이 발생한다(시행규칙12①). 증권신고서의 효력이 발생하면 발행회사는 투자설명서를 발행회사의 본점과 지점, 금융위원회, 거래소, 청약사무를 취급하는 장소에 비치하여 일반인에게 열람하게 하고(법129) 청약자의 요구가 있는 경우 투자설명서를 교부하여야 한다(법124①).

증권신고서의 효력이 발생하고 투자설명서의 비치와 교부가 완료되면 증권의 발행인, 매도인과 그 대리인은 청약절차에 들어가게 된다.

f) 투자설명서 제출

투자설명서는 증권의 청약을 권유할 때 일반투자자에게 제공하는 투자권유문서이며, 증권신고서 효력 발생 후 모집 및 매출의 조건이 확정된 경우 일반투자자에게 청약의 권유 및 승낙을 위하여 이용하는 청약권유문서이다.

예비투자설명서는 증권신고서 수리 후 효력발생 전에 청약권유를 위하여 사용하는 것인데 비해, 투자설명서는 증권신고서가 수리되어 효력이 발생한 후 사용하는 투자권유문서이다.

투자설명서에는 증권신고서에 기재된 내용과 다른 내용을 표시하거나 그 기재사항을 누락하여서는 아니 된다(법123②). 발행인은 투자설명서를 작성하여 발행회사의 본·지점뿐만 아니라 금융위원회, 거래소 및 청약사무를 취급하는 장소에 비치하고 일반인들이 열람할 수 있도록 하여야 한다(법129).

g) 공모희망가격 산정

상장에 있어서 공모가격의 결정은 매우 중요한 사항 중의 하나로, 먼저 대표주관회사가 회사의 가치를 가장 적절하게 평가할 수 있는 분석방법을 사용하여 공모희망가격을 밴드로 제시한다. 과거에는 금융투자협회의 「증권 인수업무 등에 관한 규정」에서 공모가 산정방법을 정의하고 있어 비교적 정형화된 방법으로 산정하였으나, 현재는 대표주관회사가 회사의 가치를 적절히 평가할 수 있도록 공모가 산정방법이 자율화되었다.

h) 주요 Valuation 방법 및 할인율

대표주관회사는 Due-Diligence 실시 후 다양한 방법으로 회사의 가치를 평가하여 적정가격을 산정하고, 상장신청인과 협의된 적절한 할인율을 반영하여 공모희망가격(밴드)을 결정한다.

나) IR과 수요예측

a) IR(Investor Relations)

기업설명회(IR)는 주주, 투자자, 애널리스트 등에게 회사의 사업내용, 경영전략, 장래비전 등에 관한 정보를 제공함으로써 기업의 이미지를 향상시키고 시장으로부터 적절한 평가를 받기 위하여 실시한다. 궁극적으로는 주식시장과 회사와의 신뢰관계를 구축하기 위한 것으로 상장 이후에도 정기적으로 IR을 개최하기도 한다.

일반적으로 기업공개 및 신규상장과 관련하여 실시하는 IR은 증권신고서 효력발생 이후 수요예측 실시 전까지 약 1주일간 집중적으로 실시한다. 기업은 독자적으로 IR을 실시할 수 있으며, 대표주관회사 또는 IR을 전문적으로 지원하는 회사(IR 대행업체) 등과 협의하여 실시할 수도 있다. 이때 대표주관회사 또는 IR 대행업체의 역할은 기관투자자, 애널리스트 등 핵심투자자를 선정하여 초청하고, IR과 관련한 전문적인 도움을 주게 된다. 거래소 역시 상장예정기업이 요청하는 경우에 IR 개최장소와 설비 등을 지원한다.

b) 수요예측(Book Building)과 공모가격 결정

수요예측이란 주식을 공모함에 있어 인수가격을 결정하기 위하여 대표주관회사가 발행주식의 공모희망가격(밴드)을 제시하고, 그에 대한 수요상황(가격 및 수량)을 파악하는 것을 말한다(증권 인수업무 등에 관한 규정2(7)).

수요예측은 공모주식 중 우리사주조합 배정분과 일반청약자 배정분을 제외한 기관투자자 배정분을 대상으로 실시하며, 「증권 인수업무 등에 관한 규정」에서 정하는 기관투자자가 수요예측에 참여할 수 있다.

기관투자자는 일반투자자에 비해 정보 수집력과 분석능력이 우수하므로 대표주관회사가 제시한 공모희망가격의 적정성을 일반투자자를 대신하여 검증할 수 있다. 따라서 대표주관회사와 발행회사는 이러한 수요예측 결과를 감안하여 최종적인 공모가격을 결정하게 된다. 다만, 증권 인수업무 등에 관한 규정에 의하면 상장 이후 1개월 이상의 기간 동안 일반 청약자에 대한 환매청구권(풋백옵션) 부여를 전제로 단일가격(주관사와 발행인의 협의하여 단일가격 설정) 방식 적용도 가능하다(증권 인수업무 등에 관한 규정10의3②(1)).

다) 청약과 납입

a) 청약

대표주관회사는 증권신고서 제출 후 청약일 전까지 증권신고서와 함께 제출한 투자설명서(예비투자설명서, 간이투자설명서 포함)의 내용에 따라 발행회사, 대표주관회사 및 인수회사 전원의 연명으로 청약 안내를 공고한다.

증권신고서 효력발생 후 약 2일간 대표주관회사와 인수회사는 실명확인 절차를 거쳐 사전에 투자자에게 공시한 기준에 따라 청약을 접수한다.

대표주관회사 및 인수회사는 청약의 불이행을 방지하기 위하여 청약자로부터 일정률의 증거금을 받는 것이 일반적이며, 청약증거금률은 시장상황, 공모주식수 등에 따라 자율적으로 정하고 있다. 청약증거금은 발행회사별로 청약증거금임을 표시하여 금융투자회사 또는 은행에 별도로 예치하여야 하며, 이를 담보로 제공하는 것은 금지된다.

b) 배정

대표주관회사는 청약마감 후 청약결과를 집계하여 자체 배정기준에 따라 배정한다. 인수회사로부터 제출받은 청약단위별 집계표, 청약자별 명세서, 배정내역 등과 자체 청약결과를 종합하여 이중 청약자를 검색하고 인수회사별로 배정내역을 점검한다.

대표주관회사는 당해 공모와 관련하여 발행회사 또는 인수회사에 용역을 제공하는 등 발행회사 또는 인수회사와 중대한 이해관계가 있는 자에 대해서는 공모주식을 배정할 수 없다(증권 인수업무 등에 관한 규정9).

대표주관회사는 발행회사와 협의하여 공모예정주식을 초과하여 발행할 수 있는 초과배정옵션제도를 이용하여 시장상황에 따라 공모규모를 조절할 수도 있다(증권 인수업무 등에 관한 규정10).

c) 납입

청약자별로 배정주식수가 확정된 후 대표주관회사 및 인수회사는 청약자의 납입금액을 청약증거금에서 대체시키고 초과청약증거금은 각 청약자에게 환불한다. 반대로 청약증거금이 납입예정금액보다 적은 경우 청약자는 그 미달금액을 추가로 납입하여야 하며, 미납입된 청약분은 인수회사가 자기의 계산으로 인수하여야 한다(증권 인수업무 등에 관한 규정8②③). 대표주관회사가 주금을 납입한 후 납입은행으로부터 주금납입증명서를 발급받아, 이를 발행회사에 인계함으로써 납입절차는 완료된다.

d) 증자등기 및 증권발행실적 보고

주금납입이 완료되면 발행회사는 주금납입증명서와 인수회사의 주식청약서, 총액인수 및 매출계약서 사본, 정관, 이사회의사록 사본 등을 첨부하여 납입일 익일부터 2주 이내에 본점소재지 관할 등기소에 자본금변경 등기를 하여야 한다(상법317②(2)(3) 및 상법317④. 그러나 신속한 상장을 위해서는 납입일 익일에 변경등기를 완료하는 것이 바람직하다.

납입절차가 완료되면 발행회사는 지체 없이 금융위원회에 증권발행실적보고서를 제출하고(법128) 그 사본을 거래소에 제출하여야 한다.

4) 신규상장

공모를 마친 기업은 신규상장신청서를 거래소에 제출한다. 거래소는 주식분산요건 등 상장예비심사단계에서 확인되지 않은 사항과 명의개서대행계약 체결 여부, 주금납입 여부 등을 확인한다. 또한 신규상장심사 시점을 기준으로 상장요건 충족 여부를 다시 검토한다. 상장신청인의 영업, 경영환경 등에 중대한 변화가 발생하지 않았다면 공모를 통한 주식분산요건 충족여부만 추가로 확인하고 있다. 다만, 상장예비심사 신청시점과 신규상장신청 시점의 사업연도가 다르다면 신규상장신청 시점에서 최근 사업연도의 확정된 재무제표를 기준으로 상장요건 충족여부를 재검토하여야 한다.

거래소는 상장신청서를 접수한 후 지체 없이 신규상장승인 여부를 신규상장신청인 및 관계기관에게 통보한다.

상장을 준비하는 기업은 거래소로부터 두 번의 심사를 받아야 한다. 상장예비심사는 상장자격에 대한 심사를 뜻하며, 신규상장심사는 분산요건 충족 여부 등의 심사를 말한다. 상장예비심사를 통과한 기업이 공모를 통하여 주식분산 요건을 충족하게 되면 신규상장을 신청하게 되고, 거래소는 최종적으로 신규상장심사를 진행한다.

신규상장신청은 상장예비심사 승인 후 짧게는 6주, 길게는 6개월이 소요되고, 증시급변 등 예외적 사유로 인해 거래소로부터 상장심사 승인효력 연장을 승인받는다면 최대 1년이 소요될 수도 있다. 신규상장 시기는 상장예비심사 승인기업이 기한 내에서 자율적으로 결정하고 있으므로, 상장예비심사 승인시점에서는 정확한 시기를 알 수 없다.

2. 장외시장

(1) 서설

(가) 장외시장의 의의

장외시장이란 거래소시장 이외의 시장을 말한다(금융투자업규정5-1조(1)). 자본시장법은 장외시장에서 금융투자상품을 매매, 그 밖의 거래를 하는 경우 그 매매, 그 밖의 거래방법 및 결제의 방법 등 필요한 사항은 대통령령으로 정한다(법166)고 규정하고 있다. 순수하게 개인 간에 이루어지는 금융투자상품거래에 대하여는 민법 등 사법의 영역으로 자본시장법이 개입할 여지가 없다. 그러나 거래소시장 수준에 이르지는 않지만 계속적으로 금융투자상품거래가 이루어져서 시장에 가까운 기능을 수행하는 경우에는 적어도 금융투자업자(투자매매업자 또는 투자중개업자)로서의 라이선스 문제가 있고, 또한 조직적인 거래가 이루어지는 경우에는 거래질서 및 투자자 보호를 위해 일정한 규제를 하는 것이 필요하다.

(나) 장외거래의 의의와 방법

장외거래란 거래소시장 또는 다자간매매체결회사 외(장외시장)에서 금융(투자)상품을 매매, 그 밖의 거래를 하는 경우를 말한다(법166). 넓은 의미의 장외거래는 금융투자업자를 통하지 않고 거래당사자 간의 합의에 의하여 성립하는 거래(직접거래·대면거래)도 포함하지만, 이러한 의미의 장외거래에 대하여는 불공정거래 외에는 자본시장법 적용이 특별히 문제되지 않는다.

장외시장에서 증권이나 장외파생상품을 매매하는 경우에는 단일의 매도자와 매수자간에 매매하는 방법으로 하여야 한다. 즉 상대거래를 원칙으로 한다. 장외시장에서의 거래원칙을 상대거래로 함으로써 매매대상의 규격화, 매매방식의 표준화 등에 의해 경쟁매매를 원칙으로 하는 거래소시장과 구분하고 있다. 그러나 최근 ATS 등 과거의 장외시장으로 분류되던 시장이 다수의 시장참가자와 경쟁매매적 요소를 통해 거래소시장과 유사한 시장 메커니즘을 가짐에 따라 매매방식에 의한 시장 구별은 그 의미가 적어지고 있다. 이미 자본시장법은 금융투자협회를 통한 매매거래의 경우(영178①)와 채권중개전문회사를 통한 매매거래(영179)에 대하여는 상대거래 원칙의 예외를 인정하고 있다(영177).

(2) K-OTC시장

K-OTC시장은 2000년 3월 제3시장으로 출범해서 2005년 7월 프리보드로 명칭을 변경한 후 2014년 8월 이를 또다시 확대 개편하며 재출범한 금융투자협회("협회") 산하의 조직화된 장외주식시장이다. 금융투자협회의 「K-OTC시장 운영규정」("운영규정")에 의하면 "K-OTC시장"이란 증권시장에 상장되지 아니한 주권의 장외매매거래를 위하여 협회가 운영하는 금융투자상품시장을 말한다(운영규정2①(1)).

(3) K-OTCBB시장

"K-OTCBB"란 금융투자회사(금융위원회로부터 지분증권에 대한 투자매매업 또는 투자중개업을 인가받은 금융투자업자에 한함)의 신청에 따라 비상장주권의 장외거래의 호가 및 매매체결내용 등을 공표하기 위하여 협회가 운영하는 전산시스템을 말한다(K-OTCBB 운영 시행세칙2(1)).

(4) K-OTC PRO시장

"K-OTC PRO"란 증권시장에 상장되지 아니한 지분증권("비상장주권 등")의 장외매매거래와 관련하여 협회가 운영하는 정보통신망(Korea Over-The-Counter Professional, K-OTC PRO)을 말하고, "K-OTC PRO 시스템"이란 비상장주권 등의 장외거래 등을 위하여 호가를 게시하고 거래협상 등을 할 수 있도록 협회가 운영하는 전산시스템을 말한다((K-OTC PRO 운영 시행세칙1 및 2(1)).

제3절 채권시장

★ 한겨레 2024년 10월 9일

한국, 내년 11월 세계국채지수 편입 … "해외자금 75조 유입 기대"

한국이 세계 3대 채권지수로 꼽히는 세계국채지수(WGBI)에 편입된다. 이에 따라 75조원 규모의 자금이 한국 국채 시장에 유입되면서 정부와 기업의 자금조달 비용이 줄고 외환시장 유동성이 증가할 것으로 정부는 기대했다.

시장지수 산출기관인 영국 파이낸셜타임스스톡익스체인지(FTSE·푸치) 러셀은 8일(현지시각) 내년 11월 한국을 세계국채지수에 편입할 계획이라고 밝혔다. 푸치 러셀의 이 지수는 26개 주요국 국채가 편입돼 있는 선진채권지수다. 블룸버그-버클레이즈 글로벌 종합지수, 제이피(JP)모건 신흥국 국채지수와 함께 세계 3대 채권지수로 꼽힌다. 한국은 블룸버그 지수에만 현재 편입돼있다.

세계국채지수에 편입되려면 국채 발행잔액, 신용등급, 시장 접근성 등 3개 조건을 만족해야 한다. 그간 한국은 정량적 요건인 국채 발행잔액과 신용등급 기준은 충족했으나, 정성조건인 시장 접근성 기준을 맞추지 못했다. 푸치 러셀은 "한국은 (2022년) 관찰대상국 등재 후 국채시장 접근성을 개선하기 위한 다양한 제도개선을 추진해 지수 편입 요건인 시장접근성 레벨2의 기준을 충족했다"고 설명했다.

앞으로 유예기간 1년을 거친 뒤 내년 11월부터 실제 지수에 편입된다. 한국 편입비중은 2.22%로, 편입국 중 아홉번째로 큰 규모다. 약 2조5천억달러로 추정되는 이 지수 추종 자금을 고려하면, 그중 560억달러(약 75조원) 규모의 자금이 국내 국채 시장에 유입될 것으로 정부는 판단하고 있다.

기획재정부는 안정적인 외국인 투자 자금이 유입되면, 금리 하락 효과로 정부·기업의 자금조달 비용이 줄고 외환시장 유동성이 증가할 것으로 기대한다. 한국금융연구원은 지수 편입 후 0.2~0.6%포인트 수준의 금리 하락 효과를 예상한다.

열쇳말: 세계국채지수는 미국·일본 등 26개국 주요국 국채가 편입돼 있는 선진채권지수로, 채권 투자로 장기적이고 안정적인 자금을 굴리려는 글로벌 시장참가자들이 추종하는 벤치마크 지수 중 하나다. 시장산출기관 푸치 러셀은 시장 규모와 시장접근성, 국가신용등급 등을 고려해 매해 관찰대상국인 국가를 상대로 두 차례 정기적으로 지수 편입 여부를 결정한다. 한국은 2022년 9월 처음 관찰대상국에 포함된 뒤, 네 번째 만에 지수 편입에 성공했다.

Ⅰ. 서설

1. 의의

자본시장의 근간을 구성하는 기본적인 축은 주식 및 채권시장이라고 할 수 있다. 채권시장은 국가 또는 기업이 자금을 조달하는 시장으로서 매우 중요한 역할을 한다. 채권시장은 주식시장에 비해 다양한 경제주체의 금융행위가 이루어지는 구조를 가지고 있다. 채권시장은 민간부문의 자금융통은 물론 국가, 지방자치단체와 공기업 등 공공부문의 자금조달 창구일 뿐만 아니라, 각종 정책수단의 장으로도 활용된다. 특히 국채시장에서 형성되는 국채수익률은 국가 재정정책 및 금융정책 수행에 수반되는 비용적 측면을 반영할 뿐만 아니라 그 밖의 모든 경제주체들의 금융행위의 준거 금리로 사용되고 있다.

채권시장은 발행시장과 유통시장으로 나뉜다. 발행시장은 채권이 자금수요자에 의해 최초로 발행되는 시장이며 유통시장은 이미 발행된 채권이 투자자들 사이에서 매매되는 시장이다. 채권 투자자는 채권을 발행시장에서 인수하거나 유통시장에서 매수할 수 있으며 이자소득 외에 가격변동에 따른 자본이득(capital gain)을 기대할 수 있기 때문에 채권은 자산 포트폴리오를 구성하는 중요한 투자수단이 된다.

2. 특징

채권이란 일반적으로 정부, 금융기관, 민간기업 등이 비교적 장기로 불특정다수인으로부터 거액의 자금을 조달하기 위하여 정해진 이자와 원금의 지급을 약속하면서 발행하는 증권을 말한다. 채권은 매 기간 투자자에게 일정 금액의 이자가 지급된다는 점에서 고정소득증권으로 불린다. 채권은 만기 전에 매도할 경우 가격변동에 따라 자본이득 또는 손실이 발생할 뿐만 아니라 발행인이 부도를 내면 원리금 회수가 곤란해지기 때문에 투자시점에서 수익이 확정되는 것은 아니다.

채권의 발행 주체 및 한도는 관련 법률에 의하여 정해진다. 국채의 경우 국회의 동의, 회사채 등은 금융위원회에 증권신고서 제출 등의 절차를 거쳐서 발행된다. 국채, 지방채, 법률에 따라 직접 설립된 법인이 발행한 채권(특수채) 등은 증권신고서 제출의무가 면제된다. 다만 은행과 같이 채권을 수시로 발행해야 할 필요성이 있는 경우에는 발행할 때마다 증권신고서를 제출하는 대신 사전에 일괄신고서를 제출하고 발행시점에 일괄신고추가서류를 제출함으로써 증권신고서 제출을 갈음할 수 있다.

채권은 발행 주체에 따라 정부가 발행하는 국고채권("국고채"), 국민주택채권 등 국채, 지방자치단체가 발행하는 지방채, 한국전력공사·예금보험공사 등 법률에 의해 직접 설립된 법인이 발행하는 특수채, 상법상의 주식회사가 발행하는 회사채 등으로 구분할 수 있다.

Ⅱ. 발행시장

채권시장에서는 많은 발행인이 채권을 발행한다. 채권을 단순하게 바라보면 자금이 필요한 발행인이 자금을 조달하기 위해 발행하는 증권으로 볼 수 있지만, 그 실상을 들여다보면 단순히 자금조달의 차원을 넘어 다양한 이유와 특징을 가지고 있다.

1. 국채

(1) 의의

국채시장은 한 국가의 지표채권이 거래되는 시장이다. 대부분의 국가에서 신용위험이 없는 국채 중 가장 최근에 발행되어 유동성이 제일 높은 국채가 지표채권으로 통용되고 있다. 국채는 지표채권으로서 국민경제 및 금융시장의 발전에 여러 가지 중요한 역할을 담당한다. 우선 지표채권이 형성하는 수익률 곡선은 회사채 등 다른 금융상품의 가격을 결정하는 기준이 되어 자산의 적정가격 형성을 돕는다. 또한 이를 통해 새로운 자산운용 기법 등이 발달할 수 있는 기회를 제공한다. 그리고 지표채권의 발달은 통화정책의 효과를 실물경제로 파급시키는 효율적인 경로를 제공하여 통화정책의 실효성을 증대시킨다. 아울러 국채가 지표채권으로서의 기능을 활발히 수행하게 되면 국채발행비용의 절감이라는 파생효과도 유발된다.

(2) 국채의 발행 방법 및 절차
(가) 국채법 관련 규정

국채법("법")에 따른 국채는 국회의 의결을 받아 기획재정부장관이 발행한다(법5①). 국채는 공개시장에서 발행하는 것을 원칙으로 한다(법5②). 그러나 기획재정부장관은 제13조(국채 상환기일 이전의 매입·교환) 또는 다른 법률에 따라 특정인으로 하여금 국채를 매입하게 하거나 특정인에게 현금을 지급하는 대신 국채를 발행할 수 있다(법5③ 전단). 이 경우 그 국채의 이자율은 그 발행목적에 부합하는 범위에서 상환기한과 발행 당시의 시장금리를 고려하여 적정 수준으로 정하여야 한다(법5③ 후단).

국채법 제4조 제1항 제2호(= 다른 법률에 특별한 규정이 있는 경우 그 법률에 따라 회계, 다른 기금 또는 특별계정의 부담으로 발행하는 국채)에 따른 국채의 경우 다른 법률에 따라 회계, 다른 기금 또는 특별계정을 관리하는 중앙행정기관의 장이 대통령령으로 정하는 바에 따라 기획재정부장관에게 그 발행을 요청하여야 한다(법5④).

국채는 액면금액 또는 할인의 방법으로 발행한다(국채법 시행규칙2① 본문, 이하 "시행규칙"). 다만, 금융시장의 자금사정 등의 동향에 따라 액면을 초과하거나 액면에 미달하는 가액으로 발행할 수 있다(시행규칙2① 단서). 기획재정부장관은 국채를 그가 지정하는 자에게 위탁하거나 인수시키는 방법으로 발행할 수 있다(시행규칙2②). 이에 의하여 국채를 발행하는 경우에는 발행금액의 1%의 범위 안에서 위탁받은 자 또는 인수한 자에게 수수료를 지급할 수 있다(시행규칙2③).

국고채권의 발행과 국채 원금의 상환 등 국채에 관한 사무는 기획재정부령으로 정하는 바에 따라 한국은행이 처리한다(법15①). 이에 따라 한국은행이 처리하는 국채에 관한 사무 중 국채 발행에 따라 수입되는 자금과 국채 원금의 상환 및 이자 지급을 위한 자금 등의 출납과 보관에 관하여는 국고금 관리법 제36조 제4항 및 제5항을 준용한다(법15②).

국고채권의 발행, 상환, 교환, 원리금 지급 및 이와 관련된 공고, 입찰, 등록, 상장신청 등 발행사무는 국채법에 따라 한국은행이 대행한다. 실무적으로는 한은금융결제망(BOK-Wire+)으로 이루어지며, 입찰 참가기관은 BOK-Wire+ 단말기를 이용하여 입찰정보의 조회, 응찰, 낙찰결과 수신 및 확인, 낙찰대금 납부, 등록신청 등을 수행한다.

(나) 법령에 의한 의무발행

법령에 의한 강제발행 국채로는 주택도시기금법("법")에 의해 첨가소화되는 제1종국민주택채권과 제2종국민주택채권이 있다. 국민주택채권은 다음과 같이 구분하여 발행한다(주택도시기금법 시행령5①, 이하 "영").

제1종국민주택채권은 국가 또는 지방자치단체로부터 면허·허가·인가를 받는 자, 국가 또는 지방자치단체에 등기·등록을 신청하는 자, 그리고 국가·지방자치단체 또는 공공기관운영법에 따른 공공기관 중 "대통령령으로 정하는 공공기관"과 건설공사의 도급계약을 체결하는 자가 매입한다(영5①(1)). 여기서 공공기관 중 "대통령령으로 정하는 공공기관"이란 정부가 납입자본금의 50% 이상을 출자한 공공기관을 말한다(영8① 본문). 다만, 주택도시보증공사, 한국산업은행, 중소기업은행, 한국수출입은행, 은행, 인천국제공항공사, 한국공항공사는 제외한다(영8① 단서). 제1종국민주택채권을 매입하여야 하는 자와 그 매입기준은 별표와 같다(영8②). 제2종국민주택채권은 주택법에 따라 건설·공급하는 주택을 공급받는 자가 매입한다(영5①(2)).

정부는 국민주택사업에 필요한 자금을 조달하기 위하여 기금의 부담으로 국민주택채권을 발행할 수 있다(법7①). 국민주택채권은 국토교통부장관의 요청에 따라 기획재정부장관이 발행한다(법7②). 국민주택채권의 발행기간은 1년을 단위로 하고, 발행일은 매출한 달의 말일로 한다(영5②). 국민주택채권은 증권을 발행하지 아니하고 전자증권법에 따른 전자등록기관에 전자등록하여 발행한다(영5② 전단). 이 경우 채권자는 이미 전자등록된 국민주택채권에 대하여 그 증권의 교부를 청구할 수 없다(영5② 후단).

(다) 국고채전문딜러에 의한 입찰발행

국고채전문딜러("전문딜러")라 함은 국고채의 원활한 발행과 유통을 위하여 국채딜러[자본시장법에 의하여 국채에 대한 투자매매업(인수업 포함) 인가를 받은 자] 중에서 기획재정부장관이 지정하는 자를 말한다(국고채권의 발행 및 국고채전문딜러 운영에 관한 규정2(1), 이하 "운영규정"). 예비국고채전문딜러("예비전문딜러")라 함은 전문딜러로 지정받기 위하여 국고채 유통시장에서 시장조성자로서 전문딜러의 자격을 갖추고 전문딜러의 의무를 수행하는 국채딜러 중에서 기획재정부장관이 지정하는 자를 말한다(운영규정2(2)).

(라) 일반인 대상 발행

일반인은 전문딜러를 통하여 입찰하여야 한다(운영규정12①). 일반인이 응찰신청을 하기 위해서는 입찰대행 전문딜러에게 계좌를 개설하여야 한다(운영규정12② 본문). 다만, 이미 계좌를 개설한 자는 그 계좌를 이용할 수 있다(운영규정12② 단서). 입찰에 참여하고자 하는 자는 입찰 공고일부터 입찰 전일까지 입찰대행 전문딜러에게 매입희망금액을 기재한 응찰서를 제출하고 매입희망금액의 액면총액을 입찰보증금으로 납부하여야 한다(운영규정12③). 일반인의 응찰최저금액은 10만원으로 하고, 10만원의 정수배로 증액하되 10억원을 넘지 못한다(운영규정12④). 일반인은 응찰금리를 제출할 수 없다(운영규정12⑤). 입찰대행 전문딜러는 일반인의 응찰내역을 입찰일 당일 10:00까지 입찰업무를 처리하는 한국은행에 제출하여야 한다(운영규정12⑥ 본문). 단, 발행월 전에 입찰이 이루어지는 선매출종목의 경우에는 09:00까지 실시한다(운영규정12⑥ 단서). 일반인이 입찰에 참가한 경우 경쟁입찰 발행예정금액의 20%범위 내에서 일반인의 총 응찰금액 상당액을 일반인에게 우선 배정한다(운영규정12⑦). 일반인의 총 응찰금액이 제7항의 규정에 의한 배정금액을 초과하는 경우에는 응찰금액에 비례하여 배정한다(운영규정12⑧). 일반인이 낙찰받은 국고채는 입찰대행 전문딜러의 명의로 교부하고, 입찰대행 전문딜러는 이를 일반인의 고객계좌에 기재한다(운영규정14②).

(3) 국고채권의 통합발행

기획재정부장관은 국채의 유동성 조절 등을 위하여 필요한 경우에는 3년 이내의 범위에서 일정한 기간을 정하여 같은 종목으로 취급할 수 있도록 이자율과 상환기한 등이 같은 국고채권을 그 일정한 기간 동안 통합하여 발행할 수 있다(법7①). 기획재정부장관은 국채시장의 안정적 관리 등을 위하여 필요하다고 인정하는 경우에는 통합하여 발행한 국고채권에 대하여 그 일정한 기간이 끝난 후에도 해당 국고채권을 다시 발행할 수 있다(법7②).

즉 통합발행이란 일정기간 내에 발행하는 채권의 만기와 표면금리 등 발행조건을 동일하게 하여 이 기간 동안 발행된 채권을 단일 종목으로 취급하는 제도를 말한다. 예를 들어 2025년 6월 10일에 신규로 발행된 3년 만기 국고채는 2020년 4월 2일, 4월 30일, 5월 28일, 7월 2일, 7월 30일, 8월 27일, 10월 1일, 10월 29일에 동일한 조건으로 통합발행되어 발행시기는 다르지만 유통시장에서는 동일종목으로 거래되는 것이다.

통합발행의 목적은 종목당 발행물량을 증가시켜 유동성을 제고시킴으로써 정부의 이자비용을 절감하고 신뢰성 있는 지표금리를 형성하는 것이다. 채권의 유동성은 일반적으로 종목당 물량에 비례하고, 발행금리는 유동성에 반비례하기 때문이다. 통합발행제도의 도입으로 국고채의 종목당 발행금액이 지속적으로 증가하고 이와 더불어 거래량도 많아져 지표채권으로서의 위치가 확고해졌다. 또한 유동성 확대로 인해 유동성 프리미엄을 낮추어 발행비용을 절감하는 효과도 거둘 수 있게 되었다.

(4) 국채 원금의 상환과 이자의 지급

국채의 원금과 이자는 해당 국채를 발행할 때에 정하는 바에 따라 상환·지급한다. 이 경우 국채 원금의 상환기일은 해당 국채를 발행할 때에 정하는 바에 따른다(법11①). 무기명의 국채증권 또는 이권에 대한 원금 및 이자는 당해 국채증권 또는 이권의 소지인에게 그 증권 또는 이권과 교환하여 이를 지급한다(영21①). 기명의 국채증권 또는 이권에 대한 원금 및 이자는 당해 국채증권 또는 이권의 기명자 또는 그 대리인에게 그 증권 또는 이권과 교환하여 이를 지급한다(영21②). 등록국채의 원금 및 이자는 영수증서와 교환하여 기명자 또는 그 대리인에게 이를 지급한다(영21③ 본문). 다만, 기명국채증권을 발행한 경우에는 그 증권 또는 이권과 교환하여 지급한다(영21③ 단서). 국채의 원금과 이자를 동시에 지급하여야 하는 경우 그 이자는 원금을 지급하는 때에 국채증권과 교환하여 이를 지급한다(영21④).

(5) 국고채전문딜러제도

(가) 개요

국고채전문딜러(Primary Dealer)는 국고채에 대한 투자매매업 인가를 받은 기관 중 자금력과 시장운영의 전문성을 갖춘 자로서 국고채에 대한 시장조성기능을 담당한다. 국채의 원활한 발행 및 국채유통시장 활성화를 위해 은행, 증권회사 중에서 재무건전성, 국채거래 실적 등이 우수한 기관을 대상으로 기획재정부장관이 지정·운영하고 있다. 전문딜러는 국고채 발행시장에서 국고채 인수 등에 관하여 우선적인 권리를 부여받는 대신 국채전문유통시장에서 시장조성자로서 호가제시, 거래 등의 업무를 수행한다.

전문딜러의 수에는 특별한 제한은 없으나, 우리나라 국고채시장의 규모를 고려하여 통상 20개사 내외에서 지정하고 있다. 2025년 6월말 현재 금융투자업자 11개사, 은행 7개사 총 17개사의 국고채전문딜러가 활동하고 있다.

(나) 국고채전문딜러의 지정

1) 예비전문딜러의 지정

기획재정부장관은 다음의 요건을 충족하는 자를 예비전문딜러로 지정할 수 있다(운영규정 28①). 첫째, 재무건전성 기준으로 ⅰ) 은행 및 종합금융회사("은행등")는 지정을 신청한 날이 속한 분기의 직전 분기말의 자기자본비율(BIS)이 은행법 제34조에 따라 금융위원회가 정하는 경영개선권고 기준 이상이고 재무제표상의 자기자본 총계가 3조원 이상이어야 한다. 다만, 외국은행 국내지점의 자기자본은 3천억원 이상이어야 한다. ⅱ) 증권회사는 지정을 신청한 날이 속한 분기의 직전 분기말의 순자본비율이 자본시장법 제31조에 따라 금융위원회가 정하는 경영개선권고 기준 이상이고 재무제표상의 자기자본 총계가 3천억원 이상이어야 한다. 둘째, 운영규정 별표 2에서 정하는 전문딜러 지정기준을 충족하여야 한다.

예비전문딜러로 지정받고자 하는 자는 매년 5월 1일부터 5월 31일까지 또는 11월 1일부터 11월 30일까지의 기간 중에 별지 2의 서식에 의한 예비국고채전문딜러 지정신청서를 기획재정부장관에게 제출하여야 한다(운영규정28②).

2) 전문딜러의 지정

전문딜러로 지정받고자 하는 자는 먼저 예비전문딜러로 지정 받아야 한다(운영규정29①). 기획재정부장관은 다음의 요건을 충족하는 예비전문딜러 중에서 전체 전문딜러의 수 및 국채시장 안정과 발전에 기여도 등을 감안하여 전문딜러를 지정할 수 있다(운영규정29②). 요건은 ⅰ) 재무건전성 기준으로 ㉠ 은행 및 종합금융회사는 전문딜러 지정일이 속한 분기의 직전 분기말의 자기자본비율(BIS)이 은행법 제34조에 따라 금융위원회가 정하는 경영개선권고 기준 이상이고 재무제표상 자기자본 총계가 4조원 이상이어야 한다. 다만, 외국은행 국내지점의 자기자본은 5천억원 이상이어야 한다. ⓒ 증권회사는 전문딜러 지정일이 속한 분기의 직전 분기 말의 순자본비율이 자본시장법 제31조에 따라 금융위원회가 정하는 경영개선권고 기준 이상이고 재무제표상의 자기자본 총계가 4천억원 이상이어야 한다. ⅱ) 운영규정 별표 2에서 정하는 전문딜러 지정 기준을 충족하여야 한다. ⅲ) 전문딜러 지정이 취소된 경우에는 지정이 취소된 후 1년 이상 경과하였어야 한다. ⅳ) 의무이행실적 평가에 따른 연간 의무이행 실적(직전연도에 예비전문딜러로 지정받은 경우에는 지정받은 날이 속하는 분기부터 4개분기까지 의무이행 실적)이 140점 이상이어야 한다. ⅴ) 평가일이 속하는 분기의 직전 2개분기중에 운영규정 제44조에 따라 예비전문딜러로 지정받은 경우에는 예비전문딜러로 지정받은 날이 속하는 분기부터 2개분기간 의무이행 실적이 70점 이상이어야 한다.

2. 지방채

(1) 의의

지방채는 공유재산의 조성 등 소관 재정투자사업과 그러한 사업에 직접적으로 수반되는 경비의 충당 등을 위하여 자금을 차입하면서 부담하는 채무이며, 지방채증권 또는 차입금의 형식을 취한다(지방재정법11, 이하 "법"). 지방채증권은 지방자치단체가 증권을 발행하면서 차입하는 지방채이며, 차입금은 지방자치단체가 증서로 차입하는 지방채이다(지방재정법 시행령7, 이하 "영").

지방채는 일정 한도 내에서 행정안전부장관의 승인 없이 지방의회의 의결을 거쳐 발행할 수 있는데, 이를 지방채 발행한도액이라고 하며, 행정안전부장관이 매년 자치단체의 채무규모, 채무상환 일정 등 재정상황을 고려하여 해당 자치단체의 전전년도 예산액의 10% 범위 내에서 정하도록 하고 있다(법11②, 영10①).

이러한 지방채(채권 또는 차입금)는 채무부담행위, 보증채무부담행위액 중 이행책임액과 함께 지방채무를 구성한다(법2(5)). 즉 지방채무는 금전의 지급을 목적으로 하는 지방자치단체의 의무를 말한다.

(2) 지방채 발행방법
(가) 모집발행

지방자치단체가 모집의 방법으로 지방채증권을 발행하는 때에는 지방자치단체의 명칭, 지방채증권의 발행총액, 지방채증권의 발행목적, 지방채증권의 권면금액, 지방채증권의 발행가액 또는 최저가액, 지방채증권의 이율, 지방채증권의 상환과 이자지급의 방법 및 기한, 지방채증권에 대하여 수회에 걸쳐 분할 납부할 것을 정한 때에는 그 분납금액과 시기, 지방채증권을 기명식 또는 무기명식으로 한정한 때에는 그 뜻, 지방채증권 모집의 위탁을 받은 회사가 있는 때에는 그 상호와 주소, 지방채증권의 응모액이 발행총액에 달하지 못한 경우에 그 잔액을 인수할 것을 약정한 자가 있는 때에는 그 뜻, 명의개서 대리인을 둔 때에는 그 성명·주소 또는 영업소, 지방채증권의 청약기한을 기재한 지방채증권청약서를 작성하여야 한다(영13①).

모집발행은 불특정 다수를 대상으로 투자자를 모집하여 현금의 납입을 받은 후에 발행하는 경우를 말한다. 모집발행의 방법으로는 공모발행과 사모발행이 있다. 공모발행은 지방자치단체가 증권시장을 통해 투자자를 공개모집하는 방법을 말하고, 사모발행은 지방자치단체가 은행, 보험회사, 자산운용회사 등 금융기관과 계약을 체결하고 발행하는 것을 말한다.

(나) 매출발행

지방자치단체가 매출의 방법에 의하여 지방채증권을 발행하는 때에는 지방자치단체의 명칭, 지방채증권의 발행총액, 지방채증권의 발행목적, 지방채증권의 권면금액, 지방채증권의 이율, 지방채증권의 상환과 이자지급의 방법 및 기한, 지방채증권을 기명식 또는 무기명식으로 한정한 때에는 그 뜻, 명의개서 대리인을 둔 때에는 그 성명·주소 또는 영업소, 지방채증권의 매출기간, 지방채증권의 매출가액, 지방채증권매출의 위탁을 받은 회사가 있는 때에는 그 상호와 주소 등을 공고하여야 한다(영18).

매출발행은 지방자치단체가 특정 역무를 제공받는 주민 또는 법인을 대상으로 주로 지하철, 상하수도, 도로 등의 사업을 위하여 특정한 인허가, 등기, 등록 시에 첨가하여 소화시키는 발행방법으로 준조세적 성격을 갖고 있으며, 매입시기나 지역 간 형평성을 위하여 이자율 등 발행조건을 동일하게 하여 발행하고 있다. 대부분의 지방채가 매출발행으로 발행되고 있으며, 대표적으로 지역개발채권(17개 광역자치단체 발행)과 도시철도채권(서울, 부산, 대구) 등이 있다.

(다) 교부발행

지방채증권은 지방자치단체의 채무이행에 갈음하여 지방채증권을 교부하는 방법으로 발행할 수 있다(영8①). 교부발행은 지방자치단체가 공사대금 또는 보상금을 지급하는 대신 후년도에 지급을 약속하는 채권을 발행하여 채권자에게 교부하는 경우로서 채권발행 시 자금의 이동이 발생하지 않는다. 지방채의 교부발행은 모집발행과 매출발행이 활성화되지 못했던 과거에 주로 이용되었으나, 교부당사자인 시공업체 또는 토지소유자가 지방채 인수를 기피함으로써 현재는 거의 이용되지 않는다.

(3) 지방채의 발행절차
(가) 발행 전 절차

행정안전부장관은 매년 7월 1일까지 지방채발행 한도액 산정기준을 포함한 다음 연도 지방채발행계획 수립기준을 각 지방자치단체의 장에게 통보해야 한다(영11①). 통보를 받은 지방자치단체의 장은 해당 지방자치단체의 다음 연도 지방채발행 한도액을 정하여 7월 15일까지 행정안전부장관에게 통보해야 한다(영11②). 이에 따라 행정안전부장관은 지방자치단체의 장이 통보한 지방채발행 한도액에 대한 타당성을 검토하고 필요한 경우 보완을 요구할 수 있다(영11③ 전단). 이 경우 행정안전부장관은 지방자치단체의 장에게 타당성 검토를 위하여 지방채발행 한도액의 산정에 관련된 자료의 제출을 요구할 수 있다(영11③ 후단).

지방자치단체의 장이 다음 연도에 외채를 발행하거나 지방자치단체조합의 장이 다음 연도에 지방채를 발행하려는 경우에는 지방채발행계획 수립기준에 따라 작성한 다음 연도의 지방채발행계획안을 8월 31일까지 행정안전부장관에게 제출하여 승인을 요청해야 한다(영11④). 지방자치단체의 장이 다음 연도에 지방채발행 한도액의 범위를 초과하여 지방채를 발행하려는 경우에는 지방채발행계획 수립기준에 따라 작성한 다음 연도의 지방채발행계획안에 지방채의 발행액 등이 포함된 자료를 첨부하여 8월 31일까지 행정안전부장관에게 제출하여 협의를 요청해야 한다(영11⑤ 본문). 다만, 지방채발행 한도액의 범위를 초과하여 지방채를 발행할 경우 다음 연도의 예산대비 채무비율이 25%를 초과하게 되는 경우에는 행정안전부장관에게 승인을 요청해야 한다(영11⑤ 단서). 행정안전부장관은 요청을 받은 경우 관계 중앙관서(국가재정법 제6조 제2항에 따른 중앙관서)의 장과 협의하여 10월 31일까지 협의 결과 또는 승인 여부를 결정·통보해야 한다(영11⑦).

시장·군수 및 자치구의 구청장이 다음 연도 지방채발행 한도액을 통보하거나 다음 연도의 지방채발행계획안을 제출하는 경우에는 시·도지사를 거쳐야 한다(영11⑥).

(나) 첨가소화지방채 발행절차

지방채(도시철도채권, 지역개발채권 등)는 대부분 첨가소화의 방법으로 발행되며, 인·허가, 등기·등록 시에 매입해야 하는 준조세적 성격을 가지고 있으므로 일반채권의 발행방법과는 다른 특징을 갖고 있다.

3. 특수채

(1) 의의

특수채는 법률에 의해 직접 설립된 법인이 발행하는 채권을 말하며, 자본시장법 제4조 제3항에서 규정하고 있다. 특수채는 한국은행이 발행하는 통화안정증권, 특별법에 의해 설립된 특수은행이 발행하는 금융특수채와 특수은행을 제외한 특별법에 의해 설립된 기관이 발행하는 비금융특수채로 구분된다.

(2) 특수채의 종류별 발행방법

(가) 통화안정증권

1) 의의

한국은행이 통화량을 조절하기 위해 금융통화위원회 결정에 따라 한국은행법 제69조 및 한국은행 통화안정증권법에 근거하여 금융기관과 일반인을 대상으로 발행하는 특수채이며 공개시장운영규정 제12조에서 발행한도를 매 3개월마다 금융시장 여건과 시중 유동성 사정을 감안하여 금융통화위원회에서 결정하는 것을 원칙으로 한다. 다만 금융경제 여건상 부득이한 경우에는 3개월이 경과하기 전이라고 발행한도를 변경할 수 있다.

한국은행은 경상수지 흑자(적자) 또는 외국인투자자금 유입(유출) 등으로 시중의 유동성이 증가(감소)하여 이를 구조적으로 환수(공급)할 필요가 있을 경우에 통화안정증권을 순발행(순상환)하여 유동성을 흡수(공급)하게 된다. 통화안정증권은 공모 또는 상대매출로 발행한다(공개시장운영규정13①). 공모발행은 모집, 매출 또는 경쟁입찰로 한다(공개시장운영규정13② 본문). 다만, 모집 또는 매출의 방법으로 발행하는 경우에는 제2조 제2항에 따른 대상기관에게 위탁하거나 인수시켜 발행할 수 있다(공개시장운영규정13② 단서).

공모발행 통화안정증권의 만기는 ⅰ) 할인발행시에는 14일, 28일, 63일, 91일, 140일, 182일, 364일, 371일, 392일, 546일로 하고, ⅱ) 액면발행시에는 1년, 1년 6개월, 2년으로 한다(공개시장운영규정14①). 그러나 일상적 유동성조절과 관련하여 상대매출로 발행하는 통화안정증권의 만기는 2년 이내에서 총재가 정한다(공개시장운영규정14②). 통화안정증권은 통합발행할 수 있다(공개시장운영규정14의2①). 통합발행하는 기간, 통합발행 대상증권의 만기 등은 총재가 정한다(공개시장운영규정14의2②).

통화안정증권을 이표채 방식으로 액면발행하는 경우 이자는 발행일로부터 3개월마다 지급한다(공개시장운영규정18의2). 통화안정증권의 종류는 1백만원권, 5백만원권, 1천만원권, 5천만원권, 1억원권으로 한다(공개시장운영규정22).

2) 경쟁입찰방식

경쟁입찰로 통화안정증권을 발행하는 경우 낙찰자 및 낙찰금액은 입찰자가 응찰한 금리를 기준으로 한국은행에 유리한 순서로 결정하되, 동일한 입찰금리로 경합된 입찰자의 낙찰금액은 응찰금액에 비례하여 배분한다(공개시장운영규정17① 본문). 다만, 총재는 필요하다고 인정하는 경우 입찰자별 응찰금액을 제한할 수 있다(공개시장운영규정17① 단서). 낙찰금액을 응찰금액에 비례하여 배분하는 경우 비례배분에 관한 끝수 조정방식은 총재가 정한다(공개시장운영규정17②). 경쟁입찰에서 경합된 입찰금리 이하로 응찰한 금액의 합이 발행예정금액을 초과하는 때에는 총재가 정하는 범위에서 발행예정금액을 초과하여 낙찰시킬 수 있다(공개시장운영규정17

③). 총재는 경쟁입찰에서 응찰률이 현저히 낮거나 응찰금리가 시장금리와 과도하게 괴리되는 경우 발행금액을 조정할 수 있다(공개시장운영규정17④).

한국은행과 「통화안정증권 거래에 관한 약정」을 맺은 금융기관인 거래상대기관[31]을 대상으로 한국은행금융결제망(BOK-Wire+)을 통해 전자입찰방식으로 실시하며, 한국은행과 거래약정을 맺지 않은 금융기관들은 경쟁입찰 참가기관을 통해 간접적으로 입찰 참여가 가능하다. 경쟁입찰은 통상 입찰일 직전 영업일에 통화안정증권 발행예정금액을 결정하여 한국은행금융결제망(BOK-Wire+)을 통해 통보하고 한국은행 홈페이지 및 언론매체에 입찰내역을 공고함으로써 시작된다. 입찰은 통상 BOK-Wire+에서 10분간 실시되고, 낙찰결과를 참가기관에 통보 및 언론에 공표하며 완료된다. 경쟁입찰 시 낙찰은 한국은행이 시장금리 수준을 감안하여 내부적으로 정해 놓은 금리수준을 상한으로 낮은 금리로 응찰한 부분부터 이루어지며, 발행금리는 입찰참가기관들의 적극적인 입찰참여 유도를 위해 단일금리결정방식(Dutch Auction)을 채택하고 있다.

3) 모집방식

모집으로 통화안정증권을 발행하는 경우의 낙찰결정은 제7조 제2항·제3항을 준용한다(공개시장운영규정17⑥ 전단). 이 경우 응모금액이 발행예정금액을 초과하는 때에는 총재가 정하는 범위에서 발행예정금액을 초과하여 낙찰시킬 수 있다(공개시장운영규정17⑥ 후단). 모집으로 통화안정증권을 발행하는 경우 응모자의 낙찰금액은 응모금액으로 하되, 응모금액이 발행예정금액을 초과하는 경우에는 응모금액에 비례하여 배분한다(공개시장운영규정17⑥ 전단, 동규정7② 본문). 다만, 총재는 필요하다고 인정하는 경우 응모자별 응모금액을 제한할 수 있다(공개시장운영규정17⑥ 전단, 동규정7② 단서). 낙찰금액을 응찰금액 또는 응모금액에 비례하여 배분하는 경우 비례배분에 관한 끝수 조정방식은 총재가 정한다(공개시장운영규정17⑥ 전단, 동규정7③).

모집방식은 미리 정한 발행예정금액과 발행금리를 공고한 후 입찰참가자(거래대상기관으로 제한)들의 응모금액에 따라 물량을 배분하는 방식을 말하는 것이다. 필요시 응모자별 응모금액은 제한될 수 있으며 응모금액이 발행예정금액을 초과할 경우 응모금액에 따라 안분배분하고, 응모금액이 발행예정금액 이하일 경우는 각 기관의 응모금액이 낙찰금액이 된다.

4) 매출방식

발행금리가 사전에 결정되어 공시되며, 발행예정금액 범위 내에서 매입신청순서에 따라 신청자에게 배분되며, 거래상대기관이 아니라도 참여할 수 있다. 그러나 2009년 6월 모집발행이 도입되면서 잠정 중단되었다.

---

31) 한국은행이 재무건전성 등 선정요건을 충족하는 금융기관 중에서 공개시장 조작 거래 참여 실적, 통화안정증권 거래실적 및 공개시장 조작 관련 업무협조도 등을 감안하여 매년 거래대상기관을 선정한다.

5) 상대매출방식

상대매출은 유동성조절 또는 통화신용정책의 운영을 위하여 필요할 때에 특정 금융기관 또는 정부 출자·출연기관을 상대로 행한다(공개시장운영규정13③ 전단). 이 경우 증권의 만기 및 발행금리는 공모발행할 때와 다르게 적용할 수 있다(공개시장운영규정13③ 후단). 일상적 유동성 조절과 관련하여 통화안정증권을 상대매출할 경우에는 총재가 따로 정하는 금리로 발행할 수 있다(공개시장운영규정21).

(나) 금융특수채

금융특수채는 특별법에 의해 설립된 특수은행이 발행하는 채권을 말하며, 특수은행에는 한국산업은행, 한국수출입은행, 중소기업은행, 농협은행, 수협은행 등이 있다. 발행방법은 매출발행 형식의 직접발행과 인수발행 방식의 간접발행이 있다. 발행한도는 각각 설립 근거법에 명시되어 있다.

한국산업은행이 발행할 수 있는 산업금융채권의 발행액은 납입자본금과 적립금을 합한 금액의 30배를 초과할 수 없다(한국산업은행법23③). 수출입은행이 수출입금융채권을 발행할 수 있는 한도는 납입자본금과 적립금을 합한 금액의 30배로 한다(한국수출입은행법23). 중소기업은행이 발행하는 중소기업금융채권의 발행액은 자본금과 적립금을 합한 금액의 20배를 초과할 수 없다(중소기업은행법36의2②). 농협은행은 각각 자기자본의 5배를 초과하여 농업금융채권을 발행할 수 없다(농업협동조합법153②). 수협은행은 자기자본의 5배를 초과하여 수산금융채권을 발행할 수 없다(수산업협동조합법156②).

(다) 비금융특수채

비금융특수채란 공사·공단의 설립 근거법에 의거하여 발행되는 채권을 말한다. 발행방법은 인수기관을 통한 간접발행과 교부발행 방식의 매출발행이 있다. 대부분의 공사·공단에서 간접발행 방식을 채택하고 있다. 채권의 발행한도는 개별 설립 근거법에 명시되어 있다.

4. 회사채

(1) 의의

회사채는 1년 이상의 장기자금을 직접금융시장에서 조달하는 채무증권이다. 즉 회사채는 신규투자, 기업운영 및 기 발행 회사채의 차환 등에 필요한 자금을 조달하기 위해 민간기업이 발행하는 채권이다. 기업이 자금을 조달하는 방법에는 간접금융 방식과 직접금융 방식으로 나누어지며, 은행 등 금융회사의 대출, 해외차관 등이 전자에 속하고 회사채 또는 주식발행은 후자에 속한다.

(2) 발행 방법 및 조건

회사채는 공모발행과 사모발행으로 구분된다. 공모발행의 경우 인수기관인 증권회사, 한국산업은행 등이 총액을 인수하여 발행하며 사모발행의 경우에는 발행기업이 최종매수인과 발행조건을 직접 협의하여 발행하게 된다. 회사채는 개정 상법의 시행(2012년 4월)으로 정관에서 정하는 바에 따라 이사회 결의가 없이도 발행이 가능해졌으며,[32] 순자산액의 4배까지였던 발행한도도 폐지되었다. 한편 공모발행을 하는 경우 증권신고서를 금융위원회에 제출해야 한다.

만기를 보면 일반적으로 1, 2, 3, 5, 10년 등으로 발행되는데 대체로 3년 이하가 주종을 이루고 있다. 표면금리는 발행기업과 인수기관 간 협의에 의해 자율적으로 결정되는데 2003년 이후 시장금리 수준이 낮아지면서 표면금리와 유통수익률 간의 괴리가 0.5%p 이내로 좁혀졌으며, 표면금리를 유통수익률에 맞추어 발행하는 경우도 많아졌다. 이 경우 발행가격과 액면가격이 거의 동일하게 된다.

(3) 발행절차

발행회사는 발행주관회사(주로 증권회사)를 선정하여 발행사무를 위임하며 인수기관은 발행 회사채를 총액인수한 후 당일 매수자(은행, 자산운용회사, 보험회사 등 기관투자자)에게 매출한다. 발행주관회사는 금융투자협회의 프리본드 시스템을 통하여 수요예측을 진행하게 되고 수요예측의 결과에 따라 발행사채의 수량, 가격, 매수자 등을 발행기업과 협의하여 최종결정한다. 매수자는 지정된 청약일시에 발행주관회사에 청약서를 제출하고 수탁은행에 청약내용을 통보하여 발행주관회사에 대금지급을 지시하며, 발행주관회사는 청약 당일에 발행자금을 발행기업의 주거래은행에 입금한다. 한편 회사채의 인수도는 발행주관회사가 회사채를 매수자 명의로 한국예탁결제원에 개설된 계좌에 등록함으로써 끝난다.

IMF 외환위기 이후 우리나라의 회사채는 대부분 무보증사채로 발행된다. 또한 공모발행(모집·매출)의 경우 대부분 인수인이 발행물량 전액을 인수한 후 투자자에게 모집·매출하는 총액인수 방식으로 발행된다. 여기서는 무보증사채를 중심으로 발행절차를 살펴본다. 여기서 무보증사채란 자본시장법 시행령 제362조 제8항 각 호의 어느 하나에 해당하는 금융기관등[33]이 원리금의 지급을 보증한 보증사채, 담보부사채신탁법에 따라 발행되는 담보부사채 및 이중상환채권법에 따라 발행되는 이중상환청구권부 채권을 제외한 사채를 말한다(증권 인수업무 등에

---

32) 이사회는 대표이사에게 사채의 금액 및 종류를 정하여 1년을 초과하지 아니하는 기간 내에 사채를 발행할 것을 위임할 수 있다(상법469③).

33) 은행, 한국산업은행, 중소기업은행, 보험회사, 투자매매업자, 증권금융회사, 종합금융회사, 신용보증기금(신용보증기금이 지급을 보증한 보증사채권에는 「민간투자법」에 따라 산업기반신용보증기금의 부담으로 보증한 것을 포함), 기술보증기금.

관한 규정2(1)).

(가) 대표주관회사 및 인수단 선정을 위한 RFP 발송

사채를 발행하고자 하는 회사는 대표주관회사와 인수단 선정을 위한 제안요청서(REP: Request For Proposal)를 증권회사에 발송한다. REP를 받은 증권회사 중 회사채를 인수하기 희망하는 곳에서는 REP에 따라 제안서를 작성하여 다시 발행회사에 제출한다.

(나) 대표주관계약 체결 및 협회 신고

발행회사는 제안서를 제출한 증권회사 중 한 곳을 대표주관회사로 선정한다. 금융투자회사는 무보증사채의 인수를 의뢰받은 때에는 증권신고서 제출 10영업일 이전에 대표주관계약을 체결하고, 대표주관계약서 사본을 계약체결일부터 5영업일 이내에 협회에 신고하여야 한다(증권 인수업무 등에 관한 규정11① 본문). 다만, 유동화사채 또는 일괄신고서 제출을 통해 모집·매출하는 무보증사채의 인수를 의뢰받은 경우에는 대표주관계약 체결의무가 적용되지 아니한다(증권 인수업무 등에 관한 규정11① 단서).

대표주관계약 제도는 인수단 선정시 발생할 수 있는 과도한 금리 및 물량 경쟁을 방지하여 증권회사의 IB 기능을 강화하기 위한 취지로 도입되었다. 또한 증권신고서 제출전까지 10영업일의 충분한 기업실사 기간을 보장함으로써 투자자를 보호하기 위한 목적도 있다.

대표주관계약서에는 ⅰ) 발행회사의 경영실적, 영업관련 사항 및 재무건전성 등에 대한 확인 및 조사에 관한 사항, ⅱ) 발행회사의 자료제출에 관한 사항, ⅲ) 증권신고서의 기재사항 점검 등에 관한 사항, ⅳ) 발행회사 및 그 최대주주 등에 대한 평판 점검 등에 관한 사항, ⅴ) 수요예측 실시 등 공모금리 결정과 관련한 사항, ⅵ) 계약의 해제·해지 및 변경에 관한 사항이 포함되어야 한다(증권 인수업무 등에 관한 규정11②).

(다) 신용평가회사의 신용등급 요청

금융투자회사가 무보증사채를 인수하는 경우 신용평가회사 중에서 2개 이상(자산유동화법에 따라 사채의 형태로 발행되는 유동화증권을 인수하는 경우, 금융투자업규정 제8-19조의14에 따라 선정된 신용평가회사로부터 평가를 받은 경우 또는 신용평가회사의 업무정지 등 부득이한 사유가 있는 경우에는 1개 이상)의 신용평가회사(외국법인등이 발행한 무보증사채의 경우에는 「증권의 발행 및 공시 등에 관한 규정」 제2-11조 제2항 제1호 마목의 금융감독원장이 정하는 국제신용평가기관을 포함)로부터 해당 무보증사채에 대한 평가를 받은 것이어야 한다(증권 인수업무 등에 관한 규정11의2①).

신용평가회사는 발행회사의 사업성, 수익성, 현금흐름, 재무안정성 등을 기초로 신용등급을 부여하며, 투자자에게 해당 회사채의 안정성에 대한 정보를 제공함으로써 발행금리(표면이자율) 결정에 큰 영향을 미친다. 신용평가 기간이 통상 2-3주 소요되므로 대표주관계약 체결

직후 요청되는 경우가 많다. 신용평가회사들은 회사채 발행시장에서 발행내용이 확정된 경우 신용등급을 공시하고, 통상 1년마다 새로 발표되는 재무제표를 근거로 신용등급을 조정한다.

(라) 기업실사

대표주관계약 체결 후 대표주관회사는 발행회사의 실질적인 정보 발굴, 위험 평가 등을 위한 기업실사(Due Diligence)를 실시한다. 증권회사들은 금융감독원의 「금융투자회사의 기업실사 모범규준」("모범규준")을 기초로 실사지침을 제정한다. 대표주관회사는 자사의 기업실사지침에 따라 발행회사의 신용등급별로 차등화된 체크리스트를 작성하여 실사를 수행한다.

Due Diligence를 수행한 해당 담당자는 관련 업무수행을 완료한 경우, 체크리스트와 이행내역서 및 검토의견 등을 포함한 Due Diligence 이행결과보고서를 작성하여야 한다(모범규준24 ①). 발행주관부서는 Due Diligence 이행결과보고서를 회사에서 정하는 전결규정에 따라 보고하고 결재를 받아야 하며, 발행주관부서장은 Due Diligence 담당자의 조사검증이 충실히 이행되었는지에 대해 확인하여야 한다(모범규준24②). 감사부서나 준법감시부서 등은 Due Diligence 담당 부서장의 확인에 대하여 점검하여야 한다(모범규준24③). 이행결과 보고는 증권신고서 제출전에 이루어져야 한다(모범규준24④). 대표주관회사는 Due Diligence 이행결과보고서 및 관련 자료(발행회사에 대한 질의서, 경영진과의 면담기록, 외부감사인 등 전문가로부터의 의견서, 수정보완요청서, 발행회사 제출 신고서 기재내용의 검증자료 등)를 Due Diligence 수행 후 5년간 보관하여야 한다(모범규준24⑤ 본문). 다만, 주관업무를 수행하지 아니한 인수·주선회사의 경우 인수·주선업무와 관련된 사항에 한한다(모범규준24⑤ 단서).

(마) 이사회 결의 및 각종 계약체결

이사회의 결의에 따라 회사채를 발행할 수 있으며, 이사회는 1년을 초과하지 않는 기간 내에서 회사채의 금액 및 종류를 정하여 대표이사에게 위임할 수 있다(상법469①⑤). 주권상장법인의 경우 이사회 결의내용을 거래소를 통해 공시해야 한다.

발행회사는 사채를 발행하는 경우에 은행, 신탁업자 등의 사채관리회사를 정하여 변제의 수령, 채권의 보전, 그 밖에 사채의 관리를 위탁할 수 있다(상법480의2). 무보증사채를 인수하는 경우에는 무보증사채의 발행인과 사채관리회사 간에 협회가 정한 표준무보증사채 사채관리계약서("표준사채관리계약서")에 의한 계약이 체결된 것이어야 한다(증권 인수업무 등에 관한 규정11 의2② 본문). 다만, ⅰ) 여신전문금융회사가 발행하는 사채, ⅱ) 종합금융회사가 발행하는 사채, ⅲ) 은행법에 의한 금융기관이 발행하는 사채, ⅳ) 금융투자회사가 발행하는 사채, ⅴ) 유동화사채, ⅵ) 증권금융회사가 발행하는 사채, ⅶ) 그 밖에 특별법에 따라 법인이 발행하는 채권 중 협회가 고시하는 채권 중의 어느 하나에 해당하는 무보증사채는 그러하지 아니하다(증권 인수업무 등에 관한 규정11의2② 단서).

또한 회사채 금액을 납입할 장소와 발행 후 원금 상환 및 이자지급을 대행할 은행을 선정하여 원리금지급 대행계약도 체결한다. 그리고 대표주관회사는 인수회사의 자격요건을 구비한 회사 중에서 인수단을 구성하여 인수단 및 발행회사와 연명으로 최종 총액인수(매출) 계약을 체결한다.

(바) 증권신고서 제출

대표주관회사는 간접공모방식으로 발행되는 회사채에 대해 해당 공모가액 및 과거 1년 간 신고서를 제출하지 않은 공모가액의 합산액이 10억원 이상일 경우 금융위원회에 증권신고서를 제출해야 한다. 증권신고서 제출시 예비투자설명서를 첨부하여 공시해야 하며, 증권신고서의 효력 발생일전까지는 예비투자설명서를 기초로 투자권유를 하는 것이 가능하다. 증권신고서의 효력 발생 후에는 투자설명서를 제출하여 공시해야 하고, 효력발생일 이후부터는 투자설명서를 이용하여 투자권유를 할 수 있다.

(사) 상장신청 및 등록신청

발행회사는 증권신고서가 접수 처리된 때에 한국거래소에 회사채의 상장을 신청해야 하며, 전자증권법에 따라 한국예탁결제원에도 등록을 신청한다.

(아) 수요예측

수요예측이란 무보증사채를 공모함에 있어 공모금리를 결정하기 위하여 대표주관회사가 공모예정기업의 공모희망금리를 제시하고, 매입희망 가격, 금리 및 물량 등의 수요상황을 파악하는 것을 말한다(증권 인수업무 등에 관한 규정2(7)).

무보증사채의 공모금리는 수요예측을 실시하고 그 결과를 감안하여 주관회사와 발행회사가 협의하여 정한다(증권 인수업무 등에 관한 규정12① 본문). 다만, 공모예정금액이 100억원 미만인 무보증사채, 주권관련사채(전환사채, 신주인수권부사채 및 교환사채), 일괄신고서를 제출을 통해 모집·매출하는 무보증사채, 유동화사채, 공모예정금액이 모두 일반청약자에게 배정되는 무보증사채의 경우에는 수요예측을 실시하지 아니할 수 있다(증권 인수업무 등에 관한 규정12① 단서). 대표주관회사는 수요예측 참여자가 자신의 고유재산과 그 외의 재산을 구분하여 수요예측에 참여하도록 하여야 한다(증권 인수업무 등에 관한 규정12③). 주관회사는 수요예측 참여자별 신청금리 및 신청수량 등의 정보가 누설되지 아니하도록 하여야 한다(증권 인수업무 등에 관한 규정12④).

회사채의 수요예측은 금융투자협회가 운영하는 장외 채권거래 전용시스템인 K-Bond를 통해 이루어지고 있다. 수요예측은 협회의 「무보증회사채 수요예측 모범규준」이 정한 절차 및 내용에 따라 진행된다.

(자) 증권신고서 효력발생

증권신고서는 금융위원회가 수리한 날로부터 일정기간이 경과한 날에 그 효력이 발생한다. 이반적으로 증권신고서의 수리는 제출한 날에 이루어지며, 무보증사채는 7일이 경과한 후 효력이 발생한다(시행규칙12①(1)).

효력발생이 증권신고서 기재내용이 진실 또는 정확하다는 것을 인정하거나 금융위원회가 회사채의 가치를 보증 또는 승인하는 것이 아님에 유의해야 한다. 금융위원회는 증권신고서의 형식을 제대로 갖추지 아니하거나 중요사항에 대해 허위 기재 또는 누락된 경우에만 증권신고서의 수리를 거부할 수 있다(법120②).

(차) 투자설명서 작성 및 공시

증권신고서의 효력이 발생하면 투자설명서를 금융위원회에 제출하고 발행기업의 본점, 금융위원회, 한국거래소 및 청약사무 취급장소에 비치·공시해야 한다(법123①). 투자설명서에는 증권신고서의 기재내용과 다른 내용을 표시하거나 누락해서는 안되나, 기업경영 등 비밀유지와 투자자 보호와의 형평 등을 고려하여 예외를 인정하기도 한다(법123②).

(카) 채권상장

유가증권시장 상장규정에서 정하는 상장요건을 갖춘 회사채는 한국거래소에 상장할 수 있다.

(타) 증권발행실적결과보고서 제출

증권신고의 효력이 발생한 증권의 발행인은 금융위원회가 정하여 고시하는 방법에 따라 그 발행실적에 관한 보고서("증권발행실적보고서")를 금융위원회에 제출하여야 한다(법128).

(4) 회사채 신용평가제도

신용평가기관이 부여한 회사채 신용등급은 투자자에게 원리금 회수 가능성 정도에 대한 정보를 제공함으로써 회사채 발행금리 결정에 결정적인 영향을 미친다. 회사채 발행기업의 입장에서는 신용평가 수수료의 부담에도 불구하고 객관적인 신용등급을 획득[34]함으로써 잠재 투자자를 확보할 수 있기 때문에 총 자금조달비용이 낮아지는 효과가 있다.

현재 무보증회사채 발행기업들은 2개 이상의 신용평가회사로부터 기업의 사업성, 수익성, 현금흐름, 재무안정성 등을 기초로 회사채 상환능력을 평가받고 있다. 회사채 평가등급은 AAA−D까지 10개 등급으로 분류되는데 AAA−BBB는 원리금 지급능력이 양호하다고 인정되는 투자등급, BB 이하는 지급능력이 상대적으로 의문시되는 투기등급을 나타낸다.

---

34) 신용평가회사들은 회사채 발행시점에서 발행내용이 확정된 경우 신용등급을 공시하고 발행 후 통상 1년마다 새로 발표되는 재무제표를 근거로 신용평가등급을 조정하고 있다.

(5) 투자자보호제도

1997년 외환위기 이후 회사채 발행은 보증부에서 무보증부로 전환되었는데, 이는 회사채 발행회사의 채무불이행위험이 높아지면서 회사채 보증기관들이 지급보증을 기피한데다 종합금융회사 등 일부 보증기관의 신인도 저하로 투자자도 회사채의 보증 여부보다는 발행기업의 신용도를 더욱 중시하였기 때문이다. 무보증사채의 일반화로 보증사채 발행시 보증기관이 일부 수행하였던 투자자보호 기능이 약화되었다. 이에 따라 무보증사채 투자자에 대한 보호장치를 강화할 필요성이 대두되었으며, 무보증사채 발행시 기존 사채모집 위탁계약서 대신 사채권자 보호를 강화한 표준무보증사채 사채관리계약서 사용이 의무화되었다. 동 계약서는 발행회사의 의무 및 책임, 회사채의 기한이익 상실사유, 수탁회사의 권한 등을 포함하고 있다. 또한 2011년 4월 상법 개정시 사채권자의 권리보호 강화를 위해 기존 회사채 발행 주관사 등이 주로 담당하던 사채관리사무를 별도의 독립된 기관이 담당하도록 하는 사채관리회사[35] 제도를 도입하였다.

Ⅲ. 유통시장

1. 의의

채권 발행시장을 통해 채권을 취득한 투자자는 만기 이전에 채권 발행인에게 원금상환을 요청할 수 없으므로, 만기 전 채권 현금화를 위해서는 별도의 유통시장이 필요하게 된다. 채권 유통시장은 이미 발행된 채권이 거래되는 제2차 시장으로 채권의 매매거래를 통한 투자원본의 회수와 투자수익의 실현, 적정 가격발견기능 등을 수행한다. 채권 유통시장은 거래상대방을 찾는 방식에 따라 직접탐색시장, 브로커시장, 딜러시장, 경매시장으로 나뉘고, 시장운영 주체에 따라 장내시장인 거래소시장과 장외시장으로 구분할 수 있다.

2. 장내시장(거래소시장)

조직적 시장인 거래소시장은 장내시장으로 불리며, 한국거래소에서는 시장의 개설목적 및 시장참여자에 따라 도매시장인 국채전문유통시장(KTS시장), 환매조건부채권시장(RP시장), 소액채권시장, 일반채권시장을 운영하고 있다.

---

35) 사채권자를 위한 법정대리인으로서 사채관리의 전반을 관장하는 기관이다. 사채관리회사는 은행, 신탁회사, 증권회사, 한국예탁결제원 등이 수행할 수 있다(상법480의3①, 상법 시행령26).

(1) 국채전문유통시장

(가) 의의 및 도입배경

국채전문유통시장이라 함은 국채딜러[36] 간 매매거래 및 증권회사를 통한 위탁매매거래를 위하여 거래소가 개설한 시장을 말한다(국고채권의 발행 및 국고채전문딜러 운영에 관한 규정2(5), 이하 "운영규정").

전자거래시스템을 이용한 경쟁매매시장은 브로커를 통한 거래상대방 탐색 및 협상을 거치지 않고 익명으로 가격경쟁에 의해 거래가 체결되는 시장이다. 경쟁매매시장에서는 모든 호가가 스크린으로 집중되기 때문에 시장참가자는 브로커의 중개 없이 스크린에 제시된 호가만을 가지고 실시간으로 매매거래를 수행할 수 있다. 전자거래시스템은 거래비용을 절감시키고, 실시간으로 금리를 공표하여 지표금리를 제시할 뿐만 아니라 실제 체결가능한 호가가 공개됨으로써 시장투명성을 증대시키는 장점이 있다. 우리나라에서는 채권 전자거래시스템을 통한 경쟁매매시장을 활성화하기 위해 정부의 정책적인 지원하에 1999년 3월 한국거래소가 전자거래시스템(KTS: KRX Trading System for Government Securities)을 기반으로 한 국채전문유통시장을 개설하였다.

주요 시장참가자는 거래소의 채무증권전문회원 인가를 취득한 은행과 금융투자회사(국채딜러)이다. 딜러회사는 별도의 전산투자 없이 한국거래소가 개발한 매매프로그램을 거래담당자의 PC에 설치하고 인터넷을 통해 한국거래소의 국채매매시스템(KTS)에 직접 접속하여 거래를 수행한다.

국채전문유통시장은 자본시장법에 의해 국채에 대한 투자매매업 인가를 받은 국채딜러가 참여하는 딜러간 시장이며, 각각의 딜러가 제출하는 매도·매수 주문의 내역이 시스템에 집중되어 공시된다.

(나) 시장참가유형 및 방법

국채전문유통시장의 참가자는 국채딜러인 금융투자회사 및 은행에 한정된다. 금융투자회사는 거래소의 증권회원으로서 참여가 가능하며, 은행은 채무증권전문회원의 자격으로 참여할 수 있다. 채무증권전문회원제도는 원칙적으로 회원인 금융투자회사만이 참여 가능한 거래소시장에 은행의 참여가 가능하도록 마련된 제도로서, 채무증권전문회원이 되기 위해서는 국채증권, 지방채증권, 특수채증권, 사채권, 기업어음증권 등의 투자매매업 인가를 받아야 한다.

현재 채무증권전문회원의 자격을 갖춘 금융기관은 은행에 한정되는데, 은행의 시장참여는 2000년 「재정경제부고시 제2000-8호」를 통해 은행의 부수업무 중 하나로 구 증권거래법상의 증권업무 중 국공채의 자기매매업(투자매매업)을 인가받음으로써 가능하게 되었다. 그러나 금융

---

36) "국채딜러"라 함은 국채증권에 대하여 투자매매업의 인가를 받은 자를 말한다(업무규정55①).

투자회사가 국채전문유통시장에서 위탁참여기관의 주문에 대한 수탁 금융투자회사로 시장에 참여할 수 있는 데 반해, 은행은 국채의 자기매매(투자매매)에 한하여 인가를 받았으므로 금융투자회사와 같이 수탁기능을 수행할 수는 없다.

국채에 대해 자기매매업을 인가받아 국채전문유통시장의 참가자격을 갖춘 국채딜러는 시장조성자(market maker)인 국고채전문딜러(PD: Primary Dealer, 이하 "전문딜러"),37) 예비국고채전문딜러(PPD: Preliminary Primary Dealer, 이하 "예비전문딜러") 및 일반딜러로 구분된다.

직접 참가자격을 갖춘 딜러기관과 위탁참가기관이 국채전문유통시장에서 거래를 하기 위해서는 기관 등록과 거래원 등록이라는 소정의 절차를 순차적으로 거쳐야 한다. 기관 등록은 특정 금융투자회사, 은행 등의 기관 명의를 국채전문유통시장 거래시스템에 등록하는 절차를 의미하고, 거래원 등록은 해당 기관의 특정 업무담당자를 거래시스템에 등록하고 인증을 부여하는 절차를 의미한다. 기관 등록과 거래원 등록은 각각 1일이 소요되는데, 특별한 사항이 없으면 등록의 효력은 지속적으로 유지된다.

(다) 거래대상증권

국채전문유통시장에서 거래되는 채권은 국고채권(외평채 포함)뿐만 아니라 통화안정증권, 예금보험기금채권인데, 국고채권은 시장조성을 위해 특별하게 취급되는 지표종목과 비지표종목으로 구분된다(업무규정55(3)). 즉 "국채전문유통시장의 매매거래"라 함은 ⅰ) 국채증권 중 기획재정부장관이 국채증권 지표종목으로 지정한 종목("지표종목"), ⅱ) 국채증권 관련법규에 의하여 입찰에 의한 방법으로 발행되는 국채증권 중 지표종목이 아닌 국고채권("비지표종목")(다만, 지표종목을 원금이자분리채권은 비지표종목으로 한다), ⅲ) 통화안정증권 및 예금보험기금채권에 대한 매매거래를 말한다(업무규정55(3)).

지표채권(지표종목)은 유동성이 풍부하여 유통시장을 통한 지표금리의 형성에 가장 적합하다고 판단되는 채권으로, 경쟁입찰을 통하여 발행된 명목 국고채권 중 만기별로 가장 최근에 발행된 종목과 물가연동국고채권 중 가장 최근에 발행된 종목을 말한다(국고채권의 발행 및 국고채전문딜러 운영에 관한 규정2(3)).

(라) 협의매매

협의매매란 정규시장의 매매거래시간 동안 호가를 요청하는 자("호가요청자")와 요청호가에 대응하여 호가를 제안하는 자("호가제안자") 간 협의에 따라 결정된 가격 또는 환매이자율에 의한 매매거래를 말한다(업무규정53의2①). 경쟁매매와는 달리 거래 당사자 간 협의에 의해 가격 및 수량을 결정하고 매매를 체결시키는 방식이다.

---

37) "국고채전문딜러("전문딜러")"라 함은 국채딜러중에서 기획재정부장관이 지정하는 자를 말한다(업무규정 55(2)).

(2) 환매조건부채권시장(RP시장)

(가) 의의

RP(Repurchase Agreement)란 현재시점(매매일)에 현물로 유가증권을 매도(매수)함과 동시에 사전에 정한 미래의 특정시점(환매일)에 동 증권을 환매수(환매도)하기로 하는 2개의 매매계약이 동시에 이루어지는 유가증권의 매도·매수계약을 말한다. 채권, 주식, CP, CD, MBS 등 다양한 유가증권이 RP거래의 대상이 될 수 있으나, 통상 채권만이 주류를 이루기 때문에 우리 말로는 환매조건부채권매매거래("환매채거래") 또는 RP거래로 불린다.

(나) 시장참가자 및 거래상대방

딜러의 자금조달을 효율적으로 지원하고 시장간 차익거래 등 연계거래를 촉진시키기 위하여 국채딜러에게 시장참가를 허용하고 있다. 2024년 12월 말 현재 35개 금융투자회사, 22개 은행 및 증권금융 등 총 58개사가 RP시장에 참여하고 있다. 각 계약에 대한 거래상대방은 매도자 및 매수자가 되지만 거래소는 각 거래당사자의 포지션 위험이 노출되지 않도록 하기 위하여 이를 익명으로 처리한다. 모든 매매 및 미환매약정자료는 거래상대방별로 관리하며 결제와 관련해서는 거래소가 매도자에 대한 결제의 상대방 또는 매수자에 대한 결제의 상대방이 된다. 따라서 어느 일방으로부터 결제불이행이 발생하면 거래소는 결제불이행을 초래한 일방을 대신하여 결제를 이행한다.

(다) 거래대상증권

환매채거래의 대상채권은 국채증권 및 지방채증권, 통화안정증권, 예금보험기금채권, 사채권과 통화안정증권 및 예금보험기금채권을 제외한 특수채증권 중 신용평가회사가 발표하는 신용등급(신용평가회사별 신용등급이 다른 경우에는 가장 낮은 신용등급을 적용)이 AA 이상인 종목이다(업무규정61 본문). 다만, 매매거래일부터 환매일까지의 기간중 만기가 도래하는 종목은 제외한다(업무규정61 단서). 이와 같이 거래대상채권을 한정한 것은 발행채권의 위험이 낮고 종목당 유동성이 풍부하며 보유자별 분산도가 높은 채권을 거래대상채권으로 함으로써 RP거래의 안정성을 확보하기 위함이다.

(3) 소액채권시장

(가) 의의

소액채권시장은 일반 국민들이 주택구입·부동산등기·자동차등록 등 각종 인·허가시에 의무적으로 매입한 국공채(첨가소화채권)의 환금성을 높이기 위하여 개설된 특수목적의 시장이다. 채권을 의무적으로 매입한 채권매입자는 매출은행 창구나 금융투자회사를 통해 매입채권의 매도주문을 낼 수 있다.

소액채권시장에는 소액채권매입의무자, 소액채권매출대행기관, 소액채권매출대행회원, 소액채권조성회원 등 다른 시장에는 없는 시장참여자들이 있다.

(나) 거래소 집중제도

회원이 소액채권의 매매거래를 하고자 할 때에는 시장을 통하여야 한다(업무규정43(2)). 따라서 소액채권의 매매거래는 원칙적으로 거래소시장을 통해야 하는데, 이는 거래소의 공신력을 활용하여 일반 국민들이 채권의무매입자의 매매 편의를 제고하고 경제적 부담을 경감하기 위한 것이다.

소액채권시장 개설 이전 첨가소화채권은 중간수집상(법무사, 자동차 영업사원 등)에 의해 제 값을 받지 못한 채 헐값에 거래되는 경우가 많았고, 간접적으로 비실명 음성거래를 조장하는 등 폐단이 컸다. 이러한 폐단을 막기 위해 정부는 1995년 10월부터 첨가소화채권을 한국거래소 소액채권시장에 집중시켜 거래하도록 하고 있으며, 이를 통해 채권의무매입자는 거래소시장에서 형성된 공정한 가격으로 중간상을 거치지 않고도 직접 채권을 팔 수 있게 되었다.

(다) 거래대상증권

소액채권시장에서는 첨가소화채권인 제1종 국민주택채권, 서울도시철도채권 및 서울특별시지역개발채권("서울도시철도채권등"), 지방공기업법에 의하여 광역시 및 도가 발행한 지역개발채권, 부산도시철도채권, 대구도시철도채권, 인천도시철도채권, 광주도시철도채권 및 대전도시철도채권("지방도시철도채권")이 거래될 수 있지만 모든 첨가소화채권이 거래될 수 있는 것은 아니다. 거래소는 첨가소화채권 중에서도 매매거래일을 기준으로 당월 및 전월 발행분에 한하여 1인당 호가수량이 5,000만원 이하인 채권을 "소액채권"이라 정의하고 있는데, 이 소액채권에 해당하는 첨가소화채권만이 거래될 수 있다(시행세칙61).

(라) 주요 시장참여자

1) 매입의무자

주택, 자동차 등을 구입 시 첨가소화채권을 매입비율에 따라 의무적으로 매입해야 한다. 대부분 매입 즉시 은행창구에서 신고시장가격으로 매도하고 있으며, 매입가격과 매도가격의 차액만 은행에 지불하고 있다.

2) 매출대행기관(매출대행은행)

정부 및 지방자치단체 등 첨가소화채권 발행기관과의 업무위임계약에 따라 의무매입자 사이에서 채권매출행위에 따른 제반 업무 수행과 함께 발행에 따른 위험부담 및 판매기능을 담당하는 전문기관을 말한다. 당일 매출된 채권은 거래소시장에서 매도되도록 매도대행금융투자회사(매도대행회원)에 매도를 의뢰하는 역할을 수행한다.

3) 소액채권 매도대행회원

매출대행기관과 소액채권에 대하여 매도주문대행계약을 체결한 회원으로 매출대행기관에서 매출된 채권을 인수받아 소액채권시장에서 신고시장가격으로 매도하는 역할을 한다(업무규정95①, 시행세칙124②). 이는 일반 국민에게 첨가소화채권 매입 후 매도에 따른 환금성의 기회를 제공해 주고 채권의 원활한 유통에 기여하기 위한 것으로 매도대행회원은 소액채권전담회원과 함께 소액채권시장에서 중추적인 역할을 수행한다.

4) 소액채권전담회원

소액채권의 매매거래를 원활하게 하기 위하여 매도대행기관을 통해 매도된 소액채권에 대하여 의무적으로 매수호가를 제출하고, 신고시장가격 산출을 위한 신고가격을 제시하고 있다(업무규정44, 47 및 53).

(4) 일반채권시장
(가) 의의

거래소에 상장된 모든 채권이 거래되는 시장으로서 거래소 내 다른 채권시장(국채전문유통시장, RP시장, 소액채권시장)과 구별하기 위하여 일반채권시장이라고 부른다.

(나) 거래대상증권

거래대상채권은 국채, 지방채, 특수채, 회사채 등 거래소에 상장된 모든 채권을 거래대상으로 하며, 주로 회사채와 주권관련사채권(전환사채, 신주인수권부사채, 교환사채 등) 및 제1·2종 국민주택채권 등의 거래가 많다. 일반채권시장에서 매매되는 채권 중 전환사채의 매매는 공정한 가격형성 및 유동성 제고를 위해 반드시 거래소시장을 통해야 한다(업무규정43(1)).

(다) 소액채권시장과 통합

일반적으로 채권시장은 기관투자자 및 거액 자산가들이 주로 투자하는 시장으로 인식되어 일반투자자의 참여가 활발하지 않았다. 일반투자자의 채권투자는 금융투자회사의 영업 창구(지점)를 통하여 그 금융투자회사가 보유하고 있는 채권에 주로 투자되어왔다. 따라서 다양한 채권정보를 얻기 위해서는 여러 금융투자회사들을 직접 방문하여 계좌를 개설해야 하는 등 절차가 번거로워 일반투자자의 채권투자 활성화가 어려웠다.

이에 일반투자자들도 손쉽게 채권에 투자할 수 있도록 2007년 8월 소규모 금액으로도 거래가 가능한 소매채권시장을 개설하였다. 또한 소매채권시장에 소매채권전문딜러라는 시장조성자 제도를 두어 매도호가와 매수호가를 지속적으로 제공하도록 함으로써 매매거래 시 참조할 수 있도록 하였다.

한편 소매채권과 일반채권시장에서 동일 채권이 동시에 거래됨에 따른 유동성 분산, 가격

발견기능 저하 등을 해소하기 위하여 2014년 3월부터 양 시장을 통합·운영하고 있다. 소매채권시장에서 유동성을 공급하던 소매채권전문딜러는 채권시장조성회원으로 명칭을 변경하여 통합된 일반채권시장에서 유동성 공급기능을 수행하였다. 그러나 조성활동에 대한 보상 및 조성호가 요건 등의 한계가 있어 시장조성 실적이 미미하였다. 이에 일반채권시장의 유동성 공급기능을 강화하기 위하여 2015년 7월부터 채권시장조성회원제도로 개편하여 운영하고 있다.

3. 장외시장

(1) 의의

장외시장은 거래소 이외의 곳에서 비조직적으로 거래되는 시장을 말한다. 주로 금융투자회사 창구를 중심으로 협의매매 방식의 거래가 이루어지며, 딜러 시장(Dealer Market),38) 브로커 시장(Broker Market),39) 직접 탐색시장(Direct Search Market) 등을 통칭한다. 거래소시장(장내시장)이 투자자 보호와 투명성 강화 등을 실현하기 위해 중앙 집중적으로 제도화된 시장인데 반하여 장외시장은 자생적으로 생성된 시장을 사후적으로 제도화하여 관리하는 시장으로 거래관행의 영향력이 큰 시장이다.

우리나라의 채권 장외시장은 1976년 장외거래를 금지했던 증권거래법이 개정되어 국채의 장외거래가 허용되면서 시작되었고, 1980년대 경제발전과 함께 채권의 발행종목 및 시장참여자가 증가하면서 점차 유통시장의 한 축으로 성장하였다. 특히 1984년 정부가 채권시장의 대중화를 위해 모든 채권의 장외거래를 허용하고, 「채권 장외거래에 관한 규정」을 제정하여 장외시장을 제도화하면서 발전기반이 구축되었다.

(2) 특징

주식과는 달리 채권은 대부분의 국가에서 주로 장외에서 유통된다. 채권의 유통이 장외시장에서 주로 이루어지는 근본적인 이유는 경쟁매매가 활발히 전개될 수 없도록 작용하는 요인들이 채권시장에 내재되어 있기 때문이다. 채권은 동일한 주체가 발행하더라도 발행일, 만기, 상환조건 등 발행조건에 따라 서로 다른 종목이 되므로 비표준화 특성을 가진 상품이다. 따라서 종목 수는 많으나 종목당 금액은 크지 않은 채권은 전통적으로 중앙 집중화된 거래소시장

---

38) 딜러란 자신이 직접 고객의 거래상대방이 되어 위험을 부담하면서 자기계정으로 채권거래를 하는 금융기관을 말한다. 딜러를 통해 거래가 이루어지는 딜러시장에서는 딜러가 자신이 제시한 호가에 따라 즉시 채권을 매매할 수 있는 장점이 있다. 딜러의 이익은 매도호가와 매수호가 간의 스프레드로 실현된다.

39) 브로커시장이란 투자자들이 거래상대방을 찾기 위하여 중개인(Broker)에게 매매를 위임하여 간접적으로 참가하는 형태이다. 브로커는 딜러와 달리 자기계정의 포지션을 갖지 않고 거래의 중개만을 담당한다. 자기 고객을 위하여 거래상대방을 찾아가서 거래가격을 협상하고 그 대가로 수수료를 받는다. 우리나라의 채권시장은 딜러 시장 중심으로 발달한 미국 및 유럽의 채권시장과는 달리 브로커시장 중심으로 발달하였다.

대신 장외시장에서 주로 거래되어왔다.

채권은 발행조건에 따라 서로 다른 종목이 되는 특성을 갖기 때문에 종목 수가 지나치게 많다. 개별 채권 종목별로 분할된 채권시장의 유동성은 극히 빈약하여 매수 및 매도 호가의 경쟁이 발생하기 어려운 상태가 된다. 즉 채권시장에서는 불특정 다수의 호가 간 경쟁을 바탕으로 하는 거래소의 경쟁매매 시스템이 원활히 작동하기 위한 최소한의 유동성 수준이 형성되지 못하는 경우가 일반적이다. 이러한 유동성 부족 상태에서는 거래상대방을 찾아주는 브로커 또는 유동성을 공급해 줄 수 있는 딜러의 기능이 필수적으로 요구되기 때문에 채권은 거래소를 중심으로 한 장내시장보다 브로커/딜러를 중심으로 한 장외시장에서 거래되는 것이 일반적이다. 이러한 장외시장 중심의 채권시장은 장내시장 중심의 주식시장에 비해서 시장 분할의 정도가 높아서 주식시장에 비해서 유동성, 투명성 및 효율성 수준이 낮은 것이 일반적이다.

(3) 매매거래 구조

채권은 주식과 달리 대규모로 거래되기 때문에 개인투자자보다는 금융기관이나 연기금 등 기관투자자 간의 대량매매가 많고, 기관투자자는 거래상대방 탐색비용을 줄이기 위해 브로커(증권회사)를 통한 상대매매(협의매매) 형태로 거래에 참여하고 있다. 장외채권시장에서는 증권회사 상호 간, 증권회사와 고객 간, 또는 고객 상호 간에 상장 및 비상장 채권 구분 없이 모든 채권이 거래대상이 된다. 장외시장은 거래 및 장소, 거래대상채권, 조건 등 거래소시장에서 표준화하여 거래하기 곤란한 채권에 유동성을 부여함으로써 다양한 채권의 유통 원활화에 기여하고 있다. 매매수량단위는 통상적으로 액면 100억원의 정수배이고, 매매거래시간은 특별한 제한이 없으나 일반적으로 현·선물 차익거래 및 위험회피거래(선물헷지) 등 선물시장과의 거래 연계 등 사유로 한국거래소 국채선물시장의 거래시간(08:00~15:45)을 전후하여 거래가 이루어진다.

대부분의 장외채권거래는 중개업무(brokerage)를 수행하는 증권회사를 통하여 이루어진다. 증권회사의 채권업무는 일반적으로 채권운용과 채권영업으로 구분된다. 채권운용은 증권사 고유 자금과 채권으로 투자자와 직접 거래하여 운용수익을 높이는 업무로서 자본시장법상 투자매매업에 해당하며, 채권영업은 고객의 채권 매도주문이나 매수주문을 접수한 후 이에 부합하는 거래상대방을 탐색하여 매매거래를 성립시켜 주고 중개수수료를 받는 업무로서 자본시장법상 투자중개업에 해당한다.

장외시장에서 증권회사가 연기금·은행·보험사·운용사 등 금융기관과 채권거래를 하는 경우 주로 채권거래전용시스템(K-Bond) 메신저, 전화, 보이스박스(Voice Box)라는 쌍방향 의사소통수단을 이용한다. 예를 들어 딜러(기관투자자)는 브로커(증권사)와 메신저를 통해 매매거래 정보를 실시간으로 주고받으며 거래하고자 하는 채권의 종류·가격 및 수량 등에 대해 메신저에서 1차 합의가 이루어지면 전화 등 유선상으로 채권정보와 결제 내역을 상호 확인한 후 매매를 최종 확정하는 거래구조를 가지고 있다.

(4) 장외 채권거래전용시스템(K-Bond)

(가) 의의와 도입경과

1) 의의

채권거래전용시스템(K-Bond)은 장외 채권 매매 및 중개업무를 위하여 호가정보 등을 탐색하거나 거래상대방과 협상하는 것을 지원하기 위해 협회가 운영하는 전자시스템을 말한다. 즉 K-Bond는 채권 장외시장에서 가격발견기능과 거래 효율성을 향상시켜 장외 채권거래의 규모와 유동성을 높이기 위해 협회가 기존 장외 채권거래전용시스템인 프리본드(2010년 4월 도입)를 재구축하여 2017년 7월 오픈한 장외거래 지원 시스템이다. K-Bond는 호가 클라이언트 및 메신저(대화방 기능 포함)를 구성요소로 하며, 채권의 장외거래 (중개) 업무를 위한 호가정보 등의 탐색 및 거래상대방과의 협상, 채무증권의 모집·매출 시 수요예측 등 가격발견기능 등을 지원한다.

2) 도입경과

과거 장외에서는 브로커들이 야후(Yohoo) 메신저 등 일반 온라인 메신저의 1:1 채팅이나 비공개 대화방을 통해 채권을 거래함으로써 투명성과 효율성이 떨어지는 문제가 있었다. 또한 메신저에 장애가 발생할 경우 전체 장외채권시장이 마비되는 일도 종종 발생하였다. 이에 금융위원회는 2009년 10월 "채권 유통시장 개선방안"에서 협회의 채권 장외 호가집중시스템(BQS)을 개선하여 사설 메신저를 대체하는 방안을 발표하였고, 2010년 4월 장외 채권거래 전용시스템인 프리본드(FreeBond)가 개발되어 가동되었다.

프리본드는 1:1 및 1:N[40] 대화 기능과 대화내용 저장 기능 등을 제공하는 "FB메신저"와, 실시간 호가정보, 주문, 거래 협의 및 확정, 분석 및 보고기능 등을 지원하는 "Trading Board"로 구성되어 채권거래에 특화된 서비스를 제공하고자 하였다. 협회는 프리본드를 채권시장 종사자들만 이용할 수 있도록 사전등록·신고를 받고, 금융투자회사의 영업 및 업무에 관한 규정에 따라 시스템을 운영하였다.

그러나 도입취지와는 달리 브로커들은 여전히 프리본드의 메신저 기능만을 이용하여 협의매매를 계속하였고, 다수 참가자의 동시접속에 의한 메신저 장애도 지속적으로 발생하는 문제가 생겼다. 이에 협회는 2017년 9월 프리본드의 서버 용량을 확대하여 안정성을 강화하고 메신

---

40) 하나의 대화창에서 다수(N) 사용자가 전송한 메시지 내용을 볼 수 있고 동시에 메시지를 전송할 수 있는 기능을 한다.

제 2 장 금융시장 **601**

저에 편리한 기능을 추가하여 이용자의 편의를 증대하도록 시스템을 재구축하고 K-Bond라 명명하였다.

(나) 온라인 메신저

K-Bond의 메신저는 다수의 참여자들이 매매의사를 밝히거나 호가를 제시하는 대화방 기능, 당사자 간의 호가 협상을 위한 1:1 및 1:N 메신저 기능, 개별 대화창을 드래그하여 한 곳에 볼 수 있도록 정렬하는 M보드 기능 등을 제공한다.

메신저에는 국고채·통안채 위주의 대화방, 단기채·크레딧 위주의 대화방 등이 상시 개설되어 있으며, 주로 특정 채권 종목이나 특정 조건을 만족하는 채권에 대한 잠재적 매수·매도자를 탐색하거나 호가를 제시하는 용도로 사용된다. 거래당사자는 거래를 확정한 후 중요한 개별 정보를 다시 전화나 모바일 메신저(텔레그램 등)를 통해 주고받는다.

장외에서 채권을 거래하는 시장참가자들은 해외에 비해 국내 채권시장이 상대적으로 채권시장 종사자 수가 적고, 발행되는 채권의 규모가 작으며, 딜링(자기매매)을 위한 재고보유가 작은 브로커 시장 위주로 발달하였기 때문에 메신저를 통한 협의매매 방식이 효율적인 측면도 있다며 선호하는 경향이다.

(다) 장외 호가집중제도

장외 호가집중제도란 채권거래 금융투자회사가 장외에서 거래하는 모든 채권에 대한 호가 정보를 협회에 실시간으로 보고하여 한 곳에 집중하고, 협회는 이를 실시간으로 시장에 공시하는 제도를 말한다.

(라) 수요예측 시스템

K-Bond는 공모 회사채 발행시장을 지원하기 위한 수요예측 시스템을 제공한다. K-Bond의 사용이 의무화된 것은 아니지만, 2012년 수요예측 시스템 제도 도입 당시 금융당국에서 새로운 전용시스템을 개발하는 대신 기존의 프리본드 시스템을 활용하도록 권고함으로써 현재와 같이 모든 공모 회사채 수요예측이 K-Bond에서 이루어지게 되었다. 수용예측 시스템은 크게 수요예측 등록 → 수요예측 참여 → 배정 → 통지 등의 단계별로 관련 기능 화면을 제공한다.

(마) 장외채권거래 선호요인

채권을 거래하는 기관투자자들이 장외시장을 선호하는 이유는 거래의 익명성 보장, 거래의 유연함, 가격탐색기능 활성화 등이 있다.

ⅰ) 기관투자자들은 거래의 익명성을 보장받기 위해 장외시장에 참여한다. 장외채권시장에 참여하는 기관투자자들은 자신의 거래포지션이 시장에 노출되어 채권가격에 영향을 미치는 것을 피하고, 거래전략을 보호받기 위해 주로 장외거래를 이용하게 된다. 메신저를 이용한 브로커 위주의 상대거래 방식인 장외거래의 특성이 거래정보의 보안 유지에 적합하다고 판단하

기 때문이다.

ii) 상대적으로 거래의 유연성이 있다. 장외채권거래는 거래절차가 비교적 간소하며, 별도의 체결행위 없이 메신저 거래확정 내역을 결제부서(Back Office)에 전달하는 것으로 거래당사자의 매매행위가 종결된다. 체결 이후 정정 및 취소가 불가능한 장내거래에 비해 거래정정의 유연성도 좋다. 장외에서는 주문 실수가 있었을 경우 체결 이후라도 예탁결제원의 결제가 이루어지기 전까지 거래상대방의 동의만 있다면 수량 또는 가격의 정정이 가능하다. 다만 거래시장 안정성 유지 및 거래상대방으로서의 신용도·평판 등을 고려하여 정정 이외의 취소는 거의 없는 상황이다.

iii) 유동성이 부족한 상품에 대한 가격발견기능이 우수하고 탐색비용이 낮다. 브로커를 통한 장외에서의 거래상대방 탐색이 활성화되어 거래소시장에서 확보하기 어려운 채권들도 네트워크를 활용한 물량 확보가 가능하다. 유동성이 부족한 시장에서는 거래 부족으로 인해 적정한 가격을 발견하지 못하는 경우가 많은데, 이때 딜러(또는 거래상대방)와의 우호적인 관계를 바탕으로 수량 및 가격 협의를 통해 가격발견을 통한 거래 창출이 가능하다.

제4절 외환시장

★ 매일경제 2024년 11월 21일

원화값 1400원대 재진입? 힘 받는 달러 강세

한동안 1390원대를 지키던 달러당 원화값이 1,400원대 재진입을 코앞에 두고 있다. 러시아와 우크라이나를 둘러싼 지정학적 불확실성이 커지면서 안전자산으로 여겨지는 달러가 강세를 보였기 때문이다. 미국 연방준비제도(Fed·연준)가 기준금리 인하 속도를 늦출 가능성이 커졌다는 점도 달러 강세와 원화의 상대적인 약세를 이끌었다.

21일 서울외환시장에 따르면 이날 오전 원화값은 1,398원 후반대와 1,390원 후반대 사이에서 소폭 등락을 반복하고 있다. 전일 오후 3시30분 종가는 1,390.9원이었는데, 이날 개장 때는 그보다 훨씬 낮은 1,399원으로 출발한 데 이어 얼마 지나지 않아 1,399.9원까지 급락했다. 이날 새벽 2시에는 종가 1,400.9원을 기록하며 1,400원을 뚫기도 했다.

원화값이 급격히 떨어진 데는 러시아와 우크라이나를 중심으로 지정학적 긴장감이 커진 상황이

영향을 미친 것으로 보인다. 지난 19일(현지시각) 우크라이나가 미국이 지원한 장거리 미사일로 러시아 본토를 공격했다. 이에 러시아는 핵무기 사용 조건을 완화하는 방식으로 우크라이나를 핵 공격 대상에 포함했다.

미 연준의 금리 인하 속도 조절 가능성도 원화값을 하락시킨 원인이 됐다. 미셸 보먼 연준 이사는 20일(현지시각) "중립금리가 팬데믹 이전보다 훨씬 더 높을 것"이라며 "추가 금리 인하를 신중하게 진행해야 한다"고 발언했다.

리사 쿡 연준 이사 역시 "상황에 따라 금리 인하를 잠시 멈추거나 더 빠르게 금리를 내릴 수도 있다"며 금리 인하 속도를 늦출 수 있음을 시사했다. 이후 연준의 12월 금리 동결 가능성은 지난달 22%에서 이날 46%대로 급등했다. 이는 달러 강세를 부추기는 요인으로 작용했다.

Ⅰ. 외환시장의 의의와 구조

1. 외환시장의 의의

(1) 외환시장의 개념

외환시장(FX market)은 상품, 용역, 금융자산의 국제거래로 인해 발생하는 외환(또는 외국환, 이하 양자를 호환적으로 사용한다)을 다른 통화표시 외환으로 교환하는[41] 매매시장이며 시장 참여자는 환율변동에 따른 환리스크를 부담하게 된다.

외환시장은 좁은 의미에서 외환의 수요와 공급이 연결되는 시장을 의미하나, 넓은 의미에서는 외환거래의 형성 및 결제 등 외환거래와 관련된 일련의 메커니즘을 포괄한다. 외환시장은 두 통화간 매매가 수반되고 환율이 매개변수가 된다는 점에서 금리를 매개변수로 하여 외환의 대차거래가 이루어지는 외화자금시장(foreign currency money market)[42]과는 구별되나 넓은 의미로는 외환시장에 외화자금시장이 포함되는 것으로 볼 수 있다.

외환시장과 외화자금시장은 서로 다른 개념이지만 서로 독립적으로 완전하게 별개의 양상을 보일 수는 없다. 외환시장은 "환율"을 매개로 두 통화간 교환이 이루어지는 시장이며, 외화자금시장은 "금리"를 매개로 외국통화의 대차가 이루어지는 시장이다. 다시 말하면 외환시장은

---

41) 포괄적 외환시장은 외국통화와 자국통화간 거래와 외국통화간 거래를 모두 포함하며, 이종통화간 거래는 시장에서 통상 외국통화간 FX거래를 지칭하므로 원/달러 외환시장만을 의미하는 설명이 아니기 때문에 이같이 표현하였다.

42) 외화자금시장에는 외환 및 통화 스왑시장도 포함된다. 외환 및 통화 스왑거래는 법적으로는 외환의 매매 형식을 취하고 있으나 경제적 실질면에서는 금리를 매개로 하여 여유통화를 담보로 필요통화를 차입하는 것이므로 자금대차거래라고 볼 수 있다.

환율을 기준으로 외국환을 매매하는 시장이고, 외화자금시장은 금리를 기준으로 외화자금의 대차가 이루어지는 대차시장이다. 두 시장 모두 외국통화라는 특수하며 개념적으로 복잡성을 띈 자산이 거래되며, 두 시장이 서로 독립적으로 움직이지는 않으며 강한 연계성을 갖고 작동하고 있다.

세계 대부분의 국가는 자신의 통화를 가지고 있다. 국가간의 무역은 서로 다른 통화의 상호 교환을 수반한다. 현금통화와 특정 통화로 표시된 은행예금의 거래는 외환시장에서 이루어진다. 외환시장이란 서로 다른 통화, 즉 이종통화간의 거래가 이루어지는 시장으로서 현재 국제 외환시장은 호주 외환시장에서부터 뉴욕 외환시장에 이르기까지 24시간 체제로 거래되고 있다. 외환시장은 수백 명의 딜러(대부분 은행)가 외국통화로 표시된 예금을 매입하고 매도하는 장외시장의 형태로 조직되어 있다. 딜러들은 항상 전화와 컴퓨터로 접속되어 있기 때문에 외환시장은 매우 경쟁적이다. 우리나라의 경우 달러/원 현물환 거래를 할 수 있는 금융기관은 대부분 시중은행, 지방은행, 외국계은행이고 일부 증권회사가 참여하고 있다. 달러/원 현물환의 거래는 서울외국환중개와 한국자금중개가 당국으로부터 거래허가를 받아 중개를 하고 있으며, 각 딜러들은 양 중개사가 제공하는 단말기를 설치하고 동 단말기를 통해 주문을 내거나 올라와 있는 주문을 보고 거래를 체결시킨다.

(2) 외환시장의 기능

외환시장은 국가경제에서 다음과 같은 기능을 한다.

(가) 구매력 이전기능

외환시장은 한 나라의 통화로부터 다른 나라 통화로의 구매력 이전을 가능하게 한다. 예를 들어 수출업자가 수출대금으로 받은 외화를 외환시장을 통하여 자국통화로 환전하면 외화의 형태로 가지고 있던 구매력이 자국통화로 바뀌게 된다.

(나) 청산기능

외환시장은 무역 등 대외거래에서 발생하는 외환의 수요와 공급을 청산하는 역할을 한다. 예를 들면 외환의 수요자인 수입업자나 외환의 공급자인 수출업자는 환율을 매개로 외환시장을 통하여 그들이 필요로 하는 대외거래의 결제를 하게 된다. 이러한 외환시장의 대외결제 기능은 국가간 무역 및 자본거래 등 대외거래를 원활하게 해준다.

(다) 국제수지 조절기능

변동환율제도에서는 환율이 외환의 수급 사정에 따라 변동함으로써 국제수지의 조절기능을 수행하게 된다. 즉 국제수지가 적자를 보이면 외환의 초과수요가 발생하므로 자국통화의 가치가 하락(환율상승)하는데, 이 경우 수출상품의 가격경쟁력이 개선되어 국제수지 불균형이 해소될 수 있다.

(라) 환위험 대처기능

외환시장은 기업이나 금융기관 등 경제주체들에게 환율변동에 따른 환위험을 회피할 수 있는 수단을 제공한다. 경제주체들은 외환시장에서 거래되는 선물환, 통화선물, 통화옵션 등 다양한 파생상품거래를 통하여 환위험을 헤지할 수 있다. 아울러 외환시장에서는 투기적 거래도 가능하며 이를 통해 환차익을 얻거나 환차손을 볼 수 있다.

(3) 외환시장의 특징

외환시장은 다음과 같은 특징을 보인다.

(가) 범세계적 시장이며 24시간 시장

지리적 시차로 거래시간이 중복되어 연결됨으로써 세계 전체적으로는 하루 종일 종장(close)이 없는 "해가 지지않는 시장"이다. 외환시장은 외환규제의 완화 및 정보통신기술의 발달에 힘입어 전세계를 아우르는 시장이 되고 있으며, 국제 외환시장은 호주 외환시장에서부터 뉴욕 외환시장에 이르기까지 24시간 체제로 거래되고 있다. 각국의 화폐가 교환되는 곳이 바로 외환시장이다. 세계 3대 외환시장으로는 런던·뉴욕·도쿄시장을 꼽을 수 있다

(나) 장외시장이며 제로섬시장

외국환거래는 거래소를 중심으로 한 장내거래보다는 전화나 컴퓨터 단말기를 통한 장외거래가 대부분을 차지하며, 외환시장은 승자와 패자가 공존하는 시장, 즉 제로섬 게임(Zero Sum Game)의 성격이 강한 시장이다. 외환시장 참여자 사이에서 한쪽에서 환차익을 보면 다른 한쪽에서는 반드시 이에 상응하는 환차손을 보게 되어 있다. 이는 중앙은행이 외환시장에 개입하는 경우[43]에도 마찬가지이다.

(다) 도매시장이며 이중가격시장

소규모의 개인간 거래보다는 대규모의 은행간 거래가 전체거래의 90% 이상을 차지하며, 우리 외환시장의 경우 최소 거래단위가 100만 달러(100만 달러 단위로 추가)이지만 뉴욕 등의 외환시장은 최소 거래단위가 100만 달러(표준 거래단위가 약 500만 달러)에 이르는 도매시장의 특징을 갖는다. 또한 이중가격시장(two way market)으로 매도율(offer rate)[44]과 매입율(bid rate)[45]

---

43) 중앙은행은 주로 외환수급의 불균형이 발생하여 환율의 불안정성이 발생하거나 환율이 적정 수준에서 벗어나 경상수지에 악영향을 미치는 경우 환율의 안정과 적정 수준의 유지라는 정책적 목적을 위해 외환시장에 개입한다. 중앙은행이 외환시장에 개입하는 방식은 환율제도의 형태에 따라 그리고 자본 및 금융시장의 개방 정도에 따라 다르게 나타날 수 있다.

44) 매도율(offer rate, ask rate)은 은행이나 외환딜러가 외환을 고객에게 매도하는 가격을 말한다. 고객의 입장에서는 매입하는 가격이 된다.

45) 매입률(bid rate)은 은행이나 외환딜러가 외환을 고객으로부터 매입하는 가격을 말한다. 고객의 입장에서

두 가지 환율이 동시에 고시되는 시장이다.[46]

(라) 금융거래시장

전체 외환거래 중 무역이나 직접투자 등 실물경제와 관련된 비중은 미미하며, 대부분 금융거래에 속하는 것으로 파악되고 있다. 정확한 통계는 알 수 없으나, 통상 시장에서는 실수요 관련 거래가 30%, 투기적 거래가 70% 비율이라는 얘기가 있는데, 실물경제 관련 거래 비중은 적은 편이다.

2. 외환시장의 구조

(1) 외환시장 참가자

외환시장에는 기업이나 개인 등 고객, 외국환은행, 외국환중개회사(외환중개인), 중앙은행 등이 다양한 목적을 위하여 참가하고 있다.

(가) 고객

고객이란 수출입거래 또는 금융거래를 하는 기업이나 해외여행을 하는 개인 등 재화 및 서비스 거래를 위하여 외환시장에 참가하는 자를 말한다. 수출업자들은 수출대금을 국내통화로 환전하기 위하여 외환시장에 참여하고, 수입업자들은 수입대금을 지불하기 위하여 외환시장에 참여한다. 또한 외국인들이 국내주식을 매입하는 경우에도 외환시장에서 국내통화로 환전해야 하며, 내국인들이 외국주식을 매입하는 경우에도 외환시장에 참가한다. 이와 같이 외환시장에서 는 다양한 목적을 가진 참가자들이 있으며, 이들이 외환에 대한 수요와 공급을 나타낸다.

수출업자들은 외환의 공급자 역할을 하는 반면 수입업자들은 외환의 수요자에 해당된다. 또한 해외여행객이 자국통화를 여행국 통화로 환전하게 되면 외환시장에서 외환을 필요로 하는 수요자가 된다. 수출기업이나 해외여행객 등은 환율변동에 따른 단기적인 환차익을 획득하기 위해 외환거래를 하기보다는 무역거래나 해외송금, 여행 등 경제활동의 필요에 의해 외환의 공급자와 수요자 역할을 하므로 외환의 실수요자라고 할 수 있다.[47] 정부 또한 외환정책을 담당하는 외환당국을 제외하고는 대외거래를 위하여 고객으로서 외환시장에 참가한다.

(나) 외국환은행

외환시장과 외화자금시장의 핵심 주체는 외국환은행이다. 두 시장의 연계성이 강하기 때문이다. 외환시장에서의 외국환의 매도 또는 매입을 필요로 하는 은행 이외에 다양한 주체, 즉 개인, 기업, 금융투자업자, 보험회사, 외국인투자자 등이 있으나 외환시장에서 주요 주체는 은

는 매도하는 가격이 된다.

46) 이중가격제시(two way quotation)는 [매입율(bid Rate) - 매도율(offer Rate)]의 형태로 매입가격과 매도 가격을 동시에 고시하는 것을 말한다(예: USD/KRW 1,205.10 - 20).

47) 환차익 획득을 위한 투기적 거래를 주로 하는 헤지펀드도 외환시장의 고객으로 볼 수 있다.

행 및 외국은행 국내지점을 포함한 외국환은행이 외환딜러로서 거래의 중추적 역할을 수행하고 있다. 금융투자업자는 투자매매업자, 투자중개업자, 투자일임업자, 신탁업자가 외국환업무를 취급업무별로 수행하고 있으나 외국환은행에 비하여 제한적이다.

외국환은행은 고객과의 외환거래에 있어 거래상대방으로서의 역할을 할 뿐만 아니라 대고객거래 결과 발생하는 은행 자신의 외국환포지션(외화자산-외화부채) 변동을 은행간 (장외)시장[48]을 통하여 조정하는 과정에서도 적극적으로 외환거래를 하게 된다. 외국환은행은 환율전망을 바탕으로 환차익을 얻기 위한 외환거래도 활발하게 하고 있다. 특히 대형은행의 경우 외환시장에서 시장조성자로서의 역할을 수행하는데, 전세계 외환시장에서 특정 통화에 대한 매입가격과 매도가격을 동시에 제시(two way quotation)하면서 24시간 외환매매를 하고 있다. 이들이 제시하는 매도가격과 매입가격의 차이인 스프레드는 은행들의 수입원이 되는 동시에 외환시장 내 가격결정을 선도해 나가는 역할을 하고 있다.

외국환은행은 외국환거래법에 따라 모든 외국환업무를 취급할 수 있다. 다만, 외국환거래법상 외국환은행에 대하여는 외국환의 매입 및 매도 포지션에 한도를 제한하는 등의 규제가 있으며, 외환시장 거래로 인한 외국환 순포지션 상쇄를 위한 원화 또는 외화 자금을 외화자금시장에서 조달해야 하므로 두 시장의 연계성은 강할 수밖에 없다.

외환 딜러(dealer)는 은행 등에 소속되어 외국환, 증권, 파생상품 등을 전문적으로 거래하는 자를 말한다, 미국에서는 트레이더(trader)라고도 한다. 딜러는 소속기관으로부터 거래한도, 책임 및 권한 등을 위임받아 자신의 의도에 따른 포지션 및 위험을 보유한다. 또한 거래하는 자산의 시장조성(market making)을 위해 지속적으로 거래에 참여한다. 이에 비해 브로커는 딜러 또는 고객의 주문을 받아 장내시장 또는 장외사장에서 거래를 체결하며 수수료를 받는 중개업무를 주로 영위하는 자를 말한다.

(다) 외국환중개회사(외환중개인): 외환 브로커

외환중개인(foreign exchange broker)은 중개수수료[49]를 받고 은행간 거래를 중개해주는 자를 말한다. 외환매매거래를 하는 은행들은 전세계 외환시장에서 시시각각으로 형성되는 최적의 매도·매입 가격을 파악하는 데에는 시간과 비용이 많이 드는 데다 한 은행이 특정 거래상대방과 직접거래를 할 경우 자기 은행의 포지션이 거래상대방에게 노출될 수 있다. 따라서 은행들은 중개수수료를 지불하고 외국환중개회사가 제공하는 정보를 바탕으로 외환매매거래를 하게 된다. 외환중개인은 은행들이 제시하는 매입환율과 매도환율을 다른 은행에 실시간으로

---

48) 국내은행은 고객과의 외환파생상품거래시 통상 당일 중으로 다른 외국환은행과 반대거래를 함으로써 고객과의 거래에서 노출된 위험을 헤지한다.
49) 외국환중개회사의 중개수수료 수준에 대한 제한은 없으나 중개회사가 중개수수료를 결정하거나 변경할 경우 한국은행에 보고하도록 되어 있다.

제공하는 중개업무만을 하고 외환거래를 직접 행하지 않기 때문에 환위험에 노출되지 않으며 중개에 따른 수수료 수입만을 얻는다는 점에서 은행과 상이하다.

외국환중개회사는 2002년 10월부터 기존 방식인 전화주문과 함께 전자중개시스템(EBS: Electronic Brokering System)을 통해서도 거래주문을 접수하고 있다. 전자중개시스템은 외국환은행의 딜러가 전용단말기를 이용하여 직접 매매주문을 입력하면 중개회사의 전산망을 통해 거래가 자동적으로 체결되는 외환거래 방식이다. 이 방식은 전화주문 폭주시의 주문지연 현상을 해소하고 딜러가 직접 주문을 입력함으로써 전화통화 과정에서 발생할 수 있는 착오를 방지할 수 있는 장점이 있다. 반면 중개회사를 경유하지 않는 은행간 직거래는 주로 로이터(Reuters) 단말기의 딜링 머신 등을 통해 딜러간 가격 및 거래조건이 결정된다.

(라) 중앙은행

각국의 중앙은행은 자국 및 세계의 외환시장의 동향을 항상 모니터링하고, 인위적으로도 환율을 안정시킬 필요가 있을 때에는 직접 매매에 참여하기도 함으로써 시장참여자가 된다. 예를 들어 외환시장에서 환율이 지나치게 빠른 속도로 하락(상승)할 경우에는 외환시장 안정을 위하여 자국통화를 대가로 외환을 매입(매도)한다. 또한 외환보유액(대외지급준비자산)의 운용, 정부 외환거래의 대행, 국제기구와의 외환거래를 위해서도 중앙은행은 시장에 참여한다.

외환시장의 구조는 아래와 같다.

외환시장의 구조

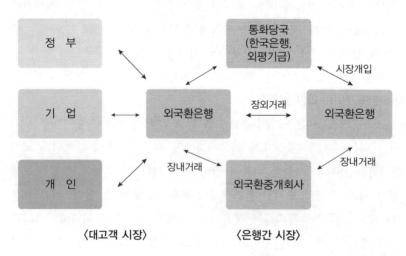

(2) 외환시장의 구분

(가) 장외시장과 장내시장

1) 장외시장

외환시장은 수백 명의 딜러(대부분 은행)가 외국통화로 표시된 자금을 매입하고 매도하는 장외시장의 형태로 조직되어 있다. 장외 외환시장은 거래당사자에 따라 은행간시장과 대고객시장으로 구분할 수 있다.

가) 은행간시장

은행간시장은 좁은 의미에서의 외환시장을 의미하는 것으로 도매시장의 성격을 갖는다. 은행간시장은 외환중개인이 외환거래를 중개하여 은행간 거래가 이루어지거나 또는 외환중개인 없이 은행간 직거래가 이루어지는 도매시장이다. 중앙은행이 외환거래를 하여 시장개입을 하는 경우도 은행간시장을 통하여 이루어진다.[50]

외국환중개회사를 통한 은행간시장의 거래 방법 및 절차를 살펴보면 우선 거래시간은 매일 오전 9시부터 다음날 오전 2시까지이다. 거래통화[51]는 미달러화 및 중국 위안화[52]이고 거래금액은 각각 최소 100만달러 및 100만위안이며, 거래단위는 100만달러 및 100만위안의 배수이다. 거래주문가격의 단위금액은 원/달러 거래의 경우 10전 단위, 원/위안 거래의 경우에는 1전 단위이고, 결제일은 익익일물결제(value spot)로 되어 있다. 한편 외환시장 거래관행은 은행, 중개회사 등 외환시장 참가기관의 자율운영기구인 서울외환시장운영협의회에서 논의를 거쳐 개선되고 있다.[53]

나) 대고객시장

대고객시장은 일종의 소매시장 성격을 가지며 은행, 개인, 기업 등 고객간의 외환거래가 이루어지는 시장을 말한다. 대고객거래의 결과 은행들은 외국환포지션에 변동이 발생하며 은행간시장을 통해 이를 조정하는 과정에서 대고객시장과 은행간시장의 연계가 이루어진다. 예를 들어 기업이 수출대금으로 1억달러를 해외로부터 수취하였다고 가정해 보자. 이 기업은 수

---

50) 외환중개인의 경유 여부와 상관없이 외환거래를 거래소에서 이루어지는 경우와 그렇지 않은 장외거래로 구분할 수 있는데 외환거래는 통화선물거래, 통화옵션거래 등 일부를 제외하고는 장외거래 형태를 띠고 있다.

51) 우리나라는 1996년 원화와 엔화간의 거래를 위해 원/엔 시장을 개설하였으나 유동성 부족으로 1997년 1월 이후 거래가 자연적으로 소멸되었다

52) 2014년 12월 1일 원/위안 직거래시장이 개설되었다.

53) 서울외환시장운영협의회는 「외환시장 거래관행 개선조치」(2002년 8월)에 따라 원/달러 현물환거래의 최소 거래금액 50만달러, 거래단위 10만달러의 배수에서 최소 거래금액 100만달러, 거래단위 50만달러의 배수로 상향조정하였으며, 현물환거래의 결제일도 종전의 당일물(value today), 익일물(value tomorrow) 및 익익일물(value spot) 결제로 세분화되어 있던 것을 국제관행에 따라 익익일물결제로 일원화하였다. 이후 「외환시장 선진화를 위한 제도 및 관행 개선」(2013년 11월)에 따라 거래불편, 국제관행 등을 고려하여 현물환 거래단위를 50만달러에서 100만달러로 상향조정하였다.

출대금을 국내에서 사용하기 위해 대고객시장에서 외화를 은행에 매도하고 원화를 수취하게 된다.54) 이 경우 은행은 외화자산이 1억달러 늘어나게 되므로 외국환포지션이 양(+)의 방향으로 증가하여 매입초과포지션 상태가 된다. 만약 원화가치가 상승(환율하락)하면 환차손을 입게 되므로 은행은 외국환포지션이 일정 한도 이상으로 증가하지 않도록 외국환포지션을 조정하는데 은행간시장에서 보유하고 있는 외화자산을 매도함으로써 외국환포지션 변동에 따른 환위험을 최소화한다.

2) 장내시장

은행간시장 및 대고객시장으로 구성된 장외 외환시장 이외에 한국거래소의 통화상품 거래, 장외 FX 마진거래까지 외환시장 거래라 할 수 있으며, 이들 시장을 기타 외환시장으로 분류하기도 한다. 한국거래소 파생상품시장의 통화상품인 미국달러선물, 엔선물, 유로선물, 위안선물, 미국달러옵션이 거래되는 외환시장을 장내 외환시장이라고 한다.

(나) 현물환시장과 선물환시장

외환시장은 거래형태에 따라 현물환시장(FX Spot Market)과 선물환시장(FX Forward Market: 선도환시장으로도 불림)으로 구분된다. 현물환시장이란 외환매매계약과 동시에(거래일+2영업일 이내 결제) 외환의 거래(즉 인수·인도 및 결제)가 이루어지는 시장이며, 선물환시장은 외환매매계약을 체결하고 나중에(거래일+2영업일 초과 결제) 외환의 거래가 이루어지는 시장을 말한다.

(다) 외화자금시장

외화자금시장은 통상 90일 이내의 외화콜 시장과 90일 초과-1년 이내의 단기물 시장을 통칭하며, 외환스왑(FX Swap)과 통화스왑(Currency Swap) 시장이 넓은 의미의 외화자금시장 범주에 포함된다.

외화자금시장은 금리를 매개변수로 하여 대출과 차입 등 외환의 대차거래가 이루어지는 시장을 말한다. 대표적인 외화자금시장으로는 스왑(외환 및 통화스왑)시장이 있다. 스왑거래의 경우 외환의 매매형식을 취하고 있으나 실질적으로는 금리를 매개로 하여 여유통화를 담보로 필요통화를 차입한다는 점에서 대차거래로 볼 수 있다.

(라) 통화선물시장과 통화옵션시장

통화선물시장은 선도(물)환시장의 거래를 활성화시키고 표준화하기 위하여 탄생하였는데 주가지수선물시장이 주가지수에 연동하여 움직이는 시장이라면 통화선물시장은 환율에 연동하여 움직이는 시장이다. 통화옵션시장은 환율의 불리한 변동으로부터 보호받는 동시에 환율의

---

54) 수출기업은 은행에 외화를 매각하지 않고 거주자외화예금의 형태로 금융기관에 예치할 수도 있다. 이 경우 수출대금으로 벌어들인 외화가 은행간시장에 공급되지 않기 때문에 당장은 환율하락 요인으로 작용하지 않는다.

유리한 변동으로 말미암은 이익을 동시에 실현시킬 수 있는(물론 이런 장점 때문에 통화옵션을 살 경우 프리미엄이라는 대금을 지불) 시장으로 그 원리면에서는 기타의 다른 옵션시장과 동일하다.

(마) 국제 자금시장과 국제 자본시장

국제 자금시장은 일반적으로 만기일이 1년 이내의 금융자산이 거래되는 시장이다. 예를 들어 환매조건부채권(RP), 양도성예금증서(CD), 단기재정증권(T-Bill), 은행인수어음(BA), 기업 어음(CP) 등의 단기금융자산이 거래되는 시장이다. 국제 단기금융시장이라고도 한다. 국제 자 본시장은 일반적으로 만기일이 1년 이상의 금융자산이 거래되는 시장으로 국제 주식시장과 국 제 채권시장이 있다. DR, 유로채, 외국채, 신디케이트대출(syndicated loan) 등이 거래되는 시장 이다.

(3) 외환시장과 외국환

외국환(외환)은 외환시장에서 거래되며, 국내 자금시장과 국제 금융시장을 상호 연결시켜 주는 역할을 한다. 국내 자금시장에서 자금을 조달·운용하여 외환시장에서 필요한 외환을 매 입하거나 매도할 수 있으며, 국제 금융시장에 외화로 투자하거나 외화를 조달하게 된다. 이렇 게 연결된 국제 금융시장에서 유통되는 통화의 금리 변화에 따라 자금의 유입과 유출이 발생 하게 된다. 반면 외환시장에서는 외환이 자국통화를 기준으로 한 환율에 의하여 거래되며, 환 율과 금리의 변동에 따라 외국통화의 상대적 가치인 환율이 변동하게 되며, 이러한 환율의 변 동에 따라 환위험이 발생한다.

국제간 교역이나 금융행위로 인하여 발생한 채권·채무를 결제할 때 사용하는 외환으로 대표적인 것이 국제기축통화, 금, 외국환어음이다. 여기서 외국환어음은 교환성 통화인 국제통 화로 표시되어야 한다. 왜냐하면 외국통화로 표시된 채권·채무라고 해서 모두 외환이라고 할 수 없기 때문이다. 또한 외국환어음은 환어음으로서 환어음의 당사자들 중에 한 사람이 외국에 소재하고 있는 경우에 발생한다. 즉 환어음의 당사자들 중에 한 사람이 비거주자로 되어 있고, 환어음의 발행지나 지급지가 외국으로 되어 있으며, 외화로 표시되어 있는 어음을 말한다. 외 국환어음은 주로 무역의 결제업무에 이용되고 있다.

II. 현물환시장 및 선물환시장

1. 개요

원화는 아직 국제화되지 않았기 때문에 원화의 실물 인수도가 일어나는 현물환 및 선물환 이 매매되는 통화시장은 우리나라 외환시장에 국한되며, 현물환 및 선물환 시장은 외국환거래

법상 외국환은행이 외환딜러로서 역할을 수행하는 딜러시장 또는 은행간시장을 근간으로 발달
되어 왔다. 원화의 실물 인수도가 일어나는 외환거래는 현물환거래와 선물환거래이다. 선물환
이라는 용어는 한국거래소의 장내 선물과 혼동할 수 있으나 선물환은 장외시장의 선도환임을
유의할 필요가 있다.

현물환을 현물(spot)로, 선물환을 선물(futures)로 이해해서는 아니 된다. 현물환 및 선물환
거래는 반드시 원화와 외환의 실물 인수도가 수반된다. 현물환계약과 선물환계약은 엄밀하게
는 선도계약(forward)이다. 현물환거래는 인도·결제일이 매우 가까운 선도거래(2일 이내)이며,
선물환거래는 인도·결제일이 비교적 먼 선도거래(3일 이후)이다. 현물환거래에서 T일 계약이
체결되면, 당일물은 T일, 익일물은 T+1일, 익익일물은 T+2일 결제되며, 익익일물이 국제표준
이다. 선물환거래에서 T일 계약이 체결되면 T+2+s(s>0)일 결제되는데, 주로 1개월물 T일+2
일+1개월 결제일 거래가 주종을 이루고 있다.

현물환 및 선물환 거래는 장외거래로 중간에서 강제적으로 결제를 이행 및 보장해 주는
기관이 없어 결제불이행위험, 즉 거래상대방위험에 노출되며, 이에 서로 전적으로 신뢰할 수
있는 당사자들끼리 거래하고 있다. 따라서 통화시장은 역사적 경험과 전통을 바탕으로 서로 신
뢰할 수 있는 참가자들만의 시장인 딜러시장의 형태로 발달하게 되는 것이 일반적이다.

2. 현물환시장

(1) 의의

우리나라의 경우 달러/원 현물환거래를 할 수 있는 금융기관은 대부분 시중은행, 지방은
행, 외국계은행이고 일부 증권회사가 참여하고 있다. 달러/원 현물환의 거래는 서울외국환중개
와 한국자금중개가 당국으로부터 인가를 받아 중개를 하고 있으며,[55] 딜러들은 양 중개사가
제공하는 단말기를 설치하고 동 단말기를 통해 주문을 내거나 올라와 있는 주문을 보고 거래
를 체결시킨다.

현물환거래란 계약일로부터 2영업일 이내에 외환 및 원화의 인수도와 결제가 이루어지는
외국환거래이다. 계약일은 거래당사자간 거래금액, 만기, 계약 통화 등 거래조건이 결정되는
일자를 말하며, 결제일은 거래계약 후 실제로 외환의 인수도와 결제가 일어나는 일자를 의미한
다. 계약 당일에는 거래당사자간 거래금액, 만기, 통화 등 계약조건이 결정될 뿐 실제 자금이동
은 결제일까지 일어나지 않는다. 은행간시장에서 외국환중개회사를 경유한 거래가 현물환거래
의 가장 일반적인 형태이다.

현물환거래는 외환시장에서 가장 일반적이며 기본적인 거래로서 결제일의 통화간 교환비

---

55) 현물환 중개 인가기관은 2개사(서울외국환중개, 한국자금중개)이다.

율을 나타내는 현물환율은 외환시장의 기본 환율로 여타 환율 산출시 기준이 된다. 현물환시장의 가격인 현물환율은 현물환의 수요와 공급에 의해 변동한다.

(2) 익익일물 계약의 거래과정

계약체결과 동시에 외환 및 원화의 인수도·결제가 일어나는 거래를 당일물, 계약체결 후 1영업일 후(T+1) 인수도·결제가 일어나는 거래를 익일물, 계약체결 후 2영업일 후(T+2) 인수도·결제가 일어나는 거래를 익익일물이라 한다. 현물환의 국제표준은 익익일물이며, 국내 외환시장에서 외국환중개회사 경유 거래상의 현물환거래는 익익일물 거래로 통일되어 있다.

현물환거래의 익익일물 계약의 거래 및 결제 과정을 예로 들어본다. A은행과 B은행간 2025년 9월 8일(월)에 익익일물 현물환율 1,200원에/달러에 A은행 현물환 매입(long)과 동시에 B은행 현물환 매도(short) 계약이 1백만 달러어치 체결된 경우, 9월 10일(수)에 A은행은 B은행에 원화 12억원을 이체하고, B은행은 A은행에 미화 1백만 달러를 이체하여 이 현물환거래를 종결한다.

(3) 현물환거래의 특징

현물환거래 중 당일물을 제외한 익익물, 익익일물 거래는 주로 은행간시장에서 이루어지며, 당일물은 주로 대고객시장에서 이루어진다. 은행간 현물환거래에서는 담보 없이 100% 신용을 바탕으로 이루어지는 것이 원칙이지만, 은행 대 고객의 현물환(당일물 제외) 거래에서는 거래상대방위험을 고려하여 신용도에 따라 담보를 요구하고 있다. 은행 대 고객의 현물환거래로 외환 매입·매도 익스포져가 높아진 은행은 은행간시장에서 다른 은행과 반대거래 또는 대고객시장에서 반대 포지션을 통해 상쇄하여 포지션을 적정 수준으로 유지해야 한다.

(4) 현물환거래의 동기

현물환거래의 동기는 실수요 매매, 투기적(speculative) 및 환리스크 관리(hedging) 목적 등이다.

(가) 실수요 매매

실수요 매매목적의 현물환거래는 기업, 개인 등 고객들이 수출입, 해외송금 및 해외투자 등에 따라 수취하거나 지급할 외환을 외국환은행에 매각하거나 외국환은행으로부터 매입하는 것을 말한다.

(나) 투기적 목적의 거래

투기적 목적의 거래는 미래의 환율에 대한 기대를 바탕으로 외환매매 차익을 추구하는 거래라고 볼 수 있다. 즉 환율상승이 예상되면 외환을 매입하고 환율하락이 예상되는 경우에는 외환을 매도한 후 반대거래를 통해 차익을 실현하는 것을 말한다. 그러나 외국환은행은 외국환 포지션 노출로 환리스크에 직면하므로 외국환포지션을 대체로 중립(square position)으로 유지 하는 것이 일반적이다.

(다) 환리스크 관리

현물환거래는 외국환은행의 환리스크 관리 목적, 즉 외국환포지션을 조정하기 위한 목적 으로도 이루어진다. 예를 들어 외국환은행은 고객과의 외환매매를 통해 매입초과 또는 매도초 과 포지션이 발생하는데, 매입초과시 은행간시장에서의 외환매도를 통해, 매도초과시 은행간시 장에서의 외환매입을 통해 포지션 과부족을 조정함으로써 환리스크를 회피할 수 있다.

(5) 은행간 현물환거래 메커니즘

현물환시장은 은행간시장 및 대고객시장으로 구분되는데 은행간시장에서는 외국환중개회 사를 경유한 거래가 일반적인 형태이다. 외국환중개회사를 통한 은행간 현물환거래 메커니즘 을 살펴보면 다음과 같다.

외국환은행이 외국환중개회사에 전화 또는 전자중개시스템을 이용하여 주문하면 외국환 중개회사는 이들 중 최고 매입환율(best bid rate)과 최저 매도환율(best offer rate)을 참가 금융기 관의 컴퓨터 스크린에 제시한다. 이때 실제 외환시장에서의 매매주문은 딜러간 또는 딜러와 브 로커간에 간단 명료한 용어를 사용하여 이루어진다. 가령 직전 환율이 1,180원으로 체결된 상 황에서 한 딜러가 브로커에게 "30 bid 100"이라고 주문을 내면 이는 1달러당 1,180.30원에 100 만달러를 매입하겠다는 주문을 의미하며, 다른 딜러가 "50 offer 200"이라고 하면 1달러당 1,180.50원에 200만달러를 매도하겠다는 주문을 의미한다.56)

이러한 거래주문 이후 주문내용대로 거래가 체결되면 외국환중개회사로부터 거래체결 통 보를 받고 거래상대방에게 거래성립 확인 및 결제를 함으로써 거래가 종결된다. 이때 결제가 이루어지는 계좌는 원화의 경우 한국은행 지준계좌(BOK-Wire)를 통해서, 외화는 주로 해외의 환거래은행(correspondent bank, 주로 뉴욕 소재) 계좌를 통하여 이루어진다.

---

56) Bid: 외환시장에서는 대상통화의 매수를 의미(다만, 스왑거래에서는 현물환 매도/선물환 매수)하고, 외화 자금시장에서는 차입을 의미한다. Offer: 외환시장에서는 대상통화의 매도(다만, 스왑거래에서는 현물환 매수/선물환 매도)를 의미하고, 외화자금시장에서는 자금공여를 의미한다(서울외환시장 행동규범 용어 정의).

3. 선물환시장

(1) 의의

선물환거래는 순수하게 선물환 매입·매도거래만 발생하는 Outright Forward 거래와 선물환거래가 스왑거래의 일부로 일어나는 Swap Forward 거래로 구분할 수 있다. Outright Forward 거래는 ⅰ) 결제일에 원화 및 외환 실물의 인수도가 일어나는 일반선물환거래와 ⅱ) 결제일에 원화 및 외환 실물의 인수도 없이 차액만을 정산하는 차액결제선물환(NDF: Non-Deliverable Forward) 거래로 구분된다.

선물환거래 구조는 현물환거래의 구조와 거의 동일하지만, 단지 결제일이 현물환거래에 비해 멀다는 차이만 있을 뿐이다. 그러나 결제일이 멀다는 사실 자체가 양 거래간 중요한 차이를 가져올 수 있다. 즉 현물환에 비해 선물환은 결제불이행의 불확실성이 크며, 이에 은행의 거래상대방에 대한 담보 요구가 현물환거래에 비해 클 수 있다. 은행간시장에서는 현물환과 마찬가지로 전적으로 신용으로 선물환거래를 하는 것이 원칙이지만, 금융경색 발생시 은행간시장에서도 담보요구 가능성을 배제할 수 없다.

선물환거래 규제는 금융회사의 선물환포지션 또는 현물환포지션을 별도로 규제하여 선물환거래를 통한 단기차입을 제한하자는 것이다.

(2) 일반선물환시장
(가) 의의

선물환거래라 함은 대외지급수단의 매매계약일의 제3영업일 이후 장래의 약정한 시기에 거래당사자간에 매매계약시 미리 약정한 환율에 의하여 대외지급수단을 매매하고 그 대금을 결제하는 거래로서 자본시장법에 따른 파생상품시장 또는 해외파생상품시장에서 이루어지는 거래를 제외한 거래를 말한다(외국환거래규정1-2(11)).

선물환시장도 현물환시장과 마찬가지로 은행간시장과 대고객시장으로 구성된다. 우리나라 외환시장에서 은행간시장에서는 일반선물환 거래가 일어나지 않으며, 외국은행 국내지점과 국내 은행간 외화-원화 자금조달을 위한 외환스왑거래가 빈번하게 일어난다.

대고객시장에서는 수출입기업(특히 조선사)과 국내 은행간 일반선물환 거래 및 외환스왑거래, 그리고 비거주자와 국내 은행간 NDF 거래가 활발히 일어나고 있다. 대고객시장에서 은행은 선물환거래의 결제일이 상대적으로 먼 미래임을 고려하여, 거래상대방의 신용도에 따라 선물환거래에 대한 담보를 요구할 수 있다.

(나) 일반선물환 거래의 거래과정

선물환거래란 계약일로부터 일정기간 경과 후[(T+3)일 이상] 특정 결제일에 외환 및 원화 실물의 인수도·결제가 이루어지는 외국환거래이다. 선물환은 현물환에 대한 파생거래로 보지 않는 것이 이해하는데 편리하다. 특히 "현물환-선물환 관계"는 현물-선물 관계가 아니다. 현물환 및 선물환은 일종의 선도환이며, 그 구분은 T+2일 기준으로 결제일이 그 이전이면 현물환이고, 그 이후이면 선물환으로 보는 것이 거래를 이해하기 쉽다.

일반선물환 거래의 거래과정을 예를 들어 보면 다음과 같다. 2024년 9월 6일(금) A은행이 B은행으로부터 1백만달러를 선물환율 1,202원에 1개월 후 매입하기로 하는 계약을 체결하였다고 하자. 이 경우 결제일인 10월 10일(목)에 A은행은 B은행에 12억2백만원(=1,202원×1,000,000달러)을 지급하고 B은행은 A은행에 1백만달러를 지급함으로써 거래가 종결된다.

(다) 일반선물환 거래의 동기

일반선물환 거래의 동기는 환리스크 관리, 금리차익 획득 또는 투기적 목적 등으로 나누어진다.

1) 환리스크 관리

환리스크 관리를 위한 일반선물환 거래는 주로 수출입업체가 경상거래에 따른 환리스크를 헤지하기 위하여 이용한다.

2) 금리차익 획득 목적

일반선물환 거래는 금리차익(arbitrage) 획득 목적으로도 이용된다. 선물환율과 현물환율간의 관계를 살펴보면 자본이동이 자유로운 경제에서는 금리평가이론(covered interest rate parity)에 따라 선물환율이 현물환율을 기준으로 양 통화의 금리차에 의해 결정된다. 따라서 스왑레이트(swap rate)가 양 통화간 금리차와 괴리될 경우 금리차익거래를 통해 환리스크 없이 이익을 획득할 수 있다.

3) 투기적 목적

일반선물환 거래는 투기적 목적으로 이용되기도 한다. 장래 환율에 대한 예측을 바탕으로 환율이 상승할 것으로 예상될 경우에는 선물환 매입계약을 체결한 후 만기시점에 예상대로 환율이 상승하면 현물환시장에서 더 높은 가격으로 매도함으로써 거래차익을 획득한다. 반대로 환율이 하락할 것으로 예상될 경우에는 선물환 매도계약을 체결한 후 만기시점에 예상대로 환율이 하락하면 현물환시장에서 더 낮은 가격으로 매입함으로써 거래차익을 얻을 수 있다.

(라) 거래구조

1) 선물환거래 메커니즘

은행간시장에서의 선물환거래 메커니즘은 기본적으로 현물환거래 구조와 동일하다. 다만 만기가 계약일로부터 3영업일 이상이고, 거래주문시 제시가격은 절대 환율수준이 아니라 선물환율과 현물환율의 차이인 스왑포인트(swap point)로 호가하며 거래가 체결되면 직전 체결된 현물환율을 기준으로 실제 거래환율이 결정된다는 점 등에서 차이가 있다. 예를 들어 1개월 선물환거래가 3.0원에 체결되었다면 선물환율은 직전에 체결된 현물환율(1,200원으로 가정)에 3.0원을 가산한 1,203원으로 결정된다.

2) 선물환거래의 결제일

선물환거래 결제일의 종류는 2영업일을 초과한 1주일, 1개월, 2개월, 3개월, 6개월, 1년 등 표준적인 날을 결제일로 하는 표준결제일(fixed date) 방식과 거래당사자간의 계약에 따라 주·월·년 단위가 아닌 특정일을 결제일로 정하는 비표준결제일(odd date) 방식이 있다. 대고객거래 및 은행간 직접거래 시장은 결제조건이 정형화되어 있지 않으나, 외국환중개회사를 통한 은행간시장의 경우는 거래의 원활화를 위해 표준결제일 방식으로 거래되는 것이 일반적이다. 우리나라 은행간시장에서 거래되고 있는 선물환거래의 종류는 1주일물, 2주일물, 1개월물, 2개월물, 3개월물, 6개월물, 9개월물, 1년물 등이 있다.

선물환거래 결제일은 현물환 결제일(spot date)을 기준으로 기산하며, 여기에 선물환 기간을 더하여 해당월의 같은 날짜로 결정된다. 예를 들면 2025년 10월 27일(월)에 1개월물 선물환거래가 이루어졌다면 기산일은 현물환거래의 결제일인 10월 29일(수)이 되고 1개월 선물환거래의 결제일은 11월 29일(토)이 되어야 하나 휴일인 관계로 익영업일인 12월 1일(월)로 순연된다.

3) 선물환거래 결제의 특징

선물환거래 결제는 현물환거래와는 다르게 월을 바꾸지 못하는 원칙 및 끝날거래(end to end)의 원칙이 추가 적용된다. 예를 들면 위의 거래에서 11월 30일이 휴일이라면 결제일이 순연되어 영업일 기준으로 12월 1일이 되어야 하나 선물환거래의 결제일은 11월 말부터 역산하여 가장 가까운 첫 번째 영업일인 11월 28일(금)이 된다. 또한 끝날 거래 원칙을 적용할 경우 선물환거래의 기산일이 되는 현물환 결제일이 특정월의 최종 영업일이면 선물환거래의 결제일도 해당월의 최종영업일이 된다. 예를 들면 2025년 5월 28일(수)에 2개월물 선물환거래를 체결한 경우 현물환 결제일은 5월 30일(금)이 되고 만일 이 날이 5월의 최종 영업일이면 동 선물환의 결제일은 7월 30일(수)이 아니라 8월 1일(금)이 된다.

(3) 차액결제선물환시장
(가) 의의

NDF 거래란 만기에 계약원금의 상호교환이 없이 계약한 선물환율과 만기시의 현물환율과의 차이액만을 기준통화(주로 미달러화)로 정산하는 선물환계약을 말한다. (만기비정산) 차액결제선물환거래로서 "만기에 계약원금의 상호 지급이 없는(Non-Delivery)" 선물환거래란 의미이다. 즉 선물환거래이기는 하지만 일반선물환 거래와는 달리 특수한 형태로서의 거래 형식 또는 상품이다.

NDF 거래는 만기에 실물의 인수도·결제 없이 약정환율인 NDF환율과 만기시 현물환율인 지정환율(fixing rate)간 차액만큼만 거래당사자간에 지정통화로 결제하는 거래이다. 즉 일반선물환 거래와는 달리 만기시 당초 약정환율과 만기 결제환율간의 차액을 계약당사자간에 수수하는 선물환거래를 말한다.

역외 USD/KRW NDF시장의 경우 1997년 비거주자들이 한국 내 증권투자에서 발생하는 환위험 헤지 또는 환투기 목적으로 홍콩, 싱가포르에서 거래하기 시작하였다. 1999년 4월 국내 외국환은행의 역외 NDF 거래가 허용된 이후 거래규모가 크게 증가하였다. 주로 비거주자와 국내 외국환은행간 거래가 대부분이다. 국내 USD/KRW 선물환시장의 경우 유동성이 풍부하지 못하여 역외시장이 인기를 끌고 있다.

(나) NDF 거래의 장점

NDF 거래는 NDF환율과 만기일 현물환율간 차액만 결제하기 때문에 계약 전액을 인수도하고 결제해야 하는 일반선물환 거래에 비해 결제불이행위험이 작다. 또한 결제불이행위험이 작기 때문에 현물환이나 일반선물환에 비해 담보요구가 작아 적은 금액으로 거래가 가능하므로 레버리지 효과가 크다.

거래대상 통화가 국제통화가 아니어도 역외시장에서 거래할 수 있다. 결제는 국제통화로 하면 된다. NDF 계약의 결제통화는 주로 미달러화(따라서 NDF 계약의 기초자산은 원화)로 이루어지고 있어 원화와 같이 국제화되지 않은 통화일지라도 비거주자가 해당 통화를 보유하거나 환전할 필요 없이 자유롭게 선물환거래를 할 수 있다.

신흥국에 투자한 외국인 투자자들이 환위험 관리를 위해 선물환거래를 하게 된다. 신흥국 통화에 대한 NDF는 통화발행국의 역외에서 비거주자간 거래에 해당한다. 예를 들어 주식매수 후 매도에 대비 환위험(환율상승 위험)을 헤지하기 위해, 즉 주식 매수시 현물환매도(달러→원) & 선물환매수(원→달러)를 한다.

국제 투자자들에게 유리한 환투기 수단(NDF 거래의 편의성)이 되기도 한다. 세금 등 신흥국 내 선물환거래의 각종 규제를 피할 수 있는 규제를 받지 않는 시장(unregulated market)이다.

(다) NDF의 발생배경

NDF가 현재의 외환시장의 주요 변수 중의 하나임에도 불구하고 그 발생원인은 역설적이게도 외환시장의 규제와 밀접한 관련이 있다. 이는 원/달러 NDF 거래뿐이 아니라 NDF로 거래가 되는 다른 통화들, 즉 태국바트화(THB), 필리핀페소화(PHP), 대만달러화(TWD), 말레이시아 링기트화(MYR)의 경우에도 똑같이 적용된다.

특정국의 통화가 국제화되지 않아 해외에서 유통되지 않는 가운데 각종 외환규제가 존재할 경우 이러한 제약을 초월하면서도 원하는 목적(투자자금의 헤지나 투기성 목적 등)을 달성하는 수단이 필요해서 생겨난 것이 NDF이다.

결국 NDF 거래는 반드시 특정한 통화나 국가를 대상으로 하는 것은 아니고, 일종의 신종 상품 정도로 생각하는 것이 이해하기 쉬울 것이다. NDF 시장은 그 거래되는 통화가 속한 국가의 의지와는 전혀 상관없이 생겨난 것이며, 그 거래에도 외환당국의 의도나 개입이 먹혀들 여지가 거의 없다.

우리나라의 원/달러의 경우도 1997년 외환위기 이전까지는 외환당국이나 일반적인 외환시장 참가자들도 NDF에 대한 관심이 거의 없었다고 할 수 있다. 사실 관심이 있다고 하더라도 소용이 없었을 것이다. 역내와 역외를 엄격히 구분하는 외환관리규정 때문에 역내 외환시장과 역외 외환시장은 서로 완전히 분리된 별개의 시장이었기 때문이다. 그래서 외환위기가 발생하기 몇 달 전부터 우리 경제의 심각성을 반영한 싱가포르나 홍콩 등 주요 역외시장의 NDF 환율은 통상적인 선물환 마진(대개 1원 미만)을 감안하더라도 국내의 환율에 비해 무려 100원 이상씩 높았는데도 국내시장에서는 큰 변수가 안 될 수 있었던 게 아닌가 한다. 그러던 것이 1999년 4월 1차 외환자유화 조치를 시작으로 선물환거래에 대한 실수요 증빙 제도가 폐지되면서 역외와 역내(국내)시장의 연결이 가능해진 이후 NDF의 거래량이 늘어나게 되었다.

역외시장 참가자들 입장에서는 아무래도 유동성이 부족한 역외시장의 한계를 벗어나 하루 20-30억 달러가 거래되는 국내시장에 국내은행과의 거래 등을 통해서 우회적이나마 참가가 가능해진 셈이 되었고, 국내시장이나 외환당국의 입장에서도 외국인 투자자금의 보다 활발한 유치에 도움이 되는 제도적 장치가 마련되고 보다 국제화된 원화 시장이 되었다는 장점이 있었던 것이다.

Ⅲ. 외화자금시장

1. 서설

(1) 외화자금시장의 의의

외화자금시장은 금리를 매개변수로 하여 외환(주로 달러화)의 대차거래가 이루어지는 시장을 말한다. 은행의 외화자금 조달 및 운용은 장기와 단기로 이루어지나, 일반적으로 장기보다는 단기로 차입한다. 하지만 일시적으로 자금이 부족할 경우 초단기로 자금을 차입하는 경우가 빈번하다. 1년 미만으로 은행들 사이에 외화자금을 조달·운영하는 시장이 외화자금시장이다.

정부, 금융기관, 대기업의 외화조달은 크게 장기 외화조달과 단기 외화조달로 구분된다. 따라서 외화자금시장 역시 장기 외화자금시장과 단기 외화자금시장으로 구분할 수 있다. 통상적인 의미의 외화자금시장은 후자를 의미하나 전자와 후자에서 가장 근간이 되는 금리는 한국 정부의 장기 외화조달 금리, 즉 외평채 금리이다. 장기 외화자금시장은 국제 자본시장의 영역이며, 단기 외화자금시장은 국제 자금시장의 영역이다. 금융경색이 일어나는 경우 짧은 시간 내에 외국인의 외화유동성의 회수가 일어나는 시장은 단기 외화자금시장이다.

(2) 장기 외화자금시장: 국제 자본시장

장기 외화조달은 신용도가 높은 한국 정부, 국내 수출 대기업이나 금융기관이 국제 자본시장에서 중장기 외화채권을 발행하거나 해외 증권거래소에 주식을 상장하여 이루어지게 된다. 정부는 외국환평형기금 운용을 위해 국제 자본시장에서 외화표시 외평채를 발행하여 장기 외화조달을 도모하고 있다. 정부는 외국환평형기금을 이용하여 외환보유고, 은행의 외화유동성, 외환시장 환율 등을 관리하고 있다.

(3) 단기 외화자금시장: 국제 자금시장
(가) 개요

단기 외화조달은 국내은행들이 주로 외화자금 과부족을 해소하기 위해 외화를 단기 외화자금시장에서 외국은행으로부터 차입하는 것이다. 주로 국내은행이 외화 차입자(차주), 상대적으로 외화유동성이 풍부한 해외 은행 또는 해외 본점으로부터 외화차입이 용이한 외국은행 국내지점이 외화 대부자(대주)이다. 은행은 수출입 기업의 수출입대금 결제, 외화대출, 외환시장에서 은행간 외환거래, 대고객 외환거래, 외화채권 발행 및 상환 등에 따라 일시적인 외화 과부족이 자주 발생한다. 이때 단기 외화조달이 필요한 경우 단기 외화자금시장을 이용한다. 또는 장기 외화조달이 용이하지 않은 경우, 단기 외화조달을 통해 연속적으로 차환(roll-over)해 나갈 수 있다.

우리나라의 단기 외화자금시장은 은행간의 단기 외화 과부족 현상을 조정하기 위한 거래가 이루어지는 시장으로 볼 수 있다. 은행간 외화예치거래도 넓은 의미에서 외화자금시장으로 볼 수 있으나 런던이나 싱가포르와 같은 국제금융중심지와는 달리 우리나라의 경우 외화예치거래가 활발하지 않은 편이다. 여기서는 스왑시장, 외화콜시장, 단기대차시장을 중심으로 살펴본다.

(나) 스왑시장(외환스왑 및 통화스왑 거래)

외환시장의 주요 거래로 살펴볼 외환스왑 및 통화스왑 거래도 거래 당사자간 원화와 외화를 서로 조달하는 성격을 가지므로 단기 외화자금시장의 거래로 볼 수 있다. 외환스왑보다는 통화스왑이 외화자금시장 거래의 성격이 강하다.

스왑거래의 경우 외환매매의 형식을 취하고 있으나 실질적으로는 금리를 매개로 하여 여유통화를 담보로 필요통화를 차입한다는 점에서 대차거래라고 볼 수 있다. 외환스왑거래는 형식적인 면에서는 외환 매매거래로 볼 수 있으나, 실질적인 면에서는 두 개의 통화 사이에 자금의 과부족을 조정하는데 활용되는 자금거래이다. 외환스왑은 일정기간 동안 어느 한 통화에 대한 대가로써 다른 통화를 사용하는 것이므로, 거래상대방이 서로 자금을 공여하는 것으로 볼 수 있기 때문이다.

(다) 외화콜시장

외화콜시장은 초단기(통상 30일 이내) 외화 대차거래가 이루어지는 시장이다. 원화콜시장에서와 마찬가지로 외화콜시장에서도 은행들 사이에 초단기(90일)로 외화의 차입 및 대여가 이루어진다. 단기거래는 외화자금이 구조적으로 부족하거나 여유를 가지고 있는 은행간에 주로 이용되며 자금의 장기 조달·운용이 어려워지는 시기에 단기대차거래의 규모가 늘어나게 된다.

(라) 단기대차시장

1년 이내(3개월, 6개월, 9개월, 1년) 기간 동안 외화 대차거래가 이루어지는 "단기대차시장"도 외화자금시장의 범주에 속한다. 단기대차시장에서는 신용대차인 "일반대차거래"와 채권 담보의 "RP거래"의 2가지 유형의 거래가 일어난다.

(4) 외화자금시장과 적용 금리

장기 및 단기 외화자금시장에서 외화차입에 적용되는 각각의 금리는 달러화의 경우 ⅰ) 외평채는 미국 T-Note + 외평채 가산금리, ⅱ) 외화콜은 싱가폴시장 초단기 금리(미국 연방기금금리에 연동) $\pm \alpha$, ⅲ) 단기 외화대차의 경우는 LIBOR + 외평채 가산금리에 금융기관 신용을 감안한 추가적 가산금리이며, 금융기관의 장기 및 단기 외화대차 가산금리는 한국 정부 외평채 가산금리와 강하게 연동된다.

(5) 외화차입 금리의 기능

외화자금시장에서 거래기준이 되는 외화차입 금리는 매우 중요한 정보를 내포하고 있다. 주로 외화를 차입하는 우리나라 정부, 국내 금융기관의 채무불이행위험(default risk)이 외화차입금리에 반영된다. 국내 주체의 외화차입 금리의 기저는 한국 정부의 부도위험을 나타내는 외평채 가산금리이다. 기타 통화스왑(CRS: Currency Swap) 스프레드 거래 주체의 부도위험에 대한 주요 지표가 된다.

채권에서 채무불이행위험을 분리하여 이를 거래하는 것이 신용파생상품이며, 대표적인 것으로 신용부도스왑(CDS) 거래가 가장 큰 비중을 차지하고 있다. CDS거래는 외화자금시장 거래는 아니다. 이 거래는 국제 자본시장에서의 거래로 채권의 신용위험을 분리하여 이를 대상으로 하는 거래이므로, 보장매수인과 보장매도인간 CDS 계약의 매개변수인 CDS 프리미엄이 부도확률에 대한 직접적인 지표라 할 수 있다. 한국 정부가 발행한 외화채권에 대한 CDS 프리미엄이 "국가 CDS 프리미엄"이다.

물론 궁극적으로 외환시장에서 통화교환 비율, 원화의 달러화로 환산한 가치인 원/달러 환율에도 국가 및 금융기관 채무불이행위험이 반영되지만, CDS 프리미엄이나 외화차입 금리가 반영하는 것보다는 간접적이다. 즉 정부나 금융기관의 채무불이행위험을 반영하는데 있어, CDS 프리미엄이나 외화차입 금리가 상대적으로 외생적이고 선결적(predetermined)이라 할 수 있으며, 환율이 이에 대하여 상대적으로 내생적이라 할 수 있다. 외환거래에서 원/달러 환율이 원화를 부채로 행한 한국은행의 채무불이행위험을 반영한다고 보기는 어렵다.

(6) 국내 외환시장 및 외화자금시장의 역할

국내 외환시장 및 외화자금시장은 국내 금융시장(자본시장, 자금시장)과 국제 금융시장(국제 자본시장, 국제 자금시장)의 경계 영역에서 중첩되면서 이 두 시장을 연결하는 역할을 수행한다. 원화가 국제화되어 있지 않기 때문에 외국인 투자자에 의한 국내 자본시장과 국제 금융시장간의 자본이동은 반드시 국내 외환시장에서의 통화교환(실물 원화와 외환의 교환)을 거쳐야 한다. 물론 내국인 해외투자자에 의한 국내 금융시장과 국제 자본시장간 자본이동에서도 국내 외환시장을 반드시 경유해야 한다. 원화가 국제화되어 국제 통화시장에서 원화가 거래된다면, 국내 외환시장 및 외화자금시장의 의의, 역할, 중요성은 크게 감소할 것이며, 역내외 자본유출입시 국내 외환시장을 거칠 필요가 없다. 원화 국제화가 실현된다면, 국내외에서 원화가 거래되는 통화시장은 국내외 금융시장으로 흡수될 것이다.

2. 한국 단기 외화자금시장의 특징

(1) 개요

단기 외화자금시장은 단기 외환스왑레이트(swap rate)[57]를 매개로 하여 만기 1년 이내의

---

57) 외환스왑레이트를 매개로 하는 외환스왑거래는 현재 환율(현물환율)로 서로 다른 통화를 교환하고 최초

외화자금을 조달 및 운용하는 시장이다. 한국을 포함한 국제화된 통화를 갖고 있지 않은 나라의 경우 국내은행이 단기 외화자금 부족을 해소하기 위해 외국은행으로부터 외화자금을 차입한다. 이 경우 국내은행이 외화자금의 수요자(buy & sell)⁵⁸⁾가 되고, 차입 등을 통해 외화를 조달한 외국은행 국내지점은 외화자금의 공급자(sell & buy)가 된다. 특히 국내은행은 통화스왑시장을 통한 장기 외화자금 조달이 용이하지 않거나 단기 외환스왑레이트가 유리할 경우, 단기 외화조달을 통해 이를 연속적으로 차환(roll-over)함으로써 장기자금 조달을 대체하기도 한다. 따라서 단기 외환스왑레이트는 국내 금융기관의 신용도뿐만 아니라 외화유동성 상황 등에 대한 중요한 정보를 내포하고 있는 것으로 알려져 있다.

(2) 글로벌 충격의 전이 경로

한국에서 단기 외화자금시장이 가지는 큰 특징 중의 하나는 글로벌 유동성 충격시 이를 국내 금융시장으로 전이하는 핵심적인 채널로 작용한다는 점이다. 한국의 외화자금시장은 2000년대 상반기 이후 조선업체의 수주 호조 및 글로벌 주가 상승에 따른 해외증권투자 증가로 인해 환헤지 수요⁵⁹⁾가 높아진 데 따른 외화자금 수요 증가 등으로 크게 성장하였다.

이러한 외화자금 조달 경로로서 외화자금시장에 대한 높은 의존도는 대외 불안에 대한 국내 금융시스템의 취약성을 내포한다. 실제로 글로벌 금융위기로 디레버리징(deleveraging)⁶⁰⁾이 발생하자, 외은지점 등을 중심으로 외환스왑시장에서 달러를 회수하면서 단기 외환스왑레이트가 급락하고 국내은행은 심각한 달러화 부족 상황에 직면하였다.

계약시점에서 정한 선물환율에 따라 기교환한 통화를 상환하는 거래로 주로 만기 1년 이내의 거래가 주를 이루고 있다. 반면 만기 1년 이상 이종통화간 스왑거래를 하되 계약기간 동안 정해진 금리를 주고받는 거래를 통화스왑거래라고 하는데, 이 경우 차익거래 유인은 "국내금리－통화스왑금리"로 나타난다.

58) buy: 외환시장에서는 제시된 환율(offered rate)로 대상통화(Basic currency)를 매수하겠다는 의사표시(다만, 스왑거래에서는 현물환 매도/선물환 매수)를 말하고, 외화자금시장에서는 제시된 금리(offered rate)로 차입하겠다는 의사표시를 말한다. sell: 외환시장에서는 제시된 환율(bid rate)로 대상 통화를 매도하겠다는 의사표시(다만, 스왑거래에서는 현물환 매수/선물환 매도)를 말하고, 외화자금시장에서는 제시된 금리(bid rate)로 자금을 공여하겠다는 의사표시를 말한다(서울 외환시장 행동규범 부록).

59) 조선업체가 선박 수주에 따른 외화자금 유입 스케줄에 따라 환위험을 헤지할 목적으로 선물환을 매도할 경우 은행은 선물환매입초과포지션(over-bought)을 취하게 되고, 이를 상쇄하기 위해 은행은 해외에서 달러를 직접 차입하거나 스왑시장에서 달러를 조달(buy & sell)하여 현물환시장에 매도함으로써 포지션조정을 하게 된다.

60) 디레버리징(deleveraging)은 보유한 자산과 빌려온 부채를 이용해 지렛대 형식으로 투자수익률을 높이는 레버리지(leverage)의 반대말이다. 디레버리징(deleveraging)은 "빚을 상환한다"라는 의미를 가지고 있다. 즉 부채를 축소하는 것이다. 경기가 불황일 때는 자산의 가치가 하락하게 된다. 따라서 투자의 수익성이 낮아지고 금리가 상승하므로 레버리지가 높다면 부채를 상환하고 정리하는 것이 효과적이다.

(3) 국내 채권시장과의 높은 연계성

외화자금시장에서 나타나는 주요 특징은 저평가된 단기 외환스왑레이트를 매개로 한 채권시장 및 외화자금시장의 연계구조이다. 수출기업 및 해외증권 투자자의 환헤지 수요(선물환 매도)로 인해 국내은행(선물환 매입)이 스왑시장에서 달러를 조달해야 하는 상황이 지속되면서 한국 외화자금시장에서 외환스왑레이트는 내외금리차 대비 만성적으로 저평가된 수준을 보여왔다.[61] 외국인은 이러한 저평가된 외환스왑레이트를 활용하여 낮은 금리로 원화를 조달하고, 이를 한국 채권에 투자하는 재정거래[62]를 실시해 왔다.[63]

즉 국내은행의 선물환 매도 및 현물환 매입 수요(buy & sell)에 대응하여 외국인이 외화를 공급(sell & buy)하고 보유 원화를 스왑계약기간 동안 국채나 통안채에 투자하는 것이다. 최근 외국인의 한국 채권투자는 이러한 재정차익거래 유인 등에 일부 힘입어 증가하는 추세를 보이고 있다. 반면 국내 투자자의 경우 해외투자시 환위험을 적극 헤지(buy & sell)하기 때문에 해외 포트폴리오 투자 증가는 외환스왑레이트 저평가를 더욱 심화시켜 왔다.[64]

(4) 현물환시장과의 낮은 연관관계

외화자금시장에서 스왑거래는 현물환시장 수급에 영향을 미치지 않기 때문에 직접적으로 환율에 영향을 미친다고 보기는 어렵다. 다만 글로벌 시장이 안정적인 상황에서 수출업체의 선물환 매도가 증가하면 이를 헤지하기 위한 은행의 현물환 매도가 증가하고 매도 외화를 외환스왑시장에서 조달(buy & sell)할 경우 외환스왑레이트가 하락하므로 환율과 외환스왑레이트가 동일한 방향으로 움직인다. 반면 2008년 글로벌 금융위기시와 같이 외화유동성 경색시에는 외화자금시장에서 외화를 조달(buy & sell)하고자 하는 수요가 커지는 반면 위험통화에 대한 선호 감소로 인해 환율이 상승하므로 환율과 외환스왑레이트는 반대방향으로 움직인다. 또한 선진국의 양적완화 정책으로 글로벌 유동성이 풍부한 상황에서 외환스왑레이트는 상승하는 반면 경상수지 흑자 등으로 환율이 하락하여 환율과 외환스왑레이트는 반대방향으로 움직이기도 한다. 즉 외환스왑레이트와 환율이 체계적으로 연계되어 있기보다는 외화자금시장과 현물환시장이 분리되어 있는 가운데 외화조달 여건을 나타내는 외환스왑레이트가 현물환시장 참가기관의

---

61) 이러한 현상은 흔히 Normal Backwardation이라고 불린다.
62) 동일한 상품이 두 개의 시장에서 가격이 다를 때 이를 매매하여 무위험 차익을 얻으려는 방법이라고 할 수 있다. 가격이 저렴한 시장에서 상품을 매입하고 가격이 비싼 시장에 그 상품을 매도해 이익을 얻는 거래이다. 동시에 매수/매도를 하여야 정확하게 무위험 재정거래라고 할 수 있다.
63) 태국 등 아시아 신흥국의 경우에도 글로벌 금융위기 이후 외국인 포트폴리오 투자가 주로 채권시장을 중심으로 이루어졌다.
64) 국내 해외투자 펀드들은 약관상 100% 환헤지를 원칙으로 하되 운용사 재량으로 일정 부분 비율을 조정할 수 있으며, 대개 90-95% 기준치를 중심으로 실헤지 비율을 80-100%로 유지하고 있다.

시장 환경(market sentiments)에 영향을 주어 간접적으로 환율에 영향을 미치게 되는 것이다.

3. 스왑시장

(1) 서설

(가) 외화조달과 환위험

국내은행이든 외국은행 국내지점이든 외화는 글로벌은행에서 차입하는 경우가 대부분이다. 글로벌은행은 국제 금융시장에서 외화를 조달하여 가산금리를 더해 우리나라에 대출한다. 이때 글로벌은행이 외화를 조달하는 금리는 LIBOR금리이다. 우리나라 은행이 충분히 규모가 크고 국제경쟁력이 있다면 국제 금융시장에서 바로 LIBOR금리로 조달할 수 있겠지만 현재 그렇지 못하기 때문에 가산금리를 지불하고 조달하는 것이다. 국내은행이나 외은지점은 조달한 외화를 가계나 기업에 가산금리를 받고 빌려주거나 또는 국채에 투자할 수 있다. 외화를 직접 빌려주는 경우 단순히 가산금리만을 받아 수익을 올리면 되는 문제이나 국채에 투자할 경우에는 환위험이 발생할 가능성이 있다. 이를 방지하기 위해 스왑시장에서 선물환을 거래하여 환위험을 헤지한다. 이와 관련 선물환 매입의 한도를 은행의 자기자본 대비 일정 수준으로 제한함으로써 단기 자금이 급격히 유입되는 것을 방지하고자 하는 정책이 선물환포지션 한도 규제이다.

(나) 국제 스왑시장의 역할

외화자금시장에서는 이종통화간의 자금 대차가 외환 및 통화 스왑의 형태로 이루어지고 있다. 외환스왑 및 통화스왑 거래는 거래당사자간 원화와 외화를 서로 조달하는 성격을 지니고 있어 각각 단기 및 중·장기 외화자금시장의 거래로 볼 수 있다. 국제 금융시장에서도 외환 및 통화스왑시장은 매우 활발한 거래가 이루어지고 유동성이 가장 풍부한 시장 중 하나이다. 국제 스왑시장은 매우 효율적인 시장으로 거래 상대 기관에 대한 유동성 및 신용정보가 실시간으로 스왑금리에 반영되기 때문에 금융위기의 전조를 예견하는 중요한 역할을 한다. 실제로 2007년 중반 이후 런던을 비롯한 국제 금융시장에서 스왑시장의 불균형이 심화되는 모습을 보였고, 마찬가지로 국내에서도 외환 및 통화 스왑시장에 극심한 달러 유동성 고갈 현상이 나타나 불균형이 심화되는 동조화 현상을 보였다. 불균형 발생시 균형의 회복은 외화자금시장의 안정을 의미하기 때문에 외환 및 통화 스왑의 균형에 대한 개념과 거래 메커니즘을 이해하는 것이 중요하다.

(다) 국내 스왑시장의 역할

외환·통화 스왑시장은 외화자금시장에서 스왑 당사자들의 자금조달비용 비교우위에 기반을 두고 이종통화간의 교환이 이루어지는 시장으로 외환시장에 현물환 및 선물환의 주요 공급 및 수요 요인으로 작용한다. 국내 수출입업체 등의 대규모 선물환 수요에 대응한 외은지점들의 달러 조달 및 공급이 주로 스왑시장을 통해 이루어져 오고 있다.

(라) 국내 자금시장과 해외 자금시장의 연결 통로 역할

외환스왑은 외국환업무취급기관이 달러를 현물환시장에 매도(매수)함과 동시에 선물환시장에서 매수(매도)한다. 이때 현선물간의 프리미엄이 환헤지 비용이 된다. 반면 통화스왑은 스왑시장에서 차입한 달러를 약정된 환율로 원화로 교환하고 만기시 다시 동일한 환율로 달러로 교환하게 된다. 이 경우는 CRS 금리와 외화 자금조달 금리차가 환헤지 비용이 된다. 외환·통화 스왑시장은 국내외 자금조달비용의 비교우위를 바탕으로 상대적으로 저렴한 곳에서 자금조달을 가능하게 한다. 따라서 국내 자금시장과 해외 자금시장을 연결하는 통로 역할을 한다.

(2) 외환스왑시장

(가) 외환스왑거래의 의의

1) 외환스왑거래의 개념

외환스왑시장은 특정 계약기간 동안 두 통화간 교환거래가 금리의 일종인 외환스왑레이트를 매개로 이루어지며, 시장참여자는 계약기간 동안 금리변동에 따른 위험을 부담하게 된다.

외환스왑거래는 현물환거래를 통하여 외환을 매입(매도)하고 환위험을 회피하기 위하여 선물환거래를 통해 해당 외환을 매도(매입)하기로 외환매입일에 약정하는 거래를 말한다. 즉 외환스왑거래란 거래당사자가 시간적 차이를 두고 2가지 종류의 현물환과 선물환의 반대 포지션 매매에 대한 계약으로 현물환거래와 선물환거래가 동시에 이루어지는 거래이다. 근일물(현물환 또는 선물환) 환율에 따라 통화를 교환한 후, 원일물(현물환 또는 선물환) 환율에 따라 이미 교환된 통화를 재교환하는 거래이다.

다음의 3가지 외환스왑거래가 가능하다. 즉 ⅰ) 현물환-선물환 스왑(spot-forward swap), ⅱ) 선물한-선물환 스왑(forward-forward swap), 이 경우 선물환은 결제일이 상이한 2가지 선물환을 의미한다. ⅲ) 현물환-현물환 스왑(spot-spot swap, back swap), 이 경우 Overnight(O/N)(당일물-익일물) 계약과 Tomorrow Next(T/N)(익일물-익익일물) 계약이 있다.

2) 외환스왑거래에서의 포지션

외환스왑거래에서의 포지션은 ⅰ) sell & buy 포지션: 달러화 기준으로 근일물 계약에서 달러화 매도, 원일물 계약에서 달러화 매입, ⅱ) buy & sell 포지션: 달러화 기준으로 근일물 계약에서 달러화 매입, 원일물 계약에서 달러화 매도를 말한다. 즉 외환스왑거래에 있어서 매입·매도는 원일물(far date) 거래를 기준으로 구분하는데 매입거래는 근일물(near date)을 매도하고 원일물을 매입하는 sell & buy swap거래를 말하고, 매도거래는 근일물을 매입하고 원일물을 매도하는 buy & sell swap거래를 말한다. 이처럼 외환스왑거래는 거래의 형태에 있어서는 외환매매의 형식을 취하게 되나, 실제로는 보유 중인 여유통화를 담보로 필요통화를 차입하는 거래이므로 단기금융시장의 자금대차 거래와 유사한 형식의 거래라 할 수 있다.

(나) 외환스왑의 거래과정

외환스왑의 거래과정을 살펴보면 다음과 같다. 은행 A는 buy & sell 포지션, 은행 B는 sell & buy 포지션으로 1백만 달러에 대하여 근일물 현물환율 1,200원/달러, 원일물 1개월 선물환율 1,300원/달러로 외환스왑 계약을 체결한 경우 다음의 과정을 거쳐 외환스왑거래가 종결된다.

ⅰ) 현물환에 대해서 은행 A는 long, 은행 B는 short을 취하고, 선물환에 대해서 은행 A는 short, 은행 B는 long을 취하고 있는 셈이다. ⅱ) (T+2)일을 결제일로 하는 은행 A와 은행 B간 현물환거래: 은행 A는 은행 B로부터 1백만 달러를 인도받고, 원화 12억원(=1,200원/달러×1백만 달러)을 지급한다. ⅲ) (T+2)일 이후 1개월이 지난 시점을 결제일로 하는 은행 A와 은행 B간 선물환거래: 은행 A는 은행 B에게 1백만 달러를 지급하고, 원화 13억원(=1,300원/달러×1백만 달러)를 수취한다. 이 경우 A은행은 단기적으로 부족한 원화유동성을, B은행은 외화유동성을 각각 확보하게 된다.

(다) 외환스왑시장의 기능과 역할

1) 외환시장과 외화자금시장의 특성 반영

달러 자금조달의 수단이 되는 외환스왑은 외환시장과 외화자금시장의 특성을 동시에 반영한다. 즉 외환스왑거래(buy & sell 거래)를 하면 당장 달러를 조달하고 만기에 달러를 상환하며, 이때의 환율은 고정되어 있기 때문에 당장 달러를 조달하되 만기에 고정된 원화금액에 해당하는 달러로 상환하는 거래가 된다.

2) 외환스왑시장의 가격고시 관행과 가격결정요인

외환스왑시장의 가격고시 관행과 가격결정요인을 살펴본다. 외환스왑거래에서 선물환율과 현물환율의 차이를 나타내주는 스왑포인트(선물환율-현물환율)로 가격을 고시한다. 이것은 현재의 환율은 관찰되므로 미래에 교환할 달러와 원화의 비율인 선물환율만 정해지면 외환스왑거래가 가능하기 때문이다. 이론적 선물환율은 현물환율과 내외국간 금리의 차이를 이용한 무차익(無差益, No Arbitrage) 가정에 의해 구할 수 있다. 이에 따르면 금리가 높은 나라에서는 선물환율이 현물환율보다 높고 금리가 낮은 나라에서는 그와 반대이다. 우리나라에서는 선물환율이 현물환율보다 높은 경우를 프리미엄,[65] 낮은 경우를 디스카운트라고 한다.[66]

---

65) 금리가 낮은 국가의 통화를 premium currency, 그리고 금리가 높은 국가의 통화를 discount currency라고 한다.

66) Premium: 현물환가격과 선물환가격의 차이가 선물환가격 > 현물환가격를 말하고, Discount: 선물환가격 < 현물환가격를 말하며, Par: 선물환가격 = 현물환가격를 말한다(서울 외환시장 행동규범 부록).

3) 선물환율과 외화자금시장의 수급

한편 실제 시장의 선물환율은 외화자금시장의 수급이 중요한 결정요소가 되기도 한다. 예를 들어[67] 지금 달러를 1천 원에 사고 1개월 뒤에 1달러를 1천 50원에 파는 "buy & sell", 즉 현물환을 사고 선물환을 파는 거래를 생각해 보자. 이 외환스왑거래를 통해 거래자는 현재 달러를 수취하게 되며 1개월 뒤에 1천 50원의 환율로 달러를 갚아야 한다. 여기서 1개월 동안의 이자는 선물환율에 반영된다. 한편 국내에 달러가 부족해 "buy & sell"을 하는 수요가 많을 경우 선물환율은 하락하게 됨을 알 수 있다.

(3) 통화스왑시장
(가) 통화스왑거래의 의의
1) 통화스왑거래의 개념

통화스왑(CRS: cross currency swap)거래란 양 당사자간 서로 다른 통화를 교환하고 일정기간 후 원금을 재교환하기로 약정하는 거래를 말한다. 즉 통화스왑이란 한 국가의 통화기준(예: 달러)에 의해 차입한 원금 및 이자액을 다른 국가의 통화기준(예: 파운드)에 의해 차입한 원금 및 이자액과 교환하는 거래를 말한다.

통화스왑의 가장 단순한 형태는 이자액이 미리 사전에 정해진 고정금리에 의해 지급되는 방식이다. 예를 들어 A기업과 B기업이 달러화와 파운드화로 스왑계약을 체결하였다면, 원금은 스왑 개시일과 만기일에 교환되고, 정해진 이자지급 시점에 각국의 통화로 표시된 고정금리를 지급하는 방식이다. 이 밖에도 사전에 정해진 변동금리 적용방식을 기준으로 쌍방간에 변동금리를 지급하는 방식이 있을 수 있다. 그리고 한 통화의 변동금리가 다른 통화의 고정금리와 교환되기도 하는데, 이를 통화간 금리스왑(cross-currency interest rate swap)이라 한다.

2) 통화스왑금리

통화스왑은 고정금리와 고정금리, 변동금리와 변동금리 또는 고정금리와 변동금리를 교환하는 세 가지로 크게 분류할 수 있다. 보통 국내의 통화스왑은 고정금리와 변동금리를 교환하는 통화스왑을 말하며, 이때 변동금리는 6개월 미국 달러 LIBOR금리를 사용하고, 고정금리는 원화에 대한 고정금리이며 이를 통화스왑금리(LIBOR와 교환되는 원화고정금리)라고 한다. 이와 같은 통화스왑을 거래할 때 통화스왑금리는 통화스왑거래의 가격을 고시하는 기준이 된다.

통화스왑금리는 외환스왑의 스왑포인트의 주요 결정요인과 마찬가지로 달러에 대한 수급 상황, 내외국간의 금리차이, 그리고 거래자의 신용도가 주요 결정 변수이다. 달러가 필요한 경우 통화스왑거래를 통해 달러를 받고 원화를 주며 거래상대방에게 6개월마다 달러 이자를 주고

---

67) 보통 국내의 은행간거래에서는 외환스왑거래를 할 때 현물환율과 스왑포인트를 사용한다.

원화 이자를 받는다. 달러 자금의 수급상황과 관계없이 통화스왑거래에서 달러에 대한 이자는 LIBOR라는 변동금리로 정해져 있다. 따라서 달러를 필요로 하는 수요가 많을수록 고정금리에 해당하는 원화에 대한 이자를 보다 낮게 받을 수밖에 없으므로 통화스왑금리는 하락하게 된다.

3) 이자교환방식

통화스왑거래 양 당사자간 이자교환은 매 6개월 또는 3개월마다 이루어진다. 이자교환방식은 2가지 있는데, ⅰ) 양 통화에 대해서 고정금리를 지급하는 fixed-for-fixed 방식이 있으며, ⅱ) 달러화에 대해서 6개월 만기 LIBOR 변동금리 지급 및 기타 통화는 고정금리를 지급하는 fixed-for-floating 방식이 있다.

현물환율로 통화를 교환하고 일정기간 경과 후 원금은 그대로 재교환(양 통화 par bond 개념)하게 된다. 대부분의 원-달러 통화스왑계약의 경우 계약기간 동안 통상 달러화 원금에 대해서는 주로 6개월 만기 LIBOR 기준의 금리로 변동이자가 지급되며, 원화 원금에 대해서는 이른바 CRS 금리(CRS rate)로 고정이자가 지급되는 fixed-for-floating 방식의 이자교환이 이루어진다.

통화스왑에서 서로 교환하는 원금의 원천은 외부로부터 차입한 자금이므로, 주로 달러화 차입이 유리한 외국은행 국내지점과 원화 차입이 유리한 국내 외국환은행간 거래가 활발하며, 이들은 서로간에 교환한 이자를 다시 자금 대부자에게 지급하게 된다.

(나) 외환스왑거래와의 비교

통화스왑과 외환스왑은 환매조건부 성격의 매매거래라는 점에서는 서로 유사한 면이 있으나, 스왑이 진행되는 기간과 이자의 지급방법과에서 차이가 있다. 외환스왑은 1년 이하의 단기 자금 조달 및 환리스크 헤지 수단으로 이용되는 데 반하여, 통화스왑은 1년 이상의 기간에 대한 환리스크 및 금리 리스크의 헤지 수단으로 활용된다. 외환스왑은 기간 중 해당 통화에 대해 서로 이자를 교환함이 없이 만기시점에 양 통화 사이의 금리차이가 반영된 환율로 원금을 다시 교환한다. 통화스왑은 계약기간 동안 분기 또는 반기 단위로 발생하는 이자를 서로 교환한다.

(다) 통화스왑의 거래과정

통화스왑의 거래과정을 살펴보면 다음과 같다. 은행 A(CRS receive)와 은행 B(CRS pay)간 3년물, 현물환율 1,200원/달러, LIBOR 6M 3.09%, CRS 금리 3.58%의 1백만 달러 통화스왑계약을 체결했다. 거래과정은 다음과 같다.

ⅰ) 초기에 은행 A와 은행 B간 환율 1,200원에 1백만 달러와 12억원 교환(은행 A는 은행 B로부터 달러를 차입하고, 은행 B에게 원화를 대부)한다. ⅱ) 만기에 이르기 전까지 원화를 차입한 측(은행 B)은 CRS 금리로 이자를 지급하고, 달러화를 차입한 측(은행 A)은 LIBOR 금리로 이자를 지급한다. 여기서 CRS 스프레드 = CRS 금리 - LIBOR 금리이다. ⅲ) 만기에 은행 A와 은행

630 제 5 편 금융시장

B는 통화스왑거래 초기 교환했던 원화와 달러화를 다시 재교환한다.

4. 외화콜시장

기본적으로 콜시장은 은행의 지급준비금 과부족으로 인한 1일물 거래이나, 외화콜시장은 지급준비금과는 관계가 없다. 초단기 외화자금 대차란 의미에서 외화콜이란 용어을 사용하는 것으로 보인다. 원화콜거래와는 달리 외화콜거래는 지준예치금 부족자금을 조달하는 수단으로 이용되기 보다는 주로 개별은행의 외화차입여건 및 일시적인 외화자금 사정에 따라 거래규모가 좌우된다.

외화콜이란 은행간에 외화를 초단기로 대차하는 거래로써 통상 30일 이내의 외화대차거래를 의미한다. 외화콜의 경우 기일에 관한 법령상의 기준이 별도로 마련되어 있지 않다.[68] 금융감독원과 은행연합회가 공동으로 만든 「외국환계정 해설」 및 「은행회계해설」에는 90일 이내의 외화대차거래를 외화콜로 분류하도록 하고 있다. 외화콜시장의 이용은 주로 은행들이 수출입대금 결제, 외화대출 등의 대고객 거래와 외환매매거래, 외화증권 발행, 상환 등의 결과로 일시적으로 외화자금이 부족하거나 여유자금이 발생할 때 외화콜거래에 참가한다. 또한 외화콜금리는 역외거래가 가능하기 때문에 국제 금융시장에서 형성되는 초단기 금리 수준과 관계가 있다.

5. 단기대차시장(단기금융시장)

(1) 의의

외화 단기대차시장이란 3개월 이상 1년 이내의 특정 기간 동안 은행간에 외화를 대여·차입하는 거래가 이루어지는 시장을 말한다. 이 거래는 스왑시장, 외화콜시장과 마찬가지로 은행들의 해외 장기차입 및 운용, 대고객거래 등 각종 거래에 따른 외화자금 과부족을 조정하기 위해 발생한다. 하지만 단기대차거래는 스왑거래가 이종통화 또는 금리간 교환거래를 수반한다는 점에서, 외화콜거래는 만기 3개월 이내의 초단기로 대차거래가 이루어진다는 점에서 그 성격이 구분된다.

외화 단기대차거래와 관련하여 외국환거래법상의 제한[69]은 없으며 은행의 일반적인 외환업무의 하나로서 주로 거래선이 있는 은행간 로이터 딜링 머신 등을 이용해 거래의향을 전달하고 금리 등 조건을 협의하여 거래 여부를 결정하는 방식으로 이루어진다. 과거에는 은행간 거래에 필요한 신용한도 내에서 담보 없이 거래하는 신용거래가 대부분이었으나 최근에는 환

---

68) 원화의 경우 자금중개회사의 업무를 규정하고 있는 자본시장법 시행령 제346조 제2항에 따라 90일 이내의 자금거래를 콜거래로 정의하고 있다.

68) 원화의 경우 자금중개회사의 업무를 규정하고 있는 자본시장법 시행령 제346조 제2항에 따라 90일 이내의 자금거래를 콜거래로 정의하고 있다.

69) 다만 외국환은행이 비거주자로부터 건당 5천만 달러를 초과하는 상환기간 1년 초과 장기차입(외화증권발행 포함)시에는 기획재정부장관에게 신고하여야 한다(외국환거래규정2-5①).

매조건부채권매매(RP매매)에 의한 대차거래도 많이 일어나고 있다.

(2) 특징

외화의 단기차입은 장기차입에 비해 금리가 낮고 만기도래시 차환(roll-over)을 계속할 경우 장기차입과 같은 효과를 거둘 수 있다는 점에서 차주은행 입장에서 선호할 수도 있으나 만기가 짧기 때문에 자금조달원으로서는 다소 불안한 측면이 있다. 즉 국내외에서 신용경색이 발생하거나 우리나라의 국가부도위험이 높아져 외국계 금융기관들이 우리나라에 대한 총신용공여(total credit exposure) 규모를 급격히 축소할 경우 국내은행들의 단기 외화차입금 차환이 어려워지고 차입 가산금리가 일시에 급등하여 차입비용이 크게 늘어날 수 있다. 특히 이 같은 상황이 지속되면 전반적인 외화자금시장의 외화유동성 부족으로 이어질 수도 있다.[70]

이에 따라 우리나라는 1997년 외환위기, 2008년 글로벌 금융위기 등을 경험하면서 외화자금의 단기조달 및 장기운용에 따른 만기불일치 문제를 해소하기 위해 은행들의 외화 유동성커버리지비율(LCR)을 도입 또는 강화하는 한편 은행 자체적으로도 리스크관리 능력을 확충토록 함으로써 은행의 단기 외화조달과 운용과 관련한 건전성 제고에 각별한 노력을 기울이고 있다.

Ⅳ. 외환파생상품시장

한국거래소시장에 통화선물과 통화옵션이 상장되어 거래되고 있다. 거래소 장내 외환시장은 거래소 메커니즘에 따라 작동하는 외환시장의 일부이며, 자본시장 인프라하의 통화시장이다. 거래소 장내 외환시장은 새로운 유형의 외환시장으로 1972년 5월 시카고상업거래소(CME: Chicago Mercantile Exchange)의 부속 거래소인 국제 통화시장(IMM: International Monetary Market)을 개설하여 통화선물거래를 개시함으로써 최초로 금융선물거래를 시작하였다.

흔히 외환시장이라 하면 장외 외환시장을 의미하며 장내 외환시장에 대해서는 거래소 통화 관련 파생상품시장이라는 용어를 사용하는 경향이 있다. 하지만 거래소는 외환시장으로서의 기능을 수행하고 있는 것이다. 거래소의 통화선물, 통화옵션 시장은 외환시장을 구성하는 일부이므로 외환시장이란 관점이 필요하다. 대부분의 개인 또는 중소기업에게 장외 외환시장에 대한 접근성은 매우 제한적이며, 소액거래, 낮은 신용의 개인이 자유로이 거래 주체간 수평적이며 동등한 자격으로 거래할 수 있는 시장은 거래소의 장내 외환시장이라 할 수 있다.

---

70) 1997년 외환위기 및 2008년 글로벌 금융위기 당시 외국 금융기관들은 우리나라 은행들에 대한 단기 외화 대여금을 경쟁적으로 회수하였다. 그 결과 국내은행의 단기차입금 차환비율이 30%대로 급격히 하락하고 가산금리가 200bp를 상회하는 등 사실상 해외차입이 불가능해짐에 따라 외화유동성이 급속히 고갈된 바 있다.

제
3
장
／

금융시장규제(자본시장규제)

제1절 서설

Ⅰ. 의의

　　금융시장규제는 금융기관 이외에 일반인이 함께 참여하는 증권시장과 장내파생상품시장과 같은 자본시장의 규제를 중심으로 한다. 자본시장은 다수의 일반투자자가 참여하는 시장이고 시장의 신뢰가 시장의 존속을 위한 필수적인 요소이다. 이런 관점에서 자본시장법은 시장의 효율성뿐 아니라 공정성을 유지할 수 있도록 하는 법적인 장치로서 정보의 공시(발행시장공시와 유통시장공시)와 불공정거래규제(미공개정보이용행위 금지, 시세조종행위 금지, 부정거래행위 금지, 시장질서교란행위 규제 등)의 두 축을 중심으로 규율하고 있다. 또한 외국환거래에 대해서는 외국환거래법이 다양한 규제를 하고 있다.

　　자본시장 참여자에는 증권을 발행하는 기업, 증권이나 파생상품에 투자하는 투자자, 그리고 증권의 중개 등을 통하여 시장에 유통시키는 금융투자회사 등이 있으며, 자본시장의 인프라라고 할 수 있는 회계감사업무를 하는 회계감사인과 신용평가회사 등도 자본시장 참여자로 볼 수 있다. 하지만 여기서는 자본시장을 발행시장과 유통시장으로 구분하여 투자자보호를 위해 자본시장법이 각각의 시장에서 요구하는 공시규제와 불공정거래에 한정하여 살펴보기로 한다.

Ⅱ. 정보공시규제

자본시장법상 발행시장은 기업이 자금조달을 위해 증권을 신규 발행하고 투자자들은 투자이익, 경영 참여 등 각기 다른 목적 달성을 위해 신규로 발행된 증권에 투자는 시장을 의미한다. 자금을 조달하는 기업 입장에서는 투자유치를 위해 투자자들에게 기업 및 증권에 대해 긍정적이고 희망적인 정보를 제시할 유인이 있고, 투자자의 입장에서는 투자 결정을 위해 객관적이고 정확한 정보가 제공되기를 바란다. 이러한 양 당사자의 입장 차이에서 비롯되는 정보 비대칭을 해소하기 위해 자본시장법은 증권을 신규로 발행하여 자금을 조달하고자하는 기업으로 하여금 투자자에게 투자판단에 필요한 정보를 신속하고 정확하게 시장에 제공하도록 강제하는 공시규제를 마련하여 운용하고 있다. 공시규제는 발행시장공시규제, 유통시장공시규제로 구분할 수 있다.

Ⅲ. 불공정거래규제

기업이 자금조달을 하는 방법은 은행 등 여신기관으로부터 대출을 받는 간접금융과 회사채나 주식을 발행하여 투자자로부터 직접 자금을 조달하는 직접금융이 있다. 직접금융은 기업이 자금조달을 하는 수단이기도 하지만 투자자 입장에서는 투자의 기회이기도 하기 때문에 이들을 연결해 주는 자본시장은 투명하게 운영되어야 한다. 자본시장법은 자본시장의 투명성을 위해 발행시장 공시규제와 유통시장 공시규제를 두고 있는데 이것만으로는 부족하다. 즉 시장 참여자들이 증권가격을 조작하거나 기업의 중요한 미공개정보를 이용하고 부정한 방법으로 증권사기가 발생하는 경우에는 투자자들이 자본시장을 믿지 못하고 떠나게 될 것이다. 이처럼 기업자금조달의 장인 자본시장이 신뢰를 받지 못하게 하는 불공정거래는 증권범죄로서 반드시 척결되어져야 한다. 자본시장법은 불공정거래를 유형화하여 미공개 중요정보 이용행위 금지, 시세조종행위 금지, 부정거래행위 금지, 시장질서 교란행위 금지로 구별하여 규제하고 있다.

제2절 발행시장 공시규제

Ⅰ. 증권의 모집 및 매출의 규제

1. 모집 및 매출(공모)의 의의

(1) 모집과 매출(공모) 개념의 필요성

증권을 공급하고 자금을 조달하는 방법으로는 소수의 특정인을 대상으로 하는 방법인 사모와 다수의 투자자를 대상으로 하는 방법인 공모로 구분된다. 특정 연고자 등을 대상으로 하는 사모발행의 경우에는 일반적으로 해당 회사의 내용을 개별 청약자 등에게 설명하는 기회를 갖거나, 그 청약자가 회사의 내용을 잘 알고 있기 때문에 별도의 공시절차가 필요하지 않다. 그러나 불특정 다수인을 대상으로 하는 공모발행의 경우에는 증권의 공급자와 취득자간에 정보의 불균형이 존재하기 때문에 증권을 취득하는 경우에 회사에 대한 합리적인 판단을 하는 것이 어렵다. 따라서 당해 증권의 공모내용과 발행인에 대한 정보를 증권시장의 참여자에게 정확하게 알릴 수 있는 공시절차가 필요하다.

모집과 매출의 개념을 정의하는 이유는 모집·매출행위 중 어느 범위까지를 자본시장법 소정의 모집 및 매출행위로 보아 동법상의 규제대상으로 삼아야 할 것인가를 확정하기 위한 것이다. 만약 어떤 행위가 동법 소정의 모집·매출행위에 해당하지 않는다고 할 경우에는 이러한 행위는 단순한 사모에 불과하여 모집·매출과 관련된 동법상의 각종 규제를 받지 않기 때문이다.

자본시장법은 증권신고서제도를 마련하여 투자자가 신규로 발행되거나 매도될 수 있는 증권의 내용에 대하여 사전에 충분한 정보를 갖고 투자에 대한 판단을 할 수 있도록 하고 있다. 이 경우 증권의 내용에 대해 정보를 갖고 있는 전문가와 연고자는 보호대상이 아니지만, 정보가 부족한 불특정 다수의 일반투자자는 보호대상이 되고 있다.

따라서 자본시장법상 보호대상인 불특정 다수의 일반투자자에 대한 증권의 신규발행 또는 매도행위의 개념과 범위를 정할 필요가 있다. 이를 위하여 마련된 개념이 모집과 매출의 개념이다. 모집 또는 매출에의 해당 여부에 따라 공모와 사모를 구별하는데, 모집 또는 매출에 해당되면 공모이고, 이에 해당하지 않으면 사모이다.

(2) 모집과 매출(공모)의 개념

모집은 "대통령령으로 정하는 방법에 따라 산출한 50인 이상의 투자자에게 새로 발행되는 증권의 취득의 청약을 권유하는 것"을 말한다(법9⑦). 모집은 불특정 다수인을 상대로 증권을 발행하여 기업이 자금을 조달하는 행위이다. 그리고 매출은 "대통령령으로 정하는 방법에 따라 산출한 50인 이상의 투자자에게 이미 발행된 증권의 매도의 청약을 하거나 매수의 청약을 권유하는 것"을 말한다(법9⑨). 매출은 이미 발행된 증권의 보유자가 불특정 다수인에게 증권을 매도하여 그 대금을 취득하는 행위이다.

따라서 모집과 매출은 그 대상인 증권이 새로 발행되는 것인가 아니면 기(旣) 발행되어 있는 것인가에 따라 구별된다. 예를 들면 신주를 발행하여 50인 이상의 일반투자자들로 하여금 매수하도록 하는 행위는 증권의 모집이고, 비상장법인의 대주주가 이미 보유하고 있는 주식을 50인 이상의 일반투자자들로 하여금 매수하도록 하는 행위는 증권의 매출에 해당된다.

자본시장법은 모집과 매출에의 해당 여부를 50인 이상인지의 여부로 정하고 있으며, 50인은 청약을 권유받는 자를 기준으로 산정하고 있다. 따라서 실제로 청약을 하는 자가 50인 미만이더라도 권유받는 자가 50인 이상이면 모집 또는 매출에 해당하게 된다.

2. 증권의 모집으로 보는 전매가능성 기준

(1) 도입취지

증권의 발행 당시에는 청약의 권유를 받는 자의 수가 50인 미만으로서 증권의 모집에 해당되지 않지만 발행일로부터 1년 이내에 50인 이상의 자에게 양도될 수 있는 경우로서 금융위원회가 정하는 전매기준에 해당하는 경우에는 사실상 모집과 동일한 효과를 발생시키므로 이를 전매가능성이 있는 것으로 인정(영11③)하여, 청약권유 대상자의 수가 50인 미만인 경우에도 모집으로 간주하여 동일한 공시의무를 부과함으로써 공시의무를 회피하려는 의도를 차단하고 동 증권의 유통과정에서 합리적인 투자판단의 근거자료를 제공하려는 것이다. 모집에 관하여만 전매가능성을 고려하는 것은 매출에 대해 전매가능성 기준을 적용할 경우 장외에서 이루어지는 대부분의 증권매매가 이에 해당하게 되어 장외시장 자체가 제 기능을 수행할 수 없기 때문이다.

전매제한규정을 두고 있는 것은 소수인을 대상으로 증권을 1차로 발행하고 이를 다시 50인 미만의 다수인에게 전매되게 하는 경우, 또는 50인 미만의 자를 대상으로 수회에 걸쳐 모집하는 경우 등도 모집으로 간주하고자 하는 것이다. 시행령 제11조 제1항이 규정하는 "50인의 수 합산에서 제외되는 대상"만을 대상으로 증권을 발행하는 경우에도 전매가능성 기준에 해당하는 경우에는 모집으로 간주된다.

다만, 해당 증권이 법 제165조의10 제2항에 따라 사모의 방법으로 발행할 수 없는 사채(분리형 신주인수권부사채)인 경우에는 그러하지 아니하다(영11③ 단서).

(2) 전매가능성의 판단기준(간주모집)

모집·매출에 관하여 청약의 권유를 받는 자의 수가 50인 미만으로서 증권의 모집에 해당되지 아니할 경우에도 해당 증권이 발행일부터 1년 이내에 50인 이상의 자에게 양도될 수 있는 경우로서 증권의 종류 및 취득자의 성격 등을 고려하여 금융위원회가 정하여 고시하는 전매기준에 해당하는 경우에는 모집으로 본다(영11③ 본문).

이는 증권의 발행 당시에는 청약의 권유 대상자가 50인 미만으로 사모에 해당하지만, 증권발행 후 1년 이내에 50인 이상의 자에게 양도될 가능성이 있는 경우로서 금융위원회가 정하여 고시하는 전매기준에 해당하는 경우에는 모집으로 간주하는 것이다. 즉 사모발행이라고 하더라도 전매기준에 해당하는 경우에는 사실상 모집과 동일한 효과를 발생하므로 모집으로 간주(간주모집)하여 증권신고서 제출의무를 부과하는 것이다. 간주모집에 대한 증권신고서 제출의무는 공시의무를 피하기 위한 모집행위를 방지하기 위한 것으로서 신규로 증권을 발행하는 경우에만 적용된다.

Ⅱ. 발행시장과 공시규제

1. 증권신고서

(1) 서설

(가) 의의

증권의 모집 또는 매출(대통령령으로 정하는 방법에 따라 산정한 모집가액 또는 매출가액 각각의 총액이 대통령령으로 정하는 금액 이상인 경우에 한한다)은 발행인이 그 모집 또는 매출에 관한 신고서를 금융위원회에 제출하여 수리되지 아니하면 이를 할 수 없다(법119①).

(나) 취지

기업이 증권을 발행하는 경우 상법의 관련 규정에 따라 증권의 청약과 관련된 내용을 신문공고 또는 주식청약서나 사채청약서에 기재하도록 하여 투자자가 이를 근거로 투자판단에 필요한 정보를 얻도록 하고 있다. 그러나 주식청약서나 사채청약서의 내용만으로는 투자자가 투자판단을 위한 정보를 얻기에 부족하다. 따라서 증권의 내용뿐만 아니라 발행회사의 사업내용 및 재무내용 등을 투자자에게 상세하게 제공하는 것이 필요하다. 이를 고려하여 자본시장법은 증권을 공모하는 경우에는 발행회사 및 증권에 관한 상세한 정보를 증권신고서에 기재하여 일반투자자에게 공시하도록 하여 투자자들이 이를 투자판단의 자료로 이용할 수 있도록 하고 있다. 이것은 증권을 발행하는 회사와 투자자 사이의 정보비대칭을 해소하여 투자자를 보호하기 위한 것이다.

(2) 증권신고서 제출면제

(가) 증권신고서 제출기준금액

소액을 공모하는 경우에도 증권신고서를 제출해야 한다면 발행회사로서는 조달금액에 비하여 많은 시간과 비용을 들이게 되는 부담이 있고, 조달하려는 금액이 소액이므로 그만큼 투자자를 보호할 필요성도 적은 편이다. 따라서 자본시장법은 소액의 금액을 공모하는 경우 발행회사의 비용부담을 고려하고, 투자자 보호의 효과가 미미함을 감안하여 증권신고서 제출의무를 면제하고 있다.

자본시장법은 증권의 모집 또는 매출은 대통령령으로 정하는 방법에 따라 산정한 모집가액 또는 매출가액 각각의 총액이 대통령령으로 정하는 금액 이상인 경우에 한한다(법119①)고 규정하고 있다. 이에 따라 증권의 모집 또는 매출을 하기 위하여 신고서를 제출하여야 하는 경우를 10억원을 기준으로 정하고 있다(영120①). 따라서 이 기준금액에 미달하는 경우의 공모는 소액공모로서 증권신고서 제출이 면제된다.

(나) 증권신고서 제출면제증권(적용면제증권)

증권의 발행인은 증권신고서 제출을 준비하기 위해서 변호사, 회계사 등의 자문을 받는 경우에는 시간과 비용이 많이 들게 된다. 따라서 일정한 경우 발행인의 부담을 경감해 줄 필요가 있어 발행인의 신용도가 높은 증권 등의 경우와 같이 투자자 보호의 필요성이 크지 않은 경우에는 증권신고서 제출을 면제하고 있다.

1) 국채증권·지방채증권

국채증권과 지방채증권은 발행인의 신용도가 높기 때문에 투자자를 보호할 필요성이 낮아 증권신고서 제출이 면제된다(법118).

2) 특수채

대통령령으로 정하는 법률에 따라 직접 설립된 법인이 발행한 채권(법118)을 특수채라고 한다. 특수채는 국책은행과 공기업이 발행하는 채권으로서 공익을 위하여 발행하고, 특별법에 의해 관계 감독기관의 감독을 받기 때문에 증권신고서의 제출을 면제하고 있다. 국책은행인 한국은행, 한국산업은행, 중소기업은행, 한국수출입은행 등은 증권신고서의 제출이 면제되지만, 일반 시중은행이 발행하는 은행채는 면제증권에 포함되지 않는다. 이것은 시중은행은 도산위험이 있음을 고려한 것이고, 영국이나 독일 등의 경우 시중은행은 증권신고서를 제출하고 있음을 고려한 것이다.

3) 기타 면제증권

그 밖에 다른 법률에 따라 충분한 공시가 행하여지는 등 투자자 보호가 이루어지고 있다고 인정되는 증권으로서 대통령령으로 정하는 증권에 관하여는 적용하지 아니한다(법118).

여기서 "대통령령으로 정하는 증권"이란 다음의 증권을 말한다(영119②).

1. 국가 또는 지방자치단체가 원리금의 지급을 보증한 채무증권
2. 국가 또는 지방자치단체가 소유하는 증권을 미리 금융위원회와 협의하여 매출의 방법으로 매각하는 경우의 그 증권
3. 지방공기업법 제68조 제1항부터 제6항까지의 규정에 따라 발행되는 채권 중 도시철도의 건설 및 운영과 주택건설사업을 목적으로 설립된 지방공사가 발행하는 채권
4. 「국제금융기구에의 가입조치에 관한 법률」 제2조 제1항에 따른 국제금융기구가 금융위원회와의 협의를 거쳐 기획재정부장관의 동의를 받아 발행하는 증권
5. 한국주택금융공사법에 따라 설립된 한국주택금융공사가 채권유동화계획에 의하여 발행하고 원리금 지급을 보증하는 주택저당증권 및 학자금대출증권
6. 전자증권법 제59조에 따른 단기사채등으로서 만기가 3개월 이내인 증권

2. 일괄신고서

일괄신고서는 증권의 종류, 발행예정기간, 발행횟수, 발행인의 요건 등을 고려하여 대통령령으로 정하는 기준과 방법에 따라 일정기간 동안 모집하거나 매출할 증권의 총액을 일괄하여 기재한 신고서를 말한다. 일괄신고서를 금융위원회에 제출하여 수리된 경우에는 그 기간 중에 그 증권을 모집하거나 매출할 때마다 제출하여야 하는 신고서를 따로 제출하지 아니하고 그 증권을 모집하거나 매출할 수 있다(법119② 전단).

일괄신고서를 제출하면 일괄신고서에 기재된 그 증권(집합투자증권 및 파생결합증권 중 대통령령으로 정하는 것을 제외)을 모집하거나 매출할 때마다 대통령령으로 정하는 일괄신고추가서류를 제출하여야 하는데(법119② 후단), 이에 대하여는 별도의 수리 및 효력발생의 절차를 거칠 필요없이 증권을 모집하거나 매출할 수 있게 되는 것이다.

증권신고서는 모집·매출하는 경우마다 제출하는데 반하여, 일괄신고서는 같은 종류의 증권을 계속 발행하는 발행인에게 발행인에 관한 사항과 일정기간 동안의 모집·매출 예정물량을 금융위원회에 사전에 일괄하여 신고하고, 실제 발행하는 경우 일괄신고추가서류만을 제출하면 증권신고서를 제출한 것과 동일한 효과를 갖도록 하여 증권의 모집·매출을 원활하게 하는 제도이다.

3. 소액공모

증권신고서를 제출하지 아니하고 증권을 모집 또는 매출하는 발행인은 투자자를 보호하기 위하여 재무상태에 관한 사항의 공시, 그 밖에 "대통령령으로 정하는 조치"를 하여야 한다(법

130① 본문). 이는 증권의 모집 또는 매출가액(공모금액)이 10억원 미만인 소액공모의 경우 증권
신고서를 제출하지 아니하므로 투자자를 보호하기 위하여 발행인에 관한 기본적인 정보를 공
시하도록 한 것이다.

4. 투자설명서

(1) 의의

증권을 모집하거나 매출하는 경우 그 발행인은 대통령령으로 정하는 방법에 따라 작성한
투자설명서 및 간이투자설명서(모집 또는 매출하는 증권이 집합투자증권인 경우로 한정)를 그 증권
신고의 효력이 발생하는 날(일괄신고추가서류를 제출하여야 하는 경우에는 그 일괄신고추가서류를 제
출하는 날)에 금융위원회에 제출하여야 하며, 이를 총리령으로 정하는 장소에 비치하고 일반인
이 열람할 수 있도록 하여야 한다(법123①). 자본시장법은 투자설명서 제출에 대한 명문규정을
두고 있으나, 그 개념에 대한 정의규정을 두고 있지 않다.

투자설명서는 증권의 매수청약을 권유하는 경우 일반투자자에게 제공하는 "투자권유문서"
로서 증권신고서의 내용을 보다 알기 쉽고, 객관적이며, 간단명료하게 작성하여 일반투자자에
게 제공함으로써 합리적인 투자판단을 할 수 있게 해주는 문서이다. 투자설명서는 그 성질상
투자권유문서이므로 증권의 매수권유를 위하여 작성 및 교부하는 문서로서 모집안내서, 매출
안내서, 신주청약안내서, 증자설명서 등 그 명칭이나 형식을 불문하고 투자설명서로 보는 것이
타당하다.

(2) 증권신고서와의 차이

증권신고서와 투자설명서는 그 기재내용에 따라 구별되는 것이 아니라 그 목적에 따라 구
별된다. 즉 증권신고서는 발행시장규제를 위하여 금융위원회에 제출하는 것인데 반하여, 투자
설명서는 투자자에게 청약의 권유를 하는 경우 그 내용을 알리기 위한 것이다. 증권신고서와
투자설명서의 많은 부분이 겹치는데, 이는 투자설명서가 증권신고서의 내용을 투자자에게 제
공하는 서류이기 때문이다.

그러나 증권신고서는 증권의 모집이나 매출에 앞서 제출하는 서류로서 모든 청약의 권유
문서의 기초가 되는 서류인데 반하여, 투자설명서는 증권신고서의 수리 이후 청약권유를 위하
여 투자자에게 교부하기 위하여 만들어진 서류이다. 따라서 증권신고서에는 증권의 모집이나
매출과 관련된 모든 사항을 기재하여야 하지만, 투자설명서에는 증권신고에 기재된 내용과 다
른 내용을 표시하거나 그 기재사항을 누락하여서는 아니 된다. 다만 기업경영 등 비밀유지와
투자자 보호와의 형평 등을 고려하여 기재를 생략할 필요가 있는 일정한 사항의 기재를 생략

할 수 있다.

제3절 기업지배권변동과 공시규제

I. 공개매수규제

1. 공개매수의 의의

일반적으로 공개매수란 특정기업의 주식을 경영권지배를 목적으로 증권시장 외에서 공개적으로 매수하는 적대적 M&A 방식을 말한다. 자본시장법은 공개매수를 "불특정 다수인에 대하여 의결권 있는 주식, 그 밖에 대통령령으로 정하는 증권("주식등")의 매수(다른 증권과의 교환 포함)의 청약을 하거나 매도(다른 증권과의 교환 포함)의 청약을 권유하고 증권시장 및 다자간매매체결회사(이와 유사한 시장으로서 해외에 있는 시장을 포함) 밖에서 그 주식등을 매수하는 것"으로 정의하고 있다(법133①).

공개매수는 기업지배권을 획득하는 경우 사용되는 대표적인 방법으로 제3자가 공개적으로 거래되고 있는 대량의 주식을 매수하는 것을 인정하는 제도이다. 필요한 공시와 그 이후의 일정한 절차를 거친 후, 매수자는 대상회사의 주주들이 보유한 주식을 매수할 수 있다. 만약 매수자가 공개시장에서 주식을 충분히 매수한다면, 매수자는 자신의 최초 제안에 반대하는 이사회를 투표로 축출할 수 있으며, 그 제안을 수행할 이사를 신규선임할 수 있다. 그러나 장외에서 이루어지기 때문에 장내거래보다 투명성이 보장되지 않는다. 공개매수를 하기 위해서는 우선 대상회사를 골라야 한다. 이를 위해 대상회사에 대한 정보를 수집하고 분석하게 된다. 그 후 즉시 공개매수에 들어가지 않고 증권시장에서 대상회사의 주식을 매수하여 일정한 지분을 취득한다. 왜냐하면 공개시장에서의 주가는 공개매수가격보다 낮고, 회사가 공개매수에 대항하는 경우에 대비하여 공개매수가 성공하지 못하더라도 회사의 주식을 높은 가격에 처분하여 공개매수비용을 줄이고 차익을 실현하기 위함이다.

2. 공개매수의 적용대상

상장법인의 의결권 있는 주식등을 증권시장 밖에서 6개월간 10인 이상의 자로부터 매수등을 하고자 하는 자는 그 매수등을 한 후에 본인과 특별관계자(특수관계인과 공동보유자를 포함)가 보유(소유, 그 밖에 이에 준하는 경우)하게 되는 주식등의 수의 합계가 해당 주식등의 총수의 5%

이상이 되는 경우에는 공개매수를 하여야 한다(법133③, 영140).

따라서 상장법인 이외의 주식등을 매수하는 경우, 상장법인의 주식등을 거래소 시장 내에서 매수하는 경우, 상장법인의 의결권 없는 주식등을 매수하는 경우는 자본시장법에서 규정하고 있는 공개매수가 아니므로 자본시장법상의 공개매수절차를 따를 필요가 없다.

3. 공개매수신고서 제출

공개매수공고를 한 자(공개매수자)는 공개매수신고서를 그 공개매수공고를 한 날(공개매수공고일)에 금융위원회와 거래소에 제출하여야 한다(법134② 본문). 다만, 공개매수공고일이 공휴일(근로자의 날 제정에 관한 법률에 따른 근로자의 날 및 토요일을 포함), 그 밖에 금융위원회가 정하여 고시하는 날에 해당되는 경우에는 그 다음 날에 제출할 수 있다(법134② 단서). 공개매수자는 공개매수사무취급자를 통하여 공개매수신고서를 공개매수공고일에 금융위원회와 거래소에 제출하게 될 것이다.

Ⅱ. 대량보유상황보고

1. 의의

주권상장법인의 주식등(상장지수집합투자기구인 투자회사의 주식은 제외)을 5% 이상 보유하게 되거나 그 후 보유비율이 1% 이상 변동된 경우 또는 보유목적이나 보유주식등에 관한 주요계약내용이 변경된 경우에는 5일 이내에 그 보유상황 및 변동내용, 변경내용을 금융위원회와 거래소에 보고하여야 한다(법147①).

대량보유상황보고제도는 5%룰(Rule)이라고도 하는데, 이 제도는 기업지배권시장의 공정한 경쟁 및 증권시장의 투명성을 제고하기 위하여 주권상장법인이 발행한 주식등을 대량보유한 자에게 그 보유상황을 공시하도록 하는 제도이다. 대량보유보고제도는 공개회사의 일정비율 이상 지분의 대량보유상황 또는 변동상황을 공시하도록 함으로써 기업지배권시장에서 지배권 경쟁에 상황정보를 알려주는 것을 주된 목적으로 하며, 투자자를 보호하는 기능을 수행하고, 그 외에도 유통시장의 투명성과 공정성을 높여 불공정거래를 방지하는 기능을 수행한다.

실무에서는 보통주에 대한 미공개정보 이용행위(내부자거래) 금지 위반과 대량보유상황보고(5%룰)의무 위반, 그리고 임원 등의 특정증권등 소유상황 보고의무 위반이 동시에 일어나는 경우가 많다.

2. 보고내용

보고의무자는 그 보유상황, 보유목적(발행인의 경영권에 영향을 주기 위한 목적 여부를 말함), 그 보유 주식등에 관한 주요계약내용, 그 밖에 대통령령으로 정하는 사항을 금융위원회와 거래소에 보고하여야 하며, 그 보유주식등의 수의 합계가 그 주식등의 총수의 1% 이상 변동된 경우(그 보유 주식등의 수가 변동되지 아니한 경우, 그 밖에 대통령령으로 정하는 경우 제외)에는 그 변동된 날부터 5일 이내에 그 변동내용을 금융위원회와 거래소에 보고하여야 한다(법147①). 그리고 그 보유목적이나 그 보유주식등에 관한 주요계약내용 등 대통령령이 정하는 중요한 사항의 변경이 있는 경우에는 5일 이내에 금융위원회와 거래소에 보고하여야 한다(법147④). 즉 보고의무자는 주권상장법인의 주식등을 5% 이상 보유하게 되거나 또는 그 후 보유비율이 1% 이상 변동된 경우, 그리고 보유목적이나 중요사항이 변경된 경우에는 5일 이내에 그 보유상황, 변동내용 및 변경내용을 금융위원회와 거래소에 보고하여야 한다.

3. 보고기한

대량보유보고(신규보고), 변동보고 및 변경보고는 보고의무 발생일(보고기준일)로부터 5일 이내에 하여야 한다(법147①④). 보고기한의 기산일은 민법의 일반원칙에 의한다(초일 불산입의 원칙). 따라서 보고의무 발생일을 제외하고 그 다음날부터 5일의 기간을 계산한다. 보고기한 5일을 산정하는 경우 대통령령으로 정하는 날은 산입하지 아니한다(법147①). 여기서 "대통령령으로 정하는 날"은 공휴일, 근로자의 날 제정에 관한 법률에 따른 근로자의 날, 토요일을 말한다(영153①).

III. 의결권 대리행사 권유의 규제(위임장권유규제)

1. 위임장권유의 의의의 기능

주주는 대리인으로 하여금 그 의결권을 행사하게 할 수 있다. 이 경우 그 대리인은 대리권을 증명하는 서면을 주주총회에 제출하여야 한다(상법368②). 이를 "의결권 대리행사"라고 한다. 즉 제3자가 특정 주주를 위하여 주주총회에서 의결권을 행사하고, 그것을 주주 본인의 의결권행사로 보는 제도이다.

의결권 대리행사제도는 주주 개인의 능력의 보충이나 사적자치의 확장을 위하여 인정된 것이다. 그러나 현대 대규모의 공개회사에서는 본래의 취지와는 달리 "대리인의 목적달성"을 위해 운영되고 있다. 이사, 대주주 또는 새로이 경영권을 탈취하고자 하는 자 등이 대리인이 되고자 주주들에게 집단적으로 의결권의 위임을 권유하는 것이다. 이를 "의결권 대리행사의 권유"("위임장권유")라고 한다.

위임장권유는 오늘날 상장회사의 주주총회 운영과 회사지배에 있어 매우 중요한 기능을 한다. 현재의 경영자는 자신의 지위를 이용하여 보다 쉽게 위임장을 획득할 수 있기 때문에 미국에서는 소유 없이 회사를 지배하는 경영자지배(management control)의 유용한 수단이 되고 있다. 또한 경영권 다툼의 경쟁자들간에 위임장경쟁(proxy contest or fight)이 심각하게 벌어지기도 한다. 우리나라에서도 근래 기업매수가 활성화되면서 지배권의 확보를 목적으로 한 위임장경쟁이 늘어나고 있다.[1]

2. 적대적 M&A와 위임장경쟁

실무상 위임장경쟁은 적대적 M&A 개시 후 주주총회에서 주로 이사의 선임 또는 해임을 추진하여 이사회 장악을 시도하는 중요한 방법이다. 자본시장법에서 정한 위임장권유의 신고를 거쳐 주주들에게 주주총회에서의 의결권행사를 위임할 것을 호소할 수 있다. 그런데 공격자측의 경우 주주명보 확보가 늦어(실무상 주주총회소집통보 약 3일 전에 주주명부를 작성하여 통지문을 우편으로 발송하게 된다) 통상의 경우 한국예탁결제원 등 명의개서대행회사로부터 주주명부를 확보할 수 없는바, 대상회사로부터 주주명부를 취득하는 방법 이외의 방법은 없다. 이러한 경우 공격자측은 위임장권유를 위한 자본시장법상 신고절차를 진행하여 소정의 확인서 및 요청서를 제출함으로써 주주명부를 확보하여 작업을 진행할 수 있다. 그런데 이는 시간적으로 회사보다 매우 불리할 수밖에 없다.

위임장권유 등으로 확보한 의결권을 갖고 수적 우세를 점치고 대리인을 포함하여 공격자측이 막상 주주총회에 출석하면 주주총회에서 의장인 대상회사의 대표이사가 의결권 무효를 주장하여 일사천리로 주주총회를 종료시키는 경우가 많다. 일반적으로 적대적 M&A의 시도는 공개매수 등 주식매집 후 위임장경쟁이 이루어질 것이다. 이를 성공적으로 수행하기 위해서는 주주총회를 원활하게 진행시킬 수 있는 완벽한 법률적인 준비 이외에도 실질적으로 대상회사의 내부자(노조, 우리사주조합, 임원 등) 또는 주요주주의 포섭이 필요한 것이 우리나라 M&A 시장의 현실이다.

우리나라에서는 2003년 하나로통신 경영권을 둘러싸고 벌어진 LG그룹과 New Bridge Capital 간에 있었던 위임장경쟁, 2004년 현대엘리베이터의 경영권을 두고 벌어진 KCC그룹과

---

[1] 보유지분율이 아니라 다수의 주주로부터 주주총회에서의 의결권행사 위임장을 확보하여 M&A를 추진하는 전략을 "위임장경쟁"이라고 한다. 위임장권유제도의 원래 취지는 주주총회의 원활한 성립을 목적으로 하는 것이지만, 기업지배권 획득수단으로 활용되기도 하는 것이다. 특히 미국의 경우 위임장권유제도가 기업지배권 획득을 위한 주요한 수단으로 이용되고 있다.

현대상선 현정은 회장 사이의 위임장경쟁, 2005년 SK 주주총회에서 있었던 최태원 회장과 소버린과의 위임장경쟁 등이 있다.

Ⅳ. 임원 등의 특정증권등 소유상황 보고의무

1. 의의

주권상장법인의 임원 또는 주요주주는 임원 또는 주요주주가 된 날부터 5일(대통령령으로 정하는 날은 산입하지 아니한다) 이내에 누구의 명의로 하든지 자기의 계산으로 소유하고 있는 특정증권등의 소유상황을, 그 특정증권등의 소유상황에 변동이 있는 경우(대통령령으로 정하는 경미한 소유상황의 변동은 제외)에는 그 변동이 있는 날부터 5일까지 그 내용을 대통령령으로 정하는 방법에 따라 각각 증권선물위원회와 거래소에 보고하여야 한다(법173① 전단). 이 경우 대통령령으로 정하는 부득이한 사유에 따라 특정증권등의 소유상황에 변동이 있는 경우와 전문투자자 중 대통령령으로 정하는 자에 대하여는 그 보고 내용 및 시기를 대통령령으로 달리 정할 수 있다(법173① 후단).

2. 제도적 취지

자본시장법은 상장법인의 임원 또는 주요주주로 하여금 발행회사 주식의 소유상황 및 변동상황을 공시하게 함으로써 내부자거래규제의 실효성을 담보하고 있다. 임원 또는 주요주주는 일반인에게 공개되지 아니한 미공개정보를 이용하여 발행회사의 특정증권등을 거래함으로써 부당이득을 취할 가능성이 크므로 해당 법인의 특정증권등의 소유상황 및 변동내용을 공시하도록 하고 있다. 이 제도는 단기매매차익 반환제도가 임원 또는 주요주주에 의해 이루어지는 해당 법인의 주식 등의 매매상황이 명백히 알려지지 않으면 제 기능을 발휘할 수 없기 때문에 단기매매차익 반환제도의 실효성을 확보하는 기능도 수행한다. 또한 간접적으로는 공정한 M&A 장치로서의 기능도 수행하고 있다.

3. 대량보유보고의무와의 관계

자본시장법 제147조의 주식등의 대량보유상황보고의무제도(5%룰)와 제173조의 임원 등의 특정증권등 소유상황보고의무제도는 다음과 같은 차이가 있다. 실무상 착오가 일어나는 경우가 가끔 있으므로 주의를 요한다.

ⅰ) 전자는 기업지배권시장에서 지배권경쟁에 상황정보를 알려주는 것을 주된 목적으로 하며, 투자자를 보호하는 기능을 수행하고, 그 외에도 유통시장의 투명성을 높여 불공정거래를

방지하는 기능을 수행하지만, 후자는 내부자거래 규제의 실효성을 확보하기 위한 간접적인 제도로서 기능을 한다(기능 및 목적의 차이). ⅱ) 보고의무 주체의 경우 전자는 주식등을 5% 이상 보유하게 된 자이고, 후자는 임원 또는 주요주주이다(보고의무자의 차이). ⅲ) 보고대상은 전자의 경우는 본인, 특별관계자, 공동보유자가 보유하는 주식등이고, 후자의 경우는 누구의 명의로 하든지 자기의 계산으로 소유하고 있는 특정증권등이다(보고대상증권의 차이). ⅳ) 보고사유는 전자의 경우 주식등을 5% 이상 보유하게 된 경우(신규보고), 보유주식등이 1% 이상 변동한 경우(변동보고), 보유목적등이 변경된 경우(변경보고)이고, 후자는 임원 또는 주요주주가 된 경우(신규보고), 소유 특정증권등이 1주라도 변동된 경우(변동보고)이다(보고사유의 차이). ⅴ) 보고기한으로 전자는 신규보고, 변동보고 및 변경보고 모두 보고의무 발생일(보고기준일)로부터 5일 이내에 하여야 하고, 후자는 신규보고와 변동보고 모두 5일 이내이다(보고기한의 차이). ⅵ) 보고할 기관으로 전자는 금융위원회이고, 후자는 증권선물위원회이다.

제4절 유통시장 공시규제

Ⅰ. 유통시장공시의 의의와 분류

1. 유통시장공시의 의의

유통시장은 이미 발행된 증권이 투자자와 투자자 사이에서 거래되는 시장을 말한다. 따라서 유통시장은 회사가 새로운 자금을 조달할 수 있는 시장은 아니지만, 투자의 유동성을 제공함으로써 회사의 자금조달에 간접적으로 이바지한다. 투자자가 자신의 투자자금을 다시 쉽게 회수할 수 있는 유통시장이 없다면, 투자자들은 당초에 발행시장에 들어가는 것을 주저할지도 모른다. 이러한 의미에서 원활한 유통시장의 존재는 발행시장의 발달에 필수적인 조건이라고 할 수 있다.

발행시장에서 증권의 발행이 완료되면 발행된 증권은 유통시장에서 다수의 투자자들 사이에 매매가 이루어지게 된다. 이 경우 매매되는 증권에 대한 정보는 1차적으로 발행시 제출된 증권신고서 등이 될 것이다. 그러나 시간이 흐르면 이러한 증권신고서 등은 정보의 가치가 점점 떨어지게 된다. 따라서 자본시장법은 공모가 종료된 이후에도 유통시장에서 거래되는 증권에 대하여 정보가 지속적으로 보충될 수 있도록 일정한 정보의 공시를 강제하고 있는데 이를 유통시장공시라고 한다.

제 3 장 금융시장규제(자본시장규제) 645

유통시장공시의 주된 목적은 증권의 현재 또는 미래의 투자자에게 기업의 경영활동과 관련된 정보를 충분히 공시하도록 함으로써 모든 투자자가 정보불균형이 없이 매매거래를 할 수 있도록 해 주는 것이며, 내부자 등이 미공개중요정보를 이용하여 불공정거래를 하는 것을 차단하기 위함이다.

2. 유통시장공시의 분류

유통시장공시는 크게 정기적으로 이루어지는 정기공시와 회사에 특별한 사항이 발생할 때마다 이루어지는 주요사항보고서와 수시공시, 그리고 투자자들 사이에 불공정한 정보비대칭이 발생하는 것을 방지하기 위해 도입된 공정공시가 있다.

유통시장공시는 자본시장법, 금융위원회의 규정인 증권발행공시규정과 한국거래소의 규정인 유가증권시장 공시규정, 코스닥시장 공시규정, 그리고 코넥스시장 공시규정에 의해 규제받고 있다.

Ⅱ. 정기공시(사업보고서, 분·반기보고서)

1. 정기공시제도의 의의

정기공시제도란 증권을 발행하거나 상장한 법인 등의 사업상황, 재무상황 및 경영실적 등기업내용을 일반투자자에게 정기적으로 공개함으로써 합리적인 투자판단이 가능하도록 자료를 제공하고 시장에서 공정한 가격형성이 이루어지도록 함으로써 공정한 거래질서를 확립하고 투자를 보호하기 위한 제도를 말한다. 정기공시서류로는 사업보고서, 반기보고서와 분기보고서, 연결재무제표 등이 있다.

2. 사업보고서

(1) 의의

사업보고서는 제출대상법인이 매 사업연도 경과 후 당해 사업연도의 경영성과, 재무상태, 그리고 증권의 변동에 관한 사항 등 기업내용에 관한 사항을 기록하여 금융위원회와 거래소에 제출하는 연차보고서이다.

(2) 제출대상법인

사업보고서 제출대상법인인 주권상장법인, 그 밖에 대통령령으로 정하는 법인은 그 사업보고서를 각 사업연도 경과 후 90일 이내에 금융위원회와 거래소에 제출하여야 한다(법159①).

여기서 "대통령령으로 정하는 법인"이란 다음의 어느 하나에 해당하는 법인을 말한다(영 167①).

1. 다음의 어느 하나에 해당하는 증권을 증권시장에 상장한 발행인(상장법인)
    가. 주권 외의 지분증권[집합투자증권과 자산유동화계획에 따른 유동화전문회사등(자산유동화법에 따른 유동화전문회사등)이 발행하는 출자지분은 제외]
    나. 무보증사채권(담보부사채권과 보증사채권을 제외한 사채권)
    다. 전환사채권·신주인수권부사채권·이익참가부사채권 또는 교환사채권
    라. 신주인수권이 표시된 것
    마. 증권예탁증권(주권 또는 가목부터 라목까지의 증권과 관련된 증권예탁증권만 해당)
    바. 파생결합증권
2. 제1호 외에 다음의 어느 하나에 해당하는 증권을 모집 또는 매출(법 제117조의10 제1항에 따른 모집과 법 제130조 제1항 본문에 따른 모집 또는 매출은 제외)한 발행인(주권상장법인 또는 제1호에 따른 발행인으로서 해당 증권의 상장이 폐지된 발행인을 포함)
    가. 주권
    나. 제1호 각 목의 어느 하나에 해당하는 증권
3. 외부감사법에 따른 외부감사대상 법인으로서 제2호 각 목의 어느 하나에 해당하는 증권별로 그 증권의 소유자 수(금융위원회가 정하여 고시하는 방법에 따라 계산한 수)가 500인 이상인 발행인(증권의 소유자 수가 500인 이상이었다가 500인 미만으로 된 경우로서 각각의 증권마다 소유자의 수가 모두 300인 이상인 발행인을 포함)

주권상장법인이 주권상장 이후 거래소의 시장조치에 의하여 상장폐지되거나 기업 스스로 상장폐지를 한 경우에는 상장폐지 이전에 주권을 모집·매출한 경우 등 다른 사유에 의해 사업보고서 제출의무가 있는 경우에는 제출의무가 계속 발생한다.

(3) 제출면제법인
(가) 제출가능성·실효성이 없는 경우
파산, 그 밖의 사유로 인하여 사업보고서의 제출이 사실상 불가능하거나 실효성이 없는 경우로서 대통령령으로 정하는 경우에는 사업보고서를 제출하지 아니할 수 있다(법159① 단서).
여기서 "대통령령으로 정하는 경우"란 다음의 어느 하나에 해당하는 경우를 말한다(영167②).

1. 파산한 경우
2. 상법 제517조, 그 밖의 법률에 따라 해산사유가 발생한 경우
3. 주권상장법인 또는 시행령 제167조 제1항 제1호에 따른 발행인의 경우에는 상장의 폐지 요건에 해당하는 발행인으로서 해당 법인에게 책임이 없는 사유로 사업보고서의 제출이 불가능하다고 금융위원회의 확인을 받은 경우
4. 자본시장법 시행령 제167조 제1항 제2호에 따른 발행인의 경우에는 같은 호 각 목의 어느 하나에 해당하는 증권으로서 각각의 증권마다 소유자 수가 모두 25인 미만인 경우로서 금융위원회가 인정한 경우. 다만, 그 소유자의 수가 25인 미만으로 감소된 날이 속하는 사업연도의 사업보고서는 제출하여야 한다.
5. 자본시장법 시행령 제167조 제1항 제3호에 따른 발행인의 경우에는 같은 항 제2호 각 목의 어느 하나에 해당하는 증권으로서 각각의 증권마다 소유자의 수가 모두 300인 미만인 경우. 다만, 그 소유자의 수가 300인 미만으로 감소된 날이 속하는 사업연도의 사업보고서는 제출하여야 한다.

채권을 상장·공모한 법인이 이를 만기 또는 중도에 상환한 경우에는 사업보고서(분기보고서와 반기보고서 포함) 제출의무가 면제된다. 채권상환을 완료한 시점 이후에는 사업보고서 및 분기·반기보고서의 제출의무가 없다. 결산일에서 사업보고서 제출일까지 채권상환을 완료하였다면 직전 사업연도의 사업보고서 제출의무는 없다.

사업보고서 제출의무를 면제하는 취지는 회사가 파산 등으로 계속기업으로서의 한계에 직면하고 있거나 증권 소유자의 수가 현저하게 감소하여 공개기업으로서의 특성이 없어진 경우에는 정보공시의 필요성이 크지 않기 때문이다.

(나) 이미 공시한 경우

그 법인이 증권신고서 등을 통하여 이미 직전 사업연도의 사업보고서에 준하는 사항을 공시한 경우에는 직전 사업연도의 사업보고서를 제출하지 아니할 수 있다(법159③).

3. 반기보고서·분기보고서

사업보고서 제출대상법인은 그 사업연도 개시일부터 6개월간의 사업보고서("반기보고서")와 사업연도 개시일부터 3개월간 및 9개월간의[2] 사업보고서("분기보고서")를 각각 그 기간 경과 후 45일 이내에 금융위원회와 거래소에 제출하여야 하되, 사업보고서 제출대상법인이 재무에 관한 사항과 그 부속명세, 그 밖에 금융위원회가 정하여 고시하는 사항을 연결재무제표를 기준으로 기재하여 작성한 반기보고서와 분기보고서를 금융위원회와 거래소에 제출하는 경우에는

---

2) 4분기보고서는 사업보고서와 중복되므로 제외된다.

그 최초의 사업연도와 그 다음 사업연도에 한하여 그 기간 경과 후 60일 이내에 제출할 수 있다(법160).

사업보고서는 1사업연도의 실적을 반영하여 작성되기 때문에 기업의 최근 실적이 반영되지 못하는 단점이 있다. 따라서 투자판단에 활용되는 정보의 적시성을 제고하기 위하여 최신의 자료가 반영된 반기보고서와 분기보고서를 작성하여 공시하도록 한 것이다.

Ⅲ. 주요사항보고서

1. 의의

주요사항보고서라 함은 사업보고서 제출대상법인이 영업활동 등에 관하여 주요사실이 발생한 경우 그 사실이 발생한 날의 다음 날까지(제6호의 경우에는 그 사실이 발생한 날부터 3일 이내에) 금융위원회에 제출해야 하는 보고서를 말한다(법161①). 공시사항 중 특히 중요하다고 인정되는 사항에 대하여 법적 규제로 공시의무 이행을 담보하는 제도가 주요사항보고서제도이다.

일반투자자의 입장에서는 과거의 경영실적도 중요하지만 투자판단에 있어 가장 결정적인 정보는 기업의 현재와 미래의 중요정보이다. 따라서 기업의 경영상황 및 장래계획에 대한 주요정보를 스스로 공시하도록 하여 정보의 최신성과 신속성을 확보하여 궁극적으로 투자자를 보호하려는 제도이다.

2. 제출대상법인

사업보고서 제출대상법인은 주요사항보고서를 금융위원회에 제출하여야 한다(법161①). 즉 주요사항보고서의 제출대상법인은 사업보고서의 제출대상법인과 동일하다.

3. 제출사유(주요사항)

사업보고서 제출대상법인은 다음의 어느 하나에 해당하는 사실이 발생한 경우에는 그 사실이 발생한 날의 다음 날까지(제6호의 경우에는 그 사실이 발생한 날부터 3일 이내에) 그 내용을 기재한 보고서("주요사항보고서")를 금융위원회에 제출하여야 한다(법161① 전단). 이 경우 제159조 제6항(예측정보) 및 제7항(대표이사 등의 확인·서명)을 준용한다(법161① 후단).

1. 발행한 어음 또는 수표가 부도로 되거나 은행과의 당좌거래가 정지 또는 금지된 때
2. 영업활동의 전부 또는 중요한 일부가 정지되거나 그 정지에 관한 이사회 등의 결정이 있은 때

3. 채무자회생법에 따른 회생절차개시 또는 간이회생절차개시의 신청이 있은 때
4. 자본시장법, 상법, 그 밖의 법률에 따른 해산사유가 발생한 때
5. 대통령령으로 정하는 경우에 해당하는 자본 또는 부채의 변동에 관한 이사회 등의 결정이 있은 때
6. 주식의 포괄적 교환·이전, 합병, 회사의 분할 및 분할합병 등의 사실이 발생한 때
7. 대통령령으로 정하는 중요한 영업 또는 자산을 양수하거나 양도할 것을 결의한 때
8. 자기주식을 취득(자기주식의 취득을 목적으로 하는 신탁계약의 체결을 포함) 또는 처분(자기주식의 취득을 목적으로 하는 신탁계약의 해지를 포함)할 것을 결의한 때
9. 그 밖에 그 법인의 경영·재산 등에 관하여 중대한 영향을 미치는 사항으로서 대통령령으로 정하는 사실이 발생한 때

제5절 내부자거래

Ⅰ. 행위주체로서의 내부자

내부자는 다음의 어느 하나에 해당하는 자(제1호부터 제5호까지의 어느 하나의 자에 해당하지 아니하게 된 날부터 1년이 경과하지 아니한 자를 포함)이다(법174①).

1. 그 법인(그 계열회사를 포함) 및 그 법인의 임직원·대리인으로서 그 직무와 관련하여 미공개중요정보를 알게 된 자
2. 그 법인(그 계열회사를 포함)의 주요주주로서 그 권리를 행사하는 과정에서 미공개중요정보를 알게 된 자
3. 그 법인에 대하여 법령에 따른 허가·인가·지도·감독, 그 밖의 권한을 가지는 자로서 그 권한을 행사하는 과정에서 미공개중요정보를 알게 된 자
4. 그 법인과 계약을 체결하고 있거나 체결을 교섭하고 있는 자로서 그 계약을 체결·교섭 또는 이행하는 과정에서 미공개중요정보를 알게 된 자
5. 제2호부터 제4호까지의 어느 하나에 해당하는 자의 대리인(이에 해당하는 자가 법인인 경우에는 그 임직원 및 대리인을 포함)·사용인, 그 밖의 종업원(제2호부터 제4호까지의 어느 하나에 해당하는 자가 법인인 경우에는 그 임직원 및 대리인)으로서 그 직무와 관련하여 미공개중요정보를 알게 된 자
6. 제1호부터 제5호까지의 어느 하나에 해당하는 자(제1호부터 제5호까지의 어느 하나의 자

에 해당하지 아니하게 된 날부터 1년이 경과하지 아니한 자를 포함)로부터 미공개중요정보
를 받은 자

자본시장법은 내부자의 범위를 회사내부자, 준내부자와 정보수령자로 구분하여 구체적으
로 열거하고 있다. 위에서 열거된 자들은 상장법인 등이 발행한 증권의 투자판단에 영향을 미
칠 수 있는 특별한 정보에 스스로 관여하거나 접근할 수 있는 지위로 인하여 그러한 정보를 취
득함에 있어서 일반투자자보다 유리한 입장에 있기 때문이다. 따라서 그들이 미공개정보를 증
권거래에 이용함으로써 초래될 수 있는 자본시장의 건전성 침해를 방지하고자 내부자로 규율
하고 있는 것이다. 또한 내부자는 상장법인과 직접적인 관계를 맺고 있는 자들로 열거되어 있
다. 이와 같이 최초의 정보접근자 내지 정보생산자라고 할 수 있는 내부자가 개별 상장법인 등
을 위주로 규율된 것은 후술하는 바와 같이 미공개중요정보가 개별 상장법인 등의 업무수행
또는 경영에 관한 사항을 중심으로 구성된 것과 궤를 같이 하는 것이다.

또한 내부자거래의 행위주체로서 내부자의 개념은 중요한 의미를 갖는다. 즉 내부자의 미
공개정보 이용행위를 규제할 뿐이고, 내부자가 아닌 자의 미공개정보 이용행위를 규제하는
것이 아니기 때문이다. 따라서 내부자와 내부자가 아닌 자의 구별은 내부자거래에 대한 민사
상·형사상 책임을 부담해야 할 자의 인적범위를 제한하는 의미가 있다.

Ⅱ. 미공개중요정보

미공개중요정보란 투자자의 투자판단에 중대한 영향을 미칠 수 있는 정보로서 대통령령으
로 정하는 방법에 따라 불특정 다수인이 알 수 있도록 공개되기 전의 것을 말하며, 상장법인[6
개월 이내에 상장하는 법인 또는 6개월 이내에 상장법인과의 합병, 주식의 포괄적 교환, 그 밖에 대통령
령으로 정하는 기업결합 방법에 따라 상장되는 효과가 있는 비상장법인("상장예정법인등")을 포함]의
업무 등과 관련된 정보이어야 한다(법174①). 즉 미공개중요정보(내부정보)는 일반인에게 공개
되지 아니한 정보로 회사업무와 관련하여 투자자의 투자판단에 중대한 영향을 주는 정보이다.
내부정보는 당해 법인의 업무 등과 관련된 중요한 정보로서 이른바 회사관련정보(기업정보)를
말한다.

내부자거래는 회사의 내부자가 미공개중요정보를 이용하여 증권을 거래하는 것이다. 따라
서 내부정보의 개념은 내부자거래의 규제에서 핵심적인 요소이다. 그런데 회사의 정보가 모두
내부정보에 해당하는 것은 아니며, 내부자거래의 규제대상이 되는 내부정보에 해당하기 위하
여는 중요성과 미공개성의 두 가지 요건을 구비할 필요가 있다.

Ⅲ. 규제대상증권

자본시장법은 특정증권등을 내부자거래의 규제대상증권으로 하고 있다. 특정증권등은 상장법인 및 상장예정법인등이 발행한 해당 특정증권등을 포함한다(법174①). 특정증권등은 내부자의 단기매매차익 반환의무의 대상증권을 말한다(법 제172조 제1항 제1호부터 제4호까지). 즉 다음의 어느 하나에 해당하는 금융투자상품이 이에 해당한다.

1. 그 법인이 발행한 증권(대통령령으로 정하는 증권 제외)
2. 제1호의 증권과 관련된 증권예탁증권
3. 그 법인 외의 자가 발행한 것으로서 제1호 또는 제2호의 증권과 교환을 청구할 수 있는 교환사채권
4. 제1호부터 제3호까지의 증권만을 기초자산으로 하는 금융투자상품

Ⅳ. 내부자의 금지행위

1. 매매 그 밖의 거래

내부자, 준내부자 및 정보수령자는 특정증권등의 매매, 그 밖의 거래에 이용하거나(정보이용행위) 타인에게 이용하게(정보제공행위) 하여서는 아니 된다(법174①). "그 밖의 거래"란 매매 이외의 유상거래만을 의미하므로 교환 등 매매 이외의 취득 또는 처분, 전환사채권자의 전환권의 행사, 신주인수권부사채권자의 신주인수권의 행사, 교환사채권자의 교환권의 행사 등을 포함한다. 또한 일체의 양도와 담보권설정이나 담보권취득, 증권의 대차거래 등의 거래를 포함한다. 그러나 무상거래인 증여는 포함되지 않는다.

2. 정보이용행위

자본시장법은 정보이용행위 자체가 아니라 정보를 이용한 매매 그 밖의 거래행위를 금지하고 있다. 즉 정보를 이용한 매매란 정보가 호재인 경우에는 증권을 매수하고 악재인 경우에는 증권을 매도하는 것을 의미한다.

내부자, 준내부자 및 정보수령자는 매매 등과 관련하여 정보를 이용하는 것이 금지된다. 그런데 이들의 정보이용행위에는 고의가 필요하다. 따라서 내부자와 준내부자는 자신이 알고 있는 정보가 중요한 미공개정보라는 사실과 그 정보를 이용하여 증권의 매매 그 밖의 거래를 한다는 인식이 있어야 한다. 정보수령자는 정보제공자가 제공한 정보가 중요한 미공개정보라

는 사실뿐만 아니라 정보제공자가 그의 직무와 관련하여 알게 된 정보라는 사실도 인식하고 증권의 매매 그 밖의 거래에 이용한다는 인식이 있어야 한다.

3. 정보제공행위

내부자가 중요한 미공개정보를 타인에게 알려주어 그 타인이 이 정보를 이용하여 거래를 하게 하는 것을 의미한다. 내부자가 타인의 증권의 매매 그 밖의 거래에 미공개중요정보를 이용하도록 제공하는 행위만으로 충분하고 달리 정보수령자가 그 정보를 이용하는 행위까지 필요로 하지는 않는다. 타인으로 하여금 이를 이용하게 하는 행위에 해당하기 위해서는 정보제공행위뿐만 아니라 정보수령자의 이용행위 및 정보제공행위와 그 이용행위 사이의 인과관계가 인정되어야 한다. 이 경우 그 정보수령자도 규제를 받고, 정보를 이용하게 하는 행위에 반드시 대가를 요하지 않으며, 그 타인이 정보를 이용하여 거래를 하여야 하므로 그 타인의 거래가 없는 경우에는 그 타인은 물론 정보제공자의 책임도 없다.

정보제공자는 정보를 수령하는 자가 그 정보를 이용하여 증권을 거래할 가능성이 있음을 인식하면서 정보를 전달하여야 한다. 그리고 정보수령자가 수령한 정보를 이용하여 매매 그 밖의 거래를 하는 경우에만 내부자거래가 성립하고 정보제공자의 책임이 인정된다. 이는 정보수령자가 거래를 하지 않은 경우에는 거래당사자간의 정보의 비대칭 문제가 없으므로 이에 대한 제재를 할 필요가 없기 때문이다.

V. 공개매수 및 대량취득·처분의 특칙

1. 공매개수의 경우

공개매수 관련자는 주식등에 대한 공개매수의 실시 또는 중지에 관한 미공개정보를 그 주식등과 관련된 특정증권등의 매매, 그 밖의 거래에 이용하거나 타인에게 이용하게 하여서는 아니 된다(법174② 본문). 다만, 공개매수를 하려는 자("공개매수예정자")가 공개매수공고 이후에도 상당한 기간 동안 주식등을 보유하는 등 주식등에 대한 공개매수의 실시 또는 중지에 관한 미공개정보를 그 주식등과 관련된 특정증권등의 매매, 그 밖의 거래에 이용할 의사가 없다고 인정되는 경우에는 그러하지 아니하다(법174② 단서). 일반적인 내부자거래는 어떤 특정한 법인의 업무 등과 관련된 중요한 정보를 이용하는 행위를 규제하고 있으나, 공개매수의 실시 또는 중지에 대한 중요한 미공개정보 이용행위에 대하여 예외적으로 규제하고 있는 것이다.

2. 대량취득·처분의 경우

규제대상자는 주식등의 대량취득·처분(경영권에 영향을 줄 가능성이 있는 대량취득·처분으로서 대통령령으로 정하는 취득·처분)의 실시 또는 중지에 관한 미공개정보(대통령령으로 정하는 방법에 따라 불특정 다수인이 알 수 있도록 공개되기 전의 것)를 그 주식등과 관련된 특정증권등의 매매, 그 밖의 거래에 이용하거나 타인에게 이용하게 하여서는 아니 된다(법174③ 본문). 다만, 대량취득·처분을 하려는 자가 제149조에 따른 공시 이후에도 상당한 기간 동안 주식등을 보유하는 등 주식등에 대한 대량취득·처분의 실시 또는 중지에 관한 미공개정보를 그 주식등과 관련된 특정증권등의 매매, 그 밖의 거래에 이용할 의사가 없다고 인정되는 경우에는 그러하지 아니하다(법174③ 단서).

이는 주식등의 대량취득·처분으로 인한 주가의 변동가능성은 투자자들의 투자판단에 중대한 영향을 미치고, 주식등을 대량취득·처분하는 자와 투자자의 정보의 비대칭이 존재하므로, 경영권에 영향을 줄 가능성이 있는 정보를 이용한 거래행위를 규제하려는 것이다.

제6절 시세조종행위

I. 시세조종의 의의 및 동기

1. 시세조종행위의 의의

시세조종행위는 자본시장에서 수요와 공급의 원칙에 따라 자유롭게 형성되어야 할 금융투자상품의 시세에 의도적으로 간섭하여 인위적으로 가격을 조작함으로써 타인들이 거래를 하도록 유인하는 행위라고 정의할 수 있다. 타인이 특정 상장증권이나 장내파생상품 등 금융투자상품을 사거나 팔도록 유도하기 위하여 그 거래가 활발히 이루어지는 것과 같은 외관을 만드는 행위이다. 이는 금융투자상품의 공정한 가격 형성을 저해함으로써 투자자에게 손실을 입히는 일종의 사기적 행위에 해당하는 불법행위이다.

자본시장법은 시세조종행위의 개념에 관한 정의규정을 두고 있지 않다. 다만 시세조종행위로서 금지되는 구체적인 유형을 규정하고 있다(법176). 즉 자본시장법 제176조는 상장증권 또는 장내파생상품의 매매에 관하여, 제1항에서 타인에게 그릇된 판단을 하게 할 목적으로 하는 통정매매와 가장매매를 금지하고, 제2항에서 타인의 매매거래를 유인할 목적으로 변동거래

(제1호), 시세변동 정보의 유포(제2호), 허위표시(제3호)를 금지하고, 제3항에서 시세의 고정이나 안정조작을 금지하는 한편, 제4항에서 파생상품과 기초자산 간의 연계시세조종행위(제1호 및 제2호), 증권과 증권 또는 그 증권의 기초자산 간의 연계시세조종행위(제3호 및 제4호), 파생상품 간의 연계시세조종행위(제5호)를 금지하고 있다.

2. 시세조종행위의 동기

시세조종은 다음과 같은 동기에서 이루어진다. ⅰ) 증권을 시세보다 높게 발행 또는 매도하거나 시세보다 낮게 취득하고자 하는 경우, ⅱ) 자기의 매수에 의하여 시세를 상승시켜 상승한 시세로 전매하거나 자기의 매도에 의하여 시세를 하락시켜 하락한 시세로 매수함으로써 차익을 얻고자 하는 경우, ⅲ) 자기의 매수에 의하여 시세를 상승시킨 후 매수한 주식을 토대로 당해 주식 발행회사의 경영에 간섭할 태도를 보여 당해 주식을 그 회사 경영진측에 고가로 매도함으로써 차익을 얻으려는 경우, ⅳ) 발행회사 또는 인수회사가 당해 증권의 모집·매출을 용이하게 하기 위하여 그 시세를 일정 수준으로 유지하고자 하는 경우, ⅴ) 결산기 또는 납세기에 보유주식의 장부가격을 위장하거나 조작하고자 하는 경우, ⅵ) 주식의 담보가격을 유리하게 하고자 하는 경우 등이다.

우리나라의 시세조종 사건에서 시세조종의 동기로 판시하고 있는 판례들의 주요 내용은 대부분 금전적 이해관계에 기인하는 것이다. 예를 들면 보유주식의 고가매도,3) 원활한 유상증자,4) 전환사채의 조기상환 유도,5) 전환사채 발행가의 상승,6) 사채발행의 원활화,7) 전환사채 가격조정에 의한 지분희석 방지,8) 담보권자의 반대매매 방지,9) 영업용순자본비율의 증가,10) 전환사채의 발행가격을 높이거나 원활한 발생을 위한 경우11), 보유하거나 매집 중인 증권의 가격을 인위적으로 상승시킨 후 일반투자자에게 매도하여 차익을 얻는 것이나, 그 외에도 담보로 제공한 증권에 대한 사채업자의 담보권 실행을 방지하기 위한 경우12), 합병반대주주의 주식매수청구권 행사를 억제하기 위한 것13) 등이 있다.

---

3) 대법원 2002. 6. 14. 선고 2002도1256 판결; 대법원 2007. 11. 29. 선고 2007도7471 판결.
4) 대법원 2002. 7. 22. 선고 2002도1696 판결; 대법원 2002. 7. 26. 선고 2001도4947 판결.
5) 대법원 2006. 5. 11. 선고 2003도4320 판결.
6) 서울지방법원 2000. 5. 12. 선고 2000고단2008 판결.
7) 대법원 2004. 1. 27. 선고 2003도5915판결
8) 서울중앙지방법원 2004. 4. 16. 선고 2004고합261판결.
9) 대법원 2001. 6. 26. 선고 99도2282 판결; 서울중앙지방법원 2006. 12. 19. 선고 20067고합729 판결.
10) 대법원 2003. 12. 12. 선고 2001도606 판결.
11) 대법원 2002. 12. 10. 선고 2002도5407 판결.
12) 서울중앙지방법원 2007. 1. 12. 선고 2006고합729 판결.
13) 서울중앙지방법원 2007. 6. 22. 선고 2007고합11, 366(병합) 판결.

656 제 5 편 금융시장

Ⅱ. 위장매매에 의한 시세조종

1. 의의

(1) 자본시장법 규정

누구든지 상장증권 또는 장내파생상품의 매매에 관하여 그 매매가 성황을 이루고 있는 듯이 잘못 알게 하거나, 그 밖에 타인에게 그릇된 판단을 하게 할 목적으로 다음의 어느 하나에 해당하는 행위를 하여서는 아니 된다(법176①).

1. 자기가 매도하는 것과 같은 시기에 그와 같은 가격 또는 약정수치로 타인이 그 증권 또는 장내파생상품을 매수할 것을 사전에 그 자와 서로 짠 후 매도하는 행위
2. 자기가 매수하는 것과 같은 시기에 그와 같은 가격 또는 약정수치로 타인이 그 증권 또는 장내파생상품을 매도할 것을 사전에 그 자와 서로 짠 후 매수하는 행위
3. 그 증권 또는 장내파생상품의 매매를 함에 있어서 그 권리의 이전을 목적으로 하지 아니하는 거짓으로 꾸민 매매를 하는 행위
4. 제1호부터 제3호까지의 행위를 위탁하거나 수탁하는 행위

자본시장법 제176조 제1항은 "위장매매에 의한 시세조종행위"를 금지하고 있다. 위장매매에 의한 시세조종이란 "누구든지 상장증권 또는 장내파생상품의 매매에 관하여 그 매매가 성황을 이루고 있는 듯이 잘못 알게 하거나 그 밖에 타인에게 그릇된 판단을 하게 할 목적으로 통정매매 또는 가장매매를 하는 것"이다. 통정매매와 가장매매를 통칭하여 위장매매라고 하며 구체적으로 통정매매와 가장매매, 통정매매·가장매매의 위탁 또는 수탁하는 행위를 금지하고 있다.

(2) 입법취지

위장매매는 그 자체로서 위법한 시세조종행위가 된다. 그러나 증권시장에서의 수요공급에 따른 거래가 아니면서 이로 인한 거래량과 가격변화가 증권시장에서의 수요공급에 따른 것으로 오인하게 하여 현실적인 시세조종을 용이하게 하기 때문에 이를 규제대상으로 하고 있다.[14] 통정매매 또는 가장매매라는 위장된 행위를 통하여 공개경쟁시장에서 자유로운 수요와 공급

---

14) 대법원 2001. 11. 27. 선고 2001도3567 판결(증권거래법 제188조의4 제1항은 공개경쟁시장에서의 자연적인 수요공급에 따른 거래가 아닌 통정매매 또는 가장매매로 인한 거래량 또는 가격의 변화가 자유로운 공개경쟁시장에서의 자율적인 수요공급에 따른 정상적인 것인 양 타인을 오도하여 현실적인 시세조종을 용이하게 하는 위장거래행위를 금지하는 데에 그 취지가 있다).

관계에 의해 가격과 거래량이 형성된 것처럼 타인을 오인하게 하는 외관을 나타냄으로 이를 엄격하게 규제하려는 것이다. 또한 매매거래가 계약체결에 이를 것을 요하지 않으며, 매매주문 사실만으로 위험이 발생할 수 있으므로 위장매매행위는 금지된다.

2. 유형

(1) 통정매매(제1호 및 제2호)

(가) 의의

통정매매는 상장증권 또는 장내파생상품의 매매거래에 관하여 당사자가 미리 통정한 후 동일 상장증권 또는 장내파생상품에 대하여 같은 시기에 같은 가격으로 매수 또는 매도하는 행위를 말한다. 이러한 통정매매는 반드시 매도인과 매수인 사이에 직접적인 협의가 이루어져야 하는 것은 아니고 그 중간에 매도인과 매수인을 지배·장악하는 주체가 있어 그가 양자 사이의 거래가 체결되도록 주도적으로 기획·조종한 결과 실제 매매가 체결되는 경우도 포함한다.[15] 가장매매가 1인에 의하여 이루어지는 데 반하여 통정매매는 매매당사자 사이의 통모에 이루어진다는 점이 구별된다.

통정매매에서 "타인"이란 유가증권의 매매로 인한 손익이 달리 귀속되는 자를 뜻하는 것으로서, 동일인이 서로 다른 손익의 귀속 주체들로부터 각 계좌의 관리를 위임받아 함께 관리하면서 거래가 성황을 이루고 있는 듯이 잘못 알게 하거나 기타 타인으로 하여금 그릇된 판단을 하게 할 목적으로 각 계좌 상호간에 같은 시기에 같은 가격으로 매매가 이루어지도록 하는 행위도 통정매매에 해당한다.[16]

통정은 명시적인 통정은 물론 부분적으로 하거나 묵시적으로 하는 것도 포함되며, 구두

---

15) 대법원 2013. 9. 26. 선고 2013도5214 판결(원심은 그 채택 증거들을 종합하여 그 판시와 같은 사실을 인정한 다음 피고인 2는 한화그룹 경영기획실의 재무팀장으로서 매도인인 공소외 3 주식회사(이하 '공소외 3 회사'라고 한다)의 차명주주들과 매수인인 공소외 2 회사를 지배·장악할 수 있는 위치에 있었고, 실제로 동일한 시점에 차명주식 관리자에게는 매도, 공소외 2 회사 측에는 매수의 지시를 내림으로써 상호 제출한 호가에 의하여 공소외 3 회사 주식의 매매가 이루어지도록 하였으니, 이는 구 증권거래법 제188조의4 제1항 제1, 2호의 통정매매에 해당하며, 그 판시와 같은 공소외 2 회사의 공소외 3 회사 주식 매수 시기와 매수량 및 그 기간 동안의 공소외 3 회사의 주가 변동 내역, 공소외 3 회사의 전체 발행주식 수에 대비한 공소외 2 회사의 주식 매수 규모와 매수 세력의 비중 및 시세관여율 등을 종합해 보면 공소외 2 회사의 위와 같은 매수행위는 정상적인 수요·공급에 따라 경쟁시장에서 형성될 시세 및 거래량을 시장요인에 의하지 아니한 다른 요인으로 인위적으로 변동시킬 가능성이 있는 거래에 해당한다고 보아, 위와 같은 매수 및 매도행위를 계획하고 지시한 피고인 2에게 시세조종의 목적이 있었다고 판단하여 원심에서 추가된 이 부분 예비적 공소사실을 유죄로 인정하였다. 원심판결 이유를 앞서 본 법리와 원심이 적법하게 채택한 증거들에 비추어 살펴보면, 원심의 위와 같은 판단은 정당하고, 거기에 피고인 2의 상고이유 주장과 같이 논리와 경험칙에 반하여 자유심증주의의 한계를 벗어나거나 구 증권거래법상 시세조종행위에 관한 법리를 오해하는 등의 위법이 없다).

16) 대법원 2013. 7. 11. 선고 2011도15056 판결.

또는 서면에 의한 통정도 가능하다. 이미 시장에 내어져 있는 주문에 대하여 통정한 후에 동일한 주문을 내어 계약을 성립시키는 것도 쌍방의 주문이 동일한 시기에 시장에 나와 서로 대응하여 계약이 성립하는 것이므로 통정매매에 해당한다.

증권회사의 반대매매 물량이 시장에 유통되는 것을 막기 위하여 증권회사 직원으로부터 통보받은 반대매매 시점과 수량에 맞추어 매수주문을 낸 경우에도 통정매매로 인정된다.[17]

(나) 같은 시기 및 같은 가격, 같은 수량

"같은 시기"는 매수와 매도주문이 반드시 동일한 시간이 아니더라도 시장에서 대응하여 성립할 가능성이 있는 정도의 시간대이면 족하다. 예를 들어 매도주문과 매수주문이 시간적인 간격을 두고 제출되어 기다리는 상황에서 그에 대응한 주문이 제출되어 거래가 성립하는 경우에는 같은 시기에 제출된 주문에 의한 매매는 아니지만 통정매매에 의한 시세조종은 성립한다.[18]

"같은 가격"도 반드시 매수호가와 매도호가가 같을 필요는 없다. 매매 쌍방의 주문이 대응하여 거래가 성립할 가능성이 있는 범위 내의 가격이면 족하다.

또한 "거래수량"과 관련하여 매수주문과 매도주문의 수량이 반드시 일치할 필요도 없다. 통정은 부분적으로 또는 묵시적으로 하는 것도 가능하므로 통정매매가 성립하기 위하여는 매수주문과 매도주문의 수량이 일치할 필요도 없다. 증권시장에서 매도·매수주문에 대하여 가격우선의 원칙과 시간우선의 원칙에 의해 계약이 성립한다. 그런데 거래단위를 기준으로 하여 매도나 매수의 전체 수량이 체결되지 않을 경우에도 그 주문에 대하여 계약이 성립하고 그 체결된 일부 수량에 대하여 계약이 성립한다. 따라서 서로 다른 상이한 매수주문과 매도주문에 대하여도 수량이 일치하는 범위 내에서 통정매매가 성립한다.[19]

(2) 가장매매(제3호)

가장매매는 매수계좌와 매도계좌가 동일한 경우 또는 그 계좌가 다르더라도 계산 주체가 동일한 경우를 의미한다.[20] 가장매매는 외관상 상장증권 또는 장내파생상품의 매매가 이루어

---

17) 서울중앙지방법원 2007. 2. 9. 선고 2006고합770 판결.
18) 대법원 2004. 7. 9. 선고 2003도5831 판결(통정매매에 있어 매도와 매수주문이 반드시 동일한 시기에 있어야 통정매매가 성립하는 것이 아니고 쌍방의 주문이 시장에서 대응하여 성립할 가능성이 있는 시간이면 통정매매가 성립한다).
19) 서울고등법원 2009. 1. 6. 선고 2008노1506 판결.
20) 대법원 2013. 7. 11. 선고 2011도15056 판결(시세조종의 일환으로 행해지는 통정매매와 가장매매는 모두 구 증권거래법 제188조의4 제1항에서 규정하는 행위로서 유가증권의 매매로 인한 손익의 귀속 주체가 동일인지 여부에 따라 행위 태양의 차이가 있을 뿐, 주식시세조종의 목적으로 수개의 행위를 단일하고 계속된 범의 아래 일정 기간 계속·반복한 범행이고 그 보호법익도 유가증권시장 등에서의 유가증권 거래의 공정성 및 유통의 원활성 확보라는 사회적 법익으로서 서로 동일하므로, 이들 행위는 모두 구 증권거래법

진 것처럼 보이지만 실질적으로는 권리의 이전을 목적으로 하는 않는 매매를 말한다. 가장매매는 동일인이 동일 증권에 대하여 같은 시기에 같은 가격으로 매수 및 매도를 하고, 증권시장의 제3자에게는 독립의 매수인 및 매도인에 의하여 행하여진 현실의 거래와는 구별할 수 없는 형식상의 거래를 만드는 것이다. 가장매매에서 권리의 이전이란 권리의 주체면에서 실질적인 권리귀속 주체의 변경을 의미하고, 실질적인 권리는 당해 증권에 대한 실질적인 처분권한을 의미한다.

가장매매는 동일인 명의의 증권계좌를 이용하여 이루어지기도 하지만 1인이 다수의 차명계좌를 이용하거나 수인이 다수의 차명계좌를 이용하여 이루어지는 것이 일반적이다. 시세조종 행위자는 서로 다른 증권회사에 수개의 차명계좌를 개설·운영하면서 매수주문과 매도주문을 분산시키는 점이 특징이다. 즉 A가 B와 C 명의의 차명으로 서로 다른 증권회사에 차명계좌를 개설한 후 B와 C 사이의 실제 거래를 이루어진 것으로 가장하는 것이다.

(3) 통정매매나 가장매매의 위탁행위 또는 수탁행위(제4호)

통정매매 또는 가장매매가 성립하는 경우에만 제재대상이 되는 것이 아니라 투자중개업자에게 위탁하는 행위도 제재대상이 된다. 증권시장에서는 거래사실뿐만 아니라 주문사실만으로도 투자자의 판단에 영향을 줄 수 있기 때문이다. 이 경우 위탁하는 고객뿐만 아니라 수탁을 하는 투자중개업자의 직원도 제재대상이 된다. 다만 직원의 경우 오인하게 할 목적을 결하고 있는 경우에는 시세조종행위로 제재할 수 없다.

3. 요건

(1) 매매거래

규제대상은 매매거래이다. 따라서 증여, 담보권의 설정과 취득은 규제대상이 아니다. 그러나 거래의 실질과 외관이 다른 경우는 거래의 외관이 매매의 형태를 취한 경우에는 규제대상이 된다. 제1호부터 제3호까지의 행위는 매매거래를 전제로 하지만, 제4호의 통정매매 또는 가장매매의 위탁행위 또는 수탁행위는 위탁행위 또는 수탁행위를 규제대상으로 하므로 매매를 전제로 하지 않는다.

(2) 목적요건

시세조종이 성립하기 위하여는 "매매가 성황을 이루고 있는 듯이 잘못 알게 하거나, 그 밖

제188조의4 소정의 불공정거래행위금지 위반의 포괄일죄를 구성한다(대법원 2002. 7. 26. 선고 2002도 1855 판결; 대법원 2011. 10. 27. 선고 2011도8109 판결 등 참조).

에 타인에게 그릇된 판단을 하게 할 목적"이라는 불법 목적을 가지고 있어야 한다. 이 목적은 객관적 구성요건요소에 대한 고의 이외에 목적범에서 요구되는 초과주관적 구성요건요소이다. 여기서 목적은 인위적인 통정매매 또는 가장매매에 의하여 거래가 일어났음에도 불구하고, 투자자들에게는 증권시장에서 자연스러운 거래가 일어난 것처럼 오인하게 할 의사로서, 그 목적의 내용을 인식함으로써 충분하다. 즉 타인이 잘못된 판단을 할 가능성이 있는 정도의 인식만으로도 위장매매의 요건이 충족되며 실제로 잘못된 판단을 하였는지는 위장매매의 성립과 관계가 없다.21)

　　이러한 목적요건을 둔 것은 위장매매를 하더라도 그것이 투자자를 오인하게 하거나 그릇된 판단을 하게 할 목적을 가진 경우만을 시세조종으로 규제함으로써 시세조종의 범위가 지나치게 확대되는 것을 방지하고, 시세조종의 의도가 없는 선의의 대량매매를 규제대상에서 배제하기 위한 것이다.

　　목적에 대한 인식의 정도는 적극적 의욕이나 확정적 인식임을 요하지 아니하고 미필적 인식이 있으면 족하다. 여기서의 목적은 다른 목적과의 공존 여부나 어느 목적이 주된 것인지는 묻지 않는다. 또한 투자자의 오해를 실제로 유발하였는지 여부나 타인에게 손해가 발생하였는지 여부 등은 문제가 되지 아니하며,22) 같은 조 제2항에서 요구되는 "매매를 유인할 목적"이나 제3항의 "시세를 고정시키거나 안정시킬 목적" 또는 그 밖에 "시세조종을 통하여 부당이익을 취득할 목적" 등을 요구하지 않는다.23)

---

21) 대법원 2002. 7. 22. 선고 2002도1696 판결.

22) 대법원 2013. 9. 26. 선고 2013도5214 판결; 대법원 2012. 6. 28. 선고 2010도4604 판결; 대법원 2005. 4. 15. 선고 2005도632 판결.

23) 대법원 2001. 11. 27. 선고 2001도3567 판결(증권거래법 제188조의4 제1항 위반죄가 성립하기 위하여는 통정매매 또는 가장매매 사실 외에 주관적 요건으로 거래가 성황을 이루고 있는 듯이 오인하게 하거나, 기타 타인으로 하여금 그릇된 판단을 하게 할 목적이 있어야 함은 물론이나, 이러한 목적은 다른 목적과의 공존 여부나 어느 목적이 주된 것인지는 문제되지 아니하고, 그 목적에 대한 인식의 정도는 적극적 의욕이나 확정적 인식임을 요하지 아니하고 미필적 인식이 있으면 족하며, 투자자의 오해를 실제로 유발하였는지 여부나 타인에게 손해가 발생하였는지 여부 등도 문제가 되지 아니하고, 같은 조 제2항에서 요구되는 "매매거래를 유인할 목적"이나 제3항이 요구하는 "시세를 고정시키거나 안정시킬 목적", 그 밖에 "시세조종을 통하여 부당이득을 취득할 목적" 등이 요구되는 것도 아니고, 이러한 목적은 당사자가 이를 자백하지 않더라도 그 유가증권의 성격과 발행된 유가증권의 총수, 매매거래의 동기와 태양(순차적 가격상승주문 또는 가장매매, 시장관여율의 정도, 지속적인 종가관여 등), 그 유가증권의 가격 및 거래량의 동향, 전후의 거래상황, 거래의 경제적 합리성 및 공정성 등의 간접사실을 종합적으로 고려하여 판단할 수 있다).

Ⅲ. 매매유인목적의 시세조종

1. 의의

(1) 자본시장법 규정

누구든지 상장증권 또는 장내파생상품의 매매를 유인할 목적으로 다음의 어느 하나에 해당하는 행위를 하여서는 아니 된다(법176②).

1. 그 증권 또는 장내파생상품의 매매가 성황을 이루고 있는 듯이 잘못 알게 하거나 그 시세(증권시장 또는 파생상품시장에서 형성된 시세, 다자간매매체결회사가 상장주권의 매매를 중개함에 있어서 형성된 시세, 그 밖에 대통령령으로 정하는 시세)를 변동시키는 매매 또는 그 위탁이나 수탁을 하는 행위
2. 그 증권 또는 장내파생상품의 시세가 자기 또는 타인의 시장 조작에 의하여 변동한다는 말을 유포하는 행위
3. 그 증권 또는 장내파생상품의 매매를 함에 있어서 중요한 사실에 관하여 거짓의 표시 또는 오해를 유발시키는 표시를 하는 행위

매매유인목적의 시세조종행위란 "누구든지 상장증권 또는 장내파생상품의 매매를 유인할 목적으로 현실매매, 시세조작의 유포, 거짓의 표시 또는 오해유발표시의 행위를 행하는 것"을 말한다. 자본시장법 제176조 제2항은 매매를 유인할 목적으로 시세를 변동시키는 매매 등에 대한 행위를 규정한다. 제1호는 현실거래에 의한 시세조종행위로 가장 많이 발생하는 유형 중의 하나이다. 제2호와 제3호는 "표시에 의한 시세조종행위"를 규제하는 규정이다. 제1호의 경우에 매매의 위탁이나 수탁도 금지되므로 매매의 성립은 요건이 아니고, 제2호와 제3호의 경우에는 행위유형상 행위자의 매매나 그 위탁은 요건이 아니며, 행위자의 매매유인행위에 의하여 타인이 실제 매매 또는 그 위탁을 하는 것도 요건이 아니다. 그리고 현실거래를 통하여 유가증권에 대한 권리가 이전된다는 점에서 위장매매와는 구별된다.

(2) 입법취지

현실매매에 의한 시세조종 등 매매거래 유인행위는 자본시장에 정상적인 수요와 공급에 따라 형성될 시세 및 거래량을 인위적으로 변동시키는 거래이므로 금지되고 있다. 그러나 금융투자 상품 매매는 매매규모나 시점에 따라 다소간 시세에 영향을 줄 수 있다. 특히 대량의 매매주문은 시장에서의 수급불균형을 초래할 뿐만 아니라 호재나 악재의 존재를 추정시킴으로써 시세에 영향을 미친다. 따라서 시세에 영향을 준다는 것만을 이유로 현실적인 금융투자상품 매

매를 모두 규제대상으로 삼을 수는 없을 것이다.

2. 매매유인의 행태와 객관적 요건

자본시장법 제176조 제2항 각 호는 매매유인의 형태를 ⅰ) 현실매매, ⅱ) 시세조작의 유포, ⅲ) 거짓의 표시 또는 오해유발표시의 행위로 규정하고 있다. 여기에서 ⅱ)와 ⅲ)의 행위를 "표시에 의한 시세조종행위"라고 한다.

(1) 현실매매에 의한 매매유인행위
(가) 의의

현실매매에 의한 시세조종은 상장증권 또는 장내파생상품을 대량·집중적으로 매매하여 그 상장증권 또는 장내파생상품의 시장가격을 행위자가 의도하는 수준까지 인위적으로 상승·유지 또는 하락시키는 행위이다. 그런데 어떤 투자자가 상장증권 또는 장내파생상품을 대량으로 매매하는 때에 자기의 매매로 인하여 그 상장증권의 시세가 상승 또는 하락할 것이라는 점을 쉽게 예측할 수 있다. 그러나 그 투자자 이외의 다른 투자자는 상장증권 또는 장내파생상품의 시세가 변동되는 진정한 이유를 알지 못하기 때문에 그 상장증권 또는 장내파생상품의 시세 추이에 따라 자신의 투자 방향을 조정할 수밖에 없고, 그 결과 그 상장증권의 시세는 동일한 방향으로 탄력을 받을 가능성이 크다.

현실매매에 의한 시세조종은 자본시장법이 금지하는 행위유형 가운데 가장 많이 이용될 수 있다. 하지만 현실매매에 의한 시세조종행위는 다양한 형태로 이루어지므로 실제 사안에서 정당한 매매거래와 외관상의 구분이 쉽지 않다. 모든 증권과 장내파생상품의 거래가 당해 증권 등의 시세에 영향을 줄 수 있으므로 위장매매나 거짓표시 등의 경우와 달리 행위의 형태만으로는 자본시장에서의 정당한 매매거래와 구별하기가 쉽지 않다는 점에서 법적용에 어려움이 있다.

(나) 매매가 성황을 이루고 있는 듯이 잘못 알게 하는 행위

현실매매에 의한 행위가 시세조종행위로 인정되기 위해서는 "매매거래가 성황을 이루고 있는 듯이 잘못 알게 하는 행위"가 있거나 "그 시세를 변동시키는 매매거래의 행위" 또는 "그 위탁이나 수탁을 하는 행위"가 있어야 한다.[24] 현실의 시세조종행위에 있어서는 시세를 변동

---

[24] 대법원 2002. 6. 14. 선고 2002도1256 판결(매매계약의 체결에 이르지 아니한 매수청약 또는 매수주문이라 하더라도 그것이 유가증권의 가격을 상승 또는 하락시키는 효과를 가지고 제3자에 의한 유가증권의 매매거래를 유인하는 성질을 가지는 이상 증권거래법 제188조의4 제2항 제1호 소정의 "유가증권의 매매거래가 성황을 이루고 있는 듯이 잘못 알게 하거나 그 시세를 변동시키는 매매거래 또는 그 위탁이나 수탁을 하는 행위"에 해당하고, 단지 매수주문량이 많은 것처럼 보이기 위하여 매수의사 없이 하는 허수매수주문도 본

시키는 매매거래의 행위가 가장 문제되지만, 일반적으로 시세를 변동시키기 위해서는 매매거래가 성황을 이루고 있는 것처럼 보이게 하는 "바람잡이 거래"를 수반하는 것이 보통이다. 매매성황의 오인을 유발하는 행위는 이러한 "바람잡이 거래"를 시세조종행위의 규제대상으로 포함시킴으로써 시세조종행위의 규제범위를 확장하는 역할을 한다.

"매매가 성황을 이루고 있는 듯이 잘못 알게 하는 행위"인지 여부는 그 증권의 성격과 발행된 증권의 총수, 가격 및 거래량의 동향, 전후의 거래상황, 거래의 경제적 합리성과 공정성, 가장 혹은 허위매매 여부, 시장관여율의 정도, 지속적인 종가관리 등 거래의 동기와 태양 등의 간접사실을 종합적으로 고려하여 이를 판단하여야 한다.[25] 예를 들어 현실매매의 거래가 있기 이전에 당해 종목의 거래상황에 비추어 정상적인 수요와 공급에 따른 거래량·가격변동보다 성황을 이루고 있는 듯이 평균적인 투자자를 오인시킬 수 있는지의 여부를 살펴보아야 한다. 매매거래에 대한 진실한 의사없이 주문을 내는 허수주문이나 매수가격을 부르는 허수호가 등이 대표적이다.

(다) 시세를 변동시키는 매매

증권 또는 장내파생상품 시장에서 수요·공급의 원칙에 의하여 형성되는 증권 또는 장내파생상품의 가격을 인위적으로 상승 또는 하락시켜 왜곡된 가격을 형성하는 매매를 말한다.[26] 시세를 변동시키는 매매거래의 행위는 현실거래나 실제거래를 통하여 인위적으로 증권이나 장내파생상품의 시세를 상승 또는 하락하도록 유인하는 행위이다. 시세를 변동시키는 매매로 인하여 실제로 시세가 변동될 필요까지는 없고, 일련의 행위가 이어진 경우에는 그 행위로 인하여 시세를 변동시킬 가능성이 있으면 충분하다.[27]

(2) 시세조작유포에 의한 매매유인행위

시세조작유포의 행위는 그 증권 또는 장내파생상품의 시세가 자기 또는 타인의 시장 조작에 의하여 변동한다는 말을 유포하는 행위이다(법176②(2)). 시세가 변동할 가능성이 있다는 말을 유포하여 다른 사람에게 매매거래를 유인할 목적으로 하는 경우에 성립한다. 일반적으로 증권 또는 장내파생상품의 시세를 조종하기 위한 시장 조작에 대한 정보를 유포하는 행위가 이에 해당한다. 예를 들면 작전이 곧 행해질 것이라는 소문이나 내부정보를 가지고 고객에게 특

조 제2항 제1호가 금지하는 이른바 현실거래에 의한 시세조종행위의 유형에 속한다).

25) 대법원 1994. 10. 25. 선고 93도2516 판결; 대법원 2001. 6. 26. 선고 99도2282 판결; 대법원 2002. 7. 26. 선고 2001도4947 판결; 대법원 2002. 7. 22. 선고 2002도1696 판결; 대법원 2009. 4. 9. 선고 2009도675 판결.
26) 대법원 1994. 10. 25. 선고 93도2516 판결.
27) 대법원 2007. 11. 29. 선고 2007도7471 판결; 대법원 2008. 12. 11. 선고 2006도2718 판결.

정 주식의 매입을 권유하는 행위를 들 수 있다. 그러나 시세변동의 유포의 대상자와 매매거래의 유인의 대상자가 일치할 필요는 없다.

(3) 거짓표시 또는 오해유발표시에 의한 매매유인행위

거짓표시 또는 오해유발표시의 행위는 그 증권 또는 장내파생상품의 매매를 함에 있어서 중요한 사실에 관하여 거짓의 표시 또는 오해를 유발시키는 표시를 하는 행위이다(법176②(3)). 거짓표시 또는 오해유발의 표시를 하여 다른 사람에게 매매거래를 유인할 목적으로 하는 경우에 성립한다. 거짓표시는 틀린 정보를 상대방에게 적극적으로 나타내어 그를 기망에 빠뜨리는 것을 말하고, 오해를 유발시키는 표시는 공시하지 아니하거나 공시를 하더라도 정보를 누락시키는 것을 말한다.

"매매를 함에 있어서 중요한 사실"이란 당해 법인의 재산·경영에 관하여 중대한 영향을 미치거나 상장증권 등의 공정거래와 투자자 보호를 위하여 필요한 사항으로서 투자자의 투자판단에 영향을 미칠 수 있는 사항을 의미한다.[28]

3. 매매유인의 목적(주관적 요건)

매매거래의 유인에 의한 시세조종이 성립하려면 시장에서 매매거래를 유인할 목적이 필요하다. 위의 3가지 유형 중에 "시세조작유포에 의한 행위"와 "거짓표시 또는 오해유발표시에 의한 행위"는 각각의 행위가 있었다는 것만 입증되면 쉽게 목적의 존재가 인정된다. 하지만 위 "현실거래에 의한 행위"의 경우 일단 시세를 변동시킬 수 있는 거래가 행해지면 그 거래가 시세조종행위에 해당하는지 또는 정상적인 투자거래의 일환으로 행하여졌는지의 여부가 유인목적이 있는지에 따라 결정되어야 한다.

(1) 현실매매에 의한 매매유인행위

현실매매에 의한 시세조종행위가 인정되기 위해서는 "매매를 유인할 목적"이라는 주관적 요건을 충족하여야 한다. "매매를 유인할 목적"이란 시장오도행위를 통해 투자자들로 하여금 시장의 상황이나 상장증권의 가치 등에 관하여 오인하도록 하여 상장증권 등의 매매에 끌어들이려는 목적을 말한다. 이와 같은 목적은 그것이 행위의 유일한 동기일 필요는 없으므로, 다른 목적과 함께 존재하여도 무방하고, 그 경우 어떤 목적이 행위의 주된 원인인지는 문제되지 아니한다.[29][30]

---

28) 대법원 2018. 4. 12. 선고 2013도6962 판결.
29) 대법원 2018. 4. 12. 선고 2013도6962 판결.

(2) 시세조작유포 및 거짓표시 또는 오해유발표시에 의한 매매유인행위

시세조작유포 행위와 거짓표시 또는 오해유발표시 행위의 경우 시세조종이 성립하려면 매매거래를 유인할 목적으로 시세조종이 행하여져야 한다. 즉 행위자가 고의로 시세조작의 정보를 유포하거나 당해 유가증권의 매매에서 중요한 사실에 관하여 거짓의 표시 또는 오해를 유발하게 하는 표시를 한다는 인식을 가져야 한다.

실제로 자기나 타인의 시장 조작에 대한 정보가 진실한 것이었다고 하여도 이에 대해 매매거래의 유인목적을 가지고 행하였다면 이는 시세조종행위에 해당한다. 또한 표시가 거짓이거나 오해를 유발한다는 것을 알고 있거나 알 수 있었다고 믿을만한 상당한 증거가 있는 경우에는 매매거래를 유인하는 목적이 있었다고 보아야 한다.

Ⅳ. 시세의 고정 또는 안정행위에 의한 시세조종

누구든지 상장증권 또는 장내파생상품의 시세를 고정시키거나 안정시킬 목적으로 그 증권 또는 장내파생상품에 관한 일련의 매매 또는 그 위탁이나 수탁을 하는 행위를 하여서는 아니된다(법176③).

자본시장법 제176조 제3항에서는 유가증권의 시세를 고정시키거나 안정시킬 목적으로 하는 위탁 및 수탁에 대하여 규제하고 있다. 시세의 상승 또는 하락에 영향을 미치는 행위뿐만 아니라, 시세를 고정 또는 안정시키기 위한 거래도 증권시장의 공정하고 자유로운 가격결정체계를 왜곡한다는 점에서 시세조종행위에 해당한다.

시세의 고정 또는 안정행위란 증권이나 장내파생상품의 모집·매출을 원활히 하기 위하여 증권이나 장내파생상품의 모집·매출 전에 일정기간 동안 모집·매출될 증권의 가격을 일정한 수준으로 고정 또는 안정시키는 것을 말한다. 자본시장법에는 그러한 행위의 형태로 ⅰ) 시세고정 또는 안정조작을 위한 매매, ⅱ) 그 위탁이나 수탁의 행위를 규정하고 있다. 이러한 행위는 시세를 변동시키는 행위가 아니지만 자연스러운 수요와 공급에 의한 가격 형성이 아니라 인위적으로 형성하는 가격이며, 매출된 증권의 매수를 다른 자에게 유인할 목적으로 행해지기 때문에 시세조종행위로 분류되어 금지된다.

여기서 상장증권 등의 "시세를 고정"시킨다는 것은 본래 정상적인 수요·공급에 따라 자유경쟁시장에서 형성될 증권 등의 시세에 시장요인에 의하지 아니한 다른 요인으로 인위적인 조

---

30) "매매를 유인할 목적"이란 인위적으로 조작을 가하여 시세를 변동시킴에도 불구하고 투자자에게는 그 시세가 유가증권시장에서의 자연적인 수요·공급의 원칙에 의하여 형성된 것으로 오인시켜 유가증권의 매매에 끌어들이려는 목적을 말한다(대법원 2006. 5. 11. 선고 2003도4320 판결; 대법원 2005. 11. 10. 선고 2004도1164 판결; 대법원 2002. 7. 22. 선고 2002도1696 판결).

작을 가하여 시세를 형성 및 고정시키거나 이미 형성된 시세를 고정시키는 것을 말하는 것으로서, 시세고정 목적의 행위인지 여부는 그 증권 등의 성격과 발행된 그 증권 등의 총수, 가격 및 거래량의 동향, 전후의 거래상황, 거래의 경제적 합리성과 공정성, 시장관여율의 정도, 지속적인 종가관리 등 거래의 동기와 태양 등의 간접사실을 종합적으로 고려하여 이를 판단한다. 따라서 자본시장법 제176조 제3항을 위반하여 상장증권의 매매 등에 의하여 시세를 고정시킴으로써 타인에게 손해를 입힌 경우에 상당인과관계가 있는 범위 내에서는 민법 제750조의 불법행위책임을 지며, 이러한 법리는 금융투자상품의 기초자산인 증권의 시세를 고정시켜 타인에게 손해를 가한 경우에도 마찬가지로 적용된다.[31]

V. 연계시세조종

1. 자본시장법 규정

누구든지 증권, 파생상품 또는 그 증권·파생상품의 기초자산 중 어느 하나가 거래소에 상장되거나 그 밖에 이에 준하는 경우로서 거래소가 그 파생상품을 장내파생상품으로 품목의 결정을 하는 경우에는 그 증권 또는 파생상품에 관한 매매, 그 밖의 거래("매매등")와 관련하여 다음의 어느 하나에 해당하는 행위를 하여서는 아니 된다(법176④, 영206의2).

1. 파생상품의 매매등에서 부당한 이익을 얻거나 제3자에게 부당한 이익을 얻게 할 목적으로 그 파생상품의 기초자산의 시세를 변동 또는 고정시키는 행위
2. 파생상품의 기초자산의 매매등에서 부당한 이익을 얻거나 제3자에게 부당한 이익을 얻게 할 목적으로 그 파생상품의 시세를 변동 또는 고정시키는 행위
3. 증권의 매매등에서 부당한 이익을 얻거나 제3자에게 부당한 이익을 얻게 할 목적으로 그 증권과 연계된 증권으로서 대통령령으로 정하는 증권 또는 그 증권의 기초자산의 시세를 변동 또는 고정시키는 행위
4. 증권의 기초자산의 매매등에서 부당한 이익을 얻거나 제3자에게 부당한 이익을 얻게 할 목적으로 그 증권의 시세를 변동 또는 고정시키는 행위
5. 파생상품의 매매등에서 부당한 이익을 얻거나 제3자에게 부당한 이익을 얻게 할 목적으로 그 파생상품과 기초자산이 동일하거나 유사한 파생상품의 시세를 변동 또는 고정시키는 행위

자본시장법 제176조 제4항은 파생상품과 기초자산 간의 연계시세조종행위(제1호 및 제2호), 증권과 증권 또는 그 증권의 기초자산 간의 연계시세조종행위(제3호 및 제4호), 파생상품 간의

---

31) 대법원 2016. 3. 24. 선고 2013다2740 판결.

연계시세조종행위(제5호)를 금지한다. 여기서는 제1호의 연계시세조종행위를 현·선 연계시세조종 순방향(제1호), 제2호의 연계시세조종행위를 현·선 연계시세조종 역방향(제2호), 제3호 및 제4호의 연계시세조종행위를 현·현 연계시세조종(제3호, 제4호), 제5호의 연계시세조종행위를 선·선 연계시세조종(제5호)으로 구분하기로 한다.

2. 현·선 연계시세조종 순방향[순방향 현선 연계]

순방향 현·선 연계시세조종행위란 현물의 가격을 조작해서 그와 연계된 선물에서 부당한 이익을 얻고자 하는 행위를 말한다. 제1호의 내용은 파생상품에서 이익을 얻을 목적으로 기초자산을 시세조종하는 행위이다. 연계시세조종 행위자는 기초상품의 시세를 조종하며 그 결과 연관된 파생상품에서 이득을 보게 된다.

3. 현·선 연계시세조종 역방향[역방향 현선 연계]

역방향 현·선 연계시세조종행위란 선물의 가격을 조작해서 그와 연계된 현물에서 이익을 얻고자 하는 행위를 말한다. 제2호의 내용은 제1호의 경우와 반대로 기초자산에서 이익을 얻을 목적으로 파생상품을 시세조종하는 행위이다. 즉 현·선 역방향 시세조종은 파생상품의 시세를 조종하여 기초상품에서 이득을 보는 것이다.

4. 현·현 연계시세조종

현·현 연계시세조종은 현물상품들간의 가격연계성을 이용하여 한 증권의 시세를 조종하여 이와 연계된 다른 증권에서 이익을 얻는 행위이다. 제3호에서는 "그 증권과 연계된 증권으로서 대통령령으로 정하는 증권"이라고 명시하고 있는데, 여기서 언급한 가격연계성이 있는 증권의 대표적인 예로는 주식, 전환사채, 신주인수권부사채, ELW 등이 있다. 예를 들면 주식과 이 주식의 주가를 기반으로 하는 전환사채나 신주인수권부사채의 가격은 서로 연관되어 있다. 주식 매수를 통한 시세조종으로 주가를 상승시킨 후 이와 연관한 전환사채 등에서 이익을 실현할 수 있다.

또한 ELW와 같은 파생결합증권 거래에서 기초자산(주식 등)의 시세조종 후 관련 ELW 등의 가격변동을 통하여 부당이익을 얻거나, 반대로 ELW 등의 시세조종을 통하여 기초자산에서 시세차익을 얻는 행위를 들 수 있다. 이러한 파생결합증권의 경우는 레버리지 효과가 전환사채나 신주인수권부사채보다 훨씬 크기 때문에 연계 시세조종의 유혹이 더욱 크다.

5. 선·선 연계시세조종

선·선 연계시세조종이란 특정 선물의 가격을 조작하여 다른 선물에서 이득을 얻고자 하는 행위이다. 예를 들면 선물의 경우 근월물의 가격을 조작하여 원월물에서 이익을 취할 수 있다. 기초자산 등의 모든 조건이 동일하고 만기만 다른 선물계약들은 서로 가격연계성이 강하기 때문에, 불공정거래자는 이익을 얻고자 하는 원월물 선물을 미리 매수한 후에 근월물을 매수하는 거래를 할 수 있다. 근월물의 매수 효과로 인하여 원월물의 가격도 상승하며, 거래자는 미리 매수하였던 원월물을 매도함으로써 이익을 실현할 수 있다. 이렇게 선·선 연계불공정거래행위는 선물과 선물 등 서로 같은 종목간에 발생할 수 있다. 하지만 선물과 옵션 등 서로 다른 종목간에도 발생이 가능하다. 예를 들면 선물거래를 통하여 지수가격에 영향을 준 후 미리 매수한 옵션포지션에서 이익을 취하는 형태의 불공정거래도 가능하다.

제7절 부정거래행위와 공매도

Ⅰ. 부정거래행위

1. 서설

(1) 도입취지

자본시장법이 금융투자상품과 금융투자업을 포괄적으로 정의함에 따라 자본시장에는 종전보다 다양하고 복잡한 형태의 거래가 가능해졌다. 다종다양한 금융투자상품거래 일반에 대한 사기적 행위를 미리 상세하게 열거하고 이에 해당되는 행위만을 금지하는 것은 적당하지 않다. 미공개정보 이용행위나 시세조종은 전형적인 불공정거래로서 이들을 규제하기 위한 규정만으로는 새로운 유형의 불공정거래에 효과적으로 대처할 수 없었다. 이러한 문제점을 극복하기 위하여 포괄적 사기금지 규정으로서 제178조 제1항 제1호를 도입한 것이다.

자본시장법상의 불공정거래는 금융투자상품의 거래와 관련된 형법상 사기죄의 특수한 유형이다. 즉 금융투자상품거래의 복잡성이나 고도의 기술을 수반하는 지능적 범죄라는 특수성 때문에 일반 형사법에서 요구하는 사기의 요건을 주장·입증하기 어렵다는 입법기술상 필요에 의해 규정된 것이다. 요컨대 앞으로 등장할 다양한 금융투자상품의 거래에 대비하는 한편, 구체적인 금지행위 유형별로 규제하는 경우 발생할 수 있는 규제의 공백을 제거하기 위하여 목적요건을 두지 않고 행위태양을 추상적으로 규정하였다. 이와 같은 입법취지는 미공개정보 이용행위와 시세조종, 부정거래행위의 관계를 정립할 때 고려되어야 할 사항이다.

(2) 자본시장법 규정

누구든지 금융투자상품의 매매(증권의 경우 모집·사모·매출을 포함), 그 밖의 거래와 관련하여 다음의 어느 하나에 해당하는 행위를 하여서는 아니 된다(법178①).

1. 부정한 수단, 계획 또는 기교를 사용하는 행위
2. 중요사항에 관하여 거짓의 기재 또는 표시를 하거나 타인에게 오해를 유발시키지 아니하기 위하여 필요한 중요사항의 기재 또는 표시가 누락된 문서, 그 밖의 기재 또는 표시를 사용하여 금전, 그 밖의 재산상의 이익을 얻고자 하는 행위
3. 금융투자상품의 매매, 그 밖의 거래를 유인할 목적으로 거짓의 시세를 이용하는 행위

누구든지 금융투자상품의 매매, 그 밖의 거래를 할 목적이나 그 시세의 변동을 도모할 목적으로 풍문의 유포, 위계의 사용, 폭행 또는 협박을 하여서는 아니 된다(법178②).

금융투자상품의 거래와 관련하여 어느 행위가 자본시장법 제178조에서 금지하고 있는 부정행위에 해당하는지는, 해당 금융투자상품의 구조 및 거래방식과 경위, 그 금융투자상품이 거래되는 시장의 특성, 그 금융투자상품으로부터 발생하는 투자자의 권리·의무 및 그 종료 시기, 투자자와 행위자의 관계, 행위 전후의 제반 사정 등을 종합적으로 고려하여 판단하여야 한다.[32]

2. 부정한 수단·계획 또는 기교의 사용행위

자본시장법 제178조 제1항 제1호는 부정한 수단, 계획, 또는 기교를 사용하는 행위를 금지한다.[33] 이는 그 행위가 부정한 것으로 보아 포괄적으로 규정하고 있다.[34] 구체적으로 제1호와 제2호 및 제3호를 비교해 보면 제2호 및 제3호의 규정은 제1호보다 행위양태를 구체적으로

---

32) 대법원 2018. 9. 28. 선고 2015다69853 판결.
33) 이 조항은 SEC Rule 10b-5와 일본 금융상품거래법 제157조 제1항과 동일하다. 자본시장법과 일본 금융상품거래법은 SEC Rule 10b-5의 "device, scheme, or artifice to defraud"를 그대로 계수한 것으로 보인다.
34) 대법원 2016. 3. 24. 선고 2013다2740 판결(금융투자상품의 거래와 관련한 부정행위는 다수의 시장참여자에게 영향을 미치고 자본시장 전체를 불건전하게 할 수 있기 때문에 그러한 부정거래행위를 규제함으로써 개개 투자자의 이익을 보호함과 아울러 자본시장의 공정성과 신뢰성을 높이기 위한 것이며(대법원 2001. 1. 19. 선고 2000도4444 판결 등 참조), 특히 제178조 제1항 제1호는 이를 위하여 금융투자상품의 매매, 그 밖의 거래와 관련하여 사회통념상 부정하다고 인정되는 일체의 수단, 계획 또는 기교를 일반적, 포괄적으로 금지하고 있다(대법원 2014. 1. 16. 선고 2013도9933 판결 등 참조)).

정하고 있다. 제2호와 제3호의 요건은 허위정보 또는 거짓의 시세를 이용하여야 하고 재산상의 이익취득이나 매매를 유인할 목적이 있어야 한다. 반면 제1호는 행위양태도 부정한 수단이라 하여 포괄적이고 재산상 이익취득이나 매매유인 등의 목적도 요건으로 하고 있지 않다. 따라서 행위자 자신이 재산상 이익을 취득하거나 제3자로 하여금 재산상 이익을 취득하게 하려는 목적이 없더라도 그 행위가 부정한 수단, 계획 또는 기교에 해당하는 한 제178조 제1항 제1호에 의해 금지된다.

여기서 "부정한 수단, 계획 또는 기교"란 사회통념상 부정하다고 인정되는 일체의 수단, 계획 또는 기교를 말한다.[35] 나아가 어떠한 행위가 "부정한" 것인지 여부를 판단하기 위하여는 그 행위가 법령 등에서 금지된 것인지, 다른 투자자들로 하여금 잘못된 판단을 하게 함으로써 공정한 경쟁을 해치고 선의의 투자자에게 손해를 전가하여 자본시장의 공정성, 신뢰성 및 효율성을 해칠 위험이 있는지를 고려해야 할 것인데, 금융투자업자 등이 특정 투자자에 대하여만 투자기회 또는 거래수단을 제공한 경우에는 그 금융거래시장의 특성과 거래참여자의 종류와 규모, 거래의 구조와 방식, 특정 투자자에 대하여만 투자기회 등을 제공하게 된 동기와 방법, 이로 인하여 다른 일반투자자들의 투자기회 등을 침해함으로써 그들에게 손해를 초래할 위험이 있는지 여부, 이와 같은 행위로 인하여 금융상품 거래의 공정성에 대한 투자자들의 신뢰가 중대하게 훼손되었다고 볼 수 있는지 등의 사정을 자본시장법의 목적·취지에 비추어 종합적으로 고려하여야 할 것이다.[36]

3. 부실표시 사용행위

자본시장법 제178조 제1항 제2호는 "중요사항에 관하여 거짓의 기재 또는 표시를 하거나 타인에게 오해를 유발시키지 아니하기 위하여 필요한 중요사항의 기재 또는 표시가 누락된 문서, 그 밖의 기재 또는 표시를 사용하여 금전, 그 밖의 재산상의 이익을 얻고자 하는 행위"를 금지하고 있다. 여기서 금지되는 행위는 거짓의 기재 또는 표시와 기재 또는 표시의 누락으로 구분할 수 있는데, 이를 통칭하여 부실표시라 한다.

제178조 제1항 제2호는 허위표시에 의한 시세조종을 금지하는 제176조 제2항 제3호와 규제 이념적으로는 동일하지만, "상장증권 또는 장내파생상품의 매매를 유인할 목적으로"라는 "매매유인목적"을 요구하지 않는 점 등 규제대상상품이나 거래장소에 제한이 없다는 점에서 적용범위가 넓다. 이 점에서 제176조 제2항 제3호에 의한 규제의 공백을 보완하는 기능을 한다.

---

35) 대법원 2011. 10. 27. 선고 2011도8109 판결.
36) 대법원 2014. 2. 13. 선고 2013도1206 판결.

4. 거짓의 시세를 이용하는 행위

자본시장법 제178조 제1항 제3호는 금융투자상품의 매매, 그 밖의 거래를 유인할 목적으로 거짓의 시세를 이용하는 행위를 금지하고 있다. 거짓의 시세임에도 불구하고 진실한 시세인 것처럼 투자들을 오인시켜 거래에 끌어들이는 행위를 금지하는 부정거래의 한 유형으로 규정한 것이다. 시세와 관련해서는 한국거래소가 개설한 장내상품의 경우는 금융투자상품의 시세가 실시간으로 거래소를 통하여 공표되고 있어 거짓의 시세를 이용한다는 것이 어려울 것이나, 한국거래소에 상장되어 있지 않아 그 시세가 공표되지 않는 장외 금융투자상품의 경우에 거짓의 시세를 이용하는 행위가 가능하므로 본 규정은 이를 대상으로 규정한 것으로 보아야 한다.

5. 풍문의 유포, 위계의 사용 등의 행위

자본시장법 제178조 제2항은 "누구든지 금융투자상품의 매매, 그 밖의 거래를 할 목적이나 그 시세의 변동을 도모할 목적으로 풍문의 유포, 위계의 사용, 폭행 또는 협박을 하지 못한다."고 규정한다. 이 조항은 기존의 시세조종 또는 미공개중요정보 이용행위가 정신적 활동에 의한 불공정거래 행위를 규제하는데서 더 나아가 협박 또는 폭행과 같은 육체적·물리적 활동에 의한 부정거래행위도 규제할 수 있도록 했다는데 그 의의가 있다.

Ⅱ. 공매도

1. 공매도의 개념

공매도(short sale)란 특정 종목 주가의 하락을 예상하고 증권회사 등으로부터 주식을 빌려서 시장에 매도한 후 주가가 실제로 하락하면 저가로 주식을 다시 매수하여 증권회사 등에 빌린 주식을 되갚는 투자기법을 말한다. 일반적인 주식투자에서는 주가가 상승해야 시세차익을 실현하는데 반해 공매도는 주가가 하락해야 이를 실현할 수 있다. 예상과 달리 주가가 상승하면 증권회사 등으로부터 빌린 주식을 기존 저가로 매수하여 증권회사 등에 되갚아야 하므로 주가 상승폭만큼 손해가 발생할 위험이 있다.

일반적인 주식투자자에 비하여 공매도자는 공매도한 증권의 가격이 하락하면 이익을 얻게 되고 공매도한 증권의 가격이 기대와 달리 상승하면 시장에서 높은 시세대로 매수하여 공매도 상대방에게 증권을 양도해야 하므로 예측이 빗나간 경우에는 손실을 보게 된다. 이러한 손실에 대비하면서 부당한 이익을 취하기 위해서 공매도를 하는 자가 미공개중요정보의 이용행위, 시세조종행위, 부정거래행위 등 각종 불공정거래행위와 결합하여 거래함으로써 이를 알지 못하는 다른 투자자에게 예상하지 못한 손해를 입힐 우려가 있기 때문에 선진국 금융시장에서는 공매도를 통상적인 투자기법으로 인정하면서도 그 장·단점을 감안하여 일정한 규제를 가하고 있다.

2. 공매도의 유형

자본시장법은 공매도를 ⅰ) 소유하지 아니한 상장증권의 매도는 무차입공매도(naked short sale)이고,[37] ⅱ) 차입한 상장증권으로 결제하고자 하는 매도는 차입공매도(covered short sale)[38]로 구분하여 규정한다(법180①).

자본시장법은 공매도를 매도 증권의 결제를 위해 대차거래[39] 등을 통해 해당 주식을 사전에 차입하였는지 여부에 따라 차입공매도와 무차입공매도로 구분하고 있다. 전자는 국민연금과 한국증권금융, 한국예탁결제원 등에서 차입한 주식으로 결제를 하는 제도로 공매도의 매도자가 주식거래의 체결시점에서 무조건 행사 가능한 주식의 양도청구권을 가지고 매수인에 대한 인도의무의 이행 가능성이 확보된 경우를 말한다. 반면 후자는 소유하지 않는 증권을 매도한 경우로 공매도의 매도인이 해당 양도청구권을 가지지 않고, 인도의무의 이행도 확보되지 않는 경우를 말한다. 우리나라에서 무차입공매도는 주식의 차입과정을 거치지 않아 다량의 급격한 공매도를 일으킬 수 있으며 남용적 공매도와 결부될 가능성이 많고, 그 결과 결제불이행을 초래할 가능성이 커서 금지하고 있다.

---

37) 무차입공매도는 다음과 같은 일련의 거래로 이루어진다. 매도자는 자신이 보유하고 있지 않은 주식을 매도하는데, 결제일 내에 거래를 결제할 일정한 양의 주식을 확보하지 않은 상태에서 매도하게 된다. 자신이 매도한 주식을 차입하지 않은 상태이기 때문에 공매도자는 일정한 차입수수료를 지급할 필요가 없다. 숏포지션(short position)을 청산할 시점이 되었을 때, 공매도자는 자신이 되사기 위하여(숏포지션을 상쇄하는) 이용될 수 있는 동일한 양의 주식에 의존하게 된다. 무차입공매도는 차입공매도가 갖지 않는 결제위험을 안고 있다. 무차입공매도는 종종 당일거래(intraday trading)를 위하여 이용되는데 반하여, 그 포지션은 공개(opened)되고, 그 후 당일 이후 일정한 시점에 상쇄(closed)된다.

38) 일반적으로 차입공매도는 다음과 같은 일련의 거래로 이루어진다. 첫 단계의 경우, 공매도자는 결제시에 주식을 매수자에게 인도할 수 있도록 공매도될 수 있는 주식을 정상적으로 차입한다. 그리고 공매도자는 주식을 인도할 때 현금을 수령하게 된다. 두 번째 단계의 경우, 공매도자는 주식을 공매도한다. 세 번째 단계의 경우, 공매도자는 최초의 대여자에게 상환하기 위하여 동일한 수의 주식을 매수한다. 네 번째 단계의 경우, 대체주식은 최초의 대여자에게 상환되고, 일련의 거래는 완성된다. 결국 위 두 유형의 차이점은 청산과 결제제도에 달려 있다고 볼 수 있다.

39) 대차거래란 차입자가 증권을 비교적 장기로 보유(이에 반해 공매도는 단기 보유)하는 기관으로부터 일정한 수수료를 내고 증권을 빌린 후 계약이 종료되면 대여자에게 동일한 증권을 상환할 것을 약정하는 거래로 민법상 소비대차에 해당한다. 다만 대차거래가 매매거래의 결제, 차익거래, 헤지거래, 재대여 등 다양한 투자목적으로 활용되고 있으나 주식의 대차가 100% 공매도로 이어지는 것은 아니다. 이러한 대차거래는 우리나라의 경우 외국인과 기관투자자에게만 허용하고, 개인의 경우는 국내 소수 증권사에 한하여 신용계좌를 통하여 허용하고 있다.

3. 공매도 규제체계

공매도 규제를 위해 자본시장법과 그 시행령은 투자자에 대해 무차입공매도를 금지하고 차입공매도를 예외적으로 허용한다. 또한 투자자에게 직접 공매도잔고 보고·공시의무를 부과하며, 공매도 적용 예외 및 제한 근거를 규정한다. 보다 구체적인 규정은 금융투자업규정과 거래소 업무규정에 위임하고 있다. 금융투자업규정은 공매도 판단기준 및 공매도잔고 보고 및 공시의무의 세부내용을 정한다. 거래소 업무규정은 공매도호가 방법 및 가격제한, 공매도 사후관리, 그리고 공매도 과열종목 지정제도를 두고 있다. 또한 공매도 시장관리방안으로 결제불이행 위험을 방지하기 위해 매도주문 수탁시 거래소 회원에게 확인의무 등을 부과하고 있다. 따라서 자본시장법에서 시작한 3단계의 규제체계는 유기적인 공매도 제한을 위한 원칙과 요령을 마련하고 있다고 볼 수 있다.

제8절 시장질서 교란행위

Ⅰ. 시장질서 교란행위 금지 규정의 입법취지

2014년 자본시장법은 기존의 불공정거래 규제체계의 미비점을 보완하고 규제체계의 질적인 변화를 가져오기 위하여, 규제의 내용 면에서 시장질서 교란행위 금지규정을 도입하였다(법178의2). 규제의 수단 측면에서는 과징금을 부과(법429의2)하는 등 금전제재를 강화(법447, 447의2)하는 규정을 신설하였다.

시장질서 교란행위에 관한 제178조의2의 규정은 ⅰ) 형사적으로는 범죄가 성립되기 어려운 경우라 하더라도 건전한 시장질서를 교란하는 부당행위를 제재함으로써 자본시장의 완전성을 유지하는데 도움을 주고, ⅱ) 사법적으로는 부당한 이익을 환수하거나 제재하기 어려운 행위에 대해서 행위의 부당성 정도에 따라 과징금을 부과함으로써 행위에 상응한 제재를 가하는 한편, ⅲ) 부당한 이익을 신속하게 환수할 수 있게 하는 기능을 할 것으로 기대되고 있다. 이러한 점에서 자본시장법은 불공정거래행위에 대하여 입법적으로는 어느 정도 정비되었다고 할 수 있다.

그동안 금융당국의 불공정거래 근절 노력에도 불구하고 건전한 시장질서를 교란시키는 행위의 유형과 수법이 다양해지고 있어 종전 법령으로는 이러한 시장질서 교란행위에 대처할 수

없기 때문에 이에 대한 효과적인 규제를 위해 행정제재의 대상으로서 시장질서 교란행위 금지
제도를 도입하였다. 이로써 시장질서 교란행위에 대한 규제의 공백이 해소되어 자본시장의 건
전성과 투자자의 신뢰가 회복될 것으로 기대된다. 시장질서 교란행위에 대한 규제의 도입은 불
공정한 증권거래에 대한 규제의 역사에서 획기적인 전환을 가져온 것으로 평가된다. 불공정거
래행위에 대해 유일하게 형사제재만이 가능하던 종전 법제하에서 외국의 입법례와 같은 행정
제재 수단의 도입에 관하여 학계 등의 요구가 없었던 것이 아니었기 때문이다.

Ⅱ. 정보이용형 교란행위: 규제대상자

1. 미공개정보의 수령자 및 전득자(가목)

규제대상자는 법 제174조 각 항의 미공개정보를 알고 있는 자로부터 나온 미공개정보인
정을 알면서 이를 받거나 전득한 자이다(법178의2①(1) 가목). 즉 미공개정보를 알고 있는 자로부
터 직간접적으로 해당 정보를 받은 정보수령자이다. 다만 법 제178조의2 제1항 단서에 의해 미
공개정보 이용행위는 제외되기 때문에 제1차 정보수령자는 형사제재의 대상이지만, 제2차 정보
수령자와 그 이후 다차 정보수령자는 행정제재의 대상이다. 또한 법 제173조의2 제2항에 해당
되는 행위도 제외되기 때문에 법 제178조의2 제1항 제1호 가목과 같은 별도의 규정이 없는 이
상 장내파생상품의 시세에 영향을 미칠 수 있는 정보를 알고 있는 자 또는 그로부터 내부정보
를 수령한 정보수령자는 물론 제2차 정보수령자 또는 다차 정보수령자는 규제대상이 아니다.

2. 직무관련 정보 생산자 및 취득자(나목)

직무관련 정보생산자 및 정보취득자란 자신의 직무와 관련하여 금융투자상품의 매매등 여
부에 중대한 영향을 줄 수 있는 미공개정보를 생산하거나 알게 된 자를 말한다(법178의2①(1)
나목). 이는 가목이 내부자성의 연장선상에서 규율하는 것과 달리, 내부관련자 이외의 자라도
"자신의 직무와 관련"하여 시장에 중대한 영향을 줄 수 있는 미공개정보를 이용하는 것을 규제
하기 위한 측면에서 규정된 것이다. 따라서 투자자의 투자판단에 중대한 영향을 미치는 미공개
정보이면 업무 관련성을 불문하고 규제대상 정보가 되고, 이러한 정보를 생산하거나 알게 된
자는 모두 규제대상에 포함된다.

3. 해킹 등 부정한 방법에 의한 정보취득자(다목)

해킹 등 부정한 방법에 의한 정보취득자란 해킹, 절취(竊取), 기망(欺罔), 협박, 그 밖의 부
정한 방법으로 정보를 알게 된 자를 말한다(법178의2①(1) 다목). 해킹 등의 행위는 내부자성이

나 직무관련성 등을 묻지 않고, 그 지득 방법에 관계없이 규제대상으로 하고 있다. 종래 해킹 등의 불법적인 방법으로 정보를 취득한 자의 경우 내부자거래 규제대상이 아니었지만, 이제는 자본시장법에 의해 금전제재가 가능하게 되었다.

4. (나) 및 (다)에 해당하 자로부터 해당 정보를 취득하거나 전득한 자(라목)

직무관련 정보생산자 및 정보취득자나 부정한 방법에 의한 정보취득자로부터 나온 정보라는 것을 알면서 이를 받거나 전득한 자를 말한다(법178의2①(1) 라목). 이는 기존과 달리 회사내부자로부터 얻은 내부정보는 물론, 외부자로부터 나온 정보인 정을 알면서 이를 받거나 전득한 자에 대해서도 시장질서 교란행위로서 규제대상이 되도록 한 것이다. 이에 따라 내부정보의 다차 정보수령자는 물론 외부정보의 다차 정보수령자까지 규제대상에 포섭함으로써 규제범위가 대폭 확대되었다는 점에 의의가 있다.

Ⅲ. 시세관여형 교란행위: 규제대상 행위 유형

1. 자본시장법 규정

누구든지 상장증권 또는 장내파생상품에 관한 매매등과 관련하여 다음의 어느 하나에 해당하는 행위를 하여서는 아니 된다(법178의2② 본문).

1. 거래 성립 가능성이 희박한 호가를 대량으로 제출하거나 호가를 제출한 후 해당 호가를 반복적으로 정정·취소하여 시세에 부당한 영향을 주거나 줄 우려가 있는 행위
2. 권리의 이전을 목적으로 하지 아니함에도 불구하고 거짓으로 꾸민 매매를 하여 시세에 부당한 영향을 주거나 줄 우려가 있는 행위
3. 손익이전 또는 조세회피 목적으로 자기가 매매하는 것과 같은 시기에 그와 같은 가격 또 는 약정수치로 타인이 그 상장증권 또는 장내파생상품을 매수할 것을 사전에 그 자와 서로 짠 후 매매를 하여 시세에 부당한 영향을 주거나 영향을 줄 우려가 있는 행위
4. 풍문을 유포하거나 거짓으로 계책을 꾸미는 등으로 상장증권 또는 장내파생상품의 수요·공급 상황이나 그 가격에 대하여 타인에게 잘못된 판단이나 오해를 유발하거나 상장증권 또는 장내파생상품의 가격을 왜곡할 우려가 있는 행위

2. 허위호가제출형

허위호가제출의 시장질서 교란행위는 i) 거래 성립 가능성이 희박한 호가를 대량으로 제출하거나 ii) 호가를 반복적으로 정정·취소하여 iii) 시세에 부당한 영향을 주는 행위이다(제1

호). 즉 시장참가자의 주문 및 체결 상황을 보여주는 호가창을 보고 호가를 제출하지만, 해당 호가에 의한 매수 체결 또는 매도 체결 의사가 처음부터 없었기 때문에 거래가 성립될 가능성이 희박한 호가를 대량으로 제출하거나, 거래 성립 가능성이 조금이라도 엿보이는 때에 이미 제출된 호가를 취소하고 거래 성립 가능성이 희박한 호가로 정정하는 행위로 이해할 수 있다. 이와 같은 허위호가제출이라도 해당 증권을 매매하는 다른 투자자의 시세 판단을 잘못하게 하는 원인을 제공할 수 있기 때문에 시세에 부당한 영향을 주거나 줄 우려가 있다고 볼 여지가 있다. 그러나 이와 같은 허위호가는 "거래" 자체가 아니고 "거래"도 존재하지 않는다.

이 유형의 범주에는 매매유인의 목적을 불문하고 적정가에 비해 상당히 괴리를 보이는 호가로 체결가능성이 희박한 고가 매도호가 및 저가 매수호가를 대량으로 제출하거나 반복적으로 정정·취소하는 행위, 데이트레이딩을 이용하여 단기간에 반복적으로 직전가 대비 높은 주문을 낸 뒤 매도 후 주문을 취소하는 행위, 과실로 인한 시스템 에러 발생으로 과다한 허수호가가 이루어진 경우 등도 시세 등에 부당한 영향을 미치거나 미칠 우려가 있는 경우에는 규제대상이 될 수 있다. 이때 시세 등에 부당한 영향을 미치는지 여부는 거래량, 호가의 빈도·규모, 시장상황 및 기타 사정을 종합적으로 고려하여 정상적인 수요·공급 원칙에 따른 가격결정을 저해하거나 할 우려가 있는지를 살펴 판단하게 된다.

3. 가장매매형

가장매매 시장질서 교란행위는 i) 권리의 이전을 목적으로 하지 않고 ii) 거짓으로 꾸민 매매를 하여 iii) 시세에 부당한 영향을 주는 행위이다(제2호). 즉 동일인이 동일한 증권에 대해 같은 시기에 같은 가격으로 매수주문과 매도주문을 제출하여 매매를 체결시키는 행위이다. 증권시장의 참가자가 보기에는 독립적인 매수자와 매도자에 의해 이루어지는 거래와 구별할 수 없는 기록상의 거래이기 때문에 외관상 거래량을 증가시키고 경우에 따라서는 시세를 변동시킬 수도 있다. 그러나 권리이전을 목적으로 하지 않아 해당 증권에 대한 실질적인 지배·처분의 변경이 없기 때문에, 이와 같은 거래로 인한 경제적 이익은 발생하지 않는다. 가장매매는 시세변동을 목적으로 이루어진다기보다는 거래가 성황을 이루고 있는 듯이 잘못 알게 하려는 동기에서 이루어지는 행위이기 때문에 이와 같은 동기 또는 목적이 입증되는 경우에는 시세조종에 해당된다.

4. 통정매매형

통정매매 시장질서 교란행위는 i) 손익 이전 또는 조세회피 목적으로 ii) 자기가 매매하는 것과 같은 시기 같은 가격으로 iii) 상대방과 짜고 매매하여 iv) 시세에 부당한 영향을 주는 행위이다(제3호). 즉 자기의 매도 또는 매수와 같은 시기에 미리 상대방과 통정하여 그 상대방이 같은 가격으로 해당 증권을 매수 또는 매도하는 행위로서 외관상 거래량이 증가하고 시세를 변동시킬 가능성도 있다. 가장매매가 한 사람에 의해 이루어지는 행위인 반면, 통정매매는 복수의 사람이 통정하여 이루어지는 행위라는 점에서 차이가 있다.[40] 또한 같은 시기, 같은 가격이 요건이지만 약간의 시간 또는 가격의 차이가 있더라도 통정매매는 성립된다.

5. 위계사용형

위계 등의 사용행위는 i) 풍문을 유포하거나 거짓으로 계책을 꾸미는 등으로 ii) 상장증권 등의 수요·공급 상황이나 그 가격에 대하여 타인에게 잘못된 판단이나 오해를 유발하거나, iii) 가격을 왜곡할 우려가 있는 행위이다(제4호). 이는 법 제178조 제2항의 매매거래 등의 목적요건을 제외하면 거의 동일하다. 위계 등을 사용하여 주가를 상승시켜 보유주식을 매도하거나 담보주식의 처분을 방지하려는 등의 경우에는 법 제178조 제2항에 해당되기 때문에 동항을 적용할 수 있지만, 법 제178조의2는 적용할 수 없다. 따라서 위계 등의 사용행위는 입증할 수 있지만 이와 관련된 별도의 부당이득을 취득하고자 하는 행위, 즉 보유주식의 처분이나 담보주식의 처분을 방지하려는 등의 목적을 입증할 수 없는 제한된 경우에만 법 제178조의2를 적용할 수밖에 없을 것이다.

---

40) 계산 주체가 다른 여러 계좌의 매매를 동일인이 위임받아 각 계좌 사이에 매매하는 경우에도 그 매매를 위임받은 사람이 매매 시간·가격·수량 등 다른 계산 주체 사이의 매매조건을 미리 계획하고, 그에 따른 매매를 한 이상 타인과 통정한 매매이다(서울고등법원 2009. 1. 6. 선고 2008노1506 판결).

찾아보기

저자소개

이상복

서강대학교 법학전문대학원 교수. 서울고등학교와 연세대학교 경제학과를 졸업하고, 고려대학교에서 법학 석사와 박사학위를 받았다. 사법연수원 28기로 변호사 일을 하기도 했다. 미국 스탠퍼드 로스쿨 방문학자, 숭실대학교 법과대학 교수를 거쳐 서강대학교에 자리 잡았다. 서강대학교 금융법센터장, 서강대학교 법학부 학장 및 법학전문대학원 원장을 역임하고, 재정경제부 금융발전심의회 위원, 기획재정부 국유재산정책 심의위원, 관세청 정부업무 자체평가위원, 국토교통부 법률고문, 대한상사중재원 중재인, 한국공항공사 비상임이사, 금융감독원 분쟁조정위원, 한국거래소 시장감시위원회 비상임위원, 한국증권법학회 부회장, 한국법학교수회 부회장, 금융위원회 증권선물위원회 비상임위원으로 활동했다. 현재 공적자금관리위원회 위원으로 활동하고 있다.

저서로는 〈금융법입문〉(제2판)(2024), 〈부동산개발금융법〉(제2판)(2024), 〈특정금융정보법〉(2024), 〈전자금융거래법〉(2024), 〈신용정보법〉(2024), 〈판례회사법〉(2023), 〈상호금융업법〉(2023), 〈새마을금고법〉(2023), 〈산림조합법〉(2023), 〈수산업협동조합법〉(2023), 〈농업협동조합법〉(2023), 〈신용협동조합법〉(2023), 〈경제학입문: 돈의 작동원리〉(2023), 〈외부감사법〉(2021), 〈상호저축은행법〉(2021), 〈외국환거래법〉(개정판)(2023), 〈금융소비자보호법〉(2021), 〈자본시장법〉(2021), 〈여신전문금융업법〉(2021), 〈금융법강의 1: 금융행정〉(2020), 〈금융법강의 2: 금융상품〉(2020), 〈금융법강의 3: 금융기관〉(2020), 〈금융법강의 4: 금융시장〉(2020), 〈경제민주주의, 책임자본주의〉(2019), 〈기업공시〉(2012), 〈내부자거래〉(2010), 〈헤지펀드와 프라임 브로커: 역서〉(2009), 〈기업범죄와 내부통제〉(2005), 〈증권범죄와 집단소송〉(2004), 〈증권집단소송론〉(2004) 등 법학 관련 저술과 철학에 관심을 갖고 쓴 〈행복을 지키는 法〉(2017), 〈자유·평등·정의〉(2013)가 있다. 연구 논문으로는 '기업의 컴플라이언스와 책임에 관한 미국의 논의와 법적 시사점'(2017), '외국의 공매도규제와 법적시사점'(2009), '기업지배구조와 기관투자자의 역할'(2008) 등이 있다. 문학에도 관심이 많아 장편소설 〈모래무지와 두우쟁이〉(2005), 〈우리는 다시 강에서 만난다〉(2021)와 에세이 〈방황도 힘이 된다〉(2014)를 쓰기도 했다.

금융법원론 – 금융경제 설명서

초판발행	2025년 2월 20일
지은이	이상복
펴낸이	안종만·안상준
편 집	김선민
기획/마케팅	최동인
표지디자인	벤스토리
제 작	고철민·김원표
펴낸곳	(주) 박영사
	서울특별시 종로구 새문안로3길 36, 1601
	등록 1959. 3. 11. 제300-1959-1호(倫)
전 화	02)733-6771
f a x	02)736-4818
e-mail	pys@pybook.co.kr
homepage	www.pybook.co.kr
ISBN	979-11-303-4901-5 93360

정 가   43,000원